Karsten Geiersbach

Der Beitrag der Internen Revision zur Corporate Governance

GABLER RESEARCH

Karsten Geiersbach

Der Beitrag der Internen Revision zur Corporate Governance

Eine ökonomische Analyse vor dem Hintergrund der Mindestanforderungen an das Risikomanagement bei Kreditinstituten (MaRisk)

Mit einem Geleitwort von Prof. Dr. Rainer Stöttner

GABLER

RESEARCH

Bibliografische Information der Deutschen Nationalbibliothek
Die Deutsche Nationalbibliothek verzeichnet diese Publikation in der Deutschen Nationalbibliografie; detaillierte bibliografische Daten sind im Internet über <http://dnb.d-nb.de> abrufbar.

Dissertation Universität Kassel, 2010
Fachbereich Wirtschaftswissenschaften,
Dipl. Volkswirt Karsten Geiersbach
Datum der Disputation: 9. Dezember 2010

1. Auflage 2011

Lektorat: Stefanie Brich | Viktoria Steiner

Gabler Verlag ist eine Marke von Springer Fachmedien.
Springer Fachmedien ist Teil der Fachverlagsgruppe Springer Science+Business Media.
www.gabler.de

Umschlaggestaltung: KünkelLopka Medienentwicklung, Heidelberg
Gedruckt auf säurefreiem und chlorfrei gebleichtem Papier
Printed in Germany

ISBN 978-3-8349-2885-6

Geleitwort

Die jüngste Finanzkrise, die als "Subprime-Krise" scheinbar harmlos - da regional auf die USA begrenzt - begann, hat sich mit dramatischen Eskalationsschritten zu einer weltweiten Finanz- und Wirtschaftskrise entwickelt. Auch wenn zur Jagd nach den Schuldigen vielfach aus dem Grunde geblasen wurde, um von eigenen Versäumnissen und Fehlleistungen abzulenken, hat in der inzwischen begonnenen ernsthaften Reflektion der Krise die Suche nach deren wahren Ursachen begonnen. Dabei ist schnell klar geworden, dass monokausale Erklärungsversuche versagen. Aus der ursprünglich diffusen Gemengelage potenzieller Krisenursachen hat sich eine überschaubare Zahl essentieller Ursachen heraus geschält, denen im Zuge der Krisen"nachsorge" und vor allem im Hinblick auf die Prävention künftiger Krisen herausragende Bedeutung zukommen dürfte. Neben der zweifellos berechtigter Weise anzumahnenden, leider aber kurzfristig wohl kaum herbei zu führenden "geistigen Wende" und Rückbesinnung auf ethisch-moralische Werte und Grundregeln des Anstandes im gesellschaftlichen Miteinander konnten etliche Bereiche identifiziert werden, in denen unverzüglich, ganz unmittelbar und vor allem ganz konkret adressierbare Verbesserungspotenziale vorhanden sind. Eine dieser, inzwischen rege Aktivitäten auslösenden "Baustelle" wird gemeinhin etwas unscharf mit Corporate Governance umschrieben. Gemeint ist ein explizites und implizites Netzwerk aus Regeln und Übereinkünften im Unternehmen. Es gilt, dieses Netzwerk so zu optimieren, dass für das Unternehmen als Ganzes und für alle "Stakeholder" ein Höchstmaß an Nutzen generiert wird.

Diese auf einem abstrakten Niveau zweifellos generelle Zustimmung erfahrende Zielumschreibung bedarf freilich in vielfältiger Hinsicht der Konkretisierung. Zunächst muss das Ziel operational definiert werden. Dies geschieht in der Regel in Gestalt des Unternehmenswertes, den es zu maximieren gilt. Um sogleich der allfälligen und häufig emotional unterlegten Kritik an einer "kapitalistischen" Shareholder-Value-Maximierung entgegenzutreten, empfiehlt sich die Einbettung der Eigenkapitalgeberinteressen in das umfassende Interesse aller Stakeholder, das freilich voraussetzt, dass sich diese auf eine konsensuale Zieldefinition, wie z.B. Marktwertmaximierung, verständigen können. Neben dem Problem der Verständigung auf ein allgemein akzeptiertes und operational fassbares "Oberziel" ist noch das Problem einer angemessenen Spezifizierung von "Unterzielen" zu lösen. Diese treten zumeist als instrumenteller Unterbau der Oberzielerreichung in Erscheinung. Somit geht es um die Präzisierung dieser Instrumente bzw. Maßnahmen, mit denen das Oberziel erreicht werden soll. M.a.W.: Es geht um die Implementierung einer Corporate Governance, die durch geeignete Regelungs- und Steuerungsimpulse eine zielführende Entscheidungsfindung zumindest unterstützt, bestenfalls gewährleistet.

Um künftig Finanzkrisen und eventuelle realwirtschaftliche Folgewirkungen zu verhindern, sind in erster Linie Fehlleistungen der Finanzmarktakteure zu unterbinden. Im Fokus stehen hier die Banken, wenngleich sie nicht die allein Verantwortlichen sind. Auch Ratingagenturen und solche Hedgefonds, die gezielt Finanzmarktdestabilisierung betreiben, um hieraus spekulativen Profit zu ziehen, stehen auf der Liste möglicher Verantwortlicher ganz oben. Die Kreditwirtschaft spielt jedoch ohne Zweifel eine volks- und weltwirtschaftlich so herausragende Rolle, dass es durchaus Sinn macht, ihre Funktionalität auf den Prüfstand zu stellen und Fehlentwicklungen sowie Verwerfungen aller Art unverzüglich konsequent entgegen zu wirken. Offenbar sind bzw. waren die Entscheidungs- und Managementprozesse der Banken (Kreditinstitute) von so schlechter Qualität, dass sie maßgeblich das Debakel der weltweiten Finanz- und Wirtschaftskrise mit verschuldeten. Was dringend nottut, ist somit die Implementierung eines Corporate-Governance-Systems in den Banken, das treffsicher Risiken identifiziert und nach Möglichkeit bereits vorausschauend neutralisiert oder zumindest beherrschbar macht. Dieses konsequente Risikomanagement muss darüber hinaus eingebettet sein in ein umfassendes Ertrags- und Kostenmanagement, jeweils unter Beachtung der vielfältigen unternehmensinternen Prozesse und Vernetzungsstrukturen. Eine so verstandene Gesamtbanksteuerung sichert nicht nur die gedeihliche Entwicklung der Bank als Ganzes, sondern leistet auch einen unverzichtbaren Beitrag zur Lösung der volks- und weltwirtschaftlichen Aufgabe einer globalen Finanzmarktstabilisierung. Zielführendes Management bedarf jedoch der soliden Vorbereitung durch die kontinuierliche Gewährleistung einer sorgfältig aufbereiteten Informationsbasis. Dies zu leisten, ist die herausragende Aufgabe der Corporate Governance. Sie erschöpft sich freilich nicht in der Informationsbeschaffung und -aufbereitung zum Zwecke zielführender Entscheidungsvorbereitung, sondern sie ist auch Ausdruck aller ausgesprochenen und stillschweigenden Regeln aus dem Innen- und Außenbereich des Unternehmens. Somit muss die Corporate Governance letztlich dafür sorgen, dass im Unternehmen ein zielführendes Management auf der Grundlage möglichst umfassender Informationen und unter Beachtung einschlägiger regulativer Rahmenbedingungen statt findet.

Mit Blick auf die Banken sieht Herr Geiersbach die Aufgabe seiner Untersuchung darin zu klären, warum Banken vor und während der jüngsten Finanzkrise Geschäftsrisiken falsch eingeschätzt haben, das Opfer falscher Anreizsysteme geworden sind und eklatante Mängel im Informationsfluss von der Vorstands- zur Überwachungsebene haben erkennen lassen. Darüber hinaus ist seiner Meinung nach die asymmetrische Informationsverteilung zwischen Kreditinstituten und ihren Kunden mit ihren vielfältigen negativen Folgen für die Kreditinstitute und die Kunden (z.B. Moral Hazard) überdeutlich geworden. Aus alledem resultiert die Frage, inwiefern diese Fehlentwicklungen auf Defekte der existierenden internen und externen Corporate-Governance-Systeme der Banken zurückzuführen sind und wie diese Effekte - durch zusätzliche institutionell-rechtlichen Regelungen oder auf der Basis freiwilliger Vertragsgestaltung - zu beheben sind.

Für Herrn Geiersbach besteht das zentrale Anliegen seiner Studie darin, die internen Möglichkeiten eines Unternehmens zur Verbesserung der Corporate Governance auszuloten. Konkret und im Detail geht es ihm darum zu klären, ob der zu optimierende Informationsfluss innerhalb des Unternehmens - innerhalb der Bank - von einer unabhängigen internen Stelle gewährleistet oder zumindest im Hinblick auf seine Qualität zertifiziert werden und ob diese unabhängige Stelle die Interne Revision sein kann. Auch Fragen einer erweiterten Unternehmenshaftung sind hier zu stellen und zu beantworten.

Während die Aufgabe der Internen Revision, nämlich die Reduzierung bestehender Informationsasymmetrien zwischen den unternehmensinternen Corporate-Governance-Elementen, unstrittig ist, hält Herr Geiersbach die organisatorische Ausgestaltung und Verankerung der Informationsbeschaffungsfunktion und mithin der Internen Revision im dualistischen Leitungs- und Überwachungssystem für hochgradig diskussionsbedürftig. Denn seiner Auffassung nach geht es im Kern um die Frage, ob die Interne Revision organisatorisch der Unternehmensleitung (z.B. Vorstand) oder dem Überwachungsorgan (z.B. dem Aufsichtsrat und/oder dem diesem beigeordneten Prüfungsausschuss) zuzuordnen ist. Eine funktionale und disziplinarische Unterordnung der Internen Revision unter den Vorstand hält er im Hinblick auf die Gewährleistung eines unabhängigen Agierens zumindest dann für fragwürdig, wenn die Interne Revision zugleich für den Vorstand und als Überwachungsorgan tätig werde.

Als theoretische Grundlage für die Analyse von Informationsasymmetrien, divergierenden Stakeholder-Interessen und zielführenden Anreizsystemen auf der Grundlage einer freien und effizienten Vertragsgestaltung wählt Herr Geiersbach das leistungsfähige Methodengerüst der Neo-Institutionenökonomik. Ergänzend hält er im Hinblick auf die insbesondere in Europa stark beachtete Stakeholderproblematik und die zunehmend Berücksichtigung des Humankapitals als Produktionsfaktor den Stakeholder-Ansatz und den ressourcenbasierte Ansatz für geeignete methodisch-theoretische Substrate.

Die Finanzmarkt- und Bankenkrise hat aus der Sicht von Herrn Geiersbach gezeigt, dass es um die Internal Governance der Banken nicht zum Besten bestellt ist, was er zu einem erheblichen Teil auf die unzureichende Versorgung des jeweiligen Überwachungsorgans mit (vorstands)unabhängigen Informationen zurück führt. Die Lösung des Problems sieht er zumindest im Wesentlichen darin, die Interne Revision als vorstandsunabhängige Informationsquelle auszugestalten und dadurch einen bedeutenden Beitrag zur Verbesserung der Internal Governance zu leisten. Um diesen Gedanken umzusetzen, müsste im dualistischen System eine funktionale Zuordnung der Internen Revision zum Prüfungsausschuss erfolgen, was als institutionelle Gestaltungsform bisher nicht vorgesehen ist und auch der aktuell noch geltenden Rechtslage widersprechen würde. Herr Geiersbach verweist jedoch sowohl auf theoretisch (neoinstitutionenökonomisch) wohl begründbare als auch auf im Ausland bereits praktizierte Governance-Strukturen, die zu einer wesentlichen Verbesserung der Effektivität und Unabhängigkeit des Überwachungsorgans und der Internen Revision führen. Deshalb empfiehlt er mit Nachdruck, die Interne Revision auf funktionaler Ebene institutionell dem Prüfungsausschuss und nicht, wie in Deutschland im dualen System bisher üblich, der Unternehmensleitung zuzuordnen, wobei er ergänzend betont, dass hierdurch die dem dualistischen System immanent innewohnende institutionelle Trennung zwischen Unternehmensführung und -überwachung nicht tangiert werde. Er plädiert somit für eine Hybridisierung der Internal

Governance im Sinne einer vorstandsunabhängigen Vernetzung von Überwachungsorgan und Interner Revision bei gleichzeitiger Beibehaltung der Trennung zwischen Leitung und Aufsicht.

Herr Geiersbach verspricht sich davon eine Stabilisierung des Bankensystems als Ganzes. Der Weg zu einer diesbezüglichen Änderung der Internal Corporate Governance führt nach seiner Meinung über die MaRisk, die als "normeninterpretierende Verwaltungsvorschrift" die unbestimmten Rechtsbegriffe des § 25a Abs. 1 KWG konkretisieren und außerdem durch ihre diversen Öffnungsklauseln eine flexible institutsindividuelle Gestaltung im Sinne eines holistischen Risikomanagements zulassen. Die MaRisk bilden somit seiner Auffassung nach heute schon eine elementare Voraussetzung für die ordnungsgemäße Geschäftsorganisation von Kreditinstituten. Er fordert darüber hinaus ein auf vorstandsunabhängigem Informationstransfer gerichtetes Beziehungs- und Informationsgefüge zwischen Überwachungsorgan, Prüfungsausschuss und Interner Revision. Die MaRisk würden sich dann zu Mindestanforderungen an die Internal Governance von Kreditinstituten weiter entwickeln. Die Folge wäre eine Interne Revision, die vom Vorstand institutionell entkoppelt und stärker mit dem Überwachungsorgan verbunden wäre mit der Auswirkung, dass insgesamt eine effektivere und effizientere Internal Corporate Governance erreicht würde. Erforderlich hierfür wäre freilich eine hohe unternehmerische und fachliche Kompetenz der Internen Revision, die sich nicht nur mit Vergangenem, sondern vor allem mit zukünftigen Entwicklungen zu befassen hätte, im Sinne eines beratenden Orientierungsgebers in Fragen der zukünftigen strategischen Weiterentwicklung eines Unternehmens.

Perspektivisch betont Herr Geiersbach die Bedeutung der Unternehmensethik für eine wirksame Internal Governance. Das Handeln nach ethischen Grundsätzen hält er für wichtiger als das Festlegen formeller Regularien. Das ethische Handeln der einzelnen Governance-Elemente (Vorstand, Aufsichtsrat, Interne Revision) müsse dabei freilich unter optimierten institutionellen Bedingungen statt finden, die durch die momentanen rechtlichen und sonstigen normstiftenden Regelungen (noch) nicht ermöglicht würden. In erster Linie müsse, so sein Plädoyer, die Unabhängigkeit der Internen Revision und des Aufsichtsrats (bzw. seines Prüfungsausschusses) durch vorstandsunabhängigen Informationstransfer sichergestellt werden. Dies zusammen mit der funktionalen Anbindung der Internen Revision an den Prüfungsausschuss stelle eine notwendige und hinreichende Bedingung für eine wirksame Internal Governance dar.

Die Relevanz und Aktualität der Studie leitet sich unmittelbar aus der jüngsten Finanzmarkt- und Bankenkrise ab. Nach übereinstimmender Auffassung ist die Krise zumindest zu einem großen Teil aufgrund von unzureichend effektiven Corporate-Governance-Strukturen entstanden. Sowohl die externe wie auch die interne (Corporate) Governance haben dabei versagt, angemessene Steuerungs-, Überwachungs- und Kontrollmechanismen zu generieren. Governance-Defizite waren und sind insbesondere bei den Kreditinstituten festzustellen, die durch ihre Fehlleistungen die Krise erst möglich gemacht und darüber hinaus sogar noch beschleunigt haben. Herr Geiersbach zieht hieraus den naheliegenden Schluss, dass die Ursachen für das Fehlverhalten der Kreditwirtschaft in gravierenden Funktions- und Effizienzmängeln des Corporate-Governance-Systems der Kreditinstitute zu suchen sind. Bei grundsätzlichem Engagement für eine generelle Verbesserung der Internal Governance von Kreditinstituten ist der Fokus auf die institutionell-organisatorische Ausgestaltung des Verhältnisses zwischen Leitungsorgan (Geschäftsleitung, Vorstand) und Aufsichtsorgan (Aufsichtsrat bzw. Prüfungsausschuss) einerseits und der Internen Revision andererseits gerichtet. Die derzeitige Rechts- und Normenlage sieht in Deutschland, im Gegensatz zu dem monistischen Boardsystem der USA, eine dualistische Governance-Struktur vor, in der die Interne Revision dem Vorstand funktional zugeordnet und disziplinarisch untergeordnet ist. Außerdem ist die Interne Revision dem Vorstand gegenüber berichtspflichtig. Dies bedeutet, dass das Aufsichtsorgan, also der Aufsichtsrat bzw. der ihm zugeordnete Prüfungsausschuss, Informationen erst aus "zweiter Hand" erhalten, nachdem sie nämlich vom Vorstand gesichtet und dann erst, in welcher Aufbereitung auch immer, an den Aufsichtsrat weiter gereicht werden. Ein vorstandsunabhängiger, unmittelbarer Transfer von Informationen von der Internen Revision zum Aufsichtsrat (Prüfungsausschuss) ist also nicht möglich. Überspitzt formuliert führt diese Regelung dazu, dass die zu Überwachenden - der Vorstand - bestimmen, welche überwachungsrelevanten Informationen die Überwacher - der Aufsichtsrat - erhalten. Herr Geiersbach plädiert nachdrücklich für eine Änderung dieses unerfreulichen Zustandes, der zu substanziellen Verwerfungen in der Internal Corporate Governance geführt hat mit der Folge deutlich suboptimaler Ergebnisse des Unternehmensmanagements im Allgemeinen und des Risikomanagements im Besonderen.

Herr Geiersbach legt durchgängig großen Wert auf eine solide theoretische Fundierung seiner Argumente. Da der Finanzmarkt im Allgemeinen und die Banken im Besonderen nicht unter Bedingungen des vollkommenen Marktes, sondern unter Bedingungen diverser Marktunvollkommenheiten, insbesondere unter der Bedingung asymmetrischer Informationsverteilung, operieren, bietet sich als theoretisches Substrat die Neo-Institutionenökonomik mit allen ihren Ausprägungen (Property-Rights-Theorie, Transaktionskostentheorie, Principal-Agent-Theorie) an. Die hergestellten theoretischen Bezüge sind durchweg zutreffend sowie einschlägig und liefern stets einen klar definierbaren Erkenntnisbeitrag. Die von Herrn Geiersbach behandelte Thematik ist zweifellos hoch aktuell, und zwar nicht nur aus ökonomischer, sondern auch aus materiell-rechtlicher, formal-rechtlicher und rechtspolitischer Sicht. Die Argumentation wird schlüssig, geradezu "zwingend", geführt. Die Studie kann auch aufgrund ihrer fast lexikalen Stoffaufbereitung Studierenden mit Studienschwerpunkten im Bereich „Bankwirtschaft“ und „Controlling“ ebenso nachdrücklich zur Lektüre empfohlen werden wie allen Führungskräften aus dem Bereich „Corporate Governance“.

Prof. Dr. Rainer Stöttner

Für Simon und Paul

Vorwort

Die vorliegende Dissertation ist nebenberuflich in meiner Zeit als Leiter der Internen Revision der Kasseler Sparkasse entstanden. Sie konzentriert sich thematisch auf die Bereiche Internal Governance, Interne Revision und Neue Institutionenökonomik sowie auf die bankaufsichtlichen Mindestanforderungen an das Risikomanagement (MaRisk).

Bankensysteme sind dynamische und offene Systeme. Manche Situationen lassen sich erst einordnen, wenn neben den aktuellen Entwicklungen, auch die historischen und theoretischen Grundlagen bekannt sind. Mein Anliegen ist, Theorie und Praxis miteinander zu verknüpfen, um zum einen für die Praxis theoretisch fundierte Handlungsempfehlungen abzuleiten, zum anderen aber auch Impulse und Entwicklungen aus der Praxis aufzunehmen. Anschließend soll ihre Wirksamkeit und Effizienz überprüft werden und Optimierungsvorschläge für die Weiterentwicklung der Internal Governance erarbeitet werden. Dieser Ansatz soll die These widerspiegeln, dass ökonomische Modelle immer unsicher sind und die Realität nur abstrakt wiedergeben können, ja sogar müssen, denn ansonsten wären sie nicht nützlicher als „eine Landkarte im Maßstab Eins zu Eins" (*Joan Robinson*). Für den Erklärungswert eines Modells bzw. für die Interpretation der Modellergebnisse müssen u.a. die Modellannahmen bekannt sein und verstanden werden. Dies gilt nicht nur bei makroökonomischen Modellen, sondern auch für die Berichtsempfänger von Modellergebnissen des Risikomanagements. Hierzu gehört auch das Überwachungsorgan. Dessen originäre Überwachungstätigkeit ist in erster Linie Informationsverarbeitung, welche stark von der Qualität und der Quelle der zur Verfügung stehenden Informationen beeinflusst wird. Hier setzt die vorliegende Dissertation an. Es soll die Optimierung des interinstitutionellen Informationsaustausches zwischen den Elementen des internen Überwachungssystems untersucht werden. Des Weiteren werden für die Interne Revision aufbau- und ablauforganisatorische Verbesserungspotenziale abgeleitet.

Bankenregulierung ist generell und erst Recht in Zeiten einer Finanzmarktkrise kein statischer Zustand, sondern unterliegt einem permanenten Anpassungsprozess. In einem eigenen Nachtrag zu dieser Arbeit, der *nicht* Bestandteil der begutachteten Dissertation ist, werden die wesentlichen Veränderungen der Bankenregulierung aktuell ergänzt.

Mein Dank geht an meinen Doktorvater, Herrn Prof. Dr. Rainer Stöttner, der mir die Promotion ermöglichte, und meinen Zweitgutachter, Herrn Prof. Dr. Jörg Link. Außerdem danke ich dem Vorstand der Kasseler Sparkasse, insbesondere Herrn Dieter Mehlich. Besonders danken möchte ich Herrn Dr. Klaus Lukas, der mich ermutigt hat, diese Dissertation zu schreiben und der mir als Ansprechpartner jederzeit zur Verfügung stand.

Besonders danken möchte ich auch meinen Eltern, die mich während meines Studiums immer unterstützt haben. Mein besonderer Dank gilt schließlich meiner Ehefrau Ivonne, die ein großes Verständnis dafür hatte, dass ich meine verbleibende Freizeit am Schreibtisch verbracht habe und die mir während der ganzen Zeit den Rücken freigehalten hat.

Ich danke auch meiner Lektorin Frau Viktoria Steiner für Ihre Geduld beim drucktechnischen Aufbereiten dieser Arbeit.

Karsten Geiersbach

Inhaltsübersicht

Inhaltsverzeichnis

Tabellenverzeichnis

Abbildungsverzeichnis

Abkürzungsverzeichnis

Abs.	Absatz
ADHGB	Allgemeines Deutsches Handelsgesetzbuch
AG	Aktiengesellschaft
AktG	Aktiengesetz
AL	Abteilungsleiter
AMA	Advanced Measurement Approach
AT	Modul AT (Allgemeiner Teil) der Mindestanforderungen an das Risikomanagement (MaRisk)
AufsichtsRL	Aufsichtsrichtlinie – Richtlinie zur Durchführung und Qualitätssicherung der laufenden Überwachung der Kredit- und Finanzdienstleistungsinstitute durch die Deutsche Bundesbank (AufsichtsRL) in der Fassung der Bekanntmachung vom 21.02.2008
BaFin	Bundesanstalt für Finanzdienstleistungsaufsicht
BaKred	Bundesaufsichtsamt für das Kreditwesen
Bd.	Band
BdB	Bundesverband deutscher Banken
BFA	Bankenfachausschuss des Institut der Wirtschaftsprüfer in Deutschland e.V. (IDW)
BGH	Bundesgerichtshof
BilMoG	Bilanzrechtsmodernisierungsgesetz
BIS	Bank for International Settlements
BL	Bereichsleiter
BörsG	Börsengesetz
BT	Modul BT (Besonderer Teil) der Mindestanforderungen an das Risikomanagement (MaRisk)
BTO	Anforderungen an die Aufbau- und Ablauforganisation in den Mindestanforderungen an das Risikomanagement (MaRisk)
BSI	Bundesamt für Sicherheit in der Informationstechnik
BVR	Bundesverband der Deutschen Volksbanken und Raiffeisenbanken
bzw.	beziehungsweise
CAE	Chief Audit Executive
CEO	Chief Executive Officer
CEBS	Committee of European Banking Supervisors
CESR	The Committee of European Securities Regulators
CFO	Chief Financial Officer
COSO	Committee of Sponsoring Organizations of the Treadway Commission
DB	Der Betrieb

DCGK	Deutsche Corporate Governance Kodex in der Fassung vom 6. Juni 2008
DIIR	Deutsches Institut für Interne Revision e.V.
Diss.	Dissertation
DSGV	Deutscher Sparkassen- und Giroverband
ebf.	ebenfalls
EBK	Eidgenössische Bankenkommission
ECGI	European Corporate Governance Institute
EPS	Entwurf Prüfungsstandard des IDW
ERM	Enterprise Risk Management
ES	Expected Shortfall
et al.	et alii bzw. et aliae
etc.	et cetera
e. v. v.	et vice versa
EWIV	Europäische wirtschaftliche Interessenvereinigung
f.	folgende Seite
ff.	folgenden Seiten
FinDAG	Gesetz über die Bundesanstalt für Finanzdienstleistungsaufsicht (Finanzdienstleistungsaufsichtsgesetz)
FMStG	Gesetz zur Umsetzung eines Maßnahmenpakets zur Stabilisierung des Finanzmarktes (Finanzmarktstabilisierungsgesetz) vom 17.10.2008
FMStFV	Verordnung zur Durchführung des Finanzmarktstabilisierungs-fondsgesetzes (Finanzmarktstabilisierungs-fonds-Verordnung) vom 20.10.2008
Fn.	Fußnote
FSA	Financial Services Authority
FTD	Financial Times Deutschland
GroMiKV	Großkredit- und Millionenkreditverordnung
GuV	Gewinn- und Verlustrechnung
HGB	Handelsgesetzbuch
Habil.-Schr.	Habilitationsschrift
Hrsg.	Herausgeber
h. L.	herrschende Literaturansicht
h. M.	herrschende Meinung
IDW	Institut der Wirtschaftsprüfer in Deutschland e.V.
i. e. S.	im engeren Sinn
IFAC	International Federation of Accountants
IG	Guidelines on Internal Governance (CEBS)

IIA	The Institute of Internal Auditors
IIF	Institute of International Finance
IKS	Internes Kontrollsystem
IFRS	International Financial Reporting Standards
IRBA	Internal Rating Based-Approach
ISA	International Standard on Auditing
ISACA	Information Systems Audit and Control Association
IT	Informationstechnologie
i. w. S.	im weiteren Sinn
Jhg.	Jahrgang
KonTraG	Gesetz zur Kontrolle und Transparenz im Unternehmensbereich vom 27.04.1998
KSA	Kreditrisiko-Standardansatz
KWG	Kreditwesengesetz
LPM	Lower Partial Moments
MaH	Mindestanforderungen an das Betreiben von Handelsgeschäften der Kreditinstitute
MaIR	Mindestanforderungen an die Ausgestaltung der Internen Revision der Kreditinstitute
MaK	Mindestanforderungen an das Kreditgeschäft der Kreditinstitute
MaRisk	Mindestanforderungen an das Risikomanagement
No.	Number
Nr.	Nummer
NASDAQ	National Association of Securities Dealers Automated Quotation
NJW	Neue Juristische Wochenschrift
NYSE	New York Stock Exchange
PA	Practice Advisories
PCGX	Public Corporate Governance Kodex
PD	Probability of Default
PS	Prüfungsstandard des IDW
QA	Quality Assessment
RDP	Risikodeckungspotenzial
Rn.	Randnummer
RS	Rundschreiben
Rz.	Randziffer
s.	siehe
S.	Seite
S&P	Standard & Poor's
SE	Societas Europaea (Europäische Aktiengesellschaft)

SOA	Sarbanes-Oxley Act of 2002
sog.	sogenannte (r)
SolvV	Verordnung über die angemessene Eigenmittelausstattung von Instituten, Institutsgruppen und Finanzholding-Gruppen (Solvabilitätsverordnung) vom 14.12.2006
Sp.	Spalte
SRP	Supervisory Review Process
SREP	Supervisory Review and Evaluation Process
SWOT	Strengths (Stärken), Weakness (Schwächen), Opportunities (Chancen) und Threats (Risiken)
TAK	Transaktionskosten
TUG	Transparenzeffekten-Umsetzungsgesetz
TransPuG	Transparenz- und Publizitätsgesetz vom 26.07.2002
Tz.	Textziffer
Univ.	Universität
UMAG	Gesetz zur Unternehmensintegrität und Modernisierung des Anfechtungsrechts vom 22.09.2005
USI	Konzeption Unternehmenssicherung
VA	Versicherungsaufsicht
VAG	Versicherungsaufsichtsgesetz - Gesetz über die Beaufsichtigung der Versicherungsunternehmen
VaR	Value at Risk
vgl.	vergleiche
v. H.	von Hundert
WpHG	Gesetz über den Wertpapierhandel (Wertpapierhandelsgesetz in der Fassung der Bekanntmachung vom 09.09. 1998, zuletzt geändert durch Artikel 35 des Gesetzes vom 19.12.2008 (BGBl. I S. 2794)
www	world wide web
z. B.	zum Beispiel
ZCG	Zeitschrift für Corporate Governance
Ziff.	Ziffer

A. Einleitung

„Rules cannot substitute for character."[1]

Die Bedeutung und Notwendigkeit einer wirksamen Überwachung von Kreditinstituten ist aufgrund der seit dem Jahr 2007 anhaltenden Finanzmarkt- und Bankenkrise wieder stärker in das ökonomische und gesellschaftliche Bewusstsein getreten. Die durch Schwierigkeiten am US-Subprime-Markt ausgelösten Verwerfungen setzen sich an den Finanzmärkten und im Bankensektor, bis hin zu den krisenhaften Turbulenzen im Jahr 2008, weiter verschärfend fort. Die ursprüngliche Subprime-Krise wuchs zunehmend zu einer Solvenzkrise von Finanzinstituten an und stellt sich mittlerweile als eine globale Vertrauenskrise dar, deren Folgen bis weit in die Realwirtschaft reichen.[2] Zur Stabilisierung der Märkte wurden weltweit Maßnahmenpakete für angeschlagene Kreditinstitute sowie Konjunkturprogramme von Regierungen und Notenbanken (*„market maker of last resort"*) verabschiedet.[3] Darüber hinaus werden nationale und internationale Anpassungen für die Regulierung von Banken und Ratingagenturen diskutiert. Durch mangelhafte interne Überwachungssysteme einzelner Unternehmen wurde jedoch auch schon in der Vergangenheit und über das Kreditgewerbe hinaus die Aufmerksamkeit auf Corporate Governance-Probleme gelenkt. Diese Verwerfungen haben das Vertrauen der Wirtschaftssubjekte in gute Unternehmensgrundsätze und in die Kapitalmärkte deutlich geschwächt. Hierfür stehen seit Anfang des neuen Jahrtausends einzelne Unternehmensskandale – weltweit und auch in Deutschland: Enron (2001), WorldCom (2002), Ahold (2003), Parmalat (2003) oder Siemens.[4] Für den Bankensektor sind in diesem Zusammenhang die Vorfälle bei der Westdeutschen Landesbank (WestLB), der ehemaligen Landesbank Sachsen Girozentrale (Sachsen LB), der IKB Deutsche Industriebank AG, der Hypo Real Estate Group, sowie der französischen Société Général oder der englischen Bank Northern Rock beispielhaft zu nennen.

Losgelöst von diesen aktuellen Problemen gibt es den *einen* Grund für die verstärkte Diskussion über Corporate Governance in Politik, Wirtschaft und Wissenschaft jedoch nicht. Die Ursachen sind vielfältiger Natur und haben sich letztendlich kumulativ entwickelt. Eine gute, funktionsfähige Corporate Governance, allgemein verstanden als Oberbegriff für das gesamte System interner und externer Leitungs- und Überwachungsmechanismen einer Unternehmung, hat ihre grundsätzliche Bedeutung darin, dass sie sich positiv auf die Realwirtschaft, auf den Kapitalmarkt und den Unternehmenswert auswirkt. Effektive und effiziente Corporate-Governance-Praktiken können zum einen die globale Leistungs- und Wettbewerbsfähigkeit

---

1) Vgl. Greenspan (2003).

2) Vgl. Deutsche Bundesbank (2008f).

3) Vgl. Deutsche Bundesbank (2008e), S. 35 ff., für eine Übersicht zu den internationalen Maßnahmen und Erklärungen; ebf. o.V. (2008m). Hierbei sind durchaus Parallelen zu historischen Finanz- und Wirtschaftsturbulenzen zu ziehen, wie z. B. zu der langanhaltenden Rezession ab 1873, der weltweite Abschwung ab Ende der 1920er-Jahre, oder die Japan- und Asienkrisen Anfang bzw. Ende der 1990er-Jahre, die alle von einer langen Phase des Kreditwachstums mit einer steigenden Euphorie, sowohl in der Realwirtschaft, als auch an den Finanzmärkten gekennzeichnet waren. Vgl. BIS (2008b), S. 3 f.

4) So schrieben *Rajan* und *Zingales* im Jahr 2003: „ *... the recent U.S. corporate scandals suggest that even the United States have a long way to go if they want to make their system truly transparent.*" Vgl. Rajan/Zingales (2003), S. 29.

der Unternehmen stärken, zum anderen schützen sie die Aktionärsrechte und tragen dazu bei, den Schutz aller Stakeholder zu verbessern. Für die Gesellschaft können negative externe Effekte reduziert werden.[5] Weitere Gründe für die intensiven Diskussionen liegen in den veränderten Rahmen- und Wettbewerbsbedingungen: Deregulierungsmaßnahmen bzw. ein Strukturwandel an den Güter-, Kapital- und Finanzmärkten sowie eine wachsende gesellschaftliche Verantwortung von Unternehmen. Ebenfalls untermauern die gestiegenen Erwartungen von institutionellen Investoren an eine gute Corporate Governance diesen Trend.[6] So nimmt die Qualität der Corporate Governance eines Unternehmens für institutionelle Investoren bei ihren Investitionsentscheidungen mittlerweile einen gleichen bzw. einen noch bedeutenderen Stellenwert ein als traditionelle Finanzindikatoren. Nach einer weltweiten Studie der Unternehmensberatung McKinsey & Company aus dem Jahr 2002 ist eine deutliche Mehrheit von Investoren bereit *„to pay a premium for companies exhibiting high governance standards – premiums averaged 12 - 14 % in North America and Western Europe; 20 - 25 % in Asia and Latin America; and over 30 % in Eastern Europe and Africa“*.[7] Gute und funktionsfähige Corporate Governance-Systeme sind somit kein Selbstzweck, sondern Mittel zum Zweck. Sie stärken die Wettbewerbsposition, vor allem aber die Reputation und das Vertrauen in das Unternehmen.[8] Auch wenn eine Corporate Governance letztendlich keinen unternehmerischen Erfolg garantieren kann, so leistet sie einen wesentlichen Beitrag zur sorgfältigen Vorbereitung und Kontrolle von unternehmerischen Entscheidungen.[9]

---

5) Vgl. OECD (2004). Nach einer allgemeinen Schätzung entstand in den USA aufgrund des Versagen von Corporate Governance-Mechanismen ein Schaden von rund 40 Milliarden US-$; die aktuellen Auswirkungen der Subprime-Krise noch nicht einmal mitgerechnet. Vgl. Craig (2004), S. 121.

6) Vgl. Brunnengräber et al. (2004), S. 7 f.; ebf. Pei Sai Fan (2004), S. 5. An dieser Stelle wird in der Literatur häufig auch die Globalisierung genannt. Der Globalisierungsprozess ist verbunden mit dem Eintritt neuer Marktteilnehmer und der zunehmenden wirtschaftlichen und finanziellen Interdependenz zwischen den bisherigen Marktteilnehmern. Unter Globalisierung soll nach *Leipold* die *„Intensivierung der internationalen Arbeitsteilung und der Spezialisierung bei der Produktion und dem Tausch der Güter und deren Koordination über globale Märkte“* verstanden werden. Allerdings ist das Phänomen der Globalisierung nicht neu. So war die erste Globalisierungswelle zwischen den Jahren 1870 und 1914 zu beobachten, die zweite Welle ereignete sich zwischen 1950 und 1980 und die dritte Globalisierungswelle, in der wir uns heute noch befinden, wird ab 1980 angesetzt. Letztere ist nicht nur durch sinkende Zölle und Transportkosten, sondern zusätzlich durch neue Produktionsparadigmen gekennzeichnet. Diese haben sich sowohl durch die Ausweitung der weltweiten Produktionskapazitäten, als auch durch wesentliche technologische Veränderungen ergeben. Vgl. hierzu Leipold (2006), S. 12 ff.; ebf. EZB - Globalisierung (2008), S. 81 ff.

7) Vgl. McKinsey (2002).

8) In diesem Sinn muss Corporate Governance nicht als *„lästige Pflichtübung, sondern als Chance begriffen werden“*. Vgl. Strenger (2004), S. 71. Als Beispiel für diese ökonomisch bedeutende Entwicklung, die mittlerweile auch von den großen Unternehmensberatungsgesellschaften propagiert wird, kann exemplarisch für viele auf die Aussage von *Ernst & Young* zur Optimierung des Verhältnisses von Corporate Governance und Unternehmensperformance verwiesen werden: *„One of the most powerful trends in today's fast changing world is the fact that businesses and their leaders are confronted with an increasing interdependency between organization and stakeholders. As a result, the traditional role of a business as a 'profit maker' is challenged more than ever: good business performance is more than profit-oriented financial performance. Sustainable performance requires effective checks and balances within the organization and attention to transparency and social responsibility externally.“* Vgl. Ernst & Young (2007b).

9) Und kann somit einen größeren Schutz vor *„unliebsamen Überraschungen“* bieten. Vgl. Kregel (2005), S. 206; ebf. Lutter (2007).

Der Schwerpunkt dieser Arbeit liegt auf der Analyse interner Corporate Governance-Elemente von Kreditinstituten. Dies erfolgt vor dem Hintergrund, dass sich im Allgemeinen die zeitlichen Zyklen zwischen den Finanzmarkt- bzw. Bankenkrisen seit Mitte der neunziger Jahre verkürzt haben, und im Besonderen einzelnen Banken vorgeworfen wird, ihre Risiken falsch eingeschätzt oder unterschätzt, sowie ihre Anreizsysteme für Bonuszahlungen nicht nachhaltig, sondern nach kurzfristigen Zielen ausgerichtet zu haben. Außerdem wird der Vorwurf der Verletzung von vorstandsseitigen Informationspflichten gegenüber dem Überwachungsorgan erhoben.[10] Bei der IKB Deutsche Industriebank AG wurde dies nach einer Sonderprüfung der Wirtschaftsprüfungsgesellschaft PricewaterhouseCoopers AG (PwC) u. a. bereits bestätigt: Dem ehemaligen Vorstand wird darin ein unzureichendes Risikomanagement und ein unzulänglicher Informationstransfer an den Aufsichtsrat vorgeworfen.[11]

Vor dem Hintergrund der asymmetrischen Informationsverteilung zwischen Kreditinstituten und ihren Kunden sowie der damit verbundenen Moral Hazard-Problematik müssen angemessene Gegenkräfte zum Ausgleich dieser potenziell anfälligen Situation gesucht werden.[12] Die Gestaltung von wirksameren internen Corporate Governance-Verfahren bei deutschen Kreditinstituten ist jedoch nicht zu verwechseln mit der Einführung von neuen, zusätzlichen bankaufsichtlichen Vorschriften oder bankinternen Kontrollen, sondern konzentriert sich auf die Frage, ob eine effektive Führung und Überwachung im Rahmen der bestehenden institutionellen und rechtlichen Strukturen möglich ist, oder ob nicht die komplexen Prozesse und Strukturen von Bankgeschäften eine *erweiterte* interne Corporate Governance benötigen. Mögliche institutionelle Verbesserungsansätze sollten auf einer freiwilligen vertraglichen Basis zwischen dem Überwachungsorgan und der Geschäftsführung aufgebaut werden können.

Das Ziel der vorliegenden Arbeit besteht darin, erweiterte Möglichkeiten für den Transfer des Überwachungsinformationsbedarfs zwischen den internen Corporate Governance-Elementen – Unternehmensleitung, Überwachungsorgan und Interner Revision – aufzuzeigen, sowie Ansätze zur Steigerung der Unabhängigkeit des Aufsichtsorgans und der Internen Revision zu entwickeln. Zwar können hierdurch künftige Bankenkrisen nicht a priori verhindert werden, aber zumindest können verbesserte Voraussetzungen für eine unabhängigere und objektivere Überwachungsaufgabe durch das Aufsichtsorgan bzw. seinen Prüfungsausschuss geschaffen und somit *„manageriale Exzesse“* erschwert werden. Mittels dieser Maßnahmen soll die interne Corporate Governance optimiert werden, sodass materielle und immaterielle Schä-

---

10) Vgl. o.V. (2007a); ebf. o.V. (2007b); ebf. o.V. (2007c); ebf. o.V. (2007d); ebf. o.V. (2007e); ebf. o.V. (2008l), sowie Trichet (2009).

11) Vgl. o.V. (2007f).

12) Aus dieser Informationsasymmetrie folgert *Sinn*, dass die Banken in der aktuellen Finanzmarktkrise nichts daran hinderte, *„minderwertige Anleihen zu verkaufen. Wie bei Gebrauchtwagen, die gleich nach dem Kauf liegen bleiben, Tomaten und Äpfeln, die gut aussehen, aber wässrig schmecken, ... haben die Verkäufer auch hier die Produktqualität gemindert und die Kosten gesenkt, ohne dass die Käufer es vor dem Kauf merken konnten. Und da minderwertige Produkte sich zum selben Preis verkauften wie hochwertige, verschwanden letztere vom Markt. In der Ökonomie hat sich hierfür der Begriff des Zitronenhandels eingebürgert, denn die Zitrone steht in Amerika für schlechte Autos. Statt guter Anleihen haben die Banken Zitronen verkauft.“* Vgl. Sinn (2008), S. 7; ebf. Akerlof (1970) sowie Tirole (2006), S. 237 ff.

den vermindert werden können. Dies setzt zum einen eine optimale institutionelle Ausgestaltung mit risikoproportionalen Anreizen für alle Hierarchieebenen voraus, zum anderen ein kompetentes und professionelles Aufsichtsorgan, das über die notwendigen und hinreichenden Informationen für eine wirksame Überwachungsfunktion verfügen muss. Es soll untersucht werden, ob diese Informationen entweder ergänzend von einer unabhängigen Stelle zur Verfügung gestellt oder zumindest von dieser verifiziert werden können. Inwiefern diese unabhängige Stelle die Interne Revision sein kann und ob die Voraussetzungen für ihre Unabhängigkeit im Status quo gegeben sind, ist ein wesentlicher Bestandteil der Analyse. Darüber hinaus soll als Mechanismus zur Stärkung der internen Corporate Governance auch eine erweiterte Unternehmenshaftung bei Kapitalgesellschaften, insbesondere aus deliktrechtlicher Sicht, betrachtet werden.

Der Beitrag der Internen Revision für die interne Corporate Governance von Banken, insbesondere für die Unternehmensorgane Vorstand und Aufsichtsrat, wird aus ökonomischer Perspektive unter dem Blickwinkel der Minimierung der asymmetrischen Informationsverteilung betrachtet. Vor diesem Hintergrund soll analysiert werden, ob die Interne Revision im dualistischen System optimal als Instrument der Geschäftsleitung verankert ist oder institutionell stärker dem Überwachungsorgan zugeordnet werden sollte, und welche Konsequenzen sich aus letzterem für eine bankinterne Corporate Governance ergeben können. Wenn die Interne Revision als *vorstandsunabhängiger* Informationsdienstleister oder als Verifizierungsinstanz für vom Vorstand erhaltene Informationen auch dem Überwachungsorgan zur Verfügung stehen kann, ist es dann überhaupt noch möglich, dass sie dem Vorstand funktional und disziplinarisch untergeordnet ist? Oder muss ihre organisatorische Einbindung, zumindest funktional, nicht stärker auf das Überwachungsorgan oder seinen Prüfungsausschuss zugeschnitten sein, um ihre und die Unabhängigkeit des Überwachungsorgans zu stärken? Dies betrifft die *unternehmerische Makroebene.* Zum anderen – so weit dies für den Gang der Untersuchung notwendig ist – wird auf die prozessualen Abläufe in der Internen Revision abgestellt. Dies ist die *unternehmerische Mikroebene.*[13] Die gewonnenen Erkenntnisse sollen in die (Revisions-) Praxis von Kreditinstituten übertragen und Vorschläge für eine Geschäftsanweisung für die Interne Revision gemacht werden.

Vor dem Hintergrund eines umfassenden Unternehmensverständnisses ist die Neue Institutionenökonomik in diese Arbeit zu integrieren. Dieser theoretische Ansatz betrachtet die institutionelle Ausgestaltung und deren Auswirkungen auf ökonomisches Handeln. Deshalb ist es nicht verwunderlich, dass der vertragstheoretische Ansatz der Neuen Institutionenökonomik der dominierende Ansatz in der wissenschaftlichen Corporate Governance-Debatte ist und somit auch für diese Arbeit eine wesentliche theoretische Grundlage bildet. Die vertrags-

13) Bezüglich der prozessualen Abläufe auf der Mikroebene, die für die strategische und operative Ausrichtung der Internen Revision von hoher Bedeutung sind, und somit auch auf die Effektivität des internen Überwachungssystems und der Corporate Governance ausstrahlen, wird beispielhaft auf das Projekt des Deutschen Sparkassen- und Giroverbandes (DSGV) zur „Zukunft der Internen Revision" Bezug genommen, bei dem der Autor dieser Arbeit mitgearbeitet hat. Vgl. Geiersbach/Patock (2007), S. 447 ff.

theoretische Perspektive gewinnt in einer globalisierten und vernetzten Umwelt auch operativ einen immer größeren Stellenwert, da bei Bankenkrisen nicht mehr nur von einer *„too big to fail“*, sondern mittlerweile auch von einer *„too connected to fail“*-Situation gesprochen werden kann. Deutlich wird dies an der Rettungsaktion der amerikanischen Investmentbank Bear Stearns im Jahr 2008 zur Vermeidung von negativen Kettenreaktionen im internationalen Finanzsystem als Folge der weltweiten Finanzmarktkrise. Damit der in Europa vorherrschende Stakeholderaspekt und die wachsende Bedeutung von Humankapital und des Produktionsfaktors „Wissen“ in einer Dienstleistungs- und Wissensgesellschaft, wie z. B. im Bankensektor, angemessen berücksichtigt werden kann, wird die institutionelle Analyseebene um organisationstheoretische Konzepte, wie den Stakeholder- und den ressourcenbasierten Ansatz, erweitert.

B. Corporate Governance und Unternehmenstheorie

„Organized control of nature in a real sense depends less on the possibility of knowing nature than it does on the possibility of knowing the accuracy of other men's knowledge of nature, and their powers of using this knowledge."[1]

Eine Beschäftigung mit dem Thema Corporate Governance erfolgt auf der Basis einer bestimmten unternehmenstheoretischen Konzeption und setzt die klare begriffliche Definition der Unternehmung[2] voraus.[3] Auch wenn in der Praxis die Institution Unternehmung bereits seit langem existiert, wurden die unternehmensinternen Beziehungen in der Ökonomie nicht immer angemessen berücksichtigt. Die theoretische Frage, die im ersten Schritt beantwortet werden muss, lautet also: Warum existieren überhaupt Unternehmen, bzw. warum werden ökonomische Aktivitäten nicht ausschließlich über den Preismechanismus der Märkte abgewickelt?

In diesem Kapitel sollen die grundlegenden Komponenten der Theorie der Unternehmung aus verschiedenen theoretischen Blickwinkeln dargestellt werden. Aufbauend auf dem Unternehmensbegriff wird anschließend der Terminus Corporate Governance definiert. Außerdem sollen die Grundlagen und Entwicklungstendenzen des Shareholder- und des Stakeholder-Paradigmas der Corporate Governance untersucht werden.

1. Theorie der Unternehmung und Überwachung

„... a control which tends to move further and further away from ownership and ultimately to lie in the hands of the management itself, a management capable of perpetuating its own position."[4]

Adolph A. Berle und *Gardiner C. Means* hatten bereits im Jahr 1932 die Frage nach der effektiven Kontrollfunktion von Minderheitsaktionären bei Publikumsgesellschaften angestoßen und auf die de facto Eigenkontrolle durch das Management hingewiesen, die sich aus der Trennung von Eigentum (Aktionäre) und Kontrolle (sog. Managementkontrolle[5]) ergibt.[6] Das Kernproblem hierbei ist nicht die formale Trennung von Eigentum und Verfügungsgewalt, sondern ein sich verselbstständigendes Management, das seine eigenen, von den Eigentümern abweichenden, Ziele verfolgt und in der Regel kaum an den von ihnen geleiteten Unternehmen beteiligt ist.[7] Verstärkt wird diese Situation aufgrund der bei vielen Publikumsgesellschaften zu beobachtenden Situation einer atomistischen Eigentümerstruktur. Für den einzel-

---

1) Vgl. Knight (1921), S. 292 f.

2) In dieser Arbeit werden die Begriffe „Unternehmen", „Unternehmung" und „Firma" synonym verwendet.

3) So auch *Zingales*: *„Before we can discuss how a firm should be governed, we need to define what a firm is."* Vgl. Zingales (1998), S. 4.

4) Vgl. Berle/Means (1932), S. 116.

5) Wenn *„ownership is sufficiently sub-divided, the management can thus become a self-perpetuating body even though its share in the ownership is negligible"*. Diese Form von Kontrolle bezeichnen *Berle* und *Means* als sog. „management control". Vgl. Berle/Means (1932), S. 82. Die Managementkontrolle setzt Eigentumsstrukturen voraus, die eine effektive Eigentümerkontrolle verhindern, und somit relativ größere Freiräume verschaffen als Eigentumsstrukturen, die die Kontrolle durch die Eigentümer sichern. Vgl. Adam (1987), S. 76; ebf. Schauenberg (2005), S. 21.

6) Hierzu schrieben *Berle* und *Means*: *„AS THE OWNERSHIP of corporate wealth has become more widely dispersed, ownership of that wealth and control over it have come to lie less and less in the same hands. Under the corporate system, control over industrial wealth can be and is being exercised with a minimum of ownership interest."* Vgl. Berle/Means (1932), S. 66 ff.

7) Vgl. Marks (2000), S. 693.

nen Aktionär bestehen somit nur sehr geringe bis keine Anreize zur Ausübung einer Kontrolle (rationale Apathie) und es kommt bei den Aktionären zu dem sog. Trittbrettfahrerproblem.[8] Eine Einflussnahme der Eigentümer ist aufgrund der mangelnden Kontrollanreize für den Einzelnen gar nicht oder nur indirekt über das Aufsichtsorgan möglich.

Mangelnde oder unwirksame Überwachungsmechanismen können aufgrund der Interessenkonflikte zu folgenden Managementfehlern führen und sich negativ auf das Unternehmen auswirken:[9]

- Bei fehlenden positiven oder negativen Anreizen gibt es keinen Anlass zu besonderer Leistung („shirking of managers").
- Das Management ist für die erforderlichen Aufgaben überfordert oder ungeeignet.
- Es kann zu strafrechtlich oder sonstigen treuwidrigen Verhalten kommen, z. B. in der Form von dem sog. „self-dealing".
- Manager führen unbeobachtete Handlungen durch oder sie unterdrücken bzw. verfälschen relevante Informationen, um ihre künftigen internen oder externen Karrierechancen nicht zu gefährden (sog. Career-Concerns-Problem).[10]
- Es besteht die Möglichkeit zur Abschottung vor Kontrollen.

Trotz aller Kritik an der Trennung von Eigentum und Kontrolle sowie des möglichen diskretionären Handlungsspielraums der Unternehmensleitung ist allerdings darauf hinzuweisen, dass insbesondere bei Publikumsgesellschaften die Funktionsaufspaltung des Eigentums in Verfügungsrechte, also das Leitungsrecht des Unternehmensmanagements, und in Eigentumsrechte ökonomisch grundsätzlich effizient ist, insbesondere bei freiwilliger Übertragung der Property Rights.[11] Publikumsgesellschaften können aufgrund ihrer Struktur signifikante Skalenerträge (economies of scale) und Spezialisierungsvorteile aus der Funktionsaufspaltung erzielen.[12] Diesen bedeutenden Vorteilen der freiwilligen Abtretung der Verfügungsrechte in Form des Leitungsrechts sind allerdings die Effizienzverluste durch diskretionäres Managerverhalten gegenüber zustellen. Um Letzteres zu minimieren, kann die Disziplinierung des Managements durch externe Kontrollen, z. B. durch den Kapitalmarkt oder durch den Abschlussprüfer, oder durch interne Überwachung, wie z. B. durch den Aufsichtsrat oder seine Ausschüsse, erfolgen.[13]

---

8) Bei Gesellschaften mit Streubesitz ist es für das einzelne Wirtschaftssubjekt rational, sich als Trittbrettfahrer zu verhalten und keine eigene Unternehmenskontrolle auszuüben. Allerdings lohnt es sich für einen Kleinaktionär, die Überwachung kollektiv an ein institutionalisiertes Überwachungsorgan zu delegieren. Vgl. Portisch (1997), S. 95 ff.

9) Vgl. Baums (1994), S. 2 f.; ebf. Tirole (2006), S. 16 f., insbesondere zur Moral Hazard-Thematik bei Managern. Zur Darstellung der Nutzenfunktion von Unternehmensmanagern wird auf Adam (1987), S. 18 ff., verwiesen.

10) Vgl. Kräkel (2007), S. 87.

11) Zur Kritik an der Anwendung der Property-Rights-Theorie auf die Unternehmenstheorie, hier insbesondere an der Funktionsaufspaltung, vgl. Kaulmann (1987), S. 49 ff., und die dort aufgeführten Literaturhinweise.

12) Vgl. Demsetz (1967), S. 518; ebf. Adam (1987), S. 116 ff.

13) Vgl. Osterloh/Frey (2005), S. 6. Nach *Posner* ist es aber nicht weiter verwunderlich, dass die Aktionäre als Eigentümer nicht die Kapitalgesellschaft leiten oder kontrollieren, da sie lediglich ein reines finanzielles Interesse an ihrer Investition haben: „*The typicale shareholder (...) is a passive investor and, because of the li-*

1.1 Grundkonzept der Neuen Institutionenökonomik

„Akzeptieren wir, dass Unwissen und Eigennutz im menschlichen Verhalten eine Rolle spielen, dann ist die zweitbeste Welt die beste, die wir erreichen können."[14]

Die Neue Institutionenökonomik[15] ist der dominierende Ansatz innerhalb der wissenschaftlichen Corporate Governance-Literatur. Corporate Governance fokussiert sich hier im Wesentlichen auf die Probleme, die aus der organisatorischen Trennung von Eigentum und Kontrolle, insbesondere bei Kapitalgesellschaften, resultieren.[16] Das Legitimationsproblem gilt zugunsten der Eigentümer als gelöst, und es steht lediglich das Organisationsproblem im Fokus. Der Markt fungiert als „Ort des Interessenausgleichs" und als Garant einer effizienten und gerechten Unternehmensverfassung.[17] Die unterschiedlichen Corporate Governance-Systeme sind danach verschiedene Verteilungsformen von Eigentums-, Informations- und Kontrollrechten auf der Basis unvollständiger Verträge an die jeweiligen Anspruchsgruppen; in diesem Fall an die Aktionäre. Handlungsempfehlungen zielen aufgrund diskretionärer Handlungsspielräume von Managern im Wesentlichen auf eine intensive Kontrolle des Managements ab.

Allerdings ist das Fehlverhalten von Managern oftmals nur die Spitze des Eisberges. Denn der nicht sichtbare Teil des Eisberges wird u. a. stark geprägt von den (Fehl-) Funktionen bzw. Ausprägungen der Corporate Governance, also letztendlich der institutionellen Konzeption.[18] Als Lösungsansatz müssen Institutionen in der Form von Überwachungs- und Sanktionsmechanismen implementiert werden, um dieses diskretionäre Eigeninteresse zu erschweren.[19] Eine optimale institutionelle Ausgestaltung ist somit eine entscheidende Voraussetzung für die Effektivität von Corporate Governance-Systemen.

In der klassischen Ökonomik ging es primär um die Funktionsfähigkeit einer Marktwirtschaft („invisible hand approach").[20] Primäres Erklärungsziel war die Akkumulation und das Wachstum einer Volkswirtschaft.[21] Einzelne Vertreter der Klassik, wie *Smith* oder *Hume*, untersuchten ansatzweise die Institutionen des Marktes, des Eigentums, des Rechts, des Staates oder der Moral. Eine systematische Analyse der Institution Unternehmung, insbesondere von

---

quidity of his interest, has only a casual and often a transitory relationship with the firm." Vgl. Posner (2003), S. 427.

14) Vgl. Franck (2002), S. 11.

15) Als Oberbegriff wurde der Terminus „New Institutional Economics" von *Oliver Williamson* mit seinem Werk „Markets and Hierarchies. Analysis and Antitrust Implications" (1975) eingeführt. Vgl. Richter (2005), S. 1 ff.

16) Vgl. Osterloh/Frey (2005), S. 5; ebf. Wentges (2002), S. 5.

17) Vgl. Gerum (2007), S. 24.

18) Vgl. Tirole (2006), S. 17. Zum Fehlverhalten von Managern schreibt *Tirole*, dass „*economists do not necessarily suggest that managers' actual behavior exhibits widespread incompetency and moral hazard. Rather, they stress both the potential extent of the problem and the endogeneity of managerial accountability. They argue that Corporate Governance failures are as old as the corporation, and that control mechanism, however imperfect, have long been in place, implying that actual misbehaviors are the tip of the iceberg whose main elements represents the averted ones*". Vgl. Tirole (2006), S. 20.

19) Vgl. Jensen/Meckling (1976), S. 305 ff.

20) Für weitere Ausführungen zu den Ideen der englischen Klassiker und ihre Wirkung auf Politik und Wissenschaft wird auf Starbatty (1985), S. 5 ff., verwiesen.

21) Vgl. Felderer/Homburg (1991), S. 23 f.

organisatorischen Problemen, fand aber nicht statt.[22] Auch in der Welt der Neoklassik mit ihrer Theorie des allgemeinen Gleichgewichts waren Fragen nach der Unternehmensstrategie und -verfassung, der innerbetrieblichen Organisation und Unternehmensführung, sowie dynamische Prozesse wie technischer Fortschritt nicht von Bedeutung.[23] Unternehmensinterne Prozesse waren in der neoklassischen Theorie irrelevant.[24] Hauptthema dieses mikroökonomischen, marginalistischen Ansatzes ist das statische Allokationsproblem mit dem Ziel der Konvergenz zum allgemeinen Gleichgewicht (Theorie eines totalen Konkurrenzgleichgewichts).[25] Die neoklassische Theorie beruht auf zwei Arten von Institutionen: die Institution des Privateigentums und die der Märkte.[26] Die Nutzung dieser beiden Institutionen ist kostenfrei. Somit sind Institutionen ohne ökonomische Wertigkeit untereinander äquivalent und austauschbar und können keine verhaltensprägenden Wirkungen ausüben.[27] Man kann auch sagen, dass die Welt der Neoklassik institutionenneutral ist.[28]

Anders als in der Welt der Neoklassik gilt in der Neuen Institutionenökonomik: Nicht der „invisible hand approach", sondern der „*visible hand approach to institutional economics*" kommt zum Tragen.[29] Die Neue Institutionenökonomik betont, dass die institutionelle Ausgestaltung, also die gegebenen Rahmenbedingungen, für ökonomisches Handeln von Bedeutung

---

22) Vgl. Feldmann (1995), S. 19 ff. Bereits im Jahr 1776 schrieb *Adam Smith*: „*The directors of such [joint stock] companies, being the managers rather of other people's money than of their own, it cannot well be expected, that they should watch over it with the same anxious vigilance with which the partners in a private copartnery frequently watch over their own. Like the stewards of a rich man, they are apt to consider attention to small matters as not for their master's honour, and very easily give themselves a dispensation from having it. Negligence and profusion, therefore, must always prevail, more or less, in the management of the affairs of such a company.*" Vgl. *Adam Smith* „An Inquiry into the Nature and Causes of the Wealth of Nation" aus dem Jahre 1776, zitiert in: Jensen/Meckling (1976), S. 305. Um die Aussagen von *Adam Smith* jedoch einordnen zu können, schreiben *Berle* und *Means*: „*When Adam Smith talked of „enterprise" he had in mind as the typical unit the small individual business in which the owner, perhaps with the aid of a few apprentices or workers, labored to produce goods for market or to carry on commerce. Very emphatically he repudiated the stock corporation as a business mechanism, holding that dispersed ownership made efficient operation impossible. ... Yet when we speak of business enterprise today, we must have in mind primarily these very units which seemed to Adam Smith not to fit into the principles which he was laying down for the conduct of economic activity.*" Vgl. Berle/Means (1932), S. 303 f. So auch *Schauenberg*, der darauf hinweist, dass sich *Adam Smith* vor allem mit Problemen von staatlich konzessionierten Gesellschaften beschäftigte, die aber nicht mit modernen Aktiengesellschaften vergleichbar sind. Vgl. Schauenberg (2005), S. 18 f.

23) Vgl. Fritsch et al. (1993), S. 14 ff.

24) Vgl. Schauenberg (2005), S. 19 f.

25) Vgl. Felderer/Homburg (1991), S. 26 f. Wesentliche Grundlage hierfür sind u. a. folgende Annahmen: Homogenität der Güter, vollständige Markttransparenz, gegebene und konstante Präferenzen, konstante Produktionstechnik, die Nichtexistenz von Transaktionskosten, eindeutig spezifizierte und zugewiesene Property-Rights sowie ein kostenloses und effizientes Rechtssystem unterstellt. Vgl. Feldmann (1995), S. 12.

26) Vgl. Schumann (1992), S. 433.

27) Vgl. Schenk (1992), S. 342.

28) Vgl. Richter (1991), S. 400.

29) Vgl. Richter (2005), S. 3 f. Die Relevanz von Institutionen wurde bereits von Vertretern der deutschen historischen Schule (z. B. *Hildebrand, Schmoller*) und des amerikanischen Institutionalismus (z. B. *Commons, Veblen*) hervorgehoben. Von Letzteren wurde zurückgewiesen, dass die sog. Neue Institutionenökonomik „*in der einen oder anderen Form*" eine Weiterentwicklung des amerikanischen Institutionalismus sei. Die die neoklassische Theorie ablehnenden amerikanischen Institutionalisten versuchen unter Zugrundelegung von normativen Prämissen, den institutionellen Rahmen pragmatisch zu gestalten. In der Neuen Institutionenökonomik sehen sie hingegen keine wesentliche Abweichung von der von ihnen kritisierten Neoklassik. Vgl. Reuter (1994), S. 6 ff.

ist. Außerdem beruhen die vertragstheoretischen Ansätze auf der Effizienzannahme und der Legitimationskraft des Marktes.[30] Die Neue Institutionenökonomik geht von den neoklassischen Hypothesen des methodologischen Individualismus[31], der Annahme konsistenter und stabiler individueller Präferenzen (Nutzenfunktion), sowie des ökonomisch-zweckrationalen Verhaltens der Individuen (i. S. einer individuellen Nutzenmaximierung unter Nebenbedingungen) aus.[32] Diese Annahmen werden um das Konzept wirtschaftlicher Anreize und um das Konzept der Transaktionskosten erweitert. Die Neue Institutionenökonomik setzt sich zum Ziel, die Verhaltenswirkungen, die Struktur, die Effizienz und den Wandel von ökonomischen Institutionen zu erklären.[33] Institutionen werden somit als endogene und nicht als exogene Größen betrachtet.[34]

Die Neue Institutionenökonomik stellt kein einheitliches Theoriengebäude dar, sondern umfasst mehrere methodologisch verwandte Ansätze, die sich ergänzen, überschneiden oder teilweise aufeinander beziehen.[35] Nach der Erläuterung des Institutionenbegriffes sollen im Folgenden die für diese Arbeit relevanten Ansätze der Neuen Institutionenökonomik – d. h., die Property-Rights-, die Prinzipal-Agenten- und die Transaktionskostentheorie – vorgestellt werden.[36] Allen drei Ansätzen gemein ist die Effizienzbetrachtung von ökonomischen Organisationen aus vertragstheoretischer Sicht.[37]

Der Begriff der „Institution"

Nach *Douglass C. North* sind Institutionen *„the rules of the game in a society or, more formally, are the humanly devised constraints that shape human interaction"*.[38] Als Institution kann man somit ein auf ein bestimmtes Zielbündel abgestelltes System von Normen – einschließlich deren Garantieinstrumente bzw. Vorkehrungen zu deren Durchsetzung – verstehen, mit dem versucht wird, das individuelle Verhalten zu beschränken, bzw. in bestimmte Richtungen zu lenken.[39] Hierbei können Institutionen formal, z. B. Verfassung, Recht, oder informal, z. B. Tradition, Normen oder Moral, sein.[40] Da von Institutionen Maßnahmen der Sanktion und der sozialen Kontrolle ausgehen, kann man sie auch als sozial sanktionierbare Erwartungen bezeichnen.[41] Die Bedeutungen von Institutionen liegen in der Reduzierung von Unsicherheit und in der Steigerung der Flexibilität.[42] Berücksichtigt man, dass ein Normen-

---

30) Vgl. Gerum (2007), S. 24.
31) Vgl. hierzu ausführlich Aufderheide (1995), S. 56 ff.
32) Vgl. Richter (1990), S. 68.
33) Vgl. Ebers/Gotsch (2006), S. 247.
34) Vgl. Williamson (2005), S. 34.
35) Vgl. Picot/Dietl/Franck (1999), S. 54 f.
36) Mithilfe der Neuen Institutionenökonomik werden auch die Institutionen im politischen Sektor analysiert. Die hierzu entwickelten Ansätze wie die Neue Politische Ökonomik oder die Verfassungsökonomik werden im Rahmen dieser Arbeit jedoch nicht weiter dargestellt. Vgl. hierzu Erlei et al. (1999), S. 307 ff.
37) Vgl. Williamson (1990b), S. 62.
38) Vgl. North (1990), S. 3.
39) Vgl. North (1984), S. 8; ebf. Richter (1994), S. 2.
40) Vgl. North (1991), S. 97.
41) Vgl. Dietl (1993), S. 37. Ähnlich *Voigt*, nach dem Institutionen, in Anlehnung an *Ostrom*, aus einer Regel- und einer Sanktionskomponente bestehen. Vgl. Voigt (2002).
42) Vgl. Dietl (1993), S. 95 ff.

system nicht frei von ethischen und ideologischen Einflüssen ist, übertragen sich diese auch auf Institutionen.[43]

Als *Organisationen* werden Institutionen einschließlich der daran beteiligten Personen bezeichnet.[44] Eine Organisationsstruktur ist definiert als die Gesamtheit aller organisatorischen Regeln und Instrumente eines Unternehmens.[45] Hierdurch werden unternehmensinterne Beziehungen und Handlungsspielräume definiert. Die folgende Abbildung B.1 gibt einen Überblick über die Zusammenhänge von unterschiedlichen Ebenen von Institutionen:[46]

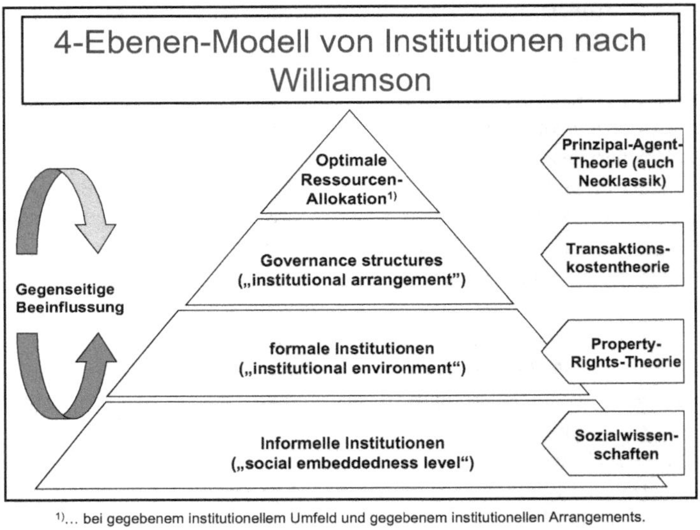

Abbildung B.1: 4-Ebenen-Modell von Institutionen nach Williamson

1.1.1 Property-Rights-Theorie

Den Ausgangspunkt bildet die Erkenntnis, dass der Wert von knappen Gütern nicht nur von ihren physischen Eigenschaften abhängt, sondern auch durch institutionelle Rahmenbedingungen bestimmt wird.[47] Die Property-Rights-Theorie zeigt, dass ökonomische und rechtliche Fragen nicht unabhängig voneinander beantwortet werden können, sondern dass die wirt-

43) Vgl. North (1984), S. 10.

44) *Schmoller* nennt die Organisation auch „*die persönliche Seite der Institution*"; vgl. Richter/Furubotn, S. 8.

45) Vgl. Bodenmann (2005), S. 51 f. Zur Einordnung des Organisationsbegriffes in der Betriebswirtschaftslehre wird auf Picot/Dietl/Franck (1999), S. 28 ff., verwiesen.

46) In Anlehnung an Wentges (2002), S. 20.

47) Vgl. Dietl (1993), S. 56 f. Eine einheitlich akzeptierte Übersetzung für den Begriff „Property Rights" gibt es nicht. So werden in der Literatur verschiedene Übersetzungen verwendet, wie z. B. Eigentums-, Verfügungs- oder Handlungsrechte, bzw. alternativ der englische Terminus beibehalten. Vgl. bereits Michaelis (1985), S. 41. In dieser Arbeit werden die Begriffe Property-Rights und Verfügungsrechte synonym verwendet.

schaftlichen Auswirkungen von rechtlichen Änderungen auch ökonomisch beurteilt werden müssen.[48]

Grundlagen und Annahmen

Durch die an einem Gut bestehenden Verfügungsrechte wird festgelegt, in welcher Art und Weise legitimerweise über die Ressource verfügt werden kann. Diese mit einem Gut verbundenen Rechte werden als Property-Rights bezeichnet.[49] Von Bedeutung für die Property-Rights-Theorie ist die Annahme der individuellen Nutzenmaximierung, sowie die Berücksichtigung von externen Effekten und Transaktionskosten.[50] So unterstellt die Annahme der individuellen Nutzenmaximierung ein zielorientiertes Handeln der Wirtschaftssubjekte im Eigeninteresse, wobei sowohl materielle als auch immaterielle Ziele in die Nutzenfunktion eingehen können.[51] Externe Effekte sind im Zusammenhang mit Property-Rights insofern relevant, als diese dort auftreten, wo eine eindeutige Zuordnung der Handlungsfolgen auf den einzelnen nicht mehr möglich ist.[52] Die Zuordnung der Handlungsfolgen bzw. Internalisierung der externen Effekte ist aber abhängig von der Property-Rights-Struktur.[53] Sind die Property-Rights wegen zu hoher Transaktionskosten nicht vollständig spezifiziert und lassen sich somit nicht auf einzelne Personen zuordnen, kommt es zu Externalitäten.[54] Die Wirtschaftssubjekte werden eine Internalisierung externer Effekte dann als sinnvoll betrachten, wenn der Nutzen der Internalisierung deren Transaktionskosten übersteigt.[55] Es ist festzuhalten, dass als Effizienzkriterium die Höhe der Transaktionskosten und die Auswirkungen der externen Effekte für die Beurteilung verschiedener Property-Rights-Verteilungen bzw. zur Internalisierung externer Effekte zu betrachten sind.[56]

Hauptaussagen

Die zentrale Aussage des Property-Right-Ansatzes ist, dass die Ausgestaltung von Verfügungsrechten Einfluss auf die Allokation und Nutzung von wirtschaftlichen Ressourcen in

---

48) Vgl. Picot/Dietl/Franck (1999), S. 56.

49) Vgl. Ebers/Gotsch (2006), S. 248. Diese können weiter untergliedert werden in die Rechte, die Ressource zu nutzen (usus), die Erträge einzubehalten (usus fructus), die Form und Substanz zu verändern (abusus), sowie sie alle oder einzeln auf andere zu übertragen und das Recht, die Ressource zu veräußern und den Liquidationserlös zu vereinnahmen. Vgl. Schenk (1992), S. 350; ebf. Picot/Dietl/Franck (1999), S. 55.

50) Vgl. Dietl (1993), S. 58.

51) Vgl. Ebers/Gotsch (2006), S. 249; ebf. Leipold (1978), S. 518.

52) Externe Effekte sind also die unkompensierten Nutzenveränderungen, die ein Wirtschaftssubjekt durch seine Handlungen bei anderen Wirtschaftssubjekten auslöst. Bei Nutzenmehrung handelt es sich um positive externe Effekte, bei Nutzenminderung dagegen um negative externe Effekte. Vgl. hierzu Picot/Dietl/Franck (1999), S. 57 ff.

53) Vgl. Dietl (1993), S. 58 f. Die Problematik des Zusammenhangs von der Zuordnung externer Effekte und von Property-Rights geht im Wesentlichen auf den Aufsatz von *Coase* (1960) „The Problem of Social Cost" zurück. *Coase* hat auf die Bedeutung von rechtlichen Regelungen und die von ihnen abhängende Höhe der Transaktionskosten für die Effizienz der Güterallokation hingewiesen. Vgl. Coase (1960); ebf. Leipold (1978), S. 519.

54) Vgl. Richter (1994), S. 14; ebf. Dahlman (1979), S. 161.

55) Vgl. Dietl (1993), S. 63. Somit reicht allein die Existenz von externen Effekten nicht aus, um die daraus resultierende Faktorallokation als ineffizient zu bezeichnen. Vgl. Ebers/Gotsch (2006), S. 252.

56) Vgl. Dietl (1993), S. 63.

spezifischer und vorhersehbarer Weise hat.[57] Die Entscheidungen von Wirtschaftssubjekten können durch finanzielle Anreize gelenkt werden.[58] Aus Sicht der Wirtschaftssubjekte kann man sagen, dass diese bei gegebenen institutionellen Rahmen solche Property-Rights-Strukturen etablieren und solche Formen der Ressourcennutzung wählen, die ihren Nettonutzen maximieren.[59] In diesem Zusammenhang ist ceteris paribus der aus der Verfügung über die Ressource realisierbare Nettonutzen umso geringer, je höher die Transaktionskosten der Property-Rights und/oder je „verdünnter" die Property-Rights an einem Gut sind.[60]

Unternehmenstheoretischer Ansatz von Alchian und Demsetz

Als Eigentümer eines Unternehmens werden Personen bezeichnet, die folgende, durch die Rechtsordnung geschützte subjektive Rechte an einem Unternehmen haben: Das Recht, das Unternehmen zu kontrollieren, das Recht, die Residualeinkünfte zu vereinnahmen und das Recht, die ersten beiden Rechte frei an Dritte zu veräußern.[61] Hierbei handelt es sich um formale Rechte, die auf verschiedene Faktoreigentümer verteilt sein können.[62] Eine effiziente Situation stellt sich ein, wenn diejenigen, die die Risikoverantwortung übernehmen, auch die Kontrollrechte an dem Unternehmen besitzen.[63] Ziel der Unternehmensgestaltung ist die Ableitung einer Verfügungsrechtsstruktur, die einen Konflikt zwischen den unterschiedlichen Interessen der beteiligten Parteien minimiert.[64] *Alchian* und *Demsetz* haben gezeigt, dass ein Unternehmen nicht mehr als Produktionsfunktion im Sinne der neoklassischen Theorie zu verstehen ist, sondern als ein Netzwerk von Verträgen.[65] Die Unternehmung wird als Kontrollsystem und als Verteilung von Verfügungsrechten verstanden. Sie gehen von dem Prinzip der Einheit von Kontrolle und Risiko aus. Alle weiteren Interessengruppen, wie z. B. Mitarbeiter, Kunden, Lieferanten, sind vom unternehmerischen Risiko befreit; sie sind vertraglich vollständig abgesichert und erhalten ein festes, vereinbartes Kontrakteinkommen.[66] Wesentlich ist, dass bei positiven Transaktionskosten eine Spezialisierung des Unternehmers auf die Überwachung der Teammitglieder ökonomisch sinnvoll ist.[67] Das „klassische" Unternehmen entsteht somit als institutionelle Ausgestaltung zur effizienten Organisation von Teamproduk-

---

57) Vgl. Richter (1994), S. 15.
58) Vgl. Richter (1994), S. 15.
59) Vgl. Ebers/Gotsch (2006), S. 250.
60) Die Property-Rights an einem Gut sind umso „verdünnter", je weiter diese verteilt sind und je stärker die Nutzungsmöglichkeiten institutionell eingeschränkt sind. Vgl. Furubotn/Pejovich (1972), S. 1140.
61) Vgl. Richter/Furubotn (1996), S. 372 f.
62) Vgl. Hansman (1988), S. 269.
63) Vgl. Wentges (2002), S. 78.
64) Vgl. Richter/Furubotn (1996), S. 373.
65) Vgl. Alchian/Demsetz (1972), S. 777 ff.
66) Vgl. Göbel (2002), S. 220. *„The relationship of each team member to the owner of the firm ... is simply a „quid pro quo" contract. Each makes a purchase and sale".* Alchian/Demsetz (1972), S. 783. Unter der Annahme von vollständigen Vertragsverhandlungen werden alle Vertragsarten – egal ob Kauf- oder Arbeitsvertrag – gleich behandelt. Weiterhin wird angenommen, dass der Arbeitsvertrag von beiden Seiten jederzeit kündbar ist, und langfristige Verträge kein essentieller Bestandteil einer Unternehmung sind.
67) Vgl. Erlei et al. (1999), S. 70.

tion und als Lösungsansatz für das sog. Drückeberger-Problem.[68] Die Berücksichtigung von Autorität oder Macht zur Lösung von Problemen findet jedoch nicht statt.[69]

Bei der Teamproduktion[70] kann der Faktoreinsatz aller Teammitglieder nur mit Kosten überwacht werden. Es kommt zu einer unvollkommenen Kontrolle des Leistungs- und Qualitätsinputs, sodass jedes einzelne Teammitglied einen Anreiz hat, sich persönliche Vorteile auf Kosten der anderen zu verschaffen. Eine Möglichkeit zur Reduzierung dieses Drückeberger-Problems („shirking") ist der Einsatz eines spezialisierten Überwachers („monitor"). D. h., einem Teammitglied werden Entscheidungs- und Kontrollrechte eingeräumt.[71] Als Monitor soll das Teammitglied bestimmt werden, dessen diskretionäres Verhalten den Output am stärksten beeinflusst.[72] Es stellt sich dann aber die Frage, wer überwacht den „Monitor"?[73] *Alchian* und *Demsetz* entwickelten hierfür einen Lösungsansatz, bei dem der Überwacher den Nettogewinn der Teamproduktion (Residualeinkommensrechte) zugewiesen bekommt und somit zum (Einzel-) Unternehmer wird.[74] Die Unternehmensform der Aktiengesellschaft ist mit dem Ansatz von *Alchian* und *Demsetz* aber nicht mehr uneingeschränkt erklärbar. Die bei Aktiengesellschaften typische Trennung von Eigentum und Unternehmensmanagement ist hiernach nicht als optimal zu beurteilen, da den angestellten Unternehmensmanagern kein Residualeinkommen zufließt. Folglich wird dieser Ansatz aufgrund seiner restriktiven Annahmen, der starken Einengung des Unternehmensbegriffes und fehlender Möglichkeiten von hierarchischen Kontrollmechanismen nicht weiter verwendet.[75]

Unternehmenstheoretischer Ansatz von Grossman, Hart und Moore

Der von *Grossman*, *Hart* und *Moore* weiterentwickelte Ansatz der Property Rights-Theorie untersucht auf Basis der Theorie unvollständiger Verträge die Wirkung von residualen Kontrollrechten[76] von Personen, die unternehmensspezifisches Nicht-Humankapital in das

---

68) Vgl. Wentges (2002), S. 29. *Alchian* und *Demsetz* betrachten Unterschiede „*in shirking opportunities to understand the organization of the firm, not differences in transaction cost*". Vgl. Demsetz (1991), S. 167.

69) Werden Unternehmen bei *Coase* als hierarchische Gebilde betrachtet, so ist für *Alchian* und *Demsetz* das entscheidende Unternehmensmerkmal die Teamproduktion. Vgl. Wentges (2002), S. 27; ebf. Alchian/Demsetz (1972), S. 778 ff.

70) Teamproduktion ist „*production in which 1) several types of resources are used and 2) the product is not a sum o separable outputs of each cooperating resources. An additional factor creates a team organization problem – 3) not all resources used in team production belong to one person*". Vgl. Alchian/Demsetz (1972), S. 779.

71) Vgl. Picot/Dietl/Franck (1999), S. 64 f.

72) Dies können z. B. Bankmitarbeiter sein (Träger von Humankapital), da ihr Input schwer zu kontrollieren ist, und diesem ein entscheidender Einfluss für den unternehmerischen Erfolg eines Instituts zukommt. Vgl. Picot/Dietl/Franck (1999), S. 65.

73) Vgl. Alchian/Demsetz (1972), S. 781.

74) Vgl. Demsetz (1967), S. 518. In der Praxis könnte dem Überwacher ein Teil seiner Vergütung als variabler Bestandteil ausgezahlt werden, der z. B. vom Unternehmenserfolg abhängig ist.

75) Zu einem späteren Zeitpunkt sieht *Demsetz* aber „*specialization, continuity of association, and reliance on direction*" als „*characteristics of firm-like coordination*". Demsetz (1991), S. 171. Zur Interpretation vgl. Williamson (1991b), S. 10.

76) Residuale Kontrollrechte sind „*all the rights except those specifically mentioned in the contract*". Vgl. Grossman/Hart (1986), S. 692.

Unternehmen eingebracht haben.[77] Die Unternehmung wird verstanden als eine Ansammlung der gemeinsam genutzten physischen Vermögensgegenstände.[78] Sie wird als ein Gebilde angesehen, das durch ein gemeinsames Eigentum an „*non-human assets*" ökonomisch zusammengehalten wird.[79] Das Eigentum an einem Vermögensgegenstand wird durch den Besitz des residualen Kontrollrechts definiert.[80] Der Begriff des Eigentums hat somit wieder eine Bedeutung bekommen.[81] Eine vollständige Vertragsformulierung ist ex ante nicht möglich, z. B. aufgrund der Unsicherheit über die zukünftige, nicht genau vorhersehbare Umweltentwicklung.[82] Es stellt sich dann die Frage, wie die residualen Kontrollrechte bei unvollständigen Verträgen spezifiziert und verteilt werden können. Allerdings wird dieser *enge* Ansatz ebenfalls nicht weiter verfolgt, da er den Nachteil hat, dass „*other stakeholder, other than the owner of physical assets, from being important to our understanding of the firm*", ausgeschlossen werden.[83]

1.1.2 Transaktionskostentheorie

> *„From the birth of modern economics in 1776 ... only two works seem to have been written about the theory of the firm that have altered the perspectives of the profession - Knight's Risk, Uncertainty, and Profit .. and Coase's „The Nature of the Firm" .. .*"[84]

Die Transaktionskostentheorie untersucht die Gestaltung von effizienten, institutionellen Koordinationsmechanismen für ökonomische Austauschbeziehungen unter Berücksichtigung der Transaktion als Basiseinheit.[85]

Grundlagen und Annahmen

Die Existenz von Unternehmen als weitere Koordinationsform neben Märkten erklärt sich dadurch, dass, im Gegensatz zu den Annahmen der neoklassischen Modelle, der Preismechanismus der Märkte nicht frei von Kosten ist.[86] Allerdings ist auch die Koordination innerhalb von Unternehmen nicht frei von Kosten, sodass eine Substitution von marktüblichen durch unternehmensinterne Transaktionen marginalanalytisch zu bewerten ist.[87] D. h., die optimale

---

77) Vgl. Richter/Furubotn (1996), S. 363 f.; ebf. Grossman/Hart (1986), S. 691 ff. Eine zusammenfassende Darstellung findet sich bei Wentges (2002), S. 49 ff.

78) Vgl. Wentges (2002), S. 49.

79) Vgl. Schmidt (1998), S. 14.

80) Vgl. Grossman/Hart (1986), S. 691 f.; ebf. Wentges (2002), S. 54 f.

81) Vgl. Deffains/Demougin (2006), S. 7; ebf. Zingales (1998), S. 4.

82) Vgl. Dilger/Frick/Speckbacher (1999), S. 6 f.

83) Vgl. Zingales (1998), S. 5; ebf. Rajan/Zingales (1996), S. 1.

84) Vgl. Demsetz (1991), S. 159.

85) Vgl. Williamson (1991a), S. 91. Den Ausgangspunkt der Transaktionskostentheorie bildet der Aufsatz „The Nature of the Firm" von *Ronald Coase* aus dem Jahr 1937, indem er die Frage stellte, „*why is there any organization*"? Vgl. Coase (1937), S. 19. Die zweite Frage, die *Coase* in diesem Zusammenhang stellte lautete: „*why is not all production carried on by one big firm?*" Das ist spiegelbildlich die Frage nach der Existenz von Märkten bzw. die Frage nach der Firmengröße. Vgl. hierzu auch Pies (2000), S. 5.

86) Vgl. Bössmann (1981), S. 668. Ausgehend von dem vertragstheoretischen Konzept sollte man nicht sagen, „*that a „firm" supersedes „the market". Rather, one type of contract supersedes another type*". Vgl. Cheung (1983), S. 10.

87) Vgl. Schumann (1987), S. 213. *Coase* betreibt durch die Dichotomie Markt – Unternehmen eine starke Vereinfachung der Koordinationsformen. Von *Williamson* wird diese Dichotomie durchbrochen und um hybride Koordinationsformen erweitert. Die folgenden Ausführungen beziehen sich auf das breitere Koordinations-

Substitution bzw. Unternehmensgröße ist erreicht, wenn die Grenzkosten der Nutzung des Hierarchiemechanismus den Grenzkosten für die Nutzung des Marktmechanismus entsprechen.[88] Neben den Transaktions- werden auch die Produktionskosten betrachtet. Letztere fallen bei der Erstellung des auszutauschenden Gutes an und werden durch die bestehende Produktionstechnik vorgegeben.[89] Für die Bewertung von institutionellen Arrangements wird als Effizienzkriterium die Summe der Produktions- und Transaktionskosten zugrunde gelegt, die zu minimieren ist.

Die Transaktionskostentheorie geht von gegebenen Property-Rights aus und erkennt die Bedeutung von ex ante Anreizordnungen an, betont aber, dass Verträge ex ante nur unvollständig ausgehandelt werden können.[90] Somit werden die Institutionen zur Stützung des Vertrages ex post relevant. Ferner wird die Wirksamkeit des Rechtszentralismus bezweifelt und eine außergerichtliche Regelung bevorzugt.[91]

Nach der Definition der Begriffe Transaktion und Transaktionskosten sollen im Folgenden die Verhaltensannahmen, die Dimensionen von Transaktionen und der Governance-Structure-Ansatz[92] als theoretische Grundlagen des Transaktionskostenansatzes dargestellt werden.

Transaktion und Transaktionskosten

Geht man zunächst davon aus, dass nicht der Güteraustausch selbst, sondern die diesem zugrunde liegende, zeitlich und logisch vor verlagerte Übertragung von Verfügungsrechten vorausgeht, so ist eine *Transaktion* als Übertragung dieser Verfügungsrechte zu bezeichnen.[93] Transaktionen finden in einem institutionellen Rahmen statt und sind nicht isoliert zu betrachten.[94] Als *Transaktionskosten* kann man diejenigen Kosten bezeichnen, die bei der Bestimmung, Übertragung und Durchsetzung von Verfügungsrechten entstehen.[95] Hierbei kann es

---

konzept von *Williamson*. Vgl. auch Bössmann (1981), S. 672.

88) Vgl. Erlei et al. (1999), S. 66 f.; ebf. Coase (1991).

89) Vgl. Michaelis (1985), S. 83.

90) Vgl. Williamson (1990a), S. 33; ebf. Williamson (1990b), S. 67.

91) Vgl. Williamson (1993), S. 9 f. *Williamson* bezieht sich hier auf *Llewellyn*, der bereits im Jahr 1931 schrieb: „*... the major importance of legal contract is to provide a frame-work ...*". Vgl. Llewellyn (1931), S. 736.

92) Der Begriff „Governance-Structure" wird in der Literatur synonym mit den Bezeichnungen Beherrschungs- und Überwachungssysteme, Koordinationsformen oder -strukturen verwendet. Vgl. Picot (1982), S. 273; ebf. Williamson (1990a), S. 81. Nach *Williamson* ist der Begriff Governance „*not restricted to polar forms. All modes of organization within which (or with the support of which) transactions are managed come under scrutiny*". Als Arten von Governance kommen Markt, Hybrid und Hierarchie in Betracht. Vgl. Williamson (2003), S. 17 f.

93) Vgl. Picot/Dietl (1990), S. 178. Diese Begriffsbestimmung geht auf *Commons* zurück. Im Gegensatz zu dieser auf interagierende Wirtschaftssubjekte abstellenden Definition liegt für *Williamson* die Schnittstelle zwischen technologisch separierbaren Aktivitäten. Als eine Transaktion versteht *Williamson*, „*wenn ein Gut oder eine Leistung über eine technisch trennbare Schnittstelle hinweg übertragen wird. Eine Tätigkeitsphase wird beendet, eine andere beginnt*". Vgl. Williamson (1990a), S. 1. Für die Bedeutung dieser unterschiedlichen Definitionen wird auf Domrös (1994), S. 67, verwiesen.

94) Vgl. Picot (1982), S. 269.

95) Vgl. Picot/Dietl (1990), S. 178. Eine einheitliche Begriffsbestimmung für Transaktionskosten besteht aber nicht. *Coase* selber spricht von „*costs of using the pricing mechanism. ... These costs have come to be known as transaction costs*". Vgl. Coase (1991). *Arrow* definierte im Jahre 1969 Transaktionskosten als „*costs of running the economic system*", worauf sich Williamson später bezieht. Vgl. Williamson (1990a), S. 21. *Williamson* hat bei den Transaktionskosten eine vertragstheoretische Sichtweise; sie sind als Kosten vertraglicher Beziehungen zu sehen. Die Verträge können explizit oder implizit zwischen den Parteien geschlossen

sich um ex ante-Transaktionskosten handeln, die vor Vertragsabschluss entstehen, wie Such- und Informationskosten für die Vertragsanbahnung sowie Verhandlungs- und Entscheidungskosten für den eigentlichen Vertragsabschluss.[96] Außerdem sind ex post-Transaktionskosten, die nach Vertragsabschluss entstehen, wie Kosten der Überwachung, Durchsetzung und Anpassung von Leistungspflichten, zu berücksichtigen.[97]

Verhaltensannahmen

Der Transaktionskostenansatz berücksichtigt drei Verhaltensannahmen.

Die erste Annahme ist im Sinne von *Simon* eine beschränkte Rationalität der Wirtschaftssubjekte. Danach beabsichtigen diese zwar rational zu handeln, aber dies ist ihnen nur in begrenztem Maße möglich.[98] Die Ursachen liegen zum einen in der begrenzten Informationsverarbeitungskapazität, zum anderen werden hierfür kommunikative Probleme verantwortlich gemacht.[99] Zweitens wird ein opportunistisches Verhalten der Wirtschaftssubjekte angenommen. Diese beiden Verhaltensannahmen können als notwendige Voraussetzung für institutionelle Gestaltungsprobleme angesehen werden, da Verträge aufgrund der begrenzten Rationalität unvollständig sind und bei der nachträglichen Vertragsanpassung opportunistisches Verhalten zu berücksichtigen ist.[100] Die dritte Verhaltensannahme besteht in der Risikoneutralität der Vertragspartner.[101]

Dimensionen von Transaktionen

Die Dimensionen von Transaktionen werden nach der Faktorspezifität, nach der Unsicherheit und nach der Häufigkeit unterschieden.

Die *Faktorspezifität* knüpft an den Wiederverwendbarkeitsgrad eines bestimmten Vermögensobjektes in unterschiedlichen Verwendungen und bei von einander abweichenden Nutzern an, ohne dass der Produktionswert sich jedoch verringert.[102] Die Faktorspezifität hängt eng mit dem Begriff der Quasi-Rente zusammen. Als Quasi-Rente von gebundenem Kapital bezeichnet man den Mehrertrag eines spezialisierten Produktionsfaktors in seiner gegenwärtigen Verwendung über den in seiner nächstbesten Verwendung.[103] So ist der Spezifitätsgrad einer Ressource umso höher, je geringer die Opportunitätskosten und je größer der Wert der ihr beizumessenden Quasi-Rente ist. Als Arten von Faktorspezifität sind die Standort-, die Sachkapital- und die Humankapitalspezifität sowie kundenspezifische Vermögensgegenstände

werden. Vgl. Williamson (1990a), S. 20.

96) Vgl. Richter (1990), S. 72 f.

97) Vgl. Richter (1994), S. 6.

98) Ihr Handeln ist „... *intendedly rational, but only limitedly so*“. Vgl. Simon (1961), S. XXIV. Nach *Williamson* sind „*human actors .. thus neither non-rational nor irrational but are attempting effectively to cope*“. Vgl. Williamson (2005), S. 17. Bezogen auf komplexe Vertragsstrukturen bedeutet dies, dass „*the fundamental problem posed by bounded rationality is that all complex contracts are unavoidably incomplete*“. Vgl. Williamson (2003), S. 11.

99) Vgl. Picot/Dietl (1990), S. 179.

100) Vgl. Williamson (1993), S. 7 ff. In diesem Fall spricht *Williamson* von „*ernsthaften Vertragsschwierigkeiten*“. Vgl. Williamson (1990a), S. 76.

101) Vgl. Ebers/Gotsch (2006), S. 280.

102) Vgl. Williamson (1993), S. 13.

103) Vgl. Schumann (1992), S. 388.

oder Markennamen zu nennen.[104] Der Faktorspezifität kommt für die Beurteilung des ex post-Wettbewerbs eine wichtige Bedeutung zu.[105] Werden spezifische Investitionen getätigt, so kann in einem erneuten Bietprozess der Erstersteller Vorteile gegenüber seinen ursprünglichen Mitbewerbern erlangen, insbesondere durch die Humankapitalspezifität. Im Laufe der Zeit kommt es durch die spezifische Investition einer Partei somit zu einem Wechsel der Marktform (sog. „fundamentale Transformation").[106] Die gegenseitige Abhängigkeit der Parteien wächst mit dem Spezifitätsgrad und vergrößert, aufgrund unvollständiger Verträge, die Gefahr der opportunistischen Abschöpfung der Quasi-Rente durch einen Vertragspartner. Es kommt zu einer restriktiven Bindung an den Vertragspartner, den sog. Lock-in-Effekt.[107] Nach Vertragsabschluss eröffnet sich hierdurch die Möglichkeit zum Hold-up (Raubüberfall).[108] So kann im Rahmen von vertraglichen Neuverhandlungen eine Partei versuchen, die transaktionsspezifische Quasi-Rente der Gegenpartei zu ihren Gunsten zu vereinnahmen. Die Aussicht auf Erfolg ist auch relativ hoch, da die getätigten spezifischen Investitionen als äquivalente „sunk costs" (versunkene Kosten) zu sehen sind und für den Investor somit zum Nachverhandlungszeitpunkt entscheidungsirrelevant sind.[109] Es besteht die Gefahr, dass der potenzielle Investor diese Probleme antizipiert und spezifische Investitionen nur in einem suboptimalen Umfang tätigt. Erforderlich werden somit Beherrschungs- und Überwachungssysteme, wie z. B. in Form einer vertikalen Integration, um die Ausbeutung der Quasi-Rente zu vermeiden.[110]

Bei der Annahme von *Unsicherheit* wird zwischen parametrischer Unsicherheit und Verhaltensunsicherheit unterschieden.[111] Erstere bedeutet eine Unsicherheit über die situativen Bedingungen der Transaktion, und dass nicht alle zukünftigen Umstände bestimmbar sind.[112] Letztere, die Verhaltensunsicherheit, wird auf Opportunismus[113] zurückgeführt.[114] Die Unsicherheit verstärkt das bereits durch die beschränkte Rationalität bestehende Problem der unvollständigen Verträge.

---

104) Vgl. Williamson (1993), S. 14.

105) Nach *Williamson* ist es der Grad der Faktorspezifität, der die Vertragsmodelle „Konkurrenz" und „Kontrolle" unterscheidet. Vgl. Williamson (1990a), S 48.

106) Vgl. Williamson (1990a), S. 70 ff. Tätigt eine Vertragspartei spezifische Investitionen, so bildet sich aus der Marktform eines beidseitigen Polypols *vor* der Investition die Marktform eines Monopsons (Monopols) *nach* der spezifischen Investition. Führen beide Vertragsparteien spezifische Investitionen durch, so entsteht die Marktform eines bilateralen Monopols. Vgl. Erlei et al. (1999), S. 182.

107) Vgl. Williamson (1990a), S. 61.

108) Dies ist opportunistisches Ausnutzen von Vertragslücken bei spezifischen Investitionen. Vgl. Spremann (1990), S. 568.

109) Vgl. Erlei et al. (1999), S. 183.

110) *„Vertikale Integrationen werden umso eher das Mittel der Wahl sein, je größer die Zukunftsunsicherheit und je schlechter Reputationseffekte wirken."* Vgl. Erlei (2000), S. 60 f.

111) Vgl. Williamson (1990a), S. 65 f.; ebf. Ebers/Gotsch (2006), S. 282 f.

112) Vgl. Domrös (1994), S. 72.

113) Unter Opportunismus versteht man nach *Williamson* „ ... *die Verfolgung des Eigeninteresses unter Zuhilfenahme von List. Das schließt krassere Formen ein, wie Lügen, Stehlen und Betrügen, beschränkt sich aber keineswegs auf diese*". Vgl. Williamson (1990a), S. 54.

114) Vgl. Williamson (1990a), S. 66.

Als dritte Dimension von Transaktionen ist die *Häufigkeit* zu nennen. Diese dient zur Beurteilung von unterschiedlichen Beherrschungs- und Überwachungssystemen einzelner Transaktionen.[115] Je nach der Anzahl von gleichen oder ähnlichen Transaktionen können die Kosten einer institutionellen Koordination aufgrund von Fixkostendegression, Lerneffekten und „economies of scale" unterschiedlich schnell amortisiert werden.[116]

Governance-Structure-Ansatz

Die Untersuchung von effizienten Beherrschungs- und Überwachungssystemen ist von Bedeutung, wenn sowohl begrenzte Rationalität und Opportunismus als auch Faktorspezifität vorliegen.[117] Ausgehend von der Annahme, dass die Unsicherheit in genügendem Maße vorhanden sei, sollen im Folgenden verschiedene Koordinationsformen dargestellt werden:

Eine *marktliche Koordination* empfiehlt sich bei unspezifischen Investitionen sowohl bei gelegentlichen als auch bei regelmäßigen Transaktionen. Diese Transaktionen sind durch *klassische* Vertragsbeziehungen gekennzeichnet.[118] Bei dieser kurzfristigen Beziehung sind die Identität und die persönlichen Verhältnisse der Vertragsparteien unwichtig, und es können ex ante alle vertraglich relevanten Punkte bestimmt werden.

Eine *dreiseitige Kontrolle* kommt in Betracht bei mittel- und hochspezifischen Investitionen, die nur gelegentlich ausgeführt werden. Hier findet das neoklassische Vertragsrecht Anwendung.[119] Da aufgrund der Unsicherheit und der Komplexität bei langfristigen Verträgen eine vertragliche Antizipation aller Umstände nicht realisierbar ist, ermöglicht das *neoklassische* Vertragsrecht den Abschluss unvollständiger Verträge, indem mittels eines institutionellen Rahmens mögliche Konflikte durch Schlichtungsverfahren von Dritten beigelegt werden können.[120] Es werden also gerichtliche Regelungen durch außergerichtliche ersetzt.[121]

Zu einer *zweiseitigen Kontrolle* kommt es bei regelmäßig wiederkehrenden Transaktionen, die durch mittel- und hochspezifische Investitionen gekennzeichnet sind. Hier findet das *relationale* Vertragsrecht Anwendung.[122] Im Gegensatz zu den beiden vorherigen Vertragstypen, die explizite vertragliche Regelungen und isolierte Tauschvorgänge betonen, stellen relationale Verträge auf einen komplexen und auf Dauer angelegten Rahmen ab, in dem die gesamte Leistungsbeziehung zu berücksichtigen ist.[123] Die Identität der Vertragsparteien gewinnt an Bedeutung, und es sind stärker implizite Vereinbarungen zu berücksichtigen.[124] *Re-*

---

115) Vgl. Williamson (1990a), S. 69.

116) Mit steigender Häufigkeit werden die Durchschnittskosten je Transaktion abnehmen. Vgl. Picot (1982), S. 272.

117) Vgl. Williamson (1990a), S. 35.

118) Vgl. Macneil (1978), S. 862 ff.

119) Vgl. Macneil (1978), S. 865.

120) Vgl. Williamson (1990a), S. 79 ff.

121) Vgl. Williamson (1993), S. 20; ebf. Williamson (1990a), S. 80.

122) Vgl. Macneil (1978), S. 886 ff.

123) Vgl. Picot/Dietl (1990), S. 181. In diesem Sinne schreibt *Macneil*: „*In the neoclassical system, the reference point for those questions about the change tends to be the original agreement. In a truly relational approach the reference point is the entire relation as it has developed since the change in question (...)*". Vgl. Macneil (1978), S. 890.

124) Vgl. Dietl (1993), S. 114.

lationale Verträge entsprechen dem Typus der unvollständigen Verträge.[125] Die relationalen Vertragsformen kann man unterteilen in die zweiseitige Kontrolle (bilaterale Koordination) bei mittelspezifischen Investitionen und in die vereinheitlichte Kontrolle (vertikale Integration) bei hochspezifischen Investitionen.[126] Relationale Verträge können sowohl in hierarchischen Beziehungen als auch in hybriden Koordinationsformen, wie z. B. Franchising, auftreten. Die folgende Abbildung B.2 gibt einen Überblick über die einzelnen Beherrschungs- und Überwachungssysteme:[127]

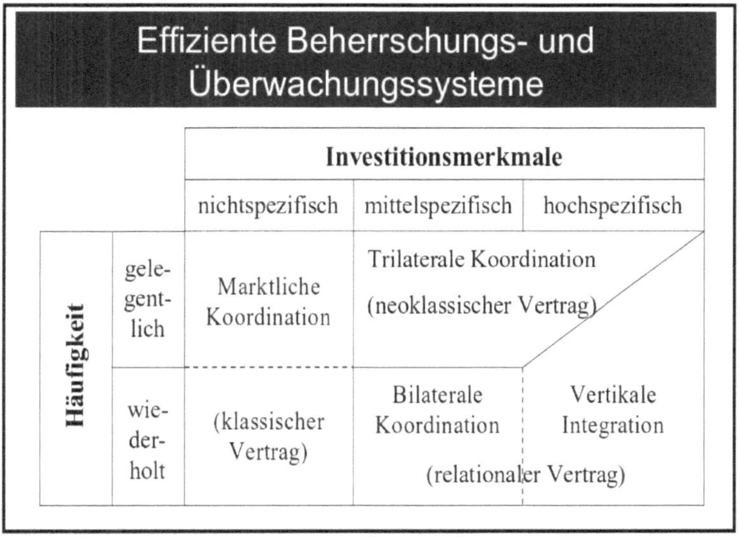

Abbildung B.2: Beherrschungs- und Überwachungssysteme

Welche Form des Beherrschungs- und Überwachungssystems letztendlich gewählt wird, ist vor dem Hintergrund der Unsicherheit zum einen abhängig von der Spezifität der Investition und der Häufigkeit der Transaktion, zum anderen von der Effizienz der einzelnen Formen zur Abwicklung und Organisation der Transaktionen. Als Einflussgrößen für Letztere sind die Anreizintensität, die Kontrollmechanismen und die Anpassungsfähigkeit zu nennen.

Hauptaussagen

Die Transaktionskostentheorie versucht Fragen der Gestaltung von Anreizsystemen für eine effiziente Faktorallokation sowie der Gestaltung und Anpassung effizienter Beherrschungs- und Überwachungssysteme, unter spezieller Berücksichtigung der begrenzten Ratio-

125) Vgl. Wentges (2002), S. 51 f.
126) Vgl. Williamson (1990a), S: 85.
127) Vgl. Schumann (1992), S. 449; ebf. Williamson (1990a), S. 89.

nalität und des opportunistischen Verhaltens, zu beantworten.[128] Es soll ermittelt werden, welche Arten von Transaktionen in welchen institutionellen Arrangements am kostengünstigsten durchgeführt und organisiert werden können. Ausgehend von der Annahme der Unsicherheit werden Kontrollsysteme dann relevant, wenn neben den beiden zuvor genannten Verhaltensannahmen außerdem die Faktorspezifität von Bedeutung ist. Solange die Investitionen unspezifisch sind, ist eine marktliche Koordination vorzuziehen. Kommt aber dem Spezifitätsgrad eine immer größere Bedeutung zu, so ist die marktliche Koordination durch langfristige Verträge oder durch eine organisationsinterne Leistungserstellung abzulösen. Durch die spezifischen Investitionen erhöht sich auch die gegenseitige Abhängigkeit der Parteien und der Anreiz, diese Abhängigkeit opportunistisch auszunutzen, um sich die Quasi-Rente anzueignen.[129]

Unternehmenstheoretischer Ansatz von Coase und Williamson

Unternehmen wurden in der mikroökonomischen Theorie lange als sog. „*black box*“[130] betrachtet und eine Identität zwischen Eigentümern und Entscheidungsberechtigten wurde vorausgesetzt.[131] Da aber nach *Coase* die Nutzung des Markt- und Preismechanismus nicht kostenlos ist, sind es die Transaktionskosten für deren Nutzung, die die Existenz von Unternehmen als weiteren Koordinationsmechanismus erklären (Markt- versus Hierarchiekoordination).[132] Ein bedeutendes Charakteristikum der Unternehmung ist die Existenz von internen hierarchischen Verhältnissen, und dass die Koordination der individuellen Handlungen mittels Weisungen erfolgt.[133] Dieser Ansatz wurde von *Williamson* weiter entwickelt und zum sog. Transaktionskostenansatz ausgebaut.[134] Unternehmen werden als Beherrschungs- und Überwachungssystem gesehen („governance structure“), die gegenüber alternativen Governance-Modalitäten abzuwägen sind.[135]

---

128) Vgl. hierzu ausführlicher Ebers/Gotsch (2006), S. 292 ff.

129) Hold-up im Sinne der Transaktionskostentheorie hat seine Ursache in einseitigen spezifischen Investitionen und ist auch bei symmetrischer Informationsverteilung möglich. Prinzipal-Agenten-Probleme haben ihren Ursprung dagegen grundsätzlich in der asymmetrischen Informationsverteilung. Vgl. Wolff (2000), S. 44.

130) Vgl. Jensen/Meckling (1976), S. 307. Auch *Williamson* weist darauf hin, dass die „*verbreitete Auffassung der modernen Kapitalgesellschaft als „black box“ typisch ist für die nicht-institutionalistische (oder vor-mikroanalytische) Forschungstradition*“. Vgl. Williamson (1990a), S. 17.

131) „*What economists usually mean by 'the theory of the firm' is the theory of production, not the theory of the firm as a legal entity.*“ Vgl. Klein (2000), S. 463. In einem Einführungslehrbuch zur Mikroökonomie als Einleitung zur Theorie der Unternehmung findet sich diese Auffassung auch wieder: „*Wir betrachten die Unternehmung als **Einheit**. Somit spielt es keine Rolle, ob es sich um ein Ein-Mann-Unternehmen oder eine Aktiengesellschaft mit einem umfangreichen Management handelt, ob Eigentümerrolle und Leitungsfunktion von verschiedenen Personen wahrgenommen werden.*“ Vgl. Böventer, von (1989), S. 141.

132) *Coase* schreibt: „*The main reason why it is profitable to establish a firm would seem to be that there is a cost of using the price mechanism. The most obvious cost of „organizing“ production through the price mechanism is that of discovering what the relevant prices are.*“ Vgl. Coase (1937), S. 21.

133) Vgl. Erlei et al. (1999), S. 66. Für die Bedeutung von Arbeitsverträgen bei dem Erklärungsansatz von Unternehmen vgl. Coase (1937), S. 29.

134) Vgl. Williamson (1991a), S. 91.

135) Die Unternehmung ist somit als eine „*comparative contractual construction*“ zu sehen. Vgl. Williamson (2002), S. 178. Bei den Governance-Modalitäten handelt es sich um den Markt („*classical markets – simple spot market exchanges*“), hybride Vertragsformen („*hybrid contracting – of a long term kind*“) sowie um Unternehmen („*hierarchies – firms, bureaus*“). Vgl. Williamson (2005), S. 15. Gegenüber dem alternativen Koordinationsmechanismus Markt gilt die Unternehmung als „*a different organizing principle – that of hierarchy – whereupon authority is used to effect resource allocation*“. Vgl. Williamson (1991b), S. 3.

Williamson sieht die Hauptaufgabe des Überwachungsorgans darin, mittels eines entsprechenden Beherrschungs- und Überwachungssystems, die Interessen der Aktionäre zu schützen.[136] Die verhaltensspezifischen Annahmen der Transaktionskostentheorie betrachten auch das Unternehmensmanagement als opportunistisch handelnde Wirtschaftssubjekte, die interne Informationen nur selektiv oder verfälscht weitergeben. Das Überwachungsorgan dient in erster Linie als Kontrollinstrument der Aktionäre. Es entsteht also endogen und ist somit eine Kontrollinstanz zwischen Unternehmen und Kapitaleigentümern.[137] Das Aufgabenspektrum des Überwachungsorgans, das durch die Eigentümer gewählt wurde, umfasst die Macht, das Unternehmensmanagement auszutauschen, einen rechtzeitigen Zugang zu internen Leistungsmaßnahmen, das Recht auf Anordnung spezifischer Überprüfungen, die Kenntnisnahme von wichtigen Investitions- und Betriebsvorhaben vor deren Durchführung und die Ausübung eines Prüfungs- und Überwachungsrechts gegenüber dem Unternehmensmanagement.

Eine weitere Maßnahme zur Verbesserung des Aktionärsvertrauens ist nach *Williamson* die Einrichtung eines Revisionsausschusses (Audit Committee), primär mit externen Board-Mitgliedern.[138] In der Vertretung des Unternehmensmanagements im Aufsichtsorgan sieht er zum einen bestimmte Vorteile, die in der möglichen Erhöhung von Quantität und Qualität des Informationstransfers liegen können, zum anderen sollte aber die Anwesenheit des Unternehmensmanagements im Aufsichtsorgan nicht die *„grundsätzliche Beherrschungs- und Überwachungsbeziehung zwischen Board und Gesellschaft"* zerstören.[139]

1.1.3 Prinzipal-Agenten-Theorie

„If you want something done right, do it yourself."[140]

Sowohl in vielen Corporate Governance-Diskussionen als auch in einer großen Zahl der in den letzten Jahren verabschiedeten nationalen und internationalen Gesetze, Verordnungen oder Selbstverpflichtungserklärungen, wie z. B. KonTraG, Sarbanes-Oxley Act oder Corporate Governance-Kodizes, spiegeln sich die Ideen der sog. Prinzipal-Agenten-Theorie wider.[141] Den Ausgangspunkt für diese Theorie bildet die Überlegung, dass ein Prinzipal aus eigenem Interesse bestimmte Aufgaben, die er aufgrund von Kosten oder Qualifikation selber nicht ausführen kann oder will, gegen Entgelt an einen Agenten überträgt.[142] Bei gegebenem Property-Rights wird untersucht, wie die Parteien in dem institutionellen Rahmen vertraglich tätig werden.[143]

---

136) Vgl. Williamson (2002), S. 186.
137) Vgl. Williamson (1990a), S. 272 ff.
138) Weitere Mittel sind nach *Williamson* die Verpflichtung eines externen, unabhängigen Abschlussprüfers oder die Einreichungspflicht des Jahresabschlusses zur Prüfung bei einer zentralen Behörde. Abschließend führt er aus: *„Der Erfolg solcher Maßnahmen ist schwer vorherzusagen."* Vgl. Williamson (1990a), S. 274 f.
139) Vgl. Williamson (1990a), S. 297.
140) Vgl. Sappington (1991), S. 45.
141) Vgl. Osterloh/Frey (2005), S. 5 f.; ebf. Nippa/Grigoleit (2006), S. 1; ebf. Paape (2007), S. 123.
142) Vgl. Nilakant/Rao (1994), S. 650.
143) Vgl. Williamson (1990b), S. 67.

Grundlagen und Annahmen

Die Aktionäre (Prinzipal) treten ihre Verfügungsgewalt über ihr Eigentum an das Management (Agenten) ab. Die Agenten haben keine oder nur eingeschränkte Residualansprüche, es besteht eine asymmetrische Informationsverteilung zu ihren Gunsten und es wird opportunistisches Handeln zur Maximierung der persönlichen Eigeninteressen der Agenten unterstellt.[144] Das Management verfügt auch über die residualen Kontrollrechte, also die Entscheidungsbefugnisse für Situationen, die aufgrund der unvollständigen Verträge nicht abschließend festgelegt werden konnten. Diese Beziehung führt zu Problemen, weil das Risiko besteht, dass der Agent nicht im Interesse seines Auftraggebers, sondern im eigenen Interesse auf Kosten des Prinzipals handelt.[145] Da die Handlungen des Agenten nicht kostenlos beobachtbar sind, ist aus Sicht der Prinzipale eine Anreizstruktur zur Disziplinierung des Managements notwendig, um ein zu starkes Auseinanderfallen der Präferenzfunktionen beider Interessengruppen zu vermeiden.[146] Abweichungen von diesem Zustand führen zu einer Fehlallokation der Ressourcen und sind im wohlfahrtsökonomischen Sinne nicht pareto-optimal. Der Prinzipal wird somit bestrebt sein, institutionelle Regelungen bzw. adäquate Steuerungs- und Kontrollmechanismen („governance mechanism") zu finden, die mittels Anreiz-, Kontroll- und Informationssystemen sicherstellen, dass der Agent bestmöglich in seinem Interesse handelt.[147]

Zur Systematisierung kann die Agenturtheorie in eine deskriptive, positive und eine normative Richtung aufgeteilt werden.[148] Erstere umfasst die stärker empirisch orientierte positive Agenturtheorie, während Letztere die stärker entscheidungslogische-formale Agency-Theorie zum Gegenstand hat.[149] Im Folgenden sollen die Grundgedanken der positiven Prinzipal-Agenten-Theorie dargestellt werden. Diese sollen anhand des vertragstheoretischen Organisationskonzepts, des Verhaltensmodells der Akteure und der Bedeutung der Agenturkosten erläutert werden.[150] Nach dem vertragstheoretischen Organisationskonzept wird eine Organisation als Bündelung von Verträgen zur Regelung von ökonomischen Austauschbeziehungen betrachtet.[151] Aus dieser Perspektive ist das Eigentum an der Unternehmung selbst ein irrelevantes Konzept.[152] Durch die Betrachtung der Firma als ein reines Vertragsgeflecht („nexus of

144) Vgl. Furubotn/Pejovich (1972), S. 1148.

145) Vgl. Jensen/Meckling (1976), S. 308.

146) Vgl. Posner (2003), S. 427 f.

147) Vgl. Ebers/Gotsch (2006), S. 258 f.; ebf. Sappington (1991), S. 45.

148) Vgl. Nilakant/Rao (1994), S. 650. Kritisch zu der Trennung in normative und positive Ansätze vgl. Ewert (1990), S. 18 f. Aus seiner Sicht ist es passender, von einer ökonomischen und einer finanziellen Richtung der Agenturtheorie zu sprechen.

149) Vgl. Jensen/Meckling (1976), S. 309 f. Hinsichtlich der Darstellung der stärker formal-mathematischen Agency-Theorie wird z. B. verwiesen auf die Ausführungen bei Picot/Dietl/Franck (1999), S. 95 ff.

150) Vgl. zu diesem Vorgehen Ebers/Gotsch (2006), S. 259 ff.

151) D. h., dass *„an organization is the nexus of contracts, written und unwritten, among owners of factors of production and customers"*. Vgl. Fama/Jensen (1983), S. 2.

152) Vgl. Fama (1980), S. 290. Aus juristischer Sicht stehen dann nicht mehr die Eigentumsverhältnisse am Unternehmenskapital, sondern die Eigentumsrechte an einzelnen Produktionsfaktoren im Vordergrund. Vgl. Schanze (1983), S. 166.

contracts") können Fragen nach der objektiven Funktion oder der sozialen Verantwortung der Unternehmung nicht mehr gestellt werden.[153] Hinsichtlich der Vertragsgestaltung geht die Agenturtheorie davon aus, dass die Parteien die Vertragskonditionen nur unvollständig festlegen können, da bei der Vertragsformulierung unvollständige Informationen, die Unbestimmtheit von zukünftigen Ereignissen und die antizipierten Kosten der Perfektionierung eines Vertragsabschlusses zu berücksichtigen sind.[154] Um aber der unvollständigen Vertragsformulierung und den sich hieraus ergebenden Problemen, welcher sich die rationalen Vertragsparteien bewusst sind, kompensatorisch entgegen zu wirken, werden Anreiz-, Kontroll- und Informationsmechanismen in den Vertrag integriert. Insbesondere durch diese drei Mechanismen kann ex ante allen zukünftigen Problemen bereits bei Vertragsabschluss begegnet werden, sodass ex post-Probleme erst gar nicht entstehen können.[155] Ferner können mögliche Konflikte durch gerichtliche Regelungen wirksam gelöst werden.[156]

Des Weiteren ist die Verteilung von Informationen zu berücksichtigen. So kommt es durch eine asymmetrische Informationsverteilung zu Interessenkonflikten. Der Agent besitzt z. B. einen Informationsvorsprung bezüglich der sachlichen Aufgabenbearbeitung, während der Prinzipal ein Informationsdefizit bezüglich des eigeninteressierten Verhaltens des Agenten hat. Aufgrund der mangelnden Beobachtbarkeit der Handlungen und Leistungen des Agenten wird die Ergebniskontrolle erschwert. Es besteht die Gefahr, dass der Agent somit zu seinem eigenen Vorteil und nicht im gemeinsamen Interesse aller Beteiligten tätig wird.[157] Die Agenturtheorie versucht zur Lösung dieses Problems, effiziente Steuerungs- und Kontrollmechanismen als Anreizfunktionen in die Vertragsgestaltung zu integrieren.

Der zweite Grundgedanke dieser Theorie baut auf dem Verhaltensmodell der Akteure auf, die über unterschiedliche Risikoneigungen verfügen.[158] Ausgehend von den bereits erläuterten neoklassischen Hypothesen werden opportunistisches Verhalten, die Berücksichtigung von sowohl materiellen als auch immateriellen Zielen in der Nutzenfunktion und ein zweckrationales Verhalten der Beteiligten unterstellt, sodass das Verhalten prinzipiell antizipiert und vertraglich im Voraus gesteuert werden kann.[159]

Könnte man davon ausgehen, dass alle Wirtschaftssubjekte vollständige und kostenfreie Informationen besäßen, so gäbe es keine Probleme in der Agency-Beziehung.[160] Aber in der

---

153) Erforderlich wäre hierfür eine personalisierbare Unternehmung, also die Unterscheidung zwischen Gesellschaftsinternum und Außenbeziehung. Die Firma wird aber nur als *„legal fictions which serve as a nexus of contract for a set of contracting relationships among individuals"*, die analoge Funktionen zu denen eines Marktes erfüllt, angesehen und somit nicht als Person. Vgl. Jensen/Meckling (1976), S. 310 f.; ebf. Schanze (1983), S. 167.

154) Vgl. Ebers/Gotsch (2006), S. 260 f.

155) Vgl. Williamson (1990b), S. 67 f.

156) Vgl. Williamson (1990a), S. 32.

157) Vgl. Wenger/Terberger (1988), S. 507.

158) Vgl. Dietl (1993), S. 135. So wird z. B. bei der Gestaltung von Arbeitsverträgen dem Agenten eine risikoscheue und dem Prinzipal eine risikoneutrale Einstellung unterstellt. Bei der Risikoneigung der Beteiligten können aber auch Modifikationen berücksichtigt werden. Vgl. Schumann (1992), S. 456 f.

159) Vgl. Ebers/Gotsch (2006), S. 261.

160) Vgl. Dietl (1993), S. 135.

Realität existiert häufig eine asymmetrische Informationsverteilung, und die Verfolgung des Eigeninteresses des Agenten zulasten des Prinzipals kann nur durch kostenverursachende Maßnahmen eingeschränkt werden.[161] Die hierfür erforderlichen Anreiz-, Kontroll- und Informationsmechanismen sind so in die vertragliche Ausgestaltung mit einzubeziehen, dass die Kosten, die dem Prinzipal gegenüber einem Zustand vollständiger, kostenfreier Informationen (first best-Lösung) durch die Existenz ungleicher Informationsverteilung und der Unsicherheit der Handlungsergebnisse entstehen, minimiert werden.[162] Diese Kosten werden als Agenturkosten bezeichnet. Sie setzen sich aus den Überwachungskosten (monitoring expenditures) des Prinzipals, den Garantiekosten (bonding expenditures) des Agenten und dem Wohlfahrtsverlust aus der Beziehung (residual loss) zusammen.[163] Da die Agenturkosten nicht auf Null reduziert werden können, kann selbst bei der Wahl einer optimalen Vertragsgestaltung nicht dasselbe Nutzenniveau wie bei der first best-Lösung erreicht werden. Unter der Annahme, dass Transaktionskosten bestehen und das Management nicht notwendigerweise im Interesse der Eigentümer handelt, vermindern die Agenturkosten die Residualeinkünfte der Eigentümer.[164] Angestrebt wird die Minimierung der Wohlfahrtsverluste im Vergleich zur First Best-Lösung, die als fiktive Richtgröße zu betrachten ist. Für die Corporate Governance-Diskussion bedeutet dies, dass, je effektiver die Überwachungsmechanismen funktionieren, umso geringer werden die Kontrollintensitäten der Prinzipale und die damit einhergehenden Monitoringkosten sein.[165]

Mehragentenmodelle

Im Rahmen der Untersuchung der Wirksamkeit des Aufsichtsorgans für die Unternehmensüberwachung sind Mehragentenmodelle näher in Betracht zu ziehen, genauer die sog. mehrstufigen Prinzipal-Agenten-Modelle.[166] Als Erweiterung gegenüber dem bisher erläuterten *einstufigen* Prinzipal-Agenten-Modell tritt bei den *zweistufigen* oder Mehragentenmodellen ein weiterer Überwacher (Supervisor) auf.[167] Das theoretische Problem liegt in der zu der Weisungshierarchie („*three-tier hierarchy*") reziproken Informationshierarchie: Die Agenten auf der untersten Hierarchieebene verfügen hinsichtlich verdeckter Aktionen oder entscheidungsrelevanter Sachverhalte über die umfänglichsten Informationen, der Überwacher (mittlere Hierarchieebene) über die zweitmeisten und der Prinzipal (oberste Hierarchieebene) über die geringsten Informationen. Wenn nun der Überwacher vom Prinzipal beauftragt wird, Informationen über die Handlungen des Agenten zu sammeln und diesem zur Verfügung zu

---

161) Vgl. Wenger/Terberger (1988), S. 507. *Fama* und *Jensen* schreiben, dass „*agency problems arise because contracts are not costlessly written and enforced*". Vgl. Fama/Jensen (1983), S. 5.

162) Vgl. Schumann (1992), S. 456.

163) Vgl. Jensen/Meckling (1976), S. 308.

164) Vgl. Richter/Furubotn (1996), S. 373 f. Eine weitere Annahme ist z. B. die Vernachlässigung von dynamischen Effekten bei einem Mehrperiodenhorizont. Vgl. Erlei et al. (1999), S. 76 f.

165) Vgl. auch Weber/Lentfer/Köster (2007), S. 56 f.

166) Weitere Klassen von Mehragentenmodellen sind die sog. relativen Leistungsturniere („rank-order tournaments") und die Teamarbeit. Für eine theoretische Darstellung von Mehragenten- und Mehrprinzipalmodelle wird auf Kräkel (2007), S. 88 ff., verwiesen.

167) Vgl. Lentfer (2005), S. 149 ff.

stellen, so besteht das Risiko, dass sich zwischen Agent (Agenten) und Überwacher vorteilhafte Absprachen zum Nachteil des Prinzipals ergeben (Kollusionen).[168] Bei dieser Kollusion würden sich Agent und Überwacher auf Kosten des Prinzipals bereichern, indem der Agent einen Teil seines Ertrags aus der Kollusion, wie vorab vereinbart, an den Überwacher abgibt. Kollusionen können ex post oder ex ante eintreten. Diesen Modellansatz kann man auch auf die Triade aus Aktionären (Prinzipal), Aufsichtsrat (Agent) und Vorstand (Agent) übertragen. Der Aufsichtsrat handelt als Agent der Anteilseigner, um deren Informationsnachteil und Trittbrettfahrerproblem zu beheben und den Vorstand in den Interessen des Prinzipals zu überwachen.[169] Da aber die Qualität und Quantität der Überwachungstätigkeiten des Aufsichtsrats von den Aktionären nicht abschließend zu erkennen ist, kann er seine Überwachungstätigkeit minimieren bzw. einstellen und seinen Informationsvorsprung gegenüber dem Prinzipal ausnutzen und mit dem Vorstand koalieren, um den Kollusionsgewinn untereinander aufzuteilen. Insofern besteht das Risiko, dass auch der Aufsichtsrat eigene Interessen verfolgt, und er als Agent der Aktionäre denselben Fehlanreizen wie der Vorstand unterliegt.

Mehrprinzipalmodell

Das Gegenstück zu dem Mehragentenmodell ist das Mehrprinzipalmodell. In diesem theoretischen Ansatz gibt es nur einen Agenten, aber mehrere Prinzipale als Auftraggeber.[170] Probleme treten immer dann auf, wenn die Prinzipale untereinander abweichende Interessen verfolgen oder die Entscheidungssituation unterschiedlich einschätzen. So können im Rahmen dieses theoretischen Ansatzes die Interessenkonflikte zwischen den Anteilseignern und Trittbrettfahrerprobleme in der Gruppe des Unternehmensmanagements auf Basis eines Teammodells zusätzlich betrachtet werden. Im Folgenden wird aber unterstellt, dass sowohl innerhalb der Gruppe der Anteilseigner als auch in der Gruppe des Unternehmensmanagements eine Interessenhomogenität besteht.[171] Beide Gruppen verfügen jeweils über eine homogene Zielfunktion, sodass die aus der Trennung von Eigentum und Kontrolle resultierenden Probleme des diskretionären Entscheidungsspielraums des Unternehmensmanagements und die Zielkonflikte zwischen beiden Parteien weiterhin Gültigkeit besitzen. Im Mehrprinzipalmodell fungiert der Aufsichtsrat neben den Aktionären als weiterer Prinzipal, während der Vorstand als Agent eingestuft wird. Die Prinzipale können die Arbeit der Unternehmensführung nicht abschließend beurteilen und benötigen zur Minimierung dieser Informationsasymmetrie eine angemessene Berichterstattung.[172] Insbesondere für die Anteilseigner soll dieses Informationsdefizit zum einen durch den Rechenschaftsbericht (Jahresabschlussbericht und Lagebericht) des Vorstands über das vergangene Geschäftsjahr, ergänzt durch die Prüfung dieser Berichte vom Aufsichtsrat, zum anderen durch die Berichterstattung des Aufsichtsrats über die Ergebnisse seiner Prüfung gemäß § 171 Abs. 2 AktG in der Hauptversammlung als Teil der Geschäfts-

---

168) „... *the asymmetry of information between the principal on the one hand and the supervisor and the agent on the other is the very essence of collusion.*" Vgl. Tirole (2006), S. 362.

169) Vgl. Lentfer (2005), S. 155 ff.

170) Vgl. ausführlicher Kräkel (2007), S. 92 ff.

171) Vgl. Kräkel (2007), S. 264 f.

172) Vgl. Lentfer (2005), S. 152 ff.

führerüberwachung verringert werden. Die Grenzen für die Überwachungstätigkeit des Aufsichtsrats zeigen sich allerdings in seiner unzureichenden Informationsgrundlage und seiner Abhängigkeit von den Informationen des Abschlussprüfers und des Vorstands selbst.[173] Verhält sich der Aufsichtsrat gegenüber den Anteilseignern loyal, haben beide Prinzipale also eine homogene Zielfunktion, so wandelt sich das Mehrprinzipalmodell in ein einstufiges Prinzipal-Agent-Modell, und die Aktionäre eignen sich die Informationsstruktur des Überwachungsorgans an.

Hauptaussagen

Im Folgenden sollen die Agenturprobleme, die aus Informations- und Interessenasymmetrien resultieren, aus der Perspektive des Prinzipals erläutert und Lösungsmechanismen vorgestellt werden.

Als „hidden characteristic" wird eine Situation bezeichnet, die sich bei der Auswahl eines geeigneten Agenten ergibt, deren Konsequenzen aber erst im Rahmen der Vertragserfüllung evident werden. Der Prinzipal ist zwar in der Lage die Handlungen des Agenten zu beobachten, aber die Beurteilung der Qualitätseigenschaften des Agenten (z. B. Kompetenz, Leistungsbereitschaft) ist dem Prinzipal aufgrund unvollständiger Informationen zunächst nur unter Unsicherheit möglich.[174] Der Agent verfügt über Informationen, die dem Prinzipal vor Vertragsabschluss nicht, oder jedenfalls nicht kostenlos zur Verfügung stehen. Der Agent ist somit in der Lage, bereits im vorvertraglichen Stadium seinen Informationsvorsprung im eigenen Interesse, und nicht optimal zugunsten des Prinzipals einzusetzen („precontractual opportunism").[175] Diese Problematik wird auch als „adverse selection" bezeichnet.[176]

Bei dem zweiten Agenturproblem handelt es sich um den Fall der „hidden action". Hier kann der Agent nach Beginn der Vertragserfüllung verschiedene Handlungsformen auswählen, die für den Prinzipal nicht, oder zumindest nicht kostenlos beobachtbar sind.[177] Der Prinzipal kann zwar das Ergebnis der Leistungserbringung, aber nicht das Leistungsverhalten und das Aktivitätenniveau des Agenten hinreichend genau überprüfen und bewerten. Es kann zu einem nachvertraglichen opportunistischen Verhalten des Agenten kommen, was auch als Moral Hazard-Problem bezeichnet wird.[178] Das Moral Hazard-Problem ist umso größer, je umfangreicher der diskretionäre Verhaltensspielraum für die Agenten ist, und je geringer die Kontrollmöglichkeiten des Prinzipal bzw. der Monitoring-Aktivitäten in der Unternehmung sind.[179]

Bei den „hidden information" bzw. der „hidden knowledge" kann der Agent, aufgrund seines – auch vom Prinzipal gewünschten – Informationsvorteils bzw. Wissensvorsprungs,

---

173) Vgl. Lentfer (2005), S. 154.
174) Vgl. Ebers/Gotsch (2006), S. 263 f.
175) Vgl. Milgrom/Roberts (1992), S. 149 f. Man kann auch von einem Informations- und Entscheidungsproblem der Vertragsanbahnung und -vereinbarung sprechen. Vgl. Ebers/Gotsch (2006), S. 263 f.
176) Durch die unterschiedliche Information über die Qualität der angebotenen Produkte kommt es zu einer negativen Auslese, wobei die schlechten Angebote die guten Produkte verdrängen. Vgl. Akerlof (1970), S. 488 ff.
177) Vgl. Bea/Göbel (2006), S. 161; ebf. Wenger/Terberger (1988), S. 507.
178) Vgl. Milgrom/Roberts (1992), S. 167.
179) Vgl. Picot (2005), S. 77.

Handlungen nach Vertragsabschluss auswählen und durchführen, die Auswirkungen auf den Prinzipal haben; die er aber nur unvollständig verstehen und beurteilen kann.[180] Ob der Agent dieses ihm eigene Fachwissen zu seinem eigenen Vorteil genutzt hat, kann der Prinzipal aufgrund seines Informationsnachteils nicht bewerten.[181]

Als „hidden intention" wird ein weiteres Agenturproblem bezeichnet, das sich mit negativen Konsequenzen für den Prinzipal nach Vertragsabschluss wegen nicht transparenter bzw. im Vorfeld kommunizierter Absichten des Agenten ergeben kann.[182] Dem Prinzipal sind die Absichten des Agenten ex ante unbekannt; sie zeigen sich erst ex post.[183] Allerdings hat der Prinzipal keine Sanktionsmöglichkeiten, damit der Agent sich ihm gegenüber loyal verhalten wird. Zum einen können Lücken in Verträgen oder fehlende Möglichkeiten zur juristischen Durchsetzung von – impliziten – Verträgen zum Nachteil des Prinzipals ausgenutzt werden. Zum anderen kann die Ressourcenabhängigkeit des Prinzipals wegen vertraglicher Verpflichtungen oder spezifischer Investitionen vom Agenten opportunistisch ausgenutzt werden. Man spricht dann auch von einem Hold-up (Raubüberfall).[184]

Betrachtet man die zuvor erläuterten Agenturprobleme, so wirken sich Interessenunterschiede und asymmetrische Informationsverteilung zum Nachteil und somit zu einem suboptimalen Ergebnis für den Prinzipal aus. Dies umso stärker, je größer die Informationsasymmetrien und je stärker die Interessenunterschiede zwischen Prinzipal und Agenten sind. Um dieser Problematik aber zu begegnen, wird er mittels vertraglicher Anreiz-, Kontroll- und Informationsmechanismen versuchen, die Handlungen des Agenten an seine Interessen zu binden. Die Disziplinierung des Agenten kann für die Agenturprobleme nach Vertragsabschluss durch eine effiziente Anreizgestaltung mittels einer Ergebnisbeteiligung des Agenten zur Interessenangleichung erfolgen („*explicit incentive contracts*") oder durch eine direktive Verhaltenssteuerung (z. B. „bonding") geschehen.[185] Ferner können Agenturprobleme über eine Verbesserung des Informationssystems oder durch Monitoring bewältigt werden. Hierdurch wird das Handeln des Agenten transparenter, und es reduzieren sich somit die Möglichkeiten des opportunistischen Verhaltens.[186]

Neben diesen stärker vertraglich orientierten Lösungen für die ex post-Problematiken sind für die ex ante-Problematik im „hidden characteristic"-Fall andere Lösungsstrategien zu berücksichtigen. Um die Informationsasymmetrien zwischen Prinzipal und Agent zu verringern,

---

180) Vgl. Ebers/Gotsch (2006), S. 264.
181) Vgl. Bea/Göbel (2006), S. 160 f.
182) Vgl. Ebers/Gotsch (2006), S. 264.
183) Vgl. Picot/Dietl/Franck (1999), S. 89.
184) Die Einordnung von „hidden intention" in der Prinzipal-Agenten-Theorie stößt nicht einhellig auf Zustimmung: Das Hold-up-Problem wird in der Transaktionskostentheorie im Zusammenhang mit der Faktorspezifität stärker in den Mittelpunkt der Untersuchung gestellt. Insgesamt eher kritisch zur Einordnung und Definition des „hidden intention"-Problems in der Prinzipal-Agenten-Theorie vgl. Bea/Göbel (2006), S. 161. Dagegen schreiben *Picot/Dietl/Franck*, dass *„die Diskussion von Hold-up-Problemen in der Principal-Agent-Theorie ist inhaltlich weitgehend deckungsgleich mit der transaktionskostentheoretischen Behandlung der Problematik spezifischer Investitionen"*. Vgl. Picot/Dietl/Franck (1999), S. 89.
185) Vgl. Milgrom/Roberts (1992), S. 187 ff.
186) Vgl. auch Picot (2005), S. 75 ff.

empfehlen sich Maßnahmen der Informationsübertragung („signalling") oder der Selbsteinordnung („self selection") seitens der Agenten bzw. der Informationsbeschaffung („screening") seitens des Prinzipals.[187] Aber auch die Interessenangleichung mittels Reputationsaufbau kann eine wirksame Möglichkeit zur Risikobegrenzung sein.

Unternehmenstheoretischer Ansatz von Jensen und Meckling

Jensen und *Meckling* zeigen die Bedeutung und Funktion der Kapitalstruktur[188] (Eigenkapital versus Fremdkapital) zur Begrenzung des Agenturproblems auf.[189] Als ein zentrales Ergebnis ist festzuhalten, dass die optimale Kapitalstruktur einer Unternehmung die Summe der Agenturkosten der Finanzierung minimiert.[190] Die Unternehmung wird bei ihnen als „*nexus of a set of contracting relationships among individuals*" betrachtet.[191] Nach *Jensen* und *Meckling* besteht in der Trennung von Eigentum und Kontrolle bei großen Kapitalgesellschaften ein typisches Prinzipal-Agenten-Problem. Aus diesem Blickwinkel sind die Ansprüche der Stakeholders – im Gegensatz zu den Ansprüchen der Eigentümer – durch vollständige Verträge festgelegt und somit ex ante abgesichert.[192] Die Aktionäre spezialisieren sich auf die Überwachung des Managements („monitoring expenditures") und erhalten den Residualerlös, also den Anspruch auf Gewinn oder Verlust, der verbleibt, nachdem alle festen vertraglichen Ansprüche aller weiteren Kontraktpartner erfüllt wurden. Interessenkonflikte zwischen Aktionären und den weiteren Anspruchsgruppen sind wegen der Annahme vollständiger Verträge über ihre Ansprüche bereits ex ante ausgeschlossen. Somit bestehen Interessenkonflikte aufgrund der Trennung von Eigentum und Kontrolle nur noch zwischen Aktionären und Management. Eine Möglichkeit zur Überwindung dieser Problematik ist die Stärkung des Aufsichtsrats bzw. Board of Directors zur Überwachung des Managements, um die Interessen der Aktionäre stärker zu schützen.

---

187) Vgl. für eine ausführliche Darstellung dieser Maßnahmen Milgrom/Roberts (1992), S. 154 ff.

188) *Jensen* und *Meckling* verwenden den Ausdruck „ownership structure" statt „capital structure", um zu zeigen, dass neben dem Fremdkapital zwei Formen von Eigenkapital unterschieden werden: „inside equity", das von den Management-Aktionären gehalten wird, und „outside equity", das auf die übrigen Aktionäre entfällt. Vgl. Jensen/Meckling (1976), S. 340 ff.; ebf. Wentges (2002), S. 34.

189) Vgl. Jensen/Meckling (1976), S. 305 ff.

190) Vgl. Erlei et al. (1999), S. 76 ff. Da Agenturkosten ebenso wie alle anderen Kosten real sind, können sie – entgegen dem Modigliani-Miller-Theorem – zeigen, dass es eine optimale Kapitalstruktur gibt. Vgl. Richter/Furubotn (1996), S. 375.

191) Es handelt sich um eine Vielzahl von komplexen, vertraglichen Beziehungen „*between the legal fiction (the firm) and the owners of labor, material and capital inputs and the consumers of output*". Vgl. Jensen/Meckling (1976), S. 310 f. Nach *Hansmann* und *Kraakman* müssen zwei Eigenschaften für die Firma als „nexus of contracts" erfüllt sein: Zum einen muss eine „*well-defined decision-making authority*" bestehen, d. h. „*there must be one or more persons who have ultimate authority to commit the firm to contracts.*" Zum anderen die „*ability to bond its contractual credibly – that is, to provide assurance that the firm will perform its contractual obligations*". Vgl. Hansmann/Kraakman (2000), S. 3.

192) Vgl. Jensen/Meckling (1976), S. 312. *Jensen* und *Meckling* gehen zwar konform mit der besonderen Bedeutung des Monitorings in dem Ansatz von *Alchian* und *Demsetz*, sehen aber den dort gesetzten Akzent auf der „joint input production" als nicht zielführend an. Vgl. Wentges (2002), S. 27 ff.

Unternehmenstheoretischer Ansatz von Fama und Jensen

Bei *Fama* und *Jensen* werden Unternehmen ebenfalls als Netzwerk von Verträgen betrachtet, und das Eigentum an dem Unternehmen selbst ist ein irrelevantes Konzept.[193] Semantisch genauer sprechen sie aber nicht von der „Trennung von Eigentum und Kontrolle", sondern davon, dass *„important decision agents do not bear a substantial share of the wealth effects of their decisions"*.[194] Nach *Fama* ist ein komplexes Unternehmen ein effizientes Risikoverteilungssystem.[195] Bei komplexen Organisationen[196], wie z. B. Aktiengesellschaften, erfolgt eine Trennung zwischen den beiden Funktionen „Entscheidungsmanagement" und „Risikoübernahme".[197] Zum einen kann sich das Unternehmensmanagement auf seine Rolle als Entscheidungsträger konzentrieren. Zum anderen sind die Aktionäre als Residualeinkommensbezieher von dem Entscheidungsmanagement getrennt und können das von ihnen getragene Risiko mittels Portfoliodiversifikation optimieren.[198] *Fama* übt hiermit Kritik an dem Ansatz von *Jensen* und *Meckling*, die primär den Risikoträgern, also den Anteilseigner, die Aufgabe der Disziplinierung des Managements zuweisen.[199] Aus seiner Sicht geht die Kontrolle über Unternehmensentscheidungen nicht automatisch direkt auf die Aktionäre über.[200] Die Disziplinierung des Managements ist eine unternehmerische Tätigkeit, die durch den externen und internen Managermarkt, den Markt für Unternehmenskontrolle oder durch Überwachungsorgane, wie dem Aufsichtsrat bzw. Board of Directors, professioneller erfolgen sollte.[201] *Fama* und *Jensen* interpretieren als „Trennung von Eigentum und Kontrolle", wenn auf der einen Seite Residualrechte und Entscheidungsmanagement gesondert erfolgen, und, auf der anderen Seite, Vertretungsprobleme durch die Trennung von Entscheidungsmanagement und Entscheidungskontrolle gelöst werden können.[202] Diese Trennung von Residualrechten und Entscheidungsmanagement, die eine Trennung von Entscheidungsmanagement und -kontrolle ermög-

193) Vgl. hierzu die Arbeiten von Fama (1980), Fama/Jensen (1983) und Fama/Jensen (1998). *Fama* schreibt, dass „ *... ownership of capital should not be confused with ownership of the firm. ... In this „nexus of contracts" perspective, ownership of the firm is an irrelevant concept. The point is more than semantic.*" Vgl. Fama (1980), S. 90.

194) Vgl. Fama/Jensen (1983), S. 301.

195) Vgl. Göbel (2002), S. 173 f.

196) Komplexe Organisationen sind solche, bei denen *„specific knowledge relevant to different decisions – knowledge which is costly to transfer across agents – is diffused among agents at all levels of the organization.*" Vgl. Fama/Jensen (1983), S. 9 f.

197) Vgl. Fama (1980), S. 288. Dagegen ist das klassische, nicht-komplexe Unternehmen eine Kombination von Hauptentscheidungsträger und Hauptrisikoträger. Bei nicht-komplexen Organisationen, z. B. gemeinnützige Unternehmen, kommt auch dem Aufsichtsorgan eine weniger bedeutsame Funktion im Überwachungsprozess als bei komplexen Aktiengesellschaften zu. Vgl. ausführlicher Fama/Jensen (1983), S. 21 ff.

198) Vgl. Wentges (2002), S. 35. *„Since shareholders are* ***residual claimants****, who can only earn a return on their investment after the claims of creditors, employees, and other senior claimants have been satisfied in full, ...*". Vgl. Megginson (1997), S. 45. *„Net income is conceived of as the* ***residual return*** *– the amount that is left over after everyone else has been paid.*" Vgl. Milgrom/Roberts (1992), S. 291.

199) Vgl. Richter/Furubotn (1996), S. 376 f.

200) Vgl. Wentges (2002), S. 35.

201) Vgl. Fama/Jensen (1983), S. 14.

202) Vgl. Richter/Furubotn (1996), S. 378.

licht, trägt zur Minderung der Agenturkosten bei.[203] Dies ist der unternehmensinterne, vierstufige Entscheidungsprozess (Abbildung B.3):[204]

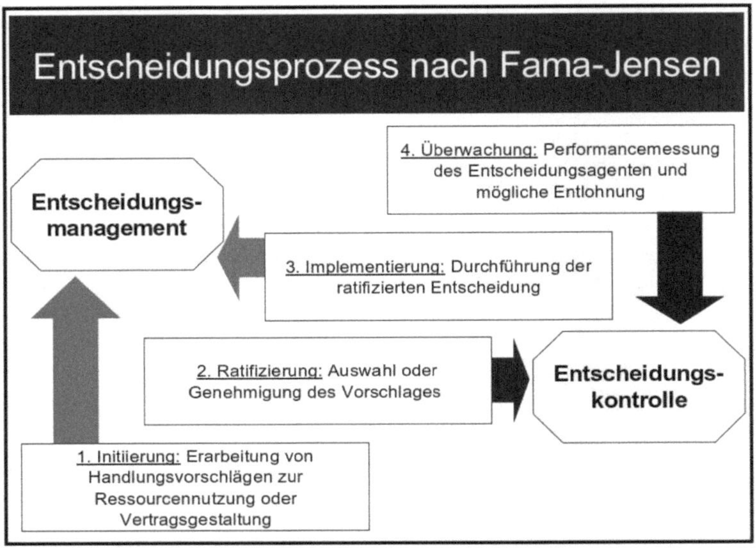

Abbildung B.3: Entscheidungsprozess nach Fama/Jensen

Aufgrund der Trennung von Entscheidungsmanagement und -kontrolle kann ein effizientes Kontrollsystem zur Minimierung von Vertretungskosten im Rahmen einer formalen Entscheidungshierarchie implementiert werden. Somit ratifizieren und überwachen (Entscheidungskontrolle) die in der Hierarchie übergeordneten Ebenen die Ergebnisse des Entscheidungsmanagements, also der ihnen untergeordneten Ebenen. D. h., auch das Unternehmensmanagement wird durch ein Kontrollgremium der Anteilseigner, dem Aufsichtsrat bzw. Board of Directors, überwacht. Die Kapazitäten des Kontrollorgans sind begrenzt, sodass viele Kontrollaufgaben an interne Funktionsträger delegiert werden müssen. Der Aufsichtsrat bzw. das Board ist als letzte Kontrollinstanz zu sehen, einschließlich der Rechte, „*to ratify and monitor major policy initiatives and to hire, fire, and set the compensation of top level decision managers*".[205] Auch wenn die Aktionäre als „residual claimants" ihre Kontrollrechte an das Board bzw. den Aufsichtsrat delegieren, verbleiben bestimmte Rechte bei ihnen, die sie bei Abstimmungen auf der Hauptversammlung ausüben können, wie z. B. die Wahl von

203) Vgl. Erlei et al. (1999), S. 97 ff.; kritisch Göbel (2002), S. 281.
204) Vgl. Fama/Jensen (1983), S. 4.
205) Vgl. Fama/Jensen (1983), S. 16.

Mitgliedern des Kontrollorgans, die Wahl des Abschlussprüfers, Fusionen oder die Ausgabe von neuen Aktien.[206] Darüber hinaus besteht eine wechselseitige Kontrolle unter den konkurrierenden Agenten.[207]

Von Relevanz ist bei großen Aktiengesellschaften („open corporation") auch die Zusammensetzung des Kontrollorgans aus internen und externen fachlich versierten Mitgliedern. Zum einen ist es vorteilhaft, wenn sich das Fachwissen der externen Mitglieder des Aufsichtsorgans komplementär zu dem Fachwissen der internen Mitgliedern verhält. Externe Aufsichtsorganmitglieder agieren als Schiedsrichter zwischen internen Managern und zur Lösung des Prinzipal-Agenten-Problems zwischen Unternehmensmanagement und Aktionären. Eine effektive Trennung zwischen Entscheidungsmanagement und -kontrolle erfordert aber, dass die externen Aufsichtsorganmitglieder entsprechende Anreize haben, um diese übergeordneten Ziele auch anzustreben und nicht zusammen mit dem Unternehmensmanagement zum Nachteil der Eigentümer handeln. *Fama* und *Jensen* stellen die Hypothese auf, dass, für die in anderen Unternehmen tätigen Entscheidungsmanager, die zusätzliche Bildung von Reputation in Form von Entscheidungskontrolle ein ausreichender Ansatz ist, um nachteiliges Handeln von externen Aufsichtsorganmitgliedern zu vermeiden.[208] Zum anderen soll durch die Besetzung der internen Aufsichtsratsposten mittels einzelner Mitglieder des Unternehmensmanagements der Wissenstransfer von unternehmensinternen spezifischem Wissen in das Kontrollorgan sichergestellt werden.[209] Als Mechanismus zur Gewährleistung dieses spezifischen Wissenstransfers gehen *Fama* und *Jensen* von einer Schutzfunktion des Einzelnen durch das gesamte Überwachungsorgan aus.[210] Darüber hinaus ist es für das Aufsichtsorgan hilfreich, Informationen auch unterhalb der Top-Managementebene einzuholen, um die Tätigkeit des Unternehmensmanagements beurteilen und bewerten zu können. Für *Fama* und *Jensen* ist dies eine Aufgabe eines Unterausschuss des Boards, d. h. eines Audit Committees, dem im Allgemeinen die externen Aufsichtsratsmitglieder angehören sollten.[211]

1.1.4 Vergleich der Ansätze

Die Neue Institutionenökonomik kann man untergliedern in den „institutional environment"-Zweig, wie z. B. die Property-Rights-Theorie, und den „institutional arrangement"-Zweig, zu dem die Prinzipal-Agenten- und Transaktionskostentheorie gezählt werden.[212] Allen drei dargestellten Theorien ist gemeinsam, dass sie die von Institutionen ausgelösten

206) Vgl. Fama/Jensen (1983), S. 16.

207) Vgl. Erlei et al. (1999), S. 98 f.

208) Vgl. Fama/Jensen (1983), S. 19.

209) Vgl. Fama/Jensen (1983), S. 17, die hierzu schreiben, dass „*the board is the top-level court of appeals of the internal agent market, and as such it must be able to use information from the internal mutual monitoring system*".

210) „*Top managers, especially those who are members of the board, can effectively be fired only with consent of the board and thus are protected from reprisals from other top managers.*" Vgl. Fama/Jensen (1983), S. 18.

211) Sie zitieren *Horngren*, der die wesentliche Aufgabe eines Audit Committee's darin sieht „*to oversee the accounting controls, financial statements, and financial affairs of the corporation. The committee represents the full board and provides personal contact and communication among the board, the external auditors, the internal auditors, the financial executives, and the operating executives*". Vgl. Fama/Jensen (1983), S. 18.

Steuerungs- und Kontrollwirkungen auf das Verhalten von Akteuren in einer Austauschbeziehung untersuchen.[213] Die Gemeinsamkeiten von Property-Rights- und Agenturtheorie liegen in der Betonung von Anreizordnungen und der ex ante-Perspektive. Bezüglich der ex ante-Perspektive stellt die Property-Rights-Theorie in erster Linie auf eine Analyse institutioneller Arrangements ab, während die Agenturtheorie vorwiegend auf die Anreizgestaltung eingeht.[214] Dagegen hebt die Transaktionskostentheorie unvollständige Verträge und ergänzend eine ex post-Perspektive hervor.[215] Die folgende Tabelle ist eine vergleichende Zusammenfassung neoinstitutionalistischer Organisationsansätze:[216]

	Property-Rights-Theorie	**Transaktionskostentheorie**	**Prinzipal-Agenten-Ansatz**
Untersuchungs-gegenstand	Verteilung der Property-Rights	Transaktion	Prinzipal-Agent-Beziehung
Verhaltensan-nahmen	►beschränkte Rationalität ►individuelle Nutzenmaxi-mierung	►beschränkte Rationalität ►individuelle Nutzenmaxi-mierung ►Opportunismus	►beschränkte Rationalität ►individuelle Nutzenmaxi-mierung ►Opportunismus ►Risikoneigung der betei-lig-ten Akteure
Effizienzkri-terium	►Summe aus Transaktions-kosten und Wohlfahrtsver--lusten aufgrund externer Ef-fekte	►Transaktionskosten	►Agenturkosten: - Überwachungskosten - Garantiekosten - verbleibende Wohlfahrts-verluste
Umweltbedin-gungen	►untrennbare Produktions--prozesse ►Hebeleffekt ►Eigentumssurrogate	►Unsicherheit ►Spezifität ►Häufigkeit ►Transaktionsatmosphäre	►Hidden characteristics ►Hidden action / hidden in-formation ►Hidden intention
Art der Gestaltungs-empfehlung	„Property Rights so zuordnen, dass der Trade-off zwischen Wohlfahrtsverlusten aufgrund externer Effekte und Trans-ak-tionskosten ihrer Internal-isie-rung optimiert wird!“	Transaktion unter beson-de-rer Berücksichtigung ihrer Umweltbedingungen in der Vertragsform abwickeln, die ihre Transaktionskosten mi-nimiert!“	„Anreizkompatibilität zwi-schen Prinzipal und Agent er-reichen bzw. Trade-off zwi-schen Anreizsetzung und Ri-sikoallokation optimieren!“
Aktions-variable	Konzentration bzw. Verdün-nung von Property Rights	Wahl von Verträgen mit un-terschiedlicher Bindungs-in-tensität	Instrumente zur Überwin-dung von Informationsasym-metrien, zur Interessenan-gleichung und zur Risiko-al-lokation

Tabelle B.1: Vergleich neoinstitutionalistischer Organisationsansätze

212) Als Ersterer ist „ ... *the set of fundamental political, social and legal ground rules that establishes the basis for production, exchange and distribution*“ zu verstehen, während Letzterer als ein „ ... *arrangement between economic units that governs the ways in which these units can cooperate and/or compete*“ aufzufassen ist. Vgl. Williamson (1990b), S. 64.

213) Vgl. Ebers/Gotsch (2006), S. 306 f.

214) Vgl. Williamson (1990b), S. 70.

215) Vgl. Ebers/Gotsch (2006), S. 306.

216) Vgl. Picot/Dietl/Franck (1999), S. 131.

Zu beachten ist, dass trotz einzelner Unterschiede, die Ansätze als komplementär zueinander zu sehen sind und keine generellen Ausschließlichkeitsbedingungen formuliert werden können.[217]

1.2 Unternehmung als Netzwerk spezifischer Investitionen

Rajan und *Zingales* entwickelten eine Theorie von Unternehmen als Netzwerk von spezifischen Investitionen, in der die zunehmende Bedeutung des Humankapitals stärker hervorgehoben wird. Dieser Ansatz umfasst alle Parteien, die unternehmensspezifische Investitionen getätigt haben, also nicht nur die Shareholder, sondern alle Stakeholder.[218] Die Unternehmung wird als „*nexus of explicit and implicit contracts*" gesehen.[219] Entgegen dem Prinzipal-Agenten-Ansatz wird die Legitimationsfrage um die Interessen von zusätzlichen Anspruchsgruppen erweitert, deren transaktionsspezifische Investitionen ex ante vertraglich nicht vollständig geschützt werden können.[220] Für eine glaubhafte Bindung der Vertragsparteien gewinnt in diesem Ansatz die Reputation eine ökonomisch relevante Funktion. Für *Zingales* ist die Differenz zwischen reputationsbedingten Wertsteigerungen und -verlusten „*the value of organization capital*". Reputation kann also – positiv wie negativ – zum Unternehmenswert beitragen.

Als sich *Berle* und *Means* Anfang der 1930er-Jahre die Frage nach der Kontrolle in Kapitalgesellschaften stellten, stand primär die Allokation von arbeits- und kapitalintensiven Produktionsfaktoren sowie das Eigentum von physikalischen Vermögen im Vordergrund. Der Produktionsfaktor Wissen fand noch keine adäquate Berücksichtigung. Nach *Rajan* und *Zingales* haben die gravierenden wirtschaftlichen Veränderungen der letzten Jahre aber zur Folge, dass immaterielles Vermögen in der Form von Wissen den Unternehmenswert nachhaltig stärker beeinflusst hat als dies in der Vergangenheit der Fall gewesen ist.[221] Dieser Wandel des klassischen Unternehmens hin zu einem wissensbasierten Unternehmen führt auch dazu, dass gut ausgebildetes und hoch motiviertes Humankapital für den nachhaltigen Unternehmenserfolg von zentraler Bedeutung ist.[222]

Im Allgemeinen entsteht innerbetriebliche Macht bzw. Autorität durch den Besitz an Sachkapital, da damit residuale Kontrollrechte und somit Entscheidungsmacht in allen ex ante abgeschlossenen, unvollständigen Verträgen verknüpft ist.[223] Aufgrund oder wegen der Unvollständigkeit von vertraglichen Regelungen und der fehlenden gerichtlichen Durchsetzbarkeit dieser Regelungen spielt Macht bzw. Autorität zwar auch bei *Rajan* und *Zingales* innerhalb einer Kooperationsbeziehung eine wichtige Rolle. Vor dem Hintergrund ihrer Unterneh-

---

217) Vgl. Williamson (1985), S. 190.

218) Vgl. Wentges (2002), S. 60.

219) Unternehmen werden als ein „*nexus of specific investments: a combination of mutually specialized assets and people*" definiert. Die zusätzliche Berücksichtigung der Stakeholder wird mittels der „implicit contracts" zum Ausdruck gebracht. Eine Betrachtung der Firma als bloßer „nexus of explicit contracts" würde die Allokation der residualen Kontrollrechte ausschließlich auf die Aktionäre reduzieren. Vgl. Zingales (1998), S. 5; ebf. Zingales (2000), S. 1633.

220) Vgl. Osterloh/Frey (2005), S. 10.

221) Vgl. Rajan/Zingales (2000), S. 8 ff.

222) „*Innovation comes from human capital, not from inanimate assets.*" Vgl. Rajan/Zingales (2000), S. 18.

223) Vgl. Wentges (2002), S. 60 f.

mensdefinition entwerfen sie jedoch ein modifiziertes, nicht vertragliches Verfahren zur Allokation von Macht bzw. Autorität: Die Gewährung von Zugang („access") zu den *kritischen* Unternehmensressourcen.[224] Zugang wird als „*the ability to use, or work with, a critical resource*" definiert, wobei die *kritische* Ressource z. B. Sachvermögen oder Wissen sein kann.[225] Durch den Zugang zu der kritischen Ressource und die Möglichkeit, damit zu arbeiten, werden aber keine residualen Kontrollrechte neu verteilt. Vielmehr entsteht ein individueller Anreiz zum Aufbau von spezifischen Wissen (spezifische Investitionen) und somit zur Steigerung des eigenen Marktwertes.[226] Eine Unternehmung hat somit Macht bzw. Autorität, spezifische Investitionen durch die Gewährung des Zugangs zu kritischen Ressourcen zu ermöglichen.[227]

Der entscheidende Grund für die Notwendigkeit einer wirksamen Corporate Governance ist die Existenz von unvollständigen Verträgen, die Raum für „*ex post bargaining over the quasi-rents generated by the firm*" bieten.[228] Nach *Rajan* und *Zingales* sind Unternehmen ein komplexes Geflecht von spezifischen Investitionen mit gegenseitig vernetzten und spezialisierten Sachvermögen und Humankapital, die nicht am Markt repliziert werden können.[229] Die Unternehmensdefinition von *Rajan* und *Zingales* hat auch Auswirkungen auf die Gestaltung der Kontrollmechanismen. Die Firma als ein Nexus von firmenspezifischen Investitionen hat zur Folge, dass mehrere unterschiedliche, voneinander abweichende Residualansprüche entstehen. Es kann gezeigt werden, dass die residualen Kontrollrechte[230] am besten denjenigen zugewiesen werden, die ex post einen Schutz vor Enteignung ihrer Investitionen benötigen, die aber nur wenig Einfluss auf den Spezialisierungsgrad haben. Wie zuvor ausgeführt, tragen insbesondere die spezifischen Investitionen in das Humankapital, die ex ante nicht vertraglich vollständig abgesichert werden können, zu dem Wesen der Firma als Nexus von spezifischen Investitionen und zum Erfolg eines Unternehmens bei. Letztendlich sollten die gesamten residualen Kontrollrechte von den Eigentümern an eine dritte Partei übertragen werden, die die Opportunitätsverluste durch Spezialisierung nicht internalisiert.[231] Diese Gruppe tätigt keine firmenspezifischen Investitionen und hat auch keine Residualansprüche.[232] Diese Institution

---

224) Vgl. Rajan/Zingales (1996), S. 1. Bei dem Ansatz von *Grossman*, *Hart* und *Moore* wird nur das Sachkapital als kritische Ressource betrachtet. Der Besitz des Sachkapitals und *nicht* der Zugang ermöglicht dem Unternehmer die Macht der residualen Kontrollrechte. Vgl. Wentges (2002), S. 61.

225) Vgl. Rajan/Zingales (1996), S. 1 f.

226) Vgl. Rajan/Zingales (1996), S. 2.

227) Vgl. Wentges (2002), S. 61.

228) Vgl. Deffains/Demougin (2006), S. 19.

229) Vgl. Zingales (1998), S. 5.

230) Residuale Kontrollrechte („residual rights of control") entfallen auf solche Situationen, die ex ante vertraglich nicht voll umfänglich und explizit schriftlich festgehalten werden konnten. *Milgrom* und *Roberts* definieren diese wie folgt: „ ... *the right to make any decisions concerning the asset's use that are not explicitly controlled by law or assigned to another by contract*". Vgl. Milgrom/Roberts (1992), S. 289.

231) Vgl. Zingales (1998), S. 13.

232) Als Vertreter der psychologischen Ökonomik sprechen *Osterloh* und *Frey* von einem „*Mediator der verschiedenen Residual-Anspruchsberechtigten*" und sehen Corporate Governance vielmehr als eine Institution zur Bewältigung sozialer Dilemmata in Unternehmen. Die Legitimationsfrage ist auch hier nicht a priori allein zugunsten der Aktionäre entschieden. Ein besonderes Augenmerk wird in der psychologischen Ökonomik auf die stärkere Betonung prosozialer, intrinsischer Motivation – neben der extrinsischen Motivation –

sollte auch nicht nur als verlängerter Arm der Aktionäre handeln, sondern in seinen Aufgaben unabhängig sein und im Unternehmensinteresse als Nexus von spezifischen Investitionen handeln.[233] Diese Aufgabe wird von *Rajan* und *Zingales* dem Aufsichtsrat zugewiesen.[234] Die Definition der Firma als Netzwerk von spezifischen Investitionen hat somit zur Folge, dass die residualen Kontrollrechte zwar den Eigentümern bzw. Aktionären zugewiesen werden, die tatsächliche Ausübung der Kontrolle aber einem neutralen Kontrollgremium, dem Aufsichtsrat, übertragen wird. Dies ermöglicht und fördert firmenspezifische Investitionen in Human- und Sachkapital, die ein wesentlicher Erfolgs- und Wettbewerbsfaktor für ein Unternehmen sind, und liefert ex post einen sicheren Schutz vor der Aneignung von generierten Quasi-Renten durch Dritte.

Dieser Ansatz wird umso bedeutender, je stärker auf Unternehmen aus der Dienstleistungsbranche, wie z. B. die Finanzdienstleistungsbranche, abgestellt wird. Denn hier hat das Humankapital, was neben dem reinen Fachwissen auch die Mitarbeiterzufriedenheit oder die Identifikation mit dem Unternehmen beinhaltet, mittlerweile eine ganz entscheidende Bedeutung für einen nachhaltigen Unternehmenserfolg erlangt.[235] Die Konsequenz, die beide Autoren daraus ziehen ist, dass Unternehmen „*spend less time discussing how to strengthen the rights of dispersed owners and more time on mechanisms to control and retain human capital*".[236]

1.3 Unternehmen und Corporate Governance

„Managers must be monitored, and institutional arrangements must provide some checks and balances to make sure they do not abuse their power."[237]

1.3.1 Entstehungsgeschichte von Corporate Governance

Der angelsächsische Terminus Corporate Governance hat mittlerweile weltweiten Einzug in die ökonomische Theorie und Praxis gefunden und ist aus der öffentlichen Diskussion kaum noch wegzudenken.[238] Das war aber nicht immer so. *Zingales* schrieb im Jahr 1998, dass „*the term „corporate governance" did not exist in the English language until twenty years ago*".[239] Die Wurzeln der Corporate Governance-Problematik gehen sogar zurück bis zu

---

bei der Management- und Aufsichtsratsbestellung gelegt. Vgl. Osterloh/Frey (2005), S. 10 f.

233) Vgl. Zingales (1998), S. 14.

234) In diesem Sinne auch *Blair*, die das Überwachungsorgan als Repräsentant nicht nur der Aktionäre sieht, sondern „*that they are representatives of all the important stakeholders in the firm – all those whose investments in physical of human capital are at risk*". Vgl. Blair (1995), S. 326.

235) Daraus folgern sie auch, dass „*as the importance of human capital has grown, power has moved away from the top and is much more widely dispersed through the firm*". Vgl. Rajan/Zingales (2000), S. 3.

236) Vgl. Rajan/Zingales (2000), S. 33.

237) Vgl. Blair (1995), S. 97.

238) Der Begriff „Corporate Governance" ist im FTD-Medienranking der Wirtschaftsbegriffe im Monat April 2007 von dem neunten Platz auf Platz 2 vorgerückt. Ein Grund hierfür war die Medienpräsenz der Vorfälle bei der Siemens AG. Vgl. FTD (07.05.2007).

239) Vgl. Zingales (1998), S. 1. In Deutschland begann die Corporate Governance-Diskussion etwa Mitte der 1990er-Jahre. Vgl. Gerum (2007), S. 5; ebf. Lentfer (2005), S. 3.

Adam Smith.[240] Einen entscheidenden Beitrag für die aktuelle Diskussion lieferten *Adolph A. Berle* und *Gardiner C. Means* in ihrem bereits 1932 erschienen Buch „The Modern Corporation and Private Property".[241] Darin stellten sie die These auf, dass die tatsächliche Kontrolle der Kapitalgesellschaft nicht von den Aktionären ausgeht, sondern dass das Management die Kontrolle übernimmt, um sie somit im Eigeninteresse zu führen. Durch das Auseinanderfallen von Eigentum und Management sind die Interessen beider Parteien nicht vollständig deckungsgleich, da das Management nicht die Kosten seines Handels tragen muss. Es kommt also zur Externalisierung von Kosten. Somit kann das Management im eigenen Interesse handeln und seine individuellen Interessen und Präferenzen zum Nachteil der unternehmensstrategischen Zielerreichung oder anderer Interessengruppen durchsetzen sowie das Vermögen auf Kosten der Eigentümer zu seinen Gunsten maximieren. Das *Dilemma* aus der Trennung von Eigentum und Kontrolle führt letztendlich zu einer verstärkten Bedeutung von einem unternehmensinternen Überwachungssystem. Die Lösung dieses Dilemmas ist auch relevant für die Frage, warum Individuen dann überhaupt noch Teile ihres Vermögens einer Aktiengesellschaft zur Verfügung stellen und sich mit ihrer Rolle als „residual claimant" begnügen, wenn die Gesellschaft von Managern geführt wird, die mehr im Eigeninteresse als im Sinne der Shareholder bzw. Stakeholder handeln. Vor diesem Hintergrund liegt ein wichtiger Grund für die Notwendigkeit eines effizienten und effektiven Corporate Governance-Systems in der Vermeidung von möglichen negativen externen Effekten aus der Trennung von Eigentum und Unternehmensleitung. Diesen Schwachpunkten will eine Corporate Governance durch ein System interner und externer Mechanismen der wechselseitigen Kontrolle („checks and balances") begegnen.

Die Ausführungen zur Corporate Governance, insbesondere im anglo-amerikanischen Raum, konzentrieren sich hauptsächlich auf die Interessen der Shareholder.[242] Auf dieser Basis stellt sich gar nicht mehr das Legitimationsproblem, d. h., wessen Interessen in einem Corporate Governance-System wie berücksichtigt werden sollen; es ist bereits zugunsten der Anteilseigner entschieden. Corporate Governance ist ausschließlich ein reines Organisations- oder Kontrollproblem.[243] Diese Sichtweise ist aber für eine Untersuchung der Corporate Governance von deutschen Kreditinstituten zu eng. Typisch für das kontinentaleuropäische bzw.

240) *Adam Smith* wies in seinem berühmten Werk „An Inquiry into the Nature and Causes of the Wealth of Nations" (1776) auf die Notwendigkeit einer Trennung von Eigentum und Kontrolle bei Aktiengesellschaften aufgrund fehlender Anreize für die Manager, im Sinne der Eigenkapitalgeber zu handeln, hin. Vgl. hierzu Reaz/Arun (2005), S. 45. Siehe auch oben, Kapitel B.1.1, S. 10.

241) Nach *Tirole* war das Werk von *Berle* und *Means* „*the starting point for the subsequent academic thinking on corporate governance and corporate finance. Subsequently, a number of corporate problems around the world have reinforced the perception that managers are unwatched*". Vgl. Tirole (2006), S. 15. Sie untersuchten die Auswirkungen von der „ ... *increasing decision-making power of corporate management, the increasingly passive position of shareholders, and the increasing inapplicability of the ethical and economic justifications* ... ". Vgl. Berle/Means (1932), S. XX.

242) Dieses Verständnis von Corporate Governance spiegelt sich in der Definition von *A. Shleifer* und *R. Vishny* deutlich wider: „*Corporate Governance deals with the agency problem: the separation of management and finance. The fundamental question of corporate governance is how to assure financiers that they get a return on their financial investment.*" Vgl. Shleifer/Vishny (1997), S. 773.

243) Vgl. Gerum (2007), S. 6 f.

deutsche Verständnis ist dagegen eine *weite* Definition bei der Berücksichtigung von Interessengruppen, wenn es um das Unternehmensinteresse geht, d. h. aus der Perspektive der sogenannten Stakeholder. Bei einem solchen umfassenderen Verständnis von Unternehmen muss sowohl das Legitimations- als auch das Organisationsproblem beantwortet werden.

1.3.2 Begriffsbestimmung Unternehmen

Wie die vorherigen Ausführungen gezeigt haben, sind Unternehmen, mit ihren komplexen formalen und informalen Strukturen, mehr als eine „*black-box*". Zwar sind zur Charakterisierung und zum besseren Verständnis von Unternehmen die Ansätze der Neuen Institutionenökonomik von grundlegender Bedeutung, aber deren Ausführungen zur Kontrolle in Unternehmungen sind primär auf eine shareholderorientierte Sichtweise bezogen. In erster Linie wird der Schutz der Eigentümer in den Vordergrund gestellt, während die Ansprüche der weiteren Parteien nicht im Fokus der Untersuchung stehen, da diese durch die angenommenen vollständigen Verträge abgesichert sind. Somit fungiert als Instrument zur internen Managementüberwachung das Aufsichtsorgan[244], das als verlängerter Arm der Eigentümer deren Interessen vertreten soll.[245]

Durch ihre weite Definition der Unternehmung als komplexes Geflecht von spezifischen Investitionen aller an ihr beteiligten Parteien gehen *Rajan* und *Zingales* über die enge Shareholder-Perspektive hinaus. Unternehmen sind ein komplexes Geflecht von spezifischen Investitionen mit gegenseitig vernetzten und spezialisierten Sachvermögen *und* Humankapital, die nicht am Markt repliziert werden können.[246] In dieser Arbeit soll diese *weite* Unternehmensdefinition verwendet werden, die auf Basis des Konzeptes der unvollständigen Verträge die Interessengruppen der Shareholder *und* Stakeholder berücksichtigt. Unternehmen werden wie folgt definiert:[247]

> *Die Unternehmung ist ein komplexes Netzwerk – auf Basis sowohl expliziter als auch impliziter unvollständiger Verträge – in einem Umfeld von wechselseitig spezifischen Investitionen in Sach- und Humankapital, die nicht am Markt repliziert werden können. Sie hat Möglichkeiten, Anreize zu setzen und Verhalten zu steuern (Allokation von Macht), die Märkte nicht haben, und kann dadurch dauerhaft Renten erwirtschaften.*

Aufbauend auf dieser Unternehmensdefinition werden die residualen Kontrollrechte zwar den Eigentümern zugewiesen, aber die tatsächliche Ausübung der Kontrolle wird einem neutralen Überwachungsorgan, dem Aufsichtsorgan, übertragen. Vor diesem Hintergrund setzt das Funktionieren von Unternehmen institutionelle Rahmenbedingungen voraus, also eine

---

244) Da diese Ansätze aus dem anglo-amerikanischen Bereich kommen, wird in den Originalwerken statt vom Aufsichtsrat vom Board of Directors gesprochen.

245) Die Bedeutung des Boards aus Sicht der Agency-Theorie verdeutlichen *Hermalin* und *Weisbach*, die das Überwachungsorgan als endogen entstandene Institution, als Antwort auf das Prinzipal-Agenten-Problem, sehen. Vgl. Hermalin/Weisbach (2003), S. 7 ff.

246) Vgl. Zingales (1998), S. 5.

247) Vgl. Rajan/Zingales (1996); ebf. Rajan/Zingales (2000); ebf. Zingales (1998); ähnlich Schmidt (1998), S. 17; ebf. Wentges (2002), S. 60.

Corporate Governance-Struktur, die effiziente ex post-Verhandlungen über die Verteilung von Quasi-Renten im Interesse der Vertragsparteien ermöglichen. In diesem Zusammenhang kommt allen unternehmensspezifischen Ressourcen, insbesondere aber dem Humankapital, eine besondere Bedeutung zu. Dies gilt vor allem für solche Faktoren, die schwer imitierbar und substituierbar sind, und somit für den Unternehmenserfolg von enormer Wichtigkeit sind. Allerdings unterliegt der Erbringer von unternehmensspezifischen Ressourcen auch dem Risiko einer Hold-up-Situation.[248] Wenn ex ante aber keine vollständigen Verträge vorliegen, so besteht die Gefahr, dass aufgrund der getätigten spezifischen Investitionen die zu erzielenden Quasi-Renten nicht oder nicht in voller Höhe vereinnahmt werden können. Unternehmen als Alternative zu den Marktmechanismen sind aber Institutionen, die bei unvollständigen Verträgen diese wertvollen spezifischen Investitionen ermöglichen und einen Schutz der generierten Quasi-Renten gewährleisten können.[249] Corporate Governance-Systeme füllen somit die Lücke, die durch unvollständige Verträge entstanden ist.[250] Mittels eines guten Corporate Governance-Systems kann zwischen den beteiligten Parteien eine ausgewogene Machtbalance geschaffen werden und die Voraussetzungen für effektive wertsteigernde Investitionen aller am Unternehmen beteiligten Interessengruppen geschaffen werden.[251]

1.3.3 Begriffsbestimmung Corporate und Internal Governance

Betrachtet man zunächst eine Welt ohne Transaktionskosten und Prinzipal-Agenten-Probleme, so stellt sich die *ökonomische* Frage nach der optimalen Ausgestaltung der Corporate Governance nicht. Werden in dieser Welt dennoch Fragen zur Corporate Governance gestellt, so werden diese weitgehend als *politische* Fragen behandelt, bei denen es um Machtverteilung zwischen den beteiligten Parteien geht.[252] *Ökonomisch* geprägte Fragen nach und Handlungsoptionen für eine effiziente Corporate Governance ergeben sich in dieser Welt erst dann, wenn folgende Situation gegeben ist: Zum einen bestehen Interessenkonflikte und Informationsasymmetrien zwischen den Vertragsparteien und zum anderen existieren Transaktionskosten, die eine vollständige vertragliche Lösung erschweren, und somit zu unvollständigen Verträgen führen.[253] Wenn in dieser Welt dann außerdem noch Quasi-Renten generiert werden und diese ex ante nicht vollständig verteilt werden können, sodass ex post zwischen den Beteiligten Verhandlungsraum über Quasi-Renten verbleibt, dann besteht die Notwendigkeit für eine wirksame Corporate Governance.[254]

---

248) Dieser Ansatz wird als ressourcenbasierter Ansatz bezeichnet, da Organisationen als „bundle of resources" interpretiert werden. Vgl. Gerum (2007), S. 16 f. Zum Hold-up siehe oben, Kapitel B.1.1.3, S. 29.

249) Vgl. Dilger/Frick/Speckbacher (1999), S. 7 f.

250) Vgl. Boot/Macey (2003), S. 8 f.; ebf. Link (2009), S. 62 f.

251) Vgl. Wentges (2002), S. 62.

252) Vgl. Schmidt/Weiß (2003), S. 2.

253) *Hart* führt weiter aus, dass in einer Welt von unvollständigen Verträgen, Agencyprobleme all gegenwärtig sind und der „governance structure" eine wichtige Bedeutung zukommt. Diese „governance structure" kann als ein „*mechanism for making decisions that have not been specified in the initial contract*" bezeichnet werden. Vgl. Hart (1995), S. 678 ff.

254) Ein Corporate Governance-System ist dann als „*the complex set of constraints that* shape *the ex post-bargaining over the quasi-rents generated in the course of a relationship*" zu bezeichnen. Vgl. Zingales (1998),

Erste Ansätze einer praxisnahen Definition für den Begriff „Corporate Governance" lieferte 1985 in den USA die „National Commission on Fraudulent Financial Reporting" (sog. Treadway-Commission) und 1992 in Großbritannien der sog. Cadbury-Bericht. Umfassender sind die Corporate Governance Grundsätze der OECD aus dem Jahre 1999 bzw. deren Neufassung aus dem Jahre 2004.[255] Der Begriff „Corporate Governance" ist kein bestimmter Rechtsbegriff und auch kein durch die wissenschaftliche Diskussion geprägter Terminus technicus, sondern ist als ein „*international angewendeter Begriff mit zahlreichen Ausprägungen*" zu sehen.[256] Ein passendes deutsches Äquivalent oder eine Legaldefinition für den englischen Terminus Corporate Governance gibt es nicht.[257] Sprachlich kann der Begriff „Corporate Governance" wie folgt aufgegliedert werden: Governance wird aus dem politischen Begriff „to govern" (herrschen, steuern, leiten) abgeleitet und auf Unternehmen („corporates") übertragen. Aus einer interdisziplinären Perspektive kann zunächst die Vielfalt der Begriffsverwendung von „Governance" auf zwei Ebenen konzentriert werden: Zum einen die politik- und sozialwissenschaftliche und zum anderen die ökonomische Betrachtungsebene, die in dieser Arbeit im Vordergrund steht.[258] Vor diesem Hintergrund kann eine Klassifizierung des Begriffs „Governance" wie folgt vorgenommen werden:

Sectoral Governance	Good Governance	Corporate Governance	Public Governance
► Einzelne (Wirtschafts-) Sektoren, z. B. Umwelt-, Energie-, Gesundheits-politik	► Anwendung in der Entwicklungspolitik	► Ökonomischer Ansatz: Führung und Überwachung von Unternehmen	► Optimierung bürokratischer Prozesse ► Einbindung der Adressaten ► neue Bürgernähe

Tabelle B.2: Klassifizierung des Governance-Begriffes

Empirische Untersuchungen lassen insbesondere für den amerikanischen, aber auch für den deutschen Kapitalmarkt, den Schluss zu, dass ein positiver Zusammenhang zwischen der Güte der (unternehmensspezifischen) Corporate Governance und den Kapitalkosten, hier den Eigenkapitalkosten, bzw. dem Unternehmenswert besteht.[259] Aber eine wirksame Corporate Governance ist für einen nachhaltigen Unternehmenserfolg zwar ein notwendiges, allerdings kein hinreichendes Kriterium.[260] Denn für einen entscheidenden Erfolgsunterschied von Un-

S. 3.

255) Nach der OECD Definition betrifft die Corporate Governance "*das ganze Geflecht der Beziehungen zwischen dem Management eines Unternehmens, dem Aufsichtsorgan, den Aktionären und anderen Unternehmensbeteiligten (Stakeholdern). Die Corporate Governance liefert auch den strukturellen Rahmen für die Festlegung der Unternehmensziele, die Identifizierung der Mittel und Wege zu ihrer Umsetzung und die Modalitäten der Erfolgskontrolle. Ein gutes Corporate-Governance-System sollte dem Aufsichtsorgan und der Unternehmensleitung die richtigen Anreize zur Verfolgung der im Interesse des Unternehmens und seiner Aktionäre liegenden Ziele geben und eine wirkungsvolle Überwachung erleichtern*". Vgl. OECD (2004), S. 11 ff. Zu den Corporate Governance-Kodizes siehe auch unten, Kapitel B.2.4.3, S. 72 ff.

256) Vgl. Lentfer (2005), S. 27.

257) Aus diesem Grund soll der angelsächsische Terminus „Corporate Governance" in dieser Arbeit beibehalten werden.

258) Vgl. Brunnengräber et al. (2004), S. 4 ff.

259) Vgl. Weber/Lentfer/Köster (2007), S. 57 ff.

260) „*Ihr Fehlen kann eine Gesellschaft zugrunde richten, jedoch nicht selbst den Erfolg sicherstellen.*" Vgl. Warncke (2005), S. 28.

ternehmen im Wettlauf um die Zukunft ist darüber hinaus ein wirksames Chancen-/Risikomanagement von Bedeutung.[261] Des Weiteren sind eine ausgeprägte Unternehmenskultur, die durch Mitarbeiterzufriedenheit und deren Identifikation mit dem Unternehmen getragen wird, sowie die Kontrolle und Motivation des spezifischen Humankapitals zu nennen. Dies setzt aber wiederum Investitionen in firmenspezifisches Humankapital voraus. Deutlich wird dies an der stark zunehmenden Bedeutung von hoch spezialisierten und qualifizierten Humanressourcen moderner Unternehmen. Dies gilt speziell für Banken als ein Typus von wissensintensiven Unternehmen. Die Abwanderung von hoch spezialisierten und qualifizierten Humanressourcen bedeutet einen Verlust von entscheidenden strategischen und operativen Ressourcen.[262] Insofern handelt es sich in diesen Fällen – bei einer unzureichenden Vertretungsregelung – um ein operationelles Risiko.[263]

Ein Corporate Governance-System, das für alle Interessengruppen umfassende Anreize für unternehmensspezifische Investitionen setzt, hat bereits ex ante eine effizienzverbessernde Wirkung. D. h., Corporate Governance ist kein Selbstzweck, sondern Mittel zum Zweck. Eine effektive Corporate Governance will die Leitungs- und Überwachungsmechanismen optimieren, stellt einen wesentlichen Einflussfaktor auf die Effizienz der Unternehmensorganisation dar und sichert die Überlebensfähigkeit des Unternehmens. Die Ziele eines Corporate Governance-Systems können somit wie folgt dargestellt werden:[264]

- Maximierung der Anreizeffekte ex ante für wertsteigernde spezifische Investitionen und der Wertverteilung, insbesondere zwischen Eigentümern und dem Humankapital und damit der Minimierung ineffizienter Machtausübung.
- Minimierung ineffizienter ex post-Verhandlungen über die Verteilung der Quasi-Renten und
- Minimierung des „Governance"-Risikos sowie die Allokation des verbleibenden Restrisikos auf die risikofreudigere Partei.

Da Unternehmen als Teil des Gesellschafts- und Wirtschaftssystems nicht in einem Vakuum operieren, haben Corporate Governance-Systeme Einfluss auf das Verhalten aller mit der Unternehmung verbundenen Interessengruppen. Hierdurch entsteht ein dynamisches und komplexes System, das aufgrund von vernetzten formalen und informalen Beziehungen zwischen den Interessengruppen äußerst vielschichtig ist. In dieser *weiten* Begriffsfassung umfasst Corporate Governance als Oberbegriff das gesamte System interner und externer Leitungs-, Kontroll- und Überwachungsmechanismen einer Unternehmung mit dem Ziel einen unternehmerischen Mehrwert zu generieren und einen Interessenausgleich zwischen den verschiedenen Anspruchsgruppen zu realisieren.[265] Dies erfordert eine Optimierung von Struktu-

---

261) Vgl. Halek (2008), S. 11.

262) Vgl. zu dem Thema Wissensmanagement und Banken sowie zur Bedeutung und zum Management von Wissensrisiken in Banken Probst/Knaese (1998), S. 16 ff.

263) Siehe unten, Kapitel E.2.5, S. 379 ff.

264) Vgl. Zingales (1998) S. 7 ff.

265) Vgl. Witt (2001).

ren, Kompetenzen und Überwachungsmechanismen zur Vermeidung bzw. Verhinderung von suboptimaler Machtakkumulation, da neben Leitungs- und Überwachungsaufgaben auch Machtansprüche und -ausübung treten.[266]

Externe Corporate Governance-Mechanismen wirken von außerhalb auf die Unternehmung ein und basieren auf Marktmechanismen, insbesondere den Markt für Unternehmenskontrolle, sowie auf der Rolle der Banken bzw. der institutionellen Anleger.[267] Dieses externe Beziehungsgefüge aus Share- und Stakeholderperspektive steht hier aber nicht im Vordergrund. In dieser Arbeit wird Corporate Governance aus der *internen* Perspektive betrachtet, die sog. *Internal Governance*, und definiert als

> *die Summe aller Sachverhalte, Institutionen und Entscheidungsmechanismen im Unternehmen, inklusive der Instrumente zu ihrer Durchsetzung, die die Art und Weise der unternehmensinternen Leitung und Überwachung prägen.*[268]

Diese Definition bringt zum Ausdruck, dass Corporate Governance kein eng umfasster Raum, sondern in Anlehnung an das 4-Ebenen-Modell von Institutionen[269] als ein holistisches, komplexes Geflecht von vernetzten Subsystemen zu sehen ist unter besonderer Berücksichtigung der spezifischen Leistungspotenziale der Organisationsressourcen („bundle of resources").[270] Hierzu zählen auch die rechtlichen Regelungen der Entscheidungsbefugnisse sowie das Umfeld, das Handlungs- und Einflussmöglichkeiten der verschiedenen Stakeholder, insbesondere von Mitarbeitern als Träger des Humankapitals, umfasst.[271] Die Internal Governance-Definition spiegelt die internen Elemente einer Corporate Governance wider, die u. a. aus Unternehmensmanagement, Überwachungsorgan und internem Überwachungssystem bestehen. D. h., der Betrachtungswinkel auf die Corporate Governance ist in dieser Arbeit auf die *interne* Ebene, also die Internal Governance, gerichtet. Aufgrund dieser Binnenorientierung kann alternativ auch von einer *Unternehmensverfassung* gesprochen werden.[272]

Eine Opazität der Strukturen und der damit verbundene Mangel an Zurechenbarkeit von Verantwortung gilt als Auslöser vieler Krisen. So tragen informelle Koordinations- und Kontrollmechanismen das Risiko in sich, dass nur Insider die relevanten Informationen erhalten und das System als Ganzes sich gegenüber Neuem verschließt. Ein Geflecht an informellen

---

266) Vgl. Bodenmann (2005), S. 29 f.

267) Vgl. Lütz/Eberle (2006), S. 3. Zu den externen Corporate Governance-Mechanismen siehe unten, Kapitel B.2.3.1, S. 59 ff.

268) Vgl. Zingales (1998); ebf. Rajan/Zingales (1996); ebf. Schmidt (2003), S. 3; ebf. Schmidt/Weiß (2003), S. 2 f.

269) Siehe oben, Kapitel B.1.1, S. 12.

270) Vgl. auch Wentges (2002), S. 72.

271) Vgl. Schmidt/Weiß (2003), S. 3. Als Bindeglied zwischen interner und externer Corporate Governance fungieren Maßnahmen zur Transparenz und Offenlegung im Rahmen angemessener Rechnungslegungsgrundsätze sowie die Tätigkeit der Externen Revision. Von entscheidender Bedeutung sind die Unabhängigkeit und Eignung des Abschlussprüfers sowie die Mechanismen zur Prävention oder Behebung von Interessenkonflikten. Vgl. EZB (2005), S. 96 f.

272) Als Unternehmensverfassung wird die „*Menge aller gesetzlichen und bewusst gesetzten Regelmechanismen verstanden, die das Verhalten des Unternehmens bzw. seiner Repräsentanten gegenüber den relevanten Interaktionsgruppen bestimmen*". Vgl. Schewe (2005), S. 9; ebf. Paetzmann (2007), S. 302.

wechselseitigen Abhängigkeiten von verschiedenen Institutionen schwächt dann auch die jeweils innerhalb der Institutionen vorgesehenen formellen Legitimations- und Kontrollmechanismen.[273] Somit basieren die grundlegenden Elemente der Internal Governance auf Ethik, Transparenz und Verantwortung.

Unter Berücksichtigung der ordnungsgemäßen Geschäftsorganisation von Kreditinstituten hat die obige Internal Governance-Definition u. a. folgende operative Auswirkungen auf Banken: Verabschiedung einer Geschäfts- und Risikostrategie, die u. a. die Festlegung von strategischen Unternehmenszielen und eines Risikotragfähigkeitskonzeptes beinhaltet, die Organisation von Internen Kontrollverfahren (Internes Kontrollsystem, Risikomanagement, Interne Revision) und Compliance-Anforderungen, die Zuordnung von Verantwortlichkeiten und Kompetenzen sowie die Implementierung von Informationssystemen und -linien, inklusive der Informationsinhalte.[274]

2. Grundlagen von Corporate Governance

„No Corporate Governance system is perfect. But all are complex.“[275]

Auch wenn die reputations- und vermögensschädigenden Unternehmensskandale durch Mechanismen der Corporate Governance nie ganz verhindert werden können, so gibt es doch Indizien, dass die Prinzipien zur Gewaltenteilung, die sog. „checks and balances“, also Maßnahmen zur gegenseitigen Kontrolle, in diesen Fällen nicht ausreichend waren.[276] Als Antwort auf diese Unternehmensskandale und zur Verbesserung der Wirksamkeit von Corporate Governance-Praktiken wurden verschiedene Initiativen auf internationaler und nationaler Ebene ergriffen, um diese Missstände künftig zu unterbinden oder mindestens zu erschweren, wie z. B. neue Gesetze, Regelungen und Kodizes zur Corporate Governance verfasst oder bestehende aktualisiert. Trotz dieser umfangreichen (externen) Reformen liegt eine entscheidende Voraussetzung für eine funktionsfähige Corporate Governance jedoch in dem unternehmensinternen Überwachungssystem. Es handelt sich somit um einen endogenen Faktor. Die Wirksamkeit des internen Überwachungssystems ist ein zentraler Parameter für eine effektive Internal Governance. Denn weder Share- noch Stakeholder sollen willkürlichen, nicht nachvollziehbaren oder intransparenten Strukturen im Unternehmen ausgeliefert sein und mit ihren zur Verfügung gestellten sowohl finanziellen als auch nicht monetären Mitteln einer unkontrollierten Unternehmensleitung ausgeliefert sein.[277] Hierfür sind insbesondere drei Faktoren von wesentlicher Bedeutung: An erster Stelle muss ein unabhängiger, professioneller und effektiver Aufsichtsrat stehen. Außerdem bedarf es einer funktionsfähigen, effizienten und unabhängigen Internen Revision sowie ein wirkungsvolles Zusammenspiel zwischen den Ele-

273) Vgl. Hellwig (1998).
274) Vgl. zum Begriff der Internal Governance bei Banken auch CEBS CP03 (2006), S. 39.
275) Vgl. Boot/Macey (1998), S. 11.
276) Vgl. EZB (2005), S. 93 f.
277) Vgl. Gentz (2007), S. 147.

menten des unternehmensinternen Überwachungssystems: Ein effizienter intersektoraler Informationstransfer.

2.1 Strukturen von Corporate Governance-Systemen

2.1.1 Concentrated- versus Dispersed Ownership-System

Im internationalen Vergleich haben sich unterschiedliche Formen der Corporate Governance entwickelt. Die grundlegenden, idealtypischen Strukturen bzw. Rahmenbedingungen lassen sich auf das sog. *„concentrated ownership"*-System, also wenige Eigentümer bzw. ein Mehrheitseigentümer, und auf das sog. *„dispersed ownership"*-System, d. h. eine weit gestreute Eigentümerstruktur, aufteilen.[278] Diese beiden Pole stehen sich diametral gegenüber. Das *„concentrated ownership"*-System ist gekennzeichnet durch geringe Transparenz und Offenlegungspflichten, einem unterentwickelten Markt der Unternehmenskontrolle bzw. einem generell schwachen Kapital- bzw. Aktienmarkt sowie einem ausgeprägten und dominanten Bankensystem (sog. Hausbankprinzip oder „relationship lending"), das eine starke unternehmerische Kontrolle ausübt. Dies geht einher mit einem ausgeprägten Gläubiger- und einem geringeren Anlegerschutz. Im Vordergrund steht bei der Rechtsorientierung das Gesellschafts- und nicht das Kapitalmarktrecht.[279] Exemplarisch sind das deutsche, das romanische und das japanische System zu nennen, da diesen Systemen gemeinsam eine Netzwerkorientierung zu eigen ist.[280] Das *„dispersed ownership"*-System, insbesondere ein im anglo-amerikanischen Raum (USA, Großbritannien, Kanada) zu beobachtendes System, baut auf hoch entwickelten Kapital- bzw. Aktienmärkten und flexiblen Arbeitsmärkten auf. Nicht das Hausbankenprinzip ist hier ein Attribut des Bankensektors, sondern das Trennbankensystem.[281] Das „dispersed ownership"-System verfügt darüber hinaus über hohe Transparenz und Offenlegungspflichten, eine weit entwickelte Aktionärskultur mit ausgeprägten Aktionärsrechten sowie über einen effektiven Markt für die Unternehmenskontrolle.[282]

Des Weiteren kann Corporate Governance unter Berücksichtigung der drei Gruppen Aufsichtsorgan, Management und Eigentümern in eine vertikale und horizontale Dimension unterschieden werden.[283] Die *vertikale Dimension* beruht auf einer breit diversifizierten Aktionärsstruktur (Klein- bzw. Minderheitsaktionäre) und beinhaltet das typische Prinzipal-Agenten-Problem zwischen Eigentümern und Management: Das Management unterliegt opportunistischen Anreizen für diskretionäres Verhalten und Kontrollhandlungen der Aktionäre bleiben aufgrund ihrer rationalen Apathie aus.[284] Die Abbildung B.4 verdeutlicht die Struktur der vertikalen Dimension:[285]

---

278) Vgl. Herrigel (2006), S. 3.
279) Vgl. Koeberle-Schmid (2008), S. 151.
280) Vgl. Gerum (2007), S. 28 f.
281) Siehe unten, Kapitel C.2.3, S. 120 f.
282) Vgl. Rajan/Zingales (2003), S. 26 f.
283) Vgl. Roe (2004), S. 2 ff.
284) Dies ist die Ausgangslage der Überlegungen von *Berle* und *Means* gewesen. Vgl. Blair (1995), S. 30 f.
285) In Anlehnung an Roe (2004), S. 2.

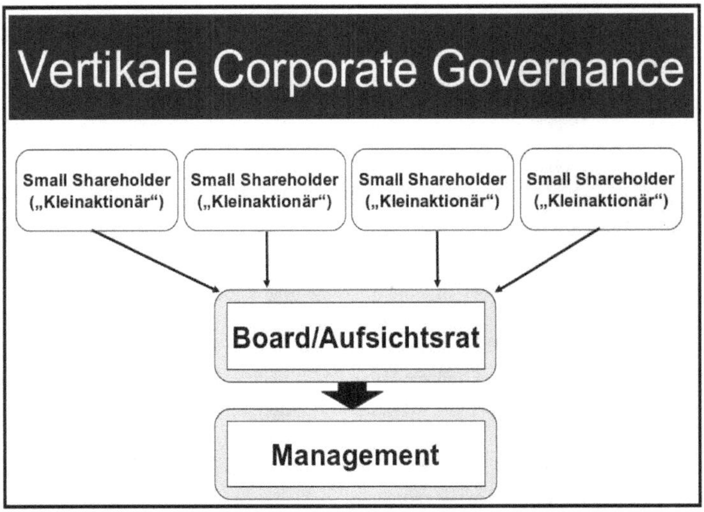

Abbildung B.4: Vertikale Corporate Governance

Dagegen beschäftigt sich die horizontale Dimension nicht nur mit Interessenkonflikten zwischen Aktionären und Management, sondern insbesondere mit solchen auf der Aktionärs-

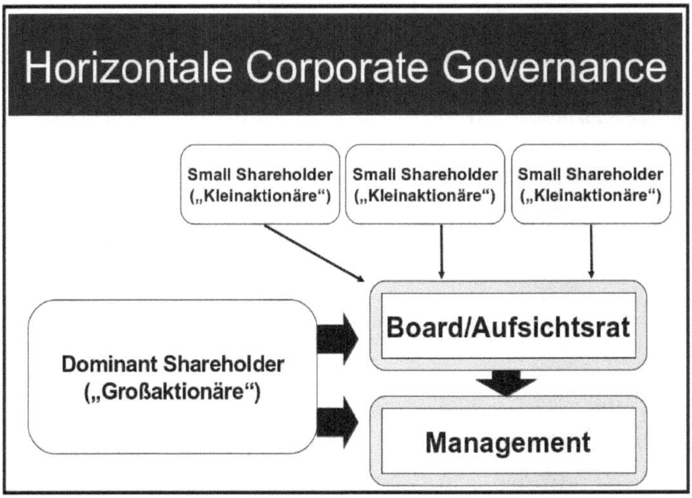

Abbildung B.5: Horizontale Corporate Governance

ebene. D. h. mit den Auswirkungen der Einflussrechte auf die Kontrollrechte und der Durchsetzung des ökonomischen Eigeninteresses von Großaktionären und – daraus folgernd – möglichen ökonomischen Nachteilen für die vielen Kleinaktionäre (sog. „private benefits of control“[286]). Die Abbildung B.5 verdeutlicht diese Struktur:[287]

In der Corporate Governance-Diskussion kommt der formalen Struktur von Leitung und Überwachung in einem Unternehmen eine wichtige Funktion zu. Alle rechtlichen Regelungen zur Bestimmung der Eigentums-, Leitungs- und Überwachungsrechte beinhaltet die Unternehmensverfassung.[288] Ein organisatorisches Unterscheidungsmerkmal von Corporate Governance-Systemen ist zum einen die im angelsächsischen Raum vorherrschende monistische Board-Verfassung, zum anderen das in Deutschland bestehende dualistische System.[289] Die Board-Verfassung ist ein monistisches Verwaltungssystem, in dem keine externe Trennung des Verwaltungsorgans in eine Leitungs- und Kontrollstelle erfolgt.[290] Diese personelle und funktionale Verbindung von Unternehmensführung und -überwachung in einem einheitlichen Leitungsorgan, dem Board of Directors, ist ein systemimmanentes Merkmal des monistischen Systems (sog. „one-tier-model“).[291] Im Gegensatz hierzu existiert in Deutschland das sog. „two-tier“-System mit der Trennung von Vorstand und Aufsichtsorgan in zwei eigenständige Organe.[292]

2.1.2 Insider- versus Outsider-System

Entscheidend für die Funktionsweise eines Internal Governance-Systems ist auch die Art und Weise der Verarbeitung, Übertragung und der Nutzung von Informationen.[293] Hieraus ergibt sich ein weiteres, grundlegendes Unterscheidungsmerkmal von Corporate Governance-Systemen: Outsider Control-Systeme versus Insider Control-Systeme.[294] Die im folgenden dargestellten Prototypen des Outsider- und Insider-Systems sind nicht als Substitute, sondern als komplementäre und konsistente Systeme zu sehen.

---

286) Unter den „private benefits of control“ versteht man, wenn „*the power of a controlling shareholder to use corporate resources for private advantage is likely to create a wedge between the value of a company for the controlling shareholder and for the other (minority) shareholders. This difference in value is known as the private benefits of control*“. Vgl. Enriques/Volpin (2007), S. 122 f.; ebf. Helwege/Packer (2008), S. 4 ff., zu den Vor- und Nachteilen von Private Benefits of Control.

287) In Anlehnung an Roe (2004), S. 2; ebf. Vitols (2003), S. 3 f.

288) Vgl. Bühner (1992), S. 353.

289) Siehe hierzu unten, Kapitel B.2.4.1, S. 62 ff.

290) Vgl. Bühner (1992), S. 356 f.

291) Vgl. Beetz (2005), S. 4. Im monistischen System gilt, „*boards are the intermediary governance body between shareholders and management*“. Vgl. Aguilera (2005), S. 3.

292) Siehe zu den Leitungs- und Kontrollmodellen unten, Kapitel B.2.4, S. 62 ff.

293) Vgl. Schmidt/Tyrell (2004), S. 9 f.

294) Vgl. Franks/Mayer (2000), S. 1 f. Die allgemein gültige Klassifizierung von Finanzsystemen in kapitalmarkt- oder bankdominierte Systeme kann nicht unmittelbar auf die Corporate Governance-Mechanismen übertragen werden. Stattdessen wird zwischen Insider- und Outsider-Systemen unterschieden. Vgl. Tyrell/Schmidt (2001), S. 3.

Outsider-Systeme, entsprechen den „dispersed ownership"-Systemen und beruhen auf funktionsfähigen Marktmechanismen, sind interessenmonistisch und shareholderorientiert.[295] Der Einflussmechanismus der Interessengruppen erfolgt über den Modus der sog. Liquity-Orientierung, also dem Markt für Unternehmenskontrolle.[296] Die alleinige Shareholder Value-Maximierung gibt den Stakeholdern allerdings nur wenige Anreize, in langfristige Bindungen zu investieren. Eine Absicherung kann dann nur durch explizite Verträge in Verbindung mit Marktmechanismen erfolgen, sodass als Interessenwahrung bzw. Reaktion auf Divergenzen die Exit-Option (d. h., der Verkauf von Aktienanteilen) an die Stelle der Voice-Option (d. h., die Option durch Widerspruch oder „hierarchical control") tritt.[297] In diesem Kontext ist ein effektiver Markt für Unternehmenskontrolle mit der potenziellen Drohung einer (feindlichen) Übernahme von Bedeutung („takeover-market").[298] Denn wenn sich alle Interessengruppen grundsätzlich auf den Marktmechanismus und die Exit-Option als ihre Absicherungsstrategie verlassen, kann sich dieser Selbstschutz einerseits gegenseitig verstärken und andererseits der Markt für Unternehmenskontrolle, und damit die Verhaltenssteuerung des Managements, besser funktionieren, als wenn von einzelnen Gruppen durch direkten Einfluss oder Widerspruch im Sinne der Voice-Option verfahren würde.[299]

Dagegen sind Insider-Systeme, wie die „*concentrated ownership*"-Systeme, stärker pluralistisch und stakeholderorientiert.[300] Nicht nur die Interessen der Shareholder, sondern auch die Interessen der Stakeholder sind die Basis für eine auf Konsens ausgerichtete Interessenharmonisierung aller Anspruchsgruppen.[301] Grundlage bilden langfristige, implizite Verträge der Stakeholder, die durch eine aktive Beteiligung an der Unternehmenskontrolle abgesichert werden. Einflussmechanismus der divergierenden Interessengruppen ist der unternehmensinterne Control-Modus.[302] Für die Funktionsfähigkeit des Insider-Systems ist entscheidend, dass die Interessengruppen grundsätzlich eine gemeinsame Vorstellung über die Unternehmensziele haben, in welchem Umfang Beteiligungs- und Einflussrechte gewährt werden und effiziente Konfliktlösungsmechanismen praktiziert werden. Nicht die Exit-Option, sondern die Voice-Option, also der Widerspruch, steht den einzelnen Gruppen zu. Würden partielle Gruppen allerdings statt der Voice-Option die Exit-Option wählen, so hätten die verbleibenden Gruppen keinen Anreiz, ihre eigenen Interessen mittels der Voice-Option zu schützen bzw. das Verhal-

---

295) Vgl. Schmidt/Weiß (2003), S. 12; ebf. Tyrell/Schmidt (2001), S. 3.

296) Vgl. Gerum (2007), S. 28.

297) Im Sinn von *Hirschmans* Konzept von „Exit, Voice, and Loyalty" können Interessengruppen ihre Bindungen an ein Unternehmen durch „Exit" abbrechen, also die Abwanderung unter Nutzung der Marktkräfte. Vgl. Hirschman (1970).

298) So kann bereits die Androhung einer drohenden (feindlichen) Übernahme disziplinierend auf das Management wirken und es zu einer stärker wertorientierten Unternehmensführung veranlassen. Vgl. Baums (1994), S. 4.

299) Vgl. Schmidt/Weiß (2003), S. 13.

300) Vgl. Franks/Mayer (2000), S. 1; ebf. Schmidt/Weiß (2003), S. 13. Dem Insider-System sind z. B. Deutschland, Japan und Frankreich zuzurechnen. Vgl. Tyrell/Schmidt (2001), S. 3.

301) Vgl. Tyrell/Schmidt (2001), S. 22.

302) Vgl. Gerum (2007), S. 28.

ten des Managements zu beeinflussen und letztendlich auch unternehmensspezifische Investitionen zu tätigen.[303]

Zur Vermeidung von destabilisierenden Einflüssen auf die operative Geschäftspolitik im Insider-System durch Konflikte zwischen den Interessengruppen dient u. a. die institutionelle Trennung von Vorstand und Überwachungsorgan. Sie trägt auch dazu bei, dass sich die Geschäftsführung stärker an den pluralistischen Interessen der Share- und Stakeholder orientiert. Opportunistisches Verhalten zum Nachteil der Stakeholder kann somit ebenfalls geringer ausgeprägt sein, was sich wiederum positiv auf die unternehmensspezifischen Investitionen auswirkt.[304] Insider-Systeme weisen eine konzentrierte Aktionärsstruktur mit wechselseitigem Anteilsverflechtungen von Unternehmen, aktive Einflussmöglichkeiten von Kreditinstituten und starke Mitbestimmungsrechte von Arbeitnehmern auf.[305] Dem Kapitalmarkt kommt weder als Kontrollinstrument („*Market for Corporate Control*") noch als externe Finanzierungsquelle eine herausragende Bedeutung zu.[306]

2.1.3 Corporate Ownership: Empirische Ergebnisse

Die Basis jeder unternehmerischen Entscheidung und eine notwendige Voraussetzung einer effektiven Überwachungstätigkeit ist eine angemessene Informationsgrundlage, die die notwendigen und hinreichenden Informationen zur Zielerfüllung bietet. Neben der asymmetrischen Informationsverteilung stellt sich die Frage nach den ökonomischen Anreizen und den gemeinsamen Interessen der verschiedenen im Aufsichtsorgan vertretenen Parteien hinsichtlich einer wirksamen Kontrollfunktion.[307] Ein wichtiger Bestandteil der Antwort hängt auch davon ab, wie das Aufsichtsorgan zusammengesetzt ist. Sind es Klein- oder Großaktionäre, Gründerfamilien oder andere Unternehmen, Banken oder sonstige institutionelle Investoren, die wesentlichen Einfluss ausüben können? Somit kommt der Eigentümer- und der Kontrollstruktur für die Analyse der Corporate Governance-Systeme eine hohe Bedeutung zu. Die Konzentration des Anteilsbesitzes ist auch verantwortlich für die weltweit bestehenden Unterschiede in Finanzstrukturen und Corporate Governance-Systemen.[308]

War der Ausgangspunkt hinsichtlich der Eigentümerstruktur bei *Berle* und *Means* im Jahre 1932 noch die Vielzahl an Kleinaktionären, so kommen empirische Untersuchungen zwischenzeitlich zu einem differenzierteren Bild, nämlich, dass insbesondere bei großen, interna-

---

303) Vgl. Schmidt/Weiß (2003), S. 13.

304) Vgl. Schmidt/Weiß (2003), S. 14. „*The insider control system encourages firm-specific investments by lenders, employees and large shareholders and – as a necessary counterweight – gives control rights to the providers of important and often firm-specific resources.*" Vgl. Schmidt (2003), S. 18.

305) Vgl. Lütz/Eberle (2006), S. 4 f.

306) Vgl. Tyrell/Schmidt (2001), S. 22; ebf. Hackethal/Schmidt/Tyrell (2005), S. 8 ff.

307) Vgl. Semler (1995), S. 52 f.

308) Vgl. Helmis (2002), S. 31 ff.; ebf. EZB - Bankenfusionen (2008), S. 83. Zu dem Zusammenhang zwischen Regierung und Bankensystem schreiben Rajan und Zingales: „*There is, thus, a natural symbiosis between interventionist government and relationship-based systems: Relationship-based intermediaries prosper under government-sanctioned protection from competition and interventionist governments enjoy greater flexibility and power in a relationship-based system.*" Vgl. Rajan/Zingales (2003), S. 25. Zu den Finanz- und Bankensystemen siehe unten, Kapitel C.1, S. 132 ff.

tional tätigen Unternehmen Großaktionäre eine dominierende Rolle einnehmen und dies auch auf die Corporate Governance-Praxis ausstrahlt.[309] So zeigt eine internationale Analyse der jeweils 20 größten an der Börse gehandelten nationalen Firmen – gemessen an ihrem Börsenwert – von 27 Ländern zum Jahresultimo 1995, dass sich im Mittel 36 Prozent dieser Firmen im Streubesitz befinden, 30 Prozent im Familienbesitz sind, bei 18 Prozent der Staat Mehrheitsaktionär ist und die verbleibenden 15 Prozent als Residuum zu betrachten sind und den Sonstigen, wie z. B. institutionellen Investoren, zuzurechnen sind.[310] Die folgende Abbildung B.6 verdeutlicht die Ergebnisse, sortiert nach dem Anteil des Streubesitzes:

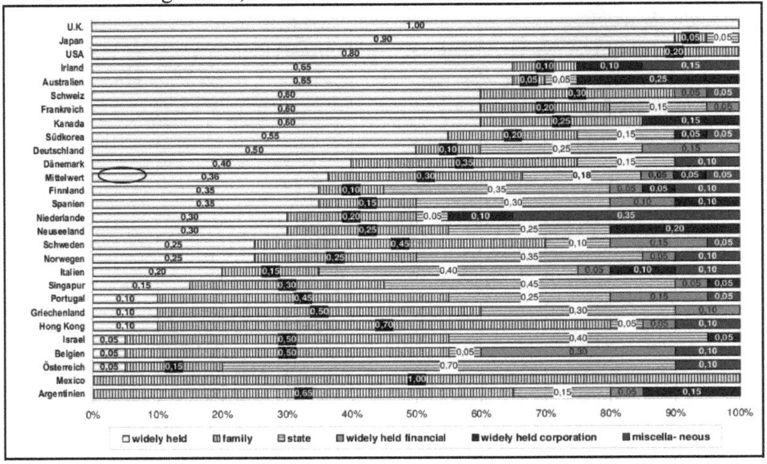

Abbildung B.6: Eigentümerstruktur - Teil 1

Betrachtet man Unternehmen mit einer Börsenbewertung von mindestens 500 Millionen US-Dollar („*control of medium-sized publicly traded firms*“) in 27 Ländern Ende 1995, so ergibt sich, bei gleicher Mehrheitsaktionärsdefinition wie zuvor, dass im Mittel 24 Prozent der Unternehmen im Streubesitz sind, 45 Prozent sich im Familienbesitz befinden, 15 Prozent mehrheitlich im Staatseigentum sind und 16 Prozent als Residuum betrachtet und den Sonstigen zugerechnet werden, wie z. B. institutionellen Investoren:

309) Für die folgende Untersuchung vgl. La Porta et al. (1999), S. 472 ff.

310) Ein Mehrheitsaktionär wurde definiert als ein Aktionär, dessen direkte und indirekte Stimmrechte 20 Prozent übersteigen. Zu den Auswirkungen der Beteiligung institutioneller Anleger auf die Corporate Governance, insbesondere die der Banken, vgl. EZB - Bankenfusionen (2008), S. 84 ff.

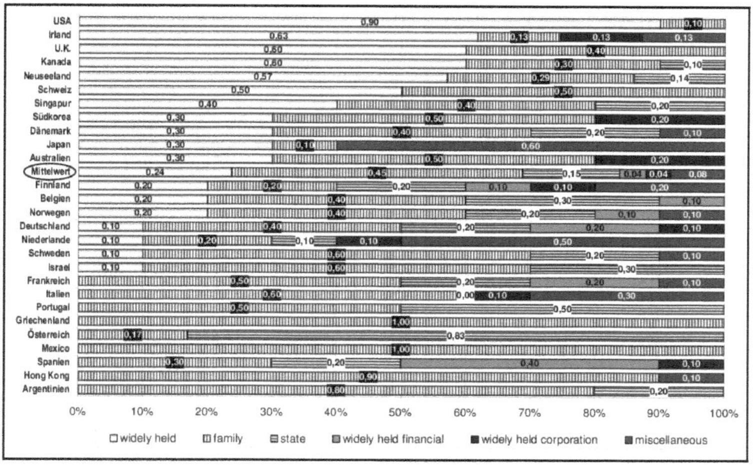

Abbildung B.7: Eigentümerstruktur - Teil 2

Die Abbildungen zeigen, dass mit rückläufiger Börsenkapitalisierung die Bedeutung der Familieneigentümer stärker zunimmt.[311] Bei den großen, international tätigen Unternehmen bilden die Familieneigentümer unmittelbar nach den im Streubesitz befindlichen Aktien die zweitgrößte Gruppe.[312] Somit ist die ursprüngliche Ausgangssituation von *Berle* und *Means* nur noch bei den großen US-amerikanischen Unternehmen wiederzufinden. Diese Struktur entspricht aber nicht mehr einer international homogenen Situation.

Auch ein hoher Grad an Eigentümerkonzentration ist als ein Hinweis auf ein Insider-System zu verstehen. Die folgende Abbildung B.8 zeigt die Eigentümerkonzentration diverser Länder Mitte bzw. Ende der neunziger Jahre:[313]

[311] Diese Entwicklung wird auch für Deutschland in anderen Arbeiten bestätigt. So schreiben *Franks*, *Mayer* und *Wagner*: „*Ownership of corporations in Germany is today highly concentrated in the hands of families and other companies. In contrast, in the UK and US it is dispersed among a large number of individual and institutional investors.*" Vgl. Franks/Mayer/Wagner (2005), S. 1; ebf. Prigge (1998), S. 973.

[312] Auf Governance-Systeme von Familienunternehmen wird in dieser Arbeit nicht weiter eingegangen. Vgl. hierzu Koeberle-Schmid (2008), S. 149 ff.; ebf. May (2008), S. 5 ff.; ebf. Winkeljohann/Kellersmann (2008), S. 253 ff.; ebf. Becker/Ulrich (2008), S. 261 ff. Für Corporate Governance in Non-Profit-Organisationen wird auf die Arbeit von Wolfbauer (2006) verwiesen.

[313] Vgl. Barker (2006).

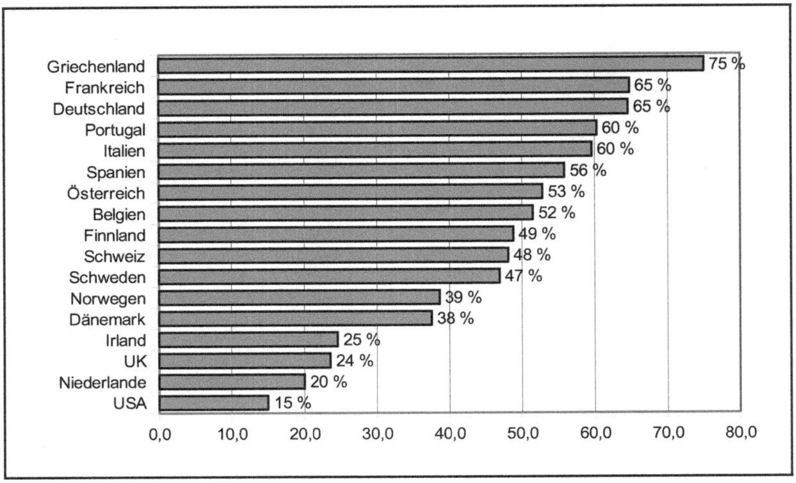

Abbildung B.8: Eigentümerkonzentration Mitte/Ende 1990

Auf der Basis der gemessenen Eigentümerkonzentration sind die Daten konsistent mit der zuvor gemachten Aussage, dass Mitte/Ende der neunziger Jahre die kontinentaleuropäischen Länder, insbesondere Deutschland, signifikant einem Insider-System zuzuordnen waren.[314]

2.2 Die Bedeutung von Interessengruppen

Die Diskussionen um Corporate Governance stehen im Wesentlichen unter den zwei dichotomen Säulen des Shareholder- und des Stakeholder-Paradigmas.[315] Eine Corporate Governance im *engeren* Sinne richtet den Fokus stark auf die Shareholder, während eine Corporate Governance im *weiteren* Sinne auch auf die Stakeholder[316] abstellt.

2.2.1 Shareholder-Value-Ansatz

„In a market-based economy ... , the only social responsibility of business is to create shareholder value and to do so legally and with integrity."[317]

Als Shareholder wird der Anteilseigner bezeichnet, der einen bestimmten Teil des Eigenkapitals einer Unternehmung hält – in der Regel einer Aktiengesellschaft, weshalb auch von einem Aktionär gesprochen werden kann.[318] Andere Interessengruppen stehen nicht primär im

[314] Vgl. Denis/McConnell (2003), S. 14 ff.; ebf. Gerum (2007), S. 87 ff. Die empirischen Untersuchungen konzentrieren sich stark auf die Messung der Good Governance von Staaten. Aber auch die Messung von Corporate Governance auf Unternehmensebenen anhand der Bildung von Corporate Governance-Indikatoren wird als möglich erachtet, indem die Qualität von Prozessen bewertet wird. Vgl. hierzu ausführlicher Bönner/Rausch (2008), S. 158 ff.

[315] Vgl. Letza/Sun (2002), S. 52.

[316] Siehe unten, Kapitel B.2.2.2, S. 54 ff.

[317] Vgl. Rappaport (1998), S. 5.

[318] Vgl. Skrzipek (2005), S. 9.

Fokus der Betrachtung.[319] Die Aktionäre partizipieren am Ergebnis der Unternehmertätigkeit durch den Erhalt des Residuums („residual claimants"), d. h. den verbleibenden Teil nach Befriedigung der Ansprüche aller weiteren Anspruchsberechtigten. Unternehmenstheoretische Grundlagen des Shareholder-Value-Konzeptes bilden insbesondere die Property-Rights-Theorie und die Prinzipal-Agenten-Theorie.[320] Die Frage, welche Interessen die Ziele und Politik des Unternehmens bestimmen sollen (Legitimationsfrage), ist nach dieser Definition a priori zugunsten der Aktionäre entschieden. Corporate Governance ist folglich nur ein reines Organisations- oder Kontrollproblem, also die Schaffung von Institutionen, um die unternehmerischen Aktivitäten auf die im Rahmen der Legitimationsfrage zugeordnete Interessengruppe, hier also der Aktionäre, interessenmonistisch auszurichten (Entscheidungsgremien und -prozesse sowie Informationssysteme).[321]

Die Idee des Shareholder-Value-Konzeptes wurde zu Beginn der 1980er-Jahre in den Vereinigten Staaten von Amerika populär, vor allem infolge von Misswirtschaft und unzureichenden Leistungen des Managements.[322] Einen entscheidenden Beitrag für den Durchbruch des Shareholder-Value-Konzeptes – verbunden mit der Anwendung in der Unternehmenspraxis – lieferte das Buch von *Alfred Rappaport* „Creating Shareholder Value – The New Standard for Business Performance" (1986).[323] Das Shareholder-Value-Konzept ist vor diesem Hintergrund als eine Norm zu verstehen, die sich primär an das Management von Aktiengesellschaften richtet.[324] Das Unternehmensmanagement soll den Wert des Eigenkapitals bzw. den im Aktienkurs ausgedrückten Unternehmenswert als Maß des Shareholder-Value maximieren, also die Unternehmenspolitik stärker an den Interessen der Aktionäre ausrichten.[325] Als Beurteilungskriterium für die Managementperformance steht nicht mehr der vergangenheitsorientierte buchhalterische Gewinn oder die Eigenkapitalrentabilität im Fokus, sondern die im Wesentlichen auf der Discounted Cash Flow-Methode (DCF-Methode) ermittelte Veränderung des Vermögenswertes der Eigentümer.[326] Es geht also um die Bewertung der Unter-

---

319) Die shareholderorientierte und dem Prinzipal-Agenten-Ansatz behaftete enge Corporate Governance-Definition von *Shleifer* und *Vishny* ist hier einzuordnen. Sie sieht die grundsätzliche Thematik der Corporate Governance-Diskussion als *„the ways in which suppliers of finance to corporation assure themselves of getting a return on their investment"*. Vgl. Shleifer/Vishny (1997), S. 737.

320) Vgl. Wentges (2002), S. 78.

321) Vgl. Göbel (2002), S. 218. Eine Fokussierung ausschließlich auf die Interessen der Shareholder wäre unter den Annahmen der neoklassischen Theorie des Allgemeinen Gleichgewichtsmodells mit vollständigen Verträgen und vollkommenen Märkten eine hinreichende Bedingung für ein Corporate Governance-System. Vgl. hierzu Schmidt/Maßmann (1999), S. 18 f.

322) Vgl. Wentges (2002), S. 75 f. Konzeptionelle Grundlagen des Shareholder-Value-Ansatzes gehen sogar zurück auf das Marktwertkonzept von *Irving Fisher* („The Theory of Interests", 1930) sowie auf das Kapitalkostenkonzept von *Modigliani/Miller* (1958). Vgl. Jansch (1999), S. 130. Für eine ausführliche Darstellung der Gründe, Ursachen und Motive der Shareholder-Value-Entwicklung vgl. Skrzipek (2005), S. 10 ff.

323) In der 2. Auflage seines Buches „Creating shareholder value" schreibt *Rappaport*, dass der Shareholder-Value-Ansatz *„reflect the way rational participants in a market-based economy assess the value of an asset"*. Vgl. Rappaport (1998), S. xiii.

324) Der komplexe Sinngehalt des Begriffs „Value" (Wert) wird in dem Shareholder-Value-Ansatz nicht in einer ethisch-moralischen Komponente berücksichtigt, sondern ausschließlich in einer ökonomischen Bedeutung als quantifizierbare Größe gesehen. Vgl. Skrzipek (2005), S. 10.

325) Vgl. Schmidt/Maßmann (1999), S. 16.

326) Vgl. Jansch (1999), S. 129 f.; ebf. Wentges (2002), S. 76; ebf. Mausbach (2008), S. 204 f.

nehmung als Barwert zukünftiger Cash Flows mit der Handlungsmaxime, diesen Barwert zu erhöhen.[327]

Entgegen der weitverbreiteten Auffassung steht bei dem Shareholder-Value-Ansatz allerdings nicht die kurzfristige Maximierung des Aktienkurses im Vordergrund, sondern das Shareholder-Value-Konzept dient der Förderung der langfristigen Entwicklung des Unternehmenswertes unter Berücksichtigung von Rendite- und Risikoaspekten.[328] Hauptansatzpunkt ist die Disziplinierung des Managements im Sinne der Aktionärsinteressen. Zur Lösung dieses Prinzipal-Agenten-Problems vertraut man im Shareholder-Value-Ansatz auf die positiven Wirkungskräfte des Marktmechanismus, insbesondere den Markt für Unternehmenskontrolle. Bestehende institutionelle Ausgestaltungen auf der Unternehmensebene werden als freiwillige Verhandlungsergebnisse zwischen der Unternehmung und den verbundenen Interessengruppen interpretiert.[329] Die einseitige, monistische und deutliche Ausrichtung an den Aktionärsinteressen[330] ist auch ein Hauptkritikpunkt in der gesellschaftspolitischen Diskussion an dem Shareholder-Value-Konzept.[331] Für die Praxis kommt der Ermittlungsproblematik der Einzelparameter zur Ableitung der Werthaltigkeit des Unternehmens, wie z. B. der Vollständigkeit der notwendigen Daten, der ausreichenden Datenqualität und -sicherheit sowie der Ermittlungsmodelle inklusive der Prämissen, eine nicht unproblematische Bedeutung zu.[332] Wie im Outsider-System sind die geringen Anreize für Stakeholder in unternehmensspezifische Investitionen als Nachteil zu nennen.

2.2.2 Stakeholder-Value-Ansatz

„Neither the claims of ownership nor those of control can stand against the paramount interests *of the community."*[333]

Aus etymologischer Sicht bezeichnet der Begriff „Stakeholder" jemanden, der etwas auf dem Spiel stehen hat („at stake") bzw. ein Interesse („stake") an einer Sache hat.[334] Als Stakeholder von Unternehmen versteht man somit alle Interessengruppen, die von der ökonomischen Unternehmensentwicklung betroffen sind.[335] Für die Stakeholder geht es also um die ökonomische Rente, die sie durch die Einbringung und Bindung an die Unternehmung erwirt-

327) Zur DCF-Methode vgl. Spremann (1996), S. 467 ff.; ebf. Stöttner (1998), S. 94 ff.

328) Vgl. Jansch (1999), S. 132.

329) Vgl. hierzu Wentges (2002), S. 83 ff.

330) Zu der alleinigen Ausrichtung an den Aktionärsinteressen schreibt *Tirole*, das auch im Shareholder-Value-Konzept den Zielen des Stakeholder-Value-Ansatzes entsprochen wird. Es geht vielmehr um die Art und Weise, *wie* dies geschehen soll, nämlich auf vertragstheoretischer Grundlage. Vgl. Tirole (2006), S. 60. In diesem Sinne führen auch *Copeland/Koller/Murrin* aus, dass die Steigerung des Unternehmenswertes nicht im Widerspruch zu den langfristigen Zielen aller Interessengruppen steht. Denn erfolgreiche Unternehmen können für alle Interessengruppen einen relativ höheren Wert erzeugen. Vgl. Copeland et al. (1998), S. 53 f.

331) Vgl. zur gesellschaftspolitischen Kritik am Shareholder-Value-Ansatz die Ausführungen von Jansch (1999), S. 136 f.; ebf. Mausbach (2008), S. 207. Man kann auch überlegen, ob sich Aktionäre nicht allein aus Eigennutz auf die Wünsche einer pluralistischen Gesellschaft einstellen müssen, weil, wenn sie es nicht tun würden, der zukünftige Cash Flow sich verringern wird. Vgl. hierzu Spremann (1996), S. 482.

332) Vgl. hierzu Skrzipek (2005), S. 41 ff.

333) Vgl. Berle/Means (1932), S. 312.

334) Vgl. Skrzipek (2005), S. 47.

335) Vgl. Schmidt (2006), S. 3 f.

schaften.[336] Als Antwort und Kritik an der monistischen Ausrichtung des Shareholder-Value-Konzeptes an den Interessen der Aktionäre entwickelte sich die moderne Stakeholdertheorie.[337] Die Anreiz-Beitrags-Theorie nach *Chester I. Barnard* lieferte eine wichtige Grundlage hierfür.[338] Auf dieser Basis entstand ein entscheidender Beitrag zur Weiterentwicklung der Stakeholdertheorie von den Arbeiten von *March* und *Simon*.[339] Der Stakeholderansatz beinhaltet im Kern die Aussage, dass neben den Shareholdern auch die Interessen der diversen Stakeholder zu berücksichtigen sind. Aufgabe des Managements ist die Maximierung des Wertes der Vermögenspositionen *aller* Stakeholder sowie die Berücksichtigung von Kontrollrechten für diese.[340] Aus den Stakeholderansätzen entwickelten sich die Stakeholder-Value-Ansätze, die nicht mit ersteren zu verwechseln sind, aber auf diesen aufbauen. Bei den Stakeholder-Value-Ansätzen geht es im Grundsatz um die Steigerung des Unternehmenswertes für die diversen Stakeholdergruppen durch eine Nutzenmaximierung aller Anspruchsgruppen.[341]

Die ursprüngliche Definition für Stakeholder stammt aus dem Jahr 1963 und geht nach *Freeman* auf das Stanford Research Institute (SRI) zurück:[342]

„*Thus, stakeholder was originally defined as those groups without whose support the organization would cease to exist.*"

Eine einheitliche und allgemein akzeptierte Definition für den Begriff „Stakeholder" gibt es in der Literatur aber nicht.[343] Man kann grundsätzlich zwischen einer engen und einer weiten Interpretation des Stakeholder-Begriffes unterscheiden. In der *engen* Stakeholder-Definition wird auf Personen oder Personengruppen abgestellt, von denen die Unternehmung – im Sinne des going-concern – in ihrer Entwicklung abhängig ist. Dies umschließt insbesondere die Kapitalgeber, die Unternehmensorgane Vorstand und Aufsichtsrat, Mitarbeiter sowie Kunden und Lieferanten. Die *weite* Stakeholder-Definition basiert auf den Personen oder Per-

---

336) Im weiteren Sinne gehören auch die Aktionäre zu den Stakeholdern. Der in dieser Arbeit verwendete Begriff geht aber auf die engere Stakeholder-Definition zurück und sieht Stakeholder als Gegenstück zu den Shareholdern. Als Oberbegriff wird der Ausdruck Interessengruppen benutzt. Vgl. Schmidt/Weiß (2003), S. 3 f.

337) In diesem Sinne auch *Tirole*: „*I will, perhaps unconventionally for an economist, define corporate governance as the design of institutions that induce or force management to internalize the welfare of stakeholders. The provision of managerial incentives and the design of a control structure must account for their impact on the utilities of all stakeholders (natural stakeholders and investors) in order to, respectively, induce or force internalization.*" Vgl. Tirole (2001), S. 3.

338) *Barnard* sieht Unternehmen als kooperative Systeme, deren Existenz von der Bereitschaft der internen und externen Mitglieder abhängt, an dem Koalitionsverbund konstruktiv mitzuwirken. Allgemeiner: Organisationen werden als eine Koalition aller kooperierenden Personen oder Parteien verstanden. Vgl. Schreyögg (2003), S. 48 ff.

339) Zur Darstellung der historischen Entwicklung vgl. Skrzipek (2005), S. 49 ff.; ebf. Wentges (2002), S. 88 ff.

340) „*An economist would rephrase the position of the proponents of the stakeholder society as the recommendation that management and directors internalize the externalities that their decisions impose on various groups. ... That is, the stakeholder society is sometimes viewed as synonymous with the absence of effective control over management.*" Vgl. Tirole (2006), S. 56 ff.

341) Eine ausführliche Erläuterung zum Zielsystem, zu den Stakeholderinteressen und den Möglichkeiten der Ermittlung und Messung des Stakeholder-Value beinhaltet die Arbeit von Skrzipek (2005), S. 53 ff.

342) Vgl. Freeman (1983), S. 32 f.

343) Vgl. Skrzipek (2005), S. 48.

sonengruppen der engen Definition und erweitert diesen Kreis um solche, die die Erreichung der Unternehmensziele selbst aktiv mit beeinflussen können oder von deren Handlungen tangiert werden können. Neben den vorgenannten Gruppen sind dies der Staat, Regulierungsbehörden, wie z. B. Bankenaufsicht, Medien, Gewerkschaften, Nicht-Regierungsorganisationen sowie Interessenverbände.[344] Eine Fokussierung nur auf die Shareholder, also die Aktionäre, bietet in dieser Arbeit einen zu engen Radius für eine ökonomische Untersuchung von Interner Revision und Corporate Governance. Im Folgenden muss somit von der *weiten* Stakeholder-Definition ausgegangen werden, da u. a. auch die Tätigkeit der Bankenaufsicht integriert werden soll.

Da sich Unternehmen nicht in einem gesellschaftlichen Vakuum befinden, sondern in einer komplexen und dynamischen Umwelt durch ihr Handeln auch auf Dritte einwirken, sollen die Unternehmensorgane – also Vorstand und Überwachungsorgan – bei ihren Entscheidungen die Auswirkungen auf die Gesamtheit aller relevanten Unternehmensgruppen berücksichtigen, also eine Internalisierung von externen Effekten vornehmen.[345] Das Ziel ist also eine „faire Gesamtwertmaximierung“.[346] Danach formuliert jeder Stakeholder individuelle Ziele gegenüber der Unternehmung, aus denen er seine individuellen Ansprüche ableitet. Diese können dann auch über eine rein finanzielle Dimension hinausgehen und auch nicht-finanzielle bzw. immaterielle Zielsetzungen beinhalten.[347]

Die unternehmenstheoretischen Grundlagen des Stakeholder-Value-Ansatzes basieren auf zwei wesentlichen Erkenntnissen.[348] Zum einen auf der Charakterisierung der Unternehmung als Netzwerk von spezifischen Investitionen im Sinne von *Rajan* und *Zingales* sowie auf der Bedeutung von firmenspezifischen Investitionen aller mit der Unternehmung verbundenen Interessengruppen für den wirtschaftlichen Unternehmenserfolg.[349] Zum anderen auf der Tatsache, dass die firmenspezifischen Quasi-Renten ex ante nicht vollständig auf die Interessengruppen verteilt werden können. Dies insbesondere aufgrund des Sachverhaltes, dass Verträge nicht auf das Explizite reduziert werden können, sondern wegen Marktunvollkommenheiten immer auch implizite Bestandteile enthalten und somit nicht vollständig sind.[350] Somit tragen

---

344) Vgl. hierzu sowie zur Klassifikation von Stakeholder-Value-Ansätzen Portisch (1997), S. 12 ff., sowie Wentges (2002), S. 91 ff.

345) Des Weiteren gilt, dass sie „*should be to maximize the wealth-creating potential of the corporation as a whole, rather than just to maximize value for shareholders*“. Vgl. Blair (1995), S. 275. Siehe auch *Tirole*, nach dem im Sinne der Stakeholder Society „*management should aim at maximizing the sum of the various stakeholders' surpluses (adopting an utilitarian approach); and, if management is not naturally inclined to do so, incentives should be designed that induce management to account for the externalities imposed on all stakeholders*“. Vgl. Tirole (2006), S. 58.

346) Vgl. hierzu die Ausführungen bei Schmidt/Maßmann (1999), S. 19 ff.

347) Vgl. Skrzipek (2005), S. 51.

348) Vgl. Wentges (2002), S. 100 f.

349) In diesem Sinne definiert auch *Blair* den Stakeholderbegriff: „*All Parties who have contributed inputs to the enterprise and who, as a result, have at risk investments that are highly specialized to the enterprise*“. Vgl. Blair (1995), S. 239.

350) Der Stakeholder-Value-Ansatz beruht also nicht auf einer juristischen, sondern auf einer ökonomischen Vertragsauffassung, die auch „*implizite Begleiterscheinungen als Vertragsbestandteil*“ auffasst. Da auch das Implizite aus ökonomischer Perspektive Vertragsbestandteil ist, muss die Unternehmung auch diese Ansprüche erfüllen. Vgl. Spremann (1996), S. 485.

neben den Aktionären auch die Stakeholder das Risiko ungewisser Residualerträge. Außerdem unterliegen auch die Stakeholder ex post dem opportunistischen Verhalten der Unternehmung und befinden sich somit ebenfalls in einer Hold-up-Situation.[351]

Wenn Unternehmen als Ort des Interessenausgleichs gesehen werden, dann impliziert dies ein interessenpluralistisches Corporate Governance-System, ohne aber im Vorfeld festzulegen, in welchem Umfang die Stakeholder an den Entscheidungsprozessen beteiligt sein sollen.[352] Da Shareholder und Stakeholder unterschiedliche Corporate Governance-Systeme und Überwachungsmechanismen favorisieren, ist ein weiterer Aspekt des Stakeholder-Value-Konzeptes das *„sharing of control by stakeholders"*, wie z. B. die Arbeitnehmermitbestimmung im deutschen Corporate Governance-System.[353] Gegenüber dem Shareholder-Value-Konzept sind beim Stakeholder-Value-Konzept sowohl Antworten auf Fragen zum Organisationsproblem als auch auf die Legitimationsfrage, die nicht a priori zugunsten der Aktionärsinteressen entschieden ist, zu finden.

Ein wesentlicher Kritikpunkt an dem Stakeholder-Value-Ansatz ist das Nebeneinander von mehreren, nicht priorisierten Zielen. Somit können Zuordnungsprobleme von Verantwortlichkeiten auf Management und Überwachungsorgan resultieren. Dies kann u. a. aufgrund fehlender objektiv messbarer und operationalisierbarer oder widersprüchlicher Ziele deutlich verstärkt werden. Eine effiziente Managementkontrolle ist somit nur eingeschränkt möglich.[354] Auch ist die Komplexität der „Wertsteigerungsnetzwerke" und die Quantifizierung von qualitativen und subjektiven Nutzenerwartungen problematisch.[355] Ferner kann kritisch angemerkt werden, dass es im Interesse des Managements liegt, welchen Stakeholdergruppen besondere Beachtung geschenkt wird, was nicht immer im Sinne des Unternehmens optimal und effizient sein muss.[356]

---

351) Vgl. Wentges (2002), S. 102 f.

352) Vgl. Gerum (2007), S. 15 f. Im Sozial-Modell wird die Unternehmung als *„gemeinsame Veranstaltung der ganzen pluralistischen Gesellschaft"* betrachtet, unter Berücksichtigung sowohl von den Interessen der direkt Beteiligten, wie Mitarbeiter oder Kunden, als auch den Interessen der indirekt Beteiligten, u. a. auch von zukünftigen Generationen. Dagegen wird in dem Koalitionsmodell die Unternehmung als eine wiederkehrende und kooperierende Gruppe von Eigen- und Fremdkapitalgebern, Arbeitnehmern, Kunden, Lieferanten etc. angesehen. Vgl. Spremann (1996), S. 483 ff.

353) *„We will take the view that the stakeholder society means both a broad managerial mission and divided control."* Vgl. Tirole (2006), S. 58.

354) *„Concretely, the concern is that the management's invocation of multiple and hard-to-measure missions may become an excuse for self-serving behavior, making managers less accountable."* Vgl. Tirole (2006), S. 59. Kritisch hierzu zur Stakeholder-Value-Konzeption auch *Jensen*, nachdem *„stakeholder theory plays into the hands of managers by allowing them to pursue their own interests at the expense of the firm's financial claimants and society at large ... stakeholder theory increases agency costs in the economic system"*. Vgl. Jensen (2001), S. 14.

355) Vgl. Skrzipek (2005), S. 154 f.

356) *Sternberg* merkt kritisch an, dass *„the key concept of corporate governance is accountability"* und mangels nicht möglicher Zurechnung von Verantwortlichkeiten sieht sie *„the stakeholder doctrine cannot serve as a useful model of corporate governance in any traditional sense; it destroys, rather than supports, conventional corporate accountability"*. Vgl. Sternberg (1999), S. 20 ff. Darüber hinaus sind die Ziele von Eigenkapitalgebern und diversen Stakeholdergruppen konfliktär, sodass sog. „deadlocks" entstehen können. Zur Kritik am Stakeholder-Value-Ansatz vgl. auch Tirole (2006), S. 57 ff.; ebf. Jensen (2001), S. 9. *Jensen* belässt es aber nicht bei der reinen Kritik am Stakeholder-Value-Konzept, sondern entwickelt einen dritten Ansatz, den „enlightened value maximization", der die multiplen Zielvorgaben des Stakeholder-Value-Ansatzes umgeht.

2.2.3 Public-Governance-Modell

Darüber hinaus sollen die aktuellen Ansätze zur Corporate Governance für öffentliche Unternehmen vorgestellt werden.[357] Dies auch vor dem Hintergrund, dass es sich bei einem großen Teil der deutschen Kreditinstitute um öffentlich-rechtliche Landesbanken und Sparkassen handelt. Im Hinblick auf das Eigentum versteht man unter öffentlichen Unternehmen solche, deren Träger oder Inhaber die öffentliche Hand ist. Zur Lösung der spezifischen und komplexen Zielsysteme der Interessengruppen bei öffentlichen Unternehmen wird auch von einem Public Corporate Governance Kodex (PCGX) gesprochen. Als Besonderheiten sind die zunehmend komplexer werdenden öffentlichen Strukturen und die intransparenten Beziehungen unterschiedlichster Akteure, zwischen welchen häufig gravierende Informationsasymmetrien vorherrschen, zu nennen.[358] Somit sollte ein Public Corporate Governance Kodex Regeln für den Interessenausgleich zwischen den verschiedenen Gruppen enthalten. Die Abbildung B.9 veranschaulicht die Beteiligten in einem Public-Governance-Modell:[359]

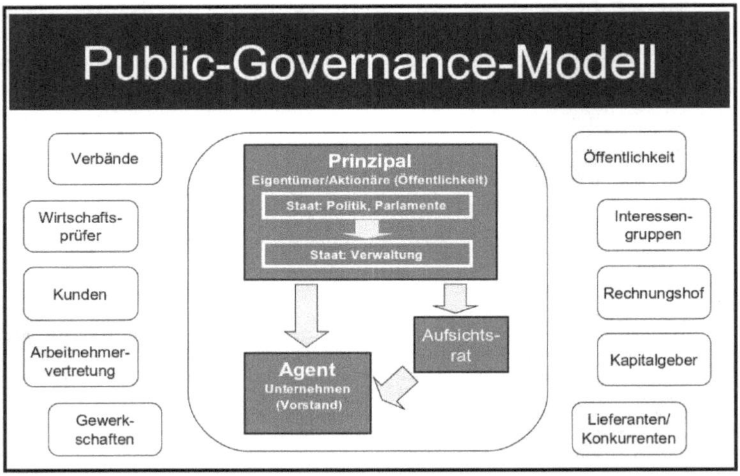

Abbildung B.9: Corporate Governance-System öffentlicher Unternehmen

So sind in diesem Ansatz Elemente der Stakeholder-Theorie integriert, aber primäres Ziel ist die Maximierung des „*long-run value of the firm as the criterion for making the requisite tradeoffs among its stakeholders*". Das Grundprinzip des „enlightened value maximization" ist nach *Jensen* „*that we cannot maximize the long-term market value of an organization if we ignore or mistreat any important constituency*". Vgl. Jensen (2001), S. 14. Ähnlich auch der Hampel Report (1998): „*directors can meet their legal duties to shareholders, and can pursue the objective of long-term shareholder value successfully, only by developing and sustaining these stakeholder relationships*". Vgl. Mallin (2004), S. 22.

357) Vgl. für die Revisionspraxis Rieckmann (2008), S. 815 ff., der von einer „Balanced Audit" spricht, d. h. einer abwägenden Revision zwischen Wirtschaftlichkeit, öffentlichem Interesse und rechtlichen Anforderungen.

358) Vgl. Müller/Papenfuß (2007), S. 101 f.

359) In Anlehnung an Müller/Papenfuß (2007), S. 103.

Auch für Unternehmen im öffentlichen Bereich sollte ein rechtlicher und faktischer Ordnungsrahmen für die Leitung und Überwachung geschaffen werden. Ein wichtiger Eckpunkt eines Public Kodex ist z. B. die Schaffung von klaren Regeln für den Informationsfluss zwischen Geschäftsleitung und Aufsichtsorgan.[360]

2.3 Corporate Governance-Mechanismen

Die externen und internen Corporate Governance-Mechanismen haben grundsätzlich alle die Funktion, die „*Konsumption des Marktwertes der Unternehmung durch die Manager zu verhindern*".[361] In dieser Hinsicht ist Corporate Governance die Institutionalisierung eines „verlängerten Arms" der Share- *und* darüber hinaus auch der Stakeholder. Allerdings ist keine der einzelnen Corporate Governance-Mechanismen für sich allein genommen ein adäquates Mittel zur Lösung aller Probleme, denn nur eine ökonomisch sinnvolle Kombination der Mechanismen kann stärker zur Minimierung des Prinzipal-Agenten-Problems beitragen.

Die folgenden Ausführungen geben einen kurzen Überblick über Corporate Governance-Mechanismen, die die Interessenkonflikte und Informationsasymmetrien zwischen den beteiligten Parteien reduzieren helfen und somit einen Beitrag zur Reduzierung der Agenturkosten leisten. Es werden fünf externe und anschließend vier wesentliche interne Mechanismen dargestellt.

2.3.1 Externe Corporate Governance-Mechanismen

Fragen der Corporate Governance werden in dem monistischen System stark über externe Faktoren gelöst. Die Ordnungskräfte des Marktes sollen weitgehend die unternehmensinternen Kontrollmechanismen ersetzen.[362] Wesentliche externe Corporate Governance-Mechanismen sind:

Markt für Unternehmenskontrolle

Minderheitsaktionäre haben bei einer breit gestreuten Aktionärsstruktur nur geringe Anreize, das Management zu überwachen (Trittbrettfahrerproblem). Verhält das Management sich opportunistisch oder erfüllt nicht das Ziel der Maximierung des Unternehmenswertes, so besteht die Gefahr, dass ein Investor ein Übernahmeangebot unterbreitet, das Unternehmen aufkauft und das Management durch ein effizienteres ersetzt, um es wieder auf den Kurs der Gewinnmaximierung zurückzuführen.[363] Bereits die Androhung einer feindlichen Übernahme („hostile takeover") kann auf das Management disziplinierend wirken.[364] Weitere Mechanismen sind die sog. „friendly mergers" und die sog. „proxy contests".[365] Als Verteidigungsmittel stehen dem Management eine Reihe von Gegenmaßnahmen (sog. „antitakeover tactics")

---

360) „*Was dem Kapitalanleger recht ist, soll dem Steuerzahler billig sein.*" Vgl. Zypries (2006).

361) Vgl. Franck (2002), S. 5.

362) Vgl. Holland (2006), S. 10 f.

363) Dieser Ansatz geht auf *Manne* zurück, vgl. Manne (1965), S. 111 ff. Für die Unterschiede bei dem Markt für Unternehmenskontrolle in Deutschland, Frankreich und Großbritannien wird auf die Arbeit von Klein (2006) verwiesen.

364) *Baums* stellt die Voraussetzungen für den disziplinierenden Effekt einer Übernahmedrohung dar. Vgl. Baums (1993), S. 2 ff.

zur Verfügung, die eine potenzielle Übernahme nicht immer verhindern, aber erschweren können.[366] Eine einheitliche Meinung über die gesellschaftlichen und ökonomischen Auswirkungen von feindlichen Übernahmen ist in der Literatur aber nicht vorzufinden.[367]

Wettbewerb auf dem Gütermarkt

Dem Wettbewerb kommt bei der effizienten Allokation von Ressourcen in einer Marktwirtschaft eine bedeutende Funktion zu, was auch auf das Unternehmensmanagement eine disziplinierende Wirkung hat.[368] Denn das Management hat die Verantwortung dafür, dass die von dem Unternehmen angebotenen Güter und Dienstleistungen zu marktgerechten Konditionen angeboten werden und das Gewinnziel durch ineffiziente interne Strukturen nicht gefährdet wird. Inwieweit die weltweite Integration von Gütermärkten bereits eine positive Wirkung auf die Corporate Governance hat oder ob dieser Mechanismus nicht nur unterstützend wirkt, kann abschließend nicht eindeutig beurteilt werden.[369]

Arbeitsmarkt für Manager

Als weiteres Disziplinierungsinstrument dient sowohl der interne Arbeitsmarkt durch Konkurrenzdruck von aufstrebenden Nachwuchskräften (indirekter Einfluss durch sog. „*mutual monitoring by managers*") als auch der externe Arbeitsmarkt, der das Unternehmen veranlassen könnte, einen besseren, effizienteren Manager einzustellen (direkter Einfluss).[370] Außerdem, so die Annahme, wird der Manager wegen der Aufrechterhaltung bzw. des Ausbaus seiner eigenen Reputation im Sinne der Shareholder-Value-Maximierung und somit im Sinne des Unternehmens handeln.

Wettbewerb auf dem Kapitalmarkt/Finanzanalysten

Die Tätigkeit der Finanzanalysten von Banken, institutionellen Investoren sowie von Ratingagenturen und die Publikation dieser Ergebnisse sind als ein Monitoring-Instrument zu klassifizieren und können ebenfalls eine disziplinierende Wirkung auf das Management ausüben.[371] Dem Unternehmen werden neue finanzielle Mittel (Eigen- und Fremdkapital) nur dann von potenziellen Kapitalgebern überlassen, wenn diese marktkonforme Renditen erwarten können.[372]

---

365) Letztere sind der Versuch von unzufriedenen Aktionären, die Unternehmensleitung bzw. das Board of Directors auf der Hauptversammlung abzuwählen und durch eigene Kandidaten zu ersetzen. Vgl. Tirole (2006), S. 37 f.

366) Es wird auf die Ausführungen von Becht et al. (2002), S. 28 ff., verwiesen.

367) Für eine Darstellung der ökonomischen Auswirkungen und empirische Ergebnisse vgl. Denis/McConnell (2003), S. 29 f.; ebf. Farinha (2003), S. 16 ff.; ebf. Shleifer/Vishny (1997), S. 757.

368) Dieser Ansatz wurde u. a. von *Hart* entwickelt; vgl. Hart (1983), S. 366 ff. Für einen Literaturüberblick wird verwiesen auf Farinha (2003), S. 19.

369) Vgl. Shleifer/Vishny (1997), S. 738.

370) Die grundlegende Arbeit geht auf *Fama* zurück; vgl. Fama (1980), S. 288 ff. Für einen Literaturüberblick vgl. Farinha (2003), S. 20 f.

371) Vgl. Jensen/Meckling (1976), S. 305 ff.

372) Der Reputationserhalt für künftige Transaktionen spielt auch eine wichtige Rolle: „ ... *managers repay investors because they want to come to the capital market and raise funds in the future, and hence need to establish a reputation as good risks in order to convince future investors to give them money.*" Vgl. Shleifer/Vishny (1997), S. 749. Für einen generellen Überblick zu den Corporate Governance-Mechanismen des Kapitalmarktes vgl. Farinha (2003), S. 22 f.

Rechtliche Rahmenbedingungen

Die rechtlichen Rahmenbedingungen eines Landes sind von prägender Bedeutung für die Entwicklung und Qualität sowohl des Finanz- als auch des Corporate Governance-Systems.[373] Die Ausgestaltung des Rechtssystems eines Landes („common law" versus „civil law countries") und deren Umsetzung hat signifikante Auswirkungen auf den Schutz und die Durchsetzbarkeit von Rechten von Investoren (Eigen- und Fremdkapitalgeber).[374] Ohne einen ausreichenden rechtlichen Schutz der Investoren können Corporate Governance-Systeme nur suboptimal wirksam sein.

2.3.2 Interne Corporate Governance-Mechanismen

Aufsichtsgremium – Board of Directors bzw. Aufsichtsrat

Die wesentlichste Aufgabe von dem Board of Directors bzw. dem Aufsichtsrat ist die Kontrolle der Unternehmensleitung. Die Effizienz des Aufsichtsgremiums ist allerdings umstritten und seine Revitalisierung als funktionsfähiges Kontrollgremium ist ein wesentlicher Aspekt für eine Verbesserung von Corporate Governance-Systemen.[375] Als Argumente werden in der angelsächsischen Literatur z. B. der Auswahlprozess der Board-Mitglieder, insbesondere der Outside Directors oder die starke Stellung und der mögliche Informationsvorteil des CEO (Chief Executive Officers) genannt.[376] In Deutschland werden vor allem die Größe des Aufsichtsrats und die geringe Häufigkeit der Sitzungstermine, die Mitbestimmung von Arbeitnehmervertretern sowie die unzureichende Informationslage und eine unzureichende Qualifikation des Aufsichtsrats für die gestiegene Komplexität der zu überwachenden Geschäfte kritisch hinterfragt.[377]

Eigentümerstruktur

Ein weiteres wichtiges Element für Corporate Governance ist die Eigentümerstruktur. Vor dem Hintergrund der Trittbrettfahrerproblematik besteht das Risiko, dass die Unternehmensleitung die Aktionärsinteressen nur rudimentär berücksichtigt. Demgegenüber steht ein kumulierter Aktienbesitz von einzelnen, wenigen Aktionären („blockholders") als Gegenposition zu einer starken Unternehmensleitung, um die Unternehmensführung im Sinne der Maximierung des Unternehmenswertes zu kontrollieren.[378] Kritisch anzumerken ist, dass Großaktionäre sich zu ihren Gunsten opportunistisch verhalten können und somit ihre eigenen Interessen zulasten der übrigen Minderheitsaktionäre durchsetzen können.[379]

---

373) Vgl. Shleifer/Vishny (1997), S. 773. Siehe auch unten, Kapitel B.3.1, S. 88 f.

374) Vgl. La Porta et al. (1998b), S. 1113 ff. Für weitere Ausführungen wird auf Farinha (2003), S. 23 ff., und Denis/McConnell (2003), S. 22 ff., verwiesen.

375) Vgl. Warncke (2005), S. 33.

376) Vgl. Becht et al. (2002), S. 41 ff.

377) Vgl. Gerum/Debus (2006), S. 2 ff.; ebf. Baums/Scott (2003), S. 47 f.

378) Für eine zusammenfassende Darstellung der Literatur wird auf Becht et al. (2002), S. 31 ff., und Farinha (2003), S. 29 ff., verwiesen.

379) Vgl. Shleifer/Vishny (1997), S. 774. Siehe auch oben, Kapitel B.2.1.1, S. 45 ff.

Erfolgsorientierte Vergütung und Aktienbesitz von Managern

Ziel dieser beiden Gehaltskomponenten ist, die Anreizwirkung für Managerverhalten so zu setzen, dass sie die Interessen der Eigentümer verfolgen, also eine Verknüpfung zwischen Entlohnungskomponenten und Unternehmensentwicklung.[380] Die Entlohnung von Vorständen, insbesondere deren Entwicklung, ist in den letzten Jahren eine intensiv und kontrovers geführte Diskussion sowohl in der Öffentlichkeit als auch in der wissenschaftlichen Literatur gewesen, die durch die aktuelle Finanzmarkt- und Bankenkrise, insbesondere für Vorstände von Banken, wieder verstärkt geführt wird.[381]

Finanzierungsstruktur

Der Verschuldungsgrad des Unternehmens ist ein weiteres Instrument zur Reduzierung des Agenturproblems bzw. zur Disziplinierung des Managements.[382] Je höher der Anteil von Fremdkapital in der Unternehmensbilanz ist, umso größer muss der vom Management mindestens zu erzielende Cash Flow zur Erfüllung der Zinsverpflichtungen für das Fremdkapital sein. Hat das Management durch verfehlte Investitionsentscheidungen diesen Cash Flow nicht erwirtschaften können, so kann es bis zur Zahlungsunfähigkeit des Unternehmens kommen.[383]

2.4 Leitungs- und Kontrollmodelle

Leitungsmodelle dienen der Institutionalisierung der zentralen Organe der Unternehmensführung und regeln grundsätzliche Befugnisse im Rahmen der Unternehmensverfassung.[384] Die folgenden Ausführungen zeigen die Grundzüge des monistischen und dualistischen Systems auf.

2.4.1 Monistisches System

Nach dem US-amerikanischen Gesellschaftsrecht, das Recht der Bundesstaaten ist, ist die „Corporation" das Pendant zur deutschen Aktiengesellschaft.[385] Die Organe der Board-Verfassung sind das „Shareholder's Meeting", das der Hauptversammlung im deutschen Aktienrecht entspricht, und das oberste Verwaltungsorgan einer amerikanischen Kapitalgesellschaft, der „Board of Directors".[386] Das Aufgabenspektrum des „Shareholder's Meeting" umfasst die

---

380) Vgl. Jensen/Murphy (1990), S. 4 ff.

381) Für einen Literaturüberblick und hinsichtlich empirischer Ergebnisse wird verwiesen auf Farinha (2003), S. 36 ff.; ebf. Becht et al. (2002), S. 45 ff. Für eine aktuelle empirische Untersuchung zur Managemententlohnung der DAX-30-Vorstände vgl. Hitz/Sabiwalsky (2008).

382) Vgl. Jensen/Meckling (1976), S. 305 ff.

383) Vgl. Jensen (1986), S. 11; ebf. Farinha (2003), S. 41 ff.

384) Vgl. Schewe (2005), S. 66 f.

385) Alternativ wird das monistische System auch als One-Tier-Modell oder einstufige Unternehmensorganisation bezeichnet. Im Gegensatz zum deutschen Gesellschaftsrecht mit den beiden Rechtsformen Gesellschaft mit beschränkter Haftung und Aktiengesellschaft kennt das US-amerikanische Recht nur diese eine Form der Kapitalgesellschaft. Vgl. Warncke (2005), S. 37. Während in Deutschland das Gesellschaftsrecht in der Gesetzgebungskompetenz des Bundes liegt, fällt das US-amerikanische Gesellschaftsrecht in die Regelungskompetenz der Bundesstaaten. Vgl. Lentfer (2005), S. 46 f.; ebf. Donald (2005b); ebf. Holland (2006), S. 12 f.; ebf. Donald (2008), S. 33 f. Für eine Darstellung des englischen Board-Modells vgl. Leyens (2006), S. 52 ff.; ebf. Mallin (2004), S. 94 ff.; ebf. Donald (2008), S. 35 ff.

386) Vgl. Holland (2006), S. 16 ff.

Wahl und Abwahl der Board-Mitglieder, den Erlass der „*by-laws*“, d. h. einer Satzung bzw. Geschäftsordnung, die das Innenverhältnis bestimmt, und die Entscheidung über außerordentliche Geschäfte (Fusionen, Auflösung etc.).[387] Im monistischen Modell sind Leitungs- und Kontrollkompetenz institutionell nicht getrennt, sondern in einem selbständigen und eigenverantwortlich handelnden Organ, dem Board of Directors, zusammengefasst (Management- und Trustee-Funktion).[388] Diesem obliegt z. B. das Festlegen der Geschäfts- und Unternehmenspolitik, die Vertretung der Gesellschaft im Rechtsverkehr nach außen sowie die Bestellung und Abberufung der Executive Directors (Officers), also des eigentlichen Managements.[389] Auch wenn das Board of Directors die Geschäfte führen soll, so sind für die laufende Geschäftsführung der Gesellschaft sog. Officers tätig.[390] Officers sind Angestellte der Gesellschaft, deren Tätigkeitsbereich sich aus der Geschäftsordnung (by-laws) ergibt, und sie unterliegen der Kontrolle und den Weisungen des Board of Directors.[391]

Als weitere Aufgaben des Board of Directors sind die Kontrolle des Managements, die Interessenvertretung der Shareholder und – eingeschränkt – auch der Stakeholderinteressen zu nennen.[392] Für die Durchführung seiner Aufgaben setzt das Board of Directors in der Regel permanente oder temporäre Ausschüsse ein, wie z. B. das Audit Committee für Kontrollaufgaben oder das Executive Committee, das in der Regel befugt ist, Entscheidungen wichtiger Fragen zwischen den Sitzungen des Board of Directors zu treffen.[393]

Das US-amerikanische Recht nimmt eine ausdrückliche Trennung zwischen ausführendem und kontrollierendem Organ zwar nicht vor, aber die Committees übernehmen im monistischen System de facto primär die Aufgabe der Überwindung der mangelnden Trennung von Geschäftsführung und ihrer Überwachung, inklusive der hierdurch möglichen Interessenkonflikte.[394] Innerhalb des Boards gibt es eine Arbeitsteilung zwischen den unternehmensinternen („inside-directors“) und den unternehmensexternen Mitgliedern („outside-directors“). Inside bzw. Executive Directors (Officers) sind leitende Angestellte, die hauptamtlich in der Geschäftsführung des Unternehmens tätig sind.[395] Dagegen üben die sich primär mit Kontrollfragen beschäftigenden Outside-Directors (Non-Executive Directors) ihre Funktion nebenberuf-

387) Vgl. Bühner (1992), S. 356; ebf. Baums/Scott (2003), S. 28; ebf. Donald (2005a), S. 7 ff.; ebf. Tirole (2006), S. 29 f.

388) Zur geschichtlichen Entwicklung der Regelungen, die die Ausgestaltung des Boards bestimmt haben vgl. Buxbaum (1996), S. 71 ff.; ebf. Donald (2008), S. 59 ff.

389) Vgl. Baums (1994), S. 10.

390) Dies entspricht in Deutschland dem Vorstand einer Aktiengesellschaft. Die Officers können, müssen aber nicht gleichzeitig auch Mitglieder im Board of Directors sein. Vgl. Warncke (2005), S. 37.

391) Dies steht dem deutschen § 76 Abs. 1 AktG entgegen. Vgl. Holland (2006), S. 37 f.

392) Vgl. Bühner (1992), S. 357 f. Diese klare Abgrenzung über die exakte Rolle des Board findet keine uneingeschränkte Unterstützung. Letztendlich bestehen drei unvereinbare Konzepte über die primäre Funktion des Board: [1.] Das Board als Berater des CEO. [2.] Das Board als Repräsentant der Interessen der Shareholder mit dem Ziel der Maximierung des Firmenwertes und [3.] das Board als Interessenausgleich für Shareholder und Stakeholder. Vgl. hierzu Baums/Scott (2003), S. 27 f.

393) Vgl. Schewe (2005), S. 72 f.; ebf. Warncke (2005), S. 38; ebf. Holland (2006), S. 26.

394) Vgl. Beetz (2005), S. 5; ebf. Lentfer (2005), S. 346.

395) Vgl. Holland (2006), S. 7.

lich aus und können in Boards von mehreren Unternehmen vertreten sein.[396] Die Kontrolleffektivität der Outside-Directors ist u. a. wegen des Einflusses des Managements auf die Auswahl und Bestellung der Outside-Directors zu hinterfragen, was zu möglichen Loyalitätskonflikten führen kann.[397] Außerdem haben die *externen* Mitglieder des Boards, die ihre Tätigkeit in der Regel nebenamtlich ausüben, neben zeitlichen Beschränkungen in Einzelfällen keine bzw. nur eine geringe Möglichkeit, implizite Informationen zu erhalten, um die risikorelevanten Geschäftsaktivitäten des Unternehmens zu kennen bzw. bewerten zu können.[398]

Vor der Verabschiedung des Sarbanes-Oxley-Act (SOA) war in der Praxis außerdem die Besonderheit zu beobachten, dass der Chief Executive Officer (CEO), der hierarchisch höchste leitende Angestellte, dem die Operating Vice Presidents unterstehen, auch die Funktion des Chairman of the Board, also des Aufsichtsratsvorsitzenden, inne hat, was zu einer singulären Machtkonzentration führte.[399] Eine solche Form der Ämterkumulierung ist nach deutschem Aktienrecht nicht möglich, da eine Unvereinbarkeit der Zugehörigkeit zum Vorstand und zum Aufsichtsrat besteht (§ 105 AktG). Allerdings gibt es nicht *das* US-amerikanische Leitungsmodell, da vielfältige Freiheitsgrade existieren, die die organisatorische Ausgestaltung und die Verteilung der Leitungs- und Kontrollkompetenz des Board of Directors unterschiedlich ausfallen lassen.[400] Insgesamt hat die amerikanische Gesetzgebung mit dem SOA das Aufsichtsorgan und den Abschlussprüfer gestärkt, die Verantwortung des Vorstands ausgebaut und die Aktionärsrechte gestärkt.[401] Die folgende Abbildung B.10 ist eine Zusammenfassung der grundsätzlichen Struktur des monistischen Systems:[402]

396) Vgl. Bühner (1992), S. 358.

397) Vgl. Baums (1994), S. 10 f.; ebf. Tirole (2006), S. 30.

398) Interne Aufsichtsratsmitglieder, die also in dem Unternehmen beschäftigt waren oder sind, haben gegenüber den Externen aufgrund ihrer (ehemaligen) Tätigkeit oder bestehenden Netzwerkverbindungen einen potenziellen Informationsvorteil. Vgl. zu dieser These Schiltknecht (2004), S. 95 f.; ebf. Kraakman (1996), S. 138 ff.

399) Vgl. Baums (1994), S. 10; ebf. Holland (2006), S. 18 f.; ebf. Schewe (2005), S. 73 f. „*In der Praxis wird erwartet, daß die Directors für den CEO, häufig nach seinen Wünschen, arbeiten. Ironischerweise hat sich Amerikas herkömmliches Rechtsmodell eines mächtigen Board, in dessen Hand die Führung des Unternehmens liegt, nicht selten ins Gegenteil verkehrt: in einen passiven oder von außen bestimmten Board, der in erster Linie als Feigenblatt für die Vorherrschaft der Unternehmensleitung dient.*“ Vgl. Kraakman (1996), S. 131 f. Aufgrund von systemimmanenten Problemen durch diese Konstellation zielen Reformvorschläge bereits aus den 1980er-Jahren darauf ab, dass der Chairman of the Board (COB) ein sog. Outside Director sein sollte. Vgl. Blair (1995), S. 197. Zum SOA siehe unten, Kapitel B.2.4.1, S. 66.

400) Bei einigen US-amerikanischen Unternehmen, wie z. B. General Motors, nähert sich die faktische Ausgestaltung des Board of Directors mittlerweile dem dualistischen System an. So sind die Management Directors zum einen von der Ausschussarbeit, die sich mit Kontrollfragen auseinander setzen, ausgeschlossen und zum anderen sind sie quantitativ relativ gering in das Board eingebunden. Vgl. Schewe (2005), S. 75 ff. Zur Konvergenz vom einstufigen englischen Board-Modell zum zweistufigen deutschen Aufsichtsratsmodell vgl. Donald (2002), S. 10; ebf. Leyens (2006), S. 51; ebf. Velte (2007), S. 355 f.

401) Vgl. Kregel (2005), S. 206.

402) In Anlehnung an Amling/Bantleon (2007), S. 34.

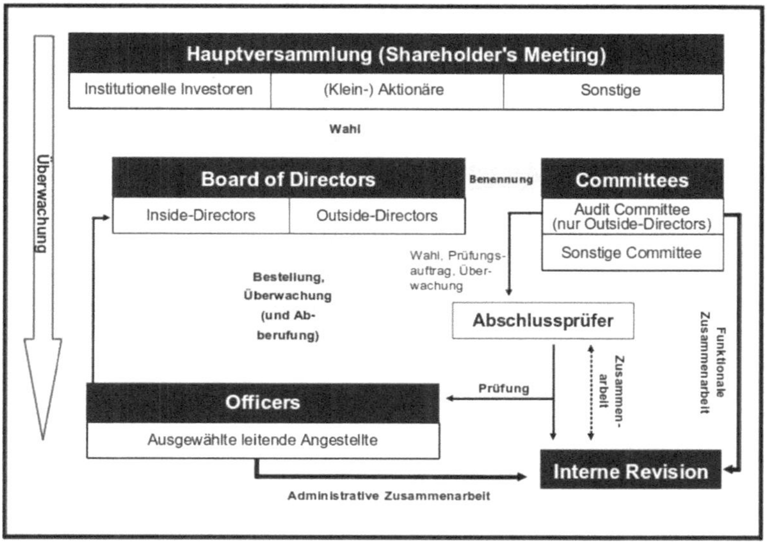

Abbildung B.10: Grundzüge des monistischen Systems

Das Audit Committee ist als ein neutrales Organ auch ein Gegengewicht zu der Bündelung aller Verantwortlichkeiten im Board of Directors und unterstützt die Professionalisierung der Überwachung sowie dient zur Koordination der internen und externen Überwachungsträger.[403] Das Audit Committee besteht aus vom Unternehmen unabhängigen Personen („independent directors") und somit ist auch der Chairman des Audit Committees ein Unternehmensexterner (SEC 301, III).[404] Nach dem SOA müssen die Unternehmen sicherstellen, dass das Audit Committee nach seinem Ermessen jederzeit unabhängige Berater beauftragen kann; hierfür sind auch die notwendigen finanziellen Budgets bereitzustellen.[405] Aber auch im monistischen System geht es letztendlich um die Informationsversorgung der unternehmensexternen Outside-Directors: Diese erfolgt primär durch die Inside-Directors, also vorstandsabhängig. Die Interne Revision besitzt im monistischen System jedoch eine Schnittstelle sowohl mit den Board of Directors als auch mit den Officers, was ihre Stellung im Unternehmen insgesamt aufwertet und ihr somit einen verstärkten Rückhalt gibt. Für die Interne Revision hat

403) Vgl. Amling/Bantleon (2007), S. 34 f. Für bei der Securities and Exchange Commission (SEC) registrierten Unternehmen ist die Einrichtung eines Audit Committee verpflichtend, was sich auch in den Zulassungsbedingungen US-amerikanischer Börsenorganisationen widerspiegelt. Vgl. Kupsch (2007), S. 64 f. Zu dem Audit Committee bzw. dem deutschen Prüfungsausschuss siehe unten, Kapitel B.2.4.4, S. 76 ff.

404) Vgl. Kregel (2008), S. 609.

405) Die Möglichkeit, den Mitgliedern des Board of Directors eigenes Personal zur Verfügung zu stellen, die z. B. die Sitzungen vorbereiten oder Informationen sammeln und auswerten, wird aber kritisch bis ablehnend beurteilt. Vgl. Holland (2006), S. 101 ff.

dies zur Folge, dass sie einem Officer disziplinarisch, dem Audit Committee aber fachlich unterstellt ist.[406] Die Mitglieder des Audit Committee sollen sich auch regelmäßig mit den Mitarbeitern der Internen Revision zu einem Informationstransfer über die Ergebnisse der Revisionsarbeit treffen, was außerdem zu einer Stärkung der Unabhängigkeit der Internen Revision beiträgt.[407] Aber auch für das Audit Committee bedeutet die enge Anbindung an die Interne Revision eine hohe Kontinuität und Ergebnisnähe der Prüfung sowie einen wichtigen Informationstransfer.[408]

2.4.2 Dualistisches System

Dem monistischen System steht das durch eine institutionelle Trennung von Unternehmensführung (Vorstand) und -überwachung (Aufsichtsorgan) gekennzeichnete zweistufige Modell, das sog. dualistische System oder auch „two-tier-model", gegenüber, wie z. B. in Deutschland, Österreich oder Schweden.[409] Die beiden Unternehmensorgane sind jeweils selbstständig. Man spricht bei der dualistischen Unternehmensverfassung auch von einem Insider-Modell, weil die Kontrollstrukturen zu einem Großteil gesellschaftsinternen Steuerungsmechanismen unterliegen und der Netzwerkbildung zugeschrieben werden.[410] Nach deutschem Aktiengesetz stehen nicht ausschließlich die Shareholderinteressen im Vordergrund, sondern der Aufsichtsrat hat primär das *Unternehmensinteresse* zu berücksichtigen (Konsensmodell).[411] Als Besonderheiten des dualistischen Systems in Deutschland sind die Arbeitnehmermitbestimmung, das dominierende Universalbankensystem und die Berücksichtigung aller

406) Vgl. Amling/Bantleon (2007), S. 35. Der Sarbanes-Oxley-Act (SOA), der am 30.07.2002 in Kraft trat, dient zur Verbesserung der Unternehmenspublizität börsennotierter Unternehmen in den USA, und hat weitgehende Auswirkungen auf die Corporate Governance auch für deutsche Unternehmen, wenn sie das US-amerikanische Kapitalmarktrecht zu beachten haben. Auch wenn der SOA keine Regelungen enthält, die unmittelbar und ausdrücklich die Interne Revision betreffen, so sind insbesondere die Regelungen der Sec. 302 (Managementbestätigung – Disclosure Controls and Procedures) und 404 (Managementbericht – Internal Controls over Financial Reporting) zu nennen, die indirekt auch die Interne Revision tangieren. Vgl. ausführlicher zum SOA Hülsberg/Brandt (2008), S. 900 ff.; ebf. Hülsberg (2007); ebf. Warncke (2005), S. 83 f.; ebf. Kregel (2005), S. 205 f.; ebf. IIA - SOA (2004); ebf. Hauser/Hopkins/Leibundgut, S. 1057 ff.; ebf. Strunk/Kolaschnik (2003), S. 127 ff.; ebf. Donald (2002).

407) Vgl. Holland (2006), S. 28.

408) Vgl. Leyens (2006), S. 342.

409) Vgl. Oechsler (2006), S. 2. Mit dem Allgemeinen Deutschen Handelsgesetzbuch (ADHGB) wurde es den Aktiengesellschaften ermöglicht, ein Aufsichtsorgan einzurichten, das als fakultatives Gesellschaftsorgan aber nicht vorgeschrieben war. Es war damals vorherrschende Übung, dass der Aufsichtsrat auch Geschäftsführungskompetenzen hatte. Dies erinnert stark an die monistische Unternehmensverfassung. Seit 1870 wurde mit der Reform des ADHGB in Deutschland ein Aufsichtsrat obligatorische Pflicht. Das sog. Two-Tier-System" war zwar somit vorhanden, der Aufsichtsrat konnte aber auch weiterhin an der Geschäftsführung beteiligt sein. Mit der Novellierung des Aktienrechts von 1884 wurde erstmal eine Regelung für die institutionelle Trennung von Vorstand und Aufsichtsrat verabschiedet. Auch weiterhin stand es der Hauptversammlung aber frei, dem Aufsichtsrat Geschäftsführungsaufgaben zuzuweisen. Eine funktionale Trennung zwischen beiden Organen ergab sich erst aus dem Aktiengesetz von 1937. Vgl. Baums/Scott (2003), S. 28; ebf. Leyens (2006), S. 130. Zum Aufsichtsrat in der Geschichte des deutschen Aktienrechts vgl. Schnorr (2000), S. 4 ff.; ebf. Lentfer (2005), S. 181 ff.

410) Vgl. Roth/Nägel (2002), S. 2; ebf. Leyens (2006), S. 113.

411) Vgl. Baums/Scott (2003), S. 29.

Stakeholder zu nennen.[412] Somit kommt dem Aufsichtsrat auch die Funktion des Interessenausgleiches unter den Aktionären und mit den Stakeholdern zu.[413] Gegenüber dem US-amerikanischen, monistischen System können im deutschen Aufsichtsrat auch keine sog. Inside-Directors vertreten sein, sondern ausschließlich sog. Outside-Directors.[414] Des Weiteren bildet der Mangel einer Weisungskompetenz des Aufsichtsrats gegenüber dem Vorstand einen elementaren Unterschied zwischen monistischem und dualistischem System.[415]

Bei der Aktiengesellschaft sind nach dem Aktiengesetz drei Organe vorgesehen: Die Hauptversammlung, der Vorstand als Leitungs- und Vertretungsorgan (Geschäftsführung) sowie der Aufsichtsrat zur Kontrolle der Unternehmensleitung. Die Mitglieder des Vorstands und des Aufsichtsrats werden im deutschen Unternehmensmodell nicht als Angestellte oder als Auftragnehmer mit speziellen gesetzlichen Pflichten betrachtet, sondern als Unternehmensorgane mit jeweils eigenem, selbständigem Wirkungskreis.[416]

Nach § 118 Abs. 1 AktG üben die Aktionäre ihre Rechte in den Angelegenheiten der Gesellschaft in der Hauptversammlung aus. Die Zuständigkeiten der Hauptversammlung sind in § 119 Abs. 1 AktG aufgeführt und umfassen z. B. die Bestellung der Aufsichtsratsmitglieder, die Entlastung von Vorstand und Aufsichtsrat, die Bestellung der Abschlussprüfer[417] oder der Beschluss über Satzungsänderungen. Dem Vorstand einer Aktiengesellschaft obliegen insbesondere die folgenden Aufgaben: Nach § 76 Abs. 1 AktG die Leitung des Unternehmens unter eigener Verantwortung, die Geschäftsführung gem. § 77 Abs. 1 AktG sowie die gerichtliche und außergerichtliche Vertretung der Gesellschaft (§ 78 Abs. 1 AktG). Für die Berichtspflicht des Vorstands gegenüber dem Aufsichtsrat ist § 90 Abs. 1 AktG zentraler Ansatzpunkt (Bringschuld des Vorstands).[418] Diese gesamtorganschaftliche Pflicht trifft den Vorstand im Rahmen seiner Gesamtverantwortung.

Die Zielgruppe der Überwachung ist das geschäftsführende Organ, dessen Tätigkeiten überwacht werden, und nicht ein einzelnes Organmitglied.[419] Die Ausgestaltung und Durchsetzungsmöglichkeit bzw. -stärke der direkten und indirekten Kontrollkompetenzen des Aufsichtsrats beinhalten die Bestellungskompetenz (Bestellung und Abberufung des Vorstands), die Organisationskompetenz (Festlegung der Geschäftsordnung), die Überwachungskompe-

---

412) „*Both are state or quasi-state institutional means of coordinating individual activities and achieving social consensus.*" Vgl. Emmons/Schmid (1998), S. 20; ebf. Schneider-Lenné (1992), S. 15 f. Die philosophischen Wurzeln der Konsensbildung gehen u. a. zurück auf *Hegel*: „*The market should be guided and controlled to ensure that every individual is treated fairly in his or her transactions with "society as a whole."*" Vgl. Emmons/Schmid (1998), S. 24; ebf. Leipold (2006), S. 249 f. Zum Universalbankensystem siehe unten, Kapitel C.1.3, S. 113 ff.

413) Vgl. Schmidt (2006), S. 15 f.

414) Vgl. Baums (1998), S. 4.

415) Vgl. Lentfer (2005), S. 193; ebf. Mallin (2004), S. 126.

416) Vgl. Baums (1994), S. 6 f.

417) War die Erteilung des Prüfungsauftrages an den Abschlussprüfer ursprünglich eine Aufgabe des Vorstands, so obliegt dies seit der Einführung des KonTraG nach § 111 Abs. 2 AktG dem Aufsichtsrat. Nach dem DCGK trifft der Aufsichtsrat auch die Honorarvereinbarung mit dem Abschlussprüfer. Vgl. Hucke (2003), S. 129.

418) Zu den Berichtspflichten des Vorstand vgl. Lutter (2006), S. 65 ff.

419) Vgl. Potthoff/Trescher (1995), S. 39 f.

tenz (Überwachung des Vorstands) und die Beratungskompetenz (in Einzelfragen dem Vorstand beratend zur Seite stehen).[420] Ohne sich zu einem Organ der Geschäftsführung zu verwandeln, kann der Aufsichtsrat des Weiteren mittels Zustimmungsvorbehalten für bestimmte Arten von Geschäften die Geschäftsführung beeinflussen (§ 111 Abs. 4 AktG).[421] Hieraus ergibt sich aber keine grundsätzliche Verschiebung der Kompetenzen zwischen den beiden Organen. Dem Aufsichtsorgan steht lediglich ein Vetorecht, aber kein Initiativrecht zu.[422] Der Zustimmungsvorbehalt soll dem Aufsichtsrat vielmehr die zukunftsorientierte Überwachung und Beratung erleichtern.[423] Insgesamt begrenzen diese Informations-, Kontroll- und Widerspruchsrechte die Leistungskompetenz und Entscheidungsautonomie des Vorstands und erlauben somit eine Überwachung nach dem Voice-Konzept.[424]

Die zentrale und umfänglichste Aufgabe des Aufsichtsrats ist nach § 111 Abs. 1 AktG die Überwachung der Geschäftsführung.[425] Diese umfasst neben der Rechtmäßigkeit auch die Zweck- und Ordnungsmäßigkeit sowie Wirtschaftlichkeit der Geschäftsführung.[426] Sie bezieht nicht nur eine ex post-Betrachtung (repressive Überwachung), wie z. B. die Prüfungsergebnisse des Jahresabschlusses nach § 171 AktG, sondern auch eine ex ante-Perspektive mit ein, wie die Beratung des Vorstands bei der Unternehmensführung (präventive Überwachung).[427] Die Beratungsverantwortung kommt auch im Deutschen Corporate Governance Kodex (DCGK) zum Tragen, der betont, dass Vorstand und Aufsichtsrat zum Wohle des Unternehmens eng zusammen arbeiten müssen.[428] Des Weiteren stimmt der Vorstand die strategische Ausrichtung des Unternehmens mit dem Aufsichtsrat ab und erörtert mit ihm in regelmäßigen Abständen den Stand der Strategieumsetzung (Strategische Kontrolle durch den Aufsichtsrat).[429] Dies

---

420) Vgl. Schewe (2005), S. 151 ff.

421) Vgl. Leyens (2006), S. 128 f. Zum Zustimmungsvorbehalt siehe u. a. unten, Kapitel B.2.4.4, S. 83 f.; ebf. Kapitel D.3.4.3, S. 285 ff.

422) Vgl. Lentfer (2005), S. 200.

423) Vgl. Warncke (2005), S. 42.

424) Vgl. Gerum (2007), S. 254 ff. Zum Voice-Konzept siehe oben, Kapitel B.2.1.2, S. 47 f.

425) Vgl. Lutter (2006), S. 6 f. Im DCGK ist in Ziffer 3 ein eigenes Kapitel für das Zusammenwirken von Vorstand und Aufsichtsrat vorgesehen. Weitere Aufsichtsratsaufgaben umfassen die Zusammensetzung und Vergütung des Vorstands sowie die Prüfung der (Konzern-) Rechnungslegung. Vgl. Lentfer (2005), S. 55.

426) Vgl. Grunewald (2005), S. 259. Insofern übernimmt der Aufsichtsrat bei Publikumsaktiengesellschaften die Aufgaben der Gesellschafter, die diese u. a. aufgrund des Trittbrettfahrerproblems nicht selbst ausführen. Nach *Baums* und *Scott* bedeutet Überwachung des Vorstands, dass das Aufsichtsorgan „*should monitor to prevent self-dealing and similar unjustified private benefits of control*". Vgl. Baums/Scott (2003), S. 29.

427) Vgl. Grunewald (2005), S. 259; ebf. Freidank/Velte (2008), S. 725. Verlangt wird statt einer ex post-Kontrolle zunehmend eine präventive, ex ante-Überwachung und Beratung. In diesem Zusammenhang ist auf ein Urteil des Bundesgerichtshofes (BGH) aus 1991 hinzuweisen: „*Nach § 111 Abs. 1 AktG hat der Aufsichtsrat in erster Linie die Geschäftsführung zu überwachen. Diese Kontrolle bezieht sich nicht nur auf abgeschlossene Sachverhalte, sondern erstreckt sich auch auf grundsätzliche Fragen der künftigen Geschäftspolitik; sie ist nicht auf eine Rechtmäßigkeitsprüfung beschränkt, sondern muß die Zweckmäßigkeit und Wirtschaftlichkeit der Geschäftsführung einbeziehen. Eine so verstandene Kontrolle kann wirksam nur durch ständige Diskussion mit dem Vorstand und insofern durch dessen laufende Beratung ausgeübt werden; die Beratung ist deshalb das vorrangige Mittel der in die Zukunft gerichteten Kontrolle des Vorstands.*" Vgl. BGH-Urteil (1991).

428) Vgl. Leyens (2006), S. 136 f.

429) Vgl. DCGK (2008), Ziff. 3.2 f.; ebf. Bea/Scheurer (1994), S. 2150 ff.; ebf. Lentfer (2005), S. 185; ebf. Leyens (2006), S. 137; ebf. Lenz/Krag (2008), S. 161 ff.

setzt voraus, dass sich der Aufsichtsrat mit den Planungen des Vorstands für die Zukunft auseinander setzt und eine ausreichende Informationsversorgung sichergestellt ist.[430] Letztere ist gemeinsame Aufgabe von Vorstand und Aufsichtsrat, verlangt aber, dass der Aufsichtsrat die Informations- und Berichtspflichten des Vorstands näher festlegen soll (Ziff. 3.4 DCGK). Somit ist der Aufsichtsrat in der aktiven Pflicht, soweit erforderlich, diese Informationen nach § 90 Abs. 3 AktG auch einzufordern (Holschuld). Sowohl die Bring- als auch die Holschuld sollten zusammen in einer Informations- bzw. Berichtsordnung festgehalten werden.[431] D. h., der Aufsichtsrat muss sicherstellen, dass er über die notwendigen Informationen verfügt, die er für seine Tätigkeit benötigt.[432] Auch wenn die institutionalisierte Funktionstrennung des dualistischen Systems auf der einen Seite eine klare Abgrenzung der Verantwortungsbereiche ermöglicht, so kann auf der anderen Seite eine Informationsasymmetrie zwischen Vorstand und Aufsichtsrat konstatiert werden. Dies führt zu einer nachhaltigen und systematischen Schwächung der Überwachungseffektivität.[433] Zur Minderung dieses Dilemmas wurden dem Aufsichtsrat u. a. durch das KonTraG, TransPuG oder den DCGK diverse Informationsrechte eingeräumt bzw. bestehende erweitert.[434] Allen drei Maßnahmen ist gemeinsam, dass sie zu einer Ausweitung der Aufgaben des Aufsichtsrats führten und seine Distanz zum Vorstand reduziert haben sowie das Ziel hatten, die Informationsversorgung des Aufsichtsrats zu verbessern.[435] Die Vorstandsüberwachung des Aufsichtsrats ist aber auch durch diese Maßnahmen mit einer weiterhin suboptimalen Überwachungsfunktion aufgrund der immer noch verbleibenden systemimmanenten Informationsasymmetrie verknüpft. Die grundlegenden Strukturen und Beziehungsgeflechte im dualistischen System fasst die Abbildung B.11 zusammen:[436]

---

430) Nach *Lutter* kann und darf der Aufsichtsrat grundsätzlich alles über das Unternehmen wissen, was auch der Vorstand weiß. Der Informationsanspruch besteht nicht erst dann, wenn der Aufsichtsrat diese Kenntnisse als erforderlich für seine Aufgabenerfüllung dargelegt, sondern per se. Dieser umfangreiche Informationsanspruch unterliegt aber aufgaben- und zweckorientierten Funktionsschranken. Vgl. Lutter (2006), S. 36 ff.

431) Vgl. Müller-Michaels (2007), S. 74. Die Informationsversorgung beinhaltet neben einer Bringschuld des Vorstands auch eine Holschuld des Aufsichtsrats. Diese Holschuld hat der Aufsichtsrat zu gestalten, was mit dem Medium der Informationsordnung vollzogen werden sollte. Dies ermöglicht zum einen eine Feinabstimmung der Zusammenarbeit beider Organe und zum anderen kann die Informationsordnung als Medium zur Verfestigung seiner vorstandsunabhängigen Informationsrechte des Aufsichtsrats dienen. Vgl. Leyens (2006), S. 144; ebf. Lutter (2006), S. 32 f.

432) Diese Auffassung hat der BGH in seinem Urteil am 11.12.2006 betont, und den Aufsichtsrat auf seine Pflicht hingewiesen, für angemessene Information zu sorgen und bei Risiken für die Gesellschaft selbst tätig zu werden. Vgl. Müller-Michaels (2007), S. 77.

433) Dieses Defizit des dualistischen Systems wird auch als „Entscheidungsferne" der Überwachungsinstanz bezeichnet. Vgl. Velte (2007), S. 355.

434) Zum Verhältnis von Transparenz- und Publizitätsgesetz (TransPuG) und DCGK vgl. Strunk/Kolaschnik (2003).

435) Diese Maßnahmen haben dazu beigetragen, dass in der Praxis die Informationswünsche des Aufsichtsrats umfangreicher und detaillierter sind. Insofern kann man auch davon sprechen, dass der *„Aufsichtsrat mehr und mehr zum mitunternehmerischen Partner des Vorstands wird"*. Umfangreichere Informationen erhöhen auch die Sorgfaltspflichten und Verantwortlichkeiten im Umgang mit denselben, was durch das TransPuG in den § 116 Satz 2 AktG eingeflossen ist. Zur Sicherung der Vertraulichkeit beim Umgang mit diesen Informationen empfiehlt sich der Abschluss einer Vertraulichkeitsrichtlinie. Vgl. Lutter (2006), S. 269 ff.

436) In Anlehnung an Amling/Bantleon (2007), S. 31.

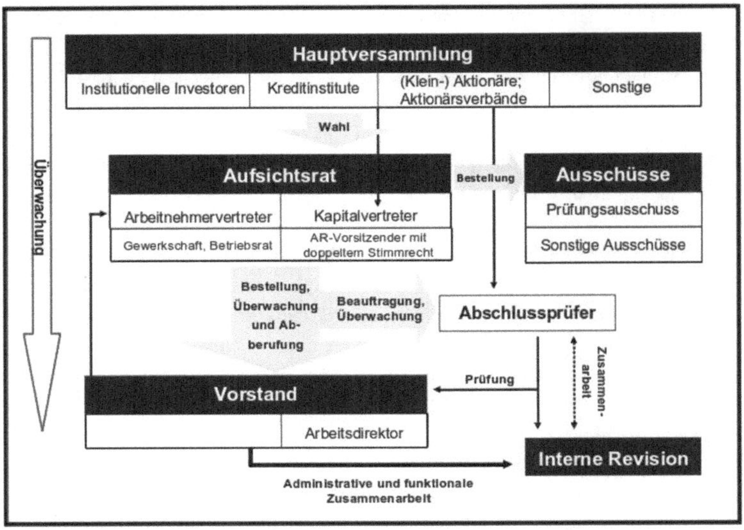

Abbildung B.11: Grundzüge des dualistischen Systems

Anders als im monistischen System, in dem der Leiter der Internen Revision mit einer Anbindung an das Audit Committee eine *tatsächliche* Unabhängigkeit erlangt, ergibt sich im dualistischen System für die Interne Revision nur eine *weitestgehende* Unabhängigkeit aufgrund ihrer Zuordnung an den Vorsitzenden der Geschäftsleitung sowie ihrer Berichtslinie an den Gesamtvorstand, nicht aber an das Aufsichtsorgan oder seinem Prüfungsausschuss. Dies ist eine systemimmanente Konsequenz des dualistischen Systems, dass dem Aufsichtsrat grundsätzlich kein eigener und autonomer Zugriff auf das Personal unterhalb des Vorstands zusteht. Die Rolle der Internen Revision ist gegenüber dem Board-System insofern also begrenzt, dass sie grundsätzlich nur unterhalb der Vorstandsebene agiert bzw. prüft.[437] Zu hinterfragen ist allerdings, ob der Aufsichtsrat im dualistischen System für eine effektive und effiziente Überwachung sich nicht verstärkt *vorstandsunabhängige* Informationen beschaffen muss und welche institutionellen Konsequenzen hieraus für die Unabhängigkeit dieses Gremiums und auch für die Interne Revision zu ziehen sind.[438] Dies ist eine *Achillesferse* eines unabhängigen, neutralen Aufsichtsrats, falls er die bestehenden Informationsasymmetrien zwischen Überwacher und Überwachtem nicht vermindern bzw. überbrücken kann.

437) Vgl. Kregel (2008), S. 608 f.
438) Siehe hierzu ausführlicher unten, Kapitel B.3.2, S. 254 ff.

Der Aufsichtsrat hat nach h. M. Anspruch auf *„volle Informationen über alle Angelegenheiten der Gesellschaft"*, d. h. alle für die Überwachung relevanten Informationen.[439] Auch ein einzelnes Aufsichtsratsmitglied kann Vorstandsberichte an das Aufsichtsratsplenum anfordern.[440] Nach der juristischen Auffassung darf sich der Aufsichtsrat grundsätzlich auf die Vollständigkeit und Richtigkeit der übermittelten Berichte des Vorstands verlassen.[441] Von der Beachtung dieser *moralischen* Anforderungen hängt die Überwachungseffektivität entscheidend ab.[442] Der gesetzliche Empfänger der Vorstandsberichte ist nach § 90 AktG der Aufsichtsrat.[443] Dem Prüfungsausschuss stehen nur abgeleitete Informationsrechte zu, dessen Umfang sich unmittelbar aus der delegierten Überwachungsaufgabe ableitet, was bedeutet, dass die Informationsrechte des Prüfungsausschusses nicht über die des Aufsichtsrats hinausreichen können.[444]

Der Überwachung des Risikomanagementsystems durch den Aufsichtsrat kommt, insbesondere im Hinblick auf die Existenzsicherung des Unternehmens, eine besondere Bedeutung zu, weil die Einrichtung eines Früherkennungssystems für bestandsgefährdende Risiken und eines Überwachungssystems im Sinne des § 91 Abs. 2 AktG bzw. des KonTraG als Instrument zur Insolvenz- und Krisenprophylaxe dient.[445] Darüber hinaus hat der Aufsichtsrat auch eine eigenständige Überwachungspflicht; d. h. die Beurteilung der eingeleiteten Maßnahmen auf ihre wirtschaftliche oder sachliche Angemessenheit muss der Aufsichtsrat und nicht der Abschlussprüfer vornehmen. Die Überwachungspflicht beinhaltet auch die Reaktion des Vorstands auf erkannte und kommunizierte Risiken.[446]

Für die Wirksamkeit der Corporate Governance ist auch die Selbsteinschätzung des Aufsichtsorgans bezüglich seiner Handlungsoptionen bedeutsam.[447] Die Handlungsoptionen können von traditionellen Aufsichtsräten bis hin zu sog. „Gestaltungs- und Controllingräten" reichen.[448] Letztere, also die Gestaltungs- und Controllingfunktionen, sind zwei Hauptfunktionen

---

439) Vgl. Potthoff/Trescher (1995), S. 146; ebf. Lutter (2006), S. 105. *Leyens* bezeichnet die Informationsbeschaffung des Aufsichtsorgans als einen *„Paradefall für das Erfordernis der Kompetenzabgrenzung"*. Vgl. Leyens (2006), S. 129. Zur Informationsordnung siehe unten, Kapitel D.3.4.1, S. 275 ff.

440) Vgl. Warncke (2005), S. 68.

441) Nach *Semler* beruht das Verhältnis zwischen den beiden Organen Vorstand und Aufsichtsrat auf gegenseitigem Vertrauen. Das Überwachungsorgan kann in der Regel davon ausgehen, dass Einzelheiten der ihm zur Verfügung gestellten Informationen nicht prüfungspflichtig sind. Das Vertrauensverhältnis darf bei *„besonderen Umständen, die eine erhöhte Wachsamkeit"* erfordern, allerdings nicht mehr unterstellt werden. Vgl. Semler (1996), S. 90.

442) Vgl. Potthoff/Trescher (1995), S. 133. Nach den Grundsätzen einer *gewissenhaften und getreuen* Berichterstattung (§ 90 Abs. 4 AktG) müssen die Berichte wahr, vollständig, übersichtlich, klar und nachprüfbar sein sowie formgerecht und zeitnah erstattet werden.

443) Für eine umfangreiche Darstellung der einzelnen Berichte nach § 90 Abs. 1 AktG (Periodische, Sonder- und Anforderungsberichte) vgl. Leyens (2006), S. 148 ff.

444) Vgl. Warncke (2005), S. 173 f. Siehe ausführlicher unten, Kapitel D.3.3, S. 258 ff.

445) Vgl. Schichold (2001), S. 397 f.; ebf. Lenz/Krag (2008), S. 161 ff.

446) Vgl. Schichold (2001), S. 399.

447) Ziel der Selbstevaluation als eine Maßnahme der Professionalisierung des Aufsichtsrats ist die permanente und bewusst geführte Auseinandersetzung aller Aufsichtsratsmitglieder mit ihren Aufgaben sowie die permanente Verbesserung der Organtätigkeit und der Corporate Governance. Vgl. ausführlicher Lentfer (2008), S. 695 ff.; ebf. Fischhuber (2008), S. 76 ff.; ebf. Strieder (2007), S. 168 ff.; ebf. Schilling (2007).

448) Vgl. hierzu Hilb/Knorr/Steger (2008), S. 200 ff.

von Aufsichtsorganen insbesondere im monistischen System. Bei dem traditionellen „Verwaltungsrat" handelt es sich um den Typus, der vor den großen Corporate Governance-Skandalen üblich war. Der „Gesetzesgläubige Rat" stellt die heutige Norm dar; es wird überdurchschnittlich viel Wert auf Compliance gelegt, während die Vertrauenskultur und die Integrität aller Verantwortlichen in ihrer Bedeutung für den Unternehmenserfolg weniger Beachtung finden. Der „Unternehmerrat" ist dagegen in vielen Familienbetrieben vorzufinden. Als zukunftsorientiertes Konzept wird der „Gestaltungs- und Controllingrat" gesehen, der in erfolgreichen internationalen Unternehmen bereits heute existiert und sich intensiv auf strategische Aufgaben unter Berücksichtigung der Risikomanagementsysteme und Internen Kontrollverfahren ausrichtet. Die folgende Abbildung B.12 stellt diese vier qualitativen Entwicklungsstufen von Aufsichtsräten dar:[449]

Abbildung B.12: Entwicklungsstufen von Aufsichtsräten

2.4.3 Corporate Governance Kodizes

Leitungs- und Kontrollmodelle sind Bestandteile von institutionellen Rahmenbedingungen, die je nach Ausgestaltung der formellen und informellen Regelungen auf verschiedenen Ebenen, unterschiedliche Anreizwirkungen entfalten.

449) Vgl. Hilb/Knorr/Steger (2008), S. 200.

Internationale Corporate Governance Kodizes

Als international anerkannte Richtschnur für Unternehmen, Investoren, Politik und sonstige interessierte Kreise sind die OECD-Grundsätze der Corporate Governance aus dem Jahr 1999 zu nennen, die als Grundlage für viele Corporate Governance-Initiativen dienten. Diese wurden 2002 aufgrund des Versagens von bestehenden Führungs- und Kontrollmechanismen zur Überarbeitung gegeben und 2004 wurden die aktualisierten Grundsätze präsentiert.[450] Aufgrund der zentralen Stellung und besonderen Funktion von Kreditinstituten veröffentlichte auch der Basler Ausschuss für Bankenaufsicht im Jahre 2006 eine Überarbeitung seiner Leitlinie „Verbesserung der Unternehmensführung in Banken" aus dem Jahr 1999.[451] Für Finanzinstitutionen bildet eine effektive Internal Governance einen wesentlichen Baustein für das Vertrauen zwischen den Kontraktpartnern und somit für ihre Existenz: Es stützt die Reputation und ist die Grundlage für einen reibungslosen Allokationsmechanismus auf den Geld- und Kapitalmärkten.[452]

Initiativen in den Vereinigten Staaten und Europa

Durch ihre Kapitalmarktorientierung haben Corporate Governance-Regeln an den US-amerikanischen Börsen NYSE und NASDAQ eine lange Tradition.[453] Aber *ein* maßgeblicher Corporate Governance-Kodex, wie in vielen anderen Ländern üblich, existiert in den Vereinigten Staaten nicht.[454] Allerdings hat die Verabschiedung des Sarbanes-Oxley-Act (SOA) im Juli 2002 infolge der Finanzskandale von z. B. Enron, WorldCom oder Tyco den rechtlichen Rahmen für die Corporate Governance grundlegend revidiert und zu tief greifenden Auswirkungen bei den betroffenen Unternehmen geführt.[455] Die Entwicklung von Corporate Governance-Kodizes in der EU auf supranationaler Ebene, die wiederum von den Entwicklungen auf nationaler Ebene beeinflusst wird (e. v. v.), beginnt 2002 mit dem „Winter-Report", der von der „High Level Group of Company Law Experts" ausgearbeitet wurde, und Empfehlungen für ein modernes Gesellschaftsrecht enthält.[456] Vor dem Hintergrund der US-amerikanischen Finanzskandale und der Verabschiedung des SOA im Jahr 2002, folgt im Jahr 2003 von der

---

450) Vgl. OECD (2004). In diesen Zusammenhang sind auch die OECD-Leitsätze für multinationale Unternehmen und die Leitlinien der Vereinten Nationen zu nennen. Vgl. OECD (2000); ebf. UN Guidance (2006).

451) Vgl. BIS (2006a).

452) Des Weiteren hat die Internationale Vereinigung der Wertpapieraufseher (IOSCO) im Jahre 2005 einen Bericht publiziert, der den Schutz der Kapitalmärkte gegen Finanzbetrug und Marktmissbrauch verbessern soll. In dem Bericht werden auch Initiativen zur Verbesserung der Corporate Governance aufgegriffen; vgl. IOSCO (2005).

453) Vgl. Warncke (2005), S. 88 f.

454) Es bestehen mehrere Corporate Governance-Regelungen, die von der US-Bundesregierung oder von Bundesstaaten verabschiedet werden. Von Bedeutung sind z. B. das Gesellschaftsrecht des Bundesstaates Delaware (Delaware General Corporation Law), das sich zum faktischen Standard im US-Gesellschaftsrecht entwickelt hat, der SOA von 2002, die Anforderungen der Securities and Exchange Commission (SEC) sowie der Employee Retirement Income Security Act (ERISA) und die Principles der Commission on Public Trust and Private Enterprise 2003. Vgl. IOSCO (2007), S. 11; ebf. Mallin (2004), S. 32; ebf. Warncke (2005), S. 81 ff.

455) Vgl. EZB (2005), S. 102 f.

456) Vgl. Winter-Report (2002); ebf. Röthel/Heßeler (2007), S. 306. Des Weiteren wurde von der Kommission ein „Europäisches Corporate Governance Forum" einberufen und ein Beirat für Gesellschaftsrecht und Corporate Governance eingerichtet. Für die weiteren Maßnahmen vgl. Baums (2006), S. 5 ff.

EU-Kommission ein weiterer Aktionsplan, in dem sich die EU darauf festlegt, zurzeit keinen einheitlichen europäischen Corporate Governance-Kodex zu verabschieden. Dies spiegelt auch den Subsidiaritäts- und Verhältnismäßigkeitsgrundsatz wider. Stattdessen wird eine Annäherung der verschiedenen nationalen Kodizes unter Beachtung eines einheitlichen Qualitätsstandards angestrebt.[457] Auf nationaler Ebene war in Europa Großbritannien mit dem sog. Cadbury Report im Jahr 1992 der Vorreiter bei der Verabschiedung eines Kodex; dieser war ebenfalls eine Reaktion auf verschiedene Unternehmensskandale.[458] Als weitere Reports, die die Basis für den britischen Corporate Governance-Kodex (Combined Code) bilden, sind zu nennen: Greenbury Report, Hampel Report, Turnbull Report sowie die Reviews von Higgs und Smith.[459] Die Idee der Selbstregulierung machte aber nicht an den Grenzen von Großbritannien halt, sondern breitete sich in ganz Europa aus. Als weitere Kodizes sind beispielhaft zu nennen der Preda Report (2002) in Italien, der Bouton Report (2002) in Frankreich, der Norby Committee's Report in Dänemark oder der Swiss Code of Best Practice in der Schweiz.[460]

Deutscher Corporate Governance Kodex (DCGK)

Nach der Präambel des Deutschen Corporate Governance Kodex stellt dieser „*wesentliche gesetzliche Vorschriften zur Leitung und Überwachung deutscher börsennotierter Gesellschaften (Unternehmensführung) dar und enthält international und national anerkannte Standards guter und verantwortungsvoller Unternehmensführung*“.[461] Er soll des Weiteren das deutsche Corporate Governance-System transparent, kompakt und nachvollziehbar machen sowie das Vertrauen aller nationalen und internationalen Stakeholder in das dualistische Sys-

457) Vgl. EU-KOM (2003), S. 12 ff.; ebf. Lentfer (2005), S. 69 f.; ebf. Köklü (2006), S. 280.

458) Vgl. Cadbury Report (1992).

459) Vgl. Greenbury (1995); ebf. Hampel Report (1998); ebf. Turnbull (2005); ebf. Higgs (2003); ebf. Smith Guidance (2005) und Combined Code (2006) sowie Mallin (2004), S. 20 ff.

460) Vgl. hierzu und zu weiteren Corporate Governance Kodizes in Osteuropa, Süd-Ost Asien, Südafrika, Indien und Brasilien die Darstellungen von Mallin (2004), S. 123 ff.; ebf. die vergleichende Studie von Corporate Governance-Kodizes der Kommission (2002). Alle weltweit bedeutenden Corporate Governance-Kodizes sind beim European Corporate Governance Institute unter der URL „www.ecgi.org/codes/all_codes.php“ einsehbar (abgerufen am: 14.11.2008). Zu den Entwicklungstendenzen siehe auch unten, Kapitel B.3.2, S. 89 ff.

461) Vgl. DCGK (2008), S. 1. Der DCGK hatte zwei nationale Vorläufer: Zum einen den German Code of Corporate Governance des Berliner Initiativkreises „German Code of Corporate Governance“, zum anderen den Code of Best Practice der Grundsatzkommission „Corporate Governance“. Vgl. Lentfer (2005), S. 67 f. Zur Entstehungsgeschichte des DCGK vgl. Regierungskommission (2001); ebf. Baums (2001); ebf. Baums (2002); ebf. Hopt (2002), S. 28 ff.; ebf. Warncke (2005), S. 50 ff. Zum rechtlichen Rahmen der deutschen Corporate Governance vgl. Funk/Rossmanith/Alber (2006). Die ständige Regierungskommission Deutscher Corporate Governance Kodex hat am 06.06.2008 zum sechsten Mal eine Änderung der Regelungen des DCGK beschlossen. Im Fokus der aktuellen Kodexrevision steht die Vorstandsvergütung und -abfindung (Ziff. 4.2.2 Abs. 1 und 4.2.3 Abs. 4 f.). So hat das Aufsichtsratsplenum nicht nur über die Struktur des Vergütungssystems im Allgemeinen und die wesentlichen Vertragselemente im Besonderen zu beraten, sondern zu beschließen und regelmäßig zu überprüfen. D. h., der DCGK geht inhaltlich insoweit über Transparenzerwägungen hinaus und betont die von Gesetzes wegen jedem einzelnen Aufsichtsratsmitglied obliegende Zuständigkeit und Verantwortung in Fragen der Vorstandsvergütung. Vgl. ausführlicher Wehlte (2008), S. 217 f.; ebf. Bigus/Kiefer (2008), S. 915 ff. Zu der DCGK-Revision 2007, insbesondere den Abfindungs-Caps für Vorstände, vgl. Wehlte (2007), S. 158 f.

tem der Leitung und Überwachung von deutschen börsennotierten Gesellschaften fördern.[462] Der DCGK, der der deutschen Wirtschaft die Selbstorganisation eines Kodex ermöglicht, liegt zwischen Aktien- und Kapitalmarktrecht und übernimmt eine Kommunikations- und Ordnungsfunktion und somit eine regulatorische Komponente.[463]

Der DCGK ist allerdings weder Gesetz noch Satzung, sondern setzt sich aus der erläuternden Wiedergabe gesetzlicher Pflichten sowie Empfehlungen der Kommission zusammen.[464] Der Kodex, der als unternehmerische Best Practice zu betrachten ist, hat selbst keine unmittelbare Rechtswirkung (Soft Law[465]), sondern ist dem außerrechtlichen Bereich zuzuordnen, da er privat erarbeitet und kein Gesetzgebungsverfahren durchlaufen hat.[466] Bei der Bindungswirkung des DCGK sind drei verschiedene Kategorien von Regelungen mit unterschiedlicher Wirkung zu unterscheiden. Das im Kodex wiedergegebene Gesetzesrecht muss uneingeschränkt beachtet werden. Dagegen kann bei den – mit den Begriffen „sollte" oder „kann" bezeichneten – sog. *Anregungen* ohne Offenlegung abgewichen werden. Die dritte Kategorie sind die *Empfehlungen*, die mit dem Wort „soll" gekennzeichnet sind. Sie sind kein geltendes Recht, sondern nach Ansicht der Regierungskommission als Best Practice Grundsätze zu verstehen.[467] Zwar können die Unternehmen von den Empfehlungen des DCGK abweichen, sie sind dann aber verpflichtet, diese Abweichung jährlich nach § 161 AktG offen zu legen („comply or explain"). § 161 AktG, die sog. Entsprechenserklärung, wurde durch das TransPuG zur Reform des Aktien- und Bilanzrechts vom Gesetzgeber eingefügt und bildet die Grundlage für die Erklärungs- und Veröffentlichungspflichten. Der § 161 AktG gilt als Verzahnung des DCGK mit dem Aktiengesetz.[468] Dieser verpflichtet sowohl Vorstand als auch

---

462) Auch wenn der DCGK sich in erster Linie an börsennotierte Gesellschaften richtet, so wird auch nicht börsennotierten Gesellschaften die Beachtung des DCGK empfohlen.

463) Vgl. Grunewald (2005), S. 231. Der DCGK gliedert sich in sechs Bereiche: (i) Aktionäre und Hauptversammlung, (ii) Zusammenwirken von Vorstand und Aufsichtsrat, (iii) Vorstand, (iv) Aufsichtsrat, (v) Transparenz sowie (vi) Rechnungslegung und Abschlussprüfung.

464) Fast die Hälfte des DCGK ist eine konzentrierte Zusammenfassung der §§ 76 - 116 AktG. Vgl. Lutter (2006), S. 10 f.

465) Als *Soft Law* bezeichnet man grundsätzlich die Anbindung eines Rechtssubjekts an eine Norm, die von ihm mitgeschaffen oder unterstützt wurde, die aber tatsächlich keine rechtlich verbindliche Wirkung besitzt. Gegenüber Nicht-Recht kann Soft Law trotz der mangelnden Rechtsverbindlichkeit unter bestimmten Voraussetzungen Rechtswirkungen erzeugen oder weist zumindest eine gewisse Rechtsnähe auf. Zum Soft Law vgl. ausführlicher Schwarz (2005), S. 6 ff. Kritisch zur pauschalen Einordnung als Soft Law Nirk/Ziemons/Binnewies (2006), Rz. I 8.11.

466) Der DCGK kann insofern auch kein Gesetz sein, da er nicht vom Deutschen Bundestag als zuständiges Gesetzgebungsorgan beschlossen wurde (Gesetzgebungsfunktion). Vgl. Röhrich (2008), S. 21; ebf. Warncke (2005), S. 62 f. *Petow* kommt zu dem Ergebnis, dass der DCGK als „*quasi* self-regulation" klassifiziert werden kann. Vgl. Petow (2007), S. 6 f.

467) Vgl. ausführlicher zur Untersuchung und Kommentierung des DCGK nach Empfehlungen, Anregungen und Gesetzestext Theisen (2007), S. 57 ff.

468) Vgl. Röhrich (2008), S. 22. Nach § 161 AktG haben Vorstand und Aufsichtsrat einer börsennotierten Gesellschaft jährlich zu erklären, welchen Empfehlungen des DCGK entsprochen wurde und wird oder welche Empfehlungen nicht angewendet wurden oder werden. Die Erklärung ist den Aktionären dauerhaft zugänglich zu machen. Ausführlicher zur Entsprechenserklärung – als ein typisches Element des Outsider-Systems – Strunk/Kolaschnik (2003), S. 2 ff.; ebf. Warncke (2005), S. 71 ff.; ebf. Lentfer (2005), S. 253 ff.; ebf. Schwarz (2005), S. 35 ff.; ebf. Nirk/Ziemons/Binnewies (2006), Rz. I 8.15 ff.; ebf. Naumann (2007); ebf. Graf/Stiglbauer (2008), S. 270 f. Durch das BilMoG wurde der § 161 AktG angepasst: Danach ist nicht nur die Anwendung oder Nicht-Anwendung anzugeben, sondern auch der Grund, warum die Empfehlung nicht

Aufsichtsrat, die Entsprechenserklärung abzugeben. Somit wird zum Ausdruck gebracht, dass der Aufsichtsrat nicht nur für nach außen wirkende Geschäftsführungsmaßnahmen, sondern auch für die Internal Governance der Gesellschaft mitverantwortlich ist.[469]

Der Kodex ist zwar weder Gesetz noch besitzt er Gesetzescharakter, hat aber Anreiz- und Sanktionswirkung.[470] Unter Berücksichtigung des Transparenzgebots dient er der Kodifizierung von kultureller Konformität und kollektiver Verantwortung. D. h., der Kodex als nach außen gerichtete Selbstverpflichtungserklärung bzw. Selbstbindung von Vorstand und Aufsichtsrat.[471] Insofern fungiert Soft Law bzw. der DCGK als Mechanismus der Standardsetzung, der ein normativ erwünschtes Handeln vorschreibt.[472] Das dem Kodex verpflichtete Unternehmen unterliegt durch die übrigen Mitglieder oder der Gesellschaft einem sozialen Sanktionspotenzial oder kann durch höhere Kosten bei der Kapitalbeschaffung bestraft werden. Verfehlungen gegen den Kodex können somit gruppenintern und -extern insofern sanktionierend wirken, dass sie zu einem Reputationsverlust führen können (negativer Signalling-Effekt).[473] Voraussetzung der Sanktionswirkung ist aber, dass die Information über die Nichtbefolgung des Kodex oder seiner Teile transparent gemacht wird, entsprechend begründet wird und diese Informationen öffentlich zur Verfügung stehen sowie durch Dritte, wie z. B. Abschlussprüfer, Ratingagenturen, überwacht wird. Auf der anderen Seite kann das Unternehmen durch die Anwendung und inhaltlichen Umsetzung des DCGK gegenüber seinen Stakeholdern einen positiven Signalling-Effekt erzielen, was bei einem akzeptierten Corporate Governance Kodex als Zeichen einer guten Internal Governance gewertet wird. Durch eine glaubwürdige Selbstbindung des Leitungsorgans (sog. credible commitment) sowie transparenten Informationsprozessen zur Einhaltung und Beachtung des DCGK wird das Vertrauen in die Gesellschaft durch die positiven Signalling-Effekte gestärkt.[474]

2.4.4 Komponenten des Prüfungsausschusses

Der deutsche Gesetzgeber ermöglicht dem Aufsichtsrat von Aktiengesellschaften die Bildung von Ausschüssen, u. a. auch einen Prüfungsausschuss, um seine Verhandlungen und Beschlüsse vorzubereiten oder die Ausführung seiner Beschlüsse zu überwachen (§ 107 Abs. 3 Satz 1 AktG).[475] Bei der Bildung von Ausschüssen handelt es sich um eine Kann-Bestim-

angewendet wurde oder wird. Außerdem ist die Erklärung auf der Internetseite der Gesellschaft dauerhaft öffentlich zugänglich zu machen.

469) Vgl. Leyens (2006), S. 131 f.

470) Somit zieht die Nichtbefolgung Empfehlungen und Anregungen des DCGK keine unmittelbaren Haftungsrisiken für Vorstände und Aufsichtsräte nach sich. Haftungsrisiken bestehen allerdings im Zusammenhang mit der Abgabe der Entsprechenserklärung nach § 161 AktG. Vgl. Schwarz (2005), S. 59; ebf. Lentfer (2005), S. 68 f.

471) Vgl. Strunk/Kolaschnik (2003), S. 15; ebf.Gerum (2007), S. 44.

472) Vgl. Hopt (2002), S. 47 f.; ebf. Schwarz (2005), S. 76 f.; ebf. Tirole (2006), S. 35.

473) Vgl. auch Wagstaff (2007), S. 5.

474) Positiv ist in diesem Zusammenhang auch die Entsprechenserklärung nach § 161 AktG zu sehen, die den Signalling-Effekt verstärkt. Vgl. Schwarz (2005), S. 82 ff.

475) Diese Organisationsautonomie des Aufsichtsrats wird insbesondere bei großen Gesellschaften mit komplexen Geschäftsstrukturen zunehmend in Frage gestellt. Aus § 171 Abs. 1 Satz 2 AktG ergibt sich implizit auch die Bildung eines Prüfungsausschusses, da der Gesetzgeber vorschreibt, dass der Abschlussprüfer an den

mung.[476] Ob ein Ausschuss eingerichtet wird, entscheidet allein der Aufsichtsrat.[477] Nach den Empfehlungen der Regierungskommission DCGK soll der Aufsichtsrat einen Prüfungsausschuss (Audit Committee) einrichten, der sich insbesondere mit Fragen der Rechnungslegung, des Risikomanagements und der Compliance sowie der erforderlichen Unabhängigkeit des Abschlussprüfers, der Erteilung des Prüfungsauftrages an den Abschlussprüfer, der Bestimmung von Prüfungsschwerpunkten und der Honorarvereinbarung befasst.[478] Trotz des Zusatzes „Audit Committee" im DCGK dürfen diese Prüfungsausschüsse inhaltlich nicht mit den Audit Committees US-amerikanischer Prägung gleichgesetzt werden: Dies liegt in den systembedingten Unterschieden zwischen monistischem und dualistischem System, was voneinander abweichende Rechte und Pflichten des jeweiligen Gremiums bedingt. Außerdem werden in dem deutschen Kodex eine größere Anzahl von Regeln als Empfehlungen formuliert, während in den USA zwingend zu befolgende gesetzliche oder aufsichtsrechtliche Vorschriften zu beachten sind.[479]

In einem monistischen System ohne eine personelle oder institutionelle Trennung von Leitungs- und Aufsichtsstruktur hat die Gewährleistung einer unabhängigen Unternehmensüberwachung eine zentrale, substanzielle Bedeutung, sodass die Einrichtung eines Prüfungsausschusses eine Muss-Bestimmung ist. Dies ist in dem dualistischen System anders. Aber um die Effektivität und Effizienz sowie die Professionalität der Arbeit des Aufsichtsrats zu verbessern, sollte auch in dem dualistischen System die Einrichtung eines Prüfungsausschusses grundsätzlich verbindlich vorgeschrieben werden.[480] Weitere Gründe, die für die Installation eines Prüfungsausschusses sprechen, liegen in der Entscheidungsferne und Größe der Auf-

---

Verhandlungen des Aufsichtsrats oder seines Ausschusses über die Prüfung des Jahres- oder Konzernabschlusses teilzunehmen hat, und über seine wesentlichen Prüfungsergebnisse zu berichten hat. Vgl. Quick/Höller/Koprivica (2008), S. 26. Zu Organisation und Aufgaben wichtiger Aufsichtsratsausschüsse (Nominierungs-, Vergütungs-, Strategie-, Prüfungs- oder Corporate Governance-Ausschuss) vgl. Lentfer (2005), S. 355 ff.

476) Nach der Mustersatzung für kommunale Sparkassen in Hessen (mit und ohne Trägerversammlung) vom 12.12.2007 – erlassen nach § 10 Abs. 2 des Hessischen Sparkassengesetzes – hat der Verwaltungsrat als Aufsichtsorgan der Sparkasse, der die Geschäftsführung des Vorstands beaufsichtigt, insbesondere die Richtlinien der Geschäftspolitik bestimmt, auch Geschäftsanweisungen, z. B. für den Vorstand, Kreditausschuss oder für die Innenrevision (§ 32 Abs. 1 Mustersatzung) zu erlassen. Der Verwaltungsrat kann nach § 37 Abs. 1 der Mustersatzung einzelne seiner Aufgaben zur Vorbereitung der Beschlussfassung auf weitere Ausschüsse übertragen, die aus seiner Mitte gebildet werden. So obliegt z. B. dem Kreditausschuss die Zustimmung zur Gewährung von Krediten nach Maßgabe der Geschäftsanweisung für den Verwaltungsrat.

477) Im Jahr 2005 hatten alle im DAX 30 und 86 v. H. der im MDAX notierten Gesellschaften einen Prüfungsausschuss eingerichtet. Vgl. Quick/Höller/Koprivica (2008), S. 31.

478) Vgl. DCGK (2008), Ziff. 5.3.2, Satz 1. Die Empfehlung zur Ausschussbildung gilt aber nicht uneingeschränkt für alle Aufsichtsräte, sondern ist von den spezifischen Gegebenheiten der Gesellschaft und der Anzahl der Aufsichtsratsmitglieder abhängig. Vgl. hierzu Warncke (2005), S. 96. Wird der Empfehlung zur Einrichtung eines Prüfungsausschusses allerdings nicht entsprochen, bedarf es einer Erklärung in der jährlich abzugebenden Entsprechenserklärung nach § 161 Satz 1 Akt. Vgl. Quick/Höller/Koprivica (2008), S. 25.

479) Vgl. Leyens (2006), S. 340 ff.; ebf. Röhrich (2006), S. 150, für Funktionsunterschiede zwischen diesen beiden Gremien. In dieser Arbeit wird der Begriff „Audit Committee" für das monistische System und der Begriff „Prüfungsausschuss" für das dualistische System verwendet.

480) Der Prüfungsausschuss kann des Weiteren auch mit dem erweiterten Aufgabenkatalog eines Audit Committee betraut werden, was vor allem die Überwachungsaufgaben hinsichtlich internen Kontrollsystem sowie Prüfungsplanung und Funktionsfähigkeit der Internen Revision beinhaltet. Vgl. Leyens (2006), S. 340 f.

sichtsräte, dem immer wieder auftretenden Fehlverhalten der Geschäftsleitung, in dem Versagen des Aufsichtsorgans hinsichtlich seiner Überwachungsfunktion und in mangelhaften Abschlussprüfungen, mit der Folge von zahlreichen Unternehmenskrisen und Bilanzskandalen.[481] Als Argumente für diesen Schritt sind die speziellen Fähigkeiten und Kenntnisse der Prüfungsausschussmitglieder zu nennen, die insbesondere bei komplexen Geschäftsmodellen die Effektivität der Kontrollfunktion steigern, sowie zu einer Entlastung des Aufsichtsrats durch die arbeitsteilige Aufgabenwahrnehmung führen.[482] Insofern kann man auch von einer Optimierung der Informationsverarbeitung bzw. einer Stärkung der Überwachungstätigkeit im Aufsichtsrat mittels eines spezialisierten (Prüfungs-) Ausschusses sprechen.[483] Allerdings stehen diese Vorteile in einem Spannungsverhältnis zum aktienrechtlichen Kollegialprinzip, woraus die Gleichheit aller Aufsichtsratsmitglieder abgeleitet wird. Und aus der alleinigen Existenz eines Prüfungsausschusses folgt nicht automatisch eine substanzielle Verbesserung der Überwachungsqualität des Aufsichtsorgans. Jedoch sprechen unter der Voraussetzung, dass das Aufsichtsorgan seinen Prüfungsausschuss für eine effektive und effiziente Überwachung optimal aufstellt und vor dem Hintergrund der Selbstorganisationspflicht, im Ergebnis die Vorteile effizienzsteigernder Arbeitsteilung und eines verbesserten Kontrollpotenzials bei immer komplexeren Überwachungsfunktionen gegen eine zu enge Auslegung des Kollegialprinzips und für eine aufgabenspezifische Ausschussbildung.[484]

Die Grenzen für den Prüfungsausschuss leiten sich aus dem vom Aufsichtsrat delegierten Aufgabenumfang ab, denn der Prüfungsausschuss kann nicht mehr Rechte haben als der Aufsichtsrat selbst.[485] Der Aufsichtsrat kann nicht die Überwachung der Rechnungslegung und der Jahresabschlüsse umfassend auf einen Ausschuss übertragen, aber er kann die eigene Prüfung des Jahresabschlusses und die zu fassenden Beschlüsse vom Prüfungsausschuss vorbereiten lassen.[486] Weitere Einschränkungen bei beschließenden Ausschüssen ergeben sich aus dem gesetzlichen Katalog von Plenarvorbehalten in § 107 Abs. 3 Satz 2 AktG, die den Entscheidungen des Aufsichtsrats vorbehalten sind.[487] Die nächste Grenze für den Prüfungsausschuss ergibt sich aus der dualistischen Unternehmensverfassung selbst: Weil der Aufsichtsrat nicht die Geschäfte führt, sondern die Geschäftsführung zu überwachen und zu beraten hat, können originäre Maßnahmen der Geschäftsführung konsequenterweise auch nicht auf den

481) Vgl. Quick/Höller/Koprivica (2008), S. 25; ebf. Lentfer (2005), S. 346.

482) Vgl. AKEIÜ - 8. EU-Richtlinie (2007), S. 2129. Zu den beizubehaltenden Mitgliedschaftswahlrechten zählt der Arbeitskreis auch nicht börsennotierte Kreditinstitute, die nur Schuldtitel mit einem Gesamtnominalwert von unter 100 Mio. EUR ausgegeben haben und die keinen Prospekt gem. der Richtlinie 2003/71/EG veröffentlicht haben.

483) Vgl. Leyens (2006), S. 43 ff.; ebf. Freidank/Velte (2008), S. 726. Neben der Verbesserung der internen Überwachung sollen sie auch zur Stärkung des Vertrauens der Kapitalmärkte in die Richtigkeit der veröffentlichten Jahresabschlüsse von börsennotierten Unternehmen beitragen. Vgl. Warncke (2005), S. 37.

484) Vgl. Leyens (2006), S. 237 f.; ebf. Lentfer (2005), S. 347.

485) Vgl. Warncke (2005), S. 237.

486) Nach h. L. kann der Aufsichtsrat seine Überwachungsaufgabe nicht als solche delegieren. Vgl. zu der Aufgabendelegation (überwachende und beratende sowie vorbereitende Ausschüsse) Leyens (2006), S. 265 ff.

487) Vgl. Leyens (2006), S. 264. Zur Abgrenzung zwischen beschließenden und beratenden Ausschüssen vgl. Lutter (2006), S. 135 ff.

Prüfungsausschuss übertragen werden. D. h., dem Prüfungsausschuss kann z. B. nicht die operative Führung der Internen Revision übertragen werden.

In der Praxis liegen die Aufgaben des Prüfungsausschusses bei allen im DAX notierten Gesellschaften in der Vorprüfung des Jahres- und Konzernabschlusses und in der Zusammenarbeit mit dem Abschlussprüfer (MDAX: 71 v. H.). Bei der Beratungstätigkeit befassen sich mit dem Risikomanagement 93 v. H. (MDAX: 86 v. H.) sowie mit dem Internen Kontrollsystem und der Internen Revision jeweils 71 v. H. der Prüfungsausschüsse (MDAX: 57 v. H.). Vor dem Hintergrund des dualistischen Corporate Governance-Systems deutet der relativ häufige Anteil von der Internen Revision als Gegenstand von Beratungen im Prüfungsausschuss auf eine partielle Aufhebung der stringenten Trennung zwischen Leitungsaufgabe des Vorstands und Überwachungsfunktion des Aufsichtsrats hin.[488]

Dem Aufsichtsrat ist nach § 107 Abs. 3 Satz 3 AktG regelmäßig über die Arbeit des Prüfungsausschusses zu berichten. Dies erfolgt durch den Vorsitzenden des Prüfungsausschusses.[489] Der Berichtsumfang an das Aufsichtsratsplenum hängt davon ab, ob der Ausschuss beratend oder beschließend für den Aufsichtsrat tätig war.[490]

Qualifikation

Für die Qualifikation der Mitglieder des Aufsichtsrats und seiner Ausschüsse gibt es zwar keine gesetzlichen Regelungen, allerdings hat die Rechtsprechung generelle Mindestanforderungen formuliert, nach denen jedes Aufsichtsratsmitglied in der Lage sein muss, an den dem Aufsichtsrat gesetzlich zugewiesenen Maßnahmen und Entscheidungen zwingend mitzuwirken.[491] Diese Mindestkenntnisse müssen die Mitglieder des Aufsichtsrats und seiner Ausschüsse bereits bei Amtsantritt besitzen. Auch der DCGK empfiehlt bei den Vorschlägen zur Wahl von Aufsichtsratsmitgliedern darauf zu achten, dass dem Aufsichtsrat jederzeit Mitglieder angehören, „*die über die zur ordnungsgemäßen Wahrnehmung der Aufgaben erforderlichen Kenntnisse, Fähigkeiten und fachlichen Erfahrungen verfügen*“ (Ziff. 5.4.1 DCGK). Notwendige Fachkenntnisse zur Beurteilung komplexer Sachverhalte oder Geschäfte muss sich das Aufsichtsratsmitglied aneignen, wenn dies erforderlich ist.[492] An die Prüfungsausschussmitglieder, die nach § 107 Abs. 3 Satz 1 AktG nur aus Mitgliedern des Aufsichtsrats bestehen, werden dagegen weitreichende Anforderungen gestellt, denn für die Wahl in einen

---

488) Vgl. Warncke (2005), S. 245 f.

489) Für eine wirksame Überwachung ist es aufgrund der engen Kooperation mit dem Vorsitzenden der Geschäftsführung angemessen, dass Aufsichtsratsvorsitzender und Prüfungsausschussvorsitzender nicht identisch sind. Vgl. Lentfer (2005), S. 369 f.

490) Vgl. Warncke (2005), S. 191 f.

491) Nach dem BGH setzt das Gebot der persönlichen und eigenverantwortlichen Amtsausübung voraus, „*daß ein Aufsichtsratsmitglied diejenigen Mindestkenntnisse und -fähigkeiten besitzen oder sich aneignen muß, die es braucht, um alle normalerweise anfallenden Geschäftsvorgänge auch ohne fremde Hilfe verstehen und sachgerecht beurteilen zu können*“ (Hertie-Urteil vom 15.11.1982). Vgl. Warncke (2005), S. 113 f. Ausführlich zur Qualifikation und Unabhängigkeit von Aufsichtsratsmitgliedern und seiner Ausschüsse vgl. Leyens (2006), S. 292 ff.; zu den weitaus konkreteren Qualifikationsanforderungen an die Mitglieder des Audit Committees nach dem Sarbanes-Oxley Act vgl. Quick/Höller/Koprivica (2008), S. 28.

492) Zu den Anforderungen des BilMoG hinsichtlich der fachlichen Qualifikation von Aufsichtsrats- bzw. Prüfungsausschussmitgliedern vgl. Hucke (2008), S. 124 f.

Prüfungsausschuss bilden die fachliche Qualifikation zusammen mit der zeitlichen Verfügbarkeit das entscheidende Kriterium, auch wenn die Mitgliedschaft in einem deutschen Prüfungsausschuss aktienrechtlich als Nebenamt ausgelegt ist.[493] Dies ergibt sich auch aus dem DCGK, der von fachlich qualifizierten Ausschüssen spricht (DCGK Ziff. 5.3.1). So sollten z. B. vertiefte Kenntnisse der vom Unternehmen angewandten Rechnungslegungsstandards zu den Mindestkenntnissen eines Prüfungsausschussmitgliedes gehören. Vor diesem Hintergrund empfiehlt sich die Erstellung von Anforderungsprofilen sowohl für Mitglieder des Aufsichtsrats als auch des Prüfungsausschusses.[494] Aber nicht nur die fachliche Qualifikation und Unabhängigkeit der Ausschussmitglieder sind als Anforderungen für eine wirksame Aufgabenerfüllung zu betrachten, sondern auch die charakterliche Eignung ist von enormer Relevanz, wie absolute Verschwiegenheit, Konfliktbereitschaft und das Gefühl für eine ausgewogene Balance zwischen vertrauensvoller Zusammenarbeit mit der Geschäftsleitung auf der einen Seite und einer professionellen Distanz für eine objektive und unabhängige Überwachungstätigkeit auf der anderen Seite.[495] Die Fähigkeit und Bereitschaft, mit dem Vorstand divergierende Meinungen zu diskutieren („*independence in mind*"), setzt aus der Sicht des Verfassers neben den charakterlichen Eigenschaften aber notwendigerweise die relevanten Informationen voraus, was ohne einen *vorstandsunabhängigen* Informationstransfer nur suboptimal erfolgen kann.

Geschäftsordnung

Zur inneren Ordnung des Prüfungsausschusses gehört auch die Geschäftsordnung.[496] Hierfür existieren drei Regelungsebenen: Die Aktionäre in der Hauptversammlung, der Aufsichtsrat und der Prüfungsausschuss selbst, soweit Gesetz, Satzung und Aufsichtsrat für Letzteren einen Regelungsfreiraum ermöglichen.[497] Werden von der Hauptversammlung oder dem Aufsichtsrat Normen erlassen, muss der Prüfungsausschuss diese beachten und kann sie auch nicht ändern. Generell gilt, dass der Aufsichtsrat die Kompetenzen des Prüfungsausschusses, insbesondere die Beschlusskompetenz, in seiner Geschäftsordnung oder in einem Einsetzungsbeschluss festlegen muss.[498] Da ein Prüfungsausschuss nach dem Aktiengesetz keine eigenständigen Rechte hat, sondern den Aufsichtsrat bei seiner Arbeit unterstützen soll, wird die Zuständigkeit des Aufsichtsrats nicht endgültig aufgehoben und er kann die delegierten Rechte jederzeit durch Revokationsbeschluss wieder an sich übertragen (Delegationsautono-

---

493) Vgl. hierzu Warncke (2005), S. 114.

494) Vgl. auch AKEIÜ (2006b), S. 1628.

495) Vgl. Warncke (2005), S. 122 f.; ebf. Lentfer (2005), S. 323 ff.; ebf. Leyens (2006), S. 45 f.; ebf. von Werder/Wieczorek (2007), Thesen 2.9 ff. Nach dem DCGK ist ein Aufsichtsratsmitglied als unabhängig anzusehen, wenn es in keiner geschäftlichen oder persönlichen Beziehung zu der Gesellschaft oder deren Vorstand steht, die einen Interessenkonflikt begründet. Vgl. DCGK (2008), Ziff. 5.4.2, Satz 2.

496) Der DCGK empfiehlt zwar eine Geschäftsordnung für den Aufsichtsrat (Ziff. 5.1.3), aber keine eigene für den Prüfungsausschuss. Der DCGK ist aber so auszulegen, dass die Festlegung der Aufgaben und Kompetenzen der Aufsichtsratsausschüsse in einer eigenen Geschäftsordnungen erfolgen kann. Vgl. Quick/Höller/Koprivica (2008), S. 29.

497) Vgl. hierzu ausführlicher Warncke (2005), S. 139 ff.

498) Ohne die Delegation der Beschlusskompetenz kann der Prüfungsausschuss nur vorbereitend tätig werden. Vgl. Warncke (2005), S. 237 f.

mie).[499] Werden von der Hauptversammlung oder dem Aufsichtsrat keine Normen erlassen, so sollte der Prüfungsausschuss für seine effiziente Arbeit selbst eine Geschäftsordnung (Informationsordnung) erlassen. Inhalt einer solchen Ordnung sind eine exakte Aufgabenbeschreibung, Verantwortlichkeiten, Rechte und Pflichten seiner Mitglieder, Sitzungsfrequenz und Verfahrensabläufe.[500] Von einer hohen Tragweite sind die ebenfalls niederzulegenden Informationsrechte des Prüfungsausschusses, insbesondere für eine vertrauensvolle Zusammenarbeit und zur Vermeidung von Loyalitätskonflikten zwischen Vorstand, Prüfungsausschuss und Interner Revision.[501] Diese können sich auf Auskunftsrechte gegenüber dem externen Jahresabschlussprüfer und gegenüber dem Vorstand sowie Mitarbeitern der Gesellschaft, wie z. B. dem Leiter der Internen Revision, erstrecken und die hierzu notwendigen Verfahrensbeschreibungen beinhalten. Außerdem sind die Berichtspflichten des Vorstands festzulegen und – soweit beabsichtigt – auch ein Passus aufzunehmen, dass der Prüfungsausschuss und auf dessen Beschluss, auch ein einzelnes Mitglied, das Recht nach § 111 Abs. 2 Satz 1 AktG hat, die Geschäftsunterlagen einzusehen, deren Vorlage zu verlangen oder diese zu prüfen.[502] Dieser *interorganschaftliche* Informationsfluss zwischen Prüfungsausschuss und Vorstand bildet eine grundlegende Voraussetzung für die erfolgreiche Aufgabenerfüllung des Ausschusses und sollte in ein dauerhaftes Einsichts- und Prüfungsrecht für den Prüfungsausschuss münden.[503] Aber auch der *intraorganschaftliche* Informationstransfer zwischen Aufsichtsrat und seinen Ausschüssen sollte in der Geschäftsordnung dokumentiert werden.

Sitzungsteilnehmer

Nach § 109 Abs. 1 AktG sollen Personen, die weder dem Aufsichtsrat noch dem Vorstand angehören, an den Sitzungen des Aufsichtsrats und seiner Ausschüsse nicht teilnehmen. Damit der Prüfungsausschuss vertraulich über die zu Überwachenden diskutieren kann, haben Vorstandsmitglieder kein Teilnahmerecht, sind aber zur Teilnahme verpflichtet, wenn der Prüfungsausschuss sie einlädt.[504] Auch der Deutsche Corporate Governance-Kodex sieht Sitzungen oder Sitzungsteile bei Bedarf ohne den Vorstand vor.[505] Die Abhaltung von Sitzungs-

---

499) Vgl. Warncke (2005), S. 238 f.

500) Die tatsächliche Sitzungshäufigkeit der Prüfungsausschüsse börsennotierter Unternehmen betrug im Jahr 2003 im Durchschnitt bei im DAX notierten Unternehmen 3,9 (Min.: 2, Max.: 6) und bei im MDAX notierten Gesellschaften 2,2 Sitzungen (Min.: 1, Max.: 4). Vgl. Warncke (2005), S. 153 f.

501) Vgl. Geiß et al. (2007), S. 240. *Leyens* empfiehlt die Empfangszuständigkeit des Prüfungsausschusses für einzelne Berichte in der Informationsordnung zu regeln. Parallel besteht die Pflicht, dass der Vorsitzende des Aufsichtsrats weiterhin Empfänger der Vorstandsberichte bleiben muss, da er als Repräsentant des Aufsichtsrats auch über den Informationsanspruch des Plenum zu wachen hat. Vgl. Leyens (2006), S. 147.

502) Vgl. Warncke (2005), S. 143. Siehe hierzu ausführlicher unten, Kapitel D.3.5, S. 288 ff.

503) Vgl. Leyens (2006), S. 271.

504) Vgl. Warncke (2005), S. 158.

505) Laut DCGK Ziff. 3.6 Satz 2 sollte der Aufsichtsrat bei Bedarf *ohne* den Vorstand tagen. Der Kodex trägt den Erfordernissen Rechnung, dass der Vorstand von einer Aufsichtsratssitzung auszuschließen ist, wenn z. B. über seine Person und Stellung in der Unternehmung sowie über die Funktion und Aufgaben des Gesamtvorstands oder bei der Beschlussfassung des Aufsichtsrats über den Vorschlag an die Hauptversammlung zur Wahl des Abschlussprüfers verhandelt wird, berücksichtigt aber die gängige Praxis, dass der Vorstand an den Sitzungen des Aufsichtsrats grundsätzlich teilnimmt. Dieses Vorgehen entspricht streng genommen nicht dem Trennungsprinzip des dualistischen System. Bei einer stringenten Befolgung dieser DCGK-Anregung würde faktisch das monistische System Anwendung finden. Vgl. Theisen (2007), S. 69 f.

teilen ohne Vorstand kann nach *Warncke* als ein Zeichen für die Reife der Diskussionskultur zwischen den Unternehmensorganen gewertet werden. In der Praxis zeigt sich für 2004 folgendes Bild: Bei im DAX notierten Unternehmen nimmt der Finanzvorstand an allen (MDAX: 93 v. H.) und der Vorstandsvorsitzende bzw. -sprecher an 86 v. H. (MDAX: 64 v. H.) der Prüfungsausschusssitzungen teil.[506] Allerdings sind in der deutschen Praxis die in den Börsenzulassungsstandards der NYSE und NASDAQ geforderten getrennten Sitzungsteile („executive session") – jeweils mit Vorstand, Abschlussprüfer und Leiter der Internen Revision – für eine vertrauliche Kommunikation des Prüfungsausschusses und zur Stärkung der Unabhängigkeit der Funktionsträger im dualistischen Überwachungssystem nicht üblich.[507]

Sachverständige und Auskunftspersonen, wie z. B. Mitarbeiter der Gesellschaft, können zur Beratung über einzelne Gegenstände zu den Sitzungen des Prüfungsausschusses hinzugezogen werden. So kann der Prüfungsausschuss für seine adäquate Aufgabenerfüllung den Leiter der Internen Revision laden, um über die vom Vorstand erhaltenen Informationen hinaus weitere, detailliertere Informationen zu gewinnen. In der Praxis der deutschen Prüfungsausschüsse nimmt der Leiter der Internen Revision bei 57 v. H. der DAX- und bei rund der Hälfte der MDAX-Unternehmen mindestens einmal jährlich an den Sitzungen des Prüfungsausschusses teil.[508]

Aufgaben

Aktienrechtlich hat der Vorstand nach § 91 Abs. 2 AktG geeignete Maßnahmen zu treffen, insbesondere ein Überwachungssystem einzurichten. Dies beinhaltet auch die Verpflichtung, für ein angemessenes Risikomanagementsystem und eine angemessene Interne Revision zu sorgen. Im dualistischen System ist die Interne Revision also ein Instrument des Vorstands. Allerdings durchbricht der DCGK die dualistische Architektur bei der Aufgabenzuweisung des Risikomanagements in den Prüfungsausschuss (DCGK Ziff. 5.3.2, Satz 1), da dies nach § 91 Abs. 2 AktG in dem alleinigen Kompetenzbereich des Vorstands liegt.[509] Das von der Geschäftsleitung implementierte Interne Kontrollsystem obliegt hinsichtlich Angemessenheit, Funktionsfähigkeit und Wirksamkeit ebenfalls der Überwachung des Prüfungsausschusses. Die Grundlage hierfür bilden die Berichte des Vorstands, des Abschlussprüfers und der Internen Revision. Der Prüfungsausschuss sollte auch die Einschätzung der Internen Revision hinsichtlich der Wirksamkeit des Internen Kontrollsystems und des Risikomanagements zur Kenntnis nehmen.[510] Denn durch ihre eigenen Bewertungen des Internen Kontrollsystems und des Risikomanagements hat die Interne Revision einen umfassenden Überblick über die Qualität, Wirksamkeit und Angemessenheit beider Systeme. Die Interne Revision kann somit eine

---

506) Vgl. Warncke (2005), S. 159 f.

507) Während in Deutschland im Jahre 2003 sieben Prozent der Aufsichtsräte regelmäßig ohne Mitglieder des Vorstands tagten, belief sich der Anteil der Executive Session in den USA auf 87 Prozent. Vgl. Warncke (2005), S. 152 f.

508) Weitere regelmäßige Sitzungsteilnehmer sind jeweils die Leiter des Risikomanagements, des Rechnungswesen und des Controllings. Vgl. Peemöller/Warncke (2005), S. 403 f.

509) Vgl. Warncke (2005), S. 248.

510) Vgl. Warncke (2005), S. 297.

wesentliche Stütze und Informationsquelle für den Prüfungsausschuss sein, damit dieser seine Aufgaben effektiv wahrnehmen kann.[511] Hierzu sollte der Leiter der Internen Revision seinen schriftlichen Bericht in den Sitzungen des Prüfungsausschusses vorstellen und für weitere Fragen der Ausschussmitglieder als Auskunftsperson zur Verfügung stehen. In der Praxis zeigen sich Entwicklungen hinsichtlich einer Informationsversorgung des Aufsichtsrats bzw. Prüfungsausschusses durch den Leiter der Internen Revision, in der Regel aber in Gegenwart des Vorstands. Die weiteren Maßnahmen gehen aber nicht soweit, dass sie eine funktionale und/oder disziplinarische Unterstellung der Internen Revision beim Prüfungsausschuss vorsehen, da dies im engeren Sinne dem deutschen Corporate Governance-Modell widersprechen würde.[512]

Der Prüfungsausschuss hat im Rahmen der Überwachung des Internen Kontrollsystems auch die Angemessenheit der Internen Revision zu beurteilen. Somit kann auch heute bereits dem Prüfungsausschuss vom Aufsichtsrat das Recht zugewiesen werden, die Tätigkeit der Internen Revision zu überwachen. Der Prüfungsausschuss kann sich vom Vorstand oder dem Leiter der Internen Revision regelmäßig, z. B. über die Prüfungsplanung, und die wesentlichen Feststellungen sowie die Behebung dieser Prüfungsfeststellungen (Follow-up), berichten lassen.[513] Diese Berichterstattung sollte aus der Sicht des Verfassers jedoch nicht vom Vorstand, sondern direkt vom Leiter der Internen Revision erfolgen. Letzteres ermöglicht direkte Nachfragen und auch die Chance, dass der Prüfungsausschuss sich einen persönlichen Eindruck vom Leiter der Internen Revision bezüglich Kompetenz und seinem Revisionsverständnis machen kann. Wenn dem Prüfungsausschuss die Überwachung der Einrichtung und Funktionsfähigkeit der Internen Revision übertragen wird, dann ist festzulegen, ob er diese Überwachung insgesamt oder nur für die rechnungslegungsrelevanten Prüfungstätigkeiten der Internen Revision ausübt.[514] Da sich die Tätigkeit des Prüfungsausschusses nicht nur auf rechnungslegungsrelevante Sachverhalte beschränkt, sollte bzw. muss nach dem anstehenden Bilanzmodernisierungsgesetz (BilMoG) auch die Arbeit der Internen Revision insgesamt überwacht werden. Dies führt dann insgesamt zu einer Intensivierung der Beziehung zwischen Aufsichtsorgan oder seinem Prüfungsausschuss und Interner Revision.[515]

Darüber hinaus kann dem Prüfungsausschuss auch im deutschen Corporate Governance-System eine Mitentscheidung über wesentliche Fragen der Internen Revision eingeräumt werden. Vom Aufsichtsrat kann ein personeller oder sachlicher Zustimmungsvorbehalt zur Stärkung der Unabhängigkeit der Internen Revision und zur Unterstützung des Informationsaustausches beschlossen werden und die Genehmigungskompetenz hierfür dem Prüfungsausschuss eingeräumt werden. Dies ist dann die stärkste de lege lata mögliche Einflussnahme des

---

511) Vgl. Geiß et al. (2007), S. 240.
512) Vgl. Warncke (2005), S. 305 f. Diese Auffassung wird in der Literatur aber kontrovers diskutiert.
513) Der Prüfungsausschuss behandelt z. B. bei 64 v. H. der DAX-Unternehmen das Prüfungsprogramm der Internen Revision (MDAX: 50 v. H.). Vgl. hierzu Peemöller/Warncke (2005), S. 402 f.
514) Vgl. PwC (2007), S. 34.
515) Vgl. auch Hucke (2008), S. 127.

Prüfungsausschusses auf die Interne Revision.[516] Der Zustimmungsvorbehalt kann sich auf die Einstellung und Entlassung des Leiters der Internen Revision, die aufbauorganisatorische Eingliederung der Internen Revision, die zur Verfügung gestellten finanziellen Budgets oder die Prüfungsplanung beziehen.[517] Als Ergänzung der Ziffer 3.3 des DCGK, nachdem bereits für Geschäfte von grundlegender Bedeutung Zustimmungsvorbehalte zugunsten des Aufsichtsrats festgelegt werden, empfiehlt *Leyens* für das Zusammenwirken von Vorstand und Aufsichtsrat die weitere Aufnahme des folgenden Textes in den DCGK:[518]

> *„Der Aufsichtsrat soll Zustimmungsvorbehalte für die Unternehmensplanung, die Bilanzierungspolitik, die Prüfungsplanung und organisatorische Eingliederung der Internen Revision sowie zur Ernennung ihres Leiters erlassen."*

Der Aufsichtsrat oder sein Prüfungsausschuss ist für die Koordination der Überwachungsträger eine tragende Säule. Zum einen vertritt er die Gesellschaft gegenüber dem Abschlussprüfer und vereinbart mit ihm die Prüfungsschwerpunkte, um zu verhindern, dass von der Internen und Externen Revision eine partielle Mehrfachkontrolle erfolgt oder Prüfungsfelder gar nicht oder nur ungenügend geprüft werden.[519] Zum anderen überwacht er auch die Tätigkeiten der Geschäftsführung im Rahmen ihrer Unternehmenskontrolle einschließlich des Internen Kontrollsystems.[520] Dies eröffnet dem Prüfungsausschuss einerseits einen weitreichenden Überblick über die Qualität des internen Überwachungssystems und andererseits sollte er aufgrund der Komplexität der Geschäftsaktivitäten einen direkten Informationsaustausch zwischen Abschlussprüfer und Interner Revision fördern.

Aus der Sicht des Verfassers verlangt die Koordination der Überwachungsträger insbesondere im Bankensektor aufgrund der Komplexität der Geschäfte, der anspruchsvollen Risikomanagementsysteme und der geringen Sitzungsfrequenz des Prüfungsausschusses eine intensivere, auch *vorstandsunabhängige* Zusammenarbeit zwischen Prüfungsausschuss und dem Leiter der Internen Revision sowie dem Abschlussprüfer, damit die vom Prüfungsausschuss zugewiesenen Funktionen sachgerecht und wirkungsvoll praktiziert werden können. Dies fördert neben dem Austausch von expliziten und impliziten Informationen, die verbesserte Einschätzung der Güte des Internen Kontrollsystems und des Risikomanagementsystems aufgrund neutraler Informationen sowie die Unabhängigkeit der Internen Revision und auch des Ausschusses selbst.

---

516) Vgl. Peemöller/Warncke (2005), S. 402 f.; ebf. Warncke (2008), S. 636.

517) Von *Lentfer* wird aufgrund der Berührungspunkte zwischen Interner Revision und Aufsichtsrat die Beauftragung des Prüfungsausschusses mit der Empfehlung über die Person des Leiters der Internen Revision als *„angemessen und sogar wünschenswert"* eingestuft. Vgl. Lentfer (2005), S. 366.

518) Vgl. Leyens (2006), S. 435.

519) Vgl. Leyens (2006), S. 345 f.

520) Vgl. Warncke (2005), S. 307 f., der trotz Koordination der Überwachungsträger durch den Prüfungsausschuss darauf hinweist, dass die gesetzliche Trennung zwischen Vorstand und Überwachung grundsätzlich zu beachten und einzuhalten ist.

Entwicklungen in der Europäischen Union

Eine gesetzliche Verankerung zur Einrichtung eines Prüfungsausschusses ergibt sich künftig aus dem BilMoG bzw. der Umsetzung der 8. EU-Richtlinie der Europäischen Kommission.[521] Nach Artikel 41 dieser Richtlinie hat jedes Unternehmen von öffentlichem Interesse einen Prüfungsausschuss einzurichten. Dessen Aufgaben bestehen u. a. in der Überwachung der Wirksamkeit des Internen Kontrollsystems, gegebenenfalls des Internen Revisionssystems, und des Risikomanagementsystems sowie in der Überwachung der Abschlussprüfung des Jahres- und des konsolidierten Abschlusses.[522] Darüber hinaus ist die Unabhängigkeit des Abschlussprüfers, insbesondere die von diesen für das geprüfte Unternehmen erbrachten zusätzlichen Leistungen, zu überprüfen und zu überwachen. Der Prüfungsausschuss unterstützt den Aufsichtsrat somit bei der Gewährleistung der Effizienz der internen Überwachung und wird sich künftig intensiver mit der Arbeitsweise und den Prüfungsergebnissen der Internen Revision auseinander setzen.[523] Damit der Ausschuss seine Aufgaben wahrnehmen kann, hat die Gesellschaft dafür Sorge zu tragen, dass der Prüfungsausschuss sowohl mit ausreichenden Mitteln ausgestattet ist als auch das Recht eingeräumt bekommt, alle notwendigen Informationen, insbesondere von Führungskräften, einzuholen oder sich von unabhängigen Sachverständigen beraten zu lassen.[524] Von gleicher Tragweite für die Wirksamkeit des Prüfungsausschusses ist der ausreichende Sachverstand in den Bereichen Abschlussprüfung, Risikomanagement und Internes Kontrollsystem sowie die Unabhängigkeit seiner Mitglieder.[525]

Darüber hinaus sollte nach einer *EU-Empfehlung zur Verbesserung der Corporate Governance* der Prüfungsausschuss die Effizienz der Internen Revision gewährleisten. Dies soll durch Empfehlungen des Prüfungsausschusses zur Auswahl, Bestellung, Wiederbestellung und Entlassung des Leiters der Internen Revision sowie zu den Budgets der Internen Revision unterstützt werden. Ebenfalls sind die in der Verantwortung der Geschäftsleitung liegende Behebung von Prüfungsfeststellungen und die hierzu implementierten Systeme (Follow-up) zu

---

521) In diesem Zusammenhang ist auf den Regierungsentwurf vom 21. Mai 2008 zum Bilanzrechtsmodernisierungsgesetz (BilMoG) hinzuweisen, der grundsätzlich alle kapitalmarktorientierten Kapitalgesellschaften zur Einrichtung eines Prüfungsausschusses verpflichtet (§ 324 Abs. 1 HGB-E). Danach hat der Prüfungsausschuss sich u. a. mit der Wirksamkeit des Internen Kontrollsystems, des internen Risikomanagementsystems und des Internen Revisionssystems sowie der Abschlussprüfung, insbesondere der Unabhängigkeit des Abschlussprüfers und der vom Abschlussprüfer zusätzlich erbrachten Leistungen zu befassen (§ 107 Abs. 3 Satz 2 AktG-E). Somit sind künftig die Überwachungsaufgaben nicht nur auf die Finanzberichterstattung begrenzt. Vgl. Hucke (2008), S. 123 ff. Zur Diskussion des Entwurfs des BilMoG vgl. auch Zülch/Oser/Hoffmann (2008), S. 138 ff.; ebf. Müller (2008), S. 36 ff. Darüber hinaus verpflichtet der Sarbanes-Oxley Act deutsche börsennotierte Gesellschaften mit einer Zweitnotierung an einer US-Wertpapierbörse seit 2005 zur Einrichtung eines Audit Committees. Vgl. Quick/Höller/Koprivica (2008), S. 25.

522) Kleine und mittlere Unternehmen können von den Mitgliedsstaaten im Rahmen der Umsetzung von dieser Verpflichtung aber ausgenommen werden, wenn die Aufgaben des Prüfungsausschusses von dem Aufsichtsrat als Ganzes wahrgenommen werden. Vgl. PwC (2007), S. 7.

523) Vgl. AKEIÜ - 8. EU-Richtlinie (2007), S. 2131; ebf. Geiß et al. (2007), S. 238.

524) Vgl. Kommission (2005), S. 58.

525) Als über die 8. EU-Richtlinie hinausgehende Empfehlung wird gefordert, dass mindestens die Hälfte der Prüfungsausschussmitglieder über den erforderlichen Sachverstand verfügen muss. Vgl. hierzu und zu der Definition von Unabhängigkeit AKEIÜ - 8. EU-Richtlinie (2007), S. 2130 f.; ebf. Quick/Höller/Koprivica (2008), S. 28 f.

überwachen.[526] Des Weiteren sollte der Prüfungsausschuss entscheiden, ob und wann der Vorstandsvorsitzende, ein Vorstandsmitglied oder der Leiter der Internen Revision an seinen Sitzungen teilnimmt. Nach der EU-Empfehlung können die Sitzungen mit dem Leiter der Internen Revision auch in Abwesenheit der Geschäftsleitung erfolgen. Die Interne Revision sollte nicht nur über eine effiziente Arbeitsbeziehung zur Geschäftsleitung verfügen, sondern der Leiter der Internen Revision sollte auch einen ungehinderten Zugang zum Aufsichtsrat oder seinen Prüfungsausschuss haben, da Letzterer der *„wichtigste Ansprechpartner"* für die Interne Revision ist.[527] Außerdem sollte der Prüfungsausschuss über den Prüfungsplan der Internen Revision unterrichtet werden und entweder die einzelnen Prüfungsberichte oder eine regelmäßige Zusammenfassung erhalten. Insgesamt erfordert dies vom Prüfungsausschuss somit ein Auseinandersetzen mit der gesamten Arbeit der Internen Revision. Nach der EU-Empfehlung setzt die Überwachung der Wirksamkeit der Internen Revision somit einen Einblick in die Dokumentation der Tätigkeit der Internen Revision voraus.[528] Der Prüfungsausschuss kann sich von der Wirksamkeit der Internen Revision auch durch interne oder externe Qualitätsbeurteilungen („Quality Assessment") bzw. durch die Beurteilung der Internen Revision im Rahmen der externen Jahresabschlussprüfung überzeugen.[529]

Entwicklungen in der Schweiz

Das folgende Beispiel zeigt einen Ausschnitt aus der Geschäftsordnung des Audit Committees der schweizerischen Credit Suisse Group AG bezüglich der Aufgaben des Audit Committees für die Interne Revision:[530]

- Prüfung der Ernennung oder Entlassung des Leiters der Internen Revision und die Unterbreitung von Wahlvorschlägen für den Verwaltungsrat.
- In Zusammenarbeit mit dem Leiter der Internen Revision wird die allgemeine Risikoeinschätzung überprüft und die jährlichen Revisionsziele werden genehmigt. Des Weiteren werden die wesentlichen Veränderungen des Revisionsplans, der jährliche Gesamtbericht, wesentliche Revisionsfeststellungen und Prüfungsberichte sowie die Personalausstattung und das Budget der Internen Revision überprüft.
- Mindestens jährlich wird die Wirksamkeit und Leistung der Internen Revision überprüft.
- Überprüfung von Anpassungen der Revisionsbestimmungen (Geschäftsanweisung, Revisionshandbuch) und dem Verwaltungsorgan zur Genehmigung vorbereiten.

Zwischenergebnis

Nach (noch) herrschender juristischer Meinung ist nur der Vorstand der einzig legitime *unmittelbare* Informant des Überwachungsorgans („erste Säule der Überwachungsinformation des Aufsichtsrats"). Der Vorstand hat dem Aufsichtsrat im Wesentlichen die erforderlichen

---

526) Vgl. Kommission (2005), S. 61.
527) Vgl. Kommission (2005), S. 62.
528) Vgl. AKEIÜ - 8. EU-Richtlinie (2007), S. 2132.
529) Vgl. Geiß et al. (2007), S. 239.
530) Vgl. Credit Suisse - Audit Committee Charter (2006), S. 8.

bzw. nachgefragten Informationen zu vermitteln (Informationsmittler).[531] Eine funktionierende Binnenkommunikation zwischen diesen beiden Unternehmensorganen stellt eine der wichtigsten Voraussetzungen für eine effiziente Überwachung und somit für eine effektive Corporate Governance dar. Vor dem Hintergrund der theoretischen Ableitungen und der internationalen Entwicklungen rückt aktuell eine *vorstandsunabhängige* Information des Überwachungsorgans als eine ergänzende, aber nicht ersetzende Informationsquelle verstärkt in den Mittelpunkt der Diskussion („zweite Säule der Überwachungsinformation des Aufsichtsrats").[532] Dies auch vor dem Hintergrund, dass eine der praktischen Schwierigkeiten der Aufsichtsratstätigkeit darin liegt, *„ein Gefühl dafür zu bekommen, inwieweit die Berichterstattung des Vorstands vollständig und richtig ist und inwieweit zusätzliche Erkenntnisse beschafft werden müssen"*.[533] Hier wächst der Internen Revision eine erweiterte, die Internal Governance stärkende Funktion zu.

Die aufgezeigten Entwicklungen zur *vorstandsunabhängigen* Informationsbeschaffung und zur Optimierung der Informationsverarbeitung durch den Überwachungsträger, insbesondere seines Prüfungsausschusses, sind zwar notwendige Schritte, aber für sich allein betrachtet, stellen sie noch keine wirksame Aufgabenwahrnehmung des Überwachungsorgans oder seines Prüfungsausschusses sicher. Weitergehende Aspekte sind die Sitzungshäufigkeit und -dauer, eine gewissenhafte Vorbereitung der Teilnehmer sowie das persönliche Engagement, die Aufmerksamkeit der Prüfungsausschussmitglieder und eine vertrauliche und offene Diskussionskultur zu nennen.[534]

2.4.5 Europäische Aktiengesellschaft

Seit dem 8. Oktober 2004 kann als Alternative zu den Gesellschaftsformen nach nationalem Recht – neben der Europäischen wirtschaftlichen Interessenvereinigung (EWIV) – die Europäische Aktiengesellschaft („Societas Europaea", in lateinischer Abkürzung SE) gegründet werden. Die europäische Gesellschaft ist ein Rechtsinstrument auf der Grundlage des Gemeinschaftsrechts. Von besonderer Bedeutung ist, dass durch die SE-Verordnung *„pfadabhängige Strukturstarrheiten im Gesellschaftsrecht der einzelnen Mitgliedsstaaten in puncto Unternehmensleitung"* aufgrund des statutarischen Wahlrechts zwischen dem dualistischen System und dem monistischen System aufgebrochen werden, mit der Folge, dass in jedem Mitgliedsstaat beide Systeme der Unternehmensleitung koexistieren müssen.[535] Durch die Wahlfreiheit bei den Leitungs- und Kontrollstrukturen kann man auch von einem Wettbewerb der Strukturtypen sprechen. Da aber auch die SE den typischen Problemen unterliegt, die sich

---

531) Vgl. Leyens (2006), S. 143.

532) Vgl. Theisen (2007), S. 9.

533) Vgl. Theisen (2007), S. 9.

534) Vgl. AKEIÜ - 8. EU-Richtlinie (2007), S. 2133; ebf. Leyens (2006), S. 48 f. Zu den Kommunikationswegen nach den MaRisk siehe unten, Kapitel D.3.5.2, S. 293 ff.

535) Für eine Darstellung zur Entwicklung und den gesellschaftsrechtlichen Rahmenbedingungen der SE wird auf die Arbeiten von Köklü (2006); ebf. Holland (2006), S. 112 ff.; ebf. Reichert (2006) und ebf. Baums (2008) verwiesen. Zu den Entwicklungstendenzen (Konvergenz versus Divergenz) siehe unten, Kapitel B.3.2, S. 89 ff.

aus der Trennung von Eigentum und Kontrolle ergeben, wird in dieser Arbeit im Speziellen nicht weiter auf die Besonderheiten der SE eingegangen, sondern im Allgemeinen unter dem Problem der Internalisierung versus Externalisierung des Informationstransfers subsumiert.[536]

3. Entwicklungstendenzen von Corporate Governance-Systemen

3.1 Bestimmungsfaktoren für die Entwicklung

„We live in a world full of contradiction and paradox, a fact of which perhaps the most fundamental illustration is this: that the existence of a problem of knowledge depends on the future being different from the past, while the possibility of the solution of the problem depends on the future being like the past.“[537]

Ein Universalmodell für eine gute Corporate Governance-Praxis gibt es nicht („*no one-size-fits-all*“). Corporate Governance ist auch kein Selbstzweck, sondern Corporate Governance „*is a means, not an end*“.[538] Corporate Governance-Systeme sind offene Systeme und können nicht als Produkt von rationalen Entscheidungsprozessen aufgefasst werden.[539] Sie sind das Ergebnis von komplexen evolutionären, historischen Prozessen, für die ein breites Spektrum von Einflussfaktoren von Bedeutung ist.[540] Im historischen Kontext betrachtet ist eine klare und eindeutige Einordnung bzw. eine Erklärung für die Unterschiede der bestehenden Corporate Governance-Systeme nicht immer eindeutig möglich, da die einzelnen Länder langfristig nicht permanent einem reinen „concentrated ownership“ oder eindeutig einem „dispersed ownership“-System zuzuordnen waren bzw. sind.[541] Es wird allgemein aber die Auffassung vertreten, dass zumindest seit der Mitte der zweiten Hälfte des 20. Jahrhunderts die angelsächsischen Länder einem Outsider-System, Deutschland, Frankreich und Japan einem Insider-System entsprechen.[542]

Was sind die Faktoren, die diese unterschiedliche Entwicklung bzw. institutionelle Ausgestaltung von existierenden Corporate Governance-Systemen bestimmen? Da Corporate Governance-Systeme offene, komplexe Gebilde sind, gibt es nicht die *eine* Ursache, die als alleiniger, bestimmender Impulsgeber für die jeweilige Entwicklung zu verstehen ist. Vielmehr ist es das Zusammenspiel von mehreren systembildenden, interdependenten und komplementären Faktoren, die als Erklärungsansatz herangezogen werden müssen, von denen aber keiner als überlegen betrachtet werden kann.

---

536) Siehe hierzu unten, Kapitel D.3.3, S. 258 ff.

537) Vgl. Knight (1921), S. 313.

538) Vgl. Lipton/Rosenblum (1991), S. 187.

539) Zur Systemtheorie vgl. z. B. Abendroth (2005), S. 131 ff.

540) Vgl. Rossouw (2005), S. 37 f.

541) Für eine Darstellung der historischen Zusammenhänge und Entwicklungsstadien vgl. Herrigel (2006), S. 3 ff.; ebf. Morck/Steier (2005), S. 5 ff. Zu den Strukturen von Corporate Governance-Systemen siehe oben, Kapitel B.2.1, S. 45 ff.

542) Die zeitlichen *Schwankungen* der Vor- und Nachteile zwischen dem Insider- und dem Outsider-System beschreiben *Holmstrom* und *Kaplan*: „ ... *the conventional wisdom on Corporate Governance has changed dramatically since the 1970s and early 1980s, when the U.S. market-based system was subjected to heavy criticism and the bank-centered system of Japan and Germany were held up as models. Since the mid-1980s, the American style of Corporate Governance has reinvented itself, and the rest of the world seems to be following the U.S. lead.*“ Vgl. Holmstrom/Kaplan (2003), S. 19.

So sind zum einen kulturelle (sog. „culture-bound thesis") und historische Gründe zu nennen.[543] Zum anderen liegen die Ursachen im Rechtssystem, insbesondere zwischen dem sog. „common-law" und dem „civil-law", sowie im politischen System begründet, die wiederum die jeweilige Gesellschafts- und Wirtschaftsordnung prägen.[544] Somit ist ein real existierendes Corporate Governance-System in seinem bestehenden Kontext nicht neutral oder vorgegeben und auch nicht geprägt von einer singulären Determinante, sondern ein Konstrukt, das den gegenwärtigen Stand von kontinuierlich sich weiterentwickelnden Ideen, z. B. von sozialen Normen, politischen, rechtlichen und ökonomischen Rahmenbedingungen, reflektiert. In diesem prozessorientierten Sinn ist ein Corporate Governance-System kein statisches, sondern ein dynamisches, offenes und adaptives System.[545]

3.2 Konvergenz versus Divergenz

In Anbetracht der seit Jahren stetig zunehmenden wirtschaftlichen und finanziellen Interdependenz zwischen bisherigen und neuen Marktteilnehmern entsteht auch ein Wettbewerb zwischen den verschiedenen Corporate Governance-Systemen, insbesondere zwischen dem angelsächsischen und dem deutschen Typus. Man kann auch sagen, dass der *Systemwettbewerb* seit Anfang der 1990er-Jahre nicht mehr auf der Ebene der Wirtschaftsordnungen stattfindet, sondern sich auf die Ebene der Unternehmensordnungen verschoben hat.[546] Welches dieser jeweils konsistenten Systeme überlegen ist, kann allgemein und unisono nicht abschließend gesagt werden.[547] Wie bereits ausgeführt, ist dies auch abhängig von zeitlichen und ideologischen Schwankungen. Galten in den 1980er-Jahren die japanischen und deutschen Modelle als führend, so wurden diese anschließend vom prosperierenden amerikanischen Modell abgelöst.[548] Hinsichtlich der Bewertung dieser Systeme im Zeitverlauf haben sich mit dem Konvergenz- und dem Divergenz-Ansatz zwei grundsätzliche Positionen herausgebildet, die im Folgenden erläutert werden und um den Varieties-of-Capital-Ansatz und der Hybridisierungstheorie ergänzt werden sollen.

---

543) Vgl. La Porta et al. (1998a), S. 36; ebf. Cornelius (2004), S. 8 f.; ebf. Gerum/Debus (2006), S. 5 f. *North* versteht unter dem Kulturbegriff die „*transmission from one generation to the next, via teaching and imitation, of knowledge, values, and other factors that influence behavior*". Vgl. North (1997), S. 13 f.; ebf. North (1990), S. 36 ff. Nach *Landes* macht Kultur den entscheidenden Unterschied aus; vgl. Landes (1999), S. 517. Für eine institutionenökonomische Studie von Kulturen vgl. Leipold (2006), S. 233 ff.

544) Vgl. La Porta et al. (2000), S. 3; ebf. Roe (2003), S. 4 ff.; ebf. Herrigel (2006), S. 20; ebf. Donald (2008). *Coase* hat bereits 1960 in seinem Aufsatz „The Problem of Social Cost" auf die Auswirkungen von institutionellen Ausgestaltungen, z. B. im Rahmen der verschiedenen Gestaltungsmöglichkeiten von Verfügungsrechten, aufmerksam gemacht. „*As a result the legal system will have a profound effect on the working of the economic system and may in certain respects be said to control it.*" Vgl. Coase (1991).

545) Vgl. hierzu auch Letza/Sun (2002), S. 56 ff.

546) Vgl. Gerum (2007), S. 1.

547) Grundsätzlich gilt, dass zu einer dynamischen Umwelt ein marktorientiertes Finanzsystem und zu einer eher statischen Umwelt ein kooperativ-konfliktäres Finanzsystem am besten passt. Vgl. hierzu Schmidt/Hackethal/Tyrell (2001), S. 33 f. Allerdings ist auf die Feststellung von *Holmstrom* und *Kaplan* hinzuweisen: „*it is important to recognize that there is no perfect system and that we should try to avoid the pendulum-like movement so typical of politically inspired system redesigns*". Vgl. Holmstrom/Kaplan (2003), S. 29.

548) Vgl. Vitols (2006), S. 55 ff.; ebf. Freeman (2000), S. 1 ff.

3.2.1 Konvergenzthese

Vertreter der Konvergenzthese sehen die bestehenden suboptimalen Institutionen als Barrieren an, die sich in Richtung des ökonomisch überlegenen Systems entwickeln, da kein Land sich einen Wettbewerbsnachteil erlauben kann.[549] Die Folge ist eine relativ schnelle und zugleich graduelle Konvergenz hin zu der effizientesten Form.[550] Die Vertreter der Konvergenzthese gehen grundsätzlich von der Überlegenheit des anglo-amerikanischen Systems aus.[551] Vor diesem Hintergrund ist es wohlfahrtstheoretisch effizient, eine institutionelle Konvergenz in Richtung des Shareholder-Value-Modells herbeizuführen.[552] Das bedeutet aber nicht eine vollständige Übernahme des angelsächsischen Corporate Governance-Systems, sondern dass die gegenwärtigen Veränderungen eher eine Anpassung in diese Richtung widerspiegeln.[553] Als Ursache der Anpassung sehen die Vertreter der Konvergenzthese insbesondere den zunehmenden globalen Wettbewerb durch die Liberalisierung von Kapital- und Gütermärkten.[554]

Coffee vertritt die Auffassung, dass eine *formale* Konvergenz, also eine Konvergenz der rechtlichen Rahmenbedingungen der Corporate Governance-Systeme, u. a. aufgrund von dominanten Interessengruppen, aber auch wegen der sog. Pfadabhängigkeit in den einzelnen Nationen, kaum möglich ist.[555] Allerdings sieht er eine *funktionale* Konvergenz der Corporate Governance-Systeme als realistisch an, insbesondere wegen der gestiegenen Bedeutung der institutionellen Investoren, der Harmonisierung der Offenlegungspflichten sowie die Notierung vieler internationaler Unternehmen an der New York Stock Exchange.[556] Bei der funktionalen Konvergenz werden gesellschaftsrechtliche Divergenzen nicht vollständig beseitigt, aber die Unterschiede werden durch supranationale Rechtssprechung oder internationale

---

549) Vgl. Klein (2006), S. 14.

550) Vgl. Hackethal/Schmidt (2000), S. 30.

551) *Lane* beschreibt den Wandel des deutschen Corporate Governance-Systems seit Mitte der 1990er-Jahre als einen Anpassungsprozess an das anglo-amerikanische System; vgl. hierzu Lane (2004), S. 26 ff. In diesem Sinne auch *Hansmann*: „*The interesting question here is not whether there is convergence toward the standard shareholder-oriented model, but rather how far it will go and how long it will persist.*" Vgl. Hansmann (2006), S. 748.

552) „ ... *convergence meant a decrease in, not the disappearance of, the differences between the systems.*" Vgl. Höpner (2001), S. 37 f.

553) Konvergenz ist nicht die uneingeschränkte, vollständige Übernahme von Elementen des anglo-amerikanischen Systems, aber „*the embracing of the underlying logic of shareholder value nevertheless will have a powerful transformative impact on all relations within and between firms*". Vgl. Lane (2003), S. 25.

554) Vgl. Hansmann/Kraakman (2000), S. 1 ff., die zwar auf „*institutional differences in governance, share ow-nership, capital markets, and business culture among European, American, and Japanese companies*" hinweisen, allerdings betonen, dass „*despite this apparent divergence, however, the basic law of Corporate Governance – indeed, most of corporate law – has achieved a high degree of uniformity across these jurisdictions, and continuing convergence toward a single standard model is likely.*" Kritisch hierzu Rebérioux (2004), S. 1 ff.

555) Vgl. Coffee (1999), S. 19 ff. Kritisch hierzu die empirische Untersuchung von Palepu et al. (2002), S. 7 ff., die eine de jure Konvergenz, aber keine de facto Konvergenz festgestellt haben und daraus folgern: „ ... *that globalization may have induced the adoption of some common Corporate Governance standards but that there is little evidence that these standards have been implemented*". Zur Pfadabhängigkeit siehe unten, Kapitel B.3.2.2, S. 92.

556) Vgl. Coffee (1999), S. 82.

Rechnungslegungsvorschriften bzw. Publizitätsanforderungen marginaler.[557] Auch *Gerum* geht von einer Konvergenz aus – trotz einer grundsätzlichen Varianz der nationalen Corporate Governance-Systeme: Die Systemlogiken bleiben zwar in Kraft, sodass auch langfristig von einer Persistenz der Corporate Governance-Systeme auszugehen ist, allerdings kommt es zu Anpassungen durch Reformen und Handlungsweisen innerhalb der bestehenden, leistungsfähigen Systeme.[558] In der Literatur wird verstärkt die Auffassung vertreten, dass deutsche und amerikanische Verwaltungsorgane funktional aufgrund der Strukturierung nach Überwachungs- und Leitungsfunktion konvergieren.[559] So hat z. B. die Einführung der sog. „unabhängigen Direktoren“ (Outside Directors) im amerikanischen Board of Directors eine zunehmende Trennung bei den Leitungsaufgaben zur Folge. Des Weiteren besteht seit dem Jahr 2002 (SOA) eine personelle Trennung zwischen der Position des Vorstandsvorsitzenden (CEO) und des Verwaltungsratsvorsitzenden (Chairman). Im dualistischen System soll dagegen die Überwachungsintensität und die Ausweitung des Informationstransfers an den Aufsichtsrat durch die Bildung von Prüfungsausschüssen abgemildert werden.[560]

3.2.2 Divergenzthese und das Konzept der Pfadabhängigkeit

Im Gegensatz zu dem zuvor erläuterten Ansatz steht die Divergenzthese. Hier wird die Ansicht vertreten, dass die institutionelle Ausgestaltung einer Nation als ein Wettbewerbsvorteil angesehen wird, was zu Folge hat, dass die Systeme sich nicht zwangsläufig einander annähern müssen und die besonderen spezifischen Vorteile einer Nation weiter genutzt werden können.[561] Da die Entwicklung von Institutionen wegen des sog. Lock-in-Effektes zeitpfadabhängig ist und somit eine institutionelle Änderung umso kostenintensiver ist, je länger diese Institutionen Bestand haben, kann ein Festhalten an einem suboptimalen System rational sein.[562] Vom Pfad wird erst abgewichen bzw. es erfolgt erst dann eine Substitution durch ein effizienteres System, wenn die erforderlichen Anpassungskosten an eine neue institutionelle Ausgestaltung die Nachteile der Beibehaltung des suboptimalen Systems, also deren Effizienzverluste, übersteigen.[563] Außerdem ist zu beachten, dass bestimmte Interessengruppen eine Veränderung bzw. Anpassung von Institutionen und Organisationen aus Eigeninteresse ver-

---

557) Vgl. Kieser (2002), S. 197.

558) Vgl. Gerum (2007), S. 34 ff.

559) Vgl. für einen Überblick Denis/McConnell (2003), S. 37 ff.

560) Vgl. Donald (2002), S. 10 f.; ebf. Warncke (2005), S. 45 f. In diesem Sinne auch *Hopt* und *Leyens*, die die Entwicklung von One- und Two-tier-Systemen in ausgewählten europäischen Ländern untersucht haben: „*The survey shows a striking convergence in the awareness of the distinction between management and control. It is argued by many that the English board of directors has taken a development towards a de facto supervisory board that is close to the German model. In fact, the separation of the positions of board chairman and CEO and the growing tendency of appointing non-executive directors can be rated as a systemic breakthrough for the two-tier system.*“ Vgl. Hopt/Leyens (2004), S. 19.

561) Vgl. Klein (2006), S. 14; ebf. Freeman (2000), S. 30.

562) Vgl. Bebchuk/Roe (1999), S. 29; ebf. Schmidt/Spindler (2000), S. 10; ebf. North (1990), S. 92 ff.

563) Nach *North* sind es zwei Kräfte, die auf die institutionellen Änderungen im Sinne der Pfadabhängigkeit einwirken: „Increasing returns“ und „*imperfect markets characterized by significant transaction costs*“. Vgl. North (1990), S. 92 ff.

hindern oder hemmen wollen, um eigene Wohlfahrtsverluste zu vermeiden.[564] Die Ursache hierfür bilden Anreizmechanismen, die sich aus der institutionellen Ausgestaltung eines Systems ergeben. So ist z. B. in einem Insider Control-System das Bewahren des Status quo für die Insider aufgrund ihrer bestehenden Informationsvorteile ein bedeutender Aspekt für das Festhalten an dem Bestehenden.[565] Man spricht dann von einer sog. Pfadabhängigkeit als Erklärung für die Existenz von wesentlichen Unterschieden in Corporate Governance-Systemen.[566] Das Konzept der Pfadabhängigkeit ist ein wichtiger Erklärungsansatz für die institutionelle Entwicklung eines Systems.[567]

Die Komplexität eines Corporate Governance-Systems wird auch bestimmt durch die vielfältigen Entscheidungs- und Einflussrechte der verschiedenen Interessengruppen und der möglichen Konsequenzen auf interne und externe Faktoren. Als methodisches Instrumentarium, um diese Wechselwirkungen näherungsweise zu erfassen, und um das Konzept der Pfadabhängigkeit noch zu ergänzen, ist das *Konzept der Komplementarität* hilfreich.[568] Danach bestehen Corporate Governance-Systeme aus Elementen[569] und Beziehungen. Unter der Berücksichtigung, dass eine Eigenschaft von Systemen ihre sog. Komplementarität ist, können sich die Ausprägungen der Systemelemente gegenseitig positiv ergänzen und die negativen Effekte sich gegenseitig abschwächen. Unter den Voraussetzungen, dass dieses Potenzial auch genutzt wird und die Ausprägungen der Elemente zueinander kompatibel und pareto-optimal sind, ist Konsistenz gegeben.[570] Positive ökonomische Effekte gehen nur von konsistenten Systemen aus.[571]

Nationale Institutionen besitzen eine relative Stärke gegenüber einem externen Anpassungsdruck. Diese relative Stärke bedingt aber auch ein hohes Trägheitsmoment durch formale und informale Institutionen. Einzelne Elemente können nicht ohne ökonomische Nachteile aus dem gesamten Institutionenkatalog herausgelöst werden, da sie historisch gewachsen sind oder einen kulturellen Hintergrund haben.[572] Dies kann jedoch zu Inkonsistenzen und temporären Effizienzverlusten führen, bis hin zu einer Destabilisierung der Systeme und im Extremfall in eine Systemkrise führen, verstanden als eine Situation, in der die Funktionsfähigkeit von Corporate Governance-Mechanismen versagt.[573]

---

564) Vgl. North (1997), S. 15.

565) Vgl. Goergen et al. (2005), S. 5; ebf. Morck/Steier (2005), S. 40.

566) Vgl. Morck/Steier (2005), S. 18. *Bebchuk* und *Roe* unterscheiden zwischen der „structure-driven path dependence" und der „rule-driven path dependence"; vgl. Bebchuk/Roe (1999), S. 8 ff.

567) Vgl. Leipold (2006), S. 59; ebf. Voigt (2002), S. 207 ff.

568) Vgl. Schmidt/Spindler (2000), S. 10 ff.; ebf. Schmidt/Weiß (2003), S. 11 f.

569) Elemente sind z. B. die Eigentümerstruktur oder das Board- bzw. Aufsichtsratsmodell. Für weitere Beispiele vgl. Schmidt/Spindler (2000), S. 13 f.

570) Vgl. Hackethal/Schmidt (2000), S. 5 ff.

571) Vgl. Schmidt et al. (2001), S. 4 ff. Nur die jeweiligen Kombinationen eines angelsächsischen Outsider Systems mit einem kapitalmarktorientierten Finanzsystem oder eines Insider Systems mit einem bankorientierten Finanzsystem sind nach *Schmidt* konsistente Corporate Governance-Systeme und somit gesamtwirtschaftlich effizient. Vgl. Schmidt (2006), S. 20 f.

572) Vgl. Lütz (2006), S. 4.

573) Vgl. Hackethal/Schmidt (2000), S. 31 f.; ebf. Schmidt/Spindler (2000), S. 23 ff.

3.2.3 *Varieties-of-Capitalism-Ansatz*

Ein weiterer Erklärungsansatz für die Divergenz von Corporate Governance-Systemen ist der Varieties-of-Capitalism-Ansatz.[574] Zentraler Ausgangspunkt ist die in spezifischen, nationalen Institutionen eingebettete Firma, die für ihren wirtschaftlichen Erfolg in diversen Ebenen, zu denen u. a. auch Corporate Governance zählt, effiziente Koordinationslösungen entwickeln muss.[575] Auf Basis von Koordinierungsansätzen werden anschließend zwei idealtypische, diametral verschiedene Pole für die Einordnung von kapitalistischen Systemen gebildet: Zum einen der Typus der koordinierten Marktwirtschaft („coordinated market economy"), wie z. B. die Niederlande und Deutschland, zum anderen der Typus der liberalen Marktwirtschaft („liberal market economy"), beispielhaft die USA und Großbritannien.[576] Ein wichtiger Aspekt sind die komplementären Beziehungen zwischen den Institutionen (Theorem der institutionellen Komplementarität), die zu einem stabilen institutionellen Gleichgewicht führen können. Sowohl die „coordinated market economy" als auch die „liberal market economy" weisen jeweils unterschiedliche Konfigurationen von institutioneller Komplementarität auf.[577] In ihrer jeweiligen nationalen institutionellen Einbettung bestehen somit für Firmen komparative Vorteile, die nicht zwangsläufig zu einer Konvergenz der Corporate Governance-Systeme führen müssen.

3.2.4 *Hybridisierungstheorie*

Neben den Konzepten der Konvergenz und der Divergenz zur Erklärung der Entwicklung von Corporate Governance-Systemen hat sich die Hybridisierungstheorie entwickelt. Versteht man Wettbewerb als Leistungswettbewerb, der u. a. eine Anpassungs- bzw. Allokationsfunktion hat, so ist Wettbewerb nicht so sehr das Ziel als vielmehr das Mittel zur Schaffung und Aufrechterhaltung von optimalen Rahmenbedingungen zur Realisierung gesellschaftlicher Grundwerte und wirtschaftspolitischer Ziele.[578]

Aus dem Blickwinkel eines stärker prozessorientierten Ansatzes und der voranschreitenden internationalen Integration von Güter- und Kapitalmärkten sowie der damit einhergehenden weltweiten Interaktion der Stakeholder erscheint die Dichotomie zwischen Pfadabhängigkeit und Konvergenz ein unzureichender Erklärungsansatz zu sein.[579] Auf der Grundlage von Entwicklungspfaden vollzieht sich ein inkrementeller institutioneller Wandel: langsam und von parallelen und überlagernden Prozessen beeinflusst, der über nationale Corporate Governance-Systeme hinausgeht. Das Ergebnis können sog. *hybride* Corporate Governance-Systeme sein – basierend auf einem exogenen Einfluss mit pfadabhängigen Prozessen verknüpft, die in

---

574) Vgl. für die folgenden Ausführungen Hall/Gingerich (2004), S. 7 ff. Die Arbeit von Klein (2006), S. 18 ff., beinhaltet einen Überblick zu diesem Ansatz.

575) Die Koordinierung kann entweder durch „processes of strategic interaction" oder über „competitive markets" erfolgen. Vgl. Lehmbruch (2006), S. 88 ff.

576) Für eine Darstellung mit historischer Entwicklung vgl. Hoffmann (2005), S. 8 ff.

577) Vgl. Lehmbruch (2006), S. 90.

578) Vgl. Herdzina (1999), S. 12 ff.

579) Vgl. Aguilera/Jackson (2003), S. 461.

ihrer neuen Gesamtkonfiguration zwar individuell sind, in einzelnen Teilen sich aber anderen Modellen annähern.[580] Das bedeutet aber nicht, dass am Ende ein einheitliches Corporate Governance-System entsteht.[581] Es ist also die zu beobachtende parallele Existenz von Elementen aus beiden Systemen: Zum einen Konvergenz, wie z. B. in Deutschland die verstärkte Ausrichtung an kapitalmarktorientierten Unternehmenszielen oder der Trend zur Konzentration auf unternehmerische Kernbereiche. Zum anderen Divergenz, wie z. B. die deutschen Besonderheiten der Mitbestimmung von Arbeitnehmervertretern, das dualistische Überwachungssystem oder das Universalbankenprinzip anstelle eines Spezialbankensystems.[582] Ein weiteres Beispiel für die Hybridisierung ist die SE-Verordnung mit einem statutarischen Wahlrecht zwischen monistischem und dualistischem System, was sich *„zu einer Kreuzung aus Gemeinschaftsrecht und den diversen einzelstaatlichen Rechtsordnungen“* entwickelt hat.[583]

Die Hybridisierung von Institutionen zeigt, zumindest für einen Übergangsprozess, sowohl die Anpassungsfähigkeit als auch das Beharrungsvermögen von Institutionen.[584] Aus beiden Systemen können bestimmte Elemente als theoretisch vorteilhaft bewertet werden. Hier sind z. B. unabhängige und kompetente Kontrollgremien oder Haftungsregeln gegen eigennützige Manager zu nennen. Ob die hybriden Modelle generell stabil im Sinne der Komplementarität und Konsistenz sind, kann abschließend nicht bewertet werden. Dies kann aber eventuell nur kurzfristig von Nachteil sein, denn letztendlich handelt es sich hierbei um einen Übergangs- bzw. Anpassungsprozess, also die Veränderung einer institutionellen Ausgestaltung mit dem Ziel einer pareto-optimalen Ergebnisstruktur, die sich zwischen den beiden Polen Persistenz und Konvergenz vollzieht.[585] Und dieser hängt von der Stärke der sich verändernden Rahmenbedingungen bzw. dem Verlauf und der Dauer der Prozesse ab, bis ein neuer, konsistenter Zustand erreicht ist.[586]

---

580) Vgl. Lütz (2006), S. 4; ebf. Aguilera/Jackson (2003), S. 462. Praktisch alle fortgeschrittenen Ökonomien sind Hybride der drei elementaren Governanceformen Markt, Unternehmenshierarchie und Staat. Vgl. Lütz (2006), S. 12.

581) *„Ownership and control arrangements are still part of a society's core characteristics and will remain to a considerable degree idiosyncratic.“* Vgl. Nestor/Thompson (1999), S. 23.

582) Vgl. Streek/Höpner (2003), S. 28 f.

583) Vgl. Köklü (2006), S. 373. Zur SE siehe oben, Kapitel B.2.4.5, S. 87 f.

584) Vgl. Hoffmann (2005), S. 38.

585) Vgl. Höpner/Jackson (2001), S. 367; ebf. Lane (2003), S. 7.

586) Kritisch zu den Mischsystemen Schmidt (2006), S. 23 f.

4. Exkurs Unternehmenshaftung bei Kapitalgesellschaften

„Limited liability has created a situation commonly described as the separation of ownership from control."[587]

Die rechtliche Ausgestaltung der Kapitalgesellschaft[588] ermöglicht im Vergleich zu den Personengesellschaften eine Begrenzung der Haftung bei den Anteilseignern, mit der Folge, dass finanzielle Verpflichtungen begrenzt werden können.[589] In der aktuellen Corporate Governance-Diskussion wird auch über die Anpassung der Haftungsbedingungen für Vorstand und Aufsichtsrat diskutiert. Die juristische Diskussion soll hier aber nicht aufgenommen werden, sondern vielmehr steht die ökonomische Betrachtung der beschränkten Haftung bei Kapitalgesellschaften aus dem Blickwinkel der Prinzipal-Agenten-Theorie im Vordergrund. Es soll im Folgenden untersucht werden, ob eine Veränderung der Haftungsregelungen Auswirkungen auf die Externalisierung von Kosten hat. Dies würde auch bei den Aktionären zu einem stärkeren Interesse an einer effizienteren Corporate Governance führen und auf erhöhte Erwartungen bzw. Anforderungen an das Überwachungsorgan und an die Interne Revision ausstrahlen. Bei Kreditinstituten kann die beschränkte Haftung bei geringem Eigenkapital, hoher wirtschaftlicher Unsicherheit und falschen Anreizen zu einer exzessiven Risikoübernahme führen.[590] So sieht *Sinn* eine Ursache für die aktuelle Bankenkrise beim Rechtsinstitut der Haftungsbeschränkung, die im Folgenden untersucht werden soll.[591]

4.1 Ökonomische Theorie des Rechts

Die ökonomische Theorie des Rechts ist die Anwendung des Instrumentariums der Ökonomik auf rechtliche Regelungen mit faktischer Regelungswirkung.[592] Rechtliche Regelungen und insbesondere deren Verhaltenswirkungen werden nach ihrer Auswirkung auf die Ressourcenallokation und auf ihre Effizienzwirkung untersucht.[593] Sie sind kein Datum, sondern die Rechtsordnung wird selbst Teil der ökonomischen Analyse.[594] Der Forschungsansatz der ökonomischen Theorie des Rechts hat seit den Veröffentlichungen der bedeutenden Arbeiten von *Guido Calabresis* über das Recht der unerlaubten Handlungen (1961) und von *Ronald Coase*

---

587) Vgl. Cooter/Ulen (2004), S. 139; ebf. Glynn (2004), S. 365 f.

588) Die folgenden Ausführungen beziehen sich auf Körperschaften in der Form von Kapitalgesellschaften in der Rechtsform der Aktiengesellschaft. Nach § 1 Abs. 1 AktG ist die Aktiengesellschaft eine Gesellschaft mit eigener Rechtspersönlichkeit, d. h., sie ist juristische Person, bei der den Gläubigern nur das Gesellschaftsvermögen zur Deckung ihrer Verbindlichkeiten zur Verfügung steht.

589) Vgl. Landes/Posner (1987), S. 273.

590) Vor diesem Hintergrund haben einzelne Staaten, wie z. B. Neuseeland, die persönliche Haftung für die Geschäftsleitung ausgedehnt, wenn u. a. unvollständige oder falsche Informationen veröffentlicht werden. Vgl. Humpert (2003), S. 177.

591) Vgl. Sinn (2008b).

592) Vgl. Kirchner (1997), S. 7 f.; ebf. Shavell (2004), S. XIV. Für eine Darstellung der geschichtlichen Entwicklung dieses Ansatzes vgl. Mackaay (2000), S. 65 ff.

593) Vgl. Cooter/Ulen (2004), S. 13. Für eine Einführung und eine ausführliche Darstellung der Grundlagen wird auf Schäfer/Ott (2000) sowie auf Posner (2003) verwiesen.

594) So wies *Demsetz* bereits im Jahr 1967 darauf hin, dass *„economists usually take the bundle of property rights as a datum ...“*. Vgl. Demsetz (1967), S. 507. Dies ist eigentlich nicht neu, denn historisch waren Rechts- und Wirtschaftswissenschaft in der deutschen Universitätstradition oftmals gemeinsam unter dem Dach der sog. Staatswissenschaft zusammengefasst. Vgl. Kirchner (1997), S. 5.

über soziale Kosten (1960) eine enorme Bedeutung erzielen können.[595] Sie hat sowohl positive, also deskriptiv-analytische, als auch normative Aspekte.[596]

4.2 Haftung aus vertragstheoretischer Sicht

Die vertragstheoretische Sichtweise betrachtet die Firma als ein Geflecht von Verträgen („nexus of contracts").[597] Die Eigentumsrechte an einzelnen Produktionsfaktoren sind von Interesse, während das Eigentum an der Firma selbst ein unbedeutendes Konzept ist.[598] Fragen zur Haftungsbeschränkung werden hierbei zu einem Risikoverlagerungs- und Transaktionskostenproblem der Unternehmensfinanzierung.[599] In ihrer geschichtlichen Entwicklung begünstigte die begrenzte Haftung bei Kapitalgesellschaften die Akkumulation hoher Kapitalbeträge für große industrielle Investitionsprojekte.[600] Allerdings steht den Gläubigern zur Befriedigung ihrer Forderungen bei Kapitalgesellschaften aufgrund der beschränkten Haftung nur das Gesellschaftsvermögen zur Verfügung.[601] Die Anteilseigner sind also von der unbeschränkten persönlichen Haftung entbunden. Allgemein stellt die Haftung ein Mittel zur Minimierung der sozialen Kosten dar. Ein effizientes Haftungssystem legt hingegen den handelnden Wirtschaftssubjekten die vollen Kosten ihres Handelns auf, mit der Folge, dass die verursachten Externalitäten internalisiert werden.[602]

Womit lässt sich aber die Existenz der beschränkten Haftung bei börsenfähigen Kapitalgesellschaften mit einer atomistischen Eigentümerstruktur erklären? Unter der Annahme, dass keine Transaktions- und Informationskosten vorliegen, ist die Frage nach der Haftungsform nicht von Bedeutung. Hebt man diese abstrakte und realitätsfremde Annahme auf, so liegt die Erklärung der beschränkten Haftung in der Reduzierung der Transaktions- und Informationskosten sowie in der verbesserten Übertragbarkeit der Anteile.[603] Die Firma als ein Geflecht von Verträgen mit unterschiedlichen spezifischen Ressourcen würde für einen Aktionär hohe Transaktions- und Informationskosten erfordern, wenn er die wirtschaftliche Situation der Un-

---

595) Vgl. Calabresi (1961), S. 499 ff.; ebf. Coase (1960). *Coase* ging es in diesem Artikel vor allem um die Widerlegung der Grundannahmen der Pigouschen Wohlfahrtsökonomik. Die Ursprünge der ökonomischen Analyse des Rechts lassen sich bis zu den Klassikern zurückverfolgen. Vgl. Posner/Parisi (1997), S. IX. Als weitere bedeutende Vertreter sind *Gary S. Becker, James M. Buchanan, Gordon Tullock* sowie *William M. Landes* zu nennen. Vgl. Kirstein (2003), S. 5.

596) Vgl. Posner (2003), S. 24 f. Allerdings ist die Übertragung des normativen Ansatzes der Ökonomik auf die ökonomische Theorie des Rechts seit ihrem Bestehen umstritten. Vgl. hierzu Kirchner (1997), S. 8 f., und die dort aufgeführten Literaturhinweise.

597) Vgl. Alchian/Demsetz (1972), S. 778.

598) Vgl. Fama (1980), S. 290. In diesem Sinne auch *Demsetz*: *„What shareholders really own are their shares and not the corporation."* Vgl. Demsetz (1967), S. 519.

599) Vgl. Schanze (1983), S. 168.

600) Ausführlich zu der historischen Entwicklung vgl. Schnorr (2000), S. 4 ff., sowie insbesondere zur begrenzten Haftung Carney (2000), S. 660 ff.

601) Das Trennungsprinzip ist Grundlage aller Kapitalgesellschaften. Genau genommen gilt, dass *„corporations do not have „limited liability"; they must pay all of their debts, just as anyone else must (...). To say that liability is „limited" means that investors in the corporation are not liable for more than the amount they chip in"*. Vgl. Easterbrook/Fischel (1991), S. 40; ebf. Posner (2003), S. 410.

602) Vgl. Carney (2000), S. 665.

603) Vgl. Woodward (1985), S. 603; ebf. Jensen/Meckling (1976), S. 36.

ternehmung sowie der anderen Eigentümer analysieren und überwachen müsste (Monitoring-Kosten).[604] Diese Kosten würden mit zunehmender Zahl der Vertragsparteien stetig ansteigen.[605] Die begrenzte Haftung vermindert diese Kosten bzw. verhindert sie durch Standardisierung der einheitlichen Haftungsregeln und begünstigt somit die Vorteile der Arbeitsteilung.[606] Die Risikoaversion ist für große Kapitalgesellschaften, deren Anteile an einer öffentlichen Börse gehandelt werden, weder eine notwendige noch eine hinreichende Bedingung zur Erklärung der beschränkten Haftung.[607]

Allgemein liegt der Nutzen des Rechts der Kapitalgesellschaften in der Reduktion der Transaktionskosten durch die Schaffung von standardisierten Vertragsbedingungen. Dies fördert die freie und flexible Übertragbarkeit der Anteile und minimiert die Monitoringkosten der Eigentümer.[608] Es werden somit die Voraussetzungen für die Existenz eines organisierten Kapitalmarktes geschaffen.[609] Der Kauf und Verkauf von Anteilen kann somit flexibler, anonymer und unabhängiger von den übrigen Gesellschaftern erfolgen.[610] Ferner fördert die freie Übertragbarkeit einen Markt für Unternehmenskontrolle.[611] Bei einer unbeschränkten Haftung könnten mögliche Kapitalgeber eventuell ganz von einer Bereitstellung ihrer Finanzierungsmittel absehen oder solch eine hohe Risikokompensation für ihre Kapitalüberlassung fordern, dass von der Durchführung einzelner Investitionsprojekte aufgrund eines negativen Erwartungswertes Abstand genommen wird.[612]

Trotz dieser Vorteile kann die begrenzte Haftung allerdings zu einem Interessenkonflikt zwischen Aktionären und Kreditgebern führen.[613] Die Ursachen hierfür können in der höheren Risikobereitschaft der Aktionäre gegenüber den Kreditgebern sowie im opportunistischen Verhalten der Eigentümer liegen. Kreditgeber würden dieses höhere Risiko aber über einen höheren Zins und durch die Ausweitung der Überwachung der Firmenaktivitäten antizipieren. Die Monitoring-Aktivitäten sind aber mit höheren Kosten für die Kreditgeber verbunden und können zu einem verringerten Firmenwert führen.[614] Die Monitoring-Kosten zwischen Kreditgebern und Aktionären sind umso höher, je stärker die Haftung der Anteilseigner beschränkt ist und je größer die Verschuldung der Unternehmung ist. Insgesamt liegt der Effizienzgewinn aus den Vorteilen der beschränkten Haftung aber über ihren Nachteilen, sodass sich die unter-

---

604) Vgl. Carney (2000), S. 676.
605) Vgl. Demsetz (1967), S. 519.
606) Vgl. Adams (1991), S. 48 f.
607) Nach *Woodward* gilt dies allerdings nicht für *„small and closely held firms"*. Vgl. Woodward (1985), S. 603. Anders *Easterbrook* und *Fischel*, die das System der beschränkten Haftung als ein System der Risikoteilung zwischen allen Gläubigern sehen. Vgl. Easterbrook/Fischel (1991), S. 47.
608) Vgl. Carr/Mathewson (1988), S. 768 f.
609) Für den Zusammenhang von beschränkter Haftung und organisierten Kapitalmarkt wird auf die Arbeit von Halpern et al. (1980), S. 117 ff., verwiesen.
610) Vgl. Alchian (1984), S. 42.
611) Vgl. Alchian/Woodward (1987), S. 121.
612) Vgl. Adams (1991), S. 47 f.
613) Vgl. Glynn (2004), S. 371.
614) Vgl. Woodward (1985), S. 606 f.

nehmerische Tätigkeit auf Basis der beschränkten Haftung weltweit so stark entwickelt hat, dass sie ein Grundmerkmal des kapitalistischen Systems wurde.[615]

In der Literatur stehen den Befürwortern der begrenzten Haftung Vertreter gegenüber, die sich für eine Einschränkung dieser Haftungsform bzw. Haftungsausweitung auf alle Eigentümer aussprechen. Wieder andere fordern eine Haftungserweiterung auch unter verstärkter Einbeziehung des Unternehmensmanagements.[616] Im Folgenden wird zunächst die Annahme aufrechterhalten, dass die Parteien ex ante in der Lage sind, eine vollständige vertragliche Vereinbarung zu treffen. Somit stellt sich nicht mehr die Frage nach beschränkter oder unbeschränkter Haftung, sondern nach den bilateralen Vertragsbeziehungen und der Informationsqualität.[617] D. h., wenn die Vertragsparteien über die zu verhandelnden Transaktionen vollständig und richtig informiert sind, ist ein Auferlegen von negativen externen Effekten auf Dritte nicht mehr möglich.[618] So würde der Kreditgeber bei vollständiger Information über das Unternehmen nicht die externen Effekte tragen, da er für sein Engagement einen Zinssatz erhalten würde, der auch das Bonitätsrisiko des Unternehmens widerspiegelt.[619] Berücksichtigt man die Eigenschaften der begrenzten Rationalität und des Opportunismus bei den vertragschließenden Parteien, so kann es ex post allerdings zu nicht kompensierten Schäden aufgrund von Informationsproblemen zwischen den Vertragsparteien kommen. Eine Schadensexternalisierung kann somit bei opportunistischem Verhalten stattfinden, sodass es zu einer ineffizienten Ressourcenallokation kommt.[620]

Ein Risiko stellt sich für den Eigenkapitalgeber bei einer Kapitalgesellschaft ein, wenn er nicht selber an der Kontrolle der Unternehmensführung beteiligt ist. Es entsteht das typische Prinzipal-Agenten-Problem, indem der Prinzipal nicht direkt in der Lage ist zu kontrollieren, ob die Unternehmensleitung als Agent mit den ihnen eingeräumten Verfügungsrechten im Sinne des Prinzipals handelt.[621] Eine Lösung besteht – wie bereits diskutiert – in der Einräumung von Mitwirkungs- und Kontrollrechten. Wenn dem aber nicht so ist, so sollte ein Eigenkapitalgeber aus der Haftungsverantwortung entlassen werden, wenn er keine Kontrolle über die Gesellschaft ausüben kann.[622]

615) Vgl. Lombardo/Wunderlich (2004), S. 9 f.

616) Für eine Darstellung der jeweiligen Autorengruppen wird auf die Arbeit von *Glynn* und die dortigen Literaturhinweise verwiesen. Vgl. Glynn (2004), S. 331 f.

617) Vgl. Adams (1991), S. 56 ff.

618) Bestehen Externalitäten, also die über die eigenen Entscheidungen hinausgehende Beeinflussung der Produktion einer Unternehmung oder des Nutzens eines Wirtschaftssubjektes durch Aktivitäten von Dritten ohne Zwischenschaltung des Marktes, so entfällt ein Ausgleich über eine marktkonforme Entschädigung, und es kommt zu keiner optimalen Allokation der Ressourcen. Hier kommt den Property-Rights eine wichtige Bedeutung zu: „*A primary function of property rights is that of guiding incentives to achieve a greater internalization of externalities.*" Vgl. für weitere Ausführungen Demsetz (1967), S. 508.

619) Vgl. Posner (1993), S. 226 f.

620) In diesem Sinne auch Demsetz: „*Thus, managerial de facto ownership can have considerable external effects on shareholders.*" Vgl. Demsetz (1967), S. 518.

621) Siehe zur Prinzipal-Agenten-Theorie oben, Kapitel B.1.1.3, S. 23 ff. Moral Hazard-Probleme existieren aber aufgrund der Verhaltensannahmen auch unter anderen Haftungsregeln. Vgl. hierzu Easterbrook/Fischel (1991), S. 50.

622) So schreibt *Adams*, dass eine zusätzliche persönliche Haftung des Vorstands neben der kontrollierenden Aktionärsgruppe als Lösung bereits deshalb sinnvoll erscheint, „*weil vielfach nicht mehr die Aktionäre, sondern*

Mögliche Gründe für eine Aufhebung des Trennungsprinzips und somit die Schaffung einer Durchgriffshaftung („piercing the corporate veil"), mit der Folge einer persönlichen Haftung der Gesellschafter, sind z. B. Unternehmensaufspaltungen, wenn die zur Verfügung stehende Haftungsmasse der juristischen Person für mögliche externe Kosten nicht ausreicht oder der Tatbestand der Irreführung von Vertragsgläubigern erfüllt ist.[623] Grundsätzlich ist es aber aus vertragstheoretischer Sicht nicht erforderlich, eine erweiterte Durchgriffshaftung bzw. eine Aufhebung des Trennungsprinzips zu verfolgen, weil ansonsten Anreize gesetzt würden, die zu einer suboptimalen Kapitalallokation führen.[624] Darüber hinaus spricht gegen eine Haftungsausweitung die Gefahr der Beeinträchtigung der Funktionsfähigkeit der Kapitalmärkte.

4.3 Haftung aus deliktrechtlicher Sicht

Bei der deliktrechtlichen[625] Betrachtung ist die vertragliche Regelung zwischen den Vertragsparteien ex ante aber nicht mehr gegeben.[626] Wenn dies aber nicht mehr möglich ist, so greift in diesen Fällen das Recht der unerlaubten Handlungen, dessen Aufgabe in der Sanktionierung von Eigentumsrechtsverletzungen besteht.[627] Bei Kapitalgesellschaften mit unzureichender Eigenkapitalausstattung hat das zur Folge, dass Deliktgläubiger Träger von nicht kompensierten Insolvenzrisiken werden.[628] Der Deliktgläubiger trägt somit die externen Kosten des Verursachers, und gesamtgesellschaftlich kommt es zu einer Erhöhung der sozialen Kosten.[629]

Allgemein besteht für Dritte das Risiko, dass das Unternehmensmanagement von Kapitalgesellschaften zu risikoreiche Investitionsprojekte durchführt, ohne für die gesamten Kosten

Vorstand und Aufsichtsrat die Kontrolle über die Haftungsrisiken der Unternehmen übernommen haben". Vgl. Adams (1991), S. 92. Kritisch hierzu Mendelson (2001), S. 10 ff.

623) Vgl. Posner (2003), S. 423 ff.; ebf. Easterbrook/Fischel (1991), S. 54 ff., oder auch Lombardo/Wunderlich (2004), S. 7 ff.

624) Vgl. hierzu Lombardo/Wunderlich (2004), S. 8 ff. Für mögliche Durchgriffstatbestände und -adressaten bei einer Durchgriffshaftung wird verwiesen auf Adams (1991), S. 90 ff.; ebf. Schäfer/Ott (2000), S. 606 ff.

625) Ausgangspunkt der Diskussion über „property and liability rules" bildet der Aufsatz von *Guido Calabresi* und *A. Douglas Melamed* „Property Rules, Liability Rules, and Inalienability: One View of the Cathedral" (1972). Vgl. Calabresi/Melamed (1972), S. 537. Zu den staatlichen Möglichkeiten zum Schutz von Property-Rights vgl. Kaplow/Shavell (1996). In der ökonomischen Theorie des Rechts, hier bezogen auf das Deliktrecht („tort law"), kommt der Unterscheidung zwischen den Property Rights und den sog. „liability rules" eine wichtige Bedeutung zu. Vgl. Landes/Posner (1987), S. 30 f.; ebf. Hylton (2006), S. 138 ff. Für eine ökonomische Untersuchung unter wohlfahrtsökonomischen Gesichtspunkten vgl. auch Brown (1973), S. 323 ff.

626) Bezogen auf die begrenzte Haftung bei Kapitalgesellschaften schreiben *Hansmann* und *Kraakman*: „*In fact, corporate limited liability in tort appears to be an historical accident ...* ." Vgl. Hansmann/Kraakman (2000), S. 35.

627) Vgl. Weise et al. (2005), S. 549. In diesem Zusammenhang wird auch auf die Arbeit von *Bebchuk* verwiesen, der ex ante die Allokationswirkungen von Rechten auf Investitionen und Verhalten analysiert. Vgl. Bebchuk (2001), S. 8 f. Für eine Darstellung der geschichtlichen Entwicklung der begrenzten Haftung vgl. Hansmann/Kraakman (1991), S. 1923 ff.

628) Oder allgemeiner formuliert „*limited liability's moral hazard is the incentive created for corporations to engage in excessively risky activity, shifting those costs to tort and environment victims*". Vgl. Mendelson (2001), S. 35.

629) Vgl. auch Cooter (1991), S. 11 ff. Die wohlfahrtstheoretische Analyse von Haftungsregeln sind ausführlich bei Adams (1985), S. 36 ff., dargestellt.

aufkommen zu müssen.[630] Diese Kosten werden dann auf Dritte transferiert, die keine adäquate Kompensation erhalten. Die Erweiterung der Haftungsbeschränkung könnte die entstandenen Externalitäten verringern oder sogar vermindern helfen. Bei der Haftungserweiterung sind zwei Formen zu unterscheiden: Zum einen die volle unbeschränkte Haftung („joint and several liability"), wobei der Aktionär mit seinem gesamten Privatvermögen haftet, und zum anderen die anteilige unbeschränkte Haftung („pro rata liability"), bei der der Aktionär nur in der prozentualen Höhe seines Aktienbesitzes am Gesamteigenkapital in Anspruch genommen werden kann.[631] Das Ziel einer effizienten Haftungsregelung sollte sein, dass die an einer Schadensverursachung beteiligten Parteien die internen und externen Kosten ihres Handelns berücksichtigen. Bei der Regelung der sog. Gefährdungshaftung wird beispielsweise nur die monokausale Zurechnung der Haftung berücksichtigt; beide Parteien müssen nicht die gesamten Kosten ihrer Handlungen berücksichtigen.[632] Die Verschuldenshaftung mit der Einrede der Fahrlässigkeit des Geschädigten beseitigt diese Betrachtung. So ist der Verursacher von seiner Haftung befreit, wenn er innerhalb seines festgelegten Vorsorgemaßstabes handelt, und darüber hinaus, wenn der Geschädigte fahrlässig ein von ihm zu beachtendes Vorsorgeniveau nicht eingehalten hat. Beide Parteien müssen somit die externen Kosten ihres Handelns berücksichtigen. Der Anwendungsbereich dieser Haftungsregel erstreckt sich primär auf das Deliktrecht mit dem Ziel, effiziente Verhaltensweisen zu entwickeln und durchzusetzen.[633] Diese modifizierte Haftungsform erweitert auch den Verantwortungsbereich des Aufsichtsorgans, sodass unter anderem auch die Bedeutung eines funktionsfähigen Risikomanagement- bzw. Internen Kontrollsystems für alle Verantwortlichen im Unternehmen wächst. Die gestiegene Verantwortung impliziert dann auch neue bzw. erweiterte Aufgaben für die Interne Revision und auch für die intraorganschaftliche Kommunikation zwischen Aufsichtsorgan, Vorstand und der Internen Revision.

---

630) Nach *Mendelson* ist die Eigentümerstruktur, also Minderheiten- („dispersed shareholder") versus Mehrheitsgesellschafter („controlling shareholder"), und die damit verbundenen Auswirkungen auf Haftungsfragen von entscheidender Bedeutung: „*A control-based liability regime would take a different approach to limited liability's moral hazard by focusing vicarious liability only on the shareholder with the capacity to control the corporation. ... By holding them fully responsible for tort liability costs that exceed a corporation's assets or insurance, the regime seems likely to get corporations with control shareholders to internalize their costs.*" Vgl. Mendelson (2001), S. 3 ff. Anders *Glynn*, nach dem „*the corporation's highest-ranking officers* [z. B. der CEO oder CFO, KG], *rather than its controlling shareholders, should be vicariously liable for torts of the enterprise*". Vgl. Glynn (2004), S. 334.

631) Die Realisierung einer Haftungserweiterung muss sich auch Fragen der verwaltungstechnischen Durchführbarkeit, der Auswirkung auf die Kapitalmärkte und der Anreizgestaltung für Unternehmensmanager stellen. Vgl. Hansmann/Kraakman (1991), S. 1896 ff.; ebf. Hansmann/Kraakman (2000), S. 35.

632) Vgl. Kirstein/Schmidtchen (2003), S. 15 f.

633) Anteilseigner werden bestrebt sein, ihre Haftung zu minimieren. So stellt z. B., unabhängig von der Haftungsform, der Konkurs bzw. die persönliche Zahlungsunfähigkeit eine Maßnahme zur persönlichen Haftungsbegrenzung dar. Die Ausschaltung der persönlichen Haftung der Anteilseigner bei Kapitalgesellschaften kann die Internalisierung von Externalitäten verhindern. Je weiter dagegen die persönliche Haftung definiert wird, umso höhere Anreize haben die Anteilseigner zur Suche nach Umgehungsalternativen. Für weitere Formen zur Haftungsvermeidung sowie für eine ausführliche Darstellung dieses Themas wird verwiesen auf Hansmann/Kraakman (1991), S. 1910 ff.; ebf. Lombardo/Wunderlich (2004), S. 15 ff.; ebf. Posner (2003), S. 423 ff.; ebf. Posner (1993), S. 230 ff.; ebf. Adams (1991), S. 91 f., und Cooter (1991), S. 26 f.

5. Zwischenergebnis

Aufbauend auf der Theorie der Neuen Institutionenökonomik, ergänzt um organisationstheoretische Konzepte, wie den Stakeholder- und den ressourcenbasierten Ansatz, wird die Unternehmung definiert als ein komplexes Netzwerk auf Basis expliziter und impliziter unvollständiger Verträge in einem Umfeld von wechselseitig spezifischen Investitionen in Sach- und Humankapital, die nicht am Markt repliziert werden können. Die Unternehmung hat Möglichkeiten, Anreize zu setzen und Verhalten zu steuern (Allokation von Macht), die Märkte nicht haben, und kann dadurch dauerhaft Renten erwirtschaften. Auf diesen Unternehmensbegriff aufsetzend, wurde der Fokus auf die internen Elemente einer Corporate Governance gelegt, die im Wesentlichen aus Unternehmensmanagement, Überwachungsorgan und internem Überwachungssystem, einschließlich der Internen Revision, bestehen. Diese Internal Governance wird verstanden als die Summe aller Sachverhalte, Institutionen und Entscheidungsmechanismen im Unternehmen, inklusive der Instrumente zu ihrer Durchsetzung, die die Art und Weise der unternehmensinternen Leitung und Überwachung prägen.

Formelle und informelle Regeln haben – unter Beachtung ihrer Wirkungen auf die Transaktionskosten – einen Einfluss auf die Effizienz von Institutionen und somit auf die ökonomische Entwicklung von Volkswirtschaften.[634] Es sind aber nicht nur die allokativen Wirkungskräfte des Marktes, die – unter Effizienzgesichtspunkten und losgelöst von nationalen Grenzen und Rechtssystemen – eine Anpassung von Corporate Governance-Systemen bewirken bzw. herbeiführen können. Corporate Governance – als Teil der gesamten institutionellen Ausgestaltung einer Volkswirtschaft – ist vielmehr ein Abbild der formalen und informalen Regelungen und unterliegt damit auch deren dynamischen Veränderungsprozessen.[635] Langfristig – und das zeigen auch die zeitlichen Schwankungen in der Einschätzung der Bedeutung des Insider- oder Outsider Systems – ist die Adaptionsfähigkeit zum einen Voraussetzung für die Entwicklung von flexiblen und effizienten Institutionen, u. a. auch der Corporate Governance, und zum anderen ein wichtiger Erfolgsfaktor für wirtschaftliches Wachstum.[636] Corporate Governance-Systeme können folglich keinen „steady-state"-Zustand erreichen.

Die Frage nach einer Angleichung von Corporate Governance-Systemen wird von einzelnen Autoren zwar immer noch verneint.[637] Mittlerweile wird aber in der Literatur verstärkt die Auffassung vertreten, dass eine funktionale Konvergenz bzw. ein hybrides System als Übergangsphase zu beobachten ist bzw. das mittel- bis langfristig ein Trend hin zu einem kapitalmarktgesteuerten und aktionärsorientierten Corporate Governance-System für Deutschland zu erwarten ist.[638] Diese Annäherung spiegelt sich kurzfristig zwar nicht primär auf der institutio-

634) Nach *North* haben besonders die informellen Regeln „*a pervasive influence on the institutional structure*". Vgl. North (1990), S. 138.

635) Für die Auffassung der Corporate Governance als prozessualen Ansatz vgl. auch Letza/Sun (2002), S. 56 ff.

636) „*It is adaptive rather than allocative efficiency which is the key to long run growth.*" Vgl. North (1993).

637) Vgl. Schmidt/Grohs (1999), S. 40; ebf. Schmidt/Hackethal/Tyrell (2001), S. 26 f.

638) In diesem Sinne auch *Baums*: „*The German Corporate Governance system will generally develop into a more shareholder oriented system. That will be a gradual process.*" Vgl. Baums (1996), S. 11 ff.; ebf. Hackethal et al. (2006), S. 451 ff.; ebf. Lane (2003), S. 24 f.; ebf. Barker (2006), S. 16, und Weichenrieder et al. (2003), S. 77. Vgl. zur Konvergenzthese auch Goergen et al. (2005), S. 31; ebf. Höpner (2001), S. 37 f.,

nellen Ebene wider, wie z. B. in dem Wechsel zu einem reinen monistischem System, aber in der zusätzlichen Nutzung von Elementen des jeweils anderen Systems (e. v. v.). Aus der Sicht des dualistischen Systems handelt es sich hierbei z. B. um die Konzentration auf unternehmerische Kernbereiche, die Vergütungsflexibilisierung von Führungskräften, die Übernahme bzw. Definition von Standards und Regularien („codes of conduct") oder um den Trend der Harmonisierung der Rechnungslegungsanforderungen bzw. Offenlegungspflichten sowie eine deutlichere Gewichtung der Erwartungen von institutionellen Anlegern.[639] Weiteres Anzeichen einer Veränderung sind die abnehmenden Verflechtungen in der sog. „Deutschland AG".[640] Allerdings werden auch weiterhin Unterschiede in den jeweiligen Corporate Governance-Systemen im Sinne der Pfadabhängigkeit fortbestehen, insbesondere die, die ihre Wurzeln z. B. in der nationalen Geschichte und Kultur haben. Somit ändern sich manche Institutionen nicht oder wenn, dann nur sehr langsam.[641] Vor diesem Hintergrund betont die EU-Kommission, dass die EU bei der Corporate Governance ihren eigenen Weg gehen muss; einen auf ihre kulturelle und unternehmerische Tradition zugeschnittenen Weg. Einzelne Elemente des jeweils anderen Systems können integriert werden, ohne dass aber ein international uniformes System zu beobachten sein wird. Für eine Übergangsphase kann jedoch eine Koexistenz aus Elementen des monistischen und dualistischen Systems entstehen. Dies ist sinnvoll, solange diese grundsätzlich komplementär zueinander sind und hierdurch die internen Überwachungssysteme gestärkt werden sowie zusätzliche Offenlegungs- und Transparenzanforderungen integriert werden. Da es kein Universalmodell für eine gute Corporate Governance-Praxis gibt und kein System dem anderen a priori überlegen ist, bedeutet die Entwicklung von Hybridsystemen oder eine – zumindest partiell funktionale – Konvergenz auch keinen Sieg des einen über das andere Corporate Governance-System. Hierbei handelt es sich vielmehr um einen permanenten Anpassungsprozess hin zu einem wirksameren und effizienterem System. Nach der Auffassung des Verfassers können hierdurch auch im dualistischen System die Rechte der Share- *und* der Stakeholder gestärkt werden und für das dualistische Governance-System zusätzliche Effizienzgewinne erzielt werden.

Eine vollständige Vermeidung von risikoreichen Aktivitäten ist und kann nicht das Ziel einer dynamischen Wirtschaft sein. Damit aber eine effiziente Allokation der Ressourcen ge-

---

und Cohen/Pisani-Ferry (2006), S. 6 ff.

639) Vgl. Lütz/Eberle (2006), S. 36 f. In der Präambel des Deutschen Corporate Governance Kodex ist geschrieben, dass dieser international und national anerkannte Standards guter und verantwortungsvoller Unternehmensführung enthält. Weiter wird ausgeführt, „*das auch in anderen kontinentaleuropäischen Ländern etablierte duale Führungssystem und das monistische Verwaltungsratssystem bewegen sich wegen des intensiven Zusammenwirkens von Vorstand und Aufsichtsrat im dualen Führungssystem in der Praxis aufeinander zu und sind gleichermaßen erfolgreich*". Vgl. DCGK (2008), S. 2.

640) Ein typisches Merkmal der „Deutschland AG" war, dass Kapitalverflechtungen einhergingen mit der Besetzung von Aufsichtsratspositionen bei dem Empfänger von Kapitalbeteiligungen durch den Beteiligungshalter. Vgl. Streek/Höpner (2003), S. 29 f.; ebf. Hackethal et al. (2006); ebf. Monopolkommission (2008), S. 181 f. Zu den Auswirkungen von personellen Verflechtungen auf die Corporate Governance wird auf die Arbeit von Miczaika/Witt (2004), S. 2 ff., verwiesen. *Miczaika* und *Witt* untersuchen in dieser Arbeit die personellen Verflechtungen auch aus dem Blickwinkel der Neuen Institutionenökonomik.

641) Vgl. Hopt (2000), S. 126 f.

währleistet ist, sind die externen Kosten in den Entscheidungen der Wirtschaftssubjekte zu berücksichtigen. Aus deliktrechtlicher Sicht begünstigt die beschränkte Haftungsform der Kapitalgesellschaft die Externalisierung von Kosten – ohne adäquate Internalisierungsmechanismen. Eine anteilsmäßige unbeschränkte Haftung („pro rata liability") würde hingegen nicht nur das Problem aus der mehrstufigen Prinzipal-Agenten-Beziehung mildern, sondern auch zu einer marktgerechten Bewertung des Firmenwertes beitragen. Eine optimale Schadensregelung könnte erzielt werden, wenn eine Kombination aus erweiterter Haftungsform und effizienter Haftungsregelung erzielt werden kann. Bei Banken können darüber hinaus erhöhte Eigenkapitalanforderungen für besonders risikoreiche Positionen zur Verbesserung der Risikotragfähigkeit und der Haftung im Krisenfall beitragen.[642] Die Versicherungslösung als alleiniges Instrument zur Internalisierung ist aufgrund der Moral Hazard-Probleme nur eingeschränkt zu befürworten. Vor dem Hintergrund einer Modifizierung der beschränkten Haftung in dem Sinne, dass aus deliktrechtlicher Sicht eine Externalisierung von Kosten zwar nicht vermieden, aber doch verringert wird, werden auch die Eigentümer ein verstärktes Interesse an einer wirksamen Internal Governance entwickeln. Folglich werden auch sie dem Überwachungsorgan eine stärkere Bedeutung und Macht beimessen wollen und erwarten, dass dieses Organ seiner originären Pflicht intensiver nachkommt als im Status quo. Das Aufsichtsorgan benötigt hierfür jedoch ein erweitertes, unabhängigeres Informationsangebot, das über die vom Vorstand bereitgestellten Informationen hinausgeht. Durch die Modifizierungen kann das Aufsichtsorgan dann auch in die Funktion eines äquivalenten Partners der Unternehmensführung wachsen und stärkere Impulse zu einem nachhaltigen Unternehmenswert beitragen.[643] Allerdings stellt sich für das Aufsichtsorgan als bedeutendes internes Corporate Governance-Element die wichtige Frage nach der Möglichkeit, überhaupt *vorstandsunabhängig* auf die Informationsquelle *Interne Revision* zugreifen zu können, um die bestehenden Informationsasymmetrien zwischen Überwacher und Überwachtem zu vermindern oder die erhaltenen Informationen zu verifizieren, und somit effektiver und unabhängiger die Überwachungs- und Beratungsaufgaben wahrnehmen zu können.

Nach systemkonformen Organisationsregeln überwacht der Aufsichtsrat de lege lata und de lege ferenda die Unternehmensführung, u. a. auch mit dem externen Prüfer als Monitoring-Instrument.[644] Der Aufsichtsrat als Überwachungsorgan hat die Funktion, die infolge des Aus-

---

642) „*The capital requirement is then basically intended to keep "lemons" out.*" Vgl. Boot (2001), S. 21.

643) Unter Berücksichtigung der modelltheoretischen Ergebnisse aus der mehrstufigen Prinzipal-Agenten-Beziehung können mittels einer verschärften Haftung von Aufsichtsratsmitgliedern wirkungsvollere Kontrollanreize induziert werden, damit „*diese die bereits formal existierenden, nicht unerheblichen Kontroll- und Disziplinierungsmöglichkeiten (z. B. Entlassungsdrohung, anreizkompatible Entlohnung) nutzen*". *Kräkel* kommt zu dem Ergebnis, dass in der Praxis allerdings kaum Kontrollanreize geschaffen werden, mit der Folge, dass „*derzeit nicht von einer effektiven Managerkontrolle durch den Aufsichtsrat bzw. board of directors ausgegangen werden kann*". Vgl. ausführlicher Kräkel (2007), S. 288 ff.

644) Die Industrielle Revolution ging einher mit der Bildung von Kapitalmärkten und der Trennung von Eigentum und Kontrolle. Letzteres schaffte aber auch ein Potenzial für opportunistisches Verhalten des Unternehmensmanagements. Dies wiederum trug mit zur Entwicklung von unabhängigen Revisoren bei, insbesondere von externen Prüfungsgesellschaften, die beauftragt wurden „*to check on managements' performance with the owners' resources*". Vgl. Imhoff (2003), S. 117 f.; ebf. Ewert (1990), S. 31 ff.

einanderfallens von Unternehmensmanagement und Eigentümern entstehenden Kosten zu reduzieren, und das hierdurch entstandene Defizit an Managementkontrolle intern auszugleichen. Die residualen Kontrollrechte der Eigentümer werden also an das Aufsichtsorgan übertragen, da dieses die Opportunitätsverluste durch Spezialisierung nicht internalisiert, keine Residualansprüche besitzt und keine firmenspezifischen Investitionen tätigt. Damit die Investition in firmenspezifisches Wissen durch das Aufsichtsorgan unterbleibt bzw. auf ein *neutrales* Minimum reduziert werden kann, empfiehlt sich die verstärkte, *vorstandsunabhängige* Vernetzung des Aufsichtsorgans mit der Internen Revision. Hierdurch können auch die Agenturkosten verringert werden. Darüber hinaus kann auch der Trade-off zwischen der Objektivität des Überwachungsorgans und der Nähe zum Management durch die Bindung der Internen Revision an das Aufsichtsorgan minimiert werden. Dies verbessert nicht nur die Unabhängigkeit des Aufsichtsorgans, sondern außerdem auch die der Internen Revision.

Der erweiterte Beitrag der Internen Revision setzt an dieser Stelle an, indem sie auch dem Überwachungsorgan *vorstandsunabhängig* verstärkt mit Informationen zur Seite steht, Informationen für das Aufsichtsorgan verifiziert sowie Hinweise auf Schwachstellen im Risikomanagementsystem gibt. Die dem dualistischen System immanente institutionelle Trennung von Unternehmensführung und -überwachung wird durch diesen Vorschlag grundsätzlich nicht beschädigt. Außerdem wird die hierarchische Zuordnung der Internen Revision nicht tangiert, die auch weiterhin auf der ersten Ebene unterhalb der Unternehmensleitung positioniert sein sollte. Die institutionellen Anreize müssen aus der Sicht des Verfassers jedoch so gesetzt werden, dass Verantwortung und unternehmensethische Werte, insbesondere von Management und Überwachungsträger, (vor-) gelebt werden können („Tone at the Top"), und sie transparent und nach außen erkennbar für eine wirksame Internal Governance und damit für nachhaltige Unternehmenswerte einstehen – sowohl im monistischen als auch im dualistischen System und sowohl für Share- als auch für Stakeholder.

C. Banken und Corporate Governance

1. Finanz- und Bankensysteme

1.1 Einführung und Grundlagen

Funktionierende Finanz- und Bankensysteme haben für Volkswirtschaften eine wichtige Funktion. Dazu gehören eine effiziente Kapitalallokation oder die Reduzierung von Informationsasymmetrien und Transaktionskosten zwischen einer Vielzahl von Kreditnehmern und -gebern. Hieraus erwächst für die Institute eine hohe Verantwortung, insbesondere für die Implementierung einer funktionsfähigen Internal Governance, damit das öffentliche Vertrauen in das gesamte Bankensystem und in jedes einzelne Institut nicht verloren geht.[1] Da Internal Governance-Systeme auch mit Finanzsystemen korrelieren, muss zur systematischen Einordnung und zur Ableitung der Besonderheiten der Internal Governance bei Kreditinstituten zunächst ein Überblick über Finanz- und Bankensysteme gegeben werden.

Ein Finanzsystem einer Volkswirtschaft besteht nicht nur aus dem Finanzsektor, d. h. aus einem Bankensystem sowie Geld- und Kapitalmärkten. Als Finanzsystem soll vielmehr ein „*Interaktionssystem von Angebot und Nachfrage nach Kapitalüberlassung und anderen finanzbezogenen Leistungen*“ bezeichnet werden (Koordinationsfunktion).[2] Es werden somit nicht nur die Angebotsseite, der Finanzsektor, sondern auch die Nachfrageseite, also Haushalte und Unternehmen, einbezogen. Ein funktionsfähiges Finanzsystem ermöglicht eine effiziente Kapitalallokation und trägt durch die Erhöhung der Kapitalakkumulation und der Faktorproduktivität zur Funktionsfähigkeit und Fortentwicklung der Realwirtschaft und somit zum Wachstum einer Volkswirtschaft bei.[3] Neben der Allokationseffizienz muss aber auch die Stabilität des Finanzsystems mit berücksichtigt werden. Finanzintermediäre als Teil des Finanzsystems sind Institutionen, deren Tätigkeit in dem Ausgleich von Anlage- und Finanzierungsbedarf zwischen unterschiedlichen Wirtschaftssubjekten besteht, indem mit beiden Marktpartnern zwei eigenständige Vertragsverhältnisse begründet werden.[4] Idealtypisch werden Finanzsysteme den Kategorien bankenorientiertes versus kapitalmarktorientiertes Finanzsystem zugeordnet.[5]

Geht man zunächst von der Annahme vollkommener Märkte und somit von vollständigen Verträgen und Informationen aus, so gibt es für die Existenz von Finanzintermediären keine zwingende Notwendigkeit.[6] Die Wirtschaftssubjekte können bei vollkommenen Märkten

---

1) Die negativen Folgen einer nicht effektiven Internal Governance sind u. a. auch an den Auswirkungen der aktuellen Banken- und Finanzkrise zu beobachten.

2) Vgl. hierzu Hackethal/Schmidt (2000), S. 3 f.

3) Vgl. Deutsche Bundesbank (2005), S. 103 f.; ebf. Sachverständigenrat (2008), S. 12 f.

4) Genau genommen handelt es sich hier um *Finanzintermediäre im engeren Sinn*, wie z. B. Kreditinstitute oder Bausparkassen. Als *Finanzintermediäre im weiteren Sinn* werden Institutionen bezeichnet, die unmittelbar zum Abschluss von Verträgen zwischen intermediären und/oder originären Geldgebern und -nehmern beitragen, ohne aber selber als Vertragspartner zu erscheinen. Die Leistungskategorien umfassen hierbei Vermittlungs- und Informationsleistungen sowie die Risikoübernahme. Allerdings nehmen auch Finanzintermediäre im engeren Sinne die letztgenannten Funktionen wahr. Vgl. Bitz (1995), S. 12 ff. In dieser Arbeit wird für die weiteren Untersuchungen auf Finanzintermediäre im engeren Sinn abgestellt.

5) Vgl. Nikolov (2000), S. 26 f.

6) Vgl. Hartmann-Wendels (2001), S. 144.

selbstständig ihre Finanzierungsüberschüsse und -defizite einer optimalen Verwendung zuführen.[7] Erst bei bestehenden Marktunvollkommenheiten kommen Finanzintermediäre zum Tragen. Vor diesem Hintergrund wurde zur Erklärung der Funktion von Finanzintermediären zunächst das Problem der Fristeninkongruenz unterstellt, d. h., die Laufzeit der Depositen weicht von der Laufzeit der Kredite ab.[8] Finanzintermediäre sind somit in den Prozess eines qualitativen Ausgleichs zwischen Kapitalaufnahme- und -anlagebedarf involviert (Transformationsprozess). Die Transformationsfunktionen bestehen im Einzelnen in der Liquiditäts- bzw. Losgrößen-, der Fristen-, der Risiko- und der räumlichen Transformation. Hierdurch ermöglichen sie eine indirekte externe Finanzierung, und die einzelnen Wirtschaftssubjekte müssen ihre Spar- und Investitionsentscheidungen nicht aufeinander abstimmen.[9] Moderne theoretische Ansätze basieren auf dem Transaktionsprozess und gehen von Informationsasymmetrien sowie Transaktionskosten zur Erklärung von Finanzintermediären aus (Informationsfunktion).[10] Finanzintermediäre wirken in einer Volkswirtschaft mit unvollkommenen Märkten aufgrund ihrer Möglichkeiten, Informationsasymmetrien effizienter zu reduzieren als dies einzelnen Wirtschaftssubjekten möglich ist, effizienzsteigernd und tragen zu einer optimierten Kapitalallokation bei. Durch die Existenz von Finanzintermediären können die in der Realität zu beobachtenden Marktunvollkommenheiten mittels Transformationsleistungen und Informationsfunktionen reduziert werden. Welchen Anteil die Wertschöpfung des Finanzsektors am Bruttoinlandsprodukt, in dem Zeitraum 2000 bis 2007, ausmacht, zeigt der folgende internationale Vergleich in der Abbildung C.1:[11]

---

7) Vgl. Scholtens (1993), S. 119.
8) Vgl. Damme (1994), S. 15 f.
9) Vgl. Moesch/Simmert (1976), S. 15 ff.
10) Zur neueren Theorie der Finanzintermediation vgl. Nikolov (2000), S. 46 ff.; ebf. Mishkin (2007), S. 185 ff. Siehe hierzu auch unten, Kapitel C.2, S. 117 ff.
11) Vgl. Jäggi (2008), S. 32.

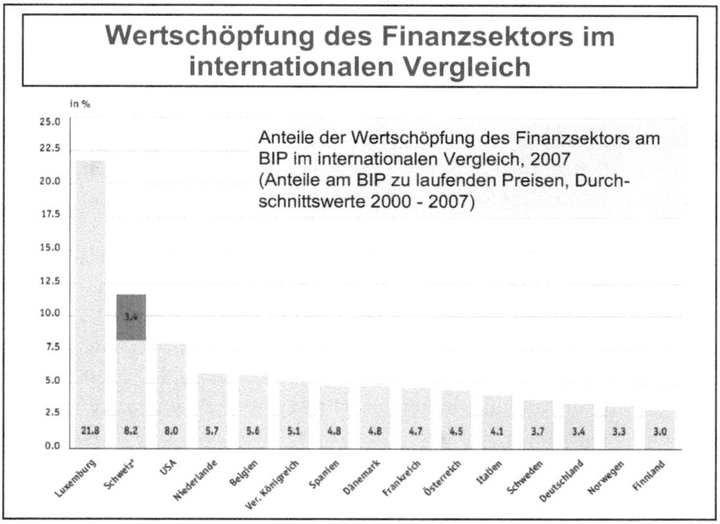

Abbildung C.1: Wertschöpfung des Finanzsektors

Die Wertschöpfung von Banken wird im Wesentlichen durch das Zinsdifferenz- und das Kommissionsgeschäft erzielt. Auffallend ist der hohe Anteil der Wertschöpfung des Finanzsektors in Luxemburg, der Schweiz und den Vereinigten Staaten von Amerika. Somit besteht für diese Länder die Gefahr, dass die direkten Auswirkungen der Finanzmarktkrise einen größeren Einfluss auf die gesamtwirtschaftliche Wertschöpfung haben, als dies in den übrigen europäischen Ländern zu erwarten ist.

Bankensystem

Zu den primären Aufgaben eines Bankensystems gehört die Gewährleistung der allgemeinen Ordnung im Kreditwesen, die effiziente Durchsetzung der wirtschaftspolitischen, insbesondere der geld- und kreditpolitischen Maßnahmen sowie die Sicherstellung der Kapitalallokation und der Schutz der Gläubiger der Kreditinstitute vor Vermögensverlusten.[12] Des Weiteren sind die Abwicklung des Zahlungsverkehrs, der gesamtwirtschaftliche Geldangebotsprozess und die Geldpolitik zu nennen.[13]

Nach *Bagehot* ist „*Kredit eine Macht, die wachsen kann, die aber nicht konstruiert werden kann*".[14] Aus systemtheoretischer Sicht sind Bankensysteme offene Systeme, die aus nicht

[12] Vgl. Koetter et al. (2004), S. 17.

[13] Bei dem Geldschöpfungsprozess wird im Rahmen der Geldtheorie implizit auf Universalbanken und nicht auf paramonetäre Institutionen, wie z. B. Bausparkassen oder Realkreditinstitute, abgestellt. Allerdings kommt den paramonetären Institutionen durch Interbankenkredite eine wichtige Rolle im Geldschöpfungsprozess zu. Vgl. Borchert (1994), S. 39 ff.

[14] Vgl. Bagehot (1873), zitiert bei: Bitz (1987), S. 38.

natürlichen Gründen entstanden sind (künstliche Systeme) und als reale, dynamische Systeme bezeichnet werden können.[15] Bankensysteme sind somit nicht immer das Produkt von rationalen Entscheidungsprozessen, sondern vielmehr das Ergebnis von evolutionären, historischen Prozessen, für die ein breites Spektrum von Einflussfaktoren von Bedeutung ist.[16] Wesentliche Bestimmungsfaktoren sind die grundlegenden wirtschafts-, rechts- und gesellschaftspolitischen Wertesysteme sowie spezifische bankenrechtliche Rahmenbedingungen, Änderungen in Struktur und Volumen der Nachfrage nach Bankdienstleistungen und die Innovationsfähigkeit und der Innovationswille der Geschäftsleitung von Banken.[17] Diese Faktoren sind im Wesentlichen für die Ausprägung von unterschiedlichen Bankensystemen – Universal- oder Spezialbankensystem („Trennbankensystemen“) – verantwortlich.[18] Als Elemente des Bankensystems werden primär die Zentralbank und die Geschäftsbanken verstanden.

Nach § 1 Abs. 1 KWG sind Kreditinstitute Unternehmen, die Bankgeschäfte gewerbsmäßig oder in einem Umfang betreiben, der einen in kaufmännischer Weise eingerichteten Geschäftsbetrieb erfordert.[19] Aus juristischer Sicht ist der Begriff „Bank“ nach § 39 Abs. 1 Satz 1 Nr. 1 KWG für Kreditinstitute geschützt, die eine Erlaubnis nach § 32 KWG besitzen, oder Zweigniederlassungen von Unternehmen nach § 53b Abs. 1 Satz 1 und 2 oder Abs. 7 KWG sind.[20] Bei diesen Tätigkeiten, die einer bankaufsichtlichen Genehmigungspflicht unterliegen, handelt es sich um die konstitutiven Elemente des Bankgeschäfts.[21] Sind diese rechtlichen Bedingungen erfüllt, so werden die Begriffe Kreditinstitut und Bank synonym verwendet.

1.2 Historische Entwicklung

1.2.1 Entwicklung des deutschen Bankensystems

Die Privatbankiers waren bis Mitte des 19. Jahrhunderts Träger von bedeutenden Finanzierungsgeschäften, insbesondere bei der Emission staatlicher Effekten.[22] Daneben finanzierten sie auch die ersten Industrieunternehmen, mussten aber bald erkennen, dass ihre Kapazitäten nicht ausreichten, um den wachsenden Finanzierungsbedarf der Industrie langfristig zu de-

15) Vgl. hierzu Büschgen (1993), S. 27.

16) Vgl. ausführlicher Allen/Gale (2001), S. 38 ff.

17) Vgl. Büschgen (1983), S. 351. Zum „Wertesystem“ vgl. Link (2009), S. 61 ff.

18) Zur Definition von Universal- und Spezialbanken siehe unten, Kapitel C.1.3, S. 113 f.

19) Für eine Aufzählung, was unter Bankgeschäfte fällt, siehe § 1 Abs. 1 Satz 2 KWG.

20) Der Begriff „Bank“ stammt vom italienischen Wort „banco“ und diente ursprünglich zur Bezeichnung der Tische der oberitalienischen Geldwechsler im Mittelalter. Unternehmen, die keine Kreditinstitute sind, aber diesen im weiteren Sinn zugerechnet werden (*Finanzintermediäre im weiteren Sinn)*, werden vom Gesetzgeber als Finanzdienstleistungsinstitute (§ 1 Abs. 1a KWG) oder als Finanzunternehmen (§ 1 Abs. 3 KWG) definiert. Anhand ihrer Geschäfte können Finanzdienstleistungsunternehmen als deutsches Äquivalent zu den (ehemaligen) Investmentbanken angesehen werden. Vgl. Hartmann-Wendels et al. (2007), S. 21 f. Mit Inkrafttreten des Jahressteuergesetzes 2009 zählt auch das Factoring und Finanzierungsleasing zu den sog. Finanzdienstleistungen (§ 1 Abs. 1a Satz 2 Nr. 9 und 10 KWG). Wer das Factoring und Finanzierungsleasing betreiben will, benötigt ab diesem Zeitpunkt eine Erlaubnis nach § 32 Abs. 1 KWG. Vgl. BaFin - Merkblatt (2008).

21) Vgl. Büschgen (1993), S. 9.

22) Vgl. Büschgen (1970), S. 27; ebf. Koetter et al. (2004), S. 39 f.

cken.[23] Als institutionelle Lösung dieses Finanzierungsproblems wurden auf Initiative der Privatbankiers die ersten bereits universal tätigen Aktienbanken gegründet.[24] Im Vergleich zu anderen Ländern war die deutsche Industrie verstärkt auf die Außenfinanzierung durch Banken angewiesen, da ein entwickelter Kapitalmarkt und ein kapitalkräftiges Bürgertum nicht in ausreichendem Maße vorhanden waren. Neben diesen ökonomischen Faktoren, die die spezifischen Kapitalverhältnisse in Deutschland widerspiegeln, waren aber auch politische, rechtliche und ideengeschichtliche Strömungen von Bedeutung.[25] Unter Berücksichtigung dieser Umstände ergab sich bereits seit der Industriellen Revolution eine relativ enge Beziehung zwischen Industrie und Banken, aufgrund derer den Banken ein wichtiger Beitrag zur wirtschaftlichen Entwicklung im 19. Jahrhundert beigemessen wird.[26]

Die Jahre ab 1880 waren bei den Großbanken gekennzeichnet durch die verstärkte Herausbildung einer universellen Geschäftstätigkeit sowie durch starke Konzentrationsprozesse im Bankensektor.[27] Als Ursache für eine weitere Konzentrationsbewegung in der Zeit von 1925 bis 1932 waren ökonomische Probleme, insbesondere die Weltwirtschaftskrise von 1929 und die Bankenkrise von 1931 sowie Veränderungen im Industriesektor und die zunehmende Konkurrenz des öffentlich-rechtlichen Bankensektors, von Relevanz.[28] Ein eingesetzter Untersuchungsausschuss kam zu dem Ergebnis, dass es keine Ursachen- und Wirkungszusammenhänge zwischen der Bankenkrise und der Art des Bankensystems gab.[29] Deshalb wurde kein Wechsel vom Universal- zum Spezialbankensystem vollzogen, sondern 1934 das Gesetz über das Kreditwesen (KWG) verabschiedet, welches die *„Art und Weise der Ausschöpfung des universalen Möglichkeitsbereichs"*, z. B. mittels Liquiditätsanforderungen oder eines Aufsichtsorgans, regeln sollte.[30]

Neben den Aktienbanken entwickelten sich parallel die Sparkassen und die Kreditgenossenschaften. Die Gründungsabsicht bei den Sparkassen lag in der Förderung des Sparsinns und der Vermögensbildung und bei den Genossenschaftsbanken in der Verbesserung der wirt-

---

23) Vgl. Pohl (1978), S. 610; ebf. Tilly (1989), S. 191.

24) Als erste deutsche Aktiengesellschaft wurde 1848 der A. Schaaffhausen'sche Bankverein mit Sitz in Köln gegründet; allerdings aus einer wirtschaftlichen Zwangslage heraus. Vgl. Pohl (1978), S. 610.

25) Hier sind besonders der geistige Einfluss des Saint-Simonismus von Relevanz, die Zentralnotenbankpolitik und später die bismarcksche Gesetzgebung. Vgl. Kolbeck (1995), Sp. 1859; ebf. Tilly (1989), S. 192 ff.; ebf. Emmons/Schmid (1998), S. 22 ff.

26) Vgl. Büschgen (1970), S. 35.

27) Vgl. Pohl (1986), S. 61 ff. Als erste Prototypen einer Universalbank (in älteren Quellen auch „gemischte Bank" genannt) gelten die „Société Général de Belgique", die 1822 in Belgien entstand, und – je nach Autor – auch die „Société Général du Crédit Mobilier", die 1852 in Paris gegründet wurde. Vgl. Büschgen (1983), S. 352 f.

28) Vgl. Häuser (1994), S. 48 f.; ebf. Pohl (1986), S. 86 ff.

29) Vgl. Büschgen (1970), S. 50. Die deutsche Bankenkrise wurde eher als Folge der Reparationszahlungen und der Hyperinflation gesehen. Vgl. Francke/Hudson (1984), S. 9 f.; ebf. Kregel (1992), S. 236. Zur Bankenkrise von 1931 siehe ausführlicher unten, Kapitel C.2.4.1, S. 127 ff.

30) Vgl. Büschgen (1970), S. 50. Für die Darstellung der politischen Einflüsse und Ziele bei der Verabschiedung des KWG vgl. Häuser (1994), S. 51. Von weiterer Bedeutung für den Geschäftsbankensektor war der Dodge-Plan von 1945, der das Ziel hatte, die Großbanken aufzulösen und das Bankensystem zu dezentralisieren. Vgl. Horstmann (1986), S. 95. Diese zunächst beschlossenen Maßnahmen wurden aber per Gesetz am 24.12.1956 wieder aufgehoben. Vgl. hierzu Pohl (1978), S. 621.

schaftlichen und sozialen Verhältnisse von Handwerk, Gewerbe und Landwirtschaft.[31] Diese Institute entstanden zunächst als Spezialbanken hinsichtlich regionaler, sektoraler und funktioneller Art.[32] Im Laufe der Zeit weiteten sie ihr Leistungsangebot aus und entwickelten sich zu (regionalen) Universalbanken.[33]

Charakteristisch für den deutschen Universalbankensektor ist das historisch gewachsene Nebeneinander von Kreditbanken, Genossenschaftsbanken und Sparkassen, aber mit grundlegend unterschiedlichen Entstehungszusammenhängen in den einzelnen Säulen des Bankensystems.[34] Seit Beginn der 1980er-Jahre führten sowohl Deregulierung und Reregulierung auf internationaler und europäischer Ebene als auch veränderte Unternehmensstrategien zu einer Ausweitung des kapitalmarktbezogenen anstelle des kreditbasierten Finanzierungsgeschäftes. Dies hat auch zu einer Veränderung im deutschen Bankensystem beigetragen und zu einer Annäherung von Instrumenten der Banken-, Kapitalmarkt- und Versicherungsregulierung geführt.[35] Inwieweit ordnungspolitische und wirtschaftliche Überlegungen sowie die aktuelle Bankenkrise zu einer weiteren Änderung des dreigliedrigen Banksystems führen werden, soll hier nicht weiter diskutiert werden.[36]

1.2.2 Entwicklung des US-amerikanischen Bankensystems

Die Erklärung des amerikanischen Trennbankensystems mittels des Glass-Steagall Act wäre zwar ab Anfang der 1930er-Jahre de jure richtig, aber de facto nur unvollständig. Das amerikanische Bankensystem war schon früh durch Arbeitsteilung und Zersplitterung gekenn-

---

31) Kritisch zu dem Spannungsfeld Sparkassen und politischer Einfluss: „*While in theory these firms (state ownership) are controlled by the public, the de facto control rights belong to the bureaucrats. These bureaucrats can be thought of as having extremely concentrated control rights, but no significant cash flow rights because the cash flow ownership of state firms is effectively dispersed amongst the taxpayers of the country. Moreover, the bureaucrats typically have goals that are very different from social welfare, and are dictated by their political interests. ... The bureaucrats controlling state firms have at best only an indirect concern about profits (...), and have objectives that are very different form the social interest. Nonetheless, they have virtually complete power over these firms, and can direct them to pursue any political objective. State ownership is then an example of concentrated control with no cash flow rights and socially harmful objectives. Viewed from this perspective, the inefficiency of state firms is not at all surprising.*“ Vgl. Shleifer/Vishny (1997), S. 768; ebf. Sachverständigenrat (2008), S. 151 ff., zum Anpassungsbedarf bei der öffentlich-rechtlichen Säule des Bankensystems.

32) Vgl. Büschgen (1970), S. 34.

33) Allerdings unterliegen Sparkassen den Beschränkungen aus dem jeweiligen Sparkassengesetz und der jeweiligen Satzung. Vgl. Büschgen (1993), S. 58 ff.

34) Der Bestand an Kreditinstituten in Deutschland verteilt sich – in Auszügen – Ende 2007 wie folgt: Fünf Großbanken (1998: 4; 2004: 4), 446 Sparkassen (1998: 594; 2004: 477), 1.203 Kreditgenossenschaften (1998: 2.217; 2004: 1.309) und 22 Realkreditinstitute (1998: 33; 2004: 25); vgl. Deutsche Bundesbank (2008d). Vgl. zur Struktur des deutschen Bankensystems ausführlicher Sachverständigenrat (2008), S. 84 ff.; ebf. Brückner (2007), S. 114 ff.; ebf. DIW (2004), S. 18 ff.

35) Beispielhaft zu nennen sind etwa die internen und externen Ratings im Rahmen der Basler Eigenkapitalempfehlung. Nach *Lütz* prämiert die zunehmend auf Kapitalmarktbelange ausgerichtete Finanzmarktregulierung „*letztlich Finanzbeziehungen, die kurzfristig, risikoavers und damit marktähnlich sind*“. Vgl. Lütz (2004), S. 6 ff.

36) Vgl. hierzu Brückner (2007), S. 208 ff.; ebf. Sachverständigenrat (2008), S. 137 ff., auch zu der Rolle der Landesbanken in der aktuellen Finanzmarktkrise. Zu den Perspektiven des deutschen Bankensystems und Bankenreformen in Europa vgl. DIW (2004), S. 45 ff.; ebf. Rajan/Zingales (2003), S. 49 ff.; ebf. Hackethal/Schmidt (2005); ebf. EZB - Banking Structures (2008), S. 7 ff.

zeichnet.[37] Die Arbeitsteilung lässt sich auf die angelsächsische Auffassung von der Trennung des Einlagen- und Kreditgeschäfts von dem Wertpapiergeschäft zurückführen, während die Zersplitterung durch geographische, sozio-kulturelle, politische und rechtliche Bedingungen entstanden ist.[38] Die Beteiligungen an anderen Unternehmen wurde den sog. National Banks durch die Verabschiedung des National Banking Act von 1863 und durch laufende Rechtssprechung 1876 verboten.[39] Die Konturen des Trennbankensystems wurden aber ab Ende des 19. Jahrhunderts undeutlicher, als Trust Companies (Vermögensverwaltungen) sich im Wertpapier- und im Kredit- und Einlagengeschäft (commercial banking) betätigten. Aufgrund der Entwicklung der Trust Companies zu Universalbanken weiteten die Commercial Banks über Tochtergesellschaften ihre Geschäftsfelder auch auf das Wertpapiergeschäft (investment banking) aus.[40] Ferner kam es zur Aufnahme des kommerziellen Bankgeschäfts durch die Investmentbanken, sodass Ende der 1920er-Jahre die Trennung zwischen Commercial- und Investmentbanken beseitigt war. Auch die US-amerikanische Finanzaufsicht ist durch eine starke geographische und funktionale Fragmentierung mit teilweisen überschneidenden und parallel agierenden Aufsichtsbehörden gekennzeichnet, deren Ursachen ebenfalls in historischen Entwicklungen liegen.[41]

Die Weltwirtschaftskrise von 1929 führte in den USA zu zahlreichen Bankenzusammenbrüchen Anfang der 1930er-Jahre.[42] Diese Ereignisse waren Anlass für die Umsetzung des Glass-Steagall Act von 1933, der eine gesetzliche Trennung zwischen Commercial- und Investmentbanken vorsah, um die Grundlage für ein funktionsfähiges und stabiles Bankensystem zu legen.[43] Im Gegensatz zu Deutschland wurde die Ursache der Instabilität in dem Bankensystem selbst gesehen.[44] Diese Perspektive war auch durch die politische Bewertung des

---

37) Vgl. Büschgen (1970), S. 89; ebf. Rajan/Zingales (2003), S. 3.

38) Vgl. Gondring (1989), S. 55 ff.; ebf. Möschel (1978), S. 33.

39) Vgl. Möschel (1978), S. 33; ebf. Puckler (1986), S. 13.

40) Vgl. Hew (1976), S. 31 ff.

41) Der Gramm-Leach-Bliley Act veränderte auch teilweise die Aufsichtsstruktur des US-Bankensystems. So unterliegen die einzelnen Unternehmen einer Finanz- oder Bankholding der jeweils zuständigen Aufsichtsbehörde: Commercial Banks der Aufsicht durch das Federal Reserve System und das Federal Deposit Insurance System sowie dem Office of the Comptroller of the Currency. Investmentbanken werden von der Securities and Exchange Commission und im Rahmen der Kontrolle des Handels mit Rohstoffen von der Commodity Futures Trading Commission reguliert. Dagegen werden die Versicherungen von den Versicherungsbehörden der einzelnen Bundesstaaten beaufsichtigt. Außerdem nimmt das Federal Reserve Board nach dem Gramm-Leach-Bliley Act die Rolle als übergeordnete Aufsichtsinstanz („umbrella supervisor") war. Vgl. Hartmann-Wendels et al. (2007), S. 72 f. Zu den Auswirkungen auf die Bankenregulierung aus dem Gramm-Leach-Bliley Act vgl. Mishkin (2007), S. 283. Vgl. zu Entstehung und Zielen der Bankenaufsicht in den Vereinigten Staaten Träm (2006), S. 30 ff.; ebf. Mishkin (2007), S. 311 ff.

42) Eine eingesetzte Untersuchungskommission unter Senator *Glass* kam Anfang der 1930er-Jahre zu dem Schluss, dass „*the experience of the past 10 years lends spectacular participation by commercial banks in the capital market exaggerates financial and business fluctuations und undermines the stability of the economic organization of the country*". Vgl. Kelly (1985), S. 45 f.

43) Vgl. Puckler (1986), S. 14.

44) Einige Ökonomen sahen die Ursache für die Bankenzusammenbrüche nicht in den Aktivitäten der Banken im Wertpapiergeschäft, sondern in der Fristeninkongruenz, verbunden mit einem sehr hohen Zinsänderungsrisiko. Vgl. Gondring (1989), S. 33 f.

Problems bestimmt. Man kann sagen, dass der Glass-Steagall Act als Grundstein der New Deal-Politik verabschiedet und stärker politisch als ökonomisch geprägt worden ist.[45]

Um die Beschränkungen aus dem Glass-Steagall Act zu umgehen, versuchten die Banken, ihr Betätigungsfeld durch Holdinggesellschaften zu erweitern. Das Ziel der Holdinggesellschaften war, Beteiligungen an Banken und Nichtbanken zu erwerben und sich somit in anderen Geschäftsfeldern zu engagieren. Der Gesetzgeber verhinderte diese Entwicklung zum Universalbankensystem aber durch den Bank Holding Company Act von 1956 und den One-Bank Holding Company Act von 1970, sodass Beteiligungen nur bis zu 5 v. H. an dem Grundkapital von Nichtbanken erlaubt waren.[46] In den 1980er- und 1990er-Jahren wurden auf politischer und wirtschaftlicher Ebene erneut Diskussionen über eine Reform des amerikanischen Bankenmarktes, die weiter gefassten Auslegungen des rechtlichen Rahmens seitens der Aufsichtsbehörde sowie über partielle Deregulierungsmaßnahmen geführt und auch teilweise umgesetzt.[47] Auch die Aufsichtsbehörde übernahm eine zentrale Rolle bei der Umgestaltung des Wettbewerbsumfeldes für Banken und Wertpapierhäuser. So beschloss das Federal Reserve Board im Dezember 1986 eine Neuinterpretation des § 20 des Glass-Steagall Act, sodass die Banken bis zu 5 v. H. ihres Gewinns aus Investmentbanking-Transaktionen erwirtschaften durften (im Jahr 1989 wurde diese Größe auf 10 v. H. und 1996 auf 25 v. H. angehoben).[48]

Bis zur Unterzeichnung des Gramm-Leach-Bliley Act am 12. November 1999 wurde das US-amerikanische Bankensystem als typisches Trennbankensystem angesehen. Mit dem Gramm-Leach-Bliley Act, der auch als Financial Services Modernization Act bezeichnet wird, wurde das Trennsystem auf ein am europäischen Universalbankenmodell orientiertes System ausgerichtet.[49] Vor dem Hintergrund des internationalen Wettbewerbs und der Vermeidung von Nachteilen für Investmentbanken erleichtert dieses Gesetz die Zusammenschlüsse von Banken, Versicherungen und Wertpapiergesellschaften. Es ermöglicht die Errichtung von sog. Financial Holding Companies, denen die Vereinigung des Einlagen-, Kredit-, Wertpapier- und Versicherungsgeschäfts gestattet ist; also das Angebot aller Finanzdienstleistungen unter einem Dach, aber weiterhin mit getrennten Banktypen. Die Entwicklung des US-amerikanischen Bankensystems kann somit als eine grundsätzliche Modernisierung in Richtung des kontinentaleuropäischen Universalbankensystems interpretiert werden. Allerdings hebt der Gramm-Leach-Bliley Act das Trennbankensystem vom Grundprinzip her *nicht* auf,

---

45) Vgl. Kroszner/Rajan (1993), S. 830; ebf. Gondring (1989), S. 34.

46) Vgl. Möschel (1978), S. 110 ff.

47) Neben der Beseitigung regionaler Beschränkungen ging es insbesondere um die Aufhebung der §§ 20, 32 des Glass-Steagall Act, d. h., dass Commercial und Investment Banking unter einer Holdinggesellschaft zusammengefasst werden können, und nicht primär um eine Angleichung an den deutschen Universalbanktypus. Vgl. Schiessl (1988), S. 270 f.; ebf. Axarlis (2004), S. 16 ff., insbesondere zur Untersuchung der Aufhebung des Glass-Steagall Acts aus der Perspektive der politischen Ökonomie. Für einen Überblick zu den wichtigsten „Banking Legislation" in den Vereinigten Staaten von Amerika vgl. Mishkin (2007), S. 289 f.

48) Der Begriff „regulatory capture" bezeichnet den Sachverhalt, dass die Regulierungsbehörden sich eher mit den Interessen der Bankenindustrie identifizieren als mit dem ihnen anvertrauten öffentlichen Interesse. Vgl. ausführlicher Boehm (2007); ebf. Axarlis (2004), S. 17, der diese These auf die US-amerikanische Bankenaufsicht anwendet.

49) Vgl. Noller (2002), S. 62 f.

denn er ändert nichts an der grundsätzlichen Trennung der beiden Banktypen Commercial und Investment Banks.[50] Einen kritischen Höhepunkt erreicht das US-amerikanische Bankensystem in der aktuellen Banken- und Finanzmarktkrise, u. a. durch die Teilinsolvenz der Investmentbank Lehman Brothers, der Übernahme der Investmentbank Merrill Lynch durch die Bank of America sowie der größten Bankeninsolvenz in der Geschichte Amerikas; die Insolvenz der im Jahr 1889 gegründeten Washington Mutual mit einer Bilanzsumme von 307 Milliarden US-Dollar.[51]

1.3 Das Universalbankensystem

Allgemein sind Universalbanken Finanzintermediäre, die in ihrer Geschäftstätigkeit keinen Beschränkungen hinsichtlich quantitativer, regionaler, kunden- bzw. branchenmäßiger oder qualitativ-sachlicher Art unterliegen.[52] Da diese Negativbeschreibung wenig operational ist, soll für ordnungspolitische Fragestellungen, insbesondere zur Abgrenzung der beiden Ordnungsalternativen Universal- oder Spezialbank, folgende Definition unterstellt werden:[53]

Universalbanken sind Institute, die das Einlagen- und Kreditgeschäft mit dem Effektengeschäft, insbesondere dem Effektenemissions-, dem Effektenkommissions-, dem Effekteneigen- und dem Effektendepotgeschäft verbinden.

Dieses Gliederungsprinzip richtet sich nach der Geschäftsstruktur eines Kreditinstituts. Allerdings sind in der Realität gesetzliche Beschränkungen der Bankaktivitäten zu beobachten. So wird im Allgemeinen im deutschen Bankensystem zwar nicht das Betätigungsfeld der Banken beschränkt, aber es wird die Einhaltung bestimmter gesetzlicher Rahmenbedingungen gefordert, innerhalb derer die Banken jedoch frei agieren dürfen.[54]

Als Spezialbank sind diejenigen Institute zu bezeichnen, die sich

im Kredit- und Einlagengeschäft betätigen, ohne es aber mit dem Effektengeschäft zu kombinieren, und diejenigen Institute, die die Emission, die Verwaltung und den An- und Verkauf von Effekten allein oder aber in Verbindung mit anderen Geschäften als dem Depositen- und Kreditgeschäft betreiben.[55]

---

50) Vgl. Hartmann-Wendels et al. (2007), S. 66 ff.

51) Die Vermögenswerte des Kreditinstituts, inklusive der 2239 Filialen, wurden an J. P. Morgan Chase verkauft. Vgl. o.V. (2008h). Allerdings ist die Zahl der Insolvenzen bislang noch geringer als in den 1930er-Jahren und ihre wirtschaftlichen Auswirkungen wiegen weniger schwer als in der Weltwirtschaftskrise. Vgl. Eichengreen (2008).

52) Vgl. Büschgen (1970), S. 6; ebf. Kolbeck (1995), Sp. 1858.

53) Vgl. Büschgen (1970), S. 9. *Benston* spricht bei Universalbanken von Instituten, die „*may offer the entire range of financial services*". Vgl. Benston (1994), S. 121. In einer *weiten Begriffsbestimmung* handelt es sich um eine Universalbank, wenn ihre Geschäftsaktivitäten keinen Beschränkungen hinsichtlich der Auswahl der Leistungsarten, der Kundengruppen und des Standortes unterliegen. Vgl. Büschgen (1983), S. 352. Diese weite Definition wird hier aber *nicht* weiter berücksichtigt.

54) Hierbei handelt es sich z. B. um die §§ 10, 11, 13 bzw. 13a und 14 KWG bzw. die Solvabilitätsverordnung, die Groß- und Millionenkreditverordnung und die Liquiditätsverordnung. Siehe hierzu unten, Kapitel C.3.5.3, S. 207 f. Von *Kregel* wurde die Einhaltung der Rahmenbedingungen mit der ehemaligen Marktsegmentierung in den USA verglichen. Diese Auffassung soll hier aber nicht weiter verfolgt werden. Vgl. hierzu Kregel (1992), S. 239.

Das Spezialbankensystem ist gekennzeichnet durch das Prinzip der Arbeitsteilung und Aufgabenseparation sowie durch ein enges Sortiment an Bankleistungen. Dem gegenüber steht das Universalbankensystem, das das Prinzip der Arbeitsvereinigung verfolgt und ein breiteres Sortiment an Bankdienstleistungen anbietet.[56] Die Leistungsangebote der Spezialbanken sind im Wesentlichen durch ihren komplementären Charakter geprägt, d. h., Funktionen und Leistungen der Spezialbanken ergänzen sich. Wenn im Folgenden von Spezialbanken gesprochen wird, dann sind die deutschen Spezialbanken nicht mit einbezogen. Sie werden zunächst als Datum hingenommen.[57]

1.3.1 Vor- und Nachteile des Universalbankensystems

Die Frage nach einem optimalen Bankensystem kann nicht anhand einer Einzelnorm oder mittels eines einzigen Effizienzkriteriums beantwortet werden. Auch besteht kein allgemein anerkanntes Verfahren für eine Kosten-Nutzen-Messung. Zudem sind Bankensysteme als soziales Gebilde aufzufassen und somit nicht nur von ökonomischen, sondern auch von gesellschaftspolitischen und rechtlichen Rahmenbedingungen geformt. Deshalb werden im Stile eines deskriptiven Ansatzes die Vor- und Nachteile aus einzel- und gesamtwirtschaftlicher sowie gesellschaftspolitischer Sicht gegenübergestellt.[58] Ausgehend von der Annahme, dass die Gewinnerzielung unter Aufrechterhaltung der Zahlungsfähigkeit und der kapitalmäßigen Sicherheit als repräsentatives Ziel eines Kreditinstituts gesehen wird, bestehen die bankbetriebswirtschaftlichen Vorteile des Universalbankensystems zum einen in der einzelwirtschaftlichen Perspektive und zum anderen auch bei gesamtwirtschaftlicher Betrachtung.[59] Aus bankbetriebswirtschaftlicher Sicht ist die Preisausgleichsmöglichkeit und besonders die Risikoreduzierung durch die Diversifikation der Geschäfte ein entscheidender Vorteil des Universalbankensystems. Diese Risikoverringerung bei den einzelnen Banken überträgt sich auch auf die Stabilität des Bankensystems als Ganzes.[60] Aus gesamtwirtschaftlicher Sicht kann das Universalbankensystem hierdurch eine größere Stabilität erreichen. Ferner bestehen aus kapitalmarktpolitischer Sicht Vorteile aus dem besseren Kreditschöpfungspotenzial und somit der Kreditversorgung einer Volkswirtschaft, denen aber Nachteile aus der schwachen Ausprägung des Aktienmarktes und der schwierigen Finanzierung von neuen, innovativen Technologien gegenüberstehen.[61] Aus wettbewerbspolitischer Sicht ist das deutsche Universalbankensystem

---

55) Vgl. Büschgen (1970), S. 9. Die Begriffe „Spezialbank“ und „Spezialbankensystem“ werden synonym für die Begriffe „Trennbank“ und „Trennbankensystem“ benutzt. Auf Abweichungen wird explizit hingewiesen.

56) Vgl. Büschgen (1993), S. 44; ebf. Büschgen (1997), S. 2 f.

57) Weiter unten werden die Spezialbanken in die Untersuchung einbezogen. Siehe unten, Kapitel C.1.3.2, S. 116 f.

58) So bereits Mülhaupt (1979), S. 4 f.

59) Vgl. ausführlicher Hahn (1980), S. 348; ebf. Hahn (1991), S. 64 ff.; ebf. Schneider-Lenné (1993), S. 67; ebf. Kroszner/Rajan (1993), S. 829 f.; ebf. Berger et al. (1993), S. 224 ff.; ebf. Tichy (1990), S. 364; ebf. Vander Vennet (1994), S. 531, und Saunders/Walter (1994), S. 204.

60) „*Because of lack of transparency and disclosure in relationship-based systems intermediaries finance assets that only they understand.*“ Vgl. Rajan/Zingales (2003), S. 18.

61) Vgl. Mishkin (2007), S. 182 f. „*If, however, we are in a period of extraordinary change, where revolutionary innovations may enable firms to create entirely new profitable markets, the free access market-based*

durch eine oligopolistische Struktur gekennzeichnet, aber von einer marktbeherrschenden Stellung einzelner Institute kann nicht gesprochen werden (sog. *Gruppenwettbewerb*).[62] Die systemimmanenten Nachteile des Universalbankensystems bestehen aus Interessenkonflikten, die sich zulasten der Kunden auswirken können sowie in der (noch bestehenden) kumulativen Wirkung aus Kredit- und Beteiligungsgeschäft.[63] Ein Hauptkritikpunkt ist hier die sog. „Kumulationsthese", nach der es wegen der Funktion von Universalbanken als Unternehmensfinanzierer und -kontrolleur zu einer gesellschaftlich nicht akzeptablen Machtakkumulation bei den Banken kommen kann.[64] Unter Abwägung aller zu berücksichtigenden Faktoren kann aus bankbetriebswirtschaftlicher und gesamtwirtschaftlicher Sicht gefolgert werden, dass die Vorteile des Universalbankensystems die Nachteile überwiegen.[65]

1.3.2 Untersuchung aus Sicht der Neuen Institutionenökonomik

Aus Sicht der Neuen Institutionenökonomik ergibt sich der entscheidende Vorteil für das Universalbankensystem aus der Realisierung von Effizienzgewinnen durch den Einfluss von Banken über Eigenbeteiligungen, Auftragsstimmrecht und Aufsichtsratsmandate auf die Unternehmenskontrolle. Dieses entgegengesetzte Ergebnis zu den vorherigen Untersuchungen kann damit begründet werden, dass zuvor implizit von einer produktionstechnischen Effizienz ausgegangen wurde, während bei der vertragstheoretischen Sicht zusätzlich Transaktionskosten mit herangezogen werden. In diesem Zusammenhang ist darauf hinzuweisen, dass im Rahmen der Unternehmensfinanzierung der Beteiligungsbesitz von Banken als ein optimaler Finanzierungsmechanismus angesehen werden kann. Denn in dem Prinzipal-Agenten-Ansatz kommt dem Beteiligungsbesitz eine kompensatorische Funktion für mangelnde Kreditsicherheiten zu. Hierdurch können rentable Investitionsprojekte realisiert werden, die ansonsten aufgrund unzureichender Kreditsicherheiten unterblieben wären. Der geringe Umfang an Kreditsicherheiten wird durch die Einräumung von Kontrollrechten ausgeglichen. In einem transaktionskostenorientierten Ansatz bestimmt sich die optimale Finanzierung dagegen über die Spezifität der zu tätigenden Investitionen. Bei steigender Spezifität ist zu beobachten, dass die

---

arm's length system is better in making sure that most of these get financed, even though many failures will also be financed." Vgl. Rajan/Zingales (2003), S. 21 f.

62) Vgl. zum Bankenwettbewerb ausführlicher Koetter et al. (2004), S. 28 ff.; ebf. Deutsche Bundesbank (2005), S. 107 ff.; ebf. Monopolkommission (2008), S. 89 f. Eine besondere Rolle nehmen die Spitzenverbände der jeweiligen Institutsgruppen (DSGV, BVR und BdB) ein, die mit quasi-öffentlichem Status dem Idealtyp „privater Interessenregierungen" entsprechen und einschließlich des Zentralen Kreditausschusses – nach *Lütz* – gegenüber ihren Mitgliedern „*verpflichtungsfähig sind und nach außen deshalb korporatistische Bündnisse für die gesamte Branche abschließen können*". Vgl. Lütz (2004), S. 4.

63) Vgl. bereits Studienkommission "Grundsatzfragen" (1979), Ziff. 160 ff.

64) Diese Kritikpunkte hat der Gesetzgeber u. a. mit dem KonTraG aufgegriffen, das unmittelbar in das Bankenstimmrecht und mittelbar in das Aufsichtsratsrecht eingreift. Außerdem ist der § 135 AktG zu nennen, der die Ausübung des Stimmrechts durch Kreditinstitute und geschäftsmäßig Handelnde regelt. Vgl. Claussen/Erne (2000), Rn. 23, S. 39. Nach aktuellen Untersuchungen der Monopolkommission hat diese *Doppelfunktion* von Banken, mit der Folge, dass diese Interessenkonflikte auch auf das Corporate Governance-Systeme insgesamt ausstrahlten, in den vergangenen Jahren aber zunehmend an Bedeutung verloren. Vgl. Monopolkommission (2008), S. 160 ff. Zu den Konfliktthesen sowie zur Diskussion um Bankenmacht und -verstaatlichung vgl. auch Büschgen (1983), S. 357 ff.

65) Vgl. Benston (1994), S. 122 ff.; ebf. Rich/Walter (1993), S. 308 ff.

Kreditfinanzierung abnimmt und durch externes Eigenkapital ersetzt wird. Je höher der Grad der Faktorspezifität, umso größer ist bei ex post-Opportunismus die Gefahr der Aneignung der Quasi-Rente durch den Kreditnehmer. Durch die Beteiligung der Banken können die bei steigender Faktorspezifität stärker anfallenden Kontroll- und Überwachungsaktivitäten zu geringeren Kosten als bei einer reinen Fremdfinanzierung ausgeführt werden.

In der Neuen Institutionenökonomik erfolgt eine Endogenisierung von Institutionen. Auf dieser Grundlage sollen im Folgenden die in Deutschland bestehenden Spezialbanken nicht mehr als Datum angesehen werden, sondern mit in die Untersuchung integriert werden, also ein Erklärungsansatz für das Bestehen von Spezialbanken gefunden werden.[66] Die Bedeutung von Spezialbanken, die man in Banken mit spezialisiertem Leistungsprogramm und in Kreditinstitute mit Sonderaufgaben unterteilen kann, liegt in der Erfüllung von gesamtwirtschaftlichen, insbesondere struktur-, prozess- und gesellschaftspolitischen Aufgaben.[67] Zur Erklärung ihrer Existenz werden verschiedene, sich ergänzende Determinanten angeführt, z. B. die Banktradition, die Gründung als Selbsthilfeinstitution, eine selbst gewählte faktische Spezialisierung oder die Folge der Entwicklung von Finanzinnovationen.[68] Vor dem Hintergrund, dass bei Universalbanken mittels einer Portfoliodiversifizierung die Ertragslage der einzelnen Institute stabilisiert und das Risiko bei gleichbleibenden Renditen verringert werden kann, bleibt die Frage nach der Handhabung von Risiken aus der Geschäftspolitik bei Spezialbanken offen. Denn durch die Spezialisierung auf bestimmte Geschäftsfelder können diese positiven Effekte der Portfoliotheorie nicht erreicht werden, sodass eine hinreichende Erklärung für das Bestehen von Spezialbanken hieraus nicht abgeleitet werden kann.

Eine nachhaltige unternehmerische Betätigung setzt einen effizienten normativ-rechtlichen Rahmen voraus. Ist dieser nicht gegeben, kann die Spezialisierung auf ein Geschäftsfeld aufgrund des hohen Risikos und der prohibitiven Informationsbeschaffungs- und Überwachungskosten nur begrenzt aufrechterhalten werden. Die Entwicklung von Spezialbankensystemen ist grundsätzlich nicht rein ökonomisch, sondern im Wesentlichen normativ-rechtlich bestimmt, sodass die nachhaltige Existenz von Spezialbankensystemen – von wenigen Ausnahmen abgesehen – in erster Linie in einer normativ-rechtlichen Begründung liegt.[69]

---

66) Der Begriff „Spezialbanken“ wird in diesem Kapitel synonym für die bislang als exogen gegebenen deutschen Spezialbanken, wie z. B. die (ehemaligen) Hypothekenbanken, verwendet. Wird er für den ordnungspolitischen Vergleich zwischen Universal- und Spezialbankensystem verwendet, so wird dies ausdrücklich erwähnt.

67) Vgl. Büschgen (1993), S. 65 ff.

68) Vgl. Geis (1995), Sp. 1762.

69) So war das Hypothekenbankgesetz, das am 1. Januar 1900 in Kraft trat, eine Reaktion auf Unregelmäßigkeiten im Geschäftsbetrieb der bereits seit 1862 bestehenden Hypothekenbanken. Durch diese Unregelmäßigkeiten erlitten zahlreiche Gläubiger hohe Forderungsausfälle. Vgl. Schierenbeck/Hölscher (1993), S. 89 f. Seit Juli 2005 wurde das Hypothekenbankgesetz durch das Gesetz zur Neuordnung des Pfandbriefrechts abgelöst. Nach § 1 Abs. 1 des Pfandbriefgesetzes sind Pfandbriefbanken Kreditinstitute, deren Geschäftsbetrieb das Pfandbriefgeschäft (Hypotheken-, Schiffs- und Öffentliche Pfandbriefe) umfasst. Für eine sachgerechte Aufsicht wurde das Pfandbriefgeschäft als Bankgeschäft im Sinne des § 1 KWG definiert, dessen Betrieb eine entsprechende Erlaubnis nach § 32 KWG voraussetzt. Mit dem neuen Pfandbriefgesetz wurden die rechtlichen Rahmenbedingungen zur Ausgabe von Pfandbriefen vereinheitlicht und das Spezialbankprinzip aufgehoben. War der Kreis der Berechtigten zur Pfandbriefausgabe in der Vergangenheit auf Hypotheken-

2. Theoretischer Erklärungsansatz für Banken

Die bisherige Definition von Universal- und Spezialbanken bezog sich auf die Geschäftsstruktur und sah den Unterschied hauptsächlich in dem Leistungsumfang. Diese Zweiteilung war für einen deskriptiven Vergleich erforderlich und sinnvoll. Im Folgenden sollen Banken aus der Sicht der Neuen Institutionenökonomik analysiert werden, insbesondere das Aufgabenspektrum von Universal- und Spezialbanken. Da Banken ein Wirtschaftszweig sind, der eine besonders hohe Regulierungsdichte aufweist, sollen die institutionellen Rahmenbedingungen für Kreditinstitute ebenfalls näher betrachtet werden. Die Grundlagen der Bankenaufsicht und ihre Auswirkungen auf den Bankensektor werden am Ende dieses Kapitels dargestellt.

2.1 Banken und Neue Institutionenökonomik

Banken als Finanzintermediäre übernehmen bestimmte Transformations- und Transaktionsfunktionen, wie Liquiditäts-, Risiko-, Informations- und Fristentransformation sowie die räumliche Transformation.[70] Eine Begründung für Friktionen im neoklassischen Gleichgewichtsmodell lässt sich hieraus aber nicht ableiten. Wie bereits ausgeführt, bleibt es ungeklärt, warum die Wirtschaftssubjekte im allgemeinen Gleichgewichtsmodell theoretisch nicht in der Lage sein sollten, mittels Direktfinanzierungen die für ihren optimalen Nutzen erforderlichen finanziellen Transaktionen selbst auszuführen.[71] Solange nicht von den Annahmen der Neoklassik abgewichen wird, kann die Existenz von Finanzintermediären nicht erklärt werden.[72] Als Begründung für Marktunvollkommenheiten, und somit für die Existenz von Banken, erweist sich die Neue Institutionenökonomik als hilfreich. So kann zum einen die Begründung in der Reduzierung von Transaktionskosten liegen.[73] Zum anderen kann als weiterer Erklärungsansatz eine Informationsasymmetrie zwischen den Vertragsparteien (Bank und Kunde) unterstellt werden. Wie in diesem Kapitel erläutert, können Kreditinstitute aus Sicht der Prinzipal-Agenten-Theorie einen effizienten Beitrag zu Lösung dieser Kooperationsprobleme leisten.[74] Beide Ansätze sind aber nicht als getrennt, sondern als sich ergänzend aufzufassen.[75]

Aus Sicht des Transaktionskostenansatzes wird als Erklärung für Banken hervorgehoben, dass diese in der Lage sind, Transaktionen auf finanziellen Märkten kostengünstiger und effizienter durchzuführen als andere Wirtschaftssubjekte.[76] Außerdem tragen Banken durch ihre

---

banken und öffentlich-rechtliche Kreditanstalten begrenzt, so kann ab Juli 2005 nach Erwerb einer entsprechenden Emissionslizenz jede Bank diese Form der Refinanzierung einsetzen. Vgl. BaFin (2004b), S. 105 ff.

70) Siehe oben, Kapitel C.1.1, S. 106 f.

71) Vgl. Damme (1994), S. 16.

72) Vgl. Benston/Smith (1976), S. 217.

73) „*The raison d'être for this industry is the existence of transaction costs.*" Vgl. Benston/Smith (1976), S. 215.

74) „*Financial intermediation is an endogenous system response to asymmetric information.*" Vgl. Scholtens (1993), S. 126; ebf. Hartmann-Wendels (2001), S. 144 f.

75) Vgl. Campbell/Kracaw (1980), S. 864. Als Erklärung für die Existenz von öffentlich-rechtlichen Banken, deren Begründung in der traditionellen Literatur kaum thematisiert wird, werden die beiden Argumente Marktversagen und die Funktion von staatlichen Banken als politische Instrumente, als quasi-fiskalische Agenten, genannt. Vgl. DIW (2004), S. 11 f.

76) Vgl. Wagner (1982), S. 159; ebf. Woodward (1988), S. 698.

Mittlerfunktion zwischen Gläubigern und Schuldnern zur Verringerung von Such- und Informationskosten sowie der Zahl der insgesamt durchzuführenden Transaktionen bei.[77] Daneben können sie eine effizientere Risikodiversifikation als private Wirtschaftssubjekte ausüben und ersparen einzelnen Individuen durch ihre Möglichkeiten zur Fristentransformation den Abschluss von mehreren Einzelverträgen.[78] Ferner tragen sie zur transaktionskostenreduzierenden Abwicklung des Zahlungsverkehrs bei.[79]

Ausgangspunkt für den Erklärungsansatz der Informationsasymmetrie ist die Annahme einer ungleichen Informationsverteilung. Der Kreditgeber kann die Qualität bzw. Kreditwürdigkeit des Kreditnehmers, d. h. die Wahrscheinlichkeit für die vertragsgemäße Erfüllung der Kreditverpflichtungen, aufgrund des ex ante („hidden information") und ex post („hidden action") Informationsvorsprungs des Kreditnehmers nicht direkt überprüfen. Es besteht die Gefahr, dass die guten Kreditnehmer von den Schlechten verdrängt werden, und somit die durchschnittliche Qualität des Kreditportfolios sich insgesamt verschlechtert.[80] Durch die Bildung von Institutionen kann diese Problematik überwunden werden. So können Banken als eine institutionelle Reaktion auf unvollkommene Kapitalmärkte verstanden werden, da sie die Probleme bei Informationsasymmetrien (Adverse Selektion, Moral Hazard) besser lösen können als eine große Anzahl individueller Investoren.[81] Ferner können Banken die Anreizprobleme zwischen Kreditgeber und -nehmer mindern, indem sie, vor dem Hintergrund eines diversifizierten Kreditportfolios, für eine Vielzahl von Investoren Informationen über Kreditnehmer sammeln („delegated monitoring"), sodass die Informationsbeschaffungs- und Überwachungskosten eines jeden Einzelnen minimiert werden.[82] Durch die Kooperation zwischen Kapitalgeber und Finanzintermediär können bei diversifiziertem Portfolio die Delegationskosten spürbar minimiert werden. Hieraus resultieren Effizienz- und Wohlfahrtsgewinne gegenüber einer direkten Finanzbeziehung ohne Finanzintermediär.[83]

2.2 Unternehmenskontrolle durch Banken

Banken, insbesondere Universalbanken übernehmen auch Aufgaben der Unternehmenskontrolle und ermöglichen langfristige Beziehungen zur Reduzierung von Moral Hazard-Problemen.[84] Im Folgenden sollen die Auswirkungen des Einflusses der Universalbank, insbeson-

---

77) Vgl. Wagner (1982), S. 167.

78) Vgl. Richter (1990), S. 300.

79) Vgl. Gesswein (1986), S. 258. Für eine weiterführende Erläuterung zu Transaktionskosten und Banken vgl. Scholtens (1993), S. 121 ff.

80) Es bilden sich „market for lemons". Vgl. Akerlof (1970), S. 488 ff. Siehe auch unten, Kapitel C.3.5.4, S. 221.

81) Vgl. Neuberger (1994), S. 32. Zu vollständigen und unvollständigen Finanzkontrakten bei asymmetrischer Information vgl. Hartmann-Wendels et al. (2007), S. 96 ff.

82) Vgl. Diamond (1984), S. 393 f. Zwar bezieht sich die Informationsasymmetrie in diesem Modell auf eine ex post-Situation, aber die Hauptaussagen gelten auch bei ex ante-Informationsasymmetrie. Vgl. Neuberger (1994), S. 33, Fn. 11.

83) Für eine ausführliche Diskussion über die Lösung von asymmetrischen Informationsproblemen durch Banken vgl. Neuberger (1994), S. 31 ff.; ebf. Wilson (2000), S. 387 f.; ebf. Hartmann-Wendels et al. (2007), S. 113 ff.

84) Vgl. Damme (1994), S. 16 f.; ebf. Tilly (1993), S. 111.

dere durch ihren Anteilsbesitz, auf Nichtbanken untersucht werden. Ausgangspunkt ist ein unvollständiger Vertrag zwischen Bank und Unternehmen, gekennzeichnet insbesondere durch eine mangelnde Verifizierbarkeit der Erfüllung der vertraglichen Leistung.[85] Bei diesem langfristigen Verhältnis stehen sowohl explizite als auch implizite vertragliche Gestaltungselemente nebeneinander. Insbesondere durch diese Vertragsgestaltung wird die langfristige Stabilität der engen Beziehung zwischen Universalbank und Unternehmen erleichtert.[86]

Die Problematik der Unternehmenskontrolle, insbesondere der Managerkontrolle ist eng verbunden mit der Trennung von Eigentum und Kontrolle.[87] Zur Bewältigung der Managerkontrolle werden in diesem Kapitel die beiden Disziplinierungsalternativen Aktionäre oder Kreditinstitute untersucht.[88] Die Ausübung der effektiven Kontrolle ist stark von den zugrunde liegenden Anreizen abhängig.[89] So wird ein Kleinaktionär bei einer Publikumsaktiengesellschaft, unabhängig von gesetzlichen Beschränkungen, nach einer Kosten-/Nutzenabwägung zu dem Ergebnis kommen, dass seine Kontrollanstrengungen wenig effizient sind, weil zum einen die Informationsbeschaffung mit hohen Kosten verbunden ist, zum anderen die Auswirkung seiner Stimmrechtsausübung relativ schwach ist.[90] Die Managementkontrolle der Kleinaktionäre wird neben diesem Verhalten der rationalen Apathie durch die Free-Rider-Problematik verstärkt. Letztere entsteht, da die Managementüberwachung als öffentliches Gut anzusehen ist, also Nichtausschließbarkeit und Nichtrivalität im Konsum vorliegt.[91] Die Folge wäre eine nicht effektiv kontrollierte Geschäftsführung. Dieser Auswirkung kann entgegengetreten werden, wenn ein Aktionär trotz des Free-Rider-Verhaltens der Kleinaktionäre die Unternehmenskontrolle ausübt, da er entweder einen hinreichend großen Aktienbestand hält, oder aber die Kontrolle zu geringeren Kosten bei gleichen Anteilen am Unternehmen ausführen kann.[92] Insbesondere Universalbanken haben durch ihre Diversifikation grundsätzlich eine risikoneutrale Präferenzfunktion und eignen sich somit als Überwacher. Allerdings können sich Interessenkonflikte zwischen Großaktionären, hier z. B. die Universalbank, und Kleinaktionären, z. B. bei der Dividendenpolitik, ergeben. Berücksichtigt man aber, dass der Großaktionär durch die höhere Beteiligungsquote eine verringerte Risikodiversifikation erreichen kann und das Free-Rider-Problem der Kleinaktionäre löst, so kann man dies als Kosten der Stellvertretung auffassen, die die Kleinaktionäre zu zahlen haben.[93] Die Universalbank wird die Unternehmenskontrolle aber nur ausführen, wenn die Kosten der Stellvertretung nicht über den Erträgen der Überwachungsanstrengungen liegen.[94]

85) Vgl. Neuberger (1994), S. 79; ebf. Steinherr/Huveneers (1994), S. 277.
86) Vgl. Hellwig (1989), S. 280 f.
87) Also das Vorliegen von Eigentum an Vermögen ohne nennenswerte Verfügungsmacht und die Verfügungsmacht über Vermögen ohne nennenswertes Eigentum. Vgl. Ebers/Gotsch (1993), S. 210.
88) Für weitere Möglichkeiten vgl. Milgrom/Roberts (1992), S. 496 ff.
89) Vgl. Stiglitz (1985), S. 143.
90) Für einen mathematischen Beweis dieses Verhaltens vgl. Haas (1994), S. 81 ff.
91) Vgl. Stiglitz (1985), S.148.
92) Vgl. Haas (1994), S. 84.
93) Vgl. Stiglitz (1985), S. 144.
94) Vgl. Haas (1994), S. 87.

2.3 Langfristige Bindung durch Banken: Das Hausbankprinzip

Das Hausbankenprinzip („relationship lending") als umfassende und intensive Beziehung zwischen Unternehmen und Bank war typisch für das deutsche Universalbankensystem und hatte Auswirkungen auf das Corporate Governance-System.[95] Im Folgenden soll der Begriff „Hausbank" erläutert und die Funktion dieser Institution näher beschrieben werden. Abschließend wird die praktische Bedeutung der Hausbankbeziehung dargestellt.

Allgemein versteht man unter einer Hausbankbeziehung ein enges, intensives Verhältnis zwischen Bank und Unternehmen, wie es sich in Deutschland seit Mitte des letzten Jahrhunderts entwickelt hat.[96] Sie basiert vor allem auf Vertrauen, impliziten Verträgen, konsistenten Erwartungen, sich wiederholenden Geschäftsbeziehungen, Reputation, Kooperation- und Koordinationsbereitschaft.[97] Als charakteristische Merkmale für diese Beziehung sind zu nennen: Der hohe Anteil an Bankgeschäften mit dem betreffenden Unternehmen, die langfristige Beziehung, die einflussreiche Position und die besondere Verantwortung der Hausbank, die in finanziellen Krisensituationen dem Unternehmen unterstützend zur Seite stehen soll.[98] Insbesondere bei Letzterem werden von der Hausbank Investitionen, wie z. B. Sanierungen, finanziert, die kurzfristig mit Verlust verbunden, aber langfristig profitabel sind. Solange der Bank vertraglich zugesichert werden kann, dass sie an dem späteren Gewinn partizipieren wird, wird sie die erforderlichen Mittel bereitstellen. Sind aber unvollständige Verträge zu berücksichtigen, so kann eine langfristige Bindung nicht nur explizite, sondern muss auch implizite Vereinbarungen berücksichtigen. Diese Bindung kann durch die Hausbankbeziehung dargestellt werden.[99] Allerdings ist die langfristige Bindung der Unternehmung an die sanierende Bank nur bei eingeschränktem Wettbewerb im Bankensektor möglich.[100] In dem Fall von vollkommenem Wettbewerb kann die Unternehmung nach erfolgreicher Sanierung die Bank wechseln oder die Konditionen unter Hinweis auf Finanzangebote der Mitbewerber so stark verringern, dass die „Sanierungsbank" für ihr Engagement keine entsprechende Entschädigung mehr erhält. Es kommt zu einem Trade-off zwischen Wettbewerb und Effizienz.[101]

Wie bereits angesprochen, kann zur Lösung des langfristigen Bindungsproblems der Bank von dem Unternehmen eine Beteiligung eingeräumt werden. Eine vertragliche Regelung über die spätere Gewinnaufteilung und die Kontrollbefugnisse ist somit nicht mehr erforderlich, da die Bank als Eigentümer an den erfolgsabhängigen Vergütungen des Unternehmens zukünftig

---

95) „*Relationship lending is defined as a long-term implicit contract between a bank and its debtor.*" Vgl. zur Empirie und für einen Literaturüberblick Elsas (2002), S. 5; ebf. Rajan/Zingales (2003), S. 13 ff., ausführlich zu den theoretischen Differenzen zwischen „relationship lending" und „arm's-length financing".

96) „ ... *bank-firm relationships in Germany are not only characterised by long-term debt financing commitments but also by a multitude of links. These include direct shareholdings, board representations, and proxy voting and are particularly significant for corporate governance.*" Vgl. Koetter et al. (2004), S. 11.

97) Vgl. Hackethal et al. (2006), S. 453.

98) Vgl. Fischer (1990), S. 3 f.

99) Vgl. Hellwig (1989), S. 280 f.

100) Vgl. ausführlicher Fischer (1990), S. 23 ff. „ *Relationship lending can be interpreted as a financing instrument that leads to a rationally intended creation of monopoly power for the bank, i. e., for one party of the implicit contract.*" Vgl. Elsas (2002), S. 25 ff.

101) Vgl. Neuberger (1994), S. 85.

partizipieren wird.[102] Entscheidend ist hierbei, dass die Hausbank gegenüber den übrigen Banken einen Informationsvorsprung und potenziellen Einfluss auf das Unternehmensmanagement im Laufe der Zeit erhält.[103] Aus der Unternehmenssicht erweist sich der Eigenkapitalbesitz der Bank ebenfalls als vorteilhaft, da diese nicht mehr nur reine Kreditgeberinteressen vertritt, sondern durch ihre Beteiligung ein langfristiges Engagement und eine potenzielle Unterstützung bei finanziellen Problemen signalisiert.[104]

Unter Berücksichtigung der vorherigen Ausführungen kann man sagen, dass stärker bankorientierte Finanzierungssysteme, wie z. B. Universalbankensysteme, eher zur Förderung von langfristigen Investitionen bereit sind als stärker marktorientierte Systeme, wie z. B. Trennbankensysteme.[105] Der Trade-off zwischen Effizienz und Wettbewerb wird im Universalbankensystem eher zugunsten der Effizienz, im Trennbankensystem dagegen eher zugunsten des Wettbewerbs gelöst.[106] Ferner verringern sich im Universalbankensystem durch die enge Beziehung die Monitoring-Kosten, insbesondere bei asymmetrischer Informationsverteilung.[107] Zwar wird im Trennbankensystem versucht, die Informationsasymmetrie über strengere Publizitätsvorschriften und externe Ratingagenturen abzubauen, indem die hierbei gewonnenen Informationen der Öffentlichkeit bereitgestellt werden, aber eine ähnlich intensive und tiefe Informationsgewinnung wie im langfristigen Hausbankprinzip kann hierdurch nicht erreicht werden.[108]

Die praktische Bedeutung der Hausbankbeziehung hat sich im Laufe der Zeit verändert. In einer empirischen Untersuchung aus dem Jahr 1990 konnte gezeigt werden, dass die enge Beziehung zwischen Bank und Unternehmen zur Ermöglichung von langfristigen Bindungen grundsätzlich keine dominante Rolle mehr spielt.[109] Als Grund hierfür wurde ein intensiver Wettbewerb im Firmenkreditgeschäft genannt. Auch wird die Bedeutung von zusätzlichen Informationen aus der langfristigen Beziehung für die Kreditvergabe gering eingeschätzt.[110] Zwar erhöht ein intensiver Kontakt die Wahrscheinlichkeit der Risikoerkennung im Kreditgeschäft, aber hierfür ist die Vertretung im Aufsichtsrat nur bedingt relevant; vielmehr ist der persönliche Kontakt zwischen den Entscheidungsträgern ausschlaggebend, so die Untersu-

---

102) „*Industrial ownership by a bank is a pledge to adopt a long run view and to help if difficulties arise.*" Vgl. Neuberger/Neumann (1991), S. 193.

103) Vgl. Damme (1994), S. 28; ebf. Elsas (2002), S. 20.

104) Vgl. Neuberger/Neumann (1991), S. 193; ebf. Neuberger (1994), S. 91.

105) Vgl. Steinherr/Huveneers (1994), S. 287 ff.

106) Differenzierter urteilen *Rajan* und *Zingales*: „*In sum, relationship-based system perform better when markets and firms are smaller, when legal protection is weaker, when there is little transparency, and when innovation is mostly incremental, rather than revolutionary. Thus, relationship-based systems work best in the early stages of industrialization where the industries to be financed are physical asset intensive, where the legal system is ineffective, and where skill-based or idea-based industries are of limited import. They also work best in small, homogenous, closed economies.*" Vgl. Rajan/Zingales (2003), S. 11 f.

107) Vgl. ausführlicher Burghoff (1999), S. 3 ff.

108) In diesem Zusammenhang kommt der Problematik der Insider-Information im Universalbanken- eine andere Bedeutung zu als im Trennbankensystem. Zu der Thematik Ratingagenturen und aktuelle Finanzmarktkrise siehe unten, Kapitel C.2.5.2, S. 162 f.

109) Vgl. bereits Fischer (1990), S. 141; ebf. Neuberger (1994), S. 169; ebf. Rajan/Zingales (2003), S. 8 ff. Kritisch zu dieser These Memmel/Schmieder/Stein (2007).

110) Vgl. Neuberger (1994), S. 169.

chung. Bezüglich der Sanierungsbereitschaft wurde festgestellt, dass diese unter den Banken sehr unterschiedlich ausgeprägt ist und sich auf eine kleine Gruppe von großen Universalbanken konzentriert. Die Sanierungsbereitschaft der Bank liegt aber nicht in der Absicht, das Unternehmen langfristig an sich zu binden, sondern eher in dem besseren Informationsstand der Bank zur Beurteilung der Erfolgsaussichten der Sanierung.[111] Einflussmöglichkeiten aus der kumulativen Wirkung von Beteiligungen und Aufsichtsratsmandaten werden als vorhanden angesehen. Sie dienen aber nicht zum Abbau von Informationsasymmetrien zwischen Kapitalgeber und -nehmer, sondern werden angabegemäß benutzt, um Geschäftsbeziehungen mit diesen Unternehmen aufrechtzuerhalten oder aufzubauen und um Wettbewerbsvorteile zu erlangen.[112]

2.4 Grundzüge der Bankenaufsicht

„So viel Freiheit wie möglich und so viel Aufsicht wie nötig.“[113]

Literatur und Praxis sind sich darüber einig, dass Kreditinstitute in einem der am stärksten regulierten Industriesektoren agieren.[114] Die Regulierung von Kreditinstituten durch die Bankenaufsicht darf aber kein uneingeschränkter Selbstzweck, sondern muss in einem freiheitlich, marktwirtschaftlich orientierten Wirtschaftssystem mit den Merkmalen Entscheidungs- und Vertragsfreiheit sowie Selbstverantwortlichkeit Mittel zum Zweck sein, um einen dynamischen Wettbewerb sowie Anreize für die Weiterentwicklung von Systemen und Prozessen zu schaffen. Jedoch sollte eine Regulierung operational effizient sein, also ihre angestrebten Funktionen auch erfüllen können.[115] Zur terminologischen Einordnung des Begriffes Bankenaufsicht dient die folgende Abbildung C.2:[116]

111) Vgl. Fischer (1990), S. 140 f.

112) Vgl. Neuberger (1994), S. 174 f. Treffend ist die Bewertung der vertragstheoretischen Grundlagen und der tatsächlichen Ausgestaltung der Hausbankbeziehung von Hellwig, der schreibt, dass „*we encounter the difficulty that the finance contracts which we observe in practice are much simpler than the optimal long-term incentive contracts of the theory*“. Vgl. Hellwig (1989), S. 280.

113) Vgl. Sanio (2005). „*We are, ..., left in a world of second best, where perfect regulation is infeasible and spillover from necessary regulatory tools has deleterious effects on the equilibrium character of the system.*“ Vgl. Freixas/Santomero (2002), S. 20.

114) Vgl. Dionne (2003), S. 206; ebf. Santos (2000), S. 1; ebf. Neuberger (1998), S. 177; ebf. Heremans (1999), S. 951.

115) Vgl. Deutsche Bundesbank (2006), S. 41.

116) In Anlehnung an Blumer (1996), S. 46.

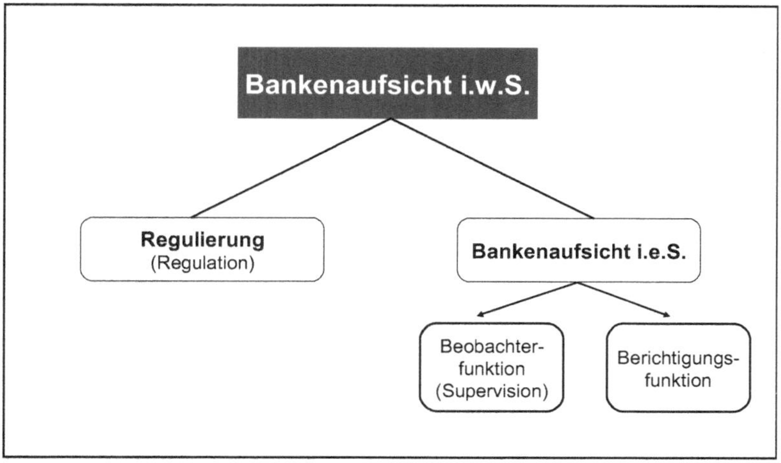

Abbildung C.2: Terminologie Bankenaufsicht

Allgemein versteht man unter dem Begriff „Aufsicht" eine überwachende Tätigkeit.[117] Die Bankenaufsicht i. w. S. wird verstanden als Oberbegriff für die staatliche Überwachung der Banken. Sie ist darauf gerichtet, *„die in ihrer Geschäftsführung selbständigen Kreditinstitute laufend zu beobachten (formelle Bankenaufsicht) und ggf. auf sie einzuwirken (materielle Bankenaufsicht), um die Einhaltung der dem Zweck der Beaufsichtigung dienenden Rechtsvorschriften und Regelungen zu gewährleisten"*.[118] Die Bankenregulierung ist die Festlegung von Normen durch entsprechende Institutionen (Gesetzgeber, Aufsichtsbehörde) bzw. die Verankerung der staatlichen Aufgaben in Erlasse (Gesetzen, Verordnungen etc.). Die Bankenaufsicht i. e. S. hat im Rahmen ihrer Beobachter- und Berichtigungsfunktion dafür Sorge zu tragen, dass die gesetzten Normen der Bankenregulierung von den betroffenen Instituten auch beachtet und umgesetzt werden.[119] Im angelsächsischen Verständnis beinhaltet die Aufsicht („supervision") stark die Beobachtungsfunktion hinsichtlich der Überwachung der Einhaltung der Rechtsvorschriften.[120]

---

117) Vgl. Mondello (1999), S. 11; ebf. zum Regulierungsbegriff Uhde (2007), S. 11 f.

118) Bankenaufsicht kann als eine Form der sog. „Untertanenaufsicht" beschrieben werden, da sie durch staatliches Hoheitsrecht begründet wird und ihr als Aufsichtsobjekt alle Unternehmungen, auf die die Legaldefinition des § 1 Abs. 1 KWG zutrifft, unterworfen sind. Vgl. Niethammer (1990), S. 24.

119) Vgl. Blumer (1996), S. 46; ebf. Mondello (1999), S. 11 f.

120) Vgl. Niethammer (1990), S. 24 f. Unterschieden wird zwischen den Belangen Regulierung (*„the establishment of specific rules of behaviour"*), Monitoring (*„observing whether the rules are obeyed"*) und Supervision (*„the more general observation of the behaviour of financial firms"*). International schon früher, mittlerweile auch in Deutschland, ist eine Verschiebung der Schwerpunkte von einer detailliert verordneten Regulierung zu einem von Monitoring und einer von Supervision geprägtem Ansatz zu beobachten. Vgl. Goodhart et al. (1998), S. 189. Für einen Überblick zu den Modellen der Finanzaufsicht in ausgewählten Ländern vgl. Geiger/Trott (2006), S. 3 ff.

Im Sinne eines Stufenkonzeptes kann die Bankenaufsicht auch als Teil eines internen und externen Überwachungssystems gesehen werden. Die Elemente des externen Überwachungssystems bestehen aus den externen Revisoren und den staatlichen Aufsichtsbehörden. Das interne Überwachungssystem bei Banken besteht aus den Elementen des Risikomanagements. Diese umfassen, unter Berücksichtigung der Risikotragfähigkeit, die Festlegung angemessener Strategien und die Einrichtung angemessener Interner Kontrollverfahren; Letztere bestehen aus dem Internen Kontrollsystem und der Internen Revision (AT 1 Tz. 1 MaRisk).[121] Dem Aufsichtsorgan obliegt die Überwachung der Geschäftsleitung.[122] Aus Effizienzgründen und nach dem Subsidiaritätsprinzip greift in der Regel die staatliche Aufsicht erst dann ein, wenn die unteren Stufen erfolglos geblieben sind. Die folgende Abbildung C.3 zeigt das Stufenkonzept eines Bankenüberwachungssystems, wobei jede Stufe in ihrer jeweiligen operativen Ebene eine „Filterfunktion" erfüllt:[123]

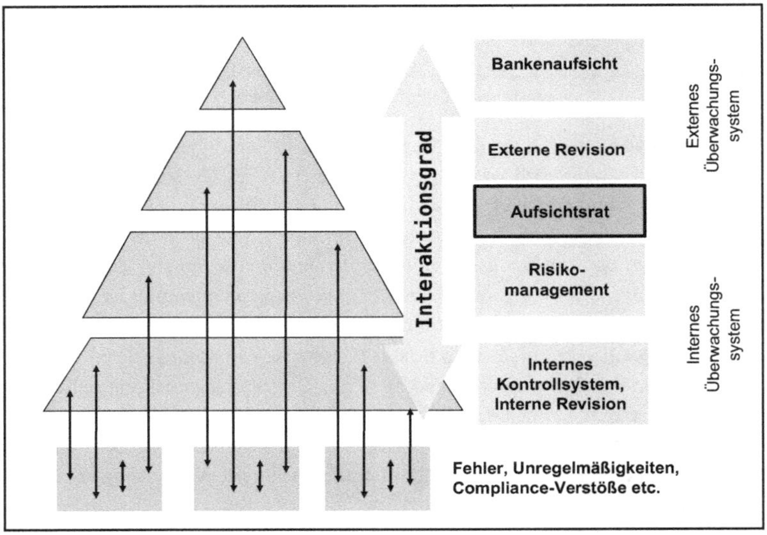

Abbildung C.3: Stufenkonzept eines Bankenüberwachungssystems

[121] Zu dem internen Überwachungssystem siehe unten, Kapitel C.3.1, S. 166 f. Wenn im Folgenden von den Mindestanforderungen an das Risikomanagement (MaRisk) gesprochen wird, dann ist die Version nach dem BaFin-Rundschreiben Nr. 5/2007 vom 30. Oktober 2007 gemeint. Wenn andere Fassungen gemeint sind, wird ausdrücklich darauf hingewiesen.

[122] Vgl. BaFin - MaRisk (2007), AT 1 Tz. 1. Die MaRisk stellen bezüglich des obersten Lenkungsgremiums eines Kreditinstituts auf den neutralen Begriff des Aufsichtsorgans ab. Dies ist bei Aktiengesellschaften und Kreditgenossenschaften der Aufsichtsrat und bei Sparkassen der Verwaltungsrat. In dieser Arbeit steht der Begriff des Aufsichtsrats auch synonym für das Aufsichtsorgan eines Unternehmens.

[123] In Anlehnung an Blumer (1996), S. 67 ff.

Hierbei ist zu berücksichtigen, dass das gesamte Bankenüberwachungssystem letztendlich nur so gut wie die Qualität seiner einzelnen Träger und deren Interaktionen bzw. Zusammenspiel sein kann. Die normativen Vorgaben für die Bankenaufsicht sind Gegenstand des § 6 Abs. 2 KWG. Diese verlangen, Missständen im Kreditwesen entgegenzuwirken, die

- die Sicherheit der den Instituten anvertrauten Vermögenswerte gefährden,
- die ordnungsgemäße Durchführung der Bankgeschäfte beeinträchtigen oder
- erhebliche Nachteile für die Gesamtwirtschaft nach sich ziehen können.

Das Hauptaugenmerk der Aufsicht ist grundsätzlich darauf ausgerichtet, dass die Kreditinstitute ausreichend Eigenkapital und Liquidität vorhalten sowie ein angemessenes und wirksames Risikomanagement implementiert haben. Die im öffentlichen Interesse agierende Bundesanstalt für Finanzdienstleistungsaufsicht (BaFin) greift im Rahmen ihrer Solvenzaufsicht nicht aktiv in die Geschäftspolitik der Banken ein, da die Verantwortung allein bei den Geschäftsleitern liegt; die Intensität der Beaufsichtigung hängt letztendlich von Art und Umfang der getätigten Geschäfte ab (Grundsatz der doppelten Proportionalität).

Aber wie kam es zu der Etablierung der Bankenaufsicht, welchen Zweck bzw. welchen Zielen dient sie und wie effektiv ist bzw. war eine Bankenaufsicht vor dem Hintergrund der aktuellen Finanzmarkt- und Bankenkrise? Oder anders gefragt: Gibt es eine Regulierungsbedürftigkeit für Kreditinstitute infolge von Marktversagen, also der unzureichenden Funktionsweise des Marktmechanismus, sodass sich auf diesen Märkten Niveau- und/oder Stabilitätsdefekte, z. B. in Form von externen Effekten oder Informationsmängeln, zeigen und wenn ja, welches Ausmaß und welche Instrumente benötigt eine wirksame Bankenaufsicht?

2.4.1 Entwicklung der Bankenaufsicht in Deutschland

„Banking crises dramatically advertise the enormous consequences of poor governance of banks."[124]

Die Entwicklung und auch der Ruf nach einer intensiveren Bankenaufsicht ist bereits seit ihrer Entstehung eng verbunden mit der Geschichte von Bankenkrisen, -zusammenbrüchen oder spektakulären Schieflagen.[125] So zeigt die Historie der Bankengesetzgebung, dass diese *„fast immer der wirtschaftlichen Entwicklung folgte und neue, bis dahin noch nicht bekannte Fehlentwicklungen kaum verhindern konnte"*.[126] Des Weiteren ist die Entwicklung der Bankenaufsicht kein kontinuierlich verlaufender Prozess, sondern diversen Einflussfaktoren, z. B. wirtschaftspolitischer Art, unterworfen, die zur jeweiligen Entwicklung in ihrer Zeit wesentlich beigetragen haben.

Für die deutsche Bankenlandschaft und der weiteren Entwicklung der Bankenaufsicht kommt der Weltwirtschaftskrise von 1929 eine tragende Bedeutung zu. Diese Ereignisse, sowie neue politische Unsicherheiten nach der Reichstagswahl 1930 mit Folgen für die Kapitalverkehrs- und Devisenbilanz sowie weitere Faktoren gingen auch an den deutschen Banken

124) Vgl. Levine (2004), S. 2.
125) Vgl. Niethammer (1990), S. 41 ff.; ebf. Hartmann-Wendels et al. (2007), S. 371 f.
126) Vgl. Wandel (1983), S. 153.

nicht vorüber. Die Schließung (Zahlungseinstellung) der zweitgrößten deutschen Bank, der Danat-Bank (Darmstädter und Nationalbank), am 13. Juli 1931 und der darauf folgende politische Beschluss, den 14. und 15. Juli 1931 zu Allgemeinen Bankfeiertagen für alle inländischen Institute zu erklären (Zahlungs- und Überweisungssperre – mit Ausnahme der Reichsbank), schürten weiter das vorhandene, tiefe Misstrauen der Anleger in die Stabilität eines einzelnen Instituts bzw. des Bankensystems als Ganzes und waren mit der Auslöser für einen panikartigen Run auf die Institute.[127] Hierdurch kam es zu einer systemischen Bankenkrise, da die Banken aufgrund eintretender Zahlungsschwierigkeiten an ihre Gläubiger der schwersten Belastungsprobe ihrer bisherigen Geschichte ausgesetzt waren.[128]

---

127) Für eine Darstellung der Bankenkrise in den Vereinigten Staaten vgl. Träm (2006), S. 51 f.; ebf. Friedman (2008), S. 69 ff. Bankenzusammenbrüche geschahen aber nicht nur in den großen nationalen und internationalen Metropolen, sondern waren auch ein desaströses Ereignis in vielen kleinen und mittelgroßen Städten mit erheblichen Einschnitten in die wirtschaftliche Situation der Wirtschaftssubjekte. Am Beispiel der Banken in der Stadt Kassel kann beobachtet werden, dass Bankenzusammenbrüche bereits im vierten Quartal 1929 auftraten, z. B. die Zahlungseinstellung beim Bankhaus André & Herzog, oder im November 1930 stellte die Kasseler Genossenschaftsbank eG m.b.H. ihre Zahlungen ein. Bei Letzterer wollten die der Kasseler Bankenvereinigung angehörigen Banken, u. a. auch die Darmstädter und Nationalbank, Filiale Kassel, „*in jeder Weise den Kunden der Kasseler Genossenschaftsbank zur Seite stehen [..], insbesondere Einlagen bei der Bank nach Möglichkeit beleihen wollen*". Auf dem Höhepunkt der Bankenkrise inserierte der Vorstand der Stadtsparkasse Kassel am 27. Juli 1931 in der Tageszeitung „Kasseler Post" zur Eindämmung der Vertrauenskrise wie folgt: „*An unsere Sparer! Vertrauenskrise, Angst vor neuer Inflation und Geldknappheit verbunden mit langanhaltender, immer noch wachsender Erwerbslosigkeit, haben für Banken und Sparkassen Abhebungen gezeitigt, die schwerste wirtschaftliche Störungen für die Gesamtheit wie für den Einzelnen im Gefolge haben. ... Die Sparkassen, denen tausende und abertausende vernünftig und ruhig denkende Sparer auch heute noch ihr festes Vertrauen schenken, dürfen um dieser Sparer willen, aber auch im Interesse der kleinen und mittleren Kreditnehmer einschl. zahlreicher Hypothekenschuldner nicht den unvernünftigen und teilweise wirklich in nichts gerechtfertigten Abhebungswünschen nachgeben. ... Ständige und unvermutete Revisionen des ständigen Innenrevisors der Stadtsparkasse, des Vorstandes, ... und der ebenfalls völlig unabhängigen Revisionsabteilung des Sparkassenverbandes Hessen-Nassau gewähren die höchste Sicherheit für den inneren Betrieb ... .*" Vgl. hierzu z. B. o.V. (1929a); ebf. o.V. (1929b); ebf. o.V. (1929c); ebf. o.V. (1930a); ebf. o.V. (1930b); ebf. o.V. (1931b). Entgegen den landesweiten Trend gab es an dem ersten Tag nach den Allgemeinen Bankfeiertagen zwar einen erhöhten Publikumsverkehr, aber die Kasseler Bankenkundschaft verhielt sich relativ ruhig und – wie in der lokalen Presse zu lesen war – „*durchaus diszipliniert und vernünftig*". Allerdings haben die Banken und Sparkassen auf Plakaten bereits im Vorfeld darauf hingewiesen, „*daß nur zu bestimmten Zwecken (Löhne, Gehälter, Arbeitslosenunterstützung, Steuern usw.) und nur unter bestimmten Bedingungen (Bescheinigung der Industrie- und Handelskammer, der Handwerkskammer usw.) bare Auszahlungen erfolgen könnten*". Vgl. o.V. (1931a).

128) Nicht nur die Danat-Bank, sondern auch die Landesbank der Rheinprovinz teilte der Reichsregierung bereits am Samstag, den 11. Juli 1931, ihre vollständige Illiquidität mit. Weil die Landesbank aber ein öffentlich-rechtliches Institut war und an ihr die rheinischen Sparkassen hingen, wurde von der Reichsbank eine sofortige Hilfe von 30 Millionen Reichsmark zur Verfügung gestellt. Allgemein galt, dass dem vorhandenen systembedingten Misstrauen und den kurzfristigen Liquiditätsanforderungen aufgrund des Runs die Institute nicht gewachsen waren, was auch die Illiquidität der Sparkassen aufdeckte. Aber auch nach den Allgemeinen Bankfeiertagen unterlag der Geldverkehr weiterhin noch Einschränkungen und erst ab dem 5. August 1931 waren Barauszahlungen und Überweisungen wieder ohne Restriktionen möglich. Vgl. Born (1983), S. 115 ff.; ebf. Mura (1981), S. 253 f.; ebf. Brüggestrat (1987), S. 183 f. Vor diesem Hintergrund hatte sich gezeigt, dass die Liquiditätsfrage keinen statischen, sondern einen dynamischen Charakter hat, „*und die besten Vorschriften nützen nichts, wenn der Apparat, für den sie gedacht sind, nicht mehr in alter Weise funktioniert*". Vgl. hierzu und zu den Auswirkungen des Verlaufs und der Maßnahmen zur Behebung der Bankenkrise in der Sparkassenorganisation Treeck (1934), S. 15 ff.

Bis zu der Bankenkrise von 1931 galt im deutschen Kreditwesen – mit wenigen Ausnahmen – im Allgemeinen das System der Gewerbefreiheit.[129] Die erste einheitliche Bankenaufsicht im deutschen Kreditwesen wurde nach der Bankenkrise im Sommer 1931 – als eine Konsequenz der Weltwirtschaftskrise und wegen des Zusammenbruchs der Danat-Bank wegen Illiquidität[130] – durch die Notverordnung über die Bankenaufsicht vom 19. September 1931 eingeführt.[131] Um eine Wiederholung der Bankenkrise wie 1931 zu vermeiden, und um aus den Erfahrungen dieser Krise zu lernen, wurde eine Enquete[132], der „Untersuchungsausschuß für das Bankwesen 1933“, in Auftrag gegeben, der zwischen dem 6. September 1933

---

129) Vgl. Kleinhans (1967), S. 137. Bankenregulierung war in der Historie nicht immer selbstverständlich. *Wolfgang Stützel* schrieb, dass nach der Gewerbeverordnung von 1869 nur wenige gewerbliche Tätigkeiten einer besonderen gewerbepolizeilichen Kontrolle unterlagen: „*Der Betrieb eines Bankgeschäfts mochte in Einzelfällen, der besonderen Rechtsform des Trägers wegen (öffentlich-rechtliche Anstalt, konzessionierte Aktiengesellschaft), gewissen staatlichen Kontrollen unterliegen. Die bankgeschäftliche Tätigkeit als solche indes genoss uneingeschränkte Gewerbefreiheit.*“ Vgl. Stützel (1983), S. 9. Es gab zwar insbesondere aufgrund der Bankenkrisen in den siebziger und neunziger Jahren des 19. Jahrhunderts Bestrebungen den Bankensektor einer besonderen staatlichen Aufsicht zu unterstellen, was aber am vorherrschenden Prinzip der Gewerbefreiheit scheiterte bzw. bis zum Jahr 1914 auch deswegen nicht erfolgte, weil die Banken mit freiwilligen Selbstverpflichtungen gesetzgeberischen Maßnahmen zuvor kamen. Vgl. Büschgen (1983), S. 368; ebf. Paersch (1933), S. 33 f., in seinem Referat im Rahmen des Untersuchungsausschusses für das Bankwesen 1933. Ein Schutz für Gläubiger von Depositenbanken wurde auch mit dem Argument in Frage gestellt, ein staatliches Aufsichtsamt sei in „*hohem Maße geeignet, das Publikum in eine Sicherheit zu wiegen, die es seiner Natur nach nicht bieten kann*“. Vgl. Niethammer (1990), S. 43. Im internationalen Vergleich existierte eine staatliche Bankenaufsicht vor dem ersten Weltkrieg nur in Schweden (seit 1911) und in den USA (seit 1913); vgl. Kleinhans (1967), S. 139 f.; ebf. Dionne (2003), S. 181 f.; ebf. Träm (2006), S. 49 f. Allerdings galt der weitgehende Verzicht auf eine staatliche Regulierung bis 1931 aber nicht für zwei Institutsgruppen: So unterstanden die Sparkassen als Anstalten des öffentlichen Rechts der Länderaufsicht und die Hypothekenbanken unterlagen aufgrund des Hypothekenbankgesetzes vom 13. Juli 1899, das im Januar 1900 in Kraft trat, einer staatlichen Aufsicht. Vgl. Neus (2007), S. 33 f.

130) Zu nennen ist auch das Bekanntwerden der Überschuldung der Oesterreichischen Creditanstalt – nach *Treeck* bereits – am 10. Mai 1931 bzw. spätestens nach Veröffentlichung ihres Jahresabschlusses für 1930 am 11. Mai 1931, da hierdurch offenbar wurde, dass die den „*Großbanken geliehenen Gelder bedroht sein könnten, und damit auch das sichtbare Zeichen der Vertrauenswende zur deutschen Wirtschaft gegeben*“ wurde. Vgl. Treeck (1934), S. 1; ebf. Born (1983), S. 107 ff.

131) In Deutschland ist die Bankenaufsicht ein „*Kind der Bankenkrise von 1931*“. Vgl. Schork (1999), S. 11; ebf. Reischauer/Kleinhans, Kommentar zu § 32 KWG, Satz 3 f.; ebf. Niethammer (1990), S. 45 f. Anlässlich von möglichen Hilfsmaßnahmen für die Danat-Bank wurde am 26. Juli 1931 vom Reichsfinanzminister *Dietrich* die Aussage „*Garantieleistungen des Staates werden mit einer Aufsicht über die Banken verbunden sein müssen*“ protokolliert. Mit dem politischen Argument, dass es auf die Dauer nicht angehe, „*daß der Staat private Gewinne zuließe und bei Verlusten eintreten müsse*“, pflichtete *Brüning* dem Reichsfinanzminister bei. Die Entscheidung für eine Bankenaufsicht war damit gefallen. Kurze Zeit später, in einer Rundfunkrede am 4. August 1931, führte der damalige Reichskanzler, *Heinrich Brüning*, aus, dass „*die Reichsregierung selbstverständlich nicht darauf verzichten kann, längst überlegte Maßnahmen auf dem Gebiet des gesamten Kredit- und Kapitalverkehrs ... vorzubereiten. Diese Erklärung bedeutet keinen Schlag gegen das freie Bankgewerbe, aber nachdem einmal der Staat auf dringendes Ersuchen der Beteiligten sich rettend und schützend auf diesem Gebiete hat einschalten müssen, kann er sich nicht der Pflicht entziehen, auch Maßnahmen vorbeugender Art für die Zukunft zu treffen, ...* “. Somit war die Entscheidung, ob eine staatliche Bankenaufsicht implementiert werden soll, getroffen, aber noch keine Aussage zu der Frage nach deren Durchführung. Hierfür standen eine weitgehend auf Einzelkontrollebene arbeitende Bankenaufsicht oder eine stärker nach allgemeinen Grundsätzen arbeitende Bankenaufsicht unter starker Konzentrierung der Tätigkeiten auf die Person eines Reichskommissars zur Disposition. Darüber hinaus waren noch die Belange der Zentralnotenbank zu berücksichtigen. Am 19. September 1931 erging dann die Verordnung über die Einführung einer allgemeinen Bankenaufsicht in der Form eines Kuratoriums und eines Reichskommissars für das Bankgewerbe. Vgl. hierzu Paersch (1933), S. 34 ff. So wurde die Bankenaufsicht einer Kollegialbehörde, dem Kuratorium

und 20. Dezember 1933 tagte und als Ergebnis u. a. den Entwurf für das Reichsgesetz über das Kreditwesen (KWG) vorlegte.[133] Mit dem Erlass des Reichsgesetzes über das Kreditwesen vom 5. Dezember 1934, das am 1. Januar 1935 in Kraft trat, wurde die bestehende Notverordnung abgelöst.[134] Mit dem KWG von 1934 wurde eine gesetzliche Grundlage für eine allgemeine Bankenaufsicht mit dem Ziel geschaffen, die Ursachen für eine Bankenkrise analog 1931 zu verhindern.[135] Als Mittel dienten z. B. Mindesteigenkapitalvorschriften, Bestimmungen zu Liquiditätsvorschriften, also Barreservehaltung und Beschränkungen der langfristigen Anlagen, sowie Großkreditvorschriften („Höchstkreditvorschriften").[136] Außerdem wurde mit dem ersten Reichsgesetz über das Kreditwesen die Erfordernis einer staatlichen Erlaubnis für das Betreiben von Bankgeschäften eingeführt („Genehmigungspflicht mit Bedürfnisprüfung"), die auch heute noch in dem § 32 KWG verankert ist.[137] Die Frage nach einer Leistungsartentrennung und -spezialisierung spielte nur eine untergeordnete Rolle, sodass ord-

---

für das Bankgewerbe, übertragen. Vgl. Born (1983), S. 131 f. Weiteres Organ der Bankenaufsicht war außerdem der Reichskommissar für das Bankgewerbe. Vgl. zu der Zusammensetzung und den Aufgaben des Kuratoriums sowie des Reichskommissars Paersch (1933), S. 35.

132) Für eine Übersicht von parlamentarischen Enqueten zu Untersuchungen des Bankwesens von 1868 bis 1934 wird auf Rauschenplat (1967), S. 141 ff., verwiesen.

133) Vgl. ausführlicher die Ausführungen von Wandel (1983), S. 150 f. Aus historischer Sicht wird auf einzelne Referate des Untersuchungsausschusses, z. B. zur Entstehung der Krise und Maßnahmen zu ihrer Eindämmung sowie bankenaufsichtliche Konsequenzen, verwiesen. Vgl. hierzu u. a. Hasse (1933), S. 69 ff.; ebf. Paersch (1933), S. 33 ff. Der Sparkassenorganisation war es hingegen gelungen, „*die erneuten Versuche der privaten Banken nach der Bankenkrise zum Verbot bestimmter Geschäftszweige für die Sparkassen abzuwehren*". Vgl. Piorkowski (1997), S. 121 ff.

134) Als Maßnahmen empfahl der Ausschuss z. B. die Beaufsichtigung und Unterwerfung aller Kreditinstitute unter einen Genehmigungszwang, die Sicherstellung einer ausreichenden Liquidität und die Überwachung des Kreditgeschäfts und weitgehende Publizität. In der Gesetzesbegründung zu dem Reichsgesetz über das Kreditwesen heißt es weiter, dass „*in der ganzen Bankenaufsichtsgesetzgebung die Zurückhaltung in Kontrolle und Einflußnahme stark ausgeprägt*" war. Die „zwingende Notwendigkeit", die der Untersuchungsausschuss ableitete, war die verstärkte Ausstattung des Aufsichtsamts für das Kreditwesen mit „*den nötigen Vollmachten*". Vgl. hierzu die Gesetzesbegründung für das Reichsgesetz über das Kreditwesen vom November 1934, KWG-Begründung (1934), S. 5 f. Statt von einer bis dato bestandenen Gewerbefreiheit trat an deren Stelle ein „*Gewerbeverbot mit Erlaubnisvorbehalt*". Vgl. Pohl (1982), S. 21. Die nationalsozialistischen Machthaber versuchten sich mit der Stabilisierung des Finanzsektors im Bereich des Kreditwesen als Gesetzgeber zu profilieren und außerdem die Bankenkrise von 1931 dem System der Weimarer Republik anzulasten. Vgl. Neus (2007), S. 36. Auch wurden die aus der Wirtschaftskrise hergeleiteten „*Zielvorstellungen von den Aufgaben einer Bankenaufsicht durch die NS-Gesetzgebung pervertiert*", indem die Bankenaufsicht ein Instrument der Wirtschaftslenkung wurde. Vgl. Wandel (1983), S. 154. Dies zeigt sich auch darin, dass in den Folgejahren nach dem KWG-Erlass von 1934 die Aufsichts-, Kontroll- und Eingriffsbefugnisse immer stärker in den unmittelbaren Aufgabenbereich des Reichswirtschaftsministeriums übertragen wurden und insgesamt auf die Kontrolle der Gesamtstruktur der Bankgeschäfte abzielte. Vgl. Büschgen (1983), S. 371.

135) Vgl. Niethammer (1990), S. 49.

136) Vgl. Piorkowski (1997), S. 124.

137) Die neue einheitliche staatliche Aufsicht mit weittragenden Befugnissen und größeren Kompetenzen war umfassender als die Notverordnung vom 19. September 1931. Vgl. Wandel (1983), S. 151 f. Die Erlaubnispflicht wurde später auch im KWG von 1961 übernommen und stellt eine Ausnahme der in der Gewerbeordnung verankerten Gewerbefreiheit dar, da das KWG als lex specialis an die Stelle der allgemeinen Normen der Gewerbeordnung tritt. Nach § 32 KWG bezieht sich die Erlaubniserteilung (unter Berücksichtigung der Versagungsgründe des § 33 KWG handelt es sich um eine sog. gebundene Erlaubnis) heute auf das Betreiben von Bankgeschäften bzw. seit 1998 auch auf die Erbringung von Finanzdienstleistungen. Die im KWG von 1939 noch vorgesehene „Bedürfnisprüfung" ist entfallen, da eine solche gegen Art. 12 GG verstößt. Vgl. Boos/Fischer/Schulte-Mattler (2004), S. 991 f.; ebf. Reischauer/Kleinhans, zu § 32, Satz 6 f.; ebf. Reischauer/Kleinhans, zu § 33, Satz 5 f.

nungspolitisch an dem Universalbankensystem festgehalten wurde.[138] Am 25. September 1939 wurde das KWG überarbeitet und durch die „Verordnung zur Änderung des Reichsgesetzes über das Kreditwesen“ das 1934 entstandene Aufsichtsamt aufgelöst; seine Aufgaben gingen auf den Reichswirtschaftsminister über, während die Funktion des Reichskommissars auf das dem Reichswirtschaftsminister untergeordnete „Reichsaufsichtsamt für das Kreditwesen“ übertragen wurde.[139] Die Unabhängigkeit der Bankenaufsicht hatte spätestens zu diesem Zeitpunkt ihr Ende gefunden.[140]

In der Nachkriegszeit nahmen dann mit ihrer Gründung im Jahr 1948 die Bundesländer zusammen mit den jeweiligen Landeszentralbanken die Aufgaben der Bankenaufsicht wahr.[141] Das Kreditwesengesetz galt aber grundsätzlich bis zum Jahr 1961 weiter.[142] Da es aber in seinem organisatorischen Teil überholt und bei bestimmten materiellen Bestimmungen reformbedürftig war, wurden in den Jahren 1955 und 1956 Vorarbeiten für ein neues KWG aufgenommen, dessen Entwurf der Bundestag am 16. März 1961 zustimmte.[143] Mit Erlass des Gesetzes über das Kreditwesen vom 10. Juli 1961 wurde eine bundeseinheitliche Regelung geschaffen, die auch die Rechtsgrundlage für die Gründung des Bundesaufsichtsamtes für das Kreditwesen beinhaltete. Das Kreditwesengesetz (KWG) konnte am 1. Januar 1962 in Kraft treten.[144] In der Folgezeit waren die Aufhebung der Zinsbindung und der Wegfall von Vor-

---

138) Die Gründe der Bankenkrise von 1931 wurden primär in fehlerhaftem Verhalten der Geschäftsleitung innerhalb des gegebenen Systems gesehen. Vgl. Büschgen (1983), S. 353.

139) Das KWG von 1934 wurde 1939, 1940 und 1944 mehrmals geändert. Die totalitären Staatsstrukturen spiegelten sich in der Folgezeit auch in der Bankenaufsicht wider und zeigten sich in der Novellierung des Bankenaufsichtsrechts vom 25.09.1939 in der Form, dass weniger inhaltliche Konzepte geändert wurden, sondern in der Unterstellung des Reichsaufsichtsamtes für das Kreditwesen als eine Reichsbehörde, die dem Reichswirtschaftsminister untersteht (§ 31 Abs. 2 KWG (1939)). Nach § 30 Abs. 1 KWG (1939) hatte der Reichswirtschaftsminister außerdem die Aufgabe, *„für die Beachtung allgemein-wirtschaftlicher Gesichtspunkte in der allgemeinen Kredit- und Bankpolitik und die Anpassung der Geschäfte der Kreditinstitute an die Bedürfnisse der Gesamtwirtschaft zu sorgen ...* “. Das totalitäre, dirigistische System löste mit der Verordnung vom 18.09.1944 das Reichsaufsichtsamt schließlich auf und übertrug die hoheitlichen Aufgaben auf das Reichswirtschaftsministerium und die materielle Aufsicht auf die Reichsbank. Vgl. Neus (2007), S. 36; ebf. Wandel (1983), S. 172 f.

140) Vgl. Kleinhans (1967), S. 138.

141) Vgl. Deutsche Bundesbank (2008); ebf. Deutsche Bundesbank (1993), S. 3 f.

142) Vgl. Häuser (2002), S. 6; ebf. Neus (2007), S. 35 f.

143) Vgl. Kleinhans (1967), S. 139.

144) Mit der Gründung der Bundesanstalt für Finanzdienstleistungsaufsicht (BaFin) wurden die ehemaligen Bundesaufsichtsämter für das Kreditwesen (BaKred), das Versicherungswesen (BAV) und den Wertpapierhandel (BAWe) organisatorisch zusammengelegt. Die BaFin wurde als eine selbstständige Anstalt des öffentlichen Rechts am 1. Mai 2002 im Zuge des Finanzdienstleistungsaufsichtsgesetzes (FinDAG) vom 22.04.2002 nach britischem Vorbild als sog. „Allfinanzaufsicht“ (Aufsichtssäulen: Bankenaufsicht, Versicherungsaufsicht und Wertpapieraufsicht/Asset-Management) errichtet. Die BaFin unterliegt der Rechts- und Fachaufsicht des Bundesministeriums der Finanzen. Mit dem Gesetz zur Modernisierung der Aufsichtsstruktur der Bundesanstalt für Finanzdienstleistungsaufsicht (Aufsichtsstrukturmodernisierungsgesetz) vom 28. März 2008 wurde das Finanzdienstleistungsaufsichtsgesetz vom 22. April 2002 wie folgt geändert, dass die Organe der Bundesanstalt aus dem Direktorium, dem Präsidenten oder der Präsidentin und dem Verwaltungsrat bestehen (§ 5 Abs. 1 Finanzdienstleistungsaufsichtsgesetz). Gesamtverantwortlich geleitet und verwaltet werden die Geschäftsbereiche der Bundesanstalt durch das Direktorium. Das Direktorium berät unter dem Vorsitz des Präsidenten und fasst seine Beschlüsse mit einfacher Mehrheit der abgegebenen Stimmen. Bei Stimmengleichheit gibt die Stimme des Präsidenten den Ausschlag (vgl. § 6 Abs. 2 Finanzdienstleistungsaufsichtsgesetz). Die strategische Ausrichtung der Bundesanstalt als Allfinanzaufsicht bestimmt der Präsident. Die Aufsicht ist auch eine maßgebliche Komponente des unternehmerischen Überwachungssystems; siehe unten, Kapitel

schriften über die Wettbewerbsreglementierung Elemente einer Deregulierungsphase, die aber mit der Schließung des Bankhauses Herstatt 1974 zunächst endete. Als Reaktion auf den Herstatt-Fall kam es zur Verabschiedung von Vorschriften, wie dem (ehemaligen) Grundsatz Ia, das Vieraugenprinzip in der Geschäftsleitung und der Ausweitung der Großkreditvorschriften, um offenkundige Bankenaufsichtslücken zu schließen.[145]

Das KWG wurde in den letzten Jahrzehnten in immer kürzeren Zeitabständen novelliert[146], mit dem primären Ziel der Harmonisierung der Bankenaufsicht in Europa.[147] Mit dem Gesetz zur Umsetzung der neu gefassten Bankenrichtlinie und der neu gefassten Kapitaladäquanzrichtlinie vom 17. November 2006 und der dazu erlassenen Rechtsverordnungen mit näheren Bestimmungen zur Risikoermittlung aus Bankgeschäften, hat die Bundesregierung die Einführung der neuen internationalen Eigenkapitalstandards des Basler Ausschusses für Bankenaufsicht und der entsprechenden EU-Richtlinien in das deutsche Bankenaufsichtsrecht umgesetzt.[148] Neben den Neuerungen im KWG, u. a. eine umfassende Normierung des Handelsbuchs (§ 1a KWG), Änderungen beim § 25a KWG hinsichtlich der organisatorischen Pflichten der Institute (Basel II – Säule 2) sowie der Offenlegungspflichten nach § 26a KWG (Basel II – Säule 3), hat die Anpassung an die internationalen und europäischen Eigenkapitalregelungen (Basel II und die EU-Richtlinien) zu den Erlassen der folgenden Rechtsverordnungen geführt: Die Solvabilitätsverordnung vom 14.12.2006, die Groß- und Millionenkreditverordnung vom 14.12.2006 sowie die Liquiditätsverordnung vom 14.12.2006.[149]

C.3.1, S. 166 ff. Vgl. zu den Zielen und Aufgaben der BaFin auch Träm (2006), S. 71 ff.; ebf. Echinger/Weber (2007), S. 243.

145) Vgl. Hartmann-Wendels et al. (2007), S. 372.

146) Für eine chronologische Darstellung der Novellierungen vgl. Träm (2006), S. 44 ff.; ebf. Rolfes (2008), S. 16 ff.

147) Die Bestrebungen zur Harmonisierung des Bankenaufsichtsrechts reichen zurück bis in die 1960er-Jahre. Ursprüngliches Ziel war ein europäisches Kreditwesengesetz, also eine vollständige Harmonisierung der bankaufsichtsrechtlichen Vorschriften. Dies sollte zunächst noch in *„einem einzigen Schritt"* erfolgen. Als das Vorhaben scheiterte, beschloss die Europäische Kommission ein stufenweises Vorgehen zur Erreichung der vollständigen Harmonisierung. Aber auch dieser Weg war nicht realisierbar, sodass ab 1987 eine *„Angleichung der primärrechtlichen Bestimmungen durch die Vereinbarung von Mindeststandards, bei gleichzeitiger gegenseitiger Anerkennung der Gleichwertigkeit der sekundären nationalen Vorschriften"* das Ziel war. Die Grundsätze und Prinzipien der Bankenaufsicht in der Europäischen Gemeinschaft lassen sich im Wesentlichen in die Kategorien Vereinbarkeit gemeinsamer Sicherheitsstandards nach dem Prinzip der Mindestharmonisierung, was als Voraussetzung für die gegenseitige Anerkennung der nationalen Vorschriften dient, und in den Grundsatz der Herkunftsstaatskontrolle einteilen. Vgl. Gruner-Schenk (1995), S. 35 ff.; ebf. EU-Weißbuch (2005), S. 11 ff.; ebf. Deutsche Bundesbank (2006), S. 43 f. Trotz aller Harmonisierungsbestrebungen existieren in einzelnen Volkswirtschaften hinsichtlich Ziel und konkreter Ausgestaltung der Bankenregulierung aber weiterhin noch Differenzen. Eine Ursache hierfür liegt in den Unterschieden zwischen den existierenden Finanzsystemen. Vgl. DIW (2006), S. 11 ff. Kritisch zu den Harmonisierungsbestrebungen äußert sich *Sinn*: *„Harmonization is the opposite of systemic competition, and those who advocate harmonization mistrust the forces of system competition."* Vgl. Sinn (2003b), S. 340; ebf. Rodriguez (2002), S. 17 ff.

148) Die Implementierung der neuen Regelungen in das KWG *„stellen die bedeutendsten Änderungen für die Bankenaufsicht seit den 1980er-Jahren dar und tragen somit zur Vollendung des Binnenmarktes für Finanzdienstleistungen bei"*, sodass Bundesfinanzministerium. Vgl. BMF (2007).

149) Siehe ausführlicher unten, Kapitel C.3.5.3, S. 203 ff.

Ein weiterer Schritt in Richtung einer effizienteren Bankenaufsicht wurde mit der neuen Aufsichtsrichtlinie[150] (AufsichtsRL) vom 21.02.2008 geschaffen, die die laufende Überwachung durch BaFin und Deutsche Bundesbank konkretisiert, voneinander abgrenzt und die Aspekte des bankaufsichtlichen Überprüfungs- und Evaluierungsprozesses (SREP) neu aufgenommen hat. Ziel der Richtlinie ist die Schaffung einer transparenten und möglichst überschneidungsfreien Aufgabenabgrenzung. Unter Einbeziehung der beaufsichtigten Institute soll eine effizientere Zusammenarbeit ermöglicht werden. Des Weiteren wird die gemeinsame Verantwortung von BaFin und Bundesbank für den Finanzplatz Deutschland hervorgehoben, z. B. mittels einer abgestimmten Vorgehensweise bei problem- und systemrelevanten sowie aufsichtsintensiven Instituten oder der präventive, risikoorientierte Tätigkeitsaspekt der Bankenaufsicht betont.[151]

Vor dem Hintergrund des bankaufsichtlichen Überprüfungs- und Evaluierungsprozesses verteilen sich die Aufgaben zwischen Deutscher Bundesbank und BaFin wie folgt: Die Deutsche Bundesbank nimmt die Aufgaben der laufenden Überwachung gemäß § 7 Abs. 1 KWG wahr, die insbesondere die Sachverhaltsaufklärung, die Auswertung der eingehenden und zu erhebenden Informationen umfassen, z. B. aus den Prüfungsberichten nach § 26 KWG und den Jahresabschlussunterlagen, sowie die darauf aufbauende Bewertung aktueller und potenzieller Risiken (Artikel 2 AufsichtsRL). Die hieraus gewonnenen Ergebnisse und Bewertungen in Form eines institutsindividuellen Risikoprofils werden der BaFin unverzüglich zur Verfügung gestellt, die dann darauf aufbauend eine abschließende Bewertung und Entscheidung über die Sachverhalte vornehmen kann. Das Risikoprofil umfasst nach Artikel 2 Abs. 3 der AufsichtsRL insbesondere eine Bewertung der Risiken des Instituts, seiner Organisation und Internen Kontrollverfahren sowie eine Einschätzung seiner Risikotragfähigkeit. Auf Basis dieses Risikoprofils beurteilt nach Artikel 3 Abs. 1 der AufsichtsRL die BaFin *„abschließend zusammenfassend und zukunftsgerichtet"*,

- ob den von den Kreditinstituten eingegangenen Risiken Regelungen, Strategien, Verfahren und Mechanismen gegenüberstehen, die ein solides Risikomanagement und eine solide Risikoabdeckung gewährleisten, und,
- ob das Institut sichergestellt hat, dass für die eingegangenen Risiken eine angemessene Eigenmittelausstattung vorhanden ist.

Das Risikoprofil als eine Art Gesamtwürdigung der aufsichtlich relevanten Risikofaktoren auf Basis von quantitativen und qualitativen Leitplanken – zusammen mit den makroprudentiellen Risiken – dient auch der sachgerechten Lenkung der aufsichtlichen Ressourcen und des aufsichtlichen Dialogs mit den Instituten, um z. B. die Transparenz der aufsichtlichen Einschätzung zu ermöglichen und eine Grundlage für eine Stärken-Schwächen-Analyse (SWOT-

150) Aufgrund des § 7 Abs. 2 Satz 2 des Kreditwesengesetzes in der Fassung der Bekanntmachung vom 9. September 1998, der zuletzt durch Artikel 2 Nr. 9 des Gesetzes über die integrierte Finanzdienstleistungsaufsicht vom 22. April 2002 geändert worden ist, hat die BaFin im Einvernehmen mit der Deutschen Bundesbank die Aufsichtsrichtlinie erlassen. Vgl. BaFin - AufsichtsRL (2008).

151) Vgl. BaFin (2008), S. 3 f.

Analyse) zu liefern. Mit abnehmender Anzahl und zunehmender Heterogenität der Institutsgruppen ändert sich auch die Art der Analyse: Von einer statischen bei Sparkassen und Genossenschaftsbanken hin zu einer individuellen Analyse bei großen, international agierenden Kreditinstituten. Die Abbildung C.4 zeigt eine, mit der Bestnote „A“ beginnende, Einstufung im Risikoprofil – nach Teilurteilen, wie z. B. Kapitalausstattung, Ertrags- und Risikolage oder Internal Governance – für das Jahr 2007:[152]

Einstufung im Risikoprofil nach Teilurteilen für 2007

	A	B	C	D
Eigentümerstruktur	94%	5%	1%	0%
Kapitalausstattung	71%	20%	6%	2%
Ertragslage	40%	37%	18%	5%
ICAAP	59%	29%	9%	3%
Internal Governance	67%	26%	6%	1%
Kreditrisiko	46%	39%	12%	4%
Beteiligungsrisiko	86%	12%	2%	0%
Marktrisiko	85%	14%	2%	0%
ZÄR Anlagebuch	47%	42%	11%	1%
Liquiditätsrisiko	89%	10%	0%	0%
Operationelle Risiken	81%	16%	3%	1%
Sonstige Risiken	90%	8%	2%	0%

Einstufungen für die Teilurteile Compliance/WpHG und Geldwäsche lagen nicht vor.

Abbildung C.4: Risikoprofil nach Teilurteilen

Der BaFin, und nicht der Deutschen Bundesbank, obliegt die abschließende Beurteilungs- und Entscheidungsbefugnis bei allen aufsichtsrechtlichen Maßnahmen, wie z. B. Verwaltungsakte inklusive aller Prüfungsanordnungen und Auslegungsfragen (Artikel 3 Aufsichts-RL). Für die Umsetzung des risikoorientierten Aufsichtsansatzes im Sinne des SREP stehen der Aufsicht als wesentliche Instrumente die Risikoklassifizierung, das Risikoprofil und die darauf beruhende risikoorientierte Aufsichtsplanung zur Verfügung. Die Instrumente der Bankenaufsicht zur Risikoerkennung werden in der Abbildung C.5 wie folgt strukturiert:

152) Vgl. hierzu und die vorherigen Ausführungen Walch (2008), S. 3 ff. Eine prozentuale Gewichtung der einzelnen Teilurteile findet angabegemäß nicht statt, sondern die Teilurteile werden institutsindividuell ausgewertet.

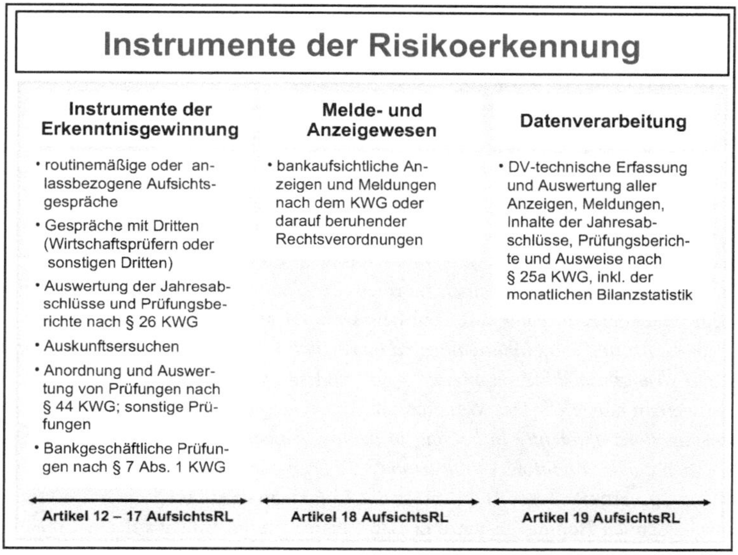

Abbildung C.5: Bankenaufsichtliche Instrumente zur Risikoerkennung

2.4.2 Theoretische Grundlagen

„One cannot discuss banking, its existence, its regulation, or the effect of such regulation, in a world without financial imperfections."[153]

Damit Innovationen entstehen, weiterentwickelt und verbreitet werden können bzw. Anreize für die Weiterentwicklung von Risikomanagementsystemen vorhanden sind, bedarf es grundsätzlich keiner Regulierung, sondern effizienten Wettbewerbs als Mechanismus zur Generierung dieser dynamischen Prozesse.[154] Denn grundsätzlich bedeutet Regulierung für die Betroffenen eine Einschränkung ihrer Dispositionsfreiheit mit der Folge, dass Verfügungsrechte verdünnt werden. Somit bedarf ein solcher Eingriff in einem marktwirtschaftlichen System einer Rechtfertigung, z. B. aufgrund der Existenz von Marktversagen. Durch ex ante-Maßnahmen oder ex post-Korrekturen soll erreicht werden, dass die ökonomische Effizienz gefördert bzw. ein Pareto-Optimum näherungsweise wieder hergestellt wird („second

153) Vgl. Freixas/Santomero (2002), S. 2.

154) *Börner* führt hierzu aus, dass die Effizienz der Regulierung umso höher ist, je geringer ihre Wettbewerbseffekte sind. Vgl. Börner (2003), S. 342. Kritischer *Richter* zu der wettbewerbsbeschränkenden Wirkung der Bankenregulierung: „*Ohne Not schottet sie das nationale Bankensystem vom technisch-organisatorischen Fortschritt ab, der sich auf den internationalen Finanzmärkten entwickelt und verschenkt Wachstumschancen. Mit der zunehmenden Internationalisierung des Wirtschaftslebens ist ein nach außen hin wettbewerbspolitisch abgeschottetes nationales Bankensystem unvereinbar.*" Vgl. Richter (1990), S. 350.

best").[155] Als Ursachen für Marktversagen und somit als Begründung von Regulierung können allgemein externe Effekte, Unteilbarkeiten bzw. „natürliche Monopole", Informations- oder Anpassungsmängel genannt werden.[156]

Bankenaufsicht ist Gegenstand der Wirtschaftspolitik (Ordnungspolitik), sodass Bankenaufsichtsziele zugleich wirtschaftspolitische Ziele sind, die insbesondere den qualitativen Zielen zugeordnet werden.[157] Der Grund bzw. das Ziel einer speziellen Bankenregulierung zur Behebung von Marktversagen besteht aus ordnungspolitischer Sicht in dem Entgegenwirken von *Missständen bzw. Risiken*, die die Einleger treffen oder systembedingte Risiken[158] auslösen und somit zu wohlfahrtsökonomisch unerwünschten Ereignissen in der Form einer paretoineffizienten Allokation führen können (normativer Theorieansatz).[159] Oder allgemeiner formuliert, eine Bankenregulierung soll dazu beitragen, dass „*a healthy and competitive financial services sector that is minimally affected by regulation, and simultaneously is a source of stability and strength to the economy at large*", sodass externe Effekte durch Bankenkrisen vermieden werden können.[160] Des Weiteren gilt, Bankenregulierung „*should be to ensure that the system functions efficiently in helping to deploy, transfer and allocate resources across time and space under conditions of uncertainty*".[161] Von einzelnen Autoren wird auch die engere Auffassung vertreten, dass Banken für die Liquiditätsversorgung einer Volkswirtschaft einen entscheidenden Beitrag leisten und Bankenregulierung primär auf die Erhaltung und den Schutz dieser Liquiditätsfunktion von Banken abstellt.[162] Zu beachten ist, dass die Bankenaufsicht aber keine absolute, sondern nur eine relative oder angemessene Sicherheit er-

155) Trotz Eingriffen setzt die Bankenaufsicht in Deutschland aber nicht die marktwirtschaftliche Ordnung außer Kraft. Denn die Aufsicht gibt Rahmenbedingungen vor, in denen sich die Institute in Eigenverantwortung bewegen, d. h., für die Geschäftspolitik trägt die Geschäftsleitung die Verantwortung. Daraus folgt auch, dass die Bankenaufsicht nicht auf die Insolvenzvermeidung eines einzelnen Instituts abstellt, sondern auf die Systemstabilität des Bankensektors als Ganzes. Vgl. Reischauer/Kleinhans, Kommentar zu § 6 KWG, S. 2.

156) Vgl. Fritsch et al. (1993), S. 54 ff. Für eine ausführliche Untersuchung der einzelnen Tatbestände von Marktversagen wird auf Treu (2006), S. 3 ff.; ebf. Maddaloni/Pain (2004), S. 13 ff.; ebf. Burghof/Rudolph (1996), S. 30 ff., und Münzer (1992), S. 28 ff., verwiesen.

157) Vgl. zu der Bestimmung von Bankaufsichtszielen auch Niethammer (1990), S. 26 ff.

158) Die Definition des Systemrisikos („systemic risk") ist in der Literatur nicht immer einheitlich. In dieser Arbeit soll das Systemrisiko verstanden werden als „*the risk or probability of breakdowns in an entire system, as opposed to breakdowns in individual parts or components, and is evidenced by comovements (correlation) among most or all the parts. Thus systemic risk in banking is evidenced by high correlation and clustering of bank failures in a single country, in a number of countries, or throughout the world. Systemic risk may be domestic or transnational*". Vgl. für diese und für weitere Definitionen Kaufmann/Scott (2003), S. 371 ff.; ebf. Kambhu/Weidman/Krishnan (2007a), S. 6 ff.; ebf. Kambhu/Weidman/Krishnan (2007b), S. 18 ff.

159) „*The potential instability of the banking system and the need of consumer protection are the fundamental rationales behind the introduction and development of regulation.*" Vgl. Carletti (2005), S. 5. Allerdings gibt es in der Literatur keinen einheitlichen Konsens, warum und wie Banken reguliert werden sollen sowie was die Ziele und die optimale Ausgestaltung der Bankenregulierung betrifft. Vgl. Dewatripont/Tirole (1994), S. 29; ebf. Goodhart et al. (1998), S. 192; ebf. Santos (2000), S. 5; ebf. Theurl (2001), S. 18; ebf. Börner (2003), S. 340.

160) „*The general insight is that bank failures impose externalities, i. e. the social cost of a bank failure exceeds the private cost.*" Vgl. Boot (2001), S. 15; ebf. Dionne (2003), S. 181.

161) Vgl. Herring/Santomero (1999), S. 3.

162) Vgl. Dionne (2003), S. 184 ff.

möglichen kann.[163] Des Weiteren wird Bankenaufsicht nur im öffentlichen Interesse, welches das Gesamtinteresse der privaten Kunden und keine Interessen eines einzelnen, individuellen Kunden umfasst, ausgeübt.[164] Außerdem besteht kein Staatshaftungsanspruch für Schäden, die Dritten durch nicht oder nicht korrekt wahrgenommene Aufsichtspflichten der Bankenaufsicht entstanden sind. Allerdings besteht ein Risiko darin, dass mittels bankaufsichtlichen Interventionen *eine* Marktunvollkommenheit beseitigt bzw. vermindert wird, aber durch diese, zunächst wünschenswerte Maßnahme, entsteht aufgrund der Komplexität und Dynamik des Bankenumfeldes dann ein neues, weitaus gravierenderes Marktversagen.[165]

Es sind nicht die makroökonomischen Argumente (Gewährleistung des Wettbewerbs, Monopolbildung etc.), die eine spezielle Bankenregulierung rechtfertigen, da diese auch für andere spezifische Branchen gelten können. Vielmehr sind der Schutz der Einleger (Gläubigerschutz) aufgrund der Informationsasymmetrie sowie der Funktions- und Systemschutz (Solvenzaufsicht), insbesondere hinsichtlich der institutionellen Ausgestaltung, als primäre Bankenaufsichtsziele zu nennen.[166] Diese beiden normativen Aspekte als grundlegende Ziele einer Regulierung des Bankensektors sind aber nicht unabhängig voneinander, sondern bedingen sich gegenseitig.[167]

Darüber hinaus beruht ein wirksames Bankenaufsichtssystem auf externen Faktoren, die auch für die Aufsichtsinstanzen exogen sind, wie z. B. eine solide und nachhaltige Wirtschaftspolitik, eine wirksame Marktdisziplin oder Mechanismen für einen angemessenen Schutz des gesamten Finanzsystems.[168] Dies spricht u. a. auch für eine stärkere internationale Zusammenarbeit der nationalen Aufsichtsbehörden, um globalen Finanzkrisen wirksamer begegnen zu können. Denn eine Bankenkrise beschränkt sich nicht mehr auf einzelne Staaten oder Kontingente, sondern erweist sich in zunehmendem Maße als ein globales Phänomen. Auch haben globale Bankenkrisen nicht nur eindimensionale Ursachen, sondern können sich multikausal aus dem Zusammenwirken einer Vielzahl von miteinander korrelierenden, krisenverursachenden Faktoren entwickeln.[169]

---

163) *„Es gibt kein „Geburtsrecht" des Bürgers auf absolute Sicherheit seiner Bankeinlagen."* Vgl. Richter (1990), S. 348. Und auch der Basler Ausschuss für Bankenaufsicht schreibt, dass die Bankenaufsicht einen Schutz vor Bankkonkursen nicht bieten kann und auch nicht bieten soll, da der Konkurs in einer Marktwirtschaft immanent ist und zum unternehmerischen Risiko gehört. Vgl.Basler Ausschuss (2006a), S. 6.

164) Ein wesentlicher Unterschied besteht nach *Träm* darin, dass das Sicherstellen der Beachtung von Verbraucherschutzbestimmungen im Gegensatz zu Deutschland eine wichtige Aufgabe der US-amerikanischen Bankenaufsicht ist. Vgl. Träm (2006), S. 30 f.

165) So zeigen Studien, dass eine überzogene „pre-trade" Transparenz die Marktliquidität verringerte, weil die Marktteilnehmer ihre möglichen Handelsaktivitäten nicht offenlegen wollten. Vgl. Maddaloni/Pain (2004), S. 12.

166) Vgl. Niethammer (1990), S. 51 f.; ebf. Blumer (1996), S. 47 ff.; ebf. Llewellyn (1999), S. 9; ebf. Waschbusch (2000), S. 10 ff.; ebf. Börner (2003), S. 341. *„The key is that there need to be internal incentives for management to behave in appropriate ways, and the regulator has a role in ensuring that internal incentives are compatible with the objectives of regulations."* Vgl. Goodhart et al. (1998), S. 195.

167) Vgl. Uhde (2007), S. 41 f. Nach *Uhde* besteht die Komplementarität darin, dass der Individualschutz dem Funktionen- und Systemschutz dient. Um Letzteren zu ermöglichen, sollte die Bankenregulierung stets bei der einzelnen Bank und damit zunächst auf der Ebene des Gläubigerschutzes ansetzen.

168) Vgl. Basler Ausschuss (2006a), S. 6 f.

169) Vgl. Uhde (2007), S. 305.

Bankenaufsicht und Neue Institutionenökonomik

Einleger unterliegen exogenen und endogenen Risiken. Exogene Risiken beziehen sich auf Systemrisiken des Bankensektors, während die endogenen Risiken sich aus der vertraglichen Beziehung sowie der asymmetrischen Informationsverteilung zwischen Bank und Einleger in der Form der adversen Selektion ergeben. Somit kann der Einleger die tatsächlichen Ausfallrisiken des Kreditinstituts nicht abschließend bewerten. Außerdem können sich endogene Risiken aufgrund des Moral Hazard-Problems ergeben, da die Geschäftsführung der Bank nachvertraglich, also nach Erbringung der Einlagen, das Ausfallrisiko zulasten des Einlegers einseitig erhöhen kann („gambling for resurrection").[170] Zur Lösung dieses Problems delegiert die Gruppe der Einleger die Überwachungsaufgabe an die Bankenaufsicht, die stellvertretend für die Anleger eine effizientere Informationssammlung vornehmen kann sowie darüber hinaus auch effizienter überwachen und eventuell sanktionieren kann (Kontrollkostenargument).[171] Die Delegation des Monitoring an eine zentrale Aufsicht ist für die Einleger folglich eine rationale Entscheidung.[172] Außerdem scheint eine zentrale Aufsicht durch ihre Tätigkeiten und Sanktionspotenziale grundsätzlich das Vertrauen der Einleger in Finanzinstitute zu stärken.[173]

In der Literatur werden als weitere Argumente für die Notwendigkeit einer Regulierung des Bankensektors zum einen der Beitrag der Regulierung für die Stabilität und das gesamtwirtschaftliche Wachstum angeführt, da Banken aufgrund ihrer Möglichkeit zur passiven Geldschöpfung einen bedeutenden Einfluss auf die Geldversorgung und somit auch auf die Preisstabilität einer Volkswirtschaft haben, was im Extremfall zu hohen Schwankungen führen kann.[174] Zum anderen besteht das Risiko der tendenziellen Monopolbildung im Bankensektor aufgrund von „economies of scale" bzw. „economies of scope", sodass eine Bankenregulierung ein *zu wenig* an Wettbewerb unterbinden kann. Diese beiden Argumente – Ersteres

---

170) Vgl. Neus (2007), S. 6; ebf. Heremans (1999), S. 955 f. Die Krise bei den US-amerikanischen Saving & Loan Instituten (S&L) in den 1980er-Jahren ist hierfür ein gutes Beispiel. Die Geschäftsführer dieser Institute konnten hohe Risiken eingehen, ohne Gefahr zu laufen, für die entstehenden Risiken selbst in Anspruch genommen zu werden, da die künftigen Verluste von der staatlichen Einlagensicherung übernommen wurden. Eine Steigerung zu dem „gambling for resurrection" ist das sog. „looting" (Plünderung): *„A number of tightly held S&Ls even engaged in outright fraud. ... Such looting is a particular concern in small banks. It is related to gambling for resurrection in that it is more likely to occur when the bank is poorly capitalized. ... Looting is a deliberate plunge into negative net worth while gambling for resurrection intends to give the bank a chance to get back to positive net worth."* Vgl. Dewatripont/Tirole (1994), S. 97; ebf. Milgrom/Roberts (1992), S. 170 ff.; ebf. Belke (2001), S. 1 ff.; ebf. Mishkin (2007), S. 292 ff., zur Problematik des Moral Hazards bei Einlagenversicherungen, insbesondere bei der Krise der Saving & Loan Associations in den USA.

171) Vgl. Neuberger (1998), S. 178; ebf. Theurl (2001), S. 17. Es bestehen zwei grundsätzliche Erklärungsansätze für Bankenregulierung: *„the risk of a systemic crisis and the inability of depositors to monitor banks."* Vgl. Santos (2000), S. 5.

172) Aber auch *„disclosure standards thus also serve an efficiency rationale as well as a consumer protection rationale."* Vgl. Herring/Santomero (1999), S. 10.

173) In diesem Sinn hat Regulierung auch die Funktion, dass sie Mindeststandards setzt und somit *„remove 'lemons' from the market. ... Regulation can have a positive and beneficial effect of breaking a grid lock by offering a guarantee that all participants will behave within certain standards"*. Vgl. Llewellyn (1999), S. 26 ff.

174) Vgl. Hartmann-Wendels et al. (2007), S. 357.

ist stärker makroökonomisch geprägt und für Letzteres liegen keine abschließenden empirischen Beweise vor[175] – sollen nicht weiter vertieft werden. Als Erklärungsmodell für eine Bankenregulierung sollen im Folgenden stattdessen die Repräsentationshypothese und die Bankrun-Mechanik kurz vorgestellt werden.

Repräsentationshypothese nach Dewatripont/Tirole

Dewatripont und *Tirole* sehen den Hauptgrund für eine Bankenregulierung weniger in der Transformationsfunktion der Banken, oder der im Vergleich zu anderen Wirtschaftsunternehmen unterdurchschnittlichen Eigenkapitalquote oder in der Zahlungsverkehrs- bzw. Liquiditätsfunktion, sondern primär in der Schutzfunktion für die Einlagen der Bankkunden (Gläubigerschutz), da sie in der Regel nicht über Möglichkeiten zur Überwachung einer Bank verfügen.[176] Dies ist auch analog der zuvor dargestellten Corporate Governance-Problematik als Folge der Trennung von Eigentum und Kapital zu sehen. Weil auch Banken der Problematik von Moral Hazard und adverser Selektion unterliegen, ergibt sich zur Verringerung der Folgen aus der asymmetrischen Informationsverteilung die Notwendigkeit zur Überwachung von Banken. Zur Sicherung ihrer Einlagen bei fehlender Regulierung sollte das Monitoring, das komplex, zeitintensiv und kostenaufwendig ist, von den Einlegern selbst erfolgen.[177] Allerdings unterliegen die privaten Bankgläubiger folgenden Charakteristiken: Sie sind eine nicht koordinierte Gruppe von vielen „kleinen" risikoaversen Anlegern (atomistische Struktur), die aufgrund unzureichenden Wissens und fehlender Anreize eine inhaltlich und ökonomisch angemessene Überwachung nicht ausführen können (sog. Trittbrettfahrerproblematik).[178] Des Weiteren kann kein wirksamer Reputationsmechanismus bzw. institutionalisierter Mechanismus privater Repräsentanten implementiert werden, der die Überwachungsaufgaben der Einleger wirksam übernimmt. Außerdem würden in dieser Konstellation Offenlegungs- und Transparenzpflichten ihren gewünschten Zweck verfehlen.

Nach *Dewatripont* und *Tirole* stellen somit die negativen Konsequenzen eines Forderungsausfalls, also eines Vermögensverlustes für die Gläubiger der Bankeinlagen, einen wichtigen Faktor für die Erklärung der Bankenregulierung dar.[179] Die Regulierungsinstitution übernimmt somit als Stellvertreter für die Gesamtheit der Bankeinleger die Maßnahmen zum Schutz vor Vermögensverlusten. Regulierungsvorschriften können somit als Substitut für individuelle vertragliche Regelungen angesehen werden.[180] Die Aufsicht fungiert als Repräsen-

---

175) Vgl. hierzu Burghof/Rudolph (1996), S. 31; ebf. Theurl (2001), S. 18; ebf. Treu (2006), S. 5.

176) Vgl. Dewatripont/Tirole (1994), S. 29 ff.

177) Vgl. Humpert (2003), S. 16.

178) Vgl. Burghof/Rudolph (1996), S. 19 f. „*The holders of bank debt are often poorly informed, free-riding small depositors.*" Die Folge ist: „*These small depositors need to be represented* [im Original nicht unterstrichen, K. G.]." Vgl. Dewatripont/Tirole (1994), S. 193.

179) „*The threshold for the transfer of control from shareholder to debtholders can be interpreted as a minimum solvency requirements.*" Vgl. Dewatripont/Tirole (1994), S. 217.

180) Vgl. Hartmann-Wendels et al. (2007), S. 360; ebf. Neus (2007), S. 13. Über die Intensität der Regulierung schreiben *Dewatripont* und *Tirole*, dass sie „*not advocate a pervasive regulation of the financial sector*". Je nach Risiko der zugrunde liegenden Forderung (z. B. Investmentfonds oder Aktien) können auch andere Mechanismen, wie z. B. Reputationsmechanismen oder private Repräsentanten (z. B. Schutzgemeinschaften), als wirksam angesehen werden. Diese Mechanismen greifen aber nicht bei Bankeinlagen. Vgl.

tant aller Einleger. Sie handelt in deren Interesse und als ihr verlängerter Arm, mit der gebündelten Aufgabe der delegierten Bankenüberwachung, sodass die Transaktionskosten geringer ausfallen, als wenn jeder Einzelne diese Überwachungsfunktionen ausführt.[181] Zu beachten ist, dass Gläubigerschutz aber kein Schutz vor Vermögensverlusten „*um jeden Preis*“ bedeutet, sondern dass die Einleger das Vertrauen erhalten, dass die Banken, die die Einlagen verwalten, keine Anreize haben, um Maßnahmen zu ergreifen, die für die Einleger ein gestiegenes Ausfallrisiko zur Folge haben.[182] Die Minderung solcher Fehlanreize mittels institutioneller Ausgestaltung ist ein Ziel der Bankenregulierung.[183] Für *Dewatripont* und *Tirole* erfordert eine effiziente Governance von Banken somit:[184]

- „*Accurate measures of its solvency and of the nature of its activities (in particular its portfolio risk)*“ und
- „*an increase in interference when performance deteriorates, and, in particular, a credible mechanism for the transfer of control to an interventionist party when the bank's solvency is low*“.

Allerdings sind Aufsichtsaktivitäten ineffizient und wettbewerbsschädlich, wenn die Bankenaufsicht nicht die Interessen der Einleger, sondern die Interessen anderer Gruppen internalisiert, wie z. B. von politischen Entscheidungsträgern, von dem eigenen Management der Aufsichtsbehörde (sog. „shirking“) oder wenn Banken- und Aufsichtsbehördenmanagement gegen die Interessen der Einleger Anreize haben, Sanktionen auszusetzen oder abzumildern, um ein sog. „gambling for resurrection“ zu betreiben.[185]

In diesem Zusammenhang ist auf das unternehmerische Überwachungsmodell von *Fama* und *Jensen* bei nicht-komplexen Organisationen, wie z. B. bei gemeinnützigen Sparkassen, hinzuweisen. Hier kommt dem Aufsichtsorgan eine modifiziertere Funktion im Überwachungsprozess als bei Aktiengesellschaften zu.[186] Trotz hoher bilanzieller Vermögenswerte kann es sich um eine nicht-komplexe Organisation handeln. *Fama* und *Jensen* sehen für die Entscheidungskontrolle dieser Unternehmensform als Besonderheit an, dass „*the unique characteristic of the residual claims of mutuals is that they are redeemable on demand. The ... depositor* [of mutual savings banks, KG] ... *can on demand, turn in his claim at a price determined by a prespecified rule*“.[187] Vor dem Hintergrund der zuvor beschriebenen Überwa-

---

Dewatripont/Tirole (1994), S. 34 ff.

181) Vgl. Uhde (2007), S. 158 f. Diese Form der Überwachung von Kreditinstituten wird auch als „administered contract“ bezeichnet und kann als eine öffentliche Verwaltung des relationalen Einlagenvertrages mit Schieds- und Sanktionsfunktionen einer unabhängigen Regulierungsbehörde interpretiert werden.

182) Vgl. Hartmann-Wendels et al. (2007), S. 360.

183) Vgl. Neus (2007), S. 12. „*For example, government deposit insurance can provide depositors full insurance but is a source of moral hazard. These problems are usually presented as one of the reasons for regulating banks.*“ Vgl. Santos (2000), S. 10.

184) Vgl. Dewatripont/Tirole (1994), S. 217.

185) Vgl. Börner (2003), S. 346 f. „*If it proves difficult to guarantee the independence of the regulatory agency from political pressure and interest groups, there may be a need for less disrectionary regulation.*“ Vgl. Dewatripont/Tirole (1994), S. 220.

186) Vgl. Fama/Jensen (1983), S. 21 ff.

187) Vgl. Fama/Jensen (1983), S. 22.

chungsfunktion der Bankenaufsicht als Delegierter der Bankeinlagengläubiger haben die Residualanspruchsberechtigten ein geringeres Interesse an den Tätigkeiten des Aufsichtsorgans als bei komplexen Organisationen. Sie besitzen darüber hinaus auch nicht die Möglichkeit, die Mitglieder dieses Organs wählen zu können, da diese über den politischen Entscheidungsweg in das Kontrollgremium kommen. Als Aufgabe des Überwachungsgremiums bei nichtkomplexen Organisationen verbleibt nur *„monitoring agency problems against which redemption of residual claims offers little protection, for example, fraud of outright theft of assets by internal agents"*.[188]

Allgemeine Bankrun-Mechanik

Ein weiteres Argument, das für eine staatliche Bankenaufsicht spricht, zeigt sich in Situationen, in denen Einleger das Vertrauen in die Sicherheit und Solvenz *ihrer* Bank und somit ihrer Vermögenswerte verlieren können.[189] Auslöser können begründete oder unbegründete exogene Ereignisse („sunspots") sein.[190] Vor diesem Hintergrund kann das Bankensystem zur Instabilität neigen, da die Anleger als Handlungsalternative wahrscheinlich ihre Einlagen schnellstmöglich abziehen werden („Windhundrennen"), also ein allgemeiner Bankrun einsetzt, der zunächst nur eine einzelne Bank erfasst, aber als *Dominoeffekt* auf das gesamte Bankensystem ausstrahlen kann.[191] Die Auswirkungen dieser Liquiditätskrise auf weitere, noch stabile Banken können letztendlich zu einer Solvenzkrise des gesamten Bankensektors führen („contagion failure") und als systemisches Risiko bezeichnet werden.[192] Auch das Problem der asymmetrischen Informationsverteilung kommt zum Tragen, da die Bankgläubiger nicht zwischen den riskanten und weniger riskanten Instituten differenzieren können. Aufgrund der Homogenitätsannahme der Einleger hinsichtlich der Bankensolvenz und -liquidität kann der einzelne Vertrauensverlust in eine Bank das Vertrauen in alle Banken vernichten und auch solvente Banken können bei einem allgemeinen Bankrun insolvent werden (Systemrisiko des Bankensektors).[193] Die Folgen einer solchen Entwicklung verursachen erhebliche soziale Kosten und Wohlfahrtsverluste und können, wie in der Weltwirtschaftskrise bzw. Bankenkrise geschehen, zu einem Erliegen der wirtschaftlichen Aktivitäten bzw. im Extremfall zu einem Zusammenbruch ganzer Volkswirtschaften führen.[194] Gravierende systemische Bankenkrisen sind in der Regel stark mit Wechselwirkungen in die Realwirtschaft verknüpft. Die Ursache

---

188) Vgl. Fama/Jensen (1983), S. 23.

189) Vgl. Burghof (1998), S. 50 ff.

190) Vgl. zu den „random events" als Auslöser von Bankenkrisen Allen/Gale (2001), S. 45 f.

191) Vgl. Hartmann-Wendels et al. (2007), S. 357 f.; ebf. Treu (2006), S. 12 f.

192) Vgl. Neuberger (1998), S. 178 f.; Rodriguez (2003), S. 116; ebf. Uhde (2007), S. 39 f. Zum Contagion-Effekt vgl. auch EZB - Liquidität (2008), S. 10.

193) Vgl. Burghof/Rudolph (1996), S. 21 f. Für einen Überblick über die Literatur und die Bedeutung sowie Auswirkungen von Systemrisiken im Bankensektor siehe Bandt/Hartmann (2000), S. 10 ff.

194) Allerdings ist zwischen den folgenden zwei Aspekten des „information-based run" und dem „panic run" zu unterscheiden: *„A bank run that is triggered by the release of information indicating poor performance by the bank may be beneficial because it is a source of discipline."* Aber dem steht ein mit sozialen Kosten verbundener Bankrun gegenüber, der ausgelöst wird von *„depositors' panic or by the release of information when there is asymmetry of information among depositors about bank returns will not be beneficial.*" Vgl. Santos (2000), S. 6; ebf. Carletti (2005), S. 8 ff.

hierfür ist die ökonomische Funktion der Fristentransformation von Banken, d. h. den kurzfristigen Verbindlichkeiten stehen teilweise kurzfristig illiquide Aktiva gegenüber, sodass in der kurzen Frist die Verbindlichkeiten der Bank den Liquidationswert ihrer Forderungen übersteigen können und die Bank somit kurzfristig zahlungsunfähig (illiquid) ist, obwohl sie langfristig über ausreichende Ressourcen zur Erfüllung ihrer Verbindlichkeiten verfügt.[195] Die Abbildung C.6 verdeutlicht die Bankrun-Mechanik:[196]

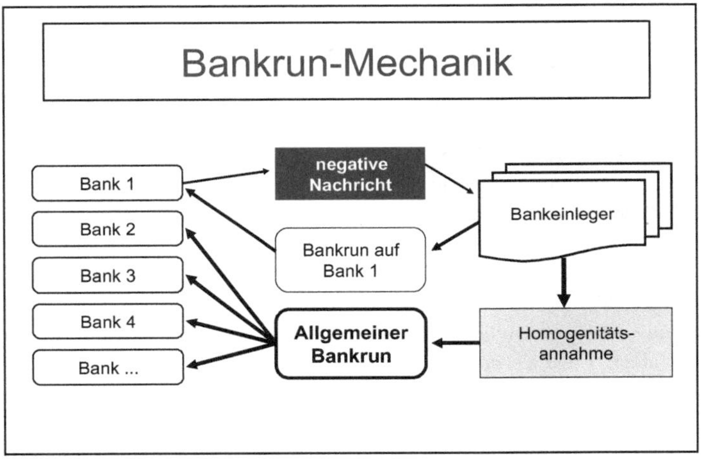

Abbildung C.6: Bankrun-Mechanik

Die Aufgabe der Bankenaufsicht besteht darin, das Vertrauen zu stabilisieren bzw. negative Erwartungen in einen systemischen Zusammenbruch des Bankensektors zu verhindern und somit der einen allgemeinen Bankenrun auslösenden Ansteckungsgefahr entgegenzuwirken.[197] Doch selbst bei Krisen einzelner Banken, insbesondere bei Großbanken, für die das „too big to fail"-Phänomen zutrifft, sieht sich ein Staat aufgrund der hohen sozialen Kosten, die durch Vermögensverluste von Einlegern eintreten können, politisch gezwungen, mittels der Gewährung finanzieller Hilfen einen Konkurs abzuwenden.[198] Aufgrund dieser impliziten Verpflich-

195) Die theoretischen Grundlagen basieren auf dem Modell von *Diamond* und *Dybvig*. Vgl. Diamond/Dybvig (1983), S. 401 ff.; ebf. Berger (2002), S. 208 ff.; ebf. Rochet (2004), S. 325 f.

196) Vgl. Burghof/Rudolph (1996), S. 22.

197) *„Bank regulators have a unique responsibility for maintaining public confidence in the financial system."* Vgl. Chorafas (2000), S. 3; ebf. Burghof/Rudolph (1996), S. 24; ebf. Richter (1990), S. 345 ff.

198) Am Beispiel der Rettungsaktion der amerikanischen Investmentbank Bear Stearns im Jahr 2008 gilt weniger *„too big to fail"*, sondern vielmehr aus der vertragstheoretischen Perspektive *„too connected to fail"*, um negative Kettenreaktionen für das weltweite Finanzsystem zu verhindern. Vgl. hierzu auch Sanio (2008c). Zu dem Moral Hazard-Problem bei der „too big to fail"-Politik vgl. Mishkin (2007), S. 282 f., der zu dem Schluss kommt: *„ ... big banks might take on even greater risks, thereby making bank failures more likely."* Zur Politischen Ökonomik des „too big to fail" vgl. Belke (2001), S. 13 ff.

tung des „lender of last resort" hat der Staat an einer funktionierenden Bankenregulierung großes Interesse.[199]

Der Einsatz von modernen Finanzinstrumenten kann zu einem ansteigenden systematischen Risiko im Bankensektor führen, wenn z. B. Kreditderivate und ein damit verbundener Risikotransfer bei unzureichenden Publikationsvorschriften, bei gleichzeitig erhöhter Abhängigkeit von makroökonomischen Risiken, keine Transparenz hinsichtlich der Risikoallokation ermöglichen.[200] Damit dieser Entwicklung bankaufsichtlich Rechnung getragen wird und die Transparenz über die Risikoallokation im Finanzsektor sowie das Vertrauen in die Finanzmarktstabilität verbessert wird, wird nicht nur eine auf den Einzelausfall achtende, volatilitätsorientierte Politik („stand-alone-Praxis"), sondern eine auch auf Korrelationsrisiken konzentrierte Bankenaufsicht gefordert, die die Abhängigkeiten zwischen Finanzinstituten unter Berücksichtigung makroökonomischer Daten stärker integriert.[201]

Marktversagen versus Staatsversagen

Letztendlich geht es in einer modernen Finanzarchitektur aber nicht mehr um die Frage nach dem *ob überhaupt*, sondern nur noch *wie umfangreich* und mit *welchen* Instrumenten eine Bankenaufsicht in einem hybriden System ausgestattet sein sollte und wie intensiv die internationale Zusammenarbeit sein muss.[202] Theoretisch sind also die Vorteile der Intervention den entstehenden direkten und indirekten Kosten einer staatlichen Regulierung bei Banken und Aufsicht durch die Bindung von Ressourcen gegenüber zu stellen und abzuwägen.[203] Außerdem sind Opportunitätskosten zu berücksichtigen. Diese entstehen, wenn Präferenzen der Marktteilnehmer nicht oder nur eingeschränkt bedient werden oder wenn Innovationen eingeschränkt werden. Bei ersteren stellt sich die grundsätzliche Frage nach der möglichen Quantifizierbarkeit.[204] Letztere sind möglicherweise *einfacher* zu quantifizieren und zu einem wesentlichen Teil durch die bestehenden institutionellen Anreiz- und Kontrollmechanismen geprägt. Allerdings können weder die Vorteile noch die Nachteile der Bankenaufsicht per se ausreichend und abschließend quantifiziert werden, sodass bankaufsichtliche Normen in ihrer

199) Vgl. Hartmann-Wendels et al. (2007), S. 358. Eine weitere Form zum Schutz der Institute vor Bankruns ist der staatliche Einlagenschutz, der aber mit dem Problem des Moral Hazards verbunden ist. Eine Lösung der Moral Hazard-Problematik wird in diesem Zusammenhang in der Bindung des Bankrisikos an die Versicherungsprämie sowie in der Vorgabe einer fixen Kapitalstruktur als Risikobegrenzungsnorm gesehen. Vgl. Santos (2000), S. 8 f.

200) Vgl. Krahnen (2006), S. 7 ff.; ebf. ähnlich Knight (2008a).

201) Für eine stärkere „macroprudential orientation" in der Bankenaufsicht, insbesondere unter Berücksichtigung der Ursachen und Folgen aus der aktuellen Finanzkrise, vgl. Borio (2008), S. 9 ff.; ebf. Trichet (2009).

202) Allerdings gibt es Vertreter in der Literatur, wie z. B. *Benston*, *Dowd* oder *Kane*, die die Vorteile einer Regulierung skeptisch betrachten. So wird bezweifelt, ob die Bankenregulierung in der Praxis die Auswirkungen von Marktversagen oder Marktunvollkommenheiten mit ihren Interventionen begrenzen kann und falls dies möglich sein sollte, zu einem Preis, der die Kosten des ursprünglichen Problems übersteigt: „*Serious moral hazards may arise when regulation is imposed; and regulation imposes a wide range of costs which are paid ultimately by consumers.*" Vgl. Llewellyn (1999), S. 7.

203) Bei den beiden dichotomen Regulierungsformen Markt versus Staat ist keine als absolut unkritisch zu bezeichnen, denn dem möglichen Marktversagen steht auch ein gewisser Grad an Staatsversagen gegenüber. Vgl. Neus (2007), S. 7 ff.

204) Vgl. Goodhart et al. (1998), S. 65; ebf. Guiso/Sapienza/Zingales (2007), die die Effekte und Auswirkungen von Bankenregulierung und -deregulierung untersuchten.

konkreten Ausgestaltung auch als *„gewachsene, auf Erfahrungswerten der Aufsichtsbehörden beruhende Leitsätze“* zu verstehen sind.[205] Eine effiziente Regulierung sollte aber bei dem Einsatz ihrer Instrumente die Verhältnismäßigkeit und den Aspekt der Proportionalität im Verhältnis zu dem zu regulierenden Risiko nicht außer Acht lassen.[206]

Es besteht jedoch das Risiko, dass die Regulierungsinstanz aufgrund von systemimmanenten Anreizen ein zu umfangreiches Leistungsangebot auf eine ineffiziente Art bereitstellt.[207] Dies ist ein Betrachtungswinkel der politischen Ökonomie, die staatliche Aufsichtsnormen als Resultat komplexer politischer Entscheidungsprozesse ansieht, wobei die Vielzahl der Interessengruppen weniger die Verbesserung der öffentlichen Wohlfahrt verfolgt, sondern vielmehr ihre partikularen Eigeninteressen stärker im Fokus hat.[208] Neben den zuvor erläuterten normativen Ansätzen beschäftigt sich die positive Theorie der Regulierung also mit dem Zustandekommen von Regulierungsmaßnahmen im Widerstreit der unterschiedlichen Interessen der von einer Regulierung betroffenen Gruppen (Capture-Theorie).[209] Die unmittelbar betroffenen Akteure haben demnach an einer für sie vorteilhaften Regulierung ein besonderes Interesse, z. B. zum Schutz vor Markteintritt oder zusätzlichen Wettbewerb. Ein alternatives, aber realitätsnäheres Ziel als die wohlfahrtsökonomischen Quantifizierungsansätze besteht aus der Sicht des Verfassers in der Frage nach der Auswirkung der regulatorischen Normen auf die ökonomische Effizienz des bankinternen Risikomanagementsystems und des Risikotragfähigkeitskonzeptes, also nach der Steuerung des Risikoverhaltens von Banken.

Wie zuvor erwähnt, bedeutet Regulierung eine Einschränkung der Dispositionsfreiheit, was für die Regulierten zunächst einen Kostenfaktor darstellt.[210] Je intensiver der Wettbewerb und je stärker der Kostendruck für die Institute ist, umso bedeutsamer werden neben Personal- und Sachaufwendungen auch die Regulierungskosten für die Produktivität bzw. Cost-Income-

---

205) Vgl. hierzu ausführlicher Burghof/Rudolph (1996), S. 33; ebf. Deutsche Bundesbank (2006), S. 41.

206) Vgl. auch Maddaloni/Pain (2004), S. 39.

207) Vgl. Fritsch et al. (1993), S. 273 f. Hinsichtlich eines Trade-off von Kosten und Nutzen der Bankenregulierung kommen *Kaufmann* und *Scott* zu dem Fazit, dass *„it is not possible either theoretically or empirically to draw up a comprehensive balance sheet of all the benefits and costs produced by bank regulation and intervention over that period* [Zeit von der Bankenkrise bis zum Ende des 20. Jahrhunderts, K. G.]*, but ... it is arguable that the costs outweighed the benefits, and the regulators may well have contributed to systemic risk as much as they retarded it“*. Vgl. Kaufmann/Scott (2003), S. 388. *„The best protection against widespread bank failures and systemic risk is macroeconomic policies that achieve stability and avoid price bubbles that leave banks highly vulnerable to failure. ... It is possible to reduce both the likelihood and costs of future bank failures as well as any resulting systemic problems without suffering the undesirable side-effects of moral hazard and agency problems that plague many prudential policies. This result can be achieved by introducing an effective system of structured early intervention and resolution (SEI) – a system that is both incentive compatible and market oriented.“* Vgl. hierzu ausführlicher Kaufmann (1996).

208) Vgl. zu den Grundlagen der normativen und positiven Theorie der Regulierung Uhde (2007), S. 12 ff.; ebf. Belke (2001), S. 14 ff. Es besteht die Gefahr, dass *„rather than exerting a „helping hand“ to ease market failures, governments may instead use a „grabbing hand“ to satisfy political objectives“*. Vgl. Levine (2004), S. 12.

209) Vgl. ausführlicher Burghof (1998), S. 31 ff.; ebf. Deutsche Bundesbank (2006), S. 43.

210) Das Phänomen, was makroökonomisch sinnvoll ist, aber auf der Ebene des einzelnen Wirtschaftssubjektes nicht analog gesehen wird, kann auch als *„conflict between micro and macro optimality“* beschrieben werden. Banken und Bankenaufsicht haben diametral zuwiderlaufende Ziele und jede Partei versucht, mit ihren Instrumenten ihre eigenen Ziele zu erreichen. Vgl. Münzer (1992), S. 103 f.

Ratio der Institute, sodass die Banken versuchen werden, diese Auflagen durch neue Ausweichreaktionen zur Kostenvermeidung weitgehend zu umgehen.[211] Nach der „Theorie der regulatorischen Dialektik“ von *Edward Kane* entstehen vor diesem Hintergrund finanzielle Finanzinnovationen u. a. primär zur Senkung der regulatorischen Kosten des einzelnen Instituts, aber auch mit der Folge, dass die Sicherheit des gesamten Bankensektors negativ beeinflusst werden kann.[212] Regulierung zieht also Innovationen nach, die die Normen der Aufsicht zwar *de jure* erfüllen, aber *de facto* unterlaufen. Dies veranlasst sie wiederum zu „Re-Regulierungen“.[213] Dieser Ansatz zeigt, dass unter der Berücksichtigung eines time-lags sowie der Besonderheit und Spezifität von Bankprodukten ein *„zu speziell definiertes Regulierungsniveau äußerst anfällig für Erosionsprozesse ist“*.[214]

Kritische Anmerkungen

Es besteht die Gefahr, dass die Regulierungsinstanz nicht im Interesse der Gläubiger handelt, sondern ihre eigenen Interessen priorisiert oder politischen Einflüssen unterliegt („regulatory gambling“).[215] Des Weiteren kommen in der qualitativen Ebene Heuristiken anstelle von quantitativen Variablen zum Einsatz, die aber sog. Verzerrungen in der Form von Selbstüberschätzung („overconfidence“) unterliegen können. D. h., bei der Bewertung oder Steuerung von komplexen Systemen und Prozessen besteht die Gefahr der Überschätzung der eigenen Fähigkeiten und der Unterschätzung der immanenten oder latenten Risiken.[216] Diese Kontrollillusion könnte zur Folge haben, dass Bankenaufseher in dem Glauben agieren, auf das Ergebnis nicht kontrollierbarer Vorgänge Einfluss zu haben und letztendlich die Stabilität gefährdeter Kreditinstitute überschätzten.[217] Für das Handeln der Aufsicht wird unterstellt, dass die Behörde die quantitativen und qualitativen Kapazitäten zur Verfügung hat und die entsprechenden Anreize bestehen, um das aus den Marktunvollkommenheiten resultierende

---

211) Vgl. Münzer (1992), S. 103 f.

212) Darüber hinaus reduzieren Finanzinnovationen aber auch noch Transaktions- und Risikokosten. *Kane* schreibt, dass *„regulatory burdens and subsidies and regulatee adaption to them simultaneously determine each other“*. Vgl. zu dem theoretischen Ansatz Kane (1988), S. 328 ff. Dieser Ansatz spiegelt also nicht die normative, sondern die positive Regulierungstheorie wider. *„Not only is it natural to assume that the regulators pursue their own objective ..., but it is also crucial to take into account that banks will react to regulation by developing new strategies, like introducing new financial innovations.“* Vgl. Freixas/Santomero (2002), S. 9.

213) Dieser Prozess ist in seiner idealtypischen Form endlos. Die Vorsilbe „re“ steht für „wieder“ und nicht für „zurück“. Vgl. Münzer (1992), S. 105 f.

214) Vgl. Münzer (1992), S. 207. Diese Entwicklung versucht der prinzipienbasierte Regulierungsansatz zu umgehen, da eine *„Regulierung, die alles bis ins letzte technische Detail vorgibt“*, nur noch eine kurze Halbwertzeit hat. Vgl. Sanio (2006), S. 17.

215) In Analogie zu der Frage *„who monitors the monitor?“* kann auch die Frage gestellt werden *„who regulates the regulators?“*. Zur Bedeutung der politischen Unabhängigkeit für die Bankenregulierung vgl. Quintyn/Taylor (2004).

216) Dies muss keine theoretische Überlegung bleiben, sondern wird der britischen Financial Services Authority (FSA) im Zusammenhang mit der Risikoeinschätzung von Northern Rock vorgeworfen: *„ ... the FSA drastically underestimated the risks facing Northern Rock. ... Because it had decided the bank was in good shape, the FSA barely bothered watching it.“* Vgl. o.V. (2008b).

217) Vgl. Börner (2003), S. 350 f. *Rodriguez* spricht sich auf nationaler Ebene für eine „regulatory simplicity“ aus, weil *„regulators are unlikely to be able to keep up with the rapid pace of innovation in financial markets“*. Vgl. Rodriguez (2003), S. 123.

Marktversagen zu korrigieren. *Barth*, *Caprio* und *Levine* bezweifeln die Überlegenheit der staatlichen Bankenaufsicht aus der Sicht des „public interests“-Ansatzes gegenüber dem „private monitoring“-Ansatz, weil „*government failures may be so large that empowering official supervisors produces socially counterproductive results. Specifically, politicians and government supervisors do not maximize social welfare; they maximize their own welfare.*“[218]

Auf externe Vorgaben könnte sogar ganz verzichtet werden und der Regulierungsansatz könnte ausschließlich auf qualitative Elemente begrenzt werden, wenn die Ziele der Bankenaufsicht von den Banken vollständig internalisiert würden, d. h., die Präferenzen der Bankgeschäftsleitung würden mittels eines Anreizsystems konform mit den Regulierungszielen einhergehen.[219] Im Rahmen einer qualitativen Prüfung wäre dann darauf zu achten, dass die Internal Governance bzw. Risikotragfähigkeitskonzeption, Interne Kontrollverfahren und die Strategie eine Konformität zu den bankaufsichtlichen Zielen (Reduktion der Insolvenzwahrscheinlichkeit und Krisenvermeidung auf dem Bankenmarkt) aufweist.[220] In der Realität ist diese Präferenzenhomogenität aber de facto nicht vorhanden, da für Banken die Einhaltung von quantitativen Normen bzw. das Ziel der Konkursvermeidung nur eine strenge Nebenbedingung ist.

Die folgende Abbildung C.7 ist ein systematischer Überblick über den institutionellen Rahmen der Bankenaufsicht und fasst die wesentlichen Aspekte zusammen:[221]

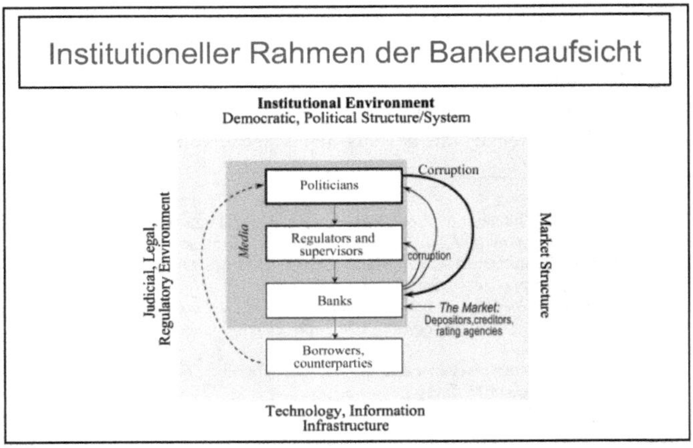

Abbildung C.7: Bankenaufsicht: Institutioneller Rahmen

218) Vgl. Barth/Caprio/Levine (2005), S. 2 f.

219) „*Regulation involves a process of creating incentive compatible contracts so that regulated firms have an incentive to behave in a way consistent with the social objectives of systemic stability and investor protection.*“ Vgl. Llewellyn (1999), S. 7.

220) Vgl. Burghof/Rudolph (1996), S. 112.

221) Vgl. Barth/Caprio/Levine (2007), S. 18.

2.4.3 Instrumente der Bankenaufsicht

„Regulation should respond to the realities of the market, rather than the other way round.“[222]

Die Notwendigkeit einer Regulierung des Bankensektors wurde im vorangegangenen Kapitel mit Marktunvollkommenheiten bzw. -versagen, mit der allgemeinen Bankrun-Mechanik und dem für den Bankensektor immanenten Systemrisiko sowie mit der Schutzfunktion für Bankgläubiger aufgrund deren suboptimalen Monitoringaktivitäten (Informationsasymmetrie) begründet. Welche Instrumente der Bankenaufsicht hierbei zur Verfügung stehen, soll im Folgenden erläutert werden.

Aus Sicht der Bankenaufsicht beginnt der Aufsichtskreislauf mit Aufnahme der Geschäftstätigkeit einer Bank (Marktzutrittskontrolle) und schließt mit deren Beendigung (Marktaustrittskontrolle).[223] Der Schwerpunkt der Bankenaufsicht liegt hingegen auf der laufenden Überwachung der Geschäftstätigkeit der Institute: Informationsgewinnung und -verarbeitung mittels Off-Site-Überwachung und On-Site-Prüfungen.[224] Direkte Eingriffe in den Marktmechanismus finden grundsätzlich nur selten statt, stattdessen liegt der Fokus einer modernen Bankenregulierung vielmehr in der Früherkennung von potenziellen Risiken bzw. Krisen.[225] Zur systematischen Einordnung dient zunächst die folgende Abbildung C.8:[226]

222) Vgl. Crockett (2001).

223) Hinsichtlich einer Darstellung der Zulassungsvoraussetzungen für das Betreiben einer Bank sowie der bankaufsichtlichen Maßnahmen bei Krisen einzelner Kreditinstitute wird auf die Arbeit von *Träm* verwiesen, die nicht nur die Situation in Deutschland darstellt, sondern auch einen Vergleich mit den jeweiligen Regelungen in den USA anstellt; vgl. Träm (2006), S. 123 ff. Für einen Überblick zu den Erlaubnisvoraussetzungen und -formalitäten für Kreditinstitute in Deutschland vgl. auch das Merkblatt zu § 32 Abs. 1 KWG, S. 2 ff., von der Deutschen Bundesbank und der Bundesanstalt für Finanzdienstleistungsaufsicht (BaFin).

224) Vgl. Blumer (1996), S. 39 f.; ebf. Mondello (1999), S. 14 ff.

225) Vgl. DIW (2006), S. 11.

226) In Anlehnung an Burghof/Rudolph (1996), S. 36.

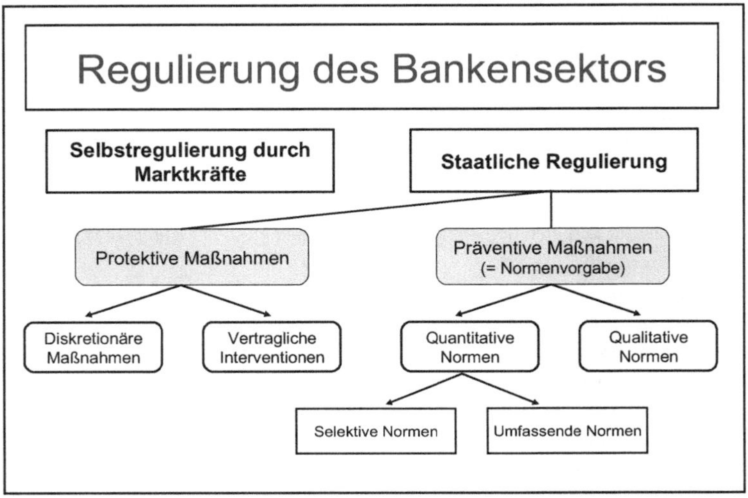

Abbildung C.8: Bankenaufsichtliche Maßnahmen und Normen

Nach der „free banking"-Auffassung gewährleistet die Selbstregulierung des Marktes („invisible hand approach") eine ausreichende Kontrolle und Sicherheit für den Bankenmarkt.[227] Eine staatliche Regulierung ist nicht erforderlich bzw. beeinträchtigt die Kräfte des Marktes.[228] Alle Maßnahmen werden zwar von den beteiligten Wirtschaftssubjekten auf freiwilliger Basis vorgenommen, aber von der staatlichen Aufsicht können im Einzelfall ergänzende Rahmenbedingungen gesetzt werden.[229] Gegenüber der staatlichen Regulierung ist die Selbstregulierung von größerer Flexibilität und Schnelligkeit gekennzeichnet. Allerdings ist aufgrund der in der Praxis zu beobachtenden Unvollkommenheiten am Finanzmarkt ein bestimmter Grad an (Mindest-) Regulierung grundsätzlich notwendig. Die beiden Ansätze Regulierung und/oder Marktdisziplin sind als komplementäre Institutionen zu betrachten, die, mittels einer optimalen Kombination zwischen Aufsicht und Transparenz (Kontrolle durch den Markt), eine Basis für einen solventen und stabilen Bankensektor bilden.[230] Insofern ist der originäre Trade-off zwischen marktlicher und staatlicher Kontrolle mittels einer effizienten Kombination beider Regulierungsformen zu überwinden, also ein Kostenoptimum zwi-

227) Vgl. Rodriguez (2002), S. 19; ebf. Humpert (2003), S. 30 ff.

228) Auch im Basel II-Ansatz wird die Sichtweise des free banking nicht verfolgt, denn der Basler Ausschuss „*do not believe in a liberal approach where disclosure is all that is needed to avoid the asymmetric information among lenders and regulatory authorities that is the cause of welfare loss resulting from systems competition*". Vgl. Sinn (2003), S. 327.

229) Vgl. Deutsche Bundesbank (2006), S. 42.

230) Vgl. zu dem Ansatz der Selbstregulierung auch Treu (2006), S. 15 f.; ebf. Llewellyn (1999), S. 23 ff.

schen den Grenzkosten staatlicher Kontrolle und den Grenzkosten eines potenziellen Marktversagens anzustreben.[231] Diese Kontrollverteilung führt dann nicht nur zu einer Minimierung der Regulierungskosten bei einer effizienten Kontrollkombination durch Markt und Staat (hybrider Ansatz), sondern auch zu einem stabilen Bankensystem.[232]

Aber eine staatliche Bankenregulierung, auch wenn sie ökonomisch und gesellschaftspolitisch berechtigt und gewünscht ist, muss den Instituten ausreichend „*Luft zum Atmen lassen*" und systemstabilisierende, innovative Anreize geben.[233] Sie darf einerseits die Eigenverantwortung der Geschäftsleitung und andererseits die Marktkräfte nicht aufheben bzw. einfrieren, sondern sollte klare Rahmenbedingungen vorgeben, in denen sich ein funktionsfähiger Wettbewerb frei entfalten kann.[234] Außerdem sollten Regulierungsvorschriften regelmäßig einer ex post-Evaluierung unterzogen werden, um Opportunitätskosten von nicht mehr adäquaten Regulierungsnormen zu vermeiden. Der Umfang der Regulierung sollte angemessen sein und darf letztendlich nicht über das Maß hinausgehen, das zur Korrektur des Marktversagens benötigt wird. Außerdem muss berücksichtigt werden, dass nicht das Symptom, sondern die Ursache behandelt wird. Dann sollten nicht nur Banken primärer „Empfänger" der regulatorischen Auflagen sein, sondern es sind aufgrund der zunehmenden Konvergenz von Produktsegmenten die den Produkten immanenten Risiken, für die branchenübergreifend die gleichen Regulierungsnormen gelten müssen. Somit sollten für gleiche Sachverhalte bzw. Risiken gleiche Regeln bzw. Anforderungen gelten, unabhängig davon, ob Kreditinstitut oder „Schattenbank" bzw. „near banks" und unabhängig davon, ob innerhalb oder außerhalb der Bilanz.[235]

Im Gegensatz zur Selbstregulierung steht die statutarische Regulierung, bei der der Staat unmittelbar Einfluss auf das Marktgeschehen durch Institutionen mit Überwachungs- und Sanktionskompetenz ausübt.[236] Allerdings muss eine hoheitliche Regulierung in der Bankenaufsicht nicht unbedingt mit detaillierten und präskriptiven Regeln gleichgesetzt werden, son-

---

231) Vgl. Burghof/Rudolph (1996), S. 38 f.

232) Vgl. hierzu Bernanke (2007): „*The lesson of history appears to be that neither market discipline nor regulatory oversight alone is completely adequate for keeping the banking system safe and sound. However, regulators have increasingly come to appreciate the value of a hybrid system that supplements direct regulation with a substantial amount of market discipline.*"

233) Vgl. Sanio (2007), S. 76 f.

234) Vgl. Christl (2005); ebf. Weber (2008d), S. 10.

235) Vgl. Zeitler (2008b), S. 5. Beispielhaft soll hier das Projekt Solvency II im Bereich Finanzdienstleistungen auf EU-Ebene genannt werden. Als Projektziel sollen die heutigen Solvabilitätsvorschriften (Eigenmittelanforderungen) für Versicherungsunternehmen zu einem konsequent risikoorientierten System der Finanzaufsicht weiterentwickelt werden. Nach Auffassung der BaFin werden Versicherungsunternehmen animiert, ihr eigenes, internes Risikomanagement zu verbessern. Darüber hinaus wird mit Solvency II eine angemessene Harmonisierung der Aufsicht in Europa angestrebt. Solvency II ist inhaltlich an die Basler 3-Säulen-Struktur angelehnt, entwickelt die dort festgelegten Ansätze aber teilweise fort. Analog den MaRisk für Kreditinstitute soll mit den *Aufsichtsrechtlichen Mindestanforderungen an das Risikomanagement (MaRisk VA)* Versicherungsunternehmen und Pensionsfonds auf Basis des § 104s VAG und des am 1. Januar 2008 in Kraft getretenen § 64a VAG ein flexibler Rahmen für die Ausgestaltung des unternehmensinternen Risikomanagements an die Hand gegeben werden. Im Fokus steht auch hier die Einrichtung angemessener unternehmensinterner Leitungs-, Steuerungs- und Kontrollprozesse vor dem Hintergrund einer stärker risikoorientierten und prinzipienbasierten Aufsicht. Vgl. hierzu BaFin - MaRisk VA (2009), Nr. 1, Tz. 1.

236) Vgl. Deutsche Bundesbank (2006), S. 42.

dern kann auch prinzipienorientiert gestaltet werden.[237] Die staatliche Regulierung kann in einem ersten Schritt in protektive und in präventive (prudential) Maßnahmen unterschieden werden, die beide auf die ökonomische Situation der zu überwachenden Bank abstellen.[238] Beide Maßnahmen sind nicht als Substitute zu sehen, sondern stehen in einer komplementären Beziehung zueinander.[239] Haben die Vorbeugemaßnahmen („prudential regulations") nicht gegriffen, kommen in der nächsten Stufe protektive Maßnahmen zum Einsatz („Feuerwehrfunktion" bzw. schadensbegrenzende Aufsichtsvorschriften).[240] Diese dienen dem Zweck, die Bank vor einer konkret drohenden Insolvenz bzw. die Einleger vor drohenden Einlagenverlusten aus einer Bankinsolvenz zu schützen.[241] Hierbei können neben institutionalisierten vertraglichen Einlagen-[242] oder Institutssicherungsfonds auch Interventionen des Staates oder der Zentralbank als diskretionäre Maßnahme im Einzelfall zum Einsatz kommen („lender of last resort").[243]

Diesen ex ante orientierten Regulierungsmaßnahmen stehen stärker ausgerichtete ex post-Regulierungseingriffe gegenüber:[244] Die sog. „prudential regulations".[245] Diese sollen präven-

237) Vgl. Remsperger (2008b), S. 4.

238) Siehe oben, Abbildung C.8, S. 146. Eine weitere Alternative ist der sog. „pre-commitment approach", ein Selbstbindungsansatz, der, anstelle der Einhaltung von vorab definierten Restriktionen durch institutionalisierte Anreizmechanismen sicherstellen soll, dass z. B. eine von der Bank selbst gewählte angemessene Relation zwischen Eigenkapital und Risiko gewahrt bleibt. Ein Verstoß gegen diese Selbstbindung veranlasst die Bankenaufsicht zu der Verhängung von Strafzahlungen. Vgl. zu diesem Ansatz, der aber in der Praxis noch keine konsequente Umsetzung erfahren hat, ausführlicher Kupiec/O'Brien (1997); ebf. Humpert (2003), S. 117 f.; Dionne (2003), S. 199; ebf. Neus (2007), S. 14 f.; ebf. Hartmann-Wendels et al. (2007), S. 365 f. Neben präventiver und protektiver Bankenaufsicht besteht als weitere Regulierungsform noch die staatliche Wettbewerbspolitik, z. B. mittels Wettbewerbsgesetzgebung oder Preis- bzw. Zinssatzregulierung. Vgl. Neuberger (1998), S. 181; ebf. Heremans (1999), S. 960 f.; ebf. Treu (2006), S. 18.

239) „*The skill lies not so much in the choice of instruments, but in how they are combined in the overall policy mix.*" Vgl. Llewellyn (1999), S. 48.

240) Vgl. Münzer (1992), S. 97; ebf. Waschbusch (2000), S. 26.

241) Vgl. Burghof/Rudolph (1996), S. 39 f.

242) „ *... deposit insurance is efficient in protecting banks from runs, but it distorts their incentives towards risk.*" Vgl. Santos (2000), S. 16. Um dem Moral Hazard-Problem bei Einlagenversicherungssystemen zu begegnen, kommt der Vorgabe von Mindesteigenkapitalwerten zur Gestaltung von anreizkompatiblen Einlagenversicherungsverträgen bei asymmetrischer Informationsverteilung eine wichtige Funktion zu. Vgl. Daripa/Varotto (2006). Hinsichtlich der Funktion, Bedeutung und Problematik von Einlagensicherungssystemen vgl. Mishkin (2007), S. 280 f.; ebf. Vollmer/Hauck (2007), S. 303 ff.; ebf. Gropp/Vesala (2001), S. 8 ff.; ebf. Freixas/Santomero (2002), S. 14 f.; Dionne (2003), S. 190 ff.; ebf. Treu (2006), S. 19 ff. sowie Neuberger (1998), S. 190 ff., und Llewellyn (1999), S. 28 ff.

243) Vgl. Heremans (1999), S. 959 f.

244) Der Basler Akkord von 1988 entspricht dem Typ einer ex ante-Eigenkapitalregulierung, da er bereits vorab und per Definition die Risikoübernahme von Banken auf ein exogen vorgegebenes Niveau beschränkt. Dagegen beinhaltet der Basel II Ansatz sowohl Elemente einer ex ante- als auch einer ex post-Regulierung (hybrider Regulierungsansatz): Die Säule 1 wird grundsätzlich von der ex ante-Regelung dominiert, während die Säule 2 stärker auf die Entscheidungsfreiheit bei der Allokation von Risiko und Kapital abstellt und somit ausdrücklich Elemente eines ex post-Ansatzes beinhaltet: „*Regulatory intervention is triggered if losses exceed a certain threshold. The threat of intervention endogenously induces a link between risk and capital. Since such a scheme conditions on the outcome ob bank action, this is referred to as ex post regulation.*" Vgl. Daripa/Varotto (2006), S. 2.

245) International ist zu beobachten, dass insgesamt der Fokus einer modernen Regulierung auf der Früherkennung potenzieller Krisen und nicht auf direkten Eingriffen in den Marktmechanismus liegt. Vgl. DIW (2006), S. 11. Kritisch zu dem „prudential regulation" Laeven/Levine (2006), S. 3 ff.; ebf. Polo (2007), S. 7 f.

tiv den Eintritt einer (systemischen) Bankenkrise verhindern und bereits im Vorfeld dazu beitragen, dass Banken erst gar nicht in die Lage geraten, ihre Verbindlichkeiten an die Bankeinleger nicht mehr zurückzahlen zu können.[246] Hinter diesem Ansatz steht auch die Annahme, dass Banken sich von anderen Industriezweigen unterscheiden und bestimmte Besonderheiten, wie die erhöhte Undurchsichtigkeit („opaqueness") und eine hohe Regulierungsintensität, aufweisen.[247] Zwar stellen auch präventive Maßnahmen einen Eingriff in die Vertragsfreiheit von Banken dar, sie sind aber nicht als direkte Kontrolle der Geschäftsleitung zu verstehen, sondern geben Rahmenbedingungen vor, innerhalb derer die Institute selbstständig und verantwortungsvoll agieren können. Somit kann eine präventive Regulierung einem Einleger auch nicht direkt die Sicherheit seiner Einlagen garantieren, denn Bankinsolvenzen können auch durch präventive Maßnahmen nicht ausgeschlossen werden.[248]

Die vorgegebenen und einzuhaltenden präventiven Normen erstrecken sich z. B. auf Mindestanforderungen an die Eigenmittelunterlegung von Risikopositionen (§ 10 KWG, SolvV), Diversifikationsgebote (§§ 13, 13a KWG) oder auf die Begrenzung der Fristentransformation (§ 11 KWG, LiqV) und Marktzutrittsbeschränkungen.[249] Um sich ein Bild über die Vermögens-, Ertrags-, Liquiditäts- und Risikolage der Banken verschaffen zu können, unterliegen die zuvor genannten Normen Anzeige- und Meldepflichten gegenüber der BaFin und der Deutschen Bundesbank (Off-Site Monitoring). Weiterhin sind auch wesentliche Veränderungen der wirtschaftlichen, rechtlichen oder organisatorischen Struktur der BaFin und der Deutschen Bundesbank von den Kreditinstituten nach § 24 KWG anzuzeigen. Darüber hinaus umfassen die Instrumente der Bankenaufsicht die Berichte über die Prüfung des Jahresabschlusses der Wirtschaftsprüfer (Off-Site Monitoring), das Auskunftsrecht gegenüber den Kreditinstituten, welches auch Prüfungsergebnisse der Internen Revision beinhalten kann, die routinemäßigen oder anlassbezogenen Aufsichtsgespräche mit der Leitungsebene der Kreditinstitute sowie Prüfungen gemäß § 44 Abs. 1 KWG (Sonderprüfungen – On-Site-Examinations).[250]

Wie bereits ausgeführt, liegt ein wesentlicher Punkt für das Marktversagen im Bankensektor in der asymmetrischen Informationsverteilung, sodass Bankgläubiger die Solvenz und

---

246) Die Notwendigkeit für „prudential regulation" resultiert aus der asymmetrischen Informationsverteilung zulasten der Einleger und der damit verbunden Agenturproblematik. Vgl. auch Llewellyn (1999), S. 10 f.

247) Vgl. Herring/Santomero (1999), S. 27. „*Obviously, regulation has made them special.*" Vgl. Boot (2001), S. 15.

248) Vgl. Treu (2006), S. 22.

249) Vgl. Hartmann-Wendels et al. (2007), S. 365. „*Among various regulatory measures, the regulation of bank capital is crucial due to the important role it plays in banks' soundness and risk-taking behavior, and its influence on the competitiveness of banks.*" Vgl. hierzu ausführlicher Zhu (2007), S. 1. „*Capital regulation also serves to mitigate negative externalities arising form the failure of a bank.*" Vgl. Daripa/Varotto (2006), S. 1. Risikoorientierte Eigenkapitalnormen werden als vorteilhaft angesehen, weil sie zum einen eine Pufferfunktion übernehmen und das Insolvenzrisiko einer Bank reduzieren. Zum anderen führen sie zu einer Mitversicherung in einem Prinzipal-Agenten-Verhältnis und wirken somit Moral Hazard entgegen. Darüber hinaus wirken sie als Risikobegrenzungsnormen. Vgl. Neuberger (1998), S. 183; ebf. Burghof (1998), S. 102 ff.; ebf. Boot (2001), S. 18 ff.; ebf. Treu (2006), S. 23 f.

250) Vgl. DIW (2006), S. 27 ff. Zu den Instrumenten der Prävention, die direkt an der Verringerung von Informationsasymmetrien ansetzen, zählt *Bonn* auch die Publizitätsinstrumente, die einer Homogenisierung der Bonitätseinschätzung entgegenwirken und zur Herstellung einer Differenzierungsfähigkeit beitragen sollen. Vgl. Bonn (1998), S. 53 f.

Stabilität einer Bank nicht bzw. nur zu sehr hohen Transaktionskosten beurteilen können.[251] Der Prozess der wirtschaftlichen Verschlechterung ist hierbei kein sich allmählich vollziehender, der von den Gläubigern beobachtet werden kann, sondern die Risiken können ad hoc schlagend werden und führen dann zu einer erratischen Eigenkapitalverschlechterung.[252] Bei den Risikoeintrittsursachen handelt es sich um

- Zielrisiken, die aus der unvollständigen Information der Gläubiger über das Verhalten der Geschäftsleitung einer Bank resultieren, das dem Moral Hazard unterliegt.
- Organisationsrisiken, die ebenfalls ihre Ursachen in den unvollständigen Informationen der Gläubiger, aber auch der Geschäftsleitung über das Verhalten der Bankmitarbeiter haben, die im Rahmen ihrer delegierten Aufgaben Risiken eingehen können, die aber nicht mit dem strategischen Gesamtziel des Instituts kompatibel sind und die Mitarbeiter nicht nach einem integrierten Risiko-Ertrags-Verhältnis, sondern nur nach dem Ertrag vergütet werden.
- Geschäftsrisiken, also der Transformationsfunktion immanente Risiken aus der Veränderung von externen Rahmenbedingungen bzw. der Unsicherheit über zukünftige Entwicklungen, wie z. B. Adressen-, Marktpreis- oder Liquiditätsrisiken.

Während quantitative Normen nur durch direkt quantitativ messbare Risiken motiviert werden können, erlauben qualitative Normen einen größeren Ermessensspielraum bei der Bewertung von Ziel- und Organisationsrisiken, wie z. B., unter Berücksichtigung der Risikotragfähigkeit, die Güte des Risikomanagementsystems, das angemessene Strategien und Interne Kontrollverfahren beinhaltet.[253] Quantitative Normen und deren institutionelle Ausgestaltung haben wiederum Anreize für den Umgang mit Ziel- und Organisationsrisiken. Externe quantitative Vorgaben können jedoch die dynamische Entwicklung von Risikomanagementsystemen und internen Risikomodellen beeinträchtigen. Dem steht gegenüber, dass die auf Annahmen und historischen Daten basierenden Risikomodelle nur eine Abstraktion sein können bzw. einen Ausschnitt aus der realen Welt zeigen.[254] Außerdem kann die Einhaltung quantitativer Normen nicht ex ante, sondern nur ex post überprüft werden und notwendige Maßnahmen können nur mit einem entsprechenden time-lag veranlasst werden.

---

251) Dieses Problem zeigt sich auch aktuell in der Finanzmarktkrise, sodass der Präsident der deutschen Bankenaufsicht, *Jochen Sanio*, die Institute zur vollständigen Offenheit aufforderte: „*Die Banken müssen ihre Belastungen aus dem Engagement auf dem US-Subprime-Markt offenlegen. Die Wahrheit zu verbergen, würde die Vertrauenskrise verlängern*“. Vgl. hierzu das Interview mit Sanio (2008b), S. 41 ff., zu dem „*nightmare of toxic waste in the international financial system*“.

252) Vgl. Burghof/Rudolph (1996), S. 49.

253) Ein effizienter Ansatz erfordert „*a decline in the reliance on compliance with numerical standards, and a commensurate increase in the emphasis placed on more general concepts such as good governance, sound risk management and effective audit and control procedure. Supervision in the major financial centres now contains relatively more qualitative elements than in the past*“, so Crockett (1998).

254) So auch *Alan Greenspan* in einem Kommentar zur aktuellen Finanzmarktkrise „*We will never have a perfect model of risk: The essential problem is that our models – both risk models and econometric models – as complex as they have become, are still to simple to capture the full array of governing variables that drive global economic reality.*“ Vgl. Greenspan (2008).

Eine standardisierte, pauschale Eigenkapitalnorm kann aufgrund der Heterogenität der Institute und der mangelnden Beachtung der individuellen Risikosituation unter Berücksichtigung von Regulierungsarbitrage und adverser Selektion auch zu Wohlfahrtsverlusten führen. Dagegen setzt die qualitative Regulierung verstärkt Anreize zur Weiterentwicklung der Risikomanagementsysteme und kann somit auch als anreizkompatible Methode zur Verringerung der Informationsasymmetrie zwischen Instituten und Bankenaufsicht angesehen werden.[255] Für den qualitativen Ansatz kommt der bankinternen Unternehmens- bzw. Risikokultur[256] eine entscheidende Funktion in der Gesamtbewertung zu.[257] Die Integration von angemessenem bankinternen Risikomanagement mit internen Risikomodellen und exogener Regulierung in *einem* systematischen Ansatz kann dagegen Regulierungskosten verringern und zu Wohlfahrtsgewinnen beitragen, wenn hierdurch spezifischere Risikoinformationen ermittelt werden können als dies in reinen quantitativen Ansätzen möglich ist. Aus diesem Grund muss eine moderne Bankenregulierung ihre quantitativen Regulierungsansätze um qualitative Elemente ergänzen, die u. a. auf der Bewertung von angemessenen Risikomanagementsystemen, bankinternen Strukturen und Prozessen sowie deren Interaktion und einer intensiveren Kommunikation zwischen Regulierung und Kreditinstituten als in der Vergangenheit basieren.[258]

Ein wesentlicher Kritikpunkt an dem qualitativen Ansatz ist der vorhandene Interpretationsspielraum sowie mögliche Wertungswidersprüche bei der Begriffsinterpretation und der Bewertung der Qualität des Risikomanagements, verbunden mit einer hohen Eingriffstiefe und -intensität, die über die Ressourcenrestriktion beim Eigenkapital hinausgeht, sowie Systeme und Prozesse in die Überwachung einbezieht.[259] Durch diese weiten diskretionären Hand-

255) Vgl. Börner (2003), S. 343. Der qualitative Ansatz ist zwar für Deutschland Neuland, nicht aber unbedingt für die USA und Großbritannien. Dort wurden Ressourcen und bankinterne Abläufe traditionell regelmäßig überprüft und die gewonnenen Erkenntnisse bildeten dann die Grundlage für mögliche Aufschläge auf die sich aus den quantitativen Normen ergebenden Eigenkapitalanforderungen. Vgl. DIW (2006), S. 16; ebf. Blumer (1996), S. 61 f. Insgesamt betrachtet wurden deutsche Banken allerdings in ähnlicher Weise wie in vielen anderen Industrieländern reguliert und überwacht. Vgl. Koetter et al. (2004), S. 26.

256) Unter Risikokultur soll der Umgang mit den unternehmensindividuellen Risiken verstanden werden. Die Risikokultur wird wiederum entscheidend von der jeweiligen Unternehmenskultur geprägt und muss von „*der obersten Ebene her nach unten systematisch vorgelebt*“ werden. Die Kommunikation von Risiken ist ein wesentlicher Bestandteil einer gelebten Risikokultur. Vgl. BaFin - MaRisk VA (2009), Nr. 7.3.3.

257) „*Less emphasis should be placed on detailed and prescriptive rules and more on internal risk analysis, management and control systems. ... This relates not only to quantitative techniques, such as value-at-risk (VAR) models, but also to the management 'culture' of those who handle models and supervise traders. Risks are too complex to be covered by simple rules, and there are several hazards in relying upon a prescriptive approach to regulation.*“ Vgl. Goodhart et al. (1998), S. 194.

258) Bereits 1998 wies *Crockett* auf einen Wandel hin: „*This means that the former, quantitative, tools of enforcing prudential norms are no longer adequate. What is required is the capacity to judge the overall management capacity and control environment in a supervised institution.*“ Vgl. Crockett (1998). Dieser integrative Ansatz wird auch bestätigt von *Freixas* und *Parigi*: „*.. the complexity of many bank's investments per se, independently from risk, is a source of agency problems that cannot be addressed solely by means of quantitative capital regulations; instead a combination of qualitative and quantitative restrictions succeeds in providing efficient regulation.*“ Vgl. Freixas/Parigi (2007), S. 2.; ebf. Goodhart et al. (1998), S. 194.

259) Kritiker des qualitativen Ansatzes sprechen in diesem Fall von der Bankenaufsicht als „System-TÜV“, der durch die vage Vorgabe von Quantität, Niveau und Struktur den Banken erheblichen Handlungsspielraum einräumt, sie eventuell ungleich behandelt und sich zumindest stärker als bei der quantitativen Aufsicht von der Sorgfalt und Ehrlichkeit des zu Überwachenden abhängig macht. Vgl. Paul/Paul (2003), S. 389. Insgesamt kritisch zu den Gestaltungseingriffen der Aufsicht hinsichtlich des internen Risikomanagementsystems

lungsspielräume besteht die Gefahr, dass zum einen die Beaufsichtigten bestimmte Handlungen der Aufsicht nicht bekannt machen, u. a. weil diese möglicherweise unerwünscht sind, zum anderen unterliegen die Institute dem Risiko der ungleichen Behandlung durch die Aufsicht, was auch das Ziel gleicher Wettbewerbsbedingungen gefährden würde.[260]

Als möglichen Lösungsweg kann die Bankenaufsicht Richtlinien als flexiblen und dynamischen Rahmen für die praxisbezogene Ausgestaltung im Sinne eines Best Practices (Benchmark) zusammen mit der Bankenindustrie entwickeln.[261] Damit diese Richtlinien aber nicht die gleichen negativen Effekte wie die quantitativen Normen auf die Weiterentwicklungspotenziale der Risikomanagementsysteme haben und auch die Regulierungseffizienz somit abschwächen würde, müssen diese Richtlinien permanent und kooperativ unter Berücksichtigung der Entwicklungen in der Bankenindustrie weiterentwickelt werden.[262] Dies gilt auch im Hinblick auf die Generierung von Wettbewerbsvorteilen – und die Realisierung von „Pioniergewinnen" im *Schumpeterschen* Sinne – durch innovative Risikomodelle, also „first-mover"-Vorteile von innovativen Instituten, die ansonsten unterbleiben würden (sog. „discovery procedure" nach *F.A. Hayek)*. Die qualitativen, prinzipienorientierten MaRisk haben grundsätzlich diesen Ansatz aufgenommen und bieten mit ihren sog. „Öffnungsklauseln" eine flexible Basis für die heterogene Struktur der deutschen Bankenlandschaft unter Berücksichtigung der Prinzipien der Verhältnismäßigkeit und der doppelten Proportionalität. Durch die geschaffenen Ermessensspielräume und der Methodenfreiheit erhalten die Banken neue Freiräume für die Entwicklung und Anwendung möglicher Innovationen und Neuentwicklungen im Bereich des Risikomanagements.[263]

Somit bleibt zunächst festzuhalten, dass ein für alle Beteiligten perfektes Bankenregulierungssystem nicht existiert bzw. letztendlich auch ein Mangel an Hinweisen für die konkrete Ausgestaltung zu konstatieren ist.[264] Für eine effektive Internal Governance ist vielmehr die wohl dosierte Kombination von quantitativen Normen als Warnsignal bei kritischen Situationen und als Pufferfunktion bzgl. der Mindesteigenkapitalvorgabe – unter verstärkter Berück-

---

bzw. in bestehende Corporate Governance-Systeme bei Banken äußert sich auch Burghof (2007), S. 612 ff.

260) Vgl. Rodriguez (2003), S. 122 f.; ebf. DIW (2006), S. 22 f.; ebf. Barth/Caprio/Levine (2007), S. 2 ff. Hinsichtlich der Erfahrungen der unmittelbar von der Aufsichtspraxis betroffenen Kreditinstitute und deren Beurteilung der Arbeit der Bankenaufsicht wird auf die Studie des DIW (2006), S. 35 ff., verwiesen.

261) Dieser Rahmen darf aber kein einengendes Korsett werden, sodass *„in immer feiner ziselierten Regelwerken auf alle Eventualitäten"* eingegangen wird. Vgl. Sanio (2005).

262) In diesem Sinn auch Goodhart et al. (1998), S. 193, die dafür plädieren, wenn Bankenregulierung realitätsnah und von den Regulierten akzeptiert sein soll, dann sollte der Regulator eng mit den Banken zusammenarbeiten und *„there should be due consultation about regulatory issues"*. Weil der regulatorische Rahmen die Anreize und Strategien der regulierten Institute ändern bzw. beeinflussen wird, muss von der Bankenaufsicht diese Feedback-Reaktion antizipiert und in dem regulatorischen Ansatz berücksichtigt werden. Vgl. auch Freixas/Santomero (2002), S. 10.

263) Vgl. Günther/Serafin (2008), S. 36 ff.; ebf. Helfer/Geiersbach/Prasser (2008), S. 85 ff.; ebf. Geiersbach/Prasser (2008b), S. 197 ff.

264) Vgl. Theurl (2001), S. 24.

sichtigung von internen Risikomodellen[265] und insbesondere von Stresstests[266] –, untermauert von qualitativen Normen, die mit marktorientierten Offenlegungs- und Transparenzvorschriften zu kombinieren sind, zu empfehlen.[267]

In diesem Sinn sollte auch der integrale Dreiklang des Basel II-Akkords verstanden werden.[268] Hierbei dienen Richtlinien für den qualitativen Teil als prinzipienorientierter, flexibler Rahmen zur Stärkung der Eigenverantwortung der Geschäftsleitung, verbunden mit Öffnungsklauseln zur Berücksichtigung der heterogenen Bankenstruktur und des individuellen Risikoprofils. Ein prinzipienorientierter Regulierungsansatz versteht sich also nicht als detaillierte Vorschrift, sondern als *„high-level, broadly stated rules or Principles to set the standards by which regulated firms must conduct business“*.[269] Dieser Philosophie folgend, konzentriert sich ein Regulator auch nicht mehr auf die ausführliche Vorgabe und Beschreibung von Prozessen und Aufgaben, die von den Banken dann im Detail einzuhalten sind, sondern der Fokus liegt auf der Vorgabe der zu erreichenden Ergebnisse, sodass das Bankmanagement eigenverantwortlich die effizienten und effektiven Systeme und Prozesse implementieren kann, die zur notwendigen aufsichtlich vorgegebenen Zielerreichung erforderlich sind.[270]

In diesem flexiblen, dynamischen Rahmen sollten individuelle Verfahren zur Ermittlung der notwendigen Eigenkapitalunterlegung aus der ersten Säule des Basel II-Akkords allerdings nicht nur dann angewandt werden, wenn sie von der Bankenaufsicht geprüft wurden (Säule 2 von Basel II), sondern künftig auch ein stärkeres Vertrauen auf das Selbstregulierungspotenzial des Bankensektors gesetzt werden, sodass von einem stärkeren Zusammen-

---

265) Nach *Burghof* wirken bankaufsichtlich akzeptierte interne Modelle eher wie ein Trojanisches Pferd. Sie führen zwar grundsätzlich zu einer geringeren Eigenkapitalanforderung, aber durch detaillierte Vorgaben wird die anzuwendende Methodik „scharf eingegrenzt“, sodass eine mögliche Weiterentwicklung über den Status Quo eher blockiert wird: *„Banken rechnen damit auch intern für und wie die Bankenaufsicht.“* Vgl. Burghof (2007), S. 612.

266) Zu Stresstests siehe unten, Kapitel C.3.5.4, S. 229.

267) *Santos* schreibt hierzu, dass *„the optimal regulation encompasses a menu of the regulatory instruments, designed to extract information from banks and minimise the cost of „bribing“ the lower quality banks to mimic the higher quality ones“*. Vgl. Santos (2000), S. 16. *Greenspan* warnt, bei aller Problematik, aber davor, die effizienten Kräfte des Marktes auch im Rahmen der Bankenregulierung nicht zu vergessen: *„.. We cannot hope to anticipate the specifics of future crises with any degree of confidence. Thus it is important, indeed crucial, that any reforms in, and adjustments to, the structure of markets and regulation not inhibit our most reliable and effective safeguards against cumulative economic failure: market flexibility and open competition.“* Vgl. Greenspan (2008). In diesem Sinn auch *Crockett*: *„The task of supervisors, and others concerned with systemic stability, is to find ways of working with, rather than against, the grain of market forces in encouraging prudent behaviour by financial intermediaries and other market participants.“* Vgl. Crockett (1998). Ebenfalls *Heremans*: *„The trend clearly is towards a more comprehensive approach to risk management, stressing the importance of internal governance and the role of market discipline.“* Vgl. Heremans (1999), S. 971. Zur Kritik an der unterstützenden Funktion der ersten beiden Säulen von Basel II für die Stabilität der Banken vgl. Laeven/Levine (2006), S. 17 f., sowie die dort genannten Literaturhinweise.

268) Kritisch hierzu Laeven/Levine (2006), S. 3 ff.

269) Vgl. Black/Hopper/Band (2007), S. 191.

270) Die englische FSA versteht prinzipienorientierte Regulierung als *„treating customer fairly illustrates what firms should expect from a more principles-based approach: more attention to outcomes, less prescription as to the method of getting to those outcomes; greater responsibility given to senior management and – rephrasing that – greater opportunity given to senior management; more freedom for firms to innovate, since the emphasis will be on outcomes, with flexibility as to how those outcomes are reached“*. Vgl. McCarthy (2006).

spiel zwischen Banken und Bankenaufsicht gesprochen werden kann (sog. Co-Regulierung).[271] Hier kann in der Zukunft – vor dem Hintergrund anreizkompatibler regulativer Rahmenbedingungen – noch stärker auf die angemessene Ausgestaltung des internen Risikomanagementsystems unter Berücksichtigung der *vorstandsunabhängigen* Kommunikation der Internen Revision mit dem Überwachungsorgan und im Einzelfall auch mit der Bankenaufsicht geachtet werden. Darüber hinaus fördert eine intensivere Offenlegung und eine größere Transparenz (Säule 3) Anreize für eine stärkere Marktdisziplin, sodass die Stabilität und Solvenz des Bankensystems insgesamt weiter verbessert werden.[272] Nicht die Quantität, sondern die Qualität der zur Verfügung gestellten Informationen für die Marktteilnehmer steht im Vordergrund. Denn nur vertrauensbildende und vertrauenswürdige Informationen aus Rechnungslegung und Risikomanagement unterstützen ausreichend die Funktion der Marktdisziplin. Eine größere Transparenz allein stellt noch keine hinreichende Bedingung für die Ausübung einer wirksamen Marktdisziplin dar. Dies erfordert Informationen, die, eingebettet in einen sinnvollen Kontext, eine störungsfreie Interpretation und Bewertung des gesamten Risikos einer Bank ermöglichen, wie z. B. die Parameter und Annahmen, die den internen Risikomodellen zugrunde liegen.[273]

In diesem Sinn schlussfolgern auch *Barth*, *Caprio* und *Levine*, dass eine Bankenaufsicht die folgenden Aufgaben hat: „*(1) Force accurate information disclosure, (2) empower private-sector corporate control of banks, and (3) foster incentives for private agents to exert corporate control work best to promote bank performance and stability.*“[274] Die Herausforderung bei der Wahl des angemessenen Instruments der Bankenaufsicht besteht aufgrund der Komplexität und der nicht monokausalen Ursachen von Bankenkrisen in der Auswahl der für die gegebene Situation angemessenen Maßnahmen, in der Entwicklung neuer Ansätze zur Sicher-

---

271) Zu dem Ansatz von Basel II siehe unten, Kapitel C.3.5.3, S. 203 ff. Der Basler Ausschuss will die Banken im Rahmen des aufsichtlichen Überprüfungsverfahrens, der 2. Säule des Basel II-Akkords, auch darin bestärken, bessere Risikomanagementverfahren für die Überwachung und Steuerung der Risiken anzuwenden und weiterzuentwickeln. Allerdings werden von dem Ausschuss die Möglichkeiten einer Selbstregulierung von Banken wieder eingeschränkt, indem der Basler Ausschuss z. B. das Mindestverhältnis des haftenden Eigenkapitals zu den risikogewichteten Aktiva in Höhe von mindestens 8 v. H. weiterhin festschreibt sowie auf eine Vielzahl von quantitativen und qualitativen Mindestanforderungen an die Zulassung bankinterner Risikomessverfahren abstellt. Vgl. Uhde (2007), S. 303. Nach der SolvV müssen die Institute ihre Adressen- und Marktrisiken sowie operationellen Risiken quantifizieren und mit Eigenmitteln unterlegen. Die erforderliche Gesamtkapitalquote beträgt mindestens 8 v. H. Die Gesamtkennziffer gibt das prozentuale Verhältnis zwischen anrechenbaren Eigenmitteln und der mit 12,5 multiplizierten Summe aus den Gesamtanrechnungsbeträgen für Adress-, Markt- und operationellen Risiken an (§ 2 Abs. 6 SolvV). Zur SolvV siehe auch unten, Kapitel C.3.5.3, S. 207 f.

272) Vgl. Barth/Caprio/Levine (2007), S. 11 ff. Nach *Uhde* ist es „*weniger die regulatorische Eigenmittelunterlegung, sondern vielmehr die unternehmerische Findigkeit der Banken Gewinne zu generieren und ein angemessenes Risikomanagement zu betreiben, um auch in kritischen Zeiten über eine ausreichende Liquidität zu verfügen und somit den Systemschutz zu gewährleisten*“. Vgl. Uhde (2007), S. 318 f.

273) Vgl. Maddaloni/Pain (2004), S. 37. Zu den Parametern des VaR-Ansatzes siehe unten, Kapitel C.3.5.4, S. 217 f.

274) Allerdings weisen sie auch darauf hin, dass ihre Ergebnisse „*do not suggest that official regulation and supervision are unimportant*“. Vgl. Barth/Caprio/Levine (2002), S. 40. „*A regulatory system that supports the development, efficiency, stability, integrity and governance of the banking system is comprised of information and its disclosure, incentives for market discipline, supervisory verification and support of market monitoring, and diversification requirements.*“ Vgl. Barth/Caprio/Levine (2007), S. 26.

stellung der Stabilität des Finanzsystems sowie in der Schaffung von Institutionen, die das Moral Hazard-Problem vermindern.[275] Allerdings gibt es aufgrund der Informationsasymmetrie an den Finanzmärkten auch künftig keine Garantie, dass *„bank regulators and supervisors will be successful in promoting a healthy financial system"*.[276]

Es ist zu konstatieren, dass der grundsätzliche Trade-off zwischen Wettbewerb bzw. Selbstregulierung auf der einen Seite und Bankenregulierung auf der anderen Seite abschließend nicht zu lösen ist, aber beide Pole letztendlich als komplementäre, also sich ergänzende Rahmenbedingungen zu sehen sind, die in ihrem jeweiligen Einfluss auf die Stabilität des Finanzsektors optimiert werden müssen.[277] Zu berücksichtigen ist, dass der Umgang mit Risiken zu den ureigenen Aufgaben jeder verantwortungsvoll geleiteten Bank gehört. Somit ergibt sich für die Bankenaufsicht eigentlich keine Herausforderung, die *„nicht zuvor schon eine Herausforderung an die Kreditinstitute ist oder sein sollte"*.[278] Unter Berücksichtigung der wirtschaftspolitischen und bankaufsichtlichen Zielpräferenzfunktion obliegt es den Instituten selbst, inwieweit sie die Bankenaufsicht *herausfordern*. Denn je mehr sich die Banken ihrer besonderen Verantwortung für das eigene Tun und Handeln bewusst sind, und auch durch Selbstdisziplin und Selbstregulierung ihren Beitrag zur Stabilität des Bankensektors leisten, umso weniger Angriffspunkte wird der staatlichen Bankenaufsicht geboten („microprudential approach").[279] Hier liegt auch die Pflicht bei den Aufsichtsorganen, kritische Fragen stellen zu können und zu wollen.[280] Insbesondere das *können* setzt die notwendige Fachkompetenz und eine angemessene Informationsversorgung des Überwachungsorgans voraus.

Waschbusch schließt daraus, dass die beste Aufsicht letztendlich bereits in den einzelnen Bankinstituten beginnt.[281] So auch der Präsident der Eidg. Bankenkommission, *Eugen Haltiner*, der darauf hinweist, *„je grösser das Bewusstsein über die Bedeutung der in der Intermediation von Finanzdienstleistungen zu beachtenden Grundwerte* [ist, K. G.], *desto schlanker* [sind, K. G.] *die Regelwerke. Hier haben allein die Marktteilnehmer den Schlüssel in der*

---

275) Vgl. auch Humpert (2003), S. 180.

276) Vgl. Mishkin (2007), S. 292; ebf. Eichengreen (2008).

277) *„We are far from being able to check whether our regulations are the optimal ones."* Vgl. Bruni (2005), S. 138; ebf. Dionne (2003), S. 206. Das Dilemma einer jeden Bankenaufsicht kann auch wie folgt formuliert werden: *„Jeder ernsthaft maßregelnde Eingriff wird von den unmittelbar Betroffenen stets als „zu früh" klassifiziert, von allen mittelbar Beteiligten jedoch – am besten gleichzeitig – als „zu spät" kritisiert."* Vgl. Otto (2008), S. 473.

278) Vgl. Waschbusch (2000), S. 28.

279) *„The basic form of bank regulation may explain the need for more sophisticated forms of regulation than those used to protect liquidity risk, and such forms must be sophisticated enough to supervise the way banks manage their risks."* Vgl. Dionne (2003), S. 187.

280) Vgl. auch Zülch/Hoffmann (2008), S. 191, zur aktuellen Finanzmarktkrise und Corporate Governance.

281) Vgl. Waschbusch (2000), S. 28. Die UK Financial Services Authority (FSA) verfolgt – wie viele andere Regulierungsbehörden für Banken – einen prinzipienbasierten Ansatz. Ihre diesbezüglichen Erwartungen drückt ihr Chairman *McCarthy* wie folgt aus: *„The first impact of a move towards more principles-based regulation will be a continuing and intensified reliance on the senior management of the firms we regulate. We will expect them to think hard about the principles we are attempting to promote, in terms not of mechanisms which have to be adopted but rather in terms of the outcomes which we are seeking."* Vgl. McCarthy (2006). Für die „outcomes" im Retailmarkt vgl. Waters (2006).

Hand".[282] *Allen* Marktteilnehmern muss es letztendlich gelingen, mit den neuen Freiräumen des prinzipienorientierten Aufsichtsansatzes und den damit verbundenen Kultur- und Paradigmenwechsel erfolgreich umzugehen.[283]

2.5 Finanzmarkt- und Bankenkrisen

„Der entscheidende Punkt ist doch: Die Gier ist gut, die Gier ist richtig, sie klärt die Dinge."[284]

2.5.1 Theoretische Grundlagen

In Anlehnung an *Bonn* ist im Folgenden unter dem Begriff „Bankenkrise" ein in seinem Ausgang unsicherer Prozess von begrenzter Dauer und Beeinflussbarkeit zu verstehen, mit der Folge, dass ganze Bankensysteme oder Teile davon in ihrer Stabilität beeinträchtigt und in ihrer Existenz bzw. Solvenz nachhaltig gefährdet werden können.[285] Die Ursachen hierfür sind vielfältiger Natur: Neben den sog. „random events" bzw. dem „sunspots"-Ansatz, der von einer fehlenden Korrelation zwischen Bankenkrisen und Realwirtschaft ausgeht, kann als Alternativansatz auch auf eine positive Korrelation zwischen Bankenkrisen und Realwirtschaft abgestellt werden.[286] Allgemein kann man sagen, dass ein tief greifender Strukturwandel bzw.

---

282) Vgl. EBK Jahresbericht (2006), S. 12.

283) Vgl. Massenberg (2008), S. 13 f.; ebf. Wagstaff (2007), S. 31 f. Dies schließt eine prinzipienorientierte Aufsicht mit ein, die Erwartungssicherheit schaffen muss. Allerdings bedeutet prinzipienorientierte Regulierung *„noch lange nicht, dass jeder nach „Lust und Laune" tun und lassen kann, was er will."* Vgl. Hannemann et al. (2008), S. 21.

284) *Gordon Gecko* in dem Film „Wall Street" (1987) nach dem Roman „Fegefeuer der Eitelkeiten" von *Tom Wolfe*. Die Gier ist allerdings kein Phänomen der Neuzeit, sondern bereits im Spätmittelalter führte eine ruinöse, das „System sprengende Gier" im Jahr 1342 zu dem Zusammenbruch von großen toskanischen Bankhäusern, wie Peruzzi und Bardi, mit allen negativen Folgen für die damalige Gesellschaft und Ökonomie. In diesem Zusammenhang ist auch der niederländische Tulpenwahn zu nennen, der ungefähr im Jahr 1630 einsetzte. Ursachen hierfür waren u. a. die Neuartigkeit des Produktes, ausreichend Liquidität und einen Laissez-faire-Politik des Staates sowie eine enorme Verlockung auf kurzfristige (Spekulations-) Gewinne. Vgl. Schümer (2008). Nach dem Wirtschaftsethiker *Karl Homann* führen alle individuellen Kategorien wie Egoismus und Gier in die Irre: *„Individuelle Schuld lässt sich nicht leugnen. Aber sie zu ahnden ist Sache des Strafrechts – und fertig."* Denn die wahren Ursachen der aktuellen Krise liegen tiefer; was zurzeit als Gier gegeißelt wird, ist systemimmanenter Teil des Wettbewerbs: *„Unser ganzer Wohlstand beruht auf dem Gewinnstreben, auf dieser Gier"*, so *Homann*. Als Lösung sieht er vielmehr die Schaffung institutioneller Rahmenbedingungen, die das individuelle Handeln der Wirtschaftssubjekte zu einem gesellschaftlich erwünschten Zustand führt: *„Ethik in der Wirtschaft ist heute primär ein Organisationsproblem, kein individuelles Problem."* Vgl. o.V. (2008i). Das Ziel ist also, Institutionen zu implementieren, die solche Anreizwirkungen auf die Wirtschaftssubjekte ausüben, dass sie freiwillig und zum gegenseitigen Vorteil agieren. D. h., *„der systematische Ort der Moral in einer Marktwirtschaft ist die Rahmenordnung"*. Vgl. Homann/Blome-Drees (1992), S. 35.

285) Vgl. Bonn (2008), S. 387. In einer etwas weiteren Formulierung definieren *Laeven* und *Valencia* eine systemische Bankenkrise wie folgt: *„A systemic banking crisis, a country's corporate and financial sectors experience a large number of defaults and financial institutions and corporations face great difficulties repaying contracts on time. As a result, non-performing loans increase sharply and all or most of the aggregate banking system capital is exhausted."* Vgl. Laeven/Valencia (2008), S. 5. Siehe zur Repräsentationshypothese und zur Bankrun-Mechanik above, Kapitel C.2.4.2, S. 137 ff.

286) Vgl. Allen/Gale (2001), S. 45 f. Nach *Mishkin* werden Finanzkrisen verursacht bei *„increases in adverse selection and moral hazard problems that prevent financial markets from channeling funds to people with productive investment opportunities, leading to a sharp contraction in economic activity. The five types of factors that lead to financial crises are increases in interest rates, increases in uncertainty, asset market*

gravierende Veränderungen der strukturellen Rahmenbedingungen die Banken vor eine neue, veränderte Wettbewerbssituation stellt. Die Folgen sind u. a. eine Konkurrenz um die Aufteilung der Regulierungsrenten und die Konfrontation der Institute mit neuen Risiken bzw. der Zunahme von alten Risiken.[287] Vor diesem Hintergrund und eventuell nicht angemessener oder verfehlter Reaktionen, die zusätzlich noch durch allgemeine Managementfehler flankiert werden, werden die Auslöser für neue Bankenkrisen gelegt.[288] Diese Entwicklung kann durch Fehlanreize aufgrund suboptimaler Rahmenbedingungen der Bankenaufsicht – in Kombination mit Intransparenz und Moral Hazard-Problemen – noch verstärkt werden. Diese Faktoren bilden im Wesentlichen die Basis für ein instabiles, latent gefährdetes Bankensystem. Darüber hinaus ist in diesem Zusammenhang auch das System der Haftungsbeschränkung in Kombination mit unzureichenden Mindestanforderungen an die Eigenkapitalunterlegung zu nennen.[289] Vor diesem Hintergrund können exogene Schocks oder massive Verluste von mehreren Banken, z. B. aufgrund des Zeeusammenbruchs eines überwiegend kreditfinanzierten Immobilienbooms, in einem instabilen, fragilen Bankensystem eine akute Krisensituation auslösen.[290] Die Auswirkungen einer solchen Krise können dann sowohl auf die Share- und Stakeholder als auch auf die Realwirtschaft ausstrahlen.[291] Mögliche Lösungsmechanismen können in Form von Eigenbewältigung, wie z. B. Auflösung stiller Reserven, Fusionen, Rationalisierung, oder von Fremdbewältigung, z. B. mit Hilfe anderer Banken, des Staates, der Zentralbanken, der Einlagensicherungssysteme, unterteilt werden.[292] Die Abbildung C.9 gibt einen strukturierten Überblick über den ausgeführten Sachverhalt:[293]

---

effects on balance sheets, problems in the banking sector, and government fiscal imbalances." Vgl. Mishkin (2007), S. 215. Zu einer Analyse der weltwirtschaftlichen Finanzkrisen aus makroökonomischer Sicht vgl. Krugman (1991), S. 85 ff.; ebf. Dornbusch (1991), S. 117 ff.; ebf. Laeven/Valencia (2008).

287) Vgl. Bonn (2008), S. 388.

288) Nach *Dornbusch* hat eine Krise drei Hauptbestandteile: „*Vulnerability, awareness, and fear. None of these terms is a standard economic expression and that is conscious; they are meant to describe a state of mind. ... The sauve qui peut mentality is not fruitfully explored with traditional rational expectation models.*" Vgl. Dornbusch (1991), S. 117 f. Auch wenn die abschließenden Sachverhalte im Einzelnen unterschiedlich sind, so sind die Mechanismen, die zu einer systemischen Bankenkrise führen, in der Regel identisch: „*While each financial crisis no doubt is distinct, they also share striking similarities, in the run-up of asset prices, in debt accumulation, in growth patterns, and in current account deficits.*" Vgl. Reinhart/Rogoff (2008b), S. 10; ebf. Reinhart/Rogoff (2008c).

289) Siehe hierzu auch oben, Kapitel B.4, S. 95 ff.

290) Vgl. Sachverständigenrat (2008b), S. 144 ff., zu den Ursachen und Lösungsansätzen für systemische Bankenkrisen. Für eine Analyse von Bankenkrisen aus historischer Perspektive vgl. Reinhart/Rogoff (2008a).

291) Zu den Auswirkungen von Bankenkrisen für einzelne Länder und ihre gesamtwirtschaftlichen Kosten vgl. Sachverständigenrat (2008), S. 132 ff.; ebf. Reinhart/Rogoff (2008c); ebf. Laeven/Valencia (2008), die 120 internationale, systemische Bankenkrisen in dem Zeitraum von 1970 bis 2007 untersuchten.

292) Vgl. ausführlicher Bonn (2008), S. 388 f.; ebf. Belke (2001), S. 8 ff. Zu der Theorie der „Contagion and Financial Fragility" vgl. Allen/Gale (2001), S. 49 ff.

293) In Anlehnung an Bonn (2008), S. 387.

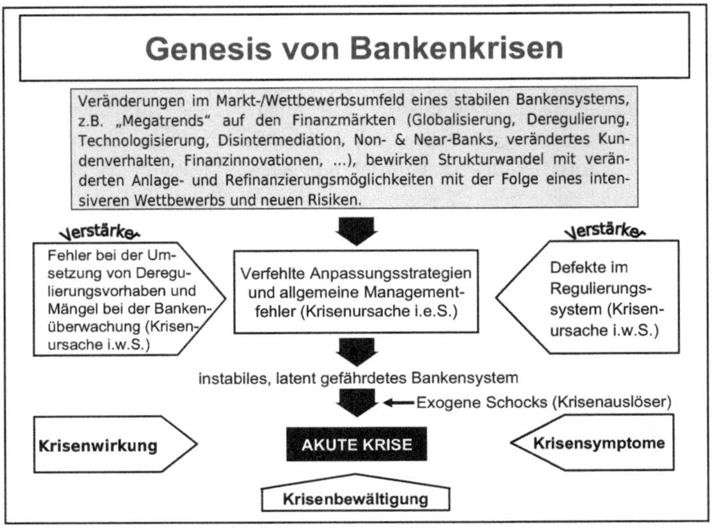

Abbildung C.9: Genesis von Bankenkrisen

2.5.2 Die Finanzmarkt- und Bankenkrise 2007/2008

Die aktuelle Finanzmarktkrise begann im Juli/August 2007 in den USA mit einer Vertrauenskrise bei einzelnen Kreditinstituten aufgrund von Subprime-Krediten und hat mittlerweile den Finanzsektor und die Realwirtschaft weltweit erfasst.[294] Sie ist das Ergebnis eines komplexen Zusammentreffens unterschiedlicher mikro- und makroökonomischer Ursachen, wie der Zuwachs von Finanzinnovationen auf den internationalen Finanzmärkten, insbesondere des komplexen „Originate and Distribute"-Modells (Ausreichung, Bündelung und Verbriefung von Krediten), die Zunahme der Fristentransformation durch Special Investment Vehicles und Conduits, um Geschäfte aus Bankbilanzen auszulagern und damit bankaufsichtliche Bestimmungen zur Risikostreuung und Eigenmittelunterlegung aus Kostengründen zu umgehen (Regulierungsarbitrage). Des Weiteren ist eine äußerst expansive Geldpolitik der US-amerikanischen Notenbank (Niedrigzinspolitik) nach den Terroranschlägen vom 11. September 2001 zu nennen, was zu einem hohen Geldmengen- und Kreditwachstum führte.[295] Dar-

[294] Die *Bank für Internationalen Zahlungsausgleich* sieht die Schwierigkeiten am US-Subprime-Markt nicht als Ursache, sondern als Auslöser *„sämtlicher nachfolgenden Störungen"*. Vgl. BIS (2008b), S. 10. Zur Genesis der tatsächlichen Krise vgl. auch Sachverständigenrat (2008b), S. 119 ff.; ebf. Hannemann et al. (2008), S. 179 f.

[295] Die Krise hat mittlerweile die Finanz- und Bankensysteme und auch die Realwirtschaft weltweit erfasst und geht über die Subprime-Kredite hinaus. Vgl. zu den Krisenursachen ausführlicher Sachverständigenrat (2008a), S. 125 ff.; ebf. Sachverständigenrat (2007), S. 92 ff.; ebf. BIS (2008b), S. 67 ff.; ebf. Laeven/Valencia (2008), S. 25 ff. Insbesondere für die Kreditportfoliosteuerung bzw. Übertragung von Kreditrisiken u. a.

über hinaus sind kurzfristige, nicht symmetrische Anreizsysteme für die Vergütung sowie eine asymmetrische Informationsverteilung zwischen Sicherungsnehmer und -geber zu nennen, sodass die fehlende Transparenz zu dem Moral Hazard-Problem führte, dass der Originator einen Informationsvorteil besaß und weniger Anreize für eine ordnungsgemäße und vorsichtige Kreditvergabe hatte.[296] Auch „laxe" interne und externe Unternehmenskontrollen sowie eine nicht optimal integrierte Gesamtrisikosteuerung i. S. des Enterprise Risk Managements haben ihren Teil zu der heutigen Situation beigetragen.[297] Allerdings sind „laxe" interne Kontrollen nicht so zu verstehen, dass Regelungen generell nicht bestanden oder nicht konsequent genug geprüft wurden. Vielmehr führten die den organisatorischen Regelungen zugrunde liegenden Methoden und Anreizsysteme in der Tendenz zu einem zu sorglosen Umgang mit den prozess- und systemimmanenten Risiken.[298] Einer aktuellen Studie zufolge liegt eine wesentliche Ursache der Finanzkrise auch in Lücken der bankinternen Risikomanagementsysteme. Oftmals sind diese auf einzelne Risikoarten[299] isoliert, monokausal und nicht unternehmensweit ausgerichtet und somit noch nicht ein Teil einer ganzheitlichen Risikokultur im Sinne des ERM-Modells.[300]

Die Ausfälle und Zahlungsstörungen im Subprime-Segment führten zu negativen Ratingänderungen und einer Neubewertung der verbrieften Titel. Die Folgen für das globale Bankensystem in der aktuellen Krise äußern sich in extremen Liquiditätsproblemen aufgrund eines mangelnden Vertrauens unter den Marktteilnehmern sowie der Wechselwirkung von

---

mit Hilfe von Kreditderivaten vgl. Basel Committee - Credit Risk Transfer (2008); ebf. Weber (2008e). Für eine stärker makroökonomische Analyse der Finanzmarktkrise vgl. Hannoun (2008), der aufgrund der umfangreichen außerbilanziellen im Vergleich zu den bilanziellen Positionen in den Bankbilanzen von *„new leverage possibilities provided by the shadow banking system"* spricht. Die erhebliche Unter- und Fehleinschätzung von Risiken, die zur aktuellen Finanzmarktkrise führten, haben ihre Ursache auch in einer erheblichen Unter- und Fehleinschätzung der Risiken vieler Prozessbeteiligter, was folgende Metapher zum Ausdruck bringt: *„Die Alchemie der Verbriefung vermochte es, aus Landwein Qualitätswein zu machen – die Rating-Agenturen wiederum machten daraus Qualitätswein mit Prädikat."* Vgl. Weber (2008c), S. 5.

296) Bereits *Irving Fisher* und später *Hyman Minsky* zeigten die negativen Folgen für die Weltwirtschaft und für die Liquidität aus einer nachhaltigen Aufweichung von Kreditvergabestandards auf. Vgl. BIS (2008b), S. 8. Der Anreiz für die Investoren, insbesondere bei regulierten Unternehmen lag in dem deutlichen Renditeaufschlag dieser Verbriefungspositionen – gegenüber niedrig verzinslichen Staatsanleihen – bei hohem Rating, was auch eine geringere Eigenmittelunterlegung nach Basel II erforderte, da bei Verbriefungspositionen selbst im Internen Ratingansatz (IRBA) auf das externe Rating Bezug genommen wird. Verbriefungstranchen mit einem weniger guten Rating wurden an Käufer im unregulierten Markt, wie z. B. Hedge-Fonds, veräußert. Außerdem konnten regulierte Banken die sog. Verbriefungs-Liquiditätsfazilitäten zur Überbrückung kurzfristiger Liquiditätsengpässe an Zweckgesellschaften gewähren. Nach dem ehemaligen Grundsatz I erfolgte keine adäquate Risikoabbildung und eröffnete Arbitragemöglichkeiten, da diese Linien wie einfache Kreditlinien behandelt wurden und bei einer Ursprungslaufzeit von bis zu einem Jahr hierfür kein aufsichtsrechtliches Eigenkapital vorzuhalten war. Vgl. Syring/Thelen-Pischke (2008), S. 906 f.; ebf. Bieta/Sewing (2008), S. 1016 f. Zur Entwicklung von Volumen und Transaktionen des deutschen und europäischen Verbriefungsmarktes seit dem Jahr 2000 vgl. Bechtold/Papenfuß (2008), S. 897 ff.; ebf. Anner/Cerveny (2008), S. 902 ff.

297) Vgl. BIS (2008b), S. 159. Zum ERM-Ansatz siehe unten, Kapitel C.3.3.2, S. 176 ff.

298) Vgl. Gleißner/Romeike (2008), S. 8.

299) Zu den Risikoarten zählen grundsätzlich das Adressenausfallrisiko, Marktpreis-, Liquiditäts- und operationelle Risiken. In dieser Arbeit werden die Begriffe Risikoart und Risikokategorie synonym verwendet.

300) Vgl. die Studie des EIU (2008), in der etwa 350 Führungskräfte aus dem Finanzdienstleistungssektor zu den Hintergründen der Finanzkrise befragt wurden; ebf. Romeike/Russell (2008).

Markt-, Kredit- und Liquiditätsrisiken. Dies führt in der nächsten Stufe dann zu erheblichen Solvenzproblemen von Kreditinstituten. Die letzte Stufe ist gekennzeichnet durch Ertragsprobleme aufgrund deutlich eingeschränkter Wachstumspotenziale vieler Banken.[301] Als Indikator für die Entwicklung der Liquiditäts- und Vertrauenskrise im Finanzsystem kann die Differenz der Geldmarktzinssätze im EURO-Raum zwischen unbesicherten (EURIBOR) und besicherten Interbankenkrediten (EUREPO) genutzt werden, mit deren Hilfe das gegenseitige Misstrauen zwischen den Banken gemessen werden kann. Diese Differenz ist in der Abbildung C.10 für den Zeitraum 02.01.2007 bis 21.01.2009 dargestellt:[302]

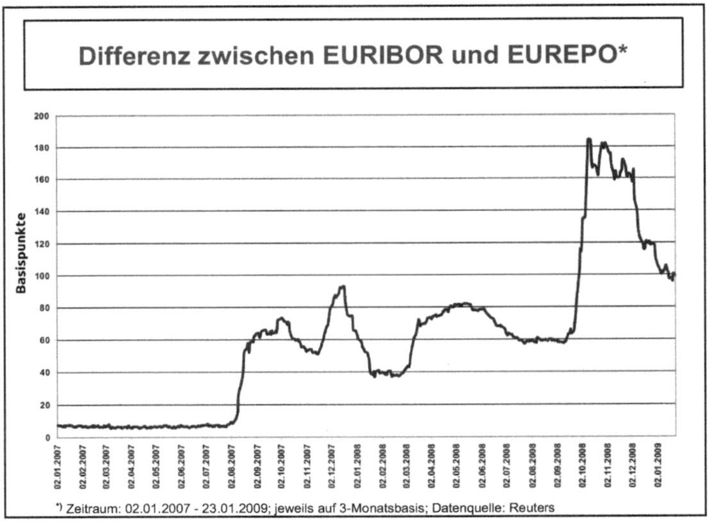

Abbildung C.10: Differenz EURIBOR und EUREPO für 3 Monate

Wie aus der Abbildung C.10 ersichtlich ist, kam es im August 2007 zu ersten Verwerfungen, die vor dem Hintergrund der Entwicklungen am US-Hypothekenmarkt u. a. durch die Vorfälle bei der englischen Bank Northern Rock und der Krise bei den deutschen Instituten IKB Deutsche Industriebank AG (IKB) und der ehemaligen Landesbank Sachsen Girozentrale (jetzt: Sachsen Bank) geprägt waren.[303] Die nächsten Wellen waren zum einen von Liquidi-

301) Vgl. Sachverständigenrat (2008a), S. 128 ff.; ebf. BIS (2008b), S. 107 ff.

302) Vgl. hierzu ausführlicher Sachverständigenrat (2008b), S. 121; ebf. EZB - Finanzstabilitätsbericht (2008), S. 144 f.

303) Am 26. Februar 2008 unterzeichneten die Anteilseigner der ehemaligen Landesbank Sachsen Girozentrale (am 26. Oktober 2007 wurde die Bank im Wege einer formwechselnden Umwandlung in eine Aktiengesellschaft überführt), der Landesbank Baden-Württemberg sowie deren Träger die abschließende Vereinbarung zum Verkauf der Sachsen LB an die Landesbank Baden-Württemberg. Das seit 1. April 2008 als Sachsen Bank firmierende Institut ist jetzt eine unselbständige Anstalt der Landesbank Baden-Württemberg. Vgl. Ge-

tätssorgen zum Jahresultimo 2007 gekennzeichnet, zum anderen von Unterstützungsmaßnahmen der Zentralbanken und vom Zusammenbruch von Bear Stearns im März 2008. Der seit September 2008 zu beobachtende außergewöhnlich starke Anstieg der Differenz zwischen EURIBOR und EUREPO ist auf den Insolvenzantrag von Lehman Brothers gemäß Chapter 11 („*of Title 11 of the United States Code*") sowie die Verstaatlichung der Hypothekenfinanzierer Freddie Mac und Fannie May zurückzuführen. Ein systemischer Zusammenbruch des weltweiten Finanzsystems konnte nur durch sehr weitreichende und konzertierte Stützungsaktionen internationaler Notenbanken („lender of last resort") und Staatsregierungen verhindert werden.[304]

Mittlerweile haben viele Stimmen Vorschläge zur Verhinderung künftiger Finanzkrisen geäußert; diese reichen von der Stärkung der Selbstregulierungskräfte des Bankensektors über eine strengere Regulierung des Finanzsektors und strengere Eigenkapitalvorschriften bis hin zur Verstaatlichung angeschlagener Banken.[305] In einem ersten Schritt sind primär die Anforderungen an die Eigenkapitalausstattung von Kreditinstituten, das bankinterne Risikomanagement, insbesondere die Risikokultur, das Liquiditätsrisikomanagement und die Verfahren für Stresstests unter besonderer Beachtung der wechselseitigen Abhängigkeiten zwischen den Risiken aus Handels- und Anlagebuch, zu stärken. Außerdem sollten die Bewertungsverfahren der externen Rating-Agenturen einer unabhängigen externen Kontrolle unterliegen.[306] Zudem sind die Vergütungssysteme von Führungskräften und Wertpapierhändlern an der mittel- bis langfristigen Unternehmensprofitabilität[307] auszurichten, da die aktuellen Anreizsysteme eher

---

schäftsbericht Sachsen LB (2007).

304) Vgl. Sachverständigenrat (2008b), S. 140 ff., zu den Grenzen und zur Effektivität der ergriffenen zentralbankpolitischen Maßnahmen.

305) Vgl. SSG (2008); ebf. FSF (2008); ebf. EZB - Finanzstabilitätsbericht (2008), S. 129 ff.; ebf. Meybom (2008); ebf. Laeven/Valencia (2008), S. 30; ebf. o.V. (2008j); ebf. o.V. (2008k). Siehe auch unten, Kapitel C.3.5.3, S. 210 f. Nach Auffassung des internationalen Bankenverbandes IIF sollte nicht eine intensivere staatliche Regulierung der Finanzbranche die Antwort auf die aktuellen Verwerfungen an den Finanzmärkten sein, sondern auf Basis eines Verhaltenskodexes soll die Selbstkontrolle durch eine brancheninterne Aufsichtsinstanz gestärkt werden. Vgl. IIF (2008b), S. 32 ff. Siehe auch oben, Kapitel C.2.4.2, S. 136 ff. Am 17. Oktober 2008 hat der Deutsche Bundestag und der Bundesrat das Gesetz zur Umsetzung eines Maßnahmenpakets zur Stabilisierung des Finanzmarktes (Finanzmarktstabilisierungsgesetz – FMStG) beschlossen. Der Finanzmarktstabilisierungsfonds dient u. a. den Kreditinstituten für eine beschränkte Zeit mittels diverser Maßnahmen (Garantieübernahme, Rekapitalisierung oder Risikoübernahme) zur Stärkung der Eigenkapitalbasis und zur Überwindung von Liquiditätsengpässen sowie zur Unterstützung der Refinanzierung am Kapitalmarkt. Hierfür wird ein Finanzmarktstabilisierungsfonds als Sondervermögen des Bundes errichtet, der von der Finanzmarktstabilisierungsanstalt verwaltet wird (§ 1 FMStFV).

306) Vgl. zu den Reformnotwendigkeiten im internationalen Finanzsystem auch Sachverständigenrat (2008a), S. 146 ff.; ebf. Syring/Thelen-Pischke (2008), S. 908 f.; ebf. EZB - Finanzstabilitätsbericht (2008), S. 135 ff. Die Finanzmarktkrise ist auch eine Krise der VaR-Methodik, denn „*widely used VaR indicators of risk underestimated the rise in underlying position-taking during the period of low volatility*". Vgl. Hannoun (2008), S. 6; ebf. Hildebrand (2008), S. 15. Zum VaR-Ansatz siehe unten, Kapitel C.3.5.4, S. 217 ff.

307) Bestandteile von Kriterien für eine nachhaltige, variable Managementkompensation können risikoorientierte Kriterien sein, wie z. B. die Aufwandsquote (Cost-Income-Ratio), das Bewertungsergebnis, die Kernkapitalquote, die Höhe der stillen Reserven, der Return on Equity oder der Risikoaufwand, die mit einer Benchmark (Verbands- oder Strukturgruppendurchschnitt) verglichen werden. Neben diesen statischen Kenngrößen sollten auch dynamische Risikomessgrößen Berücksichtigung finden, wie z. B. die barwertig ermittelten Adressenausfall-, Zinsänderungs-, Aktien- und Optionsrisiken, die ebenfalls zu einer Benchmark in Relation gesetzt werden müssen.

sehr kurzfristig an der aktuellen Ertragslage orientiert sind und spätere Verluste nicht berücksichtigen. Hierdurch wird nicht nur ein einzelnes Kreditinstitut gefährdet, sondern es wird auch das gesamte Bankensystem anfällig für ein „Herdenverhalten", wie z. B. bei der Bewertung strukturierter Produkte bis Mitte 2007 zu beobachten war.[308]

Diese Empfehlung ist allerdings nicht neu, sondern wurde u. a. vom Basler Ausschuss für Bankenaufsicht bereits 1999 und Anfang 2006 in einer aktualisierten Version seiner Leitlinie zur Verbesserung der Unternehmensführung in Banken postuliert. Danach sollte das oberste Verwaltungsorgan sicherstellen, dass Vergütungsrichtlinien und -praktiken der Unternehmenskultur, der Strategie und den langfristigen Zielen sowie dem Kontrollumfeld entsprechen und die kurz- oder langfristigen Risikokonsequenzen Eingang finden (Grundsatz 6).[309] Auch sollten variable Vergütungsbestandteile keine Anreize für das kurzfristige Eingehen übermäßiger Risiken fördern und nicht zu sehr von kurzfristigen Leistungen abhängig sein, z. B. von kurzfristigen Handelsgewinnen. In diesem Kontext fordern auch die MaRisk, dass die Ausgestaltung der Vergütungs- und Anreizsysteme den in den Strategien niedergelegten Zielen nicht widersprechen darf (AT 7.1 Tz. 4 MaRisk).[310]

Insbesondere den Ratingagenturen kommt nicht nur im Rahmen des „Originate and Distribute"-Modells eine herausgehobene Funktion zu, sondern Ratings haben bei vielen Kreditinstituten auch eine Steuerungswirkung und somit entscheidenden Einfluss auf das Risikomanagement, beginnend beim Treasury bis zur Ermittlung des Value-at-Risk beim Adressenrisiko im Risikocontrolling, sodass ihre Funktion und Verantwortung mehr als kritisch zu hinterfragen sind.[311] Die Funktion der Ratingagenturen als Informationsintermediär für Investoren zur Lösung des Problems der Adversen Selektion ist im Wesentlichen von zwei Eigenschaften geprägt: Zum einen ihr Informationsvorsprung bzw. -privileg, zum anderen ihre Reputation.[312] Insbesondere Letztere hat nicht erst seit der aktuellen Finanzmarktkrise aufgrund spektakulärer Fehlurteile und Interessenkonflikten zwischen Unternehmen und Ratingagenturen, die bei Verbriefungstransaktionen gleichzeitig beraten und ein Rating vergeben haben, besonders stark gelitten. Darüber hinaus sind die verwendeten Kriterien und Methoden kaum transparent, insbesondere die Relevanz der einzelnen Kriterien und ihre Gewichtung, was den Infor-

308) Vgl. Sachverständigenrat (2008), S. 148.

309) Vgl. Basler Ausschuss (2006b), S. 16.

310) Die ehemaligen MaH als Mit-Vorläufer der MaRisk forderten in Abschnitt 2.4: „*Um zu vermeiden, dass Anreize für eine übermäßige Risikobereitschaft geschaffen werden, sollten im Rahmen der allgemeinen Geschäftspolitik die Gehälter so gestaltet werden, dass sie nicht zu stark von der Entwicklung der Handelsergebnisse abhängen. Die Gehälter der Mitarbeiter des Risiko-Managements und des Risiko-Controlling sowie der Abwicklung sollten so bemessen sein, dass qualifiziertes Personal gefunden und gehalten werden kann.*" Der letzte Satz dieser MaH-Anforderung findet sich allerdings nicht mehr in den MaRisk wieder.

311) Zu dem „Originate and Distribute"-Modell, dessen Anreizstrukturen und der Beitrag der Verbriefungskette zu der aktuellen Finanzmarktkrise vgl. EZB - Originate and Distribute-Model (2008); ebf. Sanio (2008c), S. 3 f.; ebf. Bernanke (2008), S. 1 f.; ebf. Knight (2008b); ebf. EZB - Banking Structures (2008), S. 18 ff.; ebf. EZB - Commercial Property (2008). Zu den grundsätzlichen Schwachstellen des Originate and Distribute-Modells und den Änderungsvorschlägen der EU-Kommission im Rahmen der CRD-Konsultation wird auf Guericke (2008), S. 5 ff., verwiesen.

312) Zu den theoretischen Grundlagen von externen Ratingverfahren und dem Analyseansatz der Ratingagenturen vgl. Wappenschmidt (2006), S. 3 ff.; ebf. Everling (2005), S. 68 ff.

mationsgehalt und die Qualität von Ratings nur schwer bewertbar macht.[313] Damit die Marktteilnehmer wieder auf die Qualität, Beständigkeit und Integrität der Ratingergebnisse vertrauen können, sollten sich die Agenturen einem neuen Verhaltenskodex für Ratingagenturen unterwerfen, deren Einhaltung von einer unabhängigen Institution überwacht werden sollte.[314] Außerdem ist zu prüfen, ob die Rating-Methodik und die interne Compliance überarbeitet werden müssen, die Offenlegung von Entlohnungsstrukturen mindestens von Emittent und Ratingagentur erfolgen sollte und ob Informationen über Eigenschaften und Restriktionen der Ratingagentur-Methodologien in standardisierter Form allgemein zugänglich veröffentlicht werden. Zusätzlich sollte geprüft werden, ob die Etablierung einer Expertengruppe zur Durchsetzung von international einheitlichen Ratingstandards zielführend ist. Deren Aufgaben können einer noch zu gründenden internationalen Aufsichtsbehörde für Ratingagenturen übertragen werden.[315]

Insgesamt sollten als bankinterne Maßnahmen gegen künftige Finanzmarktkrisen eine Verbesserung des Liquiditätsmanagements[316] und generell eine höhere Transparenz bzw. Marktdisziplin angestrebt werden.[317] Insbesondere die Forderung nach einer höheren Transparenz ist für eine solide und effektive Unternehmensführung sowie für die Bildung des verlorengegangenen Vertrauens bedeutsam.[318] Weitere Lösungsansätze zur Vorbeugung und Bewältigung von Finanzkrisen zielen auf die kurzfristige Stärkung der grenzüberschreitenden

---

313) Vgl. Wappenschmidt (2006), S. 1 f.

314) Vgl. Sanio (2008c).

315) Vgl. Zeitler (2008a), S. 5; ebf. Guericke (2008), S. 11, sowie den CESR-Bericht an die EU-Kommission zur Beurteilung der Rolle der Ratingagenturen im Bereich strukturierter Finanzprodukte, CESR (2008), S. 2 ff.

316) Aufgrund der Endogenität von Liquiditätsrisiken und vor dem Hintergrund der negativen Wechselbeziehung zwischen Finanzierungs- und Marktliquidität handelt es sich schwerpunktmäßig um die Ausgestaltung von Liquiditätsrisikostresstests und Notfallplänen, Defizite bei der internen und externen Kommunikation sowie eine mangelnde Abstimmung zwischen den verantwortlichen operativen Einheiten und ein adäquates Anreizsystem. Zu den Lehren für das Liquiditätsmanagement aus den Finanzmarktturbulenzen 2007/2008 vgl. Deutsche Bundesbank (2008c), S. 63.

317) Vgl. hierzu ausführlicher IIF (2008a), S. 5 ff.; ebf. o.V. (2008c); ebf. o.V. (2008d). Kritisch äußert sich *Gerke* zu den Vorschlägen des IIF, vgl. Gerke (2008). Auch die Vertreter von Finanzministerien und Notenbanken der sieben wichtigsten Industrieländer („G7") plädieren für ein gemeinsames Maßnahmenpaket als Antwort auf die Finanzkrise und zur Wiedergewinnung des Vertrauens in die Finanzmärkte. Dieses Maßnahmenpaket zielt u. a. auf eine Stärkung des Risiko- und Liquiditätsmanagements sowie auf eine bessere Transparenz des Finanzsektors und der Ratingagenturen ab. Vgl. o.V. (2008g). In die gleiche Richtung zielen auch die Vorschläge des Präsidenten der Deutschen Bundesbank, *Axel A. Weber*, der aber darauf hinweist, dass die finanzielle und regulatorische Infrastruktur, insbesondere bankaufsichtliche Regelungen und Rechnungslegungsvorschriften, die Prozyklität des Kredit- und Finanzgeschäftes nicht unnötig verstärken sollten. Vgl. Weber (2008a), S. 11; ebf. Weber (2008b), S. 13 ff. Ähnlich auch der Basler Ausschuss für Bankenaufsicht, vgl. BIS (2008); ebf. Borio (2008), S. 17 ff. Auch aus der Asienkrise 1997/1998 wurden Lehren gezogen und Schritte zur Verbesserung des Banken- und Finanzsystems abgeleitet, die sich inhaltlich u. a. auch mit der Verbesserung des Risikomanagements und der Internen Kontrollsysteme bei Banken sowie mit der Transparenz der Rechnungslegung beschäftigten. Ebenso wie die Asien-Krise ist auch die aktuelle Finanzmarktkrise insbesondere eine Krise wegen mangelnder Transparenz. Vgl. Eichengreen (2008). „*Welcher Medizin der schwer kranke Patient Bankensystem bedarf, ist klar. Sie stammt aus Basel. Die Kunst der Therapie liegt in der Art der Verabreichung dieser Medizin.*" Für einen Überblick zu Studien über die Asien-Finanzkrise mit Analysen zu Ursachen, Maßnahmen zur Prävention und Möglichkeiten zur Therapie vgl. auch Hirszowicz (2000), S. 4 ff.

318) Nach *Schwartz* liegt eine wesentliche Ursache der aktuellen Finanz- und Bankenkrise in dem fehlenden Vertrauen und der Unsicherheit der Marktteilnehmer. Vgl. Schwartz (2008).

Zusammenarbeit der nationalen Aufsichtsbehörden und Notenbanken, mittelfristig auf die Errichtung eines dezentralen Europäischen Bankenaufsichtssystems analog zum Europäischen Zentralbankensystem bzw. einer internationalen Bankenaufsicht, die beim Internationalen Währungsfonds (IWF) angesiedelt sein könnte, ab.[319] Auch die Implementierung und Anwendung von Basel II-Verfahren kann wichtige positive Impulse für die Finanzstabilität geben und zur Begrenzung von Finanzmarktturbulenzen aufgrund einer in Basel I nicht adäquaten Risikoabbildung diverser Finanzprodukte und durch verbesserte Anforderungen an die Eigenkapitalunterlegung beitragen.[320] Des Weiteren sind sorgsame Bonitätsprüfungen, effektive Kreditwürdigkeitsprüfungen durch strengere Auflagen bei der Vermittlung von Hypotheken in den USA sowie durch das Einbehalten von Teilen der risikoreichen Equity-Tranchen im Bestand der die verbrieften Forderungen emittierenden Banken weltweit sinnvoll. Zusätzlich ist punktuell eine Schärfung der Bankenaufsicht, insbesondere bei strukturierten Produkten und Kreditlinien an Zweckgesellschaften in Erwägung zu ziehen.[321] Insgesamt ist der Auffassung von *Zeitler* zu folgen, dass die systemische Finanzmarktkrise nicht monokausal zu begreifen ist. Eine Immunisierung gegen künftige Krisen muss auf einem breiten Fundament stehen und primär auf die verhaltenslenkenden Anreizstrukturen abstellen, die das „*Verhalten der Marktteilnehmer wieder stärker auf Nachhaltigkeit und Langfristigkeit ausrichten*", also Anreizstrukturen mit langfristiger, symmetrischer Partizipation am Unternehmenserfolg.[322] Als Antwort verlangt die Finanzmarkt- und Bankenkrise somit nach institutionellen Maßnahmen, die das Moral Hazard-Risiko künftig deutlich vermindern.

---

319) Auch der Aufbau von Stabilitätsgruppen für international agierende Finanzinstitute wird diskutiert. Vgl. o.V. (2008e); zur internationalen Harmonisierung des Bankenaufsichtsrechts wird verwiesen auf Burghof (1998), S. 284 ff.; ebf. DIW (2006), S. 10 ff.; ebf. Mishkin (2007), S. 291; ebf. Massenberg (2008), S. 10 ff., und Sachverständigenrat (2008b), S. 172 ff. Ein Grund für das Aufkommen und die Schwere der Weltwirtschaftskrise des letzten Jahrhunderts war auch die fehlende internationale Kooperation von Regierungen und Zentralbanken. Vgl. Schnabel (2005), S. 166. Der Präsidenten des Deutschen Sparkassen- und Giroverbandes, *Haasis*, erteilte jedoch Schritten hin zu einer europäischen Zentralaufsichtsbehörde eine Absage und plädiert auf europäischer Ebene für eine „*Stärkung der Konvergenz der nationalen Aufsichtspraktiken*". Vgl. Haasis (2008); ebf. Nowotny (2008).

320) Vgl. Deutsche Bundesbank (2008b), S. 94.

321) Vgl. Sachverständigenrat (2008), S. 7; ebf. Bieta/Sewing (2008), S. 1020.

322) Vgl. Zeitler (2008a), S. 4. So wird auch die Auffassung vertreten, dass eine frühere Einführung des Basel II-Regelwerkes das aktuelle Ausmaß der Finanzkrise verhindert hätte. Vgl. Syring/Thelen-Pischke (2008), S. 910. Allerdings gibt es keine absolute Garantie für die Vermeidung von künftigen Krisen: „*Out of the current turmoil may come some good, in the shape of a more sophisticated understanding of risk, a more transparent system of securitisation and a greater awareness of the incentives embedded in pay structures, as well as a new approach to regulation that ties capital and liquidity requirements to the risks banks take throughout the cycle. Just do not expect it to produce a permanent solution to the problem of financial excess.*" Vgl. Economist (2008).

3. Internal Governance in Kreditinstituten

„Internal audit serves as a critical element of each firm's risk and control framework, working alongside other control functions".[323]

3.1 Allgemeine Grundlagen der Überwachung

Corporate Governance umfasst als ganzheitliches System die internen und externen Leitungs- und Überwachungsmechanismen einer Unternehmung. Der Schwerpunkt dieser Arbeit liegt auf den internen Corporate Governance-Mechanismen, d. h. Überwachungsorgan, Unternehmensmanagement und Interne Revision.[324] Von einer optimalen Unternehmensorganisation geht bereits ein wesentlicher Beitrag für eine wirksame Internal Governance aus. Ein funktionsfähiges und effizientes internes Überwachungssystem gilt als notwendige Voraussetzung für das Funktionieren von Internal Governance.[325] Das interne Überwachungssystem, verstanden als Risikomanagement im Sinne der MaRisk, zu deren integralem Bestandteil auch die Interne Revision zählt, ist die Basis für eine wirksame Internal Governance nicht nur von Kreditinstituten.[326] Es unterstützt die strategische Zielerreichung und trägt zur Stärkung der Wettbewerbsposition und zur Generierung von Quasi-Renten bei. Deshalb ist auch die Vernetzung und der Informationstransfer der Komponenten des internen Überwachungssystems untereinander von hoher Relevanz für das Funktionieren des Systems. Darüber hinaus können durch ein optimal aufeinander abgestimmtes internes Überwachungssystem die Kosten der Überwachung verringert und deren Qualität gesteigert werden.

Die juristische Notwendigkeit für die Einrichtung eines unternehmensinternen Überwachungssystems ergibt sich im Allgemeinen aus dem § 91 Abs. 2 AktG, der durch das Gesetz zur Kontrolle und Transparenz im Unternehmensbereich (KonTraG) in das Aktiengesetz eingefügt wurde.[327] Danach hat der Vorstand „*geeignete Maßnahmen zu treffen, insbesondere ein Überwachungssystem einzurichten, damit den Fortbestand der Gesellschaft gefährdende Entwicklungen früh erkannt werden*".[328] Nach der Gesetzesbegründung hat der Vorstand die Verpflichtung, für ein angemessenes Risikomanagementsystem und für eine angemessene Interne

---

323) Vgl. Moody's (2006), S. 2.

324) Siehe zur Definition der Internal Governance oben, Kapitel B.1.3.3, S. 43.

325) „*Betrachtet man all diese Reformbemühungen, so drängt sich einen der Eindruck auf, dass letztlich der wesentlichste Aspekt für eine Unternehmensführung und -überwachung – oder auch des Pudels Kern – in den Hintergrund der Diskussion geraten ist; nämlich das interne Überwachungssystem eines Unternehmens. Wenn dieses nicht funktioniert oder gar nicht vorhanden ist, können auch die bestgemeinten unternehmensexternen Vorgaben zur Corporate Governance künftig Unternehmenskrisen nicht vermeiden.*" Vgl. *Langenbucher*, zitiert bei Paetzmann (2008), S. 23.

326) Vgl. Sanio (1999), S. 9.

327) Darüber hinaus kann die Einrichtung auf unternehmensübergreifenden Verpflichtungen, wie dem DCGK, beruhen. Bei Kreditinstituten sind außerdem noch die MaRisk, insbes. AT 4.4 „Interne Revision" und BT 2 „Besondere Anforderungen an die Ausgestaltung der Internen Revision" zu beachten. Siehe unten, Kapitel D.2.2, S. 247.

328) Aus der abstrakt formulierten Anforderung des § 91 Abs. 2 AktG resultiert nach h. L. für den Vorstand die Verpflichtung, zum einen ein Risikofrüherkennungssystem und zum anderen ein hierfür angemessenes internes Überwachungssystem einzurichten. Beide Komponenten sind Teil der allgemeinen Leistungspflicht des Vorstands nach § 76 AktG und konkretisieren seine Sorgfaltspflicht gemäß § 93 Abs. 1 AktG. Vgl. Kajüter (2008), S. 111 f.

Revision zu sorgen.[329] Die konkrete Ausgestaltung der gesetzlichen Anforderungen wird nicht weiter spezifiziert. Stattdessen wird auf die Größe, Branche und Komplexität der Geschäftsabläufe sowie auf die Organisationsstruktur abgestellt.[330] Auch bestehen in der Literatur keine allgemein anerkannten Begriffsinhalte für das Risikomanagement- bzw. Überwachungssystem.[331] Allgemein akzeptiert ist aber die Unterteilung des internen Überwachungssystems in die beiden Säulen Internes Kontrollsystem und Interne Revision.[332] Das Risikomanagement nach § 91 Abs. 2 AktG mit seinen Komponenten Internes Kontrollsystem, Interne Revision, Controlling und Frühwarnsystem entspricht – unter zusätzlicher Berücksichtigung des Aufsichtsorgans – der Überwachungsstruktur eines angelsächsischen Internal Control-Systems.[333]

Basierend auf diesem Internal Control-Konzept, das auf umfassenden Überwachungsstrukturen und auf der Installation präventiver Maßnahmen beruht, zeigt die Abbildung C.11 das unternehmerische Überwachungssystem im *weiten* Sinn, das aus den drei Blöcken Kontrolle im Sinne von „Internal Control", Prüfung und Aufsicht besteht:[334]

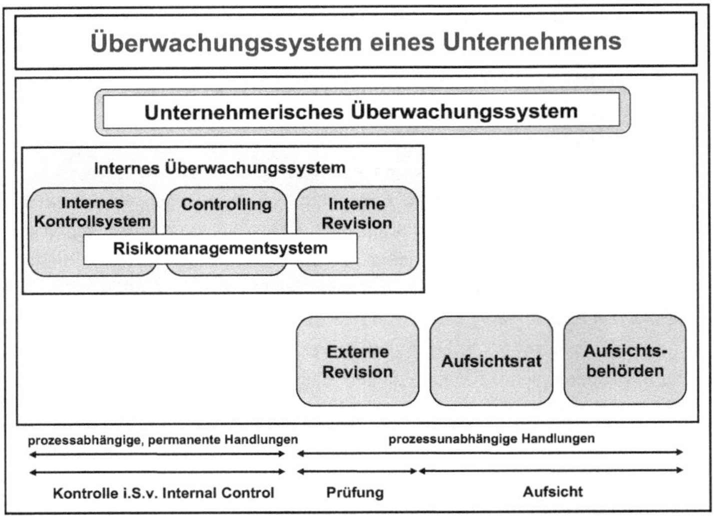

Abbildung C.11: Struktur des unternehmerischen Überwachungssystems

329) Vgl. RegE KonTraG (1998), S. 15.

330) Vgl. auch Schichold (2001), S. 399.

331) Vgl. Amling/Bischof (1999), S. 55; ebf. IIA Austria (2004), S. 19.

332) Vgl. IIA Austria (2004), S. 20; ebf. Baetge (1990), S. 169; ebf. Knapp (2005), S. 29 f. Die bankaufsichtlichen Mindestanforderungen an das Risikomanagement (MaRisk) sprechen von internen Kontrollverfahren, die aus dem Internen Kontrollsystem und der Internen Revision besteht (AT 1 Tz. 1 MaRisk).

333) Vgl. Freidank (2007), S. 701. Zum Internal Control-Ansatz siehe unten, Kapitel C.3.3.1, S. 173 ff.

334) Vgl. Freidank/Velte (2008), S. 723; ebf. Freidank (2001), S. 248; ebf. Holzer/Makowski (1997), S. 688.

Das interne Überwachungssystem mit seinen Bestandteilen Internes Kontrollsystem, Controlling und Interne Revision ist ein Teil des unternehmerischen Überwachungssystems. Das Interne Kontrollsystem ist Teil des betrieblichen Ablaufs und wird simultan zu den Prozessen und Handlungen von direkt oder indirekt *prozessabhängigen* Personen durchgeführt.[335] Kontrolle als prozessabhängige Überwachungshandlung besteht neben organisatorischen Sicherungsmaßnahmen auch aus dem Controlling. Allgemein betrachtet stellt das Controlling (Führungs-) Unterstützungsleistungen zur Erreichbarkeit der Unternehmensziele zur Verfügung.[336] Im Internal Control-Ansatz stellt das Controlling einen Teil der Überwachung (Monitoring) dar und es soll die wesentlichen (strategischen und operativen) Risiken frühzeitig transparent machen und Ansätze zur Risikobewältigung aufzeigen.[337] Dagegen erfolgt die Revision von *prozessunabhängigen* Mitarbeitern, die das Ergebnis der Prozesse und Handlungen nicht zu verantworten haben, und stellt eine dem Planungs- und Realisationsprozess grundsätzlich zeitlich nachgelagerte Überwachungshandlung dar.[338] Die Aufgabe der Internen Revision umfasst die Bewertung von Risikomanagement-, Kontroll- und Überwachungssystemen (governance processes) sowie die Lieferung eines Beitrags zu deren Verbesserung.[339] Die Zielkategorie von einzelnen Prüfungen lassen sich unterscheiden in die Effektivität und Effizienz von Prozessen und Systemen im Sinne der strategischen Zielerreichung, die Zuverlässigkeit und Integrität der Informationen, die Sicherung des Betriebsvermögens und die Einhaltung von Gesetzen, Verordnungen und Verträgen.[340] Von Lück werden diese Kategorien noch um Risiko- und Chancenaspekte ergänzt.[341]

Unter Berücksichtigung der internationalen Entwicklungen sollen im Folgenden zunächst die weltweit anerkannten Leitlinien zur Beurteilung des internen Überwachungssystems – das COSO- und das ERM-Modell – vorgestellt werden. Anschließend wird die Funktion und der Aufbau eines Risikomanagementsystems i. e. S. theoretisch und praktisch vorgestellt. Abschließend werden die Funktionen und Aufgaben des Internen Kontrollsystems sowie der Internen Revision in dem unternehmensinternen Überwachungssystem erläutert.

Die Funktionen der Unternehmensführung können in die folgenden funktional abgrenzbaren Bereiche strukturiert werden:[342]

- Planung (Sollordnung in strategischer und operativer Hinsicht).
- Organisation (Aufbau eines zielgerichteten Handlungsrahmens).
- Personal (Stellenbesetzung mit kompetentem Personal).

---

335) Vgl. Lentfer (2005), S. 17.
336) Vgl. Steinle (2007), S. 288 f.
337) Vgl. auch für entsprechende Beispiele Freidank/Velte (2008), S. 730.
338) Vgl. Lentfer (2005), S. 17.
339) Vgl. IIA - Standards (2007) „2100 - Nature of Work“; ebf. IIA - PA (2007), PA 2100-1 ff.; ebf. Peemöller (2004a), S. 157. Für die Funktion und Aufgaben der Internen Revision im unternehmensinternen Überwachungssystem bzw. im Governance-Ansatz wird auch auf die Ausarbeitung des ECIIA (2005), S. 19 ff., verwiesen.
340) Vgl. Peemöller (2008a), S. 7 f.
341) Vgl. Lück (2007), S. 697.
342) Vgl. Schroff (2006), S. 13.

- Führung (zielgerichtete Ausrichtung der Einzelhandlungen).
- Kontrolle (Soll-Ist-Vergleich).

Die Kontrolle ist als umfassende Überwachungsaufgabe zu verstehen. Überwachung ist neben den Phasen Planung und Durchführung bzw. Bearbeitung ein Teil der betrieblichen Prozesskette. Sie ist ein bedeutendes Führungsinstrument und trägt zur Qualitätssicherung, zur nachhaltigen Sicherung des Unternehmens sowie zur Erreichung der Unternehmensziele bei.[343]

Unter Überwachung wird traditionell ein mehrstufiger Informations- und Entscheidungsprozess verstanden, der durch einen Vergleich eines Istzustandes mit einem Vergleichsobjekt, in der Regel Ist-Soll-Vergleich, gekennzeichnet ist. Handelt es sich bei dem Vergleichsobjekt um ein Sollobjekt, das z. B. von einer höheren Hierarchieebene vorgegeben wurde oder auf rechtlichen Grundlagen beruht, dann kann von einem Norm-Zustand gesprochen werden.[344] Ziel der Überwachungsmaßnahmen ist festzustellen, ob Abweichungen oder Übereinstimmungen zwischen den Vergleichsobjekten bestehen und die so gewonnenen Informationen – nach Analyse und Beurteilung der ermittelten Abweichungen – für entsprechende Konsequenzen zu nutzen bzw. festzustellen, ob Vorgänge normgerecht durchgeführt wurden.[345] Diese Informationsgewinnung und -vermittlung ist der Beitrag der Überwachung zur Erreichung der Unternehmensziele.

Der Überwachung kann eine verhaltensbeeinflussende Wirkung, wie z. B. Präventivwirkung, dysfunktionale bzw. demotivierende Wirkung, Lernwirkung bzw. Sicherheitswirkung, oder eine Korrekturwirkung beigemessen werden.[346] Zwischen der *Überwachungsintensität*, verstanden als die Häufigkeit der Überwachung (zeitliche oder quantitative Häufigkeitsfrequenz), und ihrem Ergebnis besteht folgender Zusammenhang (Abbildung C.12):[347]

343) Vgl. Knapp (2005), S. 29 f.

344) Bereits *Schmalenbach* hat vor dem Vergleich zweier Istobjekte gewarnt, da eventuell „*Schlendrian mit Schlendrian*" verglichen wird. Aber *Baetge* subsumiert unter Überwachung entgegen der weitverbreiteten Meinung auch die Vergleiche von Istobjekten, also Ist-Ist-Vergleiche, allerdings nur unter bestimmten Voraussetzungen, wie eine repräsentative Stichproben-Vor-(System)prüfung bei entsprechender Mindestzuverlässigkeit der Istobjekte. Vgl. hierzu Baetge (1990), S. 169 f.

345) Vgl. Baetge/Oberdörster (2007), S. 1113; ebf. Lentfer (2005), S. 18 f.

346) Vgl. Königsmaier (1999), S. 36.

347) Vgl. zur Wirkung der Überwachung Baetge (1990), S. 170 f.

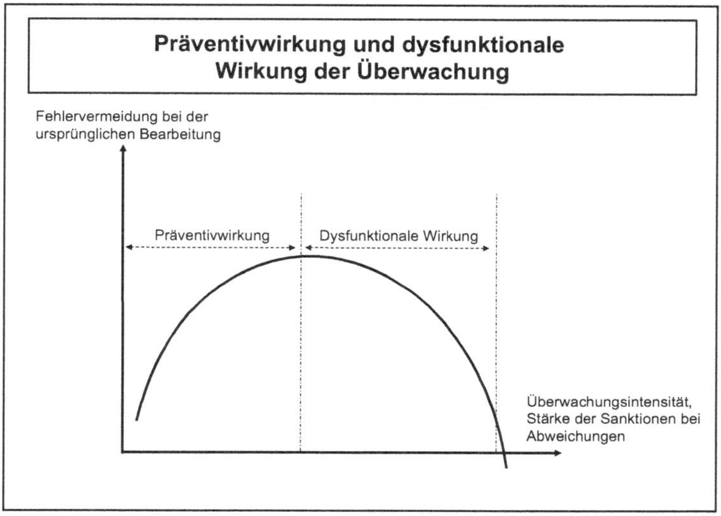

Abbildung C.12: Wirkung der Überwachung

Grundsätzlich gilt, dass mit steigender Überwachungsintensität die Bearbeitungsfehler abnehmen, die präventive Wirkung zum Tragen kommt, während die Fehler bei weiter zunehmender Überwachungsintensität wieder ansteigen (dysfunktionale Wirkung). Es kann sogar passieren, dass es bei weiter steigender Überwachungsintensität zu einer größeren Fehlerhäufigkeit als ohne Überwachung kommt. Dieser Bereich beginnt ab dem Schnittpunkt der Funktion mit der Abszisse.

Auf der Grundlage von kybernetischen Beschreibungen von Kontrollen und Prüfungen hat die betriebswirtschaftliche Überwachungstheorie Erklärungsansätze und Gestaltungsempfehlungen von Überwachungsvorgängen geliefert, die Eingang in die Prüfungspraxis gefunden haben, insbesondere durch die Beurteilung und Prüfung des Internen Kontrollsystems im Rahmen der Abschlussprüfung.[348] In dieser Arbeit wird jedoch nicht der traditionelle Ansatz, sondern stärker das auf dem COSO- bzw. ERM-Konzept beruhende, weiter gefasste Verständnis des internen Überwachungssystems verfolgt.

Überwachung kann nach der Prozessabhängigkeit oder der fachlich-disziplinarischen Zugehörigkeit der Überwachungsorgane gegliedert werden.[349] Unter dem Merkmal der Prozessabhängigkeit der Überwachungsorgane wird, wie bereits ausgeführt, die Überwachung nach den Kategorien Prüfung und Kontrolle unterschieden. Dagegen stellt die fachlich-disziplinarische Zugehörigkeit auf die Abhängigkeit vom Überwachungsobjekt, d. h. unternehmensfremd

[348] Vgl. Freidank/Velte (2008), S. 721.
[349] Vgl. hierzu Knapp (2005), S. 30 f.

oder -angehörig, ab. Überwachungsmaßnahmen von unternehmensfremden Überwachungsträgern werden als Prüfung, die Träger des Überwachungsprozesses als *Prüfer* bezeichnet. Werden dagegen die Überwachungsmaßnahmen von unternehmensangehörigen Überwachungsträgern durchgeführt, so spricht man von Revisoren bzw. Internen Revisoren. In dieser Arbeit wird der Trennung der Begriffe Prüfung und Revision nicht der Vorzug gegeben. Als Prüfung wird ein strukturierter Prozess von systematischen Handlungen zur Informationsermittlung, -verarbeitung und -mitteilung verstanden. Der Begriff „Revision" wird als Funktion definiert, die durch „Prüfung" ihre Funktion unabhängig, objektiv und frei von Interessenkonflikten erfüllt. [350]

3.2 Besonderheiten bei Kreditinstituten

„Good corporate governance and supervisory actions complement one another."[351]

Während die bisherigen Ausführungen für eine effektive Internal Governance sich in erster Linie mit der Verringerung von Informationsasymmetrien zwischen Vorstand, Aufsichtsrat und Anteilseigner beschäftigten, hat der theoretische Erklärungsansatz für die Bankenregulierung gezeigt, dass für die Corporate Governance-Diskussion von Kreditinstituten auf die Belange einer weiteren Gruppe abzustellen ist: Banken haben nicht nur gegenüber ihren Anteilseignern Verantwortung, sondern müssen in dem Kreis der Stakeholder ihre Einleger berücksichtigen, denen gegenüber sie ebenfalls Verantwortung haben und auch deren Interessen sie berücksichtigen müssen.[352] Hieraus ergeben sich notwendige regulatorische Interventionen, um die banktypische Risikotransformation und damit verbundene potenzielle negative externe Effekte interessenkonform zu regulieren (Repräsentationshypothese). Eine weitere Besonderheit von Kreditinstituten ist, dass die Problematik der asymmetrischen Informationsverteilung stärker zum Tragen kommt als in anderen Industrien („opaqueness").[353] Dies hat seine Ursache in der Produktstruktur einer Bank.[354] So kann z. B. die Qualität des Kreditportfolios von Externen – wegen fehlender Informationen bzw. der sehr hohen Transaktionskosten für eine Bewertung – kaum bzw. nur sehr schwer beurteilt werden.[355] Diese Intransparenz erschwert auch das Monitoring bzw. eine Überwachung. Dies hat zur Folge, dass sich Corporate Governance-Mechanismen für den Bankensektor von den Mechanismen anderer Industriezweige

---

350) Vgl. Lück (2007), S. 697; ebf. Knapp (2005), S. 31. Siehe hierzu auch unten, Kapitel D.2.1, S. 242 f. In der Literatur werden die Begriffe „Prüfung" und „Revision" teilweise auch synonym verwendet.

351) Vgl. Caruana (2005), S. 2.

352) So gewährt eine solide Unternehmensführung zusätzlich einen besseren Schutz der Bankgläubiger. Vgl. auch BIS (2006a), S. 4 f. Diese ist auch ein notwendiger Teil für die Stabilität des Finanzsystems, die nach *McDonough* nur erreicht werden kann durch die Interaktion von drei zu realisierenden Mindestanforderungen: *„Sound leadership at the firm level, strong prudential regulation and supervision, and effective market discipline."* Der erste Punkt dieser Mindestanforderungen baut auf einer effektiven Corporate Governance auf. Vgl. McDonough (2002), S. 1 f.

353) Für *Levine* bestehen die beiden wesentlichen Besonderheiten von Banken darin, dass *„banks are generally more opaque than non-financial firms and governments heavily intervene in the banking industry more frequently"*. Vgl. Levine (2004), S. 7.

354) Zu den spezifischen Eigenschaften von Bankprodukten und -dienstleistungen vgl. Llewellyn (1999), S. 37 f.

355) Vgl. Levine (2004), S. 2 f.

unterscheiden. Die Internal Governance wird des Weiteren auch von der Bankenregulierung tangiert bzw. beeinflusst.[356] Dies ist ein weiterer Unterschied zwischen *allgemeiner* und *bankenspezifischer* Corporate Governance. Die Ausführungen zu der nicht-bankenspezifischen Corporate Governance haben als exogene Mechanismen primär Marktmechanismen zur Disziplinierung der Agenten betrachtet, während für Banken die Bankenregulierung einen zusätzlichen, nicht marktkonformen, exogenen Faktor zur Disziplinierung des Managements darstellt.[357] Der regulierungsgetriebene, exogene Einfluss auf die Internal Governance kann aufgrund des Sanktionspotenzials des Regulators von den Instituten nicht vermieden werden, sondern wird zu einem *endogenen* (Kosten-) Bestandteil, der bei der Implementierung von internen Corporate Governance-Mechanismen von den Banken zu tragen ist. Regulierung und interne Corporate Governance-Mechanismen sind somit keine Substitute, sondern komplementäre Elemente, die aber zwangsläufig in Interaktion zueinander stehen.[358]

Das Moral Hazard-Problem ist besonders im Bankensektor zu berücksichtigen. Ein Lösungsansatz hierzu sind spezifische Internal Governance-Mechanismen für Kreditinstitute, wie die bankenaufsichtlichen Vorgaben einer quantitativen Mindesteigenkapitalausstattung („capital requirement“), qualitative Mechanismen sowie das Monitoring bzw. Supervision der Institute durch die Aufsicht.[359] Weitere industriespezifische Grundsätze finden sich z. B. in den Arbeiten des Basler Ausschusses für Bankenaufsicht oder in den „Guidelines“ des Committee of European Banking Supervisors (CEBS).

Insbesondere dem Überwachungsorgan wird durch die Bankenregulierung in diesem Zusammenhang eine zusätzliche, erweiterte Erwartungshaltung entgegengebracht – anders als dies in anderen Industriezweigen üblich ist.[360] Dieser *höhere* Standard allein kann aber noch recht wenig zu einer besseren Internal Governance beitragen. Nur durch eine Interaktion mit weiteren Corporate Governance-Elementen können Synergieeffekte realisiert werden, die zu einer effizienten und effektiven Internal Governance beitragen. In diesem Zusammenhang soll im Folgenden, insbesondere aus internationaler Sicht, auf die anreizkompatible Vernetzung des Risikomanagements mit den integralen Bestandteilen des Internen Kontrollsystems und der Internen Revision eingegangen werden.[361] Die Optimierung der Internen Kontrollverfah-

---

356) Unterschiede in der operativen Geschäftstätigkeit, der Bilanzstruktur und der Transformationsfunktion zwischen Finanz- und Nicht-Finanzinstituten „*have led many to view regulatory oversight of the industry as a substitute for corporate governance, or at least to view governance as less critical to the conduct and operation of banking firms. ... Either way, the presence of regulation should affect the design of internal governance mechanisms*“. Vgl. Adams/Mehran (2003), S. 124 f.; ebf. Macey/O'Hara (2003), S. 97 ff.; ebf. Levine (2004), S. 3.

357) Siehe oben, Kapitel B.2.3.1, S. 59 ff. Vgl. auch Ciancanelli/Gonzalez (2000), S. 11 f. Man kann auch sagen, dass „*the most important corporate control mechanism in banking is regulatory intervention*“. Vgl. Polo (2007), S. 7.

358) Vgl. Adams/Mehran (2003), S. 124. „*The highly regulated nature of banking empowers the regulatory authorities to influence, or even dominate, the corporate governance of banks.*“ Vgl. Polo (2007), S. 7.

359) Vgl. hierzu auch Bouwman (2004), S. 1.

360) Vgl. Mehran (2003), S. 1.

361) Vgl. hierzu auch Goodhart et al. (1998), S. 200: „*Financial systems have been changing substantially in a way that is undermining traditional approaches to regulation. More weight will now have to be placed on internal risk analysis, management and control systems, with an appropriate incentive structure ... .*“

ren ist aber nur eine notwendige Bedingung für eine effektive Internal Governance, die aber allein noch nicht hinreichend ist. Hier ist eine zusätzliche Flankierung durch eine verstärkte Transparenz geboten, um die Marktdisziplin so weit wie möglich zu stärken und somit der Verzerrung von Marktsignalen entgegen zu wirken. Durch einen verbesserten Informationsfluss muss den externen Marktteilnehmern und dem internen Überwachungsorgan eine verbesserte Möglichkeit zur Bewertung der Risikomanagementsysteme, ihrer grundsätzlichen Annahmen sowie der eingegangenen Risiken gegeben werden. Die Säule 3 von Basel II als integrale Ergänzung zu den ersten beiden Säulen trägt erstmalig diesen verstärkten Publizitätsgedanken im Grundsatz Rechnung.[362]

Eine angemessene regulatorische Intervention kann einen Beitrag zur Minimierung der Undurchsichtigkeit von Banken liefern, wenn eine erweiterte Transparenz durch erweiterte Publizitäts- und Offenlegungsvorschriften geschaffen wird, sodass die Marktteilnehmer eine verbesserte Möglichkeit zur Bewertung von Bankrisiken erhalten.[363] Darüber hinaus sollte im Rahmen einer qualitativen Aufsicht auch die Kommunikation zwischen Bankenaufsicht und Interner Revision ein wichtiger Stabilisierungsfaktor werden, der zur Verringerung der Informationsasymmetrien und zur Reduzierung des Moral Hazard-Problems beiträgt.

Zur Beurteilung der Wirksamkeit von Bankenregulierung sollte zusätzlich zu den – nicht oder nur sehr schwer zu quantifizierenden – wohlfahrtsökonomischen Ansätzen ein alternatives Ziel herangezogen werden: Die Auswirkung der bankaufsichtlichen Normen auf die ökonomische Effizienz des Risikotragfähigkeitskonzeptes und der Internen Kontrollverfahren, insbesondere des Risikomanagementsystems sowie auf die Leitungs- und Überwachungssysteme. Dieser Ansatz ist auch insoweit von Relevanz, da die suboptimale Gestaltung dieser Faktoren – trotz der Einmaligkeit eines jeden Unternehmensskandals – mit ein Grund für „*corporate governance breakdowns*“ war.[364]

Eine externe Bankenregulierung ist keine Alternative zu einer effizienten und effektiven bankinternen Corporate Governance. Im Gegenteil: Die Anreize für eine wirksame Corporate Governance sollten so gesetzt werden, dass die Implementierung und Beachtung derselben eine Verringerung von regulatorischen Belastungen bzw. Kosten zur Folge hat. Die Verantwortung für das operative Geschäft und die eingegangenen Risiken, für das Risikomanagement sowie die Einhaltung von Gesetzen verbleibt letztendlich bei der Geschäftsführung einer Bank. Demzufolge müssen auch wesentliche Verletzungen der Corporate Governance-Sorg-

362) „*So market discipline and a good corporate governance play the role of restraining bank risk taking, objective that regulators and supervisors have been trying to pursue through prudential regulation.*“ Vgl. Polo (2007), S. 11; ebf. Herring/Santomero (1999), S. 43.

363) Vgl. Polo (2007), S. 13.

364) *Caruana* führt hierzu aus: „*The board of directors failed to understand the risks that the firm was taking, and did not exercise appropriate oversight or questioning of senior managers' and employees' actions. Internal Controls were either weak or non-existent, or appeared to be adequate on paper but were not implemented in practice. Internal and external audit "feel asleep at the switch" and failed to detect fraudulent behaviour, and in some cases even aided and abetted such behaviour. And perhaps most importantly, the corporate culture fostered unethical behaviour and discouraged questions from being raised.*“ Vgl. hierzu Caruana (2005), S. 2.

faltspflichten Sanktionen für die Geschäftsführung nach sich ziehen, wie z. B. erhöhte regulatorische Auflagen für das Institut, Haftungsansprüche oder strafrechtliche Konsequenzen gegen die verantwortlich handelnden Personen.[365]

3.3 Internationale Entwicklungen

3.3.1 Internal Control – Integrated Framework

Die Beschäftigung mit dem Thema „Internal Controls" reicht zurück bis in die 1930er-Jahre; der Begriff wurde aber nicht immer einheitlich verwendet.[366] Nach zahlreichen Unternehmensskandalen wurde im Oktober 1985 in den USA die „National Commission on Fraudulent Financial Reporting" unter dem Vorsitz von *James C. Treadway Jr.* gegründet, um die Ursachen für manipulierte Geschäftsberichte zu identifizieren und um geeignete Maßnahmen zur Risikobegrenzung abzuleiten.[367] Die Ursachen dieser Manipulationen lagen z. B. in der verschlechterten wirtschaftlichen Situation des Unternehmens, in Einzelfällen verknüpft mit einer fehlenden Anpassung von Ziel- oder Budgetvorgaben, in einem schwach ausgeprägten Kontrollbewusstsein bzw. sogar in einem bewussten Umgehen von Internen Kontrollsystemen sowie in einer unzureichenden oder sogar fehlenden Unternehmensethik bis hin zu einer nicht ordnungsgemäßen Abschlussprüfung.[368]

Die Ergebnisse und Maßnahmen des Kommissionsberichtes waren auch eine Grundlage für die Arbeiten des „Committee of Sponsoring Organizations of the Treadway Commission" (COSO), das im September 1992 die Studie „Internal Control – Integrated Framework" veröffentlichte.[369] Mit dieser Studie wurde erstmals eine international anerkannte Definition für den Begriff „Internal Control" geschaffen und Standards bzw. ein Rahmenkonzept für ein „Control System" etabliert.[370]

Dem Internal Control-Ansatz kommt nicht nur wegen dem Sarbanes Oxley Act 2002 eine hohe Bedeutung zu, sondern ein effektiv implementiertes Internal Control-Konzept gehört von sich aus *„zum wichtigsten Bestandteil einer modernen Corporate Governance"* und trägt

---

365) Siehe hierzu oben, Kapitel B.4, S. 95 ff.

366) Vgl. Bektenov (2005), S. 74 f. So schreibt die US-Börsenaufsichtsbehörde SEC, dass *„there has been some confusion over the exact meaning and scope of the term „internal control," because the definition of the term has evolved over time"*. Vgl. SEC (2003).

367) Vgl. Westhausen (2005), S. 98.

368) Vgl. Report of the National Commission on Fraudulent Financial Reporting, 1987, National Commission (1987), S. 23 f. Im Jahr 1999 wurde für den Zeitraum 1987 bis 1997 eine weitere Studie zu Ursachen und Maßnahmen gegen manipulierte Geschäftsberichte vorgelegt. Vgl. COSO (1999), S. 15 ff.

369) COSO, im Jahr 1985 gegründet, ist ein freiwilliger Zusammenschluss von fünf amerikanischen Institutionen, u. a. The Institute of Internal Auditors, der American Accounting Association oder das Institute of Management Accountants, mit dem Ziel, die Qualität der Finanzberichterstattung *„through business ethics, effective internal controls, and corporate governance"* zu verbessern. Darüber hinaus existiert das CoCo-Modell von dem Criteria of Control Board of the Canadian Institute of Chartered Accountants. Es umfasst zwanzig Kriterien, die sich auf die vier Komponenten „Purpose", „Commitment", „Capability" und „Monitoring and Learning" verteilen. Im Vordergrund stehen stärker sog. „soft skills", also Werte und Verhalten. Das CoCo-Modell basiert aber auf Erkenntnissen des COSO-Modells. Vgl. Gleim (2006), S. 193 f.

370) Vgl. hierzu IFAC (2008), S. 343 ff.; ebf. IDW PS 261 (2006).

entscheidend zum nachhaltigen Unternehmenserfolg bei.[371] So sind die Ideen und Definitionen des COSO-Modells auch in die Prüfungsstandards der Abschlussprüfer eingegangen, z. B. in den USA in den ISA 315 „*Understanding the entity and its environment and assessing the risks of material misstatement*" oder in Deutschland in den IDW-Prüfungsstandard „*Feststellung und Beurteilung von Fehlerrisiken und Reaktionen des Abschlussprüfers auf die beurteilten Fehlerrisiken*" (IDW PS 261). Außerdem orientieren sich die MaRisk ebenfalls an dem COSO-Modell.[372]

Der Begriff „Internal Control" im COSO-Modell ist weit gefasst und geht über den allgemeinen Kontrollbegriff hinaus:[373] „Internal Control" ist hiernach ein Prozess, der eine angemessene Sicherheit, also keine absolute, sondern eine relative, hinsichtlich der Erreichung der strategischen Unternehmensziele geben soll.[374] Internal Control ist keine ausschließliche ex post-Betrachtung, sondern beinhaltet über die Sicherstellung von effektiven und effizienten innerbetrieblichen Prozessen einen ganzheitlichen Beitrag zur zukunftsgerichteten Unternehmenssteuerung.[375] Dies gilt für die drei grundsätzlichen Zielkategorien Wirksamkeit und Effizienz der Prozessabläufe („operations"), der Vertrauenswürdigkeit der Finanzberichterstattung („financial reporting") und der Einhaltung von Gesetzen und Normen, die das Unternehmen tangieren („compliance"). Träger dieses dynamischen, prozessualen Ansatzes sind nicht nur das Management bzw. das Überwachungsorgan, sondern – im Sinne einer einheitlichen Unternehmensphilosophie – *alle* Mitarbeiter des Unternehmens.[376] Das „Internal Control – Integrated Framework"-Konzept kann in einem dreidimensionalen Würfel mit den gleichwertigen Ebenen Organisationsziele, Organisationseinheiten und den Kontrollkomponenten, die sich wechselseitig durchdringen, dargestellt werden.[377] Bestandteile des COSO-Konzeptes sind neben Internen Kontrollsystemen auch die Interne Revision. Das interne Überwachungssystem wird in dieser Arbeit im Sinne des Internal Control-Systems interpretiert.[378]

---

371) Vgl. Lück/Schröder (2007), S. 680.

372) Vgl. Helfer/Ullrich (2008), S. 101 f.

373) Eine allgemeine akzeptierte Begriffsabgrenzung bzw. Übersetzung gibt es nicht. So wird der Begriff „Internal Control" z. B. übersetzt mit Lenken, Steuern, Überwachen oder Kontrollieren. Vgl. zu den verschiedenen Interpretationen die Ausführungen bei Bektenov (2005), S. 74 f. Der Inhalt des Control-Begriffes ist aber weiter gefasst als der Begriffsinhalt der Kontrolle im überwachungstheoretischen Ansatz, der im Wesentlichen ein Vergleich von Istzuständen mit Soll- oder Normzuständen ist. Vgl. Paetzmann (2008), S. 23. So auch *Lück*, der betont, „*es ist falsch und war schon immer falsch, das amerikanische Internal Control mit internes Kontrollsystem zu übersetzen*". Stattdessen ist im deutschen Sprachraum vom internen Überwachungssystem zu sprechen, „*da nur unter diesem Begriff neben organisatorischen Sicherungsmaßnahmen und neben Kontrollen auch die Interne Revision berücksichtigt wird*". Vgl. Lück (2003a), S. 316. Zum Internen Kontrollsystem siehe unten, Kapitel C.3.4, S. 188 ff.

374) „*In sum, it* [„internal control", K. G.] *can help an entity get to where it wants to go, and avoid pitfalls and surprises along the way. ... But internal control cannot change an inherently poor manager into a good one. ... Internal control cannot ensure success, or even survival.*" Vgl. COSO (1992).

375) Vgl. Freidank/Velte (2008), S. 721 f.; ebf. Ruud/Jenal (2004), S. 1045 ff.

376) „*Everyone in an organization has responsibility for internal control.*" Vgl. COSO (1992) „Roles and Responsibility".

377) Vgl. auch Westhausen (2005), S. 99. „*The cube not only demonstrates the connections between objectives and components, it also illustrates that the control components operate at different levels across the organization – a concept that is often overlooked.*" Vgl. COSO - Monitoring (2007), S. 3.

378) Siehe oben, Kapitel C.3.1, S. 166 ff. Vgl. auch Lück/Schröder (2007), S. 680.

Das COSO-Modell verfolgt einen dynamischen Ansatz und beinhaltet folgende fünf, in Wechselbeziehungen stehende, Komponenten:[379]

Das *Kontrollumfeld* („control environment") ist die tragende Basis für die anderen vier COSO-Komponenten und bildet das Überwachungsbewusstsein im Unternehmen ab. Es wird u. a. geprägt durch ethische Werte, Integrität, die Mitarbeiterkompetenz, den Führungsstil und die Risikopräferenz des Managements.[380] Der „Tone at the Top", die Führungskräfte und die institutionelle Anreizgestaltung bestimmen grundlegend das Überwachungs- und Risikobewusstsein.[381] In der Praxis finden sich weitere Elemente des Kontrollumfeldes z. B. in den Geschäfts- und Risikostrategien, in einem Ethikkodex bzw. Unternehmensleitbild oder in den Organisationsrichtlinien.

Unternehmen werden mit externen und internen Risiken tagtäglich konfrontiert. Damit ein angemessener Umgang mit diesen Risiken möglich ist, muss eine systematische *Risikobewertung* („risk assessment") erfolgen. D. h., es muss ein System implementiert sein, mittels dessen wesentliche Risiken im Hinblick auf die strategische Zielabweichung identifiziert, analysiert und bewertet werden können, um anschließend Maßnahmen zur Risikosteuerung einleiten zu können.[382] Praktische Ausprägungen sind z. B. das Risikomanagementsystem nach § 91 Abs. 2 AktG oder der risikoorientierte Prüfungsansatz der Internen Revision.[383] Risikomanagement- und Internes Kontrollsystem sowie Interne Revision dienen der Risikominimierung und somit dem Schutz des Unternehmens. Damit Kontrollen die innerbetrieblichen Prozessabläufe nicht verzögern oder behindern, sind diese risikoorientiert zu untersuchen und entsprechend auszugestalten.[384]

Unter den *Kontrollaktivitäten* („control activities") werden sämtliche von der Unternehmensleitung getroffenen Richtlinien und Maßnahmen (z. B. Kontrollen und Funktionstrennung laut Organisationshandbuch) gegen alle relevanten, wesentlichen Risiken verstanden, die die Erreichung der Unternehmensziele sicherstellen sollen.[385]

Information und Kommunikation („information and communication") sind ein essenzieller Bestandteil im Internal Control-Konzept. Ein Informationssystem kann formal oder informal sein und umfasst interne und externe Informationen bzw. Kommunikation.[386] Die verwendeten Informationen müssen vor allem relevant, aktuell, verlässlich, korrekt und empfängerorientiert sein. Eine effektive Kommunikation ermöglicht somit allen Mitarbeitern die rele-

---

379) Hinsichtlich der Darstellung von Praxishilfen für den strukturierten Aufbau eines modernen Internen Kontrollsystems in Kreditinstituten wird verwiesen auf die Ausführungen von Helfer/Ullrich (2008), S. 101 ff.; ebf. Zakrzewski/Wicher (2006), S. 605 ff.

380) Vgl. Bektenov (2005), S. 77.

381) Vgl. Bodenmann (2005), S. 100 f. Hierzu schreibt die EZB in ihrem Finanzstabilitätsbericht vom Dezember 2008: „*Senior managers are the ultimate guarantors for an adequate risk culture to permeate into all parts of the institution.*" Vgl. EZB - Finanzstabilitätsbericht (2008), S. 138.

382) Vgl. COSO (1992) „Risk Assessment".

383) Vgl. Westhausen (2005), S. 100.

384) Siehe zu einem risikoorientierten IKS unten, Kapitel C.3.4.2, S. 195 f.

385) „*Control activities occur throughout the organization, at all levels and in all functions.*" Vgl. COSO (1992) „Control Activities".

386) Siehe zu den Grundlagen der Informationsversorgung unten, Kapitel D.3.2, S. 254 ff.

vanten Informationen zu erhalten, die sie für ihre Arbeit benötigen.[387] Effiziente Informations- und Kommunikationssysteme bilden die Grundlage für eine wirksame Führung und Überwachung eines Unternehmens und tragen entscheidend zur unternehmensinternen Transparenz bei. Hierbei kann es sich z. B. um die Risikoberichterstattung nach §§ 289 ff. HGB oder um das interne Risikoreporting an Vorstand und Überwachungsorgan handeln.

Unter *Überwachung* („monitoring") wird ein Prozess verstanden, der die Qualität bzw. Effektivität von allen Komponenten des Internal Control-Systems dauerhaft beobachtet und bewertet sowie notwendige Systemanpassungen, z. B. wegen veränderter Rahmenbedingungen oder festgestellten Mängeln, signalisiert, anstößt und nachhält („follow-up").[388] In der Praxis sind die Interne Revision als prozessunabhängige Instanz und das Controlling als prozessabhängige Instanz wichtige Bestandteile des Monitoring. Die Überwachungsintensität ist abhängig von dem jeweiligen Risikopotenzial.[389] Ziel der Überwachung ist festzustellen, ob die eingesetzten Systeme und Prozesse im Hinblick auf die Komponenten des COSO-Modells angemessen sind, in der Praxis auch tatsächlich Anwendung finden und wirksam sind.[390] Die Ergebnisse sind zeitnah an die relevanten Entscheidungsträger zu berichten. Eine wesentliche Voraussetzung für ein effektives Monitoring ist wiederum die Existenz einer wirksamen *Kontrollumgebung*, die dem Überwachungsprozess gegenüber positiv eingestellt ist. Eine uneingeschränkte Unterstützung des Vorstands und eine effektive Organisationsstruktur mit kompetenten Führungskräften und Mitarbeitern, die über die notwendige Überwachungssensibilität verfügen, ist demnach unabdingbar.

3.3.2 Enterprise Risk Management Framework

„A strong system of internal control is essential to effective enterprise risk management."[391]

Im September 2004 veröffentlichte das „Committee of Sponsoring Organizations of the Treadway Commission" (COSO) als Ergänzung zu dem Rahmenwerk „Internal Control – Integrated Framework" ein darauf aufbauendes, erweitertes Konzept: das „Enterprise Risk Management – Integrated Framework" (ERM-Modell).[392] Ziel des ERM-Modells ist neben der Etablierung eines konsistenten Risiko- und Überwachungsbewusstseins im ganzen Unternehmen, auch ein allgemein anerkanntes Modell zum Risikomanagement zu etablieren.[393] Das

---

387) Vgl. Westhausen (2005), S. 99. *„Effective communication also must occur in a broader sense, flowing down, across and up the organization."* Vgl. COSO (1992) „Information and Communication".

388) *„Internal control is most effective when controls are built into the entity's infrastructure and are a part of the essence of the enterprise. „Built in" controls support quality and empowerment initiatives, avoid unnecessary costs and enable quick response to changing conditions."* Vgl. COSO (1992) „Monitoring".

389) Vgl. IIA Austria (2004), S. 16.

390) In einem aktuellen Diskussionspapier „Guidance on Monitoring Internal Control Systems" zu der speziellen COSO Komponente der Überwachung wird ein Monitoring als effektiv beschrieben, wenn *„it leads to the identification and correction of control weaknesses before they* ***materially*** *affect the achievement of the organization's objectives"*. Vgl. COSO - Monitoring (2007), S. 1; ebf. IIA - Internal Control (2005).

391) Vgl. IIA - ERM (2004a), S. 22.

392) Wenn im Folgenden von dem COSO-Modell gesprochen wird, dann ist das Rahmenwerk „Internal Control – Integrated Framework" gemeint.

393) Das ERM-Framework beinhaltet nur solche Aspekte, die für alle Unternehmen relevant sind und keine unternehmens- oder branchenspezifischen Besonderheiten. Vgl. Eichler/Bungartz (2004), S. 108.

Risikomanagement unterstützt die Unternehmung bei der Erreichung der strategischen Ziele, hilft Unsicherheiten zu minimieren und trägt somit zur Wertsteigerung des Unternehmens für alle Stakeholder bei. Im ERM-Modell wird der Fokus auf die zentrale Bedeutung des Risikomanagementsystems und auf eine enge Verknüpfung mit der Risikophilosophie und -strategie des Unternehmensmanagements gelegt.[394]

Dem ERM-Modell liegt eine weite Definition für das Risikomanagement zugrunde:[395]

> *„Enterprise risk management is a process, effected by an entity's board of directors, management and other personnel, applied in strategy setting and across the enterprise, designed to identify potential events that may affect the entity, and manage risk to be within its risk appetite, to provide reasonable assurance regarding the achievement of entity objectives."*

Risikomanagement wird also als ein Prozess verstanden, der unternehmensübergreifend ist, und von Mitarbeitern auf allen Ebenen ausgeführt wird. Hierbei liegt ein portfolioorientierter Ansatz – unter Berücksichtigung der Beziehungen von Einzelrisiken – zugrunde. Das dreidimensionale ERM-Modell hat sowohl Relevanz für das gesamte Unternehmen als auch für jede organisatorische Einheit.[396] Zusätzlich zum COSO-Modell wurde im ERM-Modell die Zielkategorie *Strategie* aufgenommen. Ausgehend von der Vision werden strategische Unternehmensziele definiert und durch Maßnahmen sowie durch wirksame und effiziente Prozesse die Zielerreichung operativ angestrebt.[397] Das ERM-Modell beinhaltet als integralen Bestandteil das COSO-Modell, wurde darüber hinaus aber um drei Komponenten (Zielfestlegung, Ereignisidentifikation und Risikosteuerung) erweitert. Man kann auch sagen, dass das COSO-Modell ein Subsystem vom ERM-Modell ist. Es verbindet die vier Zielkategorien (Strategie, Prozesse, Berichtswesen und Compliance) mit den acht in wechselseitiger Beziehung zueinander stehenden Komponenten.[398] Die folgende Abbildung C.13 stellt die Struktur des ERM-Modells auf einen Blick dar:

---

394) Vgl. IIA Austria (2004), S. 16.

395) Vgl. COSO - ERM (2004), S. 2. Das DIIR übersetzt dies wie folgt: „*Unternehmensweites Risikomanagement ist ein Prozess, ausgeführt durch Überwachungs- und Leitungsorgane, Führungskräfte und Mitarbeiter einer Organisation, angewandt bei der Strategiefestlegung sowie innerhalb der Gesamtorganisation, gestaltet um die die Organisation beeinflussenden, möglichen Ereignisse zu erkennen, und um hinreichende Sicherheit bezüglich des Erreichens der Ziele der Organisation zu gewährleisten.*"

396) Vgl. Eichler/Bungartz (2004), S. 109.

397) Vgl. auch Paetzmann (2008), S. 32.

398) Das Committee of Sponsoring Organizations of the Treadway Commission sieht das Risikomanagement nicht als linearen Ablauf, bei dem eine Komponente nur die Angrenzende beeinflusst, sondern als ein „*multi-directional, iterative process in which almost any component can and does influence another*". Vgl. COSO - ERM (2004), S. 4.

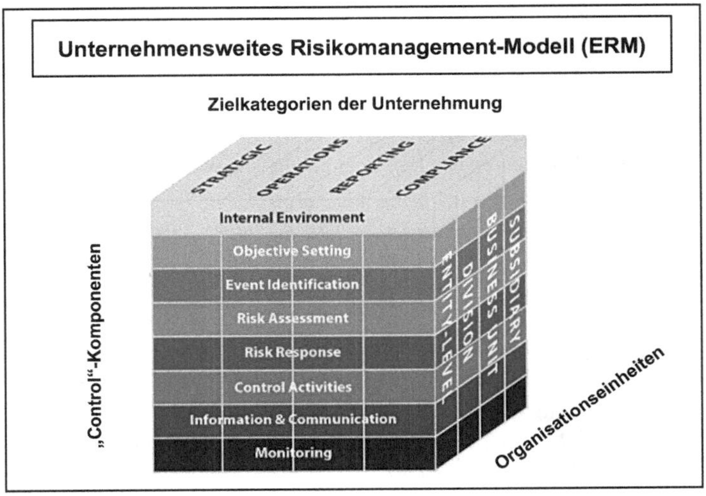

Abbildung C.13: Unternehmensweites Risikomanagement (ERM)

Im Folgenden sollen die hinzugefügten Komponenten erläutert werden:[399]

Der gesamte Risikomanagementprozess basiert auf dem *internen Umfeld* („internal environment"), das stark von der Unternehmenskultur und -ethik geprägt ist und die Grundlage für Risikophilosophie bzw. -kultur sowie Risikopräferenzen bildet.[400] Auf dieser Basis werden strategische *Ziele* („objective settings") formuliert und die Risikobereitschaft definiert. Auf der Ebene der *Ereignisidentifikation* („event identification") sind die internen und externen Einflüsse zu identifizieren, die das Erreichen der strategischen Ziele des Unternehmens beeinflussen. Hierbei sind Risiken und Chancen zu berücksichtigen. Als Risiko werden solche Ereignisse bezeichnet, die potenziell negative Auswirkungen auf das Unternehmen haben.[401] Dagegen werden Ereignisse mit potenziell positiven Auswirkungen als Chancen verstanden.[402] Damit die Auswirkungen von identifizierten Risiken auf die Zielerreichung eingeschätzt und gegebenenfalls Maßnahmen zur Steuerung eingeleitet werden können, erfolgt eine *Risikobe-*

399) Für die übrigen COSO-Komponenten siehe oben, Kapitel C.3.3.1, S. 175 ff.

400) Eine Risikomanagementkultur, die von Überwachungsorgan und Geschäftsführung respektiert und beachtet wird, ist für den Erfolg von ERM von entscheidender Bedeutung: „*ERM is only as successful as the priority it is given by senior management.*" Vgl. o.V. (2008f). Sinngemäß unterstreicht auch das IIF zur Vermeidung von künftigen Finanzkrisen, dass ein „*effective cultivation of a consistent „risk culture" throughout firms is the main enabling tool in risk management*". Vgl. IIF (2008b), S. 11; ebf. EZB - Finanzstabilitätsbericht (2008), S. 136 f.

401) Vgl. Eichler/Bungartz (2004), S. 109; ebf. Ruud/Sommer (2006a), S. 128 ff.

402) Dem ERM-Framework liegt eine weite Risikoabgrenzung zugrunde, die sowohl Risiken als auch Chancen beinhaltet; anders als dem im KonTraG vorgeschriebenen Risikomanagementsystem. Vgl. Paetzmann (2008), S. 31.

wertung („risk assessment"). Diese erfolgt mit Hilfe der Eintrittswahrscheinlichkeit und der Ergebnisauswirkung. Bei der Risikobewertung werden sowohl quantitative als auch qualitative Methoden eingesetzt. Im nächsten Schritt werden dann von der Unternehmensleitung Maßnahmen zur *Risikosteuerung* („risk response") unter Berücksichtigung der Risikopräferenzen, der Risikotragfähigkeit und von Kosten-Nutzen-Überlegungen ausgewählt, damit die strategische Zielerreichung bei gegebener Risikotoleranz nicht gefährdet wird. Instrumente der Risikosteuerung sind die Risikovermeidung, die -akzeptanz, die -reduzierung oder die -teilung.[403]

Insgesamt dient das ERM-Framework einer objektiveren Darstellung eines komplexen Risikomanagementprozesses und erlaubt eine verbesserte, schnittstellenübergreifende Kommunikation.[404] Dem ERM-Modell kommt in der (insbesondere US-amerikanischen) Praxis, auch durch die Unterstützungsfunktion des Frameworks zur Erfüllung der SOA-Anforderungen der Sec. 302 „Corporate Responsibility for Financial Reports" und der Sec. 404 „Management Assessment of Internal Controls", eine hohe Bedeutung zu.[405] Die Gedanken des ERM-Frameworks haben ebenfalls in die MaRisk Einzug gehalten.

Die Kernaufgaben der Internen Revision im ERM-Modell werden vom Institute of Internal Auditors wie folgt definiert:[406]

- Prüfung („assurance") der Risikomanagementprozesse und -systeme sowie der Risikobewertung.
- Bewertung („evaluating") des Reportings aller wesentlichen Risiken.
- Bewertung („reviewing") der Steuerung aller wesentlichen Risiken.

Die Aufgaben der Internen Revision werden weiter unten noch diskutiert.[407]

3.3.3 Ansatz des Basler Ausschuss für Bankenaufsicht

Der Basler Ausschuss für Bankenaufsicht veröffentlichte im Jahr 2006 Kriterien für eine wirksame Bankenaufsicht, die als internationale Mindeststandards für eine solide Bankenaufsichtspraxis und für eine gute Internal Governance im Bankensektor stehen.[408] Diese 25 Grundsätze lassen sich sieben Gruppen zuordnen, die in der Abbildung C.14 dargestellt werden:

403) Vgl. COSO - ERM (2004), S. 4.

404) Vgl. Ruud/Sommer (2006a), S. 130.

405) Vgl. Paetzmann (2008), S. 34 ff.; ebf. Hülsberg/Brandt (2008), S. 900 ff.

406) Vgl. IIA - ERM (2004b); ebf. Ruud/Sommer (2006b); ebf. IIA - PA (2007), PA 2100-3 „Rolle des Internen Revisors im Risikomanagementprozess" und PA 2110-1 „Beurteilung der Angemessenheit von Risikomanagementprozessen".

407) Siehe unten, Kapitel D.2, S. 242 ff.

408) Die Grundsätze können als de facto Standard, die allgemein anwendbar sind, angesehen werden und verstehen sich als grundlegende, freiwillige Mindeststandards für eine solide Aufsichtspraxis. Vgl. Basler Ausschuss (2006a), S. 2 ff.; ebf. BIS (2006b), S. 7 ff.

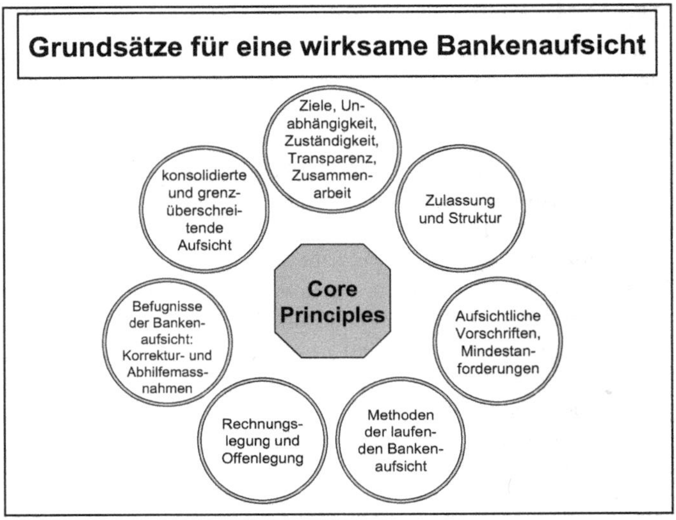

Abbildung C.14: Grundsätze einer wirksamen Bankenaufsicht

Für diese Arbeit sollen im Folgenden die für das interne Überwachungssystem relevanten Grundsätze kurz vorgestellt werden.[409] Hierbei handelt es sich um den Grundsatz 7: *Risikomanagement* und den Grundsatz 17: *Interne Kontrolle und Prüfung.*

Der Grundsatz 7: *Risikomanagement* lautet, wie folgt: „*Die Aufsichtsinstanzen achten darauf, dass Banken und Bankkonzerne über umfassende Risikomanagementverfahren (einschl. Überwachung durch das oberste Verwaltungsorgan*[410] *und die Geschäftsleitung) verfügen, die es erlauben, sämtliche wesentlichen Risiken zu erkennen, zu bewerten, zu überwachen, zu steuern oder zu mindern sowie zu beurteilen, ob die Eigenkapitalausstattung im Verhältnis zum Risikoprofil angemessen ist. Diese Verfahren sind auf Grösse und Struktur der Bank abgestimmt.*“

Die zentralen Kriterien, die dem Grundsatz 7 zugrunde liegen, zielen auf die vom obersten Verwaltungsorgan genehmigten, regelmäßig aktualisierten und kommunizierten Risikomanagementstrategien ab. Dieses Organ trägt weiter dafür Sorge, dass zum einen Grundsätze und Verfahren für das Eingehen von Risiken erstellt und geeignete Limits definiert wurden,

409) Für einen Überblick zur Funktion der Internen Revision in transnationalen und nationalen Corporate Governance-Frameworks vgl. auch Hahn/Quick/Mandre (2008).

410) Der Basler Ausschuss ist sich der bestehenden Unterschiede zwischen dem monistischen und dualistischen System bewusst. So kommt dem Aufsichtsrat in Deutschland keine Geschäftsführungsaufgabe zu, wie es in manchen Ländern der Fall ist, wo das oberste Verwaltungsorgan z. B. die allgemeine Geschäftspolitik der Bank festlegt. Aus der Sicht des Basler Ausschusses bezeichnen die Begriffe „oberstes Verwaltungsorgan“ und „Geschäftsleitung“ nicht rechtliche Konstrukte, sondern vielmehr die beiden Entscheidungsträger einer Bank. Vgl. BIS (2006b), S. 17.

sowie zum anderen, dass die Geschäftsleitung im Rahmen der genehmigten Strategien die notwendigen, angemessenen Überwachungs- und Steuerungsmaßnahmen für alle wesentlichen Risiken operativ ergriffen und umgesetzt hat.[411] Darüber hinaus müssen sowohl die Geschäftsleitung als auch das Überwachungsorgan die Art und Höhe der eingegangenen Risiken beurteilen können sowie deren Bedeutung hinsichtlich eines angemessenen Eigenkapitalniveaus kennen. Außerdem hat die Geschäftsleitung die ihr vorgelegten Risikomanagementinformationen regelmäßig zu prüfen bzw. prüfen zu lassen. Dies gilt für das Überwachungsorgan analog, das Berichte des Risikomanagements für Überwachungszwecke in entsprechend aufbereiteter Form erhält.

Gemäß dem Grundsatz 17: *Interne Kontrollen und Prüfung* haben die Aufsichtsinstanzen darauf zu achten, „*dass die Banken über interne Kontrollen verfügen, die dem Umfang und der Komplexität ihres Geschäftes angemessen sind. Dazu gehören genaue Regelungen für das Delegieren von Befugnissen und Zuständigkeiten, die Trennung der Funktionen, die das Eingehen von Verpflichtungen für die Bank, das Verfügen über Gelder und die Rechenschaftslegung über ihre Aktiva und Passiva betreffen, die Abstimmung dieser Funktionen, die Sicherung der Aktiva der Bank sowie angemessene unabhängige interne Revisions- und Compliance-Funktionen zur Prüfung der Einhaltung dieser Vorschriften und der einschlägigen Gesetze und Bestimmungen.*“

Die Zuständigkeiten und Verantwortlichkeiten für die Implementierung, Durchführung und regelmäßige Überprüfung auf Aktualität und Angemessenheit der aufbau- und ablauforganisatorischen internen Kontrollen sind von der Unternehmensführung und dem Aufsichtsorgan festzulegen, sodass eine wirksame Kontrolle des gesamten Bankgeschäftes sichergestellt wird.[412] Die Verantwortung für das Kontrollumfeld und die -kultur obliegt dem Vorstand und Überwachungsorgan, die systematisch und regelmäßig die geschäftsimmanenten Risiken analysieren und bewerten. Die Kontrollen beziehen sich u. a. auf Organisationsstruktur, Rechnungslegungsgrundsätze und -verfahren, gegenseitige Kontrollen (Vier-Augen-Prinzip) sowie Sicherung von Vermögenswerten und Anlagen.

Des Weiteren muss eine Bank über eine unabhängige, permanente und wirksame Interne Revision verfügen. Diese hat zu beurteilen, ob Geschäftsgrundsätze und Verfahren eingehalten werden sowie zu überprüfen, ob die implementierten Grundsätze, Verfahren und Kontrollen weiterhin ausreichend und für die geschäftlichen Tätigkeiten angemessen sind. Der Internen Revision müssen ausreichende Mittel und qualifizierte Mitarbeiter zur Verfügung stehen. Sie muss zur Erfüllung ihrer Aufgaben uneingeschränkten Zugang zu allen Mitarbeitern der Bank und zu allen Aufzeichnungen, Unterlagen oder Daten haben. Außerdem hat sie Methoden zur Erkennung der wesentlichen Risiken einer Bank anzuwenden und auf Basis eigener Risikoeinschätzungen einen Prüfungsplan zu erstellen. Darüber hinaus muss die Interne Revision für ihre Aufgaben die notwendige Unabhängigkeit besitzen, die sich u. a. in der Berichts-

411) Vgl. BIS (2006b), S. 18.

412) Die folgenden Ausführungen beziehen sich auf die vom Basler Ausschuss für Bankenaufsicht entwickelte Methodik der Grundsätze für eine wirksame Bankenaufsicht; vgl. BIS (2006b), S. 31 ff.

linie zum Überwachungsorgan bzw. Prüfungsausschuss widerspiegelt. Die Interne Revision muss außerdem einen Status besitzen, der gewährleistet, dass die Geschäftsführung den Revisionsfeststellungen Folge leistet und entsprechend handelt.

Internal Governance Grundsätze für Banken

Der Basler Ausschuss für Bankenaufsicht ist sich bewusst, dass gesetzliche und aufsichtliche Rahmenbedingungen in einzelnen Ländern hinsichtlich der Funktion von Überwachungsorgan und Geschäftsführung sehr unterschiedlich sind (monistisches versus dualistisches System). Dennoch hat er aufgrund der besonderen Aufgabe, die Banken als Finanzintermediäre volkswirtschaftlich erfüllen, und aufgrund ihrer starken Anfälligkeit gegenüber auf ineffiziente Unternehmensführung zurückzuführende Probleme, Grundsätze für eine solide Unternehmensführung in Banken ausgearbeitet.[413] Diese verstehen sich nicht als Ersatz für nationale Gesetze, sondern vielmehr als Unterstützung für die Verbesserung der bankinternen Führungsstrukturen. Die Basler Internal Governance-Grundsätze zielen darauf ab, die Führungsgremien, unabhängig von dem jeweiligen Rechts- und Aufsichtssystem, als entscheidungstragende Funktion zu stärken, um ihrer zunehmenden Verantwortung gerechter zu werden.[414] Diese Grundsätze sollten sowohl bei privaten als auch bei staatseigenen Banken angewandt werden. Insgesamt hat der Ausschuss acht Prinzipien für eine solide Corporate Governance aufgestellt.[415] Die für diese Arbeit wesentlichen sollen hier vorgestellt und erläutert werden:

Grundsatz 1: „*Mitglieder des obersten Verwaltungsorgans sollten für ihre Position qualifiziert sein, ihre Rolle in der Führungsstruktur genau kennen und für die Geschäfte der Bank ein sicheres Urteilsvermögen besitzen.*"

Eine wesentliche Voraussetzung ist, dass in dem Verwaltungsorgan eine angemessene Anzahl von Mitgliedern vertreten ist, die über entsprechende Kompetenzen und Know-how verfügen sowie von der Geschäftsleitung, politischen Interessen oder sonstigen Fremdinteressen unabhängig sind. Einen Beitrag zur Corporate Governance leistet das Überwachungsorgan auch, wenn es z. B. regelmäßig mit der Geschäftsführung und der Internen Revision zusammenkommt, um Grundsätze zu überprüfen, Kommunikationslinien zu etablieren und um Fortschritte hinsichtlich der Erreichung der strategischen Unternehmensziele zu überwachen. Außerdem wird ein Revisionsausschuss, oder auch weitere Spezialausschüsse, wie Risikomanagement- oder Vergütungsausschuss, für große, international tätige Banken empfohlen.

Grundsatz 2: „*Das oberste Verwaltungsorgan sollte die strategischen Ziele und Leitbilder der Bank festlegen und überwachen und sie überall in der Bank bekannt machen.*"

Mindestens auf der gleichen Ebene wie die Etablierung von Strategien stehen in Leitbildern festgehaltene Werte und Erwartungen, die sich in der täglichen Unternehmenskultur widerspiegeln müssen. Ob es gelingt, diese Anforderungen in den Geschäftsalltag nachhaltig zu

413) Vgl. hierzu BIS (2006a).
414) Vgl. Hannemann (2005), S. 558 f.
415) Vgl. BIS (2006a).

übernehmen, hängt auch sehr stark von den Führungskräften bis hin zu dem Verwaltungsrat ab, die diese Werte und Erwartungen einhalten und *vorleben* müssen.

Grundsatz 3: „*Das oberste Verwaltungsorgan sollte bankweit klare Verantwortungsbereiche und Rechenschaftspflichten festlegen und durchsetzen.*"

Grundsatz 4: „*Das oberste Verwaltungsorgan sollte sicherstellen, dass die Geschäftsleitung ihre Aufsichtspflichten im Sinne der Grundsätze des obersten Verwaltungsorgans wahrnimmt.*"

Eine gute Personalführung ist ohne Zweifel eine zentrale Voraussetzung für den unternehmerischen Erfolg. Aber Führungskräfte benötigen auch das entsprechende Fachwissen für ihr Ressort, damit sie eine angemessene Kontrolle ausüben können. Das Einrichten eines wirksamen Systems interner Kontrollen, das die strategische Zielerreichung unterstützt und angemessen ist, ist eine zentrale Aufgabe der Geschäftsleitung. Nach den Vorstellungen des Basler Ausschusses sollten folgende Führungssituationen vermieden werden, in denen Mitglieder der Geschäftsleitung

- zu intensiv an Einzelheiten der Entscheidungsfindung in der operativen Linie mitwirken,
- für den von ihnen zu verantwortenden Bereich nicht über das erforderliche Know-how verfügen oder
- scheinbare Leistungsträger („stars") nicht wirksam kontrollieren wollen oder können.

Grundsatz 5: „*Das oberste Verwaltungsorgan und die Geschäftsleitung sollten die von der internen Revision, den externen Revisoren und den internen Kontrollfunktionen geleistete Arbeit effektiv nutzen.*"

Für eine effektive Corporate Governance bilden wirksame Interne Kontrollsysteme und eine unabhängige Interne Revision elementare Grundvoraussetzungen. Verwaltungsorgan und Geschäftsleitung sind sich dieser Voraussetzungen bewusst und erkennen sie auch im Hinblick auf die Auswirkungen auf Solvenz und Solidität des Kreditinstituts an. Der Basler Ausschuss betont, dass das Verwaltungsorgan sich der Arbeit der Revisoren, als „*Instrument zur unabhängigen Überprüfung von Informationen*", die ihm von der Geschäftsleitung zur Verfügung gestellt werden, wie z. B. Geschäfts-, Ergebnis- oder Risikoentwicklung, bedienen sollte.[416]

Sowohl Verwaltungsorgan als auch Geschäftsleitung können dazu beitragen, die Wirksamkeit der Internen Revision hinsichtlich der Erfüllung ihrer Aufgaben zu steigern. Dies kann erfolgen durch:

- Die Anerkennung der Bedeutung der Revisions- und Kontrollprozesse und beide Aspekte entsprechend institutsintern zu kommunizieren.
- Die rechtzeitige und zielgerichtete Auswertung der Prüfungsberichte sowie die eindeutige, terminierte Zuordnung von Erledigungsmaßnahmen an die Fachbereiche.

---

416) Vgl. BIS (2006a), S. 15.

- Die Förderung der Unabhängigkeit der Internen Revision, z. B. mittels Unterstellung unter das oberste Verwaltungsorgan oder dessen Revisionsausschuss. In einzelnen Ländern mit monistischem System entspricht dieses Verfahren bereits „solider Praxis“ und kann insbesondere für die unabhängigen Mitglieder des Verwaltungsorgans von Vorteil sein, mindestens einmal pro Jahr in Abwesenheit der Geschäftsleitung mit dem Jahresabschlussprüfer und dem Leiter der Internen Revision sowie dem Compliance-Beauftragten zusammenzukommen. Dies erleichtert auch die Überwachungsaufgaben des Verwaltungsorgans.
- Die Beauftragung der Internen Revision mit der Beurteilung der Wirksamkeit von wichtigen internen Kontrollen.

Grundsatz 6: *„Das oberste Verwaltungsorgan sollte sicherstellen, dass Vergütungsrichtlinien und -praktiken der Unternehmenskultur, den langfristigen Zielen und der Strategie sowie dem Kontrollumfeld entsprechen.“*

Um die strategischen Unternehmensziele nicht zu gefährden und um Interessenkonflikte zu vermeiden, sind kurzfristige, einseitige Anreizsysteme zulasten der Bank zu vermeiden. Stattdessen sollte ein Vergütungsausschuss, bestehend aus (unabhängigen) Mitgliedern des Verwaltungsorgans, in Einklang mit der Unternehmenskultur und den langfristigen Zielen, auf Basis einer etwaigen Vergütungspolitik die fixen und variablen Vergütungsbestandteile für die Geschäftsleitung und auch für das Verwaltungsorgan festlegen bzw. genehmigen.

Grundsatz 7: *„Die Bank sollte transparent geführt werden.“*

Transparenz ist nicht nur für eine solide Unternehmensführung wesentlich, sondern eine angemessene Offenlegung fördert auch die Marktdisziplin. Für Nicht-Unternehmensangehörige, Anteilseigner oder auch Stakeholder sind Informationen eine *conditio sine qua non*, um die Qualität und das Risiko einer Bank beurteilen zu können. Die Offenlegung sollte der Größe und Komplexität, dem Risikoprofil sowie der wirtschaftlichen Bedeutung und der Eigentümerstruktur entsprechen.

Grundsatz 8: *„Das oberste Verwaltungsorgan und die Geschäftsleitung sollten mit der operativen Struktur der Bank vertraut sein, und zwar auch dann, wenn die Bank in Rechtsräumen oder in Strukturen operiert, die die Transparenz behindern (d. h. „know-your-structure“).“*

Ein unternehmerisches Engagement in Offshorefinanzzentren oder bei komplex strukturierten Gesellschaften, wie z. B. Zweckgesellschaften („special purpose vehicles“), ist legitim, sollte aber die Transparenz nicht beeinträchtigen oder ganz aufheben. Damit wirtschaftliche und Reputationsrisiken nicht entstehen können, sollte die Geschäftsleitung sicherstellen, dass rechtliche Vorschriften eingehalten und entsprechende Risikomanagementsysteme und -prozesse implementiert werden. Sowohl Verwaltungsorgan als auch Geschäftsleitung sollten von der Internen Revision eine Bewertung von nicht vollständig transparenten Rechtsräumen oder Strukturen verlangen. Dies kann z. B. in Form von regelmäßigen Vor-Ort-Prüfungen und im

Rahmen von System- oder Prozessprüfungen erfolgen, die die Angemessenheit, Wirksamkeit, Funktionsfähigkeit und Ordnungsmäßigkeit beurteilen.

Über diese acht Grundsätze hinaus empfiehlt der Basler Ausschuss in seinem Papier zur Verbesserung der Unternehmensführung in Banken eine Beurteilung der Qualität der Revisions- und Kontrollfunktionen durch die Bankenaufsicht. Der Ausschuss schlägt vor, dass – soweit erforderlich und nach Zustimmung der Geschäftsleitung – hierzu z. B. auch Treffen mit internen und externen Revisoren, leitenden Mitarbeitern des Risikomanagements oder der Compliance-Beauftragte gehören können. Ein wesentlicher Punkt ist aber insgesamt nicht nur die Dokumentation von Prozessen und Systemen, sondern, *„dass sie auch richtig umgesetzt"* und beachtet werden.[417]

3.3.4 Ansatz des CEBS

Ein weiterer bedeutender Bestandteil für ein effektives Internal Governance-Verständnis resultiert aus den Empfehlungen des *Committee of European Banking Supervisors (CEBS)*, den sog. „Guidelines on the Application of the Supervisory Review Process under Pillar 2 (CP03 revised)".[418] Diese Ausarbeitung gibt vor dem Hintergrund der Capital Requirements Directive (CRD) und auf Basis der Banken- und Kapitaladäquanzrichtlinie ein gemeinsames Verständnis für einen einheitlichen Standard des aufsichtlichen Überprüfungsprozesses, einschließlich von Standards für eine bankinterne Governance, auf europäischer Ebene vor.[419] In den Guidelines wird nicht auf den weiter gefassten Begriff „Corporate Governance", der die Interessen von Share- und Stakeholdern umfasst, abgestellt, sondern es wird sich ausschließlich auf die unternehmensinterne Governance fokussiert, die die Verantwortlichkeit des „management body", d. h. Überwachungs- und Geschäftsführungsorgan, zum Gegenstand hat. Die Rahmenempfehlungen in CP03 spiegeln ebenfalls die Erwartung der europäischen Bankenaufseher an eine bankinterne Governance wider. Nach der Auffassung des CEBS zielt eine bankinterne Governance auf die Sicherstellung einer transparenten Verantwortlichkeit von Überwachungsorgan *und* Geschäftsleitung für die Unternehmensstrategie, die -organisation und für ein internes Steuerungs- und Kontrollsystem, inklusive Interner Revision, ab.[420] Im Einzelnen geht es um die Festlegung von strategischen Unternehmenszielen, der Risikoneigung, den Regelungen zur Aufbau- und Ablauforganisation, der Zuordnung von Verantwortlichkeiten und Kompetenzen, der Organisation von Kommunikationswegen und -inhalten sowie um einen angemessenen Umgang mit den Risiken. Die Guidelines für die bankinterne Governance gruppieren sich in vier Abschnitte: Organisation und Struktur des Instituts (drei Guidelines), Überwachungs- und Geschäftsführungsorgan (zehn Guidelines), Internal Control

---

417) Vgl. BIS (2006a), S. 23.

418) Vgl. für die folgenden Ausführungen CEBS CP03 (2006), S. 11 ff.

419) Zur CRD siehe unten, Kapitel C.3.5.3, S. 204 f.

420) Betont wird an mehreren Stellen, dass *„internal governance is the responsibility of the management body (both the supervisory and management function)"*. CEBS ist sich der Unterschiede zwischen monistischem und dualistischem Überwachungsinstitutionen bewusst und empfiehlt weder das eine noch das andere System. In beiden Systemen werden prinzipiell die Funktionen Überwachung und Geschäftsführung praktiziert. Vgl. CEBS CP03 (2006), S. 5 f. Analog auch der Basler Ausschuss; siehe oben, Kapitel C.3.3.3, S. 180.

(sechs Guidelines) sowie Publizität und Transparenz (zwei Guidelines). Die folgenden Ausführungen beziehen sich auf die Rahmenempfehlungen zu den Internal Controls.

Sowohl Überwachungs- als auch Geschäftsführungsorgan tragen die Verantwortung für die Entwicklung, Implementierung und den Betrieb von angemessenen Systemen. Hierbei ist u. a. ein effektiver und effizienter Prozessablauf mit eindeutigen Verantwortlichkeiten und ein angemessener Umgang mit Risiken sicherzustellen. Des Weiteren ist die Verantwortung für das Reporting und die Offenlegung von Informationen festzulegen sowie die Beachtung rechtlicher Vorschriften und interner Grundsätze und Anweisungen zu gewährleisten. Damit die hohen Standards an ein Internal Control-Konzept auch erfüllt werden, stehen den beiden Organen diverse Instrumente, wie z. B. Risikomanagement, Compliance-Beauftragter und die Interne Revision, zur Verfügung. Flankierend sollten beide Organe auf die Bedeutung und Beachtung von Leitbildern, Verhaltenskodizes und einer Internal Control- bzw. Risikokultur hinweisen sowie die Inhalte selber beachten und umsetzen. Die Interne Revision ist für die Bewertung der Angemessenheit des Internal Control-Rahmens und der Einhaltung bzw. Beachtung von internen und externen Vorgaben und das Reporting der entsprechenden Prüfungsfeststellungen verantwortlich. Außerdem hat sie zu bewerten, ob die bestehenden Systeme und Prozesse noch angemessen sind. Für die Interne Revision wird weiter ausgeführt, dass sie unter Berücksichtigung des Proportionalitätsprinzips qualitativ und quantitativ angemessen ausgestattet sein muss. Darüber hinaus muss die Unabhängigkeit der Revision gegeben sein. Als unabhängig wird eine Entkoppelung von operativen Prozessen verstanden, die von der Revision zu prüfen sind, sowie ein direkter Berichtsweg des Leiters der Internen Revision an die Geschäftsleitung *und* das Überwachungsorgan bzw. seinem Prüfungsausschuss, um wesentliche Prüfungsergebnisse direkt kommunizieren zu können.[421] Darüber hinaus sollte mindestens einmal pro Jahr eine Teilnahme an Sitzungen des Gremiums erfolgen, in denen vom Leiter der Internen Revision berichtet wird. Außerdem sollte die Interne Revision einen generellen, unbeschränkten Zugang zu dem Geschäftsführungs- und Überwachungsorgan bzw. zu einem Prüfungsausschuss haben.[422]

3.3.5 Ansatz der Eidgenössischen Bankenkommission

In den bisherigen Ausführungen wurde das angelsächsische Internal Governance-System vorgestellt. Im folgenden soll ein weiterer, vom dualistischen System abweichender Ansatz, untersucht werden: Das Corporate Governance-System in der Schweiz. Im angelsächsischen Raum und auch in der Schweiz arbeiten Audit Committee und Interne Revision z. B. bei der Festlegung des Prüfungsumfangs und der Prüfungsstrategie enger zusammen als in Deutsch-

---

421) Zur Unabhängigkeit der Internen Revision siehe auch unten, Kapitel D.2.1, S. 242 f.

422) Der Zentrale Kreditausschuss hat in seiner Kommentierung des CEBS Konsultationspapieres „CP03 revised" diese Vorschläge als nicht vereinbar mit dem deutschen Recht bezeichnet und steht ihnen ablehnend gegenüber. Vgl. ZKA (2005), S. 9 f.

land.[423] Die Eidgenössische Bankenkommission sieht vor, dass die Interne Revision dem Verwaltungsrat oder einem seiner Ausschüsse unmittelbar unterstellt ist, für den sie Prüfungs- und Überwachungsaufgaben wahrnimmt.[424]

Zur Weiterentwicklung der Corporate Governance des Schweizer Banken- und Finanzsektors setzte die Eidgenössische Bankenkommission ab dem 1. Januar 2007 das Rundschreiben „Überwachung und interne Kontrolle" in Kraft (EBK-RS 06/6).[425] Das Rundschreiben richtet sich u. a. an Banken mit dem Ziel, die Unabhängigkeit des Überwachungsorgans, die Errichtung eines Audit Committees (Prüfungsausschuss), die Interne Revision sowie die Verantwortlichkeiten der Compliance-Funktion und Risikokontrolle zu stärken. Im Rahmen ihrer risikoorientierten Regulierung und Überwachung versteht sie das Rundschreiben als Rahmen-Regelwerk, das die einzelnen Finanzintermediäre in Abhängigkeit von ihrer Größe, Komplexität und Struktur ihrer Geschäftsaktivitäten institutsspezifisch und risikoorientiert umsetzen können.[426] Ein weiteres Charakteristikum dieses flexiblen Ansatzes ist das „comply or explain"-Prinzip: Die Nicht-Umsetzung bestimmter Anforderungen, wie z. B. die Einrichtung eines Audit Committees, muss im Jahresbericht offengelegt und begründet werden.[427] Nach dem Rundschreiben EBK-RS 06/6 trägt der Verwaltungsrat die Verantwortung für die Reglementierung, Einrichtung, Aufrechterhaltung, Überwachung und regelmäßige Überprüfung eines angemessenen Internen Kontrollsystems, das neben ex post-Kontrollen auch Aktivitäten der Planung und Steuerung umfasst.[428] Er achtet ferner darauf, dass die Geschäftsleitung dafür Sorge trägt, dass die Mitarbeiter *aller* Hierarchieebenen ihre Verantwortung und Aufgaben im Prozess der internen Kontrolle kennen und verstehen (Kontrollumfeld).[429]

Die Interne Revision prüft und beurteilt diese internen Kontrollen und leistet ihren Beitrag zu deren stetiger Verbesserung.[430] Anders als in Deutschland untersteht sie in der Schweiz *nicht* der Geschäftsleitung, sondern ist dem Verwaltungsrat oder dem Audit Committee bzw. einem anderen Ausschuss *direkt* unterstellt, die die Interne Revision überwachen, beurteilen und sich vergewissern, dass diese auch über angemessene Ressourcen und Kompetenzen sowie über die notwendige Unabhängigkeit und Objektivität zur Wahrnehmung ihrer Aufgaben verfügt.[431] Folglich wird der Leiter der Internen Revision auch vom Verwaltungsrat ernannt.[432] Hinsichtlich der Arbeit der Internen Revision wird in dem EBK-RS 06/6 – entgegen

---

423) Vgl. Bak (2006), S. 411, der auch von der Internen Revision als verlängerter Arm des Audit Committee oder als seine rechte Hand spricht. Allgemein zur Corporate Governance in der Schweiz vgl. Hofstetter (2002.
424) Vgl. Eidg. Bankenkommission (2006), Rz. 60.
425) Vgl. Eidg. Bankenkommission (2006).
426) Vgl. EBK Jahresbericht (2006), S. 20.
427) Vgl. Eidg. Bankenkommission (2006), Rz. 37; ebf. Zuberbühler (2007), S. 3.
428) Vgl. Eidg. Bankenkommission (2006), Rz. 9.
429) Vgl. Eidg. Bankenkommission (2006), Rz. 12.
430) Vgl. EBK Jahresbericht (2006), S. 27.
431) Vgl. Eidg. Bankenkommission (2006), Rz. 15 f.
432) Vgl. Eidg. Bankenkommission (2006), Rz. 62.

den deutschen MaRisk – explizit auf die „Standards for the Professional Practice of Internal Auditing“ des Institute of Internal Auditors hingewiesen.[433]

Ein weiterer wesentlicher Punkt ist der Kommunikationsweg der Internen Revision: Sie informiert schriftlich sowohl den Verwaltungsrat bzw. den zuständigen Ausschuss als auch die Geschäftsleitung über ihre Risikobeurteilung und die Prüfungsziele und lässt sich den Prüfungsplan sowie wesentliche Änderungen im Laufe des Jahres vom Verwaltungsrat oder dem zuständigen Ausschuss genehmigen.[434] Über alle wichtigen Feststellungen wird ein Prüfungsbericht erstellt und zeitnah sowohl dem Verwaltungsrat bzw. dem zuständigen Ausschuss als auch der Geschäftsleitung schriftlich zur Verfügung gestellt.[435] Die gleiche Kommunikationslinie gilt auch für den mindestens jährlich zu erstellenden schriftlichen Gesamtbericht der Internen Revision. Darüber hinaus wird der Verwaltungsrat oder der zuständige Ausschuss mindestens halbjährlich über die Beseitigung festgestellter Mängel bzw. den Stand der Umsetzung von Empfehlungen der Internen Revision informiert. In diesem Fall muss nicht die Interne Revision der Kommunikationssender sein, sondern diese Information und das entsprechende „audit tracking“ kann auch durch eine andere unabhängige interne Institution erfolgen, z. B. durch die Compliance-Funktion oder Risikokontrolle.[436]

3.4 Das Interne Kontrollsystem

3.4.1 Grundlagen und Definition

Bei einem Kontrollsystem handelt sich um eine geordnete Gesamtheit von prozessbezogenen Elementen. Es umfasst Kontrollziele, -objekte, -träger und -handlungen. *Das* Interne Kontrollsystem (IKS) per se für alle Unternehmen gibt es nicht. Vielmehr ist es ein komplexes Geflecht von Regelungen, Funktionen und Kontrollmechanismen, mit der Folge, dass viele Definitionen eines IKS „*oft ziemlich kompliziert und verschachtelt*“ sind.[437] Auch eine Gleichsetzung des IKS mit dem Internal Control-Begriff reduziert bzw. verfälscht sogar den Aussagegehalt des umfassenderen „Internal Control“-Begriffs.[438] Unter einem Internen Kontrollsystem wird in dieser Arbeit verstanden:[439]

---

433) Vgl. Eidg. Bankenkommission (2006), Rz. 66. Auch die MaRisk VA weisen darauf hin, dass die Aufsicht es voraussetzt, dass „*den Mitarbeitern der internen Revision die für ihre berufliche Praxis benötigten nationalen sowie internationalen Standards (z. B. Deutsches Institut für Interne Revision [IIR], The Institute of Internal Auditors [IIA]) bekannt sind und von ihnen angewandt werden*“. Vgl. BaFin - MaRisk VA (2009), Nr. 7.4, Tz. 1.

434) Vgl. Eidg. Bankenkommission (2006), Rz. 73 f.

435) Vgl. Eidg. Bankenkommission (2006), Rz. 75.

436) Vgl. Eidg. Bankenkommission (2006), Rz. 77.

437) Vgl. IIA Austria (2004), S. 18.

438) In Deutschland wird für *Internal Control* auch fälschlicherweise die begriffliche Übersetzung „Internes Kontrollsystem“ verwendet. Nach *Lück* muss bei einem Internal Control-System vielmehr von einem internen Überwachungssystem gesprochen werden, da nur somit zum einen die organisatorischen Sicherungsmaßnahmen und Kontrollen (IKS) und zum anderen auch die Interne Revision berücksichtigt wird. Vgl. Lück/Schröder (2007), S. 680. Zum Internal Control-Ansatz siehe oben, Kapitel C.3.3.1, S. 173 ff.

439) Vgl. IIA Austria (2004), S. 18.

„Das IKS ist die Gesamtheit aller prozessbezogenen Überwachungsmaßnahmen einer Organisation. Darin enthalten sind die jeweiligen organisatorischen Richtlinien des gesamten operativen Managements „top-down" sowie die festgelegten Kontrollmechanismen und die Überwachungsaufgaben des unmittelbar Prozessverantwortlichen, nicht jedoch die Prüfung durch die Interne Revision."

Der in dieser IKS-Definition implizit enthaltene Begriff „Kontrolle" ist also ein Soll-Ist-Vergleich von prozessabhängigen Personen oder Verfahren.[440] Im Unterschied zur Revision bzw. Prüfung muss bei der Kontrolle nicht zwingend eine Person tätig werden, sondern es sind auch mechanische bzw. maschinelle Kontrollverfahren möglich.[441] Des Weiteren können Kontrollen in Verfahrens- oder Ausführungskontrollen, die sich auf technische und kaufmännische Prozesse beziehen und routinemäßig in allen Arbeitsstufen systemseitig implementiert sind, sowie in Kontrolle als Führungsinstrument unterschieden werden.[442] Bei Letzterem steht die permanente Überwachung der Unternehmensziele im Fokus.

Nach dem Ansatz des Instituts der Wirtschaftsprüfer werden unter einem Internen Kontrollsystem „*die von dem Management im Unternehmen eingeführten Grundsätze, Verfahren und Maßnahmen (Regelungen) verstanden, die auf die organisatorische Umsetzung der Entscheidungen des Managements*" gerichtet sind mit den Zielen, die Wirksamkeit (Effektivität) und Wirtschaftlichkeit (Effizienz) der Geschäftstätigkeit/-prozesse zu sichern, die Ordnungsmäßigkeit und Verlässlichkeit der Rechnungslegung sowie die Einhaltung von sonstigen Gesetzen und Vorschriften (Compliance) zu gewährleisten.[443] In Anlehnung an die internationalen Entwicklungen – COSO oder den Anforderungen des International Standard on Auditing (ISA) – wurden sowohl Aspekte des internen Überwachungssystems als auch des internen Steuerungssystems in den Prüfungsstandard aufgenommen. Somit berücksichtigt er Aspekte, die über den rechnungslegungsbezogenen Rahmen hinausgehen.

Allerdings verliert das traditionelle Verständnis von Kontrolle als ex post-Instrument zur Bewertung der Wirksamkeit von Maßnahmen immer stärker an Bedeutung. Vielmehr richtet sich der Blickwinkel auf die Kontrolle strategischer Zielsetzungen als Basis zur nachhaltigen Existenzsicherung des Unternehmens, u. a. auch, um Anpassungen an strategische Entwicklungspfade rechtzeitig einleiten zu können.[444] Als Bestandteile eines Internen Kontrollsystems sind beispielhaft Organigramme, Organisationsrichtlinien und -handbücher, Stellenbeschreibungen, eine Funktionstrennung sowie organisatorische Vorkehrungen, Kontrollautomatiken und IT-Berechtigungskonzepte zu nennen.[445]

---

440) Vgl. Schroff (2006), S. 6.
441) Vgl. Knapp (2005), S. 33 f.
442) Vgl. Knapp (2005), S. 34.
443) Vgl. IDW PS 261 (2006), S. 10 f., Tz 19. Das IDW legt in diesem Prüfungsstandard die Berufsauffassung der Wirtschaftsprüfer dar, nach der „*Wirtschaftsprüfer unbeschadet ihrer Eigenverantwortlichkeit im Rahmen von Abschlussprüfungen Risiken wesentlicher falscher Angaben in der Rechnungslegung (Fehlerrisiken) feststellen und beurteilen sowie in angemessener Weise auf die beurteilten Risiken reagieren (risikoorientierter Prüfungsansatz)*". Vgl. IDW PS 261 (2006), S. 4 f., Tz 1.
444) Vgl. Palloks-Kahlen (2007), S. 812 f.; ebf. Link (2009), S. 136 ff.
445) Vgl. IIA Austria (2004), S. 34 ff.

Wie bereits ausgeführt, hilft das IKS, die Realisierung der unternehmerischen Ziele wahrscheinlicher zu machen, in dem es die Einhaltung der Geschäftspolitik und die Einhaltung der gesetzten Ziele unterstützt. Im Allgemeinen können Kontrollen einen präventiven, aufdeckenden oder steuernden Charakter haben.[446] Insbesondere in Verbindung mit dem präventiven und dem aufdeckenden Charakter ist auch zu betonen, dass systematische Kontrollen einen wichtigen Beitrag zur Aufdeckung von Unterschlagungen leisten bzw. diese deutlich erschweren.[447] Dies setzt aber das Bewusstsein voraus, dass zur Verhinderung von Defraudation (Betrug, Unterschlagung, Hinterziehung) die Mechanismen der Prävention und Kontrolle eine hohe Wirkung aufweisen, auch wenn deren Auswirkungen aufgrund eines verbesserten Kontrollumfeldes anfänglich sogar gegenläufig sind.[448] Es entsteht ein Kontrollparadoxon, weil durch verbesserte und intensivere Kontrolltätigkeiten zunächst mehr Delikte entdeckt und statistisch erfasst werden, die früher unentdeckt blieben, ohne eine unmittelbare kriminalitätssenkende Auswirkung zu erzielen.[449] Dieser Effekt wird sich erst im Zeitverlauf langsam abschwächen. Ein optimaler Abschreckungseffekt wird durch die Erhöhung des subjektiven Entdeckungsrisikos erzielt. Kontrollen sind somit am wirksamsten, wenn sie den Mitarbeitern im Unternehmen offen kommuniziert werden. Die eingesetzten internen Kontroll- und Entdeckungsmaßnahmen, die weltweit von dem Internen Kontrollsystem sowie der Internen und Externen Revision dominiert werden, müssen somit über diesen abgegrenzten Kreis hinaus transparent gemacht werden.

Aber es werden auch Grenzen aufgezeigt: Zum einen verbleibt selbst bei einem optimierten Kontrollsystem immer ein Restrisiko, denn jede zusätzliche Kontrollintensivierung verliert ab einem bestimmten Punkt wieder an Effizienz.[450] Und zum anderen ist die Tatsache zu beachten, dass als Entdeckungsweg bei einer großen Mehrheit von Delikten nicht interne Überwachungssysteme, sondern interne und externe Zufallshinweise die Ermittlungen auslösten.[451] Diese Ergebnisse zeigen aber auch die Bedeutung und Notwendigkeit von heute in Deutschland noch nicht rechtlich vorgeschriebenen Hinweisgebersystemen (sog. „whistleblowing") für eine gute Corporate Governance, um relevante Informationen ungefiltert an unab-

---

446) Vgl. IIA - PA (2007), PA 2100-1, Tz 6.

447) In der repräsentativen „Global Economic Crime Survey" hat PricewaterhouseCoopers in Kooperation mit der Martin-Luther-Universität Halle-Wittenberg alle entdeckten Straftaten zwischen Frühjahr 2005 und Frühjahr 2007 von weltweit 5.428 Unternehmen, darunter 1.166 in Deutschland, hinsichtlich Ursachen und Täterprofilen untersucht und betriebliche und rechtliche Konsequenzen abgeleitet. Allein der Gesamtschaden bei den aufgedeckten Delikte von deutschen Unternehmen beläuft sich hochgerechnet auf rund sechs Milliarden Euro pro Jahr. Ein Fazit der Studie ist, dass deutsche Unternehmen im internationalen Vergleich bei der Kriminalitätsbekämpfung noch erheblichen Nachholbedarf haben. Trotz dieser Erkenntnisse halten rund die Hälfte (47 %) der Befragten deutschen Unternehmen in den kommenden zwei Jahren *„keine größeren Veränderungen der Kontrollinfrastruktur für notwendig"*. Dieser Wert beträgt für Westeuropa 35 % und für Nordamerika nur 20 % der Unternehmen. Vgl. PwC Wirtschaftskriminalität (2007), S. 3 ff.

448) Vgl. ausführlich zur Kriminalitätsprävention in Unternehmen Odenthal (2005), S. 35 ff.

449) Vgl. PwC Wirtschaftskriminalität (2007), S. 30 f.

450) Siehe auch oben, Kapitel C.3.1, S. 168 f.

451) Die „Zufallsquote" belief sich in Deutschland auf 67 %, in Westeuropa auf 46 % und in Nordamerika auf 37 %. Vgl. PwC Wirtschaftskriminalität (2007), S. 32.

hängige Entscheidungsträger zu transferieren.[452] Darüber hinaus unterstützt ein Hinweisgebersystem als institutionalisierter Informationsprozess auch die Arbeit der Internen Revision und hilft ihr bei ihrer Unterstützungsfunktion zur Verbesserung der internen Überwachungssysteme.[453]

Bei der Konzeption eines IKS müssen auch Fragen der Wirtschaftlichkeit beachtet werden. Außerdem bemisst sich die Häufigkeit und Intensität der Kontrollen an dem Risikogehalt des Kontrollobjektes. Von den Prozessverantwortlichen ist keine absolute Sicherheit, sondern die Angemessenheit des IKS anzustreben, sodass der Grenznutzen der zusätzlichen Kontrolle größer sein muss als die Grenzkosten der weiteren Kontrolle bzw. möglicher Risiken durch Fehler und Manipulationen. Risiko und Nutzen können nur optimiert und die damit verbundenen Konsequenzen für das Unternehmen analysiert und bewertet werden, wenn die Beteiligten sich über die unternehmerischen Ziele im Klaren sind, bereichsübergreifende Wechselwirkungen berücksichtigt werden und im Vorfeld eine Risikoanalyse und -bewertung durchgeführt wurde.[454] Die folgende Abbildung C.15 zeigt die Beziehung zwischen Kontrollkosten und der erzielten Risikoabdeckung bzw. dem verbleibenden Risiko von Fehlern bzw. Manipulationen:[455]

452) Whistleblowing wird nach *Near* und *Miceli* definiert als „*the disclosure by organization members (former or current) of illegal, immoral or illegitimate practices under the control of their employers, to persons or organizations that may be able to effect action*“. Hieraus können drei charakteristische Merkmale abgeleitet werden: Der Whistleblower ist ein Organisationsinsider, der illegale, unmoralische oder illegitime Handlungen von anderen Organisationsangehörigen erkennt und diese Informationen werden nicht über den normalen, hierarchischen Dienstweg weitergegeben, sondern z. B. an einen internen oder externen Ombudsmann. Hinweisgebersystemen (Whistleblowing) sind bei 75 % aller nordamerikanischen Unternehmen verbreitet, während nur 31 % der westeuropäischen und nur 22 % der deutschen Unternehmen diese nutzen. Hierfür können weiter gehende US-Regularien für börsennotierte Unternehmen verantwortlich sein. Zum Whistleblowing vgl. z. B. Graser (2000); ebf. Schmitt (2003); ebf. Daub (2007); ebf. Hartung (2006); ebf. Hofmann (2006), S. 123 ff., und die Studie PwC Wirtschaftskriminalität (2007), S. 33 ff. Zur Bedeutung des Whistleblowing für die Interne Revision vgl. IIA - PA (2007), PA 2440-3, Tz. 5 ff.; S. 5 f.

453) Vgl. auch Bernard/Bieta (2007), S. 48 f.

454) Vgl. hierzu und zur Prüfung des IKS durch die Interne Revision IIA Austria (2004), S. 39 ff.

455) In Anlehnung an Hofmann (2005), S. 205 f.

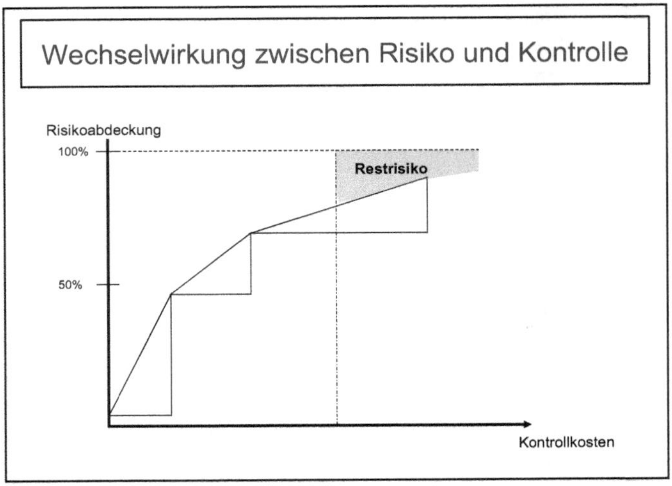

Abbildung C.15: Kosten und Nutzen von Kontrollen

Abhängig von der Risikopräferenzfunktion des Unternehmensvorstands ist das verbleibende Restrisiko der implementieren IKS-Struktur festzulegen. Dieses muss für das Unternehmen tragbar und angemessen sein. Einschränkungen bei der risikoorientierten Kosten-Nutzen-Analyse im Rahmen einer IKS-Implementierung können sich allerdings aus zwingenden rechtlichen Vorgaben oder bei besonderen Schutzzwecken ergeben.[456]

3.4.2 Das IKS bei Kreditinstituten

Die Praxis zeigt – trotz vieler unternommener Anstrengungen – immer wieder eine unzureichende oder mangelhafte Wirksamkeit des Internen Kontrollsystems. Beispielhaft hierfür sind der Bankrott der britischen Barings Bank im Jahre 1995 durch riskante Spekulationsgeschäfte des Wertpapierhändlers *Nick Leeson* oder der Fall *J. Kerviel* bei der Société Générale im Jahr 2008 zu nennen.[457] Im Allgemeinen sind zwar auch operative Fehler für die mangelhafte Wirksamkeit eines IKS verantwortlich, aber in erster Linie liegt die Ursache in fehlenden Vorkehrungen, die gewährleisten sollen, dass miteinander unvereinbare Tätigkeiten von unterschiedlichen Personen durchgeführt werden. Des Weiteren sind diesbezüglich die Einstellung des Vorgesetzten zu der Notwendigkeit eines IKS und unzureichende Anreizsysteme,

---

456) Vgl. IIA Austria (2004), S. 41.

457) Für eine Analyse des Falls *Kerviel* wird auf Hudetz (2008), S. 4 ff.; zu dem Fall Barings bzw. *Nick Leeson* und der Problematik von Informationsasymmetrien wird auf Mishkin (2007), S. 243, verwiesen.

die z. B. stärker einseitige Verkaufserfolge ohne adäquate Berücksichtigung von Qualität und Risiko honorieren, zu nennen.[458]

Interne Kontrollsysteme und Basel II, Bankenrichtlinie und CEBS

Ausgehend von dem ersten Grundsatz der qualitativ geprägten zweiten Säule des Basel II-Papiers sollten Banken ein Risikomanagementverfahren zur Beurteilung der Angemessenheit ihrer gesamten Eigenkapitalausstattung im Verhältnis zu ihrem Risikoprofil verwenden und über eine Strategie für den Erhalt ihres Eigenkapitalniveaus verfügen („Capital Adequacy Assessment-Process" bzw. auf EU-Ebene „Internal Capital Adequacy Assessment-Process").[459] Bei den Prozessen zur Beurteilung der Eigenkapitalausstattung ist das Interne Kontrollsystem eine wesentliche Komponente und trägt entscheidend zur Verfahrensstabilität bei. Diese Auffassung findet sich auch im Art. 22 Abs. 1 der Bankenrichtlinie wieder. Danach hat jedes Kreditinstitut über eine solide Unternehmenssteuerung zu verfügen, zu der u. a. auch angemessene interne Kontrollmechanismen gezählt werden. Diese Mechanismen sowie die Strategien, Verfahren und Regelungen, die die Kreditinstitute implementiert haben, werden von der Bankenaufsicht unter Berücksichtigung der bankinternen Eigenmittelausstattung hinsichtlich ihrer Angemessenheit, Wirksamkeit und Funktionsfähigkeit für das Risikomanagement und das Risikotragfähigkeitskonzept beurteilt (Art. 124 Bankenrichtlinie). Denn ein schwaches Internes Kontrollsystem im weiteren Sinne stellte eines der häufigsten Ursachen für Bankenschieflagen in den letzten Jahren dar.[460]

Auch das Committee of European Banking Supervisors (CEBS) verweist in seinen Leitlinien zur Internal Governance auf die Bedeutung eines wirksamen Internen Kontrollsystems.[461] Die Geschäftsleitung soll dauerhaft ein wirksames Internes Kontrollsystem einrichten, überwachen und auf seine Wirksamkeit prüfen (IG 7 und IG 10). Außerdem stellt CEBS einen Abschnitt zu den Internal Controls auf, u. a. mit folgenden Leitsätzen:[462]

- Unter Berücksichtigung des Grundsatzes der doppelten Proportionalität sollte ein wirksames und umfassendes Internal Control-System institutsweit implementiert werden, insbesondere in den Bereichen Risikomanagement, Compliance und Interner Revision (IG 14).
- Die Interne Revision unterstützt die Geschäftsleitung und das Überwachungsorgan bei der Sicherstellung eines wirksamen und effizienten Internal Control-Systems (IG 17). In diesem Zusammenhang ist die Interne Revision verantwortlich für die Bewertung der Angemessenheit des Internal Control-Systems und sollte seine Prüfungsfeststellungen an die Geschäftsführung *und* an das Überwachungsorgan berichten.

Auf nationaler Ebene steht in Deutschland der § 25a KWG für besondere organisatorische Pflichten von Kreditinstituten. Nach § 25a Abs. 1 Satz 3 KWG umfasst der Kern einer ord-

458) Vgl. Helfer/Ullrich (2008), S. 336 f.; ebf. Hannemann et al. (2008), S. 164 f.
459) Vgl. Basel II (2004), S. 147. Zu Basel II siehe unten, Kapitel C.3.5.3, S. 203 ff.
460) Vgl. Englisch (2008), S. 80 f., für einzelne Beispiele.
461) Dies sind die „Guidelines on the Application of the Supervisory Review Process under Pillar 2 (CP03 revised)". Vgl. CEBS CP03 (2006), S. 14 ff.
462) Vgl. hierzu auch Helfer/Ullrich (2008), S. 32 f.

nungsgemäßen Geschäftsorganisation insbesondere ein wirksames und angemessenes Risikomanagement.[463] Die Präzisierung der unbestimmten Rechtsbegriffe des § 25a Abs. 1 KWG findet sich in den MaRisk wieder. Abhängig von Art, Umfang, Komplexität und Risikogehalt der Geschäftsaktivitäten muss das Interne Kontrollsystem Regelungen zur Aufbau- und Ablauforganisation sowie Risikosteuerungs- und -controllingprozesse beinhalten (§ 25a Abs. 1 Satz 3 KWG i. V. m. AT 4.3 MaRisk). Dass die ordnungsgemäße Geschäftsorganisation nicht nur die Beachtung der gesetzlichen Bestimmungen fordert, sondern auch auf die Berücksichtigung von betriebswirtschaftlichen Notwendigkeiten abstellt, ist auch explizit im ersten Satz des § 25a Abs. 1 KWG festgehalten.

Die MaRisk bauen im Wesentlichen auf dem „Vier-Augen-Prinzip" auf, das insbesondere zur Fehlerreduktion dient und somit auch zur Qualitätssicherung und -verbesserung beiträgt.[464] Dieses Prinzip der Funktionstrennung auf der personenbezogenen Ebene gilt unabhängig von den speziellen Regelungen zur Funktionstrennung, welche in den MaRisk unter den besonderen Anforderungen an das Interne Kontrollsystem (BT 1) für das Kreditgeschäft (BTO 1) und für das Handelsgeschäft (BTO 2) genannt sind. Ergänzende bankaufsichtliche Einflüsse auf das Interne Kontrollsystem ergeben sich z. B. aus dem Gesetz über den Wertpapierhandel (Wertpapierhandelsgesetz - WpHG), dem Gesetz über die Verwahrung und Anschaffung von Wertpapieren (Depotgesetz - DepotG) oder den Anforderungen an den Außenwirtschaftsverkehr.[465]

8. EU-Richtlinie

Die aufgezeigten Entwicklungen werden flankiert durch die ab dem 29. Juni 2008 von allen EU-Mitgliedern in nationales Recht umzusetzende 8. EU-Richtlinie. Nach Artikel 41 dieser Richtlinie hat jedes Unternehmen von öffentlichem Interesse einen Prüfungsausschuss einzurichten, dessen Aufgabe u. a. in der Überwachung der Wirksamkeit des Internen Kontrollsystems, gegebenenfalls des internen Revisionssystems, und des Risikomanagementsystems besteht. In diesem Zusammenhang empfiehlt sich eine integrale Betrachtung dieser drei Parameter, um die einem permanenten Änderungsprozess unterliegenden Geschäftsprozessrisiken im ersten Schritt transparent zu machen und sie anschließend hinsichtlich ihrer Risikobedeutung und Funktionsfähigkeit adäquat auszurichten.

---

463) Mit dem Gesetz zur Umsetzung der Richtlinie über Märkte für Finanzinstrumente und der Durchführungsrichtlinie der Kommission (Finanzmarktrichtlinie-Umsetzungsgesetz) vom 16. Juli 2007 wurden für das Risikomanagement im Sinne des KWG bzw. MaRisk folgende Anpassungen vorgenommen: Zum einen wird neben der Angemessenheit jetzt auch die Wirksamkeit des Risikomanagements gefordert, d. h., es muss tatsächlich praktiziert werden und im Eigeninteresse des Instituts auch „gelebt" werden. Zum anderen wurde der Proportionalitätsgedanke explizit im Gesetz verankert. Die Ausgestaltung des Risikomanagements ist abhängig von Art, Umfang, Komplexität und Risikogehalt der Geschäftsaktivität (§ 25a Abs. 1 Satz 4 KWG bzw. AT 1 Tz. 4 MaRisk). Die Angemessenheit und Wirksamkeit ist vom Institut regelmäßig zu überprüfen (§ 25a Abs. 1 Satz 5 bzw. AT 4.4 Tz. 3). Darüber hinaus wurde der Risikomanagementbegriff des KWG auch um eine angemessene personelle und technisch-organisatorische Ausstattung sowie um die Festlegung eines angemessenen Notfallkonzeptes, insbesondere für IT-Systeme, erweitert (§ 25a Abs. 1 Satz 3 Nr. 2 und 3 KWG bzw. AT 7 MaRisk). Vgl. FRUG (2007); ebf. Hannemann et al. (2008), S. 36.

464) Vgl. Hannemann et al. (2008), S. 164 f.

465) Vgl. zu den ergänzenden bankaufsichtlichen Anforderungen Helfer/Ullrich (2008), S. 58 ff.

Ein risikoadjustiertes Internes Kontrollsystem ist folglich als ein rollierender Prozess zu verstehen, der Risiken und Chancen im Sinne der strategischen Ausrichtung berücksichtigt. Es hilft, die wesentlichen Risiken, selbst unter Berücksichtigung dynamischer Marktveränderungen, zu erkennen und durch die Ergreifung von Maßnahmen zu reduzieren. Das risikoadjustierte Interne Kontrollsystem bindet keine übermäßigen Ressourcen, da es auf einen angemessenen Kontrollumfang abstellt. Ein an den strategischen Zielen ausgerichtetes IKS dient auch einer effektiven Internal Governance, denn es ist eingerahmt von Complianceanforderungen und Stakeholderinteressen. Seine volle Wirksamkeit kann es aber nur entfalten, wenn es von einer hierfür notwendigen Unternehmens- und Risikokultur getragen wird. Ein alleiniges *Können* ist nicht ausreichend, wenn die notwendige Unternehmens- und Risikokultur und die hiermit verbundene Sensibilisierung, also das *Wollen*, nicht gegeben sind. Ein *starkes* Kontrollumfeld ist somit eine wesentliche Voraussetzung für die Effektivität des Systems.[466]

Dass der Ansatz eines risikoadjustierten Internen Kontrollsystems kein theoretisches Konstrukt mehr ist, sondern bereits in der Praxis zum Einsatz kommt, zeigt auch die verbreitete Anwendung des sog. „Control Self Assessment" oder „Control Risk Self Assessment", also institutionalisierte Verfahren zur Selbstbeurteilung von Kontrollen durch die Prozessverantwortlichen.[467] Durch die Selbstbeurteilung der Fachbereiche wird nicht nur deren Risikobewusstsein erhöht, sondern auch deren Managementverantwortung gestärkt, sodass genauere Prüfungsergebnisse und insbesondere dezidiertere Kenntnisse über die Wirksamkeit des Internen Kontrollsystems gewonnen werden können.[468] Auf der Basis von Risikobewertungen der einzelnen Prozesse („risk Assessments"), das – neben internen und externen Prüfungsergebnissen – auch für die Durchführung einer Risikoinventur bzw. Erstellung einer Risikolandkarte die Grundlage bildet, kann die Angemessenheit und Effektivität der Kontrollen hinsichtlich ihrer Eigenschaft zur Risikominderung oder -steuerung beurteilt werden. Die folgende Abbildung zeigt das graphische Ergebnis einer Risikoinventur in der Form einer Risikolandkarte mit vier Prozessebenen und drei möglichen Quellen einer Schadensverursachung. Für die einzelnen Komponenten werden vorab definierte, monetäre Risikoklassen den jeweiligen Schadenshäufigkeiten zugeordnet. Somit können die prozessimmanenten Risiken analysiert und bewertet werden, um anschließend die Optimierung von Internen Kontrollsystemen für die kritischen Prozesse einleiten zu können (Abbildung C.16):

466) Siehe oben, Kapitel C.3.3.1, S. 175.
467) Vgl. IIA - PA (2007), PA 2120.A1-2.
468) Vgl. Helfer/Ullrich (2008), S. 326.

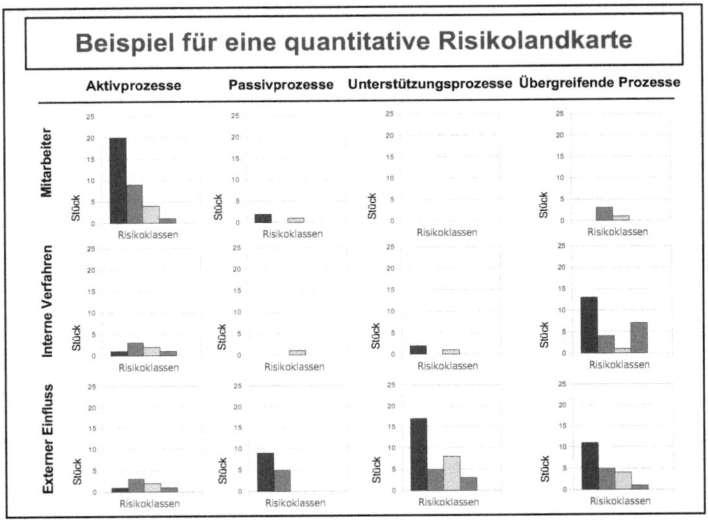

Abbildung C.16: Risikolandkarte nach quantitativen Faktoren

Die nächsten Schritte bestehen in der Erstellung eines Maßnahmenkatalogs zur Adjustierung des Internen Kontrollsystems auf Basis der bewerteten Prozesse, der durch ein adäquates Monitoring zu ergänzen ist. In diesem Zusammenhang müssen auch die Wechselwirkungen mit der Geschäftsstrategie und gegebenenfalls den Teilstrategien berücksichtigt werden. Durch die Bildung von Prozessverantwortlichen soll erreicht werden, dass die Risiken eines Prozesses ganzheitlich identifiziert und bewertet werden können sowie dass deren Verantwortungs- und Risikobewusstsein steigt.

3.5 Das Risikomanagementsystem

„Banking is a business in which banks take and manage risks."[469]

Aufbauend auf dem zuvor dargestellten ERM-Modell soll im Folgenden zunächst das Risikomanagementsystem im engeren Sinn aus einem allgemeinen Blickwinkel und anschließend aus der Perspektive von Kreditinstituten dargestellt werden.

3.5.1 Grundlagen zum Risikoverständnis

Das Risiko ist in der Praxis aufgrund der menschlichen Unzulänglichkeit bei der Antizipation von zukünftigen Entwicklungen Bestandteil jeder unternehmerischen Entscheidung.[470]

469) Vgl. Bies (2007). Zum ERM-Modell siehe oben, Kapitel C.3.3.2, S. 176 ff.

470) Der Begriff „Risiko" ist wahrscheinlich entlehnt vom altgriechischen Wort „*rhiza*" (Wurzel, Klippe), das man in einer übertragenen Bedeutung in Verbindung mit „Gefahr" brachte, und bedeutete ursprünglich wohl die Gefahren beim „*Umschiffen einer Klippe*". Der Risikobegriff wird seit dem 14. Jahrhundert im italieni-

Die Ursachen für Risiko finden sich in realen Alltagssituationen wieder, die gekennzeichnet sind durch unvollständige Informationen bzw. eine beschränkte Rationalität der Wirtschaftssubjekte. In der ökonomischen Theorie wurden erstmals im Jahr 1921 von *Frank H. Knight* Risiko und Ungewissheit als zwei verschiedene Begriffe verwendet (Knight'sche Dichotomie):[471] Risiko *im engeren Sinne* ist eine Unsicherheit, bei der objektive oder subjektive Wahrscheinlichkeitsverteilungen möglicher Handlungsergebnisse bekannt sind und somit kann Risiko *im engeren Sinne* als messbare und deshalb versicherungsfähige Unsicherheit bezeichnet werden.[472] Das Risiko *im weiteren Sinne* beinhaltet auch die Ungewissheit, bei der die (Wahrscheinlichkeits-) Verteilung möglicher Handlungsergebnisse nicht bekannt ist. Die Ungewissheit kann also nicht quantifiziert werden und ist eine nicht versicherbare Unsicherheit.[473]

Die weiteren Ausführungen in dieser Arbeit beziehen sich auf das Risiko *im engeren Sinn*. Nicht nur in der weitestgehend von quantitativen Modellen geprägten modernen Volkswirtschaftslehre, sondern sowohl in der theoretischen Bankbetriebslehre als auch in der bankbetrieblichen Praxis dominiert das Konzept des messbaren Risikos, wie auch das quantitativ geprägte Regelwerk zur Eigenmittelunterlegung aus der ersten Säule von Basel II zeigt.[474]

Die Betriebswirtschaftslehre trennt grundsätzlich zwischen ursachen- und wirkungsbezogenen Ansätzen. Bei den ursachenbezogenen Ansätzen sind dem Entscheidungsträger (objektive oder subjektive) Wahrscheinlichkeiten für das Eintreten möglicher Umweltzustände bekannt.[475] Die Risiko-Chance-Definition als wirkungsbezogener Definitionsansatz basiert auf subjektiven Zielsetzungen und geht allgemein von Zielverfehlungen als Streuung des Zukunftserfolgs wirtschaftlicher Aktivitäten (Handlungsergebnis) aus. D. h., bei positiven Abweichungen handelt es sich um Chancen, negative werden als Risiken bezeichnet.[476] Allerdings können beide betriebswirtschaftlichen Ansätze nicht vollkommen voneinander getrennt

---

schen Seeversicherungswesen verwendet und wurde etwa ab dem 16. Jahrhundert in den romanischen Ländern in die Alltagssprache aufgenommen (lat./ital. *risco*, *rischio*; Gefahr, Wagnis). Im deutschsprachigen Raum blieb der Begriff bis in das 19. Jahrhundert weitgehend der Ökonomie vorbehalten. Vgl. Gottschalk-Mazouz (2002), S. 485 f.

471) Mit der Knight'schen Dichotomie wurde auch eine wichtige Grundlage für die betriebswirtschaftliche Entscheidungstheorie und auch für die Spieltheorie gelegt. Wenn z. B. keine vollkommenen Informationen über die tatsächlichen Konsequenzen von Aktionen vorliegen, also jede Aktion durch eine Menge potenziell möglicher Konsequenzen gekennzeichnet ist, müssen Risiko- bzw. Unsicherheitspräferenzfunktionen festgelegt werden. Die Aufstellung solcher Funktionen gilt als ein Kernproblem der Entscheidungstheorie. Vgl. hierzu Bamberg/Coenenberg (2006), S. 30.

472) Vgl. Steiner/Bruns (2002), S. 55 f.; ebf. Eisen (1983), S. 572 f. So schrieb *Knight* bereits im Jahr 1921, dass *„the essential fact is that „risk" means in some cases a quantity susceptible of measurement ... We shall accordingly restrict the term „uncertainty" to cases of the non-quantitative type.*" Nach *Knight* ist es *„uncertainty, and not risk, as has been argued, which forms the basis of a valid theory of profit and accounts for the divergence between actual and theoretical competition.*" Vgl. Knight (1921), S. 19 f.

473) Vgl. Bröker (2000), S. 9.

474) Ursprünglich standen nicht die Risiken im Vordergrund der Betrachtung, sondern die *nicht* quantifizierbaren Unsicherheiten wurden als der *„entscheidende Treiber für die Generierung von Profit bzw. gesellschaftlichen Fortschritt angesehen*". Vgl. Hannemann et al. (2008), S. 90 f.

475) Vgl. Bamberg/Coenenberg (2006), S. 76.

476) Vgl. Müller (2007b), S. 1179. § 91 Abs. 2 AktG fordert zumindest die bewusste Berücksichtigung von bestandsgefährdenden Risiken.

werden, sondern die wirkungsbezogene Interpretation setzt auch immer eine ursachenbezogene voraus.[477]

Für diese Arbeit soll eine Risikodefinition verwendet werden, die sowohl die bewusst eingegangenen Risiken als auch die sich hieraus ergebenden Chancen umfasst, also wirkungsbezogen ist.[478] Darüber hinaus muss eine Verbindung mit den Unternehmenszielen gegeben sein. Risiko wird demzufolge definiert als:

„The threat or possibility that an action or event will adversely or beneficially affect an organisation's ability to achieve its objectives."[479]

Ein Risikomanagementsystem, verstanden als Gesamtheit aller Regeln und Maßnahmen zum systematischen Umgang mit Risiken, ist Teil des gesamten Managementsystems und stellt einen kontinuierlichen, planvollen Umgang mit unternehmensrelevanten Risiken über alle Hierarchieebenen sicher.[480] Die Basis des Risikomanagementsystems bildet die Risikostrategie des Unternehmens, die von der Risikopräferenzfunktion des Vorstands und des Risikotragfähigkeitskalküls abhängig ist. Bezug nehmend auf die Risikostrategie umfasst das Risikomanagementsystem die Gesamtheit aller Maßnahmen zur Erkennung, Analyse, Bewertung, Kommunikation, Steuerung und Überwachung der wesentlichen Risiken.[481] In der Regel wird im Risikomanagementsystem unter vermeidungsorientierten Aspekten der Fokus stärker auf das Risiko und nicht auf die Chancen gelegt. Versteht man Risikomanagement aber als einen integralen Bestandteil der unternehmerischen Wertschöpfungskette, das die strategische Zielerreichung unterstützt, so sind sowohl Chancen als auch Risiken zu betrachten.[482] Die Gesamtrisikolage eines Unternehmens ist das Ergebnis aller korrelierten Einzelrisiken, wobei der Korrelationskoeffizient größer, kleiner oder gleich Null sein kann.[483] Risikomanagement soll in dieser Arbeit verstanden werden als ein ganzheitlicher Ansatz, der die Chancen und die Gesamtrisikosituation integriert.

---

477) Vgl. Hannemann et al. (2008), S. 91.

478) Eine einheitliche, unumstrittene Risikodefinition gibt es in der Literatur nicht. So verwenden z. B. *Steiner/Bruns* den Begriff des Risikos auch als Abweichen von geplanten Größen in beide Richtungen, also bei negativen und positiven Abweichungen. Vgl. Steiner/Bruns (2002), S. 56. Diese Begrifflichkeit wird aber nicht aufgenommen.

479) Vgl. HEFCE (2001), S. 4, Tz. 10.

480) In Anlehnung an Kajüter (2008), S. 112.

481) Vgl. Müller (2007a), S. 1181.

482) Vgl. Bodenmann (2005), S. 113 f. In diesem Sinne ist Risikomanagement ein Prozess, der die Wahrscheinlichkeit der unternehmerischen Zielerreichung verbessert und der hilft, dass „*damaging things will not happen or are less likely to happen, beneficial things will be or are more likely to be achieved*". Vgl. HEFCE (2001), S. 5, Tz. 15.

483) Vgl. Nell/Hofmann (2007), S. 1195; ebf. Bodenmann (2005), S. 114 f.

3.5.2 Besondere Anforderungen bei Kreditinstituten

„Contemporary banking organizations are exposed to a diverse set of market and nonmarket risks, and the management of risk has accordingly become a core function within banks.“[484]

Kreditinstitute als Finanzintermediäre übernehmen diverse Transformationsfunktionen, wobei die Risikotransformationsfunktion eine zunehmende Bedeutung in den letzten Jahren gewonnen hat.[485] Das Risikomanagement ist der kritische Erfolgsfaktor des Bankgeschäfts und eine wesentliche Kernkompetenz desselben.[486] Dies bedeutet, dass der Kern des Geschäftsbetriebs und der Grund für die Existenz von Kreditinstituten in ihrer Risikomanagementfähigkeit liegt.[487] Insgesamt betrachtet, kommt den Kreditinstituten in modernen Volkswirtschaften eine besondere Rolle zu: Sie sind die *„Drehscheibe für das volkswirtschaftliche Geldkapital*“.[488] Deshalb ist der professionelle Umgang von Banken mit ihren Risiken eine entscheidende Voraussetzung für die Stabilität jedes einzelnen Instituts und insgesamt für den gesamten Finanzsektor sowie darüber hinaus auch für die Entwicklung der Realwirtschaft einer Volkswirtschaft.[489] Neben einer risikoadäquaten Eigenkapitalausstattung, die die Banksolvenz und die Stabilität des Bankensystems aber allein nicht gewährleisten kann, ist deshalb die angemessene bankinterne Risikosteuerung von herausragender Bedeutung.[490] Die beiden Kernelemente dieses Konzeptes sind also das zur Risikounterlegung vorgehaltene Eigenkapi-

484) *Ben S. Bernanke*, Chairman und Member of the Board of Governors of the Federal Reserve System der USA, führt weiter aus, dass nicht nur Banken, sondern auch die Bankenaufsicht *„have an obvious interest in promoting strong risk management at banking organizations because a safe and sound banking system is critical to economic growth and to the stability of financial markets. Indeed, identifying, assessing, and promoting sound risk-management practices have become central elements of good supervisory practice*“. Vgl. Bernanke (2006).

485) Siehe oben, Kapitel C.2.1, S. 117.

486) Vgl. Krumnow (2000), S. 685; ebf. Traber (2000), S. 779.

487) Hierdurch unterscheiden sich Kreditinstitute auch deutlich von klassischen Industrieunternehmen, deren Ansatz grundsätzlich stärker in der Vermeidung oder Minimierung von finanziellen Risiken liegt, während Kreditinstitute diese Risiken kontrolliert übernehmen und steuern. Vgl. Schröck (1997), S. 14. Allerdings erhält ein finanzielles, insbesondere integriertes Risikomanagement in Industrieunternehmen nicht nur durch das im Jahre 1998 eingeführte KonTraG, sondern auch durch die sich hieraus ergebenden Chancen zur Steigerung des Shareholder-Value, eine neue Position. Vgl. zur Bedeutung von Risikomanagement in Industrieunternehmen Pfennig (2000), S. 1296 ff.

488) Diese insgesamt herausragende Rolle der Kreditinstitute hat schon frühzeitig zu einer eigenen, speziellen Gesetzgebung für Banken geführt. Vgl. Meister/Vollbracht/Baum (2000), S. 756.

489) So auch eine Publikation der Weltbank: *„The quality of bank management, and especially the risk management process, are the key concerns in ensuring the safety and stability of both individual banks and the banking system as a whole.*“ Vgl. van Greuning/Bratanovic (2003), S. 5. *Saunders* und *Walter* sehen ein Trade-off zwischen Stabilität und Effizienz, so *„that the task is to find a socially optimum balance in a globally competitive environment. Financial systems that are statically of dynamically inefficient impose a burden on producers as well as consumers and may encourage them to shift transactions abroad or promote incursions by more efficient financial channels. ... A retarded financial services industry distorts the pattern of resource allocation in the national economy*“. Vgl. Saunders/Walter (1994), S. 18 f.

490) Dieser Ansatz ist auch von Bedeutung für den bankaufsichtlichen Überprüfungsprozess (sog. Supervisory Review Process – SRP). In diesem Sinne schreibt auch der Präsident der BaFin: *„Sie* [die Bankenaufsicht, K. G.] *will einen unverstellten Blick auf das Institut, um dessen Risikoprofil bestimmen zu können. Und genau diese Perspektive erhält sie durch den Basler SRP. Das regulatorische Kapital ist ein Risikopuffer, das ökonomische Kapitel ist eine Steuerungsgröße. Aufseher interessieren sich für beides: für den Risikopuffer und für die Qualität der Steuerungsprozesse* [Hervorhebung nicht im Original, K. G.]. *Die Steuerung selbst ist und bleibt Aufgabe der Geschäftsleitung.*“ Vgl. Sanio (2006), S. 15 f.; ebf. Meister/Vollbracht/Baum (2000), S. 758.

tal einerseits und die Effektivität und Robustheit des internen Risikomanagementsystems sowie der internen Kontrollmechanismen andererseits.[491] Ein wirksamer und funktionsfähiger Umgang mit Risiken trägt letztendlich zur Vermeidung von negativen externen Effekten bei.

Die ehemalige Eigenmittelempfehlung des Ausschusses für Bankenbestimmungen und -überwachung aus dem Jahr 1988 (sog. „Basle Capital Accord“ bzw. Basel I) war zu dem damaligen Zeitpunkt ein Meilenstein für Mindeststandards in der internationalen Angleichung der bankaufsichtlichen Vorschriften über die Kapitalausstattung der internationalen Banken.[492] Danach sollte das *„anzustrebende Standardverhältnis von Eigenkapital zu risikogewichteten Aktiva 8 % betragen“* (Mindestkapitalkoeffizient), davon wenigstens 4 % Kernkapital.[493] Aufgrund der zunehmenden Bedeutung der Handelsaktivitäten von Kreditinstituten trat 1996 eine Änderung der Eigenmittelunterlegung in Kraft. Der Basler Ausschuss für Bankenaufsicht veröffentlichte die „Änderung der Eigenkapitalvereinbarung zur Einbeziehung der Marktrisiken“ (sog. „Amendment to the Capital Accord to Incorporate Market Risks“), nach der die Banken neben ihren Kreditrisiken grundsätzlich auch die Marktrisiken messen und in die Kapitalunterlegungspflicht integrieren müssen.[494] Den Kreditinstituten wurde es erstmals gestattet, alternativ zu vorgegebenen Standardverfahren ihre internen Risikomanagement-Modelle zur Messung des Marktrisikos einzusetzen, soweit sie von der Bankenaufsicht anerkannt wurden.[495]

Allerdings entsprach der Basler Akkord von 1988 (Basel I) und die entsprechenden Ergänzungen mit ihrer alleinigen Ausrichtung der Eigenkapitalanforderungen an Kredit- und Marktpreisrisiken nicht dem realen Gesamtrisikoprofil eines Kreditinstituts. Außerdem wurden die in der Bankenpraxis entwickelten neuen Finanzinstrumente und Methoden der Kredit-

---

491) In diesem Zusammenhang weist der Basler Ausschuss ausdrücklich darauf hin, das Eigenkapital nicht als Ersatz für die Verbesserung unzureichender Risikomanagement- oder Kontrollverfahren angesehen werden sollte. Vgl. Basel II (2004), Tz. 723, S. 146.

492) Die Grundlage der quantitativen Eigenbelastungsregeln der deutschen Bankenaufsicht, kodifiziert im (ehemaligen) Grundsatz I, blieb nach seiner Einführung im Jahr 1962 grundsätzlich 20 Jahre unverändert. Erst Anfang der 1980er-Jahre gab es erste stärkere Harmonisierungsbestrebungen für die unterschiedlichen Aufsichtsnormen zur Verhinderung von Regulierungsarbitrage, die dann 1988 im Basler Eigenkapitalakkord, kurz Basel I genannt, finalisiert wurden. Vgl. Paul (2001), S. 7; ebf. Humpert (2003), S. 45 ff.

493) Vgl. Basel I (1988), S. 18 f. In diese Mindestkapitalausstattung sollten implizit auch andere, nicht in diese Rechnung einbezogene Risiken abgedeckt werden. Auch wenn sich Basel I nur an international tätige Kreditinstitute richtete, so wurden auch die entsprechenden EU-Richtlinien maßgeblich hiervon beeinflusst, und der Basler Akkord fand auch Eingang in die entsprechenden deutschen bankaufsichtlichen Regelungen, wie dem (ehemaligen) Grundsatz I gem. §§ 10, 10a KWG. Vgl. hierzu auch Deutsche Bundesbank (2001), S. 16.

494) Vgl. Basler Ausschuss (1996), S. 1, Tz. 1. Im September 1997 veröffentlichte der Basler Ausschuss eine Ergänzung des „Market Risk Amendments“. Die bankaufsichtliche Umsetzung der „Market Risk Amendment“ erfolgte in Deutschland durch den (ehemaligen) Grundsatz I, der in der Neufassung am 1. Oktober 1998 in Kraft trat, bzw. die Ergänzung des „Market Risk Amendments“, die aus Zeitgründen nicht in allen Detailregelungen bei der Novellierung des Grundsatzes I im Oktober 1998 berücksichtigt werden konnte, sondern erst in der Überarbeitung des Grundsatzes I Mitte 2000 Berücksichtigung fanden. Vgl. Traber (2000), S. 776 f.

495) Das Marktrisiko wurde in diesem Papier definiert als *„das Risiko von Verlusten aus bilanzwirksamen und außerbilanziellen Positionen aufgrund von Veränderungen der Marktpreise“*. Hierzu zählen die Risiken aus Zinsinstrumenten und Risiken im Handelsbestand sowie die Fremdwährungsrisiken und Rohstoffrisiken in der gesamten Bank. Vgl. Basler Ausschuss (1996), S. 1 ff. Für eine ausführliche Darstellung zu den bankinternen Preisrisikomodellen zur Bestimmung der bankaufsichtlichen Kapitalunterlegung wird auf Schulte-Mattler/Gaumert (2006), S. 200 ff., verwiesen.

risikosteuerung, wie Kreditderivate oder Kreditrisikomodelle, nicht berücksichtigt.[496] Zusammenfassend kann gesagt werden, dass die ökonomischen Risiken der Kreditinstitute nur sehr pauschal und nicht angemessen abgebildet wurden, und die Notwendigkeit für eine neue bankaufsichtliche Risikoüberwachung, die stärker am ökonomischen Risiko ausgerichtet ist und die die tatsächlichen Risikosteuerungsmethoden der Bankenpraxis berücksichtigt, auf den Weg gebracht werden musste.[497] Dies war der Anfang von Basel II.

Mit dem Basel II-Akkord[498] soll eine größere Sicherheit und Solidität des Finanzsystems erreicht werden, indem der Stellenwert von internen Überwachungssystemen und die Verantwortung der Geschäftsführung, die bankaufsichtliche Überprüfung und die Marktdisziplin aufgewertet werden.[499] Aus diesem Grund wollte der Basler Ausschuss für Bankenaufsicht[500] mit dem neuen Basel II-Akkord darauf hinwirken, dass die *„bankeigenen Risikosteuerungssysteme weiter verbessert und diese durch die zuständigen Aufsichtsinstanzen überprüft werden"*.[501] Dies beinhaltet auch einen Paradigmenwechsel von einer quantitativen zu einer stär-

---

496) Vgl. Deutsche Bundesbank (2001), S. 16. Kritischer *Rodriguez*: Obwohl Basel I von mehr als 100 Ländern übernommen wurde, konnte es sein Hauptziel, zu einer Stabilisierung des internationalen Finanzsystems beizutragen, nicht erreichen. Vgl. Rodriguez (2002), S. 9 ff.; ebf. Rodriguez (2003), S. 120.

497) Vgl. Deutsche Bundesbank (2004), S. 76.

498) Zur Struktur des 3-Säulenmodells von Basel II siehe unten, Kapitel C.3.5.3, Abbildung C.19, S. 210.

499) In diesem Sinne äußerte sich auch *Randall S. Kroszner*, in seiner Rede am 2. November 2007, nachdem das Federal Reserve Board beschlossen hat, dass auch für US-amerikanischen Banken, die die notwendigen Kriterien erfüllen, die Basel II-Regelungen die gegenwärtigen Anforderungen ersetzen werden („*Basel II would be mandatory for large, internationally active banking organizations (so-called "core" banking organizations with at least $250 billion in total assets or at least $10 billion in foreign exposure) and optional for others*"): „*The Basel II rule will promote improvements in risk-management practices that will enhance the resiliency and stability of the banking and financial system. ... Bank safety and soundness and overall financial stability are enhanced when banks' regulatory capital measures adequately reflect risk, as well as when banks continually improve their risk-measurement and risk-management practices. The advanced approaches of Basel II are a significant improvement over the existing Basel I-based rules on both of these scores. Aligning regulatory capital requirements with risk and fostering good risk measurement and management practices for our largest and most complex banking organizations, will, I believe, contribute to safer and sounder banks and a more resilient financial system.*" Vgl. Kroszner (2007); ebf. Federal Reserve Board (2007); ebf. Humpert (2003), S. 59 ff.

500) Der Basler Ausschuss für Bankenaufsicht wurde Ende 1974 zunächst als „Committee on Banking Regulations and Supervisory Practices" von den Zentralbankgouverneuren der sogenannten Zehnergruppe (G-10) eingerichtet und tagt in der Regel in der Bank für internationalen Zahlungsausgleich in Basel. Die erste Sitzung fand im Februar 1975 statt. Auslöser der Gründung war u. a. der Zusammenbruch des Kölner Bankhauses Herstatt aufgrund von Devisenspekulationen, sodass das damalige Bundesaufsichtsamt für das Kreditwesen am 26. Juni 1974 die Erlaubnis zur Fortführung der Bankgeschäfte entzog. Der Ausschuss hat das Ziel, die Harmonisierung der Bankenaufsicht auf internationaler Ebene weiter zu entwickeln und „*encourages convergence towards common approaches and common standards*", allerdings ohne Detailvorgaben zu machen. Seine Empfehlungen oder Standards sind auch keine rechtlichen Vorgaben, da der Ausschuss keine „supranational supervisory authority" besitzt. Allerdings finden diese Eingang in viele nationale Vorschriften der Bankenaufsicht. Aus Deutschland sind in dem Ausschuss die Deutsche Bundesbank und die Bundesanstalt für Finanzdienstleistungsaufsicht vertreten. Vgl. Basel Committee (2007), S. 1 ff.; ebf. BaKred (2000), S. 25.

501) Vgl. Deutsche Bundesbank (2001), S. 17. Diese Auffassung formuliert der Basler Ausschuss für Bankenaufsicht in der Einleitung zu der überarbeiteten Rahmenvereinbarung „Internationale Konvergenz der Eigenkapitalmessung und der Eigenkapitalanforderungen" wie folgt: „*Der Ausschuss glaubt, dass die überarbeitete Rahmenvereinbarung die Anwendung besserer Risikomanagementpraktiken im Bankgewerbe fördern wird, und sieht darin einen ihrer bedeutendsten Vorteile.*" Vgl. Basel II (2004), S. 2, Tz. 4.

ker qualitativ ausgerichteten Bankenaufsicht und eine Erweiterung der Offenlegungspflichten von Kreditinstituten.

Wie bereits ausgeführt, ist ein funktionsfähiges Risikomanagementsystem für Kreditinstitute operativ und strategisch von existenzieller Bedeutung, weil die Gründe für Schieflagen, Beinahezusammenbrüche oder Pleiten im Endeffekt fast immer das Resultat eines mangelhaften Risikomanagements sind.[502] Aus diesem Grund fordert der Basler Ausschuss für Bankenaufsicht in seinen *Grundsätzen für eine wirksame Bankenaufsicht* zu Recht, dass Kreditinstitute über umfassende Risikomanagementverfahren verfügen müssen, die sie in die Lage versetzen, sämtliche „*wesentlichen Risiken zu erkennen, zu bewerten, zu überwachen, zu steuern oder zu mindern sowie zu beurteilen, ob die Eigenkapitalausstattung im Verhältnis zum Risikoprofil angemessen ist*".[503]

Aber ein Risikomanagementsystem ist aus der Sicht des Verfassers kein singulärer, losgelöster Teil eines Kreditinstituts, sondern vielmehr ein komplexes, interaktives System mit dynamischen Elementen zum systematischen Umgang mit wesentlichen Risiken über alle Hierarchieebenen hinweg, das auf dem Fundament einer verantwortungsvollen Unternehmens- und Risikokultur stehen muss. Zu einem soliden Risikomanagementsystem für Kreditinstitute zählen die folgenden Schlüsselelemente:[504]

- Eine gute Corporate Governance.
- Konsistenz von Strategien, Verfahren und Limits.
- Angemessene Risikomessverfahren und Reportingsysteme.
- Einsatz von umfassenden Internal Control-Verfahren.

An dieser Stelle ist wieder auf das Zusammenspiel aller Elemente des internen Überwachungssystems im Allgemeinen bzw. des Risikomanagementsystems bei Kreditinstituten im Besonderen hinzuweisen. Um eine optimale Effizienz des bankinternen Risikomanagementsystems zu ermöglichen, müssen die Risikosteuerungs- und -controllingprozesse funktionsfähig und angemessen sein. Die Schlüsselelemente, u. a. auch die Interne Revision, müssen die ihnen zugewiesenen Aufgaben wirksam und effizient wahrnehmen und alle Elemente müssen sich durch optimierte Schnittstellen Nutzen steigernd komplementieren. Die Interne Revision als integraler Bestandteil eines Risikomanagementsystems sollte als verlängerter Arm der Geschäftsführung *und* des Überwachungsorgans zur Einhaltung des unternehmerischen Risiko-

---

502) Vgl. Hannemann et al. (2008), S. 3; ebf. Schröck (1997), S. 14. Denn qualitative Mängel sind häufig bereits schon erkennbar, bevor sie sich in negativen Geschäftsergebnissen niederschlagen, so Meister/Vollbracht/Baum (2000), S. 770. Auch wenn die Ursachen für Bankenprobleme in der Regel aus der Kombination von mehreren Faktoren resultieren, so waren bzw. sind es doch hauptsächlich Fehler beim Management von Adressenausfallrisiken, die hier zu nennen sind, auch wenn andere Risiken, wie z. B. Marktpreisrisiken, Zinsänderungsrisiken oder insbesondere operationelle Risiken immer bedeutsamer werden. Vgl. Basel Committee (2002), S. 8.

503) Vgl. Basler Ausschuss (2006a), Grundsatz 7, S. 3.

504) Vgl. Bernanke (2006).

managements aufgefasst werden, wodurch eine entscheidende Voraussetzungen für eine effektive Internal Governance geschaffen wird.[505]

3.5.3 *Der Weg von Basel II zu den MaRisk*

Die Rahmenvereinbarung des Basler Ausschusses „Internationale Konvergenz der Eigenkapitalmessung und der Eigenkapitalanforderungen" (Basel II) aus dem Jahr 2004 bezieht sich als *Empfehlung* zunächst nur auf große, international tätige Banken und ist in diesem Stadium für die deutsche Bankenlandschaft rechtlich noch nicht bindend.[506] Basel II besteht aus den Säulen Mindesteigenkapitalanforderungen, aufsichtlichem Überprüfungsverfahren und Marktdisziplin. Die folgende Abbildung C.17 gibt einen systematischen Überblick über die Struktur des Basel II-Akkords, insbesondere der ersten Säule:

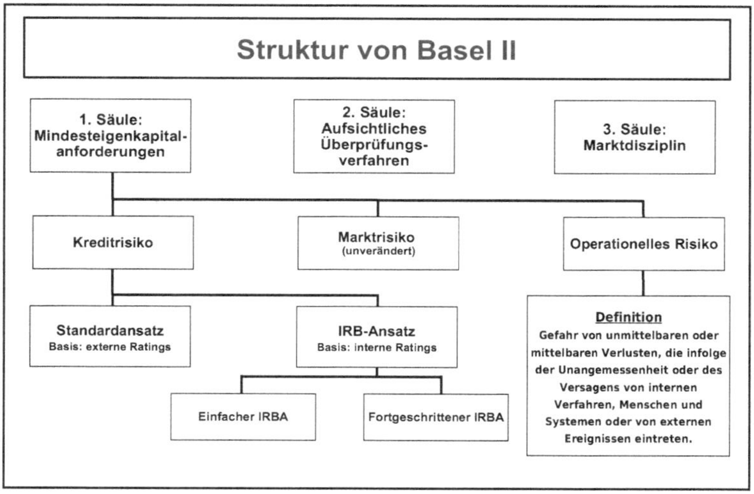

Abbildung C.17: Struktur von Basel II

[505] Vgl. zur *vorstandsunabhängigen* Information des Überwachungsorgans siehe unten, Kapitel D.3.4, S. 274 ff. „*The internal auditors traditionally performed an independent appraisal of a banks compliance with its internal control systems, accounting practices, and information systems. Most modern internal auditors would, however, describe their task as providing assurance regarding the banks corporate governance, control systems, and risk management processes. Although audit committees play a valuable role in assisting management in identifying and addressing risk areas, the prime responsibility for risk management cannot be abdicated to them, but rather should be integrated into all levels of management.*" Vgl. van Greuning/Bratanovic (2003), S. 7.

[506] Für die Entwicklung von Basel II in der Chronologie der relevanten Dokumente wird auf die systematische Darstellung der Österreichischen Finanzmarktaufsicht verwiesen, die zugleich einen Link zu den jeweiligen Dokumenten enthält: http://www.fma.gv.at/cms/basel2/DE/chronologie_liste.html?channel= CH0242 (abgerufen am: 28.12.2008).

Die auf diesem Konzept aufbauende Umsetzung der Europäischen Kommission zielt auf eine koordinierte und konvergente Aufsichtspraxis der Mitgliedsländer ab. Darüber hinaus sollen die neuen europäischen Kapitalanforderungen einen risikosensitiven Rechtsrahmen bilden sowie die Weiterentwicklung eines ganzheitlichen Risikomanagements in den Instituten fördern. Hierzu wurden die bestehenden Eigenkapitalvorschriften für Kreditinstitute und Wertpapierfirmen überarbeitet und mit der neuen Eigenkapitalrichtlinie (Capital Requirement Directive – CRD) – unter Berücksichtigung der Guidelines des Committee of European Banking Supervision (CEBS) – in eine modernere Form gegossen.[507] Mit Hilfe der CRD wurde Basel II durch die Neufassung der Richtlinie 2006/48/EG über die Aufnahme und Ausübung der Tätigkeit der Kreditinstitute (Bankenrichtlinie) und der Richtlinie 2006/ 49/EG über die angemessene Eigenkapitalausstattung von Wertpapierfirmen und Kreditinstituten (Kapitaladäquanzrichtlinie) in europäisches Recht überführt und somit verbindlich für alle Mitgliedsstaaten.[508] Vor dem Hintergrund von Basel II, insbesondere der Säule 2, bildet die Eigenkapitalrichtlinie mit dem Supervisory Review Process (Aufsichtlicher Überprüfungsprozess – SRP), der sich sowohl auf die bankinternen Verfahren und Strategien zur Ermittlung und zum Erhalt eines ausreichenden internen Kapitals als auch auf die darauf aufsetzende aufsichtliche Überprüfung bezieht, ein *Monolith* der qualitativen Bankenaufsicht. Der SRP ist insofern eine neue Strategie der Bankenaufsicht, da sie künftig stärker präventiv agieren und deutlicher die Qualität der bankinternen Verfahren zur Steuerung und Überwachung aller wesentlichen Risiken in den Vordergrund stellen kann.[509]

Der SRP-Ansatz beinhaltet zwei Blöcke: Zum einen den Prozess zur Ermittlung einer angemessenen Eigenkapitalausstattung (Capital Adequacy Assessment Prozess – CAAP bzw. in der EU als Internal Capital Adequacy Assessment Process umgesetzt – CAAP), der sich in dem ersten Grundsatz der aufsichtlichen Überprüfung des Basler Papiers niederschlägt und sich an die Kreditinstitute richtet.[510] Zum anderen der aufsichtliche Beurteilungsprozess (Supervisory Evaluation Process – SEP bzw. in der EU deklariert als Supervisory Review and Evaluation Process – SREP), der in den Grundsätzen 2 bis 4 des Basler Papiers Eingang gefunden hat und sich an die Bankenaufsicht wendet.[511]

---

507) Aktuell liegt von der Europäischen Kommission eine CRD-Änderungsrichtlinie zu Konsultation vor. Als zentrale Themen sind im Wesentlichen zu nennen: Verbesserung der Qualität des Bankenkapitals, insbesondere bei hybriden Eigenkapitalelementen, Verbesserung des Managements von Großkrediten, Verbesserung des Liquiditätsmanagements, Verbesserung des Risikomanagements von verbrieften Produkten und eine Verbesserung der aufsichtliche Zusammenarbeit für grenzübergreifend tätige Bankengruppen. Vgl. hierzu CRD-Konsultation (2008), S. 2 ff.

508) Vgl. Hannemann et al. (2008), S. 5 f. Vgl. für wesentliche Abweichungen zwischen Basel II und der EG-Richtlinie Deutsche Bundesbank (2004), S. 98 ff.

509) Siehe hierzu auch die Avisierung der BaFin über die Entwicklung der MaRisk in einem Schreiben an die Verbände des Kredit- und Finanzdienstleistungswesens, in dem dem SRP ein starker Impuls in Richtung „Qualitative Bankenaufsicht" zugesprochen wird; vgl. BaFin (2004a), S. 3.

510) Vgl. Basel II (2004), S. 147.

511) Vgl. Schauff/Stellmacher (2005), S. 569 ff.; ebf. Basel II (2004), S. 150 ff.

Die folgende Abbildung C.18 verdeutlicht die Struktur des SRP und stellt die Grundsätze der aufsichtlichen Überprüfung der zweiten Säule des Basler Papiers dar:

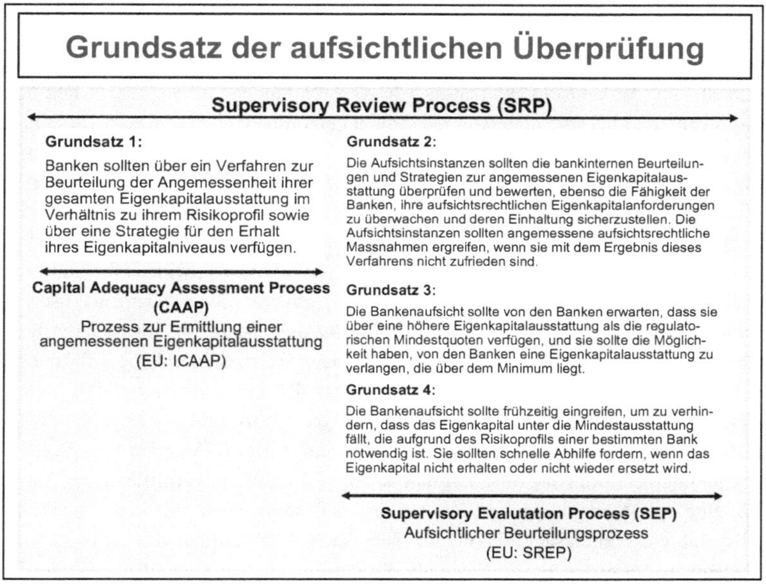

Abbildung C.18: Aufsichtlicher Überprüfungsprozess (SRP)

Der bankinterne Prozess zur Ermittlung einer angemessenen Eigenkapitalausstattung im Verhältnis zu dem individuellen Risikoprofil baut auf folgenden fünf Elementen auf:[512]

- Überwachung durch die Geschäftsleitung und das Überwachungsorgan.
- Fundierte Beurteilung der Eigenkapitalausstattung.
- Umfassende Beurteilung der Risiken.
- Überwachung (Monitoring) und Berichtswesen sowie
- unabhängige Überprüfung der Internen Kontrollen durch Interne und Externe Revisoren.

Demgegenüber steht der qualitativ ausgerichtete aufsichtliche Beurteilungsprozess, der auf den bankinternen Prozessen aufbaut und die folgenden Kriterien umfasst:

- Überprüfung der Angemessenheit der Risikoeinschätzung.
- Beurteilung der angemessenen Eigenkapitalausstattung.
- Beurteilung des Kontrollsystems und Berichtswesens.
- Überprüfung der Einhaltung der Mindestanforderungen.

512) Vgl. Basel II (2004), S. 147 ff.; ebf. Hannemann (2005), S. 555 f.

- Einleitung von aufsichtlichen Maßnahmen bei unzureichender bankinterner Risikoeinschätzung oder Kapitalallokation.[513]

Der sich hieraus ergebende *Grundsatz der doppelten Proportionalität* stellt einen Paradigmenwechsel seitens der Bankenaufsicht dar.[514] Einerseits muss der bankinterne ICAAP-Prozess zur Größe, Komplexität, Risikostruktur und zum Geschäftsvolumen des Kreditinstituts proportional sein. Andererseits müssen sich ICAAP-Prüfungen der Bankenaufsicht hinsichtlich Häufigkeit und Intensität ebenfalls proportional einordnen. Der Grundsatz spricht also sowohl die Verantwortung der Geschäftsleitung für ein angemessenes Risikomanagement als auch die externen bankaufsichtlichen Prüfungen an. Dieser Grundsatz erlaubt darüber hinaus, dass die MaRisk ohne umfangreiche, explizite Einzeldarstellungen auskommen können.[515]

Die rechtliche Konkretisierung des ICAAP erfolgt in den Artikeln 22 und 123 der Bankenrichtlinie. Danach sind Kreditinstitute zur Implementierung von wirksamen und angemessenen Leitungs-, Steuerungs- und Kontrollprozessen („governance arrangements“) sowie Strategien und Prozessen verpflichtet, die die Funktionsfähigkeit ihres institutsspezifischen Risikotragfähigkeitskonzeptes sicherstellen, um ausreichend internes Eigenkapital für die qualitative und quantitative Abschirmung ihrer wesentlichen Risiken vorzuhalten. Die Verantwortung für die ordnungsgemäße Implementierung und Wirksamkeit dieses individuellen ICAAP-Profils liegt jedoch bei den Kreditinstituten selbst. Der ICAAP hat eine Ausstrahlung auf die bankinterne Aufbauorganisation und auf die Prozesse zur Identifizierung, Steuerung, Überwachung und Kommunikation der Risiken, und somit auch auf angemessene Interne Kontrollverfahren.[516] In diesem Punkt grenzt sich der ICAAP deutlich von der regulatorischen Kapitaladäquanz der ersten Basler Säule ab, die für eine *ex post-Quantifizierung* der Risiken steht. Der ICAAP fokussiert dagegen die Anforderungen auf die *qualitative* Ebene der bankinternen Prozesse, die – je nach strategischer Ausrichtung – eine angemessene Steuerung und Überwachung für alle wesentlichen Risiken zur Aufrechterhaltung einer dauerhaften Risikotragfähigkeit *ex ante* sicherstellen müssen.[517]

Artikel 124 der Bankenrichtlinie gibt den Rahmen für den Brüsseler SREP vor. Danach hat die zuständige Bankenaufsicht die Strategien, Prozesse und Mechanismen zu überprüfen sowie die aktuellen und künftigen Risiken der Kreditinstitute zu bewerten. Auf dieser Basis beurteilt die Aufsicht, inwieweit die Internal Governance und die Kapitalanforderungen ausreichen, um ein solides Risikomanagement sowie eine adäquate Risikoabschirmung zu gewährleisten.[518] Auch hier steht die *Qualität* des bankinternen Risikomanagements im Vordergrund. Die Häufigkeit und Intensität der bankaufsichtlichen Überprüfung ist abhängig von der

513) Vgl. Basel II (2004), S. 150 f.

514) Der SRP sieht die Geschäftsleitung einer Bank explizit in der Verantwortung ein internes Verfahren zur Kapitalbeurteilung zu entwickeln und Eigenkapitalziele festzulegen, die dem Risikoprofil und ihrem Kontrollumfeld entsprechen. Vgl. Basel II (2004), S. 146, Tz.721.

515) Vgl. Meusel (2006), S. 54.

516) Nach Auffassung des CEBS sollte der zukunftsorientierte ICAAP ein integraler Teil des Managementprozesses und der bankinternen Entscheidungskultur sein. Vgl. CEBS CP03 (2006), S. 21.

517) Vgl. Schneider/Bauer (2007), S. 9.

518) Zur Internal Governance-Definition siehe oben, Kapitel B.1.3.3, S. 43.

Größe sowie vom Risikogehalt, Umfang und Komplexität der getätigten Geschäfte eines Kreditinstituts und dessen Bedeutung für die Systemstabilität (der sog. Grundsatz der doppelten Proportionalität). Nach Artikel 124 Bankenrichtlinie ist die Einschätzung der Überprüfung und Bewertung aber mindestens jährlich zu aktualisieren.

Die Umsetzung des Basel II-Papiers in der EU erfolgt mittels des sog. Lamfalussy-Verfahrens über drei Stufen (Level).[519] Zu erwähnen sind als Ergebnis auf der ersten Stufe die Bankenrichtlinie und die Kapitaladäquanzrichtlinie (Europäischer Rat, Europäisches Parlament), auf der zweiten Stufe werden dann Implementierungsdetails der Richtlinien bzw. technische Durchführungsbestimmungen durch die EU-Kommission, zusammen mit dem Europäischen Bankenausschuss, ausgearbeitet (sog. Komitologieverfahren). Der maßgebliche Akteur auf der Stufe 3 ist das Committee of European Banking Supervision (CEBS). Dies ist ein unabhängiger Ausschuss der europäischen Bankenaufseher, der die Kommission berät und Empfehlungen für einen einheitlichen Aufsichtsstandard gibt.[520]

Im Sinne der dreigliedrigen Lamfalussy-Struktur erfolgt auch die Umsetzung der EU-Richtlinien in Deutschland. So hat der Deutsche Bundestag die Änderung des Kreditwesengesetzes beschlossen, mit dem Zweck, die Bankenrichtlinie und die Kapitaladäquanzrichtlinie in deutsches Recht umzusetzen.[521] Als Transmissionsmechanismus für die Umsetzung des SRP auf nationaler Ebene wirken die Artikel 22 und 123 der Bankenrichtlinie in den § 25a Abs. 1 KWG hinein, der von den Instituten eine „ordnungsgemäße Geschäftsorganisation" verlangt (Level 1). Unter Berücksichtigung eines weit gefassten Risikomanagementbegriffes fordert der § 25a Abs. 1 KWG von den Instituten ein angemessenes und wirksames Risikomanagement. Auf der nächsten Stufe geht es um die technischen Regelungsdetails. Diese liegen im Zuständigkeitsbereich des Bundesministeriums der Finanzen und werden konkretisiert durch die Solvabilitätsverordnung (SolvV) und die Groß- und Millionenkreditverordnung (GroMiKV) (Level 2).

Die am 14.12.2006 verabschiedete „Verordnung über die angemessene Eigenmittelausstattung von Instituten, Institutsgruppen und Finanzholding-Gruppen (Solvabilitätsverordnung – SolvV)" löste den bisherigen Grundsatz I ab und dient der nationalen Umsetzung der Vorgaben der Bankenrichtlinie und Kapitaladäquanzrichtlinie. Sie konkretisiert die gemäß § 10 Abs. 1 KWG geforderte Angemessenheit der Eigenmittel.[522] Zur Ermittlung der angemesse-

519) Das nach dem EU-Politiker Baron *Alexandre Lamfalussy* genannte Verfahren ist ein Rechtssetzungsverfahren mit maßgeblichem Beitrag zur Integration der europäischen Finanzmärkte. Das Ziel des dreistufigen Lamfalussy-Verfahrens besteht in der Beschleunigung des komplexen und langwierigen regulären EU-Gesetzgebungsprozesses, der Prozess soll transparenter und einfacher werden sowie für Konvergenz bei der Anwendung der europäischen Regelungen sorgen. Vgl. hierzu auch Schiedermair (2007), S. 6. Hinsichtlich des Lamfalussy-Verfahrens zur Regulierung und Überwachung der Finanzmärkte vgl. EZB - Finanzstabilität (2008), S. 88 ff.

520) CEBS ist kein Regulatory Committee, das neue Regeln entwirft, sondern ein sog. Operational Committee. Vgl. Hannemann et al. (2008), S. 7 f.; ebf. Sanio (2006), S. 16.

521) Vgl. hierzu auch Mielk (2007), S. 621 ff.

522) Nach § 10 Abs. 1 Satz 1 KWG müssen Institute, Institutsgruppen und Finanzholding-Gruppen im Interesse der Erfüllung ihrer Verpflichtungen gegenüber ihren Gläubigern, insbesondere im Interesse der Sicherheit der ihnen anvertrauten Vermögenswerte, angemessene Eigenmittel haben. Zur ausführlichen Darstellung der

nen Eigenmittelausstattung von Adressrisikopositionen sieht die SolvV zwei alternative Ansätze vor: Den Kreditrisiko-Standardansatz (KSA – §§ 24 ff. SolvV), der alle Adressrisikopositionen, die nicht im IRBA berücksichtigt werden, erfasst und geringe Anforderungen an die Weiterentwicklung der bankinternen Risikomanagementsysteme stellt, sowie einen auf internen Ratings basierenden Ansatz, den IRBA (§§ 55 ff. SolvV).[523] Bei der Bestimmung der regulatorischen Kapitalanforderungen für Kreditrisiken im IRBA benötigen die Institute drei Risikoparameter eines Schuldners: Die Ausfallwahrscheinlichkeit („Probability of Default" - PD), den über Konversionsfaktoren ermittelten ausstehenden Betrag bei Ausfall („Exposure at Default" - EAD) und die Verlustquote bei Ausfall („Loss given Default" - LGD). Des Weiteren ist die BaFin-Zulassung für die bankinternen Ratingsysteme erforderlich, die die in der Solvabilitätsverordnung festgehaltenen qualitativen und quantitativen Mindestanforderungen erfüllen müssen.[524] Für die Eigenmittelunterlegung von Marktrisiken können Standardverfahren oder weiterhin institutseigene Risikomodelle eingesetzt werden (§§ 294 ff. SolvV). Für die neuen Eigenmittelanforderungen an operationelle Risiken sind drei verschiedene Ansätze zur Ermittlung der Anrechnungsbeträge vorgesehen: Der Basisindikatoransatz (§ 270 f. SolvV), der Standardansatz (§§ 272 ff. SolvV) sowie der fortgeschrittene Messansatz (Advanced Measurement Approach – AMA – §§ 278 ff. SolvV).[525] Im Sinne von § 2 SolvV gelten die Eigenmittel eines Instituts als angemessen, wenn sowohl die Eigenkapitalanforderungen für Adressrisiken und das operationelle Risiko als auch die Eigenmittelanforderungen für Marktrisiken täglich zum Geschäftsabschluss erfüllt sind.[526] Die Großkreditvorschriften setzen ebenfalls Vorgaben der beiden Richtlinien um, mit dem Ziel, eine Konzentration der Kreditvergabe an einen Kreditnehmer zu verhindern und somit maximale kreditnehmerbezogene Verlustrisiken zu begrenzen.[527]

Bestandteile der Eigenmittel sowie der Eigenmittelstruktur und -ausstattung vgl. Cramme (2007), S. 26 ff.; ebf. Hecker (2008), S. 77 ff. Die SolvV ist die zentrale Regelung für die Ermittlung der Mindesteigenmittelanforderungen für Adress- und Marktrisiken sowie erstmals auch für das operationelle Risiko (§ 10 KWG dagegen enthält Regelungen, welche Eigenmittel aufsichtlich anerkannt sind). Die SolvV beinhaltet darüber hinaus auch die nach der dritten Säule von Basel II zu erfüllenden Anforderungen an die Offenlegung nach § 26a KWG. Vgl. Solvabilitätsverordnung (2006); ebf. Solvabilitätsverordnung - Begründung (2006). Für die Prüfung des Meldewesens und der Offenlegung nach der SolvV vgl. DIIR-Arbeitskreis "Basel II" (2008a), S. 186 ff.; ebf. Hartmann (2008), S. 421 ff.

523) Zum Kreditrisiko-Standardansatz vgl. Weiß (2007), S. 62 ff. Für Prüfungsansätze zum KSA vgl. DIIR-Arbeitskreis "Basel II" (2008b), S. 218 ff. Zum IRBA vgl. Cluse/Stellmacher (2005), S. 169 ff.; ebf. Klement/Hahn (2007), S. 86 ff.; ebf. Hartmann-Wendels et al. (2007), S. 539 ff.; ebf. Hofmann (2007), S. 100 ff.; ebf. Rolfes (2008), S. 288 ff. Zum IRBA und dem Problem des opportunistischen Verhaltens von Banken vgl. Humpert (2003), S. 73 ff. Zum IRBA-Zulassungsprozess, zur IRBA-Prüfung sowie zur Validierung von internen Ratingsystemen vgl. Reitz/Martin (2007), S. 116 ff.; ebf. Deutsche Bundesbank (2007c); ebf. Basel Committee - Validation (2005).

524) Vgl. Deutsche Bundesbank (2009), S. 60 f.

525) Zu den operationellen Risiken vgl. Stickelmann (2002), S. 5 ff.; ebf. Kreische (2005), S. 253 ff.; ebf. Rolfes (2008), S. 565 ff.; ebf. Lenzmann (2008), S. 280 ff.; ebf. Deutsche Bundesbank (2009), S. 72 ff. Für Umsetzungsbeispiele in der Bankenpraxis siehe Möller (2005), S. 322 ff.; ebf. Köhne (2005), S. 281 ff.; ebf. Haußwald (2008), S. 67 ff.

526) Vgl. ausführlicher Cramme (2007), S. 53 f.

527) Dagegen basieren die der Transparenz dienenden Millionenkreditvorschriften des KWG und der GroMikV nicht auf europäischen Richtlinien, sondern sind nationalen Ursprungs. Es wird hiermit das Ziel verfolgt, Kreditnehmer mit einer Verschuldung von EUR 1,5 Mio. oder mehr zu erfassen, um zum einen der Banken-

Nach § 26a Abs. 1 KWG muss ein Institut regelmäßig qualitative und quantitative Informationen über sein Eigenkapital, die eingegangen Risiken und seine Risikomanagementverfahren veröffentlichen. Hierfür müssen förmliche Verfahren und Regelungen zur Erfüllung dieser Offenlegungspflichten bestehen. Die näheren inhaltlichen Anforderungen des § 26a KWG werden durch die SolvV geregelt, hier die §§ 319 ff. SolvV (Teil 5 Offenlegung).[528] So sind gemäß § 322 SolvV z. B. die Ziele und Grundsätze des Risikomanagements zu beschreiben, wie Strategien und Prozesse, Struktur und Organisation sowie Art und Umfang der Risikoberichte.[529] Die Anforderungen der SolvV sind prinzipienorientiert und ermöglichen somit den Instituten einen Auslegungsspielraum, der aber nicht missbräuchlich genutzt werden darf, um das Vertrauen der Marktteilnehmer nicht zu zerstören. Für Informationen, die nicht wesentlich, rechtlich geschützt oder vertraulich sind, besteht nach § 26a Abs. 2 KWG hingegen keine Offenlegungspflicht. So findet die Offenlegung ihre Grenzen, wenn z. B. geschäftspolitische Interessen der Banken betroffen sind, wenn durch die Offenlegung die Wettbewerbsposition geschwächt würde oder Detailangaben Rückschlüsse auf Produkte oder Systeme, z. B. interne Ratingsysteme, erlauben würden.

Die Präzisierung der qualitativen Anforderungen, resultierend aus der zweiten Säule des Basler Akkords bzw. des SRP, der europäischen CRD und der rechtlich verbindlichen nationalen Ebene des § 25a Abs. 1 KWG, an ein gesamtbankbezogenes, holistisches Risikomanagement erfolgt dann durch die prinzipienbasierten Mindestanforderungen an das Risikomanagement (MaRisk) (Level 3).[530]

Die drei Säulen des Basler Akkords stehen aber nicht losgelöst nebeneinander, sondern bilden eine verknüpfte Bankenregulierungsarchitektur: So darf ein Institut bestimmte bankindividuelle Verfahren zur Ermittlung der notwendigen Eigenmittelunterlegung (Säule 1) nur dann anwenden, wenn die implementierten Systeme und Prozesse von der Bankenaufsicht geprüft und freigegeben wurden (Säule 2) und/oder das Institut den Finanzmärkten die Grundlagen und Annahmen des Systems im Rahmen ihrer Publizitätspflichten transparent gemacht hat (Säule 3).[531] Für den Zielerfolg von Basel II ist die stringente Beachtung der Interdependenz der drei Säulen von Bedeutung.[532] Die folgende Abbildung C.19 zeigt das 3-Säulen-Konzept der neuen Basler Eigenkapitalarchitektur und die Umsetzung in das nationale Aufsichtsrecht:

aufsicht Einblick in die Kreditstruktur der Anzeigepflichtigen zu verschaffen, zum anderen die Anzeigepflichtigen über die Verschuldung ihrer (potenziellen) Kreditnehmer zu informieren. Vgl. hierzu die Begründung GroMiKV (2007), S. 2.

528) Vgl. ausführlicher Jerzembek/Rosteck (2007), S. 338 ff.

529) Vgl. Loch (2008), S. 29 ff.; ebf. Hosemann/Neisen/Tjiok (2008), S. 117 ff.; ebf. Neisen (2008), S. 361 ff.

530) Vgl. Hannemann et al. (2008), S. 7 f.; ebf. BaFin (2005b), S. 1.

531) Vgl. DIW (2006), S. 17.

532) Vgl. Rodriguez (2003), S. 121.

Abbildung C.19: 3-Säulenkonzept von Basel II

Auch wenn der Basel II-Akkord als ein bedeutender Sprung gegenüber der alten Regelung zu verstehen ist, so sollten aber die dynamischen Kräfte des Marktes auch auf dieses Werk einwirken. Der Akkord ist dann als ein Glied einer Prozesskette zu verstehen, die sich aufgrund der ständigen Veränderungen permanent weiter entwickelt bzw. weiterentwickeln muss, um den jeweils aktuellen Anforderungen gerecht zu werden und letztendlich, um ökonomisch wirksam zu bleiben. Somit ist die Überleitung von Basel II zu Basel III, z. B. aufgrund der aufsichtlichen Anerkennung von Kreditrisikomodellen, letztendlich eine Frage der Zeit. Allerdings sollten in den seit Januar 2007 in Kraft getretenen Eigenkapitalregelungen für Kreditinstitute – unter Berücksichtigung von Übergangsregelungen gilt seit dem 1. Januar 2008 die neue Basler Eigenmittelvereinbarung für alle Institute – zunächst notwendige Anpassungen vollzogen werden, die die aktuelle Finanzmarkt- und Bankenkrise aufgezeigt hat, um diese Schwächen im neuen Eigenkapitalstandard angemessen Rechnung tragen zu können.[533] Diese möglichen Anpassungen sollten sich z. B. in der Säule 1 auf die Überarbeitung bzw. Verschärfung der Kapitalanforderungen für komplex strukturierte Kreditprodukte (Wiederver-

533) Vgl. hierzu auch die Konsultationspapiere des Basel Committee on Banking Supervision vom Januar 2009, „Proposed enhancements to the Basel II framework", BIS (2009), und vom Juli 2008, „Proposed revision to Basel II market risk framework", Basel Committee - Konsultation (2008a), und die „Guidelines for Computing Capital for Incremental Risk in the Trading Book", Basel Committee - Konsultation (2008b); ebf. Sigrist (2008), S. 21 f.; ebf. zur Höhe der Eigenkapitalausstattung deutscher Banken Zeitler (2009), S. 23 ff. Zur Konsultation der Eigenkapitalrichtlinie der EU-Kommission siehe oben, Kapitel C.3.5.3, Fn. 507, S. 204.

briefungen) im IRBA beziehen.[534] Im Rahmen der Säule 2 sollte generell eine Präzisierung der bisherigen, eher allgemein gehaltenen Vorgaben erfolgen, insbesondere hinsichtlich des Reputationsrisikos, des Managements von Konzentrationsrisiken und des Einsatzes von Stresstests sowie der Vergütungs- und Anreizsysteme. Des Weiteren sollte die Fortentwicklung der qualitativen Leitlinien für das Liquiditätsmanagement mit einer stärkeren Fokussierung auf die Rolle des Managements („governance“), der Notfallplanung sowie einer angemessenen Liquiditätsreserve eingearbeitet werden.[535] Außerdem sollten sich mögliche Anpassungen in der Säule 3 auf erweiterte Offenlegungspflichten von Verbriefungstransaktionen beziehen.[536]

Qualitative Bankenaufsicht

Eine zentrale Neuerung des SRP ist die *qualitativ* orientierte Bankenaufsicht, die statt einen mit Detailvorgaben verbundenen regelbasierten jetzt einen prinzipienbasierten Ansatz als Grundlage hat. Im Allgemeinen wird als *Prinzip* ein Grundsatz oder eine Richtschnur bezeichnet, die einer Sache zugrunde liegt bzw. nach der etwas wirkt und Gestaltungsspielräume für Umsetzungsalternativen eröffnet.[537] Definiert man die qualitativ orientierte Bankenaufsicht als ein Normensystem, das nicht primär auf quantitative Größen abstellt, sondern das auf der Bewertung von Strukturen und Prozessen basiert, so kann qualitative Bankenregulierung auch als diskretionäre Regulierung bezeichnet werden, da für die Beurteilung der Angemessenheit der Prozesse und Strukturen ein Interpretationsspielraum notwendig ist.[538] Letzterer lässt die Detail getreue Umsetzung von Gesetzen in den Hintergrund rücken, und dient primär dazu, dem ökonomischen Sinn und Zweck der inhaltlichen Anforderung Rechnung zu tragen.[539] Diese veränderten Aufsichtsprinzipien durch den Basel II-Akkord führen auch dazu, dass das eher quantitativ geprägte deutsche Aufsichtsrecht sich stärker den qualitativ orientierten anglo-amerikanischen Aufsichtsprinzipien nähert. Letztere sind risikofokussiert, u. a. durch Vor-Ort-Überprüfungen gekennzeichnet, sowie stärker auf die Beurteilung der Risikocontrolling- und -steuerungsprozesse sowie der internen Kontrollstrukturen ausgerichtet. Somit steht

---

534) Vgl. Remsperger (2008c), S. 15. D. h., die Anpassung von Konversionsfaktoren für Liquiditätsfazilitäten, die Anpassung der Kapitalunterlegung für Wiederverbriefungen im Handelsbuch an die Regelungen im Bankbuch und erhöhte operationellen Anforderungen zur sorgfältigen Kreditprüfung.

535) Vgl. insbesondere zum Liquiditätsrisiko Basel Committee (2008); ebf. Zeranski/Geiersbach/Walter (2008), S. 369 ff. Im Fokus von Basel II stand im Wesentlichen die risikogerechte Eigenmittelunterlegung von Kredit- und operationellen Risiken, sodass die *„Behandlung des ebenso wichtigen Elements Liquidität etwas in den Hintergrund“* rückte. Vgl. Sigrist (2008), S. 20 f.

536) Was den Stand der nationalen Implementierung von Basel II – hier der Kapitalanforderungen der Säule 1 – betrifft, so wurden von der Deutschen Bundesbank insgesamt 62 Zulassungsprüfungen für den Basis IRBA (37) und den fortgeschrittenen IRBA (25) bislang durchgeführt, mit dem Ergebnis, dass insgesamt 45 Anträge zugelassen wurden (Basis IRBA: 31, fortgeschrittener IRBA: 14). Trotz der auf den ersten Blick gering erscheinenden absoluten Antragszahlen, ist zu berücksichtigen, dass diese Institute einen Abdeckungsgrad von rund 65 v. H. der gesamten Bilanzsumme aller deutschen Kreditinstitute haben (Stand: Dezember 2007). Vgl. hierzu Loeper (2008), S. 3 ff.; ebf. Deutsche Bundesbank (2009), S. 69.

537) Vgl. Hannemann et al. (2008), S. 19.

538) Vgl. Börner (2003), S. 337.

539) Vgl. Börner (2003), S. 337.

z. B. die Beurteilung der Angemessenheit der Eigenkapitalausstattung, die Qualität der Bankassets und des Managements mehr im Vordergrund.[540]

Zwar ist mit Basel II auch ein Quantensprung in der Risikomessung gelungen, insbesondere bei den Ansätzen zur Quantifizierung des Kreditrisikos und des operativen Risikos, da neben standardisierten Erfassungskonzepten auch fortgeschrittene, interne Modelle von den Banken eingesetzt werden dürfen. Aber die quantitative Ebene allein reicht für eine effektive Bankenaufsicht nicht aus, sodass die bankinternen Risikomessverfahren zwar ein notwendiges, aber für sich allein kein hinreichendes Element eines wirksamen Risikomanagements darstellen.[541]

Die qualitative Bankenaufsicht ist stark geprägt von zwei wesentlichen Elementen. Zum einen bedeutet qualitative Aufsicht für Kreditinstitute und Aufseher ein erhebliches Mehr an Kommunikation.[542] Zum anderen ist die Entwicklung und Qualitätssicherung von Aktivitäten und Prozessen sowie die hiermit verbundenen Gestaltungsspielräume ein weiteres tragendes Element der qualitativen Bankenaufsicht. So weisen die MaRisk eine Vielzahl von Öffnungsklauseln auf, die die Kreditinstitute individuell und angemessen nutzen können und somit vielfältige Gestaltungsspielräume eröffnet bekommen. Diese Deregulierung bedeutet auch eine Ausweitung der Eigenverantwortung der Kreditinstitute.[543] Damit die Institute bei der Auslegung von unbestimmten Rechtsbegriffen des § 25a Abs. 1 KWG nicht sich selbst überlassen sind, geben die MaRisk Rahmenvorgaben, die von den Instituten eigenverantwortlich zu füllen sind. Diese verdeutlichen die Auffassung der Bankenaufsicht für die Einrichtung von angemessenen institutsinternen Leitungs-, Steuerungs- und Kontrollprozessen sowie der angemessenen Einbindung des Aufsichtsorgans. Durch dieses Vorgehen erlangen die Institute insgesamt eine größere Transparenz hinsichtlich der Erwartungen der Aufsicht und es wird die Gefahr willkürlicher bankaufsichtlicher Maßnahmen durch extrem weit gefasste Ermessensspielräume weitestgehend eingeschränkt.[544] Die Möglichkeiten zur institutsindividuellen Angemessenheit konkretisieren sich in den umfangreichen *Öffnungsklauseln* der MaRisk, die somit den flexiblen, angemessenen Ansatz ermöglichen.[545]

Die bankaufsichtlichen Mindestanforderungen der Vergangenheit waren auf die bankinternen Teilbereiche Handelsgeschäft (MaH), Interne Revision (MaIR) und Kreditgeschäft

540) Vgl. zu Prüfungs- und Auskunftsrechten der laufenden Banküberwachung in den Vereinigten Staaten von Amerika die Ausführungen von Mishkin (2007), S. 284 ff.; ebf. Träm (2006), S. 218 ff.

541) So auch *Helmut Bauer*, der in der Analyse der ermittelten Risikomessgrößen „*nicht einmal die halbe aufsichtliche Miete*" sieht, sondern das letztendlich die Ordnungsmäßigkeit der Betriebs- und Geschäftsabläufe, der bankinternen Leitungs- und Steuerungsgrößen, der Internen Kontrollsysteme und des Risikomanagements entscheidend ist. Denn nur dann „*kann man darauf vertrauen, dass die Risikosituation eines Instituts durch das Zahlenwerk zuverlässig abgebildet wird*". Vgl. Bauer (2004), S. 8.

542) Vgl. Englisch (2008), S. 80.

543) Vgl. Lüders/Weber (2006), S. 65 ff.; ebf. Bafin (2005d).

544) Andererseits würden zu starre Regelungen den dynamischen Entwicklungen in der Bankenindustrie bzw. den laufenden Fortentwicklungen der internen Verfahren nicht gerecht und nicht zielführend sowie der heterogenen Struktur des Bankensektors nicht ausreichend Rechnung tragen. Vgl. hierzu BaFin (2004a), S. 3.

545) Insofern kann bei den MaRisk auch nicht von einem „*one size fits all*"-Anspruch gesprochen werden. Vgl. auch BaFin (2005a); ebf. Günther/Serafin (2008), S. 35 ff.

(MaK) fokussiert und es gab aufgrund der unterschiedlichen Erscheinungszeitpunkte Schnittstellenprobleme und Redundanzen. Dagegen verfolgen die MaRisk einen integralen Ansatz.[546] Sie sind durch einen terminologischen Gleichklang mit § 25a Abs. 1 KWG geprägt und als norminterpretierende Verwaltungsvorschrift desselben zu verstehen.[547] Die Begriffshierarchie der MaRisk und die Struktur eines Risikomanagementsystems verdeutlicht die folgende Abbildung C.20:

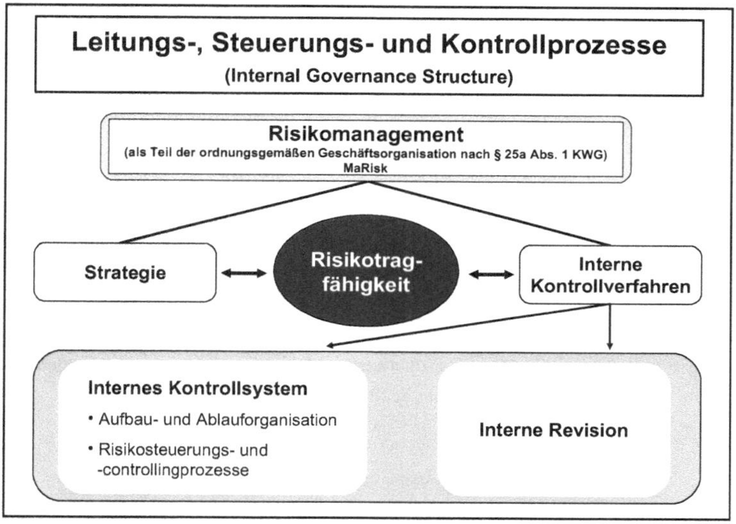

Abbildung C.20: Hierarchie der MaRisk-Begriffe

Der weite Risikomanagementbegriff des § 25a Abs. 1 KWG spiegelt sich zwangsläufig in den MaRisk wider. Den Ausgangspunkt des Risikomanagements bildet die Ermittlung der Risikodeckungsmassen auf der einen Seite und dem Risikokapital, i. S. des ökonomischen Kapitals, auf der anderen Seite. Auf dieser Basis sind von der Geschäftsleitung zum einen Strategien festzulegen, deren Detaillierungsgrad abhängig ist von Umfang, Komplexität und Risikogehalt der geplanten Geschäftsaktivitäten. Zum anderen sind angemessene Interne Kontroll-

546) Vgl. zur Entwicklung und zur Kurzdarstellung der einzelnen Mindestanforderungen Stützle (2006), S. 11 ff.; für einen Vergleich der Altregelungen MaH und MaK mit den MaRisk siehe Wohlert (2006), S. 30 ff.; ebf. BaFin (2005b), S. 2.

547) Die MaRisk sind „*reines Innenrecht*" der Bankenaufsicht. Vgl. Sanio (2007), S. 78 f. Die BaFin veröffentlichte mit Schreiben vom 20. Dezember 2005 die finale Fassung der MaRisk, vgl. BaFin - MaRisk (2005); ebf. BaFin (2005c), die zwischenzeitlich, insbesondere zum Thema Outsourcing, aktualisiert wurden, vgl. BaFin - MaRisk (2007). Der ersten Veröffentlichung ist ein zehnmonatiger Konsultationsprozess vorausgegangen. Dieser Prozess war verbunden mit Beratungen durch das Fachgremium MaRisk, dem Experten aus Industrie, Prüfungswesen, Verbandsvertreter und Aufseher angehörten.

verfahren zu installieren, deren Regelungen zur Aufbau- und Ablauforganisation sowie die Einrichtung von Risikosteuerungs- und -controllingprozessen hinsichtlich Art, Umfang, Komplexität und Risikogehalt der Geschäftsaktivitäten entsprechen müssen.

Vor dem Hintergrund der abgeleiteten Internal Governance-Definition, sollte aus der Sicht des Verfassers bei dem ganzheitlichen, integralen Ansatz der MaRisk alternativ stärker von Leitlinien für eine angemessene Ausgestaltung der internen Corporate Governance eines Kreditinstituts gesprochen werden. Denn die Qualität der internen „governance arrangements", also der angemessenen Leitungs-, Steuerungs- und Kontrollprozesse, rückt immer stärker in den Fokus der Bankenaufseher und erlangt somit auch eine geänderte Bedeutung für die Interne Revision und das Überwachungsorgan. So muss z. B. für die Interne Revision die Notwendigkeit risikoorientierter Prüfungshandlungen noch deutlicher als in der Vergangenheit zum Ausdruck kommen. Darüber hinaus gewinnt die integrale Sichtweise eine herausgehobene Stellung, insbesondere unter Berücksichtigung der mit der qualitativen Betrachtung verbundenen Ermessensspielräume. Denn die isolierte Optimierung *eines* Elements ist zwar notwendig, aber für die Effektivität der Corporate Governance allein nicht hinreichend. Dieser notwendige Schritt muss im Kontext und unter Berücksichtigung von effektiven Schnittstellen mit *allen* Elementen des internen Überwachungssystems erfolgen. Erst wenn alle internen Elemente ein komplementäres, auf strategische Ziele ausgerichtetes Gesamtbild ergeben, kann von effektiven und effizienten Internal Governance-Mechanismen gesprochen werden, die die notwendigen und hinreichenden Elemente beinhalten.

3.5.4 Regelkreislauf des Risikomanagements

„Risk management is becoming a key issue in financial management. ... Good risk management creates a key competitive advantage, ..."[548]

Die Risikosteuerungs- und -controllingprozesse einer Bank müssen gewährleisten, dass ihre wesentlichen Risiken *„frühzeitig erkannt, vollständig erfasst und in angemessener Weise dargestellt werden können"*.[549] Werden die wesentlichen Risiken nicht zeitnah identifiziert, kann dies zu einer erheblichen Qualitätsbeeinträchtigung der Risikosteuerungs- und controllingprozesse führen, mit der Folge, dass die der Identifizierung folgenden Prozessstufen – nach § 25a Abs. 1 Satz 3 Nr. 1b KWG bzw. den MaRisk sind dies die Beurteilung, Steuerung, Überwachung und Kommunikation – nur eingeschränkt wirksam werden können.[550] Das Risikomanagement in Banken ist als ein interdependenter, dynamischer Prozess in einem Regelkreislauf zu verstehen, insbesondere zwischen dem Überwachungsorgan, der Unternehmensführung, dem Risikocontrolling und -management sowie der Internen Revision, der sich über alle Unternehmensebenen spannen muss. Das Risikomanagement im *engeren* Sinn beschäftigt sich mit der Steuerung der gesamten von dem Kreditinstitut bewusst übernommenen Risiko-

548) Vgl. Penza/Bansal (2001), S. 13.

549) Vgl. BaFin - MaRisk (2007), AT 4.3.2 Tz. 2. Zum aktuellen Stand der bankinternen Risikosteuerung in Deutschland wird auf die Untersuchung der Deutschen Bundesbank verwiesen; vgl. Deutsche Bundesbank (2007a), S. 57 ff.

550) Vgl. Hannemann et al. (2008), S. 171 ff.

positionen. Dies erfolgt im Rahmen des operativen Risikomanagements durch den Aufbau oder Abbau von Positionen in Kassatiteln oder Derivaten mit dem Ziel, der Ertragsrealisierung bei kontrollierter Risikobegrenzung.[551] Dagegen beinhaltet das Risikomanagement im *weiteren* Sinn neben der Risikosteuerung auch das Risikocontrolling mit seinen Aufgaben der Risikoidentifizierung, -bewertung und -messung sowie die Risikokontrolle und Kommunikation. Darüber hinaus wird vom Risikocontrolling die strategische Risikoallokation (Limitsystem) vorbereitet.[552]

Risikomanagementprozess

Der Prozess des Risikomanagements lässt sich grob in die integrativen Stufen der Risikoanalyse, der -steuerung und der -kontrolle systematisieren:

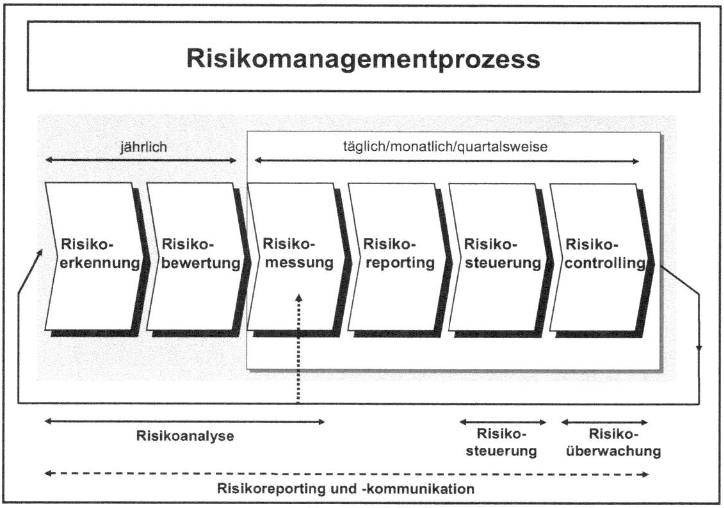

Abbildung C.21: Prozess des Risikomanagements

Den Ausgangspunkt des Risikomanagementprozesses bildet die sog. *Risikoanalyse*, die die Risikodefinition, -identifizierung und -bewertung sowie die Risikomessung umfasst. Die Risikodefinition bezieht sich auf die banktypischen Risiken, die bei Kreditinstituten aus deren originären Transformationsfunktionen resultieren. Nicht die Existenz von Risiken per se zwingt zur weiteren Auseinandersetzung im Risikomanagementprozess mit den einzelnen Risikokategorien, sondern es ist auf den Aspekt der Wesentlichkeit abzustellen. Die Geschäftsführung des Kreditinstituts muss also zunächst untersuchen, welche Risiken sie für wesentlich

551) Vgl. Rudolp/Johanning (2000), S. 17; ebf. Schierenbeck (2008), S. 526 ff.
552) Vgl. Rudolp/Johanning (2000), S. 17 f.

hält. Die Kriterien und die jeweiligen Begründungen sind für Dritte nachvollziehbar zu dokumentieren. Die gesamten banktypischen Risiken können wie folgt dargestellt werden:

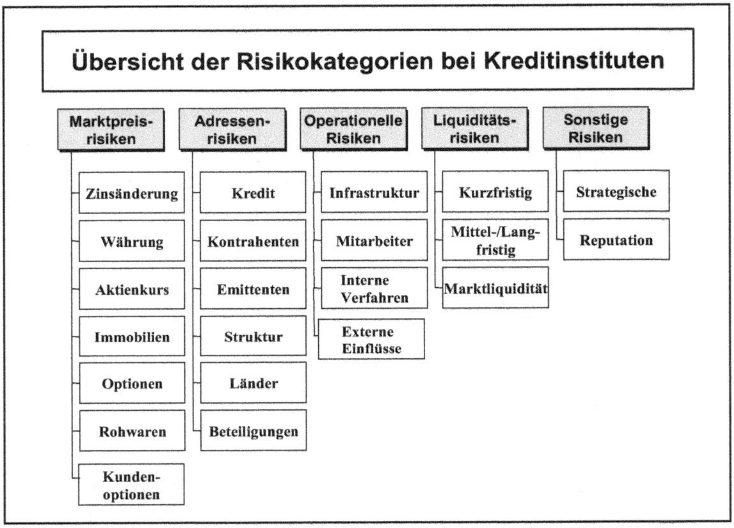

Abbildung C.22: Risikokategorien bei Kreditinstituten

Nach *Schierenbeck* können die Risikokategorien weiter in das dichotomische Begriffspaar Finanzrisiken und operationelle Risiken unterteilt werden.[553] Während Finanzrisiken sich auf sämtliche Risiken des Wertbereiches einer Bank beziehen, umfassen die operationellen Risiken die operativen und strategischen Risiken. Die Risiken des Wertbereichs können weiter in Erfolgsrisiken, die auch als (Eigenkapital-) Verlustrisiken bezeichnet werden, und die sich aus der Fristigkeitsstruktur ergebenden Liquiditätsrisiken (Abruf-, Termin- oder Liquiditätsanspannungsrisiko) unterschieden werden. Sowohl Erfolgs- als auch Liquiditätsrisiken können sich aus bilanzwirksamen sowie aus außerbilanziellen Geschäfte (Termin-, Swap- und Optionsgeschäften) ergeben.

Mit der Risikodefinition und Bestimmung der wesentlichen Risiken eng verbunden sind die nächsten Schritte der Identifizierung und Quantifizierung der Risikopotenziale, denen im Rahmen des Risikomanagements, insbesondere im Hinblick auf das Risikotragfähigkeitskalkül, eine wesentliche Funktion zukommt.[554] Denn simulierte bzw. berechnete Gesamt-Risikopotenziale eines Kreditinstituts müssen kleiner als die Summe der verfügbaren Risikodeckungsmassen sein. Korrelationen zwischen den unterschiedlichen Risikokategorien können

553) Finanz- und operationelle Risiken können in Form von Transaktionsrisiken oder als Positionsrisiken auftreten. Vgl. Schierenbeck (2008), S. 4 ff.

554) Vgl. Rolfes (2008), S. 53 ff. Siehe auch unten, Abbildung C.26, S. 225.

bei der Risikoquantifizierung berücksichtigt werden. Allerdings machen die MaRisk keine konkreten Verfahrensvorgaben zur Risikomessung. Die eingesetzten Verfahren sollten aber die Eigenschaft der Kohärenz besitzen, d. h.:[555]

- Eine Verdoppelung, der eingesetzten risikobehafteten Anlagen, hat eine Verdoppelung des Risikomaßes zur Folge („positive Homogenität").
- Ein Mehr an Risiko bedeutet ein höheres Risikomaß („Monotonie").
- Die Summe der Risikomaße von zwei einzelnen risikobehafteten Anlagen ist größer oder gleich dem Risikomaß eines Portfolios aus zwei risikobehafteten Anlagen („Subadditivität" bzw. „Diversifikation").
- Eine zusätzliche Investition in eine risikolose Anlage reduziert das Risikomaß („Translationsvarianz").

Ein Verfahren wird als kohärent bezeichnet, wenn es diese Eigenschaften besitzt.

In einem ersten Schritt muss die Geschäftsführung eines Kreditinstituts sich im Rahmen einer systematischen Ertrags- und Risikosteuerung auf Gesamtbankebene auf ein gemeinsames Risikokonzept einigen. Die hierbei verwendeten Risikomaße beschreiben das Risiko, das eine Verteilung möglicher Zahlungsströme besitzt. Die beiden folgenden unterschiedlichen Konzepte stehen grundsätzlich zur Verfügung:[556]

- *Symmetrische* Risikomaße, wie *Varianz* σ^2 und *Standardabweichung* σ, die alle Werte der Verteilung in die Berechnung einbeziehen und Abweichungen vom Mittelwert in beide Richtungen gleich bewerten.
- *Downside*-Risikomaße, wie *Lower Partial Moments* (LPM), Conditional-Value at Risk (Expected Shortfall – ES) oder der momentan im Bankenbereich sehr verbreitete *Value at Risk* (VaR), die nur Werte eines geeignet definierten unteren Teils der Verteilung einbeziehen, d. h., die niedrigsten Werte z. B. unterhalb des Mittelwertes.[557]

Weil der VaR-Ansatz sich sowohl im Bankenmanagement als auch in der Bankenregulierung etabliert hat, soll er kurz näher erläutert werden.[558] Der Value at Risk ist definiert als der

555) Vgl. Hannemann et al. (2008), S. 131; ebf. Wehn (2008), S. 221 f.

556) Vgl. hierzu ausführlicher Hartmann-Wendels et al. (2007), S. 328 ff. Die Risikoquantifizierungsverfahren sind dynamischer Natur und wurden im Zeitverlauf weiterentwickelt: Waren es ursprünglich noch einfache Indikatoren, so entwickelten sich im Laufe der Zeit z. B. für das Marktrisiko *„more complex measures of price sensitivities such as the duration and convexity of a bond, to the latest methodologies for computing VaR numbers"*. Vgl. Crouhy et al. (2001), S. 179 f.

557) Der Conditional-VaR entspricht dem möglichen Verlust, der bei einer Überschreitung des VaR zu erwarten ist und lässt sich als Mittelwert der den VaR überschreitenden Szenarien messen. Eine weitere Variante des VaR ist der Earnings at Risk (EaR), der statt Marktwertschwankungen die Schwankungen von Periodenerfolgsgrößen betrachtet. Vgl. hierzu und zu szenariobasierten Risikomaßen Hänselmann/Wilderotter (2008), S. 166.

558) Hierzu schrieb die EZB bereits im Jahr 2002, dass *„in the area of market risk, the value-at-risk (VaR) concept has become the industry standard, and VaR is now also widely accepted by bank supervisors as a technique for calculating regulatory capital requirements"*. Vgl. EZB (2002), S. 29. Allerdings sind VaR-basierte Kreditrisikomodelle zur Eigenkapitalermittlung von der Bankenaufsicht zur Berechnung der Eigenmittelausstattung noch nicht akzeptiert, sondern befinden sich aktuell nur im bankinternen Risikomanagement im Einsatz. Nach dem Präsidenten der BaFin, *Sanio*, wird die aufsichtliche Anerkennung von bankinternen Kreditrisikomodellen nicht vor Basel IV erfolgen. Vgl. Sanio (2006), S. 18.

geschätzte, maximale in Geldeinheiten ausgedrückte Wertverlust einer Einzelposition oder eines Portfolios, der unter üblichen Marktbedingungen innerhalb eines festgelegten Zeitraums mit einer bestimmten Wahrscheinlichkeit eintreten kann.[559] Die auf beobachteten oder simulierten Marktschwankungen der Risikoparameter basierende VaR-Berechnung, setzt die Festlegung von bestimmten Einflussfaktoren voraus.[560] So sind von dem Kreditinstitut für die Parametrisierung das entsprechende Konfidenzniveau, die Haltedauer, der Beobachtungszeitraum und Annahmen zur Aggregation sowie – je nach Risikokategorie – weitere Marktfaktoren (Volatilitäten, Korrelationen, Migrationsmatrix) zu definieren, die auch konsistent mit der bankeigenen Risikostrategie sein müssen.[561] Für die Quantifizierung des VaR stehen folgende Gesamtmodelle zur Verfügung: Als nicht parametrischer Ansatz die Historische Simulation (Simulationsverfahren ohne Verteilungsannahmen), und als parametrische Ansätze der Varianz-Kovarianz-Ansatz, mit multivariat normalverteilten Marktrisikofaktoren und einem Portfolio, das eine lineare Funktion der Risikofaktoren ist, sowie die Monte-Carlo-Methode (Simulationsverfahren mit Verteilungsannahmen).[562] Die VaR-Ergebnisse werden durch die gesetzten Parameter, die Datenqualität, insbesondere der Qualität der Datenhistorien und auch durch die Wahl der unterschiedlichen Rechenverfahren beeinflusst. Diese Komponenten müssen sowohl bei der Risikosteuerung, im Risikotragfähigkeitskalkül und auch im Rahmen der prozessabhängigen Risikokontrolle berücksichtigt werden.[563]

Die folgende Abbildung C.23 zeigt für stetige Verteilungen die kumulierten Häufigkeiten von Marktwertänderungen und eine Normalverteilung, die mittels der sog. Standardisierung (bzw. z-Transformation) in eine Standardnormalverteilung transformiert wurde.[564] Normalverteilungen oder *Gauß-Verteilungen* sind symmetrisch, unimodal und glockenförmig. Für den Mittelwert μ gilt dann $\mu = 0$ und für die Standardabweichung $\sigma = 1$. Die Dichtekurve der Standardnormalverteilung lautet:

$$\phi(z)=\frac{1}{\sqrt{2\pi}}\exp\left(-\frac{z^2}{2}\right).$$

Bei dem VaR handelt es sich um ein Quantil der Verlustverteilung. Der entsprechende z-Wert zu dem einseitigen Konfidenzniveau von 95 % bzw. zum 5 %-Quantil beträgt z = -1,64. Wenn der Verlust als Abstand zum Erwartungswert μ gemessen wird, so gilt für den VaR:

$$VaR_{0,95} = -1{,}64 * \sigma.$$

559) Vgl. Schulte-Mattler/Gaumert (2008), S. 32 ff.; ebf. Schierenbeck (2008), S. 16 f.; ebf. Jorion (2001), S. 19.

560) Als Datenquellen kommen in der Praxis zum tragen: Historische Werte, strukturierte Werte bei der Simulationstechnik der Monte-Carlo-Simulation oder implizite Volatilitäten. Vgl. hierzu Rolfes (2008), S. 97 f.

561) Vgl. Wehn (2008), S. 231 ff.

562) Vgl. für eine ausführliche Darstellung der Parametrischen Verfahren und Simulationsverfahren Crouhy et al. (2001), S. 196 ff.; ebf. Deutsch (2004), S. 375 ff.; ebf. Knöchlein/Tretter (2007), S. 68 ff.; ebf. OENB - VaR (1998), S. 85 ff.

563) Vgl. zu den Unterschieden bei den Algorithmen der Berechnungsverfahren Hartmann-Wendels et al. (2007), S. 334 ff.

564) Vgl. zu den statistischen Grundlagen für Dichtekurven und Normalverteilungen Fahrmeir et al. (2007), S. 87 ff.

Mit einer Wahrscheinlichkeit von 95 % wird ein maximaler Verlust von 1,64 folglich nicht überschritten. Dies verdeutlicht die Abbildung C.23:

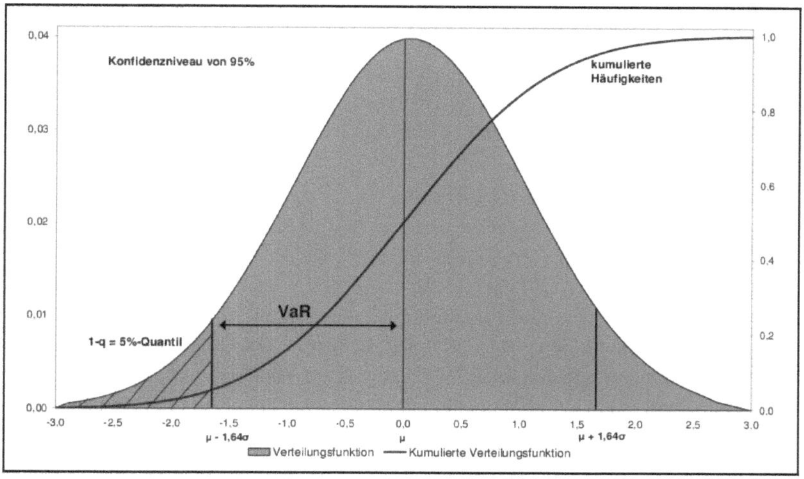

Abbildung C.23: Dichtefunktion einer Normalverteilung und VaR

Seine Dominanz in der Praxis verdankt der VaR-Ansatz insbesondere der Tatsache, dass er ein „*guter Kompromiss zwischen theoretischer Exaktheit und praktischer Anwendbarkeit*" ist.[565] Der VaR ist in der Literatur aber wegen seiner methodischen Schwächen, z. B. ein Mangel an intertemporaler Risikostreuung, nicht unumstritten.[566] So hat der VaR des Weiteren den Nachteil, dass er kein kohärentes, insbesondere kein subadditives Risikomaß darstellt, da die Summe der Einzel-VaR von Teilportfolien kleiner als der Gesamt-VaR des Oberportfolios sein kann.[567] Außerdem werden die Maßzahlen, die den Verlustverteilungen der VaR-Berechnung zugrunde liegen (Erwartungswert und Varianz), aus relativ kurzen historischen Zeitreihen abgeleitet. Treten außergewöhnliche Ereignisse ein, können sich diese Maßzahlen sowie die Korrelationen gravierend ändern. Dies stellt die Notwendigkeit von Stresstests in den Vordergrund, um die hieraus resultierenden Ergebnisveränderungen mit Risikokapital abdecken zu können. Die Erfassung von Risiken mit Hilfe mathematisch-statistischer Modelle wird die

565) Vgl. Hänselmann/Wilderotter (2008), S. 167.

566) Vgl. hierzu ausführlicher Hannemann et al. (2008), S. 179; ebf. Hartmann-Wendels et al. (2007), S. 331 f.; ebf. Franke (2000), S. 54 ff.; ebf. Pfingsten et al. (2000), S. 86 ff. Eine weitere Schwäche ist darüber hinaus, dass das VaR-Konzept keine spezifischen theoretischen Annahmen über das Marktverhalten benötigt, mit der Folge, dass „*a good amount of judgement and subjectivity is required to implement VaR-based risk measurement systems. The choice of different models describing the market behavior leads to results that can be, and often actually are, dramatically different form each other.*" Zu den Grenzen das VaR-Ansatzes vgl. auch Penza/Bansal (2001), S. 285 ff., die ihre Darstellungen zur VaR-Methodik mit der Erkenntnis beenden, dass „*no amount of sophisticated analytics will replace experience and professional judgement in managing risk*". Zu den Modellrisiken im Allgemeinen vgl. EZB - Finanzstabilitätsbericht (2007), S. 114 f.

567) Vgl. Hänselmann/Wilderotter (2008), S. 165; ebf. Wehn (2008), S. 222.

Komplexität der Realität aber nie vollständig abbilden können. Verstärkte Szenariobetrachtungen und regelmäßige Überprüfungen der Modellannahmen hinsichtlich ihres Aussagegehalts werden auch aufgrund der aktuellen Bankenkrise einen neuen Stellenwert im Risikomanagement erhalten müssen. Letztendlich unterliegen aber alle modelltechnischen Verbesserungen der Restriktion, dass die zugrunde liegenden Bedingungen und Annahmen von den Entscheidungsträgern und Mitgliedern des Überwachungsorgans verstanden und richtig interpretiert werden müssen, damit die Risiken kontrolliert eingegangen werden und für das Kreditinstitut tragbar sind.[568]

Adressenrisikomanagement und -controlling

Das gesamtbankorientierte Risikomanagement für das Kreditgeschäft umfasst die Einzelkreditebene und das Kreditportfolio. Die Einzelkreditbepreisung baut bei Sparkassen und Genossenschaftsbanken in der Regel auf Rating- und Scoringverfahren auf, als Alternative zum Optionspreisansatz, deren Bonitätskennziffern bzw. Ausfallwahrscheinlichkeiten die Grundlage für eine risikoadjustierte Bepreisung („pricing") bilden.[569] Die Berechnung der risikoadjustierten Bonitätsprämien beinhaltet die Erfassung der erwarteten Verluste („expected loss") unter Berücksichtigung von Wertänderungen und eine Risikokapitalverzinsung für das Vorhalten von ökonomischem Kapital, also eine Verzinsung des unerwarteten Verlustes („unexpected loss").[570] Hiermit wird eine risikoadjustierte Ableitung der Bonitätsprämie eröffnet, die die individuelle, differenzierte Situation der Kreditnehmer – im Gegensatz zur Standardkalkulation – berücksichtigt (Abbildung C.24):

568) Vgl. Hannemann et al. (2008), S. 133, ebf. Hildebrand (2008), S. 15.

569) Weitere Faktoren bei der Bonitätsprämienbestimmung sind die zur Verfügung gestellten Kreditsicherheiten, die Tilgungsmodalitäten, die Kreditlaufzeit und die aus den Einzelratings gewonnene Migrationsmatrix. Zum Konzept der risikoadjustierten Bepreisung von Krediten vgl. Haun/Kaltofen (2008), S. 64 ff.; ebf. Becker/Gruber (2008), S. 224 ff.; ebf. Suyter (2006), S. 235 ff.; ebf. Abendroth (2005), S. 75 ff.

570) Der erwartete Verlust ist das Produkt aus der erwarteten Forderungshöhe zum Ausfallzeitpunkt („Exposure at Default" - EAD), der Ausfallwahrscheinlichkeit („Probability of Default" - PD) und der Verlustquote bei Ausfall („Loss given Default" - LGD).

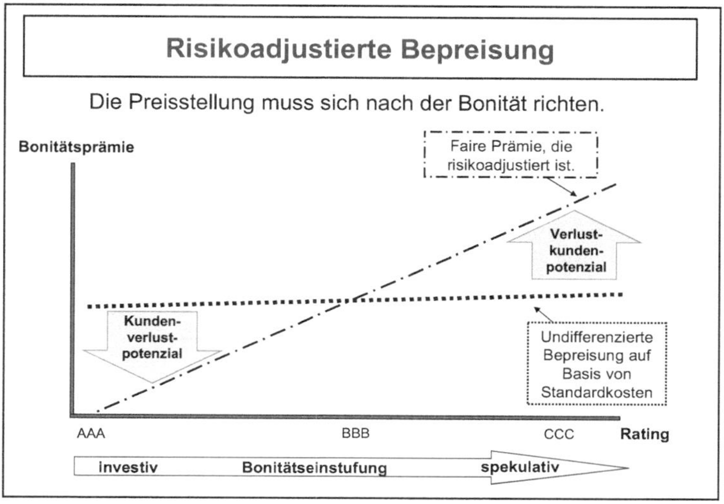

Abbildung C.24: Risikoadjustierte Bepreisung

Ein von Bonitätsnoten unabhängiges Pricing im Kreditgeschäft unterliegt dem Problem der adversen Selektion und würde bei Nichtbeachtung im Zeitverlauf zu einer Abwanderung von Kunden mit guter Bonität führen (Kundenverlustpotenzial), während Kunden mit schlechter Bonität zuwandern, da ihre Bonitätsprämie unter dem notwendigen Risikoaufschlag liegt (Verlustkundenpotenzial). Dieser Effekt wirkt sich auch negativ auf die Kreditportfoliostruktur aus.

Die Kreditportfoliosteuerung beinhaltet die Risikoaggregation mittels Kreditrisikomodellen, wie z. B. CreditRisk+ (CR+) von Credit Suisse Financial Products, CreditMetrics (CM) von J. P. Morgan oder CreditPortfolioView (CPV) von McKinsey & Company, und die Risikosteuerung des Kreditportfolio durch den Einsatz von Kreditderivaten[571]. Die Risikomessung von Kreditportfolien quantifiziert die *unerwarteten* Verluste, die über die erwarteten Wertänderungen aufgrund von Bonitätsverschlechterungen oder Ausfällen von Kreditnehmern hinausgehen.[572] Mit Hilfe von Kreditrisikomodellen wird auf Basis von statistisch-mathemati-

571) Vgl. Schierenbeck (2008), S. 158 ff.; ebf. Hänselmann/Wilderotter (2008), S. 168 f.; ebf. Hartmann-Wendels et al. (2007), S. 478 ff.; ebf. Basel Committee - Kreditrisikomodelle (1999), ebf. OENB - Kreditrisikomodelle (1998), S. 72 ff. CPV erlaubt zwei Optionen zur Simulation des ökonomischen Zustands eines Risikosegments (Branchensektor): Bei CPV-Makro bilden die geschätzten künftigen Ausfallraten der Risikosegmente aufgrund makroökonomischer Beobachtungen diese Kriterien; bei CPV-Direct werden die künftigen Ausfallraten aus beobachteten Ausfallzeitreihen abgeleitet. CPV-Direct wurde Ende der 1990-er Jahre in Zusammenarbeit mit dem DSGV entwickelt, um den Anforderungen der Sparkassenorganisation gerecht zu werden.

572) Vgl. zu den Schadensverteilungen aus Kreditrisiken Hamerle (2000), S. 474 ff. Zur Bedeutung von Korrelationseffekten, insbesondere Ausfallkorrelationen bei Kreditrisikomodellen, vgl. Wahrenburg/Niethen (2000),

schen Methoden eine Portfolioverlustverteilung simuliert, aus der ein VaR abgeleitet werden kann.[573] Hierbei stellt die Berücksichtigung der gegenseitigen wirtschaftlichen Abhängigkeiten (Korrelationen) der berücksichtigten Kreditengagements eine hohe Herausforderung an das Modell dar, um die Portfoliokonzentration bzw. -diversifikation angemessen zu modellieren.[574] Bei CPV-Direct, das Kreditrisikomodell der Sparkassenorganisation, ergibt die Häufigkeitsverteilung über alle Ausfallszenarien die Verlustverteilung des Kreditportfolios. Der VaR ist dann durch die Differenz aus dem q-Quantil und den erwarteten Verlusten gegeben.[575] Im Gegensatz zu den normalverteilten Renditen des Marktportfolios sind die Renditeverteilungen von Kreditportfolien nicht symmetrisch, sondern stark rechtsschief, d. h., einem hohen Verlustpotenzial stehen nur beschränkte Gewinnmöglichkeiten gegenüber (Abbildung C.25):[576]

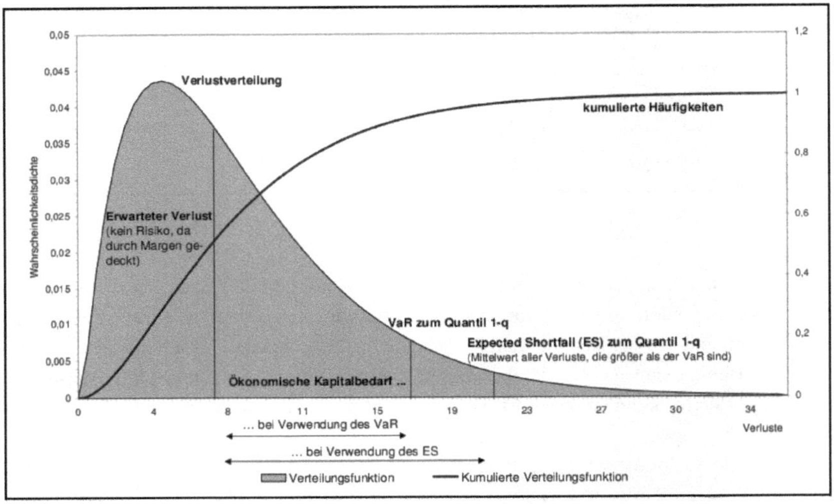

Abbildung C.25: Verlustverteilung für das Kreditportfolio

S. 495 ff.

573) In der Literatur wird in Analogie zum VaR-Konzept für Marktrisikofaktoren auch von einem Credit-Value at Risk (CVaR) gesprochen. Der VaR-Begriff wird in dieser Arbeit für beide Risikokategorien aber synonym verwandt.

574) Kreditrisiken können systematische (z. B. makroökonomische) oder idiosynkratische Ursachen haben. Konzentrationsrisiken im Kreditportfolio entstehen entweder aus unvollständiger Diversifizierung des idiosynkratischen Risikos, d. h. aufgrund weniger großer einzelner Kreditnehmer, deren Anteil am gesamten Kreditportfolio relativ hoch ist, oder aus unvollständiger Diversifizierung nach Branchen oder aus einer Kombination von beiden Komponenten. Zum Management von Kreditkonzentrationsrisiken vgl. Basel Committee - Credit Risk Concentration (2006).

575) In Anlehnung an Deutsche Bundesbank (2007a), S. 61. Das mit der Wahrscheinlichkeit q verknüpfte Quantil entspricht dem Verlustwert, der nur mit einer Wahrscheinlichkeit von 1-q übertroffen wird.

576) Vgl. zu verteilungsbasierten Risikomaßen Hänselmann/Wilderotter (2008), S. 164 ff.

Ein Vergleich zwischen einem internen Kreditrisikomodell zur Ermittlung des ökonomischen Eigenkapitals, das bereits im Adressenrisikomanagement zahlreicher Banken eingesetzt wird, und dem fortgeschrittenen IRBA (Basel II) zeigt bereits bei der Ermittlung des Expected Loss (EL) deutliche Abweichungen bei den verwendeten Risikoparametern Exposure at Default (EAD) und Loss given Default (LGD). Diese wesentlichen Unterschiede setzen sich auch bei der Simulation des Unexpected Loss (UL) fort:[577]

Basel II-Modell	**Internes Kreditrisikomodell**
Abgeleitet von 1-Faktor Merton-Modell	Multifaktor-Modell mit mehreren systematischen Risikofaktoren
Konfidenzniveau 99,9 %	Konfidenzniveau aus Risikotragfähigkeitsbetrachtung motiviert und damit in der Regel größer als 99,9 %
Default-only-Ansatz (d. h., nur Ausfallereignisse werden modelliert)	Bei bestimmten Modellen, wie CreditPortfolioView (CPV), Berücksichtigung von Ratingmigrationen
Kapitalbedarf ist linear in EAD und LGD (Annahme „unendlicher Granularität“)	Aufzeigen von Klumpen- und Konzentrationsrisiken; „Belohnung“ von Diversifikationseffekten
Restlaufzeiteffekt über regulatorisch vorgegebene Formel modelliert	Restlaufzeiteffekt auf Basis institutseigener Schätzung zu Ratingmigrationen abgebildet

Tabelle C.1: Vergleich Basel II-Modell und Internes Kreditrisikomodell

Die mit Hilfe des VaR-Ansatz quantifizierten Risikopotenziale werden – eventuell unter Berücksichtigung von Korrelationen – im nächsten Schritt den von der Geschäftsführung für die Risikoabsorption zur Verfügung gestellten Risikodeckungsmassen gegenübergestellt. Abhängig von dem Allokationsprozess können zugewiesene Teillimits über- oder unterschritten sein und entsprechende Maßnahmen der Risikosteuerung auslösen. Die eingeleiteten Maßnahmen und ihre Auswirkungen werden dann wieder vom Risikocontrolling quantifiziert und der Geschäftsführung sowie quartalsweise dem Überwachungsorgan reportet und kommuniziert.

Risikotragfähigkeitskonzept

Der Kern des Risikomanagements umfasst zum einen den Erhalt der Risikotragfähigkeit eines Kreditinstituts und zum anderen die nach Risiko und Chancen optimierte Allokation des vorhandenen ökonomischen Risikokapitals.[578] Unter Berücksichtigung der Risikotragfähigkeitskonzeption ist für die Risikosteuerung das Vorliegen von einheitlichen Konzepten zur Festlegung von Risikolimits und die systematische Integration in das Gesamtbank-Risikolimit Voraussetzung.[579] Hierfür werden zunächst zwei zentrale Schlüsselbegriffe der bankinternen Steuerung und des bankaufsichtlichen Regelwerks einander gegenübergestellt: Risiko und Eigenkapital (Risikodeckungspotenzial). Da die Ermittlung der Risikotragfähigkeit den Ausgangspunkt der Risikosteuerung bildet, soll ein Risikotragfähigkeitskonzept vorgestellt werden.

577) Vgl. ausführlicher Ebmeyer/Giese (2008), S. 435 ff.
578) Vgl. Kirmße et al. (2007), S. 13.
579) Vgl. Schierenbeck (2008), S. 13.

Risikotragfähigkeit ist definiert als die Fähigkeit, wesentliche Risiken durch vorhandenes Eigenkapital bzw. Risikodeckungspotenzial abzudecken. Sollten Risiken tatsächlich eintreten, so wird auch Risikodeckungspotenzial verbraucht werden. Um die Risikotragfähigkeit auf Gesamtinstitutsebene einzuhalten, ist sicherzustellen, dass alle wesentlichen Risiken laufend, d. h. mittels geeigneter Maßnahmen, durch das Risikodeckungspotenzial abgedeckt sind. Es können bei der Risikoquantifizierung Korrelationen zwischen den einzelnen Risikoarten berücksichtigt werden.[580]

Von entscheidender Bedeutung ist die Ausstrahlungskraft der Risikotragfähigkeitskonzeption auf die Risikostrategie des Instituts. Nach den MaRisk hat die Geschäftsleitung eine dem Grundsatz der doppelten Proportionalität entsprechende Geschäftsstrategie und eine dazu konsistente Risikostrategie zu verabschieden sowie für deren Umsetzung und Kommunikation Sorge zu tragen.[581] D. h., der Detaillierungsgrad der Strategien wird bestimmt durch Umfang, Komplexität und Risikogehalt der geplanten bzw. praktizierten Geschäftsaktivitäten. Vor diesem Hintergrund geben die in der Risikotragfähigkeitskonzeption definierten Methoden, Verfahren und Steuerungsmöglichkeiten einen inhaltlichen Rahmen für die Risikostrategie vor (sog. *Primat der Risikotragfähigkeitskonzeption für die Risikostrategie*).[582]

Gibt die Geschäftsstrategie Aussagen zur zukünftigen Entwicklung des Kreditinstituts wieder, so bildet das Konzept der Risikotragfähigkeit – unter Berücksichtigung der Risikopräferenzen der Geschäftsleitung – die Basis für die Ableitung des strategischen Rahmens der zukünftigen Risikoentwicklung, also der Risikostrategie. In der Risikostrategie werden diese strategischen Grundausrichtungen auf die wesentlichen Risikoarten weiter konkretisiert (Teilstrategien). Damit das intern festgelegte Risikotragfähigkeitskonzept auch eingehalten wird und die Strategien entsprechend umgesetzt werden, müssen auf operativer Ebene angemessene Risikosteuerungs- und -controllingprozesse implementiert sowie Organisationsrichtlinien festgelegt werden. Die Risikostrategie selbst ist dann die Verbindung der Risikotragfähigkeitskonzeption mit den Internen Kontrollverfahren des Kreditinstituts. Die folgende Abbildung C.26 verdeutlicht den Zusammenhang:

580) Vgl. hierzu auch die MaRisk, AT 4.1 Risikotragfähigkeit; BaFin - MaRisk (2007); ebf. Hannemann et al. (2008), S. 126 f.

581) Vgl. BaFin - MaRisk (2007), AT 4.2 Tz. 1.

582) Vgl. DSGV MaRisk (2007), S. 155 f.

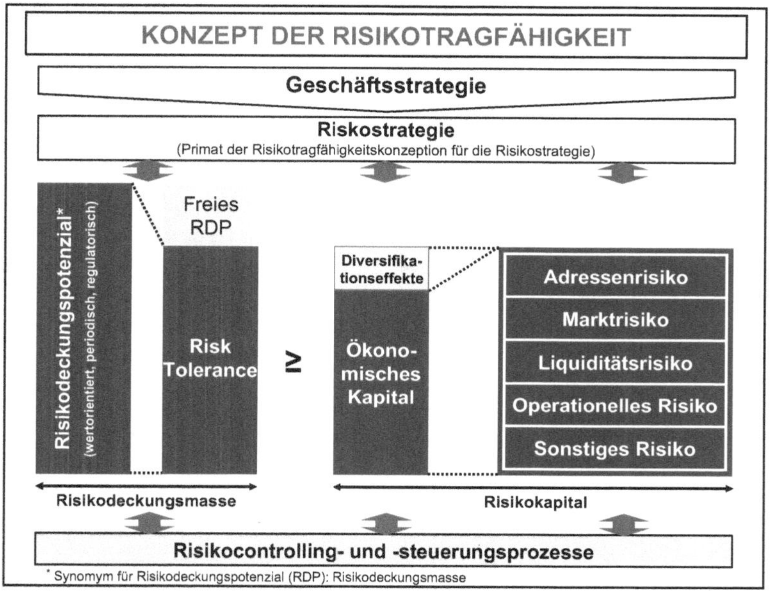

Abbildung C.26: Risikotragfähigkeitskonzeption

Vor diesem Hintergrund gelten für das Risikotragfähigkeitskonzept zwei Grundsätze:[583] Die von der Geschäftsführung für die Risikoabsorption bereit gestellte Risikodeckungsmasse muss mindestens die quantifizierten wesentlichen Risiko- bzw. Verlustpotenziale unter Berücksichtigung von Worst-Case-Szenarien bzw. Stresstest abdecken. Des Weiteren sind eingetretene Verluste, weil Risiken schlagend geworden sind, durch die Fixierung eines abgestimmten Systems von Risikolimits stringent zu begrenzen.

Einem Konzept der Risikotragfähigkeit liegen drei Sichtweisen zugrunde. Hierbei handelt es sich um die folgenden Steuerungskonzepte:[584]

- Die *wertorientierte* oder *ökonomische Perspektive* orientiert sich am Vermögen des Kreditinstituts mit dem Ziel der Sicherung des Gesamtvermögens. Der Vermögensbegriff orientiert sich primär am Markt- bzw. Barwert einzelner Vermögenspositionen.
- Aus *periodischer* oder *GuV-Perspektive* steht die Betriebsergebnisrechnung bzw. Erfolgsspannenrechnung und die Bilanz im Fokus mit dem Ziel der Sicherung eines Mindest-GuV-Ergebnisses unter Berücksichtigung unterschiedlicher Rechnungslegungsvarianten (z. B. HGB, IFRS).

583) Vgl. Schierenbeck (2008), S. 15.

584) Vgl. Uhlig (2007), S. 38; ebf. DSGV MaRisk (2007), S. 151 f.; ebf. Friedberg/Schumacher (2006), S. 677 f.; ebf. Hortmann/Seide (2006), S. 316 ff.

- Die *aufsichtsrechtliche* oder *regulatorische Perspektive* dient der Sicherung der Solvabilität des Kreditinstituts unter Berücksichtigung der Eigenmittel und der Einhaltung von regulatorischen Messgrößen.[585]

Die Betrachtung der Risikotragfähigkeit wird in Kreditinstituten zwar mehrdimensional durchgeführt, allerdings dürfen diese Sichtweisen methodisch nicht miteinander verknüpft werden, da dies ansonsten zu fehlerhaften Steuerungsimpulsen führt.[586] Da die regulatorische Perspektive für alle Institute zwingend, aber für die interne Risikosteuerung nur suboptimal ist, wird sie als strenge Nebenbedingung zu den beiden anderen Perspektiven geführt.[587]

In der Risikotragfähigkeitskonzeption ist die Ermittlung des Risikodeckungspotenzials der erste Schritt, der für alle drei Perspektiven möglich ist.[588] Geschäftspolitische Entscheidungen sollten in dieser Phase nicht von Relevanz sein, da es zunächst darum geht, wie viel Kapital bzw. Gesamtvermögen zu einem bestimmten Zeitpunkt nach anerkannten Wertermittlungsstandards insgesamt zur Verfügung steht. Zur Ermittlung im Rahmen der wert- und periodenorientierten Sichtweise können folgende Schemata herangezogen werden:[589]

585) Die Anforderungen an die Angemessenheit der Eigenmittel ergeben sich aus der Solvabilitätsverordnung (SolvV), die Detailregelungen für die Ermittlung der Eigenmittel enthält. Die Pflicht zur Beachtung der regulatorischen Eigenmittelanforderungen ergibt sich aus § 25a Abs. 1 Satz 3 Nr. 1 KWG.

586) Die MaRisk räumen den Instituten bei den Methoden zur Beurteilung der Risikotragfähigkeit eine Wahlfreiheit ein (Öffnungsklausel). Allerdings muss das Institut seiner Verantwortung nachkommen und die den Methoden zugrunde liegenden Annahmen nachvollziehbar begründen und dokumentieren sowie mindestens jährlich zu überprüfen. Vgl. BaFin - MaRisk (2007), AT 4.1 Tz. 4; ebf. Helfer/Geiersbach/Prasser (2008), S. 85 ff.

587) Zur Abgrenzung und Zusammensetzung der Eigenkapitalkomponenten aus handelsrechtlicher, ökonomischer und regulatorischer Sicht wird verwiesen auf die Ausführungen in Deutsche Bundesbank (2002), S. 42 ff.; ebf. Schulte-Mattler/Gaumert (2008), S. 45 ff.; ebf. Zeranski/Geiersbach/Walter (2008), S. 372 ff.

588) Risikodeckungsmassen zum Zwecke der Risikoabdeckung können weiterhin auch stufenweise – mit steigender Publizitätswirkung – nach primären, sekundären, tertiären, quartären und quintären Risikodeckungspotenzial abgegrenzt werden. Vgl. Schierenbeck (2008), S. 31 f.

589) Vgl. Geiersbach/Prasser (2008a), S. 293 f.; ebf. Friedberg/Schumacher (2006), S. 679 f.

	Periodenorientierte Ermittlung des Risikodeckungspotenzials
	z. B. Dotations-/Stammkapital; Offene Rücklagen (Gewinnrücklagen); nachrangige Verbindlichkeiten; Genussrechtsverbindlichkeiten; Vermögenseinlagen stiller Gesellschafter
+	Vorsorgereserven nach § 340f HGB bzw. § 26a KWG a. F.
+	Fonds für allgemeine Bankrisiken (§ 340g HGB)
+	geplantes Betriebsergebnis vor Bewertung
+	geplantes Bewertungsergebnis Kredit- und Wertpapiergeschäft
+/-	geplantes Neutrales Ergebnis
=	**Risikodeckungspotenzial**

Tabelle C.2: Ermittlung Risikodeckungspotenzial (GuV)

Da die wertorientierte Methodik die Basis für moderne Risikoquantifizierungsverfahren und -methoden bildet, kommt der ökonomischen Perspektive eine hohe Bedeutung zu. Die Ermittlung des Brutto- bzw. Nettovermögens kann nach folgendem Schema erfolgen:[590]

	Wertorientierte Ermittlung des Risikodeckungspotenzials
	Summe aus Zinsbuch, Aktienbuch, Beteiligungen, Immobilien, Kasse
+	Nicht zerlegbare kombinierte Produkte
+	Sachmittel
=	**Bruttovermögen**
-	Erwartete Verluste Adressenausfallrisiko (Barwert)
-	Sonstige Vermögensminderungen Zinsgeschäft
-	Prämie operationelle Risiken
=	**Nettovermögen vor Erträgen und Kosten**
+	aufgelaufene und ausstehende Provisionserträge
+	feststehende und ausstehende Provisionserträge
-	Verwaltungsaufwendungen
=	**Nettovermögen nach Erträgen und Kosten**

Tabelle C.3: Ermittlung Risikodeckungspotenzial (wertorientiert)

Nach der Ermittlung des Risikodeckungspotenzials der Gesamtbank ist im nächsten Prozessschritt von der Geschäftsführung geschäftspolitisch zu definieren, welcher Anteil des Risikodeckungspotenzials zur Risikoabsorption zur Verfügung gestellt werden soll („risk tolerance").[591] Die Risikoneigung der Geschäftsführung spiegelt sich in der Risikostrategie wider; im Rahmen der wertorientierten Risikotragfähigkeit geht es hierbei primär um eine Kombina-

590) Vgl. Geiersbach/Prasser (2008a), S. 294 f.; ebf. DSGV Risikotragfähigkeit (2007), S. 503 f.

591) Für die Gesamtbanksteuerung relevant sind Entscheidungen über Ertrags- und Risikoziele sowie die Definition von anzustrebenden Gesamtbankzielen. Unter Berücksichtigung des zentral vorgegebenen Risikokapitals ist die Ableitung von Ergebnisansprüchen auch abhängig von den Erwartungswerten der Kapitalgeber und den Risiko-Rendite-Profilen von alternativen Investitionsentscheidungen. Vgl. hierzu Kirmße et al. (2007), S. 9.

tion aus festgelegtem Konfidenzniveau und Volumenanteil am Risikodeckungspotenzial.[592] Nur die von der Geschäftsführung bereitgestellte Risikodeckungsmasse findet Eingang in den Allokationsprozess, mittels dessen die zur Risikoabsorption zur Verfügung gestellte Risikodeckungsmasse in die ertrags- und risikooptimale Verwendungsrichtung gelenkt wird.[593]

Die Bereitstellung von Risikodeckungspotenzial erfolgt sowohl auf der Gesamtbankebene als auch auf der Ebene der einzelnen Risikoarten. Die festgelegte Risikotoleranzmasse bildet somit eine wesentliche Grundlage für das Gesamtbanklimit, das ein entscheidender Baustein des Risikomanagements ist. Das Gesamtbanklimit entspricht also dem gesamten Risikodeckungspotenzial abzüglich dem von der Geschäftsführung nicht zur Risikoabsorption zur Verfügung gestellten Risikokapital („freies RDP"). Ergänzend werden Teillimits, z. B. für einzelne Risikoarten oder Organisationseinheiten, vergeben. Auch wenn für eine Limitierung wertorientierte, periodische und regulatorische Perspektiven geeignet sind, so muss allerdings auch im Limitsystem die Konsistenz der Perspektiven zwischen Risikodeckungsmassen und Risikomessung sichergestellt sein. Die Elemente eines Limitsystems umfassen die Festlegung einer wesentlichen Steuerungsdimension sowie den Aufbau von Limitierungshierarchien, die Ergänzung einer Strukturlimitierung bzw. das Monitoring von Strukturrisiken und die Implementierung einer Schnittstelle zu operativen Steuerungsinstrumenten.[594] Im Vorfeld definierte und kommunizierte Eskalationsprozesse führen zu einem systematischen Umgang mit Limitüberschreitungen. Als mögliche Handlungsalternativen kommen z. B. eine Reallokation von Risikokapital bei einzelnen Teillimits oder die Einleitung von Maßnahmen zur Risikoreduktion in Betracht.

Wie bereits ausgeführt, ist – trotz seiner Schwächen – das zentrale Konzept zur Quantifizierung von Risikopotenzialen der Value at Risk-Ansatz, mittels dessen die unerwarteten Verluste simuliert werden können.[595] Zwischen dem VaR-Ansatz und den Begriffen „ökonomisches Kapital" und „Risikokapital" besteht folgender Zusammenhang: Das ökonomische Kapital wird in der Literatur grundsätzlich als das notwendige Kapitalniveau zur Abdeckung der simulierten Verluste unter Annahme eines bestimmten Konfidenzniveaus definiert.[596] Das ökonomische Kapital ist also die Summe aus der Risikoquantifizierung aller wesentlichen Ri-

---

592) Vgl. DSGV Risikotragfähigkeit (2007), S. 507 ff.

593) Für Kreditinstitute in schwieriger wirtschaftlicher Lage gilt der Grundsatz, dass man sich Risiko und Performance leisten können muss. Vgl. für die operative Ermittlung von dem zur Risikoabsorption zur Verfügung gestellten Risikodeckungsmasse in der (Sparkassen-) Praxis die „Leitplankenkonzepte" in Friedberg/Schumacher (2006), S. 679 ff.

594) Vgl. hierzu ausführlich Uhlig (2007), S. 43 f.

595) Siehe oben, Kapitel C.3.5.4, S. 219 f.

596) Eine weitere Definition, die als Zielfunktion primär die Unternehmenswertmaximierung verkörpert, definiert das ökonomische Kapital als das Kapitalniveau, das die Aktionäre in Abwesenheit von regulatorischen Eigenkapitalanforderungen wählen würden. Vgl. Elizalde/Repullo (2007), S. 88. Dies spiegelt auch die verschiedene Ziele der Stakeholder wider. Nach *Allen* gilt für das ökonomische Kapital als Abgrenzung zu dem regulatorischen Kapital, dass „*the primary stakeholders are the bank's shareholders, and the objective is the maximization of [their] wealth. For regulatory capital, the primary stakeholders are the bank's [depositors], and the objective is to minimize the possibility of loss*". Vgl. Allen (2006), S. 45; ebf. Elizalde/Repullo (2007), S. 2.

siken.[597] Somit ist unter ökonomischem Kapital die Gesamtheit der Risikodeckungspotenziale zu verstehen, die mindestens vorgehalten werden müssen, um auch unter einer Maximalbelastungssituation die Institutssolvenz sicherzustellen, also die Messgröße für die Risikotragfähigkeit eines Kreditinstituts. Diversifikationseffekte können bei Real- und Worst-Case-Szenarien berücksichtigt werden, während bei Maximalbelastungsszenarien die Wahrscheinlichkeit risikoreduzierender Korrelationseffekte eher gering ist, sodass eine vollständig positive Korrelation zu unterstellen ist.[598]

Stresstests für das Risikomanagement, insbesondere Risikotragfähigkeit

Eine methodische Schwäche der gängigen VaR-Ansätze ist, dass sie keine exakten Aussagen zu den Verlusten über das Quantil der VaR-Verlustverteilung hinaus machen und nicht dazu geeignet sind, Verlustgefahren aus extremen Marktsituationen (sog. „fat tails“) zu simulieren. *Mandelbrot* hat kritisch auf die Annahme der Normalverteilung von Preisänderungen hingewiesen: Extreme Preisausschläge treten in der Praxis häufiger auf als nach der Gauß'schen Normalverteilung zu erwarten wären und er zieht daraus die Folgerung, diese extremen Ereignisse in der Modellbildung nicht als außergewöhnlich zu vernachlässigen, sondern sich im Rahmen der Risikosteuerung auch auf *„sintflutartige, extreme Großereignisse einzustellen“*.[599]

Bei der Quantifizierung des ökonomischen Kapitals sind regelmäßig Stresstests durchzuführen.[600] Regulatorische Vorgaben hierzu finden sich in den ersten beiden Säulen des Basel II-Regelwerks, dem CEBS-Konsultationspapier zum Stresstesting (CP 12), in der Solvabilitätsverordnung für den IRBA, für das Operationelle Risiko und für das Marktrisiko und in den MaRisk zu den Risikosteuerungs- und -controllingprozessen sowie Liquiditätsrisiken (AT 4.3.2 Tz. 3 f., und BTR 3 Tz. 2).[601] Stresstests bzw. Szenariobetrachtungen sind Methoden des Risikomanagements und erlauben die Simulation von außergewöhnlichen, aber plausiblen Marktentwicklungen oder anderen, unvorhersehbaren Situationen (Schocks), um die Risikolage und Robustheit einer Bank zu testen, und eventuell Gegenmaßnahmen rechtzeitig einleiten

---

597) Zwar gibt es für die eingesetzten Verfahren zur Bestimmung des ökonomischen Kapitalbedarfs keine aufsichtlichen Vorgaben. Allerdings sollten die eingesetzten Methoden die *„bankindividuellen Gegebenheiten jedoch angemessen widerspiegeln“*. Vgl. Deutsche Bundesbank (2007a), S. 59; ebf. ausführlich zum Konzept des regulatorischen und ökonomischen Eigenkapitals als Instrument zur Messung und Steuerung von Bankrisiken Schulte-Mattler/Gaumert (2008), S. 35 ff.

598) Vgl. Schierenbeck (2008), S. 22.

599) Nach *Mandelbrot* verleiten die Annahmen der traditionellen Theorie *„fälschlicherweise dazu, zu glauben, daß wir die Risiken der Märkte im Griff haben - nicht zuletzt aufgrund der Praxis, extreme Datenpunkte einfach zu ignorieren“*. Vgl. FAZ (2005); ebf. Mandelbrot/Hudson (2007); ebf. Zeitler (2008a), S. 2.

600) Stresstests können nach verschiedenen Arten unterschieden werden: Es gibt Stresstests in Bezug auf das regulatorische Eigenkapital im Sinne der ersten Säule von Basel II, und Stresstests in Bezug auf die Risikotragfähigkeit im Sinne der zweiten Säule von Basel II und der MaRisk. Vgl. ausführlicher Reitz (2008a), S. 325 ff. Vgl. auch das im Januar 2009 veröffentlichte Konsultationspapier des Basler Ausschusses für Bankenaufsicht „Principles for sound stress testing practices and supervision“; Basel Committee -Stress Testing (2009).

601) Vgl. Schmieder (2007), S. 384 f.; ebf. CEBS (CP12) (2006). Zu dem Rundschreiben 7/2007 der BaFin zu den „Zinsänderungsrisiken im Anlagebuch: Ermittlung der Auswirkungen einer plötzlichen und unerwarteten Zinsänderung“ vgl. Geiersbach/Prasser (2008a), S. 305 ff. Hinsichtlich Stressszenarien für Liquiditätskrisen wird verwiesen auf Zeranski/Geiersbach/Walter (2008), S. 389 ff.; ebf. Reitz (2008a), S. 338 ff.

zu können.[602] Stresstests dienen aber auch dazu, die internen Risikomodelle, ihre Annahmen und Inputparameter in regelmäßigen zeitlichen Abständen zu überprüfen.[603] Stresstests sollen eine integrierte Risikosichtweise ermöglichen. Anstelle risikoreduzierender Korrelationseffekte sollte entweder eine vereinfachende additive Verknüpfung von Einzelrisiken zum Gesamtrisiko vorgenommen oder, es sollten spezielle Stress-Korrelationen geschätzt werden, da sich gerade in der aktuellen Bankenkrise gezeigt hat, dass enge Interdependenzen, insbesondere zwischen Markt-, Kredit- und Liquiditätsrisiken, bestehen.[604] Stresstests sollten somit nicht isoliert auf einzelnen Risikoarten basieren („single factor" oder Sensitivitätsanalysen), sondern die Szenariobetrachtungen sollten die realitätsnäheren, interdependenten Auswirkungen negativer Entwicklungen für mehrere wesentliche Risikofaktoren umfassen („multi factor" oder Szenariotests).[605] Dies verlangt aber integrierte Risikomanagementsysteme. Bei den Stresstests können zu den univariaten Methoden, also Sensitivitätsanalysen, z. B. Ratingveränderungen oder Anstieg der Ausfallwahrscheinlichkeiten, Parallelverschiebung bzw. Drehung von Zinskurven oder Veränderungen von Volatilitäten gezählt werden, während die multivariaten Methoden auf die simultane Veränderung einer Vielzahl von Risikofaktoren abstellen, z. B. sog. Makro-Stresstests (beispielsweise Rezession, Ölpreisschock), historische Simulationen (beispielsweise Aktiencrash 1987) oder auch hypothetische Szenarien.[606] Darüber hinaus sollten Risikokonzentrationen, z. B. in einzelnen Marktsegmenten, Branchen oder Regionen, ausreichend Rechnung getragen werden.[607] Stresstests sind ein Instrument der Gesamtbanksteuerung und als eine systematische Ergänzung der Paradigmen des Risikomanagements zu sehen. Ihre Ziele und Ausgestaltungen müssen verstanden und beschrieben werden und hinreichend dokumentiert sein. Die Annahmen und Grenzen der durchgeführten Stresstests sowie ihre Ergebnisse sind dem Vorstand und Aufsichtsorgan zu berichten.[608]

---

602) *„Stress testing is a risk management tool used to evaluate the potential impact on a firm of a specific event and/or movement in a set of financial variables. .. stress testing is used as an adjunct to statistical models such as value-at-risk (VaR), and increasingly it is viewed as a complement, rather than as a supplement, to these statistical measures."* Vgl. ausführlicher BIS (2005), S. 3 ff.; ebf. CEBS (CP12) (2006); ebf. Deutsche Bundesbank (2007b), S. 100 ff., zu Stresstest-Methoden.

603) Vgl. Schulte-Mattler/Gaumert (2006), S. 207; ebf. Gehrmann (2008), S. 116.

604) Vgl. Schierenbeck (2008), S. 34; ebf. Hannemann et al. (2008), S. 182 f. Vor dem Hintergrund der enormen Vertrauensverluste im internationalen Finanzsystem aufgrund der aktuellen Finanzmarkt- und Bankenkrise kommt der Präsident der BaFin, *Jochen Sanio*, aktuell zu dem Schluss, dass Stresstests kein Selbstzweck sind, sondern für Kreditinstitute Mittel zum Zweck. Danach müssen die Institute *„ihre Risikomanagementsysteme so ausrüsten, dass sie es rechtzeitig erkennen, wenn extreme Situationen herannahen, und so handlungsfähig wie möglich bleiben, wenn diese eingetreten sind."* Vgl. Sanio (2008a).

605) Vgl. Deutsche Bundesbank (2007a), S. 71 f.

606) Vgl. Schmieder (2007), S. 387; ebf. Hannemann et al. (2008), S. 182 f.

607) Für eine Darstellung der Anwendung von Stresstests in der Bankenpraxis vgl. Deutsche Bundesbank (2007b), S. 102 ff.

608) Diese Ergebnisberichterstattung ergibt sich auch aus den MaRisk (AT 4.3.2 Tz. 4). Die Geschäftsleitung hat hier insofern eine Holschuld, da sie sich über die Risikosituation zu informieren hat. Vgl. Rassat (2007), S. 52. Die deutsche Bankenaufsicht gibt den Instituten keine methodischen Verfahrensweisen für Stresstests vor. Allerdings gibt es international Unterschiede bei den Stresstest-Anforderungen. So fordert die britische FSA die Durchführung von Stresstests, die einen wirtschaftlichen Abschwung widerspiegeln, wie er im Durchschnitt alle 25 Jahre zu erwarten ist. Vgl. Deutsche Bundesbank (2007a), S. 69 f.

Letztendlich können aber auch keine noch so hoch entwickelten Risikomodelle als alleiniger Garant für ein effektives Risikomanagement stehen, da eine vollumfängliche Antizipation aller auf Kreditinstitute einwirkenden Risiken, inklusive ihrer Wechselwirkungen, zurzeit (noch) nicht möglich ist.[609] Quantitative Modelle sind zwar notwendig, aber für ein gutes Risikomanagement allein nicht hinreichend, weil eine eindimensionale Betrachtung der in der Realität auftretenden Probleme aufgrund ihrer Komplexität kaum bzw. nicht zu sachgerechten Ergebnissen führt. Weitere, ergänzende Informationen und Analysen sowie qualitative Verfahren sind in den Prozess der Risikoerkennung zu integrieren, die das Reporting und die Kommunikation über ein rein quantitatives, vergangenheitsorientiert geprägtes Modellverständnis hinaus vervollständigen.[610] Oder nach *Ben Bernanke*:[611]

„Culture and governance affect the quality of risk management."

Für eine ertragsorientierte Risikopolitik bedeutet dies grundsätzlich auch, dass das Kreditinstitut zu analysieren hat, ob es sich eine Risikoübernahme überhaupt leisten kann bzw. die Risikotragfähigkeit gegeben ist. Folglich darf das Risikodeckungspotenzial nicht kleiner als die quantifizierten Risikopotenziale sein. Weil die Risikoübernahme aber kein Selbstzweck und dem Rentabilitätsparadigma konsequent untergeordnet ist, muss aus der Risikoübernahme ein Chancen-Risiko-Profil mit einer akzeptablen Risikoperformance resultieren.[612]

Die folgende Abbildung C.27 verdeutlicht abschließend den Prozess des Risikotragfähigkeitskonzeptes als Regelkreislauf:

609) Der Blick in die Glaskugel, um Antworten auf künftige Ereignisse zu gewinnen bzw. das „Unvorhersehbare vorherzusehen", ist eine philosophische Frage und wurde auch von Vertretern des Bankschrifttums, wie *Stützel* oder *Breuer*, als Ignorabismus bezeichnet. Vgl. Zeranski/Geiersbach/Walter (2008), S. 388.

610) Eine Erkenntnis aus den durch die Subprime-Krise ausgelösten Finanzmarktturbulenzen im Jahr 2007/2008 ist auch, dass komplexen, quantitativen Risikomodellen nicht *blind* vertraut werden darf bzw. deren Ergebnisse nicht unkritisch übernommen werden dürfen, sondern immer wieder hinterfragt und um weitere Experteneinschätzungen erweitert werden müssen. So auch das Direktoriumsmitglied der Deutschen Bundesbank, *Hermann Remsperger*, in einer Rede am 31. Januar 2008: *„While financial markets get increasingly complicated, the traditional principles of prudent banking are still not outdated. Thus, a re-pricing of risk is not enough. What we need is a re-evaluation of the way credit markets work."* Vgl. Remsperger (2008a), S. 7; ebf. Deutsche Bundesbank (2008b), S. 95. In diesem Sinne schreibt auch *Ben Bernanke* über das Risikomanagement in Banken während der Finanzkrise: *„Those institutions faring better during the recent turmoil generally placed relatively more emphasis on validation, independent review, and other controls for models and similar quantitative techniques. They also continually refined their models and applied a healthy dose of scepticism to model output."* Vgl. Bernanke (2008), S. 3. Für die Bedeutung der Kreditkultur im Aktivgeschäft von Kreditinstituten vgl. Schmoll (1997), S. 226 ff.

611) Vgl. Bernanke (2008), S. 5.

612) Vgl. Schierenbeck (2008), S. 2 f.

Abbildung C.27: Risikotragfähigkeitsprozess

Für eine praxisnahe Darstellung der Risikomanagementprozesse eines mittleren Kreditinstitut wird auf das Kapitel E.1 verwiesen.[613]

4. Zwischenergebnis

In modernen Volkswirtschaften hat ein funktionsfähiges und stabiles Finanz- und Bankensystem grundsätzlich die Funktion, die asymmetrische Verteilung von Informationen, die zwischen Kapitalanlegern und Kreditnehmern besteht, zu reduzieren und einen Beitrag zu einer effizienten Kapitalallokation zu leisten, sodass positive Wachstumsimpulse generiert werden können. Da Bankensysteme auf der einen Seite für die Entwicklung von Volkswirtschaften von wesentlicher Bedeutung, auf der anderen Seite, aber fragiler als andere Industriesektoren sind und ein immanentes Potenzial für systemische Risiken haben, unterliegen sie einer besonders intensiven Aufsicht. Die Bankenaufsicht verfolgt das Ziel, in erster Linie den Schutz der Einleger aufgrund der Informationsasymmetrie sowie den Funktions- und Systemschutz (Solvenzaufsicht) zu gewährleisten. Aber weder protektive noch präventive Maßnahmen einer Bankenregulierung allein können Finanzmarkt- und Bankenkrisen verhindern, da deren komplexe Ursachen auch exogen ausgelöst sein können. Diese Impulse können sich dann noch zusätzlich mit institutionellen Fehlanreizen, die zu Moral Hazard-Problemen führen, oder Anreizen, die auf die Generierung von kurzfristigen Erträgen abzielen, ohne deren

[613] Siehe unten, Kapitel E.1, S. 347 ff.

Risikoauswirkung angemessen zu berücksichtigen, zum Nachteil der Einleger verbinden. Als weitere mögliche Ursachen sind außerdem eine Politik des „billigen“ Geldes oder die sog. „regulatory capture“ zu nennen.

Fundamentale Voraussetzung für den Erfolg des prinzipienorientierten Ansatzes sind aus Sicht des Verfassers insbesondere eine Unternehmens- und Risikokultur, die von Angemessenheit und Verantwortung, insbesondere für ein wirksames Risikomanagement geprägt ist, verknüpft mit einem hohen Grad an Offenheit und Transparenz. Daraus folgt eine fundamentale Basis für eine effektive Internal Governance. Die Interne Revision ist ein wesentlicher Pfeiler zur Unterstützung dieser Aufgaben. Allerdings müssen sich sowohl interne und externe Prüfer als auch die Bankenaufsicht selbst in ihre neue Rolle einfinden und in der Praxis mit dieser verantwortungsbewusst und zielorientiert umgehen.[614] Die Grundlagen hierfür müssen institutionelle Rahmenbedingungen bilden, die Anreizkompatibilität im Sinne einer nachhaltigen Unternehmens- und Risikokultur schaffen und Moral Hazard-Probleme verringern helfen.

Bewertet man die Vor- und Nachteile des Universalbankensystems, so überwiegen die Vorteile dieses Systems. Denn durch das breite Leistungsangebot und den Möglichkeiten zur Risikodiversifizierung ist das Universalbankensystem aufgrund seines ertrags- und risikopolitischen Ausgleichspotenzials im Vorteil gegenüber dem Spezialbankensystem, Risiken und Konjunkturschwankungen besser verkraften zu können und somit zu einem stabileren Finanz- und Bankensystem beizutragen. Es konnte ebenfalls gezeigt werden, dass aus dem Betrachtungswinkel der Neuen Institutionenökonomik ein Vorteil für das Universalbankensystem durch den Einfluss von Banken über Eigenbeteiligungen und Aufsichtsratsmandate auf die Unternehmenskontrolle resultiert. Die Vorteile des Universalbankensystems, insbesondere die Stabilitäts- und Risikoausgleichsfunktion, haben sich auch in der Finanzmarkt- und Bankenkrise 2007/2008 gezeigt.[615] Insgesamt zeigen empirische Untersuchungen, dass besser entwickelte Finanzsysteme einen positiven Beitrag auf das Wachstum einer Volkswirtschaft haben. Es besteht somit eine positive Korrelation zwischen dem Entwicklungsstand eines Finanzsystems und dem Wachstumsprozess einer Volkswirtschaft.[616] Dies erfolgt jedoch weitestgehend unabhängig von der Frage, ob diesbezüglich stärkere Impulse von einem Universal- oder von einem Spezialbankensystem ausgehen.[617] Ebenfalls losgelöst von einem Universal- oder von

614) Nach *Sanio* müssen auch die Prüfer in ihrer Prüfungspraxis umdenken: *„Es wäre bedauerlich, wenn die offene Grundausrichtung der MaRisk durch eine Prüfungspraxis konterkariert würde, die sich auf das Abhaken formaler Kriterien beschränkt.“* Vgl. Sanio (2007), S. 79.

615) Vgl. Weber (2009), S. 10 f., der auch auf die öffentlich-rechtlichen Landesbanken in der Finanzkrise hinweist, die er als *„auffallend krisenanfällig“* bezeichnet.

616) Diese These wurde in der Literatur kritisch diskutiert und insoweit hinterfragt, ob nicht doch die Realwirtschaft die Finanzwirtschaft stärker beeinflusst. Diese Frage nach der Kausalität zwischen Real- und Finanzwirtschaft wird weiterhin kontrovers thematisiert, insbesondere in der wissenschaftlichen Diskussion um „Financial Development and Economic Growth“. Vgl. Sachverständigenrat (2008), S. 44 ff.; ebf. Brückner (2007), S. 5 ff.; ebf. DIW (2004), S. 13 f.; ebf. Rajan/Zingales (2003), S. 34 f.; ebf. Allen/Gale (2001), S. 8 ff., und Emmons/Schmid (1998), S. 35 ff.

617) *Rajan* und *Zingales* untersuchen die Vor- und Nachteile beider Systeme auch aus Sicht der politischen Ökonomie. Vgl. hierzu Rajan/Zingales (2003), S. 36 ff.

einem Spezialbankensystem gilt außerdem, dass eine „*weak governance of banks reverberates throughout the economy with negative ramifications for economic development*".[618]

Die Qualität der internen „governance arrangements", also der angemessenen Leitungs-, Steuerungs- und Kontrollprozesse, rückt immer stärker in den Fokus der Bankenaufseher und erlangt somit auch eine erhöhte Bedeutung für die Interne Revision und das Überwachungsorgan. So muss z. B. für die Interne Revision die Notwendigkeit risikoorientierter Prüfungshandlungen im Bereich des Risikomanagements, insbesondere der Gesamtbanksteuerung, noch deutlicher als in der Vergangenheit zum Ausdruck kommen. Darüber hinaus gewinnt die integrale Sichtweise eine herausgehobene Stellung, insbesondere unter Berücksichtigung der mit der qualitativen Betrachtung verbundenen Ermessensspielräume. Denn die isolierte Optimierung *eines* Elements ist zwar notwendig, aber für die Effektivität der Corporate Governance allein nicht hinreichend. Dieser notwendige Schritt muss im Kontext und unter Berücksichtigung von effektiven Schnittstellen mit *allen* Elementen des internen Überwachungssystems erfolgen. Erst wenn alle internen Elemente ein komplementäres, auf strategische Ziele ausgerichtetes Gesamtbild ergeben, kann von effektiven und effizienten Internal Governance-Mechanismen gesprochen werden, die die notwendige und hinreichende Unterstützung für die Unternehmensführung und -überwachung beisteuern.

Es gibt nicht *das* Mittel, das per se bzw. ex ante gegen Krisen vorbeugt. Aber ein notwendiger Schlüsselfaktor gegen krisenhafte Entwicklungen, die sich sowohl bei Universal- als auch bei Spezialbanken durch deren enge Vernetzung und mittels eines Domino-Effekts institutsübergreifend ausbreiten können, ist eine effektive Internal Governance in Kreditinstituten. Das interne Überwachungssystem, grundsätzlich verstanden als Risikomanagement im Sinne der MaRisk, stellt eine notwendige Basis für eine wirksame Internal Governance von Kreditinstituten dar. Für einen systematischen Umgang mit den eingegangenen Risiken reicht ein einfaches „Abhaken" isolierter Risikokategorien allerdings nicht mehr aus. Es bedarf vielmehr eines konsequenten, integralen Risikomanagementsystems i. S. des ERM-Ansatzes, das auf einer gelebten Unternehmens- bzw. Risikokultur aufbaut und sich aus gegenseitig beeinflussenden Elementen zusammensetzt.[619] Vor diesem Hintergrund empfiehlt der Basler Ausschuss, dass das Verwaltungsorgan sich u. a. der Arbeit der Revisoren als „*Instrument zur unabhängigen Überprüfung von Informationen*" bedienen sollte, die ihm von der Geschäftsleitung zur Verfügung gestellt werden. Welche Funktion und Aufgaben die Interne Revision in diesem Zusammenhang überhaupt übernehmen kann, welche Rolle sie in der Vergangenheit gespielt hat und welche sie künftig für eine wirksame Internal Governance spielen muss, wird im nächsten Kapitel untersucht.

---

618) Vgl. Levine (2004), S. 1.

619) „*While data may provide a foundation for enterprise-wide risk management, it is plainly people who manage the risk. ... the key to success in enterprise-wide risk management is driving awareness and knowledge of risk management throughout the organisation – such that risk management becomes part of the fabric of the institution.*" Vgl. EIU (2008), S. 12.

D. Interne Revision und Corporate Governance

„Es ist sicherlich nicht anmaßend, wenn zu konstatieren ist, dass ... eine effektive Interne Revision heute als unabdingbare Komponente der Corporate Governance anzusehen ist."[1]

Die Internal Governance und das interne Überwachungssystem werden von den institutionellen Rahmenbedingungen geprägt. Von diesen Rahmenbedingungen werden auch die Funktion und die Stellung sowie die Aufgaben der Internen Revision beeinflusst. Sie ist somit ein Spiegelbild des Unternehmens bzw. ein Abbild der Unternehmenskultur und der Risikopräferenz des Vorstands. Eine moderne Interne Revision muss internen und externen Entwicklungen ausreichend Rechnung tragen, damit sie die strategischen Unternehmensziele unterstützen kann.[2] Sie muss sich konsequent den geänderten Anforderungen stellen, um ihren Beitrag zur Verbesserung der Internal Governance und zur Schaffung von Mehrwerten für das Unternehmen zu leisten. In diesem Zusammenhang stellt sich neben der Frage nach der organisatorischen Einbindung zur Steigerung ihrer Unabhängigkeit auch die Frage hinsichtlich einer Optimierung des Revisions- und Prüfungsmanagements. Beide Aspekte sollen im Folgenden untersucht werden.

1. Theoretischer Erklärungsansatz für die Interne Revision

Im Folgenden soll der ökonomische Erklärungsansatz für die Interne Revision in zwei Stufen erfolgen: Vor dem Hintergrund, dass die Interne Revision unabhängig von den Instanzen sein soll, über die sie ihre Prüfungsberichte schreibt, wird zunächst der Beitrag der Revision zur Überwindung der asymmetrischen Informationsverteilung und die Auswirkungen der Faktorspezifität aus dem Blickwinkel des Unternehmensmanagements diskutiert. Anschließend wird die Untersuchung um die Ebene des Aufsichtsorgans erweitert. Die theoretische Grundlage hierfür bildet die Neue Institutionenökonomik.

1.1 Interne Revision als Monitoring-Instrument

1.1.1 Untersuchung aus Sicht des Prinzipal-Agenten-Ansatzes

Den Ausgangspunkt für diese Analyse bildet eine Beziehung, die aus dem Vorstand (Prinzipal) und den Mitarbeitern als ausführende Ebene (Agenten) besteht. Die formalen Erwartungen der Unternehmung sind in einer organisatorischen Einheit, der sog. Stelle, definiert. Damit die an eine Stelle gebundenen Aufgaben angemessen erfüllt werden können, werden ihr Kompetenzen zugewiesen, wie z. B. Ausführung-, Verfügungs- oder Entscheidungskompetenz. Aus institutionenökonomischer Sicht handelt es sich um eine Zuweisung von Verfügungsrechten.[3] Ob die Stelleninhaber aber im Interesse des Vorstands agieren, kann aufgrund der Verhaltensannahmen der Neuen Institutionenökonomik weder a priori noch a posteriori unterstellt werden. Bei Interessenkonflikten der Vertragsparteien wird ein Monitoring durch den Vorstand selbst oder durch eine weitere Instanz notwendig, wenn die Selbstkoordinati-

---

1) Vgl. Buderath (2004), S. 5.

2) Vgl. Pfyffer (2001), S. 518; ebf. Thurston (1950), S. 18.

3) Im Sinne der Property-Rights-Theorie gilt für die Zuweisung von Kompetenzen an eine Stelle, dass die Summe aus Wohlfahrtsverlusten durch externe Effekte und Transaktionskosten minimiert wird. Vgl. Picot/Dietl/Franck (1999), S. 219 f.

ons- und Motivationsfähigkeiten der Stelleninhaber bei asymmetrischer Informationsverteilung nicht gegeben sind.[4] Oder allgemeiner formuliert: Aus der unternehmensinternen Beziehung zwischen Vorstand und Mitarbeiter sowie vor dem Hintergrund von unvollständigen Verträgen ergibt sich aus institutionenökonomischer Sicht die Notwendigkeit für ein Überwachungssystem. Dies gilt umso mehr, je unternehmensspezifischer der Produktionsfaktor Wissen ist. Dies bedeutet für die Interne Revision:

> *„Thus, in many, if not all, cases, principals decide to hire a specialized monitor: an auditor."*[5]

Die Interne Revision ist also ein Monitoring-Instrument für den Vorstand zur Beurteilung und Verifizierung der von den Agenten zur Verfügung gestellten Informationen, mit dem Ziel, die bestehende Informationsasymmetrie zwischen Vorstand und den hierarchisch untergeordneten Stellen und Abteilungen zu reduzieren. Der Grad der Informationsasymmetrie ist auch ein wichtiger Indikator für die Ableitung der Notwendigkeit der Einrichtung einer Internen Revision: Je höher der Grad an asymmetrischer Informationsverteilung zwischen Prinzipal und Agent, umso notwendiger und umfangreicher ist eine Revision im Allgemeinen und eine Interne Revision im Besonderen.

Allerdings fungiert auch der Interne Revisor als Agent für den Prinzipal, in der in diesem Abschnitt unterstellten Konstellation, also für den Vorstand, und unterliegt den typischen Verhaltensannahmen der Neuen Institutionenökonomik.[6] Auch der Revisor kann als ein im Eigeninteresse handelndes Individuum gesehen werden, also opportunistisch handeln, seinen Informationsvorsprung gegenüber dem Prinzipal zu seinen Gunsten ausnutzen oder seinen Arbeitsinput auf ein gerade angemessenes Minimum abbauen (Problem des sog. „shirking").[7] Aus der bilateralen Prinzipal-Agenten-Beziehung wird ein Mehragentenmodell.[8] Es stellt sich dann die Frage nach der Kontrolle des Prüfers.[9]

Ein wesentliches Element zur Lösung dieses ex post-Konflikts kommt zum einen der Gestaltung von Anreizverträgen, zum anderen der direkten Verhaltenssteuerung zu. Für die Praxis von Relevanz ist beispielhaft die Qualitätsbeurteilung der Internen Revision durch den Jahresabschlussprüfer oder anlässlich einer aufsichtsrechtlichen Sonderprüfung nach § 44 Abs. 1 Satz 2 KWG. Eine weitere Form des „signallings" ist ein Quality Assessment-Verfahren, in dem die Wirksamkeit der Internen Revision von Externen überprüft wird. Hierbei werden Revisionsmanagement und -mitarbeiter befragt sowie die revisionsinternen Prozesse, Me-

---

4) Unter Monitoring werden Überwachungsvorgänge verstanden, die von dem Prinzipal zur *„Kontrolle der durchgeführten Unternehmenspolitik"* vorgenommen werden. Vgl. Ewert (1990), S. 17 ff.; ebf. Picot/Dietl/Franck (1999), S. 220. Zur Prinzipal-Agenten-Theorie siehe auch oben, Kapitel B.1.1.3, S. 23 ff.

5) Vgl. Paape (2007), S. 110.

6) *„Unless we believe that auditors are somehow qualitatively different from the other types of economic agents that we study, it would seem that we should attempt to apply the same techniques to modeling auditors that we use to model other economic agents."* Vgl. Antle (1982), S. 503 f.

7) Vgl. auch Paape (2007), S. 142.

8) Siehe oben, Kapitel B.1.1.3, S. 26 f.

9) Vgl. Ewert (1990), S. 201.

thoden und Unterlagen nach standardisierten Qualitätskriterien geprüft.[10] Außerdem kann die Interne Revision zur Selbstbindung einen Verhaltenskodex („code of ethics“) verabschieden und sich im Rahmen ihrer Tätigkeiten an anerkannte Berufsstandards binden. Des Weiteren ist in diesem Zusammenhang auf den Abschluss eines Berufsexamens, wie z. B. der Abschluss des weltweit akzeptierten Certified Internal Auditor (CIA) des Institute of Internal Auditors, USA, hinzuweisen. Eine weitere Möglichkeit ist ein leistungsabhängiges Vergütungssystem, sodass der Agent (hier: Interner Revisor) keine Anreize mehr hat, eine Koalition mit dem Geprüften zulasten des Prinzipals einzugehen. Ein Vergütungssystem muss aber so konzipiert sein, dass es hierdurch zu keinen Einschränkungen der Unabhängigkeit und Objektivität der Internen Revision kommt.[11] Aus der Sicht des Verfassers erweist sich für den Revisionsalltag eine Kombination aus einem revisionskompatiblen Anreizsystem, Beurteilungen durch externe Prüfer und Geprüfte sowie der Durchführung von Quality Assessments als ein sinnvoller Beitrag zur Milderung der Konflikte aus dem aufgezeigten Mehragentenmodell. Unter der Voraussetzung, dass der variable den fixen Vergütungsanteil nicht übersteigt, und die Ziele nicht im Widerspruch zur Geschäftsstrategie oder zu den Berufsstandards stehen, kann der Prinzipal mit dem Leiter der Revision folgende Ziele vereinbaren:[12]

- Erfüllung des Prüfungsplans unter der Nebenbedingung der Einhaltung einer sachgerechten Prüfungsqualität.
- Keine bzw. keine wesentlichen Prüfungsfeststellungen von einem externen Prüfer im Rahmen der Beurteilung der Revisionsarbeit, die der Leiter der Internen Revision zu vertreten hat.
- Durch ihren umfassenden und tief gehenden Einblick in Strukturen und Prozesse sind im Rahmen der risikoorientierten Prüfungstätigkeit ein vorab definiertes Minimum an Optimierungspotenzialen festzustellen.
- Die Durchführung und Analyse von Befragungen der Revisionspartner[13] nach Abschluss von im Vorfeld festgelegten Prüfungsaufträgen, insbesondere nach der Art und Weise der Prüfungsdurchführung. Fragen an die Revisionspartner sind z. B. die Kommunikation der Prüfungsziele, die Information der Revisionspartner über den Stand und die Ergebnisse aus der laufenden Prüfung oder nach einem klaren und logischen Berichtsaufbau.[14]

Wenn die Interne Revision ein Monitoring-Instrument des Vorstands ist, dann ist es empfehlenswert, dass die Ziele durch den Prinzipal mit dem Leiter der Internen Revision vereinbart werden. Der Prinzipal implementiert anreizkompatible Verträge, damit der Agent in seinem Interesse handelt.

---

10) Das Deutsche Institut für Interne Revision e. V. hat einen Leitfaden zur Durchführung eines Quality Assessments herausgegeben. Vgl. IIR - QA (2007).

11) Vgl. hierzu Paape (2007), S. 142; ebf. BIS (2001), S. 5.

12) Zu den Ansätzen zur Steuerungs- und Erfolgsmessung siehe unten, Kapitel D.4.4.4, S. 339 ff.

13) Als Revisionspartner sind alle internen und externen Personen oder Institutionen zu verstehen, mit denen die Interne Revision vor, während und nach ihren Tätigkeiten in einer vertragsähnlichen Beziehung steht.

14) Für ausgewählte Inhalte von Kundenbefragungen vgl. IIR - QA (2007); ebf. DIIR Revisionsstandard Nr. 3, Anlage 2.

1.1.2 Untersuchung aus Sicht des Transaktionskostenansatzes

Im Folgenden wird die Interne Revision aus Sicht des Transaktionskostenansatzes untersucht, d. h. eine transaktionskostenminimierende Governance Struktur soll abgeleitet werden, die einen ex post-Opportunismus verhindert. Bei gegebener Unsicherheit und häufigen Transaktionen kann die Faktorspezifität, insbesondere durch spezifisches Wissen, einen wichtigen Beitrag zur Erklärung der Funktion der Internen Revision liefern.

Den Ausgangspunkt bilden zwei Unternehmen mit unterschiedlichem spezifischen Faktoreinsatz; von rechtlichen Rahmenbedingungen wird abstrahiert:

Das *Unternehmen A* produziert ein einfaches, standardisiertes Produkt, zu dessen automatisierter Herstellung kaum bzw. wenig spezifisches Wissen benötigt wird. In dieser Situation bestehen keine Anreize für eine Koordinationsvereinbarung zur ex post-Regelung von unvollständigen Verträgen, sondern es können standardisierte Verträge abgeschlossen werden. Es werden keine umfangreichen Koordinationsmechanismen zur Absicherung gegen ex post-Opportunismus getroffen, und somit keine signifikanten Verhandlungskosten aufgewendet. Eine Qualitätssicherung des Produktionsoutputs findet weitestgehend durch automatisierte Verfahren statt, die prozessabhängig in die Ablauforganisation eingebunden sind. Die Einrichtung einer Internen Revision erfolgt nicht oder nur in einem sehr geringen Umfang.

Das *Unternehmen B* ist dagegen dem Bankensektor zuzurechnen und braucht für die Erbringung von individuellen Dienstleistungen hoch qualifizierte Fachkräfte mit spezifischem Wissen. Es sind komplexere Koordinationsmechanismen zur Absicherung gegen ex post-Opportunismus zu treffen als beim *Unternehmen A*, um die Erreichung der geschäftspolitischen Ziele zu unterstützen. In dieser Situation kann die Interne Revision bei unvollständigen Verträgen einen wichtigen Beitrag zur Absicherung der Quasi-Renten leisten.

Definiert man den *Spezifikationsgrad* (s) in einem Intervall von Null (vollkommen unspezifisch) und Eins (vollkommen spezifisch), so kann man den vorherigen Zusammenhang aus Sicht der Transaktionskostentheorie wie folgt darstellen:

$$0 \leq \text{TAK}_{\textit{Unternehmen A}}(\text{s}) < \text{TAK}_{\textit{Unternehmen B}}(\text{s}) \leq 1$$

oder übertragen auf die Monitoring-Aktivitäten bedeutet dies:[15]

$$\text{TAK}_{\textit{prozessabhängige Kontrolle (PK)}}(\text{s}) < \text{TAK}_{\textit{Interne Revision (IR)}}(\text{s}) \quad \text{wenn } \text{s} \leq \text{s}_{\text{KR}}$$

Allgemein kann gefolgert werden, dass die Transaktionskosten (TAK) von Monitoring-Aktivitäten abhängen, die von der Spezifität des Produktionsprozesses und -ergebnisses geprägt sind. Steigt der *Spezifitätsgrad* (s) an, wechselt man also von unspezifischen über mittel- bis zu hochspezifischen Investitionen in Fachwissen, so ändert sich der Transaktionskostenvorteil. Insbesondere zur Absicherung gegen nachvertraglichen Opportunismus bzw. gegen die unberechtigte Vereinnahmung der Quasi-Renten bei steigender Faktorspezifität wird ein Vorstand umfangreichere und komplexere Kontroll- und Überwachungsmechanismen implementieren müssen. In diesem Fall wachsen die Transaktionskosten für die Einrichtung von an-

---

15) Die Abkürzung (s_{KR}) steht für kritischen Spezifikationsgrad.

gemessenen Internen Kontrollverfahren nach den MaRisk, also sowohl Interne Kontrollsysteme als auch Interne Revision, überproportional im Vergleich zu denen eines singulären Internen Kontrollsystems. Stellt man dies als Grenzkosten dar, so gilt:

$$TAK_{prozessabhängige\ Kontrolle}(s)' > TAK_{Interne\ Revision}(s)' \text{ wenn } s > s_{KR}$$

Es ist zu beachten, dass ab einem bestimmten kritischen Spezifikationsgrad (s_{KR}) der Vorstand im Hinblick auf die Überwachungseffizienz nicht mehr bereit sein wird, lediglich ein Internes Kontrollsystem einzurichten und auf eine Interne Revision zu verzichten. Die folgende Abbildung D.1 verdeutlicht den Zusammenhang:

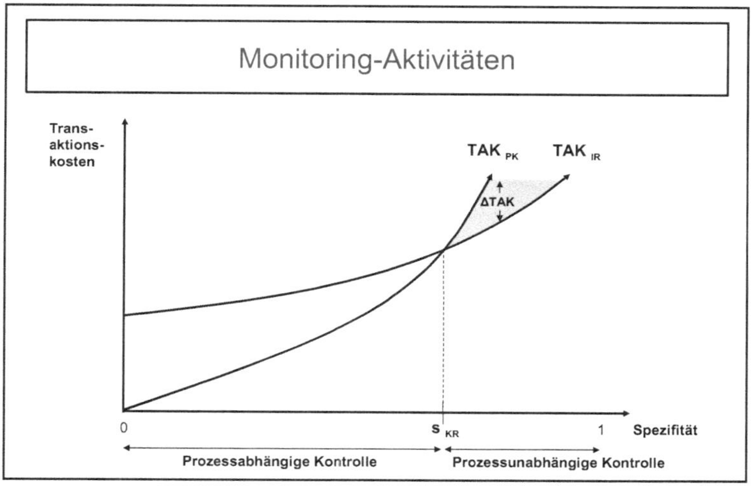

Abbildung D.1: Durchführung von Monitoring-Aktivitäten

Durch die Grenzkostenbetrachtung kann gezeigt werden, dass aus transaktionskostenökonomischer Perspektive es nicht effizient ist, die Monitoring-Aktivitäten nur auf Interne Kontrollsysteme zu beschränken. Bei einem unspezifischen oder wenig spezifischen Faktoreinsatz, also wenn eine Faktorspezifität von $s < s_{KR}$ gilt, ist die Notwendigkeit für eine quantitativ umfangreiche Interne Revision nicht gegeben. Nur wenn bei einem Faktorinput eine kritische Spezifität überschritten wird ($s > s_{KR}$), reichen Interne Kontrollsysteme allein nicht mehr aus, sondern sind durch eine objektive und unabhängige Interne Revision zu komplementieren.[16] Übertragen auf Kreditinstitute bedeutet dies, dass angemessene Interne Kontrollverfahren, insbesondere mit einer Internen Revision, zu implementieren sind.

16) Damit die Faktorspezifität in ihrer vollen Tragweite zur Geltung kommt, werden in diesem Zusammenhang begrenzte Rationalität, Opportunismus und das Vorliegen von Unsicherheit angenommen.

Die gewonnenen theoretischen Erkenntnisse stehen auch im Einklang mit Beobachtungen in der Praxis: So kommt eine Befragung zu dem Ergebnis, dass die Mitarbeiterkapazität in der Internen Revision je nach Wirtschaftszweig stark schwankt.[17] Der starke Personaleinsatz in der Internen Revision in Kredit- und Finanzunternehmen ist im Vergleich zu Industrie-, Handels- oder Versorgungsunternehmen überproportional. Dies kann auch als ein Indiz für einen stärkeren spezifischeren Faktorinput bei Kreditinstituten als bei Industrie-, Handels- oder Versorgungsunternehmen interpretiert werden.

Überträgt man den in der Abbildung D.1 gezeigten Sachverhalt auf die Ableitung einer Governance Struktur, so kann man daraus schließen, dass „*hierarchy is favored as asset specifity builds up, ceteris paribus*".[18] Daraus folgt, dass ein Outsourcing der Revisionsabteilungen eher in Betracht kommt, wenn $s < s_{KR}$ gilt. Bei einer Faktorspezifität im Intervall $s > s_{KR}$ ist hingegen die vollständige Integration der Internen Revision in die Unternehmung aus Sicht der Transaktionskostentheorie vorzuziehen.[19] Wenn nur unvollständige Verträge abgeschlossen werden können, und neben explizitem, auch implizites Wissen verstärkt zu beachten ist, werden Revisionstätigkeiten durch eine unternehmensinterne Revision, die einen direkten und permanenten Zugang zu Mitarbeitern und Ressourcen des Unternehmens hat, effizienter und effektiver geleistet als von Externen Revisoren.[20] Denn auch eine prozessunabhängige Interne Revision ist in einem weiteren Sinn auch ein Teil des Unternehmens (Insider-Status). Sie steht mit den übrigen Mitarbeitern täglich in Kontakt und ihr wird ein größeres Vertrauen entgegengebracht sowie umfangreichere explizite und implizite Informationen zur Verfügung gestellt, als dies bei Externen Revisoren der Fall ist.[21] Somit ist aus der Sicht des Verfassers eine binäre „make or buy"-Entscheidung zu eng gefasst. Im Einzelfall kann es angemessen sein, spezifische Revisionsdienstleistungen als Ergänzung und zur Unterstützung der Gesamtbeurteilung des Internen Kontrollsystems am Markt einzukaufen (sog. „Co-Sourcing"). Dies gilt insbesondere dann, wenn das unternehmensinterne Vorhalten von Expertenwissen für einen eigenen Spezialisten in der Internen Revision mangels ausreichender Prüfungsaufträge und

---

17) Vgl. DIIR (2008), S. 37 f. Neben der Branchenzugehörigkeit und der Unternehmensgröße haben aber auch die Unternehmensstruktur und das Aufgabenspektrum der Internen Revision Auswirkungen auf die personelle Ausstattung. Darüber hinaus sind die gesetzlichen und bankaufsichtsrechtlichen Anforderungen zu beachten, die auch Einfluss auf die Mitarbeiterkapazitäten in der Internen Bankenrevision haben.

18) Vgl. Williamson (2002), S. 181.

19) Nach den MaRisk liegt eine Auslagerung (Outsourcing) vor, wenn ein anderes Unternehmen mit der Wahrnehmung solcher Aktivitäten und Prozesse im Zusammenhang mit der Durchführung von Bankgeschäften, Finanzdienstleistungen oder sonstigen institutstypischen Dienstleistungen beauftragt wird, die ansonsten vom Institut selbst erbracht würden (AT 9 Tz. 1). Eine Auslagerung darf allerdings nicht die Geschäftsorganisation im Sinne des § 25a Abs. 1 KWG beeinträchtigen. Die Interne Revision hat bei Auslagerungen die Anforderungen des § 25a Abs. 2 KWG zu überwachen. Zur Auslagerungen im Allgemeinen und der Internen Revision bei Banken im Besonderen vgl. Kokert (2008), S. 155 ff.; ebf. Peemöller (2008b), S. 148 ff.; ebf. Hannemann et al. (2008), S. 272 ff.; ebf. Helfer/Geiersbach/Prasser (2008), S. 117 ff.

20) Vgl. Zehnder/Brönnimann (2005), S. 452 f. „*Transaction Cost Economics would provide arguments for the make decision since an internally positioned internal audit would have best access to internal information and the required knowledge to be able to audit is highly asset specific that buying the service might be difficult.*" Vgl. Paape (2007), S. 123.

21) Man kann somit auch von einem Vertrauensgut der Dienstleistung Interne Revision sprechen. Vgl. Zehnder/Brönnimann (2005), S. 453.

somit einer Unterauslastung der Personalressource ökonomisch nicht effizient ist. Aus der „make *or* buy"-Entscheidung wird dann eine „make *and* buy"-Entscheidung.

1.2 Interne Revision als Bonding-Instrument

In den Folgenden Ausführungen bilden nicht mehr Vorstand und Interne Revision die Prinzipal-Agenten-Beziehung, sondern es kommt zu einer Verschiebung der Ebenen, sodass nun der Aufsichtsrat oder sein Prüfungsausschuss der Prinzipal ist und Vorstand sowie Interne Revision jeweils als Agenten zu sehen sind. Die ökonomischen Kosten, die das Unternehmensmanagement als Agent für die Einrichtung einer Internen Revision aufwendet, sind die sog. „bonding costs", also die Garantiekosten für eine glaubhafte ex post-Verhaltensbindung des Agenten gegenüber dem Prinzipal („signalling"). Die Interne Revision ist aus dieser Perspektive des Vorstands also ein Bonding-Instrument. Dies impliziert aber auch, dass die Prüfungstätigkeiten der Internen Revision auf die Organisationsabteilungen sowie Systeme und Prozesse des Unternehmens beschränkt sind, die *unter* der Vorstandsebene liegen. Das Unternehmensmanagement als disziplinarischer Vorgesetzter der Internen Revision ist also kein objektiver Prüfungsgegenstand mehr, weil die Unabhängigkeit der Internen Revision von der zu prüfenden Einheit aufgrund der wirtschaftlichen Abhängigkeit nicht mehr ausreichend gegeben ist. Soll das Unternehmensmanagement aber in das Prüfungsportfolio der Internen Revision integriert werden und es nicht zu (Abhängigkeits-) Komplikationen bzw. Konflikten kommen, dann sollte bzw. muss die Interne Revision stärker mit dem Überwachungsorgan institutionell verbunden werden.

Im Rahmen der heute bestehenden institutionellen aufbauorganisatorischen Zuordnung der Internen Revision kann es außerdem zu vorteilhaften Absprachen zwischen Vorstand und Revision zulasten des Aufsichtsrats kommen (Kollusionen).[22] Diese, für eine Internal Governance negativen Absprachen, können anreiztheoretisch vermieden werden, wenn der Grenznutzen des realisierten Kollusionsgewinnes geringer ausfällt als der monetäre oder nicht-monetäre Anreiz des Prinzipals für die Interne Revision. In einem dualistischen System verfügt das Aufsichtsorgan als Prinzipal aufgrund der *Distanz* zur Internen Revision aber gar nicht über die Möglichkeiten, Anreize zur Vermeidung von Kollusionsgewinnen bei der Internen Revision zu setzen. Aus der Sicht des Verfassers ist eine effiziente Möglichkeit gegen die Gefahr von Kollusionen auch in diesem Fall die verstärkte Zuordnung der Internen Revision zu dem Überwachungsorgan. Der Prinzipal als Auftraggeber des Agenten kann dann zusätzlich von dem unabhängigeren und objektiveren Informationstransfer für seine Überwachungstätigkeiten profitieren. Folglich sollte aus der Sicht der Prinzipal-Agenten-Theorie das Überwachungsorgan als Prinzipal der Internen Revision fungieren.[23]

---

22) Siehe unten, Kapitel D.3.3.2, S. 266.
23) Vgl. Paape (2007), S. 49.

2. Die Interne Revision in der Internal Governance

2.1 Allgemeine Grundlagen

Die Funktion der Internen Revision ist keine neuzeitliche Erfindung. So war es *Henri Fayol* (1841 – 1925), der die Bedeutung von Kontrollfunktionen als eine von fünf Funktionen des Unternehmensmanagements ausdrücklich hervorhob.[24] Dieses „control by management" ist als ein Synonym für das sog. Internal Control zu verstehen, deren Angemessenheit und Wirksamkeit die Interne Revision prozessunabhängig bewertet.

In der Literatur wird – als Abgrenzung zur Externen Revision – in der Regel von der Internen Revision gesprochen, wenn einerseits die Prüfungsinstanz zwar unabhängig vom Prüfungsobjekt ist (Prozessunabhängigkeit), andererseits die Revisionsarbeiten von unternehmensinternen Mitarbeitern durchgeführt werden, die den Weisungen der Unternehmensführung unterliegen. Die Externe Revision wird dagegen von Unternehmensfremden durchgeführt.[25] Allerdings trägt diese Definition der zunehmenden Entwicklung des Outsourcings oder Co-Sourcings[26] nicht mehr ausreichend Rechnung, da es sich bei diesen Prüfungsaufträgen um einzelne Aufträge aus der ganzheitlichen, rollierenden Prüfungsplanung des Leiters der Internen Revision handelt, die in der Regel lediglich für ausgewählte Prüfungsobjekte an Externe vergeben werden und somit eine Dienstleistung für die Interne Revision bzw. für das Unternehmen erbringen. Aus der Sicht des Verfassers ist eine Abgrenzung der Internen Revision allein über die Betriebszugehörigkeit der Mitarbeiter kein notwendiges und hinreichendes Kriterium. Entscheidend für die Revisionsfunktion ist vielmehr die Prozessunabhängigkeit des Revisors und das *„review of internal control"* durch einen Revisor, der im Auftrag des Leiters der Internen Revision oder des Unternehmens handelt und einen Beitrag zur Erfüllung des vom Leiter der Internen Revision aufgestellten Prüfungsplans liefert. In diesem Kontext können auch Externe Dienstleistungen für die Interne Revision erbringen, die zur Erfüllung der Internen Revisionsfunktion dienen.[27]

Objektivität und Unabhängigkeit

Der wesentliche Erfolgsfaktor für die Aufgabenerfüllung der Revision ist ihre Objektivität und Unabhängigkeit.[28] Interne Revisoren sind dann unabhängig, wenn die ungehinderte und objektive Erfüllung ihrer Aufgaben gewährleistet ist.[29] Des Weiteren ist der Begriff „Unabhängigkeit" verbunden mit einer persönlichen und souveränen Freiheit, die keinen wirt-

24) Die weiteren Funktionen sind Planung, Organisation, Befehl und Koordination. Unter Kontrolle, im Sinne einer umfassenden Überwachungsaufgabe, verstand *Fayol „seeing that everything is being carried out in accordance with the plan which has been adopted, the orders which have been given, and the principles which have been laid down"*. Vgl. Thurston (1950), S. 21. Zu dem Ansatz von *Fayol* wird auf die Ausführungen bei Schreyögg (2003), S. 36 ff., verwiesen.

25) Vgl. Ewert (2005), S. 482.

26) Als Co-Sourcing wird der Ansatz verstanden *„in which the internal audit activity obtains external aid in performing certain activities"*. Vgl. Gleim (2004), S. 49.

27) Vgl. Chambers (1996), S. XV.

28) Vgl. IIA - Standards (2007), Standard 1100. Zur Definition von Unabhängigkeit nach CEBS siehe oben, Kapitel C.3.3.4, S. 186.

29) Vgl. IIA - PA (2007), PA 1100-1.

schaftlichen Abhängigkeiten unterliegt. Der Revisor ist somit in der Lage, ohne Zwang nach freiem Willen zu handeln und ist in seinen Prüfungshandlungen und -ergebnissen nicht durch Dritte eingeschränkt oder beeinflussbar. Die Unabhängigkeit wird durch einen geeigneten organisatorischen Status (organisatorische Unabhängigkeit durch Prozessunabhängigkeit) und Objektivität sichergestellt.[30] Diese *organisatorische* Unabhängigkeit wird durch die zweckdienliche Einbindung in die Gesamtorganisation, angemessene Berichtslinien und ausreichende Rechte für die Revision ermöglicht.[31] Der Leiter der Internen Revision muss der Ebene im Unternehmen unterstehen, die dafür Sorge tragen kann, dass die Interne Revision ihre Aufgaben sachgerecht und unabhängig erfüllen kann und bei ihren Tätigkeiten nicht behindert wird.[32] In der Praxis ist dies heute in der Regel – nicht nur bei Kreditinstituten nach AT 4.4 Tz. 2 der MaRisk – die Geschäftsleitung. Damit die Interne Revision ihre Aufgaben allerdings im Sinne der geforderten Unabhängigkeit sachgerechter erfüllen kann, sollte die Interne Revision, so die These dieser Arbeit, von der Geschäftsleitung *und* dem Aufsichtsorgan bzw. seinem Prüfungsausschuss institutionell unterstützt werden. Diese These soll in diesem Kapitel weiter untersucht werden.

Objektivität ist eine Haltung geistiger Unabhängigkeit während der Revisionsarbeit, also die fehlende Beeinflussung oder Einschränkung bei der Prüfungsplanung und -durchführung sowie bei Bildung des Prüfungsurteils.[33] Die persönliche Objektivität verlangt von den Revisoren unparteiisches und unvoreingenommenes Verhalten und die Vermeidung von Interessenkonflikten. Sie ist somit eine Haltung geistiger Unabhängigkeit, die Revisoren bei der Prüfungsdurchführung wahren müssen. Dies verlangt von den Revisoren, die Prüfungen so durchzuführen, dass sie vom Ergebnis ihrer Arbeit selbst überzeugt sind und keine Qualitätskompromisse machen müssen.[34] D. h., Prüfungsergebnisse sind dann objektiv, wenn sie unter den realen Gegebenheiten auch tatsächlich so existieren und intersubjektiv nachprüfbar sind, unabhängig von dem Prüfungsbericht oder denen, die die Sachverhalte festgestellt haben. Bei einer tatsächlichen – oder auch nur dem Anschein nach – Beeinträchtigung der Unabhängigkeit oder Objektivität sind nach einem festgelegten internen Verfahren die entsprechenden Einzelheiten dem Leiter der Internen Revision offen zulegen. Eine entsprechende Formulierung für die Geschäftsanweisung bzw. ein Revisionshandbuch kann nach Auffassung des Verfassers wie folgt lauten:[35]

> *Revisoren dürfen nicht an Prüfungen teilnehmen, bei denen ihre Objektivität durch besondere Umstände beeinträchtigt sein könnte (z. B. Prüfungen, bei denen der Ehepartner bzw. Lebensgefährte oder eine nahe verwandte oder verschwägerte Person im geprüften Bereich tätig ist). Diese oder weitere Beeinträchtigungen ihrer Objektivität und/oder Un-*

---

30) Vgl. Fahrion/Geis (2007), S. 257.

31) Vgl. Hahn (2008), S. 85.

32) Vgl. IIA - Standards (2007), Standard 1110; ebf. IIA - PA (2007), PA 1100-1.

33) Vgl. AKEIÜ (2006a), S. 226. Synonyme Begriffe sind Unparteilichkeit, Unvoreingenommenheit oder Wertfreiheit.

34) Vgl. IIA - PA (2007), PA 1120-1.

35) Siehe unten, Anhang Geschäftsanweisung für die Interne Revision, S. 406.

abhängigkeit bei der Prüfungstätigkeit sind dem Leiter der Revision unverzüglich zu berichten.

Der Leiter der Internen Revision hat dann nach angemessenen und risikoorientierten Kriterien zu entscheiden, ob und inwieweit der Gesamtvorstand bzw. der Vorstandsvorsitzende, das Aufsichtsorgan bzw. sein Prüfungsausschuss über Beeinträchtigungen zu unterrichten ist.[36]

Auf den Eigenschaften der Unabhängigkeit und Objektivität bauen die Grundsätze und die Definition für die Interne Revision auf.[37] Das Institute of Internal Auditors (IIA) definiert die Interne Revision wie folgt:

„Internal auditing is an independent, objective assurance and consulting activity designed to add value and improve an organization's operations. It helps an organization accomplish its objectives by bringing a systematic, disciplined approach to evaluate and improve the effectiveness of risk management, control, and governance processes."[38]

Speziell für die Governance-Prozesse bewertet die Interne Revision die Führungs- und Überwachungsprozesse und gibt Verbesserungsvorschläge, damit die folgenden Ziele erreicht werden können:[39]

- Förderung angemessener ethischer Normen und Werte.
- Sicherstellung von Leistungsmessung und -steuerung sowie klarer Verantwortlichkeiten.
- Effektive Kommunikation der Risikosituation und der Güte des Internen Kontrollsystems an die zuständigen Stellen.
- Wirksame Koordination von Aktivitäten und Kommunikation zwischen Unternehmensleitung, -überwachung, Interner Revision und Abschlussprüfer sowie operativem Management.

Auf dieser Basis und im Hinblick auf ein systematisches und zielgerichtetes Vorgehen ergeben sich die Grundsätze für die Interne Revision im Wesentlichen aus den internationalen Standards der beruflichen Praxis des IIA, den ergänzenden Revisionsstandards des Deutschen Instituts für Interne Revision (DIIR) sowie im IT-Bereich aus den Berufsgrundlagen der Information Systems Audit and Control Association (ISACA). Die internationalen Berufsstandards des IIA sind in ihrer Struktur in der folgenden Abbildung D.2 dargestellt:[40]

---

36) Vgl. IIA - PA (2007), PA 1130-1.

37) Vgl. Hahn (2008), S. 82.

38) Siehe für die deutsche Übersetzung unten, Kapitel D.4.4.1, S. 318.

39) Vgl. IIA - Standards (2007), 2130 „Governance"; ebf. IIA - PA (2007), PA 2130-1. Für die Bewertung der Risikomanagement- und Kontrollprozesse durch die Interne Revision vgl. IIA - Standards (2007), 2110 „Risikomanagement" und 2120 „Kontrollen"; ebf. IIA - PA (2007), PA 2110-1 f. und PA 2120.A1-1.

40) Vgl. Hahn (2008), S. 77 ff.; ebf. Hahn (2009), S. 34 ff.

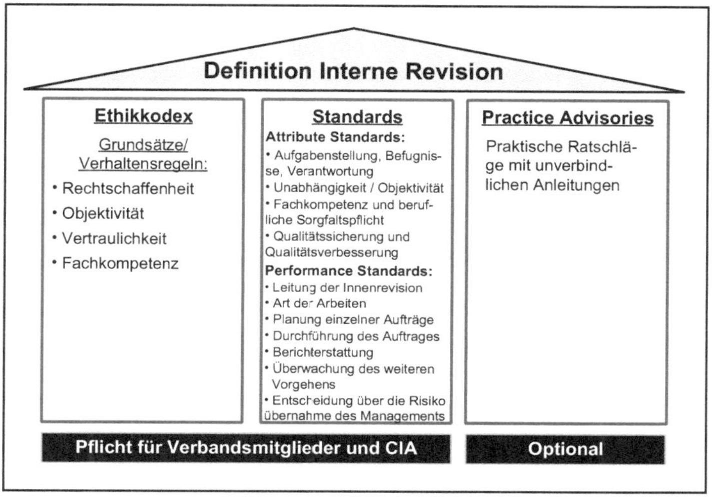

Abbildung D.2: Berufsgrundlagen der Internen Revision (IIA)

Auf nationaler Ebene sind die vier Revisionsstandards des DIIR zu nennen:[41]

- Zusammenarbeit von Interner Revision und Abschlussprüfer.
- Prüfung des Risikomanagements durch die Interne Revision.
- Qualitätsmanagement in der Internen Revision.
- Standard zur Prüfung von Projekten.

Darüber hinaus sind weitere nationale Vorgaben für bestimmte Branchen, wie z. B. die MaRisk bzw. MaRisk VA von der BaFin für Banken bzw. Versicherungen, zu berücksichtigen.

Bei Kreditinstituten ist die organisatorische Ausgestaltung der Internen Revision in einer Geschäftsordnung („charter") näher festzulegen, insbesondere die Aufgabenstellungen, Befugnisse sowie die Verantwortung für die Prüfungs- und Beratungsdienstleistungen sind zu definieren.[42] Die Geschäftsanweisung für die Interne Revision ist die Grundlage für die Zusammenarbeit zwischen Geschäftsleitung, Interner Revision und anderen internen und exter-

---

41) Vgl. DIIR Revisionsstandard Nr. 1; ebf. DIIR Revisionsstandard Nr. 2; ebf. DIIR Revisionsstandard Nr. 3 und DIIR Revisionsstandard Nr. 4.

42) Für ein Beispiel einer Geschäftsanweisung für die Interne Revision sowie einer Mustergliederung eines Revisionshandbuches siehe unten, Anhang, S. 405 ff.; ebf. DIIR Geschäftsanweisung (2006) für eine Muster-Geschäftsanweisung für Bausparkassen. Für Sparkassen ist gemäß § 10 Abs. 1 des Sparkassengesetzes für das Land Hessen in Verbindung der jeweiligen Sparkassensatzung eine „Geschäftsanweisung für die Innenrevision" zu erlassen. Die Geschäftsanweisung regelt zugleich die in BT 2 der MaRisk genannten Sachverhalte.

nen Einheiten.[43] Sie soll im Einklang mit der Informationsordnung des Aufsichtsorgans stehen, die auch die Zusammenarbeit der Internen Revision mit dem Überwachungsgremium regelt.[44] Diese ist von der Geschäftsleitung zu beschließen und vom Überwachungsorgan zu genehmigen.[45] Darüber hinausgehende oder auch ergänzende, operative Sachverhalte sind in einem Revisionshandbuch zu dokumentieren.

Das Institute of Internal Auditors (IIA) empfiehlt, dass der Leiter der Internen Revision *fachlich* dem Überwachungsorgan und *disziplinarisch* dem Vorsitzenden der Geschäftsleitung unterstellt sein sollte.[46] Außerdem trägt eine regelmäßige Kommunikation mit dem Aufsichtsorgan zum Erhalt der Unabhängigkeit bei und fördert den gegenseitigen Austausch von relevanten Informationen.[47] Neben der Teilnahme an den Sitzungen des Aufsichtsorgans und dem damit verbundenen bilateralen Informationsaustausch sowohl zu Themen wie z. B. Risikomanagement, Internes Kontrollsystem oder Jahresabschluss als auch zu Prüfungsplanung, -ergebnissen und Follow-up, sollte sich der Leiter der Internen Revision mindestens einmal im Jahr mit dem Aufsichtsorgan „unter vier Augen“ treffen. Außerdem wird die Unabhängigkeit des Leiters der Internen Revision durch die notwendige Zustimmung des Aufsichtsorgans oder seines zuständigen Ausschusses zu seiner Ernennung bzw. Entlassung gestärkt. Die Unabhängigkeit erlaubt der Internen Revision somit die für eine korrekte Auftragsdurchführung notwendige sachliche und unparteiische Beurteilung der Sachverhalte. Zur Stärkung ihrer Unabhängigkeit wird die Aufnahme der folgenden Ergänzung in den BT 2.2 Tz. 1 der MaRisk bzw. in eine Informationsordnung vorgeschlagen:[48]

Zur Stärkung der Unabhängigkeit der Internen Revision wird die Regelung einer Einwilligungspflicht bzw. eines Einwilligungsrechts des Aufsichtsrat oder seines Prüfungsausschusses empfohlen, zumindest zur Ernennung, Entlassung und Vergütung des Leiters der Internen Revision. Abweichungen hiervon sind zu begründen und im Lagebericht darzustellen („comply or explain“).

---

43) Vgl. AKEIÜ (2006a), S. 226; ebf. IIA - Standards (2007), 1000 „Aufgabenstellung, Befugnisse und Verantwortung“.

44) Vgl. AKEIÜ (2006a), S. 228.

45) In dem Anhang zu dieser Arbeit ist eine Geschäftsanweisung für die Interne Revision enthalten; siehe unten, Anhang, S. 405 ff.

46) Siehe hierzu auch unten, Kapitel D.4.3, S. 309 ff. Die Unabhängigkeit und Funktionsfähigkeit wird grundsätzlich als eingeschränkt betrachtet, wenn der Leiter der Internen Revision der zweiten Managementebene zugeordnet ist. Vgl. Hahn (2008), S. 85.

47) Vgl. IIA - PA (2007), PA 1100-1.

48) Vgl. auch Bantleon (2005), S. 4 f., der sich auch auf die Anforderungen des Basel Committee on Banking Supervision für die Leitung der Compliance-Abteilung bezieht und diese analog auf die Interne Revision überträgt: Danach ist die Bankenaufsicht und das Überwachungsorgan einer Bank über den personellen Wechsel in der Leitung der Compliance-Abteilung – hier also bezüglich des Leiters der Internen Revision – unter Angabe der Gründe zu informieren. Vgl. Basel Committee - Compliance (2005), S. 12; ebf. Basel Committee - Compliance (2008), S. 7 f.

2.2 Die Interne Revision in Kreditinstituten

Der Basler Ausschuss für Bankenaufsicht hat in seinem „Rahmenkonzept für Interne Kontrollsysteme in Bankinstituten“ im Jahre 1998 auf die Notwendigkeit und Bedeutung von wirksamen Internen Kontrollsystemen als ein wesentliches Führungselement hingewiesen, die die „*Grundlage für einen sicheren und soliden Bankbetrieb*“ bilden.[49] Die Interne Revision ist in diesem Konzept ein Teil des Überwachungssystems und sollte direkt dem obersten Verwaltungsorgan oder dessen Prüfungsausschuss sowie der Geschäftsleitung unterstellt sein (Grundsatz 11). Dieser konzeptionelle Ansatz einer angemessenen unabhängigen Internen Revision reicht bis in die aktuellen Grundsätze für eine wirksame Bankenaufsicht und zur Verbesserung der Unternehmensführung in Banken hinein.[50]

Auf nationaler Ebene nimmt der § 25a Abs. 1 KWG für die Statik der ordnungsgemäßen Geschäftsorganisation eines Kreditinstituts eine tragende Funktion ein: Es muss die Einhaltung der vom Institut zu beachtenden gesetzlichen Bestimmungen und der betriebswirtschaftlichen Notwendigkeiten gewährleistet sein. Für die ordnungsgemäße Geschäftsorganisation, die insbesondere ein angemessenes und wirksames Risikomanagement umfasst, liegt die Gesamtverantwortung bei den Geschäftsleitern im Sinne von § 1 Abs. 2 Satz 1 KWG, nicht bei einzelnen Mitgliedern derselben oder bei deren Vorsitzenden.[51] Dieser Verantwortung können die Geschäftsleiter aber nur gerecht werden, wenn das Risikomanagement ihnen ermöglicht, die Risiken zu beurteilen, um geeignete Maßnahmen einzuleiten.[52] Außerdem bedingt diese Verantwortung die Möglichkeit zur Beurteilung, ob und inwieweit die Mitarbeiter die von der Geschäftsleitung erlassenen Anweisungen und Richtlinien auch tatsächlich beachten. Diese Aufgabe wird aber nicht mehr von der Geschäftsleitung selbst, sondern von der Internen Revision wahrgenommen.[53] Somit kann man sagen, dass die Interne Revision zurzeit als verlängerter Arm der Geschäftsleitung fungiert.[54]

---

49) Vgl. BIS (1998).

50) Vgl. BIS (2006a), S. 15 f.; ebf. BIS (2006b), S. 31 f., sowie BIS (2001), S. 3; ebf. BIS (2002) mit Fokus auf die Interne Revision, die danach Bestandteil des „*ongoing monitoring of the bank's system of internal controls and of its internal capital assessment procedure* [ist, K. G.], *because internal audit provides an independent assessment of the adequacy of, and compliance with, the bank's established policies and procedures. As such, the internal audit function assists senior management and the board of directors in the efficient and effective discharge of their responsibilities as described above*“.

51) Hier besteht eine Analogie zu § 91 Abs. 2 AktG, wonach auch der Vorstand einer Aktiengesellschaft die Verantwortung für die Einrichtung eines Überwachungssystems hat, damit den Fortbestand der Gesellschaft gefährdende Entwicklungen früh erkannt werden. Zu den wesentlichen Elementen des Risikomanagements im Sinne des KWG bzw. der MaRisk zählen Geschäfts- und Risikostrategie, Risikotragfähigkeit, Interne Kontrollsysteme und die Interne Revision. Die MaRisk als normenkonkretisierendes Schreiben des § 25a Abs. 1 KWG betonen demzufolge ebenfalls die Gesamtverantwortung der Geschäftsleitung für die ordnungsgemäße Geschäftsorganisation und deren Weiterentwicklung. Vgl. BaFin - MaRisk (2007), AT 3.

52) Mit dieser Forderung soll auch die Schaffung einer Risikokultur gefördert werden. Vgl. Günther/Serafin (2008), Rn. 226, S. 81; ebf. Bektenov (2005), S. 118 ff.

53) Vgl. zur Stellung und den Aufgaben der Internen Revision in Kreditinstituten Abendroth (2005), S. 23 ff.

54) Mit der Novellierung des § 25a KWG im Rahmen des Finanzmarktkonglomeraterichtlinie-Umsetzungsgesetzes im Jahre 2004 wurde erstmals der Begriff „Interne Revision“ mit in den Gesetzeswortlaut aufgenommen. Vgl. zur Stellung und zu den Aufgaben der Konzernrevision gem. § 25a Abs. 1a KWG Hannemann et al. (2008), S. 209 f.

Nach den Mindestanforderungen an das Risikomanagement muss jedes Kreditinstitut über eine funktionsfähige Interne Revision verfügen, die ein Instrument der Geschäftsleitung ist, ihr unterstellt und auch berichtspflichtig ist (AT 4.4 Tz. 1 f. MaRisk).[55] Sie hat risikoorientiert und prozessunabhängig die Wirksamkeit und Angemessenheit des Risikomanagements im Allgemeinen und des Internen Kontrollsystems im Besonderen sowie die Ordnungsmäßigkeit grundsätzlich aller Aktivitäten und Prozesse zu prüfen und zu beurteilen; unabhängig davon, ob diese ausgelagert sind oder nicht (AT 4.4 Tz. 3 MaRisk). Dies bedeutet aber nicht zwangsläufig, dass Kreditinstitute auch über eine eigene *Revisionseinheit* verfügen müssen. Da die Anforderungen an die Interne Revision funktionsbezogen sind, können Revisionseinheiten auch ausgelagert werden. Relevant ist die angemessene Durchführung der *Revisionsfunktion*.[56] Die Erwartungen, die an die Revisionsfunktion generell gestellt werden, verlangen, dass den Revisoren die für ihre Arbeit relevanten Berufsstandards (z. B. Deutsches Institut für Interne Revision e. V. oder Institute of Internal Auditors) bekannt sind und diese in der Revisionspraxis auch angewandt werden.[57] Diese Anforderung sollte nach Auffassung des Verfassers in den MaRisk für Kreditinstitute explizit unter den Grundsätzen für die Interne Revision (BT 2.2 Tz. 1) und in die Geschäftsanweisung für die Interne Revision aufgenommen werden:

Voraussetzung für eine funktionsfähige Interne Revision ist, dass die Mitarbeiter der Internen Revision die für ihre berufliche Praxis benötigten nationalen sowie internationalen Standards, insbesondere des Deutschen Instituts für Interne Revision e. V. kennen und von ihnen im Tagesgeschäft beachtet und angewandt werden.

Die Prüfungstätigkeit der Internen Revision hat sich auf der Grundlage eines risikoorientierten Prüfungsansatzes grundsätzlich auf alle Aktivitäten und Prozesse des Instituts zu erstrecken (BT 2.1 Tz. 1 MaRisk).[58] Das Wort „grundsätzlich" eröffnet dahingehend einen Handlungsfreiraum, dass nicht zwingend solche Aktivitäten und Prozesse zu prüfen sind, die unter Risikoaspekten zu vernachlässigen sind. Dieser Ansatz erlaubt für die Revisionsfunktion eine stärkere Antizipierung der bankrelevanten Risiken.[59] Damit einher geht auch für die Interne Revision ein Wechsel von der statischen Vergangenheitsbewältigung hin zu einer zukunftsorientierten, integralen Risikoberatung und Informationsdienstleistung. Die folgende

---

55) In den MaRisk wird die Interne Revision im Allgemeinen Teil (AT 4.4 Interne Revision) und im Besonderen Teil (BT 2 Besondere Anforderungen an die Ausgestaltung der Internen Revision) behandelt. Vgl. hierzu ausführlich DSGV MaRisk (2007), S. 200 ff. Als Vorläufer der MaRisk für die Interne Revision sind zu nennen: Das Schreiben des Bundesaufsichtsamtes für das Kreditwesen (BaKred, jetzt BaFin) vom 28. Mai 1976 betreffend der Anforderungen an die Ausgestaltung der Innenrevision (sog. „Revisionsbrief") und das BaKred-Rundschreiben Nr. 1/2000 vom 17. Januar 2000 bezüglich der Mindestanforderungen an die Ausgestaltung der Internen Revision (MaIR). Vgl. hierzu auch die (mittlerweile aufgehobene) Stellungnahme des IDW - BFA 1/1982; zu den MaIR vgl. Schmidt - Arbeitskreis 6 (2001).

56) Siehe auch oben, Kapitel D.2.1, S. 242.

57) Vgl. BaFin - MaRisk VA (2009), Nr. 7.4 Tz. 1.

58) Für die Erfüllung der Anforderungen der MaRisk unter besonderer Berücksichtigung der MaRisk-Öffnungsklauseln wird verwiesen auf Helfer/Geiersbach/Prasser (2008), S. 101 f., und S. 118 f.; ebf. Helfer (2008), S. 219 ff. Zur Prüfung von Banken im Allgemeinen und zur Bankenabschlussprüfung im Besonderen vgl. Dicken (2003).

59) Vgl. Hofmann (2008), S. 802 f.

Abbildung D.3 gibt die Struktur eines an der Geschäfts- und Risikostrategie orientierten MaRisk-konformen Revisionsprozesses zusammengefasst wieder:[60]

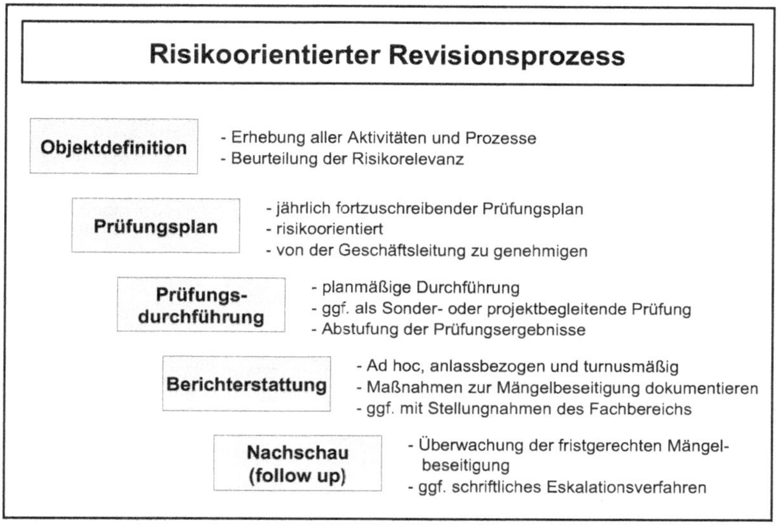

Abbildung D.3: MaRisk-Revisionsprozess

Damit die Interne Revision ihre Aufgaben sachgerecht wahrnehmen kann, ist ihr des Weiteren ein vollständiges und uneingeschränktes Informationsrecht einzuräumen, das ihr jederzeit zu gewährleisten ist (AT 4.4 Tz. 4 MaRisk).[61] Dieses Informationsrecht ist eine elementare Voraussetzung für ihre Funktionsfähigkeit. Es konkretisiert sich in der Mitteilungspflicht der Geschäftsleitung hinsichtlich Weisungen und Beschlüsse, die für die Interne Revision von Bedeutung sein können, wie z. B. wesentliche Änderungen im Risikomanagement. Des Weiteren in der ad hoc Informationspflicht der einzelnen Fachbereiche für unter Risikoaspekten relevante Mängel, ob bedeutende Schadensfälle aufgetreten sind oder ein konkreter Verdacht auf Unregelmäßigkeiten besteht.[62]

Die Abbildung D.4 gibt einen komprimierten Überblick über den risikoorientierten Prüfungsprozess:

---

60) Vgl. DSGV MaRisk (2007), S. 203.

61) Zur operativen Umsetzung der Informationsrechte und -pflichten in der Geschäftsanweisung der Internen Revision siehe unten, Anhang, S. 405 f.

62) Vgl. ausführlicher Hannemann et al. (2008), S. 205 ff.

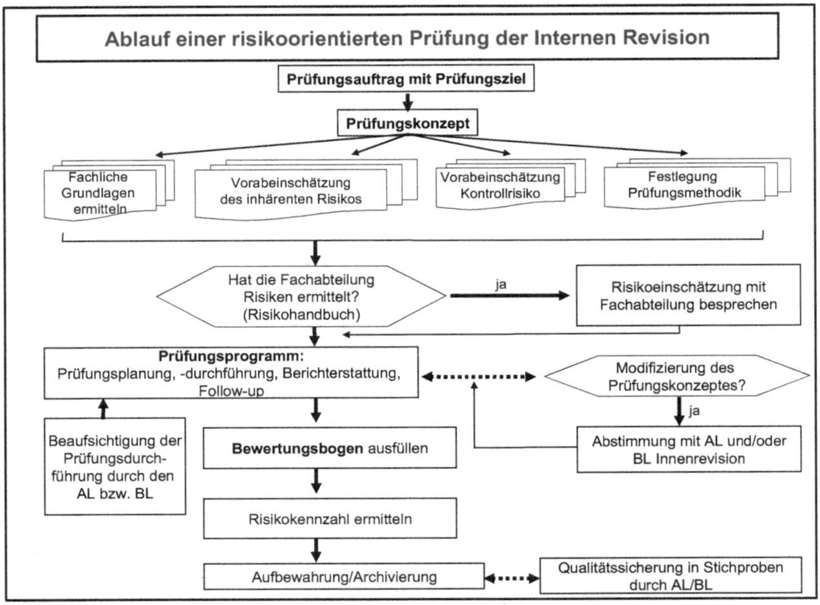

Abbildung D.4: Ablauf einer risikoorientierten Prüfung

Basierend auf diesen grundsätzlichen Ausführungen werden in den folgenden Kapiteln spezielle Aspekte, insbesondere zur organisatorischen Einbindung der Internen Revision, zu den Möglichkeiten des *vorstandsunabhängigen* Informationstransfers sowie zur Bewältigung von neuen Herausforderungen, ausführlicher dargestellt.

3. Interne Revision als Dienstleister für Vorstand und Aufsichtsorgan

„The first and most important line of defense against abuses must be effective and responsible boards of directors."[63]

Die Handlungsmaxime für Vorstand und Aufsichtsrat orientiert sich im deutschen Recht am sog. *Unternehmensinteresse*. Für den Aufsichtsrat bedeutet das, dass er die Wahrung des Unternehmensinteresses, welches durch die Handlungen des Vorstands mit beeinflusst wird, zu überwachen hat.[64] Da es sich bei dem Begriff „Unternehmensinteresse" und seiner inhaltlichen Bedeutung nach um einen unbestimmten Rechtsbegriff handelt, wird dieser sowohl als Forderung nach der Existenzsicherung einer Unternehmung interpretiert als auch auf die Be-

---

63) Vgl. Blair (1995), S. 325. Nach *Rössler* stellt *„die Wirksamkeit der Überwachung der Geschäftsführung durch den Aufsichtsrat den zentralen Punkt der gesamten Corporate Governance Diskussion im deutschen Unternehmensbereich"* dar, insbesondere die Effizienz des Überwachungsorgans, die er als einen entscheidenden Wettbewerbsfaktor ansieht. Vgl. Rössler (2001), S. 460.

64) Vgl. Dreher (1996), S. 34.

rücksichtigung der Stakeholderinteressen abgestellt – im Sinne der zuvor gefassten weiten Unternehmensdefinition.[65]

Aus der Sicht des Verfassers lautet die ökonomische Fragestellung, *wie* und mit *welchen* Mitteln der Aufsichtsrat seine Aufgaben, insbesondere die Überwachungskompetenz bei Interessenkonflikten und einer asymmetrischen Informationsverteilung, effektiv im Sinne der gesamten Unternehmensinteressen ausüben kann.[66] Ist die Informationsversorgung des Aufsichtsorgans durch die primäre Informationsweitergabe des Vorstands oder des Abschlussprüfers ausreichend, oder muss diese nicht um die *vorstandsunabhängige* Komponente „Interne Revision" erweitert werden, was wiederum auch Auswirkungen auf den Status der Unabhängigkeit der Internen Revision haben muss? Die folgenden Ausführungen beziehen sich auf eine amtlich börsennotierte Aktiengesellschaft und nicht auf den Konzernfall.[67]

3.1 Die Bedeutung von Vertrauen

In der realen Welt ist es für Stakeholder durchaus von Interesse, ob die jeweiligen Überwachungssysteme funktionsfähig und transparent sind, damit der diskretionäre Handlungsspielraum der Agenten nicht opportunistisch ausgenutzt wird. Opportunistisches Verhalten hat für Unternehmen und Management mittel- bis langfristig einen Reputationsverlust zur Folge und die Bereitschaft zu spezifischen Investitionen der Stakeholder geht zurück.[68] Eine wirksame Internal Governance kann dazu beitragen, dass nicht nur einseitige Gruppeninteressen verfolgt werden, sondern sowohl Stake- als auch Shareholderinteressen optimiert werden.[69]

Berücksichtigt man die Vertrauensbildung mit den Stakeholdern als ein Ziel des Managements, so ist der Verzicht auf die Ausnutzung von eigenen Informationsvorteilen ökonomisch zwar nutzenstiftend.[70] Allerdings besteht in einer Welt mit unvollständigen Verträgen und opportunistischem Verhalten der Wirtschaftssubjekte die Gefahr einer Schädigung anderer Inter-

---

65) Für eine Übersicht über die verschiedenen Interpretationen des Begriffs „Unternehmensinteresse" wird auf die Arbeit von *Portisch* verwiesen; vgl. hierzu Portisch (1997), S. 123 ff. Zur Definition der Unternehmung siehe oben, Kapitel B.1.3.2, S. 39 f.

66) Die folgende Aussage bezieht sich zwar auf das US-amerikanische System, kann aber grundsätzlich analog auf das deutsche dualistische System übertragen werden: *„Boards have traditionally been described as ineffective rubber-stampers controlled by, rather than controlling, management."* Vgl. Tirole (2006), S. 30.

67) Nicht die Perfektionierung der Überwachung ist das Ziel, sondern dass das Management im Interesse aller Stakeholder agiert und nicht im Eigeninteresse.

68) Eine allgemeingültige Definition für den Begriff „Reputation" liegt nicht vor. Im Folgenden soll nach *Schwalbach* unter Reputation das Ansehen bzw. die Qualität einer Person, eines Produkts, einer Organisation oder allgemein einer Institution, wie sie von anderen wahrgenommen wird, verstanden werden. Damit grenzt sich die Reputation vom Image ab, da Letzteres die Identität und somit das Selbstverständnis und die Charakteristika einer Person oder Institution widerspiegelt. Die beobachtete Reputation ist ein Feedback auf das angestrebte Image. Der Reputation kommt entscheidende Bedeutung zu, wenn die Realität nur unvollständig bewertet werden kann, z. B. bei einer asymmetrischen Informationsverteilung. Bei wiederholtem Handeln kann die aufgebaute Reputation dazu beitragen, die sich aus der Informationsasymmetrie ergebenden Probleme des Moral Hazard oder der Adversen Selektion zu überwinden. Eine hohe Reputation bedingt immaterielle Werte wie Vertrauenswürdigkeit, Glaubwürdigkeit, Berechenbarkeit sowie Verlässlichkeit. Vgl. Schwalbach (2004b), S. 1263 f.

69) Vgl. Gentz (2007), S. 148.

70) Vgl. Kring (2002), S. 35 f. In einer Arrow-Debreu-Welt mit vollständigen Informationen kommt dem Vertrauen keine Bedeutung zu.

essengruppen. Vor diesem Hintergrund ist Vertrauen ein irrationales Verhalten.[71] Vertrauen ist aber kein Selbstzweck, sondern basiert zu einem großen Teil wiederum auf Kontrolle und Interessenkongruenz.[72] Im Allgemeinen ist der Reputationsaufbau des Managements als Signalfunktion eine entscheidende Voraussetzung für ein effektives Internal Governance-System.[73] Dies hat insbesondere bei unvollständigen bzw. impliziten Verträgen eine entscheidende Bedeutung, da viele Sachverhalte formell und justiziabel gar nicht geregelt werden können bzw. sollen, also der „Geist" des Vertrages anstelle der „Buchstaben" in den Vordergrund rückt, und Reputation bzw. Vertrauen wesentlich sind.[74] In diesem Kontext führen Corporate Governance-konforme Strukturreformen nicht immer zum gewünschten Ziel, wenn z. B. Vertrauen – zum einen als Voraussetzung für einen ungehinderten Informationstransfer zwischen Vorstand und Aufsichtsrat und zum anderen der vertrauliche Umgang des Aufsichtsrats mit diesen Informationen – nicht gegeben ist.[75] Für den Aufsichtsrat ist Vertrauen auch ein entscheidender Aspekt für eine gremiuminterne Diskussionskultur, für eine Kultur des konstruktiven Konflikts und letztendlich auch für die Effizienz der Aufsichtsratstätigkeit.[76] Das Vertrauen ist eingebettet in die Unternehmung als eine Art Kultursystem mit eigenen, im Zeitverlauf entwickelten Vorstellungs- und Orientierungsmustern, die das Verhalten der Organisationsmitglieder informell und nachhaltig prägen.[77] Somit spielt für das Funktionieren der Internal Governance kein formelles, detailliertes Regelwerk allein, sondern auch die persönliche Integrität der Personen, die für die Führung und Überwachung eines Unternehmens die Verantwortung tragen, eine substantielle und prägende Rolle. Dies bedeutet für die Praxis, dass zum einen eine Professionalisierung des Überwachungsorgans eine immer stärkere Bedeutung erlangen wird, und zum anderen die Anforderungen an Integrität, Loyalität und sozialer Kompetenz von Aufsichtsorgan, Vorstand und Leiter der Internen Revision von hoher Relevanz

---

71) Zur Bedeutung von Vertrauenseffekten für die Corporate Governance, insbesondere die Auswirkungen von Überwachungs- und Sanktionsmechanismen der Agenten-Theorie auf die Vertrauensbildung vgl. Nippa/Grigoleit (2006), S. 11 ff.

72) Vgl. Göbel (2002), S. 284.

73) *„Market transactions are inhibited if we cannot trust the reliability of counterparties' information. The ability to rely on the word of a stranger is integral to any sophisticated economy. A reputation for honest dealings within a business or financial corporation is critical for effective Corporate Governance. Even more important is the way outsiders view the corporation itself. The reputation of a corporation is an exceptionally important market value that in principle is capitalized on a balance sheet as goodwill."* Vgl. Greenspan (2004).

74) Vgl. allgemein zum Verhältnis Ethik und Wirtschaft Aufderheide (1995), sowie hier speziell Homann (2006), S. 6 f.; ebf. siehe oben, Fn. 284, S. 156. Zur Thematik der Corporate Social Responsibility vgl. Schwalbach/Schwerk (2006).

75) Vgl. auch Schwalbach (2004a), S. 7. Etwas allgemeiner, aber durchaus von Bedeutung in diesem Zusammenhang, schreibt *Jensen*, dass *„board culture is an important component of board failure"*. Vgl. Jensen (1993), S. 41.

76) Vgl. Schwalbach (2004a), S. 8, sowie *Finkelstein* und *Mooney* zur Bedeutung des „constructive conflict", die u. a. in der großen Informationsfülle der Aufsichtsratsunterlagen und der Kürze der Vorbereitungszeit einen fehlenden Ansatzpunkt für eine konstruktive Diskussion sehen; vgl. Finkelstein/Mooney (2003), S. 104.

77) Ist in der vertragstheoretischen Perspektive ein gemeinsames Verständnis und Wertmuster letztendlich nur zur Vertragserfüllung erforderlich, so baut die unternehmenskulturelle Perspektive auf einer gemeinsamen Erfahrungswelt sowie einem umfassend geteilten Werte- und Orientierungssystem auf. Vgl. hierzu sowie zur Thematik der „Unternehmenskultur" Schreyögg (2003), S. 448 ff.

sind.[78] Um diese zu erreichen, sind in einer Internal Governance wirksame institutionelle Anreize z. B. mittels einer *Governance-Ethik* zu setzen; also die Festlegung und Kodifizierung von unternehmensinternen Werten sowie die Institutionalisierung dieser Werte in die unternehmerischen Führungs-, Steuerungs- und Kontrollstrukturen.[79] Die Umsetzung kann z. B. über einen Ethikkodex erfolgen oder eine Unternehmenskultur, die durch institutionelle Anreize das Moral Hazard-Problem minimiert und nicht das Eigeninteresse in den Vordergrund rückt, sondern Verantwortlichkeit und Transparenz fördert, sowie nachhaltige Anreizsysteme implementiert, die nicht im Widerspruch zu der Geschäfts- und Risikostrategie stehen.

Als Motiv der Überwachung wird oftmals ein Misstrauen gegenüber dem Überwachten unterstellt. Oder anders formuliert, bei einem Vertrauensverhältnis könnte auf eine Überwachung verzichtet werden. Dies impliziert einen unmittelbaren Gegensatz zwischen Vertrauen und Überwachung. Bei dieser Sichtweise werden allerdings weder die komplexen motivationalen Beziehungen zwischen Überwacher und Überwachtem noch der Sicherheitsgedanke bei den beteiligten Wirtschaftssubjekten berücksichtigt.[80] Eine adäquate Überwachung mit einer dem Überwachungsergebnis angepassten Intensität kann sogar ein Vertrauensverhältnis zwischen beiden Parteien begründen oder festigen und, wenn die Überwachung angemessen ist, auch hinreichende positive Effekte auf die motivationale Beziehung zwischen Überwacher und Überwachtem haben.[81] Diese Elemente sind nach Kosten- und Nutzenaspekten abzuwägen, um anschließend ein optimales Verhältnis zwischen Vertrauen und Überwachung abzuleiten.

Zusammenfassend kann festgehalten werden, dass die Implementierung einer wirksamen Internal Governance für Share- und Stakeholder Vertrauen schafft, wiederherstellt oder festigt. Die Basis für Vertrauen wird durch Transparenz gelegt.[82] Vertrauen und Transparenz (Entscheidungs- und Informationstransparenz für die Interessengruppen) sind zwei gerade für Kreditinstitute bedeutende Aspekte, deren mangelndes Vorhandensein sich besonders negativ auswirkt, wie in der aktuellen Finanzmarkt- und Bankenkrise zu beobachten ist. Zu beachten ist allerdings, dass Vertrauen, Transparenz und Kontrolle zwar eine notwendige, aber keine hinreichende Bedingung für das erfolgreiche Funktionieren eines Unternehmens darstellen.[83] Für eine effektive Internal Governance ist darüber hinaus eine schnittstellenkompatible Institutionalisierung der einzelnen Überwachungselemente erforderlich, um bestehende Interessengegensätze sowie Anreiz- und Kontrollprobleme zu verringern. Hier muss aus Sicht des

---

78) Vgl. Canepa (2006), S. 43; ebf. Wagner (2004), S. 11 f. Eine geforderte Professionalisierung des Aufsichtsorgans schlägt sich auch in Gestaltungsempfehlungen für die Entlohnung dieses Organs nieder. Zu den Vergütungsmodellen von Aufsichtsräten vgl. Raible/Vaupel (2007), S. 151 ff.; ebf. Plagemann (2007), S. 193 ff.

79) Vgl. Wieland (1999).

80) Vgl. Baetge (1990), S. 168.

81) Das Zitat „*Vertrauen ist gut, Kontrolle ist besser!*" wird *Lenin* zugeschrieben. Nach den Feststellungen der Russischen Akademie für Sprache und Dichtung soll er hingegen das russische Sprichwort „*Vertraue, aber kontrolliere auch!*" zitiert haben. Vgl. Baetge (1990), S. 168.

82) Vgl. Saluz (2003) zum transparenten Umgang zum Thema Corporate Governance im Geschäftsbericht, insbesondere bei Banken.

83) So auch Christl (2005).

Verfassers auch der Beitrag der Internen Revision ansetzen. Denn wenn es der Internen Revision durch ihre Prüfungstätigkeiten und Bewertung der Internal Governance-Systeme gelingt, das Überwachungsorgan neutral, objektiv und *vorstandsunabhängig* über die Qualität des gesamten internen Überwachungssystems bzw. des Risikomanagementsystems zu informieren und Optimierungshinweise zu geben, dann steigt nicht nur das Vertrauen in die Qualität der Internal Governance, sondern auch in die Managementqualitäten der Unternehmensführung und letztendlich auch in die Interne Revision.[84] Dies setzt aber institutionelle Anforderungen voraus, die im Folgenden dargestellt werden sollen.

3.2 Grundsätze ordnungsgemäßer Informationsversorgung

In Anlehnung an die Unterscheidung zwischen Insider- und Outsider-Systemen ist für die Funktionsfähigkeit eines Corporate Governance-Systems die Art und Weise der Informationsgewinnung und -verwendung von hoher Bedeutung, insbesondere für das Überwachungsorgan. Die Problematik des Informationstransfers gilt im Grundsatz sowohl bei horizontaler als auch vertikaler Corporate Governance.[85]

Internal Governance-Systeme haben auf die Informationsübermittlung – bezogen in dieser Arbeit auf die Unternehmung und ihre Organe – einen wichtigen Einfluss, da sie den Rahmen hierfür weitestgehend festlegen. Letztendlich können ohne einen effektiven und hinreichenden Informationstransfer zwischen den internen und externen Parteien arbeitsteilige Koordinationssysteme nicht funktionieren.[86] Wirtschaftssubjekte treffen in der realen Welt aufgrund unvollständiger Informationen Entscheidungen unter Unsicherheit. Eine optimierte Informationsversorgung trägt mit dazu bei, dass die Unsicherheit bei der Entscheidungsfindung reduziert wird und effizientere Ergebnisse erreicht werden können.[87] Allerdings ist die Informationsbeschaffung nicht kostenlos. Es fallen ex ante- und ex post-Transaktionskosten an. Im Optimum entsprechen die marginalen Grenzkosten der Informationsbeschaffung dem marginalen Grenznutzen jeder weiteren Informationseinheit. Somit ist die Gegebenheit einer vollkommenen Informationsversorgung marginalanalytisch nicht sinnvoll und in der Unternehmenspraxis auch unrealistisch. Die Übereinstimmung zwischen diesem idealtypischen Zustand und dem tatsächlichen, für die Entscheidung notwendigen Informationsstand wird als *Informationsgrad* bezeichnet.

Aber was ist unter dem Begriff „Information" zu verstehen? Eine allgemein anerkannte Definition von „Information" existiert nicht.[88] In dieser Arbeit soll der Begriff „Information" definiert werden als:[89]

---

84) Siehe zum Vertrauensgut der Dienstleistung Interne Revision auch oben, Kapitel D.1.1.2, S. 240.

85) Siehe oben, Kapitel B.2.1.1, S. 45 ff.

86) Vgl. Picot (1990), S. 141.

87) Informationen sind neben physischen Gütern als ein ökonomisches Gut zu bezeichnen und können durch Informationsverarbeitung (z. B. Aggregation, Interpretation oder Kombination) einen Wertschöpfungsprozess darstellen. Zur Bedeutung des Produktionsfaktors Information in der ökonomischen Theorie vgl. Schmidt/Tyrell (2004), S. 4 f.; ebf. Reichwald (2005), S. 249 ff.

88) Vgl. für einen Überblick zu den unterschiedlichen Informationsbegriffen Reichwald (2005), S. 250 ff.

89) Vgl. zu dieser Definition Portisch (1997), S. 9.

Zweckorientiertes und aktuelles Wissen, das zur Entscheidungsunterstützung der Wirtschaftssubjekte in einer bestimmten Situation dient.

Information und Kommunikation, also auch der Prozess des Informationstransfers zwischen Wirtschaftssubjekten, sind essenzielle, miteinander verknüpfte Bestandteile zur Koordination in einer arbeitsteilig organisierten Unternehmung. Auch für den Begriff „Kommunikation" besteht keine einheitliche Definition. Im Folgenden soll unter Kommunikation verstanden werden:

Ein wechselseitiger Austausch von Informationen zwischen mindestens zwei Personen.

Eine Mensch-Maschine-Kommunikation bzw. Rechnerkommunikation steht nicht im Vordergrund.[90]

Theisen entwickelte Grundsätze für eine ordnungsgemäße Informationsversorgung des Aufsichtsrats.[91] Als Voraussetzung für eine effiziente Tätigkeit des Überwachungsorgans ist danach eine umfassende, objektive und effektive Information über das Kontrollobjekt zu nennen, damit eine Informationsasymmetrie zwischen beiden Organen abgebaut werden kann. Den Überwachungsinformationsbedarf definiert er wie folgt:

„Gesamtmenge aller nach betriebswirtschaftlich gesicherten Erkenntnissen objektiv erforderlichen Informationen ..., die der Aufsichtsrat (mindestens) benötigt, um eine ordnungsmäßige Überwachung der Unternehmensführung nachhaltig sicherstellen zu können".

Dieser ist aber in der Praxis nicht zwangsläufig deckungsgleich mit dem realen Informationsangebot oder der -nachfrage aufgrund von rechtsform- oder interessenspezifischen Unvollkommenheiten bzw. Informationsasymmetrien hinsichtlich der Qualität und Quantität der überwachungsnotwendigen Daten. Als Gründe für diese Informationsasymmetrien können genannt werden:[92]

- Zeitliche, inhaltliche oder qualitative Informationsblockade des Informationssenders.
- Unkenntnis über den Informationsanspruch und die -versorgung seitens der Informationsempfänger.
- Beidseitiges subjektives Zufriedenheitsgefühl statt objektiver Informationsversorgung und -nachfrage.
- Mangelnde – subjektive und objektive – Kenntnisse und Einschätzung der qualitativen Bedeutung einzelner Informationen.

Der Begriff „Informationsversorgung" beinhaltet alle institutionellen Maßnahmen, die sicherstellen sollen bzw. müssen, dass der Überwachungsträger, also Aufsichtsrat und sein Prüfungsausschuss, auf alle notwendigen Informationen für eine effiziente Überwachungstätigkeit zugreifen kann. In diesem Fall spricht man von *zweckorientiertem Wissen*, das zur ord-

90) Vgl. Reichwald (2005), S. 257.
91) Vgl. Theisen (1991), S. 1 ff.
92) Vgl. Theisen (2007), S. 7; ebf. siehe unten, Kapitel B.3.2, Abbildung D.5, S. 257.

nungsgemäßen Erfüllung der Überwachungsaufgaben relevant ist.[93] *Potthoff* und *Trescher* sprechen sogar von einem Informationsniveau, welches der Aufsichtsrat für die Überwachung und Beratung benötigt, „*das dem der Geschäftsleitung entspricht*“.[94]

Die Adressaten der Informationsversorgung werden als *Informationsempfänger* bezeichnet. Hierbei kann es sich um den Aufsichtsrat als Organ, den Aufsichtsratsvorsitzenden, einzelne Mitglieder des Aufsichtsrats oder um Aufsichtsratsausschüsse, wie den Prüfungsausschuss, handeln. Als *Informationssender* für eine ordnungsgemäße Informationsversorgung des Aufsichtsrats können der Vorstand, der Leiter der Internen Revision, Interessenvertretungsorgane, wie der Betriebsrat, oder die Externe Revision bzw. Berater in Betracht gezogen werden.[95] Der Aufsichtsratsvorsitzende ist gleichzeitig Informationsempfänger und -mittler: Zum einen werden von ihm Informationen für den Aufsichtsrat entgegengenommen bzw. eingefordert, zum anderen sind diese Informationen an die Mitglieder des Aufsichtsorgans weiterzuleiten.[96] Die folgende Abbildung D.5 stellt das Beziehungsgefüge zwischen Überwachungsinformationsbedarf, -angebot und -nachfrage dar:[97]

93) Vgl. Theisen (2007), S. 5.

94) Allerdings weisen sie diese Aufgabe dem intensiven Dialog zwischen Vorstand und Aufsichtsrat sowie der Berichtspflicht des Vorstands zu. Vgl. Potthoff/Trescher (1995), S. 135.

95) Vgl. Theisen (1991), S. 8 ff. Nach dem Sarbanes-Oxley Act von 2002 darf das Audit Committee oder seine Mitglieder jederzeit nach eigenem Ermessen eine externe Beratung einholen. Vgl. Donald (2002), S. 49; ebf. Holland (2006), S. 95. Nach deutscher Auffassung kann ein Ausschuss auch ohne besondere Zustimmung des Aufsichtsrats einen externen Berater hinzuziehen. Empfohlen wird aber, dass der Aufsichtsrat informiert werden soll. Allerdings kann nicht das einzelne Mitglied des Aufsichtsrats von dem Recht Gebrauch machen, einen Berater zu engagieren. Vgl. Lutter (2006), S. 110 ff.; ebf. Semler (1996), S. 101 f.; ebf. Potthoff/Trescher (1995), S. 126. In einem Interview in der Tageszeitung DIE WELT kommt *Roland Berger* zu dem Ergebnis, dass der Aufsichtsrat zu wenig Rechte und Möglichkeiten hat, um substanzielle Beratungs- und Kontrollarbeit zu leisten. Vgl. Berger (2007).

96) Vgl. Theisen (2007), S. 20.

97) In Anlehnung an Theisen (2007), S. 7.

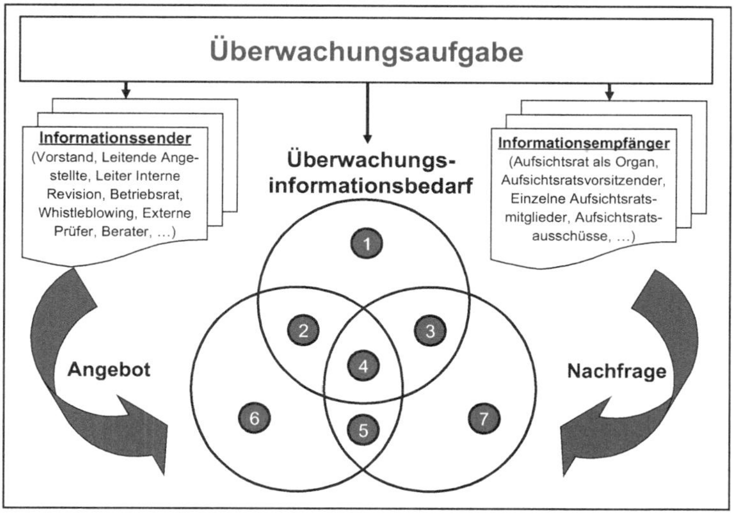

Abbildung D.5: Beziehung zwischen Informationsangebot und - nachfrage

Erläuterung der Ziffern 1 bis 7 in der Abbildung D.5:[98]

(1) Informationen, die weder angeboten, noch nachgefragt werden, aber notwendig sind („information gap").

(2) Informationen, die angeboten werden, notwendig sind, aber nicht nachgefragt werden („information lag").

(3) Informationen, die nachgefragt werden und notwendig sind, aber nicht angeboten werden („information lag").

(4) Informationen, die angeboten und nachgefragt werden und notwendig sind.

(5) Nachrichten, die angeboten und nachgefragt werden, aber nicht notwendig sind („information slack").

(6) Nachrichten, die angeboten werden, aber weder nachgefragt werden noch notwendig sind („information slack").

(7) Nachrichten, die nachgefragt werden, aber weder angeboten noch notwendig sind („information slack").

Nach *Leyens* besteht die Überwachungstätigkeit des Aufsichtsrats in der Auswertung der vorstandsabhängigen Informationen, in der Ermittlung von möglichen Informationsdefiziten und, falls notwendig, in der Beschaffung von zusätzlichen Informationen. Die Überwachungs-

98) Vgl. Theisen (2007), S. 7.

tätigkeit besteht im Kern also primär in der Verarbeitung von Informationen.[99] Als weiterer Aspekt ist die Effizienz des Entscheidungsprozesses im Aufsichtsrat zu betrachten. Um diese aus organisationstheoretischer Perspektive zu bewerten, muss das Informationspotenzial des Aufsichtsrats, das Interaktionspotenzial und die Zeiteffizienz betrachtet werden. Optimale Rahmenbedingungen für den Entscheidungsprozess liegen vor, wenn *„durch die Regelungen in Satzung und Aufsichtsratsgeschäftsordnung, eine rechtzeitige und umfassende Information aller Aufsichtsratsmitglieder gewährleistet ist, der Aufsichtsrat bei der Entscheidungsfindung aufgrund intensiver Interaktion zu einem sachlich fundierten Urteil kommen kann und die Willensbildung im Aufsichtsrat zügig erfolgen kann"*.[100] Hierzu sind folgende Sachverhalte zu nennen: Für das Informationspotenzial des Aufsichtsrats ist z. B. eine Präzisierung der Berichtspflicht des Vorstands *über* den gesetzlichen Mindeststandard hinaus von Relevanz, während bei dem Interaktionspotenzial u. a. die Einrichtung von Ausschüssen zur intensiven Beratung und Entscheidung eines Sachverhalts hervorzuheben ist. Bei der Zeiteffizienz ist z. B. die Entscheidungsvorbereitung durch einen Ausschuss zu nennen.

3.3 Die „Internalisierung" von Informationen

„Kunde und König der Innenrevision ist letztlich vor allem die Geschäftsleitung."[101]

3.3.1 Kritische Bestandsaufnahme des Status quo

In arbeitsteiligen Organisationen sind effiziente Informations- bzw. Kommunikationsstrukturen eine grundlegende Voraussetzung für einen ökonomischen Erfolg. Zur Wahrnehmung seiner Aufgaben sowohl im monistischen als auch im dualistischen System benötigt der Aufsichtsrat Informationen und Kompetenzen.[102] Im dualistischen System ist der Aufsichtsrat aufgrund einer unzureichenden Informationsgrundlage zu entscheidungsfern und dem Überwacher werden die Informationen zu einem Großteil vom Überwachten zur Verfügung gestellt, was zu Abhängigkeiten führt und sich als ein zentraler Schwachpunkt dieses Systems erweist.[103] Denn unabhängige und angemessene Informationen sind Voraussetzung für Wissen, das für die Tätigkeit des Überwachungsorgans unersetzlich ist. Damit sind auch Auswirkungen auf die formalen und realen Kontrollrechte verbunden.[104]

---

99) Vgl. Leyens (2006), S. 235; ebf. Theisen (2007), S. 45 ff.

100) Vgl. Gerum (2007), S. 321 f.

101) Vgl. Bauer (2004), S. 2.

102) So sind z. B. im monistischem System die „outside board members" nicht direkt in die Unternehmensleitung eingebunden und unterliegen, analog dem dualistischen System, der asymmetrischen Informationsverteilung zulasten der externen Mitglieder. Im Gegensatz zu den deutschen Aufsichtsräten können allerdings die nicht geschäftsführenden Direktoren („non executive directors") an den Sitzungen des Leitungsorgans teilnehmen und zudem von sich aus weitere Informationen einholen. Vgl. Lutter (2006), Rn. 2, S. 1; ebf. Leyens (2006), S. 3.

103) Vgl. Lentfer (2005), S. 154.

104) *„Managers enjoy much power, though, in part because they have proprietary information that often enables them to get their way. So, while shareholders have formal control over a number of decisions, managers often have real control."* Vgl. Tirole (2006), S. 399.

Die folgenden Ausführungen beziehen sich auf das Organ „Aufsichtsrat", das zentraler Informationsempfänger für alle überwachungsrelevanten Informationen ist.[105] Dies schließt auch den Prüfungsausschuss mit ein, denn „*was für den Aufsichtsrat im Allgemeinen gilt, gilt für den Prüfungsausschuss im Besonderen*".[106] Die Mitwirkungsrechte des einzelnen Aufsichtsratsmitglieds sind allerdings zu trennen von den Rechten des Aufsichtsrats als Organ.[107] So sind die organschaftlichen Mitwirkungsrechte eines Aufsichtsratsmitglieds, analog den Rechten des Aufsichtsrats, funktionsgebunden, also durch die Funktion und Verantwortung des Amtes begrenzt.

Wenn im Folgenden von der *Internalisierung* von Informationen gesprochen wird, dann ist die *vorstandsabhängige* Information des Aufsichtsrats gemeint (Binnenkommunikation). Die Berichte nach § 90 AktG beinhalten für die Aufsichtsratstätigkeit die Mindestkommunikation und – trotz aller immanenten Schwächen – die zentrale Regelung für die Binnenkommunikation zwischen den Organen.[108]

Im Sinne der Agenturtheorie fungiert der Aufsichtsrat als Monitor zur Reduzierung der Agenturkosten für die Aktionäre, die das Monitoring kollektiv an diese Institution delegiert haben. Ein notwendiger Aspekt für die effektive Arbeit ist der angemessene und unabhängige Informationstransfer an das Überwachungsorgan. Die Verwendung eines Informationssystems oder die Verbesserung des Informationsaustausches ist eine wichtige Maßnahme bei asymmetrischer Informationsverteilung zwischen Prinzipal und Agent zur Verringerung der Agenturkosten. Der Vorstand hat zwar dem Aufsichtsrat primär Informationen für dessen Überwachungstätigkeit zu vermitteln, in der realen Welt kann aber von einem *Informationsmonopol* bzw. *Informationsvermittlungsmonopol* des Vorstands gesprochen werden.[109] Somit kontrolliert und filtert der Vorstand als „Überwachter" den Informationsfluss aus der Unternehmensebene zum Aufsichtsrat. Er bestimmt, welche Informationen in welcher Form und zu welchem Zeitpunkt dem Aufsichtsrat präsentiert werden, auf denen das Aufsichtsorgan dann seine Überwachung und Entscheidungen stützt.[110] Bei der Informationsversorgung des Überwachungsorgans durch das zu überwachende Organ, also dem Vorstand, kann man auch von Informationen „aus zweiter Hand" sprechen.[111] Anders formuliert: Die primäre Informationsversorgung des Überwachungsorgans durch den potenziellen *Informationsfilter* des Überwach-

---

105) So richtet sich der aktienrechtliche Überwachungsauftrag primär an den Aufsichtsrat als Organ und nicht an einzelne Mitglieder. Vgl. Theisen (2007), S. 20. Für die rechtlichen Grundlagen siehe oben, Kapitel B.2.4.2, S. 66 ff.

106) Vgl. PwC (2007), S. 53.

107) Vgl. zu den Mitwirkungsrechten, die untergliedert werden können in Teilnahmerechte, Informations- und Initiativrechte sowie in Rechte der Anteilseignerversammlung, die Darstellungen von Potthoff/Trescher (1995), S. 95 ff. So kann das einzelne Aufsichtsratsmitglied z. B. grundsätzlich keine Berichterstattung an seine Person, sondern nur an den Aufsichtsrat verlangen. Auch hat das einzelne Aufsichtsratsmitglied aus den Informationsrechten keinen Anspruch, die Einsicht in Dokumente zu verlangen.

108) Vgl. Leyens (2006), S. 153 f.

109) Vgl. Merkt/Köhrle (2004), S. 222.

110) Vgl. hierzu auch Pfyffer/Raggenbass (2002), S. 418.

111) Vgl. Köklü (2006), S. 302 f. Eine Folge ist, dass z. B. Fehlentwicklungen im Unternehmen vom Überwachungsorgan zu spät erkannt oder korrigiert werden können.

ten, der aufgrund seines opportunistischen Verhaltens von sich aus nicht per se auf einen ausgewogenen Informationstransfer hinwirkt, beeinflusst die Unabhängigkeit und Objektivität des Aufsichtsorgans und ist somit ein wesentlicher Bestimmungsfaktor für die Effektivität seiner Überwachungstätigkeit.[112] Dies ist ein wesentlicher Kritikpunkt an dem dualistischen Modell.

In dem Modell von *Fama* und *Jensen*[113] erfolgt der Informationstransfer an das Überwachungsorgan zum einen direkt über ein im Aufsichtsrat vertretenes Vorstandsmitglied, zum anderen mittels der Einbindung von externen Abschlussprüfern und unternehmensinternen Fachbereichen in das Audit Committee, wie z. B. Rechnungswesen oder Interne Revision.[114] Es ist aber kritisch zu hinterfragen, aus welchen Motiven die Unternehmensführung bei opportunistischem Verhalten explizite oder implizite Informationen direkt oder indirekt über Dritte, wie z. B. der Internen Revision, weiterleiten sollte. Oder ist es nicht sogar vorteilhafter, kritisches, unternehmensspezifisches Wissen für sich zu behalten oder verzerrt zu kommunizieren?[115] Aus ökonomischer Perspektive wird von der Unternehmensleitung ein Transfer von explizitem und implizitem Wissen erst dann erfolgen, wenn der Grenznutzen des Wissenstransfers höher eingestuft wird als die Grenzkosten der Informationsweitergabe in Form von entgangenen Möglichkeiten des Eigennutzens. Es liegt ein Trade-off bezüglich des Informationstransfers vor.[116] Als Folge der Informationsasymmetrie und der Interessenunterschiede kommt es dann zu einer nachteiligen Situation für das Überwachungsorgan.[117] Es entsteht eine „second best" Informationsversorgung des Überwachungsorgans mit der Folge, dass das Organ nicht effektiv tätig werden kann.[118] Diesem Trade-off kommt insbesondere in Krisenzei-

112) So erläutert der Siemens-Aufsichtsratsvorsitzende *Gerhard Cromme* in einem Interview in der FAZ zu der Schmiergeldaffäre bei der Siemens AG, dass dem Prüfungsausschuss Informationen vorenthalten wurden und dieser so nicht bzw. nicht zeitnah agieren konnte, um Schaden vom Siemenskonzern abzuwenden: „*Hätten wir* [der Prüfungsausschuss, K. G.] *früher erfahren, was einige im Konzern offenbar wussten, dann wären wir früher eingeschritten.*" Vgl. FAZ (26.05.2007), S. 13.

113) Siehe oben, Kapitel B.1.1.3, S. 31 ff.

114) Eine weitere Möglichkeit wäre die Hinzuziehung von externen Unternehmensberatungsgesellschaften, die dem Überwachungsorgan bei der Ermittlung und Bewertung von unabhängigen Informationen im Einzelfall unterstützend zur Seite stehen. Vgl. Blair (1995), S. 327. Allerdings fallen dann höhere Informationskosten an.

115) In diesem Sinne auch *Lutter*: „*Wissen ist Macht. Dieses Wissen beruht auf eigenen Erfahrungen oder auf der Vermittlung durch Dritte: ... Macht aber, die geteilt wird, ist nicht mehr die gleiche Macht. Und daher mindert Information, die weitergegeben wird, die Position des Informanten. Im Verhältnis von Vorstand und Aufsichtsrat findet auf diese Weise ... eine gewisse Teilung von Macht statt. Denn seine Informationen erhält der Aufsichtsrat nahezu ausschließlich vom Vorstand und jedenfalls nicht aus unmittelbar eigener Anschauung in der betreffenden Gesellschaft.*" Vgl. Lutter (1984), VII.

116) In diesem Sinne vgl. auch *Adams* und *Ferreira*, die modelltheoretisch ableiten, dass „*the CEO will not communicate firm specific information to a board which is too independent*". Vgl. Adams/Ferreira (2005), S. 2.

117) So zeigen *Hermalin* und *Weisbach*, dass „*CEO's do have incentives to manipulate information transfers to improve the board's perception of them ... . In addition, in a number of publicized cases, boards have been kept in the dark except through their ability to access publicly disclosed documents; the circumstances in which boards must rely on publicly available information are likely the cases in which the board-CEO relationship is most adversial, and hence are the cases in which board monitoring is likely most important*". Vgl. Hermalin/Weisbach (2007), S. 19 f.

118) Über die Bedeutung der impliziten Informationen schreiben *Fama* und *Jensen*, „*when agents* [z. B. das Unternehmensmanagement, K. G.] *interact to produce outputs, they acquire low-cost information about colleagues, information not directly available to higher level agents*", wie beispielsweise auch für den externen

ten eine stärkere Bedeutung zu als in „normalen" Zeiten. Denn bei regulären Geschäftsverläufen mit den üblichen Schwankungen hat die Geschäftsführung eher ein geringes Interesse an einer *„gefilterten oder geschönten"* Informationsweitergabe, während in Krisenzeiten negative Entwicklungen verschleiert, verzögert oder verzerrt kommuniziert werden können, damit die Geschäftsführung z. B. keinen Reputationsverlust erleiden muss, oder einfach die Hoffnung auf künftig bessere Zeiten besteht.

Die Bedeutung und Wirkung des Reputationseffektes für den Überwachungsträger in dem Modell von *Fama* und *Jensen* kann kritisch hinterfragt werden, weil es gerade bei relativ großen Aufsichtsräten kaum möglich ist, dass Außenstehende die Tätigkeit eines einzelnen Aufsichtsratsmitglieds spürbar wahrnehmen können. Darüber hinaus ist es wahrscheinlich, dass sich der Marktwert weniger an der Aufsichtsratstätigkeit, sondern in erster Linie an den Erfolgen als Entscheidungsmanager orientiert. Außerdem besteht die Gefahr, dass einzelne Aufsichtsratsmitglieder nicht primär ihre Reputation als Entscheidungskontrolleur erhöhen wollen, sondern durch ein entsprechendes Wohlverhalten versuchen, den Sitz im Überwachungsorgan auch künftig zu behalten oder weitere Mandate gewinnen wollen.[119]

Der Aufsichtsrat bezieht in seine Informationsbeschaffungsfunktion die Ergebnisse des externen Jahresabschlussprüfers mit ein. Im Allgemeinen hat der Jahresabschluss einer Kapitalgesellschaft neben der Einkommensmessung und Vermögensverteilung eine Informationsfunktion gegenüber externen Adressaten (§ 264 Abs. 2 HGB).[120] Die Aufgabe des Abschlussprüfers umfasst hierbei insbesondere die Sicherstellung der Glaubwürdigkeit des Jahresabschlusses – erstellt von Unternehmensinsidern für den externen Adressaten. Er wird somit zum Informationsintermediär zwischen Unternehmensleitung und Adressaten.[121] Die Kosten, die das Unternehmensmanagement (Agent) für die Prüfungsdienstleistung aufwendet, sind die sog. „bonding costs", also die Garantiekosten für eine glaubhafte Verhaltensbindung des Agenten ex post („signalling"). Wird allerdings unterstellt, dass die Prüfungsqualität nicht für alle Marktteilnehmer im gleichen Umfang beobachtbar ist, und die Unternehmensleitung einen Informationsvorsprung hinsichtlich der erbrachten Prüfungsqualität besitzt, so besteht das Risiko, dass diese erbrachten Prüfungsdienstleistungen ihren Signaleffekt nur suboptimal erzielen können.[122]

Für die Agenturtheorie ist die Welt der vollkommenen Information eine sogenannte First-Best-Solution, die aber aufgrund der Annahmen dieses Ansatzes nur zu einer Second-Best-

Teil des Aufsichtsrats. Vgl. Fama/Jensen (1983), S. 13.

119) Unter der Berücksichtigung dieser drei Aspekte ist die Folge, dass *„for a director aspiring to additional board positions, the "market" for directors creates incentives not to challenge the CEO on the issue of his compensation but rather to accommodate the CEO's wishes."* Für diese kritische Sichtweise des Reputationseffektes siehe auch Bebchuk et al. (2002), S. 771.

120) *Schneider* schränkt den Begriff „Information" auf das Tatsachenwissen ein, das für die *„Anwendung eines vorgegebenen Prognose- oder Entscheidungsmodells benötigt wird"*. Aus seiner Sicht liefert die Rechnungslegung *„bestenfalls bedingtes Tatsachenwissen"*. Diese Eigenschaft ist dabei aber an den *„Ausschluß von Wahlrechten und anderen Verfälschungen des Inhalts der Rechnungslegung für die Erwartungsbildung geknüpft"*. Vgl. Schneider (1997), S. 200 f.

121) Vgl. Ewert/Stefani (2001), S. 148.

122) Vgl. Ewert/Stefani (2001), S. 173.

Solution führen. Die Konsequenzen für das Monitoring im monistischen System zeigen sich dann wie folgt:

„Serious information problems limit the effectiveness of board members in the typical large corporation. ... This limitation on information severely restricts the ability of even highly talented board members to contribute effectively to the monitoring and evaluation of the CEO and the company's strategy".[123]

Im monistischen System mit seinem einheitlichen Verwaltungsorgan, das sowohl Leitungs- als auch Überwachungsfunktion hat, ist die Effizienz der Überwachung – *„trotz einer durchaus positiven Optimierung des Informationsflusses"* – ebenfalls eingeschränkt, da sich die Kontrolleure selbst überwachen.[124] Allerdings ist nach *Holland* die Möglichkeit, dass den Outside Directors Informationen nicht oder verzerrt gegeben werden, zwar möglich, aber aufgrund ihrer größeren Nähe zur Geschäftsführung theoretisch insgesamt schwieriger als im dualistischen System.[125] Dies ergibt sich aus der fehlenden formalen Trennung von Geschäftsführung und Kontrolle in einer monistischen Gesellschaft.

Als Praxisbeispiel für fehlenden, lückenhaften oder falschen Informationstransfer an das Überwachungsorgan im dualistischen System führt *Theisen* an:[126]

„Der Aufsichtsrat kann sich nicht darauf verlassen, dass der Vorstand ihn umfassend informiert. Der Vorstand besitzt Anreize, Informationen nicht oder verfälscht weiterzugeben; möglicherweise wird er aber auch ungenügend, falsch oder zu spät informiert."

Nach *Williamson* verbleiben dem Management ausreichend Spielräume, bedingt auch durch ihre zentrale Stellung, die mögliche „Störeffekte" beim Informationstransfer verursachen können:[127]

„In der strategischen Position, die sie innehat, kann die Unternehmensleitung Information auf eine Art und Weise präsentieren (... verzerren, manipulieren), die ihren eigenen Zwecken dient."

Vor dem Hintergrund des Prinzipal-Agenten-Problems spiegelt dies einen zentralen Schwachpunkt, insbesondere des dualistischen Überwachungssystems, wider:[128] Der zu Kontrollierende schafft die (Informations-) Grundlage für seine Kontrolleure.[129] Darüber hinaus ist

123) Vgl. Jensen/Chew (1997), S. 33.
124) Vgl. Köklü (2006), S. 308 f.
125) Vgl. Holland (2006), S. 164 f.
126) Vgl. Theisen (2007), S. 3, und die dort angeführten weiteren Literaturhinweise.
127) Vgl. Williamson (1990a), S. 290.
128) Damit kein einseitig negatives Bild auf die Berufsgruppe des Unternehmensmanagements fällt, soll hier ausdrücklich betont werden, dass *„corporate managers are not fundamentally different from other individuals nor do they differ from those of the past"*. Vgl. Weidenbaum/Jensen (2007), S. XVII.
129) Oder anders formuliert: *„To a significant degree, the board is dependent on executive management for inside information. ... The result is that independent directors may simply see major issues confronting the corporation through [executive] management's eyes"*. Vgl. Ashby (2005), S. 543 f. Diese Schwäche des dualistischen Prinzips wird durch grundsätzliche Elemente des Aktiengesetzes de jure zwar „etwas ausbalanciert": Der Vorstand hat den Aufsichtsrat rechtzeitig, ausreichende und umfassende Informationen zur Verfügung

das Problem der selektiven Informationsweitergabe in Unternehmen zu betrachten. Dies bedeutet, dass positive Informationen in der Hierarchie schneller weitergegeben werden, während negative Nachrichten verzögert bzw. verzerrt wiedergegeben oder sogar verhindert werden können.[130] Des Weiteren kann durch einen regelmäßigen Informationstransfer zwischen Unternehmensleitung und Aufsichtsratsvorsitzenden auch ein Informationsgefälle im Überwachungsorgan entstehen, mit der Folge eines Informationsvorteils des Vorsitzenden gegenüber den Mitgliedern des Aufsichtsorgans.[131] Zu beachten ist aber, dass auch ein Übermaß an Informationen dazu führt, dass das Überwachungsorgan nicht mehr effizient arbeiten kann und es somit ebenfalls auch zu einer suboptimalen Informationsverarbeitung kommt.[132]

3.3.2 Revision als vorstandsabhängige Institution

Der Vorstand ist nach § 91 Abs. 2 AktG verpflichtet, für eine angemessene Interne Revision zu sorgen, die ihn bei seiner Überwachungspflicht unterstützt.[133] Die Interne Revision ist eine unabdingbare Geschäftsleitungsaufgabe im Sinne des § 76 Abs. 1 AktG und somit diesem auch direkt unterstellt.[134] Bei Kreditinstituten ist die Interne Revision nach § 25a Abs. 1 KWG Teil der ordnungsgemäßen Geschäftsorganisation und ebenfalls ein Instrument der Geschäftsleitung. Sie ist ihr aufbauorganisatorisch unmittelbar unterstellt und berichtspflichtig. Die Interne Revision ist folglich gegenüber dem Leitungsorgan und grundsätzlich *nicht* gegenüber dem Überwachungsorgan verantwortlich.[135] Die direkte Anbindung an die Geschäftsleitung soll nach allgemeiner Auffassung auch zur Vermeidung von Interessenkollisionen führen und somit die Prozessunabhängigkeit der Internen Revision stärken.[136] Dem Vorstand gibt sie Informationen über die Angemessenheit und Wirksamkeit des Risikomanagements im Allgemeinen und des Internen Kontrollsystems im Besonderen sowie über die Ordnungsmäßigkeit grundsätzlich aller Prozesse und Aktivitäten (Compliance).

Vor diesem Hintergrund hat sich auch die Regierungskommission Corporate Governance *gegen* eine Empfehlung ausgesprochen, dass der Aufsichtsrat von sich aus die Interne Revision einsetzen kann.[137] Der DCGK enthält somit keine Hinweise auf eine über die vorstandsab-

---

zu stellen; es gibt im Prinzip kein Geheimhaltungsbefugnis des Vorstands. Außerdem hat der Aufsichtsrat gegenüber dem Vorstand ein umfassendes Fragerecht. Vgl. Lutter (2006), S. 4. De facto kann das grundlegende Problem der Informationsasymmetrie abschließend aber nicht vollständig gelöst werden.

130) Vgl. Köklü (2006), S. 303.

131) Vgl. Prigge (1998), S. 963.

132) Vgl. Schichold (2001), S. 403.

133) Vgl. Egner (1990), S. 529; ebf. Hofmann (2005), S. 127 f.

134) Nach den Anforderungen an die Interne Revision im Sinne eines Best Practice-Ansatzes der Schmalenbach-Gesellschaft soll sie zur Wahrung ihrer Unabhängigkeit dem Vorsitzenden der Unternehmensleitung unterstellt sein. Vgl. AKEIÜ (2006a), S. 226.

135) Vgl. Hofmann (2005), S. 127. Eine Ausnahme bildet BT 2.4 Tz. 5 MaRisk. Danach ist bei schwerwiegenden Feststellungen gegen Geschäftsleiter der *Geschäftsleitung* unverzüglich Bericht zu erstatten. Diese hat dann den Vorsitzenden des Aufsichtsorgans und die Aufsichtsinstitutionen zu informieren. Kommt die Geschäftsleitung aber ihren Pflichten nicht nach oder beschließt keine sachgerechten Maßnahmen, so hat die Interne Revision den Vorsitzenden des Aufsichtsorgans zu unterrichten.

136) Vgl. Hannemann et al. (2008), S. 200.

137) Vgl. Regierungskommission (2001), Rn. 58, S. 47 f.

hängige Informationsquelle hinausgehende Funktion der Internen Revision.[138] Dies gilt grundsätzlich analog für die im Bankensektor zu beachtenden MaRisk.

Eine Analyse der Unternehmensberatungsgesellschaft Ernst & Young zur organisatorischen Zuordnung der Internen Revision bei 175 Unternehmen aus unterschiedlichen Branchen (Handel, Dienstleistungen und Industrie) und verschiedenen Gesellschaftsformen kommt zu folgendem Ergebnis:[139]

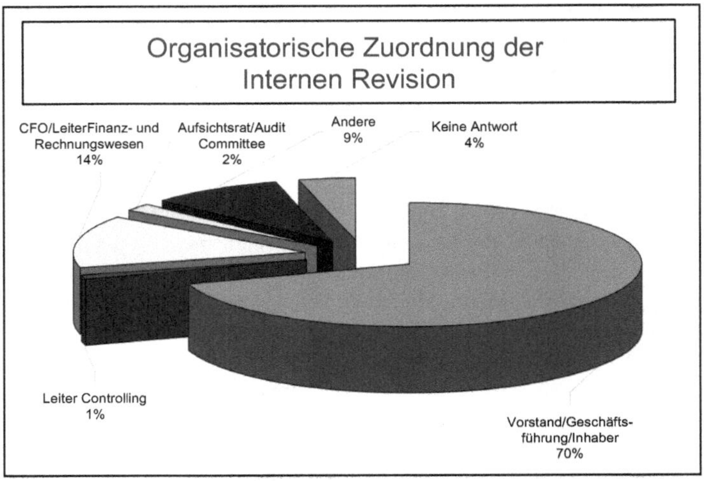

Abbildung D.6: Organisatorische Zuordnung der Internen Revision

Aus der Abbildung D.6 ist ersichtlich, dass die Interne Revision Sektor übergreifend bei 70 v. H. der erfassten Unternehmen aufbauorganisatorisch der Unternehmensführung und nur bei 2 v. H. dem Überwachungsorgan zugeordnet ist. In einer weiteren Umfrage, mit Schwerpunkt auf deutschen Kreditinstituten, bestätigen sich die vorherigen Ergebnisse: Auch die Interne Revision im Bankensektor ist zu rund drei Vierteln dem Vorstandsvorsitzenden und mit ca. 14 v. H. dem Finanzvorstand unterstellt.[140] Es ist festzuhalten, dass die organisatorische Einbindung der Internen Revision in Deutschland sehr stark auf den Vorstand fokussiert ist. Die Ursachen hierfür liegen, wie zuvor erläutert, in der historischen Entwicklung und in rechtlichen Anforderungen, die sich aus § 91 Abs. 2 AktG bzw. § 25a Abs. 1 KWG ergeben.

138) Vgl. DCGK (2008).

139) Vgl. Ernst & Young (2007a), S. 18. Die Analyse wurde 2006 durchgeführt.

140) Die übrigen Zuordnungen verteilen sich auf andere Vorstandsmitglieder (4,1 %), Chief Administration Officer (3,1 %) und sonstige Funktionen (2,1 %). Vgl. hierzu Förschler (2005), S. 168.

Gesprächspartner des Aufsichtsrats ist im Allgemeinen zunächst der Vorstand und nicht dessen Mitarbeiter.[141] Der Aufsichtsrat erhält daher primär seine Informationen auch vom Vorstand.[142] Da die Interne Revision ein Instrument des Vorstands ist, sind auch die Prüfungsberichte auftrags- und weisungsgemäß unmittelbar dem Vorstand zu erstatten.[143] Dies spiegelt die gesetzliche Ausgangslage grundsätzlich wider. Würde der Aufsichtsrat in direktem Kontakt mit Angestellten stehen, so könnte die Beziehung zwischen Vorstand und Aufsichtsrat nachdrücklich erschwert werden oder „*seine eigene Position zum Aufsichtsrat außer Kontrolle geraten*", insbesondere durch – aus seiner Sicht – Fehlinformationen oder Fehlbeurteilungen von Mitarbeitern, ohne darauf adäquat Einfluss nehmen zu können.[144] Außerdem wird die Auffassung vertreten, dass die Mitarbeiter arbeitsrechtlich dem Vorstand unterstellt sind, sodass es bei einer Befragung der Mitarbeiter durch das Überwachungsorgan zu Loyalitätskonflikten zwischen Vorstand und Mitarbeiter kommen kann.[145]

Die Mitglieder des Überwachungsorgans bzw. des Prüfungsausschusses haben nach herrschender Meinung grundsätzlich kein direktes Zugriffsrecht auf die Interne Revision, sondern können nach allgemeiner Auffassung formal nur über die Unternehmensleitung auf deren Arbeitsergebnisse zugreifen. Somit hat der Vorstand vom Aufsichtsrat geforderte Informationen, die nur von internen Spezialisten gegeben werden können, selbst einzuholen und diese dem Aufsichtsrat zu präsentieren. Ein regelmäßiger *vorstandsunabhängiger* Informationstransfer über die Interne Revision im Besonderen oder ein allgemeines Recht zur unmittelbaren Kontaktaufnahme zu Unternehmensangestellten im Allgemeinen ist nach h. L. nicht möglich und wird im dualistischen System auch nicht angestrebt.[146]

An dieser Stelle ist auch die zusammenfassende Berichterstattung der Internen Revision, z. B. in Form eines Jahresberichtes, zu erwähnen. Nach dem Best Practice-Ansatz der Schmalenbach-Gesellschaft soll die „*Unternehmensleitung das Überwachungsgremium in regelmäßigen Zeitabständen, möglichst vierteljährlich, in zusammengefasster Form über wesentliche Prüfungsfeststellungen und insbesondere über die Wirksamkeit des Internen Kontrollsystems*" unterrichten.[147] Ähnlich auch die BaFin in den MaRisk: Danach hat die Geschäftsleitung das

---

141) Die Überwachung der nachgeordneten Führungsebenen ist nicht die Aufgabe des Aufsichtsrats, sondern die Aufgabe des Vorstands. Vgl. Hoffmann (1994), S. 2.

142) Vgl. Dreher (1996), S. 52, der außer dem Vorstand noch den Wirtschaftsprüfer als primären Informationsgeber nennt. Auch der gesetzliche Abschlussprüfer kann auf die Ergebnisse der Internen Revision zurückgreifen. Wenn die internen Prüfungsergebnisse in die Prüfungen der Externen Revision einfließen, sind sie somit zumindest mittelbare Informationsgrundlage für die Überwachungsfunktion des Aufsichtsrats. Vgl. Theisen (2007), S. 153 f. Zur Zusammenarbeit von Interner und Externer Revision vgl. Lück (2003b); ebf. Abendroth (2005), S. 213 ff.; ebf. Zakrzewski/Wicher (2006), S. 603 f.; ebf. Füss/Hecker (2006), S. 106 ff.; ebf. Westhausen (2008); ebf. Pfyffer/Gressly (2008), S. 958 ff., sowie DIIR Revisionsstandard Nr. 1; ebf. IDW PS 321 (2002).

143) Vgl. Peemöller (2004b), S. 19.

144) Vgl. Lutter (2006), S. 115 ff.

145) Vgl. Schröder (1996), S. 153.

146) Vgl. KPMG (2004), S. 13. Zum aktuellen Meinungsstand in der Rechtswissenschaft zu *vorstandsunabhängigen* Informationsquellen vgl. Leyens (2006), S. 160 f.

147) Dieser Sachverhalt soll in einer Informationsordnung festgehalten werden (These 13). Vgl. AKEIÜ - Interne Revision (2006), S. 228.

Aufsichtsorgan mindestens einmal jährlich über die von der Internen Revision festgestellten schwerwiegenden sowie über die noch nicht behobenen wesentlichen Mängel in inhaltlich prägnanter Form zu unterrichten.[148] Beide Ansätze spiegeln deutlich die *vorstandsabhängige* Informationsvermittlung an das Aufsichtsorgan wider. Es ist *nicht* der Leiter der Internen Revision, der über die Prüfungsergebnisse berichtet, sondern der Vorstand als vom Aufsichtsgremium überwachtes Organ. Außerdem besteht aufgrund der wirtschaftlichen Abhängigkeit im Allgemeinen und der Weisungsabhängigkeit der Internen Revision vom Vorstand im Besonderen die Gefahr, dass bereits im Vorfeld vom Vorstand Einfluss auf den Inhalt und/oder die Darstellung genommen werden kann sowie die vorstandsseitige Präsentation des Jahresberichtes im Aufsichtsrat in eigenem Interesse, d. h. beschönigend oder gefiltert, erfolgen kann.[149] Dies geht einher mit der Funktion von Macht bzw. Autorität der Unternehmensführung im Falle von *unerwünschten* Prüfungsergebnissen der Internen Revision. Durch die institutionelle Einbindung der Revision in die disziplinarische Verantwortung der Unternehmensleitung kann es bei Unstimmigkeiten implizit zu einer indirekten Zugangsverweigerung zu kritischen Ressourcen kommen. Explizit und de jure ist dies aufgrund der Geschäftsanweisung für die Interne Revision zwar nicht möglich, indirekt kann es hierzu aber dennoch kommen, z. B. durch das Vorenthalten von implizitem Wissen oder durch ein „freundliches Ignorieren" des Leiters der Internen Revision bei Vorstands- oder anderen wichtigen Sitzungsterminen. In diesen Fällen liegt keine positive Unabhängigkeit der Internen Revision mehr vor. Weitere Aspekte in diesem Zusammenhang können die Suche nach Gründen für eine Entlassung des Leiters der Internen Revision oder die Einschränkung bzw. Verweigerung von Gehaltserhöhungen sein. Darüber hinaus kann bereits bei der Auswahl des Leiters der Internen Revision die Unternehmensleitung ein eigennütziges Interesse daran haben, diese Stelle personell in der Form zu besetzen, dass negative Effekte für das Unternehmensmanagement erst gar nicht aufkommen oder kaum zu erwarten sind.

Grenzen der Unabhängigkeit

Wie ausgeführt, ist mit der Internalisierung von Informationen der Sachverhalt gemeint, dass Informationen, die für die Überwachungsaufgaben des Aufsichtsrats relevant sind – der sog. Überwachungs- und Beratungsinformationsbedarf – dem Grundsatz nach nur über den Vorstand als überwachtes Organ weitergegeben werden können. Es besteht das Risiko, dass explizite und implizite unternehmensspezifische Informationen aufgrund einer horizontalen „gesellschaftsrechtlichen Schranke" gar nicht, verzerrt oder nur eingeschränkt kommuniziert werden. Hieraus ergeben sich suboptimale Konsequenzen für die Überwachungs- und die Beratungsfunktion des Aufsichtsorgans. Darüber hinaus wird die Objektivität und Unabhängigkeit der Internen Revision eingeschränkt. Die aus der Internalisierung von Informationen zuvor aufgezeigten Beschränkungen der Überwachungseffizienz werden durch die mehrstufigen

148) Vgl. BaFin - MaRisk (2007), BT 2.4 Tz. 6.

149) In Einzelfällen präsentiert aber bereits heute schon der Leiter der Internen Revision selbst die Berichterstattung im Aufsichtsrat; dies allerdings dann nur in Anwesenheit des Vorstands.

Prinzipal-Agenten-Modelle bestätigt.[150] Der Vorstand als Agent verfügt über den umfangreichsten Informationsstand, die Interne Revision als Überwacher über weniger und der Aufsichtsrat als Prinzipal über die wenigsten Informationen. Aufgrund der aufbauorganisatorischen Zuordnung der Internen Revision zum Vorstand und der daraus folgenden horizontalen gesellschaftsrechtlichen Schranke können Agent und Überwacher vorteilhafte Absprachen treffen, die sog. Kollusionen, die zulasten des Aufsichtsrats gehen. Der Vorstand und der Leiter der Internen Revision könnten sich somit auf Kosten des Aufsichtsrats „bereichern": Der Vorstand würde einen Teil seines realisierten Ertrages aus der Kollusion an den Leiter der Internen Revision weitergeben. Der Vorteil aus der Kollusion muss allerdings nicht immer pekuniär sein, sondern kann auch nicht-monetäre Sachverhalte betreffen oder in der Aussicht auf weitere Karriereschritte liegen.

Die Ausführungen zeigen, dass die bestehende Form der Unabhängigkeit der Internen Revision aufgrund ihrer Funktion als verlängerter Arm der Geschäftsführung ihre Grenzen hat. Auch wenn die Revision aufgrund ihrer besonderen Stellung eine herausgehobene Position inne hat, so ist sie ein – wirtschaftlich abhängiger – organisatorischer Teil des Kreditinstituts mit entsprechenden Rechten, aber auch Pflichten, insbesondere gegenüber dem eigenen Arbeitgeber und als dessen Organ, dem Vorstand. Das für die operative Tätigkeit der Internen Revision maßgebliche Bedeutung erlangende Prinzip der Unabhängigkeit unterliegt vor dem Hintergrund der zuvor gemachten Ausführungen somit formalen und auch materiellen Schranken.[151] Von einem Zustand der absoluten Autonomie eines handelnden Subjekts, also des Revisors, kann folglich nur bedingt gesprochen werden. Weil die für die operative Revisionsarbeit notwendige „äußere" Unabhängigkeit aufgrund der institutionellen Ausgestaltung im dualistischen System nur eingeschränkt gegeben ist, wird in der Literatur alternativ von der „innere Unabhängigkeit" des Revisors gesprochen.[152] Diese kann aber eine unzureichende „äußere" Unabhängigkeit nicht vollständig ersetzen, da zwischen beiden Interdependenzen bestehen. Sie kann eine unzureichende „äußere" Unabhängigkeit maximal nur bis zu einem bestimmten, vom Revisor abhängigen Grad der inneren Unabhängigkeit, ergänzen. Dieser Grad der inneren Unabhängigkeit unterliegt aber wiederum externen Faktoren, wie z. B. der Autorität und der Macht der Geschäftsführung, und kann von diesem opportunistisch, für eigene Interessen beeinflusst werden. Vor dem Hintergrund der formalen Schranken und der wirtschaftlichen Abhängigkeit besteht somit das Risiko, dass die prüferische Unabhängigkeit der Internen Revision nur suboptimal ist und sie folglich ihren nutzenstiftenden Beitrag für die Funktionsfähigkeit und Verbesserung der Internal Governance nur eingeschränkt erfüllen kann.

Eine informationelle Unabhängigkeit des Überwachungsorgans von dem Unternehmensmanagement ist somit insgesamt nur eingeschränkt gegeben und es fehlt aufgrund der restrik-

---

150) Zu den theoretischen Grundlagen siehe oben, Kapitel B.1.1.3, S. 26.

151) Siehe zum Begriff „Unabhängigkeit" oben, Kapitel D.2.1, 242 f.

152) Die innere Unabhängigkeit wird maßgeblich von dem grundsätzlichen Verständnis und von dem Auftreten des Revisors im Kreditinstitut bestimmt. Vgl. Hannemann et al. (2008), S. 653.

tiven *vorstandsunabhängigen* Informationsübermittlung aus ökonomischer Sicht ein wesentlicher Bestandteil für eine effiziente Überwachung und somit effektive Internal Governance. Auch im internationalen Vergleich kann die bestehende Informationsherrschaft des Vorstands und die eingeschränkten Möglichkeiten eines *vorstandsunabhängigen* Informationstransfers an das Überwachungsorgan als ein suboptimales Überwachungspotenzial des Aufsichtsrats zur Disziplinierung des Managements und der Interessenvertretung der Stakeholder interpretiert werden.

3.3.3 Empirische Ergebnisse

„The problem is that, in practice, they [the board of directors, K. G.] *often do not have the appropriate incentives or the procedural mechanisms in place to elicit the most effective oversight. "*[153]

Die Informationsversorgung und die -verteilung sind entscheidende Voraussetzungen für eine effektive und effiziente Überwachungstätigkeit des Aufsichtsrats.[154] Als Bestandteile des Informationsmanagementsystems, das die Grundlage für die Ausübung der Überwachungstätigkeit bildet, kommen interne Quellen, wie z. B. Vorstandsberichte, Interne Informationssysteme sowie die Kommunikation mit der Internen Revision, und/oder externe Quellen, wie z. B. Abschlussprüfer und externe Berater, in Betracht. Über den Umfang und über das Verhältnis dieser beiden Quellen hinsichtlich einer ausreichenden Unternehmensüberwachung besteht in der rechtswissenschaftlichen Diskussion keine Einigkeit.[155] In diesem Zusammenhang ist ein wesentlicher Kritikpunkt, dass die Trennung von Geschäftsführung und Kontrolle grundsätzlich eine *vorstandsunabhängige* Information des Aufsichtsrats ausschließt.[156] Diese Kritik an der Informationsversorgung des Aufsichtsrats ertönt aber nicht erst seit den Unternehmenskrisen der jüngsten Zeit, sondern wurde schon zu Beginn des letzten Jahrhunderts geäußert. So hatte bereits *Walter Rathenau* 1917 die Kontrollproblematik als solche kritisiert und *Eugen Schmalenbach* wies bereits sieben Jahre früher darauf hin, dass das Aufsichtsratsmandat nicht nur wegen der reinen Aufsichtsfunktion gefragt ist, sondern auch aus Titelsucht, zur Befriedigung von persönlichen Eitelkeiten und als Sinekure aufgrund des Tantiemenbezugs.[157] Ob die Kritik an dem Aufsichtsrat immer noch haltbar ist, soll im Folgenden anhand von empirischen Studien zur Informationsqualität und -quantität betrachtet werden.

---

153) Vgl. Blair (1995), S. 77.

154) Bereits in einer Studie aus 1987 wurde festgestellt, dass sich eine nicht *„unbedeutende Gruppe von sich notorisch unterinformiert Fühlenden mit starker Basis in der jüngeren Generation von Aufsichtsratsmitgliedern"* befindet. Die Ursache wird von den Befragten in den Strukturen des dualistischen Modells als systemimmanent betrachtet. Je älter die Aufsichtsratsmitglieder dagegen waren, umso zufriedener waren sie mit der Informationsversorgung. Vgl. Bleicher (1987), S. 65.

155) Vgl. DAI (2005), S. 22 f.

156) Vgl. Roth (2004), S. 2 f.

157) Vgl. Adam (1987), S. 96. Bereits 1908 schrieb *Steinitzer: „Solange übrigens das Geschäft gutging, war all das nebensächlich und bedeutungslos; auch an dem Aufsichtsrate, der gar nicht funktionierte, gab es nichts zu tadeln. Solange jemand gesund ist, weiß er nicht, ob sein Hausarzt ein Genie oder ein Tölpel ist. Häuften sich aber die Zusammenbrüche, ohne daß der Aufsichtsrat einen Finger gerührt oder ein Warnsignal gegeben hatte, dann war es klar, daß an dem Institute etwas faul sein müsse."* Vgl. Steinitzer (1908), zitiert bei: Bühner (1997), S. 15.

Die Unternehmensberatungsgesellschaft A. T. Kearney hat ein „Corporate Governance Effectiveness Survey" durchgeführt, in der Independent Directors[158] von S&P-Unternehmen befragt wurden.[159] Danach liegt ein entscheidender Ansatz für die Verbesserung der Arbeit des Boards of Directors im monistischen System im verbesserten Zugang zu unternehmensrelevanten Informationen. Ein Großteil der Independent Directors, nämlich fast 90 v. H., vertrauen stark auf „*management's formal reports or informal discussions to monitor performance drivers*".[160] Für eine effektive Überwachungstätigkeit kommt folgender Aussage in der Analyse eine entscheidende Bedeutung zu: „*While the board needs to trust the management team, even the most trusting relationships involve using independent sources of information to validate performance.*" Im Kern geht es also um die Validierung der Vorstandsinformationen durch einen unabhängigen Dritten. Es liegt aufgrund der umfangreichen Kenntnisse über die Unternehmenssituation nahe, in diese Validierungsfunktion auch die Interne Revision zu integrieren.

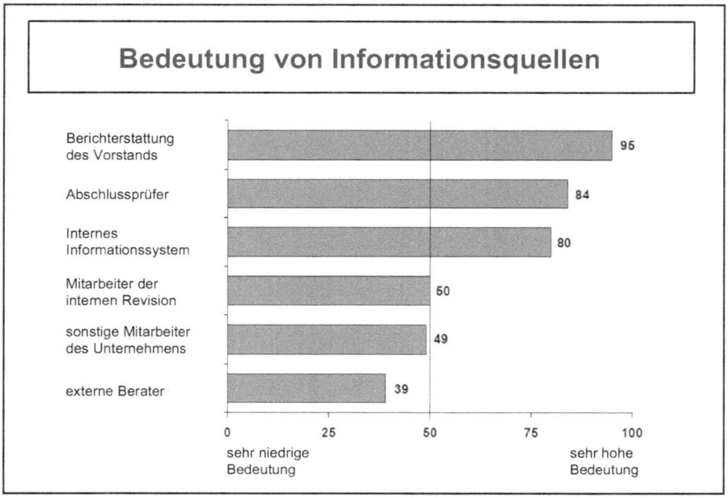

Abbildung D.7: Bedeutung von Informationsquellen

158) Independent Directors oder auch Outside Directors sind neben den Management Directors die unternehmensexternen Mitglieder des Board of Directors, die ihr Amt in der Regel nur als Nebentätigkeit wahrnehmen. Siehe oben, Kapitel B.2.4.1, S. 62 ff.

159) Für die folgenden Ausführungen vgl. A.T. Kearney (2004).

160) Nur wenige Boardmitglieder „*visit sites and employees directly to collect information from sources other than the traditional management funnels. ... A few directors ... make independent „walk around" visits to company facilities several times a year and learn a lot about how strategies are being implemented, operational concerns and even the ethics and culture being driven throughout the company*". Vgl. A.T. Kearney (2004), S. 11.

In einer Studie des Deutschen Aktieninstituts, u. a. zur Informationsversorgung des Aufsichtsrats bei deutschen Unternehmen mit Zulassung zum Prime Standard der Frankfurter Wertpapierbörse, wurde zunächst nach der grundsätzlichen Bedeutung unterschiedlicher Informationsquellen des Aufsichtsrats gefragt.[161] Danach haben die Berichterstattungen des Vorstands und der Abschlussprüfer sowie der Zugriff auf ein unternehmensinternes Informationssystem eine hohe bis sehr hohe Relevanz. Eine mittlere Bedeutung wird im Vergleich der internen und externen Quellen dem Zugriff auf die internen Mitarbeiter, inklusive der Internen Revision, zugewiesen (Abbildung D.7):

Von Bedeutung für die operative Überwachungstätigkeit sind die sog. primären Informationsquellen. Die folgende Abbildung D.8 zeigt die *tatsächliche* Nutzungsquote der einzelnen Informationsquellen:

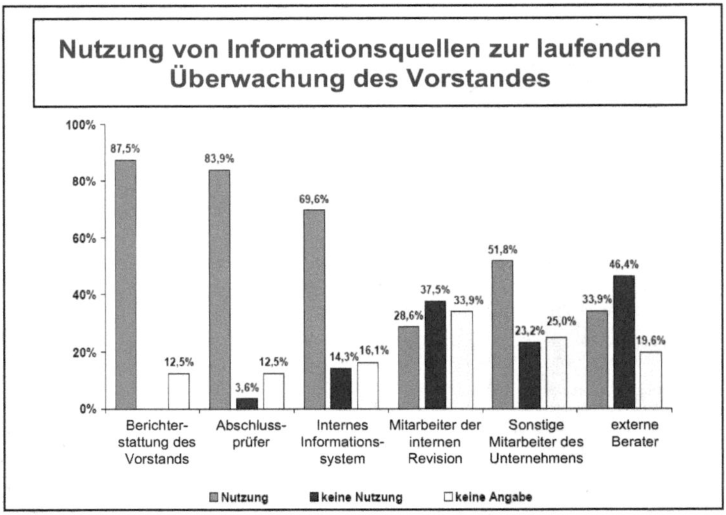

Abbildung D.8: Nutzung von Informationsquellen zur Überwachung

Nach dieser Studie verfügen Aufsichtsräte zunächst insgesamt über eine breite Basis ausreichender Informationen für ihre Überwachungstätigkeit, insbesondere eine hohe bis sehr hohe Bedeutung wird den Berichten des Vorstands und der Abschlussprüfer beigemessen. Auffallend ist bei der Informationsquelle Interne Revision, dass diese die geringste Nutzungsquote aufweist. Nur knapp 29 % der Aufsichtsräte nutzen die Interne Revision als Informationsquelle bzw. von rund 38 % der Aufsichtsräte wird sie gar nicht genutzt. Geht man von dieser Durchschnittsbetrachtung hin zu einer spezifischen Betrachtungssituation der Aufsichtsrä-

[161] Vgl. für die folgenden Ergebnisse DAI (2005), S. 23 ff.

te, so zeigt der Zusammenhang zwischen Bedeutung und Nutzung der Informationsquelle, dass die Informationsquellen weitestgehend nach ihrem Bedeutungsrang priorisiert werden. Diejenigen Aufsichtsräte, die die Bedeutung der Internen Revision als sehr hoch angeben, nutzen sie auch zu 100 %, während bei einer hohen Bedeutung der Internen Revision die Nutzungsquote auf knapp 68 % zurückfällt. Bei mittlerer Bedeutung der Internen Revision als Informationsquelle liegt die Nutzungsquote nur noch bei rund 38 %.

Dass das Dilemma einer nicht zufriedenstellenden Informationsversorgung des Aufsichtsrats nicht nur theoretischer Natur ist, sondern durchaus auch Relevanz in der Praxis besitzt, ist ein Thema in einer weiteren empirischen Studie.[162] Als Ergebnis für die Information und Kommunikation im Aufsichtsrat wurde festgestellt, dass insbesondere bei der Informationsversorgung des Aufsichtsrats durch den Vorstand zwar in den letzten Jahren eine merkliche Verbesserung bei regulären, also gesetzlich vorgeschriebenen, Unterlagen und Berichten zu konstatieren ist. Bei der Informationsversorgung für die Beratungsfunktion, die sich auf Geschäfte von besonderer Bedeutung und auf die Abschätzung von erkennbaren Risiken und Chancen im Vorfeld von Entscheidungen beziehen, erfolgt diese aber häufig zu spät und nicht in ausreichender Qualität.

Die Studie zeigt auch, dass ehemalige Vorstandsmitglieder, die später den Aufsichtsratsvorsitz übernommen haben, tendenziell stärker dazu beitragen, die Informationsversorgung des Aufsichtsrats zu verbreitern. Ehemalige Mitglieder der Geschäftsführung informieren sich häufiger bei der Internen Revision als andere Umfrageteilnehmer: Ein deutlich höherer Anteil von ehemaligen Vorstandsmitgliedern pflegt Kontakte zur Internen Revision, als dies von den anderen Aufsichtsratsvorsitzenden praktiziert wird.

In diesem Zusammenhang kommt dem Problem der selektiven Informationsversorgung eine Bedeutung zu: Bei Interessenheterogenität können selektive Informationsmechanismen zur Machtausübung eingesetzt werden sowie zur Stärkung von bestehenden Machtbeziehungen. So gaben 69 % der befragten Aufsichtsratsmitglieder an, dass sie bei Verfügbarkeit *aller* vorliegenden Informationen einmal oder mehrmals andere Entscheidungen getroffen hätten; immerhin handelte es sich nach eigenen Angaben um relevante Entscheidungen von mittlerem oder hohem Gewicht. Auch haben rund 91 % der befragten Aufsichtsratsmitglieder aufgrund der fehlenden bzw. unzureichenden Informationsversorgung darüber nachgedacht, ob sie nicht verpflichtet wären, als Einzelmitglied des Aufsichtsorgans Berichte nach § 90 Abs. 3 Satz 2 AktG an das Aufsichtsorgan anzufordern. Als weiteres wesentliches Ergebnis der Studie ist der nicht ausreichende Informationstransfer aus den Ausschüssen hervorzuheben, der zu einer asymmetrischen Informationsverteilung zwischen Ausschussmitgliedern und regulären Aufsichtsratsmitgliedern beiträgt. Hieraus folgt für das deutsche duale System, dass es zu erheblichen Kontrolldefiziten in der Unternehmensführung kommen kann.

---

162) Die branchenübergreifende Studie (Branchenstruktur: Chemie 36 %, Energie- und Versorgungswirtschaft 21 %, Metall/Elektro 15 %, Handel 5 %, Versicherungen 5 %, Banken 4 %, Telekommunikation 1 % und Sonstige 15 %) umfasst Ergebnisse einer Umfrage unter Vertretern der leitenden Angestellten von mitbestimmten Unternehmen; vgl. für die folgenden Ausführungen zu dieser Studie Jürgens/Lippert (2005).

Ein ähnliches Bild zeigt eine repräsentative Studie über die Funktionsfähigkeit von Aufsichtsräten der im DAX, MDAX und TECDAX zum Stichtag 31.07.2003 gelisteten Unternehmen.[163] Die Verfasser dieser Studie kommen zu dem Ergebnis, dass sich zwar die Voraussetzungen für die Aufsichtsratstätigkeit verbessert haben, allerdings bestehen *„weiterhin gravierende Defizite"* unter anderem darin, dass die Aufsichtsratsmitglieder ein unklares Verhältnis über ihren Informationsbedarf zu haben scheinen, und dass die Informationsversorgung, insbesondere das Standardberichtswesen, Defizite aufweist. Die bestehenden Informationsasymmetrien zwischen Vorstand und Überwachungsorgan sind folglich weiterhin zu groß. Die Studie betont, dass *„der größte Nachholbedarf"* in der Informationsversorgung der Aufsichtsratsmitglieder besteht, und diese sich noch stärker vom Unternehmensmanagement lösen muss. Außerdem muss eine laufende Information für das Überwachungsorgan gewährleistet sein.

Des Weiteren zeigt eine Analyse zur Umsetzung von Corporate Governance bei den Unternehmen des FTSE Eurotop 300, dass deutsche Unternehmen im Vergleich zu den größten europäischen Unternehmen die schlechteste Bewertung – bezogen auf die Unabhängigkeit der Aufsichtsräte – erhalten haben.[164]

In einer empirischen Studie von *Gerum* mit dem Ziel, ein repräsentatives Situationsmodell des deutschen Corporate Governance-Systems zu konstruieren, wurden die relevanten Strukturdaten von Aktiengesellschaften im Geltungsbereich des Mitbestimmungsgesetzes erhoben.[165] Zwar existiert in rund 40 v. H. der untersuchten Unternehmen eine Informationsordnung für den Vorstand, die Inhalte und Häufigkeit der Vorstandsberichte an den Aufsichtsrat präzisiert. Allerdings liegt der Schwerpunkt in den Berichten nicht auf der strategischen Planung, sondern es werden eher Informationen zu den strategischen Maßnahmen und funktionalen Angelegenheiten kommuniziert. Somit kann eine effiziente *begleitende* Überwachung der strategischen Planung nicht erfolgen und eine strategische Kontrolle wird nicht erreicht.[166] Dieses Defizit kann auch nicht durch andere Informationsquellen kompensiert werden, da die Berichte des Vorstands anderen Möglichkeiten „deutlich überlegen" sind.[167] Zusammenfassend wurde von *Gerum* festgestellt, dass sich zwar *„insgesamt ein gestiegenes Interesse an der Informationsversorgung des Aufsichtsrats"* konstatieren lässt, aber dass die gewählten Mittel *„untauglich"* sind, um den Aufsichtsrat für eine effizientere Überwachung informationell in die angemessene Lage zu versetzen.[168] Eine hinreichende Informationsversorgung aller Mitglieder des Aufsichtsrats ist durch die formalen Regelungen nicht sichergestellt. Auch auf-

163) *„Über die Ausgestaltung der Aufsichtsorganisation, die Gewährleistung der notwendigen personellen Voraussetzungen der Mitglieder und die Sicherstellung einer zeitnahen, umfassenden Informationsversorgung schafft der Aufsichtsrat die Voraussetzungen für seine Überwachungstätigkeit. Im Umkehrschluss bedeutet dies, dass nur bei Vorliegen der notwendigen Voraussetzungen die de jure gewollte aktive Einbindung der Aufsichtsratsmitglieder möglich scheint."* Vgl. Deloitte (2004), S. 1 ff.

164) Vgl. Deminor Rating (2004), S. 8 f.

165) Vgl. Gerum (2007), S. 51 ff., zu den Einzelheiten des Untersuchungsprogramms, der Datenbasis sowie der statistischen Verfahren.

166) Vgl. Gerum (2007), S. 281 ff.

167) Vgl. Gerum (2007), S. 283.

168) Vgl. Gerum (2007), S. 286.

grund einer unvollkommenen und widersprüchlichen Organisation des Entscheidungsprozesses, insbesondere aufgrund der fehlenden Ausschöpfung des Informations- und Interaktionspotenzials, mit der Wirkung einer unzureichenden Informationsversorgung, kommt es bei der Überwachung des Vorstands durch das Überwachungsorgan immer noch zu erheblichen Mängeln.[169]

Abschließend soll noch auf eine aktuelle Studie von *Theisen*, hingewiesen werden. Nach dieser Studie versichern zwar alle Unternehmen, über eine sogenannte Berichtsordnung zu verfügen, in der festgehalten ist, in welchem Umfang Vorstand und Aufsichtsrat sich gegenseitig informieren müssen. Allerdings verweigerten drei Viertel der befragten Unternehmen konkrete Angaben, sodass eine Verifizierung der Umsetzung der Empfehlung des deutschen Corporate Governance-Kodex zur Informations- und Berichtspflicht des Vorstands nicht möglich ist. Die gesetzlichen Mindestanforderungen des Aktiengesetzes werden zwar erfüllt, aber dies könne man auch so interpretieren, dass „*Vorstände nicht besser informieren wollen und Aufsichtsräte nicht besser informiert sein wollen*“, so *Theisen*.[170]

Insgesamt zeigen die empirischen Ergebnisse, dass die ausreichende Informationsversorgung des Aufsichtsrats für eine effektive Unternehmensüberwachung noch nicht optimal ist: „*Die Informationspraxis ist erkennbar noch ein gutes Stück entfernt von einer „good practice“ einer gemeinsamen und verantwortlichen Informationsversorgung.*“[171] Die Wirksamkeit der Überwachung des Aufsichtsorgans ist insgesamt aber losgelöst von dem jeweiligen Corporate Governance-System zu sehen.[172]

---

169) Die empirischen Ergebnisse zum Informationspotenzial deuten auf eine lediglich das gesetzliche Mindestmaß erfüllende Informationsversorgung des Überwachungsorgans hin. Darüber hinaus werden die Informationen zur Aufsichtsratssitzung tendenziell nicht rechtzeitig, sondern zu spät und eher unvollständig zur Verfügung gestellt. Vgl. Gerum (2007), S. 324 ff.

170) So fragte *Theisen* „*gezielt bei den Unternehmen nach folgender Empfehlung: „Der Aufsichtsrat soll die Informations- und Berichtspflichten des Vorstands näher festlegen.“ Alle Dax-, MDax- und SDax-Gesellschaften haben dieser Forderung ohne Abstriche zugestimmt. Mit der Regel erkennen Manager und Aufseher an, dass eine gute Unternehmensgovernance auch eine umfangreiche Informationsversorgung voraussetzt. Doch nur ein Zehntel der untersuchten Gesellschaften hat entgegen der offiziellen Versicherung eine konkrete Berichtsordnung, in der Inhalte und Details geregelt sind. Nach dem Aktiengesetz hat der Vorstand lediglich den Auftrag, dem Aufsichtsrat zu berichten.*“ Vgl. Handelsblatt (2007).

171) Vgl. Theisen (2007), S. 110. Ein aktuelles Beispiel hierfür liefert auch die durch die Finanzkrise und Fehlspekulationen stark angeschlagene IKB Deutsche Industriebank. Deren Aufsichtsratsvorsitzender *Ulrich Hartmann* verteidigte sich auf der Hauptversammlung 2008 gegen die Vorwürfe auf vorhandene Warnsignale nicht reagiert und somit seinen Überwachungspflichten nicht ausreichend nachgekommen zu sein mit der Aussage: „*Wir hatten keine Chance, das Risiko zu erkennen und die Existenzkrise abzuwenden.*“ Vgl. o.V. (2008a). Der gesamte Sachverhalt wird in einer zurzeit laufenden Sonderprüfung weiter untersucht.

172) „*Although the structure of boards is different across countries, the limited empirical evidence available suggests that they are equally effective (or ineffective) at disciplining management.*“ Vgl. Allen/Gale (2001), S. 30.

3.4 Die „Externalisierung" von Informationen

„The most effective way to avoid corporate governance problems is to select a knowledgeable, engaged, and independent board of directors."[173]

Analysen der Unternehmenszusammenbrüche der letzten Jahre zeigen eindeutige – negative – Zusammenhänge zwischen der fehlenden Unabhängigkeit bzw. Interessenkonflikten der Mitglieder des Überwachungsorgans und der sich daraus ergebenden mangelhaften Ausübung der Kontrolltätigkeit.[174] Dies gilt auch für die Rolle des Board of Directors im monistischen System, wie z. B. bei den Vorfällen in der Enron Corporation. Letztendlich war zwar eine Vielzahl von Umständen für diesen Unternehmensskandal verantwortlich. Bezogen auf das Überwachungsorgan und die Funktion der Internen Revision kommt der eingesetzte Untersuchungsausschuss aber u. a. zu dem Ergebnis, dass *„the investigation found a Board that routinely relied on Enron management and Andersen representation with little or no effort to verify the information provided, that readily approved new business ventures and complex transactions, and that exercised weak oversight of company operations*".[175] Ein wesentlicher Aspekt bei Enron ist die exponierte Stellung von Andersen gewesen, also die Identität bei der Durchführung von Interner und Externer Revision sowie Beratungsleistungen.[176] Aufgrund der wirtschaftlichen Interessen von Andersen kann nicht mehr von einer Unabhängigkeit der Revision gesprochen werden.

Die Effektivität des Überwachungsorgans ist nur so gut, wie es die zur Verfügung gestellten Informationen zulassen und wie intensiv und effizient diese dann genutzt werden. Eine optimale und effektive Überwachungstätigkeit kann durch das Überwachungsorgan erst geleistet werden, wenn die bestehenden Informationsasymmetrien zwischen Vorstand und Aufsichtsorgan vermindert werden und institutionell abgesichert sind.[177] Die verbesserte Einbindung des Überwachungsträgers in den vorstandsabhängigen Informationsfluss ist und bleibt eine wichtige unterstützende Strategie zur Verbesserung der Überwachungsinformation. Für eine effektivere und effizientere Überwachungstätigkeit ist aber zusätzlich die Verbreiterung

---

173) Vgl. Craig (2004), S. 133.

174) Vgl. Schwalbach (2004a), S. 187. In diesem Sinne – bezogen auf Enron – schreiben *Elson* und *Gyves*, dass *„the failure of Enron was in part a consequence of a failure in effective management oversight by its Board. ... Had the Board been independent in spirit and fact, perhaps it would have recognized the numerous warning signals before it and reacted in time to prevent the scandal and bankruptcy. In this vein, the legal and regulatory reforms developed in the aftermath of the company's failure, in their focus on board independence, seem to suggest that director independence will help solve the governance problem that surfaced in Enron.*" Vgl. Elson/Gyves (2003), S. 883.

175) Vgl. Subcommittee (2002), S. 14.

176) *„The Board also failed to ensure the independence of the company's auditor, allowing Anderson to provide internal audit and consulting services while serving as Enron's outside auditor.*" Vgl. Subcommittee (2002), S. 54.

177) *Hermalin* und *Weisbach* schlagen vor, die möglichen wohlfahrtstheoretischen Auswirkungen von Corporate Governance-Reformen aus vertragstheoretischer Sicht nach folgenden Kriterien zu bewerten: *„In the contract theory literature, three cases have been identified in which an affirmative answer can be given: (i) there is asymmetric information between the parties at the time of contracting; (ii) the contract between the two parties has an externality on a third party; or (iii) the courts can impose a remedy or penalty not available to the parties privately.*" Vgl. Hermalin/Weisbach (2006), S. 3.

und Intensivierung des Informationstransfers zum einen durch einen *vorstandsunabhängigen* Informationstransfer und zum anderen durch die Ausschöpfung der Informationsverarbeitungskapazitäten des Überwachungsorgans oder seines Prüfungsausschusses erforderlich, was im Folgenden als Externalisierung zu verstehen ist. Das Ziel der Externalisierung sollte aber nicht die Maximierung des Informationstransfers sein, sondern – unter der Berücksichtigung von Transaktionskosten – eine Optimierung der Informationsversorgung für eine effektive Überwachungsfunktion. Diese Kontrollintensität ist situativ geprägt, abhängig von Art, Umfang und Komplexität der getätigten und geplanten Geschäftsaktivitäten sowie in ihrer Intensität auch von der wirtschaftlichen Lage des Unternehmens abhängig. So muss sich der Aufsichtsrat z. B. in Krisenzeiten seiner Überwachungstätigkeit intensiver widmen als in geschäftlich normalen Zeiten.[178] Die folgende Diskussion zu den Möglichkeiten einer *vorstandsunabhängigen* Information wird in dieser Arbeit am Beispiel der Internen Revision aufgezeigt.[179]

3.4.1 Die Informationsordnung

Der Prüfungsausschuss leitet seine Informationsrechte hinsichtlich zeitnaher, objektiver und umfassender Informationen von denen des Aufsichtsrats ab. Zwar kann sich der Prüfungsausschuss zur Konkretisierung seines Informationsbedarfs einer vorhandenen Informationsordnung des Aufsichtsrats bedienen, allerdings kann es zweckmäßiger sein, eine spezielle Informationsordnung für den Prüfungsausschuss zu erlassen.[180] Für den Vorstand wird eine Informationsordnung rechtsverbindlich, wenn sie in seiner Geschäftsordnung bzw. als Anlage zu dieser verabschiedet und vom Aufsichtsrat beschlossen wird. Generell gilt für eine ordnungsgemäße Aufsichtsratstätigkeit der Grundsatz, dass sich der Aufsichtsrat aktiv informiert und nicht wartet, bis der Vorstand seine Informationspflichten erfüllt (Holschuld).[181] Dies spiegelt auch für die beiden Unternehmensorgane und deren Funktionen ein stärkeres Verständnis von einem *gleichberechtigten* Nebeneinander anstelle einer hierarchische Rangfolge wider.[182] Der DCGK hält die ausreichende Informationsversorgung des Aufsichtsrats für eine gemeinsame Aufgabe von Vorstand und Aufsichtsrat, wobei der Aufsichtsrat die Informati-

---

178) Allerdings darf die verstärkte Überwachung nicht zu einer „*Reservegeschäftsführung*" werden. Vgl. Grunewald (2005), 2005, S. 259. Wohl aber kann man – theoretisch – von einer Funktion des Aufsichtsrats als „*Reservefallschirm*" sprechen, der einen Absturz der Gesellschaft verhindern soll: „*Es ist vor, spätestens aber in der Krise seine Aufgabe* [des Aufsichtsrats, K. G.], *einen fehlerhaft arbeitenden oder unvermögenden Vorstand auszutauschen und einen managementbedingten Niedergang der Gesellschaft aufzuhalten*". Vgl. Wardenbach (1996), S. 1 f.

179) Zur Darstellung weiterer Quellen von *vorstandsunabhängigen* Informationen wird auf Leyens (2006), S. 201 ff., verwiesen.

180) Wie bereits ausgeführt, können die folgenden Ausführungen sowohl auf den Aufsichtsrat als auch auf den Prüfungsausschuss übertragen werden, denn „*was für den Aufsichtsrat im Allgemeinen gilt, gilt für den Prüfungsausschuss im Besonderen*". Vgl. PwC (2007), S. 53; ebf. Warncke (2005), S. 175.

181) Vgl. Schichold (2001), S. 404. Siehe auch oben, Kapitel B.2.4.2, S. 69 f.

182) Vgl. Theisen (2007), S. 24.

ons- und Berichtspflichten des Vorstands näher festlegen soll (Ziff. 3.4 Abs. 3 Satz 1 DCGK). Für den konkretisierten Informationstransfer entsteht dann eine Bringschuld des Vorstands.[183]

Der Zweck der Informationsordnung liegt in der Optimierung der Qualität des unternehmensspezifischen Aufsichtsratsinformationssystems.[184] Dieses ist auch eine wesentliche Voraussetzung für die sachgerechte Ausübung der Beratungs- und Überwachungsfunktion des Aufsichtsrats.[185] Eine Informationsordnung hat sich inhaltlich nicht auf die Wiederholung der gesetzlichen Informationsbeschaffungsrechte zu konzentrieren, diese sind lediglich als ergänzende Funktion zu betrachten, sondern die gesetzlichen Standardinformationen, um *zusätzliche* Informationen hinsichtlich Umfang und Inhalt, Art und Weise sowie zeitliche Frequenz zu erweitern.[186] Schafft das Unternehmensmanagement die Voraussetzungen für einen *vorstandsunabhängigen* Informationstransfer an das Überwachungsorgan, so sendet es das Signal aus, dass sie Vorgänge und Entscheidungen transparent kommuniziert und nicht beabsichtigt, Eigeninteressen zu verfolgen bzw. sich opportunistisch zum Nachteil der Stakeholder zu verhalten. Dies dient einer zielführenden Information des Aufsichtsrats und somit zur Verbesserung des Informationsgrads des Überwachungsorgans. Allerdings sind Umfang und Ausmaß der Inanspruchnahme von Informationsgebern unterhalb der Vorstandsebene, wie z. B. die Interne Revision, aus juristischer Sicht (noch) umstritten.[187]

Der Arbeitskreis „Externe und Interne Überwachung der Unternehmung" der Schmalenbach-Gesellschaft für Betriebswirtschaft empfiehlt, dass in der Informationsordnung für das Aufsichtsorgan die folgenden Sachverhalte bezüglich des Informationstransfers unter Wahrung des Unternehmensinteresses und eine der Autorität der Unternehmensleitung schonende Form aufgenommen werden:[188]

- Die Unternehmensleitung hat das Überwachungsorgan in regelmäßigen Zeitabständen, möglichst quartalsweise, in zusammengefasster Form über wesentliche Prüfungsfeststellungen und insbesondere über die Wirksamkeit des Internen Kontrollsystems zu unterrichten.
- Können bestimmte Berichte und Unterlagen dem Aufsichtsorgan bei der Information über die Tätigkeit der Internen Revision hilfreich sein, so sind diese dem Überwachungsgremium von der Unternehmensleitung zu übermitteln.
- Zwischen dem Leiter der Internen Revision und dem Überwachungsgremium sollten regelmäßig mündliche Konsultationen erfolgen. Darüber hinaus sollte bei einem begründeten Verdacht auf eine schwerwiegende Pflichtverletzung durch die Geschäftsführung, das Überwachungsgremium ohne Veranlassung der Geschäftsführung vom Leiter der Internen Revision unterrichtet werden.

183) Vgl. Theisen (2007), S. 79.
184) Vgl. Schichold (2001), S. 404.
185) Vgl. Gerum (2007), S. 280 ff.
186) Vgl. Theisen (2007), S. 10 ff.
187) Vgl. Dreher (1996), S. 54.
188) Vgl. AKEIÜ (2006a), 228.

- Über den Kommunikationsweg der Unternehmensleitung soll das Aufsichtsorgan die Möglichkeit besitzen, der Internen Revision Prüfungsaufträge zur Wirksamkeit des Risikoüberwachungssystems oder zu Verbesserungsmöglichkeiten erteilen zu können. Bei schwerwiegenden Pflichtverletzungen der Unternehmensleitung kann das Aufsichtsorgan auch direkt dem Leiter der Internen Revision einen Prüfungsauftrag erteilen.[189]

Darüber hinaus sollte der institutionalisierte Informationstransfer nicht nur anlassbezogen, sondern regelmäßig erfolgen. In den Vorschlägen der Schmalenbach-Gesellschaft steht allerdings die Internalisierung von Informationen noch im Vordergrund der Empfehlungen. Eine *vorstandsunabhängige* Berichterstattung der Internen Revision, wie in dieser Arbeit diskutiert, wird dagegen nicht empfohlen.[190]

Dem Aufsichtsrat steht nur bei einer unternehmerischen Gefährdungslage ein unmittelbares Informations- und Befragungsrecht zu. Somit sind alle Verfahrensregelungen zum internen Informationsaustausch, die nicht unter diese Ausnahme fallen, unterhalb der Vorstandsebene nur mit Zustimmung des Vorstands zu implementieren. Diese traditionelle Auffassung ist in der Literatur allerdings zunehmend umstritten.[191] Eine eigenständige Informationsordnung für den Aufsichtsrat, insbesondere hinsichtlich einer *vorstandsunabhängigen* Informationsversorgung, wird mittlerweile nach h. L. aber nicht mehr generell abgelehnt.[192] So sehen auch die neuen MaRisk für die Versicherungswirtschaft vor, dass ein Aufsichtsorgan die Möglichkeit hat, sich *„direkt an die unabhängige Risikocontrollingfunktion zu wenden, um weitere Informationen einzuholen*“. Für dieses direkte Informationsrecht empfiehlt die BaFin, entsprechende Regelungen in einer allgemeinen Informationsordnung festzulegen.[193] Dieses Verfahren sollte auch auf die Beziehung zwischen Aufsichtsorgan und Interner Revision bei Kreditinstituten übertragen werden: Für eine effektive Internal Governance sollte eine vom Aufsichtsrat erlassene und erweiterte Informationsordnung für die Informationspflichten und -wege, nämlich *vorstandsunabhängig* direkt zwischen Überwachungsorgan und Interner Revision, unternehmensspezifisch geregelt werden können.[194] Dies ergibt sich aus der Sorgfaltspflicht des Aufsichtsrats, sodass er seine Überwachungsaufgabe auch durch die Konkretisie-

---

189) Der AKEIÜ betont aber, dass im Regelfall für derartige Prüfungsaufträge das Überwachungsgremium externe Dienstleister beauftragen wird.

190) Siehe oben, Kapitel D.3.3.2, S. 263 ff. *Leyens* merkt kritisch an, dass der DCGK somit hinter die in seiner Präambel formulierten Zielsetzung zurückfällt. *„Die Möglichkeiten des Aufsichtsrats zu der international geforderten Zusammenarbeit mit der Internen Revision einfach auszusparen, kann das deutsche Corporate Governance-System kaum transparent und nachvollziehbar machen und das Vertrauen der internationalen Anleger fördern.*“ Vgl. Leyens (2006), S. 183, Fn. 400.

191) Vgl. hierzu sowie für weitere Literaturangaben Theisen (2007), S. 79 f.

192) Eine Vereinbarung zwischen Aufsichtsorgan und Geschäftsleitung, mit dem Ziel der Weitergabe aller Revisionsberichte an das Aufsichtsorgan oder einem seiner Ausschüsse zur Kenntnisnahme, trägt auch bei für Banken zu einer Verbesserung der Corporate Governance bei. Vgl. hierzu Hannemann et al. (2008), S. 681.

193) Vgl. BaFin - MaRisk VA (2009), Nr. 7.2.1 Tz. 3b). Die BaFin sieht in dieser Zugriffsmöglichkeit ausdrücklich keine Misstrauensbekundung gegenüber der Geschäftsleitung.

194) In diesem Kontext kommt dem Vertrauen wieder eine hohe Bedeutung zu, siehe oben Kapitel D.3.1, S. 251 ff. Die intensivere Informationsvermittlung bedingt auf der anderen Seite verstärkte Anforderungen an die Verschwiegenheit, sodass die Einführung einer Verschwiegenheitsrichtlinie zu empfehlen ist. Vgl. Theisen (2007), S. 80.

rung seines Informationsbedarfs gegenüber dem Vorstand wahrnehmen kann. Diese kann der Aufsichtsrat letztendlich im Rahmen seines Selbstorganisationsrechts und seiner -verantwortung erlassen. Diese Überlegungen sind aus dem monistischen Corporate Governance-System übernommen und führen – bewusst – zum einen zu einer inhaltlichen und zum anderen zu einer systematischen Überschneidung des monistischen und dualistischen Systems.[195] Insofern kann auch von einer Anpassung der Systeme im Sinne der Hybridisierungstheorie gesprochen werden.[196]

Im Hinblick auf den ermessensgerechten Einsatz der Informationsrechte muss der Aufsichtsrat den Nutzen, den er aus der *vorstandsunabhängigen* Informationsquelle Interne Revision zieht, gegen mögliche Belastungen für sein Vertrauensverhältnis zum Vorstand und für das Loyalitätsverhältnis des Leiters der Internen Revision zum Vorstand abwägen.[197] Die Interne Revision hat in einem Unternehmen eine herausgehobene Funktion, was sich in ihrer (prozessualen) Unabhängigkeit, ihren Informationsrechten und – idealerweise – in einem besonderen Vertrauensverhältnis zum Vorstand bzw. Vorstandsvorsitzenden widerspiegelt.[198] Dieses Vertrauensverhältnis sollte künftig jedoch auch zugunsten des Aufsichtsorgans und seines Prüfungsausschusses erweitert werden. Diese besonderen Faktoren der Internen Revision haben auch für ihren Erfolg einen grundlegenden Stellenwert. Das Vertrauen zwischen Interner Revision und Unternehmensleitung darf aber unter einer veränderten institutionellen Konstitution, die das Überwachungsorgan stärker integriert, nicht gefährdet werden, denn die Interne Revision muss sich auch weiterhin auf die Unterstützung der Unternehmensleitung verlassen können.[199] Hierfür wird durch eine Informationsordnung bzw. Rahmenvereinbarung zwischen Aufsichtsrat und Vorstand eine notwendige Basis gelegt: Die Informationsordnung umfasst neben den Informations- und Berichtspflichten des Vorstands auch die Verantwortlichkeiten und Kompetenzen für einen *vorstandsunabhängigen* Informationstransfer von der Internen Revision an das Überwachungsorgan oder seinen Ausschuss.[200] Die gemeinsame Vereinbarung zwischen Vorstand und Aufsichtsrat sollte insbesondere eine Verpflichtung des Vorstands gegenüber dem Aufsichtsrat und seinem Prüfungsausschuss enthalten, dass bestimmte Mitarbeiter, wie z. B. der Leiter der Internen Revision, dem Überwachungsorgan

---

195) Zu dem Vorschlag einer eigenen Informationsordnung für den Aufsichtsrat sowie einer zusätzlichen gemeinsamen Rahmenvereinbarung von Vorstand und Aufsichtsrat zur eigenständigen Informationsbeschaffung durch den Aufsichtsrat schreibt *Theisen*: Die Idee einer eigenen, die Geschäftsordnung für den Aufsichtsrat ergänzenden Informationsordnung, hält er für „*angemessen, wenn nicht sogar empfehlenswert*". Vgl. Theisen (2007), S. 82 f.; ebf. Leyens (2006), S. 429 f.

196) Siehe oben, Kapitel B.3.2.4, S. 93 f.

197) Vgl. Leyens (2006), S. 352 f.

198) Vgl. Geiersbach/Patock (2007), S. 449.

199) Vgl. Bektenov (2005), S. 138 f.

200) Vgl. auch AKEIÜ (2006b), S. 1628. Die Qualität und Quantität der dem Aufsichtsrat zur Verfügung gestellten Unterlagen weisen bei verschiedenen Gesellschaften deutliche Unterschiede auf. In diesem Sinn empfiehlt *Jansch* als Maßnahme zur Verbesserung der Informationsversorgung der Aufsichtsratsmitglieder, dass seitens des Unternehmens eine Informationsverordnung zur Regelung des Informationstransfers zwischen Vorstand und Aufsichtsrat verabschiedet werden kann. Vgl. Jansch (1999), S. 79 f. Als weitere mögliche Informationsquellen des Aufsichtsrats sind ebenfalls die Berichte der gesetzlichen Abschlussprüfer nach §§ 170 f. AktG, 321 HGB zu nennen.

ohne vorherige Einzelzustimmung des Vorstands als Auskunftsperson direkt zur Verfügung stehen, Prüfungsberichte übergeben werden dürfen oder auch Prüfungsaufträge in Einzelfällen vom Aufsichtsrat erteilt werden können.[201] Ein wesentlicher Bestandteil einer Informationsordnung ist somit – neben den Informationsbedürfnissen – die Definition des Personenkreises bzw. der Fachabteilungen, wie z. B. Interne Revision oder Risikocontrolling, die dem Überwachungsorgan für *vorstandsunabhängige* Informationen zur Verfügung stehen. Letztendlich wird der Aufsichtsrat auf diese Informationsquellen gar nicht verzichten können und auch nicht dürfen, wenn er seine Funktion sachgerecht und verantwortungsvoll ausüben will. Allerdings muss er seine Handlungsoptionen abwägen und eine angemessene Art und Weise wählen.[202] Somit kommt der Informationsordnung bzw. der Rahmenvereinbarung zwischen Aufsichtsrat und Vorstand zur Vermeidung von Missverständnissen oder innerbetrieblichen Belastungen aufgrund der unmittelbaren Informationsbeschaffung des Aufsichtsrats eine bedeutende Funktion zu.

Leyens unterbreitet einen entsprechenden Änderungsvorschlag zum DCGK (Zusammenwirken von Vorstand und Aufsichtsrat, Ziff. 3):[203]

> *„Der Aufsichtsrat soll seine Informationsordnung mit den Grundsätzen seiner eigenständigen Informationsbeschaffung dem Vorstand gegenüber offen legen. Vorstand und Aufsichtsrat sollen eine Rahmenvereinbarung zur eigenständigen Informationsbeschaffung durch den Aufsichtsrat treffen. Darin soll sich der Vorstand insbesondere verpflichten, Angestellte anzuweisen, dem Aufsichtsrat als Auskunftspersonen zur Verfügung zu stehen. Außerdem soll der Vorstand dem Aufsichtsrat das Recht zur gelegentlichen Vergabe von Prüfungsaufträgen an die Interne Revision einräumen."*

Der Vorstand kann seine Zustimmung zu einer solchen Vereinbarung grundsätzlich nicht verweigern, insbesondere dann nicht, wenn der Aufsichtsrat einen sachgerechten Umgang mit sensiblen Daten und die Geheimhaltungsinteressen der Gesellschaft gewährleistet. Allerdings kann der Vorstand sich das Recht ausbedingen, dass der Prüfungsausschuss nur dann auf die Interne Revision Zugriff haben soll, wenn die Ausschussmitglieder über eine aus Sicht beider Organe hinreichende Qualifikation verfügen.[204]

Aus der Perspektive der Prinzipal-Agenten-Theorie ist die Informationsordnung eine Form der „freiwilligen Selbstbeschränkung" des Unternehmensmanagements und kann den sog. „bonding expenditures" zugerechnet werden. Hiermit wird auch das gleichberechtigte Nebeneinander von Unternehmensführung und Unternehmensüberwachung im Sinne einer optimalen Corporate Governance unterstützt. Darüber hinaus fördert dieser Ansatz auch neue

201) Vgl. Theisen (2007), S. 82 f. Nach einer Empfehlung der Kommission der Europäischen Gemeinschaften sollen die Unternehmen für die Ausschüsse des Aufsichtsrats Sorge tragen, dass sie *„mit ausreichenden Mitteln ausgestattet sind, um ihre Aufgaben wahrnehmen zu können; hierzu zählt auch das Recht, alle notwendigen Informationen – insbesondere von Führungskräften – einzuholen"*. Vgl. Kommission (2005), S. L 52/58.

202) Vgl. Leyens (2006), S. 353.

203) Vgl. Leyens (2006), S. 435.

204) Vgl. Leyens (2006), S. 233 f.

Einsatzgebiete für die Interne Revision, nämlich die Interne Revision als „Fachpromotor" im Prüfungsausschuss sowie in einer Auskunfts- und Informationsfunktion für das Aufsichtsorgan.[205] Der Grenznutzen für das Aufsichtsorgan aus dem Informationstransfer steigt, während sich die Transaktionskosten für diese zusätzliche Informationsübertragung gegenüber dem ursprünglichen Ausgangszustand nur marginal erhöhen. Der Anstieg des Grenznutzens aus dem Informationstransfer ist umso stärker, je spezifischer die eingesetzten Ressourcen, je komplexer die Systeme und Prozesse und je größer das zu vermittelnde implizite Wissen. Insgesamt können sich auch die Monitoringkosten des Überwachungsorgans verringern, da die stärkere Einbindung der bereits bestehenden Internen Revision in das Organgeflecht Vorstand - Aufsichtsrat als Fachpromotor und Informationsdienstleister zur Verringerung der Informationsasymmetrien zwischen den Unternehmensorganen beiträgt.[206]

3.4.2 Auswirkung auf das Aufsichtsorgan

Für eine wirksame und effiziente Überwachung sind sowohl Unabhängigkeit und Objektivität als auch das hierzu notwendige Wissen bedeutende Faktoren; dies ist institutionell sicherzustellen.[207] Das *American Law Institute* hat in seinen „Principles of Corporate Governance" diese beiden Faktoren in die Grundsätze wirksamer Unternehmensaufsicht aufgenommen:[208]

„The effectiveness of the oversight function is conditioned on two prerequisites: a board that can objectively evaluate the performance of the senior executives, and an accurate and reliable flow of information to the board concerning that performance."

Dem Grunde nach besteht ein Trade-off zwischen der für die *Objektivität* notwendigen Distanz zwischen den Mitgliedern des Überwachungsorgans und der Geschäftsführung sowie dem möglichen Informationsgewinn aus der *Nähe* des Überwachungsorgans (Insider) zur Geschäftsführung.[209] In dem dualistischen System sitzt der Aufsichtsrat in einer gewissen *„Ent-*

---

205) Eine repräsentative empirische Studie mit über 400 Aktiengesellschaften aller Branchen in Deutschland, Österreich und der Schweiz zeigt, dass u. a. die Auskunfts- und Informationsfunktion sowohl an den Aufsichtsrat als auch an den Vorstand an Bedeutung für die Tätigkeit der Internen Revision zugenommen hat und nach Einschätzung der Befragten auch künftig weiter zunehmen wird. Vgl. Knapp (2005), S. 145 ff.

206) *Gerum* sieht in der Anwesenheit von Arbeitnehmern im Aufsichtsrat eine Verbesserung der Qualität der Überwachungstätigkeit des Aufsichtsrats, *„da diese aus ihrer Binnenperspektive, gerade in großen Unternehmen und Konzernen, sehr viel besser als Externe, über die realen Verhältnisse informiert seien"*. Vgl. Gerum (2007), S. 206. Aufgrund der besonderen Funktion und der bereichsübergreifenden Prüfungstätigkeit sollte dies umso mehr für die Interne Revision und somit für deren *unabhängige* Einbindung in die Informationskette zwischen Vorstand und Aufsichtsrat gelten.

207) *Jensen* und *Chew* schreiben, dass *„bad systems or rules, not bad people, are the root of the general failings of boards of directors"*. Vgl. Jensen/Chew (1997), S. 32; ebf. Kraakman (1996), S. 140. Siehe auch oben, Kapitel D.2.1, S. 242 ff.

208) Vgl. Donald (2002), S. 64.

209) Vgl. Boot/Macey/Schmeits (2005), S. 1 f. Sinngemäß auch *Hopt* und *Leyens*: *„The exclusion of the supervisory board from management and its limited rights to obtain information directly from executives can make it difficult for its members to develop an objective picture of the company's performance"*. Vgl. Hopt/Leyens (2004), S. 9.

fernung zu den Details", ist also relativ objektiv, verfügt allerdings über wenig Informationen.[210] Dem steht das monistische System gegenüber mit einer grundsätzlich engeren Beziehung und besserem Informationsfluss zwischen den Organen als im dualistischen System.[211] Das Ziel einer effektiven Überwachung besteht aber in der Optimierung dieser beiden Faktoren Objektivität und Nähe bzw. Information. D. h., weder eine vollständige Kontrolle, die die Vorteile der Arbeitsteilung zwischen Management und Eigentümern deutlich reduziert, noch ein Rückfall in ein Management-laissez-faire-Verhalten, das zulasten der Stakeholder geht, ist zu empfehlen.

Bei einer zu großen Nähe zu dem Überwachenden besteht die Gefahr des Verlustes an Objektivität, da tendenziell die Perspektive des Managements internalisiert wird.[212] Dieser Ansatz wird durch die „theory of escalating commitments" grundsätzlich bestätigt.[213] In diesem Zusammenhang kann man auch von *informellen Bindungen*, die zu individuellen Verhaltensproblemen führen können, oder von einem „Kartell des Wohlverhaltens" sprechen.[214] Diese Probleme können letztendlich sowohl bei vertikaler als auch bei horizontaler Corporate Governance auftreten.[215] Allerdings kann eine größtmögliche Objektivität und absolute Unabhängigkeit des Überwachenden dazu führen, dass der Überwachte dem Überwachenden mit größtmöglicher Distanz begegnet. Dies kann insbesondere bei dem impliziten Wissen zu einem eingeschränkten Informationstransfer und somit zu einem Informationsdefizit führen.[216] Dies ist das andere Extrem mit der Folge eines unzureichenden Überwachungsinformationsbedarfs zur Beurteilung der relevanten Sachverhalte, was ebenfalls zu einer ineffizienten Überwachungstätigkeit führt.[217]

Als Lösungsansatz zur Überwindung des Paradoxons zwischen Objektivität und Nähe kommt eine branchenindividuelle Überwachungsstruktur in Betracht, in der die Spezifität der

---

210) Entsprechende Maßnahmen zur Überwindung des Problems wurden im KonTraG und im Deutschen Corporate Governance Kodex zwar aufgenommen. Vgl. hierzu auch Donald (2002), S. 55. Allerdings erfolgt nach dem DCGK, Ziff. 3.4, die Informationsversorgung des Aufsichtsrats vom Überwachten selbst, nämlich durch den Vorstand, auch wenn der Aufsichtsrat die Informations- und Berichtspflichten näher festlegt.

211) Vgl. Mallin (2004), S. 94.

212) „*Consequently, the informational advantage enjoyed by the insiders ... is mitigated by the fact that these investors may gradually lose the ability to evaluate the performance of the firms by monitoring in an objective manner.*" Vgl. Boot/Macey (2003), S. 6.

213) Nach der „Theory of escalating commitments" identifizieren sich Aufsichtsratsmitglieder im Zeitablauf stark mit dem Unternehmensmanagement: „*They have begun a pattern of agreeing with management's decisions, those earlier decision, once made and defended, will affect future decisions such that those later decisions will comport with earlier decisions.*" Vgl. Boot/Macey (1998), S. 24.

214) Vgl. Potthoff/Trescher (1995), S. 74 f.

215) In diesem Sinn auch *Enriques* und *Volpin*, die ausführen „*whether firms are widely held or family-controlled, the danger is that boards, rather than represent the interests of faceless shareholders, will bond with management, whom they interact with regularly, or with the family, who has the ultimate power to select and remove them*". Vgl. Enriques/Volpin (2007), S. 125.

216) Oder anders formuliert, wie kann sichergestellt werden, dass „*independent doesn't just mean ignorant*"? Vgl. BCG (2002).

217) Vor dem Hintergrund des Sarbanes-Oxley Act und der Diskussion über die Independent Directors und des Unabhängigkeitspostulats und den damit verbundenen Informationsnachteilen kommt *Lorsch* zu dem Ergebnis, dass „*public companies are increasingly governed by people chosen because they know nothing about the business*". Vgl. Lorsch (2004), zitiert bei Gerum (2007), S. 222.

Informationen sowie Opportunitätsverluste von Investitionen zu berücksichtigen sind.[218] Bezogen auf den Bankensektor spiegelt sich insbesondere vor dem Hintergrund der aktuellen Finanzmarkt- und Bankenkrise sowie aufgrund der komplexer gewordenen Geschäftsaktivitäten und Rahmenbedingungen die gestiegene Bedeutung von spezifischem Wissen und deren Auswirkung auf operative und strategische Entscheidungen auch deutlich in den Anforderungen an die Überwachung wider.[219] Zur Überwindung des zuvor aufgezeigten Trade-offs ist es ökonomisch sinnvoll, dass insbesondere bei der Beurteilung des Risikomanagements sowie bei irreversiblen, firmenspezifischen Investitionen die Interne Revision als direkter, *vorstandsunabhängiger* Informationsträger an das Aufsichtsorgan zusätzlich mit in den überwachungsrelevanten Informationstransfer eingebunden wird und somit den notwendigen Überwachungsinformationsbedarf vervollständigen oder verifizieren kann. Dieser unabhängige Informationstransfer von der Internen Revision an das Überwachungsorgan liegt auch im Interesse des Aufsichtsorgan zur eigenen Absicherung, insbesondere wenn eine Ausweitung der Haftung zu verzeichnen ist.[220] Außerdem können Risiken, die in den Prüfungsberichten beschrieben sind, bei der Informationsverarbeitung des Aufsichtsorgans zusätzlich einfließen.

Wenn dem Aufsichtsorgan nicht nur eine Schiedsrichterfunktion übertragen wird, sondern diesem neutralen Gremium auch Beratungs- und Überwachungsfunktionen zugewiesen werden, dann erfordert dies von den Mitgliedern dieses Organs auch Investitionen in firmenspezifisches Wissen. Der bestehende Informationsvorteil des Managements gegenüber dem Überwachungsorgan verlangt von den Mitgliedern des Aufsichtsorgans eine hohe Fachkompetenz, um die Richtigkeit und Glaubwürdigkeit der Informationen über die Managementaktivitäten beurteilen zu können.[221] Dies gilt umso stärker, je komplexer die Geschäftsaktivitäten und je dynamischer die Rahmenbedingungen sind. Die Investitionen in firmenspezifisches Wissen haben aber zur Folge, dass die Neutralität dieses Organs bzw. seiner Mitglieder zumindest stark eingeschränkt wird, wenn es ex post zu Verhandlungen über die Verteilung von Quasi-Renten kommt.[222] Der Vorteil der Internen Revision als *vorstandsunabhängiger* Informationsgeber liegt in ihren umfangreichen Kenntnissen über unternehmensinternes explizites und implizites Wissen, da sie mit allen Unternehmenseinheiten in Kontakt tritt und risikoorientierte

---

218) Im Allgemeinen erscheint es aus der Sicht von *Boot, Macey* und *Schmeits* empfehlenswert, dass „*the need to access firm-specific information is a crucial determinant of the optimal distance of the board to management. Where firm-specific information is crucial and only insiders can access it, an insider-dominated board is optimal. ... That is, our theory of optimal Corporate Governance arrangements is primarily an industry-, i.e., activity-dependent theory of Corporate Governance. The degree of irreversibility of investments and the opportunity losses associated with misallocated resources should guide a firm's Corporate Governance arrangements*". Vgl. hierzu Boot/Macey/Schmeits (2005), S. 7 ff.

219) Zur Bedeutung des Faktors Wissen in einer Informationsgesellschaft mit wissensbasierten Wettbewerb, insbesondere im Bankensektor, vgl. Probst/Knaese (1998), S. 37 ff.

220) Zur Unternehmenshaftung, insbesondere aus deliktrechtlicher Sicht, siehe oben, Kapitel D.4.3, S. 99 ff.

221) Vgl. Helmis (2002), S. 13.

222) Vgl. Osterloh/Frey (2005), S. 12 f.

Bewertungen der Systeme und Prozesse tätigt.[223] Dieses Wissen kann das Aufsichtsorgan für seine Überwachungsaufgaben nutzen.

Für seine Beratungs- und Überwachungsfunktion muss der Aufsichtsrat nach dem DCGK über die zur ordnungsgemäßen Wahrnehmung der Aufgaben erforderlichen Kenntnisse, Fähigkeiten und fachlichen Erfahrungen verfügen. Allerdings kann es sich aufgrund der Nebenamtlichkeit der Funktion nicht um umfangreiche Investitionen in firmenspezifisches Wissen handeln, sondern lediglich um ein Mindestmaß an Kenntnissen über die Angemessenheit, Funktionsfähigkeit und Wirksamkeit von unternehmenstypischen Aktivitäten und Rahmenbedingungen. Wenn aber das Kontrollgremium gegenüber dem Management dennoch über wirksame Beratungs- und Überwachungsfunktionen sowie Neutralität verfügen soll, so ist ein Lösungsansatz, die verstärkte Integration von unabhängigen und objektiven Instanzen für einen *vorstandsunabhängigen* Informationstransfer, wie z. B. mittels der Internen und Externen Revision oder von externen Beratungsgesellschaften. Diese Instanzen können dem Überwachungsorgan zusätzliche, *vorstandsunabhängige* Informationen zur Verifizierung der vorhandenen Informationen verschaffen.[224] Die Prinzipal-Agenten-Theorie ist bestrebt, zur Lösung von Agenturproblemen das Handeln des Agenten transparenter zu gestalten, um ex post die Möglichkeiten zum opportunistischen Verhalten zu reduzieren. Dies kann durch eine Verbesserung des Informationssystems oder mittels Monitoring erreicht werden. Die durch das Monitoring entstehenden Agenturkosten liegen bei der verstärkten Einbindung einer bereits im Unternehmen existierenden Internen Revision zur *vorstandsunabhängigen* Information aber unter den Kosten, die z. B. für Beratungs- oder externe Revisionsgesellschaften zusätzlich aufgewendet werden müssten. Außerdem spricht das umfangreichere implizite Wissen grundsätzlich für die Interne Revision als für externe Dienstleister. Das Überwachungsorgan kann ein neutrales, objektives Kontrollgremium bleiben und auf umfassende Informationsquellen für seine effektive Überwachungstätigkeit, wie die Interne Revision, zurückgreifen und die vom Vorstand zur Verfügung gestellten Informationen verifizieren. Vor diesem Hintergrund kann die unabhängige und neutrale Beurteilung und Bewertung der Tätigkeiten der Unternehmensleitung durch den Aufsichtsrat mit einem *vorstandsunabhängigen* Informationstransfer, verbunden mit einer institutionellen Zuordnung der Internen Revision an den Aufsichtsrat oder seinen Prüfungsausschuss, verbessert werden und auch wirksamer erfolgen.

---

223) Vgl. auch Bodenmann (2005), S. 154 f., der neben einem vertikalen auch von einem horizontalem Wissenstransfer durch die Interne Revision spricht. Letztere trägt auch zu einer verbesserten Know-how Verteilung im Unternehmen mit bei.

224) Sinngemäß auch *Baums*, der erwogen hatte, dem Aufsichtsrat zu seiner Aufgabenerfüllung das Recht einzuräumen, im Rahmen des sachlich Gebotenen, z. B. den Leiter der Internen Revision zu den Sitzungen des Aufsichtsorgans hinzuzuziehen oder dem Aufsichtsratsvorsitzenden die Berichte der Internen Revision vorzulegen. Vgl. Baums (1994), S. 14. Hinsichtlich der externen Berater führt *Blair* aus, dass „*boards should also be able to hire outside consultants to help them gather and assess independent information about the performance of their company*“. Vgl. Blair (1995), S. 327.

3.4.3 Auswirkungen auf die Interne Revision

Die Interne Revision als eine vorstandsabhängige Informationsquelle kann aktuell ihren Beitrag zu einer effektiven Internal Governance nur suboptimal erfüllen.[225] Wie bereits angesprochen, besteht das Ziel der *vorstandsunabhängigen* Informationsvermittlung *nicht* in der Etablierung einer vollständigen Kontrolle der Geschäftsführung. Dies käme einer Leitung des Unternehmens durch das Überwachungsorgan gleich und würde die Vorteile der Arbeitsteilung aus der Spezialisierung des Unternehmensmanagements aufheben. Das Ziel ist vielmehr, die Führung und Überwachung des Unternehmens durch effektive Überwachungstätigkeiten zu optimieren, damit ein *„allzu zügelloses Maximieren managerialer Nutzenaussichten"* verhindert wird.[226] Ohne die Arbeit der Internen Revision für den Vorstand einschränken zu wollen, muss für ein effizientes internes Überwachungssystem und somit für eine wirksame Internal Governance, die institutionelle Ausrichtung der Internen Revision kritisch überprüft werden.[227] Das kann und darf nicht bedeuten, dass die der Geschäftsführung obliegenden Pflichten hinsichtlich der Einrichtung von wirksamen internen Überwachungssystemen bzw. Internen Kontrollverfahren auf das Überwachungsorgan übertragen werden. Dieses Aufgabenspektrum soll und muss bei der Geschäftsführung verbleiben.[228]

Der Wissenstransfer eines unabhängigen, neutralen Dritten aus dem Unternehmen ist im Gegensatz zur Externen Revision oder externen Beratungsunternehmen, die nur die Sicht von außen haben und auch nur zeitlich sporadisch vor Ort sind, stärker gegeben als bei dem zuvor beschriebenem aktuellen Status quo.[229] Durch ihre besondere Stellung im Unternehmen ist die Interne Revision in der Lage, Fehler und Schwachstellen zeitlich früher aufzudecken, als es der Externen Revision oder der Bankenaufsicht möglich ist.[230] Außerdem hat die Interne Revision einen umfangreicheren Zugang zu informalem bzw. implizitem Wissen im Unternehmen. Dies schließt aber aufgrund der Komplexität und Dynamik des Unternehmensumfeldes nicht

---

225) Siehe oben, Kapitel D.3.3.2, S. 263 ff.

226) Vor dem Hintergrund der getroffenen theoretischen Annahmen ist also eine realistische second-best Alternative zu suchen, die die *„derzeitige Publikumsgesellschaft zur drittbesten Lösung in ihrem Eignungsbereich abstempelt"*. Vgl. Franck (2002), S. 12.

227) Die Interne Revision ist Bestandteil des internen Überwachungssystems. Vgl. oben, Kapitel C.3.1, S. 166 f. Die BaFin unterteilt das Interne Kontrollverfahren in das Interne Kontrollsystem und die Interne Revision. Letztere ist ein Instrument der Geschäftsleitung, ihr unmittelbar unterstellt und berichtspflichtig. Vgl. BaFin - MaRisk (2007), AT 4.4 Tz. 2. Vgl. auch Adam (1987), S. 76 f.; ebf. Jensen/Meckling (1976).

228) Man kann bei der Tätigkeit des Aufsichtsrats auch von einer Gratwanderung sprechen. Zum einen soll er den Vorstand zuverlässig überwachen, zum anderen darf er sich aber nicht zu ihrem Kontrolleur in der Art und Weise entwickeln, das der Vorstand sich für jede Maßnahme gegenüber dem Aufsichtsrat rechtfertigen muss. *„Seine Einsichts-, Informations- und sonstigen Rechte sollen die Überwachenden sichern, sind aber* ***nicht*** *dazu da, daß er nach Art einer Revisionsabteilung eine Detailkontrolle ausübt."* Vgl. Hoffmann (1994), S. 2.

229) So auch *F. A. von Hayek*, der in dem folgenden Zitat zwar die innere Organisationsstruktur anspricht, was aber auch auf das implizite Wissen übertragen werden kann: *„Wenn die Handlungen der Individuen nur durch allgemeine Regeln beschränkt werden, können sie Informationen nutzen, über welche die Autorität nicht verfügt. Die von der Organisationsleitung mit bestimmten Funktionen betrauten Stellen können sich an wechselnde, nur ihnen bekannte Umstände anpassen, darum werden die Befehle der Autorität gewöhnlich eher die Form allgemeiner Anweisungen als spezieller Vorschriften haben."* Vgl. F. A. von Hayek (1969), zitiert bei Adam (1987), S. 119.

230) Vgl. Sanio (1999), S. 8.

aus, für Spezialfragen in Einzelfällen auf externe Sachverständige zurückzugreifen.[231] Eine Internal Governance, die sich auf eine intensive Zusammenarbeit aller Kontroll- und Überwachungsinstitutionen stützen kann sowie von einer soliden Unternehmens- und Risikokultur flankiert wird, eröffnet eine höhere Effizienz als singuläre, partitionierte Überwachungsinstanzen ohne oder nur mit schwacher Verknüpfung. Einem Informationstransfer nicht nur zwischen Interner und Externer Revision[232], sondern *vorstandsunabhängig* auch zwischen Interner Revision und Aufsichtsrat bzw. Prüfungsausschuss kommt eine bedeutende und wichtige Aufgabe für eine effizientere Corporate Governance zu.[233]

Hierfür bedarf es aber einer veränderten institutionellen Ausrichtung, sodass eine zusätzliche, direkte Kommunikationslinie zwischen Interner Revision und Aufsichtsorgan oder seinem Prüfungsausschuss, die Unabhängigkeit und Neutralität der Internen Revision stärkt. Dieser Effekt wird noch verstärkt, wenn das Überwachungsorgan einen Zustimmungsvorbehalt erhält, z. B. über die Einstellung und Entlassung oder Gehaltsfragen des Leiters der Internen Revision.[234] Die Interne Revision sollte auf administrativer Ebene eine unmittelbare, delegierbare Vorstandsaufgabe bleiben, aber mit erweiterten Zustimmungsvorbehalten für das Aufsichtsorgan.[235] Eine Veränderung der Kommunikationslinie auch für die funktionale Ebene, die von dem Verfasser unterstützt wird, ist zwischen Aufsichtsrat und Vorstand zu erörtern und festzulegen. Aus Gründen der ökonomischen Effizienz muss allerdings darauf verzichtet werden, neben einer Vorstandsrevision parallel eine Aufsichtsratsrevision einzurichten.[236] Würde die Interne Revision komplett dem Aufsichtsrat unterstellt werden, so würde sich der Vorstand alternativ ein eigenes, adäquates Instrument aufbauen und die Interne Revision hätte mehr und mehr den Status eines Externen Revisors.

Internationale Entwicklungen

Zu diesem Ergebnis kommt auch eine Studie zur Corporate Governance in der Schweiz. So sehen über 80 v. H. der befragten Verwaltungsräte die Zusammenarbeit zwischen Interner

---

231) Die Beauftragung von externen Sachverständigen bei komplexen Spezialfragen kann dem Aufsichtsrat dabei helfen einen Informationsvorsprung des Vorstands zu verringern und somit mangelndes Wissen und/oder Qualifikation bei Aufsichtsratsmitgliedern zu kompensieren. Vgl. Gerum (2007), S. 438. Losgelöst von komplexen Spezialfragen, hat aber die Interne Revision grundsätzlich einen operativen und strategischen Vorteil, wenn es um explizites und implizites Wissen des *eigenen* Unternehmens geht.

232) „*External auditors and internal auditors serve as company watchdogs inasmuch as they both oversee and scrutinize company financial processes. The existence of two separate auditing bodies creates a kind of healthy competition where each party may act as check on the work of the other. This aspects is important, as audit committees are not, and cannot be, auditors.*“ Vgl. Elson/Gyves (2003), S. 867.

233) Vgl. Ruud/Bodenmann (2002), S. 278; ebf. Pfyffer/Raggenbass (2002), S. 418.

234) So bedarf z. B. die Abberufung des Leiters der Prüfungsstelle des Sparkassenverbandes Hessen-Thüringen laut Artikel 1 Abs. 4 des Staatsvertrages zwischen dem Land Hessen und dem Freistaat Thüringen der Zustimmung der Aufsichtsbehörde. Vgl. Staatsvertrag (2008). Dies stärkt u. a. seine Unabhängigkeit. Losgelöst von der Internen Revision wird im allgemeinen der Aufsichtsrat bei der Besetzung der zweiten Führungsebene aber ausgeschlossen. „*Der Vorstand kommt somit in den Genuß, diese Ebene, die für die Unternehmensentwicklung von entscheidender Bedeutung ist, nach den eigenen Vorstellungen zu besetzen*“. Vgl. hierzu Jansch (1999), S. 81.

235) Vgl. Hahn/Quick/Mandre (2008), S. 704.

236) Vgl. Warncke (2008), S. 637, der sich kritisch gegen eine disziplinarische und funktionale Unterstellung der Internen Revision unter einen Prüfungsausschuss äußert.

Revision und Audit Committee als sehr wichtig bzw. wichtig an. Rund 70 v. H. messen der Zusammenarbeit von Interner und Externer Revision sowie Audit Committee eine sehr wichtige bzw. wichtige Bedeutung zu und ca. 60 v. H. beurteilen die Zusammenarbeit von Interner Revision und Verwaltungsrat als sehr wichtig bzw. wichtig. Wie aus den empirischen Ergebnissen[237] ersichtlich, können die agenturtheoretischen Kernprobleme zwischen den Eigentümern und dem Unternehmensmanagement durch das Überwachungsorgan nicht beseitigt, sondern bestenfalls nur gemindert werden.[238] Letztendlich kann das Management die asymmetrische Informationsverteilung zu seinen Gunsten ausnutzen und somit auch direkt oder indirekt Einfluss auf die Qualität der Arbeit des Überwachungsorgans ausüben. Das hat zur Folge, dass eine effektive Kontrolle des Managements durch das Überwachungsorgan nicht oder nur begrenzt gegeben ist. Auch werden den Überwachungsorganen durch die neu eingeführten Best Practices zur Corporate Governance oftmals Aufgaben und Verantwortlichkeiten zugewiesen, die effektiver und effizienter nur mit einer unabhängigen und objektiven Internen Revision zu bewältigen sind.[239] Ein allein auf vorstandsabhängige Informationen angewiesenes Überwachungsorgan ist nicht ausreichend wirksam. Als notwendige und hinreichende Bedingung für die Ausübung der Überwachungsfunktion muss die Option auf einen *vorstandsunabhängigen* Informationstransfer eingeräumt werden. Hieraus ergibt sich aus der Sicht des Verfassers auch für die Interne Revision eine erweiterte Aufgabe, die zur Stabilisierung der Internal Governance wesentlich beiträgt.

Für eine stärkere Einbindung der Internen Revision in den *vorstandsunabhängigen* Informationstransfer spricht auch die Definition des Institute of Internal Auditors, insbesondere die Betonung, dass in einem modernen Revisionsverständnis die Funktion der Revision auf die Unterstützung der gesamten *Organisation* ausgerichtet ist und nicht allein auf die Unternehmensführung begrenzt bleibt:[240]

„*It helps an* ***organization*** [Hervorhebung nicht im Original, K. G.] *accomplish its objectives by bringing a systematic, disciplined approach to evaluate and improve the effectiveness of risk management, control, and governance processes.*"

Die Interne Revision informiert den Vorstand u. a. über die Angemessenheit und Wirksamkeit des Internen Kontrollsystems und des Risikomanagementsystems. Da der Vorstand aber selber vom Aufsichtsrat überwacht wird, gehen die „*Überwachungsberichte des Internen Kontroll- und Überwachungssystems auch in das Überwachungsfeld des Aufsichtsrats*" indirekt mit ein.[241] Das Überwachungsfeld wird durch die EU-Prüferrichtlinie bzw. das BilMoG

---

237) Siehe oben, Kapitel D.3.3.3, S. 268 ff.

238) So auch Ebers/Gotsch (2006), S. 268 f.

239) Vgl. Bumbacher/Schweizer /2002), S. 1040.

240) Vgl. IIA - Standards (2007), S. 2. In der Vergangenheit stellte die Definition der Internen Revision noch die Unterstützung der Unternehmensführung in den Vordergrund. Vgl. Peemöller (2004a), S. 152 f. Ausführlich zu dem Entwicklungsprozess und den Auswirkungen der Neudefinition vgl. Ruud/Linsi (1999), S. 1149 ff.

241) Dies gilt auch für Informationen oder Arbeitspapiere der Internen Revision, die in die Prüfung des Abschlussprüfers eingehen und somit auch mittelbare Informationsgrundlage sind, die für die Überwachungsarbeit des Aufsichtsrats relevant sein können. Vgl. Theisen (2007), S. 153 f.

künftig erweitert werden, denn der Prüfungsausschuss hat dann auch die Wirksamkeit des internen Revisionssystems zu überwachen.[242] Die nationale Umsetzung der EU-Prüferrichtlinie verlangt für den Prüfungsausschuss eine *intensivere* Auseinandersetzung mit den Aufgaben und Prüfungsergebnissen der Internen Revision und hat eine stärkere Kommunikation zwischen Interner Revision und Prüfungsausschuss zur Folge.[243]

Der Basler Ausschuss für Bankenaufsicht sieht die Interne Revision ebenfalls als einen *vorstandsunabhängigen* Informationsdienstleister an:[244]

> *„Das oberste Verwaltungsorgan sollte wissen und anerkennen, dass unabhängige, kompetente und qualifizierte Revisoren und interne Kontrollfunktionen (wie Compliance und Rechtsdienst) unerlässlich sind, damit mit dem Corporate-Governance-Prozess mehrere wichtige Ziele erreicht werden können. Insbesondere sollte es die Arbeit der Revisoren und der Kontrollfunktionen als Instrument zur unabhängigen Überprüfung von Informationen verwenden, die es von der Geschäftsleitung über die Geschäfte und Ergebnisse der Bank erhält. Auch die Geschäftsleitung sollte die Bedeutung wirksamer interner und externer Revisions- und Kontrollfunktionen für die langfristige Solidität der Bank anerkennen.“*

Die Eidgenössische Bankenkommission der Schweiz hat in ihrem Rundschreiben zur Überwachung und internen Kontrolle vom 27. September 2006 (EBK-RS 06/6) die Interne Revision dem Aufsichtsrat (oder einem seiner Ausschüsse) unmittelbar unterstellt, der auch den Leiter der Internen Revision ernennt, und dem sie in erster Linie berichtet.[245] Das Audit Committee wird über die Prüfungsergebnisse der Internen Revision informiert und muss mit dem Leiter der Internen Revision in regelmäßigem Kontakt stehen. Bei der zeitgerechten schriftlichen Berichterstattung aller wichtigen Prüfungsfeststellungen und beim Jahresbericht erfolgt die Kommunikation direkt an das Aufsichtsorgan oder den zuständigen Ausschuss und *auch* an die Geschäftsleitung. Die mindestens halbjährliche Berichterstattung über die Beseitigung festgestellter Mängel bzw. den Stand der Umsetzung von Empfehlungen der Internen

---

242) In eine grundsätzlich ähnliche, diesem systemimmanenten Gedanken Rechnung tragende Richtung, wenn auch ohne Veränderung der institutionellen Zuordnung, geht die Richtlinie 2006/43/EG über Abschlussprüfungen von Jahresabschlüssen und konsolidierten Abschlüssen: Danach hat jedes Unternehmen von öffentlichem Interesse, also auch Banken, einen Prüfungsausschuss einzurichten. Die Aufgabe des Prüfungsausschusses besteht u. a. in der Überwachung a) des Rechnungslegungsprozesses, b) der Wirksamkeit des Internen Kontrollsystems, gegebenenfalls des internen Revisionssystems, und des Risikomanagementsystems, c) der Abschlussprüfung des Jahres- und des konsolidierten Abschlusses und d) der Unabhängigkeit des Abschlussprüfers oder der Prüfungsgesellschaft, insbesondere die von diesen für das geprüften Unternehmen erbrachten zusätzlichen Leistungen (Artikel 41 Abs. 1). Vgl. hierzu die Richtlinie 2006/43/EG, S. 103. Nach diesem Ansatz müsste dem Prüfungsausschuss zur Erfüllung der Überwachung der Internen Revision ein *Befragungsrecht* der Mitarbeiter der Internen Revision zustehen, *„was ein Systembruch wäre“*. Vgl. FAZ (07.03.2007).

243) Zu den Methoden zur Messung Wirksamkeit der Tätigkeit der Internen Revision siehe unten, Kapitel D.4.4.4, S. 340 ff.

244) Vgl. BIS (2006a), Grundsatz 5, Tz. 39, S. 15.

245) Vgl. für die folgenden Ausführungen Eidg. Bankenkommission (2006), Rz. 47 ff.

Revision und des Abschlussprüfers gehen direkt an das Aufsichtsorgan oder den zuständigen Ausschuss.

Diese Entwicklungen zeigen, dass auf transnationaler Ebene und in einzelnen Ländern eine funktionale Zusammenarbeit zwischen Interner Revision und Aufsichtsorgan bzw. Prüfungsausschuss als Benchmark bzw. Best Practice angesehen wird.[246]

3.5 Möglichkeiten des Informationstransfers

Durch die im vorherigen Kapitel aufgezeigten institutionellen Möglichkeiten wird die Rolle der Internen Revision insgesamt sowie insbesondere ihre Objektivität und Unabhängigkeit gestärkt. Aber nicht nur für die Interne Revision ergeben sich neue Herausforderungen. Vor dem Hintergrund der ursprünglichen Nebenamtlichkeit des Aufsichtsratsmandats stellen sich durch die Fortentwicklung der Überwachungsaufgabe auch für ein Aufsichtsratsmitglied neue Herausforderungen. In diesem Zusammenhang wird z. B. die Professionalisierung des Aufsichtsratsmandats als eigenes Berufsbild oder die Etablierung von Assistenten für Aufsichtsratsmitglieder diskutiert.

Eine dominierende Rolle für den Informationstransfer an das Aufsichtsorgan kommt nach herrschender Meinung dem Vorstand bzw. den Vorstandsberichten zu. Je zeitnaher und qualitativ geeigneter die Informationen über die wirtschaftliche Situation, das Risikomanagement oder das Interne Kontrollsystem des Unternehmens dem Überwachungsorgan präsentiert werden können, umso stärker profitiert der Aufsichtsrat und sein Prüfungsausschuss hiervon.[247] Der Vorstand ist im dualistischen System somit zentraler und wichtigster Informationsvermittler für das Überwachungsorgan. Aber ohne die Unterrichtung von Dritten bzw. den Zugang zu internen Informationen (Verifikations- und Substitutionsfunktion) kann ein Überwachungsorgan keine effektive Arbeit durchführen.

In dem monistischen System können und sollen die Mitglieder des Überwachungsorgans einen direkten, *vorstandsunabhängigen* Kontakt, insbesondere mit Mitarbeitern der Internen Revision aufnehmen.[248] Diese Möglichkeit der direkten Kontaktaufnahme mit Angestellten des Unternehmens ist im dualistischen System weder im Aktiengesetz oder im DCGK noch in den MaRisk explizit erwähnt. Sie ist eine der umstrittensten, aber auch wichtigsten Fragen der Informationsversorgung. Die wesentlichen Möglichkeiten eines *vorstandsunabhängigen* In-

---

246) Vgl. auch Hahn/Quick/Mandre (2008), S. 703.

247) Zur Zwischenberichterstattung vgl. Lentfer (2005), S. 306 ff. Mussten bis Ende des Jahres 2006 lediglich Unternehmen nach § 40 BörsG, deren Aktien am amtlichen Markt notiert waren, Zwischenberichte vorlegen, so sind die Pflichten und der Anwenderkreis für die unterjährige Berichterstattung erweitert und konkretisiert wurden. Nach dem am 15.12.2006 verabschiedeten Transparenzrichtlinien-Umsetzungsgesetz (TUG) haben künftig auch Unternehmen, die als Inlandsemittent Aktien oder Schuldtitel im Sinne des § 2 Abs. 2 Satz 1 WpHG i. d. F. des TUG begeben haben, unterjährige Berichte vorzulegen. Die Bedeutung und Auswirkung einer unterjährigen Berichterstattung mit zeitnahen Informationen über die zu überwachende Gesellschaft auf die Unternehmensüberwachung wird von *Müller* und *Stute* diskutiert. Trotz der Besonderheiten der Zwischenberichterstattung, wie des volatilen unterjährigen Ergebnisausweises, sehen sie hierdurch insgesamt einen positiven Beitrag für die Corporate Governance. Vgl. Müller/Stute (2007), S. 35 ff.

248) Vgl. Holland (2006), S. 28.

formationstransfers von der Internen Revision an das Aufsichtsorgan sollen im Folgenden untersucht werden.

3.5.1 Grundlagen der vorstandsunabhängigen Kommunikation

„The key role of internal audit is to assist the board and/or its audit committee in discharging its governance responsibilities ... .“[249]

Aus juristischer Sicht ist strittig, inwieweit das Einsichts- und Prüfungsrecht nach § 111 Abs. 2 Satz 1 AktG vom Aufsichtsrat zum *vorstandsunabhängigen* Informationstransfer, d. h. ohne im Vorfeld den Vorstand über seinen Informationsbedarf zu unterrichten und ohne zuvor dessen Zustimmung einzuholen, genutzt werden darf.[250] Man kann zwar festhalten, dass juristisch grundsätzlich anerkannt ist, dass der Aufsichtsrat von seinem Einsichts- und Prüfungsrecht unter den notwendigen Voraussetzungen *„nach pflichtgemäßem Ermessen und ohne vorherige Zustimmung des Vorstands Gebrauch machen kann“*.[251] Deutlich kritischer wird aber die Möglichkeit eines erweiterten *vorstandsunabhängigen* Zugriffs auf Informationen und Mitarbeiter gesehen. Nach vorherrschender Meinung ist der Aufsichtsrat zur Einholung von *vorstandsunabhängigen* Informationen zwar berechtigt, aber nur wenn das Informationsbedürfnis des Aufsichtsrats wegen einer Zweckverfehlung der Vorstandsberichte nicht zu befriedigen ist oder wenn ein besonderer Anlass es erfordert.[252] D. h., Sach- und Aufklärungsfragen im Rahmen des § 111 Abs. 2 AktG sind grundsätzlich gestattet, aber hierbei muss der Aufsichtsrat im Interesse des Unternehmens und der inneren Ordnung jeweils den Rahmen des Erforderlichen einhalten sowie die für Vorstand und Aufsichtsrat schonendste Form wählen.[253] Weiter soll der Direktkontakt mit Mitarbeitern des Unternehmens nur in Betracht kommen, wenn mit anderen Mitteln keine Klarheit über interne Geschäftsvorfälle zu erzielen ist oder Zweifel an der Aufrichtigkeit des Vorstands existieren.[254] Dies spiegelt das im Aktiengesetz immanente Kompetenzgefüge der Informationsherrschaft des Vorstands wider.

Die Überwachungsaufgabe des Aufsichtsrats war in der Vergangenheit teilweise überlagert von anderen Funktionen, wie der Netzwerkbildungs- und Interessenausgleichsfunktion; aktuell rückt die Überwachungsfunktion wieder stärker in den Vordergrund.[255] Vor diesem

---

249) Vgl. ECIIA (2007), S. 43.

250) Vgl. Leyens (2006), S. 159 und S. 171 ff.

251) Vgl. Leyens (2006), S. 172.

252) Nach h. L. sollen Mitarbeiter vom Aufsichtsrat zur Vermeidung von Loyalitätskonflikten und damit die Autorität des Vorstands nicht untergraben wird, grundsätzlich über den Vorstand geladen werden. Wenn der Vorstand dem aber nicht nachkommt, so kann der Aufsichtsrat oder sein Prüfungsausschuss die Mitarbeiter auch direkt einladen. Vgl. Warncke (2008), S. 634.

253) Vgl. Lutter (2006), S. 116.

254) Vgl. Leyens (2006), S. 182 f.

255) Hierzu beigetragen hat u. a. die Pflicht zur Überwachung des Risikomanagementsystems, die sich mittelbar aus der durch das KonTraG in § 91 Abs. 2 AktG eingefügten Pflicht des Vorstands zur Einrichtung eines Überwachungssystems ergibt. Darüber hinaus gilt für die Sorgfaltspflicht und Verantwortlichkeit der Aufsichtsratsmitglieder § 93 AktG. Danach haben sie analog der Vorstandsmitglieder die Sorgfalt eines ordentlichen und gewissenhaften Geschäftsleiters anzuwenden. Die durch das UMAG in § 93 Abs. 1 AktG aufgenommene *Business Judgement Rule* kommt aus dem US-amerikanischen Recht und verpflichtet den Aufsichtsrat sich aktiv um eine angemessene Informationsgrundlage zu bemühen, da ansonsten die Haftung nach § 116 Satz 1 AktG eintritt. Vgl. Leyens (2006), S. 162; ebf. Lutter (2006), S. 144. Zu Letzteren sieht der

Hintergrund und den internationalen Entwicklungen bei den Internal Governance-Mechanismen hat ein Aufsichtsrat, der seine Überwachungstätigkeiten auch zukunftsorientiert ausrichtet, seine Informationsgrundlage auf Vollständigkeit und Richtigkeit zu verifizieren. Die Prüfung muss vorgenommen werden, da der Aufsichtsrat nur so beurteilen kann, ob die vom Vorstand zur Verfügung gestellten Informationen der Verifikation und/oder Substitution durch weitere, *vorstandsunabhängige* Informationen bedürfen. Welches Überwachungsmittel der Aufsichtsrat bei nicht angemessener Informationsgrundlage dann wählt, also das *wie* der Überwachung, liegt im Ermessen des Aufsichtsrats.[256]

Leyens kommt zu dem Ergebnis, dass der Aufsichtsrat zur Beschaffung *vorstandsunabhängiger* Informationen verpflichtet ist, wenn er ohne die Substitution und/oder Verifikation der ihm vom Vorstand bereitgestellten Informationen seiner Überwachungsaufgabe *nicht* nachkommen kann. Der Aufsichtsrat ist demnach nicht nur berechtigt, sondern in bestimmten Situationen sogar verpflichtet, sich mit Angestellten des Unternehmens in Verbindung zu setzen – *ohne* ex ante die Zustimmung des Vorstands einzuholen und *ohne* dessen Beisein. Für einen *vorstandsunabhängigen* Informationstransfer kommen als Gründe in Betracht: Konkret erkennbare Konfliktsituationen, Bestätigung der vom Vorstand erhaltenen Informationen (Verifikationsfunktion) und der Abbau von Informationsdefiziten aufgrund unvollständiger oder fehlerhafter Vorstandsberichte (Substitutionsfunktion).[257] Hierbei ist – auch aufgrund der durch die Informationsbeschaffung auftretenden Agenturkosten – auf eine optimale und keine maximale Verifikations- und Substitutionshäufigkeit abzustellen. Eine permanente Versorgung mit *vorstandsunabhängigen* Informationen würde jedoch die Kapazitätsgrenzen des nebenamtlichen Aufsichtsrats überschreiten. Letzterem kann durch eine effiziente interne Organisationsstruktur – hier ist die Einrichtung von Ausschüssen zu nennen – und der intensiven Vernetzung, z. B. mit der Internen Revision, begegnet werden.[258] Der Dialog mit dem Vorstand und dessen Berichterstattung muss weiterhin eine wichtige Informationsquelle bleiben und darf durch *vorstandsunabhängige* Informationsquellen nicht vollständig substituiert werden. Allerdings müssen die Informationsquellen auf komplementären Säulen beruhen, die sich unter bestimmten Konstellationen ergänzen.

Für einen *vorstandsunabhängigen* Informationstransfer bedarf es jedoch eines institutionellen Schutzmechanismus, insbesondere für den Informationsgeber, der im dualistischen System vom zu Überwachenden, und nicht vom Überwachungsorgan, wirtschaftlich abhängig ist. Aus Sicht der internen Bereiche ist die aggregierte Weiterleitung von explizitem und insbesondere von implizitem unternehmensspezifischem Wissen an das Überwachungsorgan oder seinen Prüfungsausschuss ohne eine institutionelle Protektion kritisch zu sehen, da die Mitarbeiter der internen Fachbereiche ein Teil der Unternehmensorganisation sind und somit

---

DCGK keine Pflichtverletzung, wenn Vorstands- oder Aufsichtsratsmitglieder vernünftigerweise annehmen durften, dass auf der Grundlage angemessener Information zum Wohle der Gesellschaft gehandelt wurde (Business Judgement Rule). Vgl. DCGK (2008), Ziff. 3.8 Satz 3.

256) Vgl. Leyens (2006), S. 165.

257) Vgl. Leyens (2006), S. 40.

258) Siehe oben, Kapitel B.2.4.4, S. 76 ff.

auch dem Sanktionspotenzial der Unternehmensleitung unterliegen. Die Regierungskommission Corporate Governance folgte nicht der Empfehlung, für das Überwachungsorgan das Recht zur Erteilung von Prüfungsaufträgen an die Interne Revision zu etablieren, insbesondere vor dem Hintergrund, dass die Mitarbeiter der Internen Revision Angestellte des Unternehmens sind und insofern vom Vorstand weisungsabhängig sind. Durch die *vorstandsunabhängige* Berichterstattung der Internen Revision könnte es nach Auffassung der Kommission zu Loyalitätskonflikten kommen, denen „*man weder den Vorstand noch die Mitarbeiter aussetzen sollte*".[259] Ohne einen institutionellen Schutz für die Interne Revision kann man aber nur von einer bedingten Unabhängigkeit der Internen Revision sprechen.[260] Aber ohne einen *vorstandsunabhängigen* Informationstransfer besteht das Risiko, dass wesentliche Informationen aus Eigenschutz vom Vorstand als Informationsgeber nicht oder verfälscht an das Überwachungsorgan weitergegeben werden.

Die folgende Darstellung in Abbildung D.9 ist ein Ansatz zur Neustrukturierung des Informationstransfers aus ökonomischer Sicht: Zum einen zur Steigerung der Unabhängigkeit und Objektivität der Internen Revision und zum anderen mit dem Ziel, dem Aufsichtsrat oder seinem Prüfungsausschuss die notwendigen expliziten und impliziten Informationen zur Verfügung zu stellen, damit dieser einer effizienteren und effektiveren Überwachungstätigkeit nachkommen kann. Es handelt sich hierbei somit um eine – ergänzende, aber nicht ersetzende – „*zweite Säule der Überwachungsinformation des Aufsichtsrats*".[261] Die Interne Revision sollte im dualistischen System zwar weiterhin originäres Instrument der Geschäftsleitung bleiben. Allerdings liegt in dieser Betonung eher ein deklaratorischer Charakter als die Statuierung einer echten Anforderung.[262] Die Interne Revision sollte daher aus ökonomischen Gründen einen stärkeren „externen" Bezug erhalten: Zum einen hinsichtlich eines *vorstandsunabhängigen* Informationstransfers zum Aufsichtsrat oder seinem Prüfungsausschuss, zum anderen erhöht sich die Unabhängigkeit der Internen Revision durch einen Zustimmungsvorbehalt des Überwachungsorgans.[263] So ist z. B. zu empfehlen, dass der Aufsichtsrat oder sein Prüfungsausschuss die Ernennungsentscheidung für den Leiter der Internen Revision unter den Vorbehalt seiner Zustimmung stellen sollte.[264] Diese Maßnahmen, die der Optimierung der Internal Governance dienen, werden in der folgenden Abbildung D.9 dargestellt:

259) Vgl. Regierungskommission (2001), Rn. 58, S. 48.

260) Siehe zur Unabhängigkeit auch oben, Kapitel D.2.1, S. 242 ff.

261) Vgl. Theisen (2007), S. 10.

262) Vgl. Hannemann et al. (2008), S. 200.

263) Vgl. auch Bumbacher/Schweizer (2002), S. 1040 f., die auf einen laufenden Austausch von „*Planungsinformationen und risikorelevanten Ergebnissen*" im Schweizer Corporate Governance-Modell hinweisen.

264) Die Personalentscheidung liegt aber in der Kompetenz des Vorstands. Eine hinreichende Grundlage für diesen personellen Zustimmungsvorbehalt bietet dem Prüfungsausschuss konkret die Pflicht, eine informierte Zustimmungsentscheidung nach § 111 Abs. 4 Satz 2 AktG zu treffen. Vgl. hierzu Leyens (2006), S. 346 f.

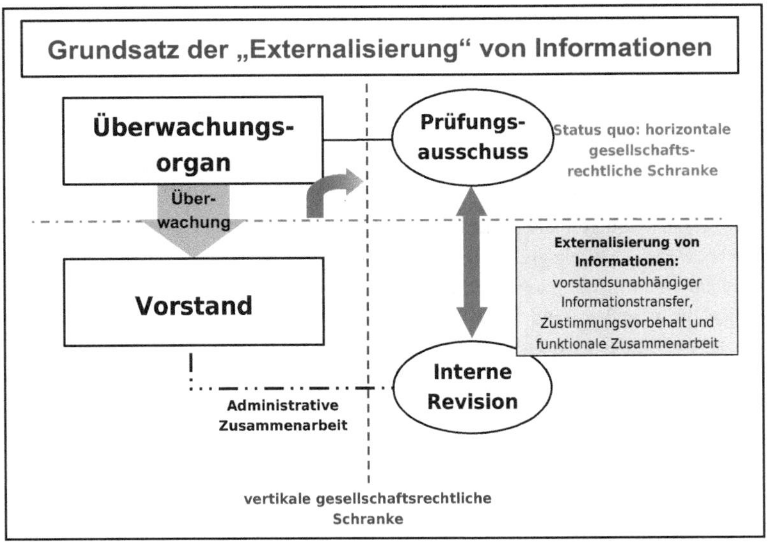

Abbildung D.9: Grundsatz der Externalisierung

Die Schwächen einer horizontalen gesellschaftsrechtlichen Schranke wurden bereits diskutiert.[265] Eine effizientere und effektivere Überwachungstätigkeit des Aufsichtsorgans ist nach Implementierung einer vertikalen gesellschaftsrechtlichen Schranke auf Basis einer Informationsordnung bzw. Rahmenvereinbarung, die einen *vorstandsunabhängigen* Informationstransfer der Internen Revision an den Aufsichtsrat erlaubt, möglich. Die Folge ist auch eine weitergehendere Informations- und Einwirkungsmöglichkeit des Überwachungsorgans – mittels der Nutzung von internen wie externen Prüfungsinstanzen und unter Ausschluss des Unternehmensmanagements – als es heute de facto und de jure der Fall ist.[266] Der Aufsichtsrat kann unter dieser Prämisse seine Überwachungs- und Beratungsfunktion effektiver und effizienter ex ante ausrichten; die bislang vorherrschenden ex post-Kontrollen von Recht- und Ordnungsmäßigkeit treten dann zunehmend in den Hintergrund.[267] Die hiermit einhergehende Stärkung der Institutionen „Aufsichtsorgan“ und „Interne Revision“ geht aber nicht zulasten des Unternehmens. Es handelt sich auch nicht um ein Null-Summen-Spiel, sondern der Nut-

265) Siehe oben, Kapitel D.3.3.1, S. 259 ff.

266) Bei den im Aktiengesetz aufgeführten Berichtspflichten handelt es sich um Mindestanforderungen für Informationen, die nicht durch Satzung oder Aufsichtsratsbeschluss eingeschränkt werden können. Der Vorstand kann aber auf freiwilliger Basis und in eigener Entscheidung darüber hinausgehen und direkte Kontakte zwischen Aufsichtsrat bzw. Prüfungsausschuss und Interner Revision oder sogar ein intensiveres Zusammenwirken zulassen. Vgl. hierzu KPMG (2004), S. 12 f.

267) Vgl. Baums (1994), S. 12.

zen für alle Stakeholder kann gesteigert werden und zu einer wirksamen Internal Governance und somit zu einem nachhaltig stabilen Unternehmen führen.[268]

3.5.2 Kommunikationswege nach den MaRisk

Nach dem Rundschreiben der Bundesanstalt für Finanzdienstleistungsaufsicht zu den Mindestanforderungen an das Risikomanagement ist die Interne Revision ein Instrument der Geschäftsleitung und ihr berichtspflichtig.[269] Sie muss über jede Prüfung zeitnah einen schriftlichen Prüfungsbericht erstellen und grundsätzlich dem fachlich zuständigen Mitglied der Geschäftsleitung vorlegen. Nur bei schwerwiegenden Mängeln muss der Prüfungsbericht unverzüglich der Unternehmensleitung vorgelegt werden.[270] Des Weiteren ist im Rahmen der Berichterstattung von der Internen Revision ein Gesamtbericht über die von ihr im Laufe des Geschäftsjahres durchgeführten Prüfungen zu verfassen, welcher der Unternehmensleitung zeitnah vorzulegen ist. Außerdem muss das Aufsichtsorgan durch das Unternehmensmanagement mindestens einmal jährlich über die von der Internen Revision festgestellten schwerwiegenden Mängel sowie über die noch nicht behobenen wesentlichen Mängel in inhaltlich prägnanter Form unterrichtet werden. Über besonders schwerwiegende Mängel ist das Aufsichtsorgan unverzüglich von der Geschäftsleitung zu informieren.[271]

Eine Ausnahme beim Kommunikationsweg zwischen Interner Revision und Geschäftsführung bildet die Verpflichtung, dass bei schwerwiegenden Feststellungen gegen Geschäftsleiter die Interne Revision der Geschäftsleitung unverzüglich Bericht zu erstatten hat.[272] Diese hat dann umgehend den Vorsitzenden des Aufsichtsorgans sowie die Aufsichtsinstitutionen (BaFin und Deutsche Bundesbank) zu informieren. Nur wenn die Unternehmensleitung ihrer Berichtspflicht in diesem Falle nicht nachkommt oder keine sachgerechten Maßnahmen beschließt, hat die Interne Revision den Vorsitzenden des Aufsichtsorgans zu unterrichten.[273] Dies ist die einzige Situation für den direkten Kontakt zwischen Interner Revision und Aufsichtsorgan nach den heute gültigen MaRisk. Aber gerade bei Verdachtsmomenten gegen Geschäftsleiter und fehlenden Maßnahmen durch die Geschäftsleitung (also gegen einen ihrer Mitglieder) stellt sich die offene Frage, ob die Interne Revision unabhängig genug ist und dann noch die notwendige, erforderliche Unterstützung durch den (verbleibenden) Vorstand erhält, insbesondere weil sie diesem unterstellt und von ihm abhängig ist.

Die Berichtspflicht der Internen Revision nach den MaRisk geht also direkt an die Unternehmensleitung und grundsätzlich nur indirekt via Geschäftsleitung an das Überwachungsorgan. Mit Ausnahme der unverzüglichen Berichtspflicht bei schwerwiegenden Feststellungen gegen Geschäftsleiter gehen die MaRisk somit grundsätzlich von einer Internalisierung von (Revisions-) Informationen aus: Explizites und implizites Wissen wird von der Internen Revi-

---

268) Vgl. Börsig (2006), S. 11.
269) Vgl. BaFin - MaRisk (2007), AT 4.4 Tz. 2.
270) Vgl. BaFin - MaRisk (2007), BT 2.4 Tz. 1.
271) Vgl. BaFin - MaRisk (2007), BT 2.4 Tz. 6.
272) Vgl. BaFin - MaRisk (2007), BT 2.4 Tz. 5.
273) Vgl. BaFin - MaRisk (2007), BT 2.4 Tz. 5.

sion an die Unternehmensleitung transferiert und von dieser an das Überwachungsorgan weitergeleitet. Durchbrochen wird dieses Prinzip zugunsten einer direkten Berichtspflicht der Internen Revision gegenüber dem Aufsichtsorgan nur bei Feststellungen gegen Geschäftsleiter und, wenn von der (gesamten) Geschäftsleitung weder angemessene Maßnahmen ergriffen werden, noch darüber das Aufsichtsorgan in Kenntnis gesetzt wird.[274] Entscheidungsmanagement und -kontrolle sind zwar institutionell getrennt, aber – betrachtet aus der Funktion der Internen Revision – kann die Entscheidungskontrolle nicht direkt auf die Ergebnisse der Internen Revision zugreifen, sondern erhält diese primär durch das Entscheidungsmanagement.[275]

Dies ist umso bemerkenswerter, da das Ziel der MaRisk in der Einrichtung angemessener institutsinterner Leitungs-, Steuerungs- und Kontrollprozesse liegt, und die Wirksamkeit des Aufsichtsorgans gleich zu Beginn des BaFin-Rundschreibens zu den MaRisk angesprochen wird: So beruht die Grundlage für dessen sachgerechte Ausübung der Überwachungsfunktion auch auf der angemessenen Einbindung dieses Gremiums. Dies findet sich in den MaRisk an folgenden Stellen wieder:

- Strategien (AT 4.2 Tz. 3): Die Strategien sind dem Aufsichtsorgan zur Kenntnis zu geben und mit ihm zu erörtern.
- Risikosteuerungs- und -controllingprozesse (AT 4.3.2 Tz. 6): Das Aufsichtsorgan ist vierteljährlich von der Geschäftsleitung über die Risikosituation in angemessener Weise schriftlich zu informieren.
- Berichtspflicht (BT 2.4 Tz. 5 f.): Kommt die Geschäftsleitung bei schwerwiegenden Feststellungen gegen Geschäftsleiter ihrer Berichtspflicht nicht nach oder beschließt keine sachgerechten Maßnahmen, so hat die Interne Revision den Aufsichtsratsvorsitzenden zu informieren.

In dem ersten Konsultationspapier zu den MaRisk aus dem Jahr 2005 war vorgesehen, dass der Internen Revision ein Rederecht gegenüber dem Aufsichtsrat eingeräumt werden sollte.[276] Diese Empfehlung wurde aber nach kontroverser Diskussionen in dem MaRisk-Fachgremium nicht weiter verfolgt und wurde in dem zweiten BaFin-Entwurf zu den MaRisk nicht mehr aufgenommen.[277] Allerdings bekommt diese Diskussion durch die aktuelle Ban-

274) Vgl. Hannemann et al. (2008), S. 201.

275) Zu dem Entscheidungsprozess von *Fama/Jensen* siehe oben, Kapitel B.1.1.3, S. 31 ff.

276) Vgl. BaFin (2005b), Erster Entwurf über die MaRisk, BT 2.3.4 Tz. 6: *„Der Internen Revision sollte ein Rederecht gegenüber dem Aufsichtsorgan eingeräumt werden."*

277) Vgl. AK Basel II (2005), S. 7; ebf. Hannemann et al. (2008), S. 681. So äußerte sich beispielsweise der DSGV zu dem Rederecht nach BT 2.3.4 Tz. 6 des ersten MaRisk-Entwurfs: *„Diese Textziffer sollte aus unserer Sicht ersatzlos gestrichen werden. Eine aufsichtliche Vorgabe für ein entsprechendes Rederecht ist mit der deutschen Unternehmensverfassung nicht konsistent und birgt die Gefahr unangemessener Interessenkonflikte für die Revisionsleitung. Die Interne Revision ist ein Instrument der Geschäftsleitung. Diese ist gegenüber dem Aufsichtsorgan rechenschaftspflichtig. Für eine Pflicht zur Installierung direkter Kommunikationswege zwischen der Internen Revision eines Instituts und dem Überwachungsorgan ist hier – anders als bei einem Board aus executive-directors und non-executive-directors – kein Raum. ... Auch ohne eine entsprechende Vorgabe in den MaRisk bleibt es den Instituten unbenommen, Regelungen für einen Austausch zwischen der Internen Revision und dem Aufsichtsorgan zu schaffen (z. B. Teilnahme des Revisionsleiters an Sitzungen des Überwachungsorgans oder seiner Ausschüsse)"*. Vgl. DSGV - 1. FG MaRisk (2005), S. 12.

ken- und Finanzmarktkrise neuen Auftrieb, denn die in dieser Arbeit diskutierte institutionelle Anpassung in Richtung Vernetzung der Internen Revision mit dem Aufsichtsorgan bzw. seinem Prüfungsausschuss sowie ein *vorstandsunabhängiger* Informationstransfer der Internen Revision an das Überwachungsorgan stärkt die gesamten Leitungs-, Steuerungs- und Kontrollprozesse von Kreditinstituten.[278] Vor diesem Hintergrund sollte nach Zustimmung des Vorstands in die Geschäftsanweisung für die Interne Revision und/oder in eine Informationsordnung das Rederecht des Leiters der Internen Revision aufgenommen werden.[279] Beispielhaft wird folgende Formulierung vorgeschlagen:[280]

Der Leiter der Internen Revision hat ein vorstandsunabhängiges Rederecht gegenüber dem Aufsichtsorgan und seinem Prüfungsausschuss. Der Leiter der Internen Revision sollte den Vorsitzenden der Geschäftsführung über den Gesprächstermin und die wesentlichen Inhalte informieren.

3.5.3 Direkter Zugriff auf die Interne Revision

Der Aufsichtsrat als Kollegialorgan ist Träger des Auskunftsanspruchs. Der Aufsichtsrat kann diesen Anspruch auch auf einen Ausschuss übertragen.[281] Dies ist eine Frage der Zweckmäßigkeit und nach pflichtgemäßem Ermessen zu beantworten.[282] Ein direkter Zugriff des Aufsichtsorgans auf die Interne Revision ohne Kenntnis des Vorstands ist nach herrschender Auffassung grundsätzlich nicht möglich. Allerdings kann der Aufsichtsrat einzelne Mitarbeiter als Spezialist oder Auskunftsperson direkt befragen, wenn der Vorstand die Informationsbeschaffung verweigert oder die zur Verfügung gestellten Unterlagen das Informationsbedürfnis des Aufsichtsrats nicht ausreichend befriedigen (Zweckverfehlung).[283] Nach herrschender Meinung kommt also als eine Möglichkeit für Direktkontakte des Überwachungsorgans mit Angestellten sowie das Recht auf Einsichtnahme und Prüfung nur die sog. Zweckverfehlung in Betracht. D. h., die vom Vorstand gegebenen Berichte befriedigen nicht die Informations-

Ähnlich die Stellungnahme des DIIR e. V. vom 21.03.2005, in der er für eine Streichung des BT 2.3.4 Tz. 6, plädiert wird, da ansonsten das Verhältnis der Internen Revision zur Geschäftsleitung eventuell beeinträchtigt wird („whistleblowing") und unter BT 2.3.4 Tz. 4, bereits eine Redepflicht der Internen Revision gegenüber dem Vorsitzenden des Aufsichtsorgan verankert ist.

278) Ähnlich mittlerweile auch Hannemann et al. (2008), S. 681. Kritisch zum Rederecht der Internen Revision unter den aktuellen aufbauorganisatorischen Gegebenheiten Zakrzewski/Wicher (2006), S. 610 f.; ebf. Röhrbein (2004), S. 270 f.

279) Vgl. AKEIÜ (2006a), These 13.

280) Siehe unten, Anhang Geschäftsanweisung für die Interne Revision, Abschnitt 3.8, S. 412.

281) Vgl. Dreher (1996), S. 33.

282) Vgl. Leyens (2006), S. 193.

283) Allerdings muss die entsprechende Einladung hierzu über den Vorstand gehen, da der Vorstand und nicht der Aufsichtsrat der Vorgesetzte ist. Vgl. hierzu Potthoff/Trescher (1995), S. 40. Nach *Semler* kann es dem Aufsichtsrat nicht verwehrt werden, einen Mitarbeiter selbst zu einer Aufsichtsratssitzung einzuladen, wenn der Vorstand dem entsprechenden Verlangen des Aufsichtsrats nicht nachkommt. Vgl. Semler (1995), S. 99 f.; ebf. Merkt/Köhrle (2004), S. 222 ff., für einen Überblick zu den rechtswissenschaftlichen Standpunkten. Die Befragung von Angestellten des Unternehmens ist aber nur aufgrund eines Aufsichtsratsbeschlusses möglich. Vgl. Hoffmann (1994), S. 60.

bedürfnisse des Aufsichtsrats.[284] Eingeschränkte, weitergehende Möglichkeiten für Direktkontakte mit Mitarbeitern entstehen nur dann, wenn keine Klarheit über interne Geschäftsvorfälle zu erzielen ist oder bei Zweifeln an der Aufrichtigkeit des Vorstands. In diesen Fällen kann das Aufsichtsorgan zur Erläuterung der Prüfungsberichte nach § 109 Abs. 1 Satz 2 AktG den Leiter der Internen Revision einladen und einen mündlichen Bericht verlangen.[285]

Die auf die „*größeren Zusammenhänge beschränkte*" Überwachungstätigkeit wird maßgeblich durch die Nebenamtlichkeit bestimmt und durch die Berichterstattung des Vorstands gem. § 90 Abs. 1, 2 AktG konkretisiert. Dem Aufsichtsrat steht nur dann ein Recht auf *vorstandsunabhängige* Informationen zu, wenn hierzu ein besonderer Anlass besteht oder im Rahmen einer Zweckverfehlung eines Vorstandsberichts. Wird in diesem Kontext von den Möglichkeiten der *vorstandsunabhängigen* Information – im Einzelfall – Gebrauch gemacht, muss die Autorität des Vorstands und das Unternehmensinteresse gewahrt werden, damit die Effektivität der Unternehmensleitung nicht unnötig beeinträchtigt wird.[286]

Anders die Empfehlungen der Europäischen Kommission: Danach sollte für interne und externe Prüfer über eine effiziente Arbeitsbeziehung zum Vorstand hinaus ein ungehinderter Zugang zum Aufsichtsrat garantiert werden.[287] Für die Prüfer ist der Prüfungsausschuss in dieser Hinsicht der wichtigste Ansprechpartner. Außerdem empfiehlt die Europäische Kommission eine ausreichende Mittelausstattung für die Ausschüsse des Aufsichtsrats, damit diese ihre Tätigkeiten ordnungsgemäß wahrnehmen können. Dies beinhaltet auch das Recht, alle notwendigen Informationen, insbesondere von Führungskräften des Unternehmens, einzuholen.[288] Positiv zu werten ist, dass der Prüfungsausschuss entscheidet, ob und wann der Vorstand sowie der interne und externe Prüfer an seinen Sitzungen teilnehmen sollte. Darüber hinaus sollte der Ausschuss nach seinem Ermessen mit jeder für seine Tätigkeit relevanten Person unter Ausschluss des Vorstands zusammentreffen können.[289] Dies ist für die Neutralität und Unabhängigkeit der Berichterstattung zu begrüßen. Die Breite der dem Aufsichtsrat und seinem Prüfungsausschuss zur Verfügung stehenden Informationen erhöht sich, wenn dieser direkt und unmittelbar auf die Mitarbeiter und Prüfungsergebnisse der Internen Revision zurückgreifen kann.[290] Dies ist umso wirksamer, je weniger der Vorstand als Informationsfilter involviert ist.

---

284) Vgl. Leyens (2006), S. 182 f.
285) Vgl. Leyens (2006), S. 350.
286) Vgl. Merkt/Köhrle (2004), S. 224 f.; ebf. AKEIÜ - Interne Revision (2006), S. 228.
287) Vgl. Kommission (2005), S. 62, Ziff. 4.3 (4).
288) Vgl. Kommission (2005), S. 58, Ziff. 1.4.
289) Vgl. Kommission (2005), S. 62, Ziff. 4.3 (3).
290) Ähnlich auch *Baums* schon 1994, der die Informations- und Einwirkungsmöglichkeiten des Audit Committee gegenüber dem dualistischen Board-Modell insofern positiver beurteilt, da diese vielmehr in das Unternehmen integriert sind und externe sowie interne Kontrollinstanzen mit einbeziehen, „*durchaus unter Ausschaltung der eigentlichen Geschäftsleitung*". Vgl. Baums (1994), S. 11.

3.5.4 Befragung von Mitarbeitern der Internen Revision

Nach § 109 Abs. 1 Satz 2 AktG können Sachverständige und Auskunftspersonen zur Beratung über einzelne Sachverhalte zu den Sitzungen des Aufsichtsrats oder seiner Ausschüsse hinzugezogen werden. In der Literatur ist allerdings für das Modell der dualistischen Unternehmensverfassung die direkte Befragung von Mitarbeitern durch den Aufsichtsrat oder einen Ausschuss ebenfalls umstritten.[291] Kritisch wird in diesem Zusammenhang zum einen gesehen, dass Angestellte zwar sachverständig sind, aber nicht den für einen Sachverständigen erforderlichen Abstand zum Gegenstand des Auskunftsverlangens haben und es – aus der Sicht des Vorstands – zu Fehlinformationen und -beurteilungen kommen kann, ohne dass er darauf hinreichend Einfluss nehmen kann.[292] Zum anderen geht aus dem Gesetzestext nicht klar hervor, ob der Angestellte nur in Abstimmung mit dem Vorstand erscheinen und Fragen beantworten darf.[293] Ein *vorstandsunabhängiger* Direktkontakt lässt sich über das Auskunftsrecht nach § 109 Abs. 1 Satz 2 AktG nur bei einem angreifbaren Verzicht auf die Abgrenzbarkeit von Auskunftsperson und Sachverständigen stützen.[294] Auch über das bereits dargestellte Einsichts- und Prüfungsrecht nach § 111 Abs. 2 Satz 1 AktG kann nur begrenzt ein Recht auf Direktkontakte mit Angestellten abgeleitet werden. Eine hieraus abgeleitete Antwortpflicht der Unternehmensangestellten erfasst „*wegen ihres Rechtsverwirklichungscharakters lediglich Sach- und Aufklärungsfragen*", die sich allein auf die Gegenstände der Einsichtnahme und Prüfung beziehen sowie unter Berücksichtigung des Grundsatzes der Erforderlichkeit.[295] Darüber hinausgehende allgemeine, ständige Auskunftsansprüche können auf dieser Basis nicht eingefordert werden.[296]

Die Personalkompetenz des Aufsichtsrats, nach der er die Vorstandsmitglieder bestellt, ergibt sich aus § 84 Abs. 1 Satz 1 AktG. Die Bestellungsentscheidung trifft er selbstständig und in eigener Verantwortung. Zur Erfüllung dieser Aufgabe orientiert sich der Aufsichtsrat bei der Suche nach geeigneten Kandidaten nicht nur extern, sondern auch intern und muss sich ein eigenes, unabhängiges Bild von den potenziellen Kandidaten der zweiten Führungsebene verschaffen.[297] Auf Basis dieser Personalkompetenz baut *Leyens* die Möglichkeit für einen *vorstandsunabhängigen* Direktkontakt zur Erfüllung der Überwachungsaufgabe im Rahmen seiner Kompetenzen nach § 111 Abs. 1 AktG auf.[298] Diese Überwachungskompetenz des Aufsichtsorgans bezieht sich auf ex post- und ex ante-Aspekte, umfasst also retrospektive und präventive Überwachungsmaßnahmen, während sich die herrschende Zweckverfehlungs-

291) Vgl. ausführlich Warncke (2005), S. 182 f.

292) Vgl. Lutter (2006), S. 115.

293) Nach *Lutter* muss der Wunsch auf Mitwirkung von Mitarbeitern als Auskunftspersonen gemäß § 109 Abs. 1 Satz 2 AktG über den Vorstand geleitet werden und nur wenn dieser, zu Unrecht, der Aufforderung nicht entspricht, kann der Aufsichtsrat über seinen Vorsitzenden die entsprechende Vorladung unmittelbar an den betreffenden Mitarbeiter richten. Vgl. Lutter (2006), S. 118.

294) Vgl. Leyens (2006), S. 184 f.

295) Vgl. Leyens (2006), S. 185.

296) Vgl. Lutter (2006), S. 119 f.

297) Vgl. Dreher (1996), S. 55; ebf. Lutter (2006), S. 118.

298) Vgl. Leyens (2006), S. 186 ff.

lehre grundsätzlich nur auf die retrospektive Maßnahmenseite konzentriert. Vor diesem Hintergrund, einem gewandelten Rollenverständnis der internen Überwacher sowie die Ausweitung des Überwachungsauftrages, z. B. auf das in der Verantwortung des Vorstands liegende Risikomanagementsystem nach § 91 Abs. 2 AktG, kann ein allgemeiner Auskunftsanspruch des Aufsichtsrats gegenüber Unternehmensangestellten abgeleitet werden. Der Aufsichtsrat besitzt somit nach *Leyens* aufgrund seines allgemeinen Auskunftsanspruchs gegenüber Angestellten auf der Basis von § 111 Abs. 1 AktG die Berechtigung, sich *ohne* vorherige Zustimmung des Vorstands und in dessen Abwesenheit mit Angestellten in Verbindung zu setzen. Es empfiehlt sich, dieses Recht zur Ladung des Leiters der Internen Revision oder anderer relevanter Mitarbeiter in die Informationsverordnung aufzunehmen.[299]

3.5.5 Einsicht in die Prüfungsberichte und die Arbeitspapiere

Als Informationsquelle des Aufsichtsrats besteht neben dem jährlichen Bericht des Abschlussprüfers, der als Informationsvermittler auftritt, auch die Möglichkeit eines eigenen Einsichtsrechts.[300] Mit dem Einsichtsrecht soll die zugunsten des Vorstands bestehende Informationsasymmetrie zwischen diesen beiden Unternehmensorganen grundsätzlich verringert werden und dem Überwachungsorgan die notwendigen Informationen zur effizienten Aufgabenerfüllung bereitgestellt werden.[301] Das subsidiäre Recht auf unmittelbare Einsichtnahme und Prüfung nach § 111 Abs. 2 AktG erstreckt sich auf alle Dokumente des Unternehmens und soll den Aufsichtsrat in die Lage versetzen, dass dieser sich die erforderlichen Informationen selbst beschaffen kann. Dieses Recht steht aber entgegen dem Berichtsbegehren nur dem Aufsichtsrat als Organ und nicht einem einzelnen Aufsichtsratsmitglied zu.[302] Allerdings kann das Einsichtsrecht dem Prüfungsausschuss zugewiesen werden, der wiederum ein einzelnes Mitglied oder sachverständige Dritte mit der Ausübung des sachlich und zeitlich begrenzten Einsichts- und Prüfungsrechts aus Gründen der Zweckmäßigkeit beauftragen kann.[303]

Die Prüfungsberichte der Internen Revision sind ein geeignetes Instrumentarium, um dem Aufsichtsrat wesentliche Informationen, die, bei entsprechender institutioneller Ausgestal-

---

299) Vgl. Warncke (2005), S. 184.

300) In einer Gesetzesnovelle aus dem Jahr 2001 wurde in Frankreich zur Stärkung der internen Corporate Governance-Mechanismen postuliert, dass „*each director should receive all information needed to fulfill his duties* ... [und, K. G.] *each director can obtain any and all documents that he sees fit to request*". Allerdings wurde nur zwei Jahre später die letztere Maßnahme wieder gestrichen, „*preventing individual board members from accessing the company's documents directly*". Vgl. Enriques/Volpin (2007), S. 129; ebf. Potthoff (2003), S. 107.

301) Vgl. Hucke (2003), S. 119. Bei der Befugnis des Aufsichtsrats nach § 111 Abs. 2 AktG handelt es sich nach *Lutter* nicht um die Grundlage für den Aufbau eines eigenen Informationssystems durch den Aufsichtsrat, sondern um eine „*ultima ratio der Informationsbeschaffung vom Aufsichtsrat*", z. B. bei dem Verdacht schwerwiegender Pflichtverletzungen durch den Vorstand. Vgl. Lutter (2006), S. 114.

302) Das einzelne Aufsichtsratsmitglied kann vom Vorstand zwar Auskunft verlangen, aber nicht die Vorlage von Unterlagen. Zur praktischen Bedeutung des Einsichtsrechts schreiben *Potthoff* und *Trescher*: „*Die konkrete Ausübung dieses Rechts durch den gesamten Aufsichtsrat ist in aller Regel untunlich, da dies Unruhe und falsche Signale im Betrieb auslösen kann*". Vgl. Potthoff/Trescher (1995), S. 148.

303) Vgl. Warncke (2005), S. 185; ebf. Lutter (2006), S. 103 ff. Siehe auch unten, Kapitel D.3.5.6, S. 302 f.

tung, von unabhängigen und objektiven Revisoren erstellt wurden, zu verschaffen.[304] Nach § 111 Abs. 2 Satz 1 AktG kann der Aufsichtsrat die Bücher und Schriften der Gesellschaft schon heute einsehen und prüfen. Hierzu gehören auch die Prüfungsberichte der Internen Revision.[305] Die Regierungskommission Corporate Governance sah somit eine Notwendigkeit für eine entsprechende Empfehlung als nicht gegeben an.[306] Im Schrifttum wird das Einsichts- und Prüfungsrecht des Aufsichtsrats nach § 111 Abs. 2 Satz 1 AktG aber überwiegend restriktiv bzw. als eine ultima ratio ausgelegt, da es auf einen konkreten Anlass oder eine konkrete Frage reduziert wird und der Vorstand nicht aus seiner Funktion als primärer Informationsvermittler verdrängt werden darf. Der „Best Practice-Ansatz für die Interne Revision" der Schmalenbach-Gesellschaft folgt dieser Auffassung: Zwar sollen Berichte und Unterlagen, die geeignet sind, das Überwachungsorgan über die Arbeit der Internen Revision zu informieren, dem Überwachungsgremium auch übermittelt werden. Dies erfolgt aber nicht durch den Leiter der Internen Revision, sondern von der Unternehmensleitung, die – analog den MaRisk – somit als primärer Informationsvermittler auftritt.[307] In der Literatur wird des Weiteren ausgeführt, dass, wenn dieses Recht genutzt wird, dies auch als Misstrauen gewertet werden und im Rahmen des Abhängigkeitsverhältnisses zwischen Vorstand und dem Leiter der Internen Revision zu Loyalitätskonflikten führen kann.[308]

Nach *Leyens* sollte der Aufsichtsrat allerdings in seinem eigenen Interesse auf eine regelmäßige Kenntnisnahme der Prüfungsberichte der Internen Revision nicht verzichten.[309] Dies dient insbesondere dem Abbau der asymmetrischen Informationsverteilung und einer verbesserten Zusammenarbeit mit der Internen Revision. *Leyens* kommt zu dem Ergebnis, dass das *„Einverständnis des Vorstands zur Einsicht in die Revisionsberichte oder zur Befragung der Mitarbeiter der Internen Revision nicht erforderlich ist, auch nicht, wenn die Befragung in seiner Abwesenheit erfolgen soll"*.[310] Die Empirie zeigt, dass für die Hälfte der Prüfungsausschüsse von DAX-Gesellschaften (MDAX: 64 v. H.) einzelne Revisionsberichte einsehbar sind, die aber grundsätzlich über den Vorstand vorgelegt werden.[311]

Vor dem Hintergrund, dass der Prüfungsausschuss generell dem Unternehmensinteresse verpflichtet ist, und um Misstrauensmomente zu vermeiden sowie die Leitungsautorität des Vorstands nicht zu unterlaufen, empfiehlt sich für das Einsichts- und Prüfungsrecht bzw. ein

304) Vgl. BaFin - MaRisk (2007), AT 4.4 Tz 3; ebf. Leyens (2006), S. 349. So betont *Lutter*, dass die Berichte der Internen Revision für den Aufsichtsrat und seinen Prüfungsausschuss nahezu unabdingbar für die Kontrolle des *Risikomanagements* des Vorstands nach § 91 Abs. 2 AktG und hilfreich bei der allgemeinen Überwachung durch den Aufsichtsrat sind. Vgl. Lutter (2006), S. S. 104 f.

305) Vgl. Warncke (2005), S. 186.

306) Vgl. Regierungskommission (2001), Rn. 58, S. 48.

307) Vgl. AKEIÜ (2006a), These 13, S. 228.

308) Für weitere, eher kritische Argumente gegen die Einsicht in Prüfungsberichte der Internen Revision wird auf die Arbeit von *Merkt* und *Köhrle* und die dortigen Literaturquellen verwiesen; vgl. Merkt/Köhrle (2004), S. 223 f.

309) Dies kommt einer zu weit ins Detail gehenden Kontrolltätigkeit nicht gleich. Vgl. Leyens (2006), S. 349.

310) Vgl. Leyens (2006), S. 352.

311) Bei den MDAX-Gesellschaften kann der Prüfungsausschuss lediglich bei einem ausländischen im MDAX gelisteten Unternehmen die Prüfungsberichte direkt beim Leiter der Internen Revision anfordern. Vgl. Peemöller/Warncke (2005), S. 403 f.

darüber hinausgehendes Recht zur Vorlage von Prüfungsberichten der Internen Revision eine Aufnahme dieser Sachverhalte in die Informationsordnung und in die Geschäftsordnung der Internen Revision.[312] So sollen z. B. nach § 45 Abs. 1 der Mustersatzung für kommunale Sparkassen in Hessen in der Geschäftsanweisung für die Innenrevision auch „*Bestimmungen über die Vorlage der Prüfungsberichte an den Verwaltungsrat*" festgelegt werden.[313] Nach der Auffassung des Verfassers sollte zumindest für die betroffenen Sparkassen eine entsprechende Regelung umgesetzt werden. Diese sollte aufgrund begrenzter Sitzungstermine und Informationsverarbeitungskapazitäten des Verwaltungsrates nur auf Prüfungsberichte mit wesentlichen Prüfungsfeststellungen abstellen. Die Berichte müssen vom Leiter der Internen Revision erläutert werden. Folgender Formulierungsvorschlag für die Geschäftsanweisung wird vom Verfasser empfohlen:[314]

> *Prüfungsberichte mit wesentlichen Feststellungen, insbesondere solche, die das Risikomanagement für wesentliche Risiken betreffen, sind auch dem Prüfungsausschuss vorzulegen und bei Bedarf vom Leiter der Internen Revision dem Prüfungsausschuss und eventuell dem Überwachungsorgan vorstandsunabhängig zu erläutern. Darüber hinaus hat das Überwachungsorgan bzw. sein Prüfungsausschuss das Recht, in alle Prüfungsberichte Einsicht zu nehmen. Diese sind mit dem Leiter der Internen Revision vorstandsunabhängig zu erörtern. Näheres hierzu regelt die Informationsordnung.*

In einer Informationsordnung bzw. in der Geschäftsanweisung für die Interne Revision sollte dieser Sachverhalt geregelt sein, sodass der Leiter der Internen Revision das Überwachungsorgan auch *vorstandsunabhängig* über diese Prüfungsergebnisse unterrichten kann.

Internationale Entwicklungen

In diese Richtung zielt auch die Empfehlung der Europäischen Kommission, nach der der Prüfungsausschuss vom Arbeitsprogramm unterrichtet werden und Prüfungsberichte oder eine regelmäßige Zusammenfassung von der Internen Revision erhalten sollte.[315] Darüber hinaus sollte der Aufsichtsrat bzw. der Prüfungsausschuss den Leiter der Internen Revision als Auskunftsperson zur Erläuterung der Prüfungsberichte nach § 109 Abs. 1 Satz 2 AktG zu den Sitzungen einladen und einen mündlichen Bericht verlangen. Dies dient auch der Überprüfung und gegebenenfalls der Ergänzung der Vorstandsberichte und ist umso effektiver, je weniger der Vorstand selber an den Sitzungen teilnimmt.[316]

Die Eidgenössische Bankenkommission in der Schweiz vertritt zur Corporate Governance, zur Überwachung der Geschäftstätigkeit sowie zur internen Kontrolle und deren Über-

---

312) Vgl. Warncke (2005), S. 188. Eine Informationsordnung, die die Weitergabe der Revisionsberichte an das Aufsichtsorgan oder einem seiner Ausschüsse zur Kenntnisnahme regelt, trägt auch bei Banken zu einer Verbesserung der Internal Governance bei. Vgl. hierzu Hannemann et al. (2008), S. 681.

313) Vgl. MuSa Sparkassen (2007). Allerdings haben nach einer nicht-repräsentativen Umfrage des Verfassers in der Praxis eine Vielzahl von Sparkassen bzw. deren Verwaltungsräte von dieser Option auf Vorlage der Prüfungsberichte zurzeit keinen Gebrauch gemacht.

314) Siehe auch unten, Anhang Geschäftsanweisung für die Interne Revision, Abschnitt 3.6, Tz. 1, S. 411.

315) Vgl. Kommission (2005), S. 62, Ziff. 4.3 (5).

316) Vgl. Leyens (2006), S. 350.

wachung durch die zuständigen Stellen in Kreditinstituten folgende Auffassung:[317] Das Audit Committee muss über die Prüfungsergebnisse der Internen Revision informiert werden und mit dem Leiter der Internen Revision in regelmäßigem Kontakt stehen, unabhängig davon, ob die Interne Revision dem Gesamtverwaltungsrat oder einem anderen Ausschuss unterstellt ist.[318] Da in der Schweiz die Verpflichtung für die Einrichtung und Überwachung der Internen Revision bei Kreditinstituten dem Verwaltungsrat obliegt, ist sie diesem oder einem seiner Ausschüsse unmittelbar unterstellt und nimmt somit die ihr von diesem übertragenen Prüfungs- und Überwachungsaufgaben wahr. Demzufolge berichtet die Interne Revision in erster Linie dem Gremium des Verwaltungsrats, dem sie direkt unterstellt ist.[319] So informiert die Interne Revision den Verwaltungsrat oder den zuständigen Ausschuss *und* den Vorstand schriftlich über ihre Risikobeurteilung des Kreditinstituts und der daraus abgeleiteten Prüfungsziele. Diese und auch die Prüfungsplanung werden durch den Verwaltungsrat oder den zuständigen Ausschuss genehmigt.[320] Außerdem erstattet die Interne Revision zeitgerecht über alle wichtigen Prüfungsfeststellungen schriftlich Bericht an den Verwaltungsrat oder den zuständigen Ausschuss *und* die Geschäftsführung.[321] Dieses Vorgehen bezüglich der Berichtsempfänger gilt auch für den mindestens jährlich zu erstellenden schriftlichen Bericht über die wesentlichen Prüfungsfeststellungen und wichtigen Tätigkeiten in dem Prüfungsjahr mit entsprechenden Schlussfolgerungen.[322]

Das Komitee der europäischen Bankenaufseher (CEBS) nimmt auch Stellung zu seinen Erwartungen an die bankinterne Umsetzung der Säule 2 der neuen Eigenkapitalanforderungen (Basel II). In seinen *Guidelines on Internal Governance* wird die Funktion des „internal reportings" für das Überwachungsorgan als „*a tool for its oversight of the management function*" gesehen.[323] Die Interne Revision sollte ihre Feststellungen also sowohl an das Überwachungsorgan als auch an den Vorstand berichten.[324] Dies gilt auch für Empfehlungen der Internen Revision, die zu materiellen Verbesserungen der Internal Controls beitragen sollen.[325] Da die Interne Revision ein Instrument des Überwachungsorgans *und* der Geschäftsführung nach Auffassung des CEBS ist, geht der Kreis der Berichtsempfänger über den Vorstand hinaus und schließt den Aufsichtsrat selbstverständlich mit ein.

In die gleiche Richtung wie das CEBS zielt der Basler Ausschuss für Bankenaufsicht. Aus der Perspektive einer wirksamen Bankenaufsicht ist es für ein effektives Internes Kontrollsystem essenziell, dass Berichtswege für Prüfungsergebnisse von der Revision an das Überwachungsorgan oder an einen Ausschuss existieren.[326] Dies stärkt die Unabhängigkeit

---

317) Siehe auch oben, Kapitel C.3.3.5, S. 186 f.
318) Vgl. Eidg. Bankenkommission (2006), S. 7, Rz. 53.
319) Vgl. Eidg. Bankenkommission (2006), S. 7, Rz. 60.
320) Vgl. Eidg. Bankenkommission (2006), S. 8, Rz. 73.
321) Vgl. Eidg. Bankenkommission (2006), S. 8, Rz. 75.
322) Vgl. Eidg. Bankenkommission (2006), S. 9, Rz. 76.
323) Vgl. CEBS CP03 (2006), IG 2, Abschnitt c), S. 12.
324) Vgl. CEBS CP03 (2006), IG 17, Abschnitt a), S. 18.
325) Zu den Internal Control-Ansatz siehe oben, Kapitel C.3.3.1, S. 173 ff.
326) Vgl. BIS (2006b), Grundsatz 17, Ziff. 8; ebf. BIS (2006a), Grundsatz 5, Tz. 5 f.

der Internen Revision und des Aufsichtsorgans, da insbesondere Letzteres „*Informationen erhält, die in keiner Weise von den im Bericht behandelten unteren Führungsebenen beeinflusst worden sind*".[327] Von der gewonnenen Unabhängigkeit und der verbesserten Transparenz wird die Internal Governance somit insgesamt gestärkt.

3.5.6 Erteilung von Prüfungsaufträgen

Die Erteilung von Prüfungsaufträgen an die Interne Revision durch den Aufsichtsrat oder seinen Prüfungsausschuss ist in der Literatur umstritten. Aber nach den positiv abgeleiteten Möglichkeiten für den Aufsichtsrat, die Interne Revision als *vorstandsunabhängige* Informationsquelle zu nutzen, also seine Informationsbedürfnisse mittels Direktkontakten und über die Prüfungsberichte zu befriedigen, ist im Folgenden die Erteilung von Prüfungsaufträgen durch den Aufsichtsrat oder einen seiner Ausschüsse als eine konsequente Fortsetzung der verstärkten Zusammenarbeit näher zu untersuchen. Nach § 111 Abs. 2 Satz 2 AktG kann der Aufsichtsrat für die Durchführung seines Einsichts- und Prüfungsrechts auch einzelne Mitglieder oder für bestimmte Aufgaben besondere Sachverständige beauftragen.[328] Nach der Regierungskommission Corporate Governance steht diese Formulierung nicht im Einklang mit dem Zugriff des Aufsichtsrats auf vom Vorstand weisungsabhängige Arbeitnehmer und gestattet diesen im Regelfall auch nicht.[329] Des Weiteren werden die bereits im letzten Kapitel angesprochenen Loyalitätskonflikte befürchtet, denen weder der Vorstand noch die Mitarbeiter auszusetzen sind. Die Regierungskommission spricht sich somit gegen eine Empfehlung aus, dass der Aufsichtsrat von sich aus der Internen Revision Prüfungsaufträge erteilen können sollte. Auch trifft auf die Mitarbeiter der Internen Revision als Unternehmensangestellte nicht die erforderliche Objektivität und Neutralität zu, die sie für eine Eigenschaft als Sachverständige benötigen, damit sie nach § 111 Abs. 2 Satz AktG vom Aufsichtsrat mit der Informationsbeschaffung oder -auswertung beauftragt werden könnten.[330]

Nach allgemeinem juristischen Verständnis leitet der Vorstand das Unternehmen in eigener Verantwortung (§ 76 Abs. 1 AktG).[331] Auf dem für eine gute Internal Governance fundamentalen Prinzip der Gewaltenteilung („checks and balances") sollten die Aufsichtsratsmitglieder sowohl die Kontrollansprüche der Stakeholder als legitim respektieren als auch dem Vorstand im Rahmen der Überwachung als „Sparring-Partner" zur Verfügung stehen, aber ohne die Unternehmensleitung übernehmen zu wollen.[332] Da der Aufsichtsrat von der Geschäftsführung ausgeschlossen ist, ist ihm auch ein Aufgabenerfindungsrecht gegenüber Angestellten des Unternehmens versagt. Dies bedeutet, dass dem Aufsichtsrat ein über die Verpflichtung zur Beantwortung seiner Fragen hinausreichender Zugriff auf Mitarbeiter des Un-

---

327) Vgl. BIS (1998), Grundsatz 11, Ziff. 42.

328) Siehe auch oben, Kapitel D.3.5.5, S. 298 f.

329) Vgl. Regierungskommission (2001), Rn. 58, S. 48.

330) Vgl. Leyens (2006), S. 353 f. Zu berücksichtigen ist, dass die Bestellung eines Sachverständigen kostenintensiv und zeitaufwändig. Grundsätzlich erbringt die Interne Revision nach ihren Berufsgrundsätzen unabhängige und objektive Prüfungs- und Beratungsdienstleistungen. Vgl. IIA - Standards (2007), S. 2.

331) So auch der DCGK (2008), Ziff. 4.1.1 Satz 1.

332) Vgl. von Werder/Wieczorek (2007), These 2.7.

ternehmens aus eigener Kraft nicht gestattet wird.[333] Entgegen dem angelsächsischen System des Board of Directors oder dem schweizerischen System kann der Aufsichtsrat somit aus eigener Kraft *keine* Prüfungsaufträge an die Interne Revision vergeben, sondern er kann diese nur in Abstimmung mit dem Vorstand oder zumindest im Rahmen seiner Duldung erteilen.[334] Auch die MaRisk sehen keine Möglichkeit zu einer *vorstandsunabhängigen* Erteilung von Prüfungsaufträgen vor. Eine *vorstandsunabhängige* Überwachung ist in diesem Falle dann nicht mehr bzw. nur stark eingeschränkt möglich.

Nach den Vorschlägen des Arbeitskreises AKEIÜ der Schmalenbach-Gesellschaft für eine Verbesserung der Effektivität und Effizienz der Aufsichtsratstätigkeit sollte der Aufsichtsrat bei Verdacht auf Unterschlagung (Fraud) einen Prüfer mit Recherchen beauftragen können.[335] Außerdem ist denkbar, dass in Ausnahmefällen der Aufsichtsrat einen Auftrag an die Interne Revision und an andere interne Fachabteilungen, wie z. B. Controlling oder Recht, erteilen kann, um eine notwendige Sachaufklärung zu ermöglichen, die anderweitig nicht erreicht werden kann.[336] Insgesamt sollte nach h. L. das Aufsichtsorgan aber eher restriktiv mit der Möglichkeit, Prüfungsaufträge an die Interne Revision zu erteilen, umgehen.

Eine systemkonforme Lösung zur Überwindung dieses Defizits im deutschen dualen System sieht *Leyens* in einer gemeinsamen Vereinbarung mit dem Vorstand, die es dem Aufsichtsrat ermöglicht, die Interne Revision zu bestimmten Prüfungsaufträgen einzusetzen.[337] Dies entspricht dem „signalling" aus der Prinzipal-Agenten-Theorie, denn der Vorstand bringt hiermit seine Absicht auf eine vertrauensvolle Zusammenarbeit mit dem Aufsichtsrat zum Ausdruck. Auch das für eine gute Internal Governance fundamentale Prinzip der Gewaltenteilung wird durch dieses Vorgehen nicht verletzt, wenn als Voraussetzung dem Vorstand das Recht zugebilligt wird, sein Einverständnis jederzeit wieder zurückziehen zu können. Der Aufsichtsrat kann und darf sich allerdings über diesen Weg *keinen* eigenen Mitarbeiterstab aufbauen.[338] Insgesamt sollte es sich aber nicht um dauerhafte, sondern nur um gelegentliche Prüfungsaufträge handeln, da ansonsten „*das aus dem Trennungsprinzip folgende Verbot einer eigenen Überwachungsabteilung für den Aufsichtsrat umgangen*" würde.[339]

Für die Praxis empfiehlt sich aus der Sicht des Verfassers, dass die Inhalte von Prüfungsaufträgen, die der Prüfungsausschuss an die Interne Revision delegiert, zwischen ihm und der Internen Revision direkt abgestimmt werden können. Voraussetzung ist, dass der Vorstand dieses Vorgehen genehmigt. Eine bestimmte Anzahl an Prüfungsaufträgen für den Prüfungs-

333) Vgl. Leyens (2006), S. 196.

334) Vgl. Leyens (2006), S. 353.

335) Allgemein wird unter Fraud die unternehmensinterne Wirtschaftskriminalität, bestehend aus Rechnungslegungsmanipulation, Vermögensschädigung (dolose Handlungen) und Korruption, verstanden. Vgl. Erichsen (2008), S. 113; ebf. Gleim (2006), S. 356 ff.; ebf. IIA - Standards (2007), 1210.A2, und IIA - PA (2007), PA 1210.A2-1 „Verantwortung des Internen Revisors in Bezug auf Bewertung, Vorbeugung und Aufdeckung doloser Handlungen".

336) Vgl. AKEIÜ (2006b), These 7; ebf. Warncke (2008), S. 635.

337) Diese Lösung sieht *Leyens* als systemgerechter an als die funktionale und disziplinarische Zuordnung der Internen Revision zum Aufsichtsrat. Vgl. Leyens (2006), S. 355.

338) Vgl. Leyens (2006), S. 197.

339) Vgl. Warncke (2005), S. 189 f.; ebf. Leyens (2006), S. 355.

ausschuss sind dann in den genehmigten, rollierenden Prüfungsplan der Internen Revision mit entsprechender Vorgabe an Soll-Prüfungstagen aufzunehmen. Die konkrete Festlegung des Prüfungsziels und -gegenstandes erfolgt dann im nächsten Schritt durch eine direkte Abstimmung zwischen dem Leiter der Internen Revision und dem Vorsitzender des Prüfungsausschusses. Nach Abschluss der Prüfungshandlungen und Erstellung des Prüfungsberichtes sollte dieser sowohl an den Vorstand als auch an den Prüfungsausschuss verteilt werden. Mit beiden Organen müssen jedoch die Ergebnisse separat besprochen werden. Der Vorsitzende des Prüfungsausschusses hat im Anschluss das Aufsichtsorgan über die Ergebnisse des Prüfung zu unterrichten.

4. Zukunft der Internen Revision

„New horizons for internal auditing lie ahead!“[340]

4.1 Veränderte Anforderungen an die Interne Revision

Die Veränderungen der Rahmenbedingungen und des Wettbewerbsumfeldes für Kreditinstitute stellt zwangsläufig auch die Interne Revision vor neue Herausforderungen. Die Bedeutung und Anforderungen an sie sind, insbesondere in den letzten Jahrzehnten, deutlich gestiegen.[341] So entsteht durch einen verstärkten Kostendruck bzw. verringerte Revisionsbudgets auf der einen Seite und komplexere Anforderungen durch regulatorische Vorgaben sowie neuen Produkte, Risiken und Prozesse in den Instituten auf der anderen Seite ein Trade-off. Diesen gilt es, durch aufbau- und ablauforganisatorische Ansätze sowie risiko- und chancenorientierte Strategien konstruktiv zu überwinden. Dies ist nicht nur singulär für die Interne Revision von Bedeutung, sondern auch für die nachhaltige Erreichung der strategischen Unternehmensziele und für eine effektive Internal Governance.

Die folgende Abbildung D.10 soll diesen Trade-off verdeutlichen und erste, allgemeine Lösungsoptionen aufzeigen. Den Ausgangspunkt bildet eine Gleichgewichtssituation von Angebot und Nachfrage nach Revisionsdienstleistungen in einem Unternehmen (K_0, P_0). Dieses Gleichgewicht wird durch ein exogenes Ereignis gestört, das darin bestehen kann, dass seitens der Geschäftsführung aufgrund von Budgetrestriktionen oder einer erhöhten Risikopräferenz eine Linksverschiebung der Nachfragekurve nach Revisionsdienstleistungen eintritt. Bei unveränderter Angebotskurve kommt es zu einer neuen Gleichgewichtssituation (K_1, P_1). Unter Berücksichtigung von Mindestanforderungen an die Revisionsarbeit kann dieser Zustand aber aufgrund der aufsichtlichen Restriktion als nicht haltbar bezeichnet werden. Nicht haltbar aus dem Grund, da eine Nebenbedingung der Geschäftsführung von Kreditinstituten verletzt wird:

340) Vgl. Thurston (1950), S. 18.

341) Die verstärkte Entwicklung der Internen Revision seit den 1950er-Jahren „*was fostered by the increased size and decentralization of organizations, the greater complexity and technological sophistication of their operations, and the resulting need for an independent, objective means of evaluating and improving their risk management, control, and corporate governance process ... Public policy considerations have also contributed to the improved status and broadened scope of internal auditing*“. Vgl. Gleim (2006), S. 2. Für einen Überblick zur historischen Entwicklung der Internen Revision vgl. Adelberg (1975), S. 3 ff.

Die Beachtung und Einhaltung von wesentlichen bankaufsichtlichen Vorschriften, insbesondere des § 25a Abs. 1 KWG. Alternativ wäre es denkbar, die Nachfragefunktion bei einer konstanten Angebotsfunktion soweit zu verschieben, dass die Nebenbedingung gerade noch eingehalten werden kann. Zwar verringern sich durch diese Maßnahme die Kosten für Revisionsdienstleistungen, aber auch die Qualität der Ergebnisse der Revisionstätigkeiten geht zunächst aufgrund verringerter monetärer Budgets oder Mitarbeiterkapazitäten zurück. An dieser Stelle setzt eine moderne Revision an: Auch wenn es zu einer exogen verursachten Linksverschiebung der Nachfragekurve nach Revisionsdienstleistungen kommt, so resultiert aus dem Einsatz von neuen Prüfungsstrategien und -methoden sowie optimierten Revisionsmanagementsystemen und prozessualen Abläufen eine Rechtsverschiebung der Angebotskurve von Revisionsdienstleistungen. Es kommt – unter Berücksichtigung der Nebenbedingung – zu einem neuen Gleichgewicht (K_2, P_2), das durch geringere Kosten sowie durch optimierte Revisionstätigkeiten und -ergebnisse gekennzeichnet ist (Abbildung D.10).

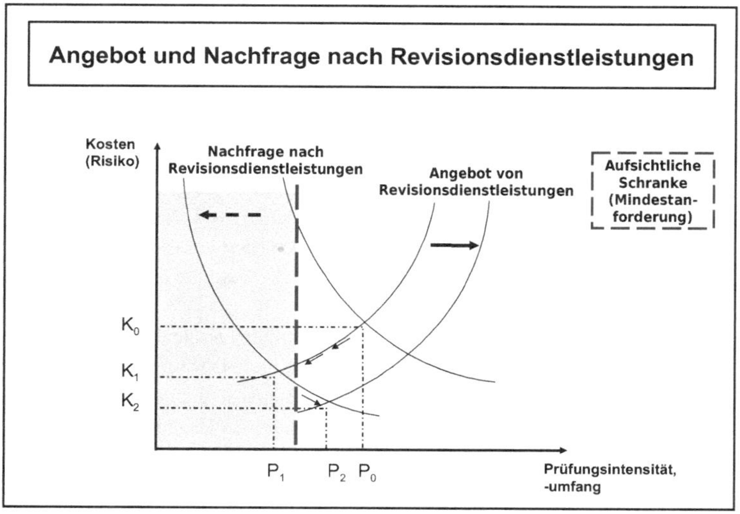

Abbildung D.10: Angebot und Nachfrage nach Revisionsdienstleistungen

Eine ex ante statt ex post ausgerichtete Interne Revision dient der Schaffung von Mehrwerten und einer effizienten Internal Governance. Diese Zukunftsorientierung ist durch eine Frühwarn- und Informationsfunktion sowie durch eine Impulsgeberfunktion bei projektbegleitenden Prüfungen und prüfungsnahen Beratungseinsätzen im Rahmen ihrer prozessunabhängigen Möglichkeiten zu unterstützen.[342] Die Interne Revision wandelt sich also vom reinen Überwachungsorgan hin zu einem *Informationsdienstleister*, der dem Vorstand *und* dem Aufsichtsorgan bzw. seinem Prüfungsausschuss risiko- und chancenrelevante Informationen zur Verfügung stellt.[343] Dieser Wandel setzt aber neben der Weiterentwicklung der Revisoren, weg von traditionell geprägten Prüfungsstrukturen und -ansätzen, auch eine stärkere institutionelle Unterstützung durch den Aufsichtsrat oder seinen Prüfungsausschuss voraus. Vor diesem Hintergrund definiert das Institute of Internal Auditors den *modernen* Beitrag der Internen Revision zur Corporate Governance wie folgt:[344]

> *„First, auditors provide independent, objective assessments on the appropriateness of the organization's governance structure and the operating effectiveness of specific governance activities. Second, they act as catalysts for change, advising or advocating improvements to enhance the organization's governance structure and practices."*

4.2 Ein erweiterter Beitrag zur präventiven Regulierung

Unter Berücksichtigung der zuvor gemachten Ausführungen, der Repräsentationshypothese nach *Dewatripont* und *Tirole* sowie dem Ansatz von *Fama* und *Jensen* kann die Interne Revision aus der Sicht des Verfassers eine weitere Effizienz steigernde Aufgabe übernehmen. Hat sich die Bankenaufsicht über die Qualität der Internen Revision ein aussagekräftiges Urteil gebildet, kann sie gegenüber dem Status quo verstärkt auf die Arbeitsergebnisse der Revision zurückgreifen, um sich insgesamt ein Bild von der qualitativen Ausgestaltung des Instituts zu machen.[345] Analog zu der Diskussion der intensiveren *vorstandsunabhängigen* Zusammenarbeit zwischen Überwachungsorgan und Interner Revision erfordert auch diese Konstellation eine *vorstandsunabhängige* Kommunikation über die Berichte der externen Abschlussprüfer hinaus.

Neben der Stärkung der Eigenverantwortung der Institute, verbunden mit der Etablierung von angemessenen internen Risikomanagementsystemen und einer verbesserten Transparenz, ist ein weiterer Baustein einer qualitativen Aufsicht der intensive Dialog mit den Banken.[346] Vor dem Hintergrund der Informationsasymmetrie verfügt das Bankmanagement gegenüber der externen Aufsicht über umfangreichere Informationen hinsichtlich der eigenen Risikopräferenzen, der Qualität des Risikomanagement- und Internen Kontrollsystems sowie der gesamten bankinternen Portfoliorisiken (sog. *„private information of the bank"*). Eine effektive Internal Governance ist auch davon abhängig, inwieweit es der Aufsicht gelingt, diese Infor-

---

342) Eine Studie der Unternehmensberatungsgesellschaft *Ernst & Young* aus dem Jahre 2006 brachte erhebliche Wahrnehmungsunterschiede bezüglich der Rolle der Internen Revision zwischen den einzelnen Befragungsgruppen zutage. Betrachten sich die Leiter der Internen Revisionen als interner Berater, so erwarten die befragten Finanzvorstände primär, dass sie die Risiken im Fokus hat, während die Interessengruppen die Interne Revision in ihrer Rolle als „Unternehmenspolizei" belassen wollen. Vgl. Ernst & Young (2007a), S. 39.

343) Vgl. auch Zehnder (2008), S. 54 f.

344) Vgl. IIA (2006), S. 4.

345) *„An effective internal audit function is a valuable source of information for bank management, as well as bank supervisors, about the quality of the internal control system."* Vgl. BIS (2001), S. 1.

346) Vgl. Wilkens/Entrop/Völker (2001), S. 192; ebf. Black/Hopper/Band (2007), S. 203 f.

mationsasymmetrie mittels ex ante- oder ex post-Regulierungsmaßnahmen zu überwinden bzw. zu minimieren.[347] Oder allgemeiner formuliert: Prinzipien sind für einen prinzipienbasierten Ansatz zwar eine notwendige Voraussetzung, sie sind aber allein nicht hinreichend. Denn ein funktionsfähiger prinzipienbasierter Ansatz verlangt sowohl von der Bankenaufsicht als auch von den Banken u. a. eine signifikante Veränderung ihres Kommunikationssystems. Dies erstreckt sich bei beiden Seiten auf die jeweiligen Einstellungen, Kompetenzen und Erwartungen.[348]

Hier kann nach der Auffassung des Verfassers die Interne Revision einen ökonomisch Nutzen bringenden Beitrag leisten, der auch zu einem verbesserten Gläubiger- und Systemschutz des Bankensystems beitragen kann. Zur Verringerung der asymmetrischen Informationsverteilung sollte, unter Berücksichtigung der unternehmensstrategischen sowie der Bankenaufsichtsziele, über die bestehenden Instrumente hinaus ein *vorstandsunabhängiges* Kommunikationsmodell implementiert werden: Die Interne Revision kann dann als Signalling-Instrument zur Verringerung der Informationsasymmetrie zwischen Bankenaufsicht und beaufsichtigten Instituten beitragen und die Belastung aus sowie die Effizienz von Bankenregulierung positiv für alle beteiligten Institutionen verändern. Als notwendige und hinreichende Voraussetzung für diesen Schritt ist eine kompetente und von der Geschäftsleitung unabhängige Interne Revision zu nennen.[349] Die Qualität der Prüfungstätigkeiten der Internen Revision wird regelmäßig von dem Abschlussprüfer oder im Rahmen eines Quality Assessments bewertet. Die Unabhängigkeit der Internen Revision kann durch eine stärkere Verbindung der Internen Revision mit dem Aufsichtsorgan oder seinem Prüfungsausschuss gesteigert werden.[350] Wenn diese gegeben ist, kann aus der Sicht des Verfassers auch eine Doppelarbeit von Interner Revision und Bankenaufsicht vermieden bzw. stark eingeschränkt werden, da der Regulator sich auf die Prüfungsergebnisse der Internen Revision besser verlassen und diese auch direkt nutzen kann.[351] Ein Modellansatz zur risikoorientierten Kommunikationsintensität kann nach Auffassung des Verfassers wie folgt aufgebaut sein:

Den Ausgangspunkt bildet die aufsichtliche Bewertung der institutsinternen Qualität des Risikomanagements bzw. der Internen Kontrollverfahren. In der ersten Gruppe befinden sich solvente und stabile Kreditinstitute. Diese Institute verfügen außerdem über eine hohe Kompetenz im Risikomanagement und haben wirksame Interne Kontrollverfahren implementiert,

---

347) Nach *Daripa* und *Varotto* gilt sowohl für den ex ante- als auch den ex post-Ansatz, dass *„the regulator must resolve a trade-off between safety loss and overprotection"*. Allerdings ist nicht eine singuläre Entscheidung für den einen oder den anderen ökonomisch sinnvoll, sondern eine Kombination der beiden Regulierungsansätze ist stärker Nutzen steigernd (*„a combined regime outperforms either regime"*). Vgl. Daripa/Varotto (2006), S. 27 f.

348) Vgl. zu den kritischen Faktoren des prinzipienbasierten Ansatzes ausführlicher Black/Hopper/Band (2007), S. 200 ff.

349) Vgl. Basler Ausschuss (1997), S. 37.

350) Siehe unten, Kapitel D.4.3, S. 309 f.

351) Nach der Methodik der Grundsätze für eine wirksame Bankenaufsicht des Basler Ausschuss für Bankenaufsicht bewertet die Bankenaufsicht die Arbeit der Internen Revision, um zu entscheiden, ob und in welchem Umfang die Revisionsberichte zur Erkennung von Bereichen mit potenziellem Risiko dienen können. Vgl. BIS (2006b), S. 38.

sodass ihnen eine Mischung aus minimaler ex ante- und risikoorientierter ex post-Regulierung auferlegt werden sollte.[352] Eine *vorstandsunabhängige* Kommunikation zwischen Bankenaufsicht und Kreditinstitut ist hier selten bzw. nur in größeren zeitlichen Abständen erforderlich. Sie sollte nicht ausgeschlossen werden, aber risikoorientiert erfolgen, damit die dem ex post-Ansatz immanente Schwäche der fehlenden Transparenz über die Risikopräferenz der Geschäftsleitung begegnet werden kann.

In der zweiten Gruppe befinden sich durchschnittlich solvente Institute. Unter präventiven Gesichtspunkten sollten Bankenaufsicht und Interne Revision *vorstandsunabhängige* Gespräche über die Qualität des Internen Kontrollsystems, insbesondere der Risikomanagementsysteme, der Risikotragfähigkeitskonzeption und der geplanten strategischen Maßnahmen in regelmäßigen Zeitintervallen aufnehmen. Ex ante- und ex post-Regulierungsmaßnahmen sollten in einem ausgewogenen Verhältnis stehen.

Die dritte Gruppe umfasst Institute mit einer unterdurchschnittlichen Ertrags-, Vermögens-, Liquiditäts- und/oder Risikolage. Außerdem verfügen diese Institute über unterdurchschnittliche Risikomanagement- und Interne Kontrollsysteme bzw. haben nicht die notwendigen Kompetenzen, um diese aufzubauen bzw. fortzuführen. Der bestehende Instrumentenkatalog der Bankenaufsicht sollte hier um eine jährliche oder auch in kürzeren Zeitintervallen stattfindende Kommunikation mit dem Leiter der Internen Revision erweitert werden. Darüber hinaus sind in diesen Fällen ex post-Regulierungsansätze weniger effizient. Stattdessen empfiehlt sich der stärkere Einsatz von ex ante-Regulierungsmaßnahmen.[353]

4.3 Ein erweiterter Beitrag zur Internal Governance

Die Funktion der Internen Revision kann als „*window into the whole company*" deklariert werden. Aus dieser Funktion heraus ergibt sich für die Interne Revision aufgrund ihrer umfangreichen Informationsrechte und ihres weitgehenden Zugriffs auf alle Informationen

> *„a unique position to serve as a valued resource to the other three Corporate Governance parties. In this matter, internal audit should be close to the board of directors as one of the resource to assist in discharging their responsibilities for ensuring a high quality of Corporate Governance".*[354]

Nach Artikel 41 der 8. EU-Richtlinie hat jedes Unternehmen von öffentlichem Interesse einen Prüfungsausschuss einzurichten, dessen Aufgaben u. a. in der Überwachung der Wirksamkeit des Internen Kontrollsystems, gegebenenfalls des Internen Revisionssystems, und des Risikomanagementsystems bestehen. Diese Aufgaben sind im Bankensektor durch komplexe Sachverhalte gekennzeichnet, insbesondere im Risikomanagement, und in dieser Struktur

352) Dies spiegelt sich z. B. in der Säule 1 des Basel II Akkords wider, wonach den Instituten unter bestimmten Voraussetzungen die Nutzungsoption für auf internen Ratings basierte Eigenmittelunterlegungsmodelle gestattet wird (IRB-Ansatz).

353) „*For banks with poor expertise in risk management, .. only ex ante regulation should be used. ... If ex post penalties cannot prevent some types of managers from adopting high risk, ex ante regulation becomes the dominant element in safety-first regulation.*" Vgl. Daripa/Varotto (2006), S. 25 ff.

354) Vgl. ECIIA (2007), S. 43 f.

auch nur bedingt mit anderen Branchen zu vergleichen. Allerdings stellen diese anspruchsvollen Anforderungen die Mitglieder des Prüfungsausschusses vor komplexe Aufgaben, da das hierfür notwendige Spezialwissen nur rudimentär vorhanden ist. Dies stellt insbesondere ein Problem von kleinen und mittleren Kreditinstituten im Genossenschafts- und Sparkassensektor dar, da deren Mitglieder des Überwachungsorgans in der Regel keine professionellen, bankenspezifischen Überwacher sind und somit primär auf die Informationen der Geschäftsleitung angewiesen sind.[355] Diese Schwäche eröffnet der Internen Revision als Informationsdienstleister eine neue, erweiterte Position zur Stärkung der Internal Governance: Den *vorstandsunabhängigen* Informationsgeber für den Prüfungsausschuss, damit dieser von einer weiteren Instanz objektiv und neutral unterrichtet werden kann. Da diese neue Aufgabe aber die Interne Revision vor Loyalitäts- oder andere Abhängigkeitsprobleme mit der Geschäftsleitung stellen kann, muss ihre aufbauorganisatorische Einbindung überdacht und an die neue Position angepasst werden.

Hinsichtlich der aufbauorganisatorischen Einbindung sollen die Vorschläge des Instituts of Internal Auditors (IIA) näher betrachtet werden. Der Standard 1110 „Organizational Independence" sieht vor, dass

> *„the chief audit executive should report to a level within the organization that allows the internal audit activity to fulfill its responsibilities".*[356]

Der Leiter der Internen Revision berichtet an eine Person, die über die nötige Autorität verfügt, um die Unabhängigkeit der Revision und die uneingeschränkte Auswahl der Prüfungsobjekte zu gewährleisten. Nach den unverbindlichen Empfehlungen des IIA sollte der Leiter der Internen Revision *„report functionally to the board and administratively to the chief executive officer of the organization"*.[357] Unter der *„Functional Reporting Line"* versteht das IIA den Garanten für Unabhängigkeit und Autorität der Internen Revision.[358] In diesem Zusammenhang muss das Überwachungsorgan bestimmte Funktionen ausüben, u. a.:

- Der Geschäftsanweisung für die Interne Revision zustimmen.
- Den Risikoeinschätzungen und dem daraus abgeleiteten Prüfungsplan zustimmen.
- Das Aufsichtsorgan wird vom Leiter der Internen Revision über Prüfungsergebnisse oder sonstige relevante Sachverhalte informiert.
- Die Zustimmung zur Einstellung oder Entlassung sowie zur Entlohnung und Gehaltsanpassung des Leiters der Internen Revision.
- *Vorstandsunabhängige* Treffen mit dem Leiter der Internen Revision sollten mindestens einmal im Jahr erfolgen.

---

355) So empfiehlt der DCGK, dass der Vorsitzende des Prüfungsausschusses über *„besondere Kenntnisse und Erfahrungen"* in der Anwendung von Rechnungslegungsgrundsätzen und Internen Kontrollverfahren verfügen soll. Außerdem sollte er kein ehemaliges Vorstandsmitglied der Gesellschaft sein. Vgl. DCGK (2008), Ziff. 5.3.2 S. 2 f.

356) Vgl. IIA - Standards (2007), S. 5.

357) Vgl. IIA - PA (2007), PA 1110-1, Organizational Independence, Tz. 3.

358) Vgl. IIA - PA (2007), PA 1110-2.

Die Funktion des „*Administrative Reporting's*" bzw. die disziplinarische Unterstellung sollte nach Auffassung des IIA idealerweise beim Vorstandsvorsitzenden bzw. CEO liegen, der ein angemessenes Vorgehen und die Wirksamkeit der Internen Revision sicherstellt und fördert. Diese Funktion umfasst grundsätzlich:

- Die Budgetierung.
- Die Personalverwaltung, einschließlich Personalentwicklung.
- Die Interne Kommunikation und den Informationsfluss.
- Die organisationsinternen Vorschriften.

Von Bedeutung ist in diesem Zusammenhang, dass die disziplinarische Leitung über keine Rechte verfügt, um zu ihren Gunsten auf den Prüfungsumfang oder die Berichterstattung der Internen Revision einwirken zu können.[359] Für einen *vorstandsunabhängigen* Informationstransfer zwischen Interner Revision und Aufsichtsrat sollte im dualistischen System somit die aufbauorganisatorische Zuordnung, insbesondere der disziplinarische Schutz für den Leiter der Internen Revision, gestärkt werden.[360]

Organisatorische Konsequenzen

Handelt die Interne Revision als Agent des Überwachungsorgans, dann bedeutet das eine weniger starke direkte Abhängigkeit vom Vorstand. Durch diese Externalisierung sind dann allerdings zwei Prinzipale mit unterschiedlichen Verantwortlichkeiten für die Interne Revision zuständig. Dies ist umso kritischer, wenn die Prinzipale unterschiedliche Interessen verfolgen.[361] Diese Problematik wird, wie bereits an anderer Stelle ausgeführt, in der asymmetrischen Informationsverteilung und den unterschiedlichen Interessen zwischen Vorstand und Aufsichtsrat deutlich. Zur Minderung dieses Problems sollte die Interne Revision ihre Prüfungstätigkeiten an den strategischen Unternehmenszielen, die gemeinsam von dem Aufsichtsorgan und der Geschäftsführung getragen werden, ausrichten. Die Interne Revision muss ihre Dienstleistungen somit auch auf nachhaltige Zielgrößen ausrichten, die im Unternehmensinteresse und somit auch im Interesse der Stakeholder liegen. Aus der Sicht der Prinzipal-Agenten-Theorie stellt bereits die Einrichtung eines Prüfungsausschusses eine Verpflichtung des Vorstands zur Beschränkung seines eigenen Handelns dar. Darüber hinaus kann der *vorstandsunabhängige* Informationstransfer als zusätzliche Bindungskosten des Managements interpretiert werden, die die Überwachungskosten des Prinzipals vermindern.

Bei einer konsequenten aufbauorganisatorischen Zuordnung der Internen Revision allein beim Überwachungsorgan besteht allerdings die Gefahr, dass der Vorstand sich parallel ein eigenes, separates Instrumentarium zur Überwachung aufbaut. Auch negative Auswirkungen auf die Loyalität und das Vertrauensverhältnis zwischen Vorstand und dem Leiter der Internen Revision können die Folge sein. Des Weiteren kann es dazu kommen, dass die Interne

359) Vgl. IIA - PA (2007), PA 1110-2.

360) „.. *views the audit committee's oversight of internal audit as critical to the sound running of an institution.*" Vgl. Moody's (2006), S. 1.

361) In diesem Fall handelt es sich um ein sog. Mehrprinzipalmodell. Vgl. zu diesen Modellen Kräkel (2007), S. 92 ff.; siehe auch oben, Kapitel B.1.1.3, S. 27 f.

Revision nicht mehr die gleichen Chancen hat, implizites Wissen in dem Umfang aufzunehmen, wie das aktuell noch der Fall ist.[362] Dies hat insbesondere in einer Welt mit informellen Organisationen und mit unvollständigen Verträgen sowie unternehmensspezifischen Investitionen entscheidende Auswirkungen. Oder nach *Williamson*: Im Gegensatz zu unabhängigen Tauscheinheiten können Interne Revisoren in integrierten Organisationen mit einer größeren Kooperation der Mitarbeiter rechnen *„sogar einschließlich Hinweisen, wo die „Hunde begraben liegen", als sie zu erwarten wäre, wenn eine Revision über die Grenze rechtlich selbständigen Eigentums hinweg versucht würde*". Ein externer Prüfer kann auf diese internen, zum Teil auch impliziten Informationen nicht oder nur beschränkt zurückgreifen, da er in der Regel nur eine beiläufige Kooperation erwarten kann und sich die Mitarbeiter stärker reserviert verhalten.[363]

Ein institutioneller Schutz der Internen Revision mittels Bindung an das Aufsichtsorgan bzw. seinen Prüfungsausschuss kann die innere Unabhängigkeit nicht nur unterstützen, sondern er kann diese letztendlich erst garantieren.[364] Denn erst die hierdurch geschaffene positive Unabhängigkeit eröffnet die Möglichkeiten einer de facto inneren Unabhängigkeit. D. h., es sollte ein *vorstandsunabhängiger* Kommunikationsweg, ein Zustimmungsvorbehalt für das Aufsichtsorgan hinsichtlich Einstellungs-, Entlassung- und Vergütungsfragen und die organisatorische Eingliederung sowie ein Rederecht für die Interne Revision eingerichtet werden, damit wesentliche Prüfungsergebnisse nicht nur dem Überwachten, sondern auch dem Überwachenden direkt zur Verfügung gestellt werden können. Eine diesbezüglich optimierte institutionelle Rahmenstruktur setzt zwar auf der inneren Unabhängigkeit der Internen Revision auf, baut diese aber um die positive, äußere Unabhängigkeit aus. Die äußere wie die innere Unabhängigkeit sind die Grundlage, wenn nicht sogar die entscheidenden Voraussetzungen, für die Verbesserung der Wirksamkeit der Internen Revision gegenüber der heutigen Situation.[365]

---

362) *„Since they are colleagues and the relationship is long-term, they* [die Interne Revision, K. G.] *can count on more cooperation from the employees within the organization.*" Vgl. Paape (2007), S. 125.

363) Vgl. Williamson (1990a), S. 177.

364) In der zweiten Auflage ihres MaRisk-Kommentars greifen *Hannemann/Schneider/Hanenberg* diese Vorstellung erstmalig als eine Möglichkeit zur Verbesserung der Corporate Governance auf. Sie schreiben: *„Möglicherweise könnte sogar die direkte Anbindung der Internen Revision an das Aufsichtsorgan zu einer nachhaltigen Stärkung der gesamten Leitungs-, Steuerungs- und Kontrollprozesse führen.*" Vgl. Hannemann et al. (2008), S. 681.

365) Denn nur dann ist es möglich, die für die Revisionsarbeit notwendige Unabhängigkeit und Objektivität aktiv und passiv zu nutzen. Bei tatsächlicher oder potenzieller Beeinträchtigung dieser beiden Faktoren steht mit dem Aufsichtsorgan bzw. seinem Ausschuss außerdem ein Partner mit der notwendigen und hinreichenden Autorität zur Gewährleistung der erforderlichen Rahmenbedingungen bzw. zur Behebung dieses Mangels zur Seite.

4.4 Praxisorientierte Ansätze zur Zukunft der Internen Revision

4.4.1 Gestaltung eines modernen Revisionsprozesses

Die traditionelle Interne Revision ist gekennzeichnet durch einen vergangenheitsorientierten Prüfungsansatz, ist eher reaktiv als aktiv, hat eine geringe Standardisierung und konzentriert sich überwiegend auf Fragen zur Ordnungsmäßigkeit und Kontrolle im traditionellen Sinn. Hierbei besteht die Gefahr, sich in Einzelfällen zu verlieren, ohne den Blick für das Ganze zu bewahren. Im Revisionsalltag finden sich in vielen Prüfungsprogrammen (noch) wenige system- oder prozessorientierte Prüfungsansätze, keine Quality Assessment-Konzepte, kaum projektbegleitende Prüfungen oder prüfungsnahe Beratungen wieder. Stattdessen liegt das Schwergewicht eher auf Einzelfallprüfungen und auf der Einhaltung von Formalitäten.

Weitere Schwachpunkte in der traditionellen Internen Revision, insbesondere bei kleineren und mittleren Kreditinstituten, waren bzw. sind zum Teil auch heute noch eine stark auf das Kreditgeschäft ausgerichtete Revisionsstruktur mit der Folge, dass kaum oder unzureichende Prüferkapazitäten für komplexere Themen, wie z. B. Gesamtbanksteuerung oder Informationstechnologie, zur Verfügung stehen. Oder allgemeiner formuliert: Es fehlen häufig Interne Revisoren mit Spezialwissen, die diese anspruchsvollen Systeme oder Prozesse, insbesondere im Risikomanagement, bewerten können. Außerdem existiert teilweise keine oder nur eine unvollständige Risikomatrix als Grundlage für die risikoorientierte Prüfungsplanung. Des Weiteren finden Prüfungen zur Aufdeckung von Unterschlagungen (Fraud) nicht statt, es gibt keine klar definierten Follow Up-Verfahren sowie nur eine unzureichende Empfängerorientierung bei der Berichterstattung.[366]

Dass diese Entwicklungsstufe noch nicht in allen Revisionsabteilungen überschritten ist, zeigt die folgende grafische Darstellung, mit der „Funktionsfähigkeit“ auf der Ordinate und der „Standardisierung“ von Revisionsprozessen auf der Abszisse. Die Ergebnisse sind nicht repräsentativ, aber realitätsnah für die Situation in vielen Revisionsabteilungen, insbesondere bei kleineren und mittleren Sparkassen (Abbildung D.11):[367]

366) Zur Bedeutung von Fraud im Unternehmen und mögliche Prüfungsansätze für die Interne Revision vgl. Erichsen (2008). Für praxisnahe Umsetzungshilfen wird auf die Texte zur Korruptionsprävention des Bundesministerium des Inneren verwiesen; vgl. BMI - Korruptionsprävention (2006). Nach den internen Empfehlungen des Bundesministerium des Inneren können der Internen Revision auch Aufgaben der behördeninternen Korruptionsprävention übertragen werden. Vgl. BMI - Interne Revision (2007), S. 3.

367) Vgl. Geiersbach/Peltier (2008), S. 203. Die Ergebnisse entstammen der Vorstudie zu dem DSGV-Projekt „Zukunft der Internen Revision“ aus dem Jahre 2006 auf Basis einer nicht repräsentativen Umfrage in einzelnen Instituten der Sparkassenorganisation.

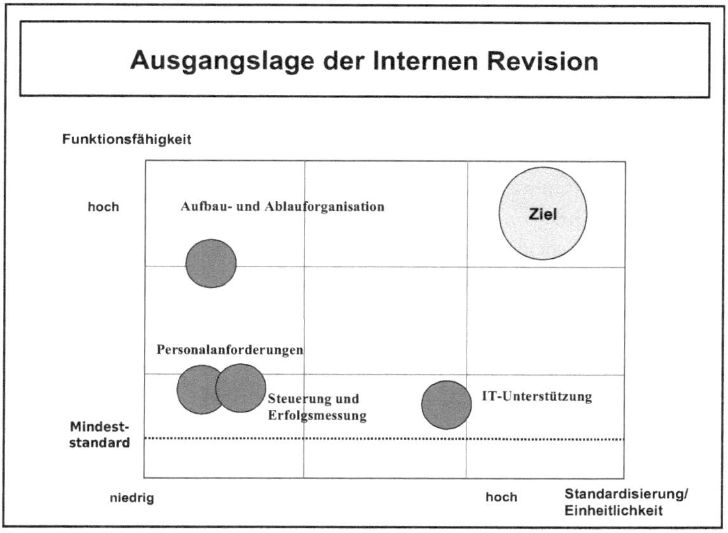

Abbildung D.11: Ausgangslage der Internen Revision

Die Notwendigkeit für einen Wandel in der Revisionsarbeit ist sowohl exogen als auch endogen getrieben. Exogen u. a. deshalb, weil die Folgen der aktuellen Finanzmarkt- und Bankenkrise weitere Antworten und Maßnahmen, insbesondere zum Risikomanagement verlangen werden, der Wettbewerbsdruck bei den Kreditinstituten vor diesem Hintergrund ebenfalls weiter steigt, sodass nur noch begrenzte finanzielle Ressourcen zur Verfügung stehen und somit Geschäfts- und Stabsprozesse weiter standardisiert werden müssen. Außerdem sind an dieser Stelle ein komplexeres regulatorisches Umfeld (Basel II) sowie weitere Entwicklungen der Corporate Governance-Diskussion auf EU- und nationaler Ebene zu nennen. Die Komplexität in der Bankenindustrie ist aber auch durch neue Vertriebskanäle (Internetbanking, Mobile Banking) oder neue Produkte (z. B. Strukturierte Produkte, Kreditderivate) gestiegen. Eine Antwort des Bankensektors auf diese Entwicklungen ist der Trend zur Industrialisierung und Optimierung der Wertschöpfungsprozesse und -tiefe, d. h. die Konzentration auf Kernkompetenzen.[368] Als Kernelemente der Industrialisierung zur Komplexitätsreduktion sind beispielhaft zu nennen: Trennung von Vertrieb und Produktion, Standardisierung, Messbarkeit, Konsolidierung, Integration und Sourcing.[369] Diesen Entwicklungen kann und darf sich eine Interne Revision nicht verschließen. Sie muss adäquate Antworten für die Optimierung ihrer Prozesse und Strukturen finden, um somit den gestiegenen Anforderungen, die sich

368) Vgl. Köhler/Lang (2008); ebf. Fraunhofer IAO (2008), S. 42 ff.
369) Vgl. Junker (2008), S. 3 ff.

aus der zunehmenden Komplexität der Aufgaben sowie steigenden Zeit- und Kostendruck ergeben, gerecht zu werden.

Auch wenn der endogen getriebene Wandel zum Teil auch exogen beeinflusst wird, so ist ein entscheidender Grund für die endogene Veränderung auch ein neues, stärker unternehmerisches Verständnis von Revisionsarbeit als Folge ihrer neuen Rolle als Informationsdienstleister. Eine unternehmerische Revision sollte sich – auch im Hinblick auf die Erwartungen ihrer Revisionspartner – durch eine erhöhte Qualität und Effizienz ihrer Tätigkeit auszeichnen, damit sie ihren Beitrag zur Wertschöpfung und einer wirksameren Internal Governance beisteuern kann. Die entscheidende Frage ist also nicht, *ob* die veränderten Rahmenbedingungen Konsequenzen haben, sondern *welche* Konsequenzen diese Änderungen für die Aufgaben der Internen Revision mit sich bringen.[370]

Ob und inwieweit die Umsetzung dieser Veränderungen in der Revisionspraxis auch tatsächlich gelingen werden, hängt stark von der existierenden Unternehmens- und Risikokultur, von dem praktizierten Führungsverständnis des Leiters der Internen Revision sowie von dem Know-how und der Qualifikation der Revisoren ab. Hier werden die entscheidenden Weichen für eine moderne Interne Revision gestellt. Somit sind alle gefordert: Vom Junior-Revisor über den Leiter der Internen Revision bis hin zum Vorstand und Aufsichtsrat bzw. seinem Prüfungsausschuss. Stellt sich die Interne Revision aber nicht selber diesen Herausforderungen und entwickelt – in Abstimmung mit ihren primären Revisionspartnern, nämlich Vorstand *und* Aufsichtsorgan – keine adäquaten Antworten auf die exogenen und endogenen Veränderungen, so droht für sie die Gefahr der verminderten Akzeptanz im Unternehmen oder des Outsourcings.

Unter der Prämisse, dass eine rein vergangenheitsorientierte Prüfung aktuellen Anforderungen an die Unternehmensüberwachung nicht mehr gerecht wird, hat sich eine moderne Interne Revision frühzeitig mit künftigen Risiken und Chancen auseinanderzusetzen.[371] Hiermit soll das Ziel erreicht werden, dass negative (und auch positive) Entwicklungen für das Kreditinstitut rechtzeitig erkannt, bewertet und bewältigt werden, um Ressourcen optimal einsetzen zu können.[372] Die Konsequenzen für die Revisionsarbeit in der Praxis liegen außerdem in einer risikoorientierten Weiterentwicklung und Standardisierung der Revisionsprozesse und -ansätze.[373] Dahinter verbirgt sich eine stärker risikoorientierte Prüfungsplanung und -durchführung, verknüpft mit einem Abwägen zwischen Kosten bzw. Risiken (Grenzkosten) und dem Nutzen bzw. Chancen (Grenznutzen) der Sachverhalte, eine stärkere Betonung von Sy-

370) Vgl. Geiersbach/Patock (2007), S. 447 f.

371) Für eine ausführliche Darstellung der Veränderungen, die die Interne Revision betreffen, wird auf Schroff (2006) verwiesen. Speziell für die Ausprägungen des Strukturwandels auf die Interne Revision von Kreditinstituten vgl. Abendroth (2005), S. 161 ff.

372) Verfügen die Innenrevisoren über eine innovationsfreundliche, Veränderungen positiv aufgeschlossene Grundhaltung, dann können sie ihr Know-how über unternehmensinterne Strukturen, Prozesse etc. unterstützend für Optimierungs- bzw. Innovationsprozesse einsetzen. Zur Rolle und Voraussetzung des Internen Revisors als Change Agent sowie für ein erfolgreiches Veränderungsmanagement vgl. Kundiger (2006), S. 198 ff.; ebf. Thiede (2008), S. 216 ff.

373) Vgl. Geiersbach/Peltier (2008), S. 208 f.; ebf. Ruud/Sommer (2006b), S. 255 f.

stemprüfungen bzw. prozessorientierten Prüfungsansätzen sowie eine intensivere Berücksichtigung der strategischen Ausrichtung und der Risikotragfähigkeit des Instituts.[374] Des Weiteren sind gegenüber dem Status quo Prüfungen in den Bereichen Gesamtbanksteuerung, Informationstechnologie und Defraudationen qualitativ und quantitativ weiterzuentwickeln. Außerdem müssen die Prüfungsstrategien zukunfts- statt vergangenheitsorientiert ausgerichtet sein („Frühwarnfunktion“) und die Bereitschaft, als Berater und Change-Agent zu handeln, forciert werden. Diese Ansätze müssen darüber hinaus durch Quality Assessment-Verfahren und moderne Methoden zur Steuerungs- und Erfolgsmessung unterstützt bzw. ergänzt werden.

Vor diesem Hintergrund und den daraus folgenden praktischen Konsequenzen zeigt die folgende Abbildung D.12 wesentliche, notwendige Tendenzen in den Prüfungsplänen der Internen Revision auf:

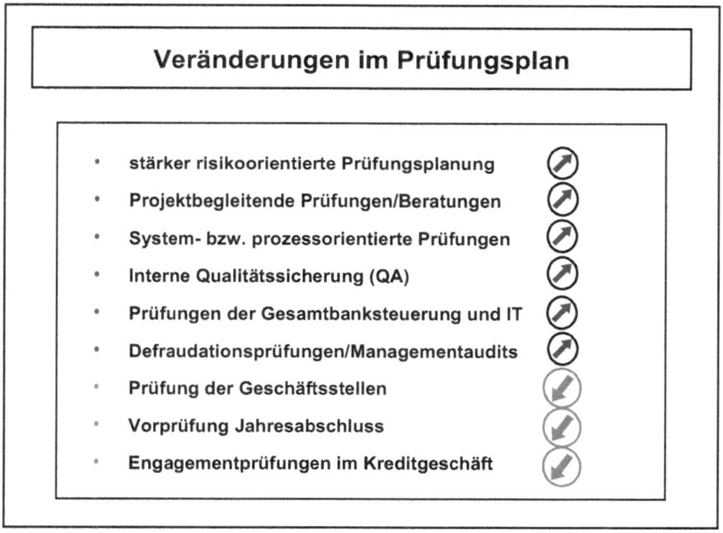

Abbildung D.12: Anpassungen im Prüfungsplan einer Beispiel-Sparkasse

Für eine systematische Einordnung der Revisionsfunktion in die vergangenheitsorientierte Prüfung auf der einen und der zukunftsorientierten Beratung auf der anderen Seite dient die folgende Tabelle:[375]

---

374) Für eine Darstellung der prozessorientierten Prüfung durch die Interne Revision vgl. Polster - Arbeitskreis 2 (2006), S. 141 ff.; zur Beziehung Interne Revision und Risikomanagement sowie die praktischen Konsequenzen vgl. Beumer (2005), S. 443 ff.

375) In Anlehnung an Schneider/Bennecke (2008), S. 211.

	Prüfung (ex post)	**Unabhängige & ob-jektive Dienstleistung**	**Beratung (ex ante)**
Definition IIA	-	Bewerten und Verbessern des internen Überwachungssystems	Bewerten und Verbessern der Geschäfts- und Füh-rungs-prozesse. Unterstützung bei der Zielerreichung.
Standards IIA 2100 ff.	Sicherung des Betriebs-vermögens, Compliance.	Überwachen und Bewerten des Risikomanagementsystems.	Effizienz und Effektivität der Geschäftsprozesse und der Kommunikation, klare Verant-wortlichkeiten, Leistungs-messung und -steuerung etc.
Assoziationen und Erwartungen			
Schlagworte	Sicherheit, Ordnungsmäßigkeit, dolose Handlungen, Compliance.	Effektivität des Internen Kon-trollsystems, Aufbau- und Ablauforganisaiton.	Zweckmäßigkeit, Wirtschaft-lichkeit Steuerung und Über-wachung, Kommunikation.
Die Revision ...	... deckt auf.	... schafft Risikobewusstsein.	... zeigt Chancen auf.
Selbstverständnis	Kompromisslosigkeit, „law and order".	Prozessunabhängiger Teil des internen Überwachungssystems.	Unterstützung bei der Verbes-serung der Geschäftsprozesse.
Typische Fragen	Gab es Verstöße gegen Gesetz, Satzung, Anweisungen?	Wie erschwert man dolose Handlungen? Wo liegen in-härente und Kontrollrisiken?	Wie sieht die Benchmark aus? Wer stellt die Angemessenheit der hierfür verwendeten Kri-terien fest? Ist die Steuerung optimal?
wertorientiert	Wertsicherung		Wertschaffung
Vorgehen im Revisionsprozess			
Feststellen	Dolose Handlungen, Un-regelmäßigkeiten, Regel-verstöße, Fehler etc.	Verbesserungsbedarf für die Kontrolle von Risiken oder für Schwachstellen, Voraussetzung für Ordnungsmäßigkeit ist gege-ben.	Verbesserungsmöglichkeiten i. S. der Wirtschaftlichkeit in den Systemen und Prozessen.
Herausarbeiten	-	Beschreibung des Risikos oder der Schwachstellen.	Analyse von Systemen und operativer Geschäftsprozesse. Beschreiben der Chance(n).
Empfehlung	(Wieder-) Herstellen eines geregelten Zustandes, Besei-tigung von Missständen.	Vermeiden eines ungeregelten oder unkontrollierten Zustandes.	Ergreifen einer Chance i. S. einer allgemeinen Verbes-serung.

Tabelle D.1: Klassifizierung von Revisionsfunktionen

Unter Berücksichtigung der vorherigen Ausführungen können als Stellhebel für eine zukunftsorientierte Interne Revision u. a. folgende Ansätze festgehalten werden:[376]

- Modernes Leitbild zu Anspruch und Stellung sowie als Visitenkarte der Internen Revision.
- Die Aufbauorganisation in der Revision sollte sich an das Prozessprüfungsmodell anlehnen, da die Bewertung von Systemen bzw. Prozessen gegenüber der Einzelfallbeurteilung in den Vordergrund gerückt ist und hierfür auch die organisatorischen Voraussetzungen zu schaffen sind. Der prozessorientierte Prüfungsansatz eröffnet die ganzheitliche Sichtweise unter Risikoaspekten und umfasst auf horizontaler Ebene einen gesamten, schnittstellenübergreifenden Geschäftsprozess. Dieser Prüfungsansatz steht auch im Einklang

376) Vgl. hierzu auch DSGV - Interne Revision (2008), S. 10 ff.; ebf. Schumacher (2008), S. 176 ff.

mit den Anforderungen an die Tätigkeit der Internen Revision, die einen Beitrag zur Verbesserung der Geschäftsprozesse liefern soll. Außerdem können so Gefährdungspotenziale frühzeitig aufgezeigt und berichtet werden sowie das Expertenwissen der Revisoren für die Institute, insbesondere unter dem Blickwinkel der Mehrwertschaffung und Verbesserung der Geschäftsprozesse, stärker nutzbar gemacht werden. Darüber hinaus kommen die Vorteile der prozessorientierten Prüfung den Instituten auch in Form von verstärkten und kompetenten Beratungsdienstleistungen zugute.

- Im Fokus der Prüfungsarten müssen Prüfungshandlungen zur Risikobeurteilung (inklusive Aufbauprüfungen) stehen, die ergänzt werden um funktions- und aussagebezogene Prüfungshandlungen.[377] Hiermit soll erreicht werden, dass die Informationsgewinnung sich als ein kontinuierlicher, dynamischer Prozess über die gesamte Prüfungsdauer erstreckt.
- Strukturierte Anforderungsprofile zur Sicherstellung der Personalqualifikation sowie Revision als systematischer Baustein in der Personalentwicklung.[378]
- Optimiertes Prüfungsvorgehen für risikoorientierte Prüfungen. Hierbei orientiert sich der risikoorientierte Prüfungsansatz grundsätzlich an den funktionsübergreifenden, logisch miteinander verknüpften Geschäftsprozessen. Der risikoorientierte Prüfungsansatz trägt im Wesentlichen zur Erhöhung der Prüfungseffizienz, zur Verbesserung der Prüfungsqualität, zur frühzeitigen Problemerkennung und somit zur Eingrenzung des Prüfungsrisikos bei. Unter Berücksichtigung weiterer Prüfungsarten, d. h. Funktionsprüfungen und aussagebezogener Prüfungshandlungen (analytische Prüfungshandlungen oder Einzelfallprüfungen), sind die hierdurch gewonnenen Prüfungsergebnisse insgesamt zu bewerten, ob die erlangten Prüfungsnachweise ausreichend und angemessen für die Gesamtwürdigung des Prüfungsergebnisses sind.[379]
- Prägnante risiko- und chancenorientierte Prüfungsberichterstattung.
- Stärker risikoorientierte Prüfungsplanung: Transparenz durch Prüffeldlandkarte und Verwendung einheitlicher Risikokategorien.
- Risikoorientierte Optimierung von Prüfungsturnus und -techniken sowie ein effizientes Follow up-Verfahren.
- Einsatz von Instrumenten zur Steuerung und Erfolgsmessung.
- Optimierung der „Produktionstiefe", d. h. Möglichkeiten des Out- oder Insourcings von (Teil-) Aufgaben der Revision oder die Bildung von Kooperationen.

---

377) Vgl. IDW PS 261 (2006).

378) Zu den Karrierewegen und Gehaltsstrukturen in der Internen Revision von Kreditinstituten in der Schweiz wird auf Ruud et al. (2008), S. 50 ff., zusätzlich für Deutschland und Österreich auf DIIR (2008), S. 44 f., verwiesen.

379) Vgl. auch IIA - PA (2007), PA 2100-14 „Anforderungen an Prüfungsnachweise".

Dieses moderne, stärker unternehmerische Verständnis von Revision spiegelt sich auch in einer Definition der Internen Revision wider. Diese sollte in einem Revisionshandbuch dokumentiert und dann in der operativen Tätigkeit auch tatsächlich gelebt werden:[380]

Die Interne Revision erbringt unabhängige und objektive Prüfungs- und Beratungsdienstleistungen („assurance and consulting activity"), die darauf ausgerichtet sind, Mehrwerte zu schaffen und die Geschäftsprozesse zu verbessern. Sie unterstützt das Kreditinstitut bei der Erreichung seiner Ziele, indem sie mit einem systematischen und zielgerichteten Ansatz die Effektivität des Risikomanagements, der Kontrollen und der Führungs- und Überwachungsprozesse bewertet und diese verbessern hilft.

Leitbild der Internen Revision

Ein modernes, unternehmerisches Revisionsverständnis sollte aber kein Selbstzweck, sondern Mittel zum Zweck sein und in ein allgemeines Leitbild für die Interne Revision eingebettet sein, das Anspruch und Selbstverpflichtung zugleich ist. Das Leitbild kann auch als eine „Visitenkarte" und zur institutsinternen Positionierung der Internen Revision dienen. Es bildet auch die Grundlage für die weitere Optimierung der Revisionsprozesse. Damit eine Neupositionierung bzw. ein Wandel der Internen Revision erfolgreich von statten gehen kann, ist zu empfehlen, das (neue) Leitbild intern zu kommunizieren. Dies hat eine positive Außenwirkung und zeigt, dass sich auch die Interne Revision den gestiegenen Anforderungen stellt und ihren Beitrag hinsichtlich Qualität und Effizienz sowie zur Stärkung der Internal Governance erfüllen wird. Das Leitbild kann auf fünf Orientierungswerten basieren:[381]

- *Kunden- und Serviceorientierung*: Die Revision erbringt ihre Leistungen nicht als Selbstzweck, sondern sie ist Mittel zum Zweck. In einem zurzeit (noch) üblichen *engeren* Verständnis unterstützt sie primär den Vorstand. Wie in dieser Arbeit ausgeführt, kann die Interne Revision in einem *weiteren* Verständnis neben dem Vorstand auch das Überwachungsorgan und eventuell sogar externe Institutionen, wie z. B. die Bankenaufsicht, unterstützen. Unabhängig von diesem Definitionsverständnis setzt die Kunden- und Serviceorientierung aber die Kenntnis aller Revisionspartner und deren Erwartungen voraus, an denen sie – soweit möglich – ihre Leistungen orientieren sollte. Ein nachhaltiger Qualitätsanspruch leitet sich nicht aus den eigenen Vorstellungen ab, sondern Qualität zielt auf die Erfüllung der Erwartungen der Vertragspartner ab. Dieser Qualitätsbegriff orientiert sich an der europäischen Norm DIN EN ISO 9000:2005, die Grundlagen und Begriffe zu Qualitätsmanagementsystemen definiert: Danach ist Qualität der Grad, in dem ein Satz inhärenter Merkmale Anforderungen erfüllt. Qualität ist somit ein Indikator dafür, ob bzw. wie stark eine Dienstleistung die an sie gestellten internen und externen Anforderungen erfüllt. Im Rahmen einer nicht repräsentativen Umfrage des Verfassers unter Vorstän-

380) In Anlehnung an die „Standards für die berufliche Praxis der Internen Revision", vgl. IIA - Standards (2007). Siehe auch oben, Kapitel D.2.1, S. 244.

381) Vgl. für die folgenden Ausführungen auch DSGV - Interne Revision (2008), S. 11 ff.; ebf. Schumacher (2008), S. 176 ff.

den von Sparkassen wurden überwiegend die folgenden Erwartungen an die Interne Revision gestellt:

- Betriebswirtschaftliche Aspekte stärker in den Fokus stellen.
- Neben Risiken auch (Vertriebs-) Chancen betrachten.
- Anstelle eines vergangenheitsorientierten, formalen Ansatzes die künftigen Auswirkungen von Prüfungsfeststellungen, insbesondere unter ökonomischen Aspekten, zu bewerten.
- Keine „Null-Fehler-Kultur".
- Eine Optimierung der Ressourcen der Internen Revision.
- Stärkere Gewichtung der originären Führungskompetenz, wie z. B. Persönlichkeits- und Sozialkompetenz.
- Sicherheitsfunktion: Die Interne Revision wird auch als „Lebensversicherung" des Vorstands gesehen.

Neben den zuvor genannten Institutionen, die die Interne Revision unterstützt, handelt es sich bei den Revisionspartnern um die Leiter und Mitarbeiter der Fachbereiche, für die Prüfungs- und Beratungsdienstleistungen (Assurance und Consulting) erbracht werden. Diese Leistungen sind angemessen, risikoorientiert und auf einem fachlich hohen Niveau zu erbringen. Mit den Revisionspartnern wird eine regelmäßige Kommunikation geführt und sie sollen als *Kunden* fair behandelt werden.

- *Leistungs- und Strategieorientierung*: Im Einklang mit der obigen Revisionsdefinition unterstützt dieser Orientierungswert die Aufgabe der Revision, zur strategischen Zielerreichung des Unternehmens im Rahmen ihrer Möglichkeiten beizutragen. Dies wird zum einen durch eine Beachtung der Geschäftsstrategie, der Risiko- und Teilstrategien in der Prüfungsplanung für die Kern- und Unterstützungsfunktionen erreicht sowie zum anderen durch die Berücksichtigung dieser Strategien in den einzelnen Assurance- und Consulting-Leistungen. Letztere spiegeln sich in einem risikoorientierten Prüfungskonzept und einer risikoorientierten Prüfungsausführung wider, welche die Risiken und Chancen unter ökonomischen und rechtlichen Aspekten angemessen zu berücksichtigen haben. Nicht nur aufgrund der dynamischen und komplexer werdenden Bedingungen entwickelt die Interne Revision ihr Prüfungsvorgehen durch ihre Kreativität und Innovationsfähigkeit permanent weiter. Unter diesen Gesichtspunkten werden von ihr auch zukunftsträchtige Entwicklungen und Veränderungsprozesse im Rahmen von projektbegleitenden Prüfungen oder prüfungsnahen Beratungen im Sinne der MaRisk vorgenommen. Hierbei sollte bzw. muss die Interne Revision sich im Rahmen ihrer Möglichkeiten auch als Impulsgeber verstehen.
- *Effizienzorientierung*: Vor dem Hintergrund des Grundsatzes der doppelten Proportionalität sind auch die Revisionskapazitäten angemessen zu bemessen. Für eine effiziente Lösung sind beispielhaft eine laufende Überprüfung des Kosten-Nutzen-Verhältnisses, die

fortlaufende Optimierung der internen Revisionsprozesse sowie die Überprüfung von In- und Outsourcing sowie Co-Sourcing zu nennen.

- *Transparenz und Messbarkeit*: Beide Aspekte sind unabdingbare Voraussetzungen für die Effizienz und Effektivität der vorherigen Orientierungswerte und geben die Impulse für die Steuerung und Ergebnisorientierung der Revisionsarbeit wieder. Während die Transparenz und Messbarkeit bei den anfallenden Kosten für die Revisionsarbeit gut ermittelt werden können, z. B. durch das Rechnungswesen, die Personalabteilung oder das Controlling, ist die Transparenz und Messbarkeit bei den Leistungen differenzierter zu betrachten. Zwar können Leistungen im Rahmen eines Leistungskatalogs dokumentiert werden, und somit kann eine Transparenz ermöglicht werden. Aber die Leistungsmessung gestaltet sich aufgrund der fehlenden Standardisierbarkeit als wenig operationalisierbar und somit, zumindest monetär, kaum messbar.[382] Eine Näherungslösung bietet die Leistungsmessung mit Hilfe von Kompetenzausprägungen, wie z. B. Wissens-, Wert- oder emotionalen Kompetenzen. Hierzu eigenen sich qualitative Faktoren wie beispielsweise vereinbarte Qualitätsstandards für die Revisionsarbeit, der Einsatz von Bewertungsbögen (Feedback-Katalog) zur Bewertung der Revisionsdienstleistungen durch die Revisionspartner oder Beurteilungen der Revisionsarbeit durch Externe Prüfer.[383]
- *Institutsabsicherung*: Wie bereits unter dem ersten Orientierungswert erläutert, wird unter der Voraussetzung der ersten vier Werte in einem *engen* Verständnis als Kernaufgabe der Internen Revision die Unterstützung des Vorstands bei der Institutsabsicherung verstanden. Dagegen geht das *weite* Verständnis über diesen Kreis hinaus, und erweitert den Kreis um das Aufsichtsorgan oder sogar um weitere externe Institutionen, wie z. B. die Bankenaufsicht.

Die folgende Abbildung D.13 zeigt die Empfehlung des DSGV für das Leitbild der Internen Revision, das in dem Projekt „Zukunft der Internen Revision“ erarbeitet wurde:[384]

382) Vgl. zur Leistungsmessung der Internen Revision Hölscher/Rosenthal (2007).
383) Vgl. zum Benchmarking Magofsky/Boycott (1999), S. 294 f.
384) Vgl. DSGV - Interne Revision (2008), S. 11.

Abbildung D.13: DSGV-Leitbild Interne Revision

Standardisierung von Revisionsprozessen

Für eine moderne, effiziente Interne Revision sind – neben einem unternehmerischen Fokus – standardisierte Revisionsprozesse für ein einheitliches Vorgehen, die von allen Revisoren akzeptiert und beachtet werden, eine wesentliche Voraussetzung.[385] Als Unterstützung sollte hierfür ein *Revisionshandbuch*, inklusive Arbeitshilfen, als Rahmenvorgabe und Nachschlagewerk erstellt werden.[386] Ein Gliederungsbeispiel eines solchen Handbuches ist in der Anlage zu dieser Arbeit abgebildet.[387] Die behandelten Themen eines Handbuches sollten im Wesentlichen Aussagen zu den Rahmenbedingungen und Zielen sowie der Organisation der Internen Revision, die Anforderungen an einen risikoorientierten Revisionsprozess (Prüfungsplanung, Prüfungsdurchführung, Berichterstattung, Follow-up und Eskalationsprozess), die Beschreibung der Risikomatrix für eine risikoorientierte Prüfungsplanung sowie Maßnahmen zur Qualitätssicherung und zum Personal umfassen.

---

385) Vgl. Geiersbach/Patock (2007), S. 447 ff.; ebf. für die folgenden Ausführungen Geiersbach/Prasser (2008a), S. 273 ff. Bereits im Jahre 1994 wurde in einer empirischen Untersuchung auf die Effizienzmängel in der Revision hingewiesen und es wurden entsprechende Lösungsansätze präsentiert: „*Angesichts sinkender Margen der Kreditinstitute sowie rapide wachsender Personal- und Sachkosten ist damit zu rechnen, dass sich die Effizienz- und Akzeptanzprobleme der Innenrevision weiter verstärken werden.*" Vgl. zu den vorgeschlagenen Maßnahmen Baetge et al. (1994), S. 11.

386) Ein Prüfungshandbuch leistet als Leitgedanke, Organisations- und Arbeitshilfe wertvolle Dienste. Für eine allgemeine Darstellung zum Prüfungshandbuch wird auf Hofmann (2005), S. 118 ff., verwiesen.

387) Siehe für eine Muster-Gliederung eines Revisionshandbuches unten, Anhang, S. 415.

Darüber hinaus sind standardisierte Arbeitshilfen für die risikoorientierte Prüfungsdurchführung bereitzustellen, die ein einheitliches, effizientes und transparentes Vorgehen ermöglichen.[388] Hierzu kommen u. a. in Frage:

- Ein Prüfungskonzept, das auch zur Vorabeinschätzung des Fehlerrisikos, also des inhärenten und des Kontrollrisikos, dient.
- Ein Prüfungsprogramm für die standardisierte Planung, Durchführung und Dokumentation von Art, Umfang und Ablauf der Prüfung.
- Der Einsatz von statistischen Verfahren zur Ermittlung von Stichproben sowie die Dokumentation der Auswahlkriterien.
- Die Vorgabe von einheitlichen Kriterien zur Klassifizierung von Prüfungsfeststellungen.
- Muster-Prüfungsberichte.
- Ein Follow-up-Verfahren in Verbindung mit einem Eskalationsprozess.
- Checklisten für die revisionsinterne Qualitätssicherung sowie ein Feedback-Bogen, der von den Revisionspartnern auszufüllen ist.

Zur Optimierung der Qualität und der Effizienz von Prüfungen kann in der Praxis beispielhaft folgender Ablaufprozess zum Einsatz kommen:[389]

Prüfungsziel, -strategie und -konzept

Als Basis für die Durchführung und Dokumentation einer risikoorientierten Prüfung dient das sog. *Prüfungskonzept*, das auch das vom Leiter der Internen Revision vorgegebene Prüfungsziel beinhaltet, wie z. B. die Bewertung der Angemessenheit, Wirksamkeit und Funktionsfähigkeit bestimmter Systeme oder Prozesse. Der Prüfungsauftrag sollte auch die Untersuchung auf Optimierungshinweise beinhalten. D.h., die Revisionsdienstleistung trägt auch zur Risiko- und Ertragsoptimierung im geprüften Bereich bei. Vor Beginn der eigentlichen Prüfungsdurchführung ist das Prüfungskonzept vom Revisor zu bearbeiten und mit dem Vorgesetzten in der Revision abzustimmen. Das Prüfungskonzept ist Bestandteil der Arbeitspapiere und dient der Konkretisierung bzw. Verfeinerung des Prüfungsziels. Im Prüfungskonzept sind zunächst Aussagen zu folgenden Punkten zu treffen:

- Vorabeinschätzung des inhärenten Risikos und des Kontrollrisikos (sog. Fehlerrisiko),[390]
- die verwendeten Grundlagen (Literatur, Checklisten etc.) sowie
- die eingesetzte Prüfungsmethodik.

Hierbei sind insbesondere das Risikomanagement und das Interne Kontrollsystem im Sinne von COSO bzw. ERM – vorab und so weit wie möglich – zu beurteilen, z. B.:[391]

---

388) Für einen beispielhaften, standardisierten Ablauf einer risikoorientierten Prüfung siehe oben, Kapitel D.2.2, S. 249. Vgl. hierzu auch Kurowski (2004), S. 471 f.

389) Siehe auch die Graphik oben, Kapitel D.2.2, S. 249.

390) Inhärente Risiken und Kontrollrisiken unterliegen nach dem IDW PS 261 einer zusammengefassten Beurteilung. Vgl. IDW PS 261 (2006).

391) Vgl. IDW PS 261 (2006), Tz 29. Darüber hinaus sind die Arbeiten von Westhausen (2005), S. 98 ff.; ebf. Ullrich (2006), S. 466 ff.; ebf. Helfer/Ullrich (2008), S. 101 ff., zu nennen. Siehe auch oben, Kapitel C.3.3.1, S. 175 ff.

- *Kontrollumfeld*: Die Geschäftsstrategie und die Risikostrategie bilden den Hauptbestandteil des Kontrollumfeldes. Weitere prägende Faktoren sind das Risiko- und Kontrollbewusstsein, das Verhalten des Vorstands und der Mitarbeiter sowie die Überwachungstätigkeit des Aufsichtsorgans. Außerdem sind z. B. klare Zuständigkeitsregelungen bzw. die schriftlich fixierte Ordnung, Mitarbeiterqualifikation, Anreizsysteme, Führungsstil und Ethik-Kodex (Unternehmensleitbild) zu nennen.
- *Risikobeurteilungen*: Existenz von Risikostrategie bzw. -handbuch; Vorhandensein eines Prozesses zur Identifikation, Analyse und Bewertung der Risiken auf strategischer und operativer Ebene vor dem Hintergrund der Risikotragfähigkeit.
- *Kontrollaktivitäten*: Organisatorische bzw. prozessuale Maßnahmen, die die Einhaltung der Geschäfts-, Risiko- und weiteren Teilstrategien, der Risikobeurteilungsverfahren sowie der einzelgeschäftlichen Regelungen gewährleisten sollen, wie z. B. die Funktionstrennung, schriftlich fixierte Ordnung oder konsistente, abgestimmte Prozesse.
- *Information und Kommunikation*: Kommunikationskultur und angemessene Reportingsysteme, die einen – regelmäßigen bzw. ad hoc – Informationstransfer auf Basis aktueller, zuverlässiger Daten an die relevanten Empfänger, wie z. B. Fachbereiche, Vorstand, Aufsichtsrat, sicherstellen.
- *Überwachung (Monitoring)*: Regelmäßige Überwachung und Bewertung des Risikomanagements- bzw. Internen Kontrollsystems durch externe oder interne Prüfer (prozessunabhängig); aber auch die kontinuierliche Weiterentwicklung durch (prozessabhängige) Mitarbeiter.

Letztendlich hat sich der Prüfer davon zu überzeugen, dass die getroffenen Annahmen über das Vorhandensein angemessener Risikomanagement- bzw. Interner Kontrollsysteme in dem jeweiligen Prüfungsbereich auch zutreffen, die Kontrollen tatsächlich in den Arbeitsablauf eingebaut sind, angemessen, effektiv und dokumentiert sind sowie permanent beachtet werden. Das Prüfungsziel ist nach Beantwortung dieser Fragen und nach Rücksprache mit dem Leiter der Internen Revision zu verfeinern bzw. eventuell anzupassen, um darauf aufbauend die Prüfungsstrategie weiter zu entwickeln.

Prüfungsprogramm

Im nächsten Schritt unterstützt das *Prüfungsprogramm* die Planung, Durchführung und Dokumentation von Art, Umfang und Ablauf der Prüfungshandlungen. Es dient der Sicherstellung einer einheitlich hohen Prüfungsqualität und dokumentiert einen standardisierten Prüfungsablauf. Das Prüfungsprogramm ist bei jeder Prüfung vom zuständigen Prüfer zu führen und vom Vorgesetzten in der Internen Revision zur Kenntnis zu nehmen.

Stichprobenprüfung

Ein weiterer wesentlicher Punkt einer effizienten Prüfungsdurchführung ist die Festlegung der Prüfungstiefe, was u. a auch die Festlegung des gewünschten Sicherheitsgrades und des damit verbundenen Stichprobenumfangs betrifft.[392] Als Gründe für die Anwendung von Teilerhebungen als Alternative zur Vollerhebung sind Kostenersparnis, Zeitgewinn und eine praktische Unmöglichkeit von Vollerhebungen bei großen Grundgesamtheiten zu konstatieren.[393] Bei den stichprobengestützten Prüfungen wird zwischen Verfahren mit bewusster Auswahl und Verfahren mit zufallsgestützter Auswahl differenziert. Da ersteres subjektiven Einflüssen unterliegt und keinen Repräsentationsschluss zulässt, soll im Folgenden auf die stichprobengestützten Verfahren abgestellt werden. Bei den Zufallsauswahlverfahren erfolgt die Auswahl unter der Annahme, dass sämtliche Elemente der Grundgesamtheit eine bestimmte, von Null verschiedene Wahrscheinlichkeit besitzen. Es kann der Rückschluss von der Stichprobe auf die entsprechende Grundgesamtheit unter Anwendung mathematisch-statistischer Gesetzmäßigkeiten erfolgen (Repräsentationsschluss).[394] Aber auch hier verbleibt ein Stichprobenrisiko in der Form, dass das Ergebnis der Stichprobe die Verhältnisse der (unbekannten) Grundgesamtheit nicht korrekt abbildet. Bei dem Stichprobenrisiko gibt es zwei Ausprägungen: Das Risiko fälschlicher Ablehnung (Alpha-Fehler oder Fehler 1. Art - Auftraggeberrisiko) und das Risiko fälschlicher Annahme (Beta-Fehler oder Fehler 2. Art - Prüferrisiko). Allerdings kann bei mathematisch-statistischen Stichproben dieses Stichprobenrisiko quantifiziert und kontrolliert werden. Dagegen fehlt nicht-statistischen Stichproben die statistische Begründung, sodass die Ergebnisse nicht für eine Schlussfolgerung auf die Grundgesamtheit verwendet werden sollten. Es liegt ein fehlender Repräsentationsschluss vor, da nicht gesichert ist, dass die Stichprobe repräsentativ für die Grundgesamtheit ist.[395]

Als Voraussetzung für eine mathematische-statistische Stichprobenprüfung sind insbesondere eine hinreichend große Grundgesamtheit, die Fehlerhomogenität (alternativ: Schichtung von Grundgesamtheiten), eine Vielzahl von Elementen mit der gesuchten Merkmalsausprägung in der Grundgesamtheit, die Kenntnis von bestimmten Eigenschaften der Grundgesamtheit und der Wahrscheinlichkeitsverteilung für Stichprobenwerte bei bekannten Eigenschaften der Grundgesamtheit sowie die Zufallsauswahl der zu wertenden Elemente zu nennen. Als Verteilungsmodelle sind die hypergeometrische Verteilung, die Binomial- und die Poissonverteilung sowie die in der Praxis aufgrund ihrer einfachen Handhabung und des geringen Rechenaufwandes verwandte Normalverteilung zu nennen, die aber nur Näherungslösungen liefert.[396] Nach *von Wysocki* ist das Modell der hypergeometrischen Verteilung für das Prüfungswesen zwar das exaktere Verteilungsmodell für das sog. „Ziehen ohne Zurücklegen“, dem aber ein relativ großer Berechnungsaufwand gegenüber steht.[397] Für alle Stichprobenprüfungen ist die Bewertung des Stichprobenergebnisses und die Formulierung eines professionellen

392) Vgl. für einen Überblick zu den Stichprobenverfahren in der Revisionspraxis auch Kloska (2008), S. 20 ff.

393) Vgl. Bleymüller et al. (2004), S. 71.

394) Vgl. IDW - HFA 1/1988, S. 149.

395) Vgl. IIA - PA (2007), PA 2100-10: Audit Sampling, S. 2.

396) Vgl. zu der Kritik bei der Benutzung der Normalverteilungshypothese bei der Schätzung der oberen Vertrauensgrenze von Wysocki (1988), S. 193 f.

397) Vgl. von Wysocki (1988), S. 190. Zu den theoretischen Grundlagen der hypergeometrischen Verteilung vgl. Bleymüller et al. (2004), S. 54 f.

Prüferurteils („auditor judgement“) von Bedeutung, insbesondere unter Berücksichtigung der (einschränkenden) Annahmen, denen die Ableitung eines repräsentativen Stichprobenumfangs unterliegt, und aufgrund der Normalverteilungshypothese, die zu systematischen Fehlschätzungen führt. Da eine absolute Sicherheit des Repräsentationsschlusses nicht möglich ist, muss der Revisor die weiteren Ergebnisse seiner Prüfungstätigkeit, wie z. B. die Qualität des Internen Kontrollsystems, insgesamt beurteilen, um ein sachgerechtes Prüfungsergebnis ableiten zu können.

Checklistenmanager

Zur Unterstützung der weiteren Prüfungshandlungen kann ein sog. „*Checklistenmanager*“ als IT-Hilfsmittel implementiert werden, der alle der Internen Revision zur Verfügung stehenden Checklisten nach Abteilungen und Fachgebieten systematisiert. Die Fragen aus der jeweiligen Checkliste sollen während der Prüfungsdurchführung aber nicht *stur* abgearbeitet werden, sondern dienen in erster Linie als *Gedankengerüst.* Die Checklisten haben keinen statischen Charakter, sondern müssen vor jeder Prüfung an aktuelle Entwicklungen von dem verantwortlichen Prüfer angepasst werden.

Bewertungsbogen für Prüfungsfeststellungen

Damit relativ objektive Prüfungsfeststellungen getroffen werden können, sollte zur Wertung der Prüfungsergebnisse ein einheitlicher *Bewertungsbogen* eingesetzt werden, der nach Ende der Prüfungshandlungen unmittelbar vom Prüfer auszufüllen und mit seiner direkten Führungskraft oder dem Leiter der Internen Revision zu besprechen ist.[398] Als mögliche Kriterien für die Prüfungsfeststellungen „Beanstandungen“, „Mangel“ und „wesentlicher Mangel“, die jedes Institut nach den Aspekten der Wesentlichkeit und Angemessenheit festzulegen hat, sind z. B. zu nennen:

- Wurden Schäden aufgedeckt, die ein Volumen von 50.000 Euro übersteigen?[399]
- War das Interne Kontrollsystem (IKS) nur mit Einschränkungen funktionsfähig?
- Wurden Einzelfeststellungen getroffen, die a) gegen Gesetze oder bedeutende Teile der schriftlich fixierten Ordnung verstoßen haben und b), die mehr als 5 % der Grundgesamtheit ausmachten?
- Wurden Einzelfeststellungen getroffen, die a) gegen sonstige Teile der schriftlich fixierten Ordnung verstoßen haben und b), die mehr als 15 % der Grundgesamtheit ausmachten?
- Wurden systematische oder einzelfallbezogene Fehler festgestellt, die aufgrund bedeutender Schwächen des IKS mit hoher Wahrscheinlichkeit zu Schäden mit einem Volumen von mehr als 250.000 Euro führen?

---

398) Eine absolute Objektivität kann es bei der Bewertung von Prüfungsfeststellungen nicht geben. Allenfalls handelt es sich um die Vorgabe von Leitplanken, weil eine „*subjektive Objektivierung*“ ermöglicht werden soll.

399) Die Schadenshöhe sollte sich z. B. nach angemessenen, definierten Kriterien richten, die vom Vorstand beschlossen wurden. Als eine Orientierungsgröße kann bei Kreditinstituten das sog. Betriebsergebnis nach Bewertung dienen.

Sofern eine dieser Frage mit „Ja" beantwortet werden kann, liegt ein „Mangel" vor. Prüfungsfeststellungen, die nicht mit „Ja" beantwortet werden können und materiell weniger bedeutend sind bzw. sich auf geringfügige Aspekte der Ordnungsmäßigkeit beziehen, werden als „Beanstandungen" eingestuft. Abhängig vom Risikogehalt können in Einzelfällen durch den Leiter der Internen Revision auch andere Feststellungen als Mangel bzw. nicht als Mangel gewertet werden. Für die Kategorie der wesentlichen Mängel gilt:

- Wurden Feststellungen getroffen, die Verstöße gegen bußgeldbewehrte gesetzliche Vorschriften beinhalten oder die bankaufsichtliche Maßnahmen mit hoher Wahrscheinlichkeit zur Folge haben?
- Wurden Schäden aufgedeckt, die ein Volumen von 750.000 Euro übersteigen?[400]
- Wurden aufgrund bedeutender Schwächen des IKS systematische oder einzelfallbezogene Fehler festgestellt, die mit hoher Wahrscheinlichkeit zu Schäden von mehr als 750.000 Euro führen können?
- Wurden Einzelfeststellungen getroffen, die a) gegen Gesetze oder bedeutende Teile der schriftlich fixierten Ordnung verstoßen haben und b), die mehr als 20 % der Grundgesamtheit ausmachten?

Sofern eine dieser Fragen mit „Ja" beantwortet werden kann, liegt ein wesentlicher Mangel vor. Auch hier sollte der Leiter der Internen Revision die Möglichkeit haben, abhängig vom Risikogehalt, auch andere Feststellungen als wesentlichen Mangel oder auch als nicht wesentlichen Mangel werten zu können. Die Gründe hierfür sind zu dokumentieren.

Es empfiehlt sich, die generellen Kriterien des beispielhaft dargestellten Bewertungsbogens, auch unter der Prämisse des allgemeinen Transparenzgebots, den Fachbereichen zu kommunizieren.

Prüfungsberichterstattung

Prüfungsberichte der Internen Revision müssen richtig, objektiv, klar, prägnant, konstruktiv und vollständig sein sowie zeitnah erstellt werden.[401] Damit der Berichtsempfänger einen ersten Eindruck über die wesentlichen Prüfungsergebnisse bekommt, beginnt der Prüfungsbericht mit dem sog. „Management Letter". Dieser beinhaltet u. a. eine Wertung der Prüfungsergebnisse zu einzelnen Teilaspekten, wie z. B. Aufbau- und Ablauforganisation, die operative Geschäftsabwicklung sowie IT-Umgebung und Internem Kontrollsystem. Die folgende Darstellung ist ein Auszug aus einem „Management-Letter", der die Prüfungsfeststellungen beispielhaft klassifiziert:

400) Siehe zur Ableitung der Bezugsgröße die vorherige Fußnote 399, S. 325.

401) Vgl. IIA - Standards (2007), Standard 2400.

Gesamtbewertung / **Prüfungsbereich**	keine Feststellung	Beanstandung	Mangel	Wesentlicher Mangel	Schwerwiegender Mangel
Aufbauorganisation					
Ablauforganisation					
Operative Geschäftsabwicklung					
Inhärentes Risiko/Kontrollrisiko					
IT-Umgebung/Unterstützung					
Internes Kontrollsystem					

Tabelle D.2: Klassifizierung von Prüfungsfeststellungen

Anschließend erfolgt im „Management Letter" vom Prüfer eine Gesamtbewertung des Prüfungsgebiets sowie die Benennung der Prüfungsfeststellungen mit Terminen und Verantwortlichkeiten zur Prüfungsnachbearbeitung.[402] Die Verteilung der mit den geprüften Fachbereichen vorab besprochenen Prüfungsberichte an die Berichtsempfänger sollte nach einem standardisierten Verteilerschlüssel erfolgen, der sich grundsätzlich nach der Schwere der Prüfungsfeststellung und den Dezernatszuständigkeiten richtet.

Risikoorientierte Ableitung des Prüfungsrhythmus

Die Interne Revision hat risikoorientiert und prozessunabhängig auf Basis eines umfassenden und jährlich fortzuschreibenden Prüfungsplans zu prüfen und zu bewerten. Voraussetzung für eine risikoorientierte Vorgehensweise ist die Quantifizierung der Risiken.[403] Die Risikokennzahl bildet die Variable zur Bestimmung des Prüfungsrhythmus in der mehrjährigen, rollierenden Prüfungsplanung. Zur Erfassung der Risiken (qualitative Risikobewertung) sind für die einzelnen Prüfungsgebiete die Risikonoten nach folgendem Schema zu gewichten:

Risiko	**Gewichtung**
Inhärentes Risiko	35 %
Kontrollrisiko	35 %
Wirtschaftliches Risiko	25 %
Ergebnis der letzten Prüfung	5 %

Tabelle D.3: Gewichtung der Risikoeinstufung

Als Produkt der gewichteten Risikonoten wird die Risikokennzahl ermittelt, die den Prüfungsrhythmus bestimmt. Die Einstufung der Risikonoten erfolgt nach der folgenden Matrix:

402) Vgl. auch IIA - Internal Control (2005).

403) Vgl. auch Beumer (2005), S. 445 f.; ebf. Duscha (2008), S. 16 ff., der eine risikoorientierte Prüfungsplanung ausschließlich auf Basis von operationellen Risiken aufstellt.

Schadens-höhe				
	groß	3	6	9
	mittel	2	4	6
	gering	1	2	3
		gering	mittel	hoch
		Eintrittswahrscheinlichkeit		

Tabelle D.4: Risikomatrix

Folgende Indikatoren bei der Eingruppierung der Eintrittswahrscheinlichkeiten sind zu berücksichtigen:

Eintrittswahrscheinlichkeit	
Gering	Einmal pro Jahr bis einmal in 10 Jahren
Mittel	Einmal in 10 Tagen bis einmal pro Jahr
Hoch	Stündlich bis einmal in 10 Tagen

Tabelle D.5: Risikomatrix: Eintrittswahrscheinlichkeiten

Bei der Eingruppierung der Schadenshöhe sind folgende Indikatoren zu beachten:

Schadenshöhe	
Gering	Keine Wesentlichkeit („*materiality*“)
Mittel	Wesentlicher Einfluss auf die Vermögens-, Finanz- und Ertragslage
Groß	Bestandsgefährdung

Tabelle D.6: Risikomatrix: Schadenshöhe

Basierend auf der als Produkt aus den gewichteten Risikonoten ermittelten Risikokennzahl wird der Prüfungsrhythmus wie folgt festgelegt:[404]

Risikokennzahl	**Durchführung der Prüfung**
$\geq 4{,}0$	Jährlich
$\geq 3{,}0$ bis $< 4{,}0$	Alle zwei Jahre
$\geq 2{,}0$ bis $< 3{,}0$	Alle drei Jahre
$> 1{,}0$ bis $< 2{,}0$	Alle vier Jahre
$\leq 1{,}0$	Alle fünf Jahre

Tabelle D.7: Ableitung des Prüfungsrhythmus

Diese Vorgehensweise ermöglicht eine risikoorientierte Ableitung der Prüfungsintervalle. Im Laufe des Prüfungsjahres erfolgt die Anpassung der Risikoeinschätzung nach Beendigung

404) Ausnahme: Ein jährlicher Prüfungsturnus gilt immer bei sog. Pflichtprüfungen, wie z. B. der Geldwäscheprüfung.

jeder Prüfung und wird in dem Prüfungskonzept begründet und dokumentiert. Dieses Vorgehen ermöglicht eine konsequent durchgängige Risikoorientierung und eine permanent rollierende Planung, die nicht nur auf die einmalige Erstellung eines jährlichen Prüfungsplans konzentriert ist. Darüber hinaus wird die Risikoeinschätzung für die Revisionsobjekte bei neuen oder veränderten internen und externen Sachverhalten überprüft und bei wesentlichen Abweichungen wird die Risikokennzahl angepasst. Dieses Vorgehen entspricht grundsätzlich dem sog. „continuous auditing".[405] Des Weiteren wird die Risikobewertung sämtlicher Prüfungsobjekte im Rahmen der jährlichen, rollierenden Überarbeitung des Prüfungsplans nochmals überprüft, gegebenenfalls angepasst und soweit erforderlich, um neue Prüfungsobjekte ergänzt.[406] Aufgrund der im Jahresverlauf zunehmenden ad hoc Risikobewertung zeichnet sich die Tendenz ab, dass die ausschließlich kalenderbezogene und die bislang typische Mehrjahresplanung an Bedeutung verlieren werden – zugunsten einer dynamischen, risikoorientierten Prüfungsplanung („continuous auditing"). Dies eröffnet die Möglichkeit, auf veränderte Risikosituationen kurzfristiger und flexibler reagieren zu können.

Follow-up und Eskalationsprozess

Die Interne Revision hat die fristgerechte Erledigung ihrer Prüfungsfeststellungen kontinuierlich zu überwachen.[407] Unter dem sog. Follow-up ist ein Prozess zu verstehen, bei dem die Interne Revision bestimmt, ob die als Reaktion auf die berichteten Prüfungsfeststellungen durchgeführten Maßnahmen angemessen, effektiv und rechtzeitig erfolgten. Zeitraum und Intensität der Überwachung sind abhängig von der Bedeutung der Feststellungen. Mithilfe einer Datenbank kann eine systematische, IT-basierte Terminüberwachung sichergestellt werden. Eine zentrale Übersicht über den Stand der Mängelbeseitigung ist somit jederzeit gegeben. Werden die Termine vom Fachbereich nicht eingehalten, so kann beispielhaft der folgende Eskalationsprozess zum Einsatz kommen (Abbildung D.14):[408]

405) Vgl. zur risikoorientierten Prüfungsplanung nach den MaRisk DIIR-Arbeitskreis "MaRisk" (2008a), S. 60 ff.

406) Für Schwerpunktthemen eines Mehrjahresprüfungsplan unter Berücksichtigung von Basel II-Anforderungen vgl. DIIR-Arbeitskreis "Basel II" (2008c), S. 2 ff.

407) Vgl. IIA - Standards (2007), Standard 2500.

408) Hierbei stehen die Abkürzungen BL für Bereichsleiter, AL für Abteilungsleiter und OE für Organisationseinheit.

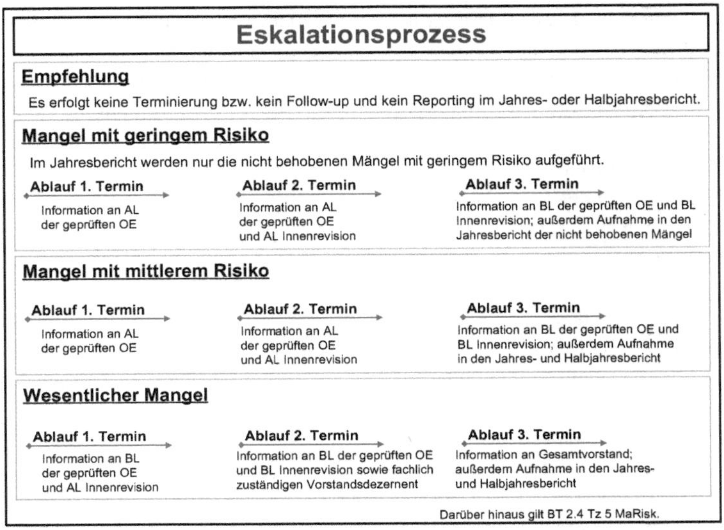

Abbildung D.14: Eskalationsprozess beim Follow-up

Nach den MaRisk hat die Geschäftsleitung – und nicht der Leiter der Internen Revision – das Aufsichtsorgan mindestens einmal jährlich über die von der Internen Revision festgestellten schwerwiegenden sowie über die noch nicht behobenen wesentlichen Mängel in inhaltlich prägnanter Form zu unterrichten (BT 2.4 Tz. 6). Die aufgedeckten schwerwiegenden Mängel, die beschlossenen Maßnahmen zu deren Behebung sowie die Umsetzung der Maßnahmen sind dabei besonders hervorzuheben. Über besonders schwerwiegende Mängel ist das Aufsichtsorgan unverzüglich durch die Geschäftsleitung in Kenntnis zu setzen.

In der Geschäftsanweisung für die Interne Revision bzw. in der Informationsordnung sollte vereinbart werden, dass das Aufsichtsorgan mit dem Leiter der Internen Revision *vorstandsunabhängig* den Jahres- und Halbjahresbericht erörtert. In diesem Zusammenhang empfiehlt sich auch die Aufnahme der weiteren, noch nicht erledigten Prüfungsfeststellungen, bei denen der dritte, vereinbarte Erledigungstermin abgelaufen ist, in die Berichterstattung an den Vorstand *und* das Aufsichtsorgan mit aufzunehmen.[409]

Internes Qualitätsmanagement

Wie bereits ausgeführt, ist Qualität die Gesamtheit von Eigenschaften und Merkmalen eines Produkts oder einer Tätigkeit, die sich auf deren Eignung zur Erfüllung gegebener Erfordernisse bzw. Erwartungen beziehen.[410] Qualitätsmanagement ist ein Programm zur Qualitäts-

409) Siehe unten, Anhang Geschäftsanweisung für die Interne Revision, S. 411 ff.

410) Siehe oben, Kapitel D.4.4.1, S. 318. Vgl. auch DIIR Revisionsstandard Nr. 3; zum Quality Assessment ebf. IIA - PA (2007), PA 1300 ff., „Programm zur Qualitätssicherung und -verbesserung“.

sicherung und -verbesserung, das alle Aspekte der Revisionsarbeit umfasst und zur kontinuierlichen Überwachung ihrer Wirksamkeit dient. Qualitätsmanagement ist Mittel zum Zweck: Es soll gewährleisten, dass die Arbeit der Internen Revision zur Wertsteigerung und Verbesserung der Geschäftsprozesse beiträgt.[411] Die Qualitätssicherung in der Internen Revision dient somit auch der Verbesserung der Internal Governance.

Die operative Umsetzung der Qualitätssicherung erfolgt in Stichproben. Der Leiter der Internen Revision wählt zu Beginn des Prüfungsjahres die Prüfungsaufträge aus, die in das Qualitätssicherungsverfahren einbezogen werden sollen. Hierbei ist auf eine repräsentative Auswahl zu achten. Grundlage des Quality Assessments bildet ein standardisierter, vorgegebener Fragebogen. Die Ergebnisse können in einer Datenbank für Analysezwecke festgehalten werden. Die hieraus gewonnenen Erkenntnisse sind für eine kontinuierliche Weiterentwicklung der Revisionsarbeit zu verwenden. Die Ergebnisse werden durch den Leiter der Internen Revision ausgewertet und mit den Revisoren besprochen. Ein Bewertungsbogen zur internen Qualitätssicherung kann beispielhaft folgende Kriterien berücksichtigen:

- Prüfungsvorbereitung:
  - Berücksichtigung der relevanten arbeitsordnenden Regelungen.
  - Nachvollziehbarkeit von Prüfungsstrategie, -umfang und -zeit.
- Prüfungsdurchführung/Führung der Arbeitspapiere:
  - Sachgerechte Festlegung der Prüfungsmethode zur Prüfungszielerreichung und Nachvollziehbarkeit der Prüfungsauswahl in den Arbeitspapieren.
  - Sachgerechte Erarbeitung der Prüfungsergebnisse bzw. Ableitung von Schlussfolgerungen.
  - Zutreffende Gesamtbeurteilung bzw. Ermittlung der Risikokennzahl.
  - Bekanntgabe und Besprechung der Prüfungsergebnisse und Feststellungen mit den geprüften Fachbereichen.
  - Durchführung der Prüfungsarbeiten in Übereinstimmung mit den Prüfungsanweisungen (z. B. Revisionshandbuch).
- Berichterstattung:
  - Erfüllung der inhaltlichen Anforderungen (z. B. Feststellungen, Beurteilungen, Hervorhebung wesentlicher Mängel, Management Letter).
  - Sicherstellung der Ableitung der im Bericht dargestellten Feststellungen und deren Beurteilungen aus den Arbeitspapieren.
  - Zeitnahe Berichterstattung.
  - Sachgerechter Adressatenkreis im Hinblick auf die Gesamtbewertung und die Berichtsinhalte.
  - Soweit erforderlich, besondere Akzentuierung identifizierter Schwachstellen im Internen Kontrollsystem bzw. von Geschäftsrisiken.

---

411) Vgl. AKEIÜ (2006a), S. 227, These 10 „Qualitätsmanagement der Internen Revision“.

- Maßnahmenerfordernisse:
  - Angemessene Fristsetzung zur Behebung der Prüfungsfeststellungen.
  - Erfassung einer Wiedervorlage zur IT-gestützten Überwachung der Bereinigung von Prüfungsfeststellungen.

Darüber hinaus beinhaltet das kodifizierte Quality Assessment-Konzept des Deutschen Instituts für Interne Revision e. V. (DIIR) auf Basis eines standardisierten Fragenkatalogs eine Überwachung hinsichtlich der Einhaltung und Beachtung von allgemein anerkannten Qualitätsstandards.[412] Der Quality Assessment-Prozess kann entweder durch Dritte, z. B. organisationsfremde Interne Revisoren oder Revisionsdienstleister, oder anhand einer Selbstbeurteilung mit unabhängiger Validierung, z. B. durch akkreditierte Assessoren des DIIR, durchgeführt werden.[413] Der Quality Assessment-Leitfaden des DIIR besteht aus 81 Qualitätskriterien, die in fünf Mindeststandards und weitere elf Gruppen, wie z. B. Organisation, Budget, Prüfungsdurchführung, Follow-up oder Mitarbeiterführung, untergliedert sind. Die 81 Kriterien werden in dem Qualitätssicherungsprozess zu einem Gesamturteil verdichtet und ermöglichen abschließend eine zusammenfassende Bewertung der Angemessenheit und Wirksamkeit der Internen Revision im Beurteilungszeitraum.[414]

Bei einem Assessment werden nicht nur alle Ebenen innerhalb der Internen Revision betrachtet, sondern es wird auch mit der Geschäftsführung sowie mit dem Management der geprüften Bereiche, den Wirtschaftsprüfern und – soweit vorhanden – mit Vertretern des Prüfungsausschusses gesprochen.[415] Die Abbildung D.15 zeigt ein Beispiel für eine graphische Auswertung von einem Quality Assessment in der Form eines Netzdiagramms und stellt für die einzelnen Betrachtungsfelder eine Teilbewertung dar (Stärken/Schwächen), die als Grundlage für die Ableitung weiterer Maßnahmen dient:

412) Vgl. IIR - QA (2007) des DIIR, der den DIIR-Revisionsstandard Nr. 3 um detailliertere Aspekte zum Quality Assessment konkretisiert und operationalisiert. Außerdem ist es für die Interne Revision von Kreditinstituten empfehlenswert, die Anforderungen der MaRisk, hier: AT 4.4 Interne Revision und BT 2 Besondere Anforderungen an die Ausgestaltung der Internen Revision, zu beachten.

413) Ein einheitliches Akkreditierungssystem des DIIR regelt das Zulassungsverfahren von Assessoren zur Durchführung von Quality Assessments.

414) Vgl. zu der Entwicklung und den Erfahrungen beim Quality Assessment-Konzept Cauers/Häge (2007), S. 162 ff.

415) Vgl. IIR - QA (2007), S. 4.

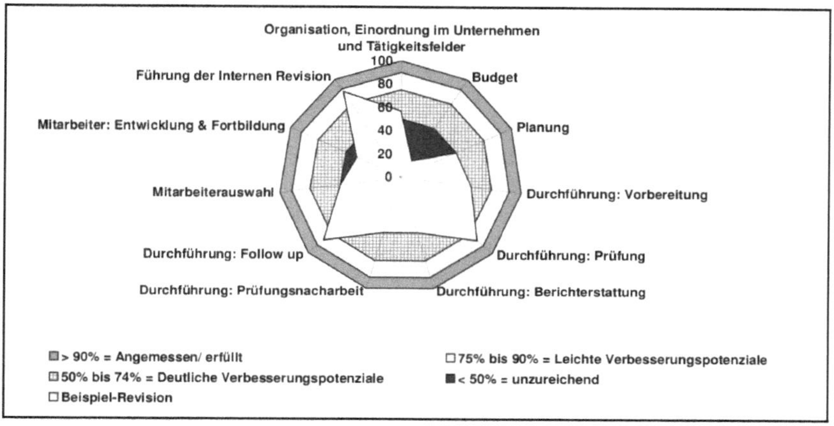

Abbildung D.15: Quality Assessment-Auswertung

Diese Teilergebnisse werden auf der operativen Ebene zu einer Gesamtbewertung verdichtet und mit den Führungskräften der Internen Revision sowie mit dem Vorstand besprochen und mögliche, weitere Verbesserungspotenziale aufgezeigt. Aus der Sicht des Verfassers sollten diese Ergebnisse auch dem Überwachungsorgan zur Verfügung gestellt werden und insbesondere mit dem Prüfungsausschuss diskutiert und weitere Maßnahmen – soweit erforderlich – abgeleitet werden. Das Gesamtergebnis ist ein Indiz für die Wirksamkeit der Internen Revision und kann den Prüfungsausschuss bei der Bewertung der Effektivität und Effizienz der Internen Revision nach der 8. EU-Richtlinie bzw. dem BilMoG unterstützen.

Externes Quality Assessment (Feedback-Bogen)

Neben der internen Qualitätssicherung empfiehlt sich der Einsatz eines sog. Feedback-Bogens, der nach Beendigung einer Prüfung von dem Leiter der Internen Revision an die Revisionspartner versandt wird. Hierzu wählt der Leiter der Internen Revision am Jahresanfang die einem Feedback unterliegenden Prüfungen nach repräsentativen Kriterien aus. Den vom Revisionspartner beantworteten Bogen erhält der Leiter der Internen Revision oder ein von ihm Beauftragter zur Auswertung. Der Fokus des Fragebogens zielt in erster Linie auf die Art und Weise der Prüfungsdurchführung ab und kann folgende Fragen beinhalten:[416]

- Wurden die Prüfungsziele vor Prüfungsbeginn klar kommuniziert?
- War die Information über Zwischenergebnisse während der Prüfung sichergestellt?
- War der Prüfungsberichtsentwurf klar und verständlich geschrieben?
- Wurden die wesentlichen Prüfungsergebnisse in der Schlussbesprechung erörtert und der Sachverhalt richtig wiedergegeben?

416) Vgl. für einen Fragenkatalog DIIR Revisionsstandard Nr. 3, Anlage 2; ebf. Lüdiger (2008), S. 194 f.

- Gab es eine konstruktive Zusammenarbeit?

Die Beantwortung der Fragen kann z. B. entweder in der Form von Schulnoten (1 bis 5) erfolgen oder mit den Attributen „zufriedenstellend", „weitestgehend zufriedenstellend" und „nicht zufriedenstellend" versehen werden. Negative Bewertungen sollten von dem Revisionspartner begründet werden, um hieraus Anregungen für die Weiterentwicklung der Internen Revision gewinnen zu können. Darüber hinaus empfiehlt sich ein Feld für weitere allgemeine Kommentare der Revisionspartner, z. B. für Verbesserungsmöglichkeiten in der Zusammenarbeit. Die Ergebnisse der Feedback-Bögen sind von dem Leiter der Internen Revision zu analysieren und mit dem Revisor sowie seinem Vorgesetzten zu besprechen. Mit Hilfe der Befragung der Revisionspartner hat die Interne Revision zum einen die Chance, etwaige Erkenntnisgewinne in die Weiterentwicklung ihrer Revisionstätigkeit einfließen zu lassen und zum anderen, um individuelle oder bereichsspezifische Konfliktfelder sowohl auf der Seite der Revisionspartner als auch auf der Seite der Internen Revision aufzugreifen und zu lösen. Hierfür empfiehlt sich aus der Sicht des Verfassers, dass die Feedback-Bögen nicht anonym beantwortet werden. Darüber hinaus können die Ergebnisse der Kundenbefragung auch Eingang in ein variables Vergütungssystem finden. Allerdings ist in diesem Fall die strenge Nebenbedingung zu beachten, dass die Unabhängigkeit und Objektivität der Revisoren nicht gefährdet wird. Der Vorstand und der Prüfungsausschuss sollten jährlich über die Ergebnisse aus der Befragung, die Entwicklung der variablen Vergütungsbestandteile und über neue Erkenntnisse sowie eventuell eingeleitete Maßnahmen aus den Befragungen der Revisionspartner unterrichtet werden.

4.4.2 Projektbegleitende Prüfung

Die Bedeutung von Projekten und projektbegleitenden Prüfungen ist in den letzten Jahren kontinuierlich gewachsen. Vor dem Hintergrund der Weiterentwicklung von gesetzlichen und wirtschaftlichen Rahmenbedingungen, erweisen sich starre Geschäftsprozesse und -strukturen als nicht mehr zeitgemäß, um den veränderten Anforderungen optimal begegnen zu können. In diesen Fällen bieten Projekte durch ihren temporären Charakter eine flexible Antwort auf eine durch Regelprozesse gekennzeichnete Linienorganisation. Den veränderten Bedingungen können somit konstruktive Lösungen und adaptive Prozesse entgegengesetzt werden.[417]

Eine einheitliche, allgemein anerkannte Definition für den Begriff „Projekt" gibt es nicht. Als wesentliche Eigenschaften eines Projekts sind die Einmaligkeit, das definierte Ergebnis und der zeitlich befristete Rahmen (Anfangs- und Endzeitpunkt) zu nennen. Nach dem weltgrößten Projektmanagementverband, dem 1969 in den USA gegründeten Project Management Institute (PMI)[418], ist ein Projekt

---

417) Vgl. DIIR Revisionsstandard Nr. 4; ebf. DIIR "Projekt Management Revision" (2008), S. 154 f.

418) Weitere etablierte Projektmanagementorganisation sind die international anerkannte International Project Management Association (IPMA) bzw. die 1979 gegründete deutsche Landesorganisation, die GPM Deutsche Gesellschaft für Projektmanagement e. V., Nürnberg, oder das britische Office of Government Commerce (OGC).

„ein zeitlich begrenztes Vorhaben zur Schaffung eines einmaligen Produkts oder Dienstleistung".

Die Interne Revision kann bei der Einführung neuer Systeme bereits bei der Konzeption und Implementierung beratend tätig sein.[419] Hierfür sind Standards in der Geschäftsanweisung für die Interne Revision zu definieren:[420] Nach diesen sollte die Interne Revision bei wesentlichen Projekten beratend tätig sein, aber unter Wahrung ihrer Unabhängigkeit und unter Vermeidung jeglicher Interessenkonflikte.[421] Projektbegleitende Prüfungen erstrecken sich je nach Auftrag auf die Prüfung des Projektmanagements (Project Management Audit)[422] und/oder auf die in den einzelnen Phasen der Projektdurchführung getroffenen Entscheidungen des Managements und der phasenbezogenen Projektergebnisse (Business Requirements Audit) sowie auf die Prüfung der Projektgrundlage (Business Case Audit).[423] Die folgende Abbildung D.16 zeigt die Prüfungsgebiete der Projektrevision im Überblick:

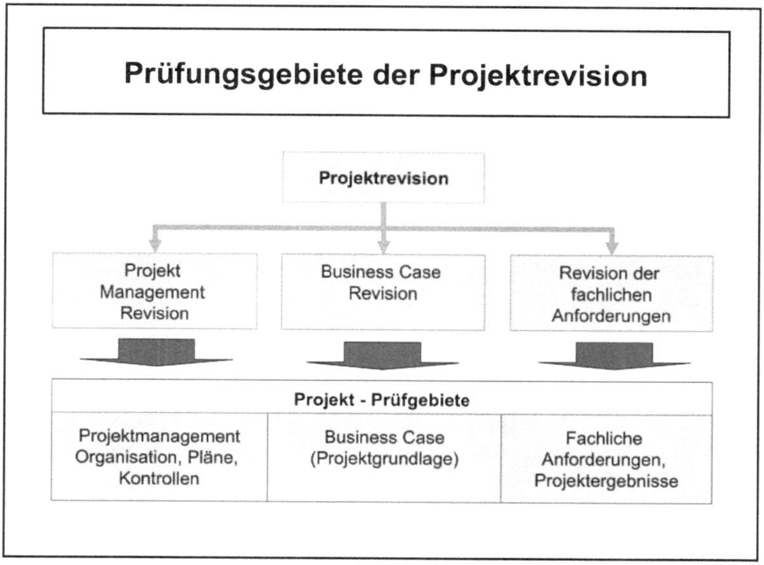

Abbildung D.16: Projektrevision

419) Vgl. DIIR Revisionsstandard Nr. 2, Tz. 6.

420) Vgl. für einen Praxisbericht zur Einführung von Standards für Projektprüfungen Bussmann/Kischkel (2008), S. 236 ff.

421) Siehe unten, Anhang, S. 406 und 409.

422) Vgl. Düsterwald (2007), S. 186 ff.

423) Vgl. für die folgenden Ausführungen den Entwurf des IDW EPS 850 (2007), S. 8 f.; ebf. DIIR "Projekt Management Revision" (2008), S. 155 f.

Ein Beispiel für ein mögliches „Project Audit Universe“ gibt die folgende Tabelle mit Prüfgebieten, -gegenständen und Projektphasen wieder:[424]

Prüfungsgebiet und Projektphasen	Findung	Planung	Durchführung	Abschluss	Nachschau
I. Prüfungsgebiet Projektmanagement, z. B.					
Kostenmanagement		Kostenplan	Kosten-/Nutzen-Vergleich (Soll-Ist-Vergleich)	Abschlussdarstellung	Kosten-/Nutzen-Überprüfung, Abweichungsanalysen
Personalmanagement		Personalbedarfsplan	Personalbeschaffung, -steuerung	Auflösung Projektteam	
Berichtswesen		Berichtsvorlagen	Projektfortschrittsbericht	Abschlussbericht	
Risikomanagement		Risikoinventur	Risikomaßnahmen, Update der Risikoliste		
II. Prüfgebiet Business Case					
Business Case	Projektziel, Analysen, Annahmen	Business Case, Kalkulation, Budgetfreigaben	Ergänzungen Business Case, Anpassung der Annahmen		
III. Prüfgebiet Fachliche Anforderungen					
Fachliche Anforderungen		Ergebnisse der Projektteams, z. B. Analysen, Pläne	Ergebnisse der Projektteams, z. B. Prototypen, Testpläne, Tests	Finale Ergebnisse des Projektteams	Ergebnisse des Projektteams nach Übergang in Linie

Tabelle D.8: Prüfungsumfang von Projekten

Die projektbegleitende Prüfung ist im Wesentlichen eine bereits während der Durchführung des Projekts vorgenommene prüferische Beurteilung der Entwicklung, Einführung, Änderung oder Erweiterung bestimmter Systeme oder Verfahren.[425] Gegenstand der Prüfungstätigkeit im Rahmen von projektbegleitenden Prüfungen sind die in den jeweiligen Projektphasen getroffenen Entscheidungen zu Neuentwicklungen, Änderungen oder Erweiterungen der Systeme bzw. Verfahren. Die projektbegleitende Prüfung stellt insofern keine Mitwirkung an der Entwicklung, Einrichtung oder Einführung dar. Im Rahmen der projektbegleitenden Prüfung sind die Prüfer eigenverantwortlich tätig und dürfen keine Weisungen der Projektleitung entgegennehmen. Sie haben ihre Unabhängigkeit zu wahren und Interessenkonflikte zu vermeiden (BT 2.1 Tz. 2 MaRisk). Eine Einbindung bei projektbegleitenden Prüfungen erfolgt auf Basis des genehmigten Prüfungsplans und nach risikoorientierter Prüfung des Leiters der Internen Revision grundsätzlich nur bei wesentlichen Projekten.[426] Bei vom Projektmanage-

---

424) In Anlehnung an DIIR "Projekt Management Revision" (2008), S. 157.

425) Vgl. für die folgenden Ausführungen IDW EPS 850 (2007).

426) Nach den MaRisk (BT 2.1 Tz. 2) bezieht sich die Projektbeteiligung auf „wesentliche“ Projekte, was zum Ausdruck bringen soll, dass Revisoren primär ihre eigentlichen Aufgaben erfüllen müssen und erst im zweiten Schritt bei freien Kapazitäten im Interesse des Instituts projektbegleitend unterstützen sollen. D. h., in der Praxis kann die Interne Revision durchaus auch kleinere Projekte im Rahmen ihrer Möglichkeiten begleiten. Vgl. Hannemann et al. (2008), S. 648. Allgemein gültige, einheitliche Kriterien zur Bestimmung, was als wesentliches Projekt zu qualifizieren ist, liegen nicht vor. Anstelle von quantitativen Faktoren empfiehlt sich

ment als nicht wesentlich deklarierten Projekten entscheidet der Leiter der Revision ebenfalls risikoorientiert und unter Berücksichtigung der Wesentlichkeit über die Teilnahme der Internen Revision.[427] Für eine risikoorientierte Prüfungsplanung sollte das Projektmanagement der Internen Revision zeitnah die Projektplanung der Folgejahre vorlegen.

Die Stellung als projektbegleitender Prüfer muss auch gewährleisten, dass er zu allen Unterlagen des Projekts Zugang hat, die erforderlichen Informationen erhält und ihm das Recht eingeräumt wird, an allen Projektsitzungen teilzunehmen. Inwieweit die Revision dieses Recht tatsächlich in Anspruch nimmt, liegt in ihrem pflichtgemäßen Ermessen. Ein Stimmrecht für den projektbegleitenden Prüfer in den Projektsitzungen ist ausgeschlossen. Werden im Rahmen der projektbegleitenden Prüfung Verstöße gegen gesetzliche Anforderungen aufgedeckt oder wesentliche Kontrolldefizite erkannt, ist es mit der Stellung eines projektbegleitenden Prüfers vereinbar, Entscheidungsempfehlungen über notwendige Kontrollen zum Aufbau eines angemessenen Internen Kontrollsystems zur Umsetzung von Ordnungsmäßigkeits- und Sicherheitsanforderungen und zur Gestaltung von Geschäftsprozessen zu geben. Die Entscheidung über deren Annahme und Umsetzung verbleibt bei der Projektleitung bzw. der Geschäftsführung. Durch diese Vorgehensweise bleibt die Unabhängigkeit des Revisors gewahrt und Interessenkonflikte werden vermieden. Auch bei kleineren und mittleren Instituten kann dann der Revisionsmitarbeiter, der in einem Projekt mitwirkte, zu einem späteren Zeitpunkt die Prüfung durchführen, ohne de facto eine „Selbstprüfung der Revision" durchführen zu müssen.

Berichterstattung bei projektbegleitenden Prüfungen

Bei projektbegleitenden Prüfungen ist vom Revisor ein Bericht zu erstellen. Im Regelfall kann der Prüfer sich auf den Projektabschlussbericht beziehen. Ein eigener Abschlussbericht der Revision ist nur bei folgender Ausnahme erforderlich: Es bestehen bankaufsichtliche oder andere bedeutende Anforderungen, oder der Projektabschlussbericht ist unvollständig bzw. gibt die abweichende Auffassung der Revision nicht ausreichend wieder, oder er ist nicht zeitnah. Erstellt die Revision einen eigenen Abschlussbericht, so wird dieser vom Vorstand unterschrieben und an den Projektleiter verteilt. Bei projektbegleitenden Prüfungen, die über das Prüfungsjahr hinausgehen, sollte zum Jahresultimo ein Zwischenbericht erstellt werden. Dieser ist an den Vorstand, Projektleiter und an die beteiligten Fachbereiche zu adressieren.

---

die Integration in die rollierende Prüfungsplanung, die risikoorientiert gestaltet ist und auf inhärente Risiken und die Qualität des Internen Kontrollsystems abstellen sollte. Vgl. hierzu auch Helfer (2008), S. 220 f.

427) Für die Vorgehensweise für eine risikoorientierte Projektbewertung vgl. Cotting (2006), S. 258 ff.

4.4.3 Beratungstätigkeiten

Nach der Definition des Institute of Internal Auditing erbringt die Interne Revision „*assurance and consulting*"-Leistungen.[428] Prüfung und Beratung schließen sich für die Revisionsarbeit folglich nicht aus, sondern bilden eine Einheit. Das Ergebnis der Beratung ist in der Regel Gegenstand nachgelagerter Prüfungen seitens der Internen Revision und der Wirtschaftsprüfer.[429] Die Beratungstätigkeiten der Internen Revision lassen sich in die prüfungsnahe und die prüfungsunabhängige Beratung unterscheiden.[430] In der Praxis kommt es häufig zu einem integrativen Ansatz zwischen Prüfung und Beratung, sodass auf Informationen aus Prüfungen im Rahmen der Beratung grundsätzlich aufgebaut werden kann (e. v. v.).[431]

In allen Fällen ist aber der Grundsatz zu beachten, dass die Interne Revision Aufgaben selbstständig und unabhängig wahrzunehmen hat. Auch dürfen die Prüfer nach den MaRisk (BT 2.2 Tz. 2 Satz 1) grundsätzlich nicht mit revisionsfremden Aufgaben betraut werden. Soweit die Unabhängigkeit der Internen Revision gewährleistet ist und Interessenkonflikte vermieden werden, kann sie im Rahmen ihrer Aufgaben für die Geschäftsleitung oder andere Organisationseinheiten beratend tätig werden (BT 2.2 Tz. 2 Satz 3).[432] Die MaRisk unterstützen beratende Tätigkeiten und somit auch das Modell einer unternehmerischen, modernen Revision.[433] Unter Wahrung der fachlichen Anforderungen kann die Interne Revision durch ihre Beratungsleistungen einen Mehrwert erbringen und ihren innerbetrieblichen Stellenwert verbessern. Insbesondere für wesentliche Beratungsdienstleistungen sollten in der Revisionspraxis folgende Kriterien beachtet werden:[434]

- Die Wesentlichkeit bezieht sich auf bedeutende Auswirkungen, die der zu beurteilende Sachverhalt auf Interne Kontrollsysteme, Risikosteuerungs- und -controllingprozesse oder rechtliche Aspekte hat.
- Grundlage für Beratungstätigkeiten der Internen Revision ist ihr genehmigter Prüfungsplan.

---

428) Siehe oben, Kapitel D.2.1, S. 244.

429) Vgl. Horváth (2008), S. 213 f.

430) Vgl. Peemöller (2008a), S. 13 f.; ebf. Schroff (2006), S. 181 ff., zu Bedeutung, Abgrenzung und Zielen von Beratungsleistungen; ebf. IIA - PA (2007), PA 1000.C1-1 „Grundsätze für die Durchführung von Beratungsaktivitäten durch Interne Revisoren".

431) „*Consulting services are advisory in nature, and are generally performed at the specific request of an engagement client. The nature and scope of the consulting engagement are subject to agreement with the engagement client.*" Vgl. IIA - Standards (2007), S. 2.

432) Nach der Muster-Geschäftsanweisung für die Interne Revision soll diese auch beratend tätig sein. Allerdings hat sie sicherzustellen, dass ihre Unabhängigkeit gewahrt bleibt und jegliche Interessenkonflikte vermieden werden. Siehe unten, Anhang Geschäftsanweisung für die Interne Revision, S. 406.

433) In Zweifelsfällen hat allerdings die Prüfungsleistung grundsätzlich Vorrang gegenüber der Beratungsleistung. Vgl. AKEIÜ (2006a), These 6 „Abgrenzung von Prüfungs- und Beratungsleistungen". Nach *Schroff* sollte sich der Interne Revisor „*stets seiner originären innerbetrieblichen Prüfungsfunktion im Auftrag der Unternehmensleitung bewusst sein*". Eine „Mutation" zum Berater ist nicht zulässig. Hierzu und zu den Grenzen von Beratungsleistungen der Internen Revision vgl. Schroff (2006), S. 202 f.

434) Zu den theoretischen und praktischen Anforderungen an die Erbringung von Beratungsleistungen vgl. Helfer (2008), S. 225; ebf. Schroff (2006), S. 184 ff.

- Das Beratungsziel ist mit dem Auftraggeber abzustimmen. Es ist zu gewährleisten, dass die Interne Revision prozessunabhängig bleibt und keine prozessabhängigen Kontrollhandlungen oder operative Qualitätssicherungsmaßnahmen übernimmt.
- Für Beratungsdienstleistungen sind angemessene Zeiten einzuräumen.
- Es handelt sich bei der Beratung nicht um eine Mitwirkung an der Entwicklung, Einrichtung oder Einführung des zu beurteilenden Sachverhalts. In Analogie zu den projektbegleitenden Prüfungen können von der Revision Empfehlungen gegeben werden. Die Entscheidung über deren Annahme verbleibt aber bei dem verantwortlichen Fachbereich bzw. Vorstand. Soll auf die Beratungstätigkeit der Internen Revision hingewiesen werden, z. B. in Beschlüssen des Vorstands, so ist ein Vermerk *„mit der Internen Revision abgestimmt"* unzulässig und widerspricht den zuvor gemachten Ausführungen. Stattdessen muss der Zusatz *„von der Internen Revision geprüft"* festgehalten werden.
- Das Beratungsergebnis ist schriftlich in einem Bericht zu dokumentieren.
- Die Kriterien und Verfahren für projektbegleitende Prüfungen müssen in der Geschäftsanweisung für die Interne Revision und in einem Revisionshandbuch dokumentiert werden.[435]

Beratungstätigkeiten der Internen Revision helfen, Veränderungsprozesse zu forcieren, präventiv zur Verbesserung des Internen Kontrollsystems beizutragen und das Verständnis für die Bedeutung und Funktion des Risikomanagements bzw. der Risikokultur weiterzuentwickeln. Darüber hinaus kann der Beitrag der Internen Revision zur Generierung von Mehrwerten gesteigert werden.

4.4.4 Ansätze zur Steuerungs- und Erfolgsmessung

Die Interne Revision muss – trotz ihrer besonderen Stellung – eine ökonomische Antwort auf die strategische Zielerreichung des Unternehmens bieten sowie effiziente Lösungen und Anreize implementieren, die einen Beitrag zur Stärkung der Internal Governance liefern. Allerdings haben Gesetzgeber und Bankenaufsicht für die Interne Revision enge institutionelle Rahmenbedingungen vorgegeben. Der prinzipienorientierte Ansatz der Bankenaufsicht und die damit verbundenen Öffnungsklauseln flexibilisieren jedoch diesen Rahmen.[436] Unter Berücksichtigung dieser Vorgaben hat das Aufsichtsorgan nach der 8. EU-Richtlinie bzw. nach dem BilMoG die Wirksamkeit der Internen Revision zu bewerten. Für dieses komplexe Unterfangen bieten sich verschiedene Möglichkeiten an, die auch für die Steuerungs- und Erfolgsmessung der Internen Revision von Nutzen sind.

Eine Beurteilung der Leistungsfähigkeit und -erbringung für die Interne Revision findet aufgrund der Heterogenität der Erwartungen an die Interne Revision noch nicht mit einheitlichen Instrumenten oder Kriterien statt. Diese unterscheiden sich je nach Betrachtungswinkel oder Interessenlage. In einer Studie der Unternehmensberatungsgesellschaft Ernst & Young

435) Siehe unten, Anhang „Geschäftsanweisung für die Interne Revision", S. 406 und 409.
436) Vgl. Helfer/Geiersbach/Prasser (2008), S. 101 ff.; ebf. Helfer (2008), S. 219 ff.

aus dem Jahr 2006 kommt die Diskrepanz zwischen den Revisionsleitern von Kreditinstituten und denjenigen, die die Interne Revision aus unternehmensinterner und -externer Sicht beurteilen, deutlich zum Tragen.[437] Beispielsweise bewerten sämtliche Leiter der Internen Revision ihre Akzeptanz im Unternehmen als herausragend, während 55 v. H. der Finanzvorstände und lediglich 48 v. H. der Interessengruppen (u. a. Analysten, Venture Capital Gesellschaften, Journalisten oder Professoren) diese Einschätzung teilen. Ein ähnliches Bild ergibt sich für die objektive und unabhängige Aufgabenerfüllung sowie die Professionalität: Bei beiden Aspekten sehen die Revisionsleiter einen Erfüllungsgrad von 100 v. H. als realistisch an, während die Finanzvorstände die objektive und unabhängige Aufgabenerfüllung mit 71 v. H. (Professionalität: 55 v. H.) bzw. die Interessengruppen diese nur mit 61 v. H. (Professionalität: 59 v. H.) einschätzen. Hierdurch wird eine klare Diskrepanz zwischen Eigen- und Fremdwahrnehmung der Internen Revision deutlich. Dies kann entweder in der Selbstüberschätzung der jeweiligen Revisionsleiter oder in der fehlenden Transparenz ihrer Aufgaben bzw. an einer unzureichenden Kommunikation in Richtung der Revisionspartner liegen.

Für die Leistungsbeurteilung kann bei der methodischen Vorgehensweise u. a. auf unternehmensinterne Personen (Unternehmensleitung oder die geprüften Bereiche) im Rahmen einer Befragung, auf die Ergebnisse eines Self Assessments der Internen Revision oder auf die externe Beurteilung des Abschlussprüfers zurückgegriffen werden.[438] Als praxisnahe Kriterien für die Steuerungs- und Erfolgsmessung können beispielhaft genannt werden: Die Einhaltung des Prüfungsplans unter der Nebenbedingung, dass die Qualität der Revisionsarbeit den Berufsstandards entspricht, ein leistungsfähiges Berichtswesen, insbesondere die zeitnahe Berichterstellung, eine angemessene aktive Fluktuationsquote, das Aufzeigen von Optimierungsmöglichkeiten im geprüften Bereich oder die Einhaltung von Kenngrößen bei Qualitätssicherungsmaßnahmen (interne und externe Qualitätssicherung).[439]

Folgende Bewertungskriterien können von einem Prüfungsausschuss als Bewertungsmaßstab für die Wirksamkeit der Internen Revision beispielsweise herangezogen werden:[440]

Kernkriterien zur strategischen Ausrichtung

- Was sind die strategischen und operativen Ziele der Internen Revision (traditionelle oder unternehmerische Interne Revision)?
- Ist die Unabhängigkeit und Objektivität der Internen Revision durch ihre organisatorische Einbindung gewährleistet?
- Hat die Interne Revision uneingeschränkte Informationsrechte?
- Besteht ein regelmäßiger, *vorstandsunabhängiger* Informationsaustausch zwischen Interner Revision und Aufsichtsrat bzw. seinem Prüfungsausschuss (sog. „dotted line")?

437) Vgl. Ernst & Young (2007a).

438) Insgesamt betrachtet, wird die Leistung bei vielen Instituten noch nicht regelmäßig beurteilt. Vgl. Ernst & Young (2007a), S. 31 ff.; ebf. DIIR (2008), S. 30.

439) Nach BT 2.3 Tz. 2 der MaRisk sind die Prüfungsplanung, -methoden und -qualität laufend zu überprüfen und weiterzuentwickeln.

440) Vgl. Fahrion/Geis (2007), S. 260 ff.; ebf. IIR - QA (2007).

- Erfüllt die Interne Revision die Erwartungen der Geschäftsleitung und des Aufsichtsorgans?
- Gibt es schriftlich dokumentierte Regularien für die Interne Revision, wie Geschäftsanweisung oder Revisionshandbuch?

Kernkriterien zu den Revisionsprozessen

- Wird der Prüfungsplan auf der Grundlage eines risikoorientierten und standardisierten Planungsprozesses erstellt, der sich auch an der Geschäfts-, der Risiko- und weiteren Teilstrategien orientiert?
- Wer genehmigt den dokumentierten Prüfungsplan und überwacht seine Einhaltung?
- Werden Art und Umfang der Prüfungshandlungen effizient durchgeführt und die Prüfungsergebnisse einheitlich, sachgerecht und ordnungsgemäß dokumentiert?
- Was waren die wesentlichen Prüfungsfeststellungen der Internen Revision und an welche Adressaten wurden diese Berichte versandt?
- Unterstützt ein wirksames Follow-up Verfahren mit Hilfe eines Eskalationsprozesses die Umsetzung der im Prüfungsbericht dokumentierten Maßnahmen?
- Durch welche Maßnahmen stellt der Leiter der Internen Revision die Qualität der Revisionsarbeit und die Einhaltung der Berufsstandards sicher?
- Beachtet die Interne Revision bei ihrer Arbeit die einschlägigen Berufsstandards (IIA, DIIR)?

Kernfragen zu Mitarbeitern, Fachwissen und Technologien

- Wer benennt und entlässt den Leiter der Internen Revision? Wirkt der Prüfungsausschuss hierbei mit?
- Wie wird die Kommunikation zwischen den Elementen der Internal Governance, also Vorstand, Aufsichtsorgan bzw. Prüfungsausschuss und Interne Revision, praktiziert?
- Ist die Interne Revision für eine ordnungsgemäße Ausübung ihrer Tätigkeit personell und sachlich angemessen ausgestattet?
- Verfügen die Mitarbeiter der Internen Revision über ausreichende berufliche Qualifikation und Fähigkeiten sowie die notwendigen Spezialkenntnisse?

Ein modernes Instrument zur Steuerungs- und Erfolgsmessung ist auch die Balanced Scorecard. Dieses Konzept erfasst in der Regel die Perspektiven Finanzen, Prozesse, Kunden und Mitarbeiter.[441] Durch die Verknüpfung von Zielen, Kennzahlen und Maßnahmen über unterschiedliche Perspektiven können Nutzenpotenziale forciert werden. Die Balanced Scorecard trägt auch zur Erfüllung der MaRisk-Anforderungen an die Strategie bei (AT 4.2). Die Abbildung D.17 zeigt ein Beispiel einer Balanced Scorecard für die Interne Revision einer Sparkassen oder Genossenschaftsbank:[442]

---

441) Vgl. zu dem betriebswirtschaftlichen Konzept der Balanced Scorecard als eine *„spezielle Art der Konkretisierung, Darstellung und Verfolgung von Strategien"* Horváth & Partners (2007), S. 2 ff.

442) Vgl. DSGV - Interne Revision (2008), S. 45.

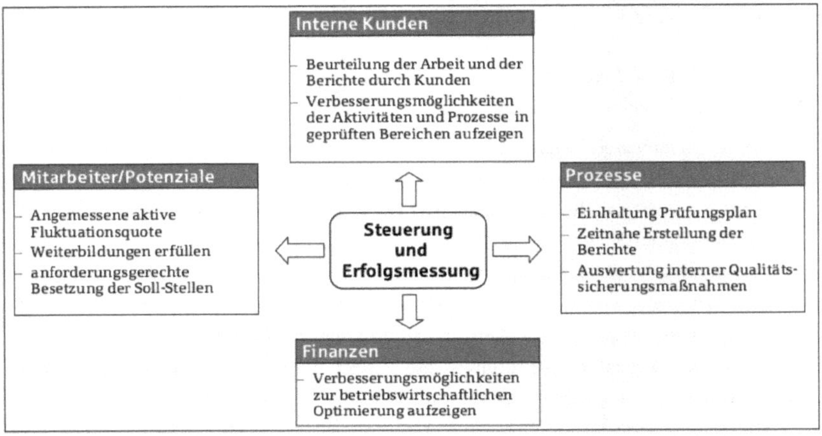

Abbildung D.17: Balanced Scorecard für die Interne Revision

Eine Scorecard für den Bereich Interne Revision ermöglicht eine direkte Steuerung der Revisionsarbeit unter Beachtung und zur Unterstützung der Umsetzung der strategischen Unternehmensziele. Mit Hilfe einer Revisionsscorecard wird eine Leistungstransparenz und eine Strategiefokussierung der Mitarbeiter erreicht. Letzteres kann durch ein Zielvereinbarungssystem noch weiter gefördert werden.

5. Zwischenergebnis

Die Funktion und Existenz der Internen Revision ist aus der Sicht der Prinzipal-Agenten-Theorie hinsichtlich der Reduzierung der Informationsasymmetrie eine rationale und logische Erklärung. Der Grad des quantitativen und qualitativen Umfangs der Internen Revision steht in einer engen Korrelation zur bestehenden innerbetrieblichen Informationsasymmetrie. Aus der Perspektive des Transaktionskostenansatzes kommt der Faktorspezifität eine bedeutende Funktion für die Erklärung der Internen Revision zu.[443] Als Ergebnis zeigen beide Ansätze, dass es ökonomisch sinnvoll und notwendig ist, eine Interne Revision als Monitoring-Instrument zu implementieren, die nicht nur dem Vorstand, sondern auch dem Aufsichtsorgan unterstellt ist.

In dem Deutschen Corporate Governance Kodex erfolgt kein expliziter Hinweis auf den Beitrag der Internen Revision zur Corporate Governance. Dies ist im internationalen Vergleich nicht üblich. Einzelne Corporate Governance-Modelle, wie z. B. in der Schweiz, in den USA oder in Großbritannien, haben die Interne Revision stärker integriert.[444] Diese internationalen Strukturen, hier beispielhaft dargestellt an den USA und der Schweiz sowie der Ansatz

443) *„Asset specifity does seem to be an explaining factor for the existence and the size of internal audit, and when it increases it very probably leads sooner to a „make" decision."* Vgl. Paape (2007), S. 184.

444) Vgl. Hahn/Quick/Mandre (2008), S. 701 f.

des Basler Ausschuss für Bankenaufsicht, zeigen für die Interne Revision von Kreditinstituten eine enge Verbindung mit dem Überwachungsorgan. In diesem Kontext kann bzw. muss künftig auch der Internen Revision im dualistischen System, auch wenn dies zurzeit nicht systemkonform ist, eine erweiterte Rolle als *vorstandsunabhängige* Informationsquelle zukommen, indem sie durch ihre Tätigkeiten dem Aufsichtsrat objektive und unabhängige Informationen in einem vorab definierten Umfang liefert bzw. künftig noch intensiver liefern kann, um eine Informationsasymmetrie zwischen den Unternehmensorganen Vorstand und Aufsichtsrat zu reduzieren. Bislang war das Unternehmensmanagement der primäre Empfänger der Prüfungsergebnisse. Künftig könnte dann auch die Geschäftsleitung zum Prüfungsobjekt der Internen Revision werden, wenn die Revision im Auftrag des Überwachungsorgans tätig wird und diesem funktional unterstellt ist. Der künftig erweiterte Beitrag der Internen Revision zur Internal Governance als Informationsdienstleister kann sich somit stärker auf die Probleme, die aus der Trennung von Eigentum und Kontrolle resultieren, konzentrieren und folglich zu einem wichtigen Baustein für die Verbesserung der Unabhängigkeit von Aufsichtsorgan *und* Interner Revision werden. Zur Stärkung ihrer Unabhängigkeit wird die Aufnahme der folgenden Ergänzung in den BT 2.2 Tz. 1 der MaRisk bzw. in eine Informationsordnung vorgeschlagen:

Zur Stärkung der Unabhängigkeit der Internen Revision wird die Regelung einer Einwilligungspflicht bzw. eines Einwilligungsrechts des Aufsichtsorgans oder seines Prüfungsausschusses empfohlen, zumindest zur Ernennung, Entlassung und Vergütung des Leiters der Internen Revision. Abweichungen hiervon sind zu begründen und im Lagebericht darzustellen („comply or explain").

Bei einer tatsächlichen – oder auch nur dem Anschein nach – Beeinträchtigung der Unabhängigkeit oder Objektivität sind nach einem festgelegtem internen Verfahren die entsprechenden Einzelheiten dem Leiter der Internen Revision offen zulegen. Eine Formulierung für die Geschäftsanweisung kann nach Auffassung des Verfassers wie folgt lauten:[445]

Revisoren dürfen nicht an Prüfungen teilnehmen, bei denen ihre Objektivität durch besondere Umstände beeinträchtigt sein könnte (z. B. Prüfungen, bei denen der Ehepartner bzw. Lebensgefährte oder eine nahe verwandte oder verschwägerte Person im geprüften Bereich tätig ist). Diese oder weitere Beeinträchtigungen ihrer Objektivität und/oder Unabhängigkeit bei der Prüfungstätigkeit sind dem Leiter der Revision unverzüglich zu berichten.

Allerdings wäre es mehr als ein Trugschluss anzunehmen, dass die Revisoren mit den Experten in den Fachabteilungen im Detail „*auf einer Augenhöhe*" stehen können, insbesondere nicht in solchen mit hohem Spezialwissen, wie z. B. Risikocontrolling- und -steuerung oder IT-Management. Diese Tatsache ist insbesondere der *operativen Lücke* geschuldet, also der

---

[445)] Siehe unten, Anhang Geschäftsanweisung für die Interne Revision, S. 406.

Mangel an regelmäßigen, operativen Tätigkeiten im Sinne der Stellenanforderungen des jeweiligen Fachbereichs. Dieses Dilemma trifft aber sowohl auf Interne und Externe Revisoren als auch auf externe Berater zu. Hieraus muss aus der Sicht des Verfassers zum einen die Konsequenz gezogen werden, die Aus- und Weiterbildung der Internen Revisoren zu forcieren, was auch ein wichtiges Bindungsinstrument von knappen Ressourcen an das Institut darstellt sowie den Aufbau von spezifischem Wissen fördert. Zum anderen darf sich die Interne Revision zur Schließung der operativen Lücke auch nicht zu sehr in nicht wesentliche Detailfragen verlieren. Stattdessen muss sie ihre unabhängige Position nutzen, um in erster Linie die Systeme und Prozesse als Ganzes sowie ihre übergreifenden Schnittstellen zu prüfen und zu bewerten. Auf einer abstrakteren Ebene, als es für die Fachbereiche möglich ist, stellt der Spagat zwischen Detailwissen und Systemanalyse für die Interne Revision eine Herausforderung, aber auch eine Notwendigkeit dar, wenn sie sich als eine Mehrwert generierende Kraft für Vorstand und Überwachungsorgan nachhaltig etablieren will. Die Erwartungen, die an die Revisionsfunktion generell gestellt werden, verlangen, dass den Revisoren die für ihre Arbeit relevanten Berufsstandards (z. B. Deutsches Institut für Interne Revision e. V. oder Institute of Internal Auditors) bekannt sind und diese in der Revisionspraxis auch angewandt werden. Diese Anforderung sollte nach Auffassung des Verfassers in den MaRisk für Kreditinstitute explizit in den Besonderen Anforderungen an die Ausgestaltung der Internen Revision unter den Grundsätzen für die Interne Revision (BT 2.2 Tz. 1) und in die Geschäftsanweisung für die Interne Revision aufgenommen werden:

> *Voraussetzung für eine funktionsfähige Interne Revision ist, dass die Mitarbeiter der Internen Revision die für ihre berufliche Praxis benötigten nationalen sowie internationalen Standards, insbesondere des Deutschen Instituts für Interne Revision e. V. kennen und von ihnen im Tagesgeschäft beachtet und angewandt werden.*

Nach dem Verständnis der MaRisk ist die Interne Revision ein Instrument der Geschäftsleitung, ihr unmittelbar unterstellt und berichtspflichtig. Der Erfolg einer unternehmerischen Internen Revision hängt, neben ihrer fachlichen und psychologischen Kompetenz, auch stark von ihrer Unabhängigkeit und Objektivität sowie von ihrer Akzeptanz bei den Revisionspartnern ab. Für eine moderne Interne Revision entsteht durch eine unternehmensorientierte Ausrichtung jedoch die Chance, sich als Partner von Vorstand *und* Aufsichtsrat zu etablieren, und einen nachhaltigen Beitrag zur Schaffung von Mehrwerten sowie zur ganzheitlichen Verbesserung von Leitungs-, Kontroll- und Überwachungsmechanismen beizusteuern. Aus dieser Perspektive versteht sich die Interne Revision künftig als *Informationsdienstleister*. Diese Ausrichtung kann durch eine Interne Revision erfolgreich umgesetzt werden, wenn sie eine Institution ist, die das interne Überwachungssystem risiko- und chancenorientiert bewertet sowie Vorstand *und* Überwachungsorgan auf die Schwachstellen im Risikomanagementsystem oder in der Compliance hinweist. Eine moderne Interne Revision ist somit geprägt durch ein integrales risiko- und chancenorientiertes Vorgehen und wirkt präventiv, damit unerwünschte Ereignisse oder Entwicklungen verhindert werden können. Die Institution Interne Revision trägt dann auch zur Reduzierung von Unsicherheiten bei. Dies führt in der Summe dazu, dass die Kultur, Qualität, Effektivität und Effizienz des Verwaltungshandelns nachhaltig verbessert wird.

Vor dem Hintergrund der internationalen Entwicklungen, der Unternehmens- und Bankenskandale sowie der Komplexität der Geschäftsaktivitäten von Kreditinstituten und der zunehmenden Publizitäts- und Transparenzanforderungen ist die Optimierung eines *interinstitutionellen* Informationsaustausches im dualistischen Überwachungssystem ökonomisch sinnvoll und notwendig. Dies gilt umso mehr, da die Kommunikation zwischen Geschäftsleitung und Aufsichtsorgan in der Realität, insbesondere in schwierigen Situationen, nicht immer offen und ehrlich und zur vollsten Zufriedenheit aller Beteiligten erfolgte.[446] Somit sollte die Interne Revision auch im dualistischen Corporate Governance-System funktional dem Aufsichtsrat bzw. seinem Prüfungsausschuss zugeordnet werden, aber administrativ der Geschäftsführung verbunden bleiben. Sie bleibt somit auch künftig ein Teil des Unternehmens und erbringt Dienstleistungen, die darauf ausgerichtet sind, einen ökonomischen Mehrwert für das Unternehmen zu schaffen, Prozesse zu verbessern und mit dazu beizutragen, dass das Risikomanagement optimiert wird. Durch ihre gestärkte Unabhängigkeit kann sie ihre Leistungen zu einer effektiven Internal Governance steigern und somit wirksamer zur Stabilität des gesamten Unternehmens beitragen, indem sie Werte und Vertrauen vermittelt, und indem sie die an die Qualität und Angemessenheit der Internal Governance-Strukturen gestellten Anforderungen der Stakeholder bestätigt sowie Impulse zu ihrer Verbesserung gibt. Hiervon profitieren dann nicht nur Vorstand und Überwachungsorgan, sondern letztendlich die Unternehmung als Ganzes und somit sämtliche Stakeholder.

[446)] Vgl. Hilb/Knorr/Steger (2008), S. 203.

E. Praxisorientierte Gestaltung und Prüfung des Risikomanagements

„Effective risk management is based on a foundation of good Corporate Governance and rigorous internal controls.“[1]

In diesem Kapitel liegt der Fokus auf praxisorientierten Ansätzen des Risikomanagements in Kreditinstituten. Dass Risikomanagement kein kurzweiliger Trend ist, sondern Banken einen soliden Umgang mit banktypischen Risiken erlaubt und somit ihre Existenz sichert, zeigt die aktuelle Finanzmarkt- und Bankenkrise. Die folgenden Ausführungen zeigen eine Konzeptionierung eines Risikomanagementsystems in Anlehnung an ein mittelgroßes Institut der Sparkassengruppe. Darauf aufbauend sollen für die beiden wesentlichen Risikoarten, Zinsänderungs- und Liquiditätsrisiken, ausgewählte Prüfungsansätze vorgestellt werden.[2] Auf die Prüfung das Liquiditätsrisikos soll näher eingegangen werden, da dieses Risiko zwar ein Kernrisiko von Kreditinstituten ist, es in der Vergangenheit aber eher von untergeordneter Bedeutung war. Die Notwendigkeit für ein angemessenes Liquiditätsrisikomanagement ist jedoch durch die aktuelle Finanzmarkt- und Bankenkrise mittlerweile sehr deutlich zum Vorschein gekommen. Auf die Prüfung des Zinsänderungsrisikos soll eingegangen werden, weil die Bankenaufsicht mit ihrem Rundschreiben 07/2007 (BA) erstmalig die Anforderungen zur Ermittlung der Auswirkungen einer plötzlichen und unerwarteten Zinsänderung auf der Grundlage des § 25a Abs. 1 Satz 7 KWG i. V. m. § 24 Abs. 1 Nr. 14 KWG konkretisiert hat.[3] Das Rundschreiben soll die Umsetzung des Artikels 124 Abs. 5 der Richtlinie 2006/ 48/EG hinsichtlich der Zinsänderungsrisiken im Anlagebuch der Kreditinstitute unterstützen.

1. Risikomanagement in der Bankenpraxis

Eine grundlegende Voraussetzung für ein erfolgreiches Risikomanagement ist das Bestehen einer Risikokultur sowie die Integrationsqualität des Risikocontrollings.[4] Darauf baut ein Prozess in Form des sog. Regelkreises auf. Dabei müssen:

- Risiken identifiziert, definiert und bewertet werden.
- Risiken gemessen und quantifiziert werden.
- Risiken kommuniziert werden.
- Instrumente zur Risikosteuerung implementiert werden.
- Risiken überwacht und bestmöglich begrenzt werden.

Darüber hinaus sind Risiken mit Risikodeckungsmassen zu unterlegen, um die Risikotragfähigkeit sicherzustellen.

---

1) Vgl. McDonough (2002), S. 2.

2) Für Prüfungsansätze zum Adressenrisikomanagement und -controlling vgl. z. B. Kopenhagen/Hansen (2008), S. 19 ff.; ebf. Helfer/Müller (2008), S. 125 ff.; ebf. Becker/ Kastner (2007a); Becker/Kastner (2007b); ebf. Becker (2006). Vgl. ebf. Winterstein - Arbeitskreis 5 (2006) und Kramp/Winterstein - Arbeitskreis 9 (2001), bei denen der Verfasser dieser Arbeit mitwirkte.

3) Vgl. BaFin - Zinsänderung (2007).

4) So auch der Präsident der Federal Reserve Bank of New York, *William J. McDonough*: *„An effective risk management and control structure is not sufficient, however, if it is not accompanied by an institutional culture that ensures that written policies and procedures are actually translated into practice. Ultimately, a firm's culture is determined by the board of directors and the senior management it installs. In particular, the actions of senior management and the consistency of their decisions and behavior with the values and principles they articulate are critical to shaping firm culture.“* Vgl. McDonough (2002), S. 2.

1.1 Rahmengrundsätze, Ziele sowie Risikoverständnis

Die *Rahmengrundsätze* legen die vom Vorstand festgesetzten strategischen Vorgaben zum Risikomanagement fest und sind in den Strategien fixiert. Die Steuerung erfolgt im Regelfall periodenorientiert. Bei einer Reihe von Risiken erfolgt zusätzlich eine wertorientierte Betrachtung. Die Steuerungsimpulse für das Zinsrisiko kommen aus der barwertigen Betrachtung unter der strengen Nebenbedingung der Einhaltung der GuV-Bedingungen.

Unter Gewährleistung der Risikotragfähigkeit ist ein Kreditinstitut in seiner geschäftspolitischen Ausrichtung grundsätzlich bereit, Risiken einzugehen, wenn erwartet wird, dass die zu erzielenden Erträge die wahrscheinlichen Risiken bzw. Kosten übersteigen. Ansonsten erfolgt in der Regel eine Kompensation oder Verminderung der Risiken. In Abhängigkeit von der Risikostrategie sowie Art, Umfang und Beeinflussbarkeit des Risikos wird das Kreditinstitut das jeweilige Risiko im Einzelfall durch Steuerungsmaßnahmen

- vermeiden (Risiken werden nicht eingegangen),
- vermindern (Verminderung der Eintrittswahrscheinlichkeit oder Verlusthöhe bzw. des VaR; Versuch der Verbesserung der Beherrschbarkeit),
- kompensieren bzw. versichern (Übertragung auf Dritte) und/oder
- selbst tragen.

Zur Begrenzung der Risiken werden Richtlinien und Schwellenwerte festgesetzt, deren Dokumentation in den Strategien, dem Risikohandbuch, dem Unternehmenssicherungsinstrumentarium (USI) und dem internen Organisationshandbuch erfolgt.

Ziel des Risikomanagements

Das Risikomanagement hat das vorrangige Ziel, Risiken des Bankbetriebes transparent und steuerbar zu machen. Die Risiken werden dabei auf ein Maß beschränkt, dass die Vermögens- und Ertragssituation des Kreditinstituts nicht gefährdet.

Risikoverständnis

Unter dem Begriff „Risiko“ wird eine mögliche negative Abweichung der tatsächlichen von der geplanten Entwicklung bzw. die Möglichkeit von negativen künftigen Auswirkungen auf die wirtschaftliche Lage der Bank verstanden. In jedem Fall ist damit eine Vermögensminderung verbunden. Die Verringerung oder das vollständige Ausbleiben einer Chance zur Erhöhung der Erträge oder des Vermögens wird nicht als Risiko angesehen („enger Risikobegriff“). Es ist zu beachten, dass Risiken sich unterschiedlich entwickeln und sich gegenseitig beeinflussen können. Das Kreditinstitut berücksichtigt diese Korrelationseffekte, soweit sie sich schlüssig darstellen lassen.

Das Risikomanagement soll dabei alle wesentlichen Produkte, Dienstleistungen und Geschäftsprozesse des Kreditinstituts berücksichtigen. Dies beinhaltet auch Dienstleistungen, die das Kreditinstitut von Dritten bezieht, sofern Letztere von den Regelungen des § 25a Abs. 2 KWG erfasst werden. Ergänzend sind alle Bediensteten, Anlagen, Sach- und Organisationsmittel sowie Rechtsbeziehungen des Kreditinstituts einzubeziehen.

1.2 Risikokategorien

Das Risikomanagement bezieht sich auf alle für das Kreditinstitut wesentlichen Risiken. Teilweise werden auch nicht als wesentlich identifizierte Risiken in die Risikotragfähigkeitsrechnung und das Interne Kontrollsystem einbezogen. Dies gilt insbesondere für die Regelungen zur Aufbau- und Ablauforganisation sowie die Risikosteuerungs- und Controllingprozesse. Diese Entscheidungen werden fallbezogen getroffen und dienen der Erreichung eines schlüssigen Steuerungsrahmens. Angesichts der Struktur, der Komplexität und des Risikogehalts der Geschäfte werden die folgenden Risiken im Rahmen des Risikomanagementprozesses detaillierter betrachtet:

Marktpreisrisiken

Unter dem Begriff „Marktpreisrisiko“ wird das Verlustpotenzial verstanden, das aus der Veränderung von Marktparametern, wie Zinssätzen, Aktienkursen, Spezialfondskursen oder Volatilitäten, resultiert. Alle Marktpreisrisiken können bei handelsrechtlicher Betrachtung am Bewertungsstichtag zu Abschreibungen oder am Realisationsstichtag zu realisierten Verlusten führen. Bei barwertiger Betrachtung kommt es zu einer Barwertminderung, wenn Risiken schlagend werden. Für Kreditinstitute wird im Rahmen des Marktpreisrisikos zwischen dem Zinsänderungsrisiko, dem Währungsrisiko, dem Aktienkursrisiko, dem Immobilienrisiko, dem Beteiligungsrisiko, dem Optionsrisiko sowie dem Rohwarenrisiko unterschieden.

Adressenrisiken

Unter „Adressenausfallrisiko“ soll allgemein die Gefahr einer Nichterfüllung von Zahlungsverpflichtungen verstanden werden. Dieses Risiko tritt ein, wenn ein Vertragspartner seine Zahlungsverpflichtungen nicht oder nicht fristgerecht erfüllt, oder die Bank dem Vertragspartner aufgrund der Nichtleistung eines Dritten zu leisten verpflichtet ist. Auch die wertmäßige Veränderung des Adressenausfallrisikos wird betrachtet. Adressenrisiken lassen sich in Kreditrisiko, Kontrahentenrisiko, Emittentenrisiko, Strukturrisiko, Länderrisiko sowie sonstiges Ausfallrisiko unterteilen.

Operationelle Risiken

Als operationelle Risiken werden monetäre oder indirekte Verluste als Folge der Unangemessenheit oder des Versagens von internen Verfahren, Mitarbeitern, der internen Infrastruktur oder als Folge externer Einflüsse definiert.

Liquiditätsrisiken

Das Liquiditätsrisiko bezeichnet die aktuelle oder zukünftige Gefahr, dass das Institut zahlungsunfähig (illiquide) wird, also seinen Zahlungsverpflichtungen nicht mehr nachkommen kann. Liquiditätsrisiken ergeben sich aus mangelnden Synchronitäten zwischen Mittelzuflüssen und Mittelabflüssen, die vor allem durch Fristeninkongruenzen, aber auch durch nicht eingeplante Zahlungsverpflichtungen aus Lieferungen und Leistungen sowie die Unsicherheit über Kundendispositionen begründet sind. Es lassen sich folgende grundlegende Arten des Liquiditätsrisikos klassifizieren:[5]

a) langfristiges Liquiditätsrisiko

Unter dem langfristigen Liquiditäts- oder Refinanzierungsrisiko wird allgemein die Gefahr verstanden, dass das Kreditinstitut das gewünschte Refinanzierungsniveau nicht mehr halten kann, oder dass Verschlechterungen des Ratings des Kreditinstituts (unsystematisches Risiko) bzw. allgemeine Marktschwankungen (systematisches Risiko) zu höheren Finanzierungsspreads, d. h. zu größeren Geld-Brief-Spannen führen.

b) kurzfristiges Liquiditätsrisiko

Unter dem kurzfristigen Liquiditäts- oder dem Liquiditätsrisiko im engeren Sinn wird allgemein die Gefahr verstanden, dass das Kreditinstitut seinen Zahlungsverpflichtungen nicht mehr uneingeschränkt nachkommen kann. Unterkategorien bilden das Terminrisiko sowie das Abrufrisiko.

c) Marktliquiditätsrisiko

Unter dem Marktliquiditätsrisiko wird allgemein die Gefahr verstanden, dass das Kreditinstitut Vermögensgegenstände, von denen unter normalen Umständen ein problemloser Verkauf erwartet werden kann, nicht oder nicht zu einem akzeptablen Preis verkaufen kann.

Mit Bezug auf die MaRisk werden die Liquiditätsrisiken nicht durch das Risikodeckungspotenzial des Kreditinstituts abgedeckt.[6] Dies geschieht vor dem Hintergrund, dass die kurzfristige Liquiditätssicherung keinen direkten Zusammenhang zur Risikotragfähigkeit aufweist und unabhängig vom Kapital der Bank zu erfolgen hat. Wie die Erfahrungen der aktuellen Finanzmarktkrise zeigen, reicht eine ausreichende Risikotragfähigkeit allein nicht aus, um die Liquiditätsrisiken wirkungsvoll zu begrenzen. Auf die Einbindung der langfristigen bzw. strukturellen Liquidität wird verzichtet, da diese sich mit der Refinanzierung des Instituts beschäftigt. Darüber hinaus spricht ein angemessener Liquiditätsausgleich innerhalb einer Verbundstruktur für dieses Vorgehen.

Sonstige Risiken

Alle Risiken, die sich den Marktpreisrisiken, Adressenrisiken, Liquiditätsrisiken sowie den operationellen Risiken nicht bzw. nicht eindeutig zuordnen lassen, stellen sogenannte „sonstige Risiken“ dar. Solche Risiken bestehen z. B. in Reputationsrisiken oder strategischen Risiken. Eine quantitative Erfassung zur Ermittlung einer empirischen Eintrittswahrscheinlichkeit ist nahezu unmöglich.

Risikokategorien und Risikoübersichten

Ausgangspunkt bilden zunächst alle Risikokategorien, denen Kreditinstitute im Alltag gegenüberstehen können. Hierbei handelt es sich um das Marktpreis- und Adressenausfallrisiko,

---

5) Vgl. zur Definition des Liquiditätsrisikos auch Zeranski/Geiersbach/Walter (2008), S. 381 ff.

6) Nach den MaRisk sind wesentliche Risiken, wie z. B. das Liquiditätsrisiko, festzulegen, die nicht in das Risikotragfähigkeitskonzept einbezogen werden. Ihre Nichtberücksichtigung ist nachvollziehbar zu begründen (AT 4.1 Tz. 3 der MaRisk).

das Liquiditäts- und operationelle Risiko sowie die sonstigen Risiken. Mindestens einmal im Jahr ist zu überprüfen, ob neue oder andersartige Risiken aufgetreten oder bisher nicht einbezogene Risiken in ihrer Bedeutung derart gestiegen sind, dass sie fortan ebenfalls betrachtet werden müssen. Außerdem sind die bereits einbezogenen Risiken daraufhin zu überprüfen, ob die Überwachungsintensität geändert werden muss oder sie sogar aus dem Überwachungsprozess entfallen können. Die Risiken werden mit Hilfe von Risikoübersichten in allen Phasen des Risikomanagementprozesses beobachtet und durch Prozessbeschreibungen und Ergebnisdokumentationen ergänzt.

1.3 Der Risikomanagementprozess

Der in Form eines Regelkreises organisiert Risikomanagementprozess wird im Folgenden erläutert.

Die *Risikoidentifizierung* dient zunächst der Erkennung der für das Kreditinstitut relevanten Risiken. Die *Risikobewertung* dient als erste Einschätzung, welche Bedeutung die Risiken für das Kreditinstitut haben können. Hierbei wird nach der Eintrittswahrscheinlichkeit, der Bedeutung der Risiken sowie nach deren Beherrschbarkeit vorgegangen. Bei der *Risikomessung* werden die konkreten Risiko-, Verlust- bzw. Vermögensminderungspotenziale für alle in das Risikomanagement einbezogenen wesentlichen Risiken ermittelt und mit festgelegten Schwellenwerten (Limits) abgeglichen. Kern der Risikomessung ist die Risikotragfähigkeitskonzeption. Die Zusammenfassung der Risiken erfolgt im Report zur Risikotragfähigkeit, der dem Vorstand und Aufsichtsorgan zur Verfügung gestellt wird. Der Gesamtreport wird über eine Reihe von Einzelreports je Risikokategorie ergänzt (Tagesbericht Handelsbuch, Monatsberichte für Handelsgeschäfte, Zinsbuchreport, Report für Operationelle Risiken, Liquiditätsrisikoreports und Kreditrisikoreporting). Die Risiken werden entsprechend der Angaben in den „Risiko-Übersichten“ turnusmäßig berichtet (*Risikokommunikation*). Risiken von erhöhter Bedeutung werden bei Überschreitung der festgelegten Schwellenwerte (Limits) ad hoc dem Gesamtvorstand, dem jeweiligen Entscheidungsträger und der Internen Revision zur Kenntnis gegeben.

Zur Risikobewältigung erfolgt im Rahmen der *Risikosteuerung* die Ermittlung der Risikoursachen sowie die Erarbeitung von Maßnahmenvorschlägen. Vor der Einleitung der Steuerungsmaßnahmen wird eine Simulation hinsichtlich ihrer Wirkung durchgeführt, um gezielt effektive Maßnahmen auswählen zu können, die dann vom Vorstand beschlossen werden. Zwingende Voraussetzung ist, dass die gewählten Produkte und Märkte im Sinne der MaRisk beherrscht werden. Zentrales Gremium zur Risikosteuerung ist der Risikoausschuss. Die Umsetzung erfolgt durch die mit dem Risikomanagement betrauten Bereiche (z. B. für das Zinsbuch oder das Liquiditätsrisiko das Treasury oder für das operationelle Risiko die jeweiligen Fachbereiche). Im Rahmen des prozessabhängigen *Risikocontrollings* werden die durchgeführten Steuerungsmaßnahmen hinsichtlich ihrer Wirkung überprüft. Wesentliche Verfahren des Risikocontrollings sind Abweichungsanalysen (Risikolage vor/nach Risikosteuerung) und in den Prozess integrierte Kontrollen. Eine prozessunabhängige Überwachung erfolgt durch risikoorientierte Prüfungen der Internen Revision.

Der Risikomanagementprozess beinhaltet also alle Aktivitäten zum systematischen Umgang mit Risiken. Dazu zählen die Risikoerkennung, die Risikobewertung, die Risikomessung, das Risikoreporting, die Steuerung der Risiken sowie die Risikokontrolle. Die „Risikoübersicht" ist dabei die komprimierte Darstellung des Risikomanagementprozesses für jede Risikoart. Darüber hinaus sind Notfallkonzepte und die Prozesse zur Arbeitsorganisation in den arbeitsordnenden Unterlagen (Unternehmenssicherungskonzept, Handbücher, Arbeitsanweisungen, etc.) darzustellen.

1.4 Risikotragfähigkeit und Limits

Aufgrund des Charakters der von dem Kreditinstitut eingegangenen Geschäfte können die übernommenen Risiken in Einzelfällen auch *schlagend* werden und zu Verlusten führen. Aufgabe des Risikotragfähigkeitskalküls ist sicherzustellen, dass die auftretenden Verluste auch abgedeckt werden können. Im Folgenden werden die Grundsätze zu Risikotragfähigkeit und Limits beschrieben.

Sichtweisen und Begriffsdefinitionen

Für das Risikomesssystem existiert eine Betrachtung der Gesamtbankrisiken aus einer barwertigen Sicht, aus einer GuV- bzw. periodenorientierten sowie aus einer regulatorischen Perspektive.

Die *wertorientierte* Sichtweise orientiert sich am Vermögen des Instituts. Dies wird maßgeblich durch den Marktwert bzw. den Barwert der einzelnen Vermögenspositionen bestimmt, sofern dieser zuverlässig bestimmt werden kann. Auf diese Weise wird die betriebswirtschaftlich ausgerichtete Risikotragfähigkeit als interne Banksteuerung in den prozessualen Ablauf integriert. Ergänzend steht in der *periodischen* Sichtweise die Betriebsergebnisrechnung bzw. Erfolgsspannenrechnung sowie die Bilanz im Mittelpunkt. Häufig wird in diesem Zusammenhang auch von der GuV-Sicht gesprochen. Als weitere Ergänzung des betriebswirtschaftlichen Steuerungsansatzes zur Risikotragfähigkeit steht die *regulatorische* Sichtweise, die externe Vorgaben berücksichtigt, wie z. B. die Solvabilitätsverordnung (SolvV).

Die Risikodeckungsmasse wird als ein Wert verstanden, die angibt, welche Risiken sich das Kreditinstitut maximal leisten kann bzw. welche Mittel zur Deckung etwaiger Verluste eingesetzt werden können. In der GuV-Welt ist die Risikodeckungsmasse derjenige Betrag, der sich als Summe aller GuV-orientierten, zur Deckung von Verlusten potenziell nutzbaren Mittel ergibt. Sie stellt die Summe dar, die genutzt werden könnten, bevor Fremdkapitalien angegriffen werden müssen.[7] Die Risiken des Kreditinstituts müssen somit stets geringer sein als die Risikotragfähigkeit.

---

7) Die Bankenaufsicht verwendet hierfür den Begriff des Risikodeckungspotenzials. Siehe zum Risikotragfähigkeitskonzept auch oben, Kapitel C.3.5.4, S. 224 f.

Die *Verlustobergrenze* quantifiziert das Risiko, das sich das Kreditinstitut maximal leisten will. Sie stellt gleichzeitig die Aggregation der der Verlustobergrenze untergeordneten Limits dar. Sie kann theoretisch maximal die Höhe der Risikotragfähigkeit erreichen; in der Regel wird aber ein Puffer berücksichtigt, sodass sie geringer als die Risikotragfähigkeit ausfallen wird. Als Synonym zu diesem Begriff findet auch der Begriff der „Risikodeckungsmasse" Verwendung. Die Verlustobergrenze wird durch den Vorstand beschlossen. Über die Auslastung der Risikodeckungsmasse ist dem Vorstand regelmäßig Bericht zu erstatteten.

Limits

Die Limits geben das Risiko an, das das Kreditinstitut in einzelnen Risikokategorien maximal bereit ist einzugehen. Eine Unterteilung in Teillimits ist in der Praxis möglich. Die Limits werden durch den Vorstand beschlossen. Die Limits für die einzelnen Risikokategorien müssen gegebenenfalls angepasst werden, wenn sich die Verlustobergrenze ändert. Zudem können Umverteilungen zwischen den Limits vorgenommen werden. Es ist darauf zu achten, dass risikoinduzierte Anpassungen der Limits bzw. Verschiebungen zwischen den einzelnen Limits zu begründen sind.

Werden Limits überschritten, so ist der Vorstand und der zuständige Fachbereich hierüber unverzüglich durch das Risikocontrolling zu informieren. Des Weiteren kann es bankaufsichtlich zu weiteren Eskalationsschritten bis hin zum Aufsichtsorgan kommen. Die Entscheidung, wie mit den Limitüberschreitungen umgegangen werden soll wird, unter Beteiligung der Fachbereiche, vom Vorstand getroffen (Umverteilung, Bereitstellung weiterer Risikodeckungsmasse, Risikoreduzierung). Das Aufsichtsorgan ist über die Anpassungen zu informieren.

Ermittlung der Risikotragfähigkeit aus wertorientierter Sichtweise

Diese Sichtweise bildet das Gesamtvermögen eines Instituts in derjenigen Methodik ab, die die Basis für die Risikoquantifizierung mittels moderner Methoden und Verfahren bildet. Auf diese Weise ist die Gegenüberstellung der Vermögensermittlung mit der Risikomessung auf einer betriebswirtschaftlichen Grundlage gewährleistet. In der Berechnung werden positive und negative Vermögensstrukturen berücksichtigt. Unter Berücksichtigung von Abzugspositionen kann das Nettovermögen ermittelt werden. Werden weiterhin noch Ertrags- und Kostenpositionen berücksichtigt, so erhält man die Risikotragfähigkeit als Nettovermögen. Die Ermittlung der Vermögenswerte erfolgt grundsätzlich nach dem Modell der Marktbewertung. Sofern jedoch keine Marktwerte vorliegen, wird auf Bilanzwerte zurückgegriffen.

Ermittlung der Risikotragfähigkeit aus GuV-orientierter Sichtweise

Ausgangspunkt für die Ermittlung des GuV-orientierten Risikodeckungspotenzials stellt die Sicherheitsrücklage dar. Diese gibt im Rahmen einer bilanziellen Betrachtungsweise an, wie viel offen ausgewiesenes Vermögen dem Kreditinstitut zur Verfügung steht. Ergänzt wird die Sicherheitsrücklage um die Reserven nach § 340f HGB, § 340g HGB sowie § 26a KWG a. F., die ebenfalls zum bilanziellen Vermögen des Kreditinstituts gehören. Die weitere wesentliche Komponente der Risikotragfähigkeit in der GuV-Betrachtung ist das geplante Betriebsergebnis. Dieses wird ohne das Nettoergebnis aus Finanzgeschäften angesetzt, da es ein zu limitierendes Risiko darstellt. Ergänzungen werden über realisierte Gewinne im Handels- und Anlagebuch und das neutrale Ergebnis vorgenommen.

Die Berücksichtigung der beschriebenen Komponenten führt zum Risikodeckungspotenzial – dem Betrag, der dem Kreditinstitut zur Risikoabdeckung zur Verfügung steht, ohne dabei Kundengelder zu gefährden. Für eine Fortführung der Geschäfte ist es jedoch nicht möglich, das gesamte Risikodeckungspotenzial zu verbrauchen. Das Kreditinstitut hätte in diesem Fall keine Eigenmittel mehr und könnte den Betrieb als Kreditinstitut nicht fortsetzen. Im Rahmen der GuV-Sichtweise zur Risikotragfähigkeit kann in der Praxis deshalb das Ziel verfolgt werden, die Sicherheitsrücklage nicht anzugreifen. Außerdem können z. B. weitere freie Reserven nach § 340f HGB sowie § 26a KWG a. F. zur Verfügung gestellt werden. Des Weiteren wird für die kurzfristige operative Steuerung ein Mindestgewinnausweis in Anrechnung gebracht. Die über diese Leitplanken zur Verfügung gestellten Mittel werden zusätzlich dadurch begrenzt, dass auch nach deren Verbrauch eine Relation im Sinne der Solvabilitätsverordnung von mindestens 9 % eingehalten werden soll. Dieser Anteil am Risikodeckungspotenzial ist derjenige Betrag, der auch in Krisenfällen zur Risikoabschirmung ausreichen soll.

Für die operative Steuerung kann das Ziel verfolgt werden, die anfallenden Risiken aus dem laufenden Ergebnis zu decken und darüber hinaus noch den Mindestjahresüberschuss ausweisen zu können.

Ermittlung der Risikotragfähigkeit aus regulatorischer Sichtweise

Diese Ausrichtung der Risikotragfähigkeit bildet die Eigenmittelanforderungen nach der Solvabilitätsverordnung ab. Grundsätzlich werden Stichtagswerte verwendet, die aus der periodischen Sicht abgeleitet werden. Aufgrund der betriebswirtschaftlichen Ausrichtung der Risikotragfähigkeitskonzeption ist die regulatorische Sichtweise ausschließlich als Steuerungsergänzung zu verstehen. Es ist dabei jedoch zwingend, eine ausreichende Ausstattung mit regulatorischem Eigenkapital sicherzustellen.

1.5 Die Risikomanagementorganisation

Für die Risikomanagementorganisation können folgende Grundsätze für die Praxis abgeleitet werden:

- Die Geschäftsführung ist für die Entwicklung einer Geschäfts- und Risikostrategie sowie für ein funktionierendes Risikomanagement- und Überwachungssystem verantwortlich. Ihr obliegt darüber hinaus die Verantwortung für die gesamte Risikoüberwachung.
- Die Geschäftsführung wird das Überwachungsorgan über die Risikostrategie, das Überwachungssystem sowie, mittels Limitauslastungen und -veränderungen, über die Risikosituation des Kreditinstituts informieren.
- Die Geschäftsführung ermöglicht es dem Überwachungsorgan festzustellen, ob angemessene Maßnahmen zur Risikoerkennung, -bewertung und -steuerung ergriffen wurden, und ob die bankinternen Richtlinien ausreichend sind. Das Aufsichtsorgan wird über Limit-

systeme, -auslastungen und -veränderungen unterrichtet. Bei besonderen Anlässen wird der Vorsitzende des Überwachungsorgans von der Geschäftsführung unverzüglich informiert. Das Aufsichtsorgan hat außerdem die Möglichkeit, sich direkt an die Interne Revision zu wenden, um weitere Informationen einzuholen bzw. erhaltene verifizieren zu lassen.

- Das Risikomanagementsystem umfasst alle Geschäftsbereiche des Kreditinstituts und gewährleistet eine integrierte Risikoüberwachung, die es ermöglicht, kurzfristig auf Veränderungen der marktmäßigen und rechtlichen Rahmenbedingungen zu reagieren.
- Die Koordination und Unterstützung des Risikomanagements sowie die Aktualisierung des Risikohandbuches obliegt dem Risikocontrolling. Das Risikocontrolling kann sich hierbei der Hilfe weiterer Fachbereiche bedienen.

Die einzelnen Elemente des Risikomanagementsystems werden dokumentiert, regelmäßig überprüft und laufend weiterentwickelt. Sollte sich die Risikostrategie verändern oder sollten wesentliche, die Risiken betreffende Erkenntnisse oder Veränderungen eintreten, sind das Risikohandbuch und eventuell die detaillierten Prozessbeschreibungen vom zuständigen Fachbereich umgehend zu aktualisieren.

Aufbau- und ablauforganisatorische Regelungen

Das interne Überwachungssystem, verstanden als Regelungen zur Steuerung der Unternehmensaktivitäten (Risikomanagement), besteht aus Prozessen und Systemen zur Überwachung der Einhaltung dieser Regelungen (Interne Kontrollverfahren). Die Interne Revision beurteilt als prozessunabhängige Organisationseinheit die Angemessenheit und Funktionsfähigkeit der Betriebs- und Geschäftsabläufe, die Risikosteuerungs- und -controllingprozesse sowie das Interne Kontrollsystem. Das Risikomanagement ist derart zu gestalten, dass die Funktionstrennung zwischen Steuerung und Überwachung bis hin zur Vorstandsebene und auch für den Vertretungsfall gewährleistet ist.

Organisation und Aufgaben des Risikocontrollings

Die Zielsetzung des Risikocontrollings besteht darin, die Risiken der Gesamtbank möglichst vollständig und konsistent zu messen, zu analysieren und laufend zu überwachen, um so eine risikoadäquate Steuerung zu ermöglichen. Zu den wesentlichen Aufgaben des Risikocontrolling zählen:

- Die Weiterentwicklung und Implementierung der Risikomessmethoden und -Systemen.
- Die laufende Risikomessung und -überwachung.
- Die Aggregation der Einzelrisiken zum Gesamtbankrisiko und der Abgleich mit der Risikodeckungsmasse des Kreditinstituts.
- Ein zeitnahes Reporting der Analyseergebnisse an das Aufsichtsorgan, den Gesamtvorstand und die jeweiligen Fachbereiche und die
- Dokumentation des Risikomanagementsystems.

Das Risikocontrolling ist eine eigenständige Abteilung, untersteht direkt dem Vorsitzenden der Geschäftsführung (Überwachungsvorstand) und nimmt seine Funktion unabhängig von den risikotragenden Unternehmensbereichen wahr.

Organisation und Aufgaben der Risikosteuerung

Die Risikosteuerung untersteht dem Steuerungsvorstand. In das Aufgabenfeld gehört insbesondere die Steuerung der Marktpreisrisiken, des Adressenrisikos und der sonstigen Risiken. Die Abteilung Risikosteuerung (Treasury) ist verantwortlich für die Erarbeitung der erforderlichen methodischen Grundlagen für die Steuerung und deren operative Umsetzung. Im Rahmen des Steuerungsprozesses obliegt es ihr, geeignete Maßnahmenvorschläge zur Steuerung der einzelnen Risikoarten zu unterbreiten. Dies erfolgt turnusmäßig im Rahmen der Sitzungen des Risikoausschusses oder bei besonderer Veranlassung im Rahmen von Vorstandssitzungen. Die Maßnahmenvorschläge sind hinsichtlich ihrer Auswirkungen mit dem Risikocontrolling abzustimmen. Der Steuerungsvorstand hat das alleinige Recht, über die Durchführung von Maßnahmen zu entscheiden.

Bei einzelnen, weiteren Risikoarten kann die Verantwortung für die Risikosteuerung auch bei den für die Verwaltung der jeweiligen Risikoträger zuständigen Abteilungen liegen. Hierbei kann es sich um Immobilien- und Beteiligungsrisiken sowie Teile der operationellen Risiken handeln. Die Zuordnung auf die Risikoverantwortlichen ist zu dokumentieren.

Prüfungsrichtlinien für die Interne Revision

Grundlage der Prüfungshandlungen der Internen Revision sind die Mindestanforderungen an das Risikomanagement (MaRisk) und die vom Aufsichtsorgan bzw. seinem Prüfungsausschuss verabschiedete Geschäftsanweisung für die Interne Revision. Die Interne Revision prüft z. B., ob:

- Der Vorstand eine Geschäfts- und Risikostrategie definiert hat, und ob ein fundiertes, vom Vorstand getragenes und dokumentiertes Risikomanagementsystem existiert.
- Die tatsächlichen Abläufe dem definierten System entsprechen: Wird der Risikomanagementprozess angemessen, funktionsfähig und ordnungsgemäß durchgeführt, und werden die Ergebnisse in geeigneter Weise dokumentiert und kommuniziert?
- Die festgelegten Maßnahmen auch tatsächlich umgesetzt werden und die Strategie verwirklicht wird.

Darüber hinaus sind die Risikoerkennung, die Risikobewertung sowie die Wirksamkeit und Angemessenheit der Steuerungsmaßnahmen zu beurteilen. Die Interne Revision prüft in regelmäßigen Abständen außerdem:

- Die Aufbau- und Ablauforganisation des Risikomanagementsystems im Hinblick auf deren Aktualität und deren praktische Umsetzung sowie
- die Wirksamkeit der prozessabhängigen internen Kontrollen und die Einhaltung der Funktionstrennung (Zuständigkeiten).

Internes Kontrollsystem

Ziele der Überwachung des gesamten Risikomanagementsystems sind:

- Die Überprüfung der Wirksamkeit, Angemessenheit und Effizienz der ergriffenen Risikomanagementmaßnahmen einschließlich der entwickelten (Kontroll-) Strukturen.
- Das Aufzeigen von Schwachstellen im Risikomanagementprozess und in der -organisation (z. B. Kontroll- und Regelungslücken) sowie das Auslösen von notwendigen Anpassungen und deren Überwachung.
- Die Gewährleistung der zukunftsorientierten Beobachtung der operativen und strategischen Risikosituation des Kreditinstituts. Die Überwachung muss auf veränderte Umfeldparameter aufmerksam machen.
- Die Überprüfung der Methoden zur Risikomessung, einschließlich der ihnen zugrunde liegenden Annahmen auf ihren Aussagegehalt gegenüber den tatsächlichen Wertänderungen (Überprüfung des Backtesting).

Das Interne Kontrollsystem umschließt das gesamte Risikomanagementsystem und enthält z. B.:

- Organisatorische Sicherungsmaßnahmen in der Datenverarbeitung (z. B. IT-Sicherheitspolitik).
- Arbeitsanweisungen und Kompetenzregelungen (Organisationshandbuch).
- Aussagen zur Qualifikation der Mitarbeiter (z. B. Handbuch Personalentwicklung, Qualifizierungskonzept, Stellenprofil, Ausbildungspläne).
- Notfallplanungen.
- Integrierte Kontrollen (Funktionstrennung, Vieraugenprinzip) und
- Prüfungsrichtlinien (Geschäftsanweisung) für die Interne Revision.

1.6 Risikoübersichten

Die genaue Beschreibung der einzelnen Risiken erfolgt in den „Risikoübersichten". Beispielhaft werden im Folgenden die Risikoübersichten nach dem Regelkreis des Risikomanagements anhand der Risikoart des wertorientierten Kreditrisikos (ohne Emittenten- und Kontrahentenrisiko) dargestellt:

a) Verfahren der Risikoerkennung

Die Risikoidentifikation dient der Erkennung und Beschreibung der in der Praxis bestehenden Risiken. Im Rahmen der Risikoerkennung (-identifikation) müssen die Risikokategorien klar und deutlich voneinander abgegrenzt werden. Dies erfordert eine systematische Risikoanalyse des Kreditinstituts und seiner Geschäftsabläufe. Grundlage für die Identifikation der Risiken ist vor allem eine Beobachtung der in dem Kreditinstitut sich neu entwickelnden Produkte, der Märkte, auf denen das Kreditinstitut aktiv ist, der sich ändernden Rahmenbedingungen am Kapital- und Kundenmarkt, der regulatorischen Entwicklungen, der Fachliteratur, der Hinweise der Verbände sowie die Einschätzungen der Entscheidungsträger (Expertenwissen). Es muss das Bestreben sein, Risiken rechtzeitig zu identifizieren und dem Regelkreislauf des Risikomanagements zugänglich zu machen.

Kernprozess ist die jährliche Betrachtung insbesondere der Marktpreis-, Adressenausfall-, Liquiditäts- sowie operationellen Risiken. Das System der Risikoerkennung kann für die Risikoart des wertorientierten Kreditrisikos nach folgendem Muster erfolgen:

Risikoart (1. Ebene)	**Adressrisiko**
Risikoart (2. Ebene)	Kreditrisiko, wertorientiert: (ohne Emittenten- und Kontrahentenrisiko)
Risikobeschreibung	Als Ausfallrisiko bezeichnet man zum einen die Gefahr, dass gegenüber dem Kreditinstitut bestehende Zahlungsverpflichtungen ganz oder teilweise uneinbringlich werden. Darüber hinaus besteht die Gefahr, dass sich die Bonität eines Kreditnehmers während der Kreditlaufzeit verschlechtert (Bonitätsverschlechterungsrisiko = Migration in eine schlechtere Ratingklasse). Das Kreditrisiko umfasst diese beiden Aspekte. Die Höhe des erwarteten Ausfallrisikos (= erwarteter Verlust) auf Einzelgeschäftsebene richtet sich in erster Linie nach der Höhe der Forderung, der Bonität und der Besicherung. Daneben wird das Einzelkreditrisiko durch die Laufzeit und die Tilgungsart determiniert. Es besteht jedoch zusätzlich noch die Gefahr, dass bei einem Kreditereignis der tatsächlich eintretende Verlust den vorher erwarteten Verlust übersteigt (= unerwarteter Verlust (Value at Risk – VaR)). Auf Gesamtbankebene ist außerdem der Grad der Diversifikation des Kreditportefeuilles entscheidend (Strukturrisiko als Teilbereich des Kreditrisikos). Das Risiko resultiert dabei aus einer mangelnden Diversifikation des Kreditportefeuilles hinsichtlich Struktur (Klumpenrisiko) und der Größenklassen.
Risikotragende Bilanzposition bzw. Produkte	Primär: Forderungen an Kunden (Personal- und Realdarlehen, KK-Kredite, Avale, Wechselobligo, Schuldscheindarlehen), Interbankforderungen
Instrumente bzw. Quellen der Risikoerkennung	- Rating und Scoring, - Internes Kreditrisikomodell (CreditPortfolioView) - Hilfstools - Report zur Risikolage im Handelsgeschäft
Verantwortlich	Risikocontrolling
Turnus	Jährlich

Tabelle E.1: Risikoerkennung

b) Verfahren der Risikobewertung

Die Risikobewertung hat das Ziel, eine erste subjektive Einstufung der Risikorelevanz vorzunehmen. Neben einer verbalen Beschreibung kann als Instrument der Risikobewertung die Risikokennzahl herangezogen werden. Sie ermittelt sich als Produkt aus Eintrittswahrscheinlichkeit, Risikobedeutung und Beherrschbarkeit, wobei alle drei Parameter mit gleicher Gewichtung in die Rechnung eingehen. Eintrittswahrscheinlichkeit, Risikobedeutung und Beherrschbarkeit werden in einem Skalierungsverfahren abgebildet. Die Multiplikation aller drei Parameter ergibt die Risikokennzahl. Der Risikobewertung liegt folgende sechsstufige Ordinalskala zugrunde:

Eintrittswahrscheinlichkeit	1: unwahrscheinlich (1 x in 10 Jahren) 2: relativ unwahrscheinlich (1 x in 5 Jahren) 3: selten (max. 1 x im Jahr) 4: wahrscheinlich (5 - 6 x im Jahr) 5: sehr wahrscheinlich (1 - 2 x im Monat) 6: sicher (mehrmals täglich)
Risikobedeutung	1: unwesentlich (vernachlässigbar, geschätzter Schaden < 0,01% des Risikodeckungspotenzials in der GuV bzw. wertorientierten Sichtweise.) 2: gering (wenig bedeutsam, geschätzter Schaden bis 1,0 % des Risikodeckungspotenzials in der GuV bzw. wertorien tierten Sichtweise.) 3: mittel (bedeutsam, geschätzter Schaden bis 2,5 % des Risikodeckungspotenzials in der GuV bzw. wertorientierten Sichtweise.) 4: mittelhoch (sehr bedeutsam, geschätzter Schaden bis 5,0 % des Risikodeckungspotenzials in der GuV bzw. wertorientierten Sichtweise.) 5: hoch (schwerwiegend, geschätzter Schaden bis 10,0 % des Risikodeckungspotenzials in der GuV bzw. wertorientierten Sichtweise.) 6: sehr hoch (existenzbedrohend, geschätzter Schaden > 20,0 % des Risikodeckungspotenzials in der GuV bzw. wertorientierten Sichtweise.) Beim geschätzten Schaden in Relation zum Risikodeckungspotenzial der GuV sowie zur wertorientierten Sichtweise gilt jeweils die restriktivere Bedingung.
Beherrschbarkeit	1: problemlos 2: leicht 3: gut beherrschbar 4: beherrschbar 5: schwierig 6: kaum beherrschbar

Tabelle E.2: Skalierungsparameter der Risikobewertung

Anhand der ermittelten Risikokennzahl werden verschiedene Risikoklassen unterschieden, denen folgende Maßnahmen zugewiesen werden können:

Risikokennzahl	Risikobereich (Risikoklasse)	Maßnahmen
1 – 24	Risiko 1. Klasse	- keine außergewöhnlichen Maßnahmen erforderlich - Risiko wird mindestens im Rahmen der jährlichen Risikobewertung untersucht
25 – 59	Risiko 2. Klasse	- halbjährliche bzw. quartalsweise Beobachtung der Entwicklung - Steuerungsmaßnahmen werden nach Bedarf ergriffen
60 – 119	Risiko 3. Klasse	- mindestens monatliche Beobachtung der Entwicklung - Steuerungsmaßnahmen werden nach Bedarf ergriffen
≥ 120	Risiko 4. Klasse	- permanente Aufmerksamkeit und Steuerung

Tabelle E.3: Risikoklassen und Maßnahmen

Aus der verbalen Bewertung des Risikos bzw. der Risikokennzahl/Risikoklasse wird der Handlungsbedarf inklusive der Steuerungsnotwendigkeit nach Schwere und Häufigkeit ersichtlich. Auch wenn das Risiko als relativ gering eingeschätzt wird, sind die bestehenden gesetzlichen und aufsichtsrechtlichen Erfordernisse einzuhalten. Für das Adressrisiko ergibt sich das folgende Resultat für die Risikobewertung:

Risikoart (1. Ebene)	**Adressrisiko**
Risikoart (2. Ebene)	Kreditrisiko, wertorientiert: (ohne Emittenten- und Kontrahentenrisiko)
Eintrittwahrscheinlichkeit	4 (wahrscheinlich)
Risikobedeutung	6 (sehr hoch)
Beherrschbarkeit	5 (schwierig)
Risikokennzahl/-klasse	120 / 4. Klasse
Wesentlichkeit des Risikos	Das Risiko ist wesentlich.
Risikotragfähigkeit	Die Berücksichtigung im Rahmen der Risikotragfähigkeit erfolgt.
Risikomanagement-prozess	Die Einbeziehung in den Risikomanagementprozess erfolgt.
Begründung	Das Kreditrisiko inkl. des Strukturrisikos stellt ein wesentliches Risiko des Kreditinstituts dar.
Verantwortlich	Vorstand
Turnus	Jährlich

Tabelle E.4: Risikobewertung

c) Verfahren der Risikomessung

An dieser Stelle werden grundlegende Aussagen zu Messverfahren und Annahmen für die Risikomessung der zuvor identifizierten Risiken definiert. Grundsätzlich sind nur die wesentlichen Risiken zu messen. Bei einigen Risiken wird trotz deren Klassifizierung „unwesentlich" eine Risikomessung und Integration in die Risikotragfähigkeit vorgenommen, um eine konsistente Risikomessung zu erzielen. Das Kreditinstitut unterscheidet im Rahmen der Risikomessung zwischen der barwertigen Risikomessung sowie der GuV-orientierten Risikomessung.

Die Risikomessung ist für alle Risikoarten permanent weiter zu entwickeln. So erfolgt anstelle der traditionellen, GuV-basierten Risikomessung verstärkt auch die Integration der wertorientierten Risikoansätze. Die wertorientierte Steuerung erfolgt jedoch bisher lediglich für das Zinsbuch. Hier sind somit auch die höchsten Anforderungen an die wertorientierte Risikomessung zu stellen. Im Adressrisiko wird die wertorientierte Risikomessung mittels des Kreditportfoliomodells „CreditPortfolioView" weiterentwickelt, sie stellt jedoch noch keinen primären Handlungstreiber dar.[8]

Risikoart (1. Ebene)	**Adressrisiko**
Risikoart (2. Ebene)	Kreditrisiko, wertorientiert: (ohne Emittenten- und Kontrahentenrisiko)
Methode bzw. Verfahren	- Rating bzw. Scoring, - Internes Kreditrisikomodell, - Tool für die risikoadjustierte Bepreisung
Schwellenwert	Limit im Rahmen der Risikotragfähigkeitsrechnung

8) Andere Risikobereiche, wie Immobilienrisiken oder Beteiligungsrisiken, können bislang nicht methodisch sicher wertorientiert gemessen oder gesteuert werden. Hier wird auf vereinfachende Annahmen zurückgegriffen.

Risikoart (1. Ebene)	Adressrisiko
Risikoart (2. Ebene)	Kreditrisiko, wertorientiert: (ohne Emittenten- und Kontrahentenrisiko)
Verantwortlich	Risikocontrolling
Turnus	permanent

Tabelle E.5: Risikomessung

Die wesentliche Grundlage für die Messung der Adressenausfallrisiken ist die regelmäßige Bewertung der Kundenbonität anhand eines Risikoklassifizierungsverfahrens. Für die verschiedenen Kundensegmente werden unterschiedliche Risikoklassifizierungsverfahren eingesetzt.[9] Ratingverfahren werden für gewerbliche Kunden eingesetzt, Scoringverfahren finden bei privaten Kunden Anwendung. Hier wird auch ausdrücklich zwischen einer Bewertung zum Zeitpunkt eines Kreditantrages einerseits und einer regelmäßigen Bewertung des Bestandes andererseits unterschieden:

Risikoklassifizierungsverfahren	
Rating	**Scoring**
- Immobiliengeschäftsrating - Standardrating - Kleinstkundenrating	Antragsscorecards - Antragsscoring Baufinanzierung - Antragsscoring Konsumentenkredit - Antragsscoring Privatgirokonto Bestandsscoring Privatkunden - Verhaltensscoring Privatgirokonto - weitere Scorecards

Tabelle E.6: Risikoklassifizierungsverfahren

In der GuV-orientierten Messung des Adressenausfallrisikos wird monatlich ermittelt, in welchem Umfang das jeweilige Bewertungsergebnis im Kreditgeschäft den zu Jahresbeginn geplanten Wertansatz übersteigt. Eine mögliche Überschreitung des erwarteten Planwertes ist das eigentliche Risiko für das Institut. Um Konzentrationen bei den Wertberichtigungen in einzelnen Hauptwirtschaftszweigen zu erkennen, werden zusätzlich aus dem Planwert abgeleitete Limits für die Hauptwirtschaftszweige vergeben und überwacht.

Bei der barwertorientierten Betrachtung des Adressenausfallrisikos werden in dem Kreditrisikomodell „CreditPortfolioView“ aus dem Kreditvolumen, der Besicherungsstruktur und der Ausfallrate der jeweiligen Risikoklasse die sog. *erwarteten* Verluste ermittelt. Daneben wird in dem Kreditrisikomodell ein *unerwarteter* Verlust als Ausmaß der Abweichungen vom durchschnittlich eintretenden erwarteten Verlust abgeleitet. Neben den reinen unerwarteten Ausfällen wird zusätzlich ein bonitätsbedingter Wertverlust des Kreditportfolios (Migration zwischen den Ratingklassen) simuliert. Dies ist barwertig das relevante Risiko. Der unerwar-

9) Vgl. Kramp/Winterstein - Arbeitskreis 9 (2001), S. 384 ff.; ebf. Winterstein - Arbeitskreis 5 (2006), S. 216 ff.

tete Verlust wird in der barwertorientierten Betrachtung als Value at Risk zu einem vorgegebenen Konfidenzniveau bei einem Risikohorizont von einem Jahr dargestellt.[10]

d) Risikoreporting

Grundlage eines funktionsfähigen Risikomanagementsystems ist die effiziente Information der Entscheidungsträger, namentlich des Vorstands, der betroffenen Mitarbeiter und des Aufsichtsorgans. Die Interne Revision wird in den Verteilerschlüssel der quartalsweise erstellten Berichte zur Risikosituation ebenfalls mit aufgenommen. Die Risikokommunikation baut auf einem zentralen Report zur Risikotragfähigkeit auf. Für alle wesentlichen Risiken gibt es darüber hinaus separate Risikoreports. Zentrales bankinternes Gremium für die Kommunikation von gesamtbankbezogenen Risiken ist der Risikoausschuss des Kreditinstituts, dem auch der Leiter der Internen Revision angehören sollte. Werden bestandsgefährdende Risiken festgestellt, so sind diese unverzüglich an den Gesamtvorstand zu melden.

Für das Adressenausfallrisiko sind Hauptkommunikationselemente die monatlich erstellte Prognose der handelsrechtlichen Einzelwertberichtigung sowie der quartalsweise erstellte Kreditrisikoreport.

Risikoart (1. Ebene)	**Adressrisiko**
Risikoart (2. Ebene)	Kreditrisiko, wertorientiert: (ohne Emittenten- und Kontrahentenrisiko)
Reporting	- Kreditrisikoreport - Report zur Risikotragfähigkeit
Verantwortlich	Risikocontrolling
Adressat	Vorstand, Fachbereiche und Interne Revision
Reaktionszeit	Zeitnah, nach Kommunikation
Auswirkung auf andere Risikoarten	Liquiditätsrisiko, Strategisches Risiko, Operationelles Risiko; indirekt auch auf das Marktpreisrisiko

Tabelle E.7: Risikoreporting

e) Risikosteuerung

Grundsätzlich können Diskussionen über zentrale Risikosteuerungsmaßnahmen im Rahmen der regelmäßig stattfindenden Risikoausschuss- bzw. Vorstandssitzungen geführt werden. Die zur Steuerung einsetzbaren Finanzinstrumente sind in einem Produktkatalog zu definieren. Für Steuerungsmaßnahmen wird nur auf Instrumente zurückgegriffen, die den Erfordernissen im Rahmen der Aktivitäten in neuen Produkten oder auf neuen Märkten im Sinne der MaRisk gerecht werden. Für das Adressrisiko gilt:

---

10) Siehe oben, Kapitel C.3.5.4, S. 222.

Risikoart (1. Ebene)	**Adressrisiko**
Risikoart (2. Ebene)	Kreditrisiko, wertorientiert: (ohne Emittenten- und Kontrahentenrisiko)
Instrumente / Maßnahmen	- Kreditrisikostrategie - Risikoadjustierte Bepreisung - Metakredite - Limits (Kompetenzvergabe) - Verstärkung von Kreditsicherheiten - Ratingorientierte Engagementobergrenzen - Kreditderivate Aber: Eine explizite Steuerung des wertorientierten Kreditrisikos wird noch nicht vorgenommen.
Verantwortlich	Treasury

Tabelle E.8: Risikosteuerung

f) Risikokontrolle

Die Risikokontrolle dient der Analyse, ob beschlossene Maßnahmen der Risikosteuerung in die gewünschte Richtung wirken. In einem weiteren Sinn wird sie als die Kontrolle des Gesamtzustandes verstanden, welcher sich nach der Durchführung der Maßnahme einstellen sollte. Der erste Schritt der Risikokontrolle geschieht dergestalt, dass Maßnahmenvorschläge des Treasury vom Risikocontrolling auf die gewünschte Wirkung hin überprüft werden. Der zweite Schritt der Risikokontrolle wird mit dem Import der neuen Daten in die Risikomesssysteme durchgeführt. Hier fließt die Maßnahme mit in den Gesamtbestand ein und wird somit implizit auf ihre korrekte Wirkung hin überprüft. Welche Kontrollen vorgenommen wird, ergibt sich aus den Risikoübersichten bzw. aus dem jeweiligen Managementprozess des entsprechenden Risikos. Für das wertorientierte Kreditrisiko gilt:

Risikoart (1. Ebene)	**Adressrisiko**
Risikoart (2. Ebene)	Kreditrisiko, wertorientiert: (ohne Emittenten- und Kontrahentenrisiko)
Verantwortlich	Risikocontrolling
Maßnahmen	Regelmäßige Kreditrisikoreports
Turnus	Permanente Risikokontrolle

Tabelle E.9: Risikokontrolle

2. Prüfungsansätze für das Zinsänderungsrisiko

In diesem Kapitel sollen konkrete Prüfungsschritte einer Systemprüfung des Zinsänderungsrisikos, und somit eines bedeutenden Teils des Risikomanagementsystems, vorgestellt werden.[11] Unter einem marktinduzierten Zinsänderungsrisiko wird allgemein die Gefahr einer von Marktzinsänderungen verursachten negativen Entwicklung des periodisierten Zinserfolgs und/oder barwertiger Zinspositionsgrößen verstanden. Das Zinsänderungsrisiko kann in ein

[11] Vgl. ausführlich Geiersbach/Prasser (2008a), S. 290 ff.; ebf. Becker (2008), S. 131 ff.; ebf. IDW PS 340 (2000).

zinsinduziertes Marktwertrisiko und in ein Zinsspannenrisiko getrennt werden.[12] Ersteres ist eine Marktwertreagibilität, die die Sensibilität von Aktiva und Verbindlichkeiten auf Zinsänderungen zeigt. Sie ist abhängig von Sensivitätsmaßen, wie z. B. Basispoint Values, und von wahrscheinlichen Zinsveränderungen. Letzteres, das Zinsspannenrisiko, ist die Gefahr, dass sich der periodisierte Zinserfolg in Form der Bruttozinsspanne vermindert.[13]

2.1 Prüfung der Risikotragfähigkeitskonzepte

Risikotragfähigkeitskonzeption

Im Rahmen der Risikotragfähigkeit wird geprüft, inwieweit die quantifizierbaren Risiken den festgelegten Anteil am Risikodeckungspotenzial auslasten. Als Risiko wird dabei der potenzielle Verlust verstanden. In der wertorientierten Darstellung entspricht dieser Begriff dem potenziellen Vermögensverlust gegenüber dem erwarteten Vermögen zum Planungshorizont. In der periodischen Betrachtung stellt dieser Verlust die negative Abweichung vom geplanten – und bereits in der Betriebsergebnisrechnung berücksichtigten – Verlust (Bewertungsergebnis Kredit, neutrales Ergebnis, gegebenenfalls Bewertungsergebnis Wertpapiere) bzw. Ergebnis (Zinsspanne) dar. Bei der operativen Umsetzung sollten betriebswirtschaftlich gebotene Aspekte im Rahmen der Risikotragfähigkeit im Vordergrund stehen.

Vor dem Hintergrund der Kernfragen zur Risikotragfähigkeit sollten im Rahmen der Prüfung des Risikotragfähigkeitskonzeptes die folgenden Prozessschritte durchgeführt werden:[14]

- Bestimmung des Gesamtvermögens bzw. Kapitals des Kreditinstituts (Risikodeckungspotenzial).
- Geschäftspolitische Entscheidung, wie groß der Anteil am Risikodeckungspotenzial sein soll, der zur Risikoabsorption eingesetzt wird.
- Entscheidung über die Aufteilung des eingesetzten Gesamtvermögens bzw. Kapitals auf die einzelnen Risikoarten (Asset Allokation).
- Quantifizierung der einzelnen Risikoarten und Risikoaggregation.
- Verbindung zwischen der Quantifizierung der einzelnen Risikoarten und dem eingesetzten Gesamtvermögen bzw. Kapital (Limitauslastung).

Ausgehend von diesen vorbereitenden Prozessschritten kann eine abschließende Entscheidung getroffen werden bezüglich der Ermittlung von Maßnahmen entsprechend der Limitauslastung.

Die klassischen Steuerungskonzepte haben sich lange Zeit ausschließlich auf die periodischen Erfolge innerhalb der GuV konzentriert. Diese Sichtweise ist jedoch als Basis für eine moderne ertrags- und risikoorientierte Steuerung von Marktpreisrisiken nicht mehr ausreichend. Die Barwertmethodik ist das ökonomisch überlegene Konzept. Sie ist anerkannt, je-

---

12) Vgl. hierzu OENB - Zinsrisikomanagement (2008), S. 7 ff.; ebf. Schierenbeck (2008), S. 294 ff.

13) Vgl. Steinberg (1999), S. 7 f.

14) Diese lauten: Wie viel Kapital hat das Institut? Wie viel Kapital will das Institut einsetzen? Wie viel Kapital benötigt das Institut für bereits eingegangene und geplante Risiken?

doch muss weiterhin die handelsrechtliche, GuV-orientierte Betrachtung als strenge Nebenbedingung berücksichtigt werden.

Beispielhaft für die Umsetzung der obigen ersten Prozessschritte ist die folgende Tabelle E.1, mithilfe derer man die Umsetzung veranschaulichen kann. Dabei ist die periodenorientierte (GuV) Betrachtung strikt getrennt von der vermögensorientierten Betrachtungsweise vorzunehmen. Im ersten Schritt erfolgt bei der periodenorientierten (GuV) Betrachtung die Bestimmung des handelsrechtlichen Vermögens. Als zweiter Schritt folgt die Ermittlung des maximal zur Risikoabdeckung einzusetzenden Vermögens, also die Obergrenze, die zur periodenorientierten Risikoabdeckung eingesetzt werden soll. Für die barwertige Betrachtung ist ebenfalls zuerst die Bestimmung des Vermögens erforderlich (Abbildung E.1):

Ermittlung Risikodeckungspotenzial

	periodenorientierte Betrachtung
	Sicherheitsrücklage
+	Reserven § 340 f HGB
+	Reserven § 26a KWG a.F.
+	Geplantes Betriebsergebnis
+	Geplantes Ergebnis aus Handels- und Anlagebuch
+/-	Neutrales Ergebnis
=	**Risikodeckungspotenzial**

	barwertorientiert Betrachtung
	Zinsbuch (ohne notleidende Forderungen und Kasse)
+	Fremdwährungsgeschäfte
+	Kasse
+	Aktien
+	Immobilien
+	Beteiligungen
+	Sachmittel
+	Erlöse notleidender Forderungen
=	**Bruttovermögen**
-	Barwert der Bonitätsprämie
-	Optionsprämien
=	**Nettovermögen**
-	Provisionsaufwand
-	Personalaufwand
-	Sachaufwand
=	**Nettovermögen nach Erträgen & Kosten**

Abbildung E.1: Ermittlung des Risikodeckungspotenzials

Ausgehend von dem Risikodeckungspotenzial bzw. Nettovermögen nach Erträgen und Kosten ist der Teil festzulegen, den das Kreditinstitut zur Deckung von etwaigen Verlusten bereit ist maximal einzusetzen. Im Rahmen einer Prüfung der Risikotragfähigkeit sollten die folgenden Sachverhalte beachtet und zur Bewertung der Konzeption herangezogen werden:

- Das Verfahren für die Ermittlung der Risikotragfähigkeit hat den allgemein anerkannten Grundsätzen zu entsprechen.
- Weiter sollte festgestellt werden, ob das Risikodeckungspotenzial auf periodenorientierter und/oder wertorientierter Basis ermittelt wird. Die MaRisk geben keine Betrachtungswei-

se vor, insbesondere die wertorientierte Betrachtung ist keine Pflicht. Jedoch ist darauf zu achten, dass die Ermittlungsmethoden für das Risikodeckungspotenzial einerseits und die Risiken andererseits widerspruchsfrei sind. Die periodische und die wertorientierte Basis sind getrennt zu führen.

- Des Weiteren ist zu prüfen, welche Risiken als wesentlich definiert wurden. Bei deutschen Universalbanken sind dies in der Regel Adressenausfall-, Marktpreis-, Liquiditäts- sowie operationelle Risiken.[15]

Im Rahmen des Risikotragfähigkeitskonzeptes wird das Risikodeckungspotenzial den wesentlichen Risiken gegenübergestellt. Dies setzt eine substanzielle Aussage über die Höhe der wesentlichen Risiken voraus. Die MaRisk geben in diesem Zusammenhang zwar keine konkreten Verfahren vor, jedoch sollte ein sinnvoller Ansatz zur Risikomessung vor allem die Eigenschaften der Kohärenz besitzen: positive Homogenität, Monotonie, Subadditivität bzw. Diversifikation und Translationsvarianz.[16] In die Ermittlung der Risikotragfähigkeit sollten mindestens die wesentlichen Risiken mit einbezogen werden. Eine Nichtberücksichtigung, wie sie nach den MaRisk z. B. beim Liquiditätsrisiko erfolgen kann, ist nachvollziehbar zu begründen. Allerdings müssen die Anforderungen aus dem BTR 3 Liquiditätsrisiken der MaRisk beachtet werden.[17] Auch wenn diese Risiken nicht explizit Eingang in die Risikotragfähigkeitskonzeption finden, so sind sie dennoch ausreichend im Risikosteuerungs- und -controllingprozess zu berücksichtigen.

Das Management der bankinternen wesentlichen Risiken sowie damit verbundene Risikokonzentrationen sind bedeutende Anforderungen aus den MaRisk (AT 2.2 Tz. 1). Bei der Beurteilung der wesentlichen Risiken sind folgende Arten zu berücksichtigen: Adressenausfall- (inklusive Länderrisiken), Marktpreis-, Liquiditäts- und operationelle Risiken. Damit der Vorstand die Wesentlichkeit beurteilen kann, hat er sich zunächst auf der Basis einer Analyse aller Risiken einen Überblick über das Gesamtrisikoprofil seiner Bank zu verschaffen, z. B. im Rahmen einer Risikoinventur, um anschließend die Wesentlichkeit individuell festlegen zu können. Welche Risiken als wesentlich bezeichnet werden, sollte sich an den dominierenden Geschäftsaktivitäten der Bank orientieren. Im Fokus der MaRisk steht also die angemessene Berücksichtigung aller wesentlichen Risiken und nicht primär deren Quantifizierung. Die folgende Abbildung E.2 stellt dies strukturiert dar:[18]

15) Diese werden auch in den MaRisk in den BTR 1 - 4 gesondert adressiert.
16) Siehe hierzu oben, Kapitel C.3.5.4, S. 217.
17) Siehe hierzu unten, Kapitel E.3, S. 387 ff.
18) Vgl. DSGV MaRisk (2007), S. 140.

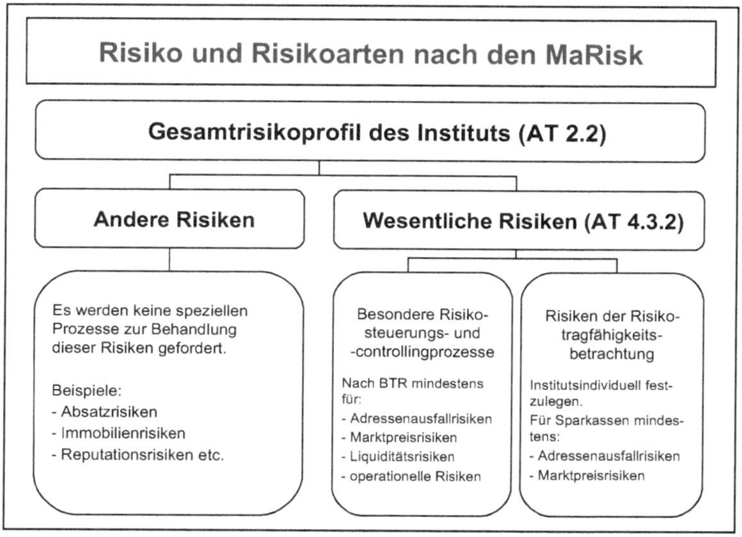

Abbildung E.2: Gesamtrisikoprofil nach MaRisk

Die Einstufung der Wesentlichkeit sollte aufgrund des dynamischen Umfeldes und interner Entwicklungsprozesse regelmäßig überprüft werden. Es empfiehlt sich ein jährlicher Rhythmus. Eine Zusammenfassung für den Umgang mit wesentlichen Risiken beinhaltet die folgende Abbildung E.3:[19]

[19] Vgl. DSGV MaRisk (2007), S. 154.

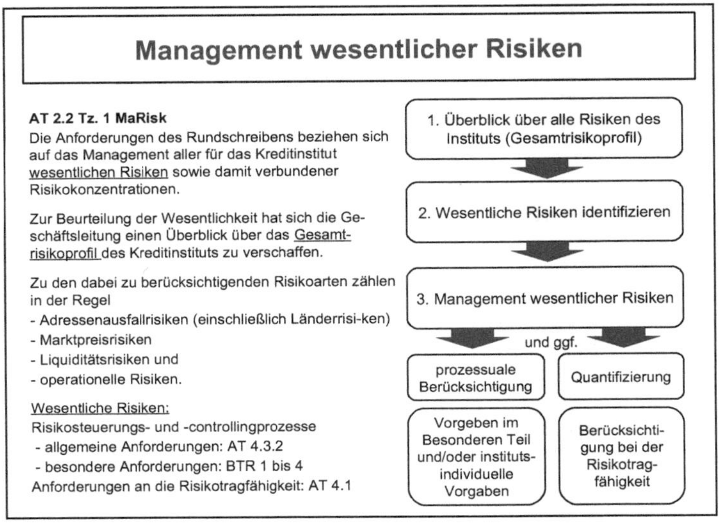

Abbildung E.3: Management wesentlicher Risiken

Bei wertorientierter Ermittlung der Risiken sind die handelsrechtlichen Auswirkungen auf Bilanz und GuV hinreichend zu berücksichtigen. Die handelsrechtliche Betrachtung ist immer als eine Nebenbedingung zu sehen. Allgemein sollten die genutzten Verfahren zur Ermittlung und Quantifizierung der Risiken angemessen und dem aktuellen Stand entsprechend sein.

Daneben ist zu prüfen, welche Szenarien, z. B. real case für den Normalbelastungsfall, worst case für einen negativen Belastungsfall und Stressszenarien für den Extremfall, für die Risikotragfähigkeit zugrunde gelegt werden. Diese Szenarien sind darauf zu prüfen, ob sie hinreichend und plausibel sind. Beim Extremfall kann es empfehlenswert sein, alle Risikoarten bezüglich extremer negativer Ergebnisse zu betrachten.

Bei wesentlichen Dateneingaben sollten ausreichende Kontrollen im Sinne des Vieraugenprinzips vorgesehen sein. Wenn diese nicht IT-gestützt erfolgen, kann dies z. B. auf entsprechenden Bearbeitungschecklisten dokumentiert werden, auf denen Erfasser und Kontrolleur die jeweiligen Bearbeitungsschritte abzeichnen. Im Rahmen der Prüfung sollte auch darauf geachtet werden, ob die angewiesenen Kontrollen ordnungsgemäß durchgeführt und dokumentiert wurden. Auch sollte die Ermittlung der Risikotragfähigkeit ausreichend dokumentiert und für einen sachkundigen Dritten nachvollziehbar sein. Daneben ist nach AT 4.1 Tz. 4 der MaRisk die Angemessenheit der Methoden zur Beurteilung der Risikotragfähigkeit zumindest jährlich von den verantwortlichen Mitarbeiter zu überprüfen. Zur Erfüllung dieser Anforderung sollte auch eine Dokumentation der Überprüfung erfolgen.

Abschließend ist zur Betrachtung der Risikotragfähigkeit festzuhalten, dass die Steuerungsprozesse keine Einbahnstraße sein dürfen, sondern als Regelkreisläufe funktionieren sollten, die dem Grundmuster aus Planung, Maßnahmendurchführung und Ergebnisanalyse folgen.

Strategie

Die Aufsichtsinstanz achtet darauf, dass das oberste Verwaltungsorgan einer Bank die Strategie sowie wesentliche Grundsätze und Verfahren für die Erkennung, Messung, Überwachung und Begrenzung des Zinsänderungsrisikos genehmigt und regelmäßig überprüft. Sie verlangt ferner, dass die Geschäftsleitung dafür sorgt, dass die Zinsänderungsrisikostrategie und die entsprechenden Grundsätze und Verfahren entwickelt und umgesetzt werden. In Deutschland ist dies durch gesetzliche Verankerung in § 25a Abs. 1 Satz 3 KWG und der konkretisierenden Vorschrift in den MaRisk umgesetzt. Während in § 25a Abs. 1 Satz 3 KWG noch allgemein geregelt ist, dass eine ordnungsgemäße Geschäftsorganisation insbesondere ein angemessenes und wirksames Risikomanagement umfasst, das unter anderem auf der Grundlage von Verfahren zur Ermittlung und Sicherstellung der Risikotragfähigkeit die Festlegung von Strategien beinhaltet, erfolgt in den MaRisk AT 4.2 „Strategien" eine Konkretisierung. Bei der Ausarbeitung der Risikostrategie sind unter anderem die in der Geschäftsstrategie niederzulegenden Ziele und Planungen der wesentlichen Geschäftsaktivitäten zu berücksichtigen. Die Verantwortung für die Festlegung der Strategien ist nicht delegierbar, sodass die Festlegung des Inhalts der Geschäftsstrategie allein in der Verantwortung der Geschäftsleitung liegt. Die Geschäftsstrategie ist nicht Gegenstand von Prüfungshandlungen durch externe Prüfer oder die Interne Revision. Bei der Überprüfung der Risikostrategie ist jedoch die Geschäftsstrategie heranzuziehen, um die Konsistenz zwischen beiden nachvollziehen zu können. Es bleibt dem Institut überlassen, die Risikostrategie in die Geschäftsstrategie zu integrieren.

Die Geschäftsleitung muss für die Umsetzung ihrer Strategien Sorge tragen. Dies wird sowohl durch die in AT 4.2 Tz. 4 der MaRisk formulierten Forderungen, dass die Inhalte sowie Änderungen der Risikostrategie, gegebenenfalls zusammen mit der Geschäftsstrategie, innerhalb des Instituts in geeigneter Weise zu kommunizieren sind, als auch durch die Maßgabe, dass die Strategien dem Aufsichtsorgan des Instituts zur Kenntnis zu geben und mit diesem zu erörtern sind, unterstützt. Die Anforderung, dass die Geschäftsleitung die Strategien mindestens jährlich zu überprüfen und gegebenenfalls anzupassen hat, liefert ebenfalls einen Beitrag zur Umsetzung der Strategien. Ihr Detaillierungsgrad ist abhängig vom Umfang und der Komplexität sowie dem Risikogehalt der geplanten Geschäftsaktivitäten.

Mit einer einheitlichen Gliederung wird unterstützt, dass die Geschäfts-, die Risiko- und ergänzende Strategien, wie z. B. Vertriebs- oder Personalstrategie, eine konsistente Form besitzen. Unter Beachtung dieser Anforderungen sollten im Rahmen der Prüfung der Risikostrategie durch die Revision folgende Sachverhalte beachtet werden, die zur Einschätzung der

Angemessenheit der Risikostrategie bezüglich der Zinsänderungsrisiken als integraler Bestandteil der Marktpreisrisiken herangezogen werden können:

- Der Detaillierungsgrad der Strategien sollte dem Umfang, der Komplexität sowie dem Risikogehalt der geplanten Geschäftsaktivitäten entsprechen.
- Die Strategien sollten im Einklang mit den gesamtwirtschaftlichen und rechtlichen Rahmenbedingungen stehen.
- Der zugrunde gelegte Planungszeitraum für die strategische und operative Planung sollte angemessen sein.
- Alle wesentlichen Einflussfaktoren und Komponenten sind zu berücksichtigen. Dazu gehören auch angemessene personelle Ressourcen sowie gegebenenfalls Personalentwicklungsmaßnahmen.
- Die festzulegende Risikostrategie hat sich an den wirtschaftlichen Verhältnissen des Kreditinstituts zu orientieren.

Hier sollte man prüfen, ob die daraus resultierenden und die bereits vorhandenen Risiken im Einklang mit der Risikotragfähigkeit auf Gesamtbankebene stehen. Nach AT 4.1 Tz. 2 der MaRisk ist die Risikotragfähigkeit im Rahmen der Festlegung und Anpassung der Strategien zu berücksichtigen. Ebenfalls von Relevanz ist, ob die Teilrisikostrategien in die Unternehmensplanung auf Gesamtbankebene integriert sind. Die weiteren Teilrisikostrategien (z. B. Kredit-, Handels-, Zinsänderungsrisikostrategie) sollten im Hinblick auf die sich daraus ergebende Risikoentwicklung vertretbar sein (Entwicklung der Risikostrukturen). Zu beachten ist auch, dass z. B. für Handelsbuchinstitute eine Handelsstrategie erforderlich ist. Diese kann dabei Teil der in § 25a Abs. 1 Satz 3 Nr. 1 KWG geforderten Strategien sein.

Beispielhaft können Geschäfts- und Teilstrategien, wie in der folgender Abbildung E.4 skizziert, in Form eines Strategiehauses strukturiert werden:[20]

20) Nach den MaRisk ist der Umfang und Detaillierungsgrad der Strategien abhängig von Umfang, Komplexität und Risikogehalt der geplanten Geschäftsaktivitäten. Dieses Strategiehaus ist beispielhaft für mittelgroße Genossenschaftsbanken oder Sparkassen.

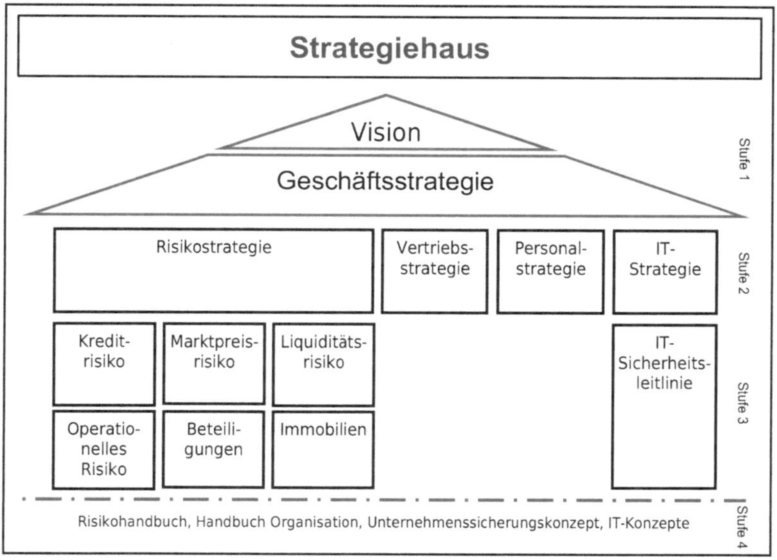

Abbildung E.4: Strategiehaus nach den MaRisk

Wie bereits angeführt, sind die Strategien durch die Geschäftsleitung mindestens jährlich zu überprüfen. Dies war schon ein Bestandteil der MaK, aber auch bei den MaH waren die Rahmenbedingungen periodisch zu überprüfen und gegebenenfalls anzupassen. Die Anforderung an die regelmäßige Überprüfung wird auch durch den Gesetzgeber gestellt. Nach § 25a Abs. 1 Satz 5 KWG ist die Angemessenheit und Wirksamkeit des Risikomanagements regelmäßig durch das Institut zu überprüfen. Kommt es in Einzelfällen zu vertretbaren Abweichungen von der Strategie, so sind diese zu begründen. Damit Strategien Teil der Unternehmens- und Risikokultur werden können, ist eine wesentliche Voraussetzung, dass sie in geeigneter Weise innerhalb des Kreditinstituts kommuniziert werden.

2.2 Einschätzung des internen Limitsystems

Nachdem, ausgehend vom Risikodeckungspotenzial, der Teil festgelegt ist, den das Kreditinstitut zur Deckung von etwaigen Verlusten bereit ist maximal einzusetzen, muss im nächsten Schritt darüber entschieden werden, welcher Risikoart welche Limits zugeteilt werden. Anschließend muss diesen Limits für die einzelnen Risikoarten der jeweilige Risikowert zugeordnet werden. Die Relation zwischen Risikowert und jeweiligem Limit zeigt die Limitauslastung sowohl auf Ebene der einzelnen Risikoarten als auch auf Ebene der Gesamtbank. Wie in der Berechnung zur Risikotragfähigkeit wird auch hier auf die bilanzorientierte GuV-Sicht sowie auf die vermögensorientierte Barwertsicht abgestellt. In der folgenden Abbildung ist für die bilanzorientierte Betrachtung eine Aufteilung des zur Verfügung gestellten Kapitals beispielhaft dargestellt:

	Limit	**Auslastung**
Abschreibungsrisiken Marktpreis	in TEUR	in TEUR und %
Davon Anlagebuch	*in TEUR*	*in TEUR und %*
Davon Handelsbuch	*in TEUR*	*in TEUR und %*
Davon offene Positionen Kundenprodukte	*in TEUR*	*in TEUR und %*
Davon Fremdwährungspositionen	*in TEUR*	*in TEUR und %*
Zinsspannenrisiken	in TEUR	in TEUR und %
Risiken impliziter Optionen	in TEUR	in TEUR und %
Kreditrisiken Kunden und Eigengeschäft	in TEUR	in TEUR und %
Davon Kundengeschäft	*in TEUR*	*in TEUR und %*
Davon Eigengeschäft	*in TEUR*	*in TEUR und %*
Operationelle Risiken	in TEUR	in TEUR und %
Beteiligungen	in TEUR	in TEUR und %
Immobilien	in TEUR	in TEUR und %
Summe	**in TEUR**	**in TEUR und %**

Tabelle E.10: GuV-orientiertes Limitsystem

Für die vermögensorientierte Barwertsicht kann eine Aufteilung des zur Verfügung stehenden Vermögens nach folgendem Schema erfolgen:

	Limit	**Auslastung**
Adressenausfallrisiken (Kunden und Eigengeschäft)	in TEUR	in TEUR und %
Marktpreisrisiken	in TEUR	in TEUR und %
Aktien	*in TEUR*	*in TEUR und %*
Zinsbuch	*in TEUR*	*in TEUR und %*
Beteiligungen	*in TEUR*	*in TEUR und %*
Immobilien	*in TEUR*	*in TEUR und %*
Implizite Optionen	*in TEUR*	*in TEUR und %*
Operationelle Risiken	in TEUR	in TEUR und %
Summe	**in TEUR**	**in TEUR und %**
+ Freier Anteil am Risikodeckungspotenzial	in TEUR	in TEUR und %
= Anteil am Risikodeckungspotenzial	**in TEUR**	**in TEUR und %**
	Risiko korreliert:	in TEUR und %

Tabelle E.11: Barwertiges Limitsystem

Im Rahmen einer Prüfung des internen Limitsystems durch die Revision können die in den folgenden Absätzen aufgezeigten Sachverhalte berücksichtigt und zur Einschätzung der Limitierungen herangezogen werden:

Bei der Limitierung von Marktpreisrisiken können unterschiedlichste Limitarten verwendet werden. Neben GuV-orientierten Verlustlimits, die auf das handelsrechtliche Ergebnis abstellen und so einen Mindestergebnisausweis im Jahresabschluss unterstützen, können Volumenlimits zur Begrenzung von Risikokonzentrationen, z. B. für bestimmte Anlageklassen, wie ABS-Strukturen oder Unternehmensanleihen, eingezogen werden. VaR-Limits sollen das Eingehen von Risiken bezogen auf das Vermögen begrenzen, um so ein zu starkes Abschmelzen des Unternehmensbarwerts möglichst zu vermeiden.

Die Limits zur Begrenzung der Marktpreisrisiken sind kompetenzgerecht festzusetzen und gegebenenfalls anzupassen. Für die Nachvollziehbarkeit ist auf eine entsprechende Dokumentation zu achten. Für den Real Case-Fall, der das Normalszenario darstellt, können für die „erwarteten" Verluste, die z. B. aus Einlösungsverlusten von Wertpapieren resultieren, Budgets bereitgestellt werden, z. B. aus der laufenden GuV-Rechnung. Für den Worst Case-Fall, dem negativen Belastungsfall, mit den implizierten „unerwarteten" Verlusten, die die eigentlichen Risiken darstellen, müssen dagegen Limits vergeben sein.

Eine Limitierung ist eine Grundvoraussetzung für künftige Geschäfte, da in den MaRisk gefordert wird, dass ohne Marktpreisrisikolimit kein mit Marktpreisrisiken behaftetes Geschäft abgeschlossen werden darf. Insofern ist es angemessen, dass ohne Zustimmung der Geschäftsleitung keine Geschäfte abgeschlossen werden können, für die kein Limit existiert oder deren Ausführung zu einer Limitüberschreitung führen würde. Weiterhin muss sichergestellt sein, dass dieses System von Limits zur Begrenzung der Marktpreisrisiken auf der Grundlage der Risikotragfähigkeit eingerichtet ist. Diese Limits müssen im Einklang zur Risikotragfähigkeit auf Gesamtbankebene stehen. Das Gesamtlimit für Marktpreisrisiken ist regelmäßig in Teillimits aufzuspalten, z. B. für Kursrisiken, offene Devisenpositionen oder Zinsänderungsrisiken, oder wie in obiger Tabelle E.11 beispielhaft gezeigt, in Teillimits für Aktien, für das Zinsbuch, für Beteiligungen und andere.[21]

Es ist sicherzustellen, dass die mit Marktpreisrisiken behafteten Geschäfte des Handelsbuches unverzüglich auf die einschlägigen Limits angerechnet werden, und der Positionsverantwortliche über die für ihn relevanten Limits und ihre aktuelle Ausnutzung zeitnah informiert ist. Insofern sollten im Institut entsprechende Regelungen getroffen sein, die diese unmittelbar aus den MaRisk entnommene Forderung umsetzt.

Die abgeschlossenen Geschäfte sollten sich dann auch im Rahmen der jeweils geltenden Limits bewegen, wobei auch die Berechnung der Limitauslastung entsprechend der Vorgaben erfolgen sollte. Zu beachten ist auch hier, dass zwischen der handelsrechtlichen und wertorientierten Sichtweise unterschieden werden muss. Einem handelsrechtlichen Limit muss auch immer eine handelsrechtliche Bewertung gegenüberstehen, analog gilt dies bei der wertorientierten Sichtweise.

Die Limitentlastungen müssen ebenso wie die Limitbelastungen in Einklang mit den Vorgaben stehen, z. B. bei der Anrechnung schwebender Gewinne. An dieser Stelle soll auch darauf hingewiesen werden, dass eine Doppelanrechnung strikt zu vermeiden ist. Wenn z. B. die realisierten Gewinne das Risikodeckungspotenzial erhöhen, dürfen diese später nicht mehr risikomindernd mit schwebenden und realisierten Verlusten verrechnet werden.

Für Limitüberschreitungen bei Marktpreisrisiken des Handelsbuches sind geeignete Maßnahmen vorzusehen, sodass gegebenenfalls ein Eskalationsverfahren eingeleitet werden kann. Allgemein müssen bedeutende Limitüberschreitungen Bestandteil des in regelmäßigen Abständen, mindestens aber vierteljährlich, zu erstellenden Risikoberichtes über die vom Institut

---

21) Siehe oben, Tabelle E.11: Barwertiges Limitsystem, S. 372.

eingegangenen Marktpreisrisiken sein. Diese Reports müssen der Geschäftsleitung und dem Aufsichtsorgan zur Verfügung gestellt werden.

Im Anlagebuch muss sichergestellt sein, dass Limitüberschreitungen durch Veränderungen zwischen den Analysezeitpunkten vermieden werden. Dies kann durch die Vorgabe eines angemessenen Puffers sichergestellt werden. Negative Veränderungen der den Limits zugrunde liegenden Faktoren sollten zu einer Anpassung des Limitsystems führen. Dies kann periodisch überprüft werden und sollte bei gravierenden Änderungen auch kurzfristig erfolgen, wie z. B. bei einem unerwarteten Ausfall eines großen Kreditnehmers mit wesentlichen Auswirkungen auf das Betriebsergebnis oder das Nettovermögen als wesentliche Bestandteile des GuV-bezogenen bzw. barwertigen Risikodeckungspotenzials.

2.3 Annahmen, Parameter und Messverfahren

Annahmen und Verfahren

Änderungen der wesentlichen Annahmen oder Parameter, die den Verfahren zur Beurteilung der Marktpreisrisiken zugrunde liegen, müssen im Risikobericht dargestellt werden. Dadurch wird das Verständnis der Geschäftsleitung von den im Kreditinstitut eingesetzten Verfahren verbessert. Bei Verwendung des VaR-Konzeptes können Anpassungen der Risikofaktoren, Anpassungen der Haltedauer oder des Konfidenzniveaus und der Korrelationsannahmen eine wesentliche Rolle spielen. Auch hinsichtlich der Berücksichtigung von Positionen des Anlagebuches mit unbestimmter Kapital- oder Zinsbindung sind geeignete Annahmen zu dokumentieren.

Bei einer wertorientierten Analyse des Zinsbuchs können verschiedene Risikodefinitionen bei einem Kreditinstitut vorliegen. Es kann definiert werden:

- Als den aus der historischen Simulation erwarteten Mittelwert der Portfolioverteilung am Planungshorizont (Erwartungswert) minus Quantilswert.
- Als Ursprungsbarwert minus Quantilswert.
- Als risikolos erreichbaren Wert minus Quantilswert.

Alle drei Betrachtungsmöglichkeiten können gewählt werden; aus Steuerungsgesichtspunkten ist aber der ersten Alternative der Vorzug zu geben. Im Rahmen der Prüfung sollte festgestellt werden, ob das Kreditinstitut als Risikomessverfahren die moderne historische Simulation, den Varianz-/Kovarianz-Ansatz oder einen anderen Ansatz anwendet. Sowohl die moderne historische Simulation als auch der Varianz-/Kovarianz-Ansatz sind theoretisch untersucht und sinnvoll in der Risikomessung anwendbar. Daneben kann analysiert werden, ob die während der Haltedauer fälligen Zahlungen bei der Risikomessung dynamisch oder statisch behandelt werden. Sachgerecht ist z. B. eine während der Haltedauer unterstellte risikofreie Aufzinsung zum Planungshorizont mit dem entsprechenden Geldmarktzins. Geprüft werden sollte, ob die weiteren Parameter für die Risikomessung angemessen und sachgerecht sind, diese kompetenzgerecht festgelegt wurden, und ob die Eingaben in den IT-Systemen den Festlegungen auch tatsächlich entsprechen. Zu diesen Parametern zählen:

- Das Konfidenzniveau (Werte von 95 %, 97,5 % oder 99 %).
- Die Haltedauer, z. B. 10 Tage für das Handelsbuch oder 63 Tage für das Anlagebuch.
- Der Zeitraum für historisches Datenmaterial, wobei ein trendfreier Betrachtungszeitraum zugrunde liegen sollte. Trendfrei wird in dem Sinn interpretiert, dass die Anzahl der Zinsphasen mit steigenden Zinsen gleich der Anzahl der Zinsphasen mit sinkenden Zinsen ist.
- Der „Abklingfaktor", durch den die Möglichkeit der Gewichtung von Marktdaten gegeben ist. Länger zurückliegende Marktdaten werden weniger stark in der Risikomessung berücksichtigt als aktuelle Marktdaten.

Relevant ist auch, ob in angemessenen Zeitabständen, z. B. monatlich, sowohl für den Ist-Cash Flow als auch für den Benchmark-Cash Flow zeitnah die erwartete Performance und das Risiko (Value-at-Risk) im Rahmen einer ex ante-Analyse ermittelt werden. Eine Mindestanforderung an die Zeitnähe ist, dass Maßnahmen, die auf der Analyse basieren, vor Erreichen des Planungshorizonts durchgeführt werden können. Außerdem sollte zur Unterstützung eines Backtestings die Abweichung zwischen Ist-Cash Flow und Benchmark-Cash Flow in Bezug auf die erwartete Performance und den Value-at-Risk ermittelt werden. Mehrmaliges oder deutliches Unterschreiten des erwarteten Zinsbuchbarwerts abzüglich Value-at-Risk, dem Risikowert, kann ein Anzeichen für eine fehlerhafte Umsetzung der IT-Systeme sein.

Bei der periodischen, GuV-orientierten Analyse kann geprüft werden, ob eine sachgerechte Ermittlung des Zinsspannenrisikos im Sinne einer unerwarteten Abweichung von der geplanten Zinsspanne erfolgt. Relevant sind unter anderem Festzinsabläufe im Bestandsgeschäft, variable Produkte oder geplante Neugeschäfte. Hier sollten auch die Planwerte für das Neugeschäft mit verschiedenen Risikoszenarien analysiert werden, insbesondere da die Vertriebsrisiken in der Regel nicht gemessen werden, aber sinnvoll über Risikoszenarien im Neugeschäft berücksichtigt werden können.

Im Rundschreiben 7/2007 der BaFin vom 6. November 2007 zu dem Thema „Zinsänderungsrisiken im Anlagebuch; Ermittlung der Auswirkungen einer plötzlichen und unerwarteten Zinsänderung" werden auf der Grundlage des § 25a Abs. 1 Satz 7 KWG in Verbindung mit § 24 Abs. 1 Nr. 14 KWG die Anforderungen, die sich für Kreditinstitute bezüglich der Anwendung einer von der nationalen Aufsichtsbehörde vorzugebenden plötzlichen und unerwarteten Zinsänderung ergeben, konkretisiert. In diesem Rundschreiben sind auch Anforderungen an die einzubeziehenden Positionen gestellt. Im Detail kann hinterfragt werden, ob angemessene Zinsänderungen zugrunde gelegt wurden. Hier kann z. B. ein Vergleich der Zinsmeinung des Kreditinstituts mit Veröffentlichungen anderer Stellen herangezogen werden. Auch sollten bei den Simulationen unterschiedliche Zinsszenarien berücksichtigt werden. So sind z. B. Real und Worst Case, die eigene Zinsmeinung, Standardannahmen (+/- 100 BP, 200 BP), aber auch neu: Parallelverschiebung + 130 BP nach oben bzw. - 190 BP nach unten, hilfreich.

Messverfahren

Neben der Bewertung steht die Risikoquantifizierung ebenfalls im Blickpunkt der Revision. So stellt sich die Frage, ob angemessene Verfahren zur betragsmäßigen Abbildung der (künftig möglichen) Risiken eingesetzt werden. Dies kann z. B. über Szenarioanalysen sichergestellt werden.

Auch sollten die einzelnen Risikoarten sachgerecht quantifiziert werden. Die geforderte Analyse des Verlustpotenzials beinhaltet auch die Prognose der in der Zukunft wahrscheinlichen Verluste. Sofern im Normalszenario „Budgets", z. B. aus der laufenden GuV-Rechnung, zur Verfügung gestellt werden, sollten die „erwarteten" Verluste aktuell und sachgerecht ermittelt worden sein.

Des Weiteren sollten für alle vorhandenen Bestände Risikobeträge, z. B. durch Hinterlegung von Volatilitäten bei allen relevanten Positionen, quantifiziert werden. Dabei sollten einheitliche Grundlagen verwendet werden, beispielhaft der VaR als Risikomaßstab, ein einheitliches Konfidenzniveau und möglichst eine einheitliche Haltedauer. Auch für die periodische Sichtweise sollten sachgerechte Annahmen und Parameter verwendet werden, z. B. für das Stressszenario hinsichtlich des Zinsspannenrisikos.

Bei der Quantifizierung der Risiken sollten auch Risiken aus strukturierten Produkten oder impliziten Optionen sachgerecht berücksichtigt werden. Eventuell verwendete „pauschale Parameter" sollten angemessen sein. Bei vereinfachten Ansätzen zur Risikosteuerung und -limitierung von Marktpreisrisiken sind aufgrund der Ungenauigkeiten größere, zumindest aber angemessene Sicherheitsreserven in Form von Abschlägen zu berücksichtigen.

Datenqualität

Die Interne Revision muss die Datenqualität (Stammdatenerfassung und Schnittstellen zwischen den Anwendungen) in ihre Prüfungsplanung integrieren.[22] Der Prüfungsrhythmus hierfür ist unter Risikogesichtspunkten festzulegen. Beispielhaft können die folgenden Sachverhalte geprüft werden: Wenn die Zuständigkeiten für die Erfassung und Kontrolle der Kundenstamm- und Kontodaten, insbesondere die Kreditart oder des Produktschlüssels, organisatorisch festgelegt ist, ist die Basis für eine Sicherstellung einer ordnungsgemäßen Datenerfassung gegeben. Für die genannten Aufgaben sollten angemessene Vertretungsregelungen bestehen, um eine kontinuierliche Sicherstellung einer ordnungsgemäßen Datenverarbeitung zu gewährleisten. Ebenso sollte organisatorisch sichergestellt sein, dass alle für die Ermittlung einer Verschlüsselung der Kundensystematik erforderlichen Kundendaten zu erfassen sind. Auch hier, wie bei den übrigen Tätigkeiten im Zusammenhang mit der Erfassung der Datensätze, sollten angemessene Kontrollen vorgegeben sein. Zur Nachvollziehbarkeit sollten Regelungen zur Archivierung der erfassten Daten bestehen, auch sollten die fixierten Aufbewahrungsfristen beachtet werden.

---

22) Zur Bedeutung des Datenqualitätsmanagements in der Bankenpraxis vgl. Gudjons/Podrazil/Ritter (2009), S. 47 ff.; ebf. Keßler (2008), S. 372 ff.

2.4 Bewertung der Berichterstattung

In den MaRisk sind im BTR 2 Anforderungen an die Risikosteuerungs- und -controllingprozesse für Marktpreisrisiken festgelegt. Nach den allgemeinen Anforderungen in BTR 2.1 ist in regelmäßigen Abständen, mindestens aber vierteljährlich, ein Risikobericht über die vom Institut eingegangenen Marktpreisrisiken zu erstellen und der Geschäftsleitung zur Verfügung zu stellen. Der Bericht hat folgende Informationen zu umfassen:

- Einen Überblick über die Risiko- und Ergebnisentwicklung der mit Marktpreisrisiken behafteten Positionen.
- Bedeutende Limitüberschreitungen.
- Änderungen der wesentlichen Annahmen oder Parameter, die den Verfahren zur Beurteilung der Marktpreisrisiken zugrunde liegen.

Die MaRisk fordern keine in Handels- und Anlagebuch getrennte Berichterstattung. Es bleibt den Instituten überlassen, wie der Bericht aufgebaut wird. Es werden lediglich Mindestinhalte definiert. Im Rahmen einer Prüfung der Berichterstattung durch die Revision können die folgenden Sachverhalte bearbeitet und zur Einschätzung der Berichterstattung herangezogen werden: Nach den allgemeinen Anforderungen sollte der Vorstand in angemessenen Abständen über die Risikosituation und deren Einschätzung informiert werden. Hierbei sind gegebenenfalls Ertrags- und Kostenaspekte zu berücksichtigen. Über die Ergebnisse der Szenariobetrachtungen bei Risiken, die in der Risikotragfähigkeit berücksichtigt werden, sollte ebenfalls berichtet werden. Der Geschäftsleitung ist außerdem zeitnah über nicht zu marktgerechten Bedingungen abgeschlossene Handelsgeschäfte und die Gesamtrisikopositionen, Ergebnisse und Limitauslastungen der Marktpreisrisiken des Handelsbuches zu berichtet.

Die unter Risikogesichtspunkten wesentlichen Informationen müssen an den Vorstand, die zuständigen Entscheidungsträger und an die Revision sowie sollten an das Aufsichtsorgan weitergeleitet werden. Dies betrifft insbesondere die ad hoc Berichterstattung, die angemessen zu regeln ist. Weiterhin sollen die Berichterstattungen nachweislich dokumentiert werden, inklusive der Abzeichnung durch den Vorstand. In diesem Rahmen können dann auch die im Bericht enthaltenen Handlungsempfehlungen zu durch die Geschäftsleitung beschlossenen Anweisungen umfunktioniert werden.

Die mit dem Berichtswesen betrauten Mitarbeiter sollen über eine angemessene Qualifikation verfügen, um die Qualität des entsprechenden Berichts sicherzustellen und Unplausibilitäten zuverlässig zu erkennen. Die Verantwortung für die Erstellung der Berichte sollte eindeutig geregelt sein. Sinnvollerweise sollte ein bereichsübergreifender Informationsfluss sichergestellt werden. Dies ist insbesondere bei einer hierarchischen Aufbauorganisation hilfreich. Es sollte ein angemessenes Kontrollsystem eingerichtet sein, sodass z. B. die Berichterstellung im Vieraugenprinzip erfolgt und durchgeführte Kontrollen nachvollziehbar dokumentiert werden. Gegebenenfalls kann das Berichtswesen insgesamt in den Organisationsrichtlinien geregelt werden. Ebenfalls relevant ist, ob die angewiesenen Regelungen auch beachtet werden. Hierzu können die Dokumentationen zu den durchzuführenden Kontrollen in Stichproben durchgesehen werden.

Nach den besonderen Anforderungen an den Handelsbuchbericht ist das für das Risikocontrolling zuständige Vorstandsmitglied grundsätzlich nachweislich und zeitnah am nächsten Geschäftstag über die Risikopositionen, Limitauslastungen und die Handelsergebnisse schriftlich oder in anderer geeigneter Weise zu unterrichten. Bei einer Abweichung von der täglichen Berichterstattung ist ein anderer Turnus festzulegen. Auch hier hat die Festlegung kompetenzgerecht zu erfolgen. So kann beispielsweise bei Nicht-Handelsbuchinstituten auf die tägliche Berichterstattung zugunsten eines längeren Turnus verzichtet werden (BTR 2.2 Tz. 3, Erläuterung).[23] Wenn an die tägliche Berichterstattung regelmäßig kein nennenswerter Informationsgewinn geknüpft ist, was bei Nicht-Handelsbuchinstituten mit überschaubaren Risikopositionen grundsätzlich der Fall ist, wäre eine Anforderung an eine tägliche Berichterstattung auch unter Kosten-Nutzenaspekten unverhältnismäßig. Deshalb kann unter diesen oder vergleichbaren Bedingungen auf eine tägliche Berichterstattung verzichtet werden. Beispielhaft kann diese Erleichterung auch bei einem Handelsbuchinstitut mit einem geschlossenen Handelsbuch in Anspruch genommen werden. Außerdem ist die Meldung mit dem Handelsbereich abzustimmen. Eine Dokumentation ist empfehlenswert und kann in der Weise erfolgen, dass die Handelsbereiche den Report über die Handelsbuchgeschäfte abzeichnen.

Über die Marktpreisrisiken des Anlagebuches (einschließlich Zinsänderungsrisiken) hat mindestens vierteljährlich eine Berichterstattung über die eingegangenen Marktpreisrisiken an den Vorstand zu erfolgen. Es ist regelmäßig zu untersuchen, ob weiterhin kein kürzerer Turnus für diese Berichterstattung geboten ist oder ob gegebenenfalls zeitgerecht eine Anpassung vorgenommen wurde. Der Bericht sollte umfassen:

- Einen Überblick über die Risiko- und Ergebnisentwicklung der mit Marktpreisrisiken behafteten Positionen.
- Bedeutende Limitüberschreitungen.
- Einen Bezug zur Strategie und der Risikotragfähigkeitskonzeption.
- Hinweise auf wesentliche Zinsänderungsrisiken in Fremdwährung.
- Verweise auf vorangegangene Berichte, wenn keine wesentlichen Änderungen vorliegen.
- Handlungsbedarf und gegebenenfalls Handlungsvorschläge.
- Änderungen der wesentlichen Annahmen oder Parameter, die den Verfahren zur Beurteilung der Marktpreisrisiken zugrunde liegen.

Dabei sind zwingend die Positionen des Anlagebuches, einschließlich der Kundengeschäfte, in die Berichterstattung einzubeziehen.

---

23) Vgl. Geiersbach/Prasser (2008b), S. 207 f.

2.5 Bewertung der angemessenen Ressourcenausstattung

Anforderungen an das Personal

Die MaRisk beinhalten – im Gegensatz zu den MaK und MaH – einen eigenständigen Abschnitt für die Personalanforderungen (AT 7.1) mit:

- Orientierungspunkten der quantitativen und qualitativen Personalausstattung (Tz. 1).
- Qualifikation der Mitarbeiter (Tz. 2).
- Vorausschauende Stellvertreter- und Nachfolgeentwicklung (Tz. 3).
- Vergütungs- und Anreizsysteme (Tz. 4).

Personalmanagementkonzepte umfassen regelmäßig verschiedene Phasen, die eng miteinander verknüpft sind (Personalbedarfsplanung, -auswahl, -integration und -entwicklung). Ein solcher Kreislauf kann eine angemessene Personalausstattung gewährleisten, die mit dazu beiträgt, dass das Kreditinstitut seine Unternehmensziele besser erreichen kann. Die Systematisierung mittels eines Personalentwicklungskonzeptes hat viele Vorteile. Die Maßnahmen der Personalentwicklung unterstützen die Geschäftsleitung bei der Umsetzung ihrer Strategien. Die Mitarbeiter werden durch Qualifikationsmaßnahmen in die Lage versetzt, ihre Aufgaben effizient zu erfüllen. Ein systematisches Vorgehen bei der Personalentwicklung leistet darüber hinaus einen wichtigen Beitrag zur Mitarbeiterzufriedenheit und damit gleichzeitig zur Erhöhung der Attraktivität der Bank als potenzieller Arbeitgeber.

Die Abwesenheit oder das Ausscheiden von Mitarbeitern sollte nicht zu nachhaltigen Störungen der Betriebsabläufe führen (AT 7.1 Tz. 3 MaRisk). Um dieser Anforderung gerecht zu werden, ist es sinnvoll, Stellenbeschreibungen aufzustellen und regelmäßig zu aktualisieren. Diese enthalten meist:

- Nähere Beschreibungen der zu erfüllenden Aufgabeninhalte des jeweiligen Arbeitsplatzes.
- Angaben über Kompetenzen.
- Angaben über Verantwortlichkeiten sowie
- Über- und Unterstellungsverhältnisse.

Der vorübergehenden Abwesenheit der Mitarbeiter kann in der Regel durch angemessene Vertretungsregelungen Rechnung getragen werden. Schwierig kann sich der Ersatz qualifizierter Mitarbeiter gestalten, die das Kreditinstitut verlassen haben. Die Suche kann sich in Abhängigkeit der Arbeitsmarktsituation und den Gehaltsvorstellungen qualifizierter Kandidaten, aber auch der regionalen Attraktivität des Arbeitsortes, über einen längeren Zeitraum hinziehen. So besteht im Einzelfall nur eine eingeschränkte Möglichkeit, eine vorübergehende Abwesenheit oder das Ausscheiden von Mitarbeitern kurzfristig zu kompensieren. Es sollten folglich frühzeitig Überlegungen zum Ausfall von Spezialisten angestellt werden.

Im Rahmen einer Prüfung der Anforderungen an das Personal durch die Revision können folgende Sachverhalte berücksichtigt und zur Einschätzung der Beurteilung herangezogen werden:

- Angemessenheit der Personalausstattung.
- Angemessenheit der Vergütungs- und Anreizsysteme im Hinblick auf die in der/den (Risiko-) Strategie(n) niedergelegten Ziele.
- Qualifikationsniveaus im Hinblick auf den aktuellen Stand der Entwicklungen („state of the art“ bei der Zinsbuchsteuerung).
- Weiterbildungskonzepte für die mit den entsprechenden Geschäften betrauten Mitarbeiter.

Im Treasury und im Risikocontrolling sollte das Kreditinstitut eine angemessene Personalausstattung vorhalten, sodass die Vertretungsregelung sichergestellt werden kann.[24] Bezüglich vergebener Kompetenzen sollte ein aktueller Kompetenzkatalog vorliegen, der z. B. ein Bestandteil des Organisationshandbuchs ist. Die Qualifikation des Mitarbeiters sollte bei der Kompetenzvergabe ausreichend berücksichtigt werden. AT 7.1 Tz. 4 der MaRisk weist eine Verbindung zwischen den Personalanforderungen und den Strategien eines Instituts auf. Die Forderung, dass die Ausgestaltung der Vergütungs- und Anreizsysteme den in den Strategien niedergelegten Zielen nicht widersprechen darf, sollte bei der Ausgestaltung der variablen Bestandteile der Vergütung berücksichtigt werden.

Bezüglich der Personalbemessung sollte der Personalbedarf den betrieblichen Erfordernissen, der Geschäftstätigkeit und der Risikosituation entsprechen und aus den Strategien abgeleitet werden. Hierbei sind geplante Änderungen, wie z. B. die Ausweitung des Geschäftsbetriebs auf neue Asset-Klassen, angemessen zu berücksichtigen. Es kann untersucht werden, nach welchen Kriterien die Anzahl der mit diesen Geschäften betrauten Mitarbeiter ermittelt wird und ob die Kriterien oder Verfahren insgesamt angemessen sind. Die tatsächliche Personalausstattung sollte dem ermittelten Bedarf, der z. B. in einem Stellenplan fixiert ist, entsprechen. Bei Abweichungen sollten entsprechende Strategien zur Angleichung der Istwerte an die Sollwerte vorliegen.

Sowohl bei einer erhöhten Mitarbeiterfluktuation als auch bei Mehrarbeitszeiten sollten die Betriebsabläufe weiterhin ungestört ablaufen können. Falls dies nicht der Fall ist, sollten geeignete Analysen, wie z. B. eine Überprüfung der Prozesse oder der Sollkapazitäten durchgeführt werden, um gegebenenfalls Gegenmaßnahmen einleiten zu können. Auch Fehlzeiten und Arbeitsrückstände müssen sich in einem vertretbaren Rahmen halten. Daneben sollte nach Möglichkeit bei Spezialwissensträgern eine angemessene Vertretungsregelung getroffen werden. So wird vermieden, dass bei einem unerwarteten Arbeitnehmerwechsel die Fortführung von Teilen des Geschäftsbetriebs gefährdet ist, da z. B. Kapitalmarktprodukte im Bereich des Handels nicht mehr beherrscht werden können.

Bezüglich der Personalqualifikation sollte eine angemessene qualitative Personalausstattung von Treasury, Handel, Risikocontrolling, Abwicklung und Kontrolle sowie der Internen Revision vorliegen, sodass die Bereiche *„auf gleicher Augenhöhe“* sind. Wenn dies nicht vorliegt, sollten die Gründe dafür untersucht und geeignete Gegenmaßnahmen ergriffen werden. Die Praxis hat gezeigt, dass insbesondere in der Abwicklung und Kontrolle auf eine angemes-

---

24) Abweichungen der personellen Ausstattung im Vergleich zu anderen Kreditinstituten sollten erklärbar sein.

sene Qualifikation geachtet werden sollte. Hierfür sind – gegebenenfalls als Teil der Stellenbeschreibungen – Anforderungsprofile in Bezug auf die Personalentwicklung hilfreich, da durch einen Vergleich der festgelegten Anforderungskriterien mit den Kenntnissen und Fähigkeiten des Stelleninhabers eventueller Weiterbildungsbedarf identifiziert werden kann. Diese Anforderungsprofile sollten der entsprechenden Position beziehungsweise Stelle angemessen sein. Gegebenenfalls kann untersucht werden, ob die Abweichungen vertretbar sind. Bezüglich der Personalentwicklung sollte die Zuständigkeit für die entsprechende Aufstellung und deren Fortschreibung in einem Personalentwicklungskonzept geregelt sein. Die Mitarbeiter müssten regelmäßig beurteilt und Stärken-Schwächen-Analysen oder Potenzialanalysen durchgeführt werden. Auch sollten die Kriterien zur Mitarbeiterauswahl für Weiterbildungsmaßnahmen plausibel sein. Daneben kann geprüft werden, ob die geplanten und durchgeführten Weiterbildungsmaßnahmen auch auf die Erlangung aktueller Qualifikationen ausgerichtet sind oder ob eventuell Kürzungen, z. B. zur kurzfristigen Reduzierung des Personalaufwands, angemessen sind oder zu nachhaltigen Qualifikationsdefiziten führen.

In AT 7.1 Tz. 4 der MaRisk ist gefordert, dass die Ausgestaltung der Vergütungs- und Anreizsysteme nicht den in den Strategien niedergelegten Zielen widersprechen darf. Insofern kann im Rahmen einer Prüfung zunächst untersucht werden, welche Systeme z. B. für das Treasury bzw. im Handelsgeschäft vorhanden sind. Diese Vergütungs- und Anreizsysteme sollten so bemessen sein, dass eine ausreichende Motivation der Mitarbeiter wahrscheinlich ist. Diese Systeme müssen im Einklang mit den in den Strategien niedergelegten Unternehmenszielen stehen. So soll vermieden werden, dass die Mitarbeiter im Treasury oder Handel zu große Risikopositionen eingehen.

Bezüglich der allgemeinen Personalrisiken sollte das Kreditinstitut die folgenden operationellen Risiken im Personalbereich des Treasury, des Risikocontrollings sowie der Abwicklung und Kontrolle beurteilen:

- Engpassrisiko (ausgetrockneter Arbeitsmarkt für die gesuchten Fachkräfte, Personalmarketing, Erkennen und Entwickeln interner Potenziale).
- Austrittsrisiko (Kündigungen, insbesondere von Schlüsselpersonen; die abwanderungsgefährdeten Mitarbeiter sind zu erkennen und zu halten).
- Anpassungsrisiko (falsch qualifizierte Mitarbeiter; daher ständig präventive Um- und Neuqualifizierungen notwendig).
- Motivationsrisiko.

Diese Ausführungen haben auch gezeigt, dass primär nicht die Risikomodelle für eine effektive Internal Governance entscheidend sind, sondern die Personen, die mit diesen Modellen arbeiten und die Ergebnisse in Maßnahmen umsetzen müssen. Somit kann das jedem Prozess immanente operationelle Risiko höher sein als die Risiken aus den klassischen Risikofaktoren. Die Interne Revision sollte sich somit bei ihren Prüfungen stärker auf das Kontrollumfeld und auf die den jeweiligen Revisionsobjekten immanenten operationellen Risiken konzentrieren.

Anforderungen an die technisch-organisatorische Ausstattung

Im Rahmen einer Prüfung der sich aus AT 7.2 der MaRisk ergebenden Anforderungen an die technisch-organisatorische Ausstattung durch die Revision kann folgende Zusammenstellung für das eigene Institut bearbeitet und zur Einschätzung der Beurteilung herangezogen werden:

- Angemessenheit der Sachmittelausstattung im Hinblick auf Risikogehalt und Komplexität der jeweils betriebenen Geschäfte.
- Feststellung, ob durch Einsatz technisch-organisatorischer Verfahren eine wirtschaftliche Bearbeitung der Geschäfte erfolgt bzw. ermöglicht wird.
- Bewertung, ob die Geschäftsunterlagen einem sachkundigen Dritten eine zuverlässige Beurteilung des Handelsgeschäfts ermöglichen.

Nach AT 7.2 Tz. 1 der MaRisk haben sich Umfang und Qualität der technisch-organisatorischen Ausstattung an betriebsinternen Erfordernissen, den Geschäftsaktivitäten sowie der Risikosituation zu orientieren. Insofern kann in einem ersten Schritt erhoben werden, mit welchen Sachmitteln und technisch-organisatorischen Möglichkeiten (elektronisches Archiv, Handelssysteme, Risikocontrollinginstrumente) das Kreditinstitut ausgestattet ist. Diese technisch-organisatorische Ausstattung sollte der Komplexität und dem Risikogehalt der von dem Kreditinstitut betriebenen Geschäfte sowie ihren Strategien entsprechen. So sollten z. B. die abgeschlossenen Handelsgeschäfte angemessen in der Erfassungssoftware abgebildet werden können.

Zur Begrenzung betrieblicher Risiken, wie z. B. technisches Versagen, die sich aus fehlenden vertraglichen Vereinbarungen oder veralteten Rahmenverträge mit Softwareanbieter ergeben, sollten Maßnahmen fixiert sein. Die IT-Systeme und die entsprechenden IT-Prozesse sollen die Integrität, die Verfügbarkeit, die Authentizität und die Vertraulichkeit der Daten sicherstellen. Wenn die zentralen IT-Systeme direkt bei den Rechenzentren geprüft werden, so müssen insbesondere die institutsinternen Schnittstellen und die Datenverarbeitung bewertet werden. Die Systeme sollten die aktuellen Standards berücksichtigen. So ist z. B. das IT-Grundschutzhandbuch des Bundesamts für Sicherheit in der Informationstechnik (BSI) und die internationalen Sicherheitsstandards (ISO 17799) zu beachten. Entwicklung und Änderung programmtechnischer Vorgaben sollten grundsätzlich unter Beteiligung der fachlich und technisch zuständigen Mitarbeiter durchgeführt werden. Die programmtechnische Freigabe hingegen hat grundsätzlich unabhängig vom Anwender zu erfolgen. Nicht zu verwechseln ist diese programmtechnische Freigabe (z. B. durch einen Mitarbeiter der IT-Abteilung) mit der fachlichen Freigabe, die in der Regel durch den Fachbereich erfolgt. Insgesamt sollte eingeschätzt werden, ob die technisch-organisatorische Ausstattung den Regelungen und Vorgaben entsprechend eingesetzt wird.

Die Systeme sollten vor dem erstmaligen Einsatz und nach bedeutenden Veränderungen getestet und abgenommen werden. Produktions- und Testumgebung sind dabei grundsätzlich voneinander zu trennen. Testen zielt darauf ab, Schwachstellen und Fehlfunktionen zu identifizieren. Mögliche Fehler können sich im Echtbetrieb auf die Produktionsumgebung auswirken, sodass diese Tests in einer isolierten Testumgebung erfolgen müssen. Auswirkungen von fehlerhafter Hard- und Software auf den Echtbetrieb sollen so möglichst vermieden werden. Für die eingesetzten Systeme sollten Freigabeerklärungen vorliegen. Es empfiehlt sich, dass der künftige Anwender die Zweckmäßigkeit der neuen oder geänderten Systeme bestätigt.

Für eine systematische und nachvollziehbare Ausgestaltung und Aufbewahrung der arbeitsordnenden Unterlagen sollten Regelungen bestehen. Ebenso sollte ein Schutz vor unbefugtem Zugriff, ungewollter Vernichtung oder Zerstörung sowie Missbrauch durch entsprechenden Verschluss der Unterlagen bestehen. Diese Regelungen über Inhalt und Aufbewahrung von Unterlagen sollten den gesetzlichen Anforderungen entsprechen. In den MaRisk sind keine Aufbewahrungsfristen genannt.[25] Zur Sicherstellung der Aktualität und Vollständigkeit der Aktenführung, unter besonderer Berücksichtigung von Kontrollgesichtspunkten, sollten Regelungen getroffen sein. Unter Beachtung dieser Anweisungen sollte es einem sachkundigen Dritten in vertretbarer Zeit möglich sein, die im Treasury oder Handel abgeschlossenen Geschäfte zutreffend zu beurteilen.

Die Geschäftsgespräche der Händler sollten grundsätzlich auf Tonträger aufgezeichnet werden und sind mindestens drei Monate aufzubewahren (BTO 2.2.1 Tz. 4 MaRisk). Insbesondere, wenn keine Notwendigkeit besteht, aufgezeichnete Gespräche nachträglich abzuhören, sollte man sich regelmäßig von der Funktionsfähigkeit der Aufzeichnungsanlage überzeugen.

Anforderungen an Notfallkonzepte

Die Anforderungen an Notfallkonzepte finden sich in den MaRisk (AT 7.3). Danach ist z. B. für Notfälle bei zeitkritischen Aktivitäten und Prozessen Vorsorge zu treffen (Notfallkonzept). Die im Notfallkonzept festgelegten Maßnahmen müssen dazu geeignet sein, das Ausmaß möglicher Schäden zu reduzieren. Die Wirksamkeit und Angemessenheit des Notfallkonzeptes ist regelmäßig durch Notfalltests zu überprüfen.[26] So ist zu prüfen, ob die vorgesehenen Notfallkonzepte in der Praxis nicht nur einmalig, sondern regelmäßig erfolgreich getestet werden und die Tests angemessen dokumentiert sind. Im Rahmen einer Prüfung der Notfallkonzeption durch die Revision können folgende Punkte analysiert und zur Einschätzung, ob ausreichende Vorkehrungen bestehen, um auch in Notfällen die Geschäftstätigkeit und das Risikocontrolling des Instituts aufrechterhalten zu können, herangezogen werden:

- Die institutsindividuelle Definition für einen Notfall sollte unter Berücksichtigung der hinnehmbaren Ausfallzeiten sachgerecht sein. Zuständigkeiten, Kompetenzen und Verantwortlichkeiten sollten für den Notfall eindeutig und sachgerecht geregelt sein.
- Es sind zeitkritische Aktivitäten und Prozesse zu definieren.

---

25) So sind auch die Aufbewahrungsfristen zu den Revisionsunterlagen nicht mehr Bestandteil der mit BaFin-Rundschreiben 5/2007 vom 30.10.2007 veröffentlichten Neufassung der MaRisk.

26) Vgl. hierzu auch König - Arbeitskreis 3 (2006), S. 172 ff.

- Im Notfallkonzept sollten außerdem Geschäftsfortführungs- und Wiederanlaufprozesse enthalten sein. Die Fortführungspläne sollten eine zeitnahe Verfügbarkeit von Ersatzlösungen gewährleisten, aber auch die Wiederanlaufpläne sollten einen angemessenen Zeitraum vorsehen, innerhalb dessen die Rückkehr zum Normalbetrieb erfolgen soll. Dies kann z. B. durch entsprechende Verträge mit Dritten sichergestellt werden, sodass die Wiederanlaufzeiten trotz eventuell erforderlicher Lieferungen von IT-Komponenten eingehalten werden können.
- Ebenfalls von Interesse ist, ob die im Notfallkonzept festgelegten Maßnahmen dazu geeignet sind, das Ausmaß möglicher Schäden zu reduzieren. Falls dies nicht der Fall ist, sind die Maßnahmen nicht zielführend.

Die Entscheidungsbefugnisse für den Notfall haben zu gewährleisten, dass die vorgesehenen Notfallmaßnahmen unverzüglich in Gang gesetzt und Ersatzbeschaffungen vorgenommen werden können. Die Kommunikationswege sollten zweckmäßig und eindeutig festgelegt sein. Dabei ist insbesondere zu berücksichtigen, dass auch die Telekommunikationswege gestört sein können. Das Notfallkonzept sollte den beteiligten Mitarbeitern nicht nur digital, sondern auch in Papierform zur Verfügung stehen. Ergeben sich aus den Notfalltests Defizite, so sollten diese unverzüglich durch geeignete Maßnahmen beseitigt werden. Zeitkritische Aktivitäten sind nach deren Anpassung erneut zu testen. Hiermit soll die Wirksamkeit der durchgeführten Anpassungen sichergestellt werden.

2.6 Beurteilung der Zinsbuchsteuerung

Die Gesamtbanksteuerung ist ein Kernelement der wertorientierten Steuerung. Sie ist ein System für eine integrierte ertrags- und risikoorientierte Geschäftspolitik eines Kreditinstituts mit dem Ziel, der Erfassung und Steuerung sämtlicher Bankrisiken unter Berücksichtigung der Ergebnissteuerung, die die erwarteten Erträge explizit den hierfür eingegangenen Risiken gegenüberstellt. Sie umfasst die drei als Regelkreis konzipierten Aufgabenbereiche Planung, Messung und Anreizsysteme sowie die Umsetzung.[27] Ein bedeutendes Marktpreisrisiko für Kreditinstitute ist das Zinsänderungsrisiko. Für die Überwachung und Steuerung dieses Risikos haben sich neben ertragswertorientierten Methoden, die sich auf die künftige Entwicklung der Gewinn- und Verlustrechnung (GuV), insbesondere des Zinsüberschusses, beziehen, außerdem barwertorientierte Methoden etabliert.[28] Im Rahmen einer Prüfung der Zinsbuchsteuerung sind neben den bisherigen Abschnitten die folgenden Ausführungen zu beachten und zur Bewertung heranzuziehen.

Allgemeine Anforderungen

Die allgemeinen Anforderungen an die Organisation und Dokumentation sollten auch bezüglich der Risikosteuerungs- und -controllingprozesse erfüllt sein. So sollten z. B. die im Ins-

27) Vgl. Rolfes (2008), S. 3 ff.
28) Vgl. Debus/Kreische, S. 642.

titut vorgesehenen Genehmigungsverfahren für Arbeitsanweisungen auch für Risikosteuerungs- und -controllingprozesse gelten.

Risikoquantifizierung

Zu dem System der Zinsbuchsteuerung, inklusive seiner Methoden und Rechenverfahren zur Risikoquantifizierung und der verwendeten Parameter, sollte eine detaillierte Dokumentation vorliegen. Hierfür empfiehlt sich, neben der durch die MaRisk geforderten Risikostrategie, ein Risikohandbuch zu pflegen, in welchem insbesondere die Methoden, Verfahren, Instrumente und Verantwortlichkeiten des Risikomanagements dargestellt werden.

Die Steuerungsmethoden, Rechenverfahren und Elemente des Systems zur Risikoquantifizierung sollten regelmäßig überprüft und gegebenenfalls weiterentwickelt werden. Beispielhaft kann die Angemessenheit des Systems oder auch einzelner Parameter, wie das Konfidenzniveau oder die Betrachtungsperiode, geprüft werden. Daneben ist sicherzustellen, dass alle im Kreditinstitut vorhandenen Arten von Marktpreisrisiken identifiziert und in das System einbezogen werden, insbesondere wesentliche Risiken, wie z. B. Zinsänderungsrisiken oder Aktienkursrisiken. Auch weitere Risiken, wie z. B. Währungsrisiken, sind regelmäßig zu identifizieren und zu bewerten.

Marktpreisrisiken, wie z. B. Auswirkungen von Zinsänderungen, können aus periodischer und/oder wertorientierter Sichtweise betrachtet werden. Allerdings ist zu beachten, ob diesbezüglich eine Konsistenz zur Risikostrategie und zur Risikotragfähigkeit auf Gesamtbankebene besteht. Die eingegangenen Marktpreisrisiken sollten in Einklang mit der Risikostrategie stehen, Abweichungen sollten dokumentiert werden.

Bei einem (ausschließlich) wertorientierten Ansatz muss sichergestellt sein, dass auch die periodische (GuV-bezogene) Tragfähigkeit gegeben ist. Dies kann aus bilanziellen Reserven sichergestellt werden. Zu empfehlen ist aber die Kombination aus periodischer und wertorientierter Betrachtung. Für die Zinsänderungsrisiken ist sicherzustellen, dass bei der periodischen Ausrichtung eine angemessene Betrachtung über den Bilanzstichtag hinaus erfolgt. Dies sollte mindestens für das Folgejahr der Fall sein, sodass die Tragfähigkeit der Risiken auch für die nächsten Jahre nachgewiesen werden sollte.

Für die Zinsänderungsrisiken kann eine aktive, passive oder semi-aktive Steuerungsstrategie festgelegt werden. Bei einer aktiven Steuerung hat das Kreditinstitut Quellen, Methoden und den Prozess für die Erstellung der Zinsprognose nachvollziehbar festzulegen. Bei passiver bzw. semi-aktiver Steuerung ist hingegen ein geeigneter Benchmark Cash Flow zu definieren.

Zur Aggregation der einzelnen Marktpreisrisiken sollten angemessene Verfahren vorliegen, die zur Anwendung kommen. So können beispielsweise über die moderne historische Simulation Korrelationseffekte zwischen Zinsänderungs- und Aktienkursrisiken genutzt werden, um einen Risikowert zu errechnen, der immer kleiner oder gleich der Addition der beiden Risikowerte ist. Für diese Gesamtrisikominderungen gegenüber dem Risiko, das sich aus der Addition der einzelnen Risiken ergibt, müssen jedoch entsprechende sachgerechte Nachweise vorliegen.

Außerdem kann bei einer Prüfung festgestellt werden, ob ein angemessenes Kontrollsystem für manuelle Eingaben, zur Datenabstimmung und zur Ermittlung der gleitenden Durchschnitte im Rahmen der wertorientierten Zinsbuchsteuerung bzw. Zinselastizitäten im Rahmen der periodischen (GuV-basierten) Steuerung vorliegt. Insbesondere bei Parametern und bei der Datenversorgung ist die Einrichtung eines Kontrollsystems zu empfehlen. Dieses muss beachtet werden, sodass eine Prüfung der Durchführung dieser Kontrolltätigkeiten nebst Dokumentation möglich ist.

Bewertung der Bestände/Positionen

Im Rahmen der Bewertung der Bestände sind geeignete Produktbewertungsverfahren zu verwenden. Beispielsweise sollte die Barwertermittlung von feststehenden Zahlungsströmen sachgerecht erfolgen. Bei der Verwendung von aktuellen Marktpreisen kann z. B. eine IT-gestützte Übernahme von Börsenpreisen (Kassa bzw. Termin) angewandt werden. Bei der täglichen Bewertung der Geschäfte des Handelsbuches bzw. deren Ergebnis sind auch die Zinsänderungsrisiken für Geschäfte im Handelsbuch entsprechend einzubeziehen. Eine Bewertung der Marktpreisrisiken im Anlagebuch und eine Ermittlung des Ergebnisses für das Anlagebuch sollten mindestens im vierteljährlichen Abstand erfolgen. Gegebenenfalls sollte eine Analyse vorliegen, aus der hervorgeht, dass Art, Umfang, Komplexität und Risikogehalt der Positionen keinen kürzeren Zeitabstand für die Bewertung und Ergebnisermittlung erfordern. Im Ergebnis ist festzustellen, ob der bisherige Bewertungsrhythmus auch künftig vertretbar ist und nicht ein Reporting im täglichen, wöchentlichen oder monatlichen Abstand erforderlich ist.

Das Zinsbuch betreffend sollte der Summen-Cash Flow vollständig und korrekt definiert sein. So sind das fest- und variabelverzinsliche Kundengeschäft, das Eigendepot, verbindliche Kreditzusagen, Zinsderivate, Spezialfonds (gem. Benchmark- oder Durchschauprinzip) einzubinden. Insbesondere hinsichtlich des Eigenkapitals, der Kasse-Position und Not leidenden Forderungen sind klare institutsindividuelle Regelungen erforderlich, da sowohl eine Berücksichtigung im Zinsbuch als auch deren Vernachlässigung begründet werden muss.

Abschließende Wertung

Abschließend sollte eingeschätzt werden, ob das Interne Kontrollsystem zur Messung, Steuerung und Limitierung der Zinsänderungsrisiken ausreichend und funktionsfähig ist. Unterstützt wird diese Einschätzung durch die Sicherstellung der Bewertung und Quantifizierung der Zinsänderungsrisiken. Die Inanspruchnahme von „Erleichterungen“ bzw. Öffnungsklauseln im Sinne der MaRisk sollte sachgerecht und angemessen begründet sein.[29]

---

29) Vgl. Geiersbach/Prasser (2008b), S. 212 ff.

3. Prüfungsansätze für das Liquiditätsrisiko

„Over recent years, liquidity risk has obviously been underestimated by financial institutions. It should receive more attention in the future."[30]

Nicht erst die aktuelle Finanzmarkt- und Bankenkrise hat gezeigt, dass für die Existenz von Banken und die Stabilität des gesamten Bankensystems die Liquidität bzw. ein angemessenes Liquiditätsmanagement eine conditio sine qua non ist. Allerdings war das Liquiditätsrisiko als eines der Kernrisiken von Kreditinstituten in den vergangenen Jahren etwas in Vergessenheit geraten.[31] Von Bedeutung für einen erfolgreichen Umgang mit dem Liquiditätsrisiko ist ein angemessenes Liquiditätsrisikomanagement sowie eine Liquiditäts- und Eigenkapitalreserve. Deren Höhe leitet sich aus den Konzepten für Liquidity at Risk (LaR) und Liquidity-Value at Risk (L-VaR) ab, unter Berücksichtigung von institutsspezifischen Ereignisstressszenarien.[32] Die Volumensgröße LaR quantifiziert die Liquiditätsbelastung, die mit einer vorgegebenen Wahrscheinlichkeit in einer bestimmten Zeitdauer nicht überschritten wird. Mit der Vermögensgröße L-VaR wird der Vermögensverlust aufgrund unerwartet hoher Refinanzierungskosten bestimmt, der mit einer definierten Wahrscheinlichkeit in einer bestimmten Zeitdauer nicht überschritten wird.[33]

Seit dem 1. Januar 2007 ist die neue Liquiditätsverordnung (LiqV) in Kraft. Dieser Standardansatz setzt im Wesentlichen den alten Grundsatz II fort und stellt einen pragmatischen Kompromiss zwischen Benutzerfreundlichkeit und Methodik dar. Mit der Öffnungsklausel gem. § 10 LiqV ist die Verwendung institutseigener Liquiditätsmodelle für bankaufsichtliche Meldezwecke möglich, an deren Zulassung von der Bankenaufsicht bestimmte Anforderungen gestellt werden.[34] In dieser Öffnungsklausel findet sich auch der diskretionäre Ansatz – im Gegensatz zum ehemaligen Grundsatz II – wieder. Losgelöst von der Frage, ob Standansatz oder Öffnungsklausel, müssen die Kreditinstitute jedoch die qualitativen Anforderungen der MaRisk erfüllen.

Die Liquiditätsrisiken werden in den MaRisk zu den wesentlichen Risiken gezählt. Der ganzheitliche Risikomanagementprozess als Voraussetzung für den systematischen Umgang mit banktypischen Risiken ist somit zwingend auch für das Liquiditätsrisiko eines Kreditinsti-

---

30) Vgl. Remsperger (2008a), S. 5.

31) Vgl. zu den Grundlagen des Liquiditätscontrollings und der -steuerung Bartetzky (2008); ebf. Duttweiler (2008); ebf. Sauerbier/Thomae/Wehn (2008), sowie für ein Liquiditätsmanagement in einem Finanzverbund Aulibauer/Göbel (2008).

32) Vgl. Reitz (2008b), S. 126 ff.; ebf. Heidorn/Schmaltz (2008).

33) Vgl. ausführlich zu den Komponenten und zur Steuerung des Liquiditätsrisikos sowie zur Einbettung in die Gesamtbanksteuerung in Kreditinstituten Zeranski (2005); ebf. Zeranski/Geiersbach/Walter (2008), S. 368 ff.; ebf. Schierenbeck (2008), S. 512 ff.; ebf. Heuter/Schäffler/Gruber (2008); ebf. Schröter/Schwarz (2008); ebf. die „Principles for Sound Liquidity Risk Management and Supervision" des Basel Committee (2008); ebf. Deutsche Bundesbank (2008c), S. 59 ff.; ebf. EZB - Liquidität (2008), S. 11 f.; ebf. Rehsmann/Martin (2008), sowie Albert (2007), S. 5 ff.

34) Vgl. Dietz/Petersen (2008), S. 14 ff.

tuts zu erstellen.[35] Die Dokumentation des Liquiditätsmanagementprozesses sollte Aussagen zu folgenden Punkten umfassen:

- Die *Risikoerkennung* umfasst die Risikobeschreibung und -definition sowie Instrumente und Quellen der Erkennung des Liquiditätsrisikos (z. B. LiqV-Auswertungen, Szenariobetrachtungen und/oder statistische Analysen der Liquiditätsströme) sowie die organisatorische Verantwortlichkeit und den Turnus der Überprüfung für diesen Prozess.
- Die *Risikobewertung* verfolgt das Ziel, eine erste Einstufung der Risikorelevanz abzuleiten. Neben einem deskriptiven Ansatz kann alternativ oder ergänzend auch die Risikokennzahl als Produkt aus Eintrittswahrscheinlichkeit, Risikobedeutung und Beherrschbarkeit bestimmt werden. Diese Kennzahl ist wiederum verknüpfbar mit Risikoklassen, denen ein entsprechender Handlungsbedarf (Reportingrhythmus, Steuerungsmaßnahmen) zugeordnet werden kann. Des Weiteren können an dieser Stelle die Begründungen für die Wesentlichkeit des Risikos, die Berücksichtigung im Rahmen der Risikotragfähigkeitskonzeption sowie die Einbeziehung in den Risikomanagementprozess dokumentiert werden. Außerdem ist festzuhalten, wer verantwortlich für diesen Prozessschritt ist und in welchem Rhythmus die Überprüfung stattfinden soll.
- Die Ausführungen zur *Risikomessung* beinhalten Aussagen zu den eingesetzten Methoden bzw. Verfahren und die hierbei getroffenen Annahmen. Eine mögliche Konstruktion wäre eine tägliche Bestimmung der Liquiditätsüber- und -unterdeckung, eine monatliche Ermittlung der LiqV-Kennzahlen sowie die Berechnung des Liquidity at Risk bzw. Liquidity-Value at Risk und zwingend die Abstimmung mit den vorhandenen Liquiditätsreserven. Für die Risikomessung sind Verantwortlichkeiten und ein entsprechender Turnus zu definieren. Die Rubrik Risikoreporting definiert, in welchem Rhythmus zu berichten ist, wer für die Berichtserstellung zuständig ist und wer die Adressaten der Berichte sind.
- Der *Risikosteuerungsprozess* sollte die notwendigen Instrumente und Maßnahmen beinhalten sowie den verantwortlichen Bereich nennen, der für die Umsetzung der Maßnahmen die Verantwortung trägt. Dies beinhaltet auch die Implementierung einer adäquaten Liquiditätssteuerung zur Vermeidung von Liquiditätsengpässen. Als mögliche Instrumente bzw. Maßnahmen sind z. B. die Darstellung einer Liquiditätsübersicht, eine Fälligkeitsliste mit den in den nächsten 12 Monaten zu erwartenden bedeutsamen Liquiditätszu- und -abflüssen, eine Liquiditätsliste der liquidierbaren Zahlungsmittel, die Ermittlung des Liquidity at Risk und die Haltung entsprechender Liquiditätsreserven sowie die Schließung der Überhänge bzw. Lücken, u. a. durch Tagesgeld-, Termingeldtransaktionen oder Offenmarktgeschäfte, zu nennen. Darüber hinaus sollte der Prozess der Risikosteuerung Aussagen zu möglichen Instrumenten und Maßnahmen beinhalten, die bei Erreichung bestimmter Liquiditätsrisikowerte erfolgen sollen. Abschließend sollten Aussagen zur Risi-

[35] Vgl. für die folgenden Ausführungen die ausführlichere Darstellung bei Zeranski/Geiersbach/Walter (2008), S. 408 ff.; ebf. Nordheim (2007), S. 323 ff.

kokontrolle erfolgen, d. h., die Nennung von Verantwortlichkeiten, den Analyserhythmus sowie das Reporting.

Die folgenden Ausführungen dienen als Grundüberlegungen für mittelständische Banken. Sie sind nicht als finale Checkliste zur Systemprüfung der Liquiditätsrisikosteuerung aufzufassen.

3.1 Internal Governance und Organisationsstrukturen

Elementare Voraussetzung ist die institutsinterne Definition des Liquiditätsrisikos, die kompatibel mit dem Gesamtkontext des Risikomanagements sein muss, sodass ein einheitliches Verständnis zum Thema Liquiditätsrisiko im Institut aufgebaut wird. Eine eigenständige, in die Risikostrategie integrierte Liquiditätsstrategie ist in Abhängigkeit von Umfang, Komplexität und Risikogehalt der aktuellen sowie geplanten Geschäftsaktivitäten zu erstellen. Sie muss konsistent zur Geschäftsstrategie und zur internen Risikotragfähigkeitskonzeption sein (Primat der Risikotragfähigkeitskonzeption für die Risikostrategie). Hierdurch werden auch die Risikopräferenzen der Geschäftsführung mitberücksichtigt. Die Geschäftsstrategie, respektive die Liquiditätsstrategie, ist von der Geschäftsführung zu erstellen und mit dem Aufsichtsorgan zu erörtern. Wie alle anderen Strategien muss auch die Liquiditätsstrategie jährlich überprüft und intern kommuniziert werden. Folgende Aspekte müssen u. a. aus Prüfersicht in diesem Zusammenhang bewertet werden, wobei zu berücksichtigen ist, dass das Liquiditätsrisikomanagement ein integraler Teil des Gesamtbanksteuerungssystems ist und somit mit dem Management aller wesentlichen Risiken eng verzahnt sein muss:[36]

- Sind Strategien, insbesondere die Liquiditätsrisikostrategie umfassend und klar dokumentiert?
- Wurde das Risikodeckungspotenzial auf die einzelnen Risikobereiche sachgerecht verteilt und wurde der Begrenzung von Risikokonzentrationen angemessen Rechnung getragen?
- Wurden Teilrisikostrategien definiert, und entspricht das den Notwendigkeiten/ Gegebenheiten des Kreditinstituts?
- Stehen die Vergütungs- und Anreizsysteme im Einklang mit den Zielen der Risikostrategie, d. h. nicht nur volumenorientierte Ziele sowie nicht zu dominante erfolgsorientierte Gehaltsbestandteile?
- Wurden die Strategien in der Praxis umgesetzt oder sind Abweichungen begründet und vertretbar?

Die MaRisk sehen keine strikte Funktionstrennung zwischen Liquiditätsrisikosteuerung und -controlling vor; die aufbauorganisatorische Gestaltung liegt in der Verantwortung der Institute. Die Verantwortung der Geschäftsleitung umfasst weiterhin die angemessene Einrichtung von Strukturen, Prozessen und Systemen, die ein effektives Liquiditätsmanagement in einem integrierten Gesamtbanksteuerungssystem ermöglichen. Darüber hinaus sind folgende

---

[36] Siehe zu weiteren Prüfungsfragen oben, Kapitel D.2.1, S. 370 f.

Aspekte in einem Internen Kontrollsystem zur Einhaltung der Liquiditätsverordnung im Standardverfahren zu berücksichtigen. Bei internen Modellen nach § 10 LiqV sind erhöhte Anforderungen zu beachten:

- Die Zuständigkeiten und entsprechende Vertretungsregelungen für die Ermittlung der Liquiditätskennzahlen und deren ordnungsgemäße Meldung sind organisatorisch festzulegen.
- Für die Abwicklung der Prozesse sind Arbeitsanweisungen in einem angemessenen Umfang zu erstellen.
- Die ordnungsgemäße Freigabe sowie Parametrisierung bzw. Administration der eingesetzten Software, einschließlich der hierfür relevanten Dokumentation.
- Wurden die jeweiligen Zahlungsmittel und -verpflichtungen den einzelnen Laufzeitbändern ordnungsgemäß zugeordnet; erfolgt insbesondere die korrekte Behandlung außerbilanzieller Geschäfte (§§ 3, 4 LiqV)?
- Erfolgt die Berücksichtigung von Wertpapierpensions- und -leihgeschäften gem. § 5 LiqV? Werden die entsprechenden Wertpapiere und/ oder die aus den Verträgen resultierenden Ansprüche klar zugeordnet?
- Werden die Anforderungen von § 6 LiqV hinsichtlich der Bemessungsgrundlage erfüllt, insbesondere die Korrektur der Wertberichtigungen?
- Die Kundenkonzentrationen sowie die Diversifikation der Refinanzierungsquellen sollten überprüft und bei bedeutenden Auffälligkeiten dem Vorstand kommuniziert werden.
- Gibt es angemessene Kontrollhandlungen, insbesondere bei kritischen Prozessschritten, wie z. B. Schnittstellen bei der manuellen Datenerfassung oder zwischen den eingesetzten IT-Systemen, und hinsichtlich der Einhaltung der Datenqualität?
- Liegt eine revisionstechnisch nachvollziehbare Dokumentation der Arbeitsabläufe und der durchgeführten Kontrollhandlungen vor.
- Organisatorisch ist sicherzustellen, dass den zuständigen Mitarbeitern, die für die Bearbeitung der Ermittlung der Liquiditätskennzahlen verantwortlich sind, die notwendigen Informationen zur Verfügung stehen und eine Einbindung in den Reportingfluss erfolgt.
- Gibt es wesentliche Feststellungen aus der letzten Prüfung bzw. Prüfungsergebnisse von der Externen Revision und wurden diese behoben?
- Ein Reportingsystem ist zu implementieren, welches sicherstellt, dass alle notwendigen, aussagefähigen Informationen inklusive der Ergebnisse von Stresstests und der Analyse von Konzentrationsrisiken, der Geschäftsführung zeitnah und in ausreichender Qualität vorliegen. Darüber hinaus ist auch das Aufsichtsorgan von der Geschäftsführung mindestens quartalsweise über das Liquiditätsrisiko in angemessener Weise schriftlich zu informieren.

3.2 Annahmen, Parameter und Messverfahren

Für die laufende Messung und Überwachung des Nettofinanzierungsbedarfs haben die Institute entsprechende Verfahren und Prozesse zu implementieren. Die eingesetzten Modelle und Methoden zur Identifizierung und Quantifizierung des Liquiditätsrisikos sind zu dokumentieren. Eine Liquiditätsanalyse sollte auf Basis mehrerer Szenarien durchgeführt werden. Die der Liquiditätssteuerung zugrunde liegenden Annahmen und Parameter sind regelmäßig zu überprüfen, z. B.:

- Wurde zwischen dispositiver und struktureller Liquiditätssteuerung unterschieden?
- Methodische Annahmen und Klassifizierungen zur Modellierung der Zahlungsströme.
- Eine Berechnung des Liquiditätsrisikos aus historischen Daten auf Basis der Normalverteilungsannahme sollte nicht erfolgen.
- Modelle beruhen im Wesentlichen auf getroffenen Annahmen, die u. a. auch im Einklang mit den in der Risikostrategie getroffenen Präferenzen stehen müssen. Vor diesem Hintergrund sollten Vorstand und Aufsichtsrat über die getroffenen Modellannahmen unterrichtet und ihnen deren Wirkungsmechanismen transparent gemacht werden.
- Annahmen über den Refinanzierungs- und Anlagehorizont in den einzelnen Produktgruppen und Geschäftsbereichen sowie Prolongationswahrscheinlichkeiten und Neugeschäftsannahmen.
- Das Liquiditätsrisiko wird beim Konzept des Liquidity at Risk für Zahlungsstromrisiken unmittelbar aus den tatsächlichen Zu- und Abflüssen an Zentralbankgeld abgeleitet. Erfolgt die Ermittlung dieses Liquiditätsbedarfs bzw. -überschusses ordnungsgemäß und sind dabei alle relevanten Zahlungsströme erfasst?
- Werden die Parameter bei der VaR-Modellierung des Liquiditätsrisikos (z. B. L-VaR) mit den Steuerungsparametern bei den anderen wesentlichen Risiken abgestimmt?
- Annahmen, die den Stresstests zugrunde liegen, wie z. B. auslösendes Moment und Dauer einer Krise bzw. Reaktionszeiten für Gegenmaßnahmen, Häufigkeit von Stresstests, Risikoparameter sowie Abhängigkeiten zu anderen Risikoarten. Die Annahmen und Parameter der Stresstests sollten ebenfalls regelmäßig überprüft werden.[37]
- Stresstests für das Liquiditätsrisiko sollten nicht nur singulär durchgeführt werden, sondern als ein integraler Stresstest aller wesentlichen Risikoarten, sodass die kombinierten Auswirkungen negativer Entwicklungen über alle Risikoarten analysiert werden können. Im Bereich der Szenarioanalysen (Extremszenarien) sollten Abhängigkeiten zwischen den einzelnen Risikoarten keine Berücksichtigung finden.
- Zu bewerten ist auch, ob die abgeleiteten Ergebnisse aus den durchgeführten Berechnungen plausibel sind und ob daraus sachgemäße Maßnahmen abgeleitet und an die verantwortlichen Entscheidungsträger zeitnah berichtet werden.

---

37) Vgl. zur Typologie von Techniken für Liquiditätsstresstests, wie Liquiditäts-Risikotoleranz, Szenarioarten und deren Nutzungsverteilung in der Praxis EZB - Liquidität (2008), S. 13 ff.

- Von hoher Tragweite für den effizienten Einsatz der Liquiditätsmodelle ist die Durchführung einer qualitativen und quantitativen Validierung der Parameter. So umschließt die qualitative Validierung z. B. ein regelmäßiges Backtesting der Systeme, während der quantitative Teil z. B. auf die Modellarchitektur, die Datenqualität und den „use test" abstellt.

Nutzt das Institut die Öffnungsklausel nach § 10 LiqV und setzt institutseigene Liquiditätsrisikomess- und -steuerungsverfahren ein, unterliegt dies dem Genehmigungsvorbehalt der BaFin (§ 10 Abs. 1 LiqV). Die bankaufsichtliche Zustimmung kann mit Nebenbestimmungen und Auflagen versehen sein, deren Einhaltung im Rahmen einer Prüfung zu beurteilen ist. Beim Einsatz interner Verfahren stellt die Aufsicht darauf ab, ob diese die Liquiditätslage gegenüber den Standardverfahren im Sinne der §§ 2 bis 8 der LiqV eingehender und angemessener darstellen und ob diese eine adäquate laufende Ermittlung und Überwachung des Liquiditätsrisikos gewährleisten.

3.3 Personal

Neben den Anforderungen an einen qualitätsgesicherten Dateninput sind die eingesetzten Systeme „*nur so gut, wie das Personal, das sie bedient*". Im Rahmen einer Prüfung der Anforderungen an das Personal kann zur Beurteilung

- der Angemessenheit der Personalausstattung,
- der Angemessenheit der Vergütungs- und Anreizsysteme im Hinblick auf die in den Strategien niedergelegten Ziele,
- des Qualifikationsniveaus im Hinblick auf den aktuellen Stand der Entwicklungen,
- der Weiterbildungskonzepte für die mit den entsprechenden Geschäften betrauten Mitarbeiter,

der bereits zuvor aufgeführte Prüfungskatalog herangezogen werden.[38]

3.4 Technisch-organisatorische Ausstattung

In eine Prüfung des Liquiditätsrisikomanagements fließt auch die Bewertung des Umfangs und der Qualität der technisch-organisatorischen Ausstattung ein, die sich nach Art, Umfang und Komplexität der Geschäfte auszurichten hat (AT 7.2 MaRisk). Eine besondere Bedeutung kommt in diesem Zusammenhang den Hardware- und Softwarekomponenten sowie den hiermit verbundenen IT-Prozessen zu, welche die Integrität, Verfügbarkeit, Authentizität und Vertraulichkeit der Daten sicherstellen müssen. Deren Eignung ist regelmäßig zu überprüfen. Hierfür können die bereits im obigen Kapitel aufgeführten Aspekte analog berücksichtigt werden.[39]

---

38) Siehe hierzu oben, Kapitel D.2.5, S. 379 ff.

39) Siehe hierzu oben, Kapitel D.2.5, S. 382 ff.

3.5 Notfallkonzepte

Ein neuer Aspekt in den MaRisk ist die Erstellung von Notfallkonzepten, die Geschäftsfortführungs- und Wiederanlaufpläne umfassen (AT 7.3 MaRisk). Die Wirksamkeit sowie die Angemessenheit dieser Notfallkonzepte sind durch regelmäßige Notfalltests zu überprüfen. Die Ergebnisse sind den Verantwortlichen zu kommunizieren. In diesem Sinn sollten auch Liquiditätskrisenpläne vorliegen, die für den Notfall die Verantwortlichkeiten und die Zusammensetzung des Krisengremiums, (interne/externe) Kommunikationswege sowie eventuell einzuleitende Maßnahmen regeln. Weitere wichtige Prüfungsaspekte zu Notfallkonzepten finden sich in den obigen Ausführungen zur Prüfung des Zinsänderungsrisikos.[40]

3.6 Eigenmittelunterlegung

Nach den MaRisk können wesentliche Risiken festgelegt werden, die nicht in das Risikotragfähigkeitskonzept einbezogen werden. Dieser Schritt ist, wie bereits angesprochen wurde, nachvollziehbar zu begründen (AT 4.1 Tz. 3 MaRisk). Dabei ist sicherzustellen, dass diese Risiken in den Risikosteuerungs- und -controllingprozessen angemessen berücksichtigt werden. Zur Beurteilung der Risikotragfähigkeit wird ebenfalls auf die Ausführungen im vorhergehenden Kapitel zur Prüfung der Risikotragfähigkeitskonzeption verwiesen.[41]

Das Gesamtbankrisiko ist die Summe aller Einzelrisiken einer Bank[42]. Für den ICAAP ist die Gesamtrisikoposition des Instituts über die Aggregation der Risiken herbeizuführen (top down versus bottom up-Ansatz). Eine zu starke Dezentralisierung des Risikomanagements ist somit zu vermeiden, denn dies birgt auch für die Liquiditätsrisiken die Gefahr, dass der Gesamtüberblick und das Gesamtrisikoprofil nur suboptimal ermittelt werden können.[43] In der Praxis können Wechselwirkungen über Korrelationsmodelle in der barwertigen Risikotragfähigkeitsberechnung berücksichtigt werden. Kritisch ist die einfache Addition der nicht vollkommen unabhängigen Risiken, was systematisch nicht korrekt ist und zu einer deutlichen Überzeichnung der Risiken führen würde. Außerdem können bei der Zusammenfassung von Risiken Schwierigkeiten aufgrund voneinander abweichender Messmethoden entstehen. Aber auch bei einheitlichen Messmethoden, wie VaR-Ansätzen, können Ungenauigkeiten durch unterschiedliche Zeitintervalle (Haltedauer) oder unterschiedlichem Konfidenzniveau resultieren. Diese Schwachstellen müssen bei der Risikoaggregation mittels Korrelationen berücksichtigt werden.[44] Abhängig von der gewünschten Risikopräferenz kann eine VaR-konforme

---

40) Siehe hierzu oben, Kapitel D.2.5, S. 383 ff.; ebf. Zeranski/Geiersbach/Walter (2008), S. 418 f.

41) Siehe hierzu oben, Kapitel D.2.1, S. 365 ff.

42) Vgl. hierzu auch Geiersbach/Prasser (2008a), S. 290 ff.

43) Vgl. Rehbein/Wohlert (2008), S. 1 f. Als Reaktion auf die Finanzmarktkrise räumt das IIF ein, dass es für eine wirksame Internal Governance bedeutend ist, „*to embed a firm-wide focus on risk*". Vgl. IIF (2008b), S. 11.

44) Bei dem Korrelations-Matrix Ansatz wird die Abhängigkeit zwischen den Risikoarten durch eine Korrelationsmatrix modelliert. Als Alternative zu diesem Ansatz entwickelt sich der sog. Copula-Ansatz. Mit Hilfe dieses Konzeptes können beliebig verteilte Zufallsvariablen mit beliebiger Abhängigkeitsstruktur zwischen diesen Variablen zu einer Gesamtverteilung verbunden werden. Die Korrelations-Matrix ist als eine spezielle Copula aufzufassen, die durch normalverteilte Zufallsvariablen und linearen Abhängigkeitsstrukturen (Korrelationen) gekennzeichnet ist. Vgl. ausführlicher Hänselmann/Wilderotter (2008), S. 172 ff.; ebf. OENB

Bestimmung des Gesamtbankrisikos auf den Parametern einer einjährigen Haltedauer und einem Konfidenzniveau von 99,9 % erfolgen. Alternativen sind denkbar, entscheidend ist aber eine plausible, nachvollziehbare Dokumentation der gewählten Parameter.

Die gesetzten Limits geben das Risiko an, das ein Institut in einzelnen Risikokategorien maximal eingehen möchte. Sie sind ein Bindeglied zwischen Gesamtvermögen bzw. Risikodeckungspotenzial und den simulierten Risiken. Die Ableitung von Limits muss ein Spiegelbild der Risikoneigung des Vorstands sein. Allerdings erfordert die Berücksichtigung von Wechselwirkungen einen nicht zu unterschätzenden Zeitaufwand bei der Abschätzung dieser Korrelationen. Eine optimale Kombination von Anlageklassen ermöglicht aber einer Bank den effizienten Einsatz des „knappen Guts" ökonomisches Eigenkapital. Der Korrelationsansatz ist also zunächst ökonomisch sinnvoll, muss aber im Rahmen einer Kosten-Nutzen-Analyse letztendlich hausintern abgewogen werden. Alternativ kann das Risikodeckungspotenzial auch in mehrere Partitionen zerlegt werden, denen dann verschiedene Risiken zugeordnet werden. Als Prüfungsfragen sind z. B. zu nennen:

- Werden Wechselwirkungen zwischen Risikoarten berücksichtigt, sind die Grundlagen der Ermittlung und die Überprüfung der eventuell verbandsseitig publizierten Korrelationen auf die hauseigene Verwendbarkeit im Zeitverlauf nachzuweisen und kritisch zu hinterfragen.
- Wurden die Korrelationen aus ausreichend langen historischen Zeitreihen geschätzt oder aus Expertenschätzungen abgeleitet? Ist die Plausibilität bei den Korrelationsschätzungen, insbesondere bei zentralen Vorgaben eines Verbandes, gegeben und sind die Werte nachvollziehbar dokumentiert? Ist der kausale Zusammenhang nachvollziehbar?
- Wurden die Schätzungen auf Scheinkorrelationen überprüft?
- Besteht ausreichendes und angemessenes Fachwissen hinsichtlich der Funktion und Auswirkung von Korrelation der in die Prozesskette eingebundenen Mitarbeiter bzw. Vorstand?
- Werden Szenarioanalysen unter der Annahme von Extremsituationen durchgeführt (Stresstest)? Wird bei Stresstests auf die Berücksichtigung von Korrelationen verzichtet? Ist unter diesen Bedingungen die Risikotragfähigkeit dann noch gegeben?

Darüber hinaus sind zu bewerten:

- Sind ausreichende Kontrollen vorgesehen und wurde sie ordnungsgemäß durchgeführt?
- Ist die Ermittlung der Risikotragfähigkeit ausreichend dokumentiert und für einen sachkundigen Dritten nachvollziehbar?
- Wurden die Verfahren und Methoden zur Beurteilung der Risikotragfähigkeit zumindest jährlich überprüft?

Abschließend ist zur Betrachtung der Risikotragfähigkeit in Instituten festzustellen, ob Steuerungsprozesse als Regelkreislauf funktionieren, die dem Grundmuster aus Planung,

-Modelle (2004), S. 34 ff.

Maßnahmendurchführung und Ergebnisanalyse folgen. Die Abbildung E.5 fasst die wesentlichen Aspekte für einen effizienten Prüfungsansatz des Liquiditätsrisikomanagements zusammen:[45]

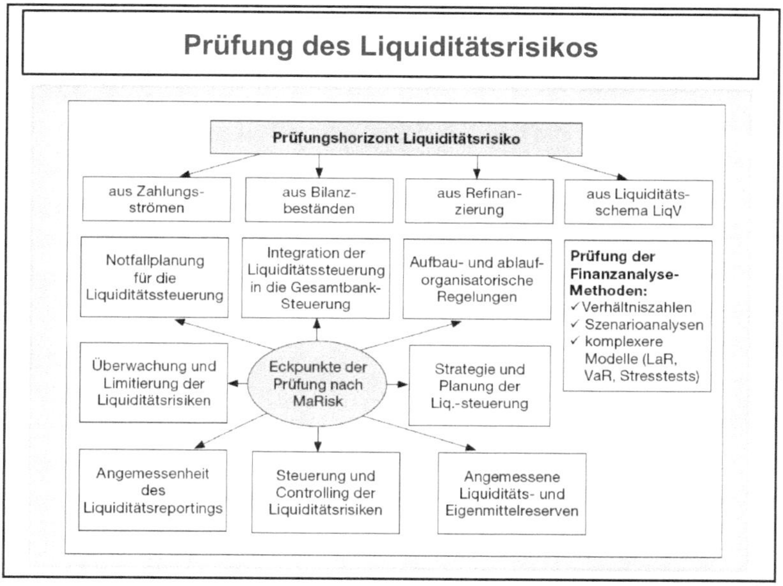

Abbildung E.5: Prüfungshorizont Liquiditätsrisiko

Eine Einbindung des Liquiditätsrisikos in ein ökonomisches Kapitalkonzept stößt aufgrund unzureichender Quantifizierbarkeit in der Praxis teilweise noch nicht auf breite Zustimmung. Dieser Auffassung wurde in den vorherigen Ausführungen aber nicht gefolgt, da dies ansonsten zu einer systematischen Unterschätzung wesentlicher Vermögensrisiken führen kann, was sich auf die Solvenz und Stabilität einer Bank und im Extremfall auf das Bankensystem ausweiten kann.

45) Vgl. Zeranski/Geiersbach/Walter (2008), S. 419; ebf. Nordheim (2007), S. 351.

F. Schlussfolgerungen

„Quidquid agis prudenter agas et respice finem."[1]

1. Zusammenfassung

Unternehmens- und Bankenskandale aus der Vergangenheit bis zur aktuellen Finanzmarkt- und Bankenkrise haben u. a. gezeigt, dass die an eine wirksame Internal Governance bzw. an das Überwachungsorgan gesetzten Erwartungen nicht immer vollständig erfüllt wurden.[2] Die Ursachen hierfür liegen aber nicht ausschließlich im mangelnden Wissen oder in der Verarbeitungsineffizienz des Aufsichtsorgans, sondern auch in unzureichenden, *unabhängigen* Informationen, die für eine effektive Überwachung dringend notwendig gewesen wären. An diesem Punkt setzt die vorliegende Arbeit an und untersucht, ob die Interne Revision als *vorstandsunabhängige* Informationsquelle einen Beitrag zur Verbesserung der Internal Governance und zur Stärkung des Vertrauens liefern kann und darf, indem sie dem Überwachungsorgan bzw. seinem Prüfungsausschuss den notwendigen und angemessenen Überwachungsinformationsbedarf eigenständig und *vorstandsunabhängig* zur Verfügung stellt oder diesen verifiziert. Dieser erweiterte Aufgabenkatalog erfordert im dualistischen System aber eine funktionale Zuordnung der Internen Revision an den Prüfungsausschuss. Dem dualistischen System ist diese institutionelle Gestaltung jedoch fremd.

Abhängig von den nationalen Corporate Governance-Systemen, aber vor dem Hintergrund der internationalen Veränderungen, ist für eine effektive Internal Governance ein wechselseitiger, permanenter und unabhängiger Informationsaustausch zwischen sich ergänzenden Institutionen ein entscheidendes Effizienzkriterium. Denn die Leistungsfähigkeit eines Internal Governance-Elements hängt entscheidend von seinem individuellen Informationsgrad und seiner Unabhängigkeit ab. Somit darf kein Internal Governance-Element ein Informationsmonopol besitzen oder in der Lage sein, die weiterzugebenden Informationen zu filtern bzw. zu selektieren. Im Status quo ist das aber de jure bzw. de facto teilweise möglich. So zeigen empirische Untersuchungen, dass eine Informationsversorgung des deutschen Aufsichtsorgans für eine effektive Unternehmensüberwachung insgesamt noch nicht optimal ist. Eine informatorische Unabhängigkeit des Aufsichtsorgans im dualistischen System ist nur eingeschränkt gegeben.

Die Unabhängigkeit wird im Allgemeinen u. a. durch den organisatorischen Status, die persönliche Freiheit und das Fehlen von wirtschaftlichen Abhängigkeiten sowie wiederum durch die zur Verfügung stehenden Informationen bestimmt. Diese Faktoren tragen wesentlich zu einer unabhängigen und objektiven Aufgabenerfüllung des Überwachungsorgans und auch der Internen Revision bei. Eine singuläre Optimierung eines Internal Governance-Elements hat ceteris paribus wenig Aussicht auf Erfolg. Vielmehr ist die jederzeitige, vertrauensvolle Zusammenarbeit aller Internal Governance-Elemente, d. h. Überwachungsor-

---

1) *„Was auch immer Du tust, tue es klug und bedenke die Folgen."* (*Äsop*, griechischer Dichter, um 600 v. Chr.)

2) Eine aktuelle Untersuchung des ifo Instituts für Wirtschaftsforschung e. V. attestiert den Aufsichtsräten deutscher Banken, insbesondere denjenigen bei staatlichen Landesbanken und öffentlichen Förderbanken, eine unzureichende Kompetenz und fehlende Bank- und Finanzmarkterfahrung zur effektiven Kontrolle von Bankvorständen. Vgl. Hau/Thum (2008).

gan, Geschäftsführung und Interne Revision, für die Wirksamkeit des Gesamtsystems und für das nachhaltige Erreichen der strategischen Unternehmensziele von Bedeutung.

Nach vorherrschender Meinung ist im dualistischen System der Aufsichtsrat zur Einholung von *vorstandsunabhängigen* Informationen zwar berechtigt, aber nur, wenn das Informationsbedürfnis des Aufsichtsrats wegen einer Zweckverfehlung der Vorstandsberichte nicht zu befriedigen ist oder wenn ein besonderer Anlass es erfordert. Somit sind Sach- und Aufklärungsfragen im Rahmen des § 111 Abs. 2 AktG grundsätzlich gestattet, aber hierbei muss der Aufsichtsrat im Interesse des Unternehmens und der inneren Ordnung jeweils den Rahmen des Erforderlichen einhalten sowie die für Vorstand und Aufsichtsrat schonendste Form wählen. Weiter soll der Direktkontakt mit Mitarbeitern des Unternehmens nur in Betracht kommen, wenn mit anderen Mitteln keine Klarheit über interne Geschäftsvorfälle zu erzielen ist oder Zweifel an der Aufrichtigkeit des Vorstands existieren. Dies spiegelt das im Aktiengesetz immanente Kompetenzgefüge der Informationsherrschaft des Vorstands wider.

Eine *vorstandsunabhängige* Kommunikation zwischen Überwachungsorgan bzw. seinem Prüfungsausschuss und der Internen Revision steht hingegen de jure und nach h. L. zurzeit (noch) nicht im Einklang mit dem dualistischen System und wird de facto in Deutschland grundsätzlich auch nicht *praktiziert*. Neben internationalen Entwicklungen gibt es allerdings ökonomische Aspekte, insbesondere aus Sicht der Neuen Institutionenökonomik, die diesen Ansatz, der institutionell z. B. bereits in den USA, Großbritannien und in der Schweiz zu beobachten ist, unterstützen, um die Effektivität und die Unabhängigkeit der Überwachungsfunktion des Aufsichtsrats und auch der Internen Revision zu verbessern. Hierbei handelt es sich vor allem um den Abbau von Informationsasymmetrien zwischen dem Überwacher und dem Überwachten sowie den Effekt des Signallings durch den Vorstand.

Eine neutrale, unabhängige Institution wie die Interne Revision, kann zur Minderung der asymmetrischen Informationsverteilung und zur Validierung des Überwachungsinformationsbedarfs beitragen. Der strategische Vorteil der Internen Revision als *vorstandsunabhängiger* Informationsgeber liegt in ihren umfangreichen Kenntnissen über explizites und implizites Wissen im Unternehmen, da sie grundsätzlich mit allen Unternehmenseinheiten in Kontakt tritt und eine risikoorientierte Bewertung der Systeme und Prozesse vornimmt. Für die Interne Revision empfiehlt sich auf funktionaler Ebene eine institutionelle Zuordnung an den Prüfungsausschuss und nicht an die Unternehmensleitung, damit sie ihre erweiterte Aufgabe als unabhängiger Informationsdienstleister effektiver ausüben kann. Die dem dualistischen System immanente institutionelle Trennung von Unternehmensführung und -überwachung wird durch diesen Vorschlag jedoch nicht tangiert. Ebenfalls nicht tangiert wird die hierarchische Zuordnung der Internen Revision, die auch weiterhin der ersten Ebene unterhalb der obersten Unternehmensebene, die primär aus Überwachungsorgan und sekundär aus Geschäftsführung besteht, zugewiesen sein sollte. Die funktionale Anbindung der Internen Revision an den Prüfungsausschuss führt somit zu keiner Hierarchieveränderung zwischen Überwachungsorgan und Vorstand auf der obersten Ebene und der Internen Revision auf der nachgelagerten Ebene.

Eine Hybridisierung der Internal Governance-Systeme unter dem primären Aspekt der *vorstandsunabhängigen* Vernetzung von Überwachungsorgan und Interner Revision steigert im dualistischen System die Effektivität der unternehmensinternen Überwachungsinstitutionen. Dies stärkt nicht nur die Internal Governance eines Kreditinstituts, sondern auch die Stabilität des Bankensystems als Ganzes. Die Notwendigkeit dieses Schrittes erweist sich auch aufgrund der Komplexität der Geschäftsaktivitäten von Kreditinstituten als ein Mehrwert für die Stakeholder, da fehlendes, aber notwendiges Fachwissen zu Fehleinschätzungen führen kann. Dies kann insbesondere für die Überwachungsfunktion negative Effekte zur Folge haben. Zur Vermeidung von Konflikten aus der modifizierten Beziehung zwischen den internen Corporate Governance-Elementen sollten Kreditinstitute neben einer allgemeinen Informationsordnung zwischen Vorstand und Aufsichtsorgan bzw. seinem Prüfungsausschuss die speziellen Kompetenzen und Prozesse eines *vorstandsunabhängigen* Informationstransfers in der Geschäftsanweisung für die Interne Revision festhalten. Diese Regularien können, losgelöst von Rechtsvorschriften, auch heute schon zwischen Überwachungsorgan und Geschäftsführung auf freiwilliger Basis vereinbart werden.

Die Einführung der MaRisk als norminterpretierende Verwaltungsvorschrift der BaFin für die unbestimmten Rechtsbegriffe des § 25a Abs. 1 KWG, und somit auch zur Konkretisierung der qualitativen Anforderungen des ICAAP, bilden für Kreditinstitute wichtige Rahmenbedingungen. Mit ihren Öffnungsklauseln ermöglichen die MaRisk eine flexible institutsindividuelle Ausgestaltung und flankieren den prinzipienorientierten Ansatz der Bankenaufsicht. Für eine Bank stellen die eingegangenen Risiken und das Management dieser Risiken ihre Achillesferse dar. Somit ist es konsequent und folgerichtig, dass die MaRisk auf eine stabile und ausreichende Risikotragfähigkeit des Kreditinstituts als Basiskomponente abstellen. Diese bildet dann für die Konzeptionierung der Risikostrategie und die Ausgestaltung aller weiteren Systeme und Prozesse eine strenge Nebenbedingung. Ein funktionsfähiges, holistisches Risikomanagement ist aber mehr als nur die Steuerung und Überwachung von Risiken. Es geht vielmehr um die integrale Abstimmung von Risikotragfähigkeit, Strategien, Internen Kontrollverfahren, mit den Komponenten Internes Kontrollsystem und Interner Revision, sowie den kritischen Ressourcen (Personal, Technisch-organisatorische Ausstattung und Notfallkonzepte). Die MaRisk sollten kein Nischenprodukt für Spezialisten im Risikocontrolling und -management sein: Im Sinne des ERM-Modells müssen die inhaltlichen Kernaussagen der Mindestanforderungen von den Mitarbeitern eines Kreditinstituts verstanden und angewandt werden sowie ein immanenter Teil der Unternehmens- und Risikokultur sein. Es handelt sich somit im Wesentlichen um elementare Voraussetzungen für eine ordnungsgemäße Geschäftsorganisation eines Kreditinstituts. Werden darüber hinaus noch Anforderungen an das Aufsichtsorgan bzw. den Prüfungsausschuss integriert, verbunden mit einem über das dualistische System hinausgehenden Beziehungs- und Informationsgefüge zwischen Überwachungsorgan,

Prüfungsausschuss und Interner Revision im Sinne eines *vorstandsunabhängigen* Informationstransfers, so sollten die MaRisk in *Mindestanforderungen an die Internal Governance von Kreditinstituten* ausgeweitet werden.

Unter Berücksichtigung der internationalen Entwicklungen und der gewonnenen theoretischen Erkenntnisse empfehlen sich aus der Sicht des Verfassers für die Gestaltung des Zusammenwirkens zwischen Vorstand, Überwachungsorgan bzw. Prüfungsausschuss und Interner Revision folgende Konstellationen:

- Auf Basis der Informationsordnung und der Geschäftsanweisung für die Interne Revision, die beide vom Vorstand verabschiedet und vom Überwachungsorgan erlassen werden, hat das Überwachungsorgan bzw. sein Prüfungsausschuss das Recht auf jederzeitige angemessene *vorstandsunabhängige* Informationen durch die Interne Revision. Dem Vorstand werden diese Informationen weiterhin parallel zur Verfügung gestellt.
- In den Sitzungen des Überwachungsorgans bzw. seines Prüfungsausschusses gibt es ausreichend Zeit für Erörterungen mit dem Leiter der Internen Revision, auch *ohne* die Anwesenheit des Vorstands. Darüber hinaus können weitere *vorstandsunabhängige* Treffen mit dem Leiter der Internen Revision einberufen werden. Der Leiter der Internen Revision sollte den Vorstand über die Termine und die wesentlichen Gesprächsinhalte jedoch unterrichten.
- Die Verabschiedung oder Änderungen der Rahmenbedingungen der Internen Revision bedürfen der Zustimmung des Überwachungsorgans; die Entscheidungsgrundlage wird vom Leiter der Internen Revision vorbereitet und mit dem Vorstand und Prüfungsausschuss vorab besprochen. Hierzu zählen z. B. die Geschäftsanweisung für die Interne Revision, die Prüfungsplanung oder die zur Verfügung gestellten Budgets.
- Das Überwachungsorgan bzw. sein Prüfungsausschuss haben einen Zustimmungsvorbehalt bei der Einstellung, Entlassung und Vergütung des Leiters der Internen Revision sowie für die organisatorische Eingliederung der Internen Revision. Die funktionale Zuordnung der Internen Revision zum Prüfungsausschuss wird empfohlen.
- Die Risikobewertung der Prüfungsobjekte und die jährlichen Prüfungsschwerpunkte werden vom Leiter der Internen Revision mit dem Prüfungsausschuss vorab erörtert, anschließend dem Überwachungsorgan zur Genehmigung vorgelegt und dann dem Vorstand berichtet.
- Die Prüfungsberichte erhält der Vorstand, der weiterhin die Verantwortung für die Behebung der Prüfungsfeststellungen trägt. Das Überwachungsorgan bzw. sein Prüfungsausschuss wird vom Leiter der Internen Revision über wesentliche Prüfungsergebnisse ebenfalls informiert und erhält in regelmäßigen Abständen Zusammenfassungen aller Prüfungsberichte. Der Leiter der Internen Revision erläutert *vorstandsunabhängig* den Jahres- und Halbjahresbericht und den Stand des Follow-up gegenüber dem Überwachungsorgan bzw. seinem Prüfungsausschuss.

- Darüber hinaus ist auch eine Regelung zum Rederecht des Leiters der Internen Revision zu empfehlen (in Analogie zu BT 2.4 Tz. 5 Satz 3 MaRisk), das aber über die ad hoc Informationspflicht bei schwerwiegenden Mängeln im Risikomanagement, Internen Kontrollverfahren oder bei Compliance-Verstößen sowie bei dolosen Handlungen von Organmitgliedern und leitenden Angestellten hinausgeht. Der Leiter der Internen Revision sollte jederzeit die Möglichkeit und das Recht haben, mit dem Vorsitzenden des Aufsichtsorgans in Kontakt zu treten.
- Das Überwachungsorgan bzw. sein Prüfungsausschuss beurteilt einmal im Jahr die Wirksamkeit und die Ausstattung der Internen Revision.

Die Interne Revision wird durch die zuvor erläuterten Maßnahmen vom Vorstand, aber nicht vom Unternehmen, institutionell *entkoppelt* und stärker mit dem Überwachungsorgan bzw. seinem Prüfungsausschuss verbunden. Relevante Bezugsgruppe der Internen Revision ist demnach sowohl funktional als auch mit Einschränkungen bei disziplinarischen Maßnahmen aufgrund des Zustimmungsvorbehalts somit das Aufsichtsorgan bzw. sein Prüfungsausschuss und nicht mehr der Vorstand allein. Unter der institutionellen Ausgestaltung einer vertikalen gesellschaftsrechtlichen Schranke obliegt dem Überwachungsorgan dann eine stärkere Entscheidungsgewalt hinsichtlich der strategischen Grundlagen für die Unabhängigkeit der Internen Revision. Damit Loyalitätskonflikte mit der Geschäftsführung nicht entstehen können, muss sich künftig das Handeln der Internen Revision – ganz im Sinne ihrer eigenen Definition und ihres Leitbildes – noch stärker an der Schaffung von Mehrwerten und an der Verbesserung der Geschäftsprozesse ausrichten, sodass sie *das* Kreditinstitut bei der Erreichung der strategischen Unternehmensziele unterstützt und insgesamt *das* Unternehmensinteresse in den Vordergrund ihres Handelns stellt.

Die genannten Maßnahmen verbessern die strategische Positionierung, die Unabhängigkeit und Effektivität der Internen Revision. Außerdem tragen sie zur Stärkung des Überwachungsorgans bzw. seines Prüfungsausschusses bei. Man kann nach Einführung dieser Konstellation gegenüber dem Status quo insgesamt von einer effektiveren und effizienteren Internal Governance sprechen. Die Interne Revision ist dann nicht nur verlängerter, prozessunabhängiger Arm der Geschäftsleitung, sondern vielmehr ein unabhängiger Arm der Unternehmung für eine wirksame Internal Governance. Für die Interne Revision eröffnet die *vorstandsunabhängige* Verbindung zum Aufsichtsorgan bzw. seinem Prüfungsausschuss nicht nur eine größere Unabhängigkeit, sondern bietet auch erweiterte Aufgabengebiete und wertet ihre Stellung insgesamt auf. Sie kann künftig sowohl der Geschäftsführung als auch dem Aufsichtsorgan bzw. seinem Prüfungsausschuss stärker als Informationsdienstleister und Berater für Fragen zum internen Überwachungssystem bzw. Risikomanagement dienen.

Dieses erweiterte Aufgabengebiet verlangt aber von der Internen Revision eine hohe unternehmerische und fachliche Kompetenz, insbesondere auf dem Gebiet des Risikomanagements, und die Bereitschaft, vermehrt strategisch und sowohl risiko- als auch chancenorientiert zu prüfen. Die Schwerpunkte der Revisionstätigkeiten müssen künftig noch stärker auf das Risikomanagement und die Erbringung von Beratungsdienstleistungen abzielen. Des Weiteren wurden Stellhebel für eine zukunftsorientierte Interne Revision entwickelt, die in der Revisionspraxis Einzug halten sollten: Eine moderne Interne Revision muss sich frühzeitig mit Risiken und Chancen auseinandersetzen, damit negative (und auch positive) Entwicklungen für das Kreditinstitut rechtzeitig erkannt, bewertet und bewältigt sowie die Ressourcen optimal eingesetzt werden können. Für die operative Revisionsarbeit sind die Revisionsprozesse und -ansätze zu standardisieren und risikoorientiert weiterzuentwickeln. Dahinter verbirgt sich eine stärker risikoorientierte Prüfungsplanung und -durchführung, verknüpft mit einem Abwägen zwischen Kosten bzw. Risiken (Grenzkosten) und dem Nutzen bzw. den Chancen (Grenznutzen), eine stärkere Betonung von Systemprüfungen bzw. prozessorientierten Prüfungsansätzen sowie eine Berücksichtigung der strategischen Ausrichtung und der Risikotragfähigkeit des Instituts. Operativ bedeutet dies, dass gegenüber dem Status quo Prüfungen in den Bereichen Gesamtbanksteuerung, Informationstechnologie und Defraudationen qualitativ und quantitativ zu forcieren sind. Dies hat insgesamt zur Folge, dass die Prüfungsstrategien zukunfts- statt vergangenheitsorientiert ausgerichtet sein müssen („Frühwarnfunktion") und die Bereitschaft als Berater und Change-Agent zu handeln forciert werden müssen. Diese Ansätze sind durch Quality Assessment-Verfahren und moderne Methoden zur Steuerungs- und Erfolgsmessung zu unterstützen.

2. Ausblick

Es sind weniger formelle Regularien, als vielmehr die Unternehmensethik und die in ihrem Sinne handelnden Personen, die für eine wirksame Internal Governance eine entscheidende Grundlage legen. Nach *Max Weber* sind es Interessen, die unmittelbar das Handeln der Wirtschaftssubjekte bestimmen und nicht Ideen.[3] Letztere geben die Rahmenbedingungen vor, in denen sich die Dynamik der Interessen entwickeln und entfalten kann. Institutionen schaffen ebenfalls einen Rahmen, in dem sich die Subjekte unter Berücksichtigung von Opportunismus und beschränkter Rationalität bewegen können. Damit Interessen aber allokationseffizient wirken können, müssen sie koordiniert sowie durch Rahmenbedingungen begrenzt und gesteuert werden. Auch bei Internal Governance-Systemen bedingen sich Aktivierung und Rahmenbedingungen zur Verhaltensbeschränkung wechselseitig. Dies kann auch zu Fehlanreizen führen. Das Handeln der Wirtschaftssubjekte ist zwar nur in einem institutionellen Raum mit all seinen Anreizen möglich, aber trotz aller formalen Richtlinien und Grundsätze sowie Instrumente „*steht und fällt die Corporate Governance letztendlich mit dem Wissen, der Courage und dem Einsatzwillen*" von Aufsichts- und Verwaltungsräten, Geschäftsleitung und Revisoren.[4]

Ein effizientes und effektives unternehmerisches Überwachungssystem ist eine hinreichende und notwendige Voraussetzung für eine funktionierende Internal Governance. Damit das Zusammenspiel der Interessengruppen für das Unternehmen und seine Stakeholder opti-

3) Vgl. Leipold (2006), S. 63.
4) Vgl. Pfyffer/Raggenbass (2002), S. 421.

mal genutzt werden kann, sollte der Informationstransfer zwischen diesen Einzelgruppen offen, transparent und ohne Einschränkungen erfolgen können. Dies dient nicht nur der Stärkung eines Internal Governance-Elements, sondern die Unabhängigkeit und Wirksamkeit des gesamten internen Überwachungs- bzw. Internal Governance-Systems wird optimiert. Denn eine Internal Governance ist nicht die Summe von gesetzlich vorgeschriebenen Komponenten, sondern eine unternehmensindividuelle Zusammensetzung, die bei optimierten Schnittstellen und einer nachhaltigen Unternehmenskultur mehr als die Summe der einzelnen rechtlichen Komponenten ergeben kann. Insgesamt ist also eine integrale Optimierung von Organisationsformen, Anreizsystemen und internen Corporate Governance-Mechanismen anzustreben, da in der Vernetzung und Interaktion dieser Institutionen ein bedeutender Hebel für die Funktionsfähigkeit und Wirksamkeit einer Internal Governance liegt.

Die Schaffung der notwendigen institutionellen Voraussetzungen für eine Verbesserung der Objektivität und Unabhängigkeit der Internen Revision und auch des Aufsichtsorgans bzw. seines Prüfungsausschusses mittels eines *vorstandsunabhängigen* Informationstransfers und die funktionale Anbindung der Internen Revision an den Prüfungsausschuss stellt eine notwendige und hinreichende Bedingung für eine wirksame Internal Governance dar. Es werden folglich nicht Einzelinteressen gestärkt, sondern die Governance-Elemente Ethik, Transparenz und Verantwortung sowie das Unternehmensinteresse profitieren von diesem Ansatz. Die Empfehlung, einen unabhängigen Prüfungsausschuss für alle Kreditinstitute einzurichten, sollte somit Bestandteil der MaRisk werden. Ferner sollte dem Prüfungsausschuss ein Zustimmungsvorbehalt für die Interne Revision eingeräumt werden. Die Interne Revision sollte ein unabhängiges Rederecht erhalten, was auch die asymmetrische Informationsverteilung zwischen der Geschäftsleitung und dem Aufsichtsorgan verringert. Folgt ein Kreditinstitut diesen Empfehlungen nicht, so sollte die Abweichung im handelsrechtlichen Anhang als sonstige Pflichtangabe gemäß § 285 Nr. 9 und 10 HGB sowie im Lagebericht nach § 289 HGB begründet und erklärt werden („comply or explain"). Darüber hinaus sollte in den MaRisk für Kreditinstitute ausgeführt werden, dass die für die Berufspraxis der Internen Revision relevanten nationalen und internationalen Standards des DIIR oder IIA bekannt sein und auch angewendet werden müssen.

Für die Praxis empfiehlt sich des Weiteren, dass die Inhalte von Prüfungsaufträgen, die der Prüfungsausschuss an die Interne Revision delegiert, zwischen dem Prüfungsausschuss und der Internen Revision direkt abgestimmt werden können. Voraussetzung ist, dass der Vorstand dieses Vorgehen grundsätzlich genehmigt. Eine bestimmte Anzahl an Prüfungsaufträgen für den Prüfungsausschuss sind dann in den genehmigten, rollierenden Prüfungsplan der Internen Revision mit entsprechender Vorgabe an Soll-Prüfungstagen aufzunehmen. Die konkrete Festlegung des Prüfungsziels und -gegenstandes erfolgt dann im nächsten Schritt durch eine direkte Abstimmung zwischen dem Leiter der Internen Revision und dem Prüfungsausschuss. Nach Abschluss der Prüfungshandlungen und Erstellung des Prüfungsberichtes sollte dieser sowohl an den Vorstand als auch an den Prüfungsausschuss verteilt, aber mit beiden Organen getrennt besprochen werden. Der Vorsitzende des Prüfungsausschusses hat im Anschluss das Aufsichtsorgan über die Ergebnisse des Prüfung zu unterrichten.

Die Auswirkungen der seit dem Jahr 2007 bestehenden Finanzmarkt- und Bankenkrise auf die Bankenindustrie und -regulierung sind zum Jahresanfang 2009 noch nicht in ihrer voller Wirkung abzusehen und können abschließend noch nicht bewertet werden. Mit der Untersuchung des Beitrags der Internen Revision zur Internal Governance bei Kreditinstituten wurden erste Gedanken zur Stärkung des bankinternen Überwachungssystems angestellt, um das Entstehen künftiger Krisen bei Bankinstituten zu erschweren. Dieser Ansatz sollte durch institutionelle Anreize und den Grundsatz der doppelten Proportionalität unterstützt werden, um eine Überregulierung des Bankensektors zu vermeiden. Außerdem sind die Rahmenbedingungen des dualistischen Systems grundsätzlich zu berücksichtigen. Neue Schritte zur Optimierung der internen Corporate Governance sollten im Wesentlichen auf vertraglicher Basis zwischen den Unternehmensorganen Aufsichtsrat und Vorstand vereinbart werden.

Die in dieser Arbeit gemachten Untersuchungen können jedoch nur erste Überlegungen für weitere Forschungsanstrengungen zur Weiterentwicklung der Internal Governance von Kreditinstituten liefern.

Anhang

A) Beispiel einer Geschäftsanweisung für die Interne Revision[1]

1. Funktion, Ziele und Aufgaben der Internen Revision

1.1 Funktion der Internen Revision

(1) Die Interne Revision ist Teil des Risikomanagements des Kreditinstituts. Sie unterstützt den Vorstand *und das Aufsichtsorgan* in seiner originären Überwachungsaufgabe. Damit trägt sie zur Erreichung der Unternehmensziele bei. Das Risikomanagement umfasst die Festlegung angemessener Strategien sowie die Einrichtung angemessener Interner Kontrollverfahren. Die Internen Kontrollverfahren bestehen aus der Internen Revision und dem Internen Kontrollsystem. Das Interne Kontrollsystem umfasst insbesondere Regelungen zur Aufbau- und Ablauforganisation sowie Risikosteuerungs- und -controllingprozesse.

---

[1] Vgl. FA Kontrolle & Prüfung (2006). Wenn vom Verfasser Ergänzungen an dieser Geschäftsanweisung vorgenommen wurden, so sind diese durch ein kursives Schriftbild und durch Unterstreichungen kenntlich gemacht.

(2) Die Interne Revision prüft und beurteilt die Wirksamkeit und Angemessenheit des Risikomanagements im Allgemeinen und des Internen Kontrollsystems im Besonderen sowie die Ordnungsmäßigkeit grundsätzlich aller Prozesse und Aktivitäten. Sie untersucht gezielt, ob die Grundsätze von Sicherheit und Ordnungsmäßigkeit sowie von Wirtschaftlichkeit und Zweckmäßigkeit beachtet werden.

1.2 Ziele der Internen Revision

Die Interne Revision ist verantwortlich für die Überwachung der Wirksamkeit und Angemessenheit aller übrigen Elemente des Risikomanagements. Damit dient ihre Tätigkeit den folgenden Zielen:

- Sicherung der Wirksamkeit und Wirtschaftlichkeit der Geschäftstätigkeit der Sparkasse; hierzu gehört auch der Schutz des Vermögens einschließlich der Verhinderung und Aufdeckung von Vermögensschädigungen,
- Sicherstellung der Ordnungsmäßigkeit und Verlässlichkeit der internen und externen Rechnungslegung,
- *Prüfung* der für die Sparkasse geltenden Gesetze und sonstigen Vorschriften,
- *Sicherstellung der Umsetzung* der Geschäftspolitik des Vorstands.

1.3 Aufgaben der Internen Revision

(1) Die Prüfungstätigkeit der Internen Revision hat sich auf der Grundlage eines risikoorientierten Prüfungsansatzes grundsätzlich auf alle Aktivitäten und Prozesse des Kreditinstituts zu erstrecken. Sie prüft und beurteilt insbesondere

- die Angemessenheit und Wirksamkeit der Leitungs-, Steuerungs- und Kontrollaktivitäten bzw. -prozesse sowie die Strategien und Prozesse, die gewährleisten sollen, dass genügend Risikodeckungspotenzial zur Abdeckung aller wesentlichen Risiken vorhanden ist,
- die Funktionsfähigkeit, Wirksamkeit, Wirtschaftlichkeit und Angemessenheit des Internen Kontrollsystems,
- die Ordnungsmäßigkeit und Funktionsfähigkeit des Finanz- und Rechnungswesens,
- die Einhaltung gesetzlicher, aufsichtsbehördlicher und satzungsrechtlicher Vorgaben,
- die Wahrung betrieblicher Richtlinien, Ordnungen und Vorschriften,
- die vollständige und zweckmäßige Umsetzung der Zielsetzungen des Vorstands,
- die fristgemäße Beseitigung festgestellter Mängel.

(2) Im Rahmen ihrer Aufgaben berät die Interne Revision den Vorstand, den Verwaltungsrat und andere Organisationseinheiten, soweit dabei ihre Unabhängigkeit *und Objektivität* gewährleistet bleibt (siehe Ziffer 2.1).

2. Stellung der Internen Revision und Voraussetzungen für ihre Funktionsfähigkeit

2.1 Stellung der Internen Revision

(1) Die Interne Revision ist eine von den zu prüfenden Organisationseinheiten und Prozessen unabhängige Einrichtung. Sie ist organisatorisch selbstständig. Ihre Aufgaben hat sie

selbstständig, unabhängig *und objektiv* wahrzunehmen. *D. h., Revisoren dürfen nicht an Prüfungen oder Beratungstätigkeiten teilnehmen, bei denen ihre Objektivität durch besondere Umstände beeinträchtigt sein könnte (z. B. Prüfungen, bei denen der Ehepartner bzw. Lebensgefährte oder eine nahe verwandte oder verschwägerte Person im geprüften Bereich tätig ist). Diese oder weitere Beeinträchtigungen ihrer Objektivität und/oder Unabhängigkeit bei der Prüfungstätigkeit sind dem Leiter der Revision unverzüglich zu berichten.*

(2) Die Interne Revision ist ein Instrument des gesamten Vorstands *und des Überwachungsorgans bzw. seines Prüfungsausschusses und diesen* berichtspflichtig.[2] *Administrativer* Vorgesetzter des Leiters der Internen Revision ist der Vorstandsvorsitzende; *funktional ist die Interne Revision dem Prüfungsausschuss zugeordnet*. Bei der Berichterstattung und der Wertung der Prüfungsergebnisse ist die Interne Revision keinen Weisungen unterworfen.

(3) Gegenüber anderen Organisationseinheiten und Mitarbeitern hat die Interne Revision kein Weisungsrecht.

(4) Die Wahrnehmung von Geschäftsführungs- und Vertretungsbefugnissen einschließlich der Unterstellung von Abteilungen des Betriebes (Leitungsverantwortung) ist unzulässig.

(5) Die in der Internen Revision beschäftigten Mitarbeiter dürfen grundsätzlich nicht mit revisionsfremden Aufgaben betraut werden. Auf keinen Fall dürfen sie Aufgaben wahrnehmen, die mit der Prüfungstätigkeit nicht im Einklang stehen.

(6) Mitarbeiter, die in anderen Abteilungen der Sparkasse beschäftigt sind, dürfen grundsätzlich nicht mit Aufgaben der Internen Revision betraut werden. In begründeten Einzelfällen können andere Mitarbeiter auf Grund ihres Spezialwissens zeitweise für die Interne Revision tätig werden.

2.2 Grundlagen für die Interne Revision

(1) Grundlage für die Tätigkeit der Internen Revision sind die geschäftspolitischen Grundsätze, Ziele und Strategien der Sparkasse.

(2) Die für die Interne Revision geltenden einschlägigen fachlichen Normen und Standards sind zu beachten, *insbesondere die für ihre berufliche Praxis benötigten nationalen und internationalen Standards des Deutschen Instituts für Interne Revision (DIIR) und des Institute of Internal Auditors (IIA)*. Daneben sind die Mindestanforderungen an das Risikomanagement der Bundesanstalt für Finanzdienstleistungsaufsicht sowie die darüber hinausgehenden speziellen aufsichtsbehördlichen Regelungen zur Internen Revision zu berücksichtigen.

(3) Die Mitarbeiter der Internen Revision haben ihre Tätigkeit unabhängig, unbefangen, verschwiegen und gewissenhaft auszuüben. *Sie sollten die berufsüblichen Verhaltensregeln des Deutschen Instituts für Interne Revision e. V. (DIIR) für prüfende Berufe („Berufsethik") beachten.*

---

2) Es wird im Folgenden unterstellt, dass ein unabhängiger Prüfungsausschusses eingerichtet wurde. Folgt ein Kreditinstitut dieser Empfehlung nicht, so sollte die Abweichung im handelsrechtlichen Anhang als sonstige Pflichtangaben gemäß § 285 Nr. 9 und 10 HGB sowie im Lagebericht nach § 289 HGB erklärt werden („comply or explain").

2.3 Informationsrechte der Internen Revision

(1) Die Interne Revision hat zur Wahrnehmung ihrer Aufgaben ein vollständiges und uneingeschränktes Informationsrecht. Dieses Recht ist jederzeit zu gewährleisten. Die Mitarbeiter des Instituts haben der Internen Revision auf Verlangen insoweit unverzüglich Auskunft zu erteilen, Einblick und Unterstützung zu gewähren, die notwendigen Unterlagen zur Verfügung zu stellen und ihr Wertsachen und sonstige Gegenstände zu zeigen sowie Fächer und andere Gelasse zu öffnen.

(2) Ferner sind der Internen Revision unaufgefordert und umgehend Informationen zur Verfügung zu stellen, die sie für die Wahrnehmung ihrer Aufgaben benötigt. Dazu gehören insbesondere:

- Weisungen und Beschlüsse der Organe der Sparkasse, die für sie von Bedeutung sein können,
- Änderungen der Aufbau- und Ablauforganisation sowie der Risikosteuerungs- und -controllingprozesse,
- Planungen von Projekten, Produkten und Vertriebswegen sowie Instrumenten der Unternehmenssteuerung,
- Reports aus den zur Beurteilung der Vermögens-, Liquiditäts- und Rentabilitäts- sowie Risikolage des Kreditinstituts eingesetzten Steuerungsinstrumenten.

(3) Daneben besteht eine Informationspflicht aller Organisationseinheiten an die Interne Revision, wenn nach ihrer Einschätzung

- unter Risikogesichtspunkten relevante Mängel zu erkennen oder
- bedeutende Schäden aufgetreten sind oder
- ein konkreter Verdacht oder Anzeichen auf Unregelmäßigkeiten bestehen.

2.4 Informationspflichten der Internen Revision

(1) Die Interne Revision hat sich, unabhängig von den Informationspflichten anderer Organisationseinheiten, die für ihre Arbeit erforderlichen Informationen zu besorgen.

(2) Die Interne Revision hat die Pflicht, Informationen, die ihr bekannt werden, anderen Organisationseinheiten zur Verfügung zu stellen, wenn diese sie für ihre Arbeit benötigen.

(3) Über die der Internen Revision bekannt gewordenen wesentlichen Unregelmäßigkeiten, Vorkommnisse und Arbeitsrückstände sowie andere für das Institut bedeutsame Beobachtungen hat sie den Vorstand *und den Vorsitzenden des Prüfungsausschusses* unverzüglich zu unterrichten.

(4) Der Leiter der Internen Revision hat den Vorstand *und den Vorsitzenden des Prüfungsausschusses* zu unterrichten, wenn die Interne Revision ihren Aufgaben nicht nachkommen kann.

2.5 Qualifikation der Mitarbeiter

(1) Die Mitarbeiter der Internen Revision müssen über ausreichende Kenntnisse der zu prüfenden Bereiche verfügen sowie ein aktuelles revisionsspezifisches Wissen und ausrei-

chende Erfahrungen haben. *Es wird ferner vorausgesetzt, dass die nationalen und internationalen berufsüblichen Standards, insbesondere des DIIR und IIA, bekannt sind und auch angewandt werden.*

(2) Die Qualifikation der Mitarbeiter ist durch planmäßige Entwicklungsmaßnahmen zu fördern.

3. Arbeitsweise der Internen Revision

3.1 Allgemeine Grundsätze

(1) Die Prüfungstätigkeit der Internen Revision richtet sich nach einem vom Leiter der Internen Revision erstellten und vom *Prüfungsausschuss* genehmigten Prüfungsplan. Dabei muss sichergestellt sein, dass kurzfristig notwendige Sonderprüfungen – z. B. anlässlich deutlich gewordener Mängel oder bestimmter Informationsbedürfnisse – jederzeit durchgeführt werden können.

(2) Der Prüfungsplan darf den übrigen Mitarbeitern des Kreditinstituts nicht bekannt gegeben werden.

(3) Die Prüfungen sind im Allgemeinen risikoorientiert durchzuführen. Art, Umfang, Häufigkeit und Methoden der Prüfung müssen gewährleisten, dass die Prüfungsergebnisse über den Grad der Ordnungsmäßigkeit und Zweckmäßigkeit innerhalb des jeweiligen Prüfungsgebiets Aufschluss geben. Erforderlichenfalls sind die Prüfungshandlungen nach Abstimmung mit dem Leiter der Internen Revision auch über den im Prüfungsplan festgelegten Rahmen hinaus auszudehnen.

(4) Die Prüfungsplanung, -methoden und -qualität sind laufend zu überprüfen und weiterzuentwickeln.

(5) Die Interne Revision sollte bei wesentlichen Projekten begleitend tätig sein. Bei projektbegleitenden Prüfungen (ex ante-Prüfungen) und bei Beratungstätigkeiten hat die Interne Revision jeweils sicherzustellen, dass ihre Unabhängigkeit gewahrt bleibt und jegliche Interessenkonflikte vermieden werden. Näheres hierzu regelt das Revisionshandbuch.

3.2 Prüfungsplanung

(1) Die Prüfungsplanung hat risikoorientiert zu erfolgen. Art, Umfang, Komplexität und Risikogehalt der Geschäftsaktivitäten sowie die Organisations- und Projektplanungen des Instituts sind dabei zu berücksichtigen. Der Prüfungsplan ist jährlich fortzuschreiben *und, sofern unter Risikoaspekten notwendig, auch im Laufe des Jahres anzupassen*. Für einen Zeitraum von mindestens drei Jahren ist ein rollierender Rahmenplan aufzustellen.

(2) Die Aktivitäten und Prozesse sind, auch wenn diese ausgelagert sind, in angemessenen Abständen, grundsätzlich innerhalb von *vier* Jahren, zu prüfen. Ein darüber hinausgehender Prüfungsturnus *von fünf Jahren* ist zulässig, wenn dies unter Risikoaspekten vertretbar ist. Wenn besondere Risiken bestehen, ist jährlich zu prüfen.

(3) Die Prüfungsplanung ist ausreichend zu dokumentieren. Insbesondere sind festzuhalten:

- Katalog aller für das Kreditinstitut relevanten Prüffelder (Prüfungs-Soll als Gesamtaufgabe der Internen Revision),
- Risikokategorie der Prüffelder,
- Grundlagen für die Risikoeinstufung,
- Prüfungsturnus,
- Verteilung der Prüffelder auf die einzelnen Geschäftsjahre,
- Zielsetzung der Prüfung,
- Prüfungsart,
- geplante Prüfungstage (für den aktuellen Jahresplan).

(4) Die Einhaltung des Prüfungsplans ist laufend zu überwachen. Dieser ist permanent anzupassen. Wesentliche Anpassungen sind vom *Prüfungsausschuss* zu genehmigen.

3.3 Prüfungsdurchführung

(1) Die Prüfungen sind mit einer kritischen Grundhaltung zu planen und durchzuführen.

(2) Jede Prüfung erfordert eine angemessene Vorbereitung. Dazu gehören:

- Konkretisierung der Prüfungsziele,
- Festlegung der Prüfungszeit und der Prüfer (Auftragserteilung),
- Bereitstellung und Analyse notwendiger Informationen,
- Einschätzung des Fehlerrisikos,
- Festlegung der Prüfungsstrategie und des Prüfungsprogramms.

(3) Die Prüfungsdurchführung umfasst das Prüfen, Feststellen und Bewerten der relevanten Sachverhalte. Art und Umfang der Prüfungshandlungen sowie die Prüfungsmethode sind auf das jeweilige Prüfungsziel auszurichten. Die Prüfungshandlungen sind mit der erforderlichen Sorgfalt so zu bestimmen, dass unter Beachtung des Grundsatzes der Wesentlichkeit eine fachgerechte Beurteilung des Prüfungsgegenstandes gewährleistet ist. Im Vertrauen auf andere Mitarbeiter dürfen Prüfungshandlungen nicht unterlassen werden.

(4) Die Prüfungshandlungen sind grundsätzlich nur so weit auszudehnen, wie es zur Erreichung des Prüfungszieles erforderlich ist. Umgekehrt können festgestellte Mängel unter Umständen eine Ausweitung bzw. Neuausrichtung der Prüfung erfordern.

(5) Bei der Durchführung der Prüfungen hat sich die Interne Revision effektiver und zeitgemäßer Instrumente und Hilfsmittel zu bedienen.

(6) Die Prüfungsergebnisse sind mit dem für den geprüften Bereich Zuständigen zu besprechen.

3.4 Arbeitsunterlagen

(1) Die Prüfungen sind durch Arbeitsunterlagen zu dokumentieren. Aus ihnen müssen die durchgeführten Arbeiten sowie die festgestellten Mängel und Schlussfolgerungen für sachverständige Dritte nachvollziehbar hervorgehen. Das Prüfungsergebnis muss sich vollständig aus den Arbeitsunterlagen ableiten lassen. Bei einer Stichprobenprüfung muss anhand der Ar-

beitsunterlagen die Art und Weise der Stichprobenauswahl sowie der Umfang der Stichprobe ersichtlich sein.

(2) Das Erfordernis der Dokumentation gilt auch für projektbegleitende Prüfungen.

(3) Für die Führung von Arbeitsunterlagen sind Richtlinien aufzustellen.

(4) Arbeitsunterlagen sind sechs Jahre aufzubewahren.

3.5 Revisionsberichte

(1) Über jede Prüfung muss die Interne Revision zeitnah einen schriftlichen Bericht anfertigen. Der Prüfungsbericht soll sich in kurzer, klarer und übersichtlicher Form auf das Wesentliche beschränken. Er muss insbesondere enthalten:

- eine Darstellung des Prüfungsgegenstandes und der Prüfungsfeststellungen, ggf. einschließlich der vorgesehenen Maßnahmen,
- eine Beurteilung der Prüfungsergebnisse und schlüssige Ableitung des Prüfungsurteils,
- gegebenenfalls Empfehlungen für zweckentsprechende Änderungen,
- einen Hinweis auf die Besprechung des Prüfungsergebnisses einschließlich einer Aussage, ob hinsichtlich der zur Erledigung der Feststellungen zu ergreifenden Maßnahmen Einigkeit zwischen geprüfter Organisationseinheit und Interne Revision besteht.

(2) Besonders herauszustellen sind wesentliche Mängel sowie Gefahren und Risiken für das Kreditinstitut.

(3) Eine zusammenfassende Beurteilung der Prüfungsergebnisse ist in Form einer in sich geschlossenen Darstellung unmittelbar an den Beginn des Prüfungsberichts zu stellen.

(4) Prüfungsfeststellungen von geringerer Bedeutung können in Anlagen zum Prüfungsbericht aufgenommen werden.

(5) Die Interne Revision hat zeitnah einen Gesamtbericht über die von ihr im Laufe des Geschäftsjahres durchgeführten Prüfungen zu verfassen und zeitnah allen Mitgliedern des Vorstands *sowie des Aufsichtsorgans bzw. des Prüfungsausschusses* vorzulegen. Der Gesamtbericht muss darlegen, ob und inwieweit die Vorgaben des Prüfungsplans eingehalten wurden.

(6) Der Gesamtbericht ist darüber hinaus mit den Mitgliedern des Prüfungsausschusses vorstandsunabhängig zu erörtern.

(7) Die Revisionsberichte sind sechs Jahre aufzubewahren.

3.6 Berichtsempfänger

(1) Die Prüfungsberichte sind grundsätzlich den fachlich zuständigen Vorstandsmitgliedern vorzulegen. Bei schwerwiegenden Mängeln muss der Bericht unverzüglich allen Mitgliedern des Vorstands *und des Überwachungsorgans bzw. seinem Prüfungsausschuss* vorgelegt werden. *Prüfungsberichte mit wesentlichen Feststellungen, insbesondere solche, die das Risikomanagement für wesentliche Risiken betreffen, sind auch dem Prüfungsausschuss vorzulegen und bei Bedarf vom Leiter der Internen Revision dem Prüfungsausschuss und eventuell dem Überwachungsorgan vorstandsunabhängig zu erläutern. Näheres hierzu regelt die Informationsordnung. Darüber hinaus hat das Überwachungsorgan bzw. sein Prüfungsausschuss das Recht, in alle Prüfungsberichte Einsicht zu nehmen. Diese sind mit*

dem Leiter der Internen Revision vorstandsunabhängig zu erörtern. Näheres hierzu regelt die Informationsordnung.

(2) Daneben ist der Prüfungsbericht der geprüften Organisationseinheit zuzuleiten. Besteht hinsichtlich der zur Erledigung der Prüfungsfeststellungen zu ergreifenden Maßnahmen keine Einigkeit zwischen geprüfter Organisationseinheit und Interne Revision, so ist von der geprüften Organisationseinheit eine Stellungnahme abzugeben.

3.7 Erweiterte Berichtspflichten der Internen Revision

(1) Gefahren und Risiken für das Kreditinstitut, die im Verlaufe einer Prüfung bekannt werden, sind allen Vorstandsmitgliedern *und dem Vorsitzenden des Prüfungsausschusses* unverzüglich schriftlich mitzuteilen.

(2) Ergeben sich im Rahmen der Prüfungen schwerwiegende Feststellungen gegen Mitglieder des Vorstands, so ist dem gesamten Vorstand unverzüglich schriftlich Bericht zu erstatten. Dieser hat unverzüglich den Vorsitzenden des Verwaltungsrates schriftlich zu informieren. Kommt der Vorstand seiner Berichtspflicht nicht nach oder beschließt er keine sachgerechten Maßnahmen, so hat der Leiter der Internen Revision den Vorsitzenden des Verwaltungsrates schriftlich zu unterrichten.

3.8 Rederecht der Internen Revision

Der Leiter der Internen Revision hat ein vorstandsunabhängiges Rederecht gegenüber dem Aufsichtsorgan und seinem Prüfungsausschuss. Der Leiter der Internen Revision sollte den Vorsitzenden der Geschäftsführung über den Gesprächstermin und die wesentlichen Inhalte informieren.

3.9 Überwachung der Erledigung der Prüfungsfeststellungen

(1) Die Interne Revision hat die fristgerechte Beseitigung der bei der Prüfung festgestellten Mängel in geeigneter Form zu überwachen. Zeitraum und Intensität der Überwachung sind abhängig von der Bedeutung der Mängel.

(2) Bei der Erledigung der Prüfungsfeststellungen ist im Grundsatz folgende Vorgehensweise zu beachten:

- Bestimmung eines Verantwortlichen durch den für die geprüfte Organisationseinheit Zuständigen,
- gegebenenfalls weitere Konkretisierung der vorgesehenen Maßnahmen,
- Festsetzung angemessener Fristen,
- Information der Internen Revision über die erfolgte Beseitigung der Mängel bzw. Umsetzung der Maßnahmen,
- Terminüberwachung durch die Interne Revision (Wiedervorlage),
- Beurteilung der getroffenen Maßnahmen bzw. Wertung der Erledigungsmeldungen (Vermerke, Berichte, Anweisungen etc.),
- gegebenenfalls erneute Prüfung der Sachverhalte (Nachschauprüfung).

(3) Werden die wesentlichen Mängel nicht in einer angemessenen Zeit (Ablauf des zweiten vereinbarten Termins) beseitigt, so hat der Leiter der Internen Revision darüber zunächst das fachlich zuständige Vorstandsmitglied schriftlich zu informieren. Über die wesentlichen Mängel und die ergriffenen Maßnahmen ist grundsätzlich zu berichten. Unterbleibt die Mängelbeseitigung auch nach dem dritten vereinbarten Termin, so ist der Vorstand *und der Prüfungsausschuss* spätestens im Rahmen des nächsten Gesamt- *oder Halbjahres*berichts schriftlich über die noch nicht beseitigten Mängel zu unterrichten. *Darüber hinaus sind nicht erledigte Prüfungsfeststellungen unterhalb der Kategorie „wesentlicher Mangel" nach Ablauf des dritten vereinbarten Termins ebenfalls in den Jahres- und Halbjahresbericht aufzunehmen und dem Vorstand sowie dem Prüfungsausschuss zu berichten.*

4. Qualitätssicherung

(1) Der Leiter der Internen Revision ist dafür verantwortlich, dass die Interne Revision ihre Aufgaben fachgerecht und entsprechend der Zielsetzungen erfüllt. Zu diesem Zwecke sind geeignete Maßnahmen im Sinne einer Qualitätssicherung vorzusehen. Die Qualitätssicherungsmaßnahmen müssen sich auf die Organisation der Internen Revision und auf die Abwicklung der einzelnen Prüfungsaufträge erstrecken.

(2) Die Grundsätze und Verfahren der Qualitätssicherung sind in Richtlinien zu dokumentieren. Die einzelnen Qualitätssicherungsmaßnahmen sind aktenkundig zu machen.

5. Ausgelagerte Bereiche des Kreditinstituts

(1) Für die Überwachung von Aktivitäten und Prozessen, die auf andere Unternehmen ausgelagert sind, gelten die gleichen Anforderungen wie für interne Aktivitäten und Prozesse. Sie sind grundsätzlich in die Prüfungstätigkeit der Internen Revision und in die Planung der Prüfungszeiträume einzubeziehen.

(2) Sofern das Auslagerungsunternehmen über eine eigene Interne Revision verfügt und diese die Überwachungsaufgaben im Sinne des Kreditinstituts wahrnimmt, ist ihre Funktionsfähigkeit regelmäßig zu beurteilen. Dies kann durch einen externen Prüfer erfolgen. Seine Prüfungsergebnisse sind bei den Überwachungsmaßnahmen der Internen Revision zu berücksichtigen.

(3) Die Überwachung der ausgelagerten Bereiche wird im Allgemeinen von der Internen Revision des Mehrmandantendienstleisters wahrgenommen. Deren Funktionsfähigkeit wird regelmäßig von dem Abschlussprüfer des Kreditinstituts bzw. vom Abschlussprüfer des Mehrmandantendienstleisters beurteilt. Insoweit ist die Interne Revision des Kreditinstituts von eigenen Prüfungshandlungen in den ausgelagerten Bereichen befreit. Unabhängig davon hat sie sich jedoch regelmäßig über die Tätigkeit der Internen Revision des Mehrmandantendienstleisters zu informieren.

6. Unterstützung der Internen Revision durch Externe

(1) Der Leiter der Internen Revision kann in einzelnen Fällen externe Personen oder Einrichtungen zur Unterstützung der Revisionstätigkeit hinzuziehen. Dies bedarf der Ge-

nehmigung des *Vorsitzenden des Prüfungsausschusses und des* zuständigen Vorstandsmitglieds. Art und Umfang der Unterstützung sind in schriftlicher Form vertraglich zu regeln.

(2) Die Verantwortung für das Ergebnis und die Verwendung der externen Leistung bleibt beim Leiter der Internen Revision.

7. Interne Revision und Abschlussprüfer

Die Interne Revision unterstützt den jeweils zuständigen Abschlussprüfer.

B) Beispiel einer Gliederung für ein Revisionshandbuch

1. Rahmenbedingungen und Ziele

2. Organisation der Internen Revision

2.1 Stellung der Internen Revision

2.2 Organisationsstruktur

2.3 Aufgaben der Internen Revision

2.4 Berufsethik

2.5 Informationsrechte und -pflichten

3. Anforderungen an den Revisionsprozess

3.1 Prüfungsplanung

3.1.1 Ein-/Mehrjahresplanung

3.1.2 Planung einzelner Prüfungsaufträge

3.2 Prüfungsdurchführung

3.2.1 Systemprüfungen bzw. prozessorientierter Prüfungsansatz

3.2.2 Funktionsprüfungen

3.2.3 Prüfungsmethoden

3.2.4 Engagementprüfungen der Kreditrevision

3.2.5 Arbeitsunterlagen

3.3 Projektbegleitende Prüfungen

3.4 Beratungstätigkeiten

3.5 Berichterstattung

3.6 Follow-up

3.7 Eskalationsprozess

3.8 Aufbewahrung

4. Risikomatrix

4.1 Systembeschreibung

4.2 Wertung der Felder und Bestimmung des Prüfungsturnus

5. Qualitätssicherung

5.1 Allgemeine Grundlagen

5.2 Auftragsdurchführung

5.3 Berichtskritik

5.4 Externe Qualitätssicherung

5.5 Revisionsmanager

6. Zugang zu den Arbeitsunterlagen

7. Personal

8. Ausgelagerte Bereiche

9. Unterstützung der Internen Revision durch Externe

10. Interne Revision und Abschlussprüfer

11. Sonstiges

Anlagen

Literaturverzeichnis

A

A.T. Kearney (2004): A.T. Kearney, Inc.: ***How Corporate Boards (Should) Work: Perspectives on the 2004 Corporate Governance Effectiveness Survey***, verfügbar unter: www.atkearney.com/shared_res/pdf/Corporate_Boards_S.pdf (abgerufen am: 15.03.2007).

Abendroth (2005): Sören S. Abendroth: ***Bankenrevision - Entwicklungen und Herausforderungen für die Überwachung***, zugl.: Lüneburg, Univ., Diss., Erich Schmidt, Berlin, 2005.

Adam (1987): Jürgen Adam: ***Eigentumsstruktur und Unternehmenseffizienz***, Schäuble, Rheinfelden, 1987.

Adams (1985): Michael Adams: ***Ökonomische Analyse der Gefährdungs- und Verschuldenshaftung***, v. Decker, Heidelberg, 1985.

Adams (1991): Michael Adams: ***Eigentum, Kontrolle und Beschränkte Haftung***, Nomos, Baden-Baden, 1991.

Adams/Ferreira (2005): Renée B. Adams, Daniel Ferreira: ***A Theory of Friendly Boards***, ECGI, Working Paper No. 100/2005, Oktober 2005, verfügbar unter: http://ssrn.com/abstract_id=453960 (abgerufen am: 15.04.2007).

Adams/Mehran (2003): Renée Adams, Hamid Mehran: ***Is Corporate Governance Different For Bank Holding Companies?***, Federal Reserve Bank of New York, Economic Policy Review, Vol. 9, No. 1, April 2003, S. 123 - 142, verfügbar unter: www.newyorkfed.org/research/epr/03v09n1/0304adam.pdf (abgerufen am: 03.04.2008).

Adelberg (1975): Arthur H. Adelberg: ***Auditing on the March: Ancient Times to the Twentieth Century***, wieder abgedruckt in: Andrew D. Chambers (Hrsg.): Internal Auditing, S. 3 - 15, Dartmouth, Aldershot, 1975.

Aguilera (2005): Ruth V. Aguilera: ***Corporate Governance***, in: Jens Beckert, Milan Zafiroski (Hrsg.): International Encyclopedia of Economic Sociology, verfügbar unter: http://ssrn.com/abstract=611022 (abgerufen am: 02.12.2006).

Aguilera/Jackson (2003): Ruth V. Aguilera, Gregory Jackson: ***The cross-national diversity of corporate governance: dimensions and determinants***, Academy of Management Review, Vol. 28, No. 3, 2003, S. 447 - 465.

AK Basel II (2005): Bundesanstalt für Finanzdienstleistungsaufsicht (BaFin): Arbeitskreis "Umsetzung Basel II": ***Protokoll der 9. Sitzung am 21.09.2005 im Hause des BVR in Bonn***, Dezember 2005, GZ: BA 15 - GS 4031 - 2004/0001, verfügbar unter: www.bafin.de/cln_116/nn_722564/SharedDocs/Downloads/DE/Unternehmen/BankenFinanzdienstleister/ArbeitskreisBA/protokoll_051223,templateId=raw,property=publicationFile.pdf/protokoll_051223.pdf (abgerufen am: 02.12.2007).

AKEIÜ - 8. EU-Richtlinie (2007): Arbeitskreis Externe und Interne Überwachung der Unternehmung der Schmalenbach-Gesellschaft für Betriebswirtschaft e.V. (AKEIÜ): ***Der Prüfungsausschuss nach der 8. EU-Richtlinie: Thesen zur Umsetzung in deutsches Recht***, Der Betrieb, DB vom 28.09.2007, Heft 39, S. 2129 - 2133.

AKEIÜ (2006a): Arbeitskreis Externe und Interne Überwachung der Unternehmung der Schmalenbach-Gesellschaft für Betriebswirtschaft e.V. (AKEIÜ): ***Best Practice für die Interne Revision***, Der Betrieb, DB vom 04.08.2006, Heft 5, 2006, S. 225 - 229.

AKEIÜ (2006b): Arbeitskreis Externe und Interne Überwachung der Unternehmung der Schmalenbach-Gesellschaft für Betriebswirtschaft e.V. (AKEIÜ): ***Best Practice des Aufsichtsrats der AG - Empfehlung zur Verbesserung der Effektivität und Effizienz der Aufsichtsratstätigkeit***, Der Betrieb, DB vom 04.08.2006, Heft 31, 2006, S. 1625 - 1632.

Akerlof (1970): George A. Akerlof: ***The Market for "Lemons": Quality, Uncertainty and the Market Mechanism***, Quarterly Journal of Economics, Vol. 84, 1970, S. 488 – 500.

Albert (2007): Anja Albert: ***Bankenaufsichtliche Regulierung des Liquiditätsrisikomanagements***, in: Stefan Zeranski (Hrsg.): Ertragsorientiertes Liquiditätsrisikomanagement, S. 5 - 55, Finanz Colloquium Heidelberg, Heidelberg, 2007.

Alchian (1984): Armen A. Alchian: ***Specifity, Specialisation, and Coalitions***, Journal of Institutional and Theoretical Economics, Band 140/1, 1984, S. 34 - 49.

Alchian/Demsetz (1972): Armen A. Alchian, Harold Demsetz: ***Production, Information Costs, and Economic Organization***, The American Economic Review, Vol. 62, No. 5, 1972, S. 777 - 795.

Alchian/Woodward (1987): Armen A. Alchian, Susan E. Woodward: ***Reflections in the Theory of the Firm***, Journal of Institutional and Theoretical Economics, Band 143/1, 1987, S. 110 - 134.

Allen (2006): Bob Allen: ***Basel II Internal affairs***, RISK -LONDON- RISK MAGAZINE LIMITED, Vol. 19, No. 6, 2006, S. 45 - 49.

Allen/Gale (2001): Franklin Allen, Douglas Gale: ***Comparative Financial Systems: A Survey***, April 2001, verfügbar unter: *www.econ.nyu.edu/user/galed/papers/ paper01-04-01.pdf* (abgerufen am: 30.05.2007).

Amling/Bantleon (2007): Thomas Amling, Ulrich Bantleon: ***Handbuch der Internen Revision - Grundlagen, Standards, Berufsstand***, Erich Schmidt, Berlin, 2007.

Amling/Bischof (1999): Thomas Amling, Stefan Bischof: ***KonTraG und Interne Revision - unter besonderer Berücksichtigung der Internationalisierung des Berufsstandes***, Zeitschrift Interne Revision, 34. Jhg., Heft 2a/1999, S. 44 - 60.

Anner/Cerveny (2008): Alfred Anner, Frank Cerveny: ***Trends auf den europäischen Verbriefungsmärkten seit Ausbruch der (Subprime-) Krise***, Zeitschrift für das gesamte Kreditwesen, 61. Jhg., Heft 18/2008, S. 901 - 905.

Antle (1982): Rick Antle: ***The Auditor as an Economic Agent***, Journal of Accounting Research, Vol. 20, No. 2 Part II Autumn, 1982, S. 503 - 527.

Ashby (2005): Seth W. Ashby: ***Strengthening the Public Company Board of Directors: Limited Shareholder Access to the Corporate Ballot vs. Required Majority Board Independence***, University of Illinois Law Review, Vol. 2005, No. 2, S. 521 - 572, verfügbar unter: *http://home.law.uiuc.edu/lrev/publications/2000s/2005/2005_2/Ashby.pdf* (abgerufen am: 15.05.2007).

Aufderheide (1995): Detlef Aufderheide: ***Unternehmer, Ethos und Ökonomik: Moral und unternehmerischer Gewinn aus der Sicht der neuen Institutionenökonomik***, zugl.: Münster (Westfalen), Univ., Diss., Duncker & Humblot, Berlin, 1995.

Aulibauer/Göbel (2008): Alexander Aulibauer, Ralf Göbel: ***Effizientes Liquiditätsmanagement unter Berücksichtigung eines Finanzverbundes***, in: Peter Bartetzky, Walter Gruber, Carsten S. Wehn (Hrsg.): Handbuch Liquiditätsrisiko - Identifikation, Messung und Steuerung, S. 279 - 303, Schäffer-Poeschel, Stuttgart, 2008.

Axarlis (2004): Christopher Axarlis: ***Finanzmarktregulierung in den USA: Theorie und Praxis***, DB Research: Finanzmarkt Spezial, Nr. 16, August 2004, verfügbar unter: *www.dbresearch.de/PROD/DBR_INTERNET_DE-PROD7PROD000000 0000178088.pdf* (abgerufen am: 19.07.2008).

B

Baetge (1990): Jörg Baetge: ***Überwachung***, in: Michael Bitz et al. (Hrsg.): Vahlens Kompendium der Betriebswirtschaftslehre, S. 165 - 208, Franz Vahlen, München, 1990.

Baetge et al. (1994): Jörg Baetge, Peter Roß, Carsten Uthoff: ***Ziele und Aufgaben der Revision in Kreditinstituten***, in: Wissenschaftsförderung der Sparkassenorganisation e.V. (Hrsg.): Aktuelle Schwerpunktaufgaben der Revisionstätigkeit, S. 9 - 47, Deutscher Sparkassenverlag, Stuttgart, 1994.

Baetge/Oberdörster (2007): Jörg Baetge, Tatjana Oberdörster: ***Prüfungstheorie, kybernetischer Ansatz***, in: Carl-Christian Freidank, Laurenz Lachnit, Jörg Tesch (Hrsg.): Vahlens Großes Auditing Lexikon, S. 1113 - 1116, Franz Vahlen, München, 2007.

BaFin - AufsichtsRL (2008): Bundesanstalt für Finanzdienstleistungsaufsicht: ***Aufsichtsrichtlinie - Richtlinie zur Durchführung und Qualitätssicherung der laufenden Überwachung der Kredit- und Finanzdienstleistungsinstitute durch die Deutsche Bundesbank (AufsichtsRL)***, verfügbar unter: *www.bafin.de/cln_011/nn_722564/SharedDocs/Aufsichtsrecht/DE/Richtlinien/rl__080221__aufsichtsrichtlinie.html* (abgerufen am: 01.03.2008).

BaFin - MaRisk (2005): Bundesanstalt für Finanzdienstleistungsaufsicht: ***Mindestanforderungen an das Risikomanagement***, RS 18/2005 (BA), 20.12.2005, verfügbar unter: *www.bafin.de/rundschreiben/89_2005/051220.htm* (abgerufen am: 06.08.2006).

BaFin - MaRisk (2007): Bundesanstalt für Finanzdienstleistungsaufsicht: ***Mindestanforderungen an das Risikomanagement - MaRisk***, RS 5/2007 (BA) vom 30.10.2007, verfügbar unter: *www.bafin.de/cln_011/nn_721290/sid_4EACBB9157EC2ADED2A6B830A8F81A80/nsc_true/SharedDocs/Veroeffentlichungen/DE/Service/Rundschreiben/2007/rs__0705__ba.html?__nnn=true* (abgerufen am: 02.11.2007).

BaFin - MaRisk VA (2009): Bundesanstalt für Finanzdienstleistungsaufsicht (BaFin): ***Aufsichtsrechtliche Mindestanforderungen an das Risikomanagement (MaRisk VA)***, Rundschreiben 3/2009 (VA) vom 22.01.2009, verfügbar unter: *www.bafin.de/cln_116/nn_721290/SharedDocs/Veroeffentlichungen/DE/Service/Rundschreiben/2009/rs__0903__marisk__va.html?__nnn=true* (abgerufen am: 23.01.2009).

BaFin - Merkblatt (2008): Bundesanstalt für Finanzdienstleistungsaufsicht: ***Merkblatt - Voraussetzungen für die Erlaubnisfiktion im Anzeigeverfahren gemäß § 64j Abs. 2 KWG für das Factoring und das Finanzierungsleasing vom 23.12.2008***, verfügbar unter: *www.bafin.de/cln_109/nn_721290/SharedDocs/Veroeffentlichungen/DE/Service/Merkblaetter/mb_081223_erlaubnisfiktion_leasing_factoring.html?_nnn=true* (abgerufen am: 30.12.2008).

BaFin - Zinsänderung (2007): Bundesanstalt für Finanzdienstleistungsaufsicht: ***Zinsänderungsrisiken im Anlagebuch; Ermittlung der Auswirkungen einer plötzlichen und unerwarteten Zinsänderung***, RS 7/2007 (BA), 06.11.2007, verfügbar unter: *www.bafin.de/cln_116/nn_721290/SharedDocs/Veroeffent lichungen/DE/Service/Rundschreiben/2007/rs__0707_ba.html?__nnn=true* (abgerufen am: 06.02.2008).

BaFin (2004a): Bundesanstalt für Finanzdienstleistungsaufsicht: ***Entwicklung von Mindestanforderungen an das Risikomanagement (MaRisk)***, 15.04.2004, GZ: BA 14 - GS 8000 - 1/2004.

BaFin (2004b): Bundesanstalt für Finanzdienstleistungsaufsicht: ***Jahresbericht 2004***, Mai 2005, verfügbar unter: *www.bafin.de/cln_109/nn_722604/SharedDocs/Downloads/DE/Service/Jahresberichte/2004/jg_2004_gesamt,templateId=raw,property=publicationFile.pdf/jb_2004_gesamt.pdf* (abgerufen am: 12.12.2007).

BaFin (2005a): Bundesanstalt für Finanzdienstleistungsaufsicht: ***BaFin-Regeln zum Risikomanagement auf den Weg gebracht***, Pressemitteilung vom 03.02.2005, verfügbar unter:

www.bafin.de/cln_006/nn_722802/SharedDocs/Mitteilungen/DE/Service/PM__2005/pm__050203__mariskentw.html (abgerufen am: 03.02.2008).

BaFin (2005b): Bundesanstalt für Finanzdienstleistungsaufsicht: ***Entwurf über die "Mindestanforderungen an das Risikomanagement" (MaRisk)***, Schreiben vom 02.02.2005 (BA), BA 14 - GS 8000 - 1/2004, verfügbar unter: www.bundesbank.de/download/bankenaufsicht/pdf/marisk/20050202_anschreiben.pdf (abgerufen am: 02.02.2008).

BaFin (2005c): Bundesanstalt für Finanzdienstleistungsaufsicht: ***Veröffentlichung der Endfassung der MaRisk***, 20.12.2005, BA 17 - GS 5201 - 1/2005, verfügbar unter: www.bundesbank.de/download/bankenaufsicht/pdf/marisk/20051220.htm (abgerufen am: 02.02.2008).

Bafin (2005d): Bundesanstalt für Finanzdienstleistungsaufsicht: ***BaFin veröffentlicht neue Regelungen zum Risikomanagement***, Pressemitteilung vom 20.12.2005, verfügbar unter: www.bafin.de/cln_011/nn_722552/sid_DEF8AAA0A6A8C6AE9B81AEC0F233B32F/nsc_true/SharedDocs/Mitteilungen/DE/Service/PM__2005/pm__051220__mariskver_C3_B6ff.html?__nnn=true (abgerufen am: 20.02.2008).

BaFin (2008): Bundesanstalt für Finanzdienstleistungsaufsicht: ***BaFin und Bundesbank regeln Zusammenarbeit in der Bankenaufsicht neu***, BaFin-Journal 02/2008, Februar 2008, S. 3 - 4, verfügbar unter: www.bafin.de/cln_011/nn_722564/SharedDocs/Downloads/DE/Service/Mitteilungsblaetter/BaFinJournal/2008/bj__0208,templateId=raw,property=publicationFile.pdf/bj_0208.pdf (abgerufen am: 01.03.2008).

Bak (2006): Rudolf Bak: ***Audit Committee - Instrument der Unternehmensüberwachung des Verwaltungsrates: unter besonderer Berücksichtigung der Verhältnisse in den USA, Grossbritannien und der EU sowie im Gesamtzusammenhang mit der globalen Corporate Governance Diskussion***, zugl.: Zürich, Univ., Diss., 2006.

BaKred (2000): Bundesaufsichtsamt für das Kreditwesen: ***Jahresbericht 2000, Kapitel II - Internationale Entwicklungen und Zusammenarbeit***, S. 25 - 52, verfügbar unter: www.bafin.de/cln_109/nn_722604/SharedDocs/Down loads/DE/Service/Jahresberichte/Archiv_Bankenaufsicht/jb_00_ba,templateId=raw,property=_publicationFile.pdf/jb_00_ba.pdf (abgerufen am: 28.12.2007).

Bamberg/Coenenberg (2006): Günter Bamberg, Adolf G. Coenenberg: ***Betriebswirtschaftliche Entscheidungslehre***, Franz Vahlen, München, 2006.

Bandt/Hartmann (2000): Olivier de Bandt, Philipp Hartmann: ***Systemic Risk: A Survey***, European Central Bank, Working Paper No. 35, verfügbar unter: www.ecb.int/pub/pdf/scpwps/ecbwp035.pdf (abgerufen am: 10.03.2008).

Bantleon (2005): Ulrich Bantleon: ***Stellungnahme zum ersten Entwurf der Mindestanforderungen an das Risikomanagement (MaRisk)***, Mai 2005, verfügbar unter: www.bundesbank.de/download/bankenaufsicht/pdf/marisk_ba.pdf (abgerufen am: 10.12.2007).

Barker (2006): Roger M. Barker: ***Insiders, Outsiders, and Change in European Corporate Governance***, Paper presented at the Council for European Studies Conference, Chicago, März 2006, verfügbar unter: www.columbia.edu/cu/ces/conf/papers/Barker.pdf (abgerufen am: 15.10.2006).

Bartetzky (2008): Peter Bartetzky: ***Liquiditätsmanagement - Status quo***, in: Peter Bartetzky, Walter Gruber, Carsten S. Wehn (Hrsg.): Handbuch Liquiditätsrisiko - Identifikation, Messung und Steuerung, S. 1 - 27, Schäffer-Poeschel, Stuttgart, 2008.

Barth/Caprio/Levine (2002): James R. Barth, Gerard Caprio, Jr., Ross Levine: ***Bank Regulation and Supervision: What Works Best?***, Januar 2002, verfügbar unter: www.bis.org/bcbs/events/b2ealev.pdf (abgerufen am: 15.04.2008).

Barth/Caprio/Levine (2005): James R. Barth, Gerard Caprio, Jr., Ross Levine: ***The Microeconomic Effects of Different Approaches to Bank Supervision***, Juni 2005, verfügbar unter: *www.econ.brown.edu/fac/Ross_Levine/Publication/Forthcoming/Stanford_JBJCRL_micro.pdf* (abgerufen am: 17.04.2008).

Barth/Caprio/Levine (2007): James R. Barth, Gerard Caprio, Jr., Ross Levine: ***Re-assessing the Rationale and Practice of Bank Regulation and Supervision around the Globe***, Seminar on Current Developments in Monetary and Financial Law, Washington, D.C., Januar 2007, verfügbar unter: *www.imf.org/ external/np/seminars/eng/2006/ mfl/bcl.pdf* (abgerufen am: 25.04.2008).

Basel Committee - Compliance (2005): Basel Committee on Banking Supervision: ***Compliance and the compliance function in banks***, April 2005, verfügbar unter: *www.bis.org/publ/bcbs113.pdf?noframes=1* (abgerufen am: 09.12.2007).

Basel Committee - Compliance (2008): Basel Committee on Banking Supervision: ***Implementation of the compliance principles: A survey***, August 2008, verfügbar unter: *www.bis.org/publ/bcbs142.pdf?noframes=1* (abgerufen am: 10.12.2008).

Basel Committee - Credit Risk Concentration (2006): Basel Committee on Banking Supervision: ***Studies on credit risk concentration: An overview of the issues and a synopsis of the results from the Research Task Force project***, Working Paper No. 15, November 2006, verfügbar unter: *www.bis.org/publ/bcbs_wp15.pdf?noframes=1* (abgerufen am: 01.11.2008).

Basel Committee - Credit Risk Transfer (2008): Basel Committee on Banking Supervision: ***The Joint Forum: Credit Risk Transfer - Developments from 2005 to 2007***, Juli 2008, verfügbar unter: *www.bis.org/publ/joint21.pdf?noframes=1* (abgerufen am: 16.11.2008).

Basel Committee - Konsultation (2008a): Basel Committee on Banking Supervision: ***Consultative document: Proposed revision to Basel II market risk framework***, Juli 2008, verfügbar unter: *www.bundesbank.de/download/bankenaufsicht/pdf/bcbs140.pdf* (abgerufen am: 23.11.2008).

Basel Committee - Konsultation (2008b): Basel Committee on Banking Supervision: ***Consultative document: Guidelines for Computing Capital for Incremental Risk in the Trading Book***, Juli 2008, verfügbar unter: *www.bundesbank.de/download/bankenaufsicht/pdf/bcbs141.pdf* (abgerufen am: 23.11.2008).

Basel Committee - Kreditrisikomodelle (1999): Basel Committee on Banking Supervision: ***Credit Risk Modelling: Current Practices and Applications***, April 1999, verfügbar unter: *www.bis.org/publ/bcbs49.pdf?noframes=1* (abgerufen am: 15.11.2008).

Basel Committee - Validation (2005): Basel Committee on Banking Supervision: ***Studies on the Validation of Internal Rating Systems***, Mai 2005, verfügbar unter: *www.bis.org/publ/bcbs_wp14.pdf?noframes=1* (abgerufen am: 15.11.2007).

Basel Committee - Stress Testing (2009): Basel Committee on Banking Supervision: ***Principles for sound stress testing practices and supervision (Consultative Document)***, Januar 2009, verfügbar unter: *www.bis.org/publ/bcbs147.pdf?noframes=1* (abgerufen am: 07.01.2009).

Basel Committee (2002): Basel Committee on Banking Supervision: ***Supervisory Guidance on Dealing with Weak Banks***, März 2002, verfügbar unter: *www.bis.org/publ/bcbs88.pdf?noframes=1* (abgerufen am: 15.11.2007).

Basel Committee (2007): Basel Committee of Banking Supervision: ***History of the Basel Committee and its Membership***, Januar 2007, verfügbar unter: *www.bis.org/bcbs/history.pdf* (abgerufen am: 28.12.2007).

Basel Committee (2008): Basel Committee on Banking Supervision: ***Principles for Sound Liquidity Risk Management and Supervision***, September 2008, verfügbar unter: *www.bis.org/publ/bcbs144.pdf?noframes=1* (abgerufen am: 01.10.2008).

Basel I (1988): Ausschuss für Bankenbestimmungen und -überwachung: ***Internationale Konvergenz der Eigenkapitalmessung und Eigenkapitalanforderungen***, Juli 1988, verfügbar unter: *www.bis.org/publ/bcbs04ade.pdf* (abgerufen am: 28.12.2007).

Basel II (2004): Basler Ausschuss für Bankenaufsicht: ***Internationale Konvergenz der Eigenkapitalmessung und der Eigenkapitalanforderungen***, verfügbar unter: *www.bis.org/publ/bcbs107ger.htm* (abgerufen am: 30.11.2007).

Basler Ausschuss (1996): Basler Ausschuss für Bankenaufsicht: ***Änderung der Eigenkapitalvereinbarung zur Einbeziehung der Marktrisiken***, Januar 1996, verfügbar unter: *www.bis.org/publ/bcbs24ade.pdf* (abgerufen am: 28.12.2007).

Basler Ausschuss (1997): Basler Ausschuss für Bankenaufsicht: ***Grundsätze für eine wirksame Bankenaufsicht***, September 1997, verfügbar unter: *www.bis.org/publ/bcbs30ade.pdf* (abgerufen am: 08.12.2007).

Basler Ausschuss (2006a): Basler Ausschuss für Bankenaufsicht: ***Grundsätze für eine wirksame Bankenaufsicht***, Oktober 2006, verfügbar unter: *www.bis.org/publ/bcbs129ger.pdf* (abgerufen am: 15.09.2007).

Basler Ausschuss (2006b): Basler Ausschuss für Bankenaufsicht: ***Verbesserung der Unternehmensführung in Banken***, Deutsche Übersetzung der "Enhancing corporate governance for banking organisations", Februar 2006, verfügbar unter: *www.bis.org/publ/bcbs122de.pdf* (abgerufen am: 28.04.2008).

Bauer (2004): Helmut Bauer: ***Die Interne Revision als Gesprächspartner der Bankenaufsicht***, Referat zur 1. Plenarsitzung des IIR Forum Kreditinstitute am 11.10.2004 in Würzburg.

Baums (1993): Theodor Baums: ***Feindliche Übernahmen und Managementkontrolle - Anmerkungen aus deutscher Sicht***, Universität Osnabrück, Institut für Handels- und Wirtschaftsrecht, Arbeitspapier 1/93, verfügbar unter: *www.jura.uni-frankfurt.de/fb/fb01/ifawz1/baums/Bilder_und_Daten/Arbeitspapiere/paper4.pdf* (abgerufen am: 02.02.2007).

Baums (1994): Theodor Baums: ***Der Aufsichtsrat - nützlich, schädlich, überflüssig?***, Universität Osnabrück, Arbeitspapier 7/94.

Baums (1996): Theodor Baums: ***Corporate Governance Systems in Europe - Differences and Tendencies of Convergence - Crafoord Lecture***, Institut für Handels- und Wirtschaftsrecht Universität Osnabrück, Arbeitspapier 7/96, verfügbar unter: *www.jura.uni-frankfurt.de/ifawz1/baums/Bilder_und_Daten/Arbeitspapiere/a0896.pdf* (abgerufen am: 23.12.2006).

Baums (1998): Theodor Baums: ***Corporate Governance in Germany - System and Current Developments***, Johann Wolfgang Goethe-Universität, Institut für Bankrecht, Arbeitspapier Nr. 70, verfügbar unter: *www.jura.uni-frankfurt.de/ifawz1/baums/Bilder_und_Daten/Arbeitspapiere/paper70.pdf* (abgerufen am: 30.10.2008).

Baums (2001): Theodor Baums: ***Aktienrecht für globalisierte Kapitalmärkte***, Arbeitspapier des Institut für Bankrecht, Nr. 89, verfügbar unter: *http://publikationen.ub.uni-frankfurt.de/volltexte/2005/767/pdf/paper89.pdf* (abgerufen am: 03.11.2008).

Baums (2002): Theodor Baums: ***Corporate Governance: Aktuelle Entwicklungen***, Vortrag im Rahmen des Rechtspolitischen Kolloquiums der Universität Trier am 24.06.2002, Juni 2002, verfügbar unter: *www.irp.uni-trier.de/pdf/12_Baums.pdf* (abgerufen am: 12.06.2007).

Baums (2006): Theodor Baums: ***Aktuelle Entwicklungen im Europäischen Gesellschaftsrecht***, Working Paper, Nr. 57, Dezember 2006, verfügbar unter: www.ilf-frankfurt.de/uploads/media/ILF_WP_057.pdf (abgerufen am: 08.11.2008).

Baums (2008): Theodor Baums: ***Zur monistischen Verfassung der deutschen Aktiengesellschaft. Überlegungen de lege ferenda***, Working Papier, Nr. 88, Juli 2008, verfügbar unter: www.ilf-frankfurt.de/uploads/media/ILF_WP_088.pdf (abgerufen am: 09.11.2008).

Baums/Scott (2003): Theodor Baums, Kenneth E. Scott: ***Taking Shareholder Protection Seriously? Corporate Governance in the United States and Germany***, Institut für Bankrecht, Arbeitspapier Nr. 119, November 2003, verfügbar unter: http://publikationen.ub.uni-frankfurt.de/volltexte/2005/861/pdf/ILF_WP_016.pdf (abgerufen am: 30.10.2008).

BCG (2002): The Boston Consulting Group, Inc.: ***Making Sure Independent Doesn't Mean Ignorant***, Perspectives 10/02, #399, verfügbar unter: www.bcg.com/publications/publication_view.jsp?pubID=758&language=English (abgerufen am: 15.06.2007).

Bea/Göbel (2006): Franz Xaver Bea, Elisabeth Göbel: ***Organisation: Theorie und Gestaltung***, Lucius & Lucius, Stuttgart, 2006.

Bea/Scheurer (1994): Franz Xaver Bea, Steffen Scheurer: ***Die Kontrollfunktion des Aufsichtsrats***, Der Betrieb, DB vom 28.10.1994, Heft 43, S. 2145 - 2152.

Bebchuk (2001): Lucian A. Bebchuk: ***Rights and Liability Rules: The Ex Ante View of the Cathedral***, Harvard Law School, The Center for Law, Economics, and Business, Discussion Paper, No. 347, Dezember 2001, verfügbar unter: http://ssrn.com/abstract=301283 (abgerufen am: 23.03.2007).

Bebchuk et al. (2002): Lucian A. Bebchuk, Jesse M. Fried, David I. Walker: ***Managerial Power and Rent Extraction in the Design of Executive Compensation***, The University of Chicago Law Review, Vol. 69, 2002, S. 751 - 846.

Bebchuk/Roe (1999): Lucian A. Bebchuk, Mark J. Roe: ***A Theory of Path Dependence in Corporate Governance and Ownership***, Columbia Law School, The Center for Law and Economic Studies, Working Paper, No. 131, November 1999, verfügbar unter: www.law.harvard.edu/programs/olin_center/corporate_governance/papers/No266.99.Bebchuk-Roe.pdf (abgerufen am: 13.01.2007).

Becht et al. (2002): Marco Becht, Patrick Bolton, Ailsa Röell: ***Corporate Governance and Control***, ECGI Working Paper Series in Finance, No. 02/2002, September 2002, verfügbar unter: http://ssrn.com/ abstract_id=343461 (abgerufen am: 15.12.2006).

Bechtold/Papenfuß (2008): Hartmut Bechtold, Holger Papenfuß: ***Der deutsche Verbriefungsmarkt im Griff der Subprime-Krise***, Zeitschrift für das gesamte Kreditwesen, 61. Jhg., Heft 18/2008, S. 896 - 900.

Becker (2006): Axel Becker: ***Auswirkungen der MaRisk auf die Kreditrevision in Banken***, in: Axel Becker, Walter Gruber, Dirk Wohlert (Hrsg.): Handbuch MaRisk – Mindestanforderungen an das Risikomanagement in der Bankenpraxis, S. 667 - 689, Fritz Knapp, Frankfurt am Main, 2006.

Becker (2008): Axel Becker: ***Die Prüfung ökonomischer Kapitalkonzepte durch die Interne Revision***, in: Axel Becker, Volker Gehrmann, Hermann Schulte-Mattler (Hrsg.): Handbuch Ökonomisches Kapital, S. 125 - 153, Fritz Knapp, Frankfurt am Main, 2008.

Becker/Kastner (2007a): Axel Becker, Arno Kastner: ***Prüfung des Kreditgeschäfts durch die Interne Revision: Systemprüfungen - Internes Kontrollsystem - Kreditrisikosteuerung - Spezielle Geschäftsbereiche***, Erich Schmidt, Berlin, 2007.

Becker/Kastner (2007b): Axel Becker, Arno Kastner: ***Aufsichtsrecht für Prüfungen im Kreditgeschäft***, Fritz Knapp, Frankfurt am Main, 2007.

Becker/Gruber (2008): Axel Becker, Walter Gruber: ***Modernes Kreditpricing - Revisionsansätze***, Zeitschrift Interne Revision, 43. Jhg., Heft 5/2008, S. 224 - 231.

Becker/Ulrich (2008): Wolfgang Becker, Patrick Ulrich: ***Corporate Governance in mittelständischen Unternehmen***, ZCG, 3. Jhg., Heft 6/2008, S. 261 - 267.

Beetz (2005): Adrienne Beetz: ***Vergleich der deutschen Corporate Governance mit den Regelungen in den USA***, Forum: Neues Wirtschaftsrecht NWiR, Ausgabe 7, Frühjahr 2005, verfügbar unter: *www.nwir.de/archiv/NWIR%207/CorporateGov.pdf* (abgerufen am: 11.11.2006).

Begründung GroMiKV (2007): Bundesanstalt für Finanzdienstleistungsaufsicht: ***Begründung zur Verordnung über die Erfassung, Bemessung, Gewichtung und Anzeige von Krediten im Bereich der Großkredit- und Millionenkreditvorschriften des Gesetzes über das Kreditwesen (Großkredit- und Millionenkreditverordnung - GroMiKV) vom 14.12.2006***, Stand: 26.02.2007, verfügbar unter: *www.bundesbank.de/download/bankenaufsicht/pdf/gromikv_begruendung.pdf* (abgerufen am: 15.06.2007).

Bektenov (2005): Rustem Bektenov: ***Interne Revision als Teil der Corporate Governance in russischen und kasachischen Banken***, zugl.: Zürich, Univ., Diss., 2005, verfügbar unter: *www.unisg.ch/www/edis.nsf/wwwDisplayIdentifier/3125/$FILE/dis3125.pdf* (abgerufen am: 26.11.2006).

Belke (2001): Ansgar Belke: ***Too Big to Fail - Bankenkonkurs, "Bailout" und Wählerstimmenkalkül***, Diskussionsbeitrag Nr. 37 des Instituts für Europäische Wirtschaft der Ruhr-Universität Bochum, verfügbar unter: *www.ruhr-uni-bochum.de/iew/download/publikationen/DB_37.pdf* (abgerufen am: 11.10.2008).

Benston (1994): Georg J. Benston: ***Universal Banking***, The Journal of Economic Perspectives, Vol. 8, No. 3, 1994, S. 121 - 143.

Benston/Smith (1976): George J. Benston, Clifford W. Smith Jr.: ***A Transaction Cost Approach to the Theory of Financial Intermediation***, The Journal of Finance, Vol. XXXI, No. 2, 1976, S. 215 - 231.

Berger (2002): Wolfram Berger: ***Die Entstehung und Ausbreitung von Währungskrisen***, zugl.: Hagen, FernUniversität - GH, Diss., 2001, Duncker & Humblot, Berlin, 2002.

Berger (2007): Roland Berger: ***Der Aufsichtsrat hat zu wenig Rechte***, Interview in Die Welt, 02.01.2007, verfügbar unter: *www.welt.de/print-welt/article705749/Der_Aufsichtsrat_hat_zu_wenig_Rechte.html* (abgerufen am: 16.05.2007).

Berger et al. (1993): Allen N. Berger, William C. Hunter, Stephen G. Timme: ***The efficiency of financial institutions: A review and preview of research past, present, and future***, Vol. 17, Nos. 2 - 3, S. 221 - 249.

Berle/Means (1932): Adolf A. Berle, Gardiner C. Means: ***The modern corporation and private property***, Originally published in 1932, Transaction Publishers, New Brunswick, 2007.

Bernanke (2006): Ben S. Bernanke: ***Modern Risk Management and Banking Supervision***, Rede an der Stonier Graduate School of Banking, Washington, D.C., 12. Juni 2006, verfügbar unter: *www.federalreserve.gov/newsevents/speech/bernanke20060612a.htm* (abgerufen am: 27.12.2007).

Bernanke (2007): Ben S. Bernanke: ***Financial Regulation and the Invisible Hand***, Rede an der New York University Law School, New York, 11.04.2007, verfügbar unter: *www.federalreserve.gov/newsevents/speech/bernanke20070411a.htm* (abgerufen am: 08.03.2008).

Bernanke (2008): Ben S. Bernanke: ***Risk management in financial institutions***, BIS Review 60/2008, Mai 2008, S. 1 - 6, verfügbar unter: *www.bis.org/review/r080516a.pdf* (abgerufen am: 19.05.2008).

Bernard/Bieta (2007): Thomas Bernard, Volker Bieta: ***Fraud Protection: Betrugsprävention durch Frühwarnsystem***, Die Bank, Heft 9/2007, S. 47 - 52.

Beumer (2005): Hans Beumer: ***Linkage of Internal Audit and Risk Management: Practice at Saurer***, Der Schweizer Treuhänder, Heft 6-7/2005, S. 441 - 447, verfügbar unter: *www.treuhaender.ch/pdf/artikel/a05_0441.pdf* (abgerufen am: 15.10.2007).

BGH-Urteil (1991): BGH-Urteil vom 25.03.1991: ***Aktz. II ZR 188/89***, NJW, 44. Jhg., 1991, S. 1830 - 1833.

Bies (2007): Susan Schmidt Bies: ***An Update on Basel II Implementation in the United States***, Rede bei der Global Association of Risk Professionals Basel II Summit, New York, 26. Februar 2007, verfügbar unter: *www.federalreserve.gov/newsevents/speech/bies20070226a.htm* (abgerufen am: 28.12.2007).

Bieta/Sewing (2008): Volker Bieta, Dieter Sewing: ***Reparaturbetrieb, Pfandhaus oder Gegenspieler - eine spieltheoretische Analyse der Appeasement-Politik der Notenbanken***, Zeitschrift für das gesamte Kreditwesen, 61. Jhg., Heft 20/2008, S. 1016 - 1020.

Bigus/Kiefer (2008): Jochen Bigus, Kerstin Kiefer: ***Internationale Weiterentwicklungen des Deutschen Corporate Governance Kodex***, in: Carl-Christian Freidank, Volker H. Peemöller (Hrsg.): Corporate Governance und Interne Revision: Handbuch für die Neuausrichtung des Internal Auditings, S. 913 - 926, Erich Schmidt, Berlin, 2008.

BIS (1998): Basler Ausschuss für Bankenaufsicht: ***Rahmenkonzept für Interne Kontrollsysteme in Bankinstituten***, Bank für internationalen Zahlungsausgleich, September 1998, verfügbar unter: *www.bis.org/publ/bcbs40de.pdf* (abgerufen am: 15.01.2007).

BIS (2001): Basel Committee on Banking Supervision: ***Internal audit in banks and the supervisor's relationship with auditors***, August 2001, verfügbar unter: *www.bis.org/publ/bcbs84.pdf?noframes=1* (abgerufen am: 08.12.2007).

BIS (2002): Basel Committee on Banking Supervision: ***Internal audit in banks and the supervisor's relationship with auditors: A survey***, August 2002, verfügbar unter: *www.bis.org/publ/bcbs92.pdf?noframes=1* (abgerufen am: 08.12.2007).

BIS (2005): Committee on the Global Financial System: ***Stress testing at major financial institutions: survey results and practice***, Bank for International Settlements, Januar 2005, verfügbar unter: *www.bis.org/publ/cgfs24.pdf* (abgerufen am: 14.11.2008).

BIS (2006a): Basel Committee on Banking Supervision: ***Verbesserung der Unternehmensführung in Banken***, Bank for International Settlements, Februar 2006, verfügbar unter: *www.bis.org/publ/bcbs122de.pdf* (abgerufen am: 15.07.2007).

BIS (2006b): Basel Committee on Banking Supervision: ***Methodik der Grundsätze für eine wirksame Bankenaufsicht***, Bank for International Settlements, Oktober 2006, verfügbar unter: *www.bis.org/publ/bcbs130ger.pdf* (abgerufen am: 15.07.2007).

BIS (2008a): ***Basel Committee on Banking Supervision announces steps to strengthen the resilience of the banking system***, Pressemitteilung, 16.04.2008, verfügbar unter: *www.-bis.org/press/p080416.htm* (abgerufen am: 20.04.2008).

BIS (2008b): Basel Committee on Banking Supervision: ***78. Jahresbericht***, 30.06.2008, verfügbar unter: *www.bis.org/publ/arpdf/ar2008_de.pdf?noframes=1* (abgerufen am: 20.10.2008).

BIS (2009): Basel Committee on Banking Supervision: ***Proposed enhancements to the Basel II framework***, Konsultationspapier, Januar 2009, verfügbar unter: *www.bis.org/publ/bcbs150.pdf?noframes=1* (abgerufen am: 10.01.2009).

Bitz (1987): Michael Bitz: ***Struktur des deutschen Bankwesens: I: Geschichtliche Entwicklung, Strukturelemente***, in: FernUniversität – GH, Hagen: Bank- und Börsenwesen I, 1987.

Bitz (1995): Michael Bitz: ***Finanzdienstleistungen***, Oldenbourg, München/Wien, 1995.

Black/Hopper/Band (2007): Julia Black, Martyn Hopper, Christa Band: ***Making a success of Principles-based regulation***, Law and Financial Markets Review, Vol. 1, Issue 3, Mai 2007, S. 191 - 206, verfügbar unter: *www.lse.ac.uk/collections/law/projects/lfm/lfmr_13_blacketal_191to206.pdf* (abgerufen am: 21.05.2008).

Blair (1995): Margaret M. Blair: ***Ownership and control: rethinking corporate governance for the twenty-first century***, The Brookings Institution, Washington, D.C., 1995.

Bleicher (1987): Knut Bleicher: ***Der Aufsichtsrat im Wandel: Eine repräsentative Studie über Aufsichtsräte in bundesdeutschen Aktiengesellschaften***, Bertelsmann Stiftung, Gütersloh, 1987.

Bleymüller et al. (2004): Josef Bleymüller, Günther Gehlert, Herbert Gülicher: ***Statistik für Wirtschaftswissenschaftler***, Franz Vahlen, München, 2004.

Blumer (1996): Andreas Blumer: ***Bankenaufsicht und Bankenprüfung: Grundkonzepte, Problembestand und Perspektiven der institutionellen Ausgestaltung ausgewählter Bankenüberwachungssysteme***, zugl.: St. Gallen, Univ., Diss., 1995, Haupt, Bern/Stuttgart/Wien, 1996.

BMF (2007): Bundesministerium der Finanzen: ***Pressemitteilung zu aktuellen Gesetzen: Geld und Kredit***, 05.01.2007, verfügbar unter: *www.bundesfinanzministerium.de/DE/Wirtschaft_und_Verwaltung/Geld_und_Kredit/Aktuelle_Gesetze/Entwurf_eines_Gesetzes_zur_Umsetzung_Bankenrichtlinie.html* (abgerufen am: 06.03.2008).

BMI - Interne Revision (2007): Bundesministerium des Innern: ***Empfehlungen für Interne Revisionen in der Bundesverwaltung***, 21. Dezember 2007, verfügbar unter: *www.bmi.bund.de/Internet/Content/Common/Anlagen/Nachrichten/Pressemitteilungen/2008/04/Interne__Revision,templateId=raw,property=publicationFile.pdf/Interne__Revision.pdf* (abgerufen am: 08.12.2008).

BMI - Korruptionsprävention (2006): Bundesministerium des Innern: ***Texte zur Korruptionsprävention***, Juli 2006, verfügbar unter: *www.bmi.bund.de/Internet/Content/Common/Anlagen/Broschueren/2006/Texte__zur__Korruptiospraevention2006,templateId=raw,property=publicationFile.pdf/Texte_zur_Korruptiospraevention2006.pdf* (abgerufen am: 20.12.2008).

Bodenmann (2005): Jan Marc Bodenmann: ***Unternehmenssteuerung und -überwachung: Beitrag von Risikomanagement, Interner und Externer Revision zu einer effektiven Corporate Governance***, zugl.: St. Gallen, Univ., Diss., 2005.

Boehm (2007): Frédéric Boehm: ***Regulatory Capture Revisited – Lessons from Economics of Corruption***, Working Paper, Juli 2007, verfügbar unter: *www.icgg.org/downloads/Boehm%20-%20Regulatory%20Capture%20Revisited.pdf* (abgerufen am: 06.11.2008).

Bonn (1998): Joachim K. Bonn: ***Bankenkrisen und Bankenregulierung***, zugl.: Bochum, Univ., Diss., 1997, Gabler, Wiesbaden, 1998.

Bonn (2008): Joachim K. Bonn: ***Bankenkrise 2008: allgemeines Grundmuster - bekannte Fehler***, Zeitschrift für das gesamte Kreditwesen, 61. Jhg., Heft 9/2008, S. 386 - 392.

Bönner/Rausch (2008): Arno Bönner, Stephan Rausch: ***Ist Governance messbar? Zwei Messkonzepte für Unternehmen und Staaten im Vergleich***, ZCG, 3. Jhg., Heft 4/2008, S. 156 - 160.

Boos/Fischer/Schulte-Mattler (2004): Karl-Heinz Boos, Reinfried Fischer, Hermann Schulte-Mattler (Hrsg.): ***Kreditwesengestz: Kommentar zu KWG und Ausführungsvorschriften***, C.H. Beck, München, 2004.

Boot (2001): Arnoud W.A. Boot: ***Regulation and banks' incentives to control risk***, Economic Review 2/2001, S. 14 - 24, verfügbar unter: *www.riksbank.com/upload/Dokument_riksbank/Kat_publicerat/Artiklar_PV/er01_2_artikel2.pdf* (abgerufen am: 06.03.2008).

Boot/Macey (1998): Arnoud W.A. Boot, Jonathan R. Macey: ***Objectivity, Control and Adaptability in Corporate Governance***, verfügbar unter: *www.tia-80-98.tinbergen.nl/discussionpapers/98064.pdf* (abgerufen am: 11.11.2006).

Boot/Macey (2003): Arnoud W.A. Boot, Jonathan R. Macey: ***Monitoring Corporate Performance: The Role of Objectivity, Proximity and Adaptability in Corporate Governance***, Oktober 2003, verfügbar unter: *www.accf.nl/pages/members/Boot%20&%20Macey.%20Monitoring%20Corporate%20Performance.%20forthcoming%20in%20Cornell%20Law%20Review.%2089.pdf* (abgerufen am: 30.10.2006).

Boot/Macey/Schmeits (2005): Arnoud W. A. Boot, Jonathan R. Macey, Anjolein Schmeits: ***Towards a New Theory of Corporate Governance: Objectivity versus Proximity***, Februar 2005, verfügbar unter: *http://ssrn.com/abstract=686770* (abgerufen am: 15.12.2006).

Borchert (1994): Manfred Borchert: ***Geld und Kredit: Eine Einführung in die Geldtheorie und Geldpolitik***, Oldenbourg, München/Wien, 1994.

Borio (2008): Claudio Borio: ***The financial turmoil of 2007 -?: a preliminary assessment and some policy considerations***, Bank For International Settlements, BIS Working Papers, No. 251, März 2008, verfügbar unter: *www.bis.org/publ/work251.pdf?noframes=1* (abgerufen am: 21.04.2008).

Born (1983): Karl Erich Born: ***Vom Beginn des Ersten Weltkrieges bis zum Ende der Weimarer Republik (1914-1933)***, in: Wolfram Engels, Manfred Pohl (Hrsg.): Deutsche Bankengeschichte, Band 3: Vom Ersten Weltkrieg bis zur Gegenwart, S. 15 - 146, Fritz Knapp, Frankfurt am Main, 1983.

Börner (2003): Christoph J. Börner: ***Treu und redlich? Eine explorative Bewertung qualitativer Bankenregulierung***, in: Alfons Labisch (Hrsg.): Jahrbuch der Heinrich-Heine-Universität Düsseldorf, S. 335 - 352, verfügbar unter: *www.uni-duesseldorf.de/home/Jahrbuch/2003/PDF/Boerner.pdf* (abgerufen am: 25.02.2008).

Börsig (2006): Clemens Börsig: ***Die Rolle des Aufsichtsrats im Verhältnis zum Vorstand***, Rede anlässlich der Deutschen Corporate Governance Konferenz, 22. Juni 2006, verfügbar unter: *www.db.com/presse/de/downloads/Dr._Boersig_Corp-Govern-Konf.pdf* (abgerufen am: 15.04.2007).

Bössmann (1981): Eva Bössmann: ***Weshalb gibt es Unternehmen? Der Erklärungsansatz von Ronald H. Coase***, Journal of Institutional and Theoretical Economics, Bd. 137, 1981, S. 667 - 674.

Bouwman (2004): Christa H.S. Bouwman: ***The governance of banks: How do bank capital and monitoring impact post-acquisition risk taking and performance?***, University of Michigan Business School, September 2004, verfügbar unter: *www.fdic.gov/bank/analytical/cfr/2005/jan/CFRSS_2004_Bouwman.pdf* (abgerufen am: 05.04.2008).

Böventer, von (1989): Edwin von Böventer: ***Einführung in die Mikroökonomie***, Oldenbourg, München/Wien, 1989.

Bröker (2000): Frank Bröker: ***Quantifizierung von Kreditportfoliorisiken: eine Untersuchung zu Modellalternativen und Anwendungsfeldern***, zugl.: Duisburg, Univ., Diss., 2000, Fritz Knapp, Frankfurt am Main, 2000.

Brown (1973): John Prather Brown: ***Toward an Economic Theory of Liability***, The Journal of Legal Studies, Vol. II, 1973, S. 323 - 350.

Brückner (2007): Yvonne Brückner: ***Der deutsche Universalbankensektor: Funktion, Effizienz und Perspektiven***, zugl.: Frankfurt, Univ., Diss., 2007, verfügbar unter: *http://deposit.d-nb.de/cgi-bin/dokserv?idn=987346865&dok_var=d1&dok_ext=pdf&filename=987346865.pdf* (abgerufen am: 09.08.2008)

Brüggestrat (1987): Reiner Brüggestrat: ***Die Landesbanken und Sparkassen der Rheinprovinz und Westfalens in der Bankenkrise 1931***, Zeitschrift für bayerische Sparkassengeschichte, Band 1, 1987, S. 175 - 207.

Bruni (2005): Franco Bruni: ***Micro-Challenges for Financial Institutions: Introductory Statement***, Vortrag bei der Volkswirtschaftlichen Tagung 2005 der Oesterreichischen Nationalbank, S. 138 - 141, verfügbar unter: *www.oenb.at/de/img/14_bruni_tcm14-31038.pdf* (abgerufen am: 09.04.2008).

Brunnengräber et al. (2004): Achim Brunnengräber, Kristina Dietz, Bernd Hirschl, Heike Walk: ***Interdisziplinarität in der Governance-Forschung***, Technische Universität Berlin, Discussion Paper Nr. 14/04, verfügbar unter: *www.tu-berlin.de/ztg/pdf/Interdisz Gov.pdf* (abgerufen am: 15.10.2006).

Buderath (2004): Hubertus M. Buderath: ***Die Interne Revision als Komponente der Unternehmensführung und -überwachung***, KPMG's Audit Committee Institute (ACI), S. 4 - 5, verfügbar unter: *www.audit-committee-institute.de/pdf/interne_revision_final.pdf* (abgerufen am: 10.03.2007).

Bühner (1992): Rolf Bühner: ***Betriebswirtschaftliche Organisationslehre***, Oldenbourg, München, 1992.

Bühner (1997): Rolf Bühner: ***Wer führt Aufsicht über den Aufsichtsrat?***, in: Der Rektor der Universität Passau (Hrsg.): Die deutsche Unternehmensverfassung auf dem Prüfstand - Vorstand und Aufsichtsrat in der Kritik, S. 13 - 21, Passau, 1997.

Bumbacher/Schweizer (2002): Robert-Jan Bumbacher, Markus Schweizer: ***Gestiegene Anforderungen an die Interne Revision***, Der Schweizer Treuhänder, Heft 11/2002, 2002, S. 1039 - 1044.

Burghof (1998): Hans-Peter Burghof: ***Eigenkapitalnormen in der Theorie der Finanzintermediation***, zugl.: München, Univ., Diss., 1998, Duncker & Humblot, Berlin, 1998.

Burghof (2007): Hans-Peter Burghof: ***Bankenaufsicht und Corporate Governance***, Zeitschrift für das gesamte Kreditwesen, 60 Jhg., Heft 12/2007, S. 610 - 614.

Burghof/Rudolph (1996): Hans-Peter Burghof, Bernd Rudolph: ***Bankenaufsicht: Theorie und Praxis der Regulierung***, Gabler, Wiesbaden, 1996.

Burghoff (1999): Hans-Peter Burghof: ***Credit and Information in Universal Banking - a Clinical Study***, September, verfügbar unter: *http://ssrn.com/abstract=184288* (abgerufen am: 03.10.2008).

Büschgen (1970): Hans E. Büschgen: ***Universalbanken oder spezialisierte Banken als Ordnungsalternativen für das Bankgewerbe der Bundesrepublik Deutschland unter besonderer Berücksichtigung der Sammlung und Verwendung von Kapital***, Köln, 1970.

Büschgen (1983): Hans E. Büschgen: ***Zeitgeschichtliche Problemfelder des Bankwesens der Bundesrepublik Deutschland***, in: Wolfram Engels, Manfred Pohl (Hrsg.): Deutsche Bankengeschichte, Band 3: Vom Ersten Weltkrieg bis zur Gegenwart, S. 349 - 409, Fritz Knapp, Frankfurt am Main, 1983.

Büschgen (1993): Hans E. Büschgen: ***Bankbetriebslehre. Bankgeschäfte und Bankmanagement***, Wiesbaden, 1993.

Büschgen (1997): Hans E. Büschgen: ***Universalbankensystem versus Trennbankensystem: Vor- und Nachteile***, veröffentlicht in: Die Bürger im Staat, 47. Jhg., Heft 1/1997, S. 16 ff., verfügbar unter: *www.uni-koeln.de/wiso-fak/bankseminar/veroeff/mub/77/ banksys.pdf* (abgerufen am: 28.05.2007).

Bussmann/Kischkel (2008): Jens Peter Bussmann, Michaela Kischkel: ***Einführung von Standards für das Prüfen in Projekten***, in: Peter Bollmann, Hans-Willi Jackmuth (Hrsg.): Zukunft der Internen Revision: Methodische Ansätze, strategische und operative Bewältigung, S. 233 - 257, Deutscher Sparkassenverlag, Stuttgart, 2008.

Buxbaum (1996): Richard M. Buxbaum: ***Die Leitung von Gesellschaften - Strukturelle Reformen im amerikanischen und deutschen Gesellschaftsrecht***, in: Dieter Feddersen, Peter Hommelhoff, Uwe H. Schneider (Hrsg.): Corporate Governance: Optimierung der Unternehmensführung und der Unternehmenskontrolle im deutschen und amerikanischen Aktienrecht, S. 65 - 93, O. Schmidt, Köln, 1996.

C

Cadbury Report (1992): Cadbury, Sir Adrian: ***Report of the Committee on the Financial Aspects of Corporate Governance***, Dezember 1992, verfügbar unter: *www.ecgi.org/ codes/documents/cadbury.pdf* (abgerufen am: 05.10.2008).

Calabresi (1961): Guido Calabresi: ***Some Thoughts on Risk Distribution and the Law of Torts***, Yale Law Journal, Vol. 70, No. 4, 1961, S. 499 - 553.

Calabresi/Melamed (1972): Guido Calabresi, A. Douglas Melamed: ***Property Rules, Liability Rules, and Inalienability: One View of the Cathedral***, wieder abgedruckt in: Richard A. Posner, Francesco Parisi (Hrsg.): Law and Economics - Volume I: Theoretical and Methodological Foundations, E. Elgar Publishing, Cheltenham, UK, 1997, S. 520 - 559.

Campbell/Kracaw (1980): Tim S. Campbell, William A. Kracaw: ***Information Production, Market Signalling, and the Theory of Financial Intermediation***, The Journal of Finance, Vol. XXXV, No. 4, 1980, S. 863 - 882.

Canepa (2006): Ancillo Canepa: ***"Kontrolle ist gut - Vertrauen ist besser"***, BEYOND - Das Kompendium von Ernst & Young AG, Juli 2006, S. 42 - 43, verfügbar unter: *www2. eycom.ch/library/items/beyond_200607_42/42_de.pdf* (abgerufen am: 01.09.2007).

Carletti (2005): Elena Carletti: ***Competition and Regulation in Banking***, Center for Financial Studies at the University of Frankfurt, Dezember 2005, verfügbar unter: *www. elenacarletti.com/carletti-handbook-paper-201205.pdf* (abgerufen am: 15.03.2008).

Carney (2000): William J. Carney: ***Limited Liability***, in: Boudewijn Bouckaert, Gerrit De Geest (Hrsg.): Encyclopedia of Law and Economics, S. 659 - 691, Edward Elgar Publishing Ltd., Cheltenham Glos, UK, 2000.

Carr/Mathewson (1988): Jack L. Carr, Frank G. Mathewson: ***Economic Theories of Legal Liability***, Journal of Political Economy, Vol. 96, 1988, S. 766 - 784.

Caruana (2005): Jaime Caruana: ***Basel II and corporate governance issues,*** Speech by Mr. Jaime Caruana, Governor of the Bank of Spain and Chairman of the Basel Committee on Banking Supervision, at the International Conference on Financial Stability and Implications of Basel II, Central Bank of the Republic of Turkey, Istanbul, 16. Mai 2005, BIS Review 38/2005, verfügbar unter: *www.bis.org/review/r050525a.pdf* (abgerufen am: 30.10.2007).

Cauers/Häge (2007): Lutz Cauers, Max Häge: ***Quality Assessment (QA) - Stand der Entwicklung und der Erfahrungen***, Zeitschrift Interne Revision, 42. Jhg., Heft 4/2007, S. 162 - 165.

CEBS (CP12) (2006): Committee of European Banking Supervisors: ***Consultation Paper 12 (CP12) on Stress testing under the Supervisory Review Process***, Juni 2006, verfügbar unter: http://www.c-ebs.org/getdoc/0e98ddb4-2d9b-45da913005ba43a89e18/CP12.aspx (abgerufen am: 28.11.2008).

CEBS CP03 (2006): Committee of European Banking Supervisors: ***Guidelines on the Application of the Supervisory Review Process under Pillar 2 (CP03 revised)***, Januar 2006, verfügbar unter: www.c-ebs.org/pdfs/GL03.pdf (abgerufen am: 15.10.2006).

CESR (2008): The Committee of European Securities Regulators: ***CESR's Second Report to the European Commission on the compliance of credit rating agencies with the IOSCO code and the role of credit rating agencies in structured finance***, Mai 2008, verfügbar unter: www.cesr-eu.org/popup2.php?id=5049 (abgerufen am: 06.06.2008).

Chambers (1996): Andrew D. Chambers: ***Introduction***, in: Andrew D. Chambers (Hrsg.): Internal Auditing, S. XV - XXIII, Dartmouth, Aldershot, 1996.

Cheung (1983): Steven S. Cheung: ***The Contractual Nature of the Firm***, The Journal of Law and Economics, Vol. XXVI (1), 1983, S. 1 - 22.

Chorafas (2000): Dimitris N. Chorafas: ***New Regulation of the Financial Industry***, Macmillan Press, London, Great Britain, 2000.

Christl (2005): Josef Christl: ***Im Spannungsfeld von Regulierung und Management: Kosten und Nutzen der Regulierung des Finanz- bzw. Bankensektors***, Vortrag im Rahmen des Bankenseminars des Europäischen Forums Alpbach, 31.08.2005, verfügbar unter: www.oenb.at/de/presse_pub/reden/christl/re_20050831_kosten_und_nutzen_der_regulierung_des_finanz_bzw_bankensektors.jsp#tcm:14-31568 (abgerufen am: 07.03.2008).

Ciancanelli/Gonzalez (2000): Penny Ciancanelli, Jose Antonio Reyes Gonzalez: ***Corporate Governance in Banking: A Conceptual Framework***, Präsentation bei der European Financial Management Association Conference, Athen, Juni 2000, verfügbar unter: http://ssrn.com/abstract=253714 (abgerufen am: 15.03.2008).

Claussen/Erne (2000): Carsten P. Claussen, Roland Erne: ***Bank- und Börsenrecht***, C.H. Beck, München, 2000.

Cluse/Stellmacher (2005): Michael Cluse, Tobias Stellmacher: ***Die IRB-Ansätze***, in: Deloitte & Touche GmbH Wirtschaftsprüfungsgesellschaft (Hrsg.): Basel II: Handbuch zur praktischen Umsetzung des neuen Bankenaufsichtsrechts, S. 167 - 208, Erich Schmidt, Berlin, 2005.

Coase (1937): Ronald H. Coase: ***The Nature of the Firm***, wieder abgedruckt in: Oliver E. Williamson, Sidney G. Winter (Hrsg.): The Nature of the Firm. Origins, Evolution, and Development, S. 18 - 33, Oxford University Press, New York/Oxford, 1991.

Coase (1960): Ronald H. Coase: ***The Problem of Social Cost***, The Journal of Law and Economics, Vol. III, 1960, S. 1 - 44.

Coase (1991): Ronald H. Coase: ***The Institutional Structure of Production***, The Sveriges Riksbank Prize in Economic Sciences in Memory of Alfred Nobel 1991, Prize Lecture, Dezember 1991, verfügbar unter: http://nobelprize.org/nobel_prizes/economics/laureates/1991/coase-lecture.html (abgerufen am: 21.01.2007).

Coffee (1999): John C. Coffee, Jr.: ***The Future as History: The Prospects for Global Convergence in Corporate Governance and its Implications***, Columbia Law School Center for Law and Economic Studies, Working Paper, No. 144, verfügbar unter: http://ssrn.com/abstract=142833 (abgerufen am: 15.12.2006).

Cohen/Pisani-Ferry (2006): Elie Cohen, Jean Pisani-Ferry: ***Economic Institution and Policies in the US and the EU: Convergence or Divergence***, Paper for the Second Annual Berkeley-Vienna, Conference on the US and European Economies in Comparative Perspective, Berkeley, 12. - 13. September 2005, Februar 2006, verfügbar unter: www.

pisani-ferry.net/IMG/EC-JPF_Berkeley_paper_final_version.pdf (abgerufen am: 20.01.2007).

Combined Code (2006): ***The Combined Code on Corporate Governance, Financial Reporting Council***, Juni 2006, verfügbar unter: *www.frc.org.uk/documents/pagemanager/frc/Combined%20Code%20Juni%202006.pdf* (abgerufen am: 05.11. 2008).

Cooter (1991): Robert D. Cooter: ***Economic Theories of Legal Liability***, Journal of Economic Perspectives, Vol. 5, No. 3, 1991, S. 11 - 30.

Cooter/Ulen (2004): Robert D. Cooter, Thomas Ulen: ***Law and Economics***, Pearson Addison Wesley, Boston/San Francisco/New York, 2004.

Copeland et al. (1998): Tom Copeland, Tim Koller, Jack Murrin: ***Unternehmenswert: Methoden und Strategien für eine wertorientierte Unternehmensführung***, Campus, Frankfurt am Main/New York, 1998.

Cornelius (2004): Peter Cornelius: ***Corporate Practices and National Governance Systems: What do Country Rankings Tell Us?,*** Deutsche Bank Research, Research Notes - Working Paper Series, No. 16, November 2004, verfügbar unter: *www.dbresearch.com/PROD/DBR_INTERNET_ENPROD/PROD0000000000181568.pdf* (abgerufen am: 14.12.2006).

COSO - ERM (2004): Committee of Sponsoring Organizations of the Treadway Commission: ***Enterprise Risk Management - Integrated Framework***, September 2004, verfügbar unter: *www.coso.org/Publications/ERM/COSO_ERM_ExecutiveSummary.pdf* (abgerufen am: 25.02.2007).

COSO - Monitoring (2007): Committee of Sponsoring Organizations of the Treadway Commission: ***Internal Control - Integrated Framework: Guidance on Monitoring Internal Control Systems***, Discussion Document, September 2007, verfügbar unter: *www.coso.org/Publications/COSO_Monitoring_discussiondoc.pdf* (abgerufen am: 15.10.2007).

COSO (1992): Committee of Sponsoring Organizations of the Treadway Commission: ***Internal Control - Integrated Framework***, verfügbar unter: *www.coso.org/publications/executive_summary_integrated_framework.htm* (abgerufen am: 20.10. 2007).

COSO (1999): Committee of Sponsoring Organizations of the Treadway Commission: ***Fraudulent Financial Reporting: 1987-1997 - An Analysis of U.S. Public Companies***, März 1999, verfügbar unter: *www.coso.org/publications/ FFR_1987_1997.PDF* (abgerufen am: 20.10.2007).

Cotting (2006): Rolf Cotting: ***Risk Assessment für Projekte - Projektprüfung durch die Interne Revision***, Der Schweizer Treuhänder, Heft 4/2006, S. 258 - 262, verfügbar unter: *www.treuhaender.ch/pdf/artikel/a06_0258.pdf* (abgerufen am: 29.11.2008).

Craig (2004): Valentine V. Craig: ***The Future of Banking in America - The Changing Corporate Governance Environment: Implications for the Banking Industry***, FDIC Banking Review, Vol. 16, No. 4, S. 121 - 135, verfügbar unter: *www.fdic.gov/bank/analytical/banking/2005jan/article4.pdf* (abgerufen am: 13.10.2008).

Cramme (2007): Torsten Cramme: ***Angemessenheit der Eigenmittelausstattung***, in: Torsten Cramme, Thorsten Gendrisch, Walter Gruber, Ronny Hahn (Hrsg.): Handbuch Solvabilitätsverordnung, S. 23 - 57, Deutscher Sparkassenverlag, Stuttgart, 2007.

CRD-Konsultation (2008): European Commission: ***CRD Potential Changes: Co-decision - Comitology***, verfügbar unter: *http://ec.europa.eu/internal_market/bank/docs/regcapital/consultation_en.pdf* (abgerufen am: 05.06.2008).

Credit Suisse - Audit Committee Charter (2006): Credit Suisse Group AG: ***Audit Committee Charter***, vom Verwaltungsrat am 09.02.2006 genehmigt, verfügbar unter: *www.credit-suisse.com/governance/doc/audit_charter_de.pdf* (abgerufen am: 30.12.2008).

Crockett (1998): Andrew Crockett: ***Banking Supervision and Financial Stability***, The William Taylor Memorial Lecture by Andrew Crockett, General Manager of the Bank for International Settlements, Sydney, 22 Oktober 1998, verfügbar unter: *www.bis.org/speeches/sp981022.htm* (abgerufen am: 20.03.2008).

Crockett (2001): Andrew Crockett: ***Banking Supervision and Regulation: International Trends***, *Remarks by Andrew Crockett, General Manager of the Bank for International Settlements at the 64th Banking Convention of the Mexican Bankers' Association, Acapulco, 30. März 2001*, verfügbar unter: *www.bis.org/speeches/sp010330.htm* (abgerufen am: 20.03.2008).

Crouhy et al. (2001): Michel Crouhy, Dan Galai, Robert Mark: ***Risk Management***, in: McGraw-Hill, New York, 2001.

D

Dahlman (1979): Carl J. Dahlman: ***The Problem of Externality***, The Journal of Law and Economics, Vol. 22, No. 1, 1979, S. 141 - 162.

DAI (2005): Deutsches Aktieninstitut: ***Wertorientierte Unternehmensüberwachung durch den Aufsichtsrat: Ausgewählte Ergebnisse einer Umfrage***, in: Rüdiger von Rosen, Hans-Joachim Böcking (Hrsg.): Studien des Deutschen Aktieninstituts, Heft 32, Frankfurt am Main, 2005.

Damme (1994): Erich van Damme: ***Banking: A Survey of Recent Microeconomic Theory***, Oxford Review of Economic Policy, Vol. 10, No. 4, 1994, S. 14 - 33.

Daripa/Varotto (2006): Arup Daripa, Simone Varotto: ***Ex ante versus ex post regulation of bank capital***, *Vortrag vom 29.06.2006 anlässlich des Workshops "Risk management and regulation in banking"*, Februar 2006, verfügbar unter: *www.bis.org/bcbs/events/rtf06daripa_etc.pdf* (abgerufen am: 21.03.2008).

Daub (2007): Falko C. Daub: ***New whistleblowing regulations in the USA: How Sarbanes-Oxley failed to implement a working concept***, in: VDM, Müller, Saarbrücken, 2007.

DCGK (2008): Regierungskommission Deutscher Corporate Governance Kodex: ***Deutscher Corporate Governance Kodex***, Fassung: 6. Juni 2008, verfügbar unter: *www.corporate-governance-code.de/ger/download/D_Kodex%202008_final.pdf* (abgerufen am: 12.08.2008).

Debus/Kreische: Knut Debus, Kai Kreische: ***Eigenkapital und barwertiges Zinsänderungsrisiko***, Betriebswirtschaftliche Blätter, Heft 11/2006, 2006, S. 642 - 646.

Deffains/Demougin (2006): Bruno Deffains, Dominique Demougin: ***Governance: Who Controls Matters***, Humboldt-Universität zu Berlin, SFB 649 Economic Risk, Discussion Paper, 2006-053, verfügbar unter: *http://sfb649.wiwi.hu-berlin.de/papers/pdf/SFB649DP2006-053.pdf* (abgerufen am: 05.01.2007).

Deloitte (2004): Deloitte Consulting: ***Entwicklung der Aufsichtsratspraxis in Deutschland***, Deloitte Studie 2004, Stand 3/2004, verfügbar unter: *http://www.deloitte.com/dtt/cda/doc/content/DE_CG_Aufsichtsratspraxis_in_Deutschland_2004_260304.pdf* (abgerufen am: 10.01.2007).

Deminor Rating (2004): Deminor Rating SA: ***Trends & Ratings 2003: Corporate Governance Research and Ratings***, Februar 2004, verfügbar unter: *www.deminor.com/download.do?doc=deminorratingDocs/Trends_2003-DRS-040209.pdf* (abgerufen am: 15.03.2007).

Demsetz (1967): Harold Demsetz: ***Toward a Theory of Property Rights***, wieder abgedruckt in: Richard A. Posner, Francesco Parisi (Hrsg.): Law and Economics - Volume I: Theoretical and Methodological Foundations, S. 507 - 519, E. Elgar Publishing Limited, Cheltenham, UK, 1967.

Demsetz (1991): Harold Demsetz: ***The Theory of the Firm Revisited***, in: Oliver E. Williamson, Sidney G. Winter (Hrsg.): The Nature of the Firm. Origins, Evolution, and Development, S. 159 - 178, Oxford University Press, New York/Oxford, 1991.

Denis/McConnell (2003): Diane K. Denis, John J. McConnell: ***International Corporate Governance***, ECGI Working Paper Series in Finance, Nr. 5, Januar 2003, verfügbar unter: *http://ssrn.com/abstract=320121* (abgerufen am: 03.01.2007).

Deutsch (2004): Hans-Peter Deutsch: ***Derivate und Interne Modelle: Modernes Risikomanagement***, Schäffer-Poeschel, Stuttgart, 2004.

Deutsche Bundesbank (1993): Deutsche Bundesbank: ***Die Deutsche Bundesbank - Geldpolitische Aufgaben und Instrumente***, Sonderdruck der Deutschen Bundesbank Nr. 7, Frankfurt am Main, 1993.

Deutsche Bundesbank (2001): Deutsche Bundesbank: ***Die neue Baseler Eigenkapitalvereinbarung (Basel II)***, Monatsbericht, April 2001, S. 15 - 44, verfügbar unter: *www.bundesbank.de/download/volkswirtschaft/mba/2001/200104mba_basel.pdf* (abgerufen am: 15.04.2007).

Deutsche Bundesbank (2002): Deutsche Bundesbank: ***Das Eigenkapital der Kreditinstitute aus bankinterner und regulatorischer Sicht***, Monatsbericht, Januar 2002, S. 41 - 60, verfügbar unter: *www.bundesbank.de/download/volkswirtschaft/monatsberichte/2002/200201mb.pdf* (abgerufen am: 15.05.2007).

Deutsche Bundesbank (2004): Deutsche Bundesbank: ***Neue Eigenkapitalanforderungen für Kreditinstitute (Basel II)***, Monatsbericht, September 2004, S. 75 - 100, verfügbar unter: *www.bundesbank.de/download/volkswirtschaft/mba/2004/200409mba_baselII.pdf* (abgerufen am: 10.08.2006).

Deutsche Bundesbank (2005): Deutsche Bundesbank: ***Finanzstabilitätsbericht***, November 2005, verfügbar unter: *www.bundesbank.de/download/volkswirtschaft/finanzstabilitaetsberichte/200511.bankenwettbewerb.pdf* (abgerufen am: 04.02.2008).

Deutsche Bundesbank (2006): Deutsche Bundesbank: ***Regulierung von Wertpapiermärkten: Internationale Ansätze***, Monatsbericht, 58. Jhg., Nr. 1, Januar 2006, S. 37 - 52, verfügbar unter: *www.bundesbank.de/download/volkswirtschaft/monatsberichte/2006/200601mb_bbk.pdf* (abgerufen am: 18.04.2008).

Deutsche Bundesbank (2007a): Deutsche Bundesbank: ***Zum aktuellen Stand der bankinternen Risikosteuerung und der Bewertung der Kapitaladäquanz im Rahmen des aufsichtlichen Überprüfungsprozesses***, Monatsbericht, Dezember 2007, S. 57 - 72, verfügbar unter: *www.bundesbank.de/download/volkswirtschaft/monatsberichte/2007/200712mb_bbk.pdf* (abgerufen am: 15.01.2008).

Deutsche Bundesbank (2007b): Deutsche Bundesbank: ***Finanzstabilitätsbericht 2007***, November 2007, verfügbar unter: *www.bundesbank.de/download/volkswirtschaft/finanzstabilitaetsberichte/finanzstabilitaetsbericht2007.pdf* (abgerufen am: 14.10.2008).

Deutsche Bundesbank (2007c): Deutsche Bundesbank: ***Merkblatt zu Änderungen von IRBA-Systemen und anderen kreditnehmerbezogenen internen Risikomessverfahren***, 20. Dezember 2007, verfügbar unter: *www.bundesbank.de/download/bankenaufsicht/pdf/irba/irba_merkblatt_aenderungen.pdf* (abgerufen am: 05.12.2008).

Deutsche Bundesbank (2008a): Deutsche Bundesbank: ***Bankenaufsicht: Motive und Ziele***, verfügbar unter: www.bundesbank.de/bankenaufsicht/bankenaufsicht_motive.php (abgerufen am: 01.03.2008).

Deutsche Bundesbank (2008b): Deutsche Bundesbank: ***Geschäftsbericht 2007***, verfügbar unter: www.bundesbank.de/download/volkswirtschaft/jahresberichte/2007gb_bbk.pdf (abgerufen am: 10.04.2008).

Deutsche Bundesbank (2008c): Deutsche Bundesbank: ***Zur Steuerung von Liquiditätsrisiken in Kreditinstituten***, Monatsbericht, September 2008, S. 59 - 74, verfügbar unter: www.bundesbank.de/download/volkswirtschaft/monatsberichte/2008/200809mb_bbk_final.pdf (abgerufen am: 30.09.2008).

Deutsche Bundesbank (2008d): Deutsche Bundesbank: ***Bankenstellenstatistik und Bankenstellenberichte***, verfügbar unter: www.bundesbank.de/bankenaufsicht/bankenaufsicht_dokumentation_statistiken.php (abgerufen am: 01.10.2008).

Deutsche Bundesbank (2008e): Deutsche Bundesbank: ***Die Wirtschaftslage in Deutschland im Herbst 2008: Finanzmärkte***, Monatsbericht, November 2008, verfügbar unter: www.bundesbank.de/download/volkswirtschaft/monatsberichte/2008/200811mb_bbk.pdf (abgerufen am: 21.11.2008).

Deutsche Bundesbank (2008f): Deutsche Bundesbank: ***Perspektiven der deutschen Wirtschaft - Gesamtwirtschaftliche Vorausschätzungen 2009 und 2010***, Monatsbericht, Dezember 2008, S. 17 - 30, verfügbar unter: www.bundesbank.de/download/ volkswirtschaft/monatsberichte/2008/200812mb_bbk_12h.pdf (abgerufen am: 30.12.2008).

Deutsche Bundesbank (2009): Deutsche Bundesbank: ***Das Baseler Regelwerk in der Praxis – Zur Umsetzung der fortgeschrittenen Baseler Ansätze in Deutschland***, Monatsbericht, Januar 2009, S. 59 - 79, verfügbar unter: www.bundesbank.de/download/ volkswirtschaft/monatsberichte/2009/200901mb_bbk_12uhr.pdf (abgerufen am: 30.01.2009).

Dewatripont/Tirole (1994): Mathias Dewatripont, Jean Tirole: ***The Prudential Regulation of Banks***, MIT Press, Cambridge, Massachusetts, 1994.

Diamond (1984): Douglas W. Diamond: ***Financial Intermediation and Delegated Monitoring***, Review of Economic Studies, Vol. LI, No. 3, 1984, S. 393 - 414.

Diamond/Dybvig (1983): Douglas W. Diamond, Philip H. Dybvig: ***Bank Runs, Deposit Insurance, and Liquidity***, Journal of Political Economy, Vol. 91, 1983, S. 401 - 419.

Dicken (2003): André J. Dicken: ***Bankenprüfung: Rechtlicher Grundriss für Kreditinstitute***, Erich Schmidt, Berlin, 2003.

Dietl (1993): Helmut Dietl: ***Institutionen und Zeit***, Mohr, Tübingen, 1993.

Dietz/Petersen (2008): Thomas Dietz, Thomas Petersen: ***Liquiditätsverordnung: Anforderungen an interne Risikomodelle***, BaFinJournal, Januar 2008, S. 13 - 18, verfügbar unter: www.bafin.de/cln_109/nn_722564/SharedDocs/Downloads/DE/Service/Mitteilungsblaetter/BaFinJournal/2008/bj_0108,templateId=raw,property=publicationFile.pdf/bj_0108.pdf (abgerufen am: 15.06.2008).

DIIR "Projekt Management Revision" (2008): Robert Düsterwald et al.: ***DIIR Prüfungsstandard Nr. 4: Standard zur Prüfung von Projekten - Definitionen und Grundsätze***, Zeitschrift Interne Revision, 43. Jhg., Heft 4/2008, S. 154 - 159.

DIIR (2008): Deutsches Institut für Interne Revision e.V.: ***Die Interne Revision in Deutschland, in Österreich und in der Schweiz 2008***, in: Deutsches Institut für Interne Revision e.V. (u.a.): Roland Füss (Verfasser), Frankfurt am Main, 2008.

DIIR Geschäftsanweisung (2006): Arbeitsgruppe "Bausparkassen" des Deutschen Instituts für Interne Revision e.V.: ***Muster-Geschäftsanweisung DIIR 12/06, Facharbeitsgruppe 2 "Strategie, Konzeption und Organisation der Innenrevision"***, verfügbar unter:

www.diir-2009.de/arbeitskreise/ak09/pruefungshandbuch/revision/muster-geschaefts anweisung/?0= (abgerufen am: 02.01.2009).

DIIR Revisionsstandard Nr. 1: Deutsches Institut für Interne Revision e.V.: ***DIIR Revisionsstandard Nr. 1: Zusammenarbeit von Interner Revision und Abschlussprüfer***, Frankfurt am Main, verfügbar unter: www.diir-2009.de/fileadmin/fachwissen/standards/downloads/Revisionsstandard_Nr._1.pdf (abgerufen am: 30.12.2008).

DIIR Revisionsstandard Nr. 2: Deutsches Institut für Interne Revision e.V.: ***DIIR Revisionsstandard Nr. 2: Prüfung des Risikomanagement durch die Interne Revision***, Frankfurt am Main, verfügbar unter: www.diir-2009.de/fileadmin/fachwissen/standards/downloads/Revisionsstandard_Nr._2.pdf (abgerufen am: 30.12.2008).

DIIR Revisionsstandard Nr. 3: Deutsches Institut für Interne Revision e.V.: ***DIIR Revisionsstandard Nr. 3: Qualitätsmanagement in der Internen Revision***, Frankfurt am Main, verfügbar unter: www.diir-2009.de/fileadmin/fachwissen/standards/downloads/Revisionsstandard_Nr._3.pdf (abgerufen am: 30.12.2008).

DIIR Revisionsstandard Nr. 4: Deutsches Institut für Interne Revision e.V.: ***DIIR Revisionsstandard Nr. 4: Standard zur Prüfung von Projekten***, Frankfurt am Main, verfügbar unter: www.diir-2009.de/fileadmin/fachwissen/standards/downloads/StandardzurPruefungvonProjekten_FinaleVersion_2.0.pdf (abgerufen am: 30.12.2008).

DIIR-Arbeitskreis "Basel II" (2008a): Margitta Weis, Hartmut Hilderink: ***Prüfung des Meldewesens und der Offenlegung nach der SolvV***, Zeitschrift Interne Revision, 43. Jhg., Heft 4/2008, S. 186 - 191.

DIIR-Arbeitskreis "Basel II" (2008b): Heinz E. Bräunle, Friedemann Loch, Sven Müller, Margitta Weis, Jens Werner: ***Basel II: Anforderungen an die Interne Revision von Standardansatzbanken - Teil I***, Zeitschrift Interne Revision, 43. Jhg., Heft 5/2008, S. 218 - 222.

DIIR-Arbeitskreis "Basel II" (2008c): Marion Morr, Michael Schiwietz, Gerhard Löhr: ***Mehrjahresprüfungsplan für eine Interne Revision unter Berücksichtigung von Basel II-Themen***, Zeitschrift Interne Revision, 43. Jhg., Heft 1/2008, S. 2 - 8.

DIIR-Arbeitskreis "MaRisk" (2008a): Jürgen Rohrmann, Arne Schreiber: ***Risikoorientierte Prüfungsplanung nach MaRisk: Ein Blick auf unterschiedliche Ausgestaltungsformen in der Praxis***, Zeitschrift Interne Revision, 43. Jhg. Heft 2/2008, S. 60 - 67.

Dilger/Frick/Speckbacher (1999): Alexander Dilger, Bernd Frick, Gerhard Speckbacher: ***Mit--bestimmung als zentrale Frage der Corporate Governance***, Ernst-Moritz-Arndt-Universität Greifswald, Rechts- und Staatswissenschaftliche Fakultät, Diskussionspapier 2/99, April 1999, verfügbar unter: www.rsf.uni-greifswald.de/bwl/pdf/1999/02_1999.pdf (abgerufen am: 10.10.2006).

Dionne (2003): Georges Dionne: ***The Foundations of Risk Regulation for Banks: A Review of the Literature***, Konferenz der Bank of Canada, The Evolving Financial System and Public Policy, hier: Session 3 "Bank Capital Regulation", Dezember 2003, S. 177 - 215, verfügbar unter: www.bankofcanada.ca/en/conference/2003/foundations.pdf (abgerufen am: 02.05.2008).

DIW (2004): Deutsches Institut für Wirtschaftsforschung: ***Untersuchung der Grundlagen und Entwicklungsperspektiven des Bankensektors in Deutschland (Dreisäulensystem) - Gutachten im Auftrag des Bundesministeriums der Finanzen***, Berlin, 2004, verfügbar unter: www.diw-berlin.de/documents/dokumentenarchiv/17/41629/DIW_Bankenreform_Endbericht20040415.pdf (abgerufen am: 30.01.2007).

DIW (2006): Deutsches Institut für Wirtschaftsforschung: ***Evaluierungsuntersuchungen zur Bewertung der Aufsicht der Kreditwirtschaft und Erstellung eines Erfahrungs-***

berichts (Erfahrungsbericht Bankenaufsicht), Forschungsprojekt im Auftrag des Bundesministeriums der Finanzen, verfügbar unter: www.diw.de/documents/publikationen/73/44968/diwkompakt_2006-024.pdf (abgerufen am: 29.02.2008).

Domrös (1994): Christof Domrös: ***Innovationen und Institutionen: Eine transaktionskostenökonomische Analyse unter besonderer Berücksichtigung strategischer Allianzen***, zugl. Diss. Univ. Münster, Duncker & Humblod, Berlin, 1994.

Donald (2002): David C. Donald: ***US-amerikanisches Kapitalmarktrecht und Corporate Governance nach Enron***, Johann Wolfgang Goethe-Universität, Institut für Bankrecht, Arbeitspapier, Nr. 104, Dezember 2002, verfügbar unter: www.jura.uni-frankfurt.de/ifawz1/baums/Bilder_und_Daten/Arbeitspapiere/paper104.pdf (abgerufen am: 12.01.2007).

Donald (2005a): David C. Donald: ***The Nomination of Directors under U.S. and German Law***, Institute for Law and Finance, Working Paper, Nr. 21, Januar 2005, verfügbar unter: http://www.ilf-frankfurt.de/uploads/media/ILF_WP_021.pdf (abgerufen am: 24.11.2008).

Donald (2005b): David C. Donald: ***The Laws Governing Corporations Formed under the Delaware and the German Corporate Statutes***, Institute for Law and Finance, Working Paper, Nr. 42, Oktober 2005, verfügbar unter: http://www.ilf-frankfurt.de/uploads/media/ILF_WP_042.pdf (abgerufen am: 21.11.2008).

Donald (2008): David C. Donald: ***Approaching Comparative Company Law***, Institute for Law and Finance, Working Paper, Nr. 77, Februar 2008, verfügbar unter: www.ilf-frankfurt.de/uploads/media/ILF_WP_077.pdf (abgerufen am: 20.11.2008).

Dornbusch (1991): Rudiger Dornbusch: ***International Financial Crises***, in: Martin Feldstein (Hrsg.): The Risk of Economic Crisis, Januar 1991, S. 116 - 123, verfügbar unter: www.nber.org/chapters/c6230.pdf (abgerufen am: 05.10.2008).

Dreher (1996): Meinrad Dreher: ***Die Organisation des Aufsichtsrats***, in: Dieter Feddersen, Peter Hommelhoff, Uwe H. Schneider (Hrsg.): Corporate Governance: Optimierung der Unternehmensführung und der Unternehmenskontrolle im deutschen und amerikanischen Aktienrecht, S. 33 - 60, O. Schmidt, Köln, 1996.

DSGV - 1. FG MaRisk (2005): Deutscher Sparkassen- und Giroverband: ***Stellungnahme zum ersten Entwurf der Mindestanforderungen an das Risikomanagement (MaRisk) für die erste Sitzung des Fachgremiums MaRisk am 7./8. April 2005***, März 2005.

DSGV - Interne Revision (2008): Deutsche Sparkassen- und Giroverband: ***Zukunft der Internen Revision - Umsetzungshandbuch und Hilfsmittel***, Berlin, 2008.

DSGV MaRisk (2007): Deutscher Sparkassen- und Giroverband: ***MaRisk-Leitfaden und Interpretationshilfen Mindestanforderungen an das Risikomanagement***, Version 2.0, verfügbar unter: www.deutsche-sparkassenakademie.de/download/pdf/DSGV-MaRisk-Interpretationsleitfaden_Version_2.pdf (abgerufen am: 15.08.2007).

DSGV Risikotragfähigkeit (2007): Arbeitskreis 14, Leitung: Matthias Schumacher: ***Kompetenzcenter Gesamtbanksteuerung: Risikotragfähigkeit aus wertorientierter, periodischer und regulatorischer Sicht***, in: DSGV e.V.: Sparkassen-Prüfertag 2006, S. 491 - 523, Deutscher Sparkassenverlag, Stuttgart, 2007.

Düsterwald (2007): Robert Düsterwald: ***Projekt Management Revision: Neues Aufgabengebiet in der Internen Revision***, Zeitschrift Interne Revision, 42 Jhg., Heft 5/2007, S. 186 - 189.

Duscha (2008): Peter Duscha: ***Die Risikobewertung der Internen Revision***, Zeitschrift Interne Revision, 43 Jhg., Heft 1/2008, S. 16 - 19.

Duttweiler (2008): Rudolf Duttweiler: ***Liquidität als Teil der bankbetriebswirtschaftlichen Finanzpolitik***, in: Peter Bartetzky, Walter Gruber, Carsten S. Wehn (Hrsg.): Handbuch Liquiditätsrisiko - Identifikation, Messung und Steuerung, S. 29 - 50, Schäffer-Poeschel, Stuttgart, 2008.

E

Easterbrook/Fischel (1991): Frank H. Easterbrook, Daniel R. Fischel: ***The Economic Structure of Corporate Law***, Harvard University Press, Cambridge, Massachusetts, 1991.

Ebers/Gotsch (2006): Mark Ebers, Wilfried Gotsch: ***Institutionenökonomische Theorien der Organisation***, in: Alfred Kieser, Mark Ebers (Hrsg.): Organisationstheorien, S. 247 - 308, Kohlhammer, Stuttgart, 2006.

EBK Jahresbericht (2006): Eidgenössische Bankenkommission: ***Jahresbericht 2006***, verfügbar unter: www.ebk.ch/d/publik/bericht/pdf/jb06.pdf (abgerufen am: 24.05.2006).

Ebmeyer/Giese (2008): Dirk Ebmeyer, Götz Giese: ***Praktische Aspekte der Kreditrisikomodellierung***, in: Axel Becker, Volker Gehrmann, Hermann Schulte-Mattler (Hrsg.): Handbuch Ökonomisches Kapital, S. 433 - 452, Fritz Knapp, Frankfurt am Main, 2008.

Echinger/Weber (2007): Barbara Echinger, Stefan C. Weber: ***Bundesanstalt für Finanzdienstleistungsaufsicht***, in: Carl-Christian Freidank, Laurenz Lachnit, Jörg Tesch (Hrsg.): Vahlens Großes Auditing Lexikon, S. 243 - 245, Franz Vahlen, München, 2007.

ECIIA (2005): European Confederation of Institutes of Internal Auditing: ***Internal Auditing in Europe***, Position Paper, Februar 2005, verfügbar unter: www.eciia.org/images/stories/dwn_pub/dp_05/2005_02_ECIIA_PosPap_Intl_Auditing_in_Europe.pdf (abgerufen am: 30.11.2007).

ECIIA (2007): European Confederation of Institutes of Internal Auditing (ECIIA): ***The Role of Internal Audit in Corporate Governance in Europe: Current Status, Necessary Improvements, Future Tasks***, Erich Schmidt, Berlin, 2007.

Economist (2008): The Economist: ***Paradise regained?***, 15. Mai 2008, verfügbar unter: www.economist.com/surveys/displaystory.cfm?story_id=11325532&fsrc=RSS (abgerufen am: 12.10.2008).

Egner (1990): Henning Egner: ***Prüfung***, in: Michael Bitz et al. (Hrsg.): Vahlens Kompendium der Betriebswirtschaftslehre: Band 2, S. 509 - 559, Vahlen, München, 1990.

Eichengreen (2008): Barry Eichengreen: ***Die Parallelen zur Asien-Krise***, in: Frankfurter Allgemeine Zeitung, Nr. 227, 27.09.2008, S. 11.

Eichler/Bungartz (2004): Hubertus Eichler, Oliver Bungartz: ***Enterprise Risk Management - aktuelle Entwicklungen im Bereich unternehmensinterner Risiko- und Überwachungssysteme***, Zeitschrift Interne Revision, 39. Jhg., Heft 3/2004, S. 108 - 114.

Eidg. Bankenkommission (2006): Eidgenössische Bankenkommission: ***Rundschreiben der Eidg. Bankenkommission: Überwachung und Kontrolle***, EBK-RS 06/6, 27.09.2006, verfügbar unter: www.ebk.admin.ch/d/regulier/rundsch/2006/ rs_0606_d.pdf (abgerufen am: 02.06.2007).

Eisen (1983): Roland Eisen: ***Risiko und Unsicherheit***, in: Friedrich Geigant et al. (Hrsg.): Lexikon der Volkswirtschaft, S. 572 - 573, Moderne Industrie, Landsberg/Lech, 1983.

EIU (2008): Economist Intelligence Unit: ***The bigger picture: Enterprise risk management in financial services organisations***, September 2008, verfügbar unter: www.sas.com/resources/whitepaper/wp_5612.pdf (abgerufen am: 29.12.2008).

Elizalde/Repullo (2007): Abel Elizalde, Rafael Repullo: ***Economic and Regulatory Capital in Banking: What Is the Difference?***, International Journal of Central Banking, 2007, S. 87 - 117.

Elsas (2002): Ralf Elsas: ***Why Do Banks View Themselves as a Relationship Lender?***, März 2002, verfügbar unter: http://ssrn.com/abstract=302187 (abgerufen am: 03.10.2008).

Elson/Gyves (2003): David C. Donald: ***US-amerikanisches Kapitalmarktrecht und Corporate Governance nach Enron***, Wake Forest Law Review, Vol. 38, S. 856 - 884, verfügbar unter: www.law.wfu.edu/prebuilt/LR_v38n3_Elson-Gyves.pdf (abgerufen am: 23.04.2007).

Emmons/Schmid (1998): William R. Emmons, Frank A. Schmid: ***Universal Banking, Control Rights, and Corporate Finance in Germany***, Federal Reserve Bank of St. Louis, Juli/August 1998, S. 19 - 42, verfügbar unter: http://research.stlouisfed.org/publications/review/98/07/9807be.pdf (abgerufen am: 03.10.2008).

Englisch (2008): Rainer Englisch: ***Bedeutung des IKS für die Bankenaufsicht***, in: Michael Helfer, Walter Ullrich (Hrsg.): Interne Kontrollsysteme in Banken und Sparkassen, S. 77 - 89, Finanz Colloquium Heidelberg, Heidelberg, 2008.

Enriques/Volpin (2007): Luca Enriques, Paolo Volpin: ***Corporate Governance Reforms in Continental Europe***, The Journal of Economic Perspectives, Vol. 21, No. 1, 2007, S. 117 - 140.

Erichsen (2008): Jörg Erichsen: ***Fraud als Unternehmensrisiko - Korruptionsprävention***, in: Peter Bollmann, Hans-Willi Jackmuth (Hrsg.): Zukunft der Internen Revision: Methodische Ansätze, strategische und operative Bewältigung, S. 111 - 123, Deutscher Sparkassenverlag, Stuttgart, 2008.

Erlei (2000): Mathias Erlei: ***Die neo-institutionalistische Theorie der Organisation***, in: Ingo Pies, Martin Leschke (Hrsg.): Ronald Coase' Transaktionskosten-Ansatz, S. 59 - 65, Mohr Siebeck, Tübingen, 2000.

Erlei et al. (1999): Mathias Erlei, Martin Leschke, Dirk Sauerland: ***Neue Institutionenökonomik***, Schäffer-Poeschel, Stutgart, 1999.

Ernst & Young (2007a): Ernst & Young EYGM: ***Star oder Statist? Rolle und Zukunft der Internen Revision aus Sicht von Unternehmen und Interessengruppen***, 2007.

Ernst & Young (2007b): Ernst & Young: ***Corporate Governance and Business Performance***, verfügbar unter: www2.eycom.ch/services/brs/services/cogo/de.aspx (abgerufen am: 01.09.2007).

EU-KOM (2003): Kommission der Europäischen Gemeinschaften: ***Mitteilung der Kommission an den Rat und das Europäische Parlament: Modernisierung des Gesellschaftsrechts und Verbesserung der Corporate Governance in der Europäischen Union - Aktionsplan***, Mai 2003, verfügbar unter: http://eur-lex.europa.eu/LexUriServ/LexUriServ.do?uri=COM:2003:0284:FIN:DE:PDF (abgerufen am: 05.07.2008).

EU-Weißbuch (2005): Europäische Kommission: ***Weißbuch zur Finanzdienstleistungspolitik für die Jahre 2005-2010***, verfügbar unter: http://ec.europa.eu/internal_market/finances/docs/white_paper/white_paper_de.pdf (abgerufen am: 18.04.2008).

Everling (2005): Oliver Everling: ***Externe Ratingverfahren***, in: Deloitte & Touche GmbH Wirtschaftsprüfungsgesellschaft (Hrsg.): Basel II: Handbuch zur praktischen Umsetzung des neuen Bankenaufsichtsrechts, S. 67 - 87, Erich Schmidt, Berlin, 2005.

Ewert (1990): Ralf Ewert: ***Wirtschaftsprüfung und asymmetrische Information***, Springer, Berlin/Heidelberg/New York, 1990.

Ewert (2005): Ralf Ewert: ***Wirtschaftsprüfung***, in: Michael Bitz et al. (Hrsg.): Vahlens Kompendium der Betriebswirtschaftslehre, S. 479 - 534, Vahlen, München, 2005.

Ewert/Stefani (2001): Ralf Ewert, Ulrike Stefani: ***Wirtschaftsprüfung***, in: Peter-J. Jost (Hrsg.): Die Prinzipal-Agenten-Theorie in der Betriebswirtschaftslehre, S. 147 - 182, Schäffer-Poeschel, Stuttgart, 2001.

EZB - Bankenfusionen (2008): Europäische Zentralbank: ***Grenzüberschreitende Bankenfusionen und -übernahmen sowie institutionelle Anleger***, Monatsbericht Oktober 2008, S. 75 - 90, verfügbar unter: *www.bundesbank.de/download/ezb/monatsberichte/2008/200810.mb_ezb.pdf* (abgerufen am: 15.10.2008).

EZB - Banking Structures (2008): Europäische Zentralbank: ***EU Banking Structures***, Oktober 2008, verfügbar unter: *www.ecb.int/pub/pdf/other/eubankingstructures2008en.pdf* (abgerufen am: 21.11.2008).

EZB - Commercial Property (2008): Europäische Zentralbank: ***Commercial Property Markets - Financial Stability Risks, Recent Developments and EU Banks' Exposures***, Dezember 2008, verfügbar unter: *www.ecb.int/pub/pdf/other/commercialpropertymarkets200812en.pdf* (abgerufen am: 31.12.2008).

EZB - Finanzstabilität (2008): Europäische Zentralbank: ***Entwicklungen im Bereich der EU-Regelungen zur Finanzstabilität***, Monatsbericht April 2008, S. 87 - 101, verfügbar unter: *www.bundesbank.de/download/ezb/monatsberichte/2008/200804mb_ezb.pdf* (abgerufen am: 18.04.2008).

EZB - Finanzstabilitätsbericht (2007): Europäische Zentralbank: ***EZB - Finanzstabilitätsbericht (2007)***, Dezember 2007, verfügbar unter: *www.ecb.int/pub/pdf/other/financialstabilityreview200712en.pdf* (abgerufen am: 15.11.2008).

EZB - Finanzstabilitätsbericht (2008): Europäische Zentralbank: ***Financial Stability Review***, Dezember 2008, verfügbar unter: *www.ecb.int/pub/pdf/other/financialstabilityreview200812en.pdf* (abgerufen am: 16.11.2008).

EZB - Globalisierung (2008): Europäische Zentralbank: ***Globalisierung, Handel und die Gesamtwirtschaft des Euro-Währungsgebiets***, Monatsbericht Januar 2008, S. 81 - 96, verfügbar unter: *www.bundesbank.de/download/ezb/monatsberichte/2008/200801ezb_gesamt.pdf* (abgerufen am: 19.01.2008).

EZB - Liquidität (2008): Europäische Zentralbank: ***EU Banks' Liquidity Stress Testing and Contingency Funding Plans***, November 2008, verfügbar unter: *www.ecb.int/pub/pdf/other/eubanksliquiditystresstesting200811en.pdf* (abgerufen am: 05.12.2008).

EZB - Originate and Distribute-Model (2008): Europäische Zentralbank: ***The incentive structure of the 'Originate and Distribute' Model***, Dezember 2008, verfügbar unter: *www.ecb.int/pub/pdf/other/incentivestructureoriginatedistributemodel200812en.pdf* (abgerufen am: 31.12.2008).

EZB (2002): Europäische Zentralbank: ***Developments in Banks' Liquidity Profile and Management***, Mai 2002, verfügbar unter: *www.ecb.int/pub/pdf/other/banksliquidityprofile02en.pdf* (abgerufen am: 25.02.2008).

EZB (2005): Europäische Zentralbank: ***Entwicklung des Regelungsrahmens für die Unternehmensführung und -kontrolle (Corporate Governance)***, Europäische Zentralbank, Monatsbericht Mai 2005, S. 93 – 106, verfügbar unter: *www.bundesbank.de/download/ezb/monatsberichte/2005/200505ezb_mb_gesamt.pdf* (abgerufen am: 28.07.2006).

F

FA Kontrolle & Prüfung (2006): Fachausschuss Kontrolle und Prüfung des Deutschen Sparkassen- und Giroverbandes: ***Mustergeschäftsanweisung für die Innenrevision von Sparkassen***, *DSGV, Berlin, 2006.*

Fahrion/Geis (2007): Hans-Jürgen Fahrion, Astrid Geis: ***Anforderungen an eine wirksame Interne Revision: Kriterien und Methoden zur Überwachung der Wirksamkeit der Internen Revision***, ZCG, Heft 6/2007, 2. Jhg., S. 257 - 263.

Fahrmeir et al. (2007): Ludwig Fahrmeir, Rita Künstler, Iris Pigeot, Gerhard Tutz: ***Statistik***, Springer, Berlin/Heidelberg, 2007.

Fama (1980): Eugene F. Fama: ***Agency Problems and the Theory of the Firm***, Journal of Political Economy, Vol. 88, 1980, S. 288 - 307.

Fama/Jensen (1983): Eugene F. Fama, Michael C. Jensen: ***Separation of Ownership and Control***, The Journal of Law and Economics, Vol. XXVI (2), 1983, S. 301 - 325, verfügbar unter: http://ssrn.com/abstract=94034 (abgerufen am: 02.08.2006).

Fama/Jensen (1998): Eugene F. Fama, Michael C. Jensen: ***Agency Problems and Residual Claims***, in: Michael C. Jensen (Hrsg.): Foundations of Organizational Strategy, Harvard University Press, 1998.

Farinha (2003): Jorge Farinha: ***Corporate Governance: A Survey of the Literature***, Universidade do Porto, Economia Discussion Paper, No. 2003-6, November 2003, verfügbar unter: http://ssrn.com/abstract=470801 (abgerufen am: 03.01.2007).

FAZ (07.03.2007): Frankfurter Allgemeine Zeitung: ***Brüssel will Prüfungsausschuss stärken***, Ausgabe vom 07.03.2007, Nr. 56, 2007, S. 23.

FAZ (2005): FAZ.NET: ***Interview mit Benoit Mandelbrot: "Finanzmarkt-Risiken sind größer, als wir annehmen"***, 4. Juni 2005, verfügbar unter: www.faz.net/s/Rub48D1CBFB8D984684AF5F46CE28AC585D/Doc~EDDEECC8295E04E729 10C0B3AE540C2A5~ATpl~Ecommon~Scontent.html (abgerufen am: 06.05.2008).

FAZ (26.05.2007): Frankfurter Allgemeine Zeitung: ***"Wir Aufklärer wurden angefeindet"***, Ausgabe vom 26.05.2007, Nr. 121, 2007, S. 13.

Federal Reserve Board (2007): Board of Governors of the Federal Reserve System: ***Presseveröffentlichung am 2. November 2007 zu Basel II***, verfügbar unter: www.federalreserve.gov/newsevents/press/bcreg/5963B9C381624605B1166499 04087ECF.htm (abgerufen am: 28.12.2007).

Felderer/Homburg (1991): Bernhard Felderer, Stefan Homburg: ***Makroökonomik und neue Makroökonomik***, Springer, Berlin/Heidelberg/New York, 1991.

Feldmann (1995): Horst Feldmann: ***Eine institutionalistische Revolution? Zur dogmenhistorischen Bedeutung der modernen Institutionenökonomik***, Duncker & Humblot, Berlin, 1995.

Finkelstein/Mooney (2003): Sydney Finkelstein, Ann C. Mooney: ***Not the usual suspects: How to use board process to make boards better***, Academy of Management Executive, Vol. 17, No. 2, 2003, S. 101 - 113.

Fischer (1990): Klaus Fischer: ***Hausbankbeziehung als Instrument der Bindung zwischen Banken und Unternehmen: Eine theoretische und empirische Analyse***, zugl.: Bonn, Univ., Diss., 1990.

Fischhuber (2008): Stefan Fischhuber: ***Effizienzprüfung: Evaluierung der Aufsichtsratsarbeit***, ZCG, Heft 2/2008, 3. Jhg., S. 76 - 85.

Förschler (2005): Dominik Förschler: ***Die strategische Positionierung der Internen Revision in Kreditinstituten - Teil 2***, Zeitschrift Interne Revision, 40. Jhg., Heft 4/2005, S. 164 - 169.

Franck (2002): Egon Franck: ***Zur Corporate Governance-Diskussion in der Ökonomik: Die Wurzeln, das dominante Problemkonzept, die grundlegenden Lösungsmuster***, University of Zurich, Institute for Strategy and Business Economics, Working Paper, No. 7, Mai 2002, verfügbar unter: www.isu.uzh.ch/fuehrung/Dokumente/ISU_WPS/7_ISU_full.pdf (abgerufen am: 15.04.2007).

Francke/Hudson (1984): Hans-Hermann Francke, Michael Hudson: ***Banking and Finance in West Germany***, Palgrave Macmillan, London, 1984.

Franke (2000): Günter Franke: ***Gefahren kurzsichtigen Risikomanagements durch Value-at-Risk***, in: Lutz Johanning, Bernd Rudolph (Hrsg.): Handbuch Risikomanagement,

Band 2: Risikomanagement in Banken, Asset-Gesellschaften, Versicherungs- und Industrieunternehmen, S. 53 - 83, Uhlenbruch, Bad Soden/Ts., 2000.

Franks/Mayer (2000): Julian Franks, Colin Mayer: ***Ownership and Control of German Corporations***, August 2000, verfügbar unter: *www.finance.ox.ac.uk/file_links/finecon_papers/2001fe11.pdf* (abgerufen am: 18.11.2006).

Franks/Mayer/Wagner (2005): Julian Franks, Colin Mayer, Hannes F. Wagner: ***The Origins of the German Corporation - Finance, Ownership and Control***, verfügbar unter: *www.hertig.ethz.ch/LE_2005-06_files/Papers/Mayer_German_Origins_Final_2005.pdf* (abgerufen am: 29.12.2006).

Fraunhofer IAO (2008): Fraunhofer-Institut für Arbeitswirtschaft und Organisation IAO: ***Bank & Zukunft 2008***, Dieter Spath (Hrsg.), Deutscher Sparkassenverlag, Stuttgart, 2008.

Freeman (1983): R. Edward Freeman: ***Strategic Management: A Stakeholder Approach***, in: Robert B. Lamb (Hrsg.): Advances in Strategic Management, Vol. 1, S. 31 - 60, Jai Press, Greenwich et al., 1983.

Freeman (2000): Richard B. Freeman: ***Single Peaked vs. Diversified Capitalism: The Relation Between Economic Institutions And Outcomes***, NBER Working Paper, No. 7556, Februar 2000, verfügbar unter: *http://economia.unife.it/hp/pini/mrp/paper/Freeman_2000_30681-w7556.pdf* (abgerufen am: 12.01.2007).

Freidank (2001): Carl-Christian Freidank: ***Risikomanagement und Unternehmensüberwachung***, in: Carl-Christian Freidank (Hrsg.): Die deutsche Rechnungslegung und Wirtschaftsprüfung im Umbruch: Festschrift für Wilhelm Theodor Strobel zum 70. Geburtstag, S. 245 - 268, Vahlen, München, 2001.

Freidank (2007): Carl-Christian Freidank: ***Internes Kontrollsystem***, in: Carl-Christian Freidank, Laurenz Lachnit, Jörg Tesch (Hrsg.): Vahlens Großes Auditing Lexikon, S. 699 - 702, Franz Vahlen, München, 2007.

Freidank/Velte (2008): Carl-Christian Freidank, Patrick Velte: ***Einfluss der Corporate Governance auf die Weiterentwicklung von Controlling und Interner Revision***, in: Carl-Christian Freidank, Volker H. Peemöller (Hrsg.): Corporate Governance und Interne Revision: Handbuch für die Neuausrichtung des Internal Auditing, S. 711 - 745, Erich Schmidt, Berlin, 2008.

Freixas/Parigi (2007): Xavier Freixas, Bruno M. Parigi: ***Banking Regulation and prompt corrective Action***, CESifo Working Paper No. 2136, November 2007, verfügbar unter: *www.cesifo.de/pls/guestci/download/CESifo%20Working%20Papers%202007/CESifo%20Working%20Papers%20November%202007/cesifo1_wp2136.pdf* (abgerufen am: 15.03.2008).

Freixas/Santomero (2002): Xavier Freixas, Anthony M. Santomero: ***An Overall Perspective on Banking Regulation***, Federal Reserve Bank of Philadelphia, Working Paper No. 02-1, Februar 2002, verfügbar unter: *www.philadelphiafed.org/files/wps/2002/wp02-1.pdf* (abgerufen am: 15.03.2008).

Friedberg/Schumacher (2006): Jörg Friedberg, Matthias Schumacher: ***Risikotragfähigkeitskonzept bietet betriebswirtschaftliche Vorteile***, Betriebswirtschaftliche Blätter, Heft 12/2006, 2006, S. 676 - 686.

Friedman (2008): Milton Friedman: ***Kapitalismus und Freiheit***, Piper, München, 2008.

Fritsch et al. (1993): Michael Fritsch, Thomas Wein, Hans-Jürgen Ewers: ***Marktversagen und Wirtschaftspolitik: mikroökonomische Grundlagen staatlichen Handelns***, Vahlen, München, 1993.

FRUG (2007): ***Gesetz zur Umsetzung der Richtlinie über Märkte für Finanzinstrumente und der Durchführungsrichtlinie der Kommission (Finanzmarktrichtlinie-Umsetzungsgesetz) vom 16. Juli 2007***, veröffentlicht am 19. Juli 2007, Bundesgesetzblatt Jhg. 2007 Teil I Nr. 31, verfügbar unter: www.bgblportal.de/BGBL/bgbl1f/bgbl107s1330.pdf (abgerufen am: 23.06.2008).

FSF (2008): Financial Stability Forum: ***Report of the Financial Stability Forum on Enhancing Market and Institutional Resilience***, April 2008, verfügbar unter: www.fsforum.org/publications/r_0804.pdf (abgerufen am: 15.07.2008).

FTD (07.05.2007): Financial Times Deutschland: ***Eine Sache von Moral und Geschäft***, verfügbar unter: www.ftd.de/koepfe/:Wirtschaftsliga%20Eine%20Sache%20Moral%20Gesch%E4ft/196404.html (abgerufen am: 23.05.2007).

Funk/Rossmanith/Alber (2006): Wilfried Funk, Jonas Rossmanith, Miriam Alber: ***Corporate Governance in Deutschland: Rasche Entwicklung und hohe Regelungsdichte***, Der Schweizer Treuhänder, Heft 9/2006, S. 657 - 662, verfügbar unter: www.treuhaender.ch/pdf/artikel/a06_0657.pdf (abgerufen am: 15.03.2008).

Furubotn/Pejovich (1972): Eirik G. Furubotn, Svetozar Pejovich: ***Property Rights and Economic Theory: A Survey of Recent Literature***, Journal of Economic Literature, Vol. 10, Issue 4, 1972, S. 1137 - 1162.

Füss/Hecker (2006): Roland Füss, Achim Hecker: ***Die Zusammenarbeit von Interner Revision und externen Abschlussprüfern***, ZCG, Heft 03/2006, 1. Jhg., 2006, S. 104 – 110.

G

Gehrmann (2008): Volker Gehrmann: ***Die Säule II und MaRisk als aufsichtsrechtliche Basis ökonomischer Kapitalansätze***, in: Axel Becker, Volker Gehrmann, Hermann Schulte-Mattler (Hrsg.): Handbuch Ökonomisches Kapital, S. 99 - 123, Fritz Knapp, Frankfurt am Main, 2008.

Geiersbach/Patock (2007): Karsten Geiersbach, Ralf Patock: ***Neues Verständnis für die Interne Revision***, Betriebswirtschaftliche Blätter, Heft 08/2007, 2007, S. 447 - 449.

Geiersbach/Peltier (2008): Karsten Geiersbach, Georges Peltier: ***Qualität der Innenrevision: Herausforderungen für die Zukunft***, in: Peter Bollmann, Hans-Willi Jackmuth (Hrsg.): Zukunft der Internen Revision: Methodische Ansätze, strategische und operative Bewältigung, S. 199 - 211, Deutscher Sparkassenverlag, Stuttgart, 2008.

Geiersbach/Prasser (2008a): Karsten Geiersbach, Stefan Prasser: ***Prüfung und Beurteilung des Zinsrisikomanagements aus Sicht der Internen Revision***, in: Fröhlich/Geiersbach et al.: Zinsrisikomanagement: Neue Vorgaben der Bankenaufsicht, S. 267 - 334, Finanz Colloquium Heidelberg, Heidelberg, 2008.

Geiersbach/Prasser (2008b): Karsten Geiersbach, Stefan Prasser: ***Erfüllung der Anforderungen der MaRisk unter Berücksichtigung von Öffnungsklauseln - Anforderungen an die Risikosteuerungs- und -controllingprozesse (BTR)***, in: Axel Becker, Michael Berndt, Jochen Klein (Hrsg.): MaRisk-Öffnungsklauseln: Prüfungsvorbereitende Dokumentation, S. 197 - 216, Finanz Colloquium Heidelberg, Heidelberg, 2008.

Geiger/Trott (2006): Hans Geiger, Anselm S. Trott: ***Integrierte Finanzmarktaufsicht im internationalen Vergleich***, Working Paper des Instituts für schweizerisches Bankwesen der Universität Zürich, Nr. 42, April 2006, verfügbar unter: www.isb.uzh.ch/publikationen/pdf/workingpapernr42.pdf (abgerufen am: 10.10.2008).

Geis (1995): Heinz-Günter Geis: ***Spezialbanken***, in: Wolfgang Gerke, Manfred Steiner (Hrsg.): Handwörterbuch des Bank- und Finanzwesens, Sp. 1759 - 1769, Schäffer-Poeschel, Stuttgart, 1995.

Geiß et al. (2007): Otto Geiß, Thomas Jörns, Clemens Jung, Thomas Keller, Kathrin Klischat, Jenny Kohlepp, Stefan Kullmann, Anja Unmuth, Alfons P. Vogt: ***Die 8. EU Richtlinie - Kein "SOX" für Europa***, IIR Arbeitsgruppe "8. EU-Richtlinie", Zeitschrift Interne Revision, 42. Jhg., Heft 6/2007, S. 238 - 241.

Gentz (2007): Manfred Gentz: ***Shareholder Value und Corporate Governance - Gegensätze?***, ZCG, Heft 4/2007, 2. Jhg., S. 145 – 150.

Gerke (2008): Wolfgang Gerke: ***Interview zum Banken-Kodex vom 11.04.2008***, Manager-Magazin.de, verfügbar unter: www.manager-magazin.de/geld/artikel/0,2828,546655,00.html (abgerufen am: 11.04.2008).

Gerum (2007): Elmar Gerum: ***Das deutsche Corporate Governance-System: Eine empirische Untersuchung***, Schäffer-Poeschel, Stuttgart, 2007.

Gerum/Debus (2006): Elmar Gerum, Malte Debus: ***Die Größe des Aufsichtsrats als rechtspolitisches Problem - Einige empirische Befunde -***, Marburger Corporate Governance Forschung, Diskussionspapier Nr. 1, September 2006, verfügbar unter: www.uni-marburg.de/fb02/bwl08/governance (abgerufen am: 01.12.2006).

Geschäftsbericht Sachsen LB (2007): Landesbank Sachsen AG: ***Geschäftsbericht 2007***, verfügbar unter: www.sachsenbank.de/imperia/md/content/sb/pdf/finanz/SLB_GeBe_2007_D.pdf (abgerufen am: 22.12.2008).

Gesswein (1986): Joachim P. Gesswein: ***Die Berücksichtigung des Geldes und der Banken als gesellschaftliche Institutionen in der Property-Rights-Theorie***, zugl.: Augsburg, Univ., Diss., 1985, Florentz, München, 1986.

Gleim (2006): Irvin N. Gleim: ***CIA Review: Part I, Internal Audit's Role in Governance, Risk, and Control***, Gleim Publications, Inc., Gainesville, Florida, USA, 2006.

Gleißner/Romeike (2008): Werner Gleißner, Frank Romeike: ***Risikoblindheit und Methodikschwächen***, Risikomanager, Nr. 21/2008, S. 1, 8 - 12.

Glynn (2004): Timothy P. Glinn: ***Beyond "Unlimiting" Shareholder Liability: Vicarious Tort Liability for Corporate Officers***, Vanderbilt Law Review, Vol. 57, No. 2, 2004, S. 329 - 433.

Göbel (2002): Elisabeth Göbel: ***Neue Institutionenökonomik: Konzeption und betriebswirtschaftliche Anwendungen***, Lucius und Lucius, Stuttgart, 2002.

Goergen et al. (2005): Marc Goergen, Marina Martynova, Luc Renneboog: ***Corporate Governance Convergence: Evidence from Takeover Regulation Reforms in Europe***, ECGI - Law Working Paper, No. 33/2005, April 2005, verfügbar unter: http://ssrn.com/abstract=709023 (abgerufen am: 05.01.2007).

Gondring (1989): Hanspeter Gondring: ***Finanzmärkte im Wandel: Struktur und Marktveränderungen im Finanzsystem der USA***, Fritz Knapp, Frankfurt am Main, 1989.

Goodhart et al. (1998): Charles Goodhart, Philipp Hartmann, David Llewellyn, Liliana Rojas-Suárez, Steven Weisbrod: ***Financial Regulation: Why, how and where now?***, Routledge, London/New York, 1998.

Gottschalk-Mazouz (2002): Niels Gottschalk-Mazouz: ***Risiko***, in: Marcus Düwell et al. (Hrsg.): Handbuch Ethik, S. 485 - 491, Metzler, Stuttgart/Weimar, 2002.

Graf/Stiglbauer (2008): Andrea Graf, Markus Stiglbauer: ***Das Corporate-Governance-Offenlegungsverhalten deutscher und österreichischer Unternehmen im Prime Market***, ZCG, Heft 6/2008, 3. Jhg., 2008, S. 268 - 274.

Graser (2000): Daniela Graser: ***Whistleblowing : Arbeitnehmeranzeigen im US-amerikanischen und deutschen Recht***, zugl.: München, Univ., Diss., 2000, Europäische Hochschulschriften, Frankfurt am Main, 2000.

Greenbury (1995): Sir Richard Greenbury: ***Directors' Remuneration: Report of a study group***, Juli 1995, verfügbar unter: www.ecgi.org/codes/docuents/greenbury.pdf (abgerufen am: 04.11.2008).

Greenspan (2003): Alan Greenspan: ***Corporate Governance***, Conference on Bank Structure and Competition, Remarks by Chairman Alan Greenspan, 2003, verfügbar unter: www.federalreserve.gov/boarddocs/speeches/2003/20030508/default.htm (abgerufen am: 30.10.2006).

Greenspan (2004): Alan Greenspan: ***Capitalizing reputation***, 2004 Financial Markets Conference of the Federal Reserve Bank of Atlanta, Sea Island, Georgia, Remarks by Chairman Alan Greenspan, April 2004, verfügbar unter: www.federalreserve.gov/boardDocs/Speeches/2004/20040416/default.htm (abgerufen am: 02.04.2007).

Greenspan (2008): Alan Greenspan: ***We will never have a perfect model of risk***, Gastkommentar in der Financial Times vom 16.03.2008, verfügbar unter: www.ft.com/cms/s/edbdbcf6-f360-11dc-b6bc-0000779fd2ac,dwp_uuid=73adc504-2ffa-11daba9f-00000e2511c8,print=yes.html (abgerufen am: 18.03.2008).

Gropp/Vesala (2001): Reint Gropp, Jukka Vesala: ***Deposit insurance and moral hazard: does the counterfactual matter?***, European Central Bank, Working Paper No. 47, März 2001, verfügbar unter: www.ecb.eu/pub/pdf/scpwps/ecbwp047.pdf (abgerufen am: 18.04.2008).

Grossman/Hart (1986): Sanford J. Grossman, Oliver D. Hart: ***The Costs and Benefits of Ownership: A Theory of Vertical and Lateral Integration***, The Journal of Political Economy, Vol. 94, No. 4, 1986, S. 691 - 719.

Gruner-Schenk (1995): Petra Gruner-Schenk: ***Harmonisierung des Bankaufsichtsrechts: Erforderliche Anpassungsmaßnahmen - Konsequenzen für die deutsche Kreditwirtschaft***, zugl.: Berlin, Techn. Univ., Diss., 1995, Erich Schmidt, Berlin, 1995.

Grunewald (2005): Barbara Grunewald: ***Gesellschaftsrecht***, Mohr Siebeck, Tübingen, 2005.

Gudjons/Podrazil/Ritter (2009): Thorsten Gudjons, Olivia M. Podrazil, Frank Ritter: ***Optimierter Dateninput - Quelle des Bankgeschäfts***, Die Bank, Heft 1/2009, S. 47 - 52.

Guericke (2008): Andreas Guericke: ***Verbriefungsregeln und ihre Implikationen für das Geschäft der Banken: Sichtweise der Aufsicht***, Vortrag anlässlich des Bundesbank-Symposiums "Bankenaufsicht im Dialog" in Frankfurt am Main am 03.06.2008, Juni 2008.

Guiso/Sapienza/Zingales (2007): Luigi Guiso, Paola Sapienza, Luigi Zingales: ***The Cost of Banking Regulation***, Februar 2007, verfügbar unter: www.banque-france.fr/gb/fondatio/telechar/guiso_costofregulation_fev07.pdf (abgerufen am: 11.10.2008).

Günther/Serafin (2008): Margit Günther, Andreas Serafin: ***Definition, Abgrenzung und Kategorisierung von Öffnungsklauseln***, in: Axel Becker, Michael Berndt, Jochen Klein (Hrsg.): MaRisk-Öffnungsklauseln: Prüfungsvorbereitende Dokumentation, S. 33 - 46, Finanz Colloquium Heidelberg, Heidelberg, 2008.

H

Haas (1994): Jochen Haas: ***Der Anteilsbesitz der Kreditwirtschaft an Nichtbanken***, zugl.: Saarbrücken, Univ., Diss., 1994.

Haasis (2008): Heinrich Haasis: ***Aufsicht muss nah an den Märkten bleiben***, Pressemitteilung DSGV 31/2008, 08.04.2008, verfügbar unter: www.dsgv.org/dsgv/dsgvpresseextern.nsf/29E80A048E28853DC1257425004AFB93/$FILE/080408_PM_Europ_Aufsicht_31.pdf (abgerufen am: 11.04.2008).

Hackethal et al. (2006): Andreas Hackethal, Reinhard H. Schmidt, Marcel Tyrell: ***The Transformation of the German Financial System***, Revue D'Economie Politique, 117, 2006, S. 431 - 456.

Hackethal/Schmidt (2000): Andreas Hackethal, Reinhard H. Schmidt: ***Finanzsystem und Komplementarität***, Johann Wolfgang Goethe-Universität, Fachbereich Wirtschaftswissenschaften, Working Paper Series: Finance&Accounting, No. 50, April 2000, verfügbar unter: *www.ebs.de/fileadmin/redakteur/funkt.dept.finance/hackethal/WP/Komplementarit_t_und_Finanzsystem.pdf* (abgerufen am: 10.01.2007).

Hackethal/Schmidt (2005): Andreas Hackethal, Reinhard H. Schmidt: ***Structural Change in the German Banking System?***, Working Paper Series: Finance&Accounting, Nr. 147, Januar 2005, verfügbar unter: *www.ebs.de/fileadmin/redakteur/funkt.dept.finance/hackethal/WP/Structural_Change_in_the_German_Banking_System.pdf* (abgerufen am: 25.11.2006).

Hackethal/Schmidt/Tyrell (2005): Andreas Hackethal, Reinhard H. Schmidt, Marcel Tyrell: ***Banks and German Corporate Governance: On the Way to a Capital Market-Based System?***, Working Paper Series: Finance&Accounting, Nr. 146, Februar 2005, verfügbar unter: *www.ebs.de/fileadmin/redakteur/funkt.dept.finance/hackethal/WP/Banks_and_German_Corporate_Governance.pdf* (abgerufen am: 14.11.2007).

Hahn (1980): Oswald Hahn: ***Probleme des Universalbankensystems***, Österreichisches Bank-Archiv, 28. Jhg., Heft 10, S. 346 - 361.

Hahn (1991): Oswald Hahn: ***Synergieeffekte in der Bankwirtschaft***, Zeitschrift für das gesamte Kreditwesen, 44. Jhg., Heft 2/1991, S. 62 - 64.

Hahn (2008): Ulrich Hahn: ***Berufsgrundlagen der Internen Revision - Standards von IIA und IIR***, in: Carl-Christian Freidank/Volker H. Peemöller (Hrsg.): Corporate Governance und Interne Revision: Handbuch für die Neuausrichtung des Internal Auditing, S. 73 - 107, Erich Schmidt, Berlin, 2008.

Hahn (2009): Ulrich Hahn: ***Die Internationalen Grundlagen für die berufliche Praxis der Internen Revision 2009***, Zeitschrift Interne Revision, 44 Jhg., Heft 1/2009, S. 34 - 37.

Hahn/Quick/Mandre (2008): Ulrich Hahn, Reiner Quick, Sharan Mandre: ***Corporate-Governance-Frameworks und Interne Revision: Europäische Regelungsmodelle***, Der Schweizer Treuhänder, Heft 9/2008, S. 695 - 706, verfügbar unter: *www.treuhaender.ch/pdf/artikel/a08_0695.pdf* (abgerufen am: 29.12.2008).

Halek (2008): Peter H. Halek: ***Strategisches Balanced-Scorecard-Modell für Interne Revision - Umfassender Systemansatz zur Steigerung des Wirkungsgrades der Revisionsarbeit***, Fachvortrag anlässlich der Fachkonferenz "Audit Challenge 2008" am 9. April 2008 in Frankfurt am Main.

Hall/Gingerich (2004): Peter A. Hall, Daniel W. Gingerich: ***Varieties of Capitalism and Institutional Complementarities in the Macroeconomy: An Empirical Analysis***, Max-Planck-Institut für Gesellschaftsforschung, Köln, Discussion Paper 2004/5, September 2004, verfügbar unter: *www-management.wharton.upenn.edu/guillen/Hall/Hall.MPIfGSpaper.pdf* (abgerufen am: 20.01.2007).

Halpern et al. (1980): Paul Halpern, Michael Trebilcock, Stuart Turnbull: ***An Economic Analysis of Limited Liability in Corporation Law***, The University of Toronto Law Journal, Vol. 30, No. 2, 1980, S. 117 - 150.

Hamerle (2000): Alfred Hamerle: ***Statistische Modelle im Kreditgeschäft der Banken***, in: Lutz Johanning, Bernd Rudolph (Hrsg.): Handbuch Risikomanagement, Band 1: Risikomanagement für Markt-, Kredit- und operative Risiken, S. 459 - 490, Uhlenbruch, Bad Soden/Ts., 2000.

Hampel Report (1998): Ronnie Hampel: ***Committee on Corporate Governance: Final Report***, Januar 1998, verfügbar unter: *www.ecgi.org/codes/documents/hampel.pdf* (abgerufen am: 04.11.2008).

Handelsblatt (2007): Fockenbrock, Dieter: ***Konzerne knausern mit Informationen***, Handelsblatt-Online: 19. März 2007, verfügbar unter: www.handelsblatt.com/news/Unternehmen/Industrie/_pv/_p/200038/_t/ft/_b/1242562/default.aspx/konzerne-knausern-mit-informationen.html (abgerufen am: 22.04.2007).

Hannemann (2005): Ralf Hannemann: ***Strategische Auswirkungen der Neuen Basler Eigenkapitalvereinbarung***, in: Axel Becker, Markus Gaulke, Martin Wolf (Hrsg.): Praktiker-Handbuch Basel II, S. 545 - 562, Schäffer-Poeschel, Stuttgart, 2005.

Hannemann et al. (2008): Ralf Hannemann, Andreas Schneider, Ludger Hanenberg: ***Mindestanforderungen an das Risikomanagement (MaRisk): Eine einführende Kommentierung***, Schäffer-Poeschel, Stuttgart, 2008.

Hannoun (2008): Hervé Hannoun: ***Policy lessons from the recent financial market turmoil***, XLV Meeting of Central Bank Governors of the American Continent, Mai 2008, verfügbar unter: www.bis.org/speeches/sp080523.pdf?noframes=1 (abgerufen am: 14.10.2008).

Hänselmann/Wilderotter (2008): Michael Hänselmann, Olga Wilderotter: ***Einsatz des ökonomischen Kapitals in der Gesamtbanksteuerung***, in: Axel Becker, Volker Gehrmann, Hermann Schulte-Mattler (Hrsg.): Handbuch Ökonomisches Kapital, S. 157 - 191, Fritz Knapp, Frankfurt am Main, 2008.

Hansman (1988): Henry Hansman: ***Ownership of the Firm***, Journal of Law, Economics, and Organization, Vol. 4, No. 2, 1988, S. 267 - 304.

Hansmann (2006): Henry Hansmann: ***How Close is the End of History?***, The Journal of Corporation Law, Vol. 31, 2006, S. 745 - 751.

Hansmann/Kraakman (1991): Henry Hansmann, Reinier Kraakman: ***Toward Unlimited Shareholder Liability for Corporate Torts***, The Yale Law Journal, Vol. 100, No. 7, 1991, S. 1879 - 1937.

Hansmann/Kraakman (2000): Henry Hansmann, Reinier Kraakman: ***The End of History for Corporate Law***, Harvard Law School, Discussion Paper, No. 280, März 2000, verfügbar unter: www.law.harvard.edu/programs/olin_center/corporate_governance/papers/No280.00.Hansmann-Kraakman.pdf (abgerufen am: 19.12.2006).

Hart (1983): Oliver D. Hart: ***The Market Mechanism as an Incentive Scheme***, The Bell Journal of Economics, Vol. 14, No. 2, 1983, S. 366 - 382.

Hart (1995): Oliver Hart: ***Corporate Governance: Some Theory and Implications***, The Economic Journal, Vol. 430, No. 430, 1995, S. 678 - 689.

Hartmann (2008): Ullrich Hartmann: ***Prüfung der Offenlegungsanforderungen durch externe Prüfer und die Interne Revision***, in: Karl-Heinz Hillen, Ullrich Hartmann, Detlef Hosemann (Hrsg.): Neue regulatorische Offenlegungspflichten für Kreditinstitute, S. 419 - 441, Finanz Colloquium Heidelberg, Heidelberg, 2008.

Hartmann-Wendels (2001): Thomas Hartmann-Wendels: ***Finanzierung***, in: Peter-J. Jost (Hrsg.): Die Prinzipal-Agenten-Theorie in der Betriebswirtschaftslehre, S. 117 - 146, Schäffer-Poeschel, Stuttgart, 2001.

Hartmann-Wendels et al. (2007): Thomas Hartmann-Wendels, Andreas Pfingsten, Martin Weber: ***Bankbetriebslehre***, Springer, Berlin/Heidelberg, 2007.

Hartung (2006): Aurica Hartung: ***Geheimnisschutz und Whistleblowing im deutschen und englischen Recht***, VDM, Müller, Saarbrücken, 2006.

Hasse (1933): Ernst Hasse: ***Die Krisenmaßnahmen des Jahres 1931***, in: Untersuchungsausschuß für das Bankwesen 1933: Untersuchung des Bankwesens 1933, I. Teil, 2. Band, S. 67 - 88, Carl Heymanns, Berlin, 1933.

Hau/Thum (2008): Harald Hau, Marcel Thum: ***Wie (in-)kompetent sind die Aufsichtsräte deutscher Banken?***, ifo Schnelldienst 61 (19), Oktober, verfügbar unter: *www.cesifo-group.de/portable/page/portal/ifoContent/N/pr/pr-PDFs/ifo_schnelldienst_kompetenz index_v9.pdf* (abgerufen am: 03.10.2008).

Haun/Kaltofen (2008): Michael Haun, Robert G. Kaltofen: ***Risikoadjustiertes Pricing***, in: Axel Becker, Volker Gehrmann, Hermann Schulte-Mattler (Hrsg.): Handbuch Ökonomisches Kapital, S. 63 - 98, Fritz Knapp, Frankfurt am Main, 2008.

Häuser (1994): Karl Häuser: ***Wettbewerb und Konzentration deutscher Banken 1918 - 1945***, in: Der Wissenschaftliche Beirat des Instituts für bankhistorische Forschung e.V. (Hrsg.): Cooperation and Competition of the European Banks since the Middle of the 19th Century, S. 37 - 53, Frankfurt am Main, 1994.

Häuser (2002): Franz Häuser: ***Bankenaufsicht in Europa - "Basel II" als Perspektive***, Publikation des Instituts für Deutsches und Internationales Bank- und Kapitalmarktrecht der Universität Leipzig, verfügbar unter: *www2.uni-leipzig.de/bankinstitut/dokumente/ 2002-11-11-01.pdf* (abgerufen am: 01.03.2008).

Hauser/Hopkins/Leibundgut: Daniel Hauser, Russell Hopkins, Heinz Leibundgut: ***The Sarbanes-Oxley Act and the Role of Internal Audit***, Der Schweizer Treuhänder, Heft 12/2004, S. 1057 - 1065, verfügbar unter: *www.treuhaender.ch/pdf/artikel/ a04_1057.pdf* (abgerufen am: 29.11.2008).

Haußwald (2008): Falk Haußwald: ***Operationelle Risiken zwischen Alltag und Aufsicht - Risikomanagement als Führungsaufgabe***, in: Peter Bollmann, Hans-Willi Jackmuth (Hrsg.): Zukunft der Internen Revision: Methodische Ansätze, strategische und operative Bewältigung, S. 61 - 71, Deutscher Sparkassenverlag, Stuttgart, 2008.

Hecker (2008): Elisabeth Hecker: ***Angaben zur Eigenmittelstruktur und Eigenmittelausstattung***, in: Karl-Heinz Hillen, Ullrich Hartmann, Detlef Hosemann (Hrsg.): Neue regulatorische Offenlegungspflichten für Kreditinstitute, S. 77 - 114, Finanz Colloquium Heidelberg, Heidelberg, 2008.

HEFCE (2001): Higher Education Funding Council for England (HEFCE): ***Risk Management: a guide to good practice for higher education institutions***, HEFCE 01/28, Mai 2001, verfügbar unter: *www.hefce.ac.uk/pubs/hefce/2001/01_28/01_28.pdf* (abgerufen am: 15.12.2007).

Heidorn/Schmaltz (2008): Thomas Heidorn, Christian Schmaltz: ***Neue Entwicklungen im Liquiditätsmanagement***, in: Peter Bartetzky, Walter Gruber, Carsten S. Wehn (Hrsg.): Handbuch Liquiditätsrisiko - Identifikation, Messung und Steuerung, S. 141 - 170, Schäffer-Poeschel, Stuttgart, 2008.

Helfer (2008): Michael Helfer: ***Erfüllung der Anforderungen der MaRisk unter Berücksichtigung von Öffnungsklauseln - Besondere Anforderungen an die Ausgestaltung der Internen Revision (BT 2)***, in: Axel Becker, Michael Berndt, Jochen Klein (Hrsg.): MaRisk-Öffnungsklauseln: Prüfungsvorbereitende Dokumentation, S. 219 - 234, Finanz Colloquium Heidelberg, Heidelberg, 2008.

Helfer/Geiersbach/Prasser (2008): Michael Helfer, Karsten Geiersbach, Stefan Prasser: ***Erfüllung der Anforderungen der MaRisk unter Berücksichtigung von Öffnungsklauseln - Allgemeiner Teil (AT 4 - AT 9)***, in: Axel Becker, Michael Berndt, Jochen Klein (Hrsg.): MaRisk-Öffnungsklauseln: Prüfungsvorbereitende Dokumentation, S. 83 - 121, Finanz Colloquium Heidelberg, Heidelberg, 2008.

Helfer/Müller (2008): Michael Helfer, Sven Müller: ***Erfüllung der Anforderungen der MaRisk unter Berücksichtigung von Öffnungsklauseln – Anforderungen an die Aufbau- und Ablauforganisation - Kreditgeschäft (BTO 1)***, in: Axel Becker, Michael Berndt,

Jochen Klein (Hrsg.): MaRisk-Öffnungsklauseln: Prüfungsvorbereitende Dokumentation, S. 125 - 174, Finanz Colloquium Heidelberg, Heidelberg, 2008.

Helfer/Ullrich (2008): Michael Helfer, Walter Ullrich (Hrsg.): ***Interne Kontrollsysteme in Banken und Sparkassen***, Finanz Colloquium Heidelberg, Heidelberg, 2008.

Hellwig (1989): Martin Hellwig: ***Asymmetric Information, Financial Markets, and Financial Institutions. Where are we currently going?***, European Economic Review, Vol. 33, Issue 2-3, 1989, S. 277 - 285.

Hellwig (1998): Martin Hellwig: ***Zur "Volkswirtschaftlichen Verantwortung" der Banken***, verfügbar unter: *www.sbf.unisg.ch/org/sbf/web.nsf/c2d525ße0954edd3c12568e40027f306/11db6e43d8a47a5cc1256db0003e76cb/$FILE/ Thema09 Zur Volkswirtschaftl Verantw d Banken - Hellwig Martin.pdf* (abgerufen am: 01.10.2008).

Helmis (2002): Sven Helmis: ***Corporate Governance in Deutschland: Eigentums- und Kontrollstrukturen und rechtliche Rahmenbedingungen in der "Deutschland AG"***, Universität Witten-Herdecke, Institute for Mergers & Acquisitions, Arbeitsbericht, Nr. 03/2002, September 2002, verfügbar unter: *http://wga.dmz.uni-wh.de/wiwi/file/AB03_02/Arbeitsbericht+03_02_Corporate+Governance.pdf* (abgerufen am: 15.01.2007).

Helwege/Packer (2008): Jean Helwege, Frank Packer: ***Private matters***, BIS Working Papers, Nr. 266, Dezember 2008, verfügbar unter: *www.bis.org/pub/work266.pdf?noframes=1* (abgerufen am: 04.12.2008).

Herdzina (1999): Klaus Herdzina: ***Wettbewerbspolitik***, G. Fischer, Stuttgart, 1999.

Heremans (1999): Dirk Heremans: ***Regulation of Banking and Financial Markets***, Boudewijn Bouckaert, Gerrit De Geest (Hrsg.): Encyclopedia of Law and Economics, Edward Elgar Publishing Ltd., Cheltenham Glos, UK, S. 950 - 984.

Hermalin/Weisbach (2003): Benjamin E. Hermalin, Michael S. Weisbach: ***Boards of Directors as an endogenously determined Institution: A Survey of the Economic Literature***, FRBNY Economic Policy Review, April 2003, verfügbar unter: *www.newyorkfed.org/research/epr/03v09n1/0304herm.pdf* (abgerufen am: 24.11.2006).

Hermalin/Weisbach (2006): Benjamin E. Hermalin, Michael S. Weisbach: ***A framework for assessing corporate governance reform***, National Bureau of Economic Research, Working Paper, No. 12050, Februar 2006, verfügbar unter: *http://ssrn.com/abstract_id=881581* (abgerufen am: 15.02.2007).

Hermalin/Weisbach (2007): Benjamin E. Hermalin, Michael S. Weisbach: ***Transparency and Corporate Governance***, Januar 2007, verfügbar unter: *http://ssrn.com/abstract=958628* (abgerufen am: 10.04.2007).

Herrigel (2006): Gary Herrigel: ***Corporate Governance: History without Historians***, verfügbar unter: *www2.e.u-tokyo.ac.jp/~sousei/Herrigel.pdf* (abgerufen am: 30.10.2006).

Herring/Santomero (1999): Richard J. Herring, Anthony M. Santomero: ***What is optimal financial regulation?***, The Wharton School, University of Pennsylvania, Working Paper No. 34, Mai 1999, verfügbar unter: *http://fic.wharton.upenn.edu/fic/papers/00/0034.pdf* (abgerufen am: 18.04.2008).

Heuter/Schäffler/Gruber (2008): Henning Heuter, Christian Schäffler, Walter Gruber: ***Einbettung der Liquiditätssteuerung in der Gesamtbanksteuerung***, in: Peter Bartetzky, Walter Gruber, Carsten S. Wehn (Hrsg.): Handbuch Liquiditätsrisiko - Identifikation, Messung und Steuerung, S. 193 - 229, Schäffer-Poeschel, Stuttgart, 2008.

Hew (1976): Florian Hew: ***Entwicklungstendenzen im amerikanischen Bankensystem: Eine Untersuchung über die Entstehung, den gegenwärtigen Stand und die mögliche Ent-***

wicklung des amerikanischen Finanzsystems, unter besonderer Berücksichtigung der Handelsbanken, zugl.: Bern, Univ., Diss., 1976, Haupt, Bern/Stuttgart, 1976.

Higgs (2003): Derek Higgs: ***Review of the role and effectiveness of non-executive directors***, Januar 2003, verfügbar unter: www.berr.gov.uk/files/file23012.pdf (abgerufen am: 05.11.2008).

Hilb/Knorr/Steger (2008): Martin Hilb, Ursula Knorr, Thomas Steger: ***Der Entwicklungsstandard der Corporate Governance in Deutschland: Ergebnisse einer empirischen Erhebung im Überblick und daraus abzuleitende Folgerungen für die Corporate-Governance-Praxis***, ZCG, Heft 5/2007, 2. Jhg., S. 200 - 204.

Hildebrand (2008): Philipp M. Hildebrand: ***Finanzstabilität und die Rolle der Schweizerischen Nationalbank***, Dezember 2008, Die Volkswirtschaft, S. 13 - 16, verfügbar unter: www.lavieeconomique.ch/de/editions/200812/pdf/Hildebrand.pdf (abgerufen am: 23.12.2008).

Hirschman (1970): Albert O. Hirschman: ***Exit, Voice, and Loyalty: Responses to Decline in Firms, Organization, and States***, Cambridge: Harvard University Press, 1970.

Hirszowicz (2000): Christine Hirszowicz: ***Stellenwert einer wirksamen Bankenaufsicht im Rahmen der internationalen Finanzarchitektur***, Institut für schweizerisches Bankwesen der Universität Zürich, Working Paper Nr. 22, Mai 2000, verfügbar unter: www.isb.uzh.ch/publikationen/pdf/workingpapernr22.pdf (abgerufen am: 10.04.2008).

Hitz/Sabiwalsky (2008): Jörg-Markus Hitz, Ralf Sabiwalsky: ***Die Vergütung der DAX- 30-Vorstände im Spannungsfeld von Kapitalmarkt und Expertenbeurteilungen***, ZCG, Heft 5/2008, 3. Jhg., 2008, S. 208 - 215.

Hoffmann (1994): Dietrich Hoffmann: ***Der Aufsichtsrat: ein Handbuch für die Praxis***, Beck, München, 1994.

Hoffmann (2005): Jürgen Hoffmann: ***Kulturelle Voraussetzungen für die Entwicklung der sozialen Marktwirtschaft in Deutschland und Kontinentaleuropa***, University of Hamburg, Centre of International Studies, CIS-Discussion Papers, No. 3, April 2005, verfügbar unter: www.hwp-hamburg.de/cis/content_downloads/cp%203%20 Hoffmann.pdf (abgerufen am: 28.12.2006).

Hofmann (2005): Rolf Hofmann: ***Prüfungs-Handbuch: Leitfaden für eine Überwachungs- und Revisionskonzeption in der Corporate Governance***, Erich Schmidt, Berlin, 2005.

Hofmann (2006): Stefan Hofmann: ***Whistleblowing: Heldentat oder Verrat?***, ZCG, Heft 04/2006, 1. Jhg., 2006, S. 121 - 126.

Hofmann (2007): Bernd Hofmann: ***Risikosensitive Ausgestaltung regulatorischer Eigenmittelanforderungen: Eine kritische Analyse des auf internen Ratings basierenden Ansatzes***, in: Torsten Cramme, Thorsten Gendrisch, Walter Gruber, Ronny Hahn (Hrsg.): Handbuch Solvabilitätsverordnung, S. 97 - 112, Deutscher Sparkassenverlag, Stuttgart, 2007.

Hofmann (2008): Günter Hofmann: ***Banken und Finanzdienstleistungsunternehmen***, in: Carl-Christian Freidank, Volker H. Peemöller (Hrsg.): Corporate Governance und Interne Revision: Handbuch für die Neuausrichtung des Internal Auditing, S. 800 - 811, Erich Schmidt, Berlin, 2008.

Hofstetter (2002: Karl Hofstetter: ***Corporate Governance in der Schweiz: Bericht im Zusammenhang mit den Arbeiten der Expertengruppe "Corporate Governance"***, Juli 2002, verfügbar unter: www.six-swiss-exchange.com/download/admission/being_public/governance/cg_ch_de.pdf (abgerufen am: 15.06.2007).

Holland (2006): Björn Holland: ***Das amerikanische "board of directors" und die Führungsorganisation einer monistischen SE in Deutschland***, zugl.: Würzburg, Univ., Diss., 2004, Lang, Frankfurt am Main, 2006.

Holmstrom/Kaplan (2003): Bengt Holmstrom, Steven N. Kaplan: ***The State of U.S. Corporate Governance: What's Right and What's Wrong***, ECGI Working Paper Series in Finance, No. 23/2003, September 2003, verfügbar unter: http://ssrn.com/abstract=441100 (abgerufen am: 10.01.2007).

Hölscher/Rosenthal (2007): Luise Hölscher, Johannes Rosenthal: ***Leistungsmessung der Internen Revision***, Frankfurt School – Working Paper Series, No. 86, November 2007, verfügbar unter: *www.frankfurt-school.de/dms/Arbeitsberichte/Arbeits86.pdf* (abgerufen am: 10.12.2008).

Holzer/Makowski (1997): Peter Holzer, Andreas Makowski: ***Corporate Governance***, Der Betrieb, DB vom 04.04.1997, Heft 14, S. 688 - 692.

Homann (2006): Karl Homann: ***Die ethische Aufnahmefähigkeit der modernen Ökonomik***, Vortrag anlässlich des Symposiums "Der ehrbare Kaufmann. Eine aussterbende Spezies?", an der Humboldt-Universität zu Berlin, 7. Juli 2006, verfügbar unter: *www2. wiwi.hu-berlin.de/institute/im/publikdl/Homann.pdf* (abgerufen am: 27.04.2007).

Homann/Blome-Drees (1992): Karl Homann, Franz Blome-Drees: ***Wirtschafts- und Unternehmensethik***, Vandenhoeck und Ruprecht, Göttingen, 1992.

Höpner (2001): Martin Höpner: ***Corporate Governance in Transition: Ten Empirical Findings on Shareholder Value and Industrial Relations in Germany***, Max-Planck-Institut für Gesellschaftsforschung, Working Paper, No. 01/2005, Oktober 2005, verfügbar unter: *http://ssrn.com/abstract=287460* (abgerufen am: 19.12.2006).

Höpner/Jackson (2001): Martin Höpner, Gregory Jackson: ***Das deutsche System der Corporate Governance zwischen Persistenz und Konvergenz***, Kölner Zeitschrift für Soziologie und Sozialpsychologie, 54. Jhg., Heft 2, 2001, S. 362 - 368.

Hopt (2000): Klaus J. Hopt: ***Common Principles of Corporate Governance in Europe? - Some Thoughts on the Impact of the Securities Markets on Companies and their Reputation -***, in: Basil S. Merkesinis (Hrsg.): The Clifford Chance Millenium Lectures, The Comming Together of the Common Law and the Civil Law, S. 105 - 132, Hart, Oxford, 2000.

Hopt (2002): Klaus J. Hopt: ***Unternehmensführung, Unternehmenskontrolle, Modernisierung des Aktienrechts - Zum Bericht der Regierungskommission Corporate Governance***, in: Peter Hommelhoff et al. (Hrsg.): Corporate Governance, S. 27 - 67, Recht und Wirtschaft, Heidelberg, 2002.

Hopt/Leyens (2004): Klaus J. Hopt, Patrick C. Leyens: ***Board Models in Europe. Recent Developments of Internal Corporate Governance Structures in Germany, the United Kingdom, France, and Italy***, ECGI, Working Paper Series in Law, No. 18/2004, Januar 2004, verfügbar unter: *http://ssrn.com/abstract=487944* (abgerufen am: 08.12.2006).

Horstmann (1986): Theo Horstmann: ***"The Worst Banking Practice in the World." Inter-Allied Discussion over American Plans to Reform the German Banking System in 1945/46***, in: Hans Pohl, Bernd Rudolph (Hrsg.): German Yearbook on Business History 1986, S. 93 - 115, Berlin, 1986.

Hortmann/Seide (2006): Steffen Hortmann, Angelika Seide: ***Kapitalallokation und Limitsystem im Kontext der MaRisk***, in: Axel Becker, Walter Gruber, Dirk Wohlert (Hrsg.): Handbuch MaRisk: Mindestanforderungen an das Risikomanagement in der Bankpraxis, S. 299 - 331, Fritz Knapp, Frankfurt am Main, 2006.

Horváth (2008): Péter Horváth: ***Projektberatung***, in: Carl-Christian Freidank, Volker H. Peemöller (Hrsg.): Corporate Governance und Interne Revision: Handbuch für die Neuausrichtung des Internal Auditing, S. 212 - 222, Erich Schmidt, Berlin, 2008.

Horváth & Partners (2007): Horváth & Partners: ***Balanced Scorecard umsetzen***, Schäffer-Poeschel, Stuttgart, 2007.

Hosemann/Neisen/Tjiok (2008): Detlef Hosemann, Martin Neisen, Clifford Tjiok: ***Detailangaben zum Adressenausfallrisiko***, in: Karl-Heinz Hillen, Ullrich Hartmann, Detlef Hosemann (Hrsg.): Neue regulatorische Offenlegungspflichten für Kreditinstitute, S. 117 - 337, Finanz Colloquium Heidelberg, Heidelberg, 2008.

Hucke (2003): Anja Hucke: ***Aufsichtsrat und Abschlussprüfer - Eine symbiotische Beziehung?***, in: Peter Wollmert et al. (Hrsg.): Wirtschaftsprüfung und Unternehmensüberwachung, S. 115 - 131, IDW-Verlag GmbH, Düsseldorf, 2003.

Hucke (2008): Anja Hucke: ***Der Prüfungsausschuss nach dem Bilanzrechtsmodernisierungsgesetz (BilMoG)***, ZCG, Heft 3/2008, 3. Jhg., S. 122 - 127.

Hudetz (2008): Thomas Hudetz: ***Der Fall J. Kerviel in der Société Générale: Lessons learnt?***, 1 PLUS i, Fachbeitrag, Mai 2008, verfügbar unter: *www.1plusi.de/dokumente/1_plus_i_fachbeitrag_kerviel_lessons_learnt* (abgerufen am: 14.07.2008).

Hülsberg (2007): Frank M. Hülsberg: ***SarbanesOxleyAct, Einfluss auf Vorstand und Aufsichtsrat***, in: Carl-Christian Freidank, Laurenz Lachnit, Jörg Tesch (Hrsg.): Vahlens Großes Auditing Lexikon, S. 1220 - 1222, Vahlen, München, 2007.

Hülsberg/Brandt (2008): Frank M. Hülsberg, Verena Brandt: ***Sarbanes-Oxley-Act***, in: Carl-Christian Freidank, Volker H. Peemöller (Hrsg.): Corporate Governance und Interne Revision: Handbuch für die Neuausrichtung des Internal Auditings, S. 895- 911, Erich Schmidt, Berlin, 2008.

Humpert (2003): Oliver Humpert: ***Basel II und internes Rating: ökonomische Analyse der Regelungen zur Kreditvergabe an Unternehmen der Neuen Basler Eigenkapitalvereinbarung in der Version vom Januar 2001***, Online-Publikation, zugl.: Aachen, Techn, Hochsch., Univ., Diss., 2003, verfügbar unter: *http://darwin.bth.rwth-aachen.de/opus3/volltexte/2003/569/pdf/03_099.pdf* (abgerufen am: 08.03.2008).

Hylton (2006): Keith N. Hylton: ***Property Rules and Liability Rules, Once Again***, Review of Law and Economics, Vol. 2, 2006, S. 137 – 191.

I

IDW - BFA 1/1982: Bankenfachausschuss (BFA) des IDW: ***Zu der schriftlich fixierten Ordnung des gesamten Betriebs als Voraussetzung der Funktionsfähigkeit der Innenrevision***, in: Institut der Wirtschaftsprüfer in Deutschland e.V. (Hrsg.): Stellungnahme des Bankenfachausschusses, IDW-Verlag, Düsseldorf, 1982.

IDW - HFA 1/1988: Stellungnahmen des Hauptfachausschusses: ***Zur Anwendung stichprobengestützter Prüfungsmethoden bei der Jahresabschlussprüfung***, in: Institut der Wirtschaftsprüfer in Deutschland e.V. (Hrsg.): Fachgutachten und Stellungnahmen, IDW-Verlag, Düsseldorf, 1988.

IDW EPS 850 (2007): Institut der Wirtschaftsprüfer e.V. (Hrsg.): ***Entwurf IDW Prüfungsstandard: Projektbegleitende Prüfung bei Einsatz von Informationstechnologie***, in: Institut der Wirtschaftsprüfer in Deutschland e.V. (Hrsg.): Fachgutachten und Stellungnahmen, IDW-Verlag, Düsseldorf, 2007.

IDW PS 261 (2006): Institut der Wirtschaftsprüfer e.V. (Hrsg.): ***IDW Prüfungsstandard: Feststellung und Beurteilung von Fehlerrisiken und Reaktionen des Abschlussprüfers auf die beurteilten Fehlerrisiken***, in: Institut der Wirtschaftsprüfer in Deutschland e.V. (Hrsg.): Fachgutachten und Stellungnahmen, IDW-Verlag, Düsseldorf, 2006.

IDW PS 321 (2002): Institut der Wirtschaftsprüfer e.V. (Hrsg.): ***IDW Prüfungsstandard: Interne Revision und Abschlussprüfung***, in: Institut der Wirtschaftsprüfer in Deutschland e.V. (Hrsg.): Fachgutachten und Stellungnahmen, IDW-Verlag, Düsseldorf, 2002.

IDW PS 340 (2000): Institut der Wirtschaftsprüfer e.V. (Hrsg.): ***IDW Prüfungsstandard: Die Prüfung des Risikofrüherkennungssystems nach § 317 Abs. 4 HGB***, in: Institut der Wirtschaftsprüfer in Deutschland e.V. (Hrsg.): Fachgutachten und Stellungnahmen, IDW-Verlag, Düsseldorf, 2000.

IFAC (2008): International Federation of Accountants (IFAC): ***Handbook of International Auditing, Assurance, and Ethics Pronouncements***, März 2008, verfügbar unter: www.ifac.org/Members/DownLoads/2008_IAASB_Handbook_Part_I-Compilation.pdf (abgerufen am: 24.09.2008).

IIA - ERM (2004a): The Institute of Internal Auditors: ***Applying COSO's Enterprise Risk Management - Integrated Framework***, September 2004, verfügbar unter: www.coso.org/Publications/ERM/COSO_ERM.ppt (abgerufen am: 25.02.2007).

IIA - ERM (2004b): The Institute of Internal Auditors: ***The Role of Internal Auditing in Enterprise-wide Risk Management***, September 2004, verfügbar unter: www.theiia.org/download.cfm?file=283 (abgerufen am: 29.12.2006).

IIA - Internal Control (2005): The Institute of Internal Auditors: ***Practical Considerations Regarding Internal Auditing Expressing an Opinion on Internal Control***, Juni 2005, verfügbar unter: www.theiia.org/download.cfm?file=1655 (abgerufen am: 10.05.2007).

IIA - PA (2007): The Institute of Internal Auditors: ***Practice Advisories***, Altamonte Springs, Florida, USA, 2007.

IIA - SOA (2004): The Institute of Internal Auditors: ***Internal Auditing's Role in Sections 302 and 404 of the U.S. Sarbanes-Oxley Act of 2002***, Mai 2004, verfügbar unter: www.theiia.org/download.cfm?file=1655 (abgerufen am: 15.04.2007).

IIA - Standards (2007): The Institute of Internal Auditors: ***Standards for the Professional-Practice of Internal Auditing***, AltamonteSprings, Florida, 2007.

IIA (2006): The Institute of Internal Auditors: ***Organizational Governance: Guidance for Internal Auditors***, Juli 2006, verfügbar unter: www.theiia.org/download.cfm?file=_76050 (abgerufen am: 05.08.2006).

IIA Austria (2004): Institut für Interne Revision Österreich - IIA Austria: ***Das Interne Kontrollsystem aus der Sicht der Internen Revision***, Linde, Wien, 2004.

IIF (2008a): Institute of International Finance: ***Interim Report of the IIF Committee on Market Best Practices***, April 2008, verfügbar unter: www.iif.com/ download.php?id=_SDzcEc8juCI= (abgerufen am: 11.04.2008).

IIF (2008b): Institute of International Finance: ***Final Report of the IIF Committee on Market Best Practices: Principles of Conduct and Best Practice Recommendations***, Juli 2008, verfügbar unter: http://iif.com/download.php?id=Osk8Cwl08yw= (abgerufen am: 19.07.2008).

IIR - QA (2007): Deutsches Institut für Interne Revision e.V.: ***Leitfaden zur Durchführung eines Quality Assessments (QA) - Ergänzung zum IIR Revisionsstandard Nr. 3 ("Qualitätsmanagement")***, Frankfurt am Main, verfügbar unter: www.iir-ev.de/deutsch/iir/berufsgrundlagen/QALeitfaden08.pdf (abgerufen am: 14.02.2007).

Imhoff (2003): Eugene A. Imhoff, Jr.: ***Accounting Quality, Auditing and Corporate Governance***, Accounting Horizons: Special Issue on Accounting Quality, Vol. 13, 2003, S. 117 - 128.

IOSCO (2005): International Organization of Securities Commissions: ***Strengthening Capital Markets against Financial Fraud***, Februar 2005, verfügbar unter:

www.cmvm.pt/NR/rdonlyres/85312A11-A927-4F63-810A-082CCIA2CF5F8/1562/IOSCOPD192.pdf (abgerufen am: 04.11.2008).

IOSCO (2007): International Organization of Securities Commissions: ***Board Independence of Listed Companies***, März 2007, verfügbar unter: www.iosco.org/library/pubdocs/pdf/IOSCOPD238.pdf (abgerufen am: 03.11.2008).

J

Jäggi (2008): Simon Jäggi: ***Volkswirtschaftliche Auswirkungen der Finanzkrise***, Dezember 2008, Die Volkswirtschaft, S. 31 - 34, verfügbar unter: www.lavieeconomique.ch/de/editions/200812/pdf/SJaeggi.pdf (abgerufen am: 23.12.2008).

Jansch (1999): Torsten Adam Jansch: ***Die Rolle der Aktionäre in Publikumsgesellschaften***, zugl.: Kassel, Univ., Diss., 1998, Deutscher Universitäts-Verlag, Wiesbaden, 1999.

Jensen (1986): Michael C. Jensen: ***Agency Costs of Free Cash Flow, Corporate Finance, and Takeovers***, ursprünglich veröffentlicht in American Economic Review, Vol. 76, No. 2, Mai 1986, S. 323 - 329, verfügbar unter: http://papers.ssrn.com/abstract=99580 (abgerufen am: 08.01.2007).

Jensen (1993): Michael C. Jensen: ***The Modern Industrial Revolution, Exit, and the Failure of Internal Control Systems***, ursprünglich veröffentlicht in Journal of Finance, Juli 1993, S. 831 - 880, verfügbar unter: http://ssrn.com/abstract=93988 (abgerufen am: 03.11.2006).

Jensen (2001): Michael C. Jensen: ***Value Maximization, Stakeholder Theory, and the Corporate Objective Function***, Journal of Applied Corporate Finance, Vol. 14, No. 3, S. 8 - 21, verfügbar unter: http://ssrn.com/abstract=220671 (abgerufen am: 15.01.2007).

Jensen/Chew (1997): Michael C. Jensen, Donald H. Chew: ***U.S. Corporate Governance: Lessons from the 1980s***, verfügbar unter: http://ssrn.com/abstract=146150 (abgerufen am: 23.11.2006).

Jensen/Meckling (1976): Michael C. Jensen, William H. Meckling: ***Theory of the Firm: Managerial Behavior, Agency Costs and Ownership Structure***, Vol. 3, No. 4, 1976, S. 305 - 360.

Jensen/Murphy (1990): Michael C. Jensen, Kevin J. Murphy: ***Performance Pay and Top-Management Incentives***, Journal of Political Economy, Vol. 98, No. 2, April 1990, S. 225 - 264, verfügbar unter: http://papers.ssrn.com/abstract=94009 (abgerufen am: 06.01.2007).

Jerzembek/Rosteck (2007): Lothar Jerzembek, Marcel Rosteck: ***Offenlegungsanforderungen nach bankaufsichtlichem Verständnis***, in: Torsten Cramme, Thorsten Gendrisch, Walter Gruber, Ronny Hahn (Hrsg.): Handbuch Solvabilitätsverordnung, S. 333 - 372, Deutscher Sparkassenverlag, Stuttgart, 2007.

Jorion (2001): Philippe Jorion: ***Value at Risk: The New Benchmark for Managing Financial Risk***, McGraw-Hill, New York, 2001.

Junker (2008): Michael Junker: ***Industrialisierung im Banking - Mode oder Notwendigkeit***, Vortrag im Rahmen der DSGV Fachtagung Betriebswirtschaft am 08.05.2008 in Berlin.

Jürgens/Lippert (2005): Ulrich Jürgens, Inge Lippert: ***Kommunikation und Wissen im Aufsichtsrat: Voraussetzungen und Kriterien guter Aufsichtsratsarbeit aus der Perspektive leitender Angestellter***, Wissenschaftszentrum Berlin für Sozialforschung, Discussion Paper SP III 2005-301, Mai 2005, verfügbar unter: http://bibliothek.wz-berlin.de/pdf/2005/iii05-301.pdf (abgerufen am: 20.03.2007).

K

Kajüter (2008): Peter Kajüter: ***Rolle der Internen Revision im Risikomanagementsystem***, in: Carl-Christian Freidank/Volker H. Peemöller (Hrsg.): Corporate Governance und Interne Revision: Handbuch für die Neuausrichtung des Internal Auditing, S. 109 - 126, Erich Schmidt, Berlin, 2008.

Kambhu/Weidman/Krishnan (2007a): John Kambhu, Scott Weidman, Neel Krishnan (Report Editors): ***New Directions for Understanding Systemic Risk - Part 1: Introduction***, Economic Policy Review, A Report on a Conference Cosponsored by the Federal Reserve Bank of New York and the National Academy of Sciences, Vol. 13, No. 2, November 2007, S. 1 - 14, verfügbar unter: www.newyorkfed.org/ research/epr/07v13n2/ 0711part1.pdf (abgerufen am: 04.04.2008).

Kambhu/Weidman/Krishnan (2007b): John Kambhu, Scott Weidman, Neel Krishnan (Report Editors): ***New Directions for Understanding Systemic Risk - Part 2: Current Trends in Economic Research on Systemic Risk***, Economic Policy Review, A Report on a Conference Cosponsored by the Federal Reserve Bank of New York and the National Academy of Sciences, Vol. 13, No. 2, November 2007, S. 17 - 22, verfügbar unter: www.newyorkfed.org/research/epr/07v13n2/0711part2.pdf (abgerufen am: 04.04.2008).

Kane (1988): Edward J. Kane: ***Interaction of Financial and Regulatory Innovation***, The American Economic Review, Vol. 78, No. 2, 1988, S. 328 - 334.

Kaplow/Shavell (1996): Louis Kaplow, Steven Shavell: ***Property Rules versus Liability Rules***, verfügbar unter: http://ssrn.com/abstract=56405 (abgerufen am: 02.04.2007).

Kaufmann (1996): George G. Kaufmann: ***Bank Failures, Systemic Risk, and Bank Regulation***, The Cato Journal, Vol. 16, No. 1, verfügbar unter: www.cato.org/pubs/journal/ cj16n1-2.html (abgerufen am: 18.03.2008).

Kaufmann/Scott (2003): George G. Kaufmann, Kenneth E. Scott: ***What is systemic risk, and do bank regulators retard or contribute to it?***, The Independent Review, Vol. VII, No. 3, Winter 2003, 2003, S. 371 - 391.

Kaulmann (1987): Thomas Kaulmann: ***Property rights und Unternehmungstheorie: Stand und Weiterentwicklung der empirischen Forschung***, Florentz, München, 1987.

Kelly (1985): Edward J. Kelly: ***Legislative History of the Glass Steagall Act***, in: Ingo Walter (Hrsg.): Deregulating Wall Street, S. 41 - 65, Wiley, New York, 1985.

Keßler (2008): Peter Keßler: ***Datenqualitätsmanagement ist auch in Sparkassen vordringliches Thema***, Betriebswirtschaftliche Blätter, Heft 07/2008, S. 372 - 374.

Kieser (2002): Claire Kieser: ***Corporate Governance in den Niederlanden***, zugl.: Hamburg, Univ., Diss., Verlag im Internet GmbH, Berlin, 2002.

Kirchner (1997): Christian Kirchner: ***Ökonomische Theorie des Rechts: Vortrag gehalten vor der Juristischen Gesellschaft zu Berlin am 16. Oktober 1996***, de Gruyter, Berlin/New York, 1997.

Kirmße et al. (2007): Stefan Kirmße, Henner Schierenbeck, Patrick Tegeder: ***Struktur und Prozesse einer Gesamtbanksteuerungsarchitektur***, in: Henner Schierenbeck, Patrick Kirmße (Hrsg.): Aktuelle Entwicklungen und Fragestellungen in der Banksteuerung, S. 3 - 33, Fritz Knapp, Frankfurt am Main, 2007.

Kirstein (2003): Roland Kirstein: ***Ökonomische Analyse des Rechts***, University of Saarland, Center for the Study of Law and Economics, Discussion Paper 2003-06, Vol. 2004, Paper 4, verfügbar unter: www.bepress.com/cgi/viewcontent.cgi?article=1082& context=gwp (abgerufen am: 15.03.2007).

Kirstein/Schmidtchen (2003): Roland Kirstein, Dieter Schmidtchen: ***Ökonomische Analyse des Rechts***, Universität des Saarlandes, Center for the Study of Law and Economics, Discussion Paper 2003-04, verfügbar unter: http://opus.zbw-kiel.de/volltexte/2003/ 1183/pdf/2003-06_oear.pdf (abgerufen am: 05.04.2007).

Klein (2000): Peter G. Klein: ***New Institutional Economics***, in: Boudewijn Bouckaert, Gerrit De Geest (Hrsg.): Encyclopedia of Law and Economics, S. 456 - 489, Edward Elgar Publishing Ltd., Cheltenham Glos, UK, 2000.

Klein (2006): Achim Klein: ***Der europäische Markt für Unternehmenskontrolle zwischen Konvergenz und Divergenz***, zugl.: Trier, Univ. Diss., Tectum, Marburg, 2006.

Kleinhans (1967): Joachim Kleinhans: ***Bankenaufsicht***, in: Erich Achterberg, Karl Lanz (Hrsg.): Enzyklopädisches Lexikon für das Geld-, Bank- und Börsenwesen, Band 1, S. 137 - 140, Fritz Knapp, Frankfurt am Main, 1967.

Klement/Hahn (2007): Jochen Klement, Ronny Hahn: ***Aufbau und Grundlagen des IRB-Ansatzes***, in: Torsten Cramme, Thorsten Gendrisch, Walter Gruber, Ronny Hahn (Hrsg.): Handbuch Solvabilitätsverordnung, S. 83 - 95, Deutscher Sparkassenverlag, Stuttgart, 2007.

Kloska (2008): Anna-Katharina Kloska: ***Stichprobenverfahren***, Zeitschrift Interne Revision, 43 Jhg., Heft 1/2008, S. 20 - 27.

Knapp (2005): Eckhard Knapp: ***Interne Revision und Corporate Governance - Aufgaben und Entwicklungen für die Überwachung***, Erich Schmidt, Berlin, 2005.

Knight (1921): Frank H. Knight: ***Risk, Uncertainty and Profit***, wieder abgedruckt von Beard Books (2002), Washington, D.C., 1921.

Knight (2008a): Malcolm D Knight: ***Now you see it, now you don't; the nature of risk and the current financial turmoil,*** Speech by Malcolm D Knight, General Manager of the BIS, at the Ninth Annual Risk Management Convention and Exhibition of the Global Association of Risk Professionals, New York, 26.02.2008, verfügbar unter: *www.bis.org/speeches/sp080229.htm* (abgerufen am: 15.03.2008).

Knight (2008b): Malcom D Knight: ***Weakness revealed by the market turmoil: where do we go from here?***, Keynote at the Chatham House event: "The New Financial Frontiers", London, 29.04.2008, verfügbar unter: *www.bis.org/speeches/sp080502.htm* (abgerufen am: 20.05.2008).

Knöchlein/Tretter (2007): Germar Knöchlein, Tobias Tretter: ***MaRisk-konforme Abbildung der Handelsgeschäftsprozesse im Risikocontrolling***, in: Hans Heiner Bouley et al. (Hrsg.): Einhaltung der MaRisk bei Betreiben von Handelsgeschäften, S. 55 - 139, Finanz Colloquium, Heidelberg, 2007.

Koeberle-Schmid (2008): Alexander Koeberle-Schmid: ***Das System der Family Business Governance: Konzeptionalisierung und Gremien***, ZCG, Heft 4/2008, 3. Jhg., 2008, S. 149 - 155.

Koetter et al. (2004): Michael Koetter, Thorsten Nestmann, Stéphanie Stolz, Michael Wedow: ***Structures and Trends in German Banking***, Kiel Institute for World Economics, Kiel Working Paper, No. 1225, September 2004, verfügbar unter: *http://ssrn.com/abstract=605721* (abgerufen am: 03.04.2008).

Köhler/Lang (2008): Matthias Köhler, Gunnar Lang: ***Trends im Retail-Banking: Outsourcing im deutschen Bankensektor***, Zentrum für Europäische Wirtschaftsforschung, Dokumentation Nr. 08-04, August 2008, verfügbar unter: *ftp.zew.de/pub/zew-docs/docus/dokumentation0804.pdf* (abgerufen am: 14.11.2008).

Köhne (2005): Marc Felix Köhne: ***Die Implementierung eines Frameworks für das Management von Operational Risk***, in: Axel Becker, Markus Gaulke, Martin Wolf (Hrsg.): Praktiker-Handbuch Basel II, S. 275 - 292, Schäffer-Poeschel, Stuttgart, 2005.

Kokert (2008): Josef Kokert: ***Auslagerung von Geschäftsbereichen im Fokus der Internen Revision***, in: Peter Bollmann, Hans-Willi Jackmuth (Hrsg.): Zukunft der Internen Revision: Methodische Ansätze, strategische und operative Bewältigung, S. 151 - 170, Deutscher Sparkassenverlag, Stuttgart, 2008.

Köklü (2006): Alper Köklü: ***Die Beteiligung der Arbeitnehmer und die Corporate Governance in der Europäischen Aktiengesellschaft ("Societas Europaea") mit Sitz in Deutschland: Rechtliche und ökonomische Analyse der deutschen Umsetzungsgesetze***, zugl.: Kassel, Univ., Diss., 2006, Dr. Kovac, Hamburg, 2006.

Kolbeck (1995): Rosemarie Kolbeck: ***Universalbankensysteme***, in: Wolfgang Gerke, Manfred Steiner (Hrsg.): Handwörterbuch des Bank- und Finanzwesens, Sp. 1858 - 1867, Schäffer-Poeschel, Stuttgart, 1995.

Kommission (2002): European Commission Internal Market Directorate General: ***Comparative Study of Corporate Governance Codes relevant to the European Union and its Member States***, Januar 2002, verfügbar unter: www.ecgi.org/codes/documents/comparative_study_eu_i_to_v_en.pdf (abgerufen am: 12.05.2007).

Kommission (2005): Kommission der Europäischen Gemeinschaften: ***Empfehlung der Kommission vom 15. Februar 2005 zu den Aufgaben von nicht geschäftsführenden Direktoren/Aufsichtsratsmitgliedern/börsennotierter Gesellschaften sowie zu den Ausschüssen des Verwaltungs-/Aufsichtsrats***, S. L 52/51 - L 52/63, verfügbar unter: http://eur-lex.europa.eu/LexUriServ/site/de/oj/2005/l_052/l_05220050225de00510063.pdf (abgerufen am: 05.06.2007).

König - Arbeitskreis 3 (2006): Herwin König und die Leiter der Arbeitsgruppen: ***Sparkassen-Prüfertag 2006, Arbeitskreis 3: Revision der Informationstechnologie - Erfahrungsaustausch mit Mitgliedern des FA OPDV***, in: Deutscher Sparkassen- und Giroverband e.V.: Sparkassen-Prüfertag 2006, S. 171 - 195, Deutscher Sparkassenverlag, Stuttgart, 2006.

Königsmaier (1999): Heinz Königsmaier: ***Der optimale Prüfungszeitpunkt in der Internen Revision - eine Untersuchung des "audit timing-Problems" aus theoretischer Sicht***, Zeitschrift Interne Revision, 34. Jhg., Heft 2a/1999, 1999, S. 29 - 43.

Kopenhagen/Hansen (2008): Horst Kopenhagen, Oliver Hansen: ***Adressenrisikomanagement und -controlling - ein Dialog zwischen Controller und Prüfer***, in: Peter Bollmann, Hans-Willi Jackmuth (Hrsg.): Zukunft der Internen Revision: Methodische Ansätze, strategische und operative Bewältigung, S. 15 - 30, Deutscher Sparkassenverlag, Stuttgart, 2008.

KPMG (2004): KPMG's Audit Committee Institute: ***Bedeutung der Internen Revision in der Corporate Governance***, Dezember 2004, verfügbar unter: www.audit-comitee.com/13701.htm (abgerufen am: 15.11.2006).

Kraakman (1996): Reinier Kraakman: ***Die Professionalisierung des Board***, in: Dieter Feddersen, Peter Hommelhoff, Uwe H. Schneider (Hrsg.): Corporate Governance: Optimierung der Unternehmensführung und der Unternehmenskontrolle im deutschen und amerikanischen Aktienrecht, S. 129 - 142, O. Schmidt, Köln, 1996.

Krahnen (2006): Jan Pieter Krahnen: ***Die Stabilität von Finanzmärkten: Wie kann die Wirtschaftspolitik Vertrauen schaffen?***, Center for Financial Studies, Working Paper No. 2006/05, März 2006, verfügbar unter: www.ifk-cfs.de/papers/06_05.pdf (abgerufen am: 15.03.2008).

Kräkel (2007): Matthias Kräkel: ***Organisation und Management***, Mohr Siebeck, Tübingen, 2007.

Kramp/Winterstein - Arbeitskreis 9 (2001): Bernd Kramp, Wolfgang Winterstein und die Leiter der Arbeitsgruppen (Karsten Geiersbach et al.): ***Sparkassen-Prüfertag 2001, Ar-***

beitskreis 9: Kreditderivate und Scoring-Verfahren, S. 368 - 400, Deutscher Sparkassenverlag, Stuttgart, 2001.

Kregel (1992): Jan A. Kregel: ***Universal Banking, US Banking Reform and Financial Competition***, Quarterly Review, Banca Nationale Del Lavoro, No. 182, 1992, S. 231 - 253.

Kregel (2005): Joachim Kregel: ***Kontrollsysteme USA und Übertragbarkeit auf Deutschland***, Zeitschrift Interne Revision, 40. Jhg., Heft 5/2005, S. 205 - 206.

Kregel (2008): Joachim Kregel: ***Stellung der Internen Revision im dualen und im Board-System***, in: Carl-Christian Freidank, Volker H. Peemöller (Hrsg.): Corporate Governance und Interne Revision: Handbuch für die Neuausrichtung des Internal Auditings, S. 605 - 622, Erich Schmidt, Berlin, 2008.

Kreische (2005): Kai Kreische: ***Anforderungen an das Management, die Identifizierung, Messung und Steuerung des operationellen Risikos nach Basel II***, in: Axel Becker, Markus Gaulke, Martin Wolf (Hrsg.): Praktiker-Handbuch Basel II, S. 249 - 274, Schäffer-Poeschel, Stuttgart, 2005.

Kring (2002): Thorn Kring: ***Stakeholder Management - Eine institutionenökonomische Betrachtung***, in: Theresia Theurl. (Hrsg.): Münstersche Schriften zur Kooperation, S. 9 - 48, 2002, verfügbar unter: www.wiwi.uni-muenster.de/06/toplinks/ifgevents/oberseminar/muenster/wise0102/material/Band54.pdf (abgerufen am: 13.10.2007).

Kroszner (2007): Randall S. Kroszner: ***Statement by Governor Randall S. Kroszner***, November 2007, verfügbar unter: www.federalreserve.gov/newsevents/press/bcreg/kroszner basel20071102.htm (abgerufen am: 28.12.2007).

Kroszner/Rajan (1993): Randall S. Kroszner, Raghuram G. Rajan: ***Is the Glass-Steagall Act Justified? A Study of the U.S. Experience with Universal Banking Before 1933***, The American Economic Review, Vol. 84, No. 4, 1993, S. 810 - 832.

Krugman (1991): Paul Krugman: ***International Aspects of Financial Crises***, in: Martin Feldstein (Hrsg.): The Risk of Economic Crisis, Januar 1991, S. 85 - 109, verfügbar unter: www.nber.org/chapters/c6230.pdf (abgerufen am: 05.10.2008).

Krumnow (2000): Jürgen Krumnow: ***Zur strategischen Bedeutung des Risikomanagements für die Kreditinstitute***, in: Lutz Johanning, Bernd Rudolph (Hrsg.): Handbuch Risikomanagement, Band 2: Risikomanagement in Banken, Asset-Gesellschaften, Versicherungs- und Industrieunternehmen, S. 683 - 700, Uhlenbruch, Bad Soden/Ts., 2000.

Kundiger (2006): Peter Kundinger: ***Die Interne Revision als Change Agent***, Zeitschrift Interne Revision, 41. Jhg., Heft 5/2006, S. 198 - 208.

Kupiec/O'Brien (1997): Paul H. Kupiec, James M. O'Brien: ***The Pre-Commitment Approach: Using Incentives to Set Market Risk Capital Requirements***, Federal Reserve Board, Washington, Working Paper 14, verfügbar unter: http://citeseer.ist.psu.edu/cache/papers/cs/21609/http:zSzzSzwww.federalreserve.govzSzpubszSzfedszSz1997zSz199714zSz199714pap.pdf/kupiec97precommitment.pdf (abgerufen am: 19.03.2008).

Kupsch (2007): Peter Kupsch: ***Audit Committee***, in: Carl-Christian Freidank, Laurenz Lachnit, Jörg Tesch (Hrsg.): Vahlens Großes Auditing Lexikon, S. 64 - 66, Vahlen, München, 2007.

Kurowski (2004): Herbert Kurowski: ***Risikoorientierte Prüfung der Innenrevision***, Betriebswirtschaftliche Blätter, Heft 09/2004, S. 470 - 473.

KWG (1939): Gesetz über das Kreditwesen in der Fassung vom 25.09.1939 (Reichsgesetzblatt I, S. 1955: ***Loseblatt-Ausgabe mit sämtlichen Durchführungsbestimmungen und ergänzenden Vorschriften***, Verlag für Wissenschaft und Praxis, Stuttgart, 1939.

KWG-Begründung (1934): Bericht des Vorsitzenden des Untersuchungsausschusses für das Bankwesen (November 1934): ***Gesetzesbegründung***, in:Gesetz über das Kreditwesen in der Fassung vom 25.09.1939, Loseblatt-Ausgabe, Verlag für Wissenschaft und Praxis, Stuttgart, 1934.

L

La Porta et al. (1998a): Rafael La Porta, Florenico Lopez-de-Silanes, Andrei Shleifer, Robert Vishny: ***The Quality of Government***, NBER Working Paper, No. W6727, verfügbar unter: http://ssrn.com/abstract=129448 (abgerufen am: 30.12.2006).

La Porta et al. (1998b): Rafael La Porta, Florenico Lopez-de-Silanes, Andrei Shleifer, Robert Vishny: ***Law and Finance***, Vol. 106, No. 6, 1998, S. 1113 - 1155.

La Porta et al. (1999): Rafael La Porta, Florencio Lopez-De-Silanes, Andrei Shleifer: ***Corporate Ownership around the World***, The Journal of Finance, Vol. LIV, No. 2, 1999, S. 471 - 517.

La Porta et al. (2000): Rafael La Porta, Florenico Lopez-de-Silanes, Andrei Shleifer, Robert Vishny: ***Investor Protection and Corporate Governance***, verfügbar unter: www.economics.harvard.edu/faculty/shleifer/papers/ip_corpgov_paper.pdf (abgerufen am: 15.12.2006).

Laeven/Levine (2006): Luc Laeven, Ross Levine: ***Corporate Governance, Regulation, and Bank Risk Taking***, November 2006, verfügbar unter: www.econ.brown.edu/fac/Ross_Levine/Publication/Forthcoming/bank_stability_RFS.pdf (abgerufen am: 03.04.2008).

Laeven/Valencia (2008): Luc Laeven, Fabian Valencia: ***Systemic Banking Crises: A New Database***, IMF Working Paper, November 2008, verfügbar unter: www.imf.org/external/pubs/ft/wp/2008/wp08224.pdf (abgerufen am: 24.12.2008).

Landes (1999): David S. Landes: ***Wohlstand und Armut der Nationen***, Siedler, Berlin, 1999.

Landes/Posner (1987): William M. Landes, Richard A. Posner: ***The Economic Structure of Tort Law***, Harvard University Press, Cambridge, Massachusetts, 1987.

Lane (2003): Christel Lane: ***Changes in Corporate Governance of German Corporations: Convergence to the Anglo-American Model?***, University of Cambridge, ESRC Centre of Business Research, Working Paper, No. 259, März 2003, verfügbar unter: www.cbr.cam.ac.uk/pdf/WP259.pdf (abgerufen am: 03.01.2007).

Lane (2004): Christel Lane: ***Institutional Transformation and System Change: Changes in Corporate Governance of German Corporations***, Institute for Advanced Studies (IHS), Sociological Series 65, verfügbar unter: www.ihs.ac.at/publications/soc/rs65.pdf (abgerufen am: 05.01.2007).

Lehmbruch (2006): Gerhard Lehmbruch: ***Nationen und Systemtypen in der vergleichenden politischen Ökonomie***, in: Volker R. Berghahn, Sigurt Vitols (Hrsg.): Gibt es einen deutschen Kapitalismus? Tradition und globale Perspektiven der sozialen Marktwirtschaft, S. 86 - 95, Campus, Frankfurt/New York, 2006.

Leipold (1978): Helmut Leipold: ***Theorie der Property Rights: Forschungsziele und Anwendungsbereiche***, WiSt, 7. Jhg., 1978, S. 518 - 525.

Leipold (2006): Helmut Leipold: ***Kulturvergleichende Institutionenökonomik: Studien zur kulturellen, institutionellen und wirtschaftlichen Entwicklung***, Lucius & Lucius, Stuttgart, 2006.

Lentfer (2005): Thies Lentfer: ***Einflüsse der internationalen Corporate Governance-Diskussion auf die Überwachung der Geschäftsführung: eine kritische Analyse des deutschen Aufsichtsratssystems***, zugl.: Hamburg, Univ., Diss., 2005, Deutscher Universitäts-Verlag, Wiesbaden, 2005.

Lentfer (2008): Thies Lentfer: ***Evaluation des Aufsichtsrates***, in: Carl-Christian Freidank, Volker H. Peemöller (Hrsg.): Corporate Governance und Interne Revision: Handbuch für die Neuausrichtung des Internal Auditings, S. 693 - 709, Erich Schmidt, Berlin, 2008.

Lenz/Krag (2008): Alexander Lenz, Joachim Krag: ***Strategische Kontrolle durch den Aufsichtsrat und haftungsrechtliche Sorgfaltspflichten***, ZCG, Heft 4/2008, 3. Jhg., S. 161 - 168.

Lenzmann (2008): Björn Lenzmann: ***Quantifizierung operationeller Risiken als Bestandteil der ökonomischen Kapitalsteuerung***, in: Axel Becker, Volker Gehrmann, Hermann Schulte-Mattler (Hrsg.): Handbuch Ökonomisches Kapital, S. 277 - 303, Fritz Knapp, Frankfurt am Main, 2008.

Letza/Sun (2002): Steve Letza, Xiuping Sun: ***Corporate Governance: paradigms, dilemmas and beyond***, Leeds Law School, verfügbar unter: *www.puereview.ae.poznan.pl/2002v2n1/03-letza.pdf* (abgerufen am: 02.12.2006).

Levine (2004): Ross Levine: ***The Corporate Governance of Banks: A Concise Discussion of Concepts and Evidence***, World Bank Policy Research Working Paper 3404, September 2004, verfügbar unter: *www-wds.worldbank.org/servlet/WDSContentServer/WDSP/IB/2004/10/08/000012009_20041008124126/Rendered/PDF/WPS3404.pdf* (abgerufen am: 12.04.2008).

Leyens (2006): Patrick C. Leyens: ***Information des Aufsichtsrats: ökonomisch-funktionale Analyse und Rechtsvergleich zum englischen Board***, zugl.: Hamburg, Univ., Diss., 2006, Mohr Siebeck, Tübingen, 2006.

Link (2009): Jörg Link: ***Führungssysteme***, Franz Vahlen, München, 2009.

Lipton/Rosenblum (1991): Martin Lipton, Steven A. Rosenblum: ***A New System of Corporate Governance: The Quinquennial Election of Directors***, The University of Chicago Law Review, Vol. 58, No. 1, 1991, S. 187 – 253.

Llewellyn (1931): Karl N. Llewellyn: ***What Price Contract? - An Essay in Perspective***, Yale Law Yournal, Vol. XL, 1931, S. 704 - 751.

Llewellyn (1999): David Llewellyn: ***The Economic Rationale for Financial Regulation***, FSA Occasional Paper, April 1999, verfügbar unter: *www.fsa.gov.uk/pubs/occpapers/OP01.pdf* (abgerufen am: 14.04.2008).

Loch (2008): Friedemann Loch: ***Qualitative Angaben über das Risikomanagement***, in: Karl-Heinz Hillen, Ullrich Hartmann, Detlef Hosemann (Hrsg.): Neue regulatorische Offenlegungspflichten für Kreditinstitute, S. 29 - 54, Finanz Colloquium Heidelberg, Heidelberg, 2008.

Loeper (2008): Erich Loeper: ***Aktuelles aus der Bankenaufsicht im Überblick***, Vortrag anlässlich des Bundesbank-Symposiums "Bankenaufsicht im Dialog" in Frankfurt am Main am 03.06.2008.

Lombardo/Wunderlich (2004): Stefano Lombardo, Nils Wunderlich: ***Über den ökonomischen Sinn und Unsinn eines Haftungsdurchgriffs im Recht der Kapitalgesellschaften***, German Working Papers in Law and Economics, Vol. 2004, Paper 29, verfügbar unter: *www.bepress.com/cgi/viewcontent.cgi?article=1107&context=gwp* (abgerufen am: 10.04.2007).

Lück (2003a): Wolfgang Lück: ***Interne Revision im Internen Überwachungssystem (IÜS)***, in: Peter Horváth, Thomas Reichmann (Hrsg.): Vahlens Großes Controllinglexikon, S. 315 - 318, Franz Vahlen, München, 2003.

Lück (2003b): Wolfgang Lück: ***Zusammenarbeit von Interner Revision und Abschlußprüfer: Vergangenheit, Gegenwart, Zukunft***, Erich Schmidt, Berlin, 2003.

Lück (2007): Wolfgang Lück: ***Interne Revision***, in: Carl-Christian Freidank, Laurenz Lachnit, Jörg Tesch (Hrsg.): Vahlens Großes Auditing Lexikon, S. 697 - 698, Franz Vahlen, München, 2007.

Lück/Schröder (2007): Wolfgang Lück, Alexander Schröder: ***Internal Control-System***, in: Carl-Christian Freidank, Laurenz Lachnit, Jörg Tesch (Hrsg.): Vahlens Großes Auditing Lexikon, S. 679 - 680, Franz Vahlen, München, 2007.

Lüders/Weber (2006): Uwe Lüders, Franz S.J. Weber: ***Qualitative Bankenaufsicht - Qualitätssicherungsmaßnahmen nach MaRisk***, in: Axel Becker, Walter Gruber, Dirk Wohlert (Hrsg.): Handbuch MaRisk: Mindestanforderungen an das Risikomanagement in der Bankpraxis, S. 61 - 73, Fritz Knapp, Frankfurt am Main, 2006.

Lüdiger (2008): Martin Lüdiger: ***Die Interne Revision im Spannungsfeld veränderter Anforderungen - Sichtweise eines Vorstands***, in: Peter Bollmann, Hans-Willi Jackmuth (Hrsg.): Zukunft der Internen Revision: Methodische Ansätze, strategische und operative Bewältigung, S. 185 - 198, Deutscher Sparkassenverlag, Stuttgart, 2008.

Lutter (1984): Marcus Lutter: ***Information und Vertraulichkeit im Aufsichtsrat***, Carl Heymanns, Köln/Berlin/München, 1984.

Lutter (2006): Marcus Lutter: ***Information und Vertraulichkeit im Aufsichtsrat***, Carl Heymanns, Köln/Berlin/München, 2006.

Lutter (2007): Marcus Lutter: ***Corporate Governance: Die Regeln guter Unternehmensführung***, verfügbar unter: *www.zfu.ch/service/fartikel/fartikel_01_au.htm* (abgerufen am: 07.09.2007).

Lütz (2004): Susanne Lütz: ***Von der Infrastruktur zum Markt? Der deutsche Finanzsektor zwischen Regulierung und Deregulierung***, in: Arthur Benz, Susanne Lütz, Georg Simonis (Hrsg.): polis Nr. 59, Institut für Politikwissenschaft, FernUniversität Hagen, verfügbar unter: *www.fernuni-hagen.de/imperia/md/content/politikwissenschaft/polis59_sluetz.pdf* (abgerufen am: 10.10.2008).

Lütz (2006): Susanne Lütz: ***Zwischen Pfadabhängigkeit und Wandel - "Governance" und die Analyse kapitalistischer Institutionenentwicklung***, in: Arthur Benz, Susanne Lütz, Georg Simonis (Hrsg.): Polis Nr. 62, Institut für Politikwissenschaft, FernUniversität Hagen, verfügbar unter: *www.fernuni-hagen.de/polwiss/institut/veroeffentlichungen/24142_lg3.html* (abgerufen am: 15.12.2006).

Lütz/Eberle (2006): Susanne Lütz, Dagmar Eberle: ***From National Diversity towards Transnational Homogenization? German Corporate Governance Regulation Between Market and Multi-Level Governance***, Open University in Hagen, Chair for Political Regulation and Governance, 09/2006, verfügbar unter: *www.fernuni-hagen.de/imperia/md/content/politikwissenschaft/lg-iii/projekt-vielfalt/sl_de_apsa06_final1.pdf* (abgerufen am: 18.11.2006).

M

Macey/O'Hara (2003): Jonathan R. Macey, Maureen O'Hara: ***The Corporate Governance of Banks***, Federal Reserve Bank of New York, Economic Policy Review, Vol. 9, No. 1, April 2003, S. 91 - 107, verfügbar unter: *www.newyorkfed.org/research/epr/03v09n1/0304mace.pdf* (abgerufen am: 03.04.2008).

Mackaay (2000): Ejan Mackaay: ***History of Law and Economics***, in: Boudewijn Bouckaert, Gerrit De Geest (Hrsg.): Encyclopedia of Law and Economics, S. 65 - 117, Edward Elgar Publishing Ltd., Cheltenham Glos, UK, 2000.

Macneil (1978): Ian R. Macneil: ***Contracts: Adjustment of Long-Term Economic Relations under Classical, Neoclassical, and Relational Contract Law***, Northwestern University Law Review, No. 6, Vol. 72, 1978, S. 854 - 905.

Maddaloni/Pain (2004): Angela Maddaloni, Darren Pain: ***Corporate "Excesses" and Financial Market Dynamics***, Europäische Zentralbank, Occasional Paper Series, Nr. 17, Juli 2004, verfügbar unter: *www.ecb.int/pub/pdf/scpops/ecbocp17.pdf* (abgerufen am: 15.03.2008).

Magofsky/Boycott (1999): Jürgen Magofsky, Alan Boycott: ***Durch Benchmarking zu Spitzenleistung in der Internen Revision***, Zeitschrift Interne Revision, 34. Jhg., Heft 6/1999, S. 293 - 297.

Mallin (2004): Christine A. Mallin: ***Corporate Governance***, Oxford University Press, Oxford, 2004.

Mandelbrot/Hudson (2007): Benoit B. Mandelbrot, Richard L. Hudson: ***Fraktale und Finanzen: Märkte zwischen Risiko, Rendite und Ruin***, Piper, München, 2007.

Manne (1965): Henry G. Manne: ***Mergers and the Market for Corporate Control***, The Journal of Political Economy, Vol. 73, No. 2, 1965, S. 110 - 120.

Marks (2000): Stephen G. Marks: ***The Separation of Ownership and Control***, in: Boudewijn Bouckaert, Gerrit De Geest (Hrsg.): Encyclopedia of Law and Economics, S. 692 - 724, Edward Elgar Publishing Ltd., Cheltenham Glos, UK, 2000.

Massenberg (2008): Hans-Joachim Massenberg: ***Neugestaltung der Finanzaufsicht***, Die Bank, Heft 6/2008, S. 9 - 14.

Mausbach (2008): Carmen Mausbach: ***Das Shareholder-Value-Konzept***, ZCG, Heft 5/2008, 3. Jhg., 2008, S. 201 - 207.

May (2008): Peter May: ***Eigentümerorientierung versus managementorientierte Unternehmensführung***, ZCG, Heft 1/2008, 3. Jhg., S. 5 - 7.

McCarthy (2006): Callum McCarthy: ***Principles-based regulation - what does it mean for the industry?***, Rede anlässlich der Financial Services Skills Council 2nd Annual Conference am 31.10.2006, verfügbar unter: *www.fsa.gov.uk/pages/Library/Communication/ Speeches/2006/1031_cm.shtml* (abgerufen am: 15.05.2008).

McDonough (2002): William J. McDonough: ***Issues in Corporate Governance***, Federal Reserve Bank of New York, Current Issues in Economics and Finance, Vol. 8, No. 8, September/Oktober 2002, S. 1 - 6, verfügbar unter: *www.newyorkfed.org/research/ current_issues/ci8-8.pdf* (abgerufen am: 05.04.2008).

McKinsey (2002): McKinsey&Company: ***Global Investor Opinion Survey: Key Findings***, Juli 2002, verfügbar unter: *www.mckinsey.com/clientservice/organization leadership/service/corpgovernance/pdf/GlobalInvestorOpinionSurvey2002.pdf* (abgerufen am: 15.02.2007).

Megginson (1997): William L. Megginson: ***Corporate Finance Theory***, Addison-Wesley, Massachusetts, 1997.

Mehran (2003): Hamid Mehran: ***Introduction: Corporate Governance: What Do We Know, and What Is Different about Banks?***, Federal Reserve Bank of New York, Economic Policy Review, Vol. 9, No. 1, April 2003, S. 1 - 3, verfügbar unter: *www.newyorkfed. org/research/epr/03v09n1/0304intro.pdf* (abgerufen am: 03.04.2008).

Meister/Vollbracht/Baum (2000): Edgar Meister, Reinhold Vollbracht, Jürgen Baum: ***Internationale bankaufsichtliche Eigenkapitalstandards für Kreditinstitute***, in: Lutz Johanning, Bernd Rudolph (Hrsg.): Handbuch Risikomanagement, Band 2: Risikomanagement in Banken, Asset-Gesellschaften, Versicherungs- und Industrieunternehmen, S. 755 - 773, Uhlenbruch, Bad Soden/Ts., 2000.

Memmel/Schmieder/Stein (2007): Christoph Memmel, Christian Schmieder, Ingrid Stein: ***Relationship lending - empirical evidence for Germany***, Deutsche Bundesbank, Discussion Paper Series 2: Banking and Financail Studies, Nr. 14, verfügbar unter:

www.bundesbank.de/download/bankenaufsicht/dkp/200714dkp_b.pdf (abgerufen am: 08.12.2008).

Mendelson (2001): Nina A. Mendelson: ***A Control-Based Approach to Shareholder Liability***, University of Michigan, John M. Olin Center for Law and Economics, Paper 01-005, verfügbar unter: www.law.umich.edu/centersandprograms/olin/abstracts/discussionpapers/2001/mendelson.PDF (abgerufen am: 12.04.2007).

Merkblatt zu § 32 Abs. 1 KWG: Bundesanstalt für Finanzdienstleistungsaufsicht (BaFin), Deutsche Bundesbank: ***Merkblatt über die Erteilung einer Erlaubnis zum Betreiben von Bankgeschäften gemäß § 32 Abs. 1 KWG (Stand: 31.12.2007)***, verfügbar unter: www.bundesbank.de/download/bankenaufsicht/pdf/erlaubnismerkblatt.pdf (abgerufen am: 20.06.2008).

Merkt/Köhrle (2004): Hanno Merkt, Julien Körle: ***Zur vorstandsunabhängigen Information des Aufsichtsrats durch die Interne Revision - Eine Skizze des aktuellen Diskussionsstands***, Zeitschrift Interne Revision, 39. Jhg., Heft 5/2004, S. 222 - 225.

Meusel (2006): Steffen G. Meusel: ***Die MaRisk - ein erster Schritt zu Basel II***, in: Axel Becker, Walter Gruber, Dirk Wohlert (Hrsg.): Handbuch MaRisk: Mindestanforderungen an das Risikomanagement in der Bankpraxis, S. 49 - 60, Fritz Knapp, Frankfurt am Main, 2006.

Meybom (2008): Peter Meybom: ***Systemisches Versagen von Kontroll- und Risikomanagement***, Betriebswirtschaftliche Blätter, Heft 12/2008, S. 702 - 706.

Michaelis (1985): Elke Michaelis: ***Organisation unternehmerischer Aufgaben. Transaktionskosten als Beurteilungskriterium***, Lang, Frankfurt am Main/Bern/New York, 1985.

Miczaika/Witt (2004): Jan Miczaika, Peter Witt: ***Personelle Verflechtungen, Vorstandsvergütung und Aktionärsrendite***, V. Symposium zur ökonomischen Analyse der Unternehmung, verfügbar unter: www.whu.edu/orga/geaba/Symposium/2004/A1-MiczaikaWitt.pdf (abgerufen am: 11.07.2008).

Mielk (2007): Holger Mielk: ***Die Umsetzung von Basel II in deutsches Recht - Ein Überblick über wesentliche Aspekte des KWG-Änderungsgesetzes***, Zeitschrift für Wirtschafts- und Bankrecht, 61. Jhg., Heft 14, 2007, S. 612 - 627.

Milgrom/Roberts (1992): Paul Milgrom, John Roberts: ***Economics, Organization and Management***, Prentice-Hall, New Jersey, 1992.

Mishkin (2007): Frederic S. Mishkin: ***The Economics of Money, Banking, and Financial Markets***, Addison-Wesley, Boston et al., 2007.

Moesch/Simmert (1976): Irene Moesch, Diethard B. Simmert: ***Banken: Strukturen, Macht, Reformen***, Bund-Verlag, Köln, 1976.

Möller (2005): Marcus Möller: ***Bausteine eines Konzepts für operationelle Risiken in der Praxis***, in: Axel Becker, Markus Gaulke, Martin Wolf (Hrsg.): Praktiker-Handbuch Basel II, S. 317 - 335, Schäffer-Poeschel, Stuttgart, 2005.

Mondello (1999): Enzo Mondello: ***Bankenaufsichtsrechtliche Prüfung von Risikomanagement und Modellverfahren im Handelsgeschäft mit Finanzderivaten***, zugl.: Zürich, Univ., Diss., 1999, Haupt, Bern/Stuttgart/Wien, 1999.

Monopolkommission (2008): Monopolkommission: ***Weniger Staat, mehr Wettbewerb - Gesundheitsmärkte und staatliche Beihilfen in der Wettbewerbsordnung -***, Siebzehntes Hauptgutachten gemäß § 44 Abs. 1 Satz 1 GWB (2006/2007), 2008, verfügbar unter: www.monopolkommission.de/haupt_17/gesamtfassung_h17.pdf (abgerufen am: 15.07.2008).

Moody's (2006): Moody's Investor Service: ***Best Practices In Audit Committee Oversight Of Internal Audit***, Oktober 2006, verfügbar unter: www.proctorconsulting.org/documents/MoodysAuditCmtebestpractices.pdf (abgerufen am: 01.10.2007).

Morck/Steier (2005): Randall K. Morck, Lloyd Steier: ***The Global History of Corporate Governance: An Introduction***, National Bureau of Economic Research (NBER), Working Paper, No. 11062, Januar 2005, verfügbar unter: www.nber.org/papers/w11062 (abgerufen am: 14.11.2006).

Möschel (1978): Wernhard Möschel: ***Das Trennsystem in der U.S.-amerikanischen Bankwirtschaft: eine normative und faktische Analyse***, Nomos-Verlagsgesellschaft, Baden-Baden.

Mülhaupt (1979): Ludwig Mülhaupt: ***Probleme der Bankenreform in der Bundesrepublik Deutschland***, Österreichisches Bank-Archiv, 27. Jhg., Heft 1/1979, S. 2 - 19.

Müller (2007a): Stefan Müller: ***Risikomanagementsystem***, in: Carl-Christian Freidank, Laurenz Lachnit, Jörg Tesch (Hrsg.): Vahlens Großes Auditing Lexikon, S. 1181 - 1183, Franz Vahlen, München, 2007.

Müller (2007b): Stefan Müller: ***Risiko- und Chancencontrolling***, in: Carl-Christian Freidank, Laurenz Lachnit, Jörg Tesch (Hrsg.): Vahlens Großes Auditing Lexikon, S. 1179 - 1180, Franz Vahlen, München, 2007.

Müller (2008): Stefan Müller: ***Die Modernisierung des Bilanzrechts und dessen Auswirkungen auf die Corporate Governance***, ZCG, Heft 1/2008, 3. Jhg., S. 36 - 44.

Müller-Michaels (2007): Olaf Müller-Michaels: ***Haftung des Aufsichtsrats bei unzureichender Überwachung der Geschäftsführung***, ZCG, Heft 2/2007, 2. Jhg., S. 73 - 77.

Müller/Papenfuß (2007): Stefan Müller, Ulf Papenfuß: ***Ansätze zur Corporate Governance für öffentliche Unternehmen***, ZCG, Heft 3/2007, 2. Jhg., S. 101 - 108.

Müller/Stute (2007): Stefan Müller, Andreas Stute: ***Verbesserungen der Unternehmensüberwachung durch unterjährige Berichterstattung***, ZCG, Heft 1/2007, 2. Jhg., S. 35 - 42.

Münzer (1992): Christoph Münzer: ***Bankenaufsicht im Spannungsfeld von statischen Kontrollinteressen und innovativer Dynamik der Finanzmärkte***, zugl.: Freiburg (Breisgau), Univ., Diss., 1992, Centaurus, Pfaffenweiler, 1992.

Mura (1981): Jürgen Mura: ***Sparkassenorganisation und Bankenkrise 1931***, Sparkasse, Heft 7/1981, 98. Jhg., 1981, S. 252 - 257.

MuSa Sparkassen (2007): Mustersatzung für kommunale Sparkassen in Hessen 2007: ***Erlass vom 12.12.2007***, Staatsanzeiger für das Land Hessen, Nr. 1-2, 07.01.2008, S. 9 - 47.

N

National Commission (1987): National Commission on Fraudulent Financial Reporting: ***Report of the National Commission on Fraudulent Financial Reporting***, Oktober 1987, verfügbar unter: www.coso.org/Publications/NCFFR.pdf (abgerufen am: 20.10.2007).

Naumann (2007): Klaus-Peter Naumann: ***Entsprechenserklärung***, in: Carl-Christian Freidank, Laurenz Lachnit, Jörg Tesch (Hrsg.): Vahlens Großes Auditing Lexikon, S. 403 - 405, Vahlen, München, 2007.

Neisen (2008): Martin Neisen: ***Detailangaben zum Marktpreisrisiko***, in: Karl-Heinz Hillen, Ullrich Hartmann, Detlef Hosemann (Hrsg.): Neue regulatorische Offenlegungspflichten für Kreditinstitute, S. 361 - 374, Finanz Colloquium Heidelberg, Heidelberg, 2008.

Nell/Hofmann (2007): Martin Nell, Annette Hofmann: ***Risk Management***, in: Carl-Christian Freidank, Laurenz Lachnit, Jörg Tesch (Hrsg.): Vahlens Großes Auditing Lexikon, S. 1195 - 1196, Franz Vahlen, München, 2007.

Nestor/Thompson (1999): Stilpon Nestor, John K. Thompson: ***Corporate Governance patterns in OECD Economies: Is convergence under way?***, verfügbar unter: www.oecd.org/dataoecd/7/10/1931460.pdf (abgerufen am: 29.09.2006).

Neuberger (1994): Doris Neuberger: ***Kreditvergabe durch Banken: mikroökonomische Theorie und gesamtwirtschaftliche Implikationen***, Mohr, Tübingen, 1994.

Neuberger (1998): Doris Neuberger: ***Mikroökonomik der Bank: Eine industrieökonomische Perspektive***, Franz Vahlen, München, 1998.

Neuberger/Neumann (1991): Doris Neuberger, Manfred Neumann: ***Banking and Antitrust: Limiting Industrial Ownership by Banks?***, Journal of Institutional and Theoretical Economics, Band 147, 1991, S. 188 - 199.

Neus (2007): Werner Neus: ***Grundlagen der Bankenregulierung in Deutschland***, März 2007, verfügbar unter: www.wiwi.uni-tuebingen.de/cms/fileadmin/Uploads/Schulung/schulung19/Lehre/Bankenregulierung.pdf (abgerufen am: 01.03.2008).

Niethammer (1990): Thomas Niethammer: ***Die Ziele der Bankenaufsicht in der Bundesrepublik Deutschland: das Verhältnis zwischen "Gläubigerschutz" und "Sicherung der Funktionsfähigkeit des Kreditwesens"***, zugl.: Tübingen, Univ., Diss., 1987, Duncker & Humblot, Berlin, 1990.

Nikolov (2000): Svetlozar R. Nikolov: ***Die Rolle der Banken im Finanzsystem: eine komparative Analyse der Bankensysteme in Deutschland und den USA***, Tectum, Marburg, 2000.

Nilakant/Rao (1994): V. Nilakant, Hayagreeva Rao: ***Agency Theory and Uncertainty in Organization: An Evaluation***, Organization Studies, Issue 15, No. 15, 1994, S. 649 - 672.

Nippa/Grigoleit (2006): Michael Nippa, Jens Grigoleit: ***Corporate Governance ohne Vertrauen? Ökonomische Konsequenzen der Agency-Theorie***, Technische Universität Bergakademie Freiberg, Fakultät für Wirtschaftswissenschaften, Freiberg Working Papers, Nr. 01/2006, verfügbar unter: www.tu-freiberg.de/~wwwfak6/files/paper/2006/nippa1_1_2006.pdf?PHPSESSID=5a3df2166ae2ebca089120e4a691c174 (abgerufen am: 02.10.2006).

Nirk/Ziemons/Binnewies (2006): Rudolf Nirk, Hildegard Ziemons, Burkhard Binnewies: ***Handbuch der Aktiengesellschaft: Gesellschaftsrecht - Steuerrecht***, O. Schmidt, Köln, 2006.

Noller (2002): Klaus-Jürgen Noller: ***US-Bankensystem - Neue Ära für US-amerikanische Finanzinstitutionen***, Zeitschrift für das gesamte Kreditwesen, 55. Jhg., Heft 2/2002, S. 62 - 69.

Nordheim (2007): Thomas Nordheim: ***Revision des Liquiditätsrisikomanagements in Banken***, in: Stefan Zeranski (Hrsg.): Ertragsorientiertes Liquiditätsrisikomanagement, S. 309 - 351, Finanz Colloquium Heidelberg, Heidelberg, 2007.

North (1984): Douglass C. North: ***Transaction Costs, Institutions, and Economic History***, Journal of Institutional and Theoretical Economics, 140, 1984, S. 7 - 17.

North (1990): Douglass C. North: ***Institutions, Institutional Change and Economic Performance***, Cambridge University Press, New York, 1990.

North (1991): Douglass C. North: ***Institutions***, The Journal of Economic Perspectives, Vol. 5, No. 1, 1991, S. 97 - 112.

North (1993): Douglass C. North: ***Economic Performance through Time***, The Sveriges Riksbank Prize in Economic Sciences in Memory of Alfred Nobel 1993, Prize Lecture, Dezember 1993, verfügbar unter: http://nobelprize.org/nobel_prizes/economics/laureates/1993/north-lecture.html (abgerufen am: 10.01.2007).

North (1997): Douglass C. North: ***The Contribution of the New Institutional Economics to an Understanding of the Transition Problem***, UNU World Institute for Development Economics Research, Annual Lectures, 1/1997, verfügbar unter: *www.wider.unu.edu/publications/annual-lectures/annua-lecture-1997.pdf* (abgerufen am: 13.01.2007).

Nowotny (2008): Ewald Nowotny: ***Presseaussendung der ÖNB vom 13.11.2008: Gouverneur Nowotny spricht sich in Brüssel für europäisches Modell der Bankenaufsicht aus***, verfügbar unter: *www.oenb.at/de/presse_pub/aussendungen/2008q4/pa_20081113_gouverneur_nowotny_spricht_sich_in_bruessel_fuer_europaeisches_modell_der_bankenaufsicht_aus.jsp#tcm:14-94280* (abgerufen am: 13.11.2008).

O

o.V. (1929a): Kasseler Neueste Nachrichten: ***Zahlungseinstellung einer Kasseler Bank***, 30.10.1929.

o.V. (1929b): Kasseler Volksblatt: ***Auch Bankhaus Schirmer insolvent***, 26.11.1929.

o.V. (1929c): Kasseler Neueste Nachrichten: ***Zu den Bankzusammenbrüchen in Kassel***, 27.11.1929.

o.V. (1930a): Kasseler Tageblatt: ***Die neue Bankinsolvenz - Schwer begreifliche Geschäfte der Kasseler Genossenschaftsbank***, 18.11.1930.

o.V. (1930b): Kasseler Neueste Nachrichten: ***Der neue Kasseler Bankkrach***, 18./19.11.1930.

o.V. (1931a): Kasseler Post: ***Kein Ansturm auf die Banken***, 17.07.1931.

o.V. (1931b): Kasseler Post: ***An unsere Sparer!***, Anzeige der Stadtsparkasse Kassel in der Kasseler Post, 27.07.1931.

o.V. (2007a): Börsen-Zeitung: ***WestLB-Vorstand droht Ablösung - Aufsichtsrat tagt auf Druck der BaFin***, 25.07.2007, Nr. 140, S. 1.

o.V. (2007b): Frankfurter Allgemeine Zeitung: ***Sachsen-LB: Vorstand informierte zu spät***, 28.08.2007, Nr. 199, S. 11.

o.V. (2007c): Börsen-Zeitung: ***Ermittlungen gegen WestLB-Vorstand***, 30.08.2007, Nr. 166, 2007, S. 3.

o.V. (2007d): Financial Times Deutschland: ***Justiz ermittelt gegen Thomas Fischer***, verfügbar unter: *www.ftd.de/unternehmen/finanzdienstleister/245664.html?mode=print* (abgerufen am: 30.08.2007).

o.V. (2007e): Frankfurter Allgemeine Zeitung: ***Aufarbeitung des West-LB-Debakels verzögert sich***, Nr. 201, 30.08.2007, S. 13.

o.V. (2007f): Frankfurter Allgemeine Zeitung: ***Gutachter werfen IKB-Bank Versäumnisse vor***, Nr. 241, 17.10.2007, S. 13.

o.V. (2008a): Die Zeit: ***Rundum sorglose Bank-Manager***, 03.04.2008, Nr. 15, verfügbar unter: *http://hermes.zeit.de/pdf/archiv/2008/15/IKB.pdf* (abgerufen am: 05.04.2008).

o.V. (2008b): The Economist: ***Who regulates the regulators?***, 27. März 2008, verfügbar unter: *www.economist.com/research/articlesBySubject/displaystory.cfm?subjectid=348936&story_id=10926446* (abgerufen am: 10.04.2008).

o.V. (2008c): Börsen-Zeitung: ***Schwerpunkt: Finanzbranche sucht Ausweg aus der Krise***, Nr. 69, 10.04.2008, S. 5.

o.V. (2008d): Frankfurter Allgemeine Zeitung: ***Banken schlagen Verhaltenskodex vor***, Nr. 84, 10.04.2008, S. 11.

o.V. (2008e): Frankfurter Allgemeine Zeitung: ***Erste EU-Beschlüsse zur Abwehr von Finanzkrisen***, Nr. 80, 05.04.2008, S. 11.

o.V. (2008f): Financial Week: ***It's time to embrace risk management***, 07.04.2008, verfügbar unter: *www.financialweek.com/apps/pbcs.dll/article?AID=2008903436947&template=printart* (abgerufen am: 11.04.2008).

o.V. (2008g): Die Zeit - online: ***Reaktion auf Krise: G7 wollen Finanzmärkte wirksamer kontrollieren***, 12.04.2008, verfügbar unter: *www.zeit.de/news/artikel/2008/04/12/ 2511640.xml* (abgerufen am: 12.04.2008).

o.V. (2008h): Frankfurter Allgemeine Zeitung: ***Größte Bankenpleite in der Geschichte Amerikas***, Nr. 227, 27.09.2008, S. 9.

o.V. (2008i): Financial Times Deutschland: ***Kategorien wie Gier führen in die Irre***, 14.10.2008, verfügbar unter: *www.ftd.de/politik/europa/:Moral-Hazard-Problem Kategorien-wie-Gier-f%FChren-in-die-Irre/425910.html* (abgerufen am: 15.10.2008).

o.V. (2008j): Frankfurter Allgemeine Zeitung: ***Amerika treibt Verstaatlichung voran***, Nr. 239, 13.10.2008, S. 11.

o.V. (2008k): Frankfurter Allgemeine Zeitung: ***Großbritannien wird Großaktionär der Banken***, Nr. 239, 13.10.2008, S. 13.

o.V. (2008l): Frankfurter Allgemeine Zeitung: ***"Nicht nur der Markt, auch die Politik hat versagt." - Jürgen Stark, Chefvolkswirt der Europäischen Zentralbank, zu den Ursachen und den Folgen der Finanzkrise***, Nr. 239, 13.10.2008, S. 14.

o.V. (2008m): Frankfurter Allgemeine Zeitung: ***Kapitalspritzen und Garantien rund um die Welt***, Nr. 240, 14.10.2008, S. 14 f.

Odenthal (2005): Roger Odenthal: ***Kriminalität am Arbeitsplatz: Korruption und Unterschlagung durch Mitarbeiter erkennen und verhindern***, Gabler, Wiesbaden, 2005.

OECD (2000): Organisation für wirtschaftliche Zusammenarbeit und Entwicklung: ***Die OECD-Leitsätze für multinationale Unternehmen***, Neufassung 2000, verfügbar unter: *www.oecd.ord/dataoecd/56/40/1922480.pdf* (abgerufen am: 02.07.2007).

OECD (2004): Organisation für wirtschaftliche Zusammenarbeit und Entwicklung: ***OECD-Grundsätze der Corporate Governance, Neufassung 2004***, 2004, verfügbar unter: *www.oecd.org/dataoecd/57/19/32159487.pdf* (abgerufen: 03.03.2007).

Oechsler (2006): Walter A. Oechsler: ***Konvergenz versus Pfadabhängigkeit der Corporate Governance: Wohin entwickelt sich die Unternehmensmitbestimmung?***, verfügbar unter: *www.wiwi.uni-jena.de/Personal/OechslerVortrag.pdf* (abgerufen am: 30.10.2006).

OENB - Kreditrisikomodelle (1998): Annemarie Gaal, Manfred Plank: ***Kreditrisikomodelle und Kreditderivate***, Oesterreichische Nationalbank (Hrsg.), S. 72 - 83, verfügbar unter: *http://www.oenb.at/de/img/ber_1998_4_tcm14-4714.pdf* (abgerufen am: 05.10.2008).

OENB - VaR (1998): Gabriela de Raaji, Burkhard Raunig: ***Value at Risk - Evaluierung verschiedener Verfahren***, Oesterreichische Nationalbank (Hrsg.), S. 84 - 98, verfügbar unter: *www.oenb.at/de/img/ber_1998_4_value_at_risk_tcm14-11177.pdf* (abgerufen am: 05.10.2008).

OENB - Zinsrisikomanagement (2008): Oesterreichische Nationalbank: ***Leitfaden zum Management des Zinsrisikos im Bankbuch***, verfügbar unter: *www.oenb.at/de/img/ leitfaden_zrs_screen_tcm14-83154.pdf* (abgerufen am: 10.12.2008).

OENB -Modelle (2004): Oesterreichische Nationalbank in Kooperation mit der Finanzmarktaufsicht: ***Neue quantitative Modelle der Bankenaufsicht***, Juli 2004, verfügbar unter: *www.oenb.at/de/img/quantitative_modelle_bankenaufsicht_tcm14-17729.pdf* (abgerufen am: 05.12.2008).

Osterloh/Frey (2005): Margit Osterloh, Bruno S. Frey: ***Corporate Governance: Eine Prinzipal-Agenten-Beziehung, Team-Produktion oder ein Soziales Dilemma?***, verfügbar unter: *www.iou.uzh.ch/orga/downloads/publikationen/Corporate_Governance-OST_ FREY.pdf* (abgerufen am: 05.12.2007).

Otto (2008): Philipp Otto: ***Respice finem***, Zeitschrift für das gesamte Kreditwesen, 61. Jhg., Heft 11/2008, S. 472 – 473.

P

Paape (2007): Leendert Paape: ***Corporate Governance: The Impact on the Role, Position, and Scope of Services of the Internal Audit Function***, Erasmus Research Institute of Management (ERIM), ERIM Ph.D. Series, EPS-2007-111-MKT, Juni 2007, verfügbar unter: https://ep.eur.nl/bitstream/1765/10417/1/EPS2007111MKT9058921437PAAPE.pdf (abgerufen am: 27.08.2007).

Paersch (1933): Fritz Paersch: ***Maßnahmen des Staates hinsichtlich einer Beaufsichtigung und Reglementierung des Bankwesens***, in: Untersuchungsausschuß für das Bankwesen 1933: Untersuchung des Bankwesens 1933, I. Teil, 2. Band, S. 31 - 66, Carl Heymanns, Berlin, 1933.

Paetzmann (2007): Karsten Paetzmann: ***Corporate Governance***, in: Carl-Christian Freidank, Laurenz Lachnit, Jörg Tesch (Hrsg.): Vahlens Großes Auditing Lexikon, S. 302 - 304, Vahlen, München, 2007.

Paetzmann (2008): Karsten Paetzmann: ***Bedeutung der Internen Revision im Rahmen der Reformbestrebungen zur Verbesserung der Corporate Governance***, in: Carl-Christian Freidank, Volker H. Peemöller (Hrsg.): Corporate Governance und Interne Revision: Handbuch für die Neuausrichtung des Internal Auditing, S. 17 - 46, Erich Schmidt, Berlin, 2008.

Palepu et al. (2002): Krishna Palepu, Tarun Khanna, Joseph Kogan: ***Globalization and Similarities in Corporate Governance: A Cross-Country Analysis***, Harvard University, Strategy Unit, Working Paper, No. 02-041, August 2002, verfügbar unter: http://ssrn.com/abstract=323621 (abgerufen am: 06.01.2007).

Palloks-Kahlen (2007): Monika Pallocks-Kahlen: ***Kontrollkonzeptionen***, in: Carl-Christian Freidank, Laurenz Lachnit, Jörg Tesch (Hrsg.): Vahlens Großes Auditing Lexikon, S. 811 - 814, Franz Vahlen, München, 2007.

Paul (2001): Stephan Paul: ***Der Basler Akkord im Überblick***, in: Gerhard Hofmann (Hrsg.): Auf dem Weg zu Basel II: Konzepte, Modelle, Meinungen, S. 5 - 35, Bankakademie Verlag, Frankfurt am Main, 2001.

Paul/Paul (2003): Stephan Paul, Thomas Paul: ***Eindämmung von Finanzmarktkrisen durch erhöhte Regulierungsintensität?***, Wirtschaftsdienst, 83. Jhg., Heft 6, 2003, S. 384 - 391.

Peemöller (2004a): Volker H. Peemöller: ***Interner Revisor***, in: Gerhard Förschle, Volker H. Peemöller (Hrsg.): Wirtschaftsprüfung und Interne Revision, S. 151 - 197, Recht und Wirtschaft GmbH, Heidelberg, 2004.

Peemöller (2004b): Volker H. Peemöller: ***Einführung in das betriebswirtschaftliche Prüfungswesen***, in: Gerhard Förschle, Volker H. Peemöller (Hrsg.): Wirtschaftsprüfung und Interne Revision, S. 1 - 40, Recht und Wirtschaft GmbH, Heidelberg, 2004.

Peemöller (2008a): Volker H. Peemöller: ***Stand und Entwicklung der Internen Revision***, in: Carl-Christian Freidank, Volker H. Peemöller (Hrsg.): Corporate Governance und Interne Revision: Handbuch für die Neuausrichtung des Internal Auditing, S. 1 - 16, Erich Schmidt, Berlin, 2008.

Peemöller (2008b): Volker Peemöller: ***Outsourcing der Internen Revision***, in: Carl-Christian Freidank, Volker H. Peemöller (Hrsg.): Corporate Governance und Interne Revision: Handbuch für die Neuausrichtung des Internal Auditing, S. 146 - 160, Erich Schmidt, Berlin, 2008.

Peemöller/Warncke (2005): Volker H. Peemöller, Markus Warncke: ***Prüfungsausschüsse deutscher Aktiengesellschaften***, Der Betrieb, Heft 8 vom 25.02.2005, S. 401 - 404.

Pei Sai Fan (2004): Pei Sai Fan: ***Review of Literature & Empirical Research on Corporate Governance***, Monetary Authority of Singapore, MAS Staff Paper 29-2004, verfügbar unter: *www.mas.gov.sg/resource/publications/staff_papers/MAS%20Staff%20Paper%20No%2029.pdf* (abgerufen am: 29.01.2007).

Penza/Bansal (2001): Pietro Penza, Vipul K. Bansal: ***Measuring Market Risk with Value at Risk***, Wiley & Sons, Chichester, West Sussex (England), 2001.

Petow (2007): Annette Petow: ***The Softening of Corporate Governance Rules – Learning a Lesson for the Regulation of Hedge Funds from Corporate Governance Codes and Codes of Conduct for Pension Funds***, August 2007, verfügbar unter: *www.cbr.cam.ac.uk/pdf/Petow_Paper.pdf* (abgerufen am: 31.10.2008).

Pfennig (2000): Michael Pfennig: ***Shareholder Value durch unternehmensweites Risikomanagement***, in: Lutz Johanning, Bernd Rudolph (Hrsg.): Handbuch Risikomanagement, Band 2: Risikomanagement in Banken, Asset-Gesellschaften, Versicherungs- und Industrieunternehmen, S. 1295 - 1332, Uhlenbruch, Bad Soden/Ts., 2000.

Pfingsten et al. (2000): Andreas Pfingsten, Carsten Breitmeyer, Frank Eggers, Hendrik Hakenes, Christoph Rechtien, Sven Rieso: ***Armutsmaße als Downside-Risikomaße: Ein Weg zu Risikomaßen, die dem Value-at-Risk überlegen sind***, in: Lutz Johanning, Bernd Rudolph (Hrsg.): Handbuch Risikomanagement, Band 2: Risikomanagement in Banken, Asset-Gesellschaften, Versicherungs- und Industrieunternehmen, S. 85 - 107, Uhlenbruch, Bad Soden/Ts., 2000.

Pfyffer (2001): Hans-Ulrich Pfyffer: ***Strategie für die Interne Revision***, Der Schweizer Treuhänder, Heft 6-7/2001, 2001, S. 515 - 520, verfügbar unter: *www.treuhaender.ch/pdf/artikel/a01_0515.pdf* (abgerufen am: 12.10.2007).

Pfyffer/Gressly (2008): Hans-Ulrich Pfyffer, Jean-Max Gressly: ***Vertiefte Zusammenarbeit von Externer und Interner Revision: Prozesse und Anforderungen***, Der Schweizer Treuhänder, Heft 11/2008, S. 958 - 963, verfügbar unter: *www.treuhaender.ch/pdf/artikel/a08_0958.pdf* (abgerufen am: 29.12.2008).

Pfyffer/Raggenbass (2002): Hans-Ulrich Pfyffer, Marc Raggenbass: ***Wunsch und Wirklichkeit in der Corporate Governance***, Der Schweizer Treuhänder, Heft 05/2002, S. 415 - 422, verfügbar unter: *www.treuhaender.ch/pdf/artikel/a02_0415.pdf* (abgerufen am: 10.10.2007).

Picot (1982): Arnold Picot: ***Transaktionskostenansatz in der Organisationstheorie: Stand der Diskussion und Aussagewert***, Die Betriebswirtschaft, 42. Jhg., 1982, S. 267 - 284.

Picot (1990): Arnold Picot: ***Organisation***, in: Michael Bitz et al. (Hrsg.): Vahlens Kompendium der Betriebswirtschaftslehre, S. 99 - 163, Vahlen, München, 1990.

Picot/Dietl (1990): Arnold Picot, Helmut Dietl: ***Transaktionskostentheorie***, WiSt, 19. Jhg., 1990, Heft 4, S. 178 -184.

Picot/Dietl/Franck (1999): Arnold Picot, Helmut Dietl, Egon Franck: ***Organisation: eine ökonomische Perspektive***, Schäffer-Poeschel, Stuttgart, 1999.

Pies (2000): Ingo Pies: ***Theoretische Grundlagen demokratischer Wirtschafts- und Gesellschaftspolitik - Der Beitrag von Ronald Coase***, in: Ingo Pies, Martin Leschke: Ronald Coase´ Transaktionskosten-Ansatz, S. 1 - 29, Mohr Siebeck, Tübingen, 2000.

Piorkowski (1997): Jens Piorkowski: ***Die deutsche Sparkassenorganisation 1924 bis 1934***, zugl.: Berlin, Freie Univ., Diss., 1996, Deutscher Sparkassenverlag, Stuttgart, 1997.

Plagemann (2007): Jörg Plagemann: ***Die Empfehlungen des Deutschen Corporate Governance Kodex zur Aufsichtsratsvergütung***, ZCG, Heft 5/2007, 2. Jhg., S. 193 - 199.

Pohl (1978): Manfred Pohl: ***Kreditwesen in der Bundesrepublik Deutschland***, in: Willi Albers et al.(Hrsg.): Handwörterbuch der Wirtschaftswissenschaften, S. 609 - 624, Fischer, Stuttgart, 1978.

Pohl (1982): Rudolf Pohl: ***Die Deutsche Bundesbank und die Kreditaufsicht***, zugl.: Freiburg (Breisgau), Univ., Diss., 1982.

Pohl (1986): Manfred Pohl: ***Entstehung und Entwicklung des Universalbankensystems: Konzentration und Krise als wichtige Faktoren***, Fritz Knapp, Frankfurt am Main, 1986.

Polo (2007): Andrea Polo: ***Corporate Governance of Banks: The Current State of the Debate***, Januar 2007, verfügbar unter: http://ssrn.com/abstract=958796 (abgerufen am: 05.04.2008).

Polster - Arbeitskreis 2 (2006): Rainer Polster und die Leiter der Arbeitsgruppen: ***Sparkassen-Prüfertag 2006, Arbeitskreis 2: Prozess- und risikoorientierte Prüfung durch die Externe und Interne Revision***, in: Deutscher Sparkassen- und Giroverband e.V.: Sparkassen-Prüfertag 2006, S. 130 - 170, Deutscher Sparkassenverlag, Stuttgart, 2006.

Portisch (1997): Wolfgang Portisch: ***Überwachung und Berichterstattung des Aufsichtsrats im Stakeholder-Agency-Modell***, zugl.: Lüneburg, Univ., Diss., 1996, Peter Lang, Frankfurt am Main, 1997.

Posner (1993): Richard A. Posner: ***Unternehmenskorporation***, in: Heinz-Dieter Assmann, Christian Kirchner, Erich Schanze (Hrsg.): Ökonomische Analyse des Rechts, S. 221 - 238, Mohr, Tübingen, 1993.

Posner (2003): Richard A. Posner: ***Economic analysis of law***, Aspen Publishers, New York, 2003.

Posner/Parisi (1997): Richard A. Posner, Francesco Parisi: ***Law and Economics: An Introduction***, in: Richard A. Posner, Francesco Parisi (Hrsg.): Law and Economics - Volume I: Theoretical and Methodological Foundations, S. IX - LI, E. Elgar Publishing Ltd., Cheltenham Glos, UK, 1997.

Potthoff (2003): Erich Potthoff: ***Risiko- und Krisenbewusstsein der Aufsichtsratsmitglieder***, in: Peter Wollmert et al. (Hrsg.): Wirtschaftsprüfung und Unternehmensüberwachung, S. 101 - 113, IDW-Verlag GmbH, Düsseldorf, 2003.

Potthoff/Trescher (1995): Erich Potthoff, Karl Trescher: ***Der Aufsichtsrat: ein Handbuch für seine Aufgaben, Rechte und Pflichten***, Schäffer-Poeschel, Stuttgart, 1995.

Prigge (1998): Stefan Prigge: ***A Survey of German Corporate Governance***, in: Klaus J. Hopt, Hideki Kanda, Mark J. Roe, Eddy Wymeersch, Stefan Prigge (Hrsg.): Comparative Corporate Governance: The State of the Art and Emerging Research, Clarendon Press, Oxford, 1998.

Probst/Knaese (1998): Gilbert J.B. Probst, Birgit Knaese: ***Risikofaktor Wissen: wie Banken sich vor Wissensverlusten schützen***, Gabler, Wiesbaden, 1998.

Puckler (1986): Godehard Puckler: ***Das Bank- und Börsenwesen in den USA: financial services***, Knapp, Frankfurt am Main, 1986.

PwC (2007): PricewaterhouseCoopers AG Wirtschaftsprüfungsgesellschaft: ***Der Prüfungsausschuss: Best Practices einer effizienten Überwachung***, Frankfurt am Main, 2007.

PwC Wirtschaftskriminalität (2007): PricewaterhouseCoopers Forensic Services, Economy & Crime Research Center der Martin-Luther-Universität Halle-Wittenberg (Hrsg.): ***Wirtschaftskriminalität 2007: Sicherheitslage der deutschen Wirtschaft***, 2007.

Q

Quick/Höller/Koprivica (2008): Reiner Quick, Florian Höller, Rasmus Koprivica: ***Prüfungsausschüsse in deutschen Aktiengesellschaften: Eine Analyse der Transparenz der Prüfungsausschuss-Tätigkeiten***, ZCG Heft 1/2008, 3. Jhg., S. 25 - 35.

Quintyn/Taylor (2004): Marc Quintyn, Michael W. Taylor: ***Should Financial Sector Regulators Be Independent?***, Internationaler Währungsfonds, März 2004, verfügbar unter: www.imf.org/external/pubs/ft/issues/issues32/index.htm#8 (abgerufen am: 22.06.2008).

R

Raible/Vaupel (2007): Karl-Friedrich Raible, Alexander Vaupel: ***Vergütungsmodelle für Aufsichtsräte - Gestaltungskomponenten und Empfehlungen***, ZCG, Heft 4/ 2007, 2. Jhg., S. 151 - 156.

Rajan/Zingales (1996): Raghuram G. Rajan, Luigi Zingales: ***Power in a Theory of the Firm***, November 1996, verfügbar unter: http://ssrn.com/abstract=2091 (abgerufen am: 05.01.2007).

Rajan/Zingales (2000): Raghuram G. Rajan, Luigi Zingales: ***The Governance of the New Enterprise***, verfügbar unter: http://faculty.chicagogsb.edu/luigi.zingales/research/PSpapers/NewCorp_p.pdf (abgerufen am: 10.11.2006).

Rajan/Zingales (2003): Raghuram G. Rajan, Luigi Zingales: ***Banks and Markets: The changing character of european finance***, Januar 2003, verfügbar unter: http://faculty.chicagogsb.edu/finance/papers/rajanbanks.pdf (abgerufen am: 19.07.2008).

Rappaport (1998): Alfred Rappaport: ***Creating shareholder value: a guide for managers and investors***, The Free Press, New York, 1998.

Rassat (2007): Thomas Rassat: ***Management und Überwachung von Zinsänderungsrisiken aus Sicht der Bankenaufsicht***, in: Fröhlich/Geiersbach et al.: Zinsrisikomanagment: Neue Vorgaben der Bankenaufsicht, S. 19 - 76, Finanz Colloquium Heidelberg, Heidelberg, 2007.

Rauschenplat (1967): Henning von Rauschenplat: ***Bankenenquete***, in: Erich Achterberg, Karl Lanz (Hrsg.): Enzyklopädisches Lexikon für das Geld-, Bank- und Börsenwesen, Band 1, S. 141 - 144, Fritz Knapp, Frankfurt am Main, 1967.

Reaz/Arun (2005): M. Masrur Reaz, Thankom Arun: ***Corporate Governance and Competition: Conceptual Thoughts***, Journal of Corporate Ownership and Control, 3(1), 2005, S. 45 - 51.

Rebérioux (2004): Antoine Rebérioux: ***The end of history in corporate governance? A critical appraisal***, Amsterdam Research Centre for Corporate Governance Regulation, Inaugural Workshop, "Workshop on Corporate Governance", Dezember 2004, verfügbar unter: www.arccgor.nl/uploads/File/Reberioux%20Amsterdam%202.pdf (abgerufen am: 28.04.2007).

RegE KonTraG (1998): BT-Drucksache 13/9712: ***Entwurf eines Gesetzes zur Kontrolle und Transparenz im Unternehmensbereich***, 28.01.1998, S. 1 - 37.

Regierungskommission (2001): Regierungskommission "Corporate Governance": ***Bericht der Regierungskommission "Corporate Governance": Unternehmensführung - Unternehmenskontrolle - Modernisierung des Aktienrechts***, Deutscher Bundestag, 14. Wahlperiode, Drucksache 14/7515, 14.08.2001, verfügbar unter: http://dip.bundestag.-de/btd/14/075/1407515.pdf (abgerufen am: 28.05.2007).

Rehbein/Wohlert (2008): Ronny Rehbein, Dirk Wohlert: ***Lehren aus der Finanzmarktkrise - Implikationen für die Aufsicht mit Bezug zu den MaRisk***, 1 PLUS i, Fachbeitrag, Juni 2008, verfügbar unter: www.1plusi.de/dokumente/1_plus_i_fachbeitrag_SSG (abgerufen am: 18.06.2008).

Rehsmann/Martin (2008): Stefan Rehsmann, Marcus R.W. Martin: ***Neuerungen in der aufsichtsrechtlichen Behandlung des Liquiditätsrisikos***, in: Peter Bartetzky, Walter Gruber, Carsten S. Wehn (Hrsg.): Handbuch Liquiditätsrisiko - Identifikation, Messung und Steuerung, S. 51 - 75, Schäffer-Poeschel, Stuttgart, 2008.

Reichert (2006): Jochem Reichert: ***Die SE als Gestaltungsinstrument für grenzüberschreitende Umstrukturierungen***, Working Paper, Nr. 54, November 2006, verfügbar unter: *www.ilf-frankfurt.de/uploads/media/ILF_WP_054.pdf* (abgerufen am: 07.11.2008).

Reichwald (2005): Ralf Reichwald: ***Informationsmanagement***, in: Michael Bitz et al. (Hrsg.): Vahlens Kompendium der Betriebswirtschaftslehre, S. 247 - 301, Vahlen, München, 2005.

Reinhart/Rogoff (2008a): Carmen M. Reinhart, Kenneth S. Rogoff: ***Banking Crises: An Equal Opportunity Menace***, Dezember 2008, NBER Working Paper No. 14587, verfügbar unter: *www.economics.harvard.edu/faculty/rogoff/files/Banking_Crises.pdf* (abgerufen am: 24.12.2008).

Reinhart/Rogoff (2008b): Carmen M. Reinhart, Kenneth S. Rogoff: ***Is the 2007 U.S. Sub--Prime Financial Crisis So Different? An International Historical Comparison***, Februar 2008, verfügbar unter: *www.economics.harvard.edu/faculty/rogoff/files/Is_The_US_Subprime_Crisis_So_Different.pdf* (abgerufen am: 24.12.2008).

Reinhart/Rogoff (2008c): Carmen M. Reinhart, Kenneth S. Rogoff: ***The Aftermath of Financial Crises***, Dezember 2008, verfügbar unter: *www.economics.harvard.edu/faculty/rogoff/files/Aftermath.pdf* (abgerufen am: 24.12.2008).

Reischauer/Kleinhans: Friedrich Reischauer, Joachim Kleinhans: ***Kreditwesengesetz (KWG) Loseblattkommentar***, in: I. Band, Stand: 2008, Erich Schmidt, Berlin.

Reitz (2008a): Stefan Reitz: ***Stress-Szenarien im Rahmen der Risikotragfähigkeitsrechnung***, in: Axel Becker, Volker Gehrmann, Hermann Schulte-Mattler (Hrsg.): Handbuch Ökonomisches Kapital, S. 319 - 346, Fritz Knapp, Frankfurt am Main, 2006.

Reitz (2008b): Stefan Reitz: ***Moderne Konzepte zur Messung des Liquiditätsrisikos***, in: Peter Bartetzky, Walter Gruber, Carsten S. Wehn (Hrsg.): Handbuch Liquiditätsrisiko - Identifikation, Messung und Steuerung, S. 121 - 140, Schäffer-Poeschel, Stuttgart, 2008.

Reitz/Martin (2007): Stefan Reitz, Marcus R.W. Martin: ***IRBA-Zulassung und interne Ratings***, in: Torsten Cramme, Thorsten Gendrisch, Walter Gruber, Ronny Hahn (Hrsg.): Handbuch Solvabilitätsverordnung, S. 113 - 135, Deutscher Sparkassenverlag, Stuttgart, 2007.

Remsperger (2008a): Hermann Remsperger: ***Financial market turbulences: some observations***, 31. Januar 2008, verfügbar unter: *www.bundesbank.de/download/presse/reden/2008/20080131.remsperger.pdf* (abgerufen am: 14.03.2008).

Remsperger (2008b): Hermann Remsperger: ***Grundsatzfragen der Stabilisierung des Finanzsystems***, Keynote bei der Konferenz "Determinanten und Konsequenzen der Finanzmarktkrise" der Frankfurt School of Finance & Management, Frankfurt am Main, 17.09.2008, verfügbar unter: *www.bundesbank.de/download/presse/reden/2008/20080917.remsperger.finanzsystem.pdf* (abgerufen am: 20.11.2008).

Remsperger (2008c): Hermann Remsperger: ***Stabilitätspolitik im Spannungsfeld von Preisgefahren, Wachstumsrisiken und Marktturbulenzen***, Vortrag bei der 46. Kreditwirtschaftlichen Vortragsreihe des Bankendialogs Karlsruhe am 10.12.2008, verfügbar unter: *www.bundesbank.de/download/presse/reden/2008/20081210.remsperger.pdf* (abgerufen am: 11.12.2008).

Reuter (1994): Norbert Reuter: ***Institutionalismus, Neo-Institutionalismus, Neue Institutionelle Ökonomie und andere "Institutionalismen". Eine Differenzierung konträrer***

Konzepte, Zeitschrift für Wirtschafts- und Sozialwissenschaften, 112. Jhg., 1994, S. 5 - 23.

Rich/Walter (1993): Georg Rich, Christian Walter: ***The Future of Universal Banking***, Cato Journal, Vol. 13, No. 2, verfügbar unter: www.cato.org/pubs/journal/cj13n2/cj13n2-8.pdf (abgerufen am: 27.09.2008).

Richter (1990): Rudolf Richter: ***Geldtheorie: Vorlesung auf der Grundlage der Allgemeinen Gleichgewichtstheorie und der Institutionenökonomik***, Springer, Berlin et al., 1990.

Richter (1991): Rudolf Richter: ***Institutionenökonomische Aspekte der Theorie der Unternehmung***, in: Dieter Oerdelheide, Elke Brüsselmann (Hrsg.): Betriebswirtschaftslehre und ökonomische Theorie, S. 395 - 429, Schäffer-Poeschel, Stuttgart, 1991.

Richter (1994): Rudolf Richter: ***Institutionen ökonomisch analysiert. Zur jüngeren Entwicklung auf einem Gebiet der Wirtschaftstheorie***, Mohr, Tübingen, 1994.

Richter (2005): Rudolf Richter: ***The New Institutional Economics - Its Start, Its Meaning, Its Prospects***, 2005, verfügbar unter: www.uni-saarland.de/fak1/fr12/albert/mitarbeiter/richter/institut/the_new_institutional_economics.pdf (abgerufen am: 05.01.2007).

Richter/Furubotn (1996): Rudolf Richter, Eirik Furubotn: ***Neue Institutionenökonomik: eine Einführung und kritische Würdigung***, Mohr, Tübingen, 1996.

Richtlinie 2006/43/EG: Das Europäische Parlament und der Rat der Europäischen Union: ***Richtlinie 2006/43/EG des Europäischen Parlaments und des Rates vom 17. Mai 2006 über Abschlussprüfungen von Jahresabschlüssen und konsolidierten Abschlüssen***, L 157, 49. Jahrgang, 2006, S. 87 - 107.

Rieckmann (2008): Paul Rieckmann: ***Öffentliche Unternehmen und Public Corporate Governance - Balanced Audit***, in: Carl-Christian Freidank, Volker H. Peemöller (Hrsg.): Corporate Governance und Interne Revision: Handbuch für die Neuausrichtung des Internal Auditing, S. 813 - 828, Erich Schmidt, Berlin, 2008.

Rochet (2004): Jean-Charles Rochet: ***Bank Runs and Financial Crises: A Discussion***, in: Sudipto Bhattachary, Arnoud W.A. Boot, Anjan V. Thakor (Hrsg.): Credit, Intermediation, and the Macroeconomy: Readings and Perspectives in Modern Financial Theory, S. 324 - 336, Oxford University Press, Oxford, Great Britain, 2004.

Rodriguez (2002): L. Jacobo Rodriguez: ***International Banking Regulation: Where's the Market Discipline in Basel II?***, Policy Analysis, No. 455, Oktober 2002, verfügbar unter: www.cato.org/pubs/pas/pa455.pdf (abgerufen am: 20.04.2008).

Rodriguez (2003): L. Jacobo Rodriguez: ***Banking Stability and the Basel Capital Standards***, Cato Journal, Vol. 23, No. 1, 2003, S. 115 - 126.

Roe (2003): Mark J. Roe: ***Political Determinants of Corporte Governance***, Oxford University Press, Oxford - New York, 2003.

Roe (2004): Mark J. Roe: ***The Institutions of Corporate Governance***, Harvard Law School, Cambridge, The Harvard John M. Olin Discussion Paper Series, No. 488, August 2004, verfügbar unter: www.law.harvard.edu/programs/olin_center/papers/pdf/Roe_488.pdf (abgerufen am: 01.11.2006).

Röhrbein (2004): Stefan Röhrbein: ***Redepflicht des Abschlussprüfers - Redepflicht auch für die Interne Revision?***, Zeitschrift Interne Revision, Jhg. 39, Heft 6/ 2004, S. 270 - 271.

Röhrich (2006): Raimund Röhrich: ***Prüfungsausschuss und Audit Committee***, ZCG, Heft 04/2006, 1. Jhg., S. 148 - 152.

Röhrich (2008): Raimund Röhrich: ***Aktuelle Rechtsprechung zur Corporate Governance***, ZCG, Heft 1/2008, 3. Jhg., S. 21 - 24.

Rolfes (2008): Bernd Rolfes: ***Gesamtbanksteuerung***, Schäffer-Poeschel, Stuttgart, 2008.

Romeike/Russell (2008): Frank Romeike, Allan Russell: ***Rendite versus Risiko?***, SAS Special, Dezember 2008, S. 5 - 7, verfügbar unter: *www.sas.com/offices/europe/germany/download/files/sasspecial/sas_special_dez08.pdf* (abgerufen am: 29.12.2008).

Rössler (2001): Stefan Rössler: ***Reform der Überwachungsarbeit des Aufsichtsrats durch das KonTraG - Aktuelle Entwicklungen auf dem Gebiet der Corporate Governance***, in: Carl-Christian Freidank (Hrsg.): Die deutsche Rechnungslegung und Wirtschaftsprüfung im Umbruch: Festschrift für Wilhelm Theodor Strobel zum 70. Geburtstag, S. 429 - 469, Vahlen, München, 2001.

Rossouw (2005): G. J. Rossouw: ***Business Ethics and Corporate Governance: A Global Survey***, Business & Society, No. 1, Vol. 44, 2005, S. 32 - 39.

Roth (2004): Markus Roth: ***Möglichkeiten vorstandsunabhängiger Information des Aufsichtsrats***, Die Aktiengesellschaft, 49. Jhg., 2004, S. 1 - 13.

Roth/Nägel (2002): Stefan Roth, Werner Nägel: ***Bedeutung der Corporate Governance- Diskussion für das deutsche Gesellschaftsrecht***, Forum: Neues Wirtschaftsrecht NWiR, Ausgabe 2, Herbst 2002, verfügbar unter: *www.nwir.de/archiv/NWIR1/Corporate%20GovernanceNWiR.pdf* (abgerufen am: 11.11.2006).

Röthel/Heßeler (2007): Anne Röthel, Benjamin Heßeler: ***Corporate Governance in der EU***, in: Carl-Christian Freidank, Laurenz Lachnit, Jörg Tesch (Hrsg.): Vahlens Großes Auditing Lexikon, S. 306 - 307, Vahlen, München, 2007.

Rudolph/Johanning (2000): Bernd Rudolph, Lutz Johanning: ***Entwicklungslinien im Risikomanagement***, in: Lutz Johanning, Bernd Rudolph (Hrsg.): Handbuch Risikomanagement, Band 2: Risikomanagement in Banken, Asset-Gesellschaften, Versicherungs- und Industrieunternehmen, S. 15 - 52, Uhlenbruch, Bad Soden/Ts., 2000.

Ruud et al. (2008): T. Flemming Ruud, Felix Reichert, Andri Arn: ***Karrierewege und Gehaltsstrukturen in der Internen Revision: Teilergebnisse einer Umfrage in der Schweiz mit Schwerpunkt auf der Bankenbranche***, Zeitschrift Interne Revision, Jhg. 43, Heft 2/2008, S. 50 - 54.

Ruud/Bodenmann (2002): T. Flemming Ruud, Jan Marc Bodenmann: ***Corporate Governance in der Schweiz - Standpunkte der Verwaltungsräte von SWX-kotierten Unternehmen***, Der Schweizer Treuhänder, Nr. 4, 2002, S. 273 – 282, verfügbar unter: *http://www.treuhaender.ch/pdf/artikel/a02_0273.pdf* (abgerufen am: 12.07.2007)

Ruud/Jenal (2004): T. Flemming Ruud, Ladina Jenal: ***Internal Control - Ganzheitliche Interne Steuerung und Kontrolle (ISK)***, Der Schweizer Treuhänder, Heft 12/2004, S. 1045 - 1050, verfügbar unter: *www.treuhaender.ch/pdf/artikel/a04_1045.pdf* (abgerufen am: 15.04.2008).

Ruud/Linsi (1999): T. Flemming Ruud, Alexander CS Linsi: ***Neudefinition der Internen Revision gemäss dem Institute of Internal Auditing***, Der Schweizer Treuhänder, Heft 12/1999, S. 1149 -1156.

Ruud/Sommer (2006a): T. Flemming Ruud, Katerina Sommer: ***Enterprise Risk Management: Das COSO-ERM-Framework***, Der Schweizer Treuhänder, Heft 3/2006, S. 126 - 131, verfügbar unter: *www.treuhaender.ch/pdf/artikel/a06_0126.pdf* (abgerufen am: 29.11.2008).

Ruud/Sommer (2006b): T. Flemming Ruud, Katerina Sommer: ***Internes Audit und Enterprise Risk Management: Enterprise Risk Management in der Praxis***, Der Schweizer Treuhänder, Heft 4/2006, S. 253 - 257, verfügbar unter: *www.treuhaender.ch/pdf/artikel/a06_0253.pdf* (abgerufen am: 29.11.2008).

S

Sachverständigenrat (2007): Sachverständigenrat zur Begutachtung der gesamtwirtschaftlichen Entwicklung: ***Jahresgutachten 2007/08: "Das Erreichte nicht verspielen", Drittes Kapitel: Stabilität des internationalen Finanzsystems***, 07.11.2007, S. 88 - 167, verfügbar unter: *www.sachverstaendigenrat-wirtschaft.de/download/gutachten/jg07_iii.pdf* (abgerufen am: 01.10.2008).

Sachverständigenrat (2008a): Sachverständigenrat zur Begutachtung der gesamtwirtschaftlichen Entwicklung: ***Das deutsche Finanzsystem: Effizienz steigern - Stabilität erhöhen***, Wiesbaden, 2008, verfügbar unter: *www.sachverstaendigenrat-wirtschaft.de/download/publikationen/expertise_finanzsystem.de* (abgerufen am. 22.06.2008).

Sachverständigenrat (2008b): Sachverständigenrat zur Begutachtung der gesamtwirtschaftlichen Entwicklung: ***Jahresgutachten 2008/09: Die Finanzkrise meistern - Wachstumskräfte stärken***, November 2008, verfügbar unter: *www.sachverstaendigenrat-wirtschaft.de/download/gutachten/ga08_ges.pdf* (abgerufen am: 13.11.2008).

Saluz (2003): René Saluz: ***10 Empfehlungen zur Umsetzung der Corporate Governance in Banken und Finanzgesellschaften***, Der Schweizer Treuhänder, Heft 12/2003, S. 1037 - 1044, verfügbar unter: *www.treuhaender.ch/pdf/artikel/a03_1037.pdf* (abgerufen am: 29.10.2007).

Sanio (1999): Jochen Sanio: ***Ausgestaltung und Aufgaben der Internen Revision aus der heutigen Sicht des Bundesaufsichtsamtes für das Kreditwesen***, Zeitschrift Interne Revision, 34. Jhg., Heft 2a/1999, S. 7 - 19.

Sanio (2005): Jochen Sanio: ***Rede auf der Jahrespressekonferenz der BaFin am 19. Mai 2005 in Bonn***, verfügbar unter: *ww2.bafin.de/presse/reden/2005/p_050519.htm* (abgerufen am: 28.02.2008).

Sanio (2006): Jochen Sanio: ***Entwicklungslinien der Bankenaufsicht: Am Anfang war die Krise***, Die Bank, Heft 5/2006, S. 14 - 18.

Sanio (2007): Jochen Sanio: ***MaRisk und Basel II - die Legende von der Aufsicht ohne Ende***, in: Deutscher Sparkassen- und Giroverband e.V.: Sparkassen-Prüfertag 2006, S. 70 - 81, Deutscher Sparkassenverlag, Stuttgart, 2007.

Sanio (2008a): Jochen Sanio: ***Rede anläßlich des Neujahrspresseempfangs der BaFin 2008***, Januar 2008, verfügbar unter: *www.bafin.de/cln_011/nn_721290/sid_733FE69AAE36D3FFB45AE0C4CCD7BDAC/nsc_true/SharedDocs/Reden/DE/2007/re__080116__sanio.html?__nnn=true* (abgerufen am: 18.01.2008).

Sanio (2008b): Jochen Sanio: ***Interview: Jochen Sanio - Klaus Engelen interviews the president of Bafin about the supervisory implications of what the regulator calls the "nightmare of toxic waste in the international financial system."***, Financial Regulator, Vol. 12, No. 4, 2008, S. 41 - 46.

Sanio (2008c): Jochen Sanio: ***Rede auf der Jahrespressekonferenz der BaFin am 15. Mai 2008 in Bonn***, verfügbar unter: *www.bafin.de/cln_042/nn_722758/SharedDocs/Reden/DE/2008/re_080515_pk.html* (abgerufen am: 18.05.2008).

Santos (2000): João A C Santos: ***Bank Capital Regulation in contemporary Banking Theory: A Review of the Literature***, Bank for International Settlements, Basel, BIS Working Papers, Nr. 90, September 2000, verfügbar unter: *www.bis.org/publ/work90.pdf?noframes=1* (abgerufen am: 25.02.2008).

Sappington (1991): David E. M. Sappington: ***Incentives in Principal-Agent-Relationships***, Vol. 5, No. 2, 1991, S. 45 - 66.

Sauerbier/Thomae/Wehn (2008): Peter Sauerbier, Holger Thomae, Carsten S. Wehn: ***Praktische Aspekte der Abbildung von Finanzprodukten im Rahmen des Liquiditätsrisikos***, in: Peter Bartetzky, Walter Gruber, Carsten S. Wehn (Hrsg.): Handbuch Liquiditätsrisiko - Identifikation, Messung und Steuerung, S. 77 - 119, Schäffer-Poeschel, Stuttgart, 2008.

Saunders/Walter (1994): Anthony Saunders, Ingo Walter: ***Universal Banking in the United States: What could we gain? What could we lose?***, Oxford University Press, New York/Oxford, 1994.

Schäfer/Ott (2000): Hans-Bernd Schäfer, Claus Ott: ***Lehrbuch der ökonomischen Analyse des Zivilrechts***, Springer, Berlin/Heidelberg, 2000.

Schanze (1983): Erich Schanze: ***Theorie des Unternehmens und Ökonomische Analyse des Rechts***, in: Erik Boettcher, Philipp Herder-Dorneich, Karl-Ernst Schenk (Hrsg.): Jahrbuch für Neue Politische Ökonomie, S. 161 - 180, 1983.

Schauenberg (2005): Bernd Schauenberg: ***Gegenstand und Methoden der Betriebswirtschaftslehre***, in: Michael Bitz et al. (Hrsg.): Vahlens Kompendium der Betriebswirtschaftslehre, S. 1 - 56, Vahlen, München, 2005.

Schauff/Stellmacher (2005): Joachim Schauff, Tobias Stellmacher: ***Der Supervisory Review Process***, in: Deloitte & Touche GmbH Wirtschaftsprüfungsgesellschaft (Hrsg.): Basel II: Handbuch zur praktischen Umsetzung des neuen Bankenaufsichtsrechts, S. 567 - 587, Erich Schmidt, Berlin, 2005.

Schenk (1992): Karl-Ernst Schenk: ***Die neue Institutionenökonomie. Ein Überblick über wichtige Elemente und Probleme der Weiterentwicklung***, Zeitschrift für Wirtschafts- und Sozialwissenschaften, 112. Jhg., 1992, S. 337 - 378.

Schewe (2005): Gerhard Schewe: ***Unternehmensverfassung. Corporate Governance im Spannungsfeld von Leitung, Kontrolle und Interessenvertretung***, Springer, Berlin/ Heidelberg, 2005.

Schichold (2001): Bernd Schichold: ***Die Überwachung des Risikomanagement-Systems durch den Aufsichtsrat einer Aktiengesellschaft***, in: Carl-Christian Freidank (Hrsg.): Die deutsche Rechnungslegung und Wirtschaftsprüfung im Umbruch: Festschrift für Wilhelm Theodor Strobel zum 70. Geburtstag, S. 395 - 427, Vahlen, München, 2001.

Schiedermair (2007): Christoph Schiedermair: ***3L3 - Europäische Finanzaufseher kooperieren über Branchengrenzen hinweg***, BaFinJournal, August 2007, S. 4 - 8, verfügbar unter: *www.bafin.de/bafinjournal/0708.pdf* (abgerufen am: 30.11.2007).

Schierenbeck (2008): Henner Schierenbeck: ***Ertragsorientiertes Bankmanagement, Band 2: Risiko-Controlling und integrierte Rendite-/Risikosteuerung***, Gabler, Wiesbaden, 2008.

Schierenbeck/Hölscher (1993): Henner Schierenbeck, Reinhold Hölscher: ***Bank Assurance: Institutionelle Grundlagen der Bank- und Versicherungsbetriebslehre***, Schäffer-Poeschel, Stuttgart, 1993.

Schiessl (1988): Maximilian Schiessl: ***Abschied vom "Glass-Steagall"? Zur geplanten Umstrukturierung des amerikanischen Bankensystems***, Zeitschrift für Wirtschaftsrecht, 9. Jhg., Heft 4, 1988, S. 267 - 270.

Schilling (2007): Florian Schilling: ***Aufsichtsratsbeurteilung***, in: Carl-Christian Freidank, Laurenz Lachnit, Jörg Tesch (Hrsg.): Vahlens Großes Auditing Lexikon, S. 75 - 77, Vahlen, München, 2007.

Schiltknecht (2004): Kurt Schiltknecht: ***Corporate Governance - Das subtile Spiel um Geld und Macht***, Neue Zürcher Zeitung, Zürich, 2004.

Schmidt - Arbeitskreis 6 (2001): Rudolf Schmidt und die Leiter der Arbeitsgruppen (Wolfgang Antoni et al.): ***Sparkassen-Prüfertag 2001, Arbeitskreis 6: Mindestanforderungen an die Ausgestaltung der Internen Revision der Kreditinstitute - Erfahrungen***

und Probleme bei der Umsetzung, S. 275 - 320, Deutscher Sparkassenverlag, Stuttgart, 2002.

Schmidt (1998): Reinhard H. Schmidt: ***Erich Gutenberg und die Theorie der Unternehmung***, Working Paper Series: Finance & Accounting, No. 13, Februar 1998, verfügbar unter: *www.finance.uni-frankfurt.de/wp/541.pdf* (abgerufen am: 10.10.2007).

Schmidt (2003): Reinhard H. Schmidt: ***Corporate Governance in Germany: An Economic Perspective***, Johann Wolfgang Goethe-Universität, Wirtschaftswissenschaften, Working Paper Series: Finance&Accounting, No. 118, August 2003, verfügbar unter: *www.wiwi.uni-frankfurt.de/schwerpunkte/finance/wp/509.pdf* (abgerufen am: 15.10.2006).

Schmidt (2006): Reinhard H. Schmidt: ***Stakeholderorientierung, Systemhaftigkeit und Stabilität der Corporate Governance in Deutschland***, Johann Wolfgang Goethe-Universität, Fachbereich Wirtschaftswissenschaften, Working Paper Series: Finance&Accounting, No. 162, März 2006, verfügbar unter: *www.wiwi.uni-frankfurt.de/schwerpunkte/finance/wp/1150.pdf* (abgerufen am: 30.10.2006).

Schmidt et al. (2001): Reinhard H. Schmidt, Andreas Hackethal, Marcel Tyrell: ***Angleichung der Finanzsysteme in Europa - Hauptergebnisse des DFG-Projektes***, Februar 2001, verfügbar unter: *www.ifk-cfs.de/papers/dfgendbericht.pdf* (abgerufen am: 03.12.2006).

Schmidt/Grohs (1999): Reinhard H. Schmidt, Stefanie Grohs: ***Angleichung der Unternehmensverfassung in Europa - ein Forschungsprogramm***, Johann Wolfgang Goethe-Universität, Fachbereich Wirtschaftswissenschaften, Working Paper Series: Finance & Accounting, No. 43, November 1999, verfügbar unter: *www.wiwi.uni-frankfurt.de/schwerpunkte/finance/wp/546.pdf* (abgerufen am: 01.12.2006).

Schmidt/Hackethal/Tyrell (2001): Reinhard H. Schmidt, Andreas Hackethal, Marcel Tyrell: ***Angleichung der Finanzsysteme in Europa - Hauptergebnisse des DFG-Projektes***, Februar 2001, verfügbar unter: *www.ifk-cfs.de/papers/ dfgendbericht.pdf* (abgerufen am: 03.12.2006).

Schmidt/Maßmann (1999): Reinhard H. Schmidt, Jens Maßmann: ***Drei Mißverständnisse zum Thema "Shareholder Value"***, Johann Wolfgang Goethe-Universität, Fachbereich Wirtschaftswissenschaften, Working Paper Series: Finance&Accounting, No. 31, Februar 1999, verfügbar unter: *www.wiwi.uni-frankfurt.de/schwerpunkte/finance/wp/334.pdf* (abgerufen am: 24.10.2006).

Schmidt/Spindler (2000): Reinhard H. Schmidt, Gerald Spindler: ***Path Dependence, Corporate Governance and Complementarity***, Johann Wolfgang Goethe-Universität, Fachbereich Wirtschaftswissenschaften, Working Paper Series: Finance&Accounting, No. 27, März 2000, verfügbar unter: *www.wiwi.uni-frankfurt.de/schwerpunkte/finance/wp/408.pdf* (abgerufen am: 18.12.2006).

Schmidt/Tyrell (2004): Reinhard H. Schmidt, Marcel Tyrell: ***Information Theory and the Role of Intermediaries in Corporate Governance***, Johann Wolfgang Goethe-Universität, Fachbereich Wirtschaftswissenschaften, Working Paper Series: Finance&Accounting, No. 142, 10/2004, verfügbar unter: *www.wiwi.uni-frankfurt.de/schwerpunkte/finance/wp/838.pdf* (abgerufen am: 02.12.2006).

Schmidt/Weiß (2003): Reinhard H. Schmidt, Marco Weiß: ***Shareholder vs. Stakeholder: Ökonomische Fragestellungen***, Johann Wolfgang Goethe-Universität, Fachbereich Wirtschaftswissenschaften, Working Paper Series: Finance&Accounting, No. 104, Januar 2003, verfügbar unter: *www.finance.uni-frankfurt.de/wp/363.pdf* (abgerufen am: 18.11.2006).

Schmieder (2007): Christian Schmieder: ***Validierung und Stresstesting***, in: Torsten Cramme, Thorsten Gendrisch, Walter Gruber, Ronny Hahn (Hrsg.): Handbuch Solvabilitätsverordnung, S. 373 - 390, Deutscher Sparkassenverlag, Stuttgart, 2007.

Schmitt (2003): Bettina A. Schmitt: ***Whistleblowing - "Verpfeifen" des Arbeitgebers***, zugl.: Mannheim, Univ., Diss., 2003, Kovač, Hamburg, 2003.

Schmoll (1997): Anton Schmoll: ***Kreditkultur als Erfolgsfaktor im Aktivgeschäft der Banken***, in: Bernd Rolfes, Henner Schierenbeck, Stephan Schüller (Hrsg.): Risikomanagement in Kreditinstituten, S. 223 - 251, Fritz Knapp, Frankfurt am Main, 1997.

Schnabel (2005): Isabel Schnabel: ***Comments on Eva Srejber, "The Divorce between Macro-Financial Stability and Micro-Supervisory Responsibility: Are We Now in for a More Stable Life?"***, Vortrag bei der Volkswirtschaftlichen Tagung 2005 der Oesterreichischen Nationalbank, S. 165 - 171, verfügbar unter: *www.oenb.at/de/img/18_schnabel_tcm14-31042.pdf* (abgerufen am: 10.04.2008).

Schneider (1997): Dieter Schneider: ***Betriebswirtschaftslehre - Band 2: Rechnungswesen***, Oldenbourg, München/Wien, 1997.

Schneider-Lenné (1992): Ellen R. Schneider-Lenné: ***Corporate Control in Germany***, Oxford Review of Economic Policy, Vol. 8, No. 3, 1992, S. 11 - 23.

Schneider-Lenné (1993): Ellen R. Schneider-Lenné: ***The Germany Case***, Annales de l'économie publique, sociale et coopérative, Vol. 64, Nr. 1, S. 63 - 70.

Schneider/Bauer (2007): Andreas Schneider, Helmut Bauer: ***Basel II und die Mindestanforderungen an das Risikomanagement***, BaFinJournal, Februar 2007, S. 9 - 12, verfügbar unter: *www.bafin.de/cln_006/nn_721290/sid_72FE837DCB35755C020CF9BA084FB212/SharedDocs/Downloads/DE/Service/Mitteilungsblaetter/BaFinJournal/2007/bj__0702,templateId=raw,property=publicationFile.pdf/bj_0702.pdf* (abgerufen am: 15.06.2007).

Schneider/Bennecke (2008): Michael Schneider, Wolf-Christian Bennecke: ***Modell zur Visualisierung revisionsspezifischer Potenzialbereiche - mit dem Ziel eines einprägsamen und überzeugenden unternehmensinternen Marketing***, Zeitschrift Interne Revision, 43. Jhg., Heft 5/2008, S. 210 - 217.

Schnorr (2000): Tanja Schnorr: ***Historie und Recht des Aufsichtsrats - Deutsche Erfahrungen als Beitrag zum Statut der Europäischen Aktiengesellschaft 1991***, zugl.: Würzburg, Univ., Diss., 2000, verfügbar unter: *http://deposit.ddb.de/cgi-bin/dokserv?idn=971589054&dok_var=d1&dok_ext=pdf&filename=971589054.pdf* (abgerufen am: 25.03.2007).

Scholtens (1993): Lambertus J.R. Scholtens: ***On the Foundations of Financial Intermediation: A Review of the Literature***, Kredit und Kapital, 26. Jhg., 1993, S. 112 - 141.

Schork (1999): Ludwig Schork: ***Gesetz über das Kreditwesen: Text mit Begründungen, Durchführungsvorschriften und Anmerkungen***, Deutscher Sparkassenverlag, Stuttgart, 1999.

Schreyögg (2003): Georg Schreyögg: ***Organisation: Grundlagen moderner Organisationsgestaltung***, Gabler, Wiesbaden, 2003.

Schröck (1997): Gerhard Schröck: ***Risiko- und Wertmanagement in Banken: der Einsatz risikobereinigter Rentabilitätskennzahlen***, Deutscher Universitäts-Verlag, Wiesbaden, 1997.

Schröder (1996): Oliver Schröder: ***Diskussion zu den Referaten Mülbert und Kraakman***, in: Dieter Feddersen et al. (Hrsg.): Corporate Governance: Optimierung der Unternehmensführung und der Unternehmenskontrolle im deutschen und amerikanischen Aktienrecht, S. 149 - 154, O. Schmidt, Köln, 1996.

Schroff (2006): Joachim Schroff: ***Aufgabenwandel in der Internen Revision - Eine theoretische und empirische Untersuchung***, zugl.: Erlangen-Nürnberg, Univ., Diss., 2005, Herbert Utz, München, 2006.

Schröter/Schwarz (2008): Dirk Schröter, Oliver Schwarz: ***Optimale Strukturen und Prozesse für das Liquiditätsrisikomanagement***, in: Peter Bartetzky, Walter Gruber, Carsten S. Wehn (Hrsg.): Handbuch Liquiditätsrisiko - Identifikation, Messung und Steuerung, S. 247 - 278, Schäffer-Poeschel, Stuttgart, 2008.

Schulte-Mattler/Gaumert (2006): Hermann Schulte-Mattler, Uwe Gaumert: ***Value at Risk - Ein modernes Instrument für die Steuerung der Preisrisiken des Bankbetriebs***, in: Axel Becker, Walter Gruber, Dirk Wohlert (Hrsg.): Handbuch MaRisk: Mindestanforderungen an das Risikomanagement in der Bankpraxis, S. 183 - 223, Fritz Knapp, Frankfurt am Main, 2006.

Schulte-Mattler/Gaumert (2008): Hermann Schulte-Mattler, Uwe Gaumert: ***Regulatorisches und ökonomisches Eigenkapital***, in: Axel Becker, Volker Gehrmann, Hermann Schulte-Mattler (Hrsg.): Handbuch Ökonomisches Kapital, S. 25 - 61, Fritz Knapp, Frankfurt am Main, 2008.

Schumacher (2008): Matthias Schumacher: ***Zukunft der Internen Revision - Bericht aus dem DSGV-Projekt***, in: Peter Bollmann, Hans-Willi Jackmuth (Hrsg.): Zukunft der Internen Revision: Methodische Ansätze, strategische und operative Bewältigung, S. 173 - 184, Deutscher Sparkassenverlag, Stuttgart, 2008.

Schumann (1987): Jochen Schumann: ***Die Unternehmung als ökonomische Institution***, WISU, 16. Jhg., Heft 4, 1987, S. 212 - 218.

Schumann (1992): Jochen Schumann: ***Grundzüge der mikroökonomischen Theorie***, Springer, Berlin et al., 1992.

Schümer (2008): Dirk Schümer: ***Gier, die über Leichen geht***, Frankfurter Allgemeine Zeitung, Nr. 227, 27.09.2008, S. Z3.

Schwalbach (2004a): Joachim Schwalbach: ***Effizienz des Aufsichtsrats***, Die Aktiengesellschaft, Heft 4/2004, S. 186 - 190, verfügbar unter: *www2.wiwi.hu-berlin.de/institute/im/publikdl/2004-1.pdf* (abgerufen am: 08.11.2007).

Schwalbach (2004b): Joachim Schwalbach: ***Reputation***, in: Georg Schreyögg, Axel v. Werder (Hrsg.): Handwörterbuch Unternehmensführung und Organisation, S. 1262 - 1269, Schäffer-Poeschel, Stuttgart, 2004.

Schwalbach/Schwerk (2006): Joachim Schwalbach, Anja Schwerk: ***Corporate Governance und die gesellschaftliche Verantwortung von Unternehmen***, Humboldt-Universität zu Berlin, Wirtschaftswissenschaftliche Fakultät, Discussion Papers 2006, verfügbar unter: *www2.wiwi.hu-berlin.de/institute/im/publikdl/SchwalbachSchwerk.pdf* (abgerufen am: 15.02.2007).

Schwartz (2008): The Wall Street Journal: ***Interview mit Anna Schwartz: Bernanke is fighting the last war***, 18.10.2008, verfügbar unter: *http://online.wsj.com/article/SB122428279231046053.html* (abgerufen am: 04.11.2008).

Schwarz (2005): Sebastian Henner Schwarz: ***Regulierung durch Corporate Governance Kodizes***, zugl.: Berlin, Humboldt-Univ., Diss., 2005.

SEC (2003): U.S. Securities and Exchange Commission: ***Management's Reports on Internal Control Over Financial Reporting and Certification of Disclosure in Exchange Act Periodic Reports***, 11.06.2003, verfügbar unter: *www.sec.gov/rules/final/33-8238.htm* (abgerufen am: 29.10.2007).

Semler (1995): Johannes Semler: ***Unternehmensüberwachung durch den Kapitalmarkt***, in: Arnold Picot (Hrsg.): Corporate Governance: Unternehmensüberwachung auf dem Prüfstand, S. 29 - 88, Schäffer-Poeschel, Stuttgart, 1995.

Semler (1996): Johannes Semler: ***Leitung und Überwachung der Aktiengesellschaft: die Leitungsaufgabe des Vorstands und die Überwachungsaufgabe des Aufsichtsrats***, Carl Heymanns, Köln/Berlin/Bonn/München, 1996.

Shavell (2004): Steven Shavell: ***Foundations of economic analysis of law***, The Belknap Press of Harvard University Press, Cambridge, Massachusetts, 2004.

Shleifer/Vishny (1997): Andrei Shleifer, Robert W. Vishny: ***A survey of corporate governance***, Journal of Finance, Vol. 52, 1997, S. 737 - 783.

Sigrist (2008): Daniel Sigrist: ***Hat Basel II versagt?***, Die Volkswirtschaft, Dezember 2008, S. 17 - 22, verfügbar unter: *www.lavieeconomique.ch/de/editions/200812/pdf/Sigrist.pdf* (abgerufen am: 23.12.2008).

Simon (1961): Herbert A. Simon: ***Administrative Behavior***, Macmillan, New York, 1961.

Sinn (2003): Hans-Werner Sinn: ***Risktaking, Limited Liability, and the Competition of Bank Regulators***, FinanzArchiv, Vol. 53, No. 3, August 2003, S. 305 - 329.

Sinn (2003b): Hans-Werner Sinn: ***Asymmetric Information, Bank Failures, and the Rationale for Harmonizing Banking Regulation. A Rejoinder on Comments of Ernst Baltensperger and Peter Spencer***, FinanzArchiv, Vol. 59, No. 3, S. 340 - 346.

Sinn (2008): Hans-Werner Sinn: ***Wenn Banken mit Zitronen handeln***, Börsen-Zeitung, Nr. 81, 26.04.2008, S. 7.

Sinn (2008b): Hans-Werner Sinn: ***Ende des Verwirrspiels***, Wirtschaftswoche, Nr. 42, 13.10.2008, S. 64 - 65, verfügbar unter: *www.cesifo-group.de/portal/page/portal/ifoHome/B-politik/10echomitarb/_echomitarb?item_link=ifostimme-wiwo-13-10-08.htm* (abgerufen am: 15.10.2008).

Skrzipek (2005): Markus Skrzipek: ***Shareholder Value versus Stakeholder Value - Ein Vergleich des US-amerikanischen Raums mit Österreich***, zugl.: Wien, Wirtschaftsuniv., Diss., 2004, Deutscher Universitäts-Verlag, Wiesbaden, 2005.

Smith Guidance (2005): Robert Smith: ***Guidance on Audit Committees, Financial Reporting Council***, Oktober 2005, verfügbar unter: *www.frc.org.uk/documents/pagemanager/frc/Smith%20Report%202005.pdf* (abgerufen am: 04.11.2005).

Solvabilitätsverordnung - Begründung (2006): ***Begründung zur Verordnung über die angemessene Eigenmittelausstattung (Solvabilität) von Instituten - Solvabilitätsverordnung (SolvV)***, Dezember 2006, verfügbar unter: *www.bundesbank.de/download/bankenaufsicht/pdf/solvv_begr.pdf* (abgerufen am: 22.12.2008).

Solvabilitätsverordnung (2006): ***Verordnung über die angemessene Eigenmittelausstattung von Instituten, Institutsgruppen und Finanzholding-Gruppen (Solvabilitätsverordnung – SolvV)***, 14.12.2006, verfügbar unter: *www.bundesbank.de/download/bankenaufsicht/pdf/solvv_070119.pdf* (abgerufen am: 22.12.2008).

Spremann (1990): Klaus Spremann: ***Asymmetrische Informationen***, Zeitschrift für Betriebswirtschaft, 60. Jhg., Heft 5/6, 1990, S. 561 - 586.

Spremann (1996): Klaus Spremann: ***Wirtschaft, Investition und Finanzierung***, Oldenbourg, München/Wien, 1996.

SSG (2008): Senior Supervisors Group: ***Observations on Risk Management Practices during the Recent Market Turbulence***, März 2008, verfügbar unter: *www.newyorkfed.org/newsevents/news/banking/2008/ssg_risk_mgt_doc_final.pdf* (abgerufen am: 15.07.2008).

Staatsvertrag (2008): ***Gesetz zu dem Staatsvertrag zwischen dem Land Hessen und dem Freistaat Thüringen zur Änderung des Staatsvertrages über die Bildung einer gemeinsamen Sparkassenorganisation Hessen-Thüringen***, Gesetz- und Verordnungsblatt für das Land Hessen - Teil 1, Nr. 23 vom 28.11.2008, S. 983 - 985.

Starbatty (1985): Joachim Starbatty: ***Die englischen Klassiker der Nationalökonomie: Lehre und Wirkung***, Wissenschaftliche Buchgesellschaft, Darmstadt, 1985.

Steinberg (1999): Rainer Steinberg: ***Zinsänderungsrisiko und Bankenaufsicht: Analyse und Weiterentwicklung bankaufsichtsrechtlicher Zinsrisikonormen***, Fritz Knapp, Frankfurt am Main, 1999.

Steiner/Bruns (2002): Manfred Steiner, Christoph Bruns: ***Wertpapiermanagement: professionelle Wertpapieranalyse und Portfoliostrukturierung***, Schäffer-Poeschel, Stuttgart, 2002.

Steinherr/Huveneers (1994): Alfred Steinherr, Christian Huveneers: ***On the performance of differently regulated financial institutions: Some empirical evidence***, Journal of Banking and Finance, Vol. 18, No. 2, 1994, S. 271 - 306.

Steinle (2007): Claus Steinle: ***Controlling***, in: Carl-Christian Freidank, Laurenz Lachnit, Jörg Tesch (Hrsg.): Vahlens Großes Auditing Lexikon, S. 288 - 289, Franz Vahlen, München, 2007.

Sternberg (1999): Elaine Sternberg: ***The Stakeholder Concept: A Mistake Doctrine***, Foundation for Business Responsibilities, Issue Paper No. 4, November 1999, verfügbar unter: http://ssrn.com/abstract=263144 (abgerufen am: 18.01.2007).

Stickelmann (2002): Karsten Stickelmann: ***Operationelles Risiko - Abgrenzung, Definition und Anforderungen gemäß Basel II***, in: Roland Eller, Walter Gruber, Markus Reif (Hrsg.): Handbuch Operationelle Risiken, S. 3 - 41, Schäffer-Poeschel, Stuttgart, 2002.

Stiglitz (1985): Joseph E. Stiglitz: ***Credit Markets and the Control of Capital***, Journal of Money, Credit, and Banking, Vol. XVII, No. 2, 1985, S. 133 - 152.

Stöttner (1998): Rainer Stöttner: ***Investitions- und Finanzierungslehre: Eine praxisorientierte Einführung mit Fallbeispielen***, Campus Verlag, Frankfurt am Main, 1998.

Streek/Höpner (2003): Wolfgang Streek, Martin Höpner: ***Einleitung: Alle Macht dem Markt?***, in: Wolfgang Streek, Martin Höpner (Hrsg.): Alle Macht dem Markt? Fallstudien zur Abwicklung der Deutschland AG, S. 11 - 59, Campus, Frankfurt/New York, 2003.

Strenger (2004): Christian Strenger: ***Corporate Governance - die Herausforderung für Kreditinstitute***, in: Andreas Wagner, Christian Seidel (Hrsg.): Ethik in der Bankenpraxis, S. 59 - 74, Bankakademie-Verlag, Frankfurt am Main, 2004.

Strieder (2007): Thomas Strieder: ***Effizienzprüfung des Aufsichtsrats im Sinne des DCGK mittels Fragebogen***, ZCG, Heft 4/2007, 2. Jhg., S. 168 - 178.

Strunk/Kolaschnik (2003): Günther Strunk, Frank Kolaschnik: ***TransPuG und Corporate Governance Kodex***, Erich Schmidt, Berlin, 2003.

Studienkommission "Grundsatzfragen" (1979): Studienkommission "Grundsatzfragen der Kreditwirtschaft": ***Bericht der Studienkommission***, Schriftenreihe des Bundesministeriums der Finanzen, Heft 28.

Stützel (1983): Wolfgang Stützel: ***Bankpolitik heute und morgen***, unveränderter Nachdruck der 2. Auflage von 1964, Fritz Knapp, Frankfurt am Main, 1983.

Stützle (2006): Wolfgang Stützle: ***Der Prozess der Weiterentwicklung der Mindestanforderungen (MaH, MaIR, MaK) zu den Mindestanforderungen an das Risikomanagement (MaRisk)***, in: Axel Becker, Walter Gruber, Dirk Wohlert (Hrsg.): Handbuch Ma-

Risk: Mindestanforderungen an das Risikomanagement in der Bankpraxis, S. 9 - 28, Fritz Knapp, Frankfurt am Main, 2006.

Subcommittee (2002): Permanent Subcommittee on Investigations: ***The Role of the Board of Directors in Enron's Collapse***, Committee on Governmental Affairs United States Senate, Report 107-70, Juli 2002, verfügbar unter: *http://news.findlaw.com/hdocs/docs/enron/senpsi70802rpt.pdf* (abgerufen am: 15.01.2007).

Suyter (2006): Alexander Suyter: ***Quantifizierung und Steuerung des Kreditrisikos***, in: Axel Becker, Walter Gruber, Dirk Wohlert (Hrsg.): Handbuch MaRisk: Mindestanforderungen an das Risikomanagement in der Bankpraxis, S. 225 - 244, Fritz Knapp, Frankfurt am Main, 2006.

Syring/Thelen-Pischke (2008): Johanna Syring, Hiltrud Thelen-Pischke: ***Regulatorische Auf--arbeitung der Subprime-Krise***, Zeitschrift für das gesamt Kreditwesen, 61. Jhg., Heft 18/2008, S. 906 – 910.

T

Theisen (1991): Manuel René Theisen: ***Grundsätze einer ordnungsmäßigen Informationsversorgung des Aufsichtsrates***, Schäffer-Poeschel, Stuttgart, 1991.

Theisen (2007): Manuel René Theisen: ***Information und Berichterstattung des Aufsichtsrats***, Schäffer-Poeschel, Stuttgart, 2007.

Theurl (2001): Theresia Theurl: ***Ökonomische Theorie der Bankenregulierung***, Theresia Theurl (Hrsg.): Münstersche Schriften zur Kooperation, August 2001, S. 9 - 26, verfügbar unter: *www.wiwi.uni-muenster.de/06//toplinks/ifgevents/oberseminar/muenster/sose01/material/Band48.pdf* (abgerufen am: 25.02.2008).

Thiede (2008): Birgit Thiede: ***Neue Ziele erreichen durch einen erfolgreich gestalteten Veränderungsprozess***, in: Peter Bollmann, Hans-Willi Jackmuth (Hrsg.): Zukunft der Internen Revision: Methodische Ansätze, strategische und operative Bewältigung, S. 212 - 232, Deutscher Sparkassenverlag, Stuttgart, 2008.

Thurston (1950): John B. Thurston: ***New Horizons for Internal Auditing***, 1950, wieder abgedruckt in: Andrew D. Chambers (Hrsg.): Internal Auditing, S. 17 - 25, Dartmouth, Aldershot, 1995.

Tichy (1990): Gunther Tichy: ***Bankengröße und Effizienz***, Kredit und Kapital, 23. Jhg., Hefte 1 - 4, S. 358 - 388.

Tilly (1989): Richard H. Tilly: ***Banking Institutions in Historical and Comparative Perspective: Germany, Great Britain and the United States in the Nineteenth and Early Twentieth Century***, Journal of Institutional and Theoretical Economics, Bd. 145, 1989, S. 189 - 209.

Tilly (1993): Richard H. Tilly: ***On the development of German big banks as universal banks in the 19th and 20th centuries. Engine of power or power block?***, in: Hans Pohl, Bernd Rudolph (Hrsg.): German Yearbook on Business History 1993, S. 109 - 130, Saur, München, 1993.

Tirole (2001): Jean Tirole: ***Corporate Governance***, Econometrica, Vol. 69, 2001, S. 1 - 35.

Tirole (2006): Jean Tirole: ***The Theory of Corporate Finance***, Princeton University Press, Princeton/Oxford, 2006.

Traber (2000): Uwe Traber: ***Bankaufsichtliche Prüfung und Zulassung interner Marktrisikomodelle***, in: Lutz Johanning, Bernd Rudolph (Hrsg.): Handbuch Risikomanagement, Band 2: Risikomanagement in Banken, Asset-Gesellschaften, Versicherungs- und Industrieunternehmen, S. 775 - 796, Uhlenbruch, Bad Soden/Ts., 2000.

Träm (2006): Michael Träm: ***Neue Entwicklungen der staatlichen Bankenaufsicht in Deutschland und den USA sowie der Einfluß von Basel II***, zugl.: Saarbrücken, Univ., Diss., 2006, Lang, Frankfurt am Main, 2006.

Treeck (1934): Otto Treeck: ***Die Krise im Sparkassen- und Girowesen 1931 und ihre Behebung***, zugl.: Köln, Univ., Diss., 1934, Braun-Druck, Bochum, 1934.

Treu (2006): Johannes Treu: ***Zur Regulierung von Banken und die Zwangslage protektiver Maßnahmen***, Ernst-Moritz-Arndt-Universität Greifswald, Diskussionspapier 07/2006, verfügbar unter: *www.rsf.uni-greifswald.de/bwl/pdf/2006/07_2006.pdf* (abgerufen am: 10.03.2008).

Trichet (2009): Jean-Claude Trichet: ***A paradigm change for the global financial system, Roundtable at the International Colloquium "Nouveau Monde, Nouveau Capitalisme", Paris, 9. Januar 2009***, verfügbar unter: *www.ecb.int/press/key/date/2009/html/sp090109.en.html* (abgerufen am: 14.01.2009).

Turnbull (2005): Turnbull Committee: ***Internal Control: Revised Guidance for Directors on the Combined Code, Financial Reporting Council***, Oktober 2005, verfügbar unter: *www.frc.org.uk/documents/pagemanager/frc/Revised%20Turnbull%20Guidance%20October%202005.pdf* (abgerufen am: 05.11.2008).

Tyrell/Schmidt (2001): Marcel Tyrell, Reinhard H. Schmidt: ***Pensions- und Finanzsysteme in Europa: Ein Vergleich unter dem Gesichtspunkt der Komplementarität***, Johann Wolfgang Goethe-Universität, Fachbereich Wirtschaftswissenschaften, Working Paper Series: Finance&Accounting, No. 65, Februar 2001, verfügbar unter: *www.attac.de/rente/tyrell_schmidt.pdf* (abgerufen am: 19.11.2006).

U

Uhde (2007): André Uhde: ***Selbstregulierungspotenzial in der Kreditwirtschaft: eine vertragstheoretische und evolutionsökonomische Analyse***, zugl.: Bochum, Univ., Diss., 2006/07, Bankakademie-Verlag, Frankfurt am Main, 2007.

Uhlig (2007): Joerg Uhlig: ***Funktionen, Aufbau und Prozesse eines integrierten Limitsystems***, in: Henner Schierenbeck, Patrick Kirmße (Hrsg.): Aktuelle Entwicklungen und Fragestellungen in der Banksteuerung, S. 35 - 48, Fritz Knapp, Frankfurt am Main, 2007.

Ullrich (2006): Walter Ullrich: ***Ein modernes Internes Kontrollsystem nach den Vorgaben der Bankenaufsicht***, BankPraktiker, Heft 10/2006, S. 466 - 471.

UN Guidance (2006): United Nations: ***Guidance on Good Practices in Corporate Governance Disclosure***, verfügbar unter: *www.unctad.org/en/docs/iteteb20063_en.pdf* (abgerufen am: 04.11.2008).

V

van Greuning/Bratanovic (2003): Hennie van Greuning, Sonja Brajovic Bratanovic: ***Analyzing and managing banking risk: a framework for assessing corporate governance and financial risk***, THE WORLD BANK, Washington, D.C., 2003.

Vander Vennet (1994): Rudi Vander Vennet: ***Economies of Scale and Scope in EC Credit Institutions***, Cahiers Économiques de Bruxelles, No. 144, 1994/4, S. 507 - 548.

Velte (2007): Patrick Velte: ***Dual- und Boardsystem***, in: Carl-Christian Freidank, Laurenz Lachnit, Jörg Tesch (Hrsg.): Vahlens Großes Auditing Lexikon, S. 354 - 356, Vahlen, München, 2007.

Vitols (2003): Sigurt Vitols: ***Negotiated Shareholder-Value: The German Version of an Anglo-American Practice***, Wissenschaftszentrum Berlin, Discussion Paper, SP II 2003-25, Dezember 2003, verfügbar unter: *skylla.wz-berlin.de/pdf/2003/ii03-25.pdf* (abgerufen am: 01.12.2006).

Vitols (2006): Sigurt Vitols: ***Das "deutsche Modell" in der politischen Ökonomie***, in: Volker R. Berghahn, Sigurt Vitols (Hrsg.): Gibt es einen deutschen Kapitalismus? Tradition und globale Perspektiven der sozialen Marktwirtschaft, S. 44 - 59, Campus, Frankfurt/ New York, 2006.

Voigt (2002): Stefan Voigt: ***Institutionenökonomik***, Wilhelm Fink, München, 2002.

Vollmer/Hauck (2007): Uwe Vollmer, Achim Hauck: ***Einlagenversicherung und Bankenregulierung***, WiSt, 36. Jhg., 2007, Heft 6, S. 303 – 308.

von Werder/Wieczorek (2007): Axel v. Werder, Bernd Wieczorek: ***Anforderungen an Aufsichtsratsmitglieder und ihre Nominierung***, Der Betrieb, DB vom 09.02.2007, Heft 6, 2007, S. 297 – 303.

W

Wagner (1982): Eckehard Wagner: ***Theorie der Bankunternehmung: eine Analyse von Bankverhaltensmodellen unter dem Aspekt der Transaktionskosten***, zugl.: Saarbrücken, Univ., Diss., 1982, Frankfurt am Main, 1982.

Wagner (2004): Andreas Wagner: ***Ethikmanagement in Banken***, in: Andreas Wagner, Christian Seidel (Hrsg.): Ethik in der Bankenpraxis, S. 3 - 19, Bankakademie-Verlag, Frankfurt am Main, 2004.

Wagstaff (2007): Mark Wagstaff: ***Principles Based Regulation: Stability, Risk and Trust***, Vortrag anlässlich der 2nd Annual Cambridge Conference on Regulation, Inspection & Improvement, September 2007, verfügbar unter: *www.cbr.cam.ac.uk/pdf/Wagstaff_Paper.pdf* (abgerufen am: 02.10.2008).

Wahrenburg/Niethen (2000): Mark Wahrenburg, Susanne Niethen: ***Portfolioeffekte bei der Kreditrisikomodellierung***, in: Lutz Johanning, Bernd Rudolph (Hrsg.): Handbuch Risikomanagement, Band 1: Risikomanagement für Markt-, Kredit- und operative Risiken, S. 491 - 523, Uhlenbruch, Bad Soden/Ts., 2000.

Walch (2008): Karlheinz Walch: ***Das Risikoprofil aus Sicht der Bankenaufsicht***, Vortrag anlässlich des Bundesbank-Symposiums "Bankenaufsicht im Dialog" in Frankfurt am Main am 03.06.2008.

Wandel (1983): Eckhard Wandel: ***Das deutsche Bankwesen im Dritten Reich (1933 - 1945)***, in: Wolfram Engels, Manfred Pohl (Hrsg.): Deutsche Bankengeschichte, Band 3: Vom Ersten Weltkrieg bis zur Gegenwart, S. 147 - 203, Fritz Knapp, Frankfurt am Main, 1983.

Wappenschmidt (2006): Christian Wappenschmidt: ***Begründungen von Ratingurteilen für deutsche Unternehmen - Eine Inhaltsanalyse -***, Münchner Betriebswirtschaftliche Beiträge, 2006-12, Juni 2006, verfügbar unter: *www.en.bwl.uni-muenchen.de/research/diskus_beitraege/workingpaper/3899.pdf* (abgerufen am: 15.07.2007).

Wardenbach (1996): Wardenbach, Frank: ***Interessenkonflikte und mangelnde Sachkunde als Bestellungshindernisse zum Aufsichtsrat der AG***, zugl.: Bonn, Univ., Diss., 1995, O. Schmidt, Köln, 1996.

Warncke (2005): Markus Warncke: ***Prüfungsausschuss und Corporate Governance: Einrichtung, Organisation und Überwachungsaufgabe***, zugl.: Erlangen-Nürnberg, Univ., Diss., 2005, Erich Schmidt, Berlin, 2005.

Warncke (2008): Markus Warncke: ***Zusammenarbeit von Interner Revision und Prüfungsausschuss***, in: Carl-Christian Freidank, Volker H. Peemöller (Hrsg.): Corporate Governance und Interne Revision: Handbuch für die Neuausrichtung des Internal Auditings, S. 623 - 642, Erich Schmidt, Berlin, 2008.

Waschbusch (2000): Gerd Waschbusch: ***Bankenaufsicht: Die Überwachung der Kreditinstitute und Finanzdienstleistungsinstitute nach dem Gesetz über das Kreditwesen***, R. Oldenbourg, München/Wien, 2000.

Waters (2006): Dan Waters: ***Implementing principles based regulation***, Rede anlässlich der ABI Conference, London, 07.12.2006, verfügbar unter: *www.fsa. gov.uk/pages/Library/ Communication/Speeches/2006/1207_dw.shtml* (abgerufen am: 22.05.2008).

Weber (2008a): Axel A. Weber: ***Aktuelle Finanzmarktfragen; Festansprache auf dem Jahresempfang des Bundesverbandes deutscher Banken e.V., Berlin***, 07.04.2008, verfügbar unter: *www.bundesbank.de/download/presse/reden/2008/20070407.weber. finanzmarktfragen.pdf* (abgerufen am: 14.04.2008).

Weber (2008b): Axel A. Weber: ***Die Subprime-Krise. Ursachen und Folgen für das Kreditwesen***, Rede anlässlich des FTD-Bankengipfels 2008, Eltville, 25.04.2008, verfügbar unter: *www.bundesbank.de/download/presse/reden/2008/20080425.weber.pdf* (abgerufen am: 28.04.2008).

Weber (2008c): Axel A. Weber: ***Notenbanken und Finanzmärkte: ein turbulentes Jahr***, Vortrag an der Fachhochschule der Deutschen Bundesbank in Hachenburg am 14.08.2008, verfügbar unter: *www.bundesbank.de./download/presse/reden/2008/ 20080814_weber_hachenburg.pdf* (abgerufen am: 10.09.2008).

Weber (2008d): Axel A. Weber: ***Notenbanken und Finanzmärkte***, Rede auf der 11. Euro Finance Week in Frankfurt am Main, 17. November 2008, verfügbar unter: *www.bundesbank.de./download/presse/reden/2008/20081117.weber.pdf* (abgerufen am: 20.11.2008).

Weber (2008e): Axel A. Weber: ***Risk Transfer: Challenges for Financial Institutions and Markets***, Dinner Speech at the Joint Bundesbank-CEPR-CFS conference, 11.12.2008, Frankfurt am Main, verfügbar unter: *www.bundesbank.de./download/presse/reden/ 2008/20081211_weber.pdf* (abgerufen am: 16.12.2008).

Weber (2009): Axel A. Weber: ***Deutsche Banken vor schweren Herausforderungen***, Rede auf einer Tagung des Deutschen Sparkassen- und Giroverbandes, Berlin, 28.01.2009, verfügbar unter: *www.bundesbank.de/download/presse/reden/2009/20090128_weber% 20_dsgv.pdf* (abgerufen am: 29.01.2009).

Weber/Lentfer/Köster (2007): Stefan C. Weber, Thies Lentfer, Max Köster: ***Einfluss der Corporate Governance auf die Kapitalkosten eines Unternehmens - Ein institutionenökomischer Erklärungsansatz, eine Bestandsaufnahme empirischer Studienergebnisse und eine Partialbetrachtung des Corporte Governance Reportings***, ZCG, Heft 2/2007, 2. Jhg., S. 53 - 61.

Wehlte (2007): Stefan Wehlte: ***DCGK 2007: Anmerkungen zur jüngsten Revision der Standards für gute Unternehmensführung und -überwachung***, ZCG, Heft 4/2007, 2. Jhg., S. 157 - 160.

Wehlte (2008): Stefan Wehlte: ***DCGK 2008: Anmerkungen zur jüngsten Revision der Standards für gute Unternehmensführung und -überwachung***, ZCG, Heft 5/2008, 3. Jhg., 2008, S. 216 - 220.

Wehn (2008): Carsten S. Wehn: ***Aspekte ökonomischer Kapitalsteuerungsmodelle zur Gewinnung angemessener Risikomesszahlen***, in: Axel Becker, Volker Gehrmann, Hermann Schulte-Mattler (Hrsg.): Handbuch Ökonomisches Kapital, S. 215 - 243, Fritz Knapp, Frankfurt am Main, 2008.

Weichenrieder et al. (2003): Hans-Günther Vieweg, Michael Reinhard, Alfons Weichenrieder, Ralf Meisenzahl, Bent Nowack: ***Finanzmärkte, Corporate Governance, I&K - Treibende Faktoren für den Wandel in der Industrie***, ifo Institut für Wirtschaftsforschung, Beiträge zur Wirtschaftsforschung, Band 11, verfügbar unter: www.wiwi.uni-frankfurt.de/professoren/weichenrieder/corporategovernance-kap2.pdf (abgerufen am: 21.12.2006).

Weidenbaum/Jensen (2007): Murray L. Weidenbaum, Mark Jensen: ***Introduction to the Transaction Edition "The Modern Corporation and private Property"***, Transaction Publishers, New Brunswick/London, 2007.

Weise et al. (2005): Peter Weise, Wolfgang Brandes, Thomas Eger, Manfred Kraft: ***Neue Mikroökonomie***, Physica, Heidelberg, 2005.

Weiß (2007): Stefan Weiß: ***Der Kreditrisiko-Standardansatz (KSA) - Ansatz zur Ermittlung der Eigenkapitalanforderungen nach der neuen Solvabilitätsverordnung***, in: Torsten Cramme, Thorsten Gendrisch, Walter Gruber, Ronny Hahn (Hrsg.): Handbuch Solvabilitätsverordnung, S. 59 - 82, Deutscher Sparkassenverlag, Stuttgart, 2007.

Wenger/Terberger (1988): Ekkehard Wenger, Eva Terberger: ***Die Beziehung zwischen Agent und Prinzipal als Baustein einer ökonomischen Theorie der Organisation***, WiSt, 17. Jhg., 1988, Heft 10, S. 506 - 514.

Wentges (2002): Paul Wentges: ***Corporate Governance und Stakeholder-Ansatz: Implikationen für die betriebliche Finanzwirtschaft***, zugl.: Ulm, Univ., Habil.-Schr., 2001, Deutscher Universitäts-Verlag, Wiesbaden, 2002.

Werkmeister (2007): Clemens Werkmeister: ***Kontrollsysteme***, in: Carl-Christian Freidank, Laurenz Lachnit, Jörg Tesch (Hrsg.): Vahlens Großes Auditing Lexikon, S. 816 - 818, Franz Vahlen, München, 2007.

Westhausen (2005): Hans-Ulrich Westhausen: ***Das COSO-Modell: bisher nur eine Randerscheinung in Deutschland?***, Zeitschrift Interne Revision, 40. Jhg., Heft 3/2005, S. 98 - 103.

Westhausen (2008): Hans-Ulrich Westhausen: ***Wie steht es um die Zusammenarbeit von Interner Revision und Abschlussprüfung?***, Zeitschrift Interne Revision, 43. Jhg., Heft 03/2008, S. 134 - 137.

Wieland (1999): Josef Wieland: ***Die Ethik der Governance***, Metropolis, Marburg, 1999.

Wilkens/Entrop/Völker (2001): Marco Wilkens, Oliver Entrop, Jörg Völker: ***Strukturen und Methoden von Basel II - Grundlegende Veränderungen der Bankenaufsicht***, Zeitschrift für das gesamte Kreditwesen, 54. Jhg., Heft 4/2001, S. 187 - 193.

Williamson (1985): Oliver E. Williamson: ***Reflections on the New Institutional Economics***, Journal of Institutional and Theoretical Economics, Vol. 141, 1985, S. 187 - 195.

Williamson (1990a): Oliver E. Williamson: ***Die ökonomischen Institutionen des Kapitalismus: Unternehmen, Märkte, Kooperationen***, Mohr, Tübingen, 1990.

Williamson (1990b): Oliver E. Williamson: ***A Comparison of Alternative Approaches to Economic Organization***, Journal of Institutional and Theoretical Economics, Vol. 146, 1990, S. 61 - 71.

Williamson (1991a): Oliver E. Williamson: ***The Logic of Economic Organization***, in: Oliver E. Williamson, Sidney G. Winter (Hrsg.): The Nature of the Firm. Origins, Evolution, and Development, S. 90 - 116, New York/Oxford, 1991.

Williamson (1991b): Oliver E. Williamson: ***Introduction***, in: Oliver E. Williamson, Sidney G. Winter (Hrsg.): The Nature of the Firm. Origins, Evolution, and Development, S. 3 - 17, Oxford University Press, New York/Oxford, 1991.

Williamson (1993): Oliver E. Williamson: ***Transaktionskostenökonomik***, LIT-Verlag, Münster/Hamburg, 1993.

Williamson (2002): Oliver E. Williamson: ***The Theory of the Firm as Governance Structure: From Choice to Contract***, Journal of Economic Perspectives, No. 3, Vol. 16, 2002, S. 171 - 195.

Williamson (2003): Oliver E. Williamson: ***Transaction Cost Economics and Economic Sociology***, Center for the Study of Economy & Society, CSES Working Paper Series, Paper #13, Oktober 2003, verfügbar unter: *www.economyandsociety.org/publications/wp13_Williamson_03.pdf* (abgerufen am: 15.02.2007).

Williamson (2005): Oliver E. Williamson: ***The Economics of Governance***, American Economic Review, Vol. 95 (2), Mai 2005, verfügbar unter: *www.owilliam@haas.Berkeley.edu* (abgerufen am: 05.09.2006).

Wilson (2000): Thomas C. Wilson: ***Trends im Kreditrisikomanagement***, in: Lutz Johanning, Bernd Rudolph (Hrsg.): Handbuch Risikomanagement, Band 1: Risikomanagement für Markt-, Kredit- und operative Risiken, S. 377 - 405, Uhlenbruch, Bad Soden/Ts., 2000.

Winkeljohann/Kellersmann (2008): Norbert Winkeljohann, Dietrich Kellersmann: ***Fremdmanagement in Familienunternehmen***, ZCG, Heft 6/2008, 3. Jhg., S. 253 - 260.

Winter-Report (2002): Jaap Winter et al.: ***Bericht der Hochrangigen Gruppe von Experten auf dem Gebiet des Gesellschaftsrechts über moderne gesellschaftsrechtliche Rahmenbedingungen in Europa***, November 2002, verfügbar unter: *http://ec.europa.eu/internal_market/company/docs/modern/report_de.pdf* (abgerufen am: 04.11.2008).

Winterstein - Arbeitskreis 5 (2006): Wolfgang Winterstein und die Leiter der Arbeitsgruppen (Karsten Geiersbach et al.): ***Sparkassen-Prüfertag 2006, Arbeitskreis 5: Methodische Grundlagen sowie Aufbau- und Funktionsprüfung der DSGV-Risikoklassifizierungsverfahren unter Berücksichtigung aufsichtsrechtlicher Anforderungen und Feststellungen externer Prüfer***, S. 216 - 252, Deutscher Sparkassenverlag, Stuttgart, 2006.

Witt (2001): Peter Witt: ***Corporate Governance***, in: Peter-J. Jost (Hrsg.): Die Prinzipal-Agenten-Theorie in der Betriebswirtschaftslehre, S. 85 - 115, Schäffer-Poeschel, Stuttgart, 2001.

Wohlert (2006): Dirk Wohlert: ***MaRisk versus MaH / MaK***, in: Axel Becker, Walter Gruber, Dirk Wohlert (Hrsg.): Handbuch MaRisk: Mindestanforderungen an das Risikomanagement in der Bankpraxis, S. 29 - 48, Fritz Knapp, Frankfurt am Main, 2006.

Wolfbauer (2006): Johanna M. Wolfbauer: ***Die Strategische Rolle von Governance-Organen in Nonprofit Organisationen: Eine empirische Untersuchung der Zusammenhänge zwischen Kontext, Governance, Strategie und Performance im österreichischen Gesundheitssektor***, Erasmus University, zugl.: Rotterdam, Univ., Diss., November 2006, verfügbar unter: *https://ep.eur.nl/bitstream/1765/8165/1/Diss_Gesamtdokument_final.pdf* (abgerufen am: 10.02.2007).

Wolff (2000): Birgitta Wolff: ***Ronald Coase und die ökonomische Theorie der Organisation***, in: Ingo Pies, Martin Leschke: Ronald Coase'Transaktionskosten-Ansatz, S. 31 - 57, Mohr Siebeck, Tübingen, 2000.

Woodward (1985): Susan E. Woodward: ***Limited Liability in the Theory of the Firm***, Journal of Institutional and Theoretical Economics, Band 141, No. 4, 1985, S. 601 - 611.

Woodward (1988): Susan E. Woodward: ***A Transaction Cost Analysis of Banking Activity and Deposit Insurance***, Cato Journal, Vol. 7, No. 3, 1988, S. 683 - 699, verfügbar unter: *www.cato.org/pubs/journal/cj7n3/cj7n3-7.pdf* (abgerufen am: 03.05.2007).

Wysocki (1988): Klaus von Wysocki: ***Grundlagen des betriebswirtschaftlichen Prüfungswesens***, Franz Vahlen, München, 1988.

Z

Zakrzewski/Wicher (2006): Oliver Zakrzewski, Boris Wicher: ***Zum Zusammenspiel zwischen Interner Revision und Internem Kontrollsystem (IKS) unter besonderer Berücksichtigung der MaRisk***, in: Axel Becker, Walter Gruber, Dirk Wohlert (Hrsg.): Handbuch MaRisk: Mindestanforderungen an das Risikomanagement in der Bankpraxis, S. 593 - 615, Fritz Knapp, Frankfurt am Main, 2006.

Zehnder (2008): Martina Zehnder: ***Lehren aus dem Prinzipal-Agenten-Ansatz für die Interne Revision - Reduktion der Informationslücke zwischen Verwaltungsrat und Geschäftsleitung***, Der Schweizer Treuhänder, Heft 1-2/2008, S. 53 - 55, verfügbar unter: *www.treuhaender.ch/pdf/artikel/a08_0053.pdf* (abgerufen am: 09.12.2008).

Zehnder/Brönnimann (2005): Martina Zehnder, Thomas Brönnimann: ***Interne Revision als Vertrauensgut***, Der Schweizer Treuhänder, Heft 6-7/2005, S. 448 - 454, verfügbar unter: *www.treuhaender.ch/pdf/artikel/a05_0448.pdf* (abgerufen am: 28.10.2007).

Zeitler (2008a): Franz-Christoph Zeitler: ***Die Finanzmarktturbulenzen - Konsequenzen für Märkte, Institute und Aufseher***, Begrüßungsrede beim Bundesbank-Symposium 2008 "Bankenaufsicht im Dialog" in Frankfurt am Main am 03.06.2008, verfügbar unter: *http://217.110.182.54/download/presse/reden/2008/20080603_zeitler.pdf* (abgerufen am: 05.06.2008).

Zeitler (2008b): Franz-Christoph Zeitler: ***Finanzmärkte unter Stress: Verwerfungen mildern und Ursachen bekämpfen***, Begrüßung auf dem Empfang der Deutschen Bundesbank anlässlich der 11. Euro Finance Week, Frankfurt am Main, 17. November 2008, verfügbar unter: *http://www.bundesbank.de/download/presse/reden/2008/ 20081117_ zeitler.pdf* (abgerufen am: 20.11.2008).

Zeitler (2009): Franz-Christoph Zeitler: ***Eigenkapitalanforderungen an deutsche Banken – Worauf kann die Aufsicht achten?***, Zeitschrift für das gesamte Kreditwesen, 62. Jhg., Heft 1/2009, S. 23 - 25.

Zeranski (2005): Stefan Zeranski: ***Liquidity at Risk zur Steuerung des liquiditätsmäßig-finanziellen Bereichs von Kreditinstituten***, zugl.: Chemnitz, Univ., Diss., 2005, Gesellschaft für Unternehmensrechnung & Controlling, Chemnitz.

Zeranski/Geiersbach/Walter (2008): Stefan Zeranski, Karsten Geiersbach, Bernd Walter: ***Ökonomisches Kapital für das Liquiditätsrisiko in Instituten***, in: Axel Becker, Volker Gehrmann, Hermann Schulte-Mattler (Hrsg.): Handbuch Ökonomisches Kapital, S. 369 - 434, Fritz Knapp, Frankfurt am Main, 2008.

Zhu (2007): Haibin Zhu: ***Capital regulation and banks' financial decisions***, BIS Working Papers, No. 232, Juli 2007, verfügbar unter: *www.bis.org/publ/work232.pdf* (abgerufen am: 21.03.2008).

Zingales (1998): Luigi Zingales: ***Corporate Governance***, in: The New Palgrave Dictionary of Economics and the Law, verfügbar unter: *http://ssrn.com/abstract=46906* (abgerufen am: 05.10.2006).

Zingales (2000): Luigi Zingales: ***In Search of New Foundations***, The Journal of Finance, Vol. LV, No. 4, 2000, S. 1623 - 1653.

ZKA (2005): Zentraler Kreditausschuss: ***Comments of the German banking industry on CEBS' consultation paper "Application of the Supervisory Review Process under Pillar 2 (CP03 revised) of June 2005***, Oktober 2005, verfügbar unter: *www.c-ebs.org/documents/ZKA_CP03r.pdf* (abgerufen am: 15.10.2007).

Zuberbühler (2007): Daniel Zuberbühler: ***Risikoorientierte Aufsicht - Konsequenzen für unsere Ansprechpartner***, Medienkonferenz der Eidg. Bankenkommission, 27. März

2007, verfügbar unter: *www.ebk.ch/d/publik/refer/pdf/20070327_Referat_Z_d.pdf* (abgerufen am: 22.05.2008).

Zülch/Hoffmann (2008): Henning Zülch, Sebastian Hoffmann: ***Auswirkungen der Krise an den Finanzmärkten - Tagungsbericht des Leipziger Gesprächskreises Rechnungslegung und Prüfung e.V.***, ZCG, Heft 4/2008, 3. Jhg., S. 189 - 192.

Zülch/Oser/Hoffmann (2008): Henning Zülch, Peter Oser, Sebastian Hoffmann: ***Diskussion des Entwurfs eines BilMoG - Tagungsbericht des Leipziger Gesprächskreises Rechnungslegung und Prüfung e.V.***, ZCG, Heft 3/2008, 3. Jhg., S. 138 - 140.

Zypries (2006): Brigitte Zypries: ***Public Corporate Governance Kodex***, Rede der Bundesministerin der Justiz am 23.11.2006, verfügbar unter: *www.bmj.de/enid/7b4904489fbabf12cbd5a7f799aa891a,cfeb4c706d635f6964092d0933333237093a0979656172092d0932303036093a096d6f6e7468092d093131093a095f7472636964092d0933333237/Ministerin/Reden_129.html* (abgerufen am: 15.06.2007).

Stichwortverzeichnis

Nachtrag zur Dissertation

- Kein Bestandteil der begutachteten Dissertation -

Nachtrag

„The crisis has opened the old debate about the costs and benefits of regulation as opposed to market mechanisms."[1]

1. Warum es geschah

Die Finanzmarktkrise hatte ihren Ausbruch im Juli/August 2007 in den USA mit einer Vertrauenskrise bei einzelnen Kreditinstituten aufgrund von Subprime-Krediten. Als Indikator für die Entwicklung der Liquiditäts- und Vertrauenskrise im Finanzsystem kann die Differenz der Geldmarktzinssätze im EURO-Raum zwischen unbesicherten (EURIBOR) und besicherten (EUREPO) Interbankenkrediten verwendet werden. Die folgende Abbildung zeigt die Abweichungen vom 2. Januar 2007 bis zum 30. September 2010:

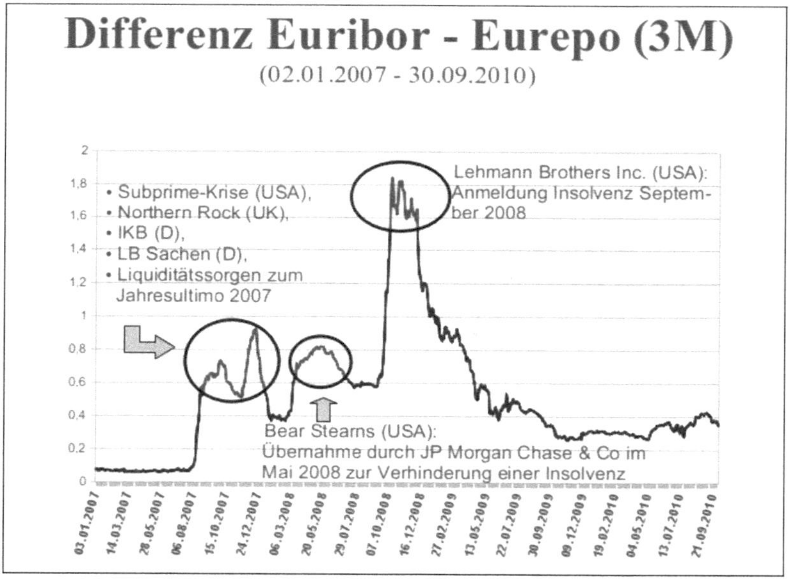

Datenquelle: Reuters

Die vorherige Abbildung zeigt zwar eine relative Beruhigung der Finanzmarktkrise, aber die Märkte haben sich immer noch nicht auf das „alte" Niveau eingependelt. Oder anders formuliert: Mehr als drei Jahre nach ihrem Ausbruch ist die Finanzmarktkrise immer noch nicht überwunden.[2] Die Krise ist nicht monokausal erklärbar, sondern das Ergebnis eines komplexen Zusammentreffens unterschiedlicher mikro- und makroökonomischer Ursachen. Als Verursacher der Krise können im Wesentlichen genannt werden:[3]

---

1) Vgl. OECD (2010), S. 6.
2) Vgl. DBbk (2010c), S. 115 ff.; ebf. Zeitler (2010a), S. 3 f.
3) Siehe auch oben, Kapitel C.2.5.2. der Dissertation. Vgl. Weber (2010c).

- Eine unzureichende Corporate Governance, insbesondere das Versagen unternehmensinterner und externer Kontrollmechanismen. Hierzu zählt auch eine mangelhafte Überwachungstätigkeit des Aufsichtsorgans, begründet zum Teil in der unzureichenden Qualifikation und/oder Informationensversorgung der Mitglieder des Aufsichtsorgans.
- Ein unzulängliches Risikomanagement: Starker Verlass auf die Bonitätsbewertungen der Ratingagenturen, nicht alle wesentlichen Risiken wurden erfasst bzw. ausreichend quantifiziert und Risikokonzentrationen wurden nicht korrekt identifiziert.
- Die Existenz von übermäßig komplexen und/oder undurchsichtigen Organisationsstrukturen von Kreditinstituten und ihrer Produkte („know-and-understand-your-structure").
- Kurzfristig ausgerichtete Anreiz- und Vergütungssysteme, die zum Eingehen von übermäßig hohen Risiken verleitet haben (Fehlanreize).
- „Too big to fail"- bzw. „too connected to fail"-Dilemma verbunden mit dem Moral Hazard-Problem.
- Unzulängliche Unternehmens- und Risikokultur.
- Eine starke Ausweitung von Finanzinnovationen, insbesondere dem originate and distribute-Modell (Ausreichung, Bündelung und Verbriefung von Krediten), der Zunahme der (Liquiditäts-) Fristentransformation durch Special Investment Vehicles und sog. Conduits, um Geschäfte aus Bankbilanzen auszulagern und somit aufsichtliche Anforderungen zur Eigenmittelunterlegung zu umgehen (Generierung von Regulierungsarbitrage).
- Eine expansive Geldpolitik, insbesondere der US-amerikanischen Notenbank nach dem 11. September 2001.

2. Was aktuell unternommen wurde, damit es nicht mehr geschieht

Die Entwicklungen und Bestrebungen der Politik, Notenbanken und Bankenaufseher zur Vermeidung von künftigen Finanzmarktkrisen, der Staatsschuldenkrise im EURO-Raum oder einer globalen Wirtschaftskrise setzten sich auch nach dem Schreiben dieser Dissertation unermüdlich fort.[4] Auch wenn sich zurzeit die Risiko- und Stabilitätslage im deutschen Finanzsystem günstiger darstellt als im Jahr 2009, so bestehen weiterhin Verwundbarkeiten und strukturelle Schwächen im deutschen Finanzsystem.[5] Das Thema Internal Governance hat bis zum heutigen Tage insofern an Aktualität nichts verloren und viele Problemfelder sind nicht einfach zu lösen.[6] Die folgenden Ausführungen sollen einen kurzen Überblick über die wesentlichen Neuerungen der letzten zwei Jahre geben, die im Bereich der Internal Governance bei Kreditinstituten erzielt wurden.

Am 16. Dezember 2010 hat der Baseler Ausschuss für Bankenaufsicht die Regelungstexte für die neuen Eigenkapital- und Liquiditätsstandards veröffentlicht.[7] Ziel der reformierten mi-

4) Vgl. Tumpel-Gugerell (2009); ebf. DBbk (2010a), S. 18 ff.; ebf. EZB (2010d), S. 63 ff.
5) Vgl. Dombret (2010a); ebf. EZB (2010b), S. 74 ff.; ebf. EZB (2010c), S. 8 ff.
6) Vgl. CEBS CP 44 (2010): Konsultationspapier „Guidebook on Internal Governance"; ebf. Blinder (2010), S. 277 ff.; ebf. Caruana (2010); ebf. Weber (2010c).
7) Vgl. BCBS - Basel III (2010); ebf. BCBS - Basel III: Liquidität (2010).

kro- und makroprudenziellen Regulierung ist eine Verbesserung der Resistenz des Bankensektors gegenüber endogenen und exogenen Schocks, des Risikomanagements und der Führungsstrukturen sowie eine Stärkung der Transparenz und Offenlegung. Mit Basel III bzw. über den Weg von Brüssel sollen in den nächsten Jahren u.a. die folgenden Regulierungsmaßnahmen umgesetzt werden:[8]

- Neue Regelungen für das Handelsbuch und die Kapitalunterlegung von komplexen Verbriefungen treten Ende 2011 weltweit in Kraft. Folge: Drei- bis fünffach höhere Unterlegung des Handelsbuches mit Eigenkapital.
- Die Urheber von Verbriefungen sollen ab 2012 einen Teil (5%) in den eigenen Büchern behalten und somit verstärkte Anreize für ein effektiveres Monitoring der Verbriefungsrisiken erhalten.
- Einführung höherer Eigenkapitalquoten, die auch die Schockabsorptionsfähigkeit der Kreditinstitute stärken sollen:[9]

	Bis 31.12.2012	Ab 01.01.2013	Ab 01.01.2015	Ab 01.01.2019
Harte Kernkapitalquote	2,0%	3,5%	4,5%	4,5%
Harte Kernkapitalquote inkl. capital conservation buffer	2,0%	3,5%	4,5%	7,0%
Gesamtes Kernkapital inkl. ergänzendem Kernkapital	4,0%	4,5%	6,0%	8,5%
Gesamtkapitalquote	8,0%	8,0%	8,0%	10,5%
Ergänzungskapital	4,0%	3,5%	2,0%	2,0%

  - Hiermit verbunden ist auch eine Erhöhung der Mindestanforderung für das harte Kernkapital von aktuell 2% auf 4,5% ab dem 1. Januar 2015 sowie eines Kapitalerhaltungspolsters von 2,5%, womit die Mindestanforderungen für das harte Kernkapital ab dem 1. Januar 2019 auf insgesamt 7% steigen.
  - Des Weiteren soll der Aufbau von Eigenkapitalpolstern in guten Zeiten, auf die dann in Stressphasen zurückgegriffen werden kann, gefördert werden: Dies umfasst das Kapitalerhaltungspolster und ein antizyklisches Polster, das den Bankensektor vor Phasen übermäßigen Kreditwachstums schützen soll .[10]
- Umsetzung der Neuerungen aus der europäischen Capital Requirements Directive (CRD II ab 2011)[11]: In den Großkreditregeln wurde der Begriff der Kreditnehmereinheit gem.

8) Vgl. Baseler Ausschuss (2010); ebf. CEPS CP 24 (2010); ebf. Zeitler (2010a).
9) Vgl. Weber (2010a), S. 3 f.
10) Vgl. Baseler Ausschus (2010), S. 4 f.
11) Vgl. Göddecke/Fuchs (2010), S. 8 f. „Die Richtlinien 2006/48/EG und 2006/49/EG (zusammen, "Capital Requirements Directive" oder „CRD") wurden im Jahre 2009 durch die Richtlinien 2009/111/EG, 2009/83/EG und 2009/27/EG (zusammen, die "*CRD II*") novelliert. Die CRD II ist gemäß Artikel 2 der Richtlinie 2009/27/EG, Artikel 2 der Richtlinie 2009/83/EG und Artikel 4 der Richtlinie 2009/111/EG von der Bundesrepublik Deutschland bis zum 31. Oktober 2010 in nationales Recht umzusetzen und ab dem 31.

§ 19 Abs. 2 KWG erweitert, um den Aufbau von Kreditpyramiden über Zweckgesellschaften (conduits) vorzubeugen.

- Ein wesentlicher Grund für das Ausmaß der Finanzmarktkrise war auch eine intensive (Liquiditäts-) Fristentransformation: Langfristige Forderungen wurden durch kurzfristige revolvierende Geldmarktpapiere refinanziert. Durch die Einführung weltweiter Standards für quantitative Liquiditätsregeln soll diesem Effekt Einhalt geboten werden:
  - 1-Monats-Kennziffer (liquidity coverage ratio - 01.01.2015), die die kurzfristige Liquidität (30 Tage) sicherstellen soll.
  - 1-Jahr-Kennziffer (net stable funding ratio - 01.01.2018), welche auf die notwendige Refinanzierung über einen Zeitraum von einem Jahr abzielt und zur Vermeidung einer unangemessenen Fristeninkongruenz (bilanziell *und* außerbilanziell) dient.
- Das Gesetz zur Vorbeugung gegen missbräuchliche Wertpapier- und Derivategeschäfte (WpMiVoG) trat am 27. Juli 2010 in Kraft. Geregelt werden z.B. Verbote von ungedeckten Leerverkäufen (§ 30h WpHG) und von Kreditausfallversicherungen ohne eigenen Absicherungszweck (§ 30j WpHG).[12]
- Die Schwächen des VaR-Ansatzes, wie z.B. vergangenheitsorientiert oder keine fat-tails, also die unzureichende Verlustgefahr aus extremen Marktsituationen, sollen durch Stresstests (univariat (Sensitivitätsanalysen) und multivariat (Szenarioanalysen)) begegnet werden.[13]
- Die Gründung des Europäischen Systems für die Finanzaufsicht (Mikroebene) ab 2011, u.a. mit einer Europäischen Bankaufsichtsbehörde, Sitz: London, und der Europäischen Wertpapierregulierungsbehörde, Sitz: Paris.[14] Des Weiteren hat der Europäische Rat für Systemrisiken (Makroebene) Mitte Dezember 2010 seine Arbeit aufgenommen.[15]

Weitere Anpassungen wurden bei den Mindestanforderungen an das Risikomanagement von Kreditinstituten (MaRisk) vorgenommen: Nach einer Neufassung der MaRisk im Jahr 2009 wurde bereits Ende des Jahres 2010 eine weitere neue Fassung der MaRisk von der BaFin veröffentlicht. Die Neufassung der MaRisk 2009 hatte u. a. zum Gegenstand:[16]

- Risiko- und Ertragskonzentrationen identifizieren.
- Stresstests (Sensitivitäts- und Szenarioanalysen)[17].

Dezember 2010 anzuwenden. Die CRD II bedingt verschiedene Änderungen der Solvabilitätsverordnung ("*SolvV*"), des Kreditwesengesetzes ("*KWG*") und der Groß- und Millionenkreditverordnung ("*GroMiKV*"). Soweit die Änderungen des KWG betroffen sind, wurde ein entsprechendes Gesetzgebungsverfahren ("CRD *ÄndG*") mittlerweile abgeschlossen. Die Teile der CRD II, die die SolvV und die GroMiKV betreffen, sind von der BaFin als Verordnungsgeberin durch eine Änderungsverordnung ("CRD *II-ÄnderungsVO*") umzusetzen." (Quelle: *http://www.bafin.de/nn_724058/SharedDocs/Veroeffentlichungen/DE/Unternehmen/Konsultationen/2010/kon__0610__crd2.html*)

12) Vgl. Ludewig (2010), S. 4 ff.

13) Zu Stresstests vgl. Geiersbach/Walter (2010).

14) Vgl. EU (2010); ebf. Schmitz/Lippert (2010), S. 10 ff.

15) Vgl. EZB (2010a).

16) Vgl. MaRisk (2009); ebf. Rehbein/Wohlert (2010), S. 30 ff.

17) Vgl. Geiersbach/Walter (2010).

- Liquiditätsrisiken („Liquiditätskrise").
- Anreiz- und Vergütungssysteme (Bonus-Malus-System)[18].
- Governance: Einholung von Auskünften durch den Vorsitzenden des Aufsichtsorgans - unter Einbeziehung der Geschäftsleitung - direkt beim Leiter der Internen Revision.

Die am 15. Dezember 2010 veröffentlichten MaRisk (Rundschreiben 11/2010 (BA)) beinhalten die Umsetzung der neuen Guidelines zu Liquiditätspuffern, Risikokonzentrationen und Stresstests („inverse Stresstests"), die zuvor das Committee of European Banking Supervisors (CEBS) verabschiedet hatte.[19] Des Weiteren wurden die Anforderungen an die Risikotragfähigkeitskonzeption und die Strategien, insbesondere die Erörterung von Soll-Ist-Abweichungen mit dem Aufsichtsorgan, ergänzt.[20]

Als weiterer Ansatz zur Stärkung der Corporate Governance ist zu nennen, dass Aufsichtsgremien von Banken und Versicherungen seit dem 1. August 2009 unter die Aufsicht der BaFin gestellt wurden.[21] Gemäß § 36 Abs. 3 KWG ist die Abberufung von Mitgliedern des Verwaltungs- oder Aufsichtsorgans neu im Kreditwesengesetz geregelt. Nach § 36 Abs. 3 Satz 1 KWG müssen sie zuverlässig sein und die zur Wahrnehmung der Kontrollfunktion sowie zur Beurteilung und Überwachung der Geschäfte ... erforderliche Sachkunde besitzen." Interessenkonflikte zu ihrer eigenen wirtschaftlichen Tätigkeit stellen die Zuverlässigkeit in Frage. Allerdings kann eine fehlende oder zweifelhafte Sachkunde durch Schulungen auch noch nach der Bestellung erworben werden. Des Weiteren gilt ein Bestandsschutz, d.h. eine Anzeige ist nur für eine Erstbestellung ab dem 1. August 2009 zu erstatten.

Das „too big to fail"- bzw. „too connected to fail"-Dilemma verbunden mit dem Moral Hazard-Problem kann durch Reorganisations- und Abwicklungsverfahren für systemisch relevante Institute sowie durch eine erweiterte Haftung für Anteileigner und Gläubiger gemildert werden. So hat z.B. der US-amerikanische Gesetzgeber durch den „Dodd-Frank Wall Street Reform and Consumer Protection Act" diesen Moral Hazard-Effekt versucht zu reduzieren, indem die Finanzindustrie künftig an den Kosten einer Rettung beteiligt werden soll.[22] Der deutsche Gesetzgeber hat ebenfalls reagiert und das Restrukturierungsgesetz vom 9. Dezember 2010, das Regelungen zu Sanierungs- und Reorganisationsverfahren zur Stabilisierung des Finanzmarktes beinhaltet, am 14. Dezember 2010 im Bundesgesetzblatt verkündet.

---

18) Vgl. jetzt InstitutsVergV (2010). In der Begründung zur InstitutsVergV erläutert die BaFin, dass § 25a Abs. 1 Satz 3 Nr. 4 KWG die gesetzlich geregelten (Mindest-) Anforderungen an das Risikomanagement um Anforderungen an angemessene, transparente und auf eine nachhaltige Entwicklung des Instituts ausgerichtete Vergütungssysteme ergänzt. Die Ausführungen in dem AT 7.1 Personal der MaRisk 2009 (RS 15/2009 (BA)) zu den Anreizsystemen wurden in der aktuellen MaRisk-Novellierung (RS 11/2010 (BA)) gestrichen.

19) Vgl. CEBS CP 32 (2009); ebf. CEBS CP 28 (2009).

20) Vgl. MaRisk (2010); ebf. Beyer/Wohlert (2010).

21) Vgl. BaFin-Merkblatt (2010).

22) Vgl. Dodd-Frank Act (2010); zum Dodd-Frank Act vgl. auch DB Research (2010); ebf. Sanio (2010).

3. Wurde genug getan?

Die im vorherigen Abschnitt dargestellten Ansätze sind nur ein Ausschnitt aus einem internationalen Maßnahmenkatalog den Regierungen, Notenbanken und Bankenaufseher in den letzten Monaten verabschiedet haben. Adressaten der Regulierung sollten aber nicht nur Banken, sondern auch die sog. Schattenbank bzw. near banks sein. Denn für gleiche Risiken sollten gleiche Regeln gelten. D.h., dass das Verhältnis von Bankenregulierung und Schattenbankensystem bzw. near banks anzupassen ist.[23] Darüber hinaus ist zu fragen, ob und wie ein Verhaltenskodex bzw. Ratingstandards für internationale Ratingagenturen weiter verbessert werden kann.[24] Ein weiterer, wesentlicher Aspekt, der noch auf der Agenda stehen sollte, ist die Überprüfung von Haftungsregeln beispielsweise von non recourse loans, bei denen der Schuldner nicht mit seinem Vermögen, sondern nur mit den Sicherheiten haftet, oder die grundsätzliche Frage nach einem speziellen Insolvenzrecht für Banken.[25]

Quantität und Qualität von Regulierungsmaßnahmen bedingen nicht per se eine parallele Verbesserung der Zielgrößen: Denn ein (quantitativer) Regulierungsanstieg bringt nicht immer mehr Sicherheit – weder für die Kreditinstitute, noch für die Einleger. Generell sollte einer flexiblen und prinzipienorientierten Ausrichtung der Bankenaufsicht auch weiterhin Rechnung getragen werden. Damit aber die Stabilität von Kreditinstituten gestärkt werden kann, muss die Basis eine funktionierende Unternehmens- und Risikokultur sein: Sie muss von Vorstand und Aufsichtsorgan glaubhaft gelebt werden und durch ein Anreiz- und Haftungssystem unterstützt werden. Ein Anreizsystem muss zum einen die strategische Erreichung der Unternehmensziele nachhaltig fördern und ein Haftungssystem muss zum anderen wesentliche Verletzungen von Sorgfaltspflichten sanktionieren, da Fehlentscheidungen zu negativen externen Effekten führen können.

Mit der MaRisk-Novelle 2009 wurde dem Vorsitzenden des Aufsichtsorgans das Recht eingeräumt, unter Einbeziehung der Geschäftsleitung direkt beim Leiter der Internen Revision Auskünfte einzuholen (AT 4.4 Tz. 2). Weitergehende Schritte zur Stärkung der Unabhängigkeit der Internen Revision im Sinne einer Erweiterung der ersten Säule der Überwachungsinformation des Aufsichtsrats, also des Vorstands, um eine *vorstandsunabhängige* Information durch die Interne Revision wurden nicht vorgenommen. Zur Stärkung der Internal Governance werden diese Schritte im Sinne der vorliegenden Dissertation weiterhin empfohlen. Danach sollte die Interne Revision funktional dem Überwachungsorgan und administrativ dem Vorstand unterstellt werden sowie als Informationsdienstleister fungieren, der risiko- und chancenorientiert zur strategischen Zielerreichung beiträgt.

---

23) „Was aussieht wie eine Bank und sich verhält wie eine Bank, sollte regulatorisch und aufsichtsrechtlich auch behandelt werden wie eine Bank." Vgl. Weber (2010a), S. 8.

24) Seit September 2009 gibt es eine EU-Verordnung über Ratingagenturen. Ziel ist, dass Ratingagenturen im Hinblick auf Integrität, Qualität und Transparenz künftig höhere Standards erfüllen und somit das Marktvertrauen in die Bonitätsbeurteilungen wiederherzustellen. Vgl. EU-Ratingverordnung (2009). Am 5. November 2010 hat die EU ein Konsultationsverfahren zum Thema Ratingagenturen eingeleitet, dass am 7. Januar 2011 enden soll.

25) Vgl. Dombret (2010b); ebf. Zeitler (2010b), S. 17.

Literaturverzeichnis zum Nachtrag

B

BaFin-Merkblatt (2010): Bundesanstalt für Finanzdienstleistungsaufsicht: *Merkblatt zur Kontrolle von Mitgliedern von Verwaltungs- und Aufsichtsorganen gemäß KWG und VAG*, 22.02.2010, verfügbar unter: www.bafin.de/cln_171/nn_721290/SharedDocs/Veroeffentlichungen/DE/Service/Merkblaetter/mb__100222__Verwaltungs__und__Aufsichtsorgane.html?__nnn=true (abgerufen am: 28.12.2010).

Baseler Ausschuss (2010): Baseler Ausschuss für Bankenaufsicht: *The Basel Committee's response to the financial crisis: report to the G 20*, Oktober 2010, verfügbar unter: www.bis.org/publ/bcbs179.pdf (abgerufen am: 15.11.2010).

BCBS-Basel III (2010): Baseler Ausschuss für Bankenaufsicht: *Basel III: A global regulatory framework for more resilient banks and banking systems* , Dezember 2010, verfügbar unter: www.bis.org/publ/bcbs189.pdf (abgerufen am: 29.12.2010).

BCBS - Basel III: Liquidität (2010): Baseler Ausschuss für Bankenaufsicht: *Basel III: International framework for liquidity risk measurement, standards and monitoring* , Dezember 2010, verfügbar unter: www.bis.org/publ/bcbs188.pdf (abgerufen am: 29.12.2010).

Beyer/Wohlert (2010): Matthias Beyer, Dirk Wohlert: *Veröffentlichung der 3. MaRisk-Novelle*, verfügbar unter: www.1plusi.de/dokumente/1_plus_i_fachbeitrag_MaRisk_endgueltige_Veroeffentlichung.pdf (abgerufen am: 29.12.2010).

Blinder (2010): Alan S. Blinder: *It's Broke, Let's Fix It: Rethinking Financial Regulation*, International Journal of Central Banking, September 2010, verfügbar unter: www.ijcb.org/journal/ijcb10q4a13.pdf (abgerufen am: 27.12.2010).

C

Caruana (2010): Jaime Caruana: *Re-establishing the resilience of the financial sector: aspects of risk management and supervision*, 03.11.2010; verfügbar unter: www.bis.org/speeches/sp101109.pdf (abgerufen am: 29.12.2010).

CEBS CP 24 (2010): Committee of European Banking Supervisors: High Level Principles on Risk Management *(CP 24)*, Februar 2010, verfügbar unter: www.c-ebs.org/documents/Publications/Standards---Guidelines/2010/Risk-management/HighLevelprinciplesonriskmanagement.aspx (abgerufen am: 27.12.2010).

CEBS CP 44 (2010): Committee of European Banking Supervisors: *Consultation paper on the Guidebook on Internal Governance (CP 44)* , Oktober 2010, verfügbar unter: www.c-ebs.org/cebs/media/Publications/Consultation%20Papers/2010/CP44/CP44.pdf (abgerufen am: 27.12.2010).

CEBS CP 28 (2009): Committee of European Banking Supervisors: *Guidelines on Liquidity Buffers & Survival Perdiods (CP 28)*, Dezember 2009, verfügbar unter: www.c-ebs.org/documents/Publications/Standards---Guidelines/2009/Liquidity-Buffers/Guidelines-on-Liquidity-Buffers.aspx (abgerufen am: 27.12.2010).

CEBS CP 32 (2009): Committee of European Banking Supervisors: *Guidelines on Stress Testing (CP 32)*, Dezember 2009, verfügbar unter: www.c-ebs.org/documents/ Publications/Consultation-papers/2009/CP32/CP32.aspx (abgerufen am: 27.12.2010).

D

DBbk (2010a): Deutsche Bundesbank: *Deutschland in der Finanz- und Wirtschaftskrise*, Monatsbericht Oktober 2010, S. 15 – 89, verfügbar unter: www.bundesbank.de/download/volkswirtschaft/monatsberichte/2010/201010mb_bbk.pdf (abgerufen am: 28.12.2010).

DBbk (2010b): Deutsche Bundesbank: *Entwicklung, Aussagekraft und Regulierung des Marktes für Kreditausfall-Swaps*, Monatsbericht Dezember 2010, S. 47 – 64, verfügbar unter: www.bundesbank.de/download/volkswirtschaft/monatsberichte/2010/201012mb_bbk.pdf (abgerufen am: 27.12.2010).

DBbk (2010c): Deutsche Bundesbank: *Finanzstabilitätsbericht*, November 2010, verfügbar unter: *www.bundesbank.de/download/volkswirtschaft/finanzstabilitaetsberichte/finanzstabilitaetsbericht2010.pdf* (abgerufen am: 27.12.2010).

DB Research (2010): Deutsche Bank Research: *US-Finanzmarktreform – Die Ökonomie des Dodd-Fank-Acts*, EU-Monitor 77, 06.12.2010, verfügbar unter: *www.dbresearch.de/PROD/DBR_INTERNET_DE-PROD/PROD0000000000266959.pdf* (abgerufen am: 28.12.2010).

Dodd-Frank Act (2010): DODD-FRANK WALL STREET REFORM AND CONSUMER PROTECTION ACT , Public Law 111-203, 21.07.2010 , verfügbar unter: *http://origin.www.gpo.gov/fdsys/pkg/PLAW-111publ203/pdf/PLAW-111publ203.pdf*(abgerufen am: 29.12.2010).

Dombret (2010a): Andreas Dombret: *Finanzstabilitätsbericht 2010 der Deutschen Bundesbank – Präsentation des Finanzstabilitätsberichts*, November 2010, verfügbar unter: *http://www.bundesbank.de/download/presse/reden/2010/20101125.dombret.php* (abgerufen am: 27.12.2010).

Dombret (2010b): Andreas Dombret: *Sind Banken anders – Brauchen wir ein Sonderinsolvenzrecht für Banken?*, November 2010, verfügbar unter: *www.bundesbank.de/download/presse/reden/2010/20101105.dombret.pdf* (abgerufen am: 28.12.2010).

E

EU (2010): Europäische Kommission: *Finanzaufsicht*, verfügbar unter: *http://ec.europa.eu/internal_market/finances/committees/index_de.htm* (abgerufen am: 27.12.2010).

EU-Ratingverordnung (2009): Europäische Kommission: *Verordnung (EG) Nr. 1060/2009 des Europäischen Parlaments und des Rates vom 16. September 2009 über Ratingagenturen*, Amtsblatt der Europäischen Union, L 302, 52. Jhg., 17.11.2009, S. 1 - 31.

EZB (2010a): Europäische Zentralbank: *European Systemic Risk Board established*, verfügbar unter: *www.ecb.int/ press/pr/date/2010/html/pr101216_3.en.html* (abgerufen am: 18.12.2010).

EZB (2010b): Europäische Zentralbank: *Financial Stability Review*, Dezember 2010, verfügbar unter: *http://www.ecb.int/pub/pdf/other/financialstabilityreview201012en.pdf?3bcb7db1d23316b568f5992c13305a53* (abgerufen am: 30.12.2010).

EZB (2010c): Europäische Zentralbank: *EU Banking Sector Stability*, September 2010, verfügbar unter: *http://www.ecb.int/pub/pdf/other/eubankingsectorstability201009en.pdf* (abgerufen am: 30.12.2010).

EZB (2010d): Europäische Zentralbank: *Die Reaktion der EZB auf die Finanzkrise*, Monatsbericht Oktober 2010, S. 63 - 79, verfügbar unter: *http://www.bundesbank.de/download/ezb/monatsberichte/2010/201010.mb_ezb_final.pdf* (abgerufen am: 30.12.2010).

G

Geiersbach/Walter (2010): Karsten Geiersbach, Bernd Walter (Hrsg.): *Praktikerhandbuch Stresstesting*, 2010, Finanz Colloquium Heidelberg.

Göddecke/Fuchs (2010): Christine Göddecke, Michael Fuchs: *CRD II: Änderungen der Großkreditregeln*, in: BaFinJournal 12/2010, S. 8 – 9, verfügbar unter: *http://www.bafin.de/cln_179/nn_722564/SharedDocs/Downloads/DE/ Service/Mitteilungsblaetter/BaFinJournal/2010/bj__1012,templateId=raw,property=publicationFile.pdf/bj_1012.pdf* (abgerufen am: 27.12.2010).

I

InstitutsVergV (2010): Bundesanstalt für Finanzdienstleistungsaufsicht: *Begründung zur Verordnung über die aufsichtsrechtlichen Anforderungen an Vergütungssysteme von Instituten (Instituts-Vergütungsverordnung – InstitutsVergV)*, verfügbar unter:

www.bafin.de/cln_152/nn_721188/SharedDocs/Aufsichtsrecht/DE/Verordnungen/ institutsvergv-begruendung.html?__nnn=true (abgerufen am: 28.12.2010).

L

Ludewig (2010): Verena Ludewig: *Leerverkäufe in Deutschland – Verbote, Transparenzpflichten, Verdachtsanzeigen und Überwachung*, in: BaFinJournal 12/2010, S. 4 – 7, verfügbar unter: http://www.bafin.de/cln_179/nn_722564/SharedDocs/Downloads/DE/Service/Mitteilungsblaetter/BaFinJournal/2010/bj__1012,templateId=raw,property=publicationFile.pdf/bj_1012.pdf (abgerufen am: 27.12.2010).

M

MaRisk (2009): Bundesanstalt für Finanzdienstleistungsaufsicht: *Mindestanforderungen an das Risikomanagement*, Rundschreiben 15/2009 (BA), verfügbar unter: www.bafin.de/SharedDocs/Veroeffentlichungen/DE/Service/Rundschreiben/2009/rs__0915__ba__marisk.html (abgerufen am: 27.12.2010).

MaRisk (2010): Bundesanstalt für Finanzdienstleistungsaufsicht: *Mindestanforderungen an das Risikomanagement*, Rundschreiben 11/2010 (BA), verfügbar unter: www.bafin.de/cln_152/nn_722758/SharedDocs/Veroeffentlichungen/DE/Service/Rundschreiben/2010/rs__1011__ba__marisk.html (abgerufen am: 27.12.2010).

O

OECD (2010): OECD Steering Group on Corporate Governance : *CORPORATE GOVERNANCE AND THE FINANCIAL CRISIS* , Februar 2010, verfügbar unter: www.oecd.org/dataoecd/53/62/44679170.pdf (abgerufen am: 20.12.2010).

R

Rehbein/Wohlert (2010): Ronny Rehbein, Dirk Wohlert: *Neuerungen der MaRisk*, in: Ulrich Bantleon, Axel Becker (Hrsg.): Risikomanagement und Frühwarnverfahren, Deutscher Sparkassenverlag, Stuttgart, 2010, S. 27 – 51.

S

Sanio (2010): Jochen Sanio: *Nie wieder „Too big to fail"? Aktuelle Herausforderungen der Finanzmarktregulierung*, 31.08.2010, verfügbar unter: http://www.bafin.de/cln_152/nn_992414/SharedDocs/Reden/DE/2010/re__100831__finanzforum.html (abgerufen am: 28.12.2010).

Schmitz-Lippert (2010): Thomas Schmitz-Lippert: *Die neue europäische Finanzaufsicht*, in: BaFinJournal 12/2010, S. 10 – 13, verfügbar unter: http://www.bafin.de/cln_179/nn_722564/SharedDocs/Downloads/DE/Service/Mitteilungsblaetter/BaFinJournal/2010/bj__1012,templateId=raw,property=publicationFile.pdf/bj_1012.pdf (abgerufen am: 27.12.2010).

T

Tumpel-Gugerell (2009): Gertrude Tumpel-Gugerell: *Wege aus der Krise: Die neue Finanzarchitektur und die Rolle Europas*, verfügbar unter: www.ecb.int/press/key/date/2009/html/sp090519.de.html (abgerufen am: 15.12.2010).

W

Weber (2010a): Axel A. Weber: *Finanzstabilität und Regulierung: Bestandsaufnahme und Ausblick*, Rede am 02.12.2010, verfügbar unter: www.bundesbank.de/download/presse/reden/2010/20101202.weber.pdf (abgerufen am: 28.12.2010).

Weber (2010b): Axel A. Weber: *Finanzkrise: Fragen der Aufarbeitung, Bewältigung und Prävention*, Rede am 20.03.2009, verfügbar unter: http://www.bundesbank.de/download/presse/reden/2009/20090320.weber_berlin.pdf (abgerufen am: 20.12.2010).

Weber (2010c): Manfred Weber: *Corporate-Governance-Systeme auf dem Prüfstand: Das Grünbuch der EU-Kommission*, in: Zeitschrift für das gesamte Kreditwesen, 14/2010, S. 722 – 724.

Z

Zeitler (2010a): Franz-Christoph Zeitler: *Krisenreaktion und Krisenprävention – Ein Ordnungsrahmen für die Finanzmärkte*, 08.11.2010, verfügbar unter: *www.bundesbank.de/download/presse/reden/2010/20101108.zeitler.pdf* (abgerufen am: 29.12.2010).

Zeitler (2010b): Franz-Christoph Zeitler: *Finanzaufsicht nach der Krise*, 29.09.2010, verfügbar unter: *www.bundesbank.de/download/presse/reden/2010/20100929.zeitler_duesseldorf.pdf* (abgerufen am: 28.12.2010).

Kolibri 360 GmbH
Ferdinand-Jühlke-Straße 7
99095 Erfurt, Deutschland
produktsicherheit@kolibri360.de